Philosophie der Politik

Antonio Rosmini

Philosophie der Politik

übersetzt von Christiane Liermann

mit einem Vorwort von Francesco Traniello

Tyrolia-Verlag · Innsbruck - Wien

Die Deutsche Bibliothek – CIP-Einheitsaufnahme

Rosmini Serbati, Antonio:
Philosophie der Politik / Antonio Rosmini. Übers. von Christiane Liermann.
Mit einem Vorw. von Francesco Traniello. – Innsbruck : Tyrolia, 1999
ISBN 3-7022-2220-0

© Provincia Autonoma di Trento e Istituto Trentino di Cultura

ITC-isr Centro per le Scienze Religiose in Trento

1999
Verlagsanstalt Tyrolia, Innsbruck
Druck und Bindung: Alcione, Trento
ISBN 3-7022-2220-0

Inhaltsverzeichnis

Antonio Rosmini – eine biographische Skizze
Christiane Liermann 15

Einführende Bemerkungen
zu Antonio Rosminis *Philosophie der Politik*
Francesco Traniello 19

Anmerkungen zur Übersetzung
Christiane Liermann 35

PHILOSOPHIE DER POLITIK
Antonio Rosmini

VORWORT ZU DEN POLITISCHEN SCHRIFTEN 49

VOM UMFASSENDEN GRUND FÜR DEN
BESTAND ODER DEN UNTERGANG DER
MENSCHLICHEN GESELLSCHAFTEN 63

Kapitel 1
Vom ersten politischen Kriterium 65

Kapitel 2
Universalität und logische Notwendigkeit des vorgestellten Kriteriums . . 68

Kapitel 3
Das erste politische Kriterium wird durch die Geschichte bestätigt.
Epoche der *Gründer* der Gesellschaft.
Epoche der *Gesetzgeber*. 73

Kapitel 4
Fortsetzung: Das erste politische Kriterium, angewendet auf die beiden
fundamentalen Gesetze der bürgerlichen Gesellschaft:
das Gesetz über das *Eigentum* und das Gesetz über die *Ehe* 76

Kapitel 5
Wie der Respekt für das Alte und die Neigung zu nützlichen
Neuerungen gelenkt werden müssen 88

Kapitel 6
Welchen Sinn die Regel hat, daß sich die Gesellschaft oft auf ihren Anfang
zurückbeziehen muß, damit sie erhalten bleibt 89

Kapitel 7
Anwendung unseres Kriteriums auf die vier Epochen 91

Kapitel 8
Die Gesellschaften werden von einer *praktischen Vernunft* und einer *spekulativen Vernunft* geleitet. Anwendung des politischen Kriteriums auf die *praktische Vernunft* der Massen 95

Kapitel 9
Fortsetzung: Wie sich Eroberungen erklären lassen 99

Kapitel 10
Anwendung des politischen Kriteriums auf die *spekulative Vernunft* der einflußreichen Einzelpersonen 102

Kapitel 11
Beziehungen zwischen der Wirkung der *spekulativen Vernunft* der Einzelpersonen und der gleichzeitigen Wirkung der *praktischen Vernunft* der Massen in der „res publica" 106

Kapitel 12
Substanz und Akzidens im Leben der Gesellschaft. Die Auseinandersetzung zweier Hauptkräfte. Der einzige Zweck der Politik 110

Kapitel 13
Die Bestandteile der beiden *Hauptkräfte*, die die Gesellschaften bewegen. Hauptprobleme der politischen Wissenschaft 112

Kapitel 14
Drei einseitige und daher fehlerhafte politische Systeme. Wie die wahre Politik alle Elemente in ihre Kalkulation einbezieht 116

Kapitel 15
Die eine Formel, auf die sich jedes politische Problem zurückführen läßt. Die Notwendigkeit von Statistiken und das Leitprinzip, nach dem die Statistiken erstellt werden müssen 120

Kapitel 16
Das, was das Wesentliche der Gesellschaft ausmacht, verschiebt sich. Welches Gesetz ist dabei wirksam? 123

Kapitel 17
Schluß 130

DIE GESELLSCHAFT UND IHR ZIEL
VIER BÜCHER 133

Erstes Buch
Die Gesellschaft 143

Buch I, Kapitel 1
Über die Verbindungen des Menschen mit den Sachen
und mit den Personen 145

Buch I, Kapitel 2
Von den sozialen Bindungen 148

Buch I, Kapitel 3
Von der Eigentumsbindung und Herrschaftsbindung 154

Buch I, Kapitel 4
Vom Naturrecht, wie es von den Autoren des 18. Jahrhunderts
verstanden wurde 161

Buch I, Kapitel 5
Vom gesellschaftlichen *Wohlwollen* und von der *Freundschaft* 169

Buch I, Kapitel 6
Von der gesellschaftlichen Freiheit 172

Buch I, Kapitel 7
Fortsetzung 173

Buch I, Kapitel 8
Von der gesellschaftlichen Gleichheit 175

Buch I, Kapitel 9
Von der gesellschaftlichen Ordnung 176

Buch I, Kapitel 10
Vom gesellschaftlichen Recht 186

Buch I, Kapitel 11
Vom außergesellschaftlichen Recht 188

Buch I, Kapitel 12
Die Moral mäßigt das gesellschaftliche Recht und das
außergesellschaftliche Recht und versöhnt beide miteinander 195

Buch I, Kapitel 13
Von der unsichtbaren und von der sichtbaren Gesellschaft 198

Buch I, Kapitel 14
Fortsetzung 201

Zweites Buch
Das Ziel der Gesellschaft 211

Buch II, Kapitel 1
Das Ziel jeder Gesellschaft muß ein wahres und menschliches Gut sein . . . 214

Buch II, Kapitel 2
Vom menschlichen Gut 216

Buch II, Kapitel 3
Fortsetzung: Das menschliche Gut besteht nicht in isolierten Freuden,
sondern in der Erfüllung und Zufriedenheit der Seele 220

Buch II, Kapitel 4
Fortsetzung: Zwei Elemente von Erfüllung und Zufriedenheit:
Eines ist notwendig, das andere hängt vom Willen ab 225

Buch II, Kapitel 5
Unterscheidung zwischen dem letzten Ziel und dem Nahziel
der Gesellschaften 228

Buch II, Kapitel 6
Fortsetzung: Das Fernziel ist innerlich.
Das Nahziel kann teilweise äußerlich sein 231

Buch II, Kapitel 7
Das politische Kriterium, das aus der Beziehung zwischen den beiden
Zielen der Gesellschaft abgeleitet wird 232

Buch II, Kapitel 8
Der Irrtum derjenigen, die die Gesellschaft „materialisieren" wollen 233

Buch II, Kapitel 9
Vom bestimmten Nahziel und vom unbestimmten Nahziel
der Gesellschaften 236

Buch II, Kapitel 10
Von den Pflichten der Gesellschaftsregierung 237

Buch II, Kapitel 11
Von den Rechten des Menschen 238

Buch II, Kapitel 12
Von möglichen Zusammenstößen zwischen den Rechten des Menschen . . 239

Buch II, Kapitel 13
Ein Beispiel für Menschenrechtsverletzung 246

Buch II, Kapitel 14
Von der Unabhängigkeit 258

Buch II, Kapitel 15
Die politischen Parteien 259

Drittes Buch
Wie das theoretisch unbestimmte Nahziel der bürgerlichen Gesellschaft
faktisch festgelegt wird 265

Buch III, Kapitel 1
Das an sich unbestimmte Nahziel der bürgerlichen Gesellschaft wird
faktisch von der *praktischen Vernunft der Massen* und von der
spekulativen Vernunft der Einzelpersonen festgelegt 272

Buch III, Kapitel 2
Von der Anständigkeit und von der Verdorbenheit der praktischen
Vernunft der Massen in einer Zeit vor der Errichtung der
bürgerlichen Gesellschaft 274

Buch III, Kapitel 3
Von der Anständigkeit und von der Verdorbenheit der
praktischen Vernunft der Massen in den vier Zeitaltern der
bürgerlichen Gesellschaften 281

Buch III, Kapitel 4
Der Sonderfall, in dem die bürgerliche Gesellschaft unmittelbar vom
Zeitalter der Existenz zum Zeitalter des Reichtums übergeht,
ohne das Zeitalter der Macht zu erleben 294

Buch III, Kapitel 5
Über das Maß an Intelligenz, das von der praktischen Vernunft der Massen
in den vier Zeitaltern der Gesellschaft aktiviert wird 302

Buch III, Kapitel 6
Von einem weisen Gesetz, das die Ausbreitung und die Geschicke
der Völker lenkt 316

Buch III, Kapitel 7
Zusammenfassung 329

Buch III, Kapitel 8
Wie sich der Fehler, den die Massen bei der Festlegung des Nahziels der
bürgerlichen Gesellschaft begehen, je nach Regierungsform mehr oder
weniger verhängnisvoll auswirkt 330

Buch III, Kapitel 9
Was die spekulative Vernunft der Einzelpersonen bei der Führung der
bürgerlichen Gesellschaften zu ihrem rechtmäßigen Ziel leisten kann.
Einzelpersonen, die den Weg für die Gründung der bürgerlichen
Regierungen bereiten 336

Buch III, Kapitel 10
Fortsetzung: Gründer und erste Gesetzgeber 342

Buch III, Kapitel 11
Was die Vernunft der Einzelpersonen für die Umkehr der zur letzten
Verderbtheit gelangten Völker zu leisten vermag 344

Buch III, Kapitel 12
Fortsetzung: Eroberer 345

Buch III, Kapitel 13
Fortsetzung: Die späteren Gesetzgeber, die Philosophen 351

Buch III, Kapitel 14
Von den verschiedenen Arten des Untergangs der Gesellschaften 360

Buch III, Kapitel 15
Wie das Christentum die unwiederbringlich untergegangenen
bürgerlichen Gesellschaften zu neuem Leben erweckte 362

Buch III, Kapitel 16
Über die Sittlichkeit, die zusammen mit der Intelligenz in der Welt
wiederhergestellt wurde 373

Buch III, Kapitel 17
Wie das Christentum die menschlichen Gesellschaften rettete, indem es
sich an die Einzelpersonen und nicht an die Massen wandte 376

Buch III, Kapitel 18
Wie das Christentum den weltlichen Interessen der Menschen nutzte,
indem es die Menschen von den weltlichen Interessen löste 382

Buch III, Kapitel 19
Mit der Lehre des Christentums stimmt das politische Kriterium
überein, das sich aus dem letzten Ziel der bürgerlichen Gesellschaften
ableiten läßt 385

Buch III, Kapitel 20
Die Beziehung zwischen den beiden politischen Kriterien,
die sich aus dem Ziel der Gesellschaft ableiten lassen 386

Viertes Buch
Psychologische Gesetze, nach denen die bürgerlichen Gesellschaften
sich ihrem Ziel nähern oder sich davon entfernen 389

Buch IV, Kapitel 1
Die drei Stufen der Seele: angenehm, erfüllt und
zufriedengestellt, glücklich 396

Buch IV, Kapitel 2
Die Persongebundenheit von Erfüllung und Zufriedenheit 398

Buch IV, Kapitel 3
Das Urteil, das Erfüllung und Zufriedenheit erzeugt,
konstituiert das *eudämonologische Bewußtsein* im Menschen 401

Buch IV, Kapitel 4
Das Urteil, das den Menschen erfüllt und zufrieden macht, ist kein
bloßes Urteil *in actu*, sondern ein habituelles Urteil, das einen *Zustand*
der Seele erzeugt 403

Buch IV, Kapitel 5
Hier werden die Tätigkeiten genannt, die der menschliche Geist vollzieht,
wenn er Erfüllung und Zufriedenheit für sich schafft 407

Buch IV, Kapitel 6
Es werden die Objekte aufgezählt, die reale Güter sind und die daher
dazu beitragen können, die menschliche Erfüllung und Zufriedenheit
zu erzeugen 410

Buch IV, Kapitel 7
Die entsprechenden Übel 422

Buch IV, Kapitel 8
Ob sich Güter und Übel gegeneinander aufrechnen
und ausgleichen lassen 426

Buch IV, Kapitel 9
Häufige Irrtümer über die Gesamtsumme
der in einer bestimmten Gesellschaft vorhandenen Güter 428

Buch IV, Kapitel 10
Fortsetzung 432

Buch IV, Kapitel 11
Bewirken die realen Güter notwendigerweise die Erfüllung und
Zufriedenheit der Seele? Die Unterscheidung zwischen absoluten
Gütern und relativen Gütern 447

Buch IV, Kapitel 12
Von der *Kapazität* des menschlichen Verlangens 450

Buch IV, Kapitel 13
Von der befriedigten und der unbefriedigten Kapazität 452

Buch IV, Kapitel 14
Die Irrtümer der Sensualisten: Sie erkennen die unterschiedlichen
Ausmaße der Kapazität sowie der Erfüllung und Zufriedenheit nicht an . . 453

Buch IV, Kapitel 15
Von den beiden politischen Systemen *Widerstand* und *Bewegung* 456

Buch IV, Kapitel 16
Die häufigsten Fehler der Anhänger der beiden Theorien 458

Buch IV, Kapitel 17
Fortsetzung: Das Gesetz, nach dem das Menschengeschlecht
fortschreitet 459

Buch IV, Kapitel 18
Fortsetzung: Ein weiterer Irrtum der Politiker der Bewegung 463

Buch IV, Kapitel 19
Fortsetzung: Das dritte System, das es neben dem System des Widerstandes
und dem System der Bewegung gibt 465

Buch IV, Kapitel 20
Fortsetzung: Erzielt die Steigerung der Bedürfnisse über die Mittel zu
ihrer Befriedigung hinaus stets und notwendigerweise den Effekt, von dem
die Politiker der Bewegung behaupten, daß er eintritt? 469

Buch IV, Kapitel 21
Die Auswirkungen des Systems der Bewegung, wenn man es auf die
christlichen Gesellschaften überträgt 489

Buch IV, Kapitel 22
Fortsetzung: Die *Kapazität* der christlichen Nationen ist unendlich 492

Buch IV, Kapitel 23
Fortsetzung 496

Buch IV, Kapitel 24
Fortsetzung: Wie die unendliche Kapazität des Verlangens
ohne bestimmtes Objekt auskommen kann 505

Buch IV, Kapitel 25
Fortsetzung: Die verschiedenen Zustände des Unglücks des menschlichen
Herzens lassen sich auf eine einzige Formel zurückführen 509

Buch IV, Kapitel 26
Beschreibung der verschiedenen Unglückszustände, in denen sich das
menschliche Herz gewöhnlich befindet 512

Buch IV, Kapitel 27
Fortsetzung: Grundlinien einer topographischen Karte des
menschlichen Herzens 522

Buch IV, Kapitel 28
Die Rangfolge der unerfüllbaren Kapazitäten des Herzens 526

Buch IV, Kapitel 29
Die politischen Schäden, die durch die unerfüllten
Seelenkapazitäten entstehen 530

Buch IV, Kapitel 30
Die Verbindung von Tugend und Glück 535

Buch IV, Kapitel 31
Die Abwegigkeit des politischen Systems des Widerstandes 537

Buch IV, Kapitel 32
Fortsetzung: Die natürliche Bewegung der Gesellschaft 539

Buch IV, Kapitel 33
Fortsetzung 542

Buch IV, Kapitel 34
Von den Objekten der Wünsche   545

Buch IV, Kapitel 35
Das Gesetz, nach dem sich in den Gesellschaften normalerweise
das *Denkvermögen* und das *Abstraktionsvermögen* entfalten   550

Buch IV, Kapitel 36
Der Einfluß der Regierungen auf die legitimen und illegitimen
Wünsche der Regierten   552

Buch IV, Kapitel 37
Die Notwendigkeit von politisch-moralischen Statistiken   557

NAMENSVERZEICHNIS   559

SACHVERZEICHNIS   564

Antonio Rosmini – eine biographische Skizze

von Christiane Liermann

Antonio Rosmini Serbati wurde am 24. März 1797 im südlich von Trient gelegenen Rovereto geboren, das bis 1919 zur Habsburger Monarchie gehörte.[1] Er entstammte einer wohlhabenden Südtiroler Patrizierfamilie, deren Stadtpalais, „Palazzo Rosmini", heute als Gedenkstätte für den großen Philosophen, Theologen und Publizisten dient, der, obwohl er zu den bedeutendsten Denkern Italiens gezählt wird, in Deutschland praktisch unbekannt geblieben ist.

Nach dem Theologiestudium an der Universität Padua wurde Rosmini 1821 zum Priester geweiht. Er kehrte nach Rovereto zurück, wo er sich weiterhin dem Philosophie- und Theologiestudium widmete. So initiierte er einen Arbeitskreis, der sich mit den Schriften des Thomas von Aquin beschäftigte. Die Wiederbelebung der Auseinandersetzung mit dem Werk des Aquinaten gehört ebenso wie die kritische Rezeption des deutschen Idealismus, insbesondere Kants, zu Rosminis Pionierleistungen für die italienische Philosophie. Sie sind symptomatisch für sein immenses wissenschaftliches Werk, das sich in enzyklopädischer Breite allen Disziplinen zuwendet und eine Brücke zwischen Christentum und modernem Wissen, Religion und Zeitkultur zu schlagen versucht.

Die Aufstände der Jahre 1820/21, mit denen in Italien die nationalstaatliche Bewegung Kontur annahm[2], lenkten die Aufmerksamkeit des jungen Priesters verstärkt auf politische und gesellschaftliche Themen. Aufenthalte in Mailand und Rom brachten ihn in intensiveren Kontakt mit der europäischen Geisteswelt seiner Zeit. Er beschäftigte sich mit dem philosophischen Aspekt von Politik, mit der Frage nach dem natürlichen Aufbau der Gesellschaft und mit dem Naturrecht. Arbeiten zur Theorie der Politik, der Entwurf der „natürlichen Verfassung der *società civile*"[3] und kleinere philosophische Schriften waren die Früchte dieser Jahre.

Sein Engagement galt allerdings neben der Wissenschaft ebenso intensiv der pastoralen Praxis. 1828 gründete Rosmini das „Istituto della Carità" („Institut der

---

[1] Vgl. G. LORIZIO: Antonio Rosmini Serbati 1797–1855. Un profilo storico-teologico, Rom 1997 (mit Quellen- und Literaturangaben); eine knappe, sehr kenntnisreiche Skizze in deutscher Sprache bietet V. CONZEMIUS: Antonio Rosmini. Die fünf Wunden der Kirche, in DERS.: Propheten und Vorläufer. Wegbereiter des neuzeitlichen Katholizismus, Zürich 1972, S. 49–62; vgl. auch die Einleitung in F. PFURTSCHELLER: Von der Einheit des Bewußtseins zur Einheit des Seins. Zur Grundlegung der Ontologie bei Antonio Rosmini (1797–1855), Frankfurt a. M. 1977; in engl. Sprache: C. LEETHAM: Rosmini. Priest and Philosopher, New York 1982.

[2] Vgl. dazu Kapitel IV „Risorgimento und Nationalstaat" in R. LILL: Geschichte Italiens vom 16. Jahrhundert bis zu den Anfängen des Faschismus, 4. Auflage, Darmstadt 1988.

[3] Della naturale Costituzione della società civile, posthum 1887 veröffentlicht.

Nächstenliebe"), eine aus Klerikern und Laienbrüdern bestehende Kongregation, die sich besonders der Erziehung und der Jugendarbeit widmen sollte. Elf Jahre nach der Gründung wurde das „Istituto" durch Papst Gregor XVI. offiziell bestätigt. Niederlassungen der Rosminianer-Patres finden sich heute vor allem in Italien, in Großbritannien und in Südamerika.

1830 veröffentlichte Rosmini eines seiner Hauptwerke, den „Neuen Versuch über den Ursprung der Ideen"[4], in dem er die erkenntnistheoretische und fundamental-metaphysische Basis für seine großen rechts-, gesellschafts- und moralphilosophischen Arbeiten legte. Deren Publikation im Laufe der dreißiger und vierziger Jahre[5] machten ihn zu einem der prominentesten, aber auch umstrittensten Denker Italiens und zu einem wichtigen Protagonisten jener von politischer, religiöser und kultureller Reformstimmung geprägten Zeit des italienischen „Risorgimento".

Das Revolutions- und Kriegsjahr 1848 katapultierte Rosmini kurzzeitig auf die Bühne der italienischen Staatenpolitik. Es war das Jahr, in dem er eine Reihe von Reformschriften veröffentlichte, in denen er für Kirche und Staat die Rückbesinnung auf die christlichen Grundwerte und die konstitutionelle und spirituelle Erneuerung an Haupt und Gliedern anmahnte.[6] Beifall und Kritik zog er insbesondere mit seinem kirchenpolitischen Reformvorhaben auf sich, das er in der an den katholischen Klerus gerichteten Untersuchung „Die fünf Wunden der Heiligen Kirche" darleg-

---

[4] Nuovo Saggio sull'origine delle idee, Rom 1830

[5] Dazu zählen A. ROSMINI: Principj della scienza morale (*Prinzipien der Ethik*), Mailand 1831; DERS.: Il rinnovamento della filosofia in Italia proposto da C. T. Mamiani della Rovere ed esaminato da Antonio Rosmini-Serbati (*Die Erneuerung der Philosophie in Italien nach den Vorstellungen von C. T. Mamiani della Rovere. Kritische Prüfung durch Antonio Rosmini*), Mailand 1836; DERS.: Sulla filosofia di Victor Cousin o sull'eclettismo francese (*Victor Cousins Philosophie oder der französische Eklektizismus*), Mailand 1837; DERS.: Antropologia in servizio della scienza morale (*Anthropologie im Dienst der Ethik*), Mailand 1838 (geschrieben 1831–32); DERS.: Filosofia del Diritto (*Philosophie des Rechts*), Mailand 1841–43.

[6] Hervorzuheben sind „La Costituzione secondo la giustizia sociale" (*Die Verfassung gemäß der sozialen Gerechtigkeit*), mit dem Anhang „Sull'unità d'Italia" (*Von der Einheit Italiens*) sowie „Progetto di Costituzione per lo Stato Romano" (*Verfassungsentwurf für den Kirchenstaat*). Aus dieser Zeit stammt auch die bemerkenswerte ideologiekritische Schrift „Saggio sul Comunismo e Socialismo" (*Abhandlung über den Kommunismus und den Sozialismus*), Florenz 1849. (Die um 1989 entstandene deutsche Übersetzung von I. Höllhuber wurde bisher nicht veröffentlicht, vgl. Biblioteca Rosminiana, Stresa.) Grundlegend zur Entwicklung von Rosminis politischen und religiösen Anschauungen sowie zur Interdependenz von Gesellschaftstheorie und theologischekklesiologischen Positionen des Roveretaners ist F. TRANIELLO: Società religiosa e società civile in Rosmini, 2. Aufl. Brescia 1997; DERS.: Politica e religione in Antonio Rosmini, in DERS.: Da Gioberti a Moro. Percorsi di una cultura politica, Mailand 1990, S. 25 ff; zur Bedeutung des Roveretaners für den reformorientierten Katholizismus vgl. F. TRANIELLO: Cattolicesimo conciliatorista. Religione e cultura nella tradizione rosminiana lombardo-piemontese (1825–1870), Mailand 1970; zur Diskussion um den italienischen „liberalen Katholizismus" und Rosminis Position vgl. F. TRANIELLO: Cattolicesimo liberale, in DERS.: Da Gioberti a Moro, cit., S. 11 ff.

Antonio Rosmini – eine biographische Skizze 17

te.⁷ Zur publizistischen und wissenschaftlichen Tätigkeit trat nun für einen Moment die Rolle als politischer Vermittler hinzu: Von der piemontesischen Regierung wurde Rosmini mit der Aufgabe betraut, bei der Kurie die Zustimmung zu einer Konföderation der italienischen Staaten zu erwirken.⁸ In dieser Mission begab er sich nach Rom; doch seine Vermittlungsversuche scheiterten. Gleichwohl folgte er Papst Pius IX. auf dessen Flucht vor der römischen Revolution nach Gaeta. Unter dem Eindruck der Aufstände im Kirchenstaat gewannen jedoch am päpstlichen Hof im Exil die Reformgegner um Kardinal Antonelli die Oberhand, der eine Restauration der Allianz des Papsttums mit dem Hause Österreich befürwortete. Rosmini geriet ins Abseits, er wurde „persona non grata" und, wie er in seinem Tagebuch vermerkte, als „ein großer Heuchler, eine Wunde der Kirche, ein Kommunist" verleumdet.⁹ Auch seine Reformschriften zogen nun das Mißtrauen der Kurie auf sich und wurden 1849 verboten. Es begann damit erneut jene polemische Kampagne gegen Rosmini, die schon zu Beginn der vierziger Jahre eingesetzt hatte, als, zumal durch prominente Vertreter der Societas Jesu, wiederholt der Verdacht der Heterodoxie gegen sein philosophisches System vorgebracht worden war. In zahlreichen Richtigstellungen und Erläuterungen zu seinem Werk hatte er diesen Verdacht auszuräumen versucht. Dieses Mal wurde der Vorwurf auf Veranlassung des Papstes durch die Index-Kongregation geprüft und 1854 formaliter fallengelassen.

Nach dem Mißerfolg seiner römischen Mission zog sich Rosmini nach Stresa am Lago Maggiore zurück, wohin er schon 1836 sein „Istituto" verlegt hatte, auch um der Kontrolle durch die österreichischen Behörden zu entgehen. Hier setzte er die philosophische Arbeit fort.¹⁰ Alessandro Manzoni, der Dichter und Philologe Niccolò Tommaseo und der Politiker Ruggiero Bonghi gehörten zu den engen Freunden und Gesprächspartnern dieser Jahre. Ihr Zeugnis zeigt Rosmini als einen durch die Anfeindungen keineswegs verbitterten, sondern heiter-ausgeglichenen, tiefgläubigen Menschen, in dem sich Gehorsam gegenüber seiner Kirche und ungebrochenes Vertrauen in ihre Reformfähigkeit auf eindrucksvolle Weise verbanden. In Stresa starb Rosmini am 1. Juli 1855. Unvermindert ging auch nach seinem Tod die polemische Auseinandersetzung mit seinem Werk weiter, zumal mit den posthum veröffentlichten Schriften, in denen nach Meinung seiner Gegner Auffassungen vertreten wurden, die der katholischen Lehre widersprachen. Ihre Interpretation wurde gestützt durch das 1888 von der Kongregation des Heiligen Officium

---

7 Delle cinque piaghe della Santa Chiesa. Trattato dedicato al Clero cattolico, hg. von C. RIVA, Brescia 3. Auflage 1967, Neuausgabe von N. GALANTINO, Mailand 1997; vgl. F. TRANIELLO: Società religiosa, cit., S. 201 ff.
8 Von seinem politischen Auftrag berichtet Rosmini selbst in „Della missione a Roma di Antonio Rosmini", die posthum 1881 in Turin erschien, krit. Edition, hg. von L. MALUSA, Stresa 1998; vgl. F. TRANIELLO: Società religiosa, cit., S. 315 ff.
9 A. ROSMINI: Diario della carità, hg. von F. ORESTANO, Rom 1934, S. 404.
10 Vgl. auch I. HÖLLHUBER: Geschichte der italienischen Philosophie von den Anfängen des 19. Jahrhunderts bis zur Gegenwart, München 1969, S. 44 ff; ein Verzeichnis sämtlicher Schriften des Roveretaners bei G. LORIZIO: Antonio Rosmini-Serbati, cit., S. 289 ff.

erlassene Decretum „Post obitum" („Nach dem Tode"), das vierzig Thesen, die aus den theologisch-philosophischen Schriften Rosminis zusammengestellt wurden, als nicht mit der katholischen Lehre übereinstimmend verurteilte. Diese Verurteilung änderte allerdings nichts daran, daß Rosminis Anschauungen und seine kirchen- und gesellschaftspolitischen Reformpläne zahlreiche Anhänger in katholischen wie in nicht-katholischen Kreisen fanden.[11] Gleichwohl hat die lehramtliche Verurteilung dafür gesorgt, daß sich Rosminis Wirkung in der Wissenschaft und im Bildungswesen lange Zeit eher „subkutan" und kaum über Italiens Grenzen hinaus entfaltet hat und daß erst in den letzten Jahrzehnten, zumal nach dem II. Vatikanischen Konzil, eine unbefangenere Würdigung dieses großen „Brückenbauers" zwischen Kirche und Gesellschaft stattfinden konnte.

---

[11] Zur Wirkungsgeschichte Rosminis, insbesondere im Umfeld des sogenannten „liberalen Katholizismus" sowie im Erziehungs- und Unterrichtswesen vgl. F. TRANIELLO: Riformismo e filosofia nella questione rosminiana, in DERS.: Cultura cattolica e vita religiosa tra ottocento e novecento, Brescia 1991, S. 117 ff; DERS.: Rosmini e la tradizione dei cattolici liberali, ibid., S. 181 ff; DERS.: Tradizione rosminiana e spiritualità cattolica, ibid., S. 201 ff.

Einführende Bemerkungen
zu Antonio Rosminis *Philosophie der Politik*

von Francesco Traniello

1. Die Grundzüge des Werkes

Antonio Rosminis „Philosophie der Politik" wurde zum ersten Mal in Mailand in Form von insgesamt vier Faszikeln veröffentlicht. Der erste Faszikel erschien 1837. Er enthält das *Vorwort*, das mit einer *Übersicht zur Philosophie der Politik* abschließt, sowie die Abhandlung mit dem Titel *Vom umfassenden Grund für den Bestand oder den Untergang der menschlichen Gesellschaften*. Die drei folgenden Faszikel wurden zwischen April und November 1839 publiziert. Sie enthalten den Traktat *Die Gesellschaft und ihr Ziel*. Hervorzuheben ist, daß die beiden Abhandlungen nur einen Teil der in der *Übersicht* genannten Themen abdecken und mithin nur, wie Rosmini selbst vermerkt, „Fragmente" der Philosophie der Politik darstellen, wenngleich Fragmente von beträchtlichem Umfang.

Wir haben es also, trotz des Titels, nicht mit einer systematischen *Philosophie der Politik* zu tun. Dergleichen hat Rosmini nicht veröffentlicht. Es ist eigentümlich, daß in dem immensen, auf philosophische Systematik angelegten Gesamtwerk dieses Autors ausgerechnet jene Abhandlung zur *Philosophie der Politik* fehlt, die er Zeit seines Lebens geplant und zu der er immer wieder angesetzt hatte. Als Rosmini 1855 starb, hinterließ er in seinen Aufzeichnungen eine Reihe unterschiedlich ausgearbeiteter Zusammenfassungen des geplanten Werkes ebenso wie zahlreiche Entwürfe, Erstfassungen, begonnene, aber nicht zu Ende geführte Teile, manche von erheblichem Umfang, bisweilen nach Jahren der Unterbrechung wiederaufgenommen und neubearbeitet, die in den philosophisch-politischen Traktat hätten einfließen sollen. Der überwiegende Teil dieser Schriften wurde (mit erheblichen philologischen und editorischen Mängeln) posthum veröffentlicht. Und nicht zuletzt hinterließ der Roveretaner wichtige, bereits zu Lebzeiten edierte theoretische Arbeiten zur Politik, Verfassungslehren und polemische Stellungnahmen zu aktuellen politischen Fragen. Aber jene entscheidende Abhandlung *der* Philosophie der Politik blieb ein Ziel, auf das er sein ganzes Leben lang zusteuerte, ohne es zu erreichen. Diese Eigentümlichkeit liefert uns in gewisser Weise ein hermeneutisches Kriterium für den kritischen Zugang zum Text und dient uns als Ausgangspunkt für drei einleitende Betrachtungen.

Die erste lautet, daß die Politik als Feld der philosophischen Reflexion und theoretischen Auseinandersetzung durchgängig und bestandig den Brennpunkt in Rosminis Denken darstellte, ja daß sie in gewisser Hinsicht den Rahmen oder das "Bindegewebe" seines gesamten Werkes bildete. Die zweite lautet, daß das Buch mit dem Titel „Philosophie der Politik" zwar eine eigenständige Thematik besitzt, daß es aber zugleich Teil einer weitgespannten, durchaus heterogenen Galaxis von Arbeiten ist, die samt und sonders um die Politik kreisen. Und drittens, daß sich Rosminis Philosophie der Politik niemals zu einem „System" mit abgeschlossener, organischer Form verdichtet hat. Sie präsentiert sich vielmehr als ein *corpus* von Schriften und Ideen mit relativ konstanten, einheitlichen Leitmotiven bei gleichzeitiger permanenter innerer Dynamik und kontinuierlicher selbstkritischer Revision, deren Ursache sowohl in der nie vollständig überwundenen Spannung zwischen ihren verschiedenen zugrundeliegenden weltanschaulichen Prinzipien als auch in der rezeptionsbereiten Haltung des Autors gegenüber den Wandlungen der zeitgenössischen Geisteswelt und den geschichtlichen Umbrüchen zu suchen ist. Diese Züge machen die Modernität von Rosminis politischem Denken aus – gerade auch im Sinne des Fragmentarischen und Unabgeschlossenen – führen aber zugleich zu einer Reihe von Deutungsengpässen und erschweren zudem eine Übersetzung. Hier liegt gewiß ein Grund für die geringe Verbreitung von Rosminis Werken außerhalb Italiens.

2. Das beherrschende Problem: die Säkularisierung der Politik

Aus unseren Vorbemerkungen ergeben sich weitere Fragen, auf die ich eine knappe Antwort zu geben versuche. Ich will die Fragen so formulieren: Welchen Platz hat die Philosophie der Politik als Wissenschaftszweig in Rosminis Denken insgesamt? Welchen Platz nimmt die „Philosophie der Politik" im Kontext von Rosminis vielfältiger und vielgestaltiger Produktion zum Thema „Politik" und noch allgemeiner: im Kontext der Kultur seiner Zeit ein? Welche Lösungen bietet das vorliegende Werk, welche Hauptfragen der politischen Theorie bleiben dagegen ungelöst oder schlicht ausgeklammert, aufgeschoben oder verdrängt?

Die Antwort auf die erste Frage geht von der Feststellung aus, daß Rosmini zu der – zumal in Italien – nicht eben großen Zahl von Autoren gehört, für die die Französische Revolution eine vornehmlich philosophische Bedeutung hatte. In dieser Perspektive erscheint die Revolution als Gipfel und Vollendung eines historischen Langzeitprozesses und gleichzeitig als irreversibler Bruch in der Geschichte. Das heißt, Rosmini betrachtete die Revolution nicht so sehr als Moment der praktischen Anwendung einer konkreten politischen Lehre oder einzelner Doktrinen zu Regierungsform, Volkssouveränität oder Repräsentativsystem, sondern als Höhepunkt und Kollaps einer Idee *des Politischen* als Fundamentalkategorie des Denkens und als Daseinsstruktur. Für ihn stellte die Revolution in erster Linie den Vollzug einer universalen Idee von *Politik als solcher* dar, als deren Horizont er das Prinzip und den Prozeß der Säkularisierung identifizierte – und zwar in dem zweifachen Sinn von Säkularisierung der politischen Gesellschaft und Säkularisierung der politischen Gewalt – sowie den daraus zwangsläufig resultierenden grundsätzlichen Wandel des Begriffs von Politik. Rosminis gesamte philosophisch-politische Reflexion kreist sowohl in analytischer Hinsicht als auch bei der Formulierung eines theoretischen Gegenentwurfs um das große Thema der Säkularisierung der Politik.

Von dieser Feststellung aus kann man in zwei Richtungen weitergehen.

a) Wir finden hier eine Erklärung für die ungeheure Ausweitung der philosophi-

Einführende Bemerkungen 21

schen Interessen des Roveretaners. In Analogie zu den Vertretern der katholischen Restauration war sein Ausgangspunkt zunächst der Plan zu einer „Wiederherstellung und Erneuerung der Gesellschaft". Allerdings gelangte er alsbald zu der Überzeugung, daß dieses ehrgeizige Projekt über die Grenzen der reinen politischen Theorie hinausgehen mußte: Notwendig wurde eine neue *Grundlegung der Philosophie* überhaupt.[1] Das ursprüngliche Projekt, so wie es sich in den unveröffentlichten politischen Frühschriften abgezeichnet hatte, blieb also im Hintergrund präsent, zwang Rosmini aber zugleich zu einem sehr viel kühneren und weitergespannten Ausgriff auf Erkenntnistheorie, Ethik, Anthropologie, Theodizee und Rechtsphilosophie. Die intensive Beschäftigung mit allen diesen Zweigen der philosophischen Reflexion beeinflußte ebenso wie die spirituelle Entfaltung und theologische Vertiefung der eigenen Religiosität[2] seine Wahrnehmung der politischen Problematik. Die „Frage nach dem Politischen" erweiterte und differenzierte sich in dem Maß, wie sich sein philosophisches Denken erweiterte und differenzierte: Die Ausweitung des Feldes der philosophischen Untersuchung bedeutete eine parallele Ausweitung der Fragestellungen, die sich aus den Reflexionen über die Politik ergaben, wodurch deren Grenzen verschwammen. Dies war auch, wie noch zu zeigen ist, eine Folge der Schwierigkeit, der sich Rosmini bei der Definition des idealen „Raumes" der politischen Ordnung gegenübersah.

b) Geht man davon aus, daß die Säkularisierung der Politik die Hauptachse in Rosminis Denken darstellt, läßt sich der Roveretaner leichter in den Kontext der europäischen Kultur einordnen. Dabei werden die engen Beziehungen deutlich, die ihn auf unterschiedliche Art in diesen Kontext einbinden. Beschränken wir unsere Betrachtung auf die politischen Theorien des 18. und des 19. Jahrhunderts, mit denen sich Rosminis politische Philosophie unmittelbar kritisch auseinandersetzte, erkennen wir unschwer, daß sich jede von ihnen – zustimmend oder ablehnend – mit Blick auf dasselbe allgemeine Thema der Emanzipation der politischen Ordnung von der religiösen Ordnung entfaltet und differenziert hatte – in der ganzen Bandbreite von der Frage nach dem Legitimationsprinzip politischer Herrschaft bis hin zur Bestimmung der Natur des Staates. In der Tat läßt sich zeigen, daß sich Rosminis politische Philosophie in einem vorwiegend dialektischen Verhältnis zu vier großen Schulen des politischen Denkens entwickelte und Kontur gewann: im Verhältnis zur Vertragslehre, insbesondere in der Version von Hobbes und Rousseau; im Verhältnis zum gegenrevolutionären Traditionalismus der Restauration, insbesondere in der Version von de Maistre und von Haller; im Verhältnis zum Frühsozialismus, insbesondere in der Version von Godwin und Saint-Simon; und im Verhältnis zum Liberalismus, insbesondere in der Version von Constant und Tocqueville. Die Rosmini-Forschung spricht heut-

---

[1] Vgl. dazu E. BOTTO: Etica sociale e filosofia della politica in Rosmini, Mailand 1992, S. 38–39.
[2] Vgl. dazu F. DE GIORGI: La scienza del cuore. Spiritualità e cultura religiosa in Antonio Rosmini, Bologna 1995.

zutage übereinstimmend von einer Linie in Rosminis politischem Denken, die von einer anfänglichen restaurationsnahen gegenrevolutionären Position zu einer zunehmenden Annäherung an die Gedankenwelt des europäischen Liberalismus christlicher Prägung führt.[3] Allerdings läuft ein solches Deutungsparadigma Gefahr, den Roveretaner mit einem Stichwort zu klassifizieren und die spezifischen, originären Züge seines politischen Denkens zu übergehen. Rosminis Eigenständigkeit und sein kritischer Umgang mit der Kultur und mit den politischen Theorien seiner Zeit, insbesondere mit den vier genannten Denkrichtungen, läßt sich nur erfassen, wenn man ins Zentrum seiner *Philosophie der Politik* vordringt, wobei es zunächst deren allgemeine Konturen und Definitionen zu betrachten gilt.

3. Die Wissenschaft *und die* Philosophie der Politik

Rosmini gehörte zu jenen Autoren, die aus der Betrachtung der Revolutionsereignisse die Notwendigkeit einer Totalrevision jener Lehren und Wertesysteme ableiteten, die der Revolution ihre epochale Bedeutung verliehen hatten. Im seinem Falle lag diesem Urteil eine geschichtsphilosophische Konzeption zugrunde, die auf dem Primat der ideellen und moralischen Kräfte als der Agenten im Geschichtsprozeß basierte. Dabei führte sein Weg zunächst in die Richtung, die die Theoretiker der Restauration gewiesen hatten. Carl Ludwig von Hallers „Restauration der Staatswissenschaft" diente ihm anfangs als Quelle und als wichtiges Modell. Um die Mitte der zwanziger Jahre distanzierte er sich jedoch von diesen Vorbildern. Dafür gab es zwei miteinander verknüpfte Motive: Zum einen erschien ihm die Begründung der „Restauration der Staatswissenschaft" – bei von Haller als „Lehre vom Staat" verstanden – zu begrenzt und schwach. Zum anderen bestand die Antwort der Theoretiker der Restauration, insbesondere bei de Maistre, in einer erneuerten Sakralisierung der politischen Souveränität mittels ihrer religiösen Legitimierung. Damit war die Auffassung von der Macht aus göttlichem Recht wiederbelebt worden. Rosmini zufolge verbot sich aber nach dem Revolutionsereignis diese Antwort auf das Problem der Säkularisierung ein für alle Mal. Sie widersprach zudem der Idee vom christlichen zivilisatorischen Fortschritt, die seinem Geschichtsverständnis zugrundelag. Das bedeutete, daß die Geisteshaltung und die Lehrgebäude der Restauration überwunden werden mußten, um die Konfrontation mit den modernen Ideologien aufnehmen zu können.

Nach wie vor war Rosmini allerdings davon überzeugt, daß die angemessene Antwort auf die Revolution eine Restauration der politischen Wissenschaft enthalten müsse. Aber eben diese drei Begriffe „Restauration", „Wissenschaft" und „Politik" hatten für ihn eine semantische Wertigkeit angenommen, die sich von derjenigen der gegenrevolutionären Doktrinen zutiefst unterschied.

---

[3] Was diese Entwicklung betrifft, erlaube ich mir, auf meine Studie *Società religiosa e società civile in Rosmini* zu verweisen (2. Auflage, Brescia 1997).

Einführende Bemerkungen 23

a) Der Begriff „Restauration" implizierte Rosmini zufolge die Idee von der *Rekonstruktion* eines in der christlichen Tradition katholischer Prägung verwurzelten Denk- und Wertesystems, das, gestützt auf das Fundament der Heiligen Schrift, gleichwohl imstande wäre, die Motive und Ansprüche des modernen Denkens in sich aufzunehmen und im eigenen Kontext neu zu interpretieren. Sie neu zu interpretieren, hieß für Rosmini, sie von der Theorie ausgehend zu interpretieren, daß die Revolution selbst, wenn auch nicht ohne Brüche und Widersprüche, Teil des christlichen Fortschritts gewesen war, insofern sie von den „Vernunftprinzipien des Christentums" ihren Ausgang genommen hatte.

b) Die Idee von „Wissenschaft" ließ sich Rosmini zufolge nicht von der Idee von Philosophie trennen. Letztlich bedeuteten beide dasselbe, nämlich im klassischen Sinne *episteme*, „Wissenschaft von den letzten Gründen", deren methodisch strenge Erforschung im Falle der Politik die Bedingung der Möglichkeit ihrer Anwendung durch die rationale Regierungs*technik* oder *-kunst* (ital. „*arte* del governare") darstellte.

c) Rosminis Idee der „Politik" hatte sich aus dem vom Begriff des „Staates" geprägten Wortfeld gelöst und verlagert: Ihr spezifischer Untersuchungsgegenstand war jene besondere Form von „Gesellschaft" (ital. „società") geworden, die Rosmini „società *civile*" nannte.

Die Philosophie der Politik war nach Rosmini folglich die Wissenschaft, die mit rationaler Methode die letzten Gründe der *società civile* erforscht. Damit verfolgte sie einen doppelten Zweck: Es ging ihr um den Aufweis der ontologisch abgeleiteten *Finalität* der *società civile*, durch die diese definiert und determiniert ist. Und es ging um die Beschreibung der wissenschaftlichen, das heißt vom Wesen der Gesellschaft selbst abgeleiteten Gesetze, durch die diese *reguliert* wird (ital. „regolata"). Kennzeichnend für Rosminis Philosophie der Politik war also ihr axiologischer und axiomatischer Ansatz in bewußt gesuchter Nähe zu den Verfahren der „mathematischen Disziplinen". Demgegenüber trat der deskriptiv-propositive Ansatz zurück.

4. *Die* società civile *als Untersuchungsgegenstand der* Philosophie der Politik

Im Zentrum der politischen Philosophie des Roveretaners steht die Idee der *società civile*. Sie ist der Dreh- und Angelpunkt, von dem aus diese Wissenschaft Gestalt annimmt. Das Ringen um die Definition der Natur und der Gesetze der *società civile* – wie sie funktioniert und wie sie sich entwickelt – macht den Hauptteil von Rosminis Reflexionen *in politicis* aus und begleitet deren langen, unvollendeten Weg. Von daher tritt die *società civile* zu keinem Zeitpunkt seines Schaffensprozesses als abschließend definierte und in jeder Hinsicht ausgearbeitete philosophische Figur auf. Sie ist eine Idee *in progress*. Entsprechend offen und fließend sind Rosminis Versuche, das Begriffsfeld der Politik abzustecken. Das Werk „Die Philosophie der Politik" stellt eine entscheidende, aber keine abschließende Etappe dieses Denkweges, das heißt der Entfaltung der Idee der *società civile* dar.

In semantischer Hinsicht stand Rosminis Begriff der *società civile* isoliert da:

Er entsprach keiner der Bedeutungen vollständig, in denen die politische Sprache diesen Begriff in seiner langen Geschichte gebraucht hatte und noch gebrauchte. Anklänge an die klassische und thomistische Tradition sowie an die Terminologie der Naturrechtslehre lassen sich allerdings unschwer aufzeigen. Die bemerkenswerte Komplexität der impliziten Bedeutungen in Rosminis Begriff der *società civile* ist aber nur das spektakulärste Beispiel für die Gewohnheit des Roveretaners, sich traditioneller Termini des politischen Vokabulars zu bedienen und mit neuer, spezifisch „rosminianischer" Bedeutung zueigen zu machen. Allgemeiner betrachtet verweist dieses Beispiel auf die generell geringe Vergleichbarkeit seiner politischen Philosophie mit anderen theoretischen Entwürfen.

Eine Exegese von Rosminis Begriff der *società civile* fällt dagegen leichter, wenn man deren Herkunft und theoretische Funktion betrachtet. Dabei läßt sich erkennen, daß der Begriff der *società civile* die philosophisch-politische Formel darstellt, in der sich Rosminis Antwort auf das Problem der Säkularisierung verdichtet. Unter diesem Aspekt markiert das Werk „Die Philosophie der Politik" eine entscheidende Etappe. Hier offenbart sich nämlich Rosminis Grundanliegen bei der Konzeption der Idee der *società civile*: Es ging darum, dem Problem der Säkularisierung nicht auf der theoretischen Ebene der Macht – oder der Souveränität oder des Staates, verstanden als politisches Machtgefüge – zu begegnen, sondern in der Sphäre der Gesellschaft. Damit distanzierte sich Rosmini vom überwiegenden Teil des katholischen Denkens der Restauration. Denn er begriff, daß der Knoten der Säkularisierung nicht durch die ausschließliche Konzentration auf die Theorie der Macht gelöst werden konnte, sondern auf der Ebene der politischen Soziologie angegangen werden mußte. Notwendig war demnach eine allgemeine Theorie der Gesellschaft als Alternative zu jenen Gesellschaftslehren, die in die Revolution eingemündet und darin zum Ausdruck gekommen waren. Die „Philosophie der Politik" stellt einen ersten Entwurf dieser *Soziologie der Politik* dar. Hier finden sich – wenngleich durch die Diskontinuität der Darlegung und die weitausholenden Exkurse gleichsam verdeckt – die Eckpfeiler von Rosminis Analyse der Säkularisierung. Wie wir angedeutet hatten, steht sie im Zusammenhang mit seinen in anderen politischen Werken, speziell in jenen zur politischen Philosophie erarbeiteten Ergebnissen. Zum besseren Verständnis sollte insbesondere die 1827 entstandene Arbeit „Von der natürlichen Verfassung der *società civile*" herangezogen werden. Auch sie blieb unvollendet und wurde posthum veröffentlicht (1887).

Alle diese Werken zeigen, daß sich Rosminis Umgang mit dem Problem der Säkularisierung der Politik vor dem Hindergrund des katholischen Denkens seiner Zeit durch Eigenständigkeit und Originalität auszeichnete. Sein Ansatz lebte von zwei Grundannahmen: Die eine lautete, daß sich ein gewisses Maß an Säkularisierung ursprünglich dem Einfluß des Christentums selbst auf die politische Ordnung verdankte, so daß die lange Geschichte dieses Einflusses als Geschichte der fortschreitenden – allerdings nicht linearen – *Desakralisierung* der Macht und der *Entstehung* einer eigenen politischen Sphäre gelesen werden mußte. Dies betraf insbesondere die Frage nach der Quelle der Legitimität von Herrschaft. Rosmini zufolge enthielt die politische Interpretation des paulinischen Mottos „omnis potestas

Einführende Bemerkungen 25

a Deo" im Sinne eines Königsrechts göttlichen Ursprungs in der christlich-abendländischen Geschichte ein radikales Mißverständnis auf heterodoxer Grundlage.[4]
Die Säkularisierung der Quelle der Legitimität der politischen Macht stellte sich folglich als das Ergebnis des langen Weges dar, den das Christentum für die Geschichte der Zivilisation (ital. „civiltà") vollbracht hatte. Völlig anders mußte die Säkularisierung dagegen beurteilt werden, wenn man sie als Ablösung und Trennung der politischen Gesellschaft von der Sittlichkeits- und Wahrheitsordnung verstand, die vorgegeben, das heißt *ein für alle Mal* vom Christentum definiert und, so Rosmini, der Kirche zur Verwahrung anvertraut war. Das war der Kern der modernen Säkularisierung, das war die eigentliche Herausforderung, deren verheerende Fehlentwicklungen es aufzuzeigen galt. Gemäß Rosminis Diagnose gehörte zu diesen Fehlentwicklungen vor allem die Tatsache, daß die Ablösung der Politik von der durch das Christentum verbürgten Werte- und Wahrheitsordnung als notwendigen dialektischen Gegenschlag eine ethische Auflade der Politik erzeugte, ein Selbstverständnis des Politischen als höchste und absolute Instanz, Letztkriterium von Wahrheit und Sittlichkeit und integrale und perfekte Lebensdimension. Von daher gehörte Rosmini zu den ersten nachrevolutionären Denkern, die einen wichtigen Beitrag zur Analyse des möglichen totalitären Ausgangs der politischen Ideologien als Säkularisate geleistet haben. Er war einer der ersten Kritiker dessen, was man ein Jahrhundert später die „totalitäre Demokratie" genannt hat. Er beschrieb auch in den Grundzügen die dialektische Kehre, durch die dieses Säkularisierungsmodell dahin tendiert, sich in eine neue Form von Sakralität zu kleiden und in neue „religiöse" Glaubensüberzeugungen und Doktrinen, in neue innerweltliche „Kirchen" zu verwandeln. Er erkannte, daß gerade durch die Säkularisierung eine Resakralisierung der Politik möglich wurde, die dem ethischen Besitz und dem Wahrheitsgehalt des Christentums fremd und feindlich war, ebenso wie es die Sakralisierung der Souveränität durch göttliches Recht gewesen war, ja sogar noch stärker als diese.
Die Hauptschritte dieses Weges verliefen auf der gedanklichen Linie, die Hobbes mit Rousseau verband, insofern beide von einer analogen Konzeption des Gesellschaftsvertrags ausgegangen waren, die es gestattete, die politische Gesellschaft („civil state" bei Hobbes) als ein radikal autonomes und autoreferentielles Gefüge zu betrachten. Von Rousseau führte die Linie weiter zum Jakobinismus und zum Frühsozialismus. Ihr Kennzeichen war der utopische Anspruch, auf politischem Wege eine perfekte und identitäre Gesellschaft zu realisieren, in der die höchste Freiheit mit der höchsten Gerechtigkeit zusammenfallen würde. Nach Rosmini war für diese zuletztgenannten Lehren der *Perfektismus* (ital. „perfettismo") verantwortlich, also „das System, das die Vollkommenheit in den menschlichen Dingen für möglich hält und das die gegenwärtigen Güter für die erdachte zukünftige Vollendung opfert". Dabei, so heißt es in seiner Definition des *Perfektismus*, wird das ontologische Prinzip der „Begrenzung der Dinge" übergangen, dem zufolge „es Güter

---

[4] D. ZOLO: Il personalismo rosminiano. Studio sul pensiero politico di Rosmini, Brescia 1963, S. 194 ff.

gibt, deren Existenz ohne die Existenz von Übeln völlig unmöglich wäre".[5] Auf diese Weise griff der Diskurs über die Politik das Problem der Theodizee auf. Wir müssen uns hier auf diese Andeutung beschränken, ohne Rosminis Argumentation im einzelnen nachzeichnen zu können.[6]

5. Der Despotismus als politikwissenschaftliches Problem

Wichtig in unserem Zusammenhang ist hingegen der Hinweis, daß das Thema der Säkularisierung der Politik eng mit einem weiteren Schlüsselthema zusammenhing, dem für die Genese von Rosminis Theorie der *società civile* zentrale Bedeutung zukam. Gemeint ist das Phänomen des Despotismus. Rosmini ging auch hierbei von der Vorstellung aus, daß dieses Problem nach der Französischen Revolution radikal anders angegangen werden müsse als im vorrevolutionären politischen Denken von Montequieu bis Kant. Gleichwohl lieferte ihm diese Tradition reichlich Material und einen beachtlichen Teil seines politischen Vokabulars. Stark verkürzt kann man sagen, daß Rosmini zufolge die Revolution bewiesen hatte, daß die Antwort der Aufklärung auf das Problem des Despotismus ungenügend gewesen war, insofern sie sich auf die Gegenüberstellung von *legibus absolutus* und Herrschaft der Gesetze konzentriert hatte. Er selbst dagegen stellte die Frage nach dem *Despotismus der Gesetze*: Auch die Herrschaft der Gesetze konnte despotisch sein, wenn sie nicht bestimmte Bedingungen und Grenzen anerkannte. Damit differenzierte der Roveretaner zwischen dem Problem des Despotismus – der in der „Philosophie der Politik" auch als *Absolutismus* bezeichnet wird – einerseits und dem Problem der Regierungsformen beziehungsweise der Frage nach der Verfügung über die gesetzgebende Gewalt andererseits.[7] Eine wirkliche Lösung konnte nicht darin bestehen, daß man diese Verfügungsgewalt schlicht verschob, zum Beispiel vom Monarchen auf das Volk. Denn eine wirkliche Lösung hing nach Rosmini nicht mit der Regierungsform, sondern mit der Substanz der Prinzipien zusammen, auf denen die politische Gesellschaft beruhte: Sie war nicht in erster Linie ein Problem der Politik, sondern der Ethik. Tatsächlich konnte sich der Despotismus von der Ebene der Regierung ins Herz der Gesellschaft selbst verlagern, sobald sich diese als Quelle des Rechts gerierte.[8] Zwischen *Recht* und *positivem Gesetz* bestand aber für Rosmini ein fundamentaler Unterschied, gleichgültig, wie oder durch wen die Gesetze erlassen waren. In seiner Typologie des Despotismus wird dessen moderne Variante als „gesellschaftlicher Despotismus" bezeichnet – am auffälligsten verkörpert im Despotismus während und nach der Französischen Revolution. In diesem Sinne stellte der moderne Despotismus für Rosmini die Kehrseite der Säkularisierung dar.

---

[5] Vgl. *Philosophie der Politik, Vom umfassenden Grund*, Kap. 14.
[6] Nach wie vor grundlegend zu diesem Thema ist P. PIOVANI: La teodicea sociale di Antonio Rosmini, Brescia ²1997; vgl. auch G. LORIZIO: Eschaton e storia nel pensiero di Rosmini. Genesi e analisi della „Teodicea" in prospettiva teologica, Rom-Brescia 1988.
[7] Vgl. *Philosophie der Politik, Die Gesellschaft und ihr Ziel*, Buch I, Kap. 11.
[8] E. BOTTO: Etica sociale, cit., S. 161 f.

Einführende Bemerkungen 27

6. *Ziel und Zweck der* società civile

Die genannten Elemente erlauben es uns, Rosminis Theorie der *società civile* in seine Philosophie der Politik einzuordnen. Auf dem Wege subtiler Differenzierungen näherte sich der Roveretaner der Definition ihrer Konturen. Ein klar bestimmter Bezugspunkt war jedoch stets gegeben: die Untersuchung des *telos* der Gesellschaft, eines der Kernanliegen in der Geschichte des politischen Denkens. Der Titel des zweiten Buchs der „Philosophie der Politik": „Die Gesellschaft und ihr Ziel" nimmt darauf ausdrücklich Bezug. Das Ziel der *società civile* zu bestimmen, hieß für Rosmini, a) ihr Wesen zu definieren, b) davon ausgehend die Grenzen der Politik, verstanden als *Regierungskunst* (ital. „arte del governare"), festzulegen – als die Kunst, „die *società civile* zu ihrem wahren Ziel zu lenken" – und schließlich c) die Gesetze der Politik als Wissenschaft aufzustellen. Bei dieser Aufgabe läßt sich Rosminis größte formale Nähe und zugleich seine größte inhaltliche Distanz zu den politischen Theorien der Aufklärung feststellen. Von der Kultur der Aufklärung übernahm er die Vorstellung vom *Glück* als dem Letztziel der Gesellschaft, wandelte dann jedoch dessen inhaltliche Bestimmung in dreifacher Hinsicht radikal ab: zum einen durch die These, daß das menschliche Glück ontologisch auf die Sphäre des Göttlichen bezogen und folglich außerhalb einer religiösen Dimension undenkbar ist. Gestützt wurde diese These von einer Reihe von Argumenten, die der Psychologie und der Anthropologie entlehnt waren. Die These besagte überdies, daß die religiöse Dimension von der christlichen Offenbarung positiv und abschließend definiert worden war. Die zweite inhaltliche Neubestimmung lag in dem Aufweis, daß das Glück niemals mit einem *öffentlichen Wohl* oder einem *kollektiven Nutzen* identifiziert werden kann, insofern es wesenhaft mit der intellektuellen und affektiven Tätigkeit des Individuums als Person zusammenhängt. Drittens stellte Rosmini einen bloß indirekten, sozusagen mittelbaren Bezug zwischen dem Glück als dem *Letztziel* der Gesellschaft und der Bestimmung der unmittelbaren Zwecke her, die zusammengenommen das *Nahziel* (ital. „fine prossimo") der *società civile* ausmachen. Bezogen auf die *società civile* ging seine Lehre vom Glück dabei von einer doppelten Einschränkung axiologischer Art aus: Gleichgültig wie das Nahziel der *società civile* konkret definiert wird, es muß die Erlangung des menschlichen Glücks unterstützen, es darf sie nicht behindern, auch wenn dieses Glück selbst nicht der unmittelbare gesellschaftliche Zweck ist. Daraus folgt die zweite Einschränkung: Die *società civile* darf den Individuen deren Weg zum je eigenen Glück nicht vorschreiben. Rosmini berief sich in diesem Zusammenhang auf das Wort des Lukasevangeliums[9] und sprach von der dienenden Rolle der *società civile*, zu deren spezifischen (aber nicht exklusiven!) Zwecken er die „Sicherheit aller Rechte der assoziierten Einzelpersonen" sowie „die Bewahrung der größtmöglichen bürgerli-

---

[9] 22, 25–26: „Die Könige der Völker herrschen über sie, und die Gewalthaber lassen sich Wohltäter nennen. Bei Euch aber soll es nicht so sein […]."

chen Freiheit aller Einzelpersonen der Gesellschaft" (ital. „libertà civile") rechnete.[10]

Damit erhielt Rosminis Entwurf einen liberalen Anstrich: Politisches Handeln galt den Rechten des einzelnen als Person, der zur Vergesellschaftung von einem seiner *Vernunftnatur* innewohnenden Drang zum Glück angetrieben wird. Diese Vernunftnatur als das konstitutive Element des Menschen unterschied sich für Rosmini grundlegend von der naturalistischen Auffassung von einer „menschlichen Natur", wie sie im 18. Jahrhundert vorgeherrscht hatte und zum Beispiel von Rousseau aufgegriffen worden war.[11] In den liberalen Kontext gehörte auch, daß der Roveretaner der Frage nach den Grenzen des politischen Instrumentariums in Beziehung zum höchsten Ziel – dem Glück – große Bedeutung beimaß. Rosminis politische Theorie stellte sich mithin als eine Philosophie dar, die vom Einzelmenschen herkam – individualistisch, aber nicht atomistisch – und als eine Philosophie der Grenzen der Politik. Aber sein Argumentationsverfahren und dessen Ergebnisse distanzierten ihn wiederum erheblich auch vom liberalen Denken.

7. Die beiden Ebenen der „Philosophie der Politik"

Bei dem Versuch, Rosminis dichte, bisweilen überladene Argumentation nachzuvollziehen, trifft man zwangsläufig auf ein hermeneutisches Problem, das wir bisher noch nicht angesprochen haben. Auf den ersten Blick scheint es ausschließlich den formalen Aufbau zu betreffen. Tatsächlich aber hat es in gewisser Weise auch mit den Inhalten zu tun.

Schon eine flüchtige Lektüre der „Philosophie der Politik" macht deutlich, daß darin die wissenschaftliche Beweisführung auf zwei verschiedenen Ebenen entfaltet wird. Der Untersuchungsgegenstand – die *società civile* – wird von einem zweifachen Standpunkt aus analysiert: in den Ausprägungen, in denen sie historisch in Erscheinung tritt, und als Idealtypus. Es ist bezeichnend, daß Rosmini gegen Rousseaus Forderung nach abstrakter Reflexion mittels reiner Prinzipien polemisiert. Für ihn selbst ist die *società civile* qua Definition ein historisches Gebilde, das, angetrieben von bestimmten Impulsen, nicht linear, zu seiner idealen Vollendung fortschreitet. Unklar ist allerdings, ob Rosmini davon ausgeht, daß diese Vollendung zur Sphäre der historischen Wirklichkeit gehört, oder ob der Weg der *società civile* ein infiniter Prozeß der Annäherung an das Ideal ist. Nimmt man die Äußerungen des Autors wörtlich, scheint die erste Variante zuzutreffen. Die Logik seiner Ausführungen legt dagegen die zweite nahe. Jede der beiden Antworten hat aber für die Definition der Politik als Theorie der *società civile* ihre eigene Relevanz.

Eine analoge Schwierigkeit ergibt sich durch die Art, wie Rosmini die Idee der *società civile* in eine allgemeinere Gesellschaftslehre einfügt. Diese Schwierigkeit wird bereits im Titel des zweiten Buchs der „Philosophie der Politik" offensichtlich,

---

[10] Vgl. *Philosophie der Politik, Die Gesellschaft und ihr Ziel*, Buch III, Vorrede.
[11] Vgl. *Philosophie der Politik, Die Gesellschaft und ihr Ziel*, Buch I, Kap. 4.

der eben nicht lautet „Die *società civile* und ihr Ziel", sondern „Die Gesellschaft und ihr Ziel". Eine der Hauptthesen der „Philosophie der Politik" lautet, daß die *società civile* lediglich eine besondere Spezies der Gattung *Gesellschaft* ist, daß aber das, was „allen menschlichen Vereinigungen (ital. „associazioni") gleichermaßen wesenhaft und gemeinsam" ist, in der Vergangenheit nicht berücksichtigt worden sei.[12] Dieses Defizit hielt Rosmini für die Ursache zahlreicher Lücken und Mängel in der politischen Wissenschaft. Seine eigene Theorie der Gesellschaft als solcher ging dagegen von dem Axiom aus, daß sich die *Gesellschaft* von jeder anderen Form menschlicher Verbindung dadurch unterscheidet, daß jede der beteiligten Personen *Zweck* und nicht *Mittel* des Zusammenschlusses ist. Die *gesellschaftliche Bindung* (ital. „vincolo di società") ist mithin *per definitionem* eine Verbindung zwischen Personen, die als *Glieder der Gesellschaft* (ital. „soci") die gleiche Dignität als Zweck haben. Damit unterscheidet sich die gesellschaftliche Bindung von jeder anderen Form von Bindung, zum Beispiel von der Bindung durch Eigentum (Bindung Mensch-Sache) oder durch Herrschaft (ital. „signoria"), die impliziert, daß ein Mensch über einen anderen Menschen dieselbe Verfügungsgewalt (ital. „dominio") wie über Sachen hat. Hier ist der Mensch nicht notwendigerweise Zweck, er kann auch bloßes Mittel sein. Rosmini war durchaus der Ansicht, daß solche nicht-gesellschaftlichen Bindungen legitim sind und Recht setzen. Dieses Recht ist aber eben kein gesellschaftliches Recht (ital. „diritto sociale"), auch wenn die Gesellschaftsordnung es wie jedes andere Recht achten muß. Rosmini bestimmt also den spezifischen Charakter der Gattung *Gesellschaft* und betont ihren unverzichtbaren moralischen Gehalt, ohne den überhaupt nicht von *Gesellschaft* gesprochen werden kann. Dann jedoch – und zwar im Zusammenhang mit der *Gesellschaftsordnung* – verschiebt sich die Analyse und beschränkt sich im weiteren auf einen bestimmten Typ von Gesellschaft. Tatsächlich erfassen die Ausführungen des zentralen 9. Kapitels (Buch I) zur *Verwaltung und Regierung* der Gesellschaft von ihren Inhalten her, jedoch ohne daß dies ausdrücklich gesagt wird, nicht jene beiden Formen überzeitlicher Gesellschaften, die in Rosminis Lehre zusammen mit der *società civile* die drei Grundformen von Gesellschaft darstellen: die häuslich-familiäre Gesellschaft und die universale Gesellschaft des Menschengeschlechts (die von Rosmini „theokratische Gesellschaft" genannt wird, was bedeutet: *Gesellschaft zwischen Gott und dem Menschengeschlecht*). In diesem Abschnitt behandelt die „Philosophie der Politik" also nicht die Gesellschaft an sich, sondern solche besonderen Gesellschaften, die man *willentlich, historisch* und *auf Vereinbarung beruhend* nennen könnte, wobei zu dieser Sorte von Gesellschaften für Rosmini zweifellos die *società civile* gehört. Kurz gesagt, die von Rosmini ausführlich thematisierte Genese und die Historizität der *società civile* vertragen sich schwerlich mit der Definition ihrer idealen Struktur, die ihre Überzeitlichkeit festzuschreiben scheint, insofern sie sie an die rationale Natur des Menschen bindet. Man kann daher von einem Dilemma der *società civile* sprechen, das folglich auch das Dilemma der Politik bei Rosmini ist, die sich an einer heiklen Schnittstelle zwischen Sein und Sein-Sollen ansiedelt.

---

[12] Vgl. *Philosophie der Politik, Die Gesellschaft und ihr Ziel*, Buch I, Vorrede.

In diesem Dilemma kommt die zweifache Denktradition zum Ausdruck, die in Rosminis Theorie einfließt[13]: die klassische Tradition, für die die *societas civilis* zur sozial-rationalen Ordnung gehört, die sich linear durch fortschreitende Ausweitung entwickelt, und der moderne Ansatz der Vertragslehre, für den die Geburt der *società civile* das Produkt einer Diskontinuität, eines freien Willensaktes ist, der zu den vorausgehenden sozialen Formen keine Kontinuitätsbeziehung hat, sondern in einem dialektischen Verhältnis zu ihnen steht. Gleichwohl ist es ein fruchtbares Dilemma, insofern Rosmini dadurch gezwungen war, im Rekurs auf die Geschichte einen Ausweg zu suchen, was seine Theorie der *società civile* dezidiert *historisch* konnotiert.

Die Idee der *società civile* wurde auf diese Weise für Rosmini zum Deutungskanon der gesamten Menschheitsgeschichte und Distinguens ihres Weges als eines Weges der fortschreitenden Eingliederung des Moralgesetzes in die menschlichen Beziehungen im Sinne der wechselseitigen Anerkennung der Dignität als *Zweck*. Unter diesem Aspekt hat auch die Moral, das heißt die Aufnahme und Praktizierung des Moralgesetzes, eine eigene Geschichte, in der das Auftreten und die Wirkung des Christentums den Moment der höchsten Diskontinuität bedeuten. Tatsächlich zielt Rosminis gesamte Argumentation darauf ab, zu zeigen, daß die *società civile* die einzige der christlichen Zivilisation angemessene und mit ihr übereinstimmende politische Formation ist: Sie überträgt die unauslöschliche Prägekraft des Christentums in die politische Sphäre. Damit ist nicht gemeint, daß es Spuren der *società civile* nicht auch in der politischen Geschichte der Gesellschaften vor dem Christentum oder außerhalb des Christentums geben mag, wenngleich deren Ursprünge eher unbestimmt bleiben. Damit ist auch nicht gemeint, daß sich die Idee der *società civile* nach dem Auftreten des Christentums vollständig durchgesetzt hat. Gemeint ist, daß allein die christliche Offenbarung den ethischen Prinzipien, auf denen die *società civile* errichtet werden konnte und errichtet werden kann, durch das Werk der Kirche die verbindliche Darstellung, die organische Verkündigung und die stabile Verankerung gegeben hat. Damit griff Rosmini einen Gedanken des zeitgenössischen katholischen Autors Cesare Balbo auf, der in einem seiner ersten veröffentlichten Werke, dem bekannten Diktum des heiligen Thomas folgend, die These von der Unsterblichkeit der christlichen „Nationen" im Unterschied zur Vergänglichkeit der nichtchristlichen Gesellschaften entwickelt hatte.[14] Das Dogma von der Unvergänglichkeit der christlichen Wahrheit wurde auf diese Weise auf die Geschichte der Zivilisation übertragen. Hier, ebenso wie in der Geschichtsphilosophie, die Rosminis politischer Wissenschaft zugrundelag, zeigen sich deutliche Anklänge an die große Diskussion von Aufklärung und Romantik über die Idee des Fortschritts, über den Ursprung der Nationen und über die Genese und die konstitutiven Merkmale der europäischen Zivilisation. Als weiter zurückliegender Bezugspunkt wäre selbstverständlich auch Giovan Battista Vicos Geschichtstheorie zu nennen.

---

[13] E. BOTTO: Etica sociale, cit., S. 1–9.
[14] Vgl. F. TRANIELLO: Politica e storia nella formazione di Cesare Balbo, in: G. DE ROSA/F. TRANIELLO (HG.): Cesare Balbo alle origini del cattolicesimo liberale, Bari 1996, S. 13 ff.

Einführende Bemerkungen 31

8. Gesellschaft und Regierung

Nun gibt es allerdings in der „Philosophie der Politik" einen Stolperstein, den zu übersteigen Rosmini nicht in überzeugender Weise gelingt. Er betrifft die Beziehung zwischen der Gesellschaft und ihrer Regierung sowie die Tatsache, daß Rosmini ein für jede voluntaristische Gesellschaft gültig erachtetes Schema auf den speziellen Fall der *società civile* übertragen will.

Ein Aspekt der Originalität des Roveretaners besteht darin, so hatten wir angedeutet, daß er die Lehre von der *Regierung* – die er so gut wie nie als „Souveränität" oder „Herrschaft" definiert – untrennbar mit der Lehre von der *Gesellschaft* verknüpft. Umgekehrt ist keine Gesellschaft ohne Regierung denkbar. Um allen Anforderungen und möglichen Konflikten im gesellschaftlichen Zusammenleben entsprechen zu können, muß die Regierung drei wesentliche Ämter umfassen, die Rosmini als Amt des „Verwalters", des „Richters" und des "Vorstehers der Gewalt" definiert. Dabei greift er Montesquieus Lehre von den drei Gewalten auf, arbeitet sie jedoch tiefgreifend um. Die Logik seiner Ausführungen über die voluntaristischen Gesellschaften, zu denen auch die *società civile* gehört, impliziert die Anerkennung der Abhängigkeit der Regierung von den Gesellschaftsmitgliedern und der Kontrolle der Regierung durch die Gesellschaftsmitglieder. Dieser Ansatz wird auf den ersten Blick dadurch bestätigt, daß Rosmini das Modell einer privaten, auf dem Aktienbesitz der Gesellschafter basierenden Gesellschaft heranzieht.[15] Tatsächlich aber vermeidet er es in der „Philosophie der Politik", alle Konsequenzen zu ziehen, die sich aus dem von ihm selbst formulierten Prinzip ergeben, daß „die Verwaltung von ihrer Natur her ein Recht ist, das den Gesellschaftsmitgliedern zukommt". Angesichts der Vorstellung, daß die *Ämter* der Regierung – angefangen von der *Verwaltung* – von der Gesellschaft abhängig sein sollen, bleibt er stehen. Er widersetzt sich dem Prinzip, „daß der Gesellschaftskörper (das Volk) Herr der Verwaltung ist".[16]

Das große Problem, dem der Autor hier ausweicht, betrifft die Autonomie der Sphäre der Regierung gegenüber der Gesellschaft, die sie einrichtet und beauftragt. Rosmini zufolge spielen bei der Beziehung Regierung-Gesellschaft drei Fragen eine Rolle, die seiner Meinung nach von der Mehrheit der politischen Theorien der Moderne unzulässig vermischt worden sind. Die erste Frage betrifft die Herkunft des Regierungsamtes: Sie geht grundsätzlich auf den Willen der Gesellschaftsmitglieder zurück. Die zweite Frage betrifft die tatsächliche Ausübung des Amtes: Die Gesellschaft tritt die Ausübung ab (ital. „abdicare"), wenn sie den Verwalter gewählt hat.[17] Die dritte Frage betrifft die Legitimität der Regierung, die nicht mit dem Willen der Mitglieder, sondern mit der allgemeinen Gerechtigkeitsordnung zu tun hat: Mithin kann sich auch eine von den Mitgliedern legal gewählte Verwaltung in ihren Aktionen als nicht legitim erweisen, wenn sie sich außerhalb der Gerechtigkeit stellt.

---

15 Vgl. *Philosophie der Politik, Die Gesellschaft und ihr Ziel*, Buch I, Kap. 9.
16 Ibid.
17 Ibid.

Wir können folglich Rosminis Version als einen *bedingten Kontraktualismus* bezeichnen. Im unausgesprochenen Rückgriff auf eine These, die der ehemalige Jesuitenpater Nicolò Spedalieri in seinem Buch über die „Rechte des Menschen" vorgestellt hatte, räumt er ein, daß der *Verwalter* vom Gesellschaftskörper entlassen werden kann, wenn er mit der Gesellschaft in einer Vertragsbeziehung steht. Auf die Politik übertragen bedeutet das, daß Amtsinhaber und selbst Regierungsform in bestimmten Fällen ausgewechselt werden können. Aber Rosmini sagt auch, daß die Beziehung zwischen *Verwalter* und Gesellschaft *nicht unbedingt* vertraglicher Art sein muß. Insbesondere will er nicht zulassen, daß die Ausübung der Regierung und ihre Legitimität dem Willen der Gesellschaftsmitglieder unterstehen.

Der kritische Punkt in Rosminis Argumentation liegt darin, daß er einerseits, zumindest tendenziell, die private Beteiligungsgesellschaft zum Modell für Gesellschaft erklärte, wie es zur Zeit der Französischen Revolution schon Emmanuel Sieyès skizziert hatte, daß er aber gleichzeitig der *società civile* eine Finalität zuschrieb, die sich qualitativ von den konkreten, begrenzten Zielen von Privatgesellschaften erheblich unterschied. Im Grunde ging es ihm nicht um die Frage nach der Herkunft des Regierungsamtes, sondern um die Frage nach dessen Aufgaben und Zwecken, deren Synthese im *Wohl der Gesellschaft* und in der *Achtung der Rechte aller Mitglieder* besteht.

9. Rosmini und das liberale Denken

Die Schwierigkeiten, denen sich Rosmini gegenübersah, waren die Folge seines Versuchs, zahlreiche heterogene Denktraditionen miteinander zu versöhnen und zusammenzuführen. Daß in der „Philosophie der Politik" viele Fragen ungelöst geblieben waren, scheint dem Autor wohl bewußt gewesen zu sein. Schließlich hatte er dort eine Vielzahl von Problemen nur am Rande behandelt, die mit dem politisch-institutionellen Gefüge zusammenhängen, welches die Idee der *società civile* und ihre Zweckbestimmung eher hätte konkretisieren können. Ein beachtlicher Teil der späteren Arbeiten galt daher dem Repräsentativsystem und den institutionellen Rechtsgarantien, sowie schließlich der Ausarbeitung eines Verfassungsmodells, das in mancher Hinsicht das Kriterium der politischen Repräsentation aufgriff, das der französischen Verfassung des III. Revolutionsjahres entsprach und auf der Unterscheidung zwischen dem an Besitz gekoppelten aktiven Bürgerrecht und dem passiven Bürgerrecht beruhte. Allerdings wurde bei Rosmini diese Unterscheidung von einem *politisches Tribunal* genannten Organ gleichsam kompensiert, das durch allgemeine Wahl gewählt und zum Schutz der Rechte aller Bürger vor Übergriffen seitens der *Verwaltung* eingerichtet werden sollte.

In dieser Hinsicht muß man also die „Philosophie der Politik" als propädeutische Arbeit verstehen, die darauf abzielte, die allgemeinen Grundlagen für eine Theorie zu legen, der es darum ging, die politische Ordnung in eine überzeitliche Sittlichkeits- und Wahrheitsordnung einzubinden, ohne den Weg über eine Auffassung von Macht als *sacrum*, noch über eine Auffassung von der Gesellschaft als *to-*

tum zu nehmen. Dieses Anliegen brachte Rosmini den liberalen Tendenzen nahe, distanzierte ihn jedoch auch von ihnen.

In diesem Zusammenhang ist symptomatisch, daß der einzige, aber entscheidende Dissens, den Rosmini gegenüber Alexis de Tocquevilles Analyse der drohenden Gefahr eines den demokratischen Systemen inhärenten Despotismus' formulierte, die Beziehung von Mehrheitskriterium und Gerechtigkeitskriterium betraf. Tocqueville hatte in „De la Démocratie en Amérique" auf der Suche nach der Lösung des Konflikts auf eine allgemeine Vorstellung von Gerechtigkeit zurückgegriffen, die „nicht bei der Mehrheit dieses oder jenes Volkes, sondern bei der Mehrheit aller Menschen" zum Ausdruck komme.[18] Für Rosmini dagegen war die Gerechtigkeitsordnung vorgegeben, zwar auf rationalem Wege auffindbar, aber letztlich von der Offenbarung abhängig und unabhängig von Mehrheiten, gleich welcher Art. Eine den Grundzügen der christlichen Kultur entsprechende Politik war gezwungen, diese Gerechtigkeitsordnung zu ihrem Maßstab zu machen.

Analog verhält es sich in Bezug auf Rosminis Kritik an Benjamin Constant: Bei der Bestimmung einer Idee der „Freiheit der Modernen", die strukturell von der „Freiheit der Alten" verschieden sei, bestand zwischen beiden Denkern große Nähe. Zu Constants Auffassung, Religion sei ein Gefühl, fand der Roveretaner dagegen keinerlei Zugang, weder allgemein zu den Ausprägungen einer vagen romantischen Religiosität, noch zur Reduktion des Christentums auf die Formen und auf das Maß einer natürlichen oder sozialen Ethik. Rosmini lehnte jeglichen religiösen Reduktionismus ab. Ihm ging es um die katholische Orthodoxie selbst, wobei er davon überzeugt war, daß sich dort die erforderlichen und fruchtbaren Elemente für eine dialogbereite, aber nicht durch Kompromiß kompromittierte Auseinandersetzung mit der modernen Kultur finden ließen.

10. Die historische Gratwanderung der „Philosophie der Politik"

Rosminis Werk beschreibt eine Gratwanderung des katholischen Denkens in der Konfrontation mit den großen Fragen der modernen Politik, und es steht gewissermaßen im Zeichen dieser Anstrengung. Denn es bewegt sich zwischen zwei Polen: Der eine ist die Vorstellung von einer offenen politischen Gesellschaft, die bereit und imstande ist, die Dynamik widerzuspiegeln, die sich außerhalb von ihr entfaltet, weil sie der unerschöpflichen Kreativität der Einzelpersonen überlassen ist, die von ökonomischen, sozialen und ethischen Impulsen angetrieben werden. Es sind Impulse, die letztlich von der Suche jedes einzelnen nach Glück genährt werden. Von diesem Standpunkt aus kann und darf der spezifische Zweck der *società civile*, so wie Rosmini sie versteht, nicht a priori festgelegt werden. Er wird vielmehr im Lauf der Geschichte selbst durch den Wandel der Lebensbedingungen und Antriebskräfte der Personen festgelegt, die die Gesellschaft bilden. Aufgabe der *società civile* ist es demnach, so gewaltlos wie möglich das Miteinander eines riesigen, vielgestaltigen Komplexes von sich stets wandelnden Rechten zu regeln, die vor ihr und außerhalb von

---

[18] Vgl. *Philosophie der Politik, Die Gesellschaft und ihr Ziel*, Buch III, Kap. 17.

ihr gegeben sind oder konstituiert werden. In dieser Hinsicht paßt Rosminis idealtypische Gesellschaft nahtlos in eine im klassischen Sinne liberale Auffassung von Politik und rückt in vielen Punkten in die Nähe der Theorien vom *Minimalstaat*.

Den zweite Pol bildet eine Idee von Gerechtigkeit, die zu verwirklichen, aber nicht zu definieren die Menschen aufgefordert sind, insofern die Gerechtigkeit zur geoffenbarten Ordnung gehört. Gegenüber der Gerechtigkeit wie gegenüber der Wahrheit besteht die Aufgabe der Politik angesichts der christlichen Offenbarung darin, die Bedingungen bereitzustellen, damit die objektive Werte- und Wahrheitsordnung zunehmend in die Sozialgefüge integriert werden kann, welche sich aufgrund eines historischen Gesetzes ausweiten, vervollkommnen und komplexer werden. Hierbei kommt das langsame, aber stetige Wirken der Kirche, der Hüterin der Offenbarung, in der Welt zum Tragen. Die authentische Aufgabe der Kirche besteht also nicht in einer Intervention in der politischen Sphäre, sondern darin, lebendiges Zeichen für alle und zugleich unangefochtene Deutungsinstanz der Offenbarungsordnung zu sein. Das bedeutet, daß sich die Kirche selbst fortwährend am Maßstab der Offenbarung, die sie bewahrt, überprüfen und einer stetigen inneren Reform öffnen muß.[19]

Die Frage ist berechtigt, inwieweit sich die beiden Pole in Rosminis politischer Philosophie vertragen konnten. Gewiß ist, daß ihm diese bipolare Struktur gestattete, die großen Widersprüche der modernen Politik in gewisser Hinsicht vorauszusehen und zu formulieren, das heißt vor allem zu erkennen, daß sich diese Widersprüche nicht ausschließlich auf der politischen Ebene lösen ließen, sondern daß es erforderlich war, den politischen Diskurs zu verlassen, um die Auseinandersetzung mit ihnen aufnehmen zu können.

Dennoch kann man sich des Eindrucks nicht erwehren, daß sich Rosminis Ansatz nicht allein darauf beschränkte, einige der fundamentalen ideologischen und strukturellen Merkmale des modernen, auf dem Prinzip der Souveränität beruhenden Staates in Frage zu stellen. Wäre es so, könnte man ihn schlicht im Sinne der nachrevolutionären Staatskritik interpretieren. Es spricht aber einiges dafür, daß in seinem Diskurs als mögliche Konsequenz eine Dekonstruktion der Politik selbst als allgemeiner und autonomer Kategorie enthalten ist und daß dieser Diskurs zur Reduktion der Politik tendiert – zur Reduktion auf die Sphäre der *Verwaltung* einerseits, zur Reduktion auf die Sphäre des *Rechts* auf der anderen Seite. Möglicherweise liegt hier der Grund für gewisse begriffliche Oszillationen in Rosminis Konzept der *società civile*. Möglicherweise gelang es Rosmini auch deswegen nicht, das Projekt einer *Philosophie der Politik* zu vollenden.

---

[19] Vgl. A. ROSMINI: Delle cinque piaghe della Santa Chiesa (*Die fünf Wunden der Kirche*), Mailand 1997.

Anmerkungen zur Übersetzung

von Christiane Liermann

I. In den „Einführenden Bemerkungen" haben wir auf die Übersetzung des Kernbegriffs der „Philosophie der Politik" – *società civile* – verzichtet, um die Komplexität dieses zentralen Terminus nicht ohne weiteren Kommentar übersetzend-interpretierend einzuschränken. Mag die Übernahme der italienischen Begriffe für die wissenschaftliche Literatur über Rosmini legitim sein, insofern sich dort bestimmte Termini umschreiben und analysieren lassen, verbot sie sich bei dem Versuch, eines der Hauptwerke des Roveretaners vollständig in deutscher Sprache zugänglich zu machen: Hier mußte eine Übersetzung gefunden werden, nicht zuletzt weil beide Bestandteile des Begriffs, *società* und *civile*, in der „Philosophie der Politik" auch in zahlreichen andersartigen Begriffskombinationen auftreten (z. B. *società umana, società primitiva* etc. beziehungsweise *governo civile, impero civile, nazioni civili* etc.) und mithin je für sich eine adäquate Übertragung ins Deutsche erforderten. Also lag es nahe, auch für das Kompositum *società civile* einen deutschen Terminus zu verwenden. Wir wollen hier einige Entscheidungen bei der Übersetzung von *società civile* und anderer bedeutsamer Termini der "Philosophie der Politik" erläutern.

Dem sei vorausgeschickt, daß die *società civile* nicht nur der Hauptuntersuchungsgegenstand in Rosminis politischer Philosophie ist, sondern auch das markanteste Beispiel für die Vielschichtigkeit der Terminologie im Werk des Roveretaners, die eine Übertragung ins Deutsche schwierig und bisweilen defizitär gegenüber dem Original erscheinen läßt. Hinzukommt, daß Rosmini im Gegensatz zu seinen Freunden Manzoni und Tommaseo gewiß kein großer Stilist war. Obwohl er seine Werke zum überwiegenden Teil diktierte, besitzt seine Sprache nicht den Schwung der gesprochenen Rede. Sie ist hölzern und sperrig, wobei es weniger die lexikalischen Archaismen sind, die den Leser abschrecken können, als die parataktischen Konstruktionen und bisweilen pedantischen Wiederholungen.[1] Beide Aspekte mögen zu der geringen Rosmini-Rezeption in Deutschland beigetragen haben. Bisher liegt nur ein Werk des Roveretaners, die kirchenpolitische Reformschrift „Die fünf Wunden der Kirche", vollständig auf Deutsch vor.[2] Den Zugang speziell zu seinem politischen Denken ermöglicht außerdem eine ins Deutsche übersetzte

---

[1] Daher wurde in der Übersetzung davon abgesehen, Rosminis *Stil* im Deutschen getreulich abzubilden, während in Bezug auf seine *Terminologie* größtmögliche Nähe zum italienischen Text maßgeblich war. Zum besseren Verständnis wurden in die Übersetzung an einigen Stellen wichtige italienische Begriffe in runden Klammern ( ) eingefügt.

[2] A. ROSMINI: Die fünf Wunden der Kirche, krit. Ausgabe mit Einleitung von C. RIVA, üb. von P. I. Erbes, Paderborn 1971.

Auswahl von Texten aus seinen gesellschafts- und rechtsphilosophischen Arbeiten.[3] Gleichwohl war die wissenschaftliche Beschäftigung mit Rosmini in Deutschland bisher – soweit sie überhaupt stattgefunden hat – eher in der katholischen Theologie beheimatet[4], während die politische Wissenschaft und Philosophie kaum Notiz von dem italienischen Denker genommen haben.

Auf der Suche nach einer adäquaten Übersetzung für Rosminis *società civile* ist der Blick auf die lange Geschichte der verschiedenen Bezeichnungen für die *Rechts- und Sittengemeinschaft* oder das *politisch verfaßte Gemeinwesen* nur bedingt hilfreich. Auch vorbildliche deutsche Übersetzungen der „Klassiker", mit denen sich Rosmini auseinandersetzt, gestatten nicht automatisch eine analoge Übersetzung für seine „Philosophie der Politik".[5] Rosminis *società civile* ist nämlich weder mit der aristotelischen *Polis* identisch, noch mit der ciceronianischen *civitas*, noch mit der *société civile* eines Rousseau, eines De Bonald oder eines Tocqueville, noch mit der *civil society* bei Locke, um nur einige prägnante Etappen dieser philosophisch-politischen Figur zu nennen – auch wenn sie sich unter vielen Aspekten selbstverständlich in deren Geschichte einreiht.[6] Aber ihr Gehalt erschließt sich im Grunde nur durch eine Analyse der spezifischen „Termino-Logik" des Roveretaners, die wir in groben Zügen rekonstruieren wollen, um die tatsächlich gewählte, einerseits naheliegende, andererseits doch ob ihrer Bedeutungsfülle rechtfertigungsbedürftige Übersetzung *bürgerliche Gesellschaft* zu erklären.

Nicht *società civile* (und auch nicht *Politik* oder *Staat*, wie man beim ersten Blick auf den Titel des Werkes annehmen könnte), sondern allgemein *società* ohne näher beschreibende Attribute ist der am häufigsten gebrauchte Begriff der „Philosophie der Politik". An seiner Statt werden auch die Begriffe *associazione*, *associamento*, *adunamento*, *aggregazione*, *consorzio*, *comunità*, *convivenza* oder *comunanza* verwendet, wobei die vier zuerstgenannten sowohl den Prozeß des Zusammenschlusses von Menschen als auch, wie die übrigen, den verbandlichen Zustand bezeichnen. Zwischen *società*, der „Gesell-schaft" als dem Verband der *sozi*, der „Gesellen"/„Gesellschafter", und *comunità*, der „Gemein-schaft", wird also inhaltlich nicht per se unterschieden, wie Ferdinand Tönnies dies später tut und für den deutschen Sprachraum kanonisiert[7]: Für Rosminis *società* und die diversen

---

[3] A. ROSMINI: Die Politik als philosophisches Problem, ausgewählt und eingeleitet von M. F. SCIACCA, üb. von I. Höllhuber, München 1963.

[4] Als wichtigster Beitrag ist KARL-HEINZ MENKES Arbeit über „Vernunft und Offenbarung nach Antonio Rosmini. Der apologetische Plan einer christlichen Enzyklopädie" (Innsbruck–Wien–München 1980) zu nennen (ins Italienische übersetzt von C. M. Fenu, Brescia 1997).

[5] Als Beispiele seien genannt AURELIUS AUGUSTINUS: Vom Gottesstaat, üb. von W. Thimme, München ³1991; J.-J. ROUSSEAU: Diskurs über die Ungleichheit, üb. von H. Meier, Paderborn ³1993; A. DE TOCQUEVILLE: Über die Demokratie in Amerika, üb. von H. Zbinden, Zürich 1987.

[6] Vgl. dazu M. RIEDEL: Bürgerliche Gesellschaft, in: Historisches Wörterbuch der Philosophie, hg. von J. RITTER, Bd. 3, Darmstadt 1974, Sp. 466 ff.

[7] F. TÖNNIES: Gemeinschaft und Gesellschaft. Grundbegriffe der reinen Soziologie, Nachdruck der 8. Auflage, Darmstadt 1963.

Anmerkungen zur Übersetzung 37

Synonyma gilt vielmehr, was Manfred Riedel über die aristotelische *koinonìa* gesagt hat, daß nämlich darunter sowohl die verschiedenen, auf Vertrag beruhenden Formen menschlicher Vereinigungen wie naturwüchsige Grundformen des Zusammenlebens im Haus- und Stammesverband verstanden werden.[8] Charakteristikum von *società* im allgemeinsten Sinne ist bei Rosmini zunächst also nicht die Dialektik von „natürlich" und „künstlich", sondern – idealtypisch – der Gegensatz zur *signoria*, zur *Herrschaft*. Während Aristoteles näherhin zwischen der *koinonìa politiké* beziehungsweise *Pòlis* und dem *oikós* unterscheidet, treten bei Rosmini die verschiedenen *Gesellschaften* meistens mit unterschiedlichen Attributen versehen auf, wobei ihr durchgängiges Prinzip der „Selbstzweck" der Person und deren willentliche Teilhabe am gemeinsamen Zweck und Ziel (ital. *fine*) des gesellschaftlichen Ganzen ist: „Wenn alle Einzelpersonen, die geeint sind, ein einziges gemeinsames Ziel haben, worin sie nicht voneinander abweichen – ähnlich den Gliedern eines Körpers, die alle das Wohlergehen des gesamten Körpers zum Ziel haben, so wie der gesamte Körper das Wohlergehen der Glieder zum Ziel hat – dann gibt es Gesellschaft".[9] Allerdings gibt es nach Rosmini den reinen Typ von *società*, in dem das Prinzip der Abwesenheit von *Herrschaft* und der gleichberechtigten Zweckteilhabe uneingeschränkt zur Geltung kommt, in der Menschheitsgeschichte nur in einem einzigen Fall: in der *società religiosa*, dem von Gott gestifteten Bund, der in der *Kirche* seine institutionelle Form hat. Alle anderen historisch-realen Gesellschaften sind de facto Mischformen aus genuin gesellschaftlichen Elementen und signorilherrschaftlichen Elementen[10], oder anders gesagt, sie sind der Ausdruck des permanenten Ringens um die Grenzen zwischen Selbstbestimmung und Fremdbestimmung.

Nun geht es Rosmini in der „Philosophie der Politik" in erster Linie um eine bestimmte Form von Gesellschaft, und zwar um jene, die er häufig, aber nicht durchgängig als *civile* bezeichnet. Im *Vorwort* wird ausdrücklich die *società civile* und nicht irgendeine beliebige Gesellschaft oder schlicht *la società* als Gegenstand der Philosophie der Politik definiert, und die programmatische Vorrede zum zweiten Traktat nennt erneut die *società civile* das Objekt dieser Wissenschaft und ihrer praktischen Anwendung. Gleichwohl gibt es dann Passagen, in denen allgemein von *società*, nicht von *società civile* die Rede ist. Das ist dort unmittelbar einsichtig, wo der Autor expressis verbis nicht den spezifischen Gesellschaftstypus der *società civile* behandelt, sondern die übergeordnete Kategorie *società*, um allgemeine soziologische Gesetzmäßigkeiten aufzuzeigen, die jede Form des Sozialen betreffen. Rosmini wirft der bisherigen „politischen Wissenschaft" (ital. *scienza politica*) ja gerade vor, versäumt zu haben, zunächst die allgemeine Kategorie *società* zu definieren, um dann von dort aus Wesen, Zweck und natürliche Gesetze der speziellen *società civile* zu deduzieren.[11] Seine These lautet, daß nur auf der Basis der vorgängigen und

---

[8] M. RIEDEL, cit., Sp. 466 f.
[9] *Die Gesellschaft und ihr Ziel*, Buch I, Kap. 3.
[10] Vgl. dazu beispielsweise den Exkurs in der Anmerkung zur Vorrede des III. Buches von *Die Gesellschaft und ihr Ziel*.
[11] Vgl. die Vorrede zum zweiten Traktat.

grundlegenden Klärung des Begriffs von Gesellschaft die wissenschaftliche Politik möglich ist, die es mit der *bürgerlichen Gesellschaft* zu tun hat. Die Philosophie der Politik als Wissenschaft von der *bürgerlichen Gesellschaft* bedarf also der allgemeinen Gesellschaftslehre, und diese ihrerseits bedarf der philosophischen Anthropologie und Psychologie, da es der einzelne Mensch ist, von dem her Natur, Dynamik und Ziel der Gesellschaft wissenschaftlich erklärt und normativ bestimmt werden müssen. Theorie und Praxis der Politik finden für Rosmini nicht in einer autonomen Sphäre statt, sondern sind über die Kategorie der Gesellschaft rigoros zurückgebunden an das Individuum als den Grundbestandteil der Gesellschaft. Allerdings ist die Subsumption der *società civile* unter den Oberbegriff *società* in der „Philosophie der Politik" nicht stringent. Die Abgrenzung zwischen allgemeiner Soziologie, die eigentlich nur propädeutischen Charakter haben sollte, und spezieller politischer Soziologie, die der erklärte Gegenstand des Werkes ist, gelingt nicht immer. Denn während der Autor peinlich genau Wesen und Finalität der *società* zu bestimmen sucht, bleibt seine Antwort auf die Fragen unscharf, was dann das spezifisch *civile* an dem besonderen Gesellschaftstypus der *società civile* ist und welche Unterscheidungsmerkmale diese gegenüber der *società* an sich aufweist. Eine systematische Differenzierung, analog zu anderen Spezialformen von *società* (z. B. *società domestica*, *società religiosa*) gibt es weder terminologisch noch inhaltlich, die Besonderheiten der *società civile* müssen vielmehr aus dem Kontext erschlossen werden. Dabei wird deutlich, daß Rosmini oftmals unausgesprochen die Ebene der allgemeinen Soziologie verläßt, um de facto von der *società civile* zu sprechen, so daß über weite Passagen der „Philosophie der Politik" *società civile* und *società* synonym gebraucht werden. Nachvollziehbar wird diese Terminologie, wenn man sieht, daß sich die *società civile* bei Rosmini weder durch eine spezifische historische oder anthropologische Entstehungssituation, noch durch ein bestimmtes System der Machtverteilung oder eine bestimmte Rechtsordnung auszeichnet, sondern dadurch, daß in ihr die allgemeine Norm von *Gesellschaft* erfüllt wird: Teilhabe der Mitglieder an einem Bonum Commune. Wenn dieses weder von Gott gestiftet, noch von der Natur eingerichtet, sondern von den Menschen festgelegt und geschaffen wird, dann gibt es die Gesellschaft, die per se *civile* ist, weil Gesellschaftsbildung per se *Zivilisierung*, das heißt rechtliche und sittliche Ordnung, bedeutet. Betrachtet man dann die höchst heterogenen politischen Gemeinwesen in der Menschheitsgeschichte, die Rosmini im Verlauf des Werkes als *società civile* bezeichnet, läßt sich angesicht der Vielfalt der Erscheinungsformen ihre Gemeinsamkeit am ehesten in dem finden, was sie *nicht* sind: primitive „Wildheit" oder Tyrannis. *Civile/bürgerlich* bringt also im Grunde nichts anderes zum Ausdruck als das, was nach Rosmini im Faktum der *società/Gesellschaft* bereits wesenhaft enthalten ist, nämlich wechselseitige Anerkennung als Träger von Rechten und Pflichten im gemeinsamen Ganzen. Von daher kann man tautologisch sagen, daß die Gesellschaft *bürgerlich* ist, wenn sie wirklich *gesellschaftlich* ist, das heißt, wenn sie nach dem ausgesprochenen oder unausgesprochenen Willen der sie bildenden Mitglieder das Kriterium von Gesellschaft erfüllt, als da ist: Partizipation an der gemeinsamen gesellschaftlichen Zwecksetzung auf der Basis gegenseitiger Anerkennung. Selbstverständlich können

Anmerkungen zur Übersetzung

Partizipation, Zwecksetzung und Anerkennung unterschiedlich ausgestaltet werden, aber sie bilden zunächst einmal das Grundgerüst von Gesellschaft. Weil es sich bei diesem Zusammenspiel um eine menschliche Leistung handelt, zählt Rosmini die *bürgerliche Gesellschaft* zu den „künstlichen Wesen" (ital. *enti artificiali*). Er beschreibt sie als ein „von Menschenhand gemachtes" *System* (ital. *composizione*, worin man eine Anlehnung an die hobbes'sche *compositio* erkennen mag[12]). Sie ist eine „künstliche Gesellschaft" (ital. *società fattizia*) im Gegensatz zur „häuslichen Gesellschaft" (ital. *società domestica* oder *società familiare*), die das „Werk der Natur" ist, wobei der Autor mit diesem Begriff sowohl im historisch-soziologischen Sinne eine der *società civile* vorausliegende Assoziierungsform meint, die von dieser im Lauf der Geschichte überwunden wird (Stammesgesellschaft, Gesellschaftsform der Sippen- oder Hausgemeinschaften), als auch die *Familie* als natürlichen Lebensverband, dem - synchronisch und normativ betrachtet – innerhalb der *società civile* ein „unüberwindlicher" Platz zukommt, sozusagen als einer Gesellschaft *sui generis* und *sui juris* in der Gesellschaft. Während die Menschen mit der Bildung der „häuslichen Gesellschaft" ein Naturgesetz erfüllen, ist die *società civile* das Ergebnis eines voluntaristischen Aktes der bewußten Zustimmung und Übereinkunft (ital. *consentire*). Der Gründungsakt wird mit *fondere, istituire, costituire* beschrieben. Daß es dabei um die intentionale Herstellung eines Kunstprodukts geht, kommt überdies in den Verben *fabbricare, comporre, formare, fare* zum Ausdruck ebenso wie in einer Reihe von Metaphern für diese Gesellschaft, die im Sinne der neuzeitlichen Staatsmetaphorik als „Gebäude", „Werk", „Gefüge", „Maschine" versinnbildlicht wird (ital. *edificio, fabbrica, addentellato, macchina*). Zugleich aber bleibt die ältere Vorstellung von der Naturwüchsigkeit der Gesellschaft präsent, wie sie in den Bildern vom „gesellschaftlichen Organismus" oder „Gesellschaftskörper" (ital. *corpo collettivo, corpo sociale*) zum Ausdruck kommt. Die Auffassung von der Gesellschaft als einem vitalen Ganzen, dessen Keim die Familie ist, verbindet sich in der „Philosophie der Politik" mit der Vorstellung von Gesellschaft als „Konstrukt", als „Apparat", auf den die „Regierungstechnik" als „Gesellschaftsmechanik" (ital. *meccanica sociale*) einwirkt. Denn Rosmini begreift diese Einrichtung nicht als „unnatürlich" im Sinne von Rousseaus Gegenüberstellung ‚Natur versus gesellschaftlich-geschichtliche Welt'. Wie für De Bonald ist für den Roveretaner die Gesellschaft keine Institution, die den Menschen von einer vorgeblichen *Natürlichkeit* entfremdet[13], sie ist im Gegenteil das *Mittel*, das sich der Mensch schafft und das er im Laufe der Geschichte, allerdings nicht ohne Rückschläge, verfeinert, weil es der Erhaltung und Entfaltung seiner gesamten physischen, moralischen und geistigen Natur am meisten zuträglich ist. Daher weist Rosmini mit der Formel von der „künstlichen Familie" (ital. *famiglia artificiale*), die die Menschen durch die Gesellschaft errich-

---

[12] Vgl. dazu H. OTTMANN: Thomas Hobbes: Widersprüche einer extremen Philosophie der Macht, in: Der Mensch – ein politisches Tier? Essays zur politischen Anthropologie, hg. von O. HÖFFE, Stuttgart 1992, S. 73 ff.

[13] Vgl. dazu R. SPAEMANN: Die Geburt der Soziologie aus dem Geist der Restauration. Studien zu L. G. A. de Bonald, München 1959, S. 65 ff

ten, die vermeintliche Natur-Kultur-Antithese zurück. Die Verwandtschaft dieses Ausdrucks mit Hobbes' *artificial man* ist also nur oberflächlich. Rosmini entwickelt in Bezug auf die Voraussetzung und Genese der Gesellschaft kein abstraktes Standardmodell. Todesfurcht und Machttrieb gehören zwar gewiß auch bei ihm zu den Antriebskräften des Menschen und mithin zur sozialen Dynamik, aber es sind doch keineswegs diese Kräfte, die das Wesen des Menschen ausmachen und seine Aktivität bestimmen. Grundlage jeder Assoziierungsform ist für den Roveretaner zunächst einmal die natürliche „Geselligkeit" (ital. *socialità* oder *socievolezza*), die im Menschen als Potentialität angelegt ist: Der Mensch *kann* mit anderen Menschen Bindungen eingehen (ital. *legarsi* oder *avvincolarsi*), und wenn er dies tut, so geschieht es stets um eines gemeinsamen *bene* willen, das Zweck (ital. *fine*) der Bindung ist. *Bene* (lat. *bonum*) bezeichnet in der „Philosophie der Politik" im klassischen Sinne generell das Erstrebenswerte: „*Hab und Gut*" (Sachbesitz, Besitz von Rechten etc.) wie auch das *sittlich Gute* und das *religiöse* als das *höchste Gut*.[14] Die Bedeutungen sind ebenso vielfältig wie die möglichen Zwecke zwischenmenschlicher Bindung, als da sein können Schutz und Verteidigung, Bedürfnisbefriedigung, Rechtssicherheit und freie Ausübung der Rechte, Besitz- und Machterwerb, Wohlergehen. Historische Rekonstruktion und hypothetische Konstruktion zeigen nach Rosmini, daß der Zwang zur Anpassung an die Naturgesetze für das ursprüngliche Sozialverhalten und mithin für jene protogesellschaftlichen Vereinbarungen verantwortlich ist, die menschliches Zusammenleben anfänglich regeln und stabilisieren: Die Einsicht in die buchstäbliche Not-wendigkeit solcher Regelungen markiert die Überwindung des „wilden", potentiell selbstzerstörerischen menschlichen Verhaltens unter a-sozialen Bedingungen und legt damit den Grundstein für *Zivilisierung*.[15] Den Sozialisierungs-Zivilisierungsprozeß beschreibt Rosmini als den allmählichen Übergang von gesellschaftlichen Zwecken, die den Naturgesetzen gehorchen, zu gesellschaftlichen Zwecken, die Gerechtigkeits- und Sittlichkeitsnormen gehorchen, deren Realisierung im gesellschaftlichen Leben allerdings mißlingen kann, was zum Untergang der Gesellschaft führt. In enger, teilweise expliziter Anlehnung an Machiavellis „Discorsi" schildert der Roveretaner Gesellschaftsgründung und -ordnung als Vollzug eines Willensaktes im geschichtsnotwendigen Zusammentreffen von „großen Einzelgestalten" (Gesellschaftsgründern, Gesetzgebern, Eroberern) und gesellschaftlichen „Massen" (ital. *masse*). Dieses Zusammenspiel wird im Moment einer *Krise* wirksam, in dem es darum geht, den für alle verbindlichen Zweck der Gesellschaft, also das soziale *Gut*, erstmalig oder präziser zu bestimmen (ital. *determinare*). Von solchen sozialen und

---

[14] Wir übersetzen in der Regel *il bene* mit *das Gut*, *i beni* mit *die Güter*, *il male* mit *das Übel*, *i mali* mit *die Übel*. Problematisch wird diese Übersetzung dort, wo der Diskurs unausgesprochen zwischen der Ebene der Sittlichkeit (das moralisch *Gute* oder *Böse*) und der Ebene des Sachbesitzes (*Hab und Gut*) sowie der eudämonologischen Gratifikation sittlichen Handelns und sozialer Rechtschaffenheit wechselt, wie zum Beispiel im wichtigen Kap. 10 des IV. Buchs von *Die Gesellschaft und ihr Ziel* mit seiner Kritik des Gleichheitspostulats und der darauf fußenden Lehren vom „öffentlichen Glück".

[15] Vgl. insbesondere Kapitel 4 des I. Traktats der *Philosophie der Politik*.

Anmerkungen zur Übersetzung

politischen Krisensituationen, von den Gesetzen der Selbsterhaltung und Selbstzerstörung der Gesellschaft und von der Notwendigkeit der gesellschaftlichen Rekonstruktion beziehungsweise Neugründung (ital. *ricostruire, rifondere, riformare, rifare, ristaurare* etc.) handelt der erste Traktat der „Philosophie der Politik", in dem es Rosmini um den „umfassenden Grund" für die Stabilität oder Instabilität eines Gemeinwesens geht.[16]

Letztlich aber – und dies ist die Thematik des zweiten Traktats – dienen Objekte und Leistungen, die sich der Mensch von seiner Bindung an andere Menschen erwartet, dem *eigentlichen* Ziel *aller* menschlichen Anstrengungen.[17] Rosmini nennt dieses Ziel – möglicherweise, um sich vom Vokabular der Glückslehren des 18. Jahrhunderts abzusetzen – *appagamento*.[18] Wir übersetzen das ungewöhnliche Wort mit *Erfüllung und Zufriedenheit* (an einigen Stellen auch mit *Zufriedenstellung*), um seine geistig-seelische Dimension, die über die körperliche *Befriedigung* hinausgeht, sowie Prozeß und Zustand auszudrücken, die im italienischen Wort enthalten sind. In Bezug auf dieses personale *Ziel* besitzen die unmittelbaren *Zwecke* der Gesellschaft lediglich funktionalen Charakter. Von daher ist keine menschliche Gesellschaft *societas perfecta*, auch die *società civile* nicht, in dem Sinne, daß sie alle Mittel bereitstellte, dem Menschen zu seiner geistig-sittlichen *Erfüllung und Zufriedenheit* zu verhelfen. Rosmini zeigt dies ausführlich am Beispiel der antiken Gesellschaften: Wegen ihrer Unkenntnis der erst durch das Christentum zugänglich gemachten Wahrheit von der ontologischen Verwiesenheit des Menschen auf den einen Gott liest er ihre Aufstiegs- und Verfallsgeschichte als Versuch am untauglichen Objekt, als zum Scheitern verurteilten Versuch, mit immanenten Mitteln (Macht, Ehre, Besitz) auf ein transzendentes Bedürfnis zu antworten. Erst die durch die christliche Offenbarung vermittelte Einsicht, daß zwischen dem Letztziel des einzelnen und der Gesellschaft (*fine ultimo* oder *fine sociale* genannt) und dem unmittelbaren

---

16 Dieser erste Traktat trägt den Titel „Della sommaria cagione per la quale stanno o rovinano le umane società". An einigen Stellen des zweiten Traktats zitiert Rosmini diesen ersten Traktat unter leicht abgewandeltem Titel. Unverändert bleibt aber die *sommaria cagione*, wobei *sommaria* nicht in einem heute üblichen Sinne *summarisch* meint, sondern *umfassend, allgemein*.

17 Dieser zweite, umfangreichere Traktat ist überschrieben „La società ed il suo *fine*". Und das zweite Buch dieses großen Traktats trägt wiederum den Titel „*Fine* della società". *Fine* gehört ebenfalls zu den schwer übersetzbaren Termini der „Philosophie der Politik". Er bedeutet *Zweck* und *Ziel*, wobei nach Rosmini der (unmittelbare) Zweck der Gesellschaft nicht unabhängig von ihrem (eigentlichen, letzten) Ziel und dessen Grundlegung in der Finalität der Person gesehen werden kann. Daher wurde für beide Überschriften das deutsche Wort *Ziel* gewählt. Die ausgezeichnete englische Übersetzung gibt die Überschrift des Traktats mit „Society and its Purpose" wieder, während das zweite Buch mit „The end of society" überschrieben ist; vgl. A. ROSMINI: The philosophy of politics, Bd. I „The summary cause for the stability or downfall of human societies", Bd. II. „Society and its purpose", ins Engl. übersetzt von D. Cleary und T. Watson, Durham/Glasgow 1994.

18 Vgl. Rosminis Definition in Kap. 1 des IV. Buchs von *Die Gesellschaft und ihr Ziel*; in diesen Bedeutungszusammenhang gehören auch die Begriffe *soddisfazione, contentezza, acquietare, accontentare, soddisfare, appagare, rendere pago* etc.

Zweck (*fine prossimo* oder *fine civile* genannt) unterschieden werden kann und muß, daß aber zugleich dieser Zweck auf jenes Ziel verwiesen ist, ermöglicht die Fortschrittsgeschichte der christlich geprägten bürgerlichen Gesellschaften. Denn durch die christliche Lehre vom höchsten, der menschlichen Verfügung entzogenen Gut relativieren sich alle innerweltlichen Güter, die Zweck der Gesellschaft sein können. Die neue Werteordnung verhindert deren Verabsolutierung, die Rosmini zufolge für die unausweichliche Dekadenz der nicht-christlichen Gesellschaften verantwortlich war. Sie gibt einen Gestaltungsspielraum bürgerlich-politischer Selbstentfaltung frei, bindet ihn aber zugleich an die Norm des „wahren menschlichen Guts" (ital. *vero bene umano*), die nicht zur Disposition steht. Hier also, in der Normativität des *telos* von Gesellschaft, wird eine Differenz zwischen *gesellschaftlich* und *bürgerlich* terminologisch und konzeptionell greifbar: *Bürgerliche* Zwecke von Gesellschaft sind in das Ermessen der Menschen gestellt, sie ergeben sich durch ausdrückliche Verabredung oder gewohnheitsrechtlich gestützte, stillschweigende Übereinkunft und sind wandelbar. Unwandelbar, weil in der Natur des Menschen verankert, ist das *gesellschaftliche* Ziel als solches. In ihm liegt das Legitimitätskriterium jeder faktischen Gesellschaft: Diese ist dann legitim und damit *civile*, wenn ihre konkrete Zwecksetzung den einzelnen nicht daran hindert, seine sittliche *Erfüllung und Zufriedenheit* zu erlangen.

Trotz des prinzipiellen Unterschieds zwischen nicht-christlichen und christlich geprägten Gesellschaften kann Rosmini daher epochen- und kulturenübergreifend von *società civile* sprechen. Er lokalisiert sie in Altägypten ebenso wie in Indien, in den großen Reichen der Antike ebenso wie in den europäischen Staaten seiner Zeit. Er sieht sie historisch überall dort gegeben, wo es, und sei es auch nur in minimalem Umfang und ungeschrieben, eine Rechtsordnung gibt, die Herrscherwillkür einschränkt und geregelte *Arbeit* als Grundlage von *Gesittung* und *Kultivierung* (ital. *civiltà* als Zustand, *incivilimento* als Prozeß) ermöglicht. Darin, so hatten wir angedeutet, scheint der kleinste gemeinsame *bürgerliche* Nenner der vielfältigen historischen Erscheinungsformen von *società civile* zu liegen. Unter diesem einen Aspekt weist sie Züge des hegelschen *Staates* auf, insofern die Formel von der „Allgemeinheit als Gegenseitigkeit", an der der einzelne durch Anerkennung und Anerkanntsein partizipiert[19], auch in der Substanz der *società civile* bei Rosmini enthalten ist. Im übrigen aber folgt der Roveretaner weder sprachlich noch inhaltlich Hegels Unterscheidung zwischen dem Staat als sittlich-religiöser Form der Gesellschaft und der bürgerlichen Gesellschaft als dem „System der Bedürfnisse", in welchem „die Personen als solche nicht die absolute Einheit, sondern ihre eigene Besonderheit und ihr Fürsichsein in ihrem Bewußtsein und zu ihrem Zwecke haben, – das System der Atomistik"[20]. In der „Philosophie der Politik" wird der *Staat* als selbständige, von der *bürgerlichen Gesellschaft* geschiedene politische oder ethische Kategorie nicht

---

[19] G. F. W. HEGEL: Enzyklopädie der philosophischen Wissenschaften im Grundrisse, ed. F. NICOLIN und O. PÖGGELER, Hamburg 1959, S. 353.
[20] G. F. W. HEGEL: System der Philosophie, Sämtl. Werke, ed. H. GLOCKNER, Stuttgart 1949, Bd. X, S. 400 f.

Anmerkungen zur Übersetzung

behandelt.[21] Auf den ersten Blick scheint das Fehlen dieser Unterscheidung auf Rosminis Nähe zur vorhegelschen Konzeption und Terminologie hinzudeuten. Tatsächlich verwendet der Roveretaner, jedenfalls bezogen auf die historischen Gesellschaften, im Sinne der älteren Diktion neben den bereits genannten Synonyma für *società* auch gängige Begriffe wie „Republik", „Volk", „Nation" (ital. *cosa pubblica, popolo, nazione*), um politische Entitäten und Kollektivsubjekte anzuzeigen.[22] In diesem Zusammenhang taucht der Begriff „Staat" (ital. *Stato*) zur Bezeichnung konkreter, historischer Konfigurationen („Staat der Römer", „Staat der Franzosen") und der politischen Verfaßtheit (ital. *stato*) in Analogie zu *status civilis* oder *civitas* auf. Rosmini verwendet den Begriff jedoch weder im Sinne Hegels noch als Bezeichnung für die eigenständige, übergreifende Form der Herrschaftsorganisation im Sinne der frühneuzeitlichen Staatslehre, die das Modell des *status naturalis negativus* voraussetzt, das in der „Philosophie der Politik" fehlt. Von daher wäre der Terminus *Staat* für *società civile* möglicherweise durch die ältere (Übersetzungs-)Tradition gerechtfertigt gewesen.[23] Angesichts der Dominanz des neuzeitlichen Staatsbegriffs aber, den sich Rosmini nicht zueigen macht, erschien er noch heikler als die ebenfalls gewiß nicht „unbelastete" *bürgerliche Gesellschaft*. Für diesen Terminus spricht formaliter, daß er es erlaubt, Rosminis System der verschiedenen *Gesellschaften*, in die die menschliche Person eingebunden ist, im Deutschen nachzubilden. Aber das Attribut *bürgerlich* bleibt problematisch, wenngleich nicht deswegen, weil es nicht zwischen *citoyen* und *bourgeois* differenziert. Auch Rosmini unterscheidet hier begrifflich nicht, ebensowenig wie er zwischen dem *homo politicus* und dem *homo oeconomicus* unterscheidet, obwohl er dem wirtschaftlichen Handeln eine hervorragende Bedeutung für die Dynamik der Gesellschaft beimißt. Die Übersetzung von *società civile* mit *bürgerliche Gesellschaft* ist problematisch, weil Träger der *società civile* bei Rosmini nicht der *cives/cittadino/Bürger*, sondern der *sozio* (oder *socio*) ist. Rosminis Lehre ist Gesellschaftslehre *und* Sozio-logie im eigentlichen Wortsinne: Lehre von der menschlichen *Person als Sozius*, das heißt in ihren vielfältigen sozialen Bezügen. Der *cittadino* taucht zwar auf, aber bezeichnenderweise zumeist dort, wo der einzelne im sozialen Gefüge passiv bleibt, wo er Objekt von Regierungshandlungen ist, die in den entsprechenden Zusammenhängen vorwiegend negativ konnotiert sind, insofern sie nicht nur, wie es ihnen obliegt, administrativ-regulierenden, sondern herrschaftlich-obrigkeitlichen, auch willkürlichen Charakter besitzen. Rosmini definiert den *Bürger* nicht, aber seine Verwendung des Begriffs *cittadino* legt nahe, daß er damit vornehmlich einen Status im Spannungsverhältnis zur politischen Gewalt bezeichnet, von der dieser Rechte empfängt, die ihm auch wieder entzogen werden können. Als aktiver, gleichberechtigter

---

21 Mario D'Addio vertritt allerdings die Auffassung, daß „der Terminus *società civile* in der ‚Philosophie der Politik' ein Äquivalent von *Staat* ist"; vgl. A. ROSMINI: Filosofia della politica, hg. von M. D'ADDIO, Rom 1997, S. 124, Anm. 3.
22 *Nation* bezeichnet also in der „Philosophie der Politik" nicht den neuzeitlichen *Nationalstaat*.
23 Vgl. z. B. die Übersetzungsvarianten von *civilis* in L. SCHÜTZ: Thomas-Lexikon, Neudruck Stuttgart 1983, S. 116.

Mitgestalter seines Gemeinwesens, dem qua Zugehörigkeit Rechte und Pflichten zukommen, ist der Mensch dagegen *socius* (was im Text mit *Gesellschaftsmitglied* übersetzt wird). Es scheint, als wolle der Autor das Begriffspaar *Person-Sozius* der revolutionären Formel *homme et citoyen* entgegenstellen – weniger um sie in Zweifel zu ziehen, als um sie zu vertiefen, um gegenüber der abstrakten rechtlichen Ebene die konkrete sittliche Dimension zur Geltung zu bringen.²⁴ Im *socius* wird die Revolution gleichsam an ihre eigenen Prinzipien erinnert, an die Verpflichtung zur Anerkennung des anderen als *Gefährten-Genossen-Gesellen*, wie mögliche Übersetzungen von *socius* lauten. Darin kommt jenes *gesellschaftliche Wohlwollen* (ital. *benevolenza sociale*) zum Ausdruck, das für den Roveretaner neben der Rechtsverbindlichkeit konstitutiv für Gesellschaft ist, die folglich von ihrem Wesen her mehr ist als reiner Rechtsverband.²⁵ Rosminis Rückgriff auf den *Sozius* und nicht auf den *Bürger* als Subjekt der *società* – auch der *società civile* – bedeutet allerdings, daß eine Übersetzung, die die *società civile* von ihrem Träger her kennzeichnen wollte, *Gesellschaft von Gesellschaftsmitgliedern* oder *gesellschaftliche Gesellschaft* lauten müßte. Gegenüber dieser Tautologie und in Ermangelung restlos überzeugender Alternativen erschien *bürgerliche Gesellschaft* trotz der genannten Bedenken als die geeignetere Übertragung, gerechtfertigt auch und gerade durch die hohe Aufmerksamkeit, die der Autor in sozialgeschichtlicher und sozialethischer Hinsicht dem Zusammenhang von Arbeit, Ökonomie, Selbstentfaltung und Gesellschaftsstruktur widmet. Zunächst denkbare Übersetzungsalternativen wie *politische Gesellschaft* und *Zivilgesellschaft* heben dagegen einseitig bestimmte Aspekte von Gesellschaft hervor, die sich mit dieser Akzentuierung in Rosminis *società civile* nicht belegen lassen. Im Falle von *Zivilgesellschaft* ist es die Betonung des autonomen, aus dem traditionellen religiös-kirchlichen Kontext emanzipierten Charakters der so bezeichneten Gesellschaft, die sich nur schwer mit Rosminis Auffassung von der Stellung der *società civile* in der objektiven Wahrheits- und Sittlichkeitsordnung versöhnt. Denn wenngleich in der „Philosophie der Politik" jede politische Instrumentalisierung der christlichen Religion zum Nutzen des Gemeinwesens zurückgewiesen wird, steht für den Autor doch außer Frage, daß die christliche Ethik die wahre Sozialethik darstellt und daß die Verwirklichung der idealen *società civile* davon abhängt, in welchem Maße es gelingt, deren Postulate im gesellschaftlichen Regelwerk umzusetzen. *Civile* im Sinne Rosminis meint also durchaus eine Form des Umgangs und eine Gesellschaftsstruktur, die *zivilisiert, gesittet, geordnet, frei von Willkür*

---

²⁴ Zu Rosminis Revolutionskritik vgl. F. Traniello: Antonio Rosmini, in L. Guerci/B. Bongiovanni (Hg.): L'albero della Rivoluzione, Turin 1989, S. 550 ff; ders.: Letture rosminiane della Rivoluzione francese, in G. Campanini/F. Traniello (Hg.): Filosofia e Politica. Rosmini e la cultura della Restaurazione, Brescia 1993, S. 147 ff.; ders.: Rosmini e le ideologie della Rivoluzione francese (Vortrag im Rahmen des Rosmini-Kongreß in der Sacra di S. Michele 7.-8. Juni 1996, bevorstehende Veröffentlichung in den Atti del convegno); ders.: Rosmini, Manzoni e la Rivoluzione francese (Vortrag im Rahmen des Kongreß „Rosmini e la cultura lombarda", Mailand 17.-18. April 1997, bevorstehende Veröffentlichung in den Atti del convegno).
²⁵ Vgl. insbesondere Buch I, Kapitel 5 und 8 von *Die Gesellschaft und ihr Ziel.*

Anmerkungen zur Übersetzung 45

sind. Insofern *zivil* jedoch in der Nachfolge des politischen Denkens der Neuzeit, insbesondere der Aufklärung, einen exklusiv innerweltlichen, den transzendenten Bezug bewußt ausklammernden Raum bezeichnet, in dem weltanschauliche und religiöse Fragen Privatsache sind, trifft es die Bedeutung von *civile* bei Rosmini nicht. Ähnliche Überlegungen gelten hinsichtlich der Übersetzungsvariante *politische Gesellschaft* für *società civile*. Rosmini selbst verwendet nur an einigen wenigen Stellen den Begriff *società politica*.[26] Im Sinne der älteren Begriffsgeschichte könnte man darin ein Synonym von *società civile* vermuten, zumal der Autor, wie im Falle von *Staat*, auf eine systematische Abgrenzung verzichtet. Betrachtet man allerdings den Kontext, in dem von *società politica* die Rede ist, ergibt sich ein differenzierteres Bild. *Politisch* wird die Gesellschaft einige Male dort genannt, wo es um ihre Wandelbarkeit und um die Abfolge der Etappen Gründung, Aufstieg, Niedergang geht. Als *politische Gesellschaft* unterliegt sie dem beständigen Wechsel von sozialer Stabilität und Instabilität. Das *Politische* charakterisiert die Gesellschaft also, sofern sie der Progreß-Regreß-Dynamik ausgesetzt ist. Wo dieser Zyklus aufgehoben ist – also bei der Ziel-Zweck-Gerichtetheit der *società civile* unter dem Einfluß des Christentums – entfällt das *politische* Moment. Daher spricht Rosmini im Entwurf der idealen, christlich geprägten bürgerlichen Gesellschaft nicht mehr von *politischer Gesellschaft*, weshalb es unangemessen schien, diesen Terminus generell auf die *società civile* zu übertragen. Lohnenswert wäre es, der Frage nachzugehen, inwieweit die begriffliche „Entpolitisierung" der Gesellschaft zugleich ein Indiz für Rosminis Abkehr von einem Politikverständnis ist, demzufolge politisches Handeln auf Machterhaltung einerseits und Machtkontrolle andererseits abzielt. Hier sei nur darauf hingewiesen, daß Rosminis politische Theorie als Reflexion über und als Anleitung für die „gute Regierung" der bürgerlichen Gesellschaft angelegt ist, daß die *bürgerliche Gesellschaft/società civile* allerdings in ihrem Idealzustand als eine Gesellschaft gedacht wird, in der sich „gute Regierung" auf die rein regulierende Verwaltung der bürgerlichen Belange beschränkt.

II. Der Übersetzung liegt die italienische Ausgabe der „Filosofia della politica" zugrunde, die Mario D'Addio 1972 mit einer Einleitung versehen ediert hat (Verlag Marzorati, Mailand). Diese Ausgabe ist weitgehend textgleich mit einer Ausgabe der „Filosofia della politica", die Sergio Cotta 1985 eingeleitet und herausgegeben hat (Verlag Rusconi, Mailand). Mitte des Jahres 1997 erschien erstmalig, ebenfalls bearbeitet und eingeleitet von Mario D'Addio, die kritische Ausgabe der „Filosofia della politica" im Rahmen der Edition von Rosminis Gesamtwerk.[27] Auf der Grundlage dieser Ausgabe wurde die Übersetzung noch einmal überarbeitet. Der Anmerkungsapparat der kritischen Ausgabe wurde weitgehend übernommen und an eini-

---

26   Vgl. Kap. 3 und 4 des ersten Traktats sowie die Vorrede zum zweiten Traktat.
27   Opere edite ed inedite di Antonio Rosmini. Edizione nazionale promossa da Enrico Castelli; edizione critica promossa da MICHELE FEDERICO SCIACCA, hg. vom Istituto di Studi Filosofici, Rom, und vom Centro Internazionale di Studi Rosminiani, Stresa (Verlag Città Nuova, Rom).

gen Stellen durch Hinweise auf deutschsprachige Textausgaben ergänzt. Alle Angaben in den Fußnoten, die *nicht* von Rosmini stammen, sind durch eckige Klammern [ ] gekennzeichnet. Eckige Klammern [ ] im fortlaufenden Text enthalten dagegen Rosminis Einschübe. Zitate sind mit doppelten Anführungszeichen „ " kenntlich gemacht, Passagen, die der Autor, gleichsam als Merksätze, heraushebt, sind im deutschen Text mit einfachen Anführungszeichen ' ' gekennzeichnet. Der Übersetzung der Zitate liegt *Rosminis* Wiedergabe des betreffenden Autors zugrunde.

III. Die deutsche Übersetzung der „Filosofia della politica" wurde vom Istituto di Scienze Religiose in Trient aus Anlaß des *bicentenario*, der Feier des 200. Geburtstages Rosminis, in Auftrag gegeben. Dem ehemaligen Direktor des Instituts, Herrn Professor Iginio Rogger, und seinem Stellvertreter, Herrn Dr. Giovanni Menestrina, sowie dem wissenschaftlichen Beirat des „Progetto Rosmini" danke ich für das Vertrauen, das sie mir mit diesem Auftrag entgegengebracht haben, und für das wohlwollende Verständnis, mit dem sie die Übersetzung begleitet haben, die erheblich mehr Zeit als erwartet erfordert hat. Herrn Professor Francesco Traniello von der Universität Turin verdankt die vorliegende deutsche Ausgabe nicht nur die „Einführenden Bemerkungen". Er hat, ebenso wie Herr Professor Karl-Heinz Menke von der Universität Bonn, die Übersetzungsarbeit mitgetragen, wertvolle Interpretationshilfen gegeben und zahlreiche schwierige Textstellen entschlüsselt. Beiden sage ich meinen herzlichen Dank. Zu großem Dank bin ich auch meinem Kollegen vom deutsch-italienischen Zentrum Villa Vigoni, Herrn Giovanni Meda, verpflichtet. Dies gilt auch für Herrn Dr. Carlo Maria Fenu, dem ich für seine Gastfreundschaft während der gemeinschaftlichen Überarbeitung der Übersetzung ebenso herzlich danke wie für die wichtigen Korrekturen und Präzisierungen. Wertvolle Hinweise bibliographischer Natur und Aufklärung über Rosminis Terminologie verdanke ich außerdem Herrn Professor Mario D'Addio von der Universität La Sapienza in Rom, dem Herausgeber der kritischen Ausgabe von „Filosofia della politica", Pater Cirillio Bergamaschi, dem Bibliothekar des Centro Internazionale di Studi Rosminiani in Stresa, und Professor Giuseppe Lorizio von der Università Lateranense in Rom. Sehr hilfreich für mich waren außerdem die Gespräche mit Pater Denis Cleary vom Rosmini House in Durham, Großbritannien, der zusammen mit seinem Confrater Terence Watson Rosminis Werk ins Englische übersetzt hat. Diese Übersetzung ist Sebastian Wirtz gewidmet.

Antonio Rosmini

Philosophie der Politik

ἡ γὰρ πολιτεία βίος τίς ἐστι πόλεως.
Arist., Polit., IV, IX, 3, add. F. P.*

---

* [Zusatz, höchstwahrscheinlich von Rosmini, auf dem Frontespiz der Erstausgabe der „Filosofia della politica", die sich im Archiv des Centro Internazionale di Studi Rosminiani (A. 2, 102–104) befindet; vgl. M. D'ADDIO: Introduzione, in A. ROSMINI: Filosofia della politica (Edizione Nazionale 33), Rom 1997, S. 36.]

Vorwort zu den politischen Schriften

„In idem *civilis potentia* et *philosophia*
concurrant; neque, quod nunc fit,
a diversis duo haec tractentur ingeniis"
Plat., *de Rep*., V[1]

Die Philosophie, so haben wir bereits an anderer Stelle gesagt[2], ist die Wissenschaft von den letzten Gründen. Also hat jede Disziplin ihre Philosophie. Denn in jeder Disziplin muß es zum Schluß die letzten Gründe geben, auf die sich alle anderen Gründe zurückführen lassen. So gibt es eine Philosophie der Jurisprudenz, eine Philosophie der Medizin, eine Philosophie der Mathematik, eine Philosophie der Literatur, eine Philosophie der Schönen Künste. Und so gibt es gleichfalls eine Philosophie der Politik.

Die verschiedenen Abhandlungen, die hier folgen werden, gehören zu diesem letzten Teil der philosophischen Lehre. Daher halte ich es für notwendig, einige Worte vorauszuschicken, um den Begriff und die Aufgabe der Philosophie der Politik zu klären.

Jede bürgerliche Regierung (governo civile) hat die Aufgabe, die bürgerliche Gesellschaft (società civile), der sie vorsteht, auf das Ziel hin zu lenken, für das die Gesellschaft errichtet wurde.[3] Nun ist es allerdings keiner Kunst gestattet, andere Mittel als ihre eigenen einzusetzen, um ihr Ziel zu erreichen. Und so muß auch die bürgerliche Regierung, die die Kunst der Politik – die höchste Kunst – handhabt, ihr Handeln auf den Gebrauch der Mittel beschränken, die zur politischen Kunst gehören und die daher zur Regierungsgewalt (potestà governativa) gehören. Die Politik als Wissenschaft hat also die Aufgabe, 'die Natur und das Ziel der bürgerlichen Gesellschaft zu bestimmen. Sodann hat sie die Aufgabe, daraus den Begriff von bürgerlicher Regierung abzuleiten und die Mittel zu bestimmen, die sich im Besitz und in der Macht der Regierung befinden, sowie die angemessene Art, diese Mittel zu gebrauchen'.

Aber wenn das die Aufgabe der *Politik* im allgemeinen Sinn ist, welche spezielle Aufgabe hat dann die *Philosophie der Politik*?

Es gibt unzählige politische *Mittel*, die eine Regierung gebrauchen kann und gebrauchen muß. Diese Mittel sind außerdem im Wert unterschiedlich – eines ist

---

[1] [PLATON: Politeia, Buch V, 473d, in PLATONIS Opera, Paris 1880–1883, Bd. II, S. 99.]
[2] Vgl. *Introduzione alla Filosofia*. [A. ROSMINI: Introduzione alla filosofia (Einführung in die Philosophie), Rom 1934, S. 18–19.]
[3] [Ital. „pel quale ella è stata istituita" Diese Formulierung findet sich häufig in Rosminis *Philosophie der Politik*. Hier wurde die Bedeutung von „pel quale" im Sinne von „für" gewählt; anders ausgedrückt: „das Ziel, auf das hin die Gesellschaft eingerichtet wurde". „Per" bedeutet aber auch „durch". Die entsprechende Übersetzung „das Ziel, durch das die Gesellschaft eingerichtet wurde" widerspricht Rosminis Konzeption nicht: Es ist letztlich das gemeinschaftliche Ziel, welches die Entstehung der Gesellschaft bewirkt.]

wichtiger, ein anderes weniger wichtig. Darüberhinaus gibt es auch eine bestimmte *Art*, sie anzuwenden, damit sie ihre Wirkung entfalten – eine Art, die oft vom Kalkül (calcolo) unzähliger Umstände abhängt. Die politischen Spezialwissenschaften (scienze politiche speciali) behandeln diese Mittel je für sich: Zum Beispiel handelt die politische Ökonomie von der Entwicklung des Vermögens; die Militärwissenschaft behandelt die Streitkräfte; die Strafrechtswissenschaft behandelt die Gesetze zur Verbrechensbekämpfung; und so gilt es für alle übrigen Disziplinen. Vermögen, Streitmacht, Gesetze und so weiter sind entsprechend viele spezielle Mittel der Politik. Aber es genügt nicht, diese Mittel wissenschaftlich getrennt voneinander zu behandeln. Im Anschluß daran muß man sie in ihrer Gesamtheit betrachten. Man muß ihre jeweilige Stärke messen. Man muß ihre Gesamtwirkung in Bezug auf das Ziel der bürgerlichen Gesellschaft kalkulieren.

Dazu muß man zunächst eine Klassifikation aller unzähligen politischen Mittel erstellen. Die Mittel zu klassifizieren, bedeutet, sie zu verallgemeinern; sie zu verallgemeinern, bedeutet, in ihnen gemeinsame Eigenschaften zu suchen, die als Basis und Fundament für mehr oder weniger zahlreiche, mehr oder weniger umfangreiche Klassen dienen, nach denen man diese Mittel einteilt. Dabei muß man beachten, daß man nicht willkürlich verallgemeinern und klassifizieren darf. Man kann nicht irgendeine gemeinsame Eigenschaft dieser Mittel als Grundlage der Klassifikation wählen. Die Eigenschaft, die uns hilft, die Mittel zu klassifizieren, darf keine akzidentelle Eigenschaft sein (qualità accidentale); sie darf der politischen Eignung der Mittel auch nicht fremd sein. Es muß vielmehr eine wesenhafte Eigenschaft sein (qualità essenziale): Es muß die Eignung oder Wirksamkeit der politischen Mittel selbst sein, das Ziel der Gesellschaft voranzubringen – also die Eignung, die sie zu dem macht, was sie sind: politische Mittel. Denn wären die Mittel überhaupt nicht dazu geeignet, auf die bürgerliche Gesellschaft einzuwirken, wären sie in den Händen der Regierungen nutzlos. Wir haben gesagt: Die politischen *Mittel* sind zahllos, wenn man sie je einzeln nimmt. Aber in vielen von ihnen findet sich dieselbe Wirkungs*eignung* oder zumindest eine Eignung gleicher Art. Es gibt also nicht so viele Eignungen wie je für sich genommene Mittel. Die Zahl der Eignungen ist vielmehr wesentlich geringer. Daher können sie uns als Grundlage dienen, um die politischen Mittel in bestimmten Klassen zusammenzufassen, die jeweils definiert werden durch die Arten von Geeignetheit, der öffentlichen Sache (cosa pubblica) zu dienen.

Danach können nun diese Eignungen selbst verallgemeinert und auf kleinere Klassen reduziert werden. Auch dies darf nicht willkürlich geschehen. Man findet die Grundlage dieser zweiten, allgemeineren Klassifikation, wenn man nach dem *Warum*, das heißt nach dem *Grund* der *Eignungen* fragt. Zum Beispiel zählen die Zeitungen zu den politischen Mitteln. Zu welcher Klasse gehören Zeitungen? Betrachten wir ihre Eigenschaften: Sie sind dazu geeignet, Bildung zu vermitteln. Also ist die Klasse, zu der Zeitungen gehören, die öffentliche Bildung. Das ist die erste Klassifikation. Aber suchen wir noch eine höhere, allgemeinere Klassifikation! Wir müssen fragen, *warum* die öffentliche Bildung dazu geeignet ist, dem Ziel der Gesellschaft zu nutzen. Diesen Grund können wir nur finden, wenn wir den Menschen selbst untersuchen. Wir müssen erforschen, auf welche Weise der Mensch zum Han-

Vorwort zu den politischen Schriften 51

deln bestimmt wird. Wir stellen dann fest, daß die Handlungen des Menschen von zwei Prinzipien beeinflußt werden, die von außen zu ihm gelangen können, nämlich von den *Kenntnissen* (cognizioni) und von den *Leidenschaften* (passioni). Wenn der Mensch das Wahre kennt und wenn man in ihm wohlwollende und sittliche Neigungen zu wecken sucht, wird er sich dazu entschließen, das Gute zu tun. Wenn er aber nicht weiß, was wahr ist, und sich dem Falschen hingibt und wenn die mißgünstigen und lasterhaften Leidenschaften Herrschaft von ihm ergreifen, wird er sich dazu entschließen, das Böse zu tun. Der Grund dafür also, daß die Bildung dazu geeignet ist, der Regierung als politisches Mittel zu dienen, liegt darin, daß Bildung ein Prinzip ist, das die menschlichen Handlungen beeinflußt. Dieser Grund kann folglich die Grundlage für eine umfangreiche Gattung politischer Mittel bilden, die sich wie folgt bezeichnen läßt: Es sind 'Mittel, die den Menschen bei dem Entschluß beeinflussen, gut oder böse zu handeln'. Diese Gattung ist unendlich viel größer als die vorangehende, die man wie folgt bezeichnen kann: 'Mittel zur öffentlichen Bildung'. Und diese Gattung ist – wenngleich enger gefaßt als die andere Gattung – doch um einiges umfangreicher als die Gattung 'Zeitungen', die lediglich einer der vielen Kanäle sind, durch die das Volk Kenntnisse erhalten kann. Was ich hier genannt habe, ist nur ein Beispiel. Aber ich glaube, es reicht aus, um zu zeigen, wie sich politische Mittel auf bestimmte Gattungen und dann auf bestimmte Arten und dann auf noch umfangreichere Arten zurückführen lassen, bis sie schließlich auf ganz wenige letzte Klassen zurückgehen, wenn nicht sogar auf ein einziges Prinzip, was der Wissenschaft sozusagen die ganze Eleganz und die Vollendung gäbe, die jede Wissenschaft anstrebt.

Aber gehen wir noch einmal zurück. Wir haben gesehen, daß die Klassifikation der politischen Mittel nicht willkürlich ist. Betrachten wir nun genau die von uns genannten *Grundlagen*, die die verschiedenen Klassifikationen haben müssen. Wir haben gesagt: Der erste Grad der Verallgemeinerung hat als Grundlage die verschiedenen Eignungen der politischen Mittel. Was ist die Eignung der politischen Mittel? Sie ist jene Qualität, die ihnen die Wirksamkeit verleiht, dem Ziel der bürgerlichen Gesellschaft zu dienen. Diese Eignung ist demnach der *Grund*, weshalb es politische Mittel sind. Wie kann man jetzt zu einer größeren Verallgemeinerung aufsteigen? Wir haben gesagt: Dies geschieht, indem man nach dem *Warum* der Eignungen fragt, die die politischen Mittel haben. Nach dem Warum der Eignung zu fragen, bedeutet, nach ihren *Grund* zu fragen. Der Grund für die Eignungen, von denen wir gesagt haben, sie seien die Gründe der Mittel, ist also nichts anderes als der Grund des Grundes der politischen Mittel. Es ist gewissermaßen ein höherer Grund. Man erkennt deutlich: Wenn man von einer weniger weiten und weniger allgemeinen Klasse von Mitteln zu einer weiteren und allgemeineren Klasse aufsteigt, kommt man von einem geringeren Grund zu einem höheren Grund. Man erkennt: Je allgemeiner die Klassen werden, desto höherrangig ist der Grund, auf dem sie basieren. Dieses Prinzip läßt uns unmittelbar erkennen, daß wir dann, wenn wir zu den größten Klassen gelangt sind, auch zugleich bei den *letzten Gründen* der Politik angekommen sind. Und wenn es uns gelingt, die Verallgemeinerung so weit zu treiben, daß alle Klassen zur Einheit zurückgeführt werden, haben wir damit den *letzten Grund* für die Wirkung der politischen Mittel, mit einem Wort: das Prinzip der Politik gefunden. Nunmehr ist nicht schwer zu verstehen, was wir mit dem Ausdruck *Philosophie der Politik* bezeichnen wollen.[4] Wir haben schon gesagt, daß Philosophie allgemein die 'Lehre von den letzten Gründen der Dinge' ist. Die spezielle Philosophie der *Politik* muß dann 'jene Wissenschaft sein, die danach fragt, welches der letzte Grund ist oder welches die letzten Gründe sind, durch den beziehungsweise durch die die politischen Mittel ihre Wirkungen erzielen können'. Diese letzten Gründe für die Wirksamkeit politischer Mittel können gleichfalls als die *allgemeinsten Mittel* der *Politik* bezeichnet werden, und sie bilden, wie wir sagten, die Grundlage, auf der in der allgemeinsten Weise die politischen Mittel klassifiziert werden.

Von dieser Definition von *Philosophie der Politik* aus lassen sich leicht deren Aufgabe, Wesen und natürliche Aufteilung ableiten.

Was zunächst die *Aufgabe* betrifft: Ziel der Philosophie der Politik ist es, die *Art und Weise* zu lehren, wie eine Regierung die politischen Mittel am besten gebrauchen kann. Die sogenannten *politischen Spezialwissenschaften* betrachten die Mittel nur je für sich genommen, aber sie lehren dann nicht, wie man sie einsetzen muß, damit sie die umfassende Wirkung erzielen, die man haben will. Der Wirtschaftswissenschaftler mag uns lehren, wie man das private und das öffentliche Vermögen vergrößert. Aber das Vermögen ist lediglich ein Element des wahren gesellschaftlichen Wohlstandes (vera prosperità sociale), und die Menschen können auch im Überfluß an Reichtum verdorben und unglücklich sein. Das Vermögen selbst kann sich zerstören. Man braucht also eine höhere Wissenschaft über der politischen Ökonomie – eine Weisheit, die auch die Ökonomie leiten und die bestimmen soll, in welcher Weise und innerhalb welcher Grenzen materieller Wohlstand dem wahren Gut des Menschen (vero bene umano) zuträglich sein kann – denn ausschließlich dafür wurden die bürgerlichen Regierungen eingerichtet. Dasselbe gilt für jedes andere Mittel – für die materielle Stärke, für den Aufbau der Gesellschaft (organismo sociale), für die politischen Gesetze, für die öffentliche Bildung und so weiter. Woher kann nun diese höchste Weisheit (sapienza altissima) stammen, die lehren soll, wie man alle diese politischen Mittel nutzbringend gebrauchen soll, und die sie mäßigen, ins rechte Verhältnis zueinander setzen, ausgleichen und harmonisch ausrichten soll, damit sie nicht aus Versehen mehr schaden als nutzen oder weniger nutzen, als sie nutzen könnten? Eine solche Weisheit entstammt den *letzten Gründen* der Politik. Denn eigentlich ist der letzte Grund, weswegen ein Mittel dem gesellschaftlichen Ziel nutzt, der Grund, von dem aus die weniger wichtigen Gründe beurteilt werden und von dem aus man in ihnen sozusagen das Formale vom Materialen unterscheidet, also das, was ihr Saft und ihr Leben ist, von dem, was lediglich Äußeres und zusätzliche Schale ist. Man sagt zum Beispiel, daß es nützlich ist, die Studien zu fördern, weil die Vermehrung des allgemeinen Wissens nützlich ist. Das ist der erste, natürliche Grund, der angeführt wird. Will man aber einen wei-

---

[4] Wir nennen diese Lehre auch *politische Philosophie* (Filosofia politica), ähnlich wie man von *Moralphilosophie* (Filosofia morale) spricht, oder auch *philosophische Politik* (Politica filosofica).

Vorwort zu den politischen Schriften

terführenden Grund haben, muß man fragen: Warum ist Wissen nützlich? Hier muß man zweifelsohne antworten: 'Weil man mit dem Wissen in den Besitz der Wahrheit gelangt'. Und je mehr Wahrheit ein Mensch besitzt, desto weiter ist er von den Irrtümern und von den Übeln, die sie verursachen, entfernt und auch von jenen Übeln, die die Unwissenheit mit sich bringt. Wer erkennt nun nicht, daß dieser weitergehende Grund den vorangehenden Grund erhellt und einordnet. Wenn ich nämlich weiß, daß Wissen nicht gut ist, sofern der Mensch dadurch nicht in den Besitz der Wahrheit gelangt, so weiß ich auch zugleich, welche Kenntnisse ich suchen und welche Bildung ich fördern muß. Ich erkenne dadurch auch sofort, daß es Irrtümer gibt, die als 'Wissen' bezeichnet werden, und daß ich meinerseits dieses angebliche Wissen mit den Mitteln, für die ich zuständig bin, von der Gesellschaft fernhalten muß. Angenommen, ich halte die Zügel der öffentlichen Sache in Händen, dann begnüge ich mich von da an nicht damit, alles zu fördern, was sich Wissen nennt, sondern ich bemühe mich darum, daß allen Menschen geholfen wird, die wahren Kenntnisse zu finden und in den Besitz der Wahrheit zu gelangen. So lenken die *letzten Gründe* die unteren, unmittelbaren Gründe in der Politik und in ähnlicher Weise in jeder anderen Sparte. Die Philosophie der Politik, die die Wissenschaft von den letzten Gründen ist, ist also zugleich auch die *politische Weisheit*, die – am höchsten Punkt angesiedelt – alle politischen Mittel direkt auf das Ziel hinführt, das sich die Menschen vorgenommen haben, als sie zusammen die bürgerlichen Gemeinschaften (civili comunità) bildeten. Betrachtet man ihr Wesen, ist die politische Philosophie die Philosophie, die die letzten Gründe der Regierungskunst (arte del governare) erforscht. Betrachtet man ihre Aufgabe, ist sie 'die Wissenschaft, die die beste Art und Weise lehrt, die politischen Mittel zu gebrauchen'.

Aber schauen wir uns diese hohe Aufgabe noch näher an, die der philosophische Teil der Politik hat. Dann werden wir auch das *Wesen* der Wissenschaft besser verstehen, von der wir hier sprechen und zu der die Schriften gehören, die die vorliegende Sammlung bilden.

Die bürgerliche Regierung wäre unnütz, wenn die Beschlüsse, die sie faßt, nicht direkt auf das Ziel der Gesellschaft, der sie vorsteht, gerichtet wären. Und sie wäre gleichermaßen unnütz, wenn von ihrer Seite die Beschlüsse zwar auf dieses Ziel gerichtet wären, wenn diese Beschlüsse aber von ihrer Natur her unwirksam wären. Die Beschlüsse der Regierung oder auch: die Mittel, die sie einsetzt, müssen also 1.) *gut ausgerichtet* und 2.) ihrer Natur nach *wirksam* sein.

Aber diese Mittel können nicht gut ausgerichtet sein, wenn die Regierung das letzte und umfassende Ziel der Gesellschaft nicht kennt (fine ultimo e complessivo). Nun muß man sehen, daß die politischen Spezialwissenschaften nie lehren und auch nie lehren können, was das letzte und umfassende Ziel der bürgerlichen Gesellschaft ist. Denn wir haben gesagt: Der Untersuchungsgegenstand der politischen Spezialwissenschaften sind spezielle Mittel, die ihrer Natur nach spezielle Ziele haben und nur spezielle Wirkungen erzeugen. Zum Beispiel lehrt die Finanzwissenschaft, die Einkünfte des Staates richtig zu verwalten, Steuern möglichst ökonomisch zu erheben und gerecht zu verteilen bei geringstmöglicher Belastung der Steuerzahler, bei geringstmöglichem Nachteil für die Produktion und so weiter. Das sind spezielle

Ziele dieser Wissenschaft, aber es ist nicht das allgemeine und umfassende Ziel des Staates. Es gibt also spezielle, untere Ziele (Zwecke). Aber der Staat hat außerdem ein allgemeines, letztes, umfassendes Ziel, dem jene speziellen Ziele untergeordnet sein müssen. Die politischen Spezialwissenschaften bestimmen also die speziellen Ziele, und sie lehren, wie man diese Ziele erreicht. Aber welche Wissenschaft lehrt, diese speziellen Ziele dem letzten, einen Ziel der bürgerlichen Gesellschaft unterzuordnen? – Die Philosophie der Politik. – Sie allein bestimmt das wahre Ziel dieser großen Vereinigung (associazione), die *bürgerlich* heißt. Sie allein lehrt, den Blick nicht ausschließlich auf irgendein mittleres Teilziel zu richten, sondern alle diese mittleren Ziele nur als Mittel zu betrachten und zu behandeln, die dem letzten Ziel dienen. Denn diese Teilziele sind eigentlich keine Ziele, sondern nur Mittel. Die Philosophie der Politik setzt allen Regierungen ein unverletzliches Gesetz: Es ist das Gesetz, mit dem sie die Regierungen verpflichtet, all ihr Handeln auf das *wahre Gut des Menschen* auszurichten – nicht weil das Ziel der bürgerlichen Gesellschaft das menschliche Gut in seiner ganzen Dimension ist, sondern weil das Teilgut, auf das hin die Gesellschaft eingerichtet ist, immer zum Gut des Menschen gehören muß. Wenn es nämlich nicht zum wahren Gut des Menschen gehört, strebt die Gesellschaft überhaupt nicht nach einem Gut, und dann hätte sich die bürgerliche Gesellschaft um eines Übels willen gebildet, was offensichtlich absurd ist.

Gesetzt nun, das Letztziel der bürgerlichen Vereinigung (ultimo fine della civile associazione) sei klar bestimmt, so erkennt man doch, daß eben in diesem Letztziel auch der *letzte Grund* der politischen Mittel liegen muß. Man erkennt, daß dieses Ziel allein die letzte Regel sein muß, nach der man den Wert der politischen Mittel beurteilen kann, und daß dieses Ziel das oberste Prinzip ist, das die *Art und Weise* lehrt, wie diese Mittel angewendet werden müssen.

Aber wir haben gesagt, daß die Mittel, die eine Regierung gebraucht, nicht nur eine angemessene *Ausrichtung*[5] auf das letzte Ziel der Gesellschaft haben müssen, sondern daß sie auch von ihrer Natur her *wirksam* sein müssen. – Was ist nun der *letzte Grund* für ihre Wirksamkeit? Was ist diese *allgemeinste Eigenschaft* der Mittel, durch die diese die gute Wirkung erzeugen können, nach der sie im gesellschaftlichen Zusammenleben (sociale convivenza) streben? Gibt es diese allen politischen Mitteln gemeinsame Eigenschaft? Ja, es gibt sie. Sie besteht in der Wirkung, die diese Mittel letztlich auf die Seele (animo) der Menschen ausüben. – Es mag noch so viele Teilbereiche der Politik geben – letztlich ist *Politik* doch entweder nur eine leere Bezeichnung, oder sie ist 'die Kunst, die *Seele* der Regierten zum Ziel der Gesellschaft hinzubewegen'. Von der Seele gehen alle Taten der Menschen aus, und zur Seele kehren sie zurück. Die Künste, die Wissenschaften, die Unternehmungen jeglicher Art sind Produkte des menschlichen Tätigseins. Diese Aktivität hat ihren verborgenen Ursprung und gleichsam ihre Heimstatt im Geist des Menschen. Dorthin kehren die Produkte der menschlichen Aktivität auch mit ihren Wirkungen zurück.

---

5 [Höllhuber übersetzt „legittima direzione" mit „gesetzlich berechtigter Lenkung"; vgl. A. ROSMINI: Die Politik als philosophisches Problem, cit., S. 42; vgl. *Anmerkungen zur Übersetzung*, S. 36, Fußnote 3.]

Vorwort zu den politischen Schriften 55

Denn alle Produkte der menschlichen Aktivität streben doch qua natura dahin, die Sehnsucht des Menschen zu stillen. In jedem System wird es daher stets so sein, daß alle äußeren Dinge lediglich *Mittel* sein können, die das Verlangen der Seele stillen sollen. Denn diese Mittel wären nichts wert, wenn sie die Seele nicht erreichten und nicht dazu beitrügen, ihr die ersehnte Befriedigung zu geben. Dieser gute Einfluß auf die Seele muß folglich das Merkmal, die gemeinsame Eigenschaft und der letzte Grund aller politischen Mittel sein, damit man sie wahrhaftig *wirksam* nennen kann. So erkennt man hier das Wesen und die Natur des philosophischen Teils der Politik, um den es uns geht: Der philosophische Teil der Politik sucht und findet in der Natur des Menschen selbst das Ziel der bürgerlichen Gesellschaft. Er schreibt nämlich vor, daß dieses Ziel nichts anderes als das *wahre Gut des Menschen* sein kann. Und in der menschlichen Natur läßt die Philosophie der Politik auch die Wirksamkeit aller politischen Mittel begründet sein. Denn sie legt fest, daß diese Wirksamkeit einzig und allein in dem guten Einfluß besteht, den die Mittel haben können, um das Verlangen dieser menschlichen Natur zu befriedigen. Und sie lehrt dadurch zu erkennen, welche Mittel wann und wie wirksam sind oder nicht wirksam sind. Das eigentliche *Wesen* der politischen Philosophie zeigt sich also darin, daß sie die Regierungen der Völker zum Herzen des einzelnen Menschen hinführt und ihnen dessen Geheimnis enthüllt. Sie zeigt ihnen oftmals in diesem dunklen Versteck der Menschennatur die Oberflächlichkeit ihres Kalküls und die Fehlerhaftigkeit ihrer Überlegungen. Sie hebt die Täuschungen der Regierungen auf und bringt ihnen mit diesem versiegelten Buch, dessen Siegel sie bricht, eine Weisheit bei, die ihnen bis dahin vollständig unbekannt war.

Ja, es gibt die eine Politik, aber sie besteht aus zwei Teilen, dem *materialen* Teil und dem *formalen* Teil. Der erste Teil behandelt die Mittel je für sich. Der zweite ordnet sie zusammen auf das Ziel hin und wird 'philosophisch' genannt. Wie selten ist aber ein einzelner Mensch mit beiden Teilen vollständig vertraut!

Der Staatsmann (uom di stato) und der Philosoph sind meistens zwei verschiedene Persönlichkeiten. Und es gibt auch tatsächlich Positionen im Leben, in denen die Menschen eher den einen Teil der Wissenschaft erlernen – und es gibt Positionen, die eher das Studium des anderen Teils begünstigen. Aber der Mensch ist begrenzt und verbraucht seine ganze Kraft in einem der beiden Teile. Dann ist er trotzdem davon überzeugt, dasjenige ganz zu kennen, was er doch nur teilweise kennt, und ist sich seiner allzu sicher. Seine Irrtümer sind dann je nach Ausmaß seines Einflusses schädlich. Das öffentliche Leben (vita pubblica) ist gewiß eher geeignet für das Studium der politischen Spezialwissenschaften, das private Leben (vita privata) dagegen eher für philosophischen Meditationen. Die Philosophie, so haben wir gesagt, verknüpft die politischen Mittel mit dem menschlichen Herzen. Und das menschliche Herz ist keine öffentliche, sondern eine private Sache. In die geheime und einsame Kammer des menschlichen Herzens können wir nicht gelangen, solange wir von unseren äußeren Würden umgeben und behindert sind. Wir müssen alles, was uns umgibt und umschmeichelt, ablegen, die Höflinge wegschicken, den Purpur ausziehen, vom Thron herabsteigen und nur als Menschen, allein, bloß, versuchen, durch diese enge Pforte zu gelangen und auf dunklen Treppen hinabzusteigen, um den düsteren Ort geheimer Leidenschaften, verschwiegenen Kalküls, unglaublicher Leiden, unterdrückter Schluchzer und schließlich wahrer Tugenden und wahrer Laster unserer Mitmenschen aufzusuchen. Der von der maßlosen Täuschung äußerlicher Eitelkeit umgebene Mensch braucht unendlichen Mut, heldenhafte Tugend und einen erhabenen und unerschütterlichen Geist zu so einem großen Schritt. Und wo soll er denn die Ruhe, wo die für tiefe Meditationen notwendige Muße finden? Wo er doch Tag und Nacht von Geschäften, Äußerlichkeiten und Annehmlichkeiten gefangen ist! Zudem scheinen die philosophischen Meditationen, von denen wir sprechen, viel zu schlicht und leise in den Augen der vom Glück begünstigten Menschen hier auf Erden, die von aufsehenerregenden, glanzvollen Äußerlichkeiten angezogen werden. So etwas eignet sich für allgemeine Kalküls, in denen ganze Völker zur kleinen Zahl werden und der einzelne als eine bloße Null verschwindet. Um wieviel mehr scheint doch der weise Privatmann in der Lage, den philosophischen Aspekt der Wissenschaft vom Regieren zu pflegen. Denn er ist von der menschlichen Natur und von Seinesgleichen nicht durch ein weites Meer von Ehrgeiz und selbstgemachter Größe getrennt. Er befragt ohne Mühe und ohne Furcht die eigene Natur, mit der er sozusagen beständig Zwiesprache hält. Es erscheint also höchst angemessen, daß dem Staatsmann in der langen Kette der Mittel und der Zwecke, der Ursachen und der Wirkungen die ganze Reihe überlassen bleibt bis auf den letzten Ring, der die politischen Mittel mit dem Menschen selbst verbindet.

Was diesen letzten Ring betrifft, soll sich der Politiker (uomo pubblico) der bescheidenen Behausung des Weisen nähern und respektvoll um Einlaß bitten, um von diesem die heilsamen Lehrstunden zu hören.[6]

Aus alldem wird deutlich, daß die Unterscheidung zwischen der Politik und der Philosophie der Politik nicht willkürlich ist. Diese beiden Teile sind vielmehr in der Wirklichkeit selbst unterschieden, insofern sie zumeist von zwei unterschiedlichen Persönlichkeiten repräsentiert werden, nämlich vom Politiker und vom Privatmann.

Diese Unterscheidung zwischen Staatsmann und politischem Philosophen ist tatsächlich immer dann aufgetreten, wenn die bürgerlichen Gesellschaften eine gewisse Bildungsstufe erreicht hatten. Anfangs dagegen gab es nur wenige politische Mittel. Ihre Zahl stieg schrittweise, weil man durch Erfahrung herausfand, daß die Regierungen aus mehr Dingen Nutzen ziehen konnten, als scheinen mochte. Später

---

[6] Ein Staatsminister, der auch ein großer Philosoph war, hat eine wahre, feinsinnige Beobachtung über die verschiedenen Möglichkeiten gemacht, die die unterschiedlichen gesellschaftlichen Positionen den Menschen bieten, eher die eine Art von Dingen zu erkennen als eine andere und eher den einen Teil der Regierungskunst zu erlernen als den anderen. Er sagt von den Häuptern der Völker: „Arme Säulenheilige sind die Könige, weil sie von der Vorsehung dazu verdammt sind, ihr Leben auf der Spitze einer Säule zuzubringen, ohne je herunter zu können. Sie können nicht wie wir sehen, was sich hier unten abspielt. Dafür geht ihr Blick weiter. Sie besitzen einen gewissen inneren Takt, einen gewissen Instinkt, der sie besser führt als die Überlegungen derer, die sie umgeben." [J. DE MAISTRE: Du Pape, in DERS.: Oeuvres complètes, Lyon-Paris 1924–1931, Bd. II, S. 421.]

Vorwort zu den politischen Schriften 57

dann wurden, wie wir sagten, alle politischen Mittel separat behandelt und ihre Behandlung auf die Spezialwissenschaften beschränkt, sodaß man die Bücher über Handel, Gewerbe, Künste, Gesetzgebung, Krieg, Beziehungen der Staaten untereinander und tausend ähnliche Sachen kaum noch zählen kann. Die Spezialwissenschaften wuchsen maßlos und zogen folglich weit mehr Interesse auf sich als der philosophische Teil der Politik. Dieser wurde seinerseits zugleich unendlich viel schwieriger, weil er mit einfachen Prinzipien eine solche Menge von politischen Mitteln beherrschen und in harmonischer Weise lenken soll, von denen schon jedes einzelne sozusagen die ganze Aufmerksamkeit eines Menschen erfordert. Es braucht uns also nicht zu wundern, daß wir bei den Schriftstellern der Antike die besseren Vorschriften der politischen Philosophie finden, während wir im Gegensatz dazu heutzutage einen ungeheuren Reichtum an Kenntnissen vorfinden, die zu den politischen Spezialwissenschaften gesammelt wurden.

Man bedenke: So wie der Politiker anfangs einfach ein Privatmann war, der öffentliche Pflichten mitübernahm, so widmete sich zwangsläufig die politische Kunst in ihren Anfängen hauptsächlich dem privaten Studium der menschlichen Natur und nicht so sehr dem Studium der politischen Instrumente, die dann mit und mit durch Erfahrung entdeckt wurden. Die politische Kunst mußte demnach eher formgebend als material sein, eher philosophisch als administrativ. Tatsächlich sehen wir, daß die Philosophie die politische Kunst hervorbringt. Seneca sagt, daß Seleukos und Charondas die Rechte und Gesetze, die sie dem blühenden Sizilien und der Magna Graecia gaben, nicht auf dem Forum oder im Atrium des Rates erlernten; sie erlernten sie vielmehr an den stillen, heiligen Orten des Pythagoras.[7] Und als Platon die Philosophen zu den besten Verwaltern der Polis erklärte,[8] machte er damit nicht nur deutlich, wie hoch er den philosophischen Teil der Politik schätzte, sondern er sprach auch aus, was seiner Zeit am meisten entsprach und was der gesunde Menschenverstand vollkommen begriff. Daher muß es uns auch nicht wundern, wenn wir sehen, daß die frühesten politischen Mittel und jene Mittel, die die Antike für besonders wirksam hielt, Mittel waren, die den Menschen ganz unmittelbar beeinflußten. Das erste Mittel von allen ist die Religion. Die Ägypter, die als Begründer aller Wissenschaften gelten, stimmten alles mit der Religion ab.[9] Dies gilt ebenso für die Perser, eine weitere Schule für die Griechen. Man denke daran, in welchem Maß bei den Persern die Philosophie die Erziehung des Königssohnes und Thronerben beherrschte. Sobald dieser vierzehn Jahre alt geworden war, wählte man vier der weisesten und berühmtesten Männer des Staates aus, um ihn zu erziehen. Der Erste

---

[7] „[Seleucus et Carondas] non in foro, nec in consultorum atrio, sed in Pythagorae tacito illo sanctoque recessu didicerunt jura, quae florenti tunc Siciliae et per Italiam Graeciae ponerent." *Ep.* XC. [L. A. SENECA: Epistulae morales ad Lucilium, Ep. XC, Bologna 1953, Bd. II, S. 342.]

[8] *Rep.* V. [PLATON: Politeia, Buch V, 473 d, in PLATONIS Opera cit., Bd. II, S. 99.]

[9] „Omnium philosophiae disciplinarum parentes", Macrob., *Saturn.*, 19. Bekannt ist, daß in allen ägyptischen Monumenten, die auf uns gekommen sind, ausschließlich drei Empfindungen erkennbar sind und vorherrschen: 1.) Hochachtung für das höchste Sein; 2.) Hochachtung für den König als Abbild des höchsten Seins; 3.) Hochachtung für die Seelen der Verstorbenen. Wer je ein ägyptisches Museum besucht hat, wird die ganze

mußte ihn in der Religion und zugleich, als wäre es ein und dasselbe, in der Regierungskunst unterweisen. Der Zweite hatte keine andere Pflicht, als ihn zu überwachen, damit er immer die Wahrheit sagte. Der Dritte erzog ihn dazu, die Wünsche zu zügeln, der Vierte dazu, feige Ängste zu überwinden und mutig und selbstsicher zu werden.[10] Was ist das anderes, als einzig und allein Philosophie? Auch die Gesetze des Zarathustra enthielten, soweit wir wissen, nichts anderes als religiöse und sittliche Vorschriften.[11] Xenophon berichtet, die persische Gesetzgebung habe den großen Vorzug gehabt, daß sie nicht nur auf die Bestrafung der Verbrechen zielte, sondern darauf, in den Herzen der Menschen Abscheu gegenüber dem Laster und Liebe zur Tugend als solcher zu verankern.[12] Derselbe philosophische Geist wird bei den griechischen Gesetzgebern deutlich. Die berühmten Gesetze von Kreta, Athen, Sparta, Locri und Catania waren teilweise nach dem Beispiel der bekannten Völker gestaltet, und teilweise waren es einfache Korollarien, die jene Weisen aus dem Studium gefolgert hatten, das sie der menschlichen Natur widmeten. Das ist der Grund für die Schönen Künste, die sportlichen Spiele, die öffentliche Erziehung und ähnliche Dinge, die direkt darauf abzielten, die Seele zu bilden. Dies alles war mit der Religion durchmischt. Stets wurde der Wille der Götter befragt. Nicht von ungefähr befand sich der Rat der Amphiktyonie, durch den ganz Griechenland verbunden war, in Delphi beim Orakel.[13] Die Kunst des Regierens (artificio del governare) ging also damals vom Menschen selbst aus und kehrte unmittelbar zum Menschen wieder zurück. Es waren die Römer, die den Kreislauf der Politik (circolo della politica) erweiterten. Anfangs standen sie den Wissenschaften ganz fern und widmeten sich allein der Tat, aber sie waren von aufrechter und scharfsinniger Urteilskraft, und durch Erfahrung entdeckten sie viele politische Maßnahmen, die zuvor unbekannt gewesen waren. In diesem Zusammenhang macht Vico eine feinsinnige Beobachtung, daß nämlich bei den Griechen die *Weisheit* überwog, bei den Römern dagegen die *Rechtskunde*. Damit ist gemeint, daß bei den Griechen die Prinzipien für die Gesetze [*leges legum*] studiert und aufgeschrieben wurden, während die Römer diese

---

Wahrheit dieser Feststellung nachvollziehen. [Tatsächlich stammt das Zitat aus: A. THEODOSII MACROBII Commentarii in Somnium Scipionis, Buch I, Kap. 29, § 2, Leipzig 1863, S. 73.]

[10] Senof., *Cyrop.*, I, II; und Plat., *Alcib.* I. [XENOPHON: Kyrou Paideia, Buch I, Kap. 2, §§ 7–8, in XENOPHONTIS Scripta minora, Leipzig 1863, S. 5 f; PLATON Alkibiades Protos, Kap. 17, 121e–122a, in: PLATONIS Opera, cit., Bd. I, S. 480.]

[11] Vgl. Hyde, *De Religione veterum Persarum*, Oxford 1700 mit lateinischer Übersetzung des Sad-der. [TH. HYDE: Historia religionis veterum Persarum eorumque magorum, Oxford 1760. Die Übersetzung des Sad-der S. 443–512.]

[12] *Cyrop.*, I. [XENOPHON, op. cit., Buch I, Kap. 2, §§ 2–3, in XENOPHONTIS Scripta minora, cit., S. 4.]

[13] Unserer Meinung nach ist es allerdings übertrieben zu sagen, das Orakel selbst sei ein Werk der griechischen Politik. So wird es von Mengotti behauptet. Die Politik begründet keine Orakel. Sie profitiert nur von den Meinungen und dem Glauben des Volkes. Daher achtete die Politik das Delphische Orakel, dieses Produkt des Aberglaubens, nicht der Politik. Die Dokumente, die Mengotti in seiner Untersuchung vorlegt, beweisen nur dies. [F. MENGOTTI: L'oracolo di Delfi, Mailand 1820.]

Vorwort zu den politischen Schriften 59

Prinzipien lange Zeit voraussetzten und stillschweigend im Herzen bewahrten und nur die Anwendungen, die Konsequenzen – das heißt die Spezialgesetze – aufschrieben.[14]

Wenn man allerdings die politischen Mittel der Römer mit denen der modernen Zeit vergleicht, erkennt man, daß die politischen Mittel der Römer zahlenmäßig geringer und weniger differenziert sind, dafür aber zugleich umfassender und philosophischer als die modernen. Es genügt, darauf hinzuweisen, daß es den Römern gelang, die Sklaverei angenehm und die Unterwerfung ruhmvoll zu machen[15] – so sehr trachteten sie danach, nicht das Äußere des Menschen zu regieren, sondern den Menschen selbst! Ich weiß nicht, ob ich eher vom Glück des römischen Volkes sprechen soll oder eher von der natürlichen Klugheit, mit der dieses Volk begabt war. Gewiß sorgten, von einer höheren Vorsehung geleitet, beide zusammen dafür, daß die ersten beiden Könige Roms eben jene beiden Teile der Politik verkörperten, deren Unterschied wir durch die Ausführungen hier klarmachen wollen: Der erste König stellte den Staatsmann, der zweite dagegen den Philosophen dar.[16] Die Wahl des Numa, der ein Fremder war,[17] den eine natürliche Neigung zur Beschaulichkeit immer von Rom ferngehalten hatte, ist ein Ereignis von höchster Bedeutung für die römische Geschichte! Ein rohes, kriegerisches Volk, dessen kämpferischer Anführer Romulus, der es geeint hatte, gerade verstorben war, wandte sich an einen friedfertigen Philosophen und forderte ihn auf, es zu regieren. Numa selbst war darüber verwundert. Er lehnte die Königswürde ab: Er sei für den Frieden, für die Studien und für die Religion geschaffen, alles Dinge des privaten Lebens; ein Thron verlange etwas anderes, etwas anderes verlange der Stolz des römischen Volkes. Diese Gründe hielt er dagegen. Aber die Notwendigkeit der Philosophie für die bürgerlichen Regierungen (civili governi) und die Nützlichkeit der Tugenden des privaten Lebens für die Erziehung des Fürsten werden doch sehr deutlich in den Worten, die der Vater und sein Verwandter Marius zu Numa sagten, als sie ihn überredeten, das Szepter anzunehmen:

„Für den weisen Mann ist die Königsherrschaft ein weites Feld, um die schönsten und großmütigsten Taten vollbringen und den Göttern auf prächtige Weise dienen zu können und um durch Milde religiöse Gesinnung in die Menschen einzupflanzen; denn die Untertanen passen sich leicht dem Vorbild des Herrschers an. – Dieses wilde Volk, das bereits reich an Triumphen und Kriegsbeute ist, wird gezähmt werden und einen gerechten und gütigen Herrscher lieben

---

14   [G. B. VICO: De universi iuris uno principio et fine uno, in G. B. VICO: Il diritto universale, hg. von F. Nicolini, Bari 1936, Bd. I, S. 26–28.]

15   Die Maxime der großen Zeit Roms ist die, die Titus Livius dem Enkel des Camillus in den Mund legt, als der vor dem Senat zugunsten der von ihm vollständig besiegten Latiner spricht: „Certe id firmissimum longe imperium est, quo oboedientes gaudent." *Hist.* [TITI LIVII Ab urbe condita, Buch VIII, Kap. 13, Leipzig 1884, Bd. II, S. 64.]

16   „Duo deinceps reges", sagt Livius, „alius alia via, ille bello, hic pace, civitatem auxerunt .... Cum valida, tum temperata et belli et pacis artibus erat civitas." [T. LIVII op. cit, Buch I, Kap. 21, Bd. I, S. 23.]

17   Numa stammte aus der sabinischen Stadt Cures [Curi].

können, der milde Gesetze gibt und eine maßvolle Regierung begründet. Ihm wird es vielleicht auch gelingen, diesen kriegerischen Geist der Römer, wenn schon nicht auszulöschen, so doch zum Guten zu wenden und Stadt mit Stadt, Volk mit Volk in Freundschaft zu einen."[18]

Diese Worte, die von Plutarch wiedergegeben werden, sind keine wirtschaftlichen Berechnungen oder partiellen Ansichten von Politik. Es sind vielmehr Empfehlungen ruhigster und abgeschiedenster Philosophie. Die beiden von uns unterschiedenen Teile des Regierens – das heißt die *Politik* im gewöhnlichen Sinne und die *Philosophie der Politik* – sind also in der Geschichte der Wissenschaften und der Regierungen faktisch unterschieden. Sie werden zu unterschiedlichen Zeiten und von unterschiedlichen Personen gepflegt. Sie unterscheiden sich vom Wesen her sehr, denn der Politik ist das öffentliche Leben zuträglich, während die Philosophie der Politik die nachdenkliche Stille des Privatlebens sucht. Und doch hilft die eine der anderen, und vollkommen zu Recht erhofft sich Platon, der die Unterschiede klar erkannte, daß sich beide in ein und derselben Person vereinen mögen.[19]

Es dürfte uns jetzt nicht schwerfallen, die Hauptteile der politischen Philosophie zu erkennen, denn wir haben sie definiert und ihre Natur beschrieben. Wir haben gesagt: Die politische Philosophie ist die Wissenschaft von den letzten politischen Gründen (la scienza delle ultime ragioni politiche). Sie hat die Aufgabe, diese letzten politischen Gründe auf die speziellen Mittel anzuwenden, die die Regierungskunst (arte governativa) besitzt. Diese speziellen Mittel, so haben wir außerdem gesagt, müssen gut ausgerichtet sein, und sie müssen wirksam sein. Die Anwendung der letzten politischen Gründe hat also zwei Zwecke: Der eine besteht darin, den Wert beziehungsweise die *Wirksamkeit* der politischen Mittel zu erkennen. Der andere Zweck besteht darin, die beste *Art und Weise* zu erkennen, wie man die politischen Mittel einsetzt. Dadurch wird offenkundig, daß die Philosophie der Politik zwei Hauptteile haben muß. Der erste Teil untersucht, welches die letzten politischen Gründe sind und vor allem welches der eine letzte Grund von allen und

---

[18] Plut., in *Numa*. Numa Pompilius war derjenige, der den Römern den religiösen Wesenszug tief eingeprägt hat, den sie später nie verloren haben und von dem Cicero sagt: „Quam volumus licet [...] ipsi nos amemus; tamen nec numero Hispanos nec robore Gallos nec callidate Poenos, nec artibus Graecos ... , sed pietate ac religione, atque hac una sapientia quod deorum [immortalium] numine omnia regi gubernarique perspeximus, omnes gentes, nationesque superavimus" (*De harusp. resp.*, 19). Wir fügen die Bemerkung eines Wirtschaftswissenschaftlers hinzu: „Als Numa Pompilius", sagt Melchiorre Gioja, „dem rechten Glauben einen Altar errichtete, das heißt einen Altar der Moral, kannte er die Ökonomie sehr viel besser, als die modernen Ökonomen [Philosophen] sie kennen" (*N. prospetto delle scienze economiche*, Bd. I, S. 286). [Zu den zitierten Autoren: PLUTARCH: Numa, Kap. 6, 63 e, in PLUTARCHI Vitae, Paris 1857, Bd. I, S. 75; M. TULLI CICERONIS De haruspicum responso oratio, Kap. 9, § 19, in M. TULLI CICERONIS Scripta quae manserunt omnia, Leipzig 1876-1891, Bd. II, Teil II, S. 522; M. GIOIA: Nuovo prospetto delle scienze economiche ossia somma totale delle idee teoriche e pratiche in ogni ramo di amministrazione privata e pubblica, Mailand 1815–1817, Bd. I, S. 286.]

[19] *Politeia* V. [PLATON: Politeia, Buch V, 473d, in PLATONIS Opera, cit., Bd. II, S. 99.]

Vorwort zu den politischen Schriften 61

damit zugleich das höchste Prinzip der ganzen Wissenschaft ist. Diese letzten politischen Gründe nennen wir auch *politische Kriterien*, weil sie tatsächlich entsprechend viele Kriterien sind, mit denen wir dann den Wert der politischen Mittel beurteilen sowie die Art und Weise, sie einzusetzen. Der zweite Teil befaßt sich mit der Anwendung dieser politischen Kriterien auf die politischen Mittel. Dadurch erkennen wir den *Wert* dieser Mittel und die bestmögliche *Art*, sie zu einzusetzen.

Will man auch die Hauptunterteilung des ersten Teils skizzieren, so stellt sie sich wie folgt dar:

Übersicht über die Philosophie der Politik

I. Teil – *Politische Kriterien*

a) Politische Kriterien, abgeleitet aus dem *Ziel* der bürgerlichen Gesellschaft [hier findet sich das oberste Prinzip dieser Wissenschaft].
b) Politische Kriterien, abgeleitet aus dem *natürlichen Aufbau* (naturale costruzione) der bürgerlichen Gesellschaft.
c) Politische Kriterien, abgeleitet aus der Natur der *Kräfte*, die die bürgerliche Gesellschaft bewegen.
d) Politische Kriterien, abgeleitet aus den *Gesetzen*, denen die bürgerliche Gesellschaft in ihrer Bewegung konstant folgt.

II. Teil – *Anwendung der politischen Kriterien auf die speziellen Mittel der bürgerlichen Regierung*

a) Maß des relativen Werts der politischen Mittel.
b) Art und Weise, die politischen Mittel zu gebrauchen, damit das Ziel der bürgerlichen Gesellschaft erreicht wird.

Vom umfassenden Grund
für den Bestand oder den Untergang
der menschlichen Gesellschaften

Kapitel 1
Vom ersten politischen Kriterium

In jeder Gesellschaft muß es *Etwas* geben, durch das die Gesellschaft existiert, und *Etwas*, durch das sich die Gesellschaft entwickelt und vollendet.

Nun ist evident, daß die Gesellschaft unwiderbringlich untergeht, wenn sie dieses Element verliert, auf das sie sich stützt – so wie ein Gebäude zusammenbricht, dem man das Fundament wegzieht. Umgekehrt: Solange diese Sache, die die Gesellschaft aufrechthält, fest steht, solange steht auch die Gesellschaft, selbst wenn ihr das Beiwerk und all ihr zusätzlicher Schmuck fehlen.

Diese Wahrheit ist schlicht und evident und bedarf daher keines Beweises. Denn was auch immer die speziellen Gründe für den Untergang einer Gesellschaft sein mögen, letztlich trifft es immer zu, daß die Gesellschaft untergegangen ist, weil ihr jene Kraft genommen wurde, auf die sie sich stützte. Wäre ihr diese Kraft geblieben, hätte sie nie untergehen können.

Nun kann einer Gesellschaft diese Kraft – dieser Kern, durch den sie existiert – durch zwei Ursachen genommen werden. Einmal durch eine heftige Erschütterung, die von außen kommt und für die Gesellschaft unvermeidbar ist. Dann wird sie plötzlich durch Gewalt zerstört, wie es bei Eroberungen geschieht; oder aber durch inneren Zerfall beziehungsweise, um einen Ausdruck Dantes zu gebrauchen, „durch fehlende Stütze"[1]. Das geschieht, wenn sich die Kraft, durch die die Gesellschaft existiert, langsam auflöst und damit auch die Gesellschaft schrittweise verfällt und vernichtet wird, wenn nichts ihren Untergang aufhält.

Der erste Fall kann nicht Gegenstand einer reinen Theorie sein, insofern er von den realiter gegebenen Situationen und Beziehungen der verschiedenen, nebeneinander lebenden Gesellschaften abhängt. Er kann jedoch Gegenstand einer Lehre sein, die von den historischen Ereignissen und vom tatsächlichen Zustand (stato di fatto) der Menschheit ausgeht. Ich will aber nur den zweiten Fall in dieser kurzen Schrift betrachten. Darin suche ich 'den umfassenden Grund, weshalb die menschliche Gesellschaften von allein bestehen oder untergehen'.

Mit *umfassendem Grund* meine ich den Grund, auf den sich alle anderen Gründe zurückführen lassen, also den Grund, in dem alle minder bedeutenden Gründe enthalten sind wie Teile im Ganzen. Ich meine mit *umfassendem Grund* die Gesamtheit oder auch die *Summe* aller Teilgründe. Letztere verbinden sich zur Erzeugung einer Gesamtwirkung, die zwar aus der Wirkung verschiedener zusammenwirkender Kräfte resultiert, die aber doch eine einzige und einfache Wirkung ist, was berechtigten Anlaß gibt, auch den Grund als einen einzigen zu betrachten. Er kann also *umfassend* genannt werden, auch wenn er oder vielmehr eben weil er aus all dem zusammengesetzt ist, was zur Erzeugung der Wirkung beiträgt. Und diese

---

[1] [DANTE ALIGHIERI: Divina Comedia, Inferno, Gesang XII, 6.]

eine Wirkung, um die es im vorliegenden Text geht, ist, wie wir gesagt haben, die *Existenz* oder die *Zerstörung* der Gesellschaft.

Wenn also gezeigt wird, daß es in jeder Gesellschaft notwendigerweise *Etwas* gibt, durch das die Gesellschaft besteht, und ein weiteres *Etwas*, durch das sich die Gesellschaft entfaltet und blüht, wird sich leicht folgern lassen, daß der umfassende Grund, weswegen eine Gesellschaft besteht, die Bewahrung eben dieses Bestand-Prinzips ist, gleichgültig was es nun genau ist, was sie bestehen läßt. Der umfassende Grund dagegen, weshalb sie zugrundegeht, ist die Zerstörung eben dieses Prinzips.

Es gibt tatsächlich diese beiden Prinzipien: das Prinzip der Existenz der Gesellschaft und das Prinzip von ihrem äußeren Schmuck und ihrer Vollendung. Beide Prinzipien sind so klar voneinander unterschieden, daß man sie nicht verwechseln kann. Davon kann man sich zusätzlich leicht überzeugen, wenn man aufmerksam beobachtet, daß diese Unterscheidung zwischen der Existenz einerseits - also der Substanz, der Natur einer Sache – und der akzidentellen Vollendung dieser Sache andererseits nicht nur für die Gesellschaften gilt. Es ist vielmehr wirklich ein fundamentales Gesetz, nach dem alle kontingenten realen Wesen gemacht sind, die wir kennen.[2] In allen unterscheidet man ein substantielles *Element* von einem akzidentellen *Element*, dergestalt daß eine solche Unterscheidung in der Natur und sozusagen in der inneren Struktur der Wesen ihren festen Sitz hat.

Wenn die Unterscheidung zwischen dem, was den Bestand der Wesen konstituiert, und dem, was zusätzlich zur Existenz ihre Vollendung bildet, sozusagen das Fundament oder Grundmuster aller uns bekannten *natürlichen Wesen* ist, folgt notwendigerweise, daß man dieselbe Unterscheidung auch bei den *künstlichen Wesen* (enti artificiali) antrifft. Denn diese sind letztlich nichts anderes als eine aus den natürlichen Wesen bestehende „Zusammenfügung" (composizione) von Menschenhand. Zu diesen künstlichen Wesen zählen auch die Gesellschaften, zu denen sich die Menschen tatsächlich und willentlich (positivamente) zusammenschließen.[3] Es braucht also nicht zu verwundern, daß man in den *Gesellschaften* – ähnlich wie bei dem, was wir in der *Natur* antreffen – unterscheiden muß zwischen dem, was die Gesellschaft in ihrem Sein konstituiert, und dem, was dem Sein dieser Gesellschaft je nach den Umständen akzidentelle Vollendung hinzugibt.

Nachdem wir dies festgesetzt haben, können wir sogleich die *erste* aller Regeln einer guten Regierung (buon governo) bestimmen. Wir können bestimmen, welches das *erste Kriterium* ist, mit dem der Wert der Mittel gemessen wird, mit denen man eine beliebige Gesellschaft regieren will. Denn diese erste Regel und dieses erste Kriterium wird zweifelsfrei folgende Maxime sein: *Man trachte danach, das, was die Existenz oder die Substanz der Gesellschaft konstituiert, zu bewahren und zu stär-*

---

[2] Ich spreche von *realen* Wesen, um die *idealen* und speziell die *abstrakten* Wesen auszuschließen.

[3] Wir sprechen hier nicht von der *häuslichen Gesellschaft* [società domestica], die ein Werk der Natur ist, sondern von allen künstlichen Gesellschaften [società fattizie]. Die häusliche Gemeinschaft unterliegt aber auch diesem allgemeinen Gesetz.

ken, selbst wenn man dadurch dasjenige vernachlässigen muß, was die akzidentelle Vollendung der Gesellschaft ausmacht.

Wenn man diese selbstverständliche Regel auf die bürgerliche Gesellschaft anwendet, wird daraus die erste Norm einer ordentlichen Politik (sana politica).

Entsprechend kann man dann folgern, was die schlimmsten Fehler einer Regierung sind: Man kann festsetzen, daß die schlimmsten Fehler *solche sind, durch die der, der die Gesellschaft regiert, aus dem Blick verliert, was den Bestand dieser Gesellschaft konstituiert, und sich zu sehr mit dem beschäftigt, was ihre zusätzliche Vollendung bildet.*

Kapitel 2

Universalität und logische Notwendigkeit des vorgestellten Kriteriums

Hier verweilen wir einen Moment für eine Betrachtung.

Aus dem, was gesagt wurde, folgt: Wer in der Politik einen Fehler begeht, hat sich vorher zwangsläufig in einem logischen Irrtum verfangen. Denn es ist auch ein logischer Fehler oder eine falsche Berechnung, das akzidentelle Beiwerk einer Gesellschaft für wichtiger zu halten als deren Bestand selbst.

Weiten wir diese Beobachtung noch ein wenig aus. Allen Fehlern im praktischen Verhalten der Menschen – sei es in den privaten Angelegenheiten oder in den öffentlichen, sei es in den moralischen Dingen oder in den politischen Dingen – gehen immer Fehler in der Einsicht (intendimento) des Menschen voraus. Diese Fehler sind oft willentlich, aber es sind doch Fehler der Einsicht. „Willentliche Fehler" sage ich, nicht hinsichtlich der Wirkung, die sie provozieren, sondern in sich selbst. So ist bezüglich des Themas, das wir behandeln, gewiß, daß keine Regierung die Absicht hat, die Gesellschaft, die sie regiert, zu zerstören. Und trotzdem passiert es, daß die Regierung selbst die Gesellschaft in dem Wunsch, sie zu verbessern und zu vollenden, in den Ruin führt oder nah daran. Dies geschieht einzig und allein deswegen, weil sie fehlerhaft denkt und die Gesamtwirkung der Maßnahmen nicht richtig berechnet, die sie zum Wohle der von ihr regierten Gesellschaft zu treffen gedenkt.

Und das zeigt uns erneut die Allgemeingültigkeit der Regel, die wir genannt haben. Wenn man diese Regel auf die Regierung der Gesellschaften anwendet, wendet man damit eigentlich eine weit umfassendere Regel an, die zur allgemeinen Logik gehört.

Tatsächlich läßt sich jeder logische Irrtum auf eine sehr einfache Formel bringen: Der Irrtum entsteht dadurch, daß man 'bei einem Gegenstand für essentiell hält, was in Wirklichkeit daran nur akzidentell ist.' Oder auch: 'Man reflektiert auf der Basis der Annahme, daß in einem Gegenstand essentiell ist, was daran nur akzidentell ist.' Wir erkennen dies, wenn wir einen beliebigen konkreten Fehlschluß untersuchen, zum Beispiel den allseits bekannten Satz, mit dem man zu beweisen vorgibt, daß der Verzehr von Pökelfleisch den Durst löscht. Man sagt: „Wenn man Pökelfleisch ißt, muß man trinken. Trinken löscht den Durst. Also löscht Pökelfleisch den Durst."[1] In diesem Trugschluß liegt die ganze Täuschung offensichtlich darin, dem

---

[1] Ein Wirtschaftswissenschaftler unserer Tage argumentierte genau wie in dem Fall mit dem Pökelfleisch, als er schrieb: „Wenn die Mode die Frau veranlaßt, zu verkaufen, so veranlaßt sie den Mann, zu arbeiten, um das zu kaufen, was die Frau verkauft. Nun ist der Anstieg von Arbeit gleichbedeutend mit dem Nachlassen der Korruption. Also verringert die Mode die Korruption, weil sie die Frau dazu bringt, zu verkaufen!" Vgl. *Esame delle opinioni di M. Gioja in favor della moda* in *Opere*, Bd. XXX: *Apologetica*. [A. ROSMINI: Esame delle opinioni di M. Gioja in favor della moda (Untersuchung der Ansichten von Melchiorre Gioja zugunsten der Mode), in A. ROSMINI: Prose ecclesia-

Kapitel 2: Universalität und logische Notwendigkeit 69

Pökelfleisch als wesenhafte Eigenart zuzuschreiben, daß es uns zum Trinken veranlaßt, während das, was tatsächlich wesenhaft zum Pökelfleisch gehört, ist, daß es durstig macht. Das Trinken kommt also lediglich danach, als Folge des Durstes. Es ist eine akzidentelle, nicht notwendige Folge, denn wer Pökelfleisch gegessen hat und nichts zu trinken hat, ist gezwungen, Durst zu leiden. Das würde ihm aber nicht passieren, wenn Pökelfleisch wirklich den Durst löschte.

Dieser Gedanke, der alle logischen Irrtümer – die spekulativen wie die praktischen – auf eine einzige Formel zurückführt, stammt nicht von mir. Vielmehr scheinen die antiken Logiker auf diese eine Formel alle Arten von Sophismen zurückgeführt zu haben. Und auf den Spuren des größten Logikers, den die Antike überliefert hat, führt auch der heilige Thomas jeden Irrtum auf den Fehler zurück, die Akzidenzien mit der Substanz zu verwechseln.[2] Damit wird ein komplexes Problem auf ganz knappe Begriffe reduziert. Das ist, scheint mir, eine elegante Lösung für eine Frage, die so kompliziert ist, wie es eben die Frage nach dem einzigen Faden im Labyrinth der unendlichen Täuschungen ist, denen das menschliche Denken ausgesetzt ist. Und durch eine so einfache Wahrheit teilt der heilige Thomas die ganze Masse der Erkenntnisse oder besser: alles, was im menschlichen Geist eingehüllt ist, gleichsam in zwei große Klassen, die beide von unendlichem Ausmaß sind. Die Aufteilung geschieht gemäß den zwei Gattungen von Objekten, die das menschliche Denken haben kann. Die erste Klasse umfaßt das, was wahrhaft Erkenntnis ist. Sie verdient die Bezeichnung *Wissen* (scienza). Die zweite Klasse wird *Sophistik* genannt und umfaßt die ganze Reihe möglicher gedanklicher Irrtümer und Trugbilder. Sie entstehen, wenn es der Geist beim Nachdenken über eine Sache vernachlässigt, das *Wesen* der Sache zu betrachten, und wenn er sich mit dem beschäftigt, was an dieser Sache *akzidentell* ist, und wenn er mit den verkürzten und unvollständigen Ideen, die er dadurch gewinnt, die Sache insgesamt beurteilt und bedenkt.

Wir wollen die Idee dieses weisen Philosophen noch erweitern: Im gesamten Universum stellen sich uns nur Dinge vor, die aus *Substanz* und *Akzidenzien* zusammengesetzt sind; oder, um es allgemeiner auszudrücken: alle Dinge – was immer die Art ihres Seins ist – stellen sich unserem Intellekt in zwei Gattungen aufgeteilt dar. Einige erscheinen uns als Dinge, die für sich existieren, so daß sie keine anderen brauchen, um als existent gedacht werden zu können. Andere dagegen bieten sich uns als Dinge ohne eigene Existenz dar, das heißt als Dinge, die durch andere und in anderen bestehen, wie es die Farben sind, die durch die Körper bestehen und die den Körpern anzuhaften scheinen. Nun kann der Geist (mente) diese beiden Gattungen verwechseln, und die Wesen, die aus sich existieren, können dem Geist abhanden kommen. Dann verharrt er bei den Wesen, die akzidentell existieren, das heißt, die

---

stiche (Kirchliche Prosa), Bd. IV, Apologetica (Apologetik), Mailand 1840, S. 241. Der Sinn dieser Anmerkung bleibt unklar, da Rosmini von *vendere* spricht, also *verkaufen*, statt von *kaufen*.]

2   S., I, XVII, I, ad. 2; und I, II, VII, II, ad. 2. [THOMAE AQUINATIS Summa Theologica, pars I, quaest. XVII, art I, ad. 2, Rom 1920, Bd. I, S. 161–162; THOMAE AQUINATIS op. cit., pars II/I, quaest. VII, art. II, ad. 2, Bd. II, S. 84.]

in anderen und durch andere existieren, ohne jedoch für diese Wesen, in denen sie existieren, notwendig zu sein – so daß sie verschwinden können, ohne daß damit auch das Wesen verschwindet, mit dem sie sich verbinden. So wie die Farben von den Körpern verschwinden, ohne daß die Körper verschwinden. Dann hat sich der Geist getrogen, dann hat sich in ihm ein Fehlschluß gebildet. Infolge dieses Irrtums des Geistes, der dem, was nur eine vorläufige und akzidentelle Existenz hat, eine dauerhafte Existenz zuspricht – wobei dieser Irrtum entsteht, weil man es vernachlässigt hat, auf die Beziehung von *akzidenteller Sache* zu *substantieller Sache* zu achten – täuscht sich auch die Seele (animo) und verirrt sich. Dann liebt sie viel eifriger jene unsichere und momentane Sache, die es nicht verdient, geliebt zu werden, als die stabile und dauerhafte Sache. Daraus folgt: Die Vernunft (ragione), die das *Wissen* oder die Erkenntnis von dem An-Sich-Seienden besitzt, ist eine sichere und treue Führerin, die das zum rechten Ziel führt, was man sich vorgenommen hatte. Dagegen führt die Vernunft in die Irre, die durch *Sophistik* getäuscht wird und die den Akzidentien statt den Substanzen der Dinge folgt. Trotz allem großen Enthusiasmus, den diese Vernunft auslösen kann, und trotz aller Scheinhoffnung, die sie wecken kann, geht schließlich alles zugrunde und wird vernichtet.

Ich möchte zeigen, daß dies schon von anderen festgestellt und oftmals den Menschen mit gesundem Menschenverstand empfohlen wurde, ohne allerdings zu einer Theorie zusammengefaßt zu werden. Gibt es eine wahrere Beschreibung des klugen Mannes als diejenige unseres hervorragenden Autors, Daniello Bartoli[3], der die Klugheit und Umsicht von Jacopo Lainez[4] lobt? Bartoli schreibt:

„Bei der Beurteilung der Geschäfte und ihrer Mittel und Gewinne bewundert man an ihm am meisten, wie er die ganze verschlungene Materie und das ungeordnete Ganze begriff, das sie darstellten. Er entwickelte und analysierte es, indem er die einzelnen Teile trennte und zuerst das beiseite tat, was nicht notwendig, was hinderlich ist. Und er blickte voraus und erkannte dabei dasjenige, was später als Folge kommt und was als Wirkung keiner eigenen Aufmerksamkeit bedarf, aber natürlich in der Ursache enthalten ist. So konzentrierte er das rein *Substantielle*, das heißt das Ganze des Geschäfts, auf jene unmittelbare Wahrheit und Klarheit, die nicht größer sein kann – wie es bei den großen Mengenzahlen geschieht, wenn sie auf ihre kleinsten Nenner gebracht werden."[5]

Es ist eben diese natürliche Logik, die es den Völkern beständig nahelegt, in ihren Regenten nicht die akzidentellen, sondern die substantiellen Qualitäten zu suchen. Daher schrieb der scharfsinnige Montaigne:

---

[3] [Daniello Bartoli (1608–1685), Autor einer großen „Geschichte der Societas Jesu".]
[4] [Jacopo Lainez (1512–1565), zweiter General der Societas Jesu.]
[5] *Dell'Italia*, Buch IV, Kap. 15. [D. Bartoli: Dell'istoria della Compagnia di Giesù. L'Italia, Rom 1673, Buch IV, Kap. 15, S. 508.]

Kapitel 2: Universalität und logische Notwendigkeit

„Es ist gewissermaßen lächerlich und beleidigend, bei einem Mann zu loben, was nicht seinem Amt geziemt oder was nicht seine Haupteigenschaften sein sollten. So als wollte man einen Fürsten loben, indem man sagt, er sei ein guter Maler, ein guter Architekt, ein guter Bogenschütze. Solche Lobesreden gereichen ihm nicht zur Ehre, es sei denn, sie dienen als Schmuck jener Eigenschaften, die ihm ziemen, also der Gerechtigkeit oder der Kunst, sein Volk im Frieden und im Krieg zu regieren. In diesem Sinne gereichte Cyrus die Landwirtschaft zur Ehre und Karl dem Großen die Redekunst und die Kenntnis der Literatur. Als Demosthenes hörte, daß von Philipp lobend gesagt wurde, er sei schön, redegewandt und trinkfest, antwortete er: Diese Lobreden passen zwar gut auf eine Frau, auf einen Rechtsanwalt und auf einen Schwamm, aber nicht auf einen König."[6]

So wird die Regel, die wir bezüglich *Substanz* und *Akzidens* aufgestellt haben, durch den Gemeinsinn (senso comune) der Menschen bestätigt. Wenn diese Regel bei der Regierung der menschlichen Gesellschaften nicht beachtet wird, so liegt darin der *umfassende Grund* für die Zerstörung der Gesellschaften. Zugleich erweist sich diese Regel, wenn man sie ganz allgemein, also spekulativ betrachtet, als der *umfassende Grund* aller Irrtümer der menschlichen Einsicht, von denen die *politischen Irrtümer* nur besondere und praktisch-wirksame Folgen sind.

Wenn wir auf der Basis eines spekulativen Irrtums handeln, wird unsere Handlung mit Sicherheit fehlerhaft sein und mehr oder weniger schuldhafte, mehr oder weniger schädliche Wirkungen erzeugen, je nach den Umständen und der Ordnung der Dinge, zu denen unser Handeln gehört. Aber gleichgültig in welcher Ordnung von Dingen - die Wirkung wird immer schädlich sein. Sie wird immer ein Defekt in dieser besonderen Ordnung sein. Übertragen wir dasselbe logische Prinzip auf die Schönen Künste.

Wendet man es auf diese Künste an, wird es in unseren Händen zu einem der wichtigsten Prinzipien der Ästhetik, wenn nicht sogar zum wichtigsten Prinzip überhaupt. Es gibt uns das vielleicht sicherste aller Kriterien, die uns anleiten, über den guten Geschmack in den Künsten zu urteilen.

Und wahrhaftig, in den Kunstwerken ist doch offensichtlich jedes überflüssige Ornament fehlerhaft, schwerfällig und belastend, ebenso wie jede Verzierung, die nicht durch die innere Natur der Sache gefordert ist und die aus ihr nicht notwendigerweise folgt. Eine solche Verzierung ist also eine künstliche Verschönerung, und sie ist nicht angebracht, um uns die Schönheit des Ganzen, die Vollkommenheit der Substanz des Werkes selbst verstehen zu lassen. Es ist ein untrügliches Symptom für die Dekadenz der Künste, wenn die Künstler anfangen, die Verbindung zwischen äußerlichem Ornament und innerem Aufbau des Kunstwerks aus dem Blick zu verlieren. Verliert man diese Verbindung aus dem Blick, sind der Vervielfachung der Ornamente keine Grenzen mehr gesetzt. Das ist der Grund für den schwerfälligen und

---

6   *Essais*, Buch I, Kap. 39. [M. DE MONTAIGNE: Essais, Buch I, Kap. 39, Paris 1892, Bd. I, S. 147; in der deutschen Ausgabe hg. von H. Lüthy, Zürich 1953, Kap. 40, S. 272.]

barocken Geschmack des 17. Jahrhunderts: Die Künstler verlieren den Blick für das Starke, das Ganze, das Substantielle des Werks und beschäftigen sich allein mit den äußerlichen und akzidentellen Teilen.

Das Prinzip, das wir als den umfassenden Grund für den Bestand oder den Untergang der Gesellschaften und als erste Regel für deren Regierung angeführt haben, sowie als erstes Kriterium, um den Wert von politischen Mitteln zu messen, ist ein universales Prinzip; es ist eines der Prinzipien, die überall wahr sind und die gleichermaßen jede Ordnung der Dinge beherrschen und regeln, gleichgültig ob sie idealer oder praktischer und effektiver Art sind.

Kapitel 3

Das erste politische Kriterium wird durch die Geschichte bestätigt. Epoche der *Gründer* der Gesellschaft. Epoche der *Gesetzgeber*

Wir haben gesagt, daß der umfassende und allgemeine Grund für den Bestand oder den Untergang der Gesellschaften in deren innerer Natur liegt. Wenn wir wollen, wird uns dieser Grund für Bestand beziehungsweise Untergang als Schlüssel dienen, um die Geheimnisse der Geschichte offenzulegen, die eine fortlaufende Erzählung vom Entstehen, Wachsen und Vergehen der größten menschlichen Gesellschaften ist, das heißt der bürgerlichen Staaten (stati civili) und ihrer selbstzerstörerischen Wandlungen.

Zunächst ist gewiß, daß es in den Anfängen jeder Gesellschaft, insbesondere der politischen Gesellschaften (società politiche), mit Sicherheit nicht vorkommt, daß der Mensch, der die Gesellschaft gründet, das, was sie entstehen und bestehen läßt, aus dem Blick verliert und folglich die Regel mißachtet, die wir aufgestellt haben. Denn man hat keine Zeit, an die Verschönerungen zu denken, wenn man daran denken muß, die Gesellschaft selbst ins Leben zu rufen. Und noch lange Zeit sind im Geist der Menschen diese Prinzipien präsent, auf denen die Gesellschaft errichtet wurde und von denen sie ihr Dasein herleitete, und diese Zeit ist die Zeit des Wachsens und der wahren Blüte der Gesellschaft.

Folglich lernten mit Sicherheit alle Gründer der Gesellschaften, die auf Erden Bestand hatten, die von uns genannte Regel, sich unmittelbar um das Wesentliche der Gesellschaft zu kümmern, nicht durch theoretische Überlegung, sondern durch die Natur selbst und durch die Notwendigkeit. Und die berühmtesten Gesetzgebungen waren demnach nichts anderes als die Sammlung und Niederschrift der Grundlagen, auf welchen die ersten Gründerväter die Gesellschaften errichteten. Dies erklärt, warum die ältesten Gesetzestexte so weise scheinen und so sehr gepriesen werden.

Blicken wir nur einmal auf die Verfassungen und auf die politischen Maximen der Spartaner und der Römer, die die berühmtesten Verfassungen und Maximen des Altertums sind. Unschwer erkennen wir darin diesen festen und sozusagen starken Charakter, der zwangsläufig in einer politischen Ordnung deutlich wird, in der alles auf das gerichtet ist, was der Gesellschaft Bestand gibt, und auf das, was sie stärkt, statt auf die akzidentellen und feinausgearbeiteten Ornamente.

Wahrhaftig, die Absicht dieser Gesellschaftsgründer (istitutori sociali) der Antike bestand darin, sozusagen die Aufmerksamkeit aller Bürger auf das substantielle Gut der öffentlichen Sache zu konzentrieren. Ihm opferten sie viele akzidentelle Vorteile, die zwar in mancher Hinsicht die gemeinsame Wohlfahrt (comune prosperità) und das Maß der sozialen Annehmlichkeiten gesteigert hätten, die aber andererseits den Geist der Bürger ausgelaugt und den männlichen Charakter geschwächt hätten, der doch die Verteidigung und das beste Bollwerk des Staates war. Sie sahen, daß in diesen Eigenschaften Blüte, Wachstum, Dauer und Ruhm der Republik bestanden – wie in einem kraftvollen Keim, der dazu bestimmt ist, sich sukzessiv zu entwickeln. Die militärische Verfassung, in die Lykurg die Spartaner mit seiner Gesetzgebung versetzt hatte – jene Strenge, jene stolze Schlichtheit, die ihnen soviele Annehmlichkeiten versagte, die sie aber entschädigte mit Gütern, die gewiß nicht geringer sind als solche Annehmlichkeiten, nämlich mit einer robusten körperlichen Verfassung, mit einem starken und zufriedenen Gemüt und mit einer Gemeinschaft (unione), die unbesiegbar war, solange diese Institutionen währten – war nichts anderes als eben eine erste Anwendung der Regel, die wir vorgestellt haben.[1]

Man erkennt dasselbe auch bei den Römern. Sie kümmerten sich nicht um den Handel und auch nicht um die Manufakturindustrie. [Darin betätigen sich ja die modernen Nationen mit großem Eifer. Sie sehen darin eine Hauptquelle ihrer Größe. Warum das so ist, werde ich später noch ausführlich darlegen.] Die Landwirtschaft und die Kriegskunst bildeten vielmehr die fast ausschließliche Beschäftigung der römischen Bürger, die dazu bestimmt waren, über die ganze Erde zu herrschen. Sie verachteten den Luxus und alle Künste, die ihnen frivol erschienen. Diese und ähnliche Maximen ergaben sich aus jenem einen Prinzip, das ihnen dank der Erleuchtung durch eine aufrechte Natur und einen unverdorbenen Geist notwendigerweise stets gegenwärtig war. Aufgrund dieses Prinzips wandten sich die Römer in der großen Zeit der Republik immer dem zu, was ihnen als *das Wesentliche der Dinge* erschien, und ließen sich nie durch trügerische Nebensächlichkeiten ablenken. Dieses Prinzip scheint in ihren politischen Gesetzen auf und auch in der Weise, wie sie lebten, regierten und Krieg führten. Sie führten keine Kriege ohne Not. Aber sie schlossen auch keinen Frieden, der noch die Wurzeln des Krieges in sich barg und folglich Grund für plötzliche Feindseligkeiten hätte sein können. Statt dessen setzten sie den Krieg auch in äußersten Gefahren mit unbeugsamer Standhaftigkeit fort, um nicht einen unsicheren, unehrenhaften Frieden annehmen zu müssen, der sie einen Schritt hätte zurückweichen und jenes tiefe Bewußtsein von der eigenen *Fortuna* verlieren lassen, das sie auf diese Weise entwickelten. Vergil beschreibt wunderbar diesen kraftvollen Charakter der Römer in großartigen Versen, die hier sehr gut passen:

---

[1] Der kraftvolle Stil, der ganz darauf gerichtet war, das zu bewahren, was die Substanz ausmachte, und das zu vernachlässigen, was an der öffentlichen Sache nur akzidentell war, zeigte sich bei den Lakedämoniern nicht nur in den Gesetzen, sondern auch in allen Lebensgewohnheiten. Plutarch beobachtet dies im *Leben des Lykurg* selbst im Kunsthandwerk. Er schreibt: „Die Handwerker zeigten großartige Kunstfertigkeit in den notwendigen Dingen, verzichteten aber auf die Bearbeitung der unnötigen Dinge". [PLUTARCHI Vitae, Paris 1857, Bd. I, Kap. 9, 45a, S. 53.]

Kapitel 3: Das erste politische Kriterium

Excudent alii spirantia mollius aera,
Credo equidem, vivos ducent de marmore vultus
Orabunt causas melius, coelique meatus
Describent radio et surgentia sidera dicent.
Tu regere imperio populos, Romane, memento,
(Hae tibi erunt artes) pacisque imponere morem,
parcere subjectis, et debellare superbos.[2]

Und Tacitus sagt dasselbe kürzer mit diesen scharfsinnigen Worten: „Apud Romanos vis imperii valet; inania transmittuntur".[3] Die großartige Ermahnung, die Vergil den Anchises den Nachkommen sagen läßt, ist doch nichts anderes als die Maxime, an die sich jene großen Männer bei allen ihren Unternehmungen stets erinnert haben, nämlich den anderen Völkern den Ruhm zu überlassen, was den akzidentellen Schmuck der Gesellschaften angeht, die eigene Aufmerksamkeit aber auf die Substanz des Regierens zu konzentrieren, im Krieg den Angreifern überlegen zu sein und sich die Zuneigung der Besiegten zu erwerben. Diese Ermahnung oder das, was Tacitus „Befehlsgewalt", *vis imperii*, nennt, entspricht genau dem, was auch in der Antwort des M. Curius an die Samniter zum Ausdruck kommt. Als diese ihn mit Geld zu bestechen versuchten, sagte er: „Ich halte es nicht für eine hervorragende Sache, Gold zu besitzen, sondern Befehlsgewalt über die zu haben, die Gold besitzen."[4] Diese klaren Denker blieben also niemals bei dem *Mittel* stehen, sondern gingen stets weiter und bedachten das *Ziel* ihrer Gesellschaft. Sie wußten auch Opfer zu bringen, sehr große Opfer, um den Staat nicht zu entkräften oder seinen Bestand zu schwächen.

---

[2] *Aeneid.*, VI, 848–854. [P. VERGILI MARONIS Aeneis, Buch VI, vv. 848–854, Leipzig, 1920, S. 234.]

[3] *Annal.*, Buch XV, 31. [P. CORNELII TACITI Annales, Buch XV, Kap. 31, in P. CORNELII TACITI Libri qui supersunt, Leipzig 1934, Bd. I, S. 341. Tatsächlich heißt es dort: „Scilicet externae superbiae sueto non inerat notitia nostri, apud quos vis imperii valet, inania transmittuntur".]

[4] Cicero, *De senectute*, XVI: „Curio, ad focum sedenti, magnum auri pondus Samnites cum attulissent, repudiati sunt. Non enim aurum habere, praeclarum sibi videri dixit; sed iis, qui habent aurum, imperare." [Manlius Curius Dentatus, römischer Konsul, 290 a. C.; M. TULLI CICERONIS Cato maior de senectute liber, Kap. 16, in M. TULLI CICERONIS Scripta, cit., Teil IV, Bd. III, S. 151.]

Kapitel 4

Fortsetzung: Das erste politische Kriterium, angewendet auf die beiden fundamentalen Gesetze der bürgerlichen Gesellschaft: das Gesetz über das *Eigentum* und das Gesetz über die *Ehe*

Die genannten Beispiele stammen aus einer Zeit, in der die Verfassungen der Völker schon aufgeschrieben wurden [wenigstens teilweise, denn sie wurden niemals vollständig aufgeschrieben]. Die Beispiele stammen also aus jener vergangenen Epoche, in der die *Gesetzgeber* auftraten. Das ist bereits die glanzvolle Zeit der politischen Gesellschaften (politiche società).

Man muß aber noch weiter zurückgehen. Vor dieser *glanzvollen* Zeit gab es eine Zeit, die *dunkel* und sozusagen ohne Glanz war. Aber diese dunkle Zeit ist es eben, die das *tat*, was die Gesetzgeber dann später *sagten*. Es ist diese dunkle Zeit, die *in actu* zeigte, was man tun mußte und was dann später in Gesetz verwandelt wurde: Diese Epoche ist die früheste Zeit der gesellschaftlichen Ursprünge, es ist nicht die Epoche der *Gesetzgeber*, sondern die Epoche der *Gründer*. Es ist jene Zeit, in der die von uns genannte Regel nicht als Theorie im Geist der Denker auftritt, sondern es ist die Zeit, in der sich diese Regel als eine unabweisbare Notwendigkeit ganz handfest denjenigen präsentiert, die handeln und die die Grundlagen des menschlichen Zusammenlebens (umana convivenza) und die ersten Fundamente der politischen Gesellschaften legen.

Diese erste Periode muß gründlich erforscht werden. Und wenn wir uns mit Hilfe der Vorstellungkraft zu jener ursprünglichen Situation der menschlichen Dinge begeben, können wir leicht erkennen, daß die Natur den Menschen, die sich assoziieren (associarsi) oder geeint bleiben wollten, nahelegte, 'ganz besonders auf das zu achten, was die Existenz ihrer Gemeinschaft betrifft, und das zu vernachlässigen, was deren akzidentelle Vollendung betrifft'.

Ich beschränke mich darauf, dies an zwei Beispielen zu illustrieren, und führe die beiden großen Gesetze an, die wohl als erste bei den Gründungen menschlicher Gemeinschaften (umane comunità) geschaffen werden mußten[1]. Denn diese Geset-

---

[1] Das bedeutet nicht, daß es eine Zeit gegeben hätte, in der es keine Gesellschaft gab. *Von Anfang an* gab es die Familien- oder Stammesgesellschaft [società famigliare], aber noch nicht die bürgerliche Gesellschaft. Die Eigentumsgesetze und die Ehegesetze gab es auch in der Stammesgesellschaft, sie bildeten sogar deren Grundlage. So lehrt es die Geschichte; unsere Aussage gehört mithin zur reinen Theorie der Gesellschaft. [Im Ital. heißt es in der Ausgabe von D'Addio: „Le leggi però delle proprietà e de' matrimoni trovavansi anche nella società famigliare, anzi ne formavan le basi: questa è la storia: la nostra frase adunque appartiene alla teoria pura della società", op. cit., S. 67. Die engl.

ze sind notwendige Bedingungen des menschlichen gemeinschaftlichen Zusammenlebens, jedenfalls sobald dieses etwas ausgedehnter geworden ist; es geht um das *Gesetz über das Eigentum* und das *Gesetz über die Ehe*.

I. William Godwin hat ein auch auf den Besitz ausgeweitetes System absoluter Gleichheit (uguaglianza) vorgestellt.[2] Damit folgt er Morelly[3] und entsprechenden Autoren,[4] die aus der neuen Theorie der Menschenrechte die letzten Konsequenzen gezogen haben. Im Grunde ist es dasselbe, was zuletzt die Saint-Simonianer wieder vorbracht haben. Auf den ersten Blick ist diese Gleichheit überraschend und verführerisch. Godwin sagt:

„Die direkten Früchte des Gesetzes vom Eigentum sind der Geist der Unterdrückung, der Geist der Sklaverei und der Geist des Betrugs. Solche Erscheinungen sind alle gleichermaßen konträr zur Vollendung der Intelligenz. Sie bringen weitere Laster hervor: den Neid, die Boshaftigkeit, die Rache. In einer Gesellschaft, in der alle Menschen im Überfluß lebten und alle gleichermaßen an den Wohltaten der Natur teilhätten, würden solche verkehrten Gefühle notwendigerweise erstickt. Das enge Prinzip des Egoismus verschwände. Niemand wäre gezwungen, seinen kleinen Anteil an den Gütern eifrig zu überwachen oder angstvoll an seine eigenen Bedürfnisse zu denken. Jeder wäre bereit, sein Einzelinteresse zu vergessen, um sich ganz dem gemeinsamen Interesse zu widmen. Niemand wäre der Feind seines Nächsten, denn jeder Grund für Streit entfällt. Dann träte die Liebe zu den Menschen wieder jene Herrschaft an, die ihr die Vernunft überträgt. Der Geist flöge, erleichtert von der Sorge um den Leib, auf den Schwingen der höchsten Gedanken und nähme auf diese Weise seine natürlichen Fähigkeiten wieder auf. Jeder wäre bemüht, seinen Nächsten zu helfen."[5]

Soviel in der Phantasie ausgemaltes Glück verzaubert, und es findet in der Vorstellungskraft keinerlei Hindernis, weil es ganz schlicht und ganz isoliert dasteht. Dem Betrug und den Schwierigkeiten begegnet man aber, sobald man sich dieses

---

Übersetzung lautet: „(...) But this is history. 'Communal living' therefore is concerned with the pure theory of society", op. cit., S. 30.]

[2] [William Godwin (1756–1836), Autor von „An enquiry concerning political justice and its influence on morals and happiness" (London 1793). Die Passage, die Rosmini zitiert, stammt nicht aus dem Werk selbst, sondern aus „An Essay on the Principle of Population" von Thomas Robert Malthus, der Godwin zitiert. Rosmini entnahm den Passus der französischen Ausgabe von Malthus' „Essay".]

[3] [Morelly, französischer politischer Schriftsteller, dessen Vorname und Lebensdaten unbekannt sind. Autor von „Code de la nature, ou le véritable esprit de ses lois, de tous temps negligé ou méconnu" (1755).]

[4] Vor allen diesen Autoren hatte in Italien Campanella in seinem politischen Roman *La città del sole* eine ähnliche Idee vorgestellt.

[5] [W. GODWIN: An enquiry concerning political justice, and its influence on general virtue and happiness, New York 1926, Bd. II, Buch VIII, Kap. 2, S. 240. Rosmini zitiert Godwin nach TH. R. MALTHUS: Essai sur le principe de la population, frz. üb. Paris 1833.]

Glück in der Praxis vorstellt, wo es notwendigerweise umgeben ist von anderen, unterschiedlichen Dingen und von vielen Umständen, die alle ihren Platz haben wollen. Und dann eben, wenn man alle diese faktischen Umstände mitbedenkt, wird diese Theorie zur unmöglichen Chimäre. Ich nenne nur eine einzige dieser Bedingungen, eine einzige dieser Tatsachen, die von Natur aus gegeben sind und die dieses verschwommene Projekt, ohne Privateigentum auszukommen, undurchführbar machen. Diese Tatsache ist das Naturgesetz (legge naturale), dem das Bevölkerungswachstum gehorcht. Die Menschen vermehren sich von Natur aus in geometrischer Größe; die Nahrungsmittel beziehungsweise die Produkte der Erde vermehren sich aber nur in arithmetischer Größe. Außerdem kann ihre Vermehrung nicht so kontinuierlich sein wie das Bevölkerungswachstum. Man kommt also zwangsläufig an eine Grenze, wo die Produkte der Erde sich nicht mehr vermehren, wohingegen die Möglichkeit der Menschheit, sich zu vermehren, nie aufhört. Der Autor des „Essay über die Bevölkerung"[6] hat meines Erachtens einen großen Dienst erwiesen, indem er mit Hilfe von Tatsachen, die sich wiederholt haben, eine Wahrheit mit Händen greifbar machte, die zwar offensichtlich ist, deren Konsequenzen man jedoch auswich. Folgendes sagt er selbst:

„In dem freien und glücklichen Zustand, wie ihn uns Godwin beschreibt, in dem fast alle Hindernisse für das Wachstum der Bevölkerung aufgehoben wären[7], würde die Bevölkerung mit höchster Schnelligkeit anwachsen. Und wenn sich in den Ortschaften in den USA die Bevölkerung in einem Zeitraum von fünfzehn Jahren verdoppelt, würde sie sich in der Idealgesellschaft des Herrn Godwin noch schneller verdoppeln. Aber um sicher zu gehen, daß wir die konkrete Grenze nicht überschreiten, legen wir fest, die Bevölkerung verdopple sich erst nach fünfundzwanzig Jahren. Das ist eine Vervielfachung, die langsamer ist als in den Vereinigten Staaten. Sagen wir auch, die Menschen arbeiteten täglich nicht nur eine halbe Stunde lang, wie nach den Berechnungen Godwins, sondern einen halben Tag lang. Überträgt man dieses System auf England, so wird jeder, der den dortigen Boden, die Fruchtbarkeit des bebauten Bodens und die Unfruchtbarkeit des unbebauten Bodens kennt, stark bezweifeln, daß sich innerhalb von fünfundzwanzig Jahren der landwirtschaftliche Ertrag verdoppeln läßt.[8] Es bliebe nichts anderes übrig, als auf Weideland Ge-

---

[6] [Thomas Robert Malthus (1766–1834), vgl. Fußnote 4. Der Titel der zweiten, erweiterten Auflage des „Essay" lautet „An Essay on the Principle of Population, or a View of its Past and Present Effects on Human Happiness; with an Inquiry into our Prospects Respecting the Future Removal or Mitigation of the Evils which it Occasions".]

[7] Es gibt zwei Haupthindernisse für das Bevölkerungswachstum: 1.) In der armen Schicht: der Mangel an Mitteln zum Leben. 2.) In der reichen Schicht: die Angst, den Besitz zu teilen. Beide Hindernisse entfielen nach Godwins Hypothese.

[8] Man rechnet, daß von den 32.342.000 Morgen Land in England 25.632.000 Morgen kultiviert sind. Somit bleiben 7.710.000 Morgen nicht bebaut, also etwas mehr als ein Fünftel des gesamten Bodens. Aber die Hälfte des landwirtschaftlich nicht genutzten Bodens ist vollständig unfruchtbar, so daß der nicht kultivierte, aber fruchtbare Boden ungefähr noch ein Zehntel der Gesamtfläche ausmacht.

Kapitel 4: Fortsetzung: Das erste politische Kriterium

treide anzubauen und sich mit vegetarischer Ernährung zu begnügen.[9] Dieses System zerstört sich selbst, denn abgesehen von der Schwächung des Körpers durch eine wenig substanzhaltige Nahrung würden dem Boden die Nährstoffe entzogen, die aber der englische Boden dringend braucht. Trotzdem nehmen wir die Verdopplung des Ertrags nach fünfundzwanzig Jahren einmal an. Nach der ersten Zeitspanne reicht die verdoppelte Nahrungsmenge noch für die verdoppelte Bevölkerung von dann 22 Millionen Menschen aus. Aber wie soll nach der zweiten Zeitspanne die Bevölkerung von 44 Millionen Menschen ernährt werden, selbst wenn man unterstellt – was allerdings nur schwer vorstellbar ist – es sei auch in diesem zweiten Turnus gelungen, solche Fortschritte zu erzielen und solch anbaufähige und ertragreiche Böden zu finden, daß die erste Produktmenge hätte verdreifacht werden können? Eine Menge von Ernteerzeugnissen, die kaum zur Ernährung von 33 Millionen Menschen ausreicht, müßte bereits auf 44 Millionen Menschen verteilt werden, so daß alle ein Viertel Nahrung weniger erhielten. Wie sich da doch, nach diesen fünfzig Jahren, das erfreuliche Bild des Glücks verändert, das uns Herr Godwin in so frohen Farben ausmalt! Die Armut erstickt dann den Geist des Wohlwollens, der im Überfluß freigiebig lacht. Die niedrigen Leidenschaften leben wieder auf: Der Instinkt, der in jedem Einzelnen über die eigene Erhaltung wacht, schwächt die edelsten und liebenswürdigsten Seelenregungen. Die Versuchungen sind unwiderstehlich: Die Ähre ist vor der Reife aufgesprungen, und jeder wird versuchen, sich damit zu versorgen, um am Ende nicht ohne das Notwendigste dazustehen. Mit dem Betrug, der Lüge und dem Raub tritt jedes Laster auf. Die Mütter können ihre vielen Kinder nicht mehr ausreichend stillen. Die hungrigen Kinder suchen Brot, und die kränkliche Blässe des Elends tritt an die Stelle der schönen Farben der Gesundheit. Umsonst versprüht das Wohlwollen noch einige sterbende Funken. Die Selbstliebe, das Eigeninteresse unterdrückt jedes andere Prinzip und übt überall die absolute Herrschaft aus. Wenn wir noch nicht durch das überzeugt sind, was in diesen ersten fünfzig Jahren geschehen wird, gehen wir zur dritten Zeitspanne weiter und sehen 44 Millionen Menschen ohne jegliche Nahrung. Gehen wir zur vierten: Da werden 132 Millionen an Hunger sterben. In dieser Zeit, die man aber nie erreichen würde, läßt die allgemeine Not den Raub allgemein werden."[10]

Hier sieht man nun, woher die universalen Gesetze, die immer schon die Gesellschaft regiert haben, ihre Kraft nehmen: Sie werden von der absoluten Notwendigkeit sanktioniert. Stellen wir uns vor, sie wären abgeschafft. Wenn das Pri-

---

[9] Das Weideland umfaßt ungefähr ein Drittel mehr als der kultivierte Boden, das heißt kultiviertes Land und Garten ergeben 10.252.100 Hektar und Weideland 15.379.200 Hektar. [Diese Angaben entnimmt Rosmini einer Tabelle in G. D. ROMAGNOSI: Dell'emulazione prediale. Esempio del pauperismo britannico, in DERS.: Collezione degli articoli di economia politica e statistica civile, Florenz 1845, Bd. I, S. 199.]

[10] Buch III, Kap. 2. [nach TH. R. MALTHUS: Essai, cit., in der Ausgabe Paris 1845, S. 331–333.]

vateigentum entfällt, entwickelt die Bevölkerung, die viel stärker wächst als die Lebensmittelmenge, alsbald einen Mangelzustand, und die extreme Bedürftigkeit sorgt dafür, daß man sich gegenseitig grausam das Brot vom Mund wegreißt. Die tätigeren, weiterdenkenden Geister suchen dann nach einem Mittel, um einen solchen Mißstand zu beenden. Stellen wir uns vor, man riefe darüber eine Versammlung zusammen: „Solange wir im Überfluß lebten", könnte man dort sagen, „war es nicht weiter von Bedeutung, daß einer weniger arbeitete als ein anderer und daß dennoch gleich verteilt wurde, denn niemandem fehlte etwas. Jetzt geht es aber nicht darum zu wissen, ob jeder bereit ist, dem anderen aus Wohlwollen das zu geben, was ihm selbst nützlich sein könnte, sondern jetzt geht es um das, was der einzelne selbst notwendig zum Leben braucht. Wenn wir das Land nicht aufteilen und wenn wir dann nicht jedem für die Früchte seiner Arbeit Schutz gewähren, dann wird die ganze Gesellschaft erschüttert, und die Früchte des Schwachen und Fleißigen werden vom Starken, Faulen und Lasterhaften geraubt und verzehrt."

Dieser Rede hält man vielleicht die Steigerung der Fruchtbarkeit der Böden entgegen und weitere ähnliche Nebenaspekte: daß man gewisse Anteile, die zu sehr über die Bedürfnisse des Besitzers hinausgehen, beschränken könne; oder daß durch eine solche Teilung die ausschließliche Liebe zu sich selbst und zu den eigenen Interesse eingeführt würde; daß sich die Reichen weigern könnten, freiwillig das Überflüssige an den bedürftigen Bruder abzutreten, und daß sie dann herrschen würden. Schließlich müßten die Einwände aber bestimmt nachlassen. Es zeigt sich nämlich, daß die neue Einrichtung einen Makel enthält; gewiß, einen Makel, der aber unvermeidlich ist; einen Makel, der zudem viel kleiner ist als der, der entsteht, wenn man alles Eigentum jedem zugänglich und gemeinschaftlich läßt. „Die Menge, die ein Mensch essen kann", antworten andere, „hängt letztlich von der Aufnahmefähigkeit seines Magens ab. Es ist unwahrscheinlich, daß einer, der seinen Hunger gestillt hat, das Überflüssige wegwirft. Wahrscheinlicher ist, daß er es eintauscht gegen die Arbeit anderer Mitglieder der Gesellschaft, für die es weniger hart wäre zu arbeiten als Hungers zu sterben." Und auf diese Weise würden die Eigentumsgesetze aufgestellt, die denen sehr ähnlich wären, die alle zivilen Völker (popoli civili) annehmen. Man wird diese Gesetze nicht als ein Mittel betrachten, das gar keine Mängel hat, sondern als einzigen Schutz gegen die großen Übel der Gesellschaft.

Auch wenn man das *Eigentumsgesetz* also nicht unter einem moralischem Gesichtspunkt betrachtet, so ist es allein schon die harte Notwendigkeit, die die Menschen unabweisbar von diesem Gesetz überzeugt, und zwar mittels der extremen Alternative, daß sie sich entweder gegenseitig auffressen oder dieses Gesetz akzeptieren. Aber da die Menschen seit sehr langer Zeit mit der Wohltat dieses Gesetzes gelebt haben, ist es nicht verwunderlich, daß sie schließlich seine Bedeutung und seinen Sinn aus den Augen verlieren und Theorien über vollkommene Gleichheit entwerfen und daß sie das Eigentumsgesetz für veraltet und schädlich halten, so wie es Godwin tut oder auch der *Code de la Nature*. Denn Menschen, die nur den Sinnen folgen, bedenken die aktuellen kleinen Übel, die dieses Gesetz mit sich bringt, aber sie berechnen nicht die Übel, die dieses Gesetz fernhält und die die Menschen seit langer Zeit dank dieses Gesetzes nicht erfahren haben.

Kapitel 4: Fortsetzung: Das erste politische Kriterium

Ich halte es für sinnvoll, hier einen Moment zu verweilen.

Man möge nicht glauben, daß ich die Einwände nicht kenne, die man gegen die Überlegungen, die ich vorgetragen habe, angeführt hat oder anführen kann. Ich kenne sie, und ein Zweck meiner Arbeit ist es, sie zu prüfen und zu zeigen, daß sie zwar scheinbar gerechtfertigt sind, aber nicht wirklich standhalten.

Der erste Einwand besteht darin, das kontinuierliche Bevölkerungswachstum zu leugnen, von dem wir ausgingen. Es wird gesagt: „Tatsächlich ist der Mangel an Lebensmitteln die Grenze, die naturgemäß dem Bevölkerungswachstum gesetzt ist. Wenn sich die Bevölkerung binnen fünfundzwanzig Jahren verdoppelt, verdoppeln sich zwangsläufig auch die Lebensmittel. Nach dem zweiten oder dritten Turnus von fünfundzwanzig Jahren stagniert die Bevölkerungszahl, weil die Lebensmittel nicht mehr zunehmen können."[11] Darauf antworte ich: Es ist absolut wahr, daß die Vermehrung der Menschen nachläßt, wenn die Ernährung fehlt. Aber um das Vermögen und das Gesetz zu unterdrücken, welche die Natur zur Vermehrung der menschlichen Spezies gegeben hat, ist ein extremes Elend erforderlich, das das Leben unmöglich macht – wenn es ausschließlich das Elend ist, das eine solche Möglichkeit unterdrücken und bremsen soll. Aber dort, wo es Privateigentum und mithin ungleiche Güterverteilung gibt, regeln auch viele andere Gründe das Heiratsverhalten der Menschen; zu diesen Gründen zählt die Neigung, Besitz anzuhäufen und die Situation der Familie zu verbessern. Wenn aber keine Familie darauf hoffen kann, eine andere jemals an Besitz zu übertreffen, und alle an Besitz gleich sind und wenn sich für eine große Familie das Einkommen nicht verringert, sondern vielmehr vergrößert, weil der Vater mit jedem Kind mehr Anspruch auf Güter vom Gemeingut erwirbt, dann hat die Vermehrung nur dadurch eine Grenze, daß das Elend allgemein und extrem wird. Und dann geschieht zweifellos in der gesamten, an den Bettelstab gebrachten Menschheit das, was wir heute nur in der Klasse der Armen beobachten: daß nämlich die Fortpflanzung nicht so sehr durch die geringe Zahl der Eheschließungen verhindert wird, als durch Entbehrung, Elend, erbliche Krankheiten, die dort häufig sind, und Laster! Man erkennt leicht, wenn man sich nicht täuschen lassen will, wie schrecklich der Zustand der Erde wäre, wenn sie

---

[11] Genau diesen Einwand hat Godwin vorgebracht: „Es gibt", sagt er, „in der menschlichen Gesellschaft ein Prinzip, daß nämlich die Bevölkerungsgröße beständig auf demselben Niveau bleibt wie die Lebensmittelmenge." „Das stimmt", antwortet Malthus, „ich weiß wohl, daß es die Millionen einer exzessiven Bevölkerung, von denen ich spreche, niemals gegeben hat. Aber die ganze Frage reduziert sich doch darauf, zu wissen, welches das Prinzip ist, das Bevölkerungsgröße und Lebensmittelmenge im Gleichgewicht hält. Ist es vielleicht ein dunkler, verborgener Grund? Ist es ein geheimnisvoller Eingriff des Himmels, der zu bestimmten Zeiten den Ehen die Fruchtbarkeit nimmt? Oder ist es nicht vielmehr die Armut beziehungsweise die Angst vor der Armut als unvermeidliche Folgen der Naturgesetze, die durch die menschlichen Einrichtungen gemildert und nicht noch verschärft werden, selbst wenn die menschlichen Einrichtungen die Naturgesetze nicht verhindern können?" Diese gehaltvolle Antwort hat Romagnosi in seiner *Memoria sulla crescente popolazione* nicht bedacht. [Zu den zitierten Autoren vgl. W. GODWIN, op. cit., Bd. II, Buch VIII, Kap. 3, S. 242; TH. R. MALTHUS, op. cit., S. 334–335; G. D. ROMAGNOSI: Sulla crescente popolazione, in G. D. ROMAGNOSI: Collezione degli articoli di economia politica e statistica civile, cit., Bd. I, S. 115–146.]

ganz mit elenden und schmutzigen armen Leuten bedeckt wäre! Und das wäre die unausweichliche Folge der Abschaffung des Gesetzes über das Privateigentum, wenn diese Abschaffung stattfände und dauerhaft wäre. Sie könnte wohl in jenen kurzen Momenten des Wahnsinns stattfinden, denen Gott die Völker manchmal überläßt, die er strafen möchte. Aber von Dauer könnte sie niemals sein. Noch bevor diese extremen Folgen einträten – schon wenn sie sich näherten – würden die Menschen all ihren Schrecken ahnen. Wenn einige Verrückte dennoch darauf beharrten, eine so wahnhafte Theorie zu stützen, würden sie als Opfer der Menge enden.

Ein zweiter Einwand wurde hier bei uns vorgebracht, und zwar von dem angesehenen Autor Gian Domenico Romagnosi.[12]

---

[12] Romagnosi widerspricht mit gutem Grund der Forderung jener Leute, die die Heime für uneheliche Kinder mit dem Vorwand abschaffen wollen, dadurch ließe sich die Zahl der unehelichen Kinder verringern. Selbst wenn diese Wirkung einträte, genügte sie dennoch niemals, diese Maßnahme zu rechtfertigen, die bliebe, was sie ist, nämlich grausam und gegen das Evangelium. Derselbe Romagnosi widerspricht auch denen, die die Regierungen kritisieren, die den Armen Hilfen geben. Was dies betrifft, so muß man unterscheiden. Normalerweise ist Nächstenliebe Privatsache, und meines Erachtens kann die Regierung mir nicht in die Tasche greifen und mein Geld nehmen, um es an die Armen zu verteilen. Aber im Falle Englands ist das etwas anderes: Die Gesetze machen dort die Situation für die Arbeiter übertrieben hart. Es war also sinnvoll, daß es seitens der Regierung eine Entschädigung gab in Form der Steuer zugunsten der Armen. Denn wenn man sie als eine Art Restitution von Seiten der Regierung betrachtet, wird die Armensteuer eine notwendige Abhilfe, eine Art Wiedergutmachung. Daher sagt Romagnosi sehr richtig, nachdem er die sehr harten englischen Arbeitsgesetze dargestellt hat, die mit der Zeit Heinrichs VII. beginnen: „Stimmt es etwa nicht, daß diese Situation der englischen Arbeiter eine echte Fabriksklaverei darstellt, die der Leibeigenschaft vollkommen gleicht? Wie der Leibeigene – wie Ochse und Pferd, die, an den Boden angebunden, versorgt werden müssen – so wurden auch die englischen Arbeiter mit der Armensteuer versorgt" (*Del trattamento dei poveri e della libertà commerciale ecc.*, Mailand 1829). Drittens widerspricht Romagnosi dem Zwangsverbot von Eheschließungen der Armen; ich habe ebenfalls, im *Discorso sul celibato*, die Ungerechtigkeit und Ungebührlichkeit dieses Verbots dargelegt; diese Schrift wurde mehrfach aufgelegt (vgl.: *Opere* Bd. XXVII, *Prose Eccl.*).

Ich stimme in all diesen Fragen ganz oder teilweise mit Romagnosi überein und muß doch feststellen, daß dies Fragen sind, die in Wirklichkeit von der wesentlichen Frage nach dem Anwachsen der Bevölkerung und der Notwendigkeit einer radikalen Abhilfe getrennt sind. Zum Schaden der eigentlichen Problematik vermischt Romagnosi die Hauptfrage mit den drei anderen Fragen und bewaffnet sich mit all den negativen Seiten, die diese drei Fragen haben, wenn man sie sozusagen à la Malthus löst. Nur in Bezug auf diese letzte Frage loben wir die Verdienste des *Essay über die Bevölkerung*. [G. D. ROMAGNOSI: Sulla crescente popolazione, in G. D. ROMAGNOSI: Collezione degli articoli di economia politica e statistica civile, cit. Bd. I, S. 116–117; der Abschnitt, den Rosmini wörtlich zitiert, stammt aus G. D. ROMAGNOSI: Dell'emulazione prediale. Esempio del pauperismo britannico, in G. D. ROMAGNOSI, ibid., S. 205–206; A. ROSMINI: Discorso sul celibato (Abhandlung über das Zölibat), in A. ROSMINI: Prose ecclesiastiche. Predicazione, Mailand 1843.]

Kapitel 4: Fortsetzung: Das erste politische Kriterium

„Ich kann nicht erkennen, daß die Natur, wie man allgemein behauptet, so sorglos gewesen sein soll, das menschliche Leben nicht mit den Mitteln zu seinem Erhalt in Einklang zu bringen."[13]

Aber es ist auch offensichtlich, daß Romagnosis „Ich kann nicht erkennen" die Naturgesetze nicht ändern kann. Hier handelt es sich um ein Gesetz der Tatsachen (legge di fatto). Wenn ein Mensch dessen Gründe nicht einsieht, kann man deshalb nicht die Natur unklug nennen. Eher ist es sinnvoll anzunehmen, daß die Natur eine dem Menschen verborgene Weisheit besitzt, die tiefer liegt, als für den Menschen zugänglich ist.

Desweiteren muß man folgendes zugeben: Das Ungleichgewicht zwischen den Lebensmitteln und dem Vermögen der Spezies, sich zu vermehren, erschiene tatsächlich wie eine große Torheit in der Natur, wenn dieses Ungleichgewicht direkt von der Natur käme und nicht vielmehr von einer Unordnung, die durch den Willen des Menschen in der Natur erzeugt wird. Es ist die Religion, die uns dieses Geheimnis und viele andere Geheimnisse, die man in der heutigen Situation antrifft, auf diese Weise erklärt.

Drittens: Die weise Natur (la provvida natura) hat für die Unordnung, die der schuldige Mensch verursacht hat, einen Ausgleich zu finden gewußt. Zunächst gab sie dem Menschen nicht nur das Vermögen, sich fortzupflanzen. Sonst hätte er sich mechanisch vermehrt, das heißt wie die Tiere. Aber sie verband im Menschen mit der Fortpflanzungsfähigkeit die Vernunft und die Freiheit; es sind diese hohen Fähigkeiten, denen die Beherrschung aller anderen, weniger bedeutenden Fähigkeiten zukommt und denen folglich auch die Regelung, Mäßigung und Begrenzung des Fortpflanzungstriebs obliegt.[14] Außerdem hat der Schöpfer der Natur die verdorbene Vernunft durch die Wiedergeburt des Geistes (rigenerazione spirituale), durch eine neue Kraft, die *Gnade* genannt wurde, sozusagen wieder in die Lage versetzt, ihre souveränen Rechte auszuüben. So hat er dem gefallenen Menschen die Herrschaft über seine minderen Fähigkeiten ermöglicht. Diese Herrschaft war im Men-

---

[13] G. D. Romagnosi, *Sulla crescente popolazione*, Mailand 1830. [G. D. ROMAGNOSI: Sulla crescente popolazione, in G. D. ROMAGNOSI: Collezione degli articoli di economia politica e statistica civile, cit., Bd. I, S. 117.]

[14] Romagnosis folgende Worte haben also keinen Sinn: „Diese Leute gehen davon aus, daß der höchste Lenker und Ordner der Natur die Dinge so eingerichtet hat, daß er die Geschöpfe entstehen läßt, ohne für die Mittel zu sorgen, die sie während ihres möglichen Lebenslaufs ernähren." Diese Worte ergäben dann einen gewissen Sinn, wenn Gott einem jeden Menschen befohlen hätte, sich fortzupflanzen; aber darf man Romagnosi einen so groben Irrtum unterstellen? Dennoch lese ich in der kleinen Schrift eben dieses Romagnosi, die ich untersuche: „Mit demselben Recht, mit dem man einem Mitmenschen verbieten will, *der natürlichen und göttlichen Vorschrift zu gehorchen und einen Nachkommen zu zeugen*, mit demselben Gesetz, sage ich, mit dem Vorwand der Notwendigkeit kann man auch ein Neugeborenes ersticken." Doch diese Worte müssen anders gemeint sein, als es nach dem Wortlaut scheint, denn sie kommen aus dem Mund eines Mannes, der im Zölibat lebt! [G. D. ROMAGNOSI: Sulla crescente popolazione, in G. D. ROMAGNOSI: Collezione degli articoli di economia politica e statistica civile, cit., Bd. I, S. 125 und S. 123.]

schen stets eine natürliche Pflicht, ohne daß der Mensch die Kraft gehabt hätte, diese Pflicht zu erfüllen. Nur hierin findet sich die zufriedenstellende Lösung des großen Problems, das das Unverheiratetsein der Armen darstellt.[15]

So wird auch klar, was man auf Romagnosis zweiten Einwand antworten muß, der auf den ersten folgt. Er sagt:

> „Worin besteht Gottes Reich auf Erden? In der universalen Befolgung der Gerechtigkeit. – Übt man diese Gerechtigkeit durch Habgier, Stolz, Unmenschlichkeit oder nicht vielmehr durch Menschenfreundlichkeit, Brüderlichkeit und durch die Errichtung der wahren bürgerlichen Gesellschaft? Das Reich Gottes und seine Gerechtigkeit bestehen genau in diesen Bedingungen, und unter diesen Bedingungen kann das Wachstum der Bevölkerung nie erschreckend sein, und es kann auch nicht den schwersten moralischen Zwang erfordern."[16]

Hier greift Romagnosi auf die Autorität Jesu Christi zurück. Wenn man das tut, muß man Jesu Christi Wort richtig auslegen, das lautet: „Verlangt zuerst Gottes Reich und seine Gerechtigkeit, dann werden Euch alle anderen Dinge dazugegeben".[17] Man muß dieses Wort gemäß dem Geist des Gottessohnes und kohärent zu seiner ganzen Lehre interpretieren. Zunächst ist gewiß, daß Menschenfreundlichkeit (cordialità), Brüderlichkeit (fratellanza) und die wahre bürgerliche Gesellschaft (vera civile società) Bedingungen des Reiches Gottes auf Erden sind. Aber alle diese Bedingungen sind doch nicht die einzigen Bedingungen, die das von Jesus Christus verkündete Reich Gottes erfordert. Und in ihnen allein fände sich nie eine Abhilfe gegen das Naturgesetz der Zeugung und gegen das Ungleichgewicht zwischen einer in geometrischer Weise wachsenden Bevölkerung und einer in arithmetischer Weise wachsenden Menge von Nahrungsmitteln. Es sei denn, man griffe auf ein Wunder zurück oder man ginge davon aus, daß die Menschen aus Menschenfreundlichkeit und Brüderlichkeit und aus Neigung zur Geselligkeit (amore di socialità) darauf verzichteten, sich übermäßig zu vermehren. Aber diese Mäßigung will Romagnosi nicht zulassen. Er sagt ja im Gegenteil, daß das Reich Gottes nicht die schwerste moralische Gewalt gegen sich selbst erfordern kann. Man muß nun sehen, daß die Behauptung – wie Romagnosi sie aufstellt – das Reich Gottes habe von den Menschen nicht die schwerste moralische Gewalt verlangen wollen, kaum mit jenem anderen Wort Christi übereinstimmt, das lautet: „Es sind die Gewalttätigen, die das Reich Gottes an sich reißen"[18]. Romagnosis Behauptung paßt kaum zu einer Lehre der

---

15   Vgl. meine bereits genannte Abhandlung *Discorso sul celibato*, wo gezeigt wird, mit welcher Sanftheit und Weitsicht der Geist der Kirche diesen Aspekt der Ehelosigkeit zum Vorteil der menschlichen Gesellschaft regelt und ordnet. [A. ROSMINI: Prose ecclesiastiche, Predicazione, cit.]
16   [G. D. ROMAGNOSI: Sulla crescente popolazione, in G. D. ROMAGNOSI: Collezione degli articoli di economia politica e statistica civile, cit., Bd. I, S. 126.]
17   [Matthäus VI, 31.]
18   Matthäus XI, [12].

Kapitel 4: Fortsetzung: Das erste politische Kriterium

höchsten Großmut, in der die Enthaltsamkeit [eine unerhörte Sache auf Erden!] zur erhabenen Tugend erklärt und zu den Ratschlägen gezählt wurde, die jene befolgen müssen, die vollkommen sein wollen.

Sicher ist also – damit stimmen wir gern überein – daß es den Menschen auch in diesem Leben nie an den notwendigen Dingen fehlen wird, wenn sie zuerst das Reich Gottes und seine Gerechtigkeit suchen. Aber das geschieht nicht deshalb, weil man keine außerordentliche moralische Gewalt gegen sich übt, wie Romagnosi offenbar glaubt, sondern aus dem entgegengesetzten Grund: Weil gerechte Menschen diese Gewalt gegen sich üben werden; weil die Menschen die sittliche Kraft (virtù) erwerben werden, sich diesen Zwang anzutun; weil er für sie unglaublich leicht sein wird, weil sie durch innere, spirituelle Freuden belohnt werden, die unendlich viel größer sind als die des Fleisches; weil sie, kurz gesagt, weder die *moralische Zurückhaltung* üben, auf die Malthus verweist, noch die *gesetzliche Zurückhaltung*, die den Schwachen von den Starken willkürlich auferlegt wird.[19] Sie werden vielmehr die *christliche Ehelosigkeit* praktizieren, das heißt eine spontane, heilige, selige Enthaltsamkeit für die, die sie üben; ihnen ist sie lieber als jeder Schatz, unendlich süßer als jede Lust; eine Enthaltsamkeit, die Menschen in Engel verwandelt, durch ein Wunder, das nicht außergewöhnlich ist, sondern alltäglich, allerorten, zu allen Zeiten in der Kirche Jesu Christi geschieht; und doch durch ein großartiges Wunder, das für diejenigen immer unglaublich ist, die die Kraft der Gnade des Erlösers nicht kennen und die dieses Wunder täglich vor Augen haben und es dennoch nicht glauben, nicht glauben können und nicht glauben wollen und es schließlich lächerlich machen.[20]

---

[19] Unter all den merkwürdigen Gewalttaten, die man sich ausdenkt, um das Bevölkerungswachstum zu verhindern, ist keine lächerlicher als die, die vor kurzem Herr Weinhold, Doktor in Philosophie, Medizin und Chirurgie, Professor an der Universität Halle in Preußen, vorgeschlagen hat. In *Von der Überbevölkerung in Mittel-Europa* (Halle 1827) empfiehlt er ein Instrument, eine Art Infibulation, die von den staatlichen Autoritäten bei allen armen Menschen vorgenommen wird, versehen mit offiziellem Siegel, um ihnen den Zeugungsakt zu verbieten. [Ein am Rande vermerkter Zusatz lautet: „Diese Idee entstammt dem Gesetz Papin; vgl. Lact., *Div. Inst.*, Buch I, Kap. 16".] Ich weiß nicht, ob das ernsthaft vorgeschlagen wurde oder aus Spaß! Sicher ist, daß man zu solchen Albernheiten oder besser: zu solchen Widerwärtigkeiten hinabsteigen muß, wenn man das einzig soziale, das einzig humane System verläßt, womit ich das katholische System meine. [C. A. WEINHOLD: Von der Überbevölkerung in Mittel-Europa, Halle 1827, S. 32. Rosmini kennt das Buch durch G. D. ROMAGNOSI: Sulla crescente popolazione, cit., Bd. I, S. 120.]

[20] Es sei mir gestattet, hier in der Anmerkung noch einige Betrachtungen zu dem erwähnten Passus von Romagnosi anzustellen:
1. Man sollte darauf achten, zwei voneinander völlig unabhängige Frage nicht zu vermischen, wie es wiederum Romagnosi tut. Die eine Frage ist eine allgemeine Frage der reinen Theorie. Sie lautet: 'Stimmt es, daß die Bevölkerung naturgemäß in geometrischer Größe wächst, während die Subsistenzmittel nur in arithmetischer Größe wachsen können und dies auch nur bis zu einer bestimmten Grenze? Stimmt es also, daß nach diesem Bevölkerungswachstumsgesetz die Bevölkerung schneller wächst als die Menge an Subsistenzmitteln? Stimmt es also, daß, sofern nicht moralische Gründe hinzutreten, die die Menschen von der Zeugung abhalten, die Bevölkerung irgendwann größer sein wird als die Menge der Subsistenzmittel und daß dann Elend herrschen wird?' Das ist die erste

II. Kommen wir nun zu dem zweiten der beiden Gesetze, von denen wir sagten, sie seien konstitutiv für die Gesellschaft, also zum Gesetz über die Ehe. Es ist die Geschichte, die uns zeigt, daß das Ehegesetz so alt ist wie die menschliche Gesellschaft. Es ist auch die Geschichte, die uns folgendes bezeugt: Wenn sich ein Volk aus dem verwilderten und verirrten Zustand, zu dem es verkommen war, wieder in den Zustand menschlicher Gemeinschaft (umana comunanza) erheben wollte, mußte man es als erstes dazu veranlassen, die Verbindung der Geschlechter einer festen Regelung zu unterwerfen und auf diese Weise wahre, unverletzliche Ehen einzurichten.

Aber dann ist es eine unverdorbene Philosophie, die uns für dies alles den inneren Grund und die absolute Notwendigkeit zeigt. Heutzutage haben manche Leute diesen Grund und diese Notwendigkeit aus den Augen verloren. Weil diese Personen von den gesellschaftlichen Ursprüngen weit entfernt sind, erkennen sie diese höchste Notwendigkeit nicht mehr. Die Gründer der Gemeinschaften, die Gesetzgeber oder die Themisphoren hatten diese Notwendigkeit jedoch klar vor Augen, so haben wir gesagt.

Angenommen, das Gesetz, das die Eheverbindungen dauerhaft macht und heiligt, hätte seine Wurzeln nicht in den Sittengesetzen, so behaupte ich: Allein schon die soziale Notwendigkeit mußte es hervorbringen. Es sind Notwendigkeiten unterschiedlicher Art: die Notwendigkeit, die aus der unteilbaren Natur der Liebe herrührt; die Notwendigkeit, die sich ergibt, weil der Mensch sicher sein will, in seiner Nachkommenschaft sich selbst und sein eigenes Abbild zu sehen; die Notwendigkeit, die ihn veranlaßt, das Leben der Kinder zu sichern, die ihm geboren werden. Gesetzt den Fall, man zerbricht die heiligen Bande, die die Ehe menschlich und

---

Frage. Dann kommt die zweite. Das ist eine Frage nach den Fakten, und sie lautet: 'Stimmt es, daß jetzt in diesem Land die Bevölkerungsgröße die Nahrungsmittelmenge übersteigt?' Die erste Frage muß man zweifellos bejahen. Was die zweite angeht, muß man fleißig alle Fakten zusammentragen und den Fakten gemäß entscheiden. Aber Romagnosi trennt nicht zwischen diesen Fragen und bezieht auf die erste Frage Argumente, die nur für die zweite gelten.
2. Außerdem sagt Romagnosi: „Malthus und seine Schule sollen mir zeigen, daß man dort, in Irland und in England, die soziale Ordnung des Reiches Gottes und seiner Gerechtigkeit verwirklicht hat, und dann sprechen wir darüber, ob erforderlich ist, das Leiden so vieler armer Menschen zu beenden." Solche Worte sind, um es klar zu sagen, leicht daher gesprochen. Sie sind *extra rombum* gesprochen. Die Hartherzigkeit der Reichen mag es geben, die schlechte Verteilung des Besitzes mag es geben. Aber was folgt daraus? Soll man warten, bis die Reichen weichherzig werden und bis der Besitz auf Erden besser verteilt ist, um Abhilfe gegen das Elend der Armen zu suchen? Die großen Reden gegen die Reichen und die Großgrundbesitzer sind also vergebens. Es geht darum, zu wissen, ob die Klasse der Armen übermäßig groß ist, denn es hat zur Zeit niemand die Macht, dafür sorgen, daß es keine Armut gibt. Nun sage ich: Eben weil Gottes Reich auf Erden nicht vollkommen und universal ist, gibt es die Armen. Und eben weil es sie gibt, muß man versuchen, ihr Elend wenn schon nicht zu beenden, so doch zu erleichtern. Und es geht darum, dies mit Mitteln der Gerechtigkeit und der wahren Nächstenliebe zu tun; das ist das Problem, das gelöst werden muß. [Das Zitat stammt aus G. D. ROMAGNOSI: Sulla crescente popolazione, in G. D. ROMAGNOSI: Collezione degli articoli di economia politica e statistica civile, cit., Bd. I, S. 127.]

sicher machen. Dies könnte geschehen, weil in manchen Völkern die Stimmen der Unvorsichtigen überwiegen. Sie sind verführt von irgendeinem akzidentellen Vorteil, der ihnen in den Gedanken aufleuchtet, und dadurch sind sie blind geworden und sehen nicht, wieviel Notwendiges, Unverzichtbares für die Existenz eines menschlichen, zivilen Zusammenlebens (umana e civile convivenza) in dem Gesetz über die Ehe steckt. Angenommen also, man zerbricht dieses Band. Die Unordnung, die dann die häusliche Gemeinschaft (società domestica) – das Fundament der bürgerlichen Gesellschaft – erfaßt, und die Verwirrung, unter der dann auch die bürgerliche Gesellschaft leidet, würden die Menschen einsichtig machen, daß man mit den eingeführten Neuerungen eines der solidesten Fundamente des gemeinschaftlichen Zusammenlebens der Menschen angetastet und aufgehoben hat. Und durch die Erfahrung dieser Übel würde man wieder die Weisheit derjenigen erkennen lernen, die als erste die Ehegesetze erlassen haben. In der Versammlung, die wir uns zuvor vorgestellt haben, würden dann die Familienväter darlegen, daß es absolut notwendig sei, zu der alten Einrichtung zurückzukehren. Die klügsten Männer würden hinzufügen: „Die Sicherheit, die Kinder durch das soziale Wohlwollen (sociale benevolenza) versorgt zu sehen, lenkt von der Mühe ab, dem Boden ausreichende Nahrungsmittel für die wachsende Bevölkerung abzugewinnen. Auch wenn diese Sicherheit nicht zu Arbeitsverweigerung führt, auch wenn alle sich mit ganzer Kraft der Arbeit widmen, so ist dennoch nicht ausgeschlossen, daß der Anstieg der Bevölkerung unendlich viel schneller verläuft als der Anstieg der Erträge. Es ist also notwendig, die menschliche Vermehrung zu zügeln. Der einfachste und natürlichste Weg besteht darin, jeden Vater zu zwingen, die eigenen Kinder anzuerkennen und zu ernähren. Dieses Gesetz muß als Regelung und Zügel für die Bevölkerung gelten. Denn man muß wohl annehmen, daß kein Mensch Unglücklichen das Leben schenken will, die zu ernähren er sich nicht imstande fühlt. Gibt es doch einmal einen solchen Menschen, so ist es gerecht, daß er die Last seines unüberlegten Handelns trägt. Die Klage seiner armen Kinder [wenn sie denn klagen können] muß sich allein gegen den unvorsichtigen Urheber ihrer unglücklichen Existenz richten. Allgemein gesprochen: Wer stets bereit ist, zu arbeiten, wird das Recht erhalten, eine Familie zu gründen, die ihm nie zur Last werden wird. Die Untätigen und Unvorsichtigen werden sich selbst für ihre Trägheit bestrafen, wenn sie dieses Recht usurpieren."

Aus alledem kann man zu Recht schließen, daß der große Fehler der Erfinder der unsinnigen Theorien, die wir besprechen, darin besteht, „den menschlichen Institutionen alle Untugenden und alle Kalamitäten zuzuschreiben, die die Gesellschaft in Unruhe versetzen. – Die Tatsachen beweisen aber, daß die Übel, die von den menschlichen Einrichtungen verursacht werden und die es zum Teil wirklich gibt, leicht und oberflächlich sind im Vergleich zu denen, deren Quelle die Gesetze der begrenzten Natur und die Leidenschaften der Menschen sind."[21]

---

[21] Malthus, *Essai sur la population*, Buch III, Kap. 1. [TH. R. MALTHUS, op. cit., Buch III, Kap. 2, S. 329.]

Kapitel 5

Wie der Respekt für das Alte und die Neigung zu nützlichen Neuerungen gelenkt werden müssen

Wir haben gesehen, daß es also einen tiefen Grund für den höchsten Respekt gibt, den alle Völker zu allen Zeiten ihren ersten Einrichtungen zollen.[1] Es gab aber Menschen, die sich „Philosophen" nennen ließen, die diese Hochachtung lächerlich machten und behaupteten, sie sei blindes Unwissen und sklavische Befolgung der Autorität, kurz: Feigheit. Aber haben solche Leute überhaupt den Grund für diese Hochachtung erkannt? Haben sie begriffen, daß diese Hochachtung einem Prinzip der Natur, einem vernünftigen Gesetz (legge razionale) entstammt? Sind sie soweit vorgedrungen, daß sie verstanden hätten, daß es etwas Innigeres im Gemeinsinn der Völker gibt als in den sinnlosen Theorien einzelner? Und daß der Blick, der von einer althergebrachten Reihe von Erfahrungen geleitet wird, die Wahrheit besser erfaßt als eine Idee, die nicht von Tatsachen gebremst wird und die auf dem Felde des Ungewöhnlichen und des Möglichen herumschwärmt?

Davon können wir überzeugt sein: Die ersten Institutionen sind notwendigerweise diejenigen, auf denen die Gesellschaft ruht. Denn die Gründer mußten zwangsläufig darauf bedacht sein, die Gesellschaft zu schaffen, als sie noch nicht existierte. Und sie hatten keine Zeit, an Äußerlichkeiten zu denken.

Täuschen wir uns also nicht! Diese natürliche, weise Hochachtung gegenüber dem Alten verpflichtet uns nicht dazu, Feinde nützlicher Neuerungen zu sein. Aber sie verpflichtet uns dazu, genau zu unterscheiden zwischen den Neuerungen, die das Alte *zerstören*, und jenen, die das Alte *ergänzen*. Was die Neuerungen angeht, die etwas Altes zerstören wollen, so muß man auf jeden Fall mißtrauisch und vorsichtig vorgehen. Die Erneuerer müssen sich sicher sein, daß das, was sie zerstören, nur eine Tragrippe oder ein Gerüst ist und nicht ein Hauptbogen oder ein Pfeiler des Gebäudes. Die Neuerungen dagegen, die ergänzen, aber nicht zerstören, bergen weniger Gefahr in sich, der Existenz der Gesellschaft zu schaden. Beim Werk der Ergänzung muß man darauf achten, dafür zu sorgen, daß die neuen Dinge gut mit den alten übereinstimmen, und das Gefüge fortsetzen, das die ersten Erbauer hinterlassen haben.

---

[1] Wenn wir diesen Grund für die Ehrfurcht der Menschen gegenüber dem Alten nennen, wollen wir damit viele andere Gründe nicht ausschließen. Die Ehrfurcht gegenüber dem Alten verdankt sich auch der Religion sowie der natürlichen Achtung der Kinder gegenüber den Vätern und dem bei den Menschen mehr oder weniger ausgeprägten Bedürfnis, sich an eine Autorität zu halten, um nicht unsicher umherzutasten; die Ehrfurcht verdankt sich auch der instinktiven Neigung zur universalen Zusammengehörigkeit [istinto di socialità universale], weswegen wir mit den Vergangenen und mit den Zukünftigen leben wollen, und ähnlichen Gründen mehr.

Kapitel 6
Welchen Sinn die Regel hat, daß sich eine Gesellschaft oft auf ihren Anfang zurückbeziehen muß, damit sie erhalten bleibt

Die Lehre, die wir aufgestellt haben, macht auch klar, wie man Machiavellis bekannter Maxime einen guten und tiefen Sinn geben kann. Diese Maxime lautet: „Wenn man will, daß eine Partei oder eine Republik langt lebt, muß man sie oft zu ihrem Anfang zurückführen."[1] Diese Regel lehrt, die erste Phase und die zweite Phase im Leben der Staaten zu verlängern – also die Phase der *Gründungen* und die Phase der *Gesetzgebungen* – indem man die Staaten erneuert, bevor ihr Verfall einsetzt. Machiavelli sagt bezogen auf die Republik:

> „Dieses Zurückführen zum Anfang geschieht entweder durch äußeres Geschick oder aus innerer Klugheit. Was ersteres angeht, sieht man, daß es notwendig war, daß Rom von den Galliern erobert wurde, damit die Stadt neuentstünde und durch Wiedergeburt neues Leben und neue Tugend gewänne und die Befolgung der Religion und der Gerechtigkeit wiederaufnähme, die begonnen hatten, sich in ihr zu beflecken."

Was das innere Geschick angeht, sagt Machiavelli:

> „Entweder muß es von einem Gesetz kommen, das die Menschen, die in diesem Gesellschaftskörper sind, immer wieder an ihre Verantwortung erinnert, oder von einem guten Menschen, der bei ihnen auftritt, der mit seinem Beispiel und mit seinen tugendhaften Werken denselben Effekt erzielt wie das Gesetz."[2]

Diese politische Maxime entfaltete ihre Kraft in Italien schon zur Zeit der Republiken, als inmitten schlimmer Laster solch hohe Ideen und hohe Tugend glänzten, und später in der florentinischen Republik.

> „Dazu sagten die, die Florenz in der Zeit von 1434 bis 1494 regiert haben, es sei notwendig, alle fünf Jahre den Staat neuzugründen, sonst sei es schwierig, ihn zu erhalten. Mit 'den Staat neugründen' meinten sie, die Leute so in Angst und

---

[1] Buch III, Kap. 1 der *Discorsi sopra la Prima Deca di T. Livio*. [N. MACHIAVELLI: Discorsi sopra la prima deca di Tito Livio, Buch III, Kap. 1, in N. MACHIAVELLI: Opere complete, Verona, 1949, Bd. I., S. 327.]
[2] [N. MACHIAVELLI, op. cit., Buch III, Kap. 1, in N. MACHIAVELLI: Opere complete, cit., Bd. I, S. 328.]

Schrecken versetzen wie bei der Gründung, denn damals wurde geschlagen, wer gemäß der damaligen Lebensweise schlecht gehandelt hatte."³

Ebenso geschah es in der Gesellschaft, die die größte von allen Gesellschaften ist: in der Kirche. Gott stützt sie zumeist mit Hilfe mittelbarer Gründe (cagioni seconde) und läßt nicht immer Wunder eintreten. Denn die Kirche, deren Fundamente von der Weisheit selbst gelegt wurden und die höchst weise ist, besaß als getreue Führerin immer diese oberste Regel, sich auf das Alte zu berufen. Diese Regel formuliert Tertullian folgendermaßen: „*Omnino res christiana sancta antiquitate stat, nec ruinosa certius reparabitur, quam si ad originem censeatur*".⁴ Und selbst Machiavelli stellt fest, „wenn die Kirche nicht durch den heiligen Franziskus und durch den heiligen Dominikus [oder durch ein anderes göttliches Mittel, behaupte ich] zu ihrem Anfang zurückgeführt worden wäre, wäre sie ganz erloschen."⁵

---

³ Ibid. [Ibid., S. 329.]
⁴ Buch I, *Contra Marcionem*, Kap. 13. [Q. SEPTIMIUS FLORENS TERTULLIANUS: Adversus Marcionem, Paris 1844, Buch I, Kap. 13.]
⁵ [N. MACHIAVELLI, op. cit., Buch III, Kap. 1, in N. MACHIAVELLI: Opere complete, cit., Bd. I, S. 330.]

Kapitel 7
Anwendung unseres Kriteriums auf die vier Epochen

Nun gehen wir wieder weiter und greifen das auf, was wir vorher gesagt haben: Die ersten Einrichtungen betreffen die *Substanz* der Gesellschaft, die späteren Einrichtungen betreffen die *Akzidenzien*; denn das erste Bedürfnis ist das Bedürfnis zu existieren, das zweite Bedürfnis ist das Bedürfnis, sich an den Früchten der Existenz zu erfreuen.

Wenn die Zeit jener Einrichtungen kommt, die die akzidentellen Güter der Gesellschaft betreffen, ist das Bedürfnis zu existieren sozusagen schon befriedigt, und man empfindet es nicht mehr. Die wesentlichen und fundamentalen Einrichtungen werden in der Praxis gelebt. Aber während man sie am Anfang aus einer aktuellen und dringenden Notwendigkeit heraus vollzog, werden sie später aus Gewohnheit praktiziert. Nun nimmt aber die Gewohnheit nicht nur den Gefühlen die Kraft, sondern sie mindert auch die Achtsamkeit, über die Gründe der Dinge nachzudenken. Wenn die Gewohnheit an die Stelle der bewußten Gegenwart tritt, vergißt man daher rasch den Grund, weswegen die Einrichtungen anfangs gemacht worden sind. Dann versteht man die alten Einrichtungen nicht mehr. Sie werden nicht mehr aus Einsicht, sondern aus alt gewordener Gewohnheit beibehalten.

Dadurch entstehen viele Übel. Es ist eine Veränderung des Staates, aber sie vollzieht sich im Verborgenen. Denn schließlich kommt eine Zeit, da der Mensch es leid ist, so mechanisch zu handeln. Der Verstand fühlt sich unterdrückt. In ihm regt sich immer lebhafter der Wunsch, zu seiner natürlichen Aufgabe zurückzukehren. Lange Zeit war er zum Sklaven alter und obskurer Sitten gemacht worden, jetzt will er endlich wieder der Führer des Menschen sein.[1] Dieser edlen Stimme der Vernunft, die begierig ist, ihre Rechte wieder wahrzunehmen, kann sich die Kraft der Eigen-

---

[1] Wir sind heute sehr weit entfernt von der Zeit der *Gründer* und *Gesetzgeber* (institutori) der bürgerlichen Gesellschaften. Dennoch haben wir zu unserer Zeit einen Mann erlebt, der als Gründer einer neuen Gesellschaft in Europa bezeichnet werden kann. Diesem Mann mußten dieselben Prinzipien gegenwärtig sein wie den Führern der ursprünglichen Gesellschaften. Und so war es auch. Das ist weniger ein Verdienst seines Genius, wie mancher meinen könnte, als eine Auswirkung der Natur der Sache. Napoleon hat dieselben Überlegungen angestellt, die wir anstellen. Die folgende Passage, die ich der *Handschrift aus Sankt Helena* entnehme, drückt offensichtlich seine entsprechenden Gedanken aus und beweist mit seiner Stimme die Theorie, die wir darlegen. S. 40: „Et le 31 mars a prouvé à quel point il était à redouter, et s'il était facile de faire vivre en paix les vieux et les nouveaus régimes." – S. 44: „Ils ne se doutaient pas que ma monarchie n'avait point de rapport à la leur. La mienne était toute dans les faits; la leur, toute dans les droits. La leur *n'était fondée que sur les habitudes; la mienne s'en passait*: elle marchait en ligne avec le genie du siècle. La leur tirait à la corde pour le retenir." – S. 68: „Je ne pouvais rien opérer par le levier des habitudes et des illusions. J'étais obligée de tout créer avec de la réalité. Il fallait ainsi fonder ma législation sur les intérêts immédiats de la majorité, et céer mes corporations avec des intérêts: parce que les intérêts sont ce qu'il y

liebe anschließen. Sie drängt den menschlichen Geist zur Erfindung neuer Dinge. Wenn sich dann zugleich bei vielen Menschen Voreingenommenheit, Leidenschaften und die Neigung zur Sophisterei bemerkbar machen, um mehr Raum zu haben, wo sie ohne Zurückhaltung ihre maßlosen Wünsche befriedigen können, dann geschieht es leicht, daß bei so vielen vereinten Kräften, bei so vielen Angriffen die alten Einrichtungen ins Wanken geraten. Denn von ihnen ist nur noch die äußere Schale übrig, während die Menschen den lebendigen Kern der Einrichtungen, also den Grund dafür, daß sie einst gemacht worden waren, aus dem Gedächtnis verloren haben.

In einer Epoche, in der der Angriff gegen die ältesten Institutionen geführt wird, ist es recht leicht und recht natürlich, daß der einfache Mann der Flagge folgt, die die neuen Sektierer gehißt haben. Wobei es seiner Meinung nach eigentlich gar keinen Anlaß gibt, diese alten Institutionen zu schmähen. Scheinbar wird ja nichts anderes attackiert als veraltete Vorurteile und unnütze Relikte aus roher und primitiver Zeit. Neben der Mehrheit gibt es aber die uneinsichtigen Hartnäckigen. Da gibt es außerdem die, die am Alten aus Unbeweglichkeit festhalten. Und es gibt wieder andere, die der Vergangenheit aus verborgenem gesunden Menschenverstand treu bleiben, für den sie aber sich selbst gegenüber keinen ausdrücklichen Grund nennen könnten. Schließlich gibt es einige wenige, höchst weise Personen, die den Grund für den allgemeinen Betrug erkennen. Indem sie die ursprüngliche Herkunft der Dinge offenlegen, zeigen sie, wo der Irrtum der neuen Lehren steckt. Diese weisen Menschen zeigen, warum die Vorfahren die Dinge so eingerichtet hatten. Sie zeigen, daß die Vorfahren nicht so sehr durch eigene Weisheit an diese Einrichtungen gekommen waren, als durch die Notwendigkeit, die sie dazu gezwungen hatte. Zum Glück gibt es auch immer reichlich Schreihälse, die stets zugunsten der guten Sache Krach schlagen. Solche Leute sind der guten Sache durch eine starke Macht der Gewohnheit oder auch aus einem inneren Sinn für das Anständige verbunden. Sie verstehen die neuen Sophistereien nicht, und diese sind daher gegen sie ebenso machtlos, wie es die Neuerung ist, die diese Menschen aus ihrer Untätigkeit herausholen will. Es muß diesen wenigen weisen Menschen [von denen oft die meisten zum anderen, konservativen Extrem neigen] gelingen, die Menge davon zu überzeugen, nicht gegen die ursprünglichen Institutionen zu rebellieren, und es muß diesen Schreihälsen gelingen, der Menge diese alten Institutionen noch eine Weile zu be-

---

a de plus réel dans ce monde." – S. 69 [70]: „La vieille noblesse n'existait que par ses prérogatives; la mienne n'avait que du pouvoir. La vieille noblesse n'avait de mérite que parce qu'elle était exclusive. Tous ceux qui se distinguaient, entraient de droit dans la nouvelle; elle n'était autre chose qu'une couronne civique. Le peuple n'y attacha pas d'autre idée. Chacun l'avait méritée par ses oeuvres: tous pouvaient l'obtenir au même prix; elle n'était offensante pour personne." – S. 77: „L'empire avait acquis une immense prépondérance par la bataille de Jéna. Le public commençait à régarder ma cause comme gagnée: je m'en aperçus aux manières que l'on prit avec moi. Je commençai à le croire aussi moi-même, et cette bonne opinion m'a fait faire des fautes." [Diese Passage stammt aus dem „Manuscrit venu de Sainte-Hélène d'une manière inconnu", London 1817, das fälschlich Napoleon zugeschrieben wurde; vgl. die Einführung von S. Romano zu „Il Manoscritto pervenuto misteriosamente da Sant'Elena, Mailand 1982.]

Kapitel 7: Anwendung unseres Kriteriums

wahren (conservare). Wenn das nämlich nicht gelingt, passiert es, daß die Gesellschaft selbst auf diese Weise aufgewühlt und durch diesen Umsturz in Unruhe versetzt wird. Dann werden die Menschen dazu gebracht, die Notwendigkeit jener uralten Fundamente, die so wenig bekannt sind, regelrecht mit Händen zu greifen. Und weil es ausgeschlossen ist, daß Menschen die totale Zerstörung der Gemeinschaft friedlich hinnehmen, gelangen sie genau an dem Punkt an, an dem sich ihre Väter befanden. An diesem Punkt ist es nicht etwa eine große Weisheit [denn die Weisheit haben sie weggeworfen und die Ohren vor den Predigten der klugen Personen verschlossen], sondern eine harte, unvermeidbare Notwendigkeit, die sie dazu bringt, das, was sie zerstört haben, wieder aufzubauen und die alten Dinge wieder einzusetzen und deren Nützlichkeit einzusehen, ja, sozusagen zu „erfühlen". In dieser Zeit erlangen die Institutionen neue Festigkeit und neue Stabilität; sie werden dann von den Menschen nicht mehr nur aus Gewohnheit beachtet und verehrt, sondern aus Vernunft. Dies bedeutet die Erneuerung der menschlichen Gesellschaft (risorgere dell'umana società).

In dem, was wir gesagt haben, kann jeder klar die Beschreibung von Ereignissen erkennen, die sich in Zeiten zugetragen haben, die unserer Zeit nahe sind. Man kann erkennen, daß der Grund, weshalb gewisse kluge Leute die modernen Zeiten beklagen und Loblieder auf die alten Zeiten singen, ein nicht verachtenswertes Fundament besitzt. Es ist klar, daß man zu Beginn kraftvollere und stärkere Institutionen schaffen mußte, weil man die Gesellschaft an ihrem Anfang errichten mußte. Aber deshalb braucht man die späteren Regierungen von bürgerlichen Gemeinschaften (civili consorzi) nicht geringzuschätzen. Auch wenn die, die später kamen, an Begabung gleichermaßen bedeutend oder sogar noch größer gewesen wären als die Alten, ließ doch die Natur der Sache sie zwangläufig weniger in Erscheinung treten. Sie hatten einen weniger wichtigen Gegenstand, an dem sie sich beweisen konnten. Da sie das Wesentliche schon fertig vorfanden, konnten sie sich nur mit der Vollendung des Werkes befassen, also mit den kleinen Vorhaben und Entscheidungen, die das Werk verschönern sollten. Vom Stamm des Baumes gehen Zweige und Blätter aus. Die letzten Blättchen bilden sein Kleid und geben ihm Anmut und Vollendung. Es stimmt schon, daß sie weniger wert sind als der Stamm. Aber wäre es nicht unvernünftig zu fordern, statt Blätter müßten vom Stamm neue Stämme ausgehen? Man soll die Blätter nicht vom gesamten Baum getrennt betrachten. Trennt man sie, scheinen sie armselig, zusammen aber ergeben sie eine lebendigere und großartigere Pflanze. Der Irrtum der Leute, die fortwährend die Leitung der öffentlich-zivilen Dinge und der kirchlichen Dinge kritisieren und die eine maßlose und blinde Liebe für das Alte empfinden [vorausgesetzt, diese ihre Hingabe an die alten Einrichtungen ist ganz aufrichtig und ohne Hintergedanken], beweist immer eine Art Beschränktheit ihrer Ansichten: Sie betrachten die Blätter vom Baum abgeschnitten und weigern sich zu sehen, daß der vollkommen gewachsene Baum keine neuen Arme entwickelt, sondern sich in seinen äußeren Gliedern entfaltet, in den Blättern, den Blüten und den Früchten.

Aber das soll genügen. Wir kommen nun kurz auf die Gesetze zurück, denen die Entwicklung aller menschlichen Gesellschaften unterworfen ist und über die wir bisher gesprochen haben. In allen Gesellschaften unterscheidet man vier Epochen oder Hauptzeitalter voneinander, und genauso vielen Veränderungen ist Schritt für Schritt das politische Kriterium ausgesetzt, das wir vorgestellt hatten.

Erstes Zeitalter der Gesellschaft (età sociale): In diesem Zeitalter geht es darum, der Gesellschaft Existenz zu geben, und daher denkt man ausschließlich an die *Substanz*. Dieses Zeitalter wird unterteilt in zwei Abschnitte, die Phase der *Gründungen* und die Phase der ersten *Gesetzgebungen*.

Zweites Zeitalter der Gesellschaft: Das ist das blühende Zeitalter. Da die Existenz der Gesellschaft schon gesichert ist, geht die Aufmerksamkeit von der *Substanz* auf die *Akzidenzien* über, allerdings ohne daß die *Substanz* außer Acht gelassen wird. Die Nation hat nun Größe erlangt, und sie prunkt damit. Sie wird reich an Verzierung jeglicher Art. Sie strahlt vor Glanz in den Augen der Fremden und ihrer eigenen Mitglieder.

Drittes Zeitalter der Gesellschaft: Dem zweiten Zeitalter folgt das dritte. Die Menschen sind geblendet vom äußeren Pomp und von dem, was die Nation schön macht und weswegen sie von anderen beneidet wird, was sie aber nicht stark macht. So verlieren sie all das aus den Augen, was *wesentlich* ist. Dann macht sich im öffentlichen Bewußtsein (spirito pubblico) ein leichtfertiger und selbstgewisser Ton bemerkbar. Das ist schon die Epoche des Verfalls und des Niedergangs der Gesellschaft.

Viertes Zeitalter der Gesellschaft: Weil die Mitglieder, die den Gesellschaftskörper (corpo sociale) bilden, auf diese Weise frivolen Dingen hingegeben sind, werden die festen Fundamente zerstört, auf denen das Gebäude von den ersten Gründern aufgebaut worden war, bis die vierte schicksalhafte Phase eintritt, der der Staat unterliegt. Es ist jene Epoche, in der die Gesellschaft entweder durch äußere Feinde oder durch inneren Aufruhr erschüttert wird, so daß ihre Existenz selbst gefährdet ist.

In diesem ganz wichtigen Zeitraum durchläuft der Staat eine Krise beziehungsweise eine große Veränderung, die von keiner menschlichen Kraft verhindert werden kann. Wenn die Gesellschaft an diesem Punkt angelangt ist, kann sie nämlich nicht mehr zurückgehen, sondern lediglich erwarten, daß die Krise in die Länge gezogen wird, aber nicht, daß sie verhindert wird. Das ist die Phase, in der Staat entweder komplett zerstört wird und seine Freiheit verliert, wenn er von einem äußeren Feind unterjocht wird. Oder er erneuert sich nach schrecklichen Krämpfen, reinigt sich und beginnt gleichsam ein neues Leben, wenn er große Kräfte und ein freundliches Schicksal hat, so daß er den Angreifern von außen und der Krankheit im Innern widerstehen kann. In diesem Fall hat er in der Zivilisierung (civiltà) und in der politischen Prosperität einen Schritt nach vorn gemacht – einen Schritt jedoch, der ihn Todesangst, grausame Opfer, unermeßliches Leid kostet, der aber im ewigen Buch der Vorsehung mit einem weißen Zeichen der Gnade eingeschrieben ist.

Kapitel 8

Die Gesellschaften werden von einer *praktischen Vernunft* und einer *spekulativen Vernunft* geleitet. Anwendung des politischen Kriteriums auf die *praktische Vernunft* der Massen

Hier könnte man eine interessante und zugleich nützliche Untersuchung anstellen. Man könnte fragen: 'Nach welchen Gesetzmäßigkeiten verliert das politische Kriterium, das wir genannt haben, bei den Menschen an Bedeutung und geht vollständig verloren?' Oder man könnte auch fragen: 'Nach welchen Gesetzmäßigkeiten sorgen die Gesellschaften zunächst für ihre Existenz und streben nach dieser Existenz – was das Kennzeichen ihrer ersten Epoche ist – und gehen dann sukzessiv zu den drei weiteren Epochen über, die wir ebenfalls genannt haben?'

Diese Untersuchung kann man unter zwei Aspekten anstellen. Denn die bürgerlichen Gesellschaften werden von zwei Kräften bewegt, die – obgleich nie vollständig voneinander getrennt – doch nicht immer mit derselben Wirksamkeit agieren. Vielmehr dominiert mal die eine, mal die andere Kraft. Und daher kennzeichnen und konstituieren sie zwei unterschiedliche Zustände dieser Gesellschaften.

Diese beiden Kräfte sind die *praktische Vernunft der Massen* (ragione pratica delle masse) und die *spekulative Vernunft der Einzelpersonen* (la ragione speculativa degl'individui), die die Gesellschaft lenken.

Die praktische Vernunft der Gesellschaft, von der die Massen geleitet werden, könnte man auch, allerdings unzulänglich, als *gesellschaftlichen Instinkt* (istinto sociale) bezeichnen, denn diese Vernunft ähnelt dem Instinkt, insofern es nicht so einfach ist, die exakten Gründe anzugeben, die die Massen dazu anleiten, gesellschaftlich zu handeln. Die Massen selbst können diese Gründe, durch die sie geleitet werden, nicht ausdrücken oder formulieren. Und dennoch sind diese Gründe zweifellos den Massen gegenwärtig und dienen ihnen beim Handeln als verborgene Führer. Aber die Massen denken nicht darüber nach. Dies wäre aber erforderlich, um sich dieser Gründe bewußt werden und sie aussprechen zu können. Man muß also beachten, daß es sich bei diesen Gründen nicht um allgemeine Gründe handelt oder um Gründe, die aus weiter Vorausschau gewonnen werden. Nein, die weiter *entfernten* Wirkungen kommen dem einfachen Menschen nicht in den Sinn ebensowenig wie die *allgemeinen* Wirkungen. Das Handlungsmotiv der Massen ist der gegenwärtige, unmittelbare Nutzen, und dieser konstituiert die praktische Vernunft, von der hier die Rede ist.

Nun mag man hier fragen: 'Wenn die Massen nicht gemäß der Voraussicht der *entfernten* Wirkungen handeln und auch nicht gemäß der Berechnung der *allgemei-*

nen Wirkungen, wie kommt es dann, daß sie manchmal einen untrüglichen Instinkt zu besitzen scheinen? Wie kommt es, daß ihr Handeln oft klüger ist als das der großen Staatsmänner? Wie kommt es, daß es das Streben der Menge war, das oftmals für die Größe von Republiken und Königreichen gesorgt hat?'

Das ist eine wichtige Fragestellung, und sie schließt sich an unsere Untersuchung an, die lautete: 'Die Gesellschaften gehen von dem Stadium, in dem sie sich von der Regel von Substanz und Akzidens leiten lassen, zu dem Stadium über, in dem sie diese treue Führerin vollständig verlieren. Nach welchen Gesetzen vollzieht sich dieser Prozeß?'

Tatsächlich muß man beachten, daß der untrügliche Instinkt der Massen nicht etwa immer auftritt, sondern nur zu bestimmten Zeiten und in bestimmten Situationen der Gesellschaften. Er hängt von folgender Bedingung ab: 'Wenn das unmittelbare Gut (bene immediato), das die Massen vor Augen haben und das den Anreiz und das Motiv ihres Handelns konstituiert, mit dem Gut der Gesellschaft als solchem zusammenfällt – insbesondere mit jenem Gut der Gesellschaft, das diese bestehen läßt – dann handelt das Volk im Sinne der Gesellschaft, und dann besteht die Wirkung seines Handelns in der Stärkung und in dem Erhalt der Gesellschaft selbst. Dann scheint sein Handeln höchst weitblickend und weise.

Denn dieses Handeln führt auch zu hervorragenden langfristigen und allgemeinen Ergebnissen. Zu diesen Ergebnissen führen die Handlungen aber nicht, weil die Wirkungen vom Volk vorausgesehen und einkalkuliert worden wären, sondern weil die Natur der Sache selbst das Volk dazu geführt und gezwungen hat, so zu handeln. Das momentane, partikulare Gut, auf das das Volk durch sein Handeln abzielte, war also schicksalhaft (per accidente) eben jenes Gut, das den Rückhalt der Gesellschaft bildete und den Keim zu ihrer Verbesserung enthielt. Man rechnet also in diesem Fall der Weisheit des Volkes etwas an, was sich ausschließlich der Weisheit der Natur verdankt. Man spricht von einem „vorausschauenden Instinkt", wo es sich doch eigentlich nur um Wirkungen handelt, gewiß allerbeste, weitreichende und allgemeine Wirkungen, aber eben Wirkungen, die nicht durch menschliche Vorausschau erreicht wurden. Sie wurden vielmehr erreicht durch eine natürliche Verbindung zwischen den von den Menschen ins Werk gesetzten Dingen und anderen Dingen, die als Folge dazukamen, ohne daß die Menschen notwendigerweise diese Verbindung erkannten. Denn die natürlichen Kräfte wirken auch dann, wenn sie nicht erkannt werden.'

Welche Bedingungen und welche Gesetze sorgen dafür, daß das Handeln der Massen zuerst dem genannten Kriterium entspricht und sich dann schrittweise davon entfernt? Um diese Frage zu beantworten, reicht es, folgende Frage zu beantworten: 'Welche unmittelbaren Güter scheinen den Massen in den verschiedenen Epochen und Situationen der Gesellschaft jeweils erstrebenswert?'

Hier ist es nun leicht festzustellen, daß am Anfang die Existenz der Gesellschaft selbst das Gut ist, das allen intensiv und unmittelbar vor Augen steht. Und entsprechend ist die Auslöschung der Gesellschaft das Übel, das die Massen unmittelbar vor sich sehen. Daher ist die Kindheit der Gesellschaft stets eine sozusagen besonders *patriotische* Epoche, denn das Wohl jedes einzelnen als Mitglied des sozialen Verbandes (consorzio sociale) ist auch das elementare Wohl der Gesellschaft.[1] Zweitens kann man folgendes beobachten: Wenn die Gründung der Gesellschaft abgeschlossen und ihre Existenz gesichert ist, ist dieses Gut der Existenz als solches nicht mehr wie am Anfang ein *unmittelbares* Gut, sondern fängt an, ein *entferntes* Gut zu werden. Als unmittelbare erstrebenswerte Güter bieten sich dann solche Güter an, die zur Verbesserung der Gesellschaft und zur Mehrung ihrer Stärke und ihres Ruhms gehören. In dieser Zeit verändert sich die *Liebe zur eigenen Patria* (amore della patria), denn sie hat nicht mehr so sehr deren Existenz im Blick, sie will sie vielmehr berühmt und ruhmvoll machen.

Man erreicht also das Wachstum der Gesellschaft und ihren Ruhm und genießt diese Güter lange Zeit. Die Kräfte, die auf diese Güter gerichtet waren, werden müde und verbrauchen sich. Dann verwandelt sich das Streben (appetito) der Menschen, das immer Neues begehrt, auf natürliche Weise in die Liebe zur Ruhe und zu den friedlichen Annehmlichkeiten. Das ist die Zeit des Luxus und der Freuden. Diese werden dann die *unmittelbaren* Güter, nach denen die Massen streben und nach denen sie ihr Handeln ausrichten. In dieser Phase der Dekadenz bleibt zunächst noch eine Art von Patriotismus erhalten, jener *Patriotismus* nämlich, der der eigenen *Patria* Frieden, Reichtum und Freuden verschaffen will. Aber dieser Patriotismus ist kraftlos wie das, was er begehrt, und er ist schwach wie der Wille, der ihn erzeugt. Und alsbald entsteht neben ihm eine Trägheit, die mit dem Luxus und mit dem Mißbrauch der Annehmlichkeiten wächst. Diese wollüstige Trägheit entfaltet die Formen des *Egoismus*, der den *Patriotismus* zunächst bedroht und später erstickt und vollständig auslöscht. Dann schweigt im Herzen jedes selbstlose Gefühl. Dann dringt Verachtung für die Ahnen in das Herz ein. Dann hat die Nation die von uns aufgestellte Regel vollständig aus den Augen verloren: Sie hat jegliches Wohl der Bürgerschaft aus den Augen verloren, sie blickt nicht mehr über das eigene, individuelle Wohl hinaus. Nur darum kreist sie, darin ruht sie.[2] Dann singen die Dichter, die stets den Zustand der Gesellschaft zum Ausdruck bringen, anmaßend und schamlos, so wie Ovid gesungen hat:

> „Prisca juvent alio: ego me nunc denique natum
> Gratulor: haec aetas moribus apta meis.
> Non quia nunc terrae lentum subducitur aurum,
> Lectaque diverso litore concha venit:
> Nec quia decrescunt effoso marmore montes;
> Nec quia caeruleae mole fugantur aquae,
> Sed quia cultus adest; nec nostros mansit in annos
> Rusticitas, priscis illa superstes avis".[3]

---

[1] Dies erklärt auch, warum der Patriotismus in Zeiten, in denen sich die Nationen im Krieg befinden und ihre Existenz in Gefahr ist, erhalten bleibt und mehr als je zuvor aufflammt.

[2] [Im Ital. „qui si rigira in breve ambito, qui giace"; die engl. Übersetzung lautet: „(...) and devotes its attention to individual good alone, around which it girates briefly before its final collapse", op. cit., S. 53.]

[3] *De A.*, III, 121–128. [P. OVIDI NASONI Ars amatoria, Buch. III, Verse 121–128, in P. OVIDIUS NASONIS Opera Omnia, Leipzig 1888, Bd. I, S. 227.]

Dieser Zustand endet mit der Phase, in dem die letzten und einzigen Gedanken des Volkes ausschließlich *Brot und Spiele* sind. Man erkennt, daß alles, was ich gesagt habe, der historischen Wahrheit entspricht.

Kapitel 9

Fortsetzung:
Wie sich Eroberungen erklären lassen

Hier sei nun beiläufig festgestellt, daß die Völker die einzelnen Phasen, die wir unterschieden haben, nicht alle in derselben Zeit durchqueren. Manche sind schneller, manche weniger schnell, manche verharren in dem einen Stadium länger, manche in einem anderen. So geschieht es, daß von verschiedenen Völkern derselben Epoche das eine sich vielleicht im ersten Stadium befindet, während ein anderes sich schon bis zum dritten oder vierten Stadium weiterentwickelt hat. Auf diese Weise lassen sich Eroberungen erklären. Denn der enorme Vorteil der Nation im ersten Stadium gegenüber der Nation, die sich schon im dritten oder vierten Stadium befindet, ist evident. Ich werde dies anhand des Beispiels vom Fall des Weströmischen Reiches erklären, den die germanischen Völker herbeiführten. Ich tue dies, indem ich die Worte eines neueren Autors zitiere,[1] die hierzu gut passen. Er stellt scharfsinnig fest, daß die germanischen Völker die römische Welt nicht besiegten, weil sie eine außergewöhnliche Stärke hatten, wie man annimmt; auch nicht weil sie eine außergewöhnliche Bevölkerung gehabt hätten, nicht wegen der politischen Ordnung, nicht wegen der militärischen Disziplin. Sie siegten vielmehr,

> „weil sich diese Stämme in den ersten Jahrhunderten unserer Zeitrechnung, also im Zenit und in der Dekadenzphase der Zivilisation der Völker rund um das Mittelmeer, in genau demselben gesellschaftlichen Zustand befanden, in dem sich die Mittelmeervölker acht oder zehn Jahrhunderte zuvor befunden hatten: Sie befanden sich in der Phase der *civitates*, also kleiner lockerer Volksstämme, die sich nur zeitweise in ständig wechselnden Bündnissen zusammenschlossen."[2]

Ich füge hinzu: Das ist genau der Zustand, in dem sich die bürgerliche Gesellschaft noch nicht vollständig konstituiert hat und in dem sie daher ihre Existenz nicht aus dem Blick verlieren kann. Vielmehr ist den Massen in einer solchen Epoche nur die Existenz selbst gegenwärtig, und sie allein bestimmt das Handeln der Massen. Der kluge Historiker stellt fest, daß hinsichtlich der Macht und der natürlichen Kraft die mediterranen Völker eigentlich überlegen waren.

---

[1] [Gemeint ist Cesare Balbo, Schriftsteller und Politiker, Ministerpräsident der ersten konstitutionellen Regierung von Piemont-Sardinien 1848.]

[2] *Della letteratura negli undici primi secoli dell'era cristiana*. Lettere di C. Balbo, Turin 1836, 2. Abhandlung. [C. BALBO: Della letteratura negli undici primi secoli dell'era cristiana, in C. BALBO: Lettere di politica e letteratura edite ed inedite, Florenz 1855, 2. Abhandlung, S. 140–141.]

„Als sich die Mittelmeervölker auf der kulturellen Entwicklungsstufe befanden wie die Pelasger, die Kelten oder die Germanen, haben sie diese immer besiegt, zurückdrängt und in deren Wildnisse vertrieben. Sie wurden erst von diesen Völkern besiegt, als sie zu einer weiteren Phase der Zivilisierung fortgeschritten waren. Aber das war eine ungenügende, unfähige Zivilisierung; dadurch hatten sie alle Schwächen dieser Phase, ohne Stärke gewonnen zu haben, die sich mit dieser Epoche kraftlosen zivilisatorischen Fortschritts nicht verträgt."[3]

Ich füge hinzu: Wenn man es genau bedenkt, lagen Ungenügen und Unfähigkeit dieses neuen Zivilisationsstandes (stato di civiltà) in folgendem: Die Völker hatten eine Situation erreicht, in der das unmittelbare Gut, das ihre Handlungen bestimmte, nicht mehr die Existenz oder der Ruhm der Bürgerschaft (patria) war; es war nicht einmal mehr das äußerliche gesellschaftliche Wohl, sondern das individuelle Wohl. Die Germanen dagegen waren noch zurück, also weniger kultiviert, aber sie befanden sich in einem Zustand, in dem ihnen die Natur der Sache selbst die Existenz und den Ruhm ihres gesellschaftlichen Verbandes als erstrebenswertes Gut präsentierte. Das ist genau der Zustand, den der Autor beschreibt, den wir bezüglich der Germanen und anderer Völker zitiert haben. Wir zitieren ihn nochmals, weil seine Worte scharfsinnig und richtig sind. Er sagt im Zusammenhang mit den Germanen:

„Die geringere sittliche Verderbtheit sowie der Zustand von *civitates*, worin sie sich noch befanden, gaben ihnen große Vorteile gegenüber den Völkern, die diese Entwicklungsstufe längst hinter sich hatten. In der *civitas* war jeder Bürger stets Soldat [*Heermann* oder *Wehrmann*]; freier Mann im Innern, aber Tyrann nach außen. Dadurch war er gezwungen, im Krieg wie im Frieden die Waffen in der Hand zu haben. Das ist der gesellschaftliche Zustand, in dem der Krieg die natürliche Lebensbedingung des Menschen ist. Daher kann man sagen, daß der Krieg stets die natürliche Situation in der antiken Welt war. Dies ist ein weiterer Unterschied zwischen der antiken und der modernen Welt. Und so sind die kriegerische Tüchtigkeit, die Stärke, die *virtus* und die Liebe zur eigenen *civitas* die wichtigsten, um nicht zu sagen die einzigen Tugenden im Altertum. Und so kommt es, daß die Gesellschaften der Antike stets untergingen, wenn sie sich von der Verfaßtheit in Bürgerschaften und von dem damit verbundenen permanenten Kriegszustand entfernten. Das oberste Ziel und der größte Erfolg der Gesetzgeber in der Antike bestanden darin, die Völker im Zustand von Bürgerschaften und von permanentem Krieg zu halten. So machten es Lykurg und Romulus. Überall waren „Gast" und „Fremder" Synonyme. Das Mißtrauen der Juden gegen jeden, der nicht zum eigenen Volk gehörte,

---

[3] Ibid. [C. BALBO, op. cit., S. 141.]

Kapitel 9: Fortsetzung: Wie sich Eroberungen erklären lassen 101

galt bei allen. Alle teilten die Welt ausschließlich in zwei Teile: das eigene Volk oder die eigene Stadt und die anderen Völker, die *Völker* überhaupt."[4]

Von daher stellt der Autor fest:

„Germanien, wo sich dieser Zustand der Volksstämme oder des Krieges erhalten hatte, besiegte die Römer, die sich von diesem Zustand nur ungenügend weiterentwickelt hatten. Und Germanien besiegte schließlich auch die Hunnen und die anderen Völker Asiens, die rückständiger oder ihrerseits vom Riesenreich des Attila und seiner Vorgänger überwältigt worden waren."[5]

Der Schluß, den wir aus all diesen Beobachtungen ziehen wollen, ist folgender: Das Gesetz, nach dem in der Wirklichkeit unsere Regel von Substanz und Akzidens beachtet wird oder eben nicht beachtet wird, 'besteht – was die Massen angeht – in einer kontinuierlichen Verschlechterung. [Dies macht den wahren Teil jenes Satzes deutlich, der besagt: Die Welt „wird schlechter, je älter sie wird"]. Dieses Gesetz besteht also in der Abfolge der verschiedenen Entwicklungsstufen, in denen sich eine Nation befindet, wobei in den jeweils vorangehenden Entwicklungsstufen die besagte Regel treuer und vollständiger beachtet wird als in den folgenden Phasen. Dadurch läßt man im Fortgang von einer Stufe zur nächsten die Regel immer mehr zurück, bis sie schließlich ganz vergessen ist.'

---

[4] [C. BALBO, op. cit., S. 142.]
[5] *Della letteratura negli undici primi secoli dell'era cristiana*. Lettere di C. Balbo, Turin 1836, 2. Abhandlung. [C. BALBO, op. cit., S. 141–142.]

Kapitel 10

Anwendung des politischen Kriteriums auf die *spekulative Vernunft* der einflußreichen Einzelpersonen

Soweit also die Geschichte unseres politischen Kriteriums, wenn man es in Beziehung zur *praktischen Vernunft* der Massen betrachtet.

Nun müssen wir es in Beziehung zur *spekulativen Vernunft* jener Einzelpersonen betrachten, die in der Regierung der Gesellschaften am meisten Einfluß haben. Mit anderen Worten: Wir müssen dieses Kriterium in Beziehung zum gebildeten menschlichen Geist untersuchen. Dies ist gleichbedeutend mit der Frage: Durch welchen Fortschritt versetzt sich der Mensch immer besser in die Lage, dieses politische Kriterium einzusetzen?

Die Untersuchung der Geschichte unseres Kriteriums anhand der Frage, wie die *Massen* damit umgehen, ist von großer Bedeutung für die nicht-christlichen bürgerlichen Gesellschaften (società civili non-cristiane). Dagegen betrifft es spezieller die christlichen Gesellschaften, wenn man diese Geschichte hinsichtlich der gebildeten und einflußreichen oder regierenden *Einzelpersonen* betrachtet.

Schaut man nämlich genau hin, stellt man folgendes fest: Die Eigentümlichkeit der nicht-christlichen Gesellschaften besteht darin, daß sie hauptsächlich von der praktischen Vernunft der Massen gelenkt werden. Denn selbst die berühmten und bestimmenden Männer dieser Gesellschaften können nur in Übereinstimmung mit der politischen Vernunft der Massen handeln (ragion politica delle masse). Es ist ihnen, allgemein gesprochen, auch nicht möglich, sich dieser Vernunft der Massen entgegenstellen. Wenn sich solche Gesellschaften einmal zum Schlechteren gewendet haben, ist ihre Zerstörung unwiderruflich, denn es gibt keine menschliche Kraft, die sie von ihrem schicksalhaften Lauf abhalten könnte. In den christlichen Gesellschaften dagegen gibt es eine Prägekraft und Bildung (coltura), die die einzelnen Menschen über die Massen erhebt, indem sie sie von den Massen löst und ihnen eine ganz neue Energie verleiht, die imstande ist, sich der blinden Bewegung der Massen zu widersetzen, und zwar erfolgreich zu widersetzen, wenn die Umstände günstig sind. Der Geist des Christentums (spirito del cristianesimo) gibt nicht nach und paßt sich keinem Irrtum, keiner Schwäche und keiner blinden, gefährlichen Neigung an, eben weil er etwas Übermenschliches ist (più che umano). Dieser hohe und wahrhaft übernatürliche Geist hat den *Mut* und die *Kraft*, sich den Meinungen der Massen zu widersetzen und diese Massen selbst zu gewinnen, indem er sie erleuchtet, mäßigt und lenkt. In der nicht-christlichen Geschichte ist dies unbekannt. Dieser Mut ist übermenschlich; diese Kraft ist geheimnisvoll. Und sie ist es, die die Gesellschaften rettet, auch wenn diese durch eigenen Antrieb auf ihre vollständige Auflösung zusteuern. Diese Kraft ist es, die die Gesellschaften ewig sein läßt, denn sie läßt sie auch aus den größten Widrigkeiten und Krisen wiedererstehen; ihretwegen steht

Kapitel 10: Anwendung des politischen Kriteriums auf die spekulative Vernunft

geschrieben, daß „Gott dafür gesorgt hat, daß die Nationen geheilt werden können".

Von daher läßt sich leicht erkennen, daß sich die Beachtung der besagten Regel von Substanz und Akzidens bezogen auf die christliche Kultur zwangsläufig in eine Richtung entwickelt, die ihrem Verlauf bei den Massen genau entgegengesetzt ist. Bezogen auf die christliche Kultur handelt es sich um eine *aufsteigende* Progression, in dem Sinn, daß der menschliche Geist die Bedeutung dieser Regel immer besser versteht und immer besser imstande ist, die Regel umzusetzen.

Wir müssen nun schauen, nach welchem Gesetz dieser Fortschritt kontinuierlich weitergeht. Diesem Fortschritt liegt folgendes Gesetz zugrunde:

Man muß beim Erkenntnisvermögen zwei 'Vollendungen' unterscheiden: Die eine Vollendung dieses Vermögens besteht darin, daß es eine große Zahl wohlgeordneter Kenntnisse hat. Dadurch ist das Erkenntnisvermögen zu einer großen 'Weite der Kalkulation' imstande. Die andere Vollendung dieses Vermögens besteht darin, daß es viel Abstraktionsfähigkeit hat. Dadurch ist das Erkenntnisvermögen zu einer großen 'Höhe an Abstraktion' fähig.

Je weiter im Menschen diese beiden Vollendungen des Erkenntnisvermögens fortgeschritten sind, desto besser ist der Mensch imstande, die politische Regel, von der wir sprechen, richtig einzusetzen.

Die *Weite der Kalkulation* führt den Menschen dazu, sicherer zu erfassen, welches der *wesentliche* Teil der Gesellschaft ist, nach dem er sich ausrichten muß, und welches der *äußerliche* Teil ist.

Die *Höhe an Abstraktion* ist für den Menschen notwendig, damit er vollkommen zwischen Wesentlichem und Unwesentlichem unterscheiden kann. Wenn dabei nämlich nicht klar unterschieden wird, kann es leicht geschehen, daß man nicht nur an dem festhält, was wesentlich ist, sondern auch an dem, was nicht wesentlich ist, und daß man auch das Unwesentliche mit übermäßigem Nachdruck fordert. Das ist die Quelle für Zwangsgesetze und willkürliche Einschränkungen der menschlichen Entwicklung und mithin für schwerwiegende Behinderungen, mit denen eine kurzsichtige Autorität den natürlichen Fortschritt der sozialen Vorzüge unterbindet, die zwar nicht-notwendig, aber doch lobenswert und wertvoll sind.

Allgemein betrachtet, pflegen eher solche Personen die *Weite der Kalkulation* zu erwerben, die in einen weitergespannten Umkreis von Geschäften gestellt sind, also solche Personen, die Mitglieder von ausgedehnteren Gesellschaften sind. Und umgekehrt: Wer an den kleinen Herrschaftsbereich gewöhnt ist, besitzt im allgemeinen ein sehr begrenztes politisches Kalkül, wenn sein Genius ihn nicht über seine realen Lebensbedingungen hinausträgt. Solche Personen denken normalerweise nur an sich und an das kleine Gehege, in dem sie eingeschlossen sind. Von sich selbst ausgehend beurteilen sie die ganze Welt. Folglich machen sie viele Fehler. Sie neigen zum Kleinkrieg, zur Ehrpusseligkeit und zu ständigem Wettstreit. In einer Nation, in der sich die Unterteilung der Regierungen fortgesetzt hat, kann man leicht erkennen, daß jede Stadt selbständig sein und vorherrschen will, weil keine das Wohl des Ganzen vor das Wohl eines Teils zu setzen vermag. Und die kleinen Staaten, die zerstört waren, wollen wiedererstehen und womöglich auch ihre Feindseligkeit durch Rache befriedigen. Dabei ist ihnen die gemeinsame Blüte gleichgültig, obwohl diese Blüte doch in dem Maße wachsen würde, in dem sich die Staaten in einem beliebig ausgedehnten Gebiet zahlenmäßig verringerten und an Ausdehnung zunähmen.[1]

Was nun die *Abstraktionsfähigkeit* angeht, so wächst sie in der Menschheit insgesamt durch das Werk der Jahrhunderte.

In der ersten Zeit können die Menschen gewiß nicht stark *abstrahieren*. Da ihre Intelligenz an ihr Vorstellungsvermögen gebunden ist, richten sie sich auf die *Lebewesen* selbst, nicht auf die *Gründe* der Lebewesen, also auf deren Eigenschaften und Beziehungen. Um ein Beispiel zu geben: Anfangs reflektieren die Menschen nicht besonders über den Grund oder über die allgemeine Idee vom Menschen, sondern über konkrete, lebende Menschen, über diesen Menschen und jenen. Daher haben ihre Kalkulationen generell den Vorzug, die *Substanz* zu treffen, weil sie davon den *akzidentellen* Teil nicht zu trennen wissen. Das sorgt aber auch dafür, daß viele äußerliche Dinge von ihnen geopfert und viele allzu strenge und teilweise willkürliche Vorschriften festgesetzt werden.

Nach dieser ersten Zeit kommt – durch das Christentum jedoch, dem diese Entwicklung hauptsächlich zu verdanken ist – eine größere Leichtigkeit, zu abstrahieren und die Akzidenzien von der Substanz zu trennen. Dieser Schritt bringt den Menschen dazu, die Art und Weise zu vervollkommnen, in der er sich Regeln setzt. Dadurch lernt er, die Akzidenzien zu differenzieren und die Substanz anzustreben, ohne jene notwendigerweise zu opfern und ohne ihre Entwicklung zu behindern. Es ist wohl richtig, daß der Mensch diese Unterscheidung mit subtiler und sophistischer Argumentation mißbrauchen kann. Dadurch wiederum werden Irrtümer möglich, und der Mensch ist schließlich dem unwesentlichen Teil der öffentlichen Sache allzu sehr zugetan. Dieses Übel ist aber nicht verhängnisvoll, solange es die *Weite* und die *Stärke der Kalkulation* gibt, die lehren können, wie man das Übel heilt.

Gleichwohl kann man allgemein sagen, daß die Irrtümer der Alten meistens aus einem *Mangel an Unterscheidungen* stammten. Die Irrtümer der Modernen dage-

---

[1] Herr Pareto schrieb am 11. Mai 1814 folgendermaßen zugunsten der Stadt Genua an Lord Castlereagh: „Die wirkliche Stärke der Staaten besteht in der Einheit und Eintracht ihrer Bürger, so daß mit Sicherheit eher eine Schwächung als eine Stärkung aus der staatlichen Vereinigung *von Völkern entstanden wäre, die einander so feindlich und miteinander uneins sind, wie es schon immer die Ligurer und die Piemontesen waren*." Und Gerolamo Serra schrieb in einer Note an den Wiener Kongreß: „Wenn das Leben des Volkes ... schon nicht mit den Bestimmungen übereinstimmt, die sie getroffen haben, so sollten sie zumindest den Genuesen die Unabhängigkeit bewahren, indem sie selbst ihnen einen Souverän geben, der verwandt ist mit den erhabenen Familien, die Europa regieren, so wie jene, die in der Toskana und in Modena regieren, und wie sie früher auch in Parma und Piacenza herrschten. Die Übel, die die Fremdherrschaft mit sich bringt, sind noch so frisch, und sie sind so tief in die Herzen der Genuesen eingegraben, daß sie sich nicht ohne Widerwillen und Feindseligkeit von Neuem unterwerfen können." Diese Worte zeigen, daß für die Italiener aus Genua beides gleichermaßen als Fremdherrschaft galt: die französische Herrschaft und die italienische von Turin aus. [Was die Bemerkungen von Agostino Pareto und Gerolamo Serra angeht, vgl. G. SERRA: Memorie per la storia di Genova dagli ultimi anni del secolo XVIII alla fine dell'anno 1814, Genua 1930, S. 155 und S. 176.]

Kapitel 10: Anwendung des politischen Kriteriums auf die spekulative Vernunft 105

gen stammen aus einem *Übermaß an Unterscheidungen*. Denn der Wunsch nach Vollkommenheit und danach, Nebensächliches zu bewahren, bringt uns leicht dazu, die Substanz zu vernachlässigen.

Dies ist einer der Gründe, weshalb die Alten zu übermäßiger *Knechtschaft* neigten, während die Modernen zu übermäßiger *Freiheit* neigen. Der Irrtum der Alten entstand dadurch, daß man beim Menschen dessen verschiedene Beziehungen zu wenig verallgemeinerte und differenzierte. Der Irrtum der Modernen kommt daher, daß man diese Beziehungen zu sehr differenziert und voneinander löst. Diese Lehre ist wichtiger, als scheinen mag. Sie ist der Schlüssel, mit dem sich Tatsachen und Sitten der ältesten Zeiten des Menschengeschlechts verstehen und erklären lassen.

Abschließend: Wir haben zwei Arten und Weisen aufgezeigt, durch die sich der Mensch mit der *Ausdehnung der Gesellschaften* und im *Lauf der Zeiten* immer besser in die Lage versetzt, unsere politische Regel beziehungsweise unser 'politisches Kriterium' anzuwenden: 1.) Indem er eine größere Weite der Kalkulation erwirbt. 2.) Indem er eine größere Höhe der Abstraktion erwirbt.

Kapitel 11

Beziehungen zwischen der Wirkung der *spekulativen Vernunft* der Einzelpersonen und der gleichzeitigen Wirkung der *praktischen Vernunft* der Massen in der „res publica"

Bis hierher haben wir unser politisches Kriterium in den verschiedenen Situationen betrachtet, denen es aufgrund des zweifachen Fortschritts des menschlichen Geistes ausgesetzt ist. Wir haben gesehen: Je größer die *Weite der Kalkulation* ist, die die menschliche Einsicht erwirbt, desto mehr vermag diese das Ganze vor die Teile zu stellen. Umgekehrt: Je größer die *Höhe der Abstraktion* ist, die die Einsicht erwirbt, desto mehr gerät sie in die Gefahr, die Substanz geringer zu veranschlagen, weil sie durch die Liebe zu den Akzidentien verführt wird. Gleichzeitig jedoch wird die Einsicht tüchtiger darin, dieses 'Kriterium von der Substanz' selbst klug einzusetzen, um einerseits die Substanz zu bewahren und um andererseits den natürlichen Fortschritt der Akzidenzien zu ermöglichen.

Man muß hierbei aber folgendes bedenken: Trotz der von uns angedeuteten christlichen Bildung und Gesittung (coltura), die in die modernen Nationen eingepflanzt ist und diese Nationen bisweilen auch dann rettet, wenn sie schon am Rande des Abgrunds stehen, haben diese Nationen deswegen nicht weniger ihre politischen Schicksale. Denn neben der *Aufwärtsentwicklung* der spekulativen Vernunft der Regierenden geht die *Abwärtsentwicklung* der praktischen Vernunft der Massen – also des umfangreicheren und ungebildeteren Teils der Gesellschaft – ihren natürlichen Lauf weiter. Allerdings dominiert konstant die erstgenannte Entwicklung gegenüber der zweiten.

Diese beiden Kräfte – die Kraft der spekulativen Vernunft des gebildeten Teils und die Kraft der praktischen Vernunft des ungebildeten Teils, die Kraft der Vernunft der Einzelpersonen und die Kraft der Vernunft der Massen – wirken also zur gleichen Zeit und gleichsam parallel. Und in dieser gleichzeitigen, aber nicht immer harmonischen Wirkung (azione) der beiden Kräfte muß man die Erklärung dafür suchen, warum die christlichen Gesellschaften zwar oft in Seenot geraten, aber niemals vollständig Schiffbruch erleiden. Dies gilt insbesondere dann, wenn man die Christenheit (cristianità) als eine einzige Gesellschaft betrachtet und die einzelnen Nationen lediglich als ihre Glieder.

Davon ausgehend ist es auch sinnvoll festzustellen, aus welchen Gründen die Anwendung unseres 'Kriteriums von Substanz und Akzidens' in den verschiedenen Situationen der christlichen Gesellschaften nach und nach aufgegeben und dann wiederaufgenommen wird.

Ich stelle zunächst fest, daß die grundlegenden Institutionen im Gedächtnis der Menschen abhanden kommen:

Kapitel 11: Einzelpersonen und Massen

1. wegen ihres Alters,
2. wegen der Vielzahl akzidenteller Institutionen, die diese ersten Institutionen „überwachsen".

Es ist klar, daß die *Länge der Zeit*, die die ersten Institutionen hinter sich haben, erheblich dazu beiträgt, daß die große Notwendigkeit in Vergessenheit gerät, aus der diese ursprünglichen Institutionen einst entstanden waren.

Entsprechend: Wenn die Nation zur Besserung imstande ist – wenn man davon ausgeht, daß sie bestraft, aber nicht vernichtet werden soll – dann bewirkt die eintretende Krise lediglich, daß die Ideen einander wieder „angenähert" werden. Die Erinnerung an die akzidentellen Institutionen und an all das, was man äußerlich vollzieht, muß nicht aufgefrischt werden, denn diese Dinge bestehen ja weiterhin in der Wirklichkeit. Die Krise hat in der Ordnung der Vorsehung den Zweck und die sichere Wirkung, im Bewußtsein der Menschen den Grund für die alten Institutionen wiederzubeleben. Wenn diese entschwundene Erinnerung wiederbelebt worden ist, verbinden sich durch sie die alten Institutionen mit den neuen: So vervollständigt sich das System im Bewußtsein der Menschen, das Wissen hat einen Fortschritt gemacht, die Gesellschaft wurde verbessert.

In den christlichen Nationen nun, die nicht dazu bestimmt sind, unterzugehen, und die ein Prinzip der Verjüngung und sozusagen der sozialen Auferstehung in sich haben (principio di ringiovenimento, di sociale risurrezione), vollzieht sich dieser Prozeß normalerweise in drei Generationen [das ist der schnellstmögliche Weg].

In der ersten dieser drei Generationen hat man schon die Gründe für die ursprünglichen Institutionen vergessen. Die Menschen lehnen sich gegen diese Institutionen auf und zerstören sie, mal mehr, mal weniger gewaltsam.

Dann folgt die zweite Generation. Sie sieht, daß die Gesellschaft aufgewühlt ist und auseinanderfällt. Sie sieht, daß die Gesellschaft in ständiger Gefahr ist, ganz den Boden zu verlieren, weil jene alten Stützen fehlen, die man ihr entzieht. Also wird diese zweite Generation nachdenklich und mißtrauisch gegenüber den Neuerungen, und schließlich wird sie einsichtig, richtet die daniederliegenden Institutionen wieder auf und gründet die Gesellschaft neu auf ihre Fundamente, die bereits erschüttert waren. Darauf konzentriert sie sich vollständig, ohne sich allzu sehr um die zusätzlichen Teile der Gesellschaft zu kümmern. Hier geschieht nun genau das, was Machiavelli sagt:

> „Die wahre Tüchtigkeit (virtù) sucht man am besten in schwierigen Zeiten; in leichten Zeiten sind es nicht die tüchtigen Männer, die verehrt werden, sondern die, die durch Reichtum oder Beziehungen das Sagen haben."[1]

Dieser Satz zeigt, daß man sich in günstigen Zeiten nicht um das *Wesentliche* kümmert, sondern um die Nebensächlichkeiten, die die Menschen umgeben – wozu auch der äußere Glanz gehört. In ungünstigen Zeiten aber wendet man sich wieder

---

[1] *Discorsi sulla prima deca di T. Livio*, Buch III, Kap. 16. [N. MACHIAVELLI, op. cit., Buch III, Kap. 16, in DERS.: Opere complete, cit., Bd. I, S. 380.]

dem zu, was stark und wirksam ist.

Schließlich tritt die dritte Generation auf, die die Erfahrungen der beiden vorangegangenen Generationen besitzt. Sie hat einen edlen und erfreulichen Auftrag, weil die Leidenschaften beruhigt sind und das Joch der Gewohnheit abgeschüttelt ist. Ihr ist die glückliche Möglichkeit vorbehalten, ein vollständiges System zu finden und das Alte mit dem Neuen zu verbinden. Sie kann die alten Institutionen als notwendig anerkennen und die späteren Einrichtungen als nützlich und als natürliche Weiterentwicklung und Vervollkommnung der ursprünglichen Einrichtungen. Aber dieser recht kurze Zeitraum von drei Generationen findet sich nur bei den Windungen[2], die von den Vernunftprinzipien in der Christenheit ausgehen, wie es die letzten Revolutionen in Europa waren. Politische Revolutionen, die brutalem Instinkt, barbarischer Zerstörung oder allgemeiner Verderbtheit entspringen [was im Christentum nicht stattfinden kann], fallen nicht unter diese Theorie.

Ich hatte auch gesagt: Der zweite Grund dafür, daß die ersten Institutionen in der Meinung der Menschen ihre Bedeutung verlieren, ist die *Vielzahl akzidenteller Institutionen*, die zu den ersten hinzukommen.

Und tatsächlich möge man folgendes bedenken: Immer wenn neue Institutionen geschaffen werden, widmen die Menschen auch diesen einen Teil ihrer Aufmerksamkeit. Je rascher sich also die zusätzlichen Institutionen vermehren, desto mehr werden die Menschen von der Pflege der ersten Institutionen abgelenkt. Denn die Kraft der menschlichen Aufmerksamkeit ist eine einzige, und sie ist begrenzt.

Diese Lehre erklärt die Dauerhaftigkeit einiger Staaten der Barbaren. Die Chinesen, die Tataren, die Türken und alle Völker, die *statisch* genannt werden, weil sie keinen Fortschritt machen und weil den alten, wesentlichen Institutionen keine neuen, zusätzlichen hinzugefügt werden, besitzen Dauerhaftigkeit. Und zwar besitzen sie Dauerhaftigkeit, weil sie sich ausschließlich mit dem beschäftigen, was ihnen Existenz gegeben hat und noch gibt. Nichts Zusätzliches lenkt sie davon ab. Und wenn sie neue Institutionen hinzufügen würden – so wie wir es tun – würden sich diese Gemeinschaften unwiederbringlich auflösen.

Daraus resultieren viele wichtige zusätzliche Aspekte. Wir erwähnen davon nur die folgenden politischen Maximen, die sich aus den gesetzten Grundsätzen ergeben:
1. Jede neue Institution, die nicht nützlich ist, ist sogar schädlich, weil sie den alten Einrichtungen Kraft nimmt.
2. Jede akzidentelle neue Institution ist wesenhaft mit einem Nachteil verbunden. Folglich ist sie zu vermeiden, solange nicht mit politischer Klugheit kalkuliert worden ist, ob der Nutzen den Schaden, der entsteht, übersteigt.

---

[2] [Ital. „ravvolgimenti", das heißt *Krümmung, Windung*. Im Verlauf des Werks erläutert Rosmini, daß er das Bild vom spiralförmigen Geschichtsverlauf für überzeugend hält, das er bei Fichte findet. Mit „ravvolgimenti" könnten also die „Windungen" dieser Geschichtsspirale gemeint sein. Eine mögliche andere Interpretation legt eher das Bild der Revolution als *Verdrehung* der Gesellschaft nahe.]

3. Die besseren Institutionen werden stets jene sein, die sich besser mit den alten, wesentlichen Institutionen verknüpfen, so daß sie gut mit diesen harmonieren.
4. Unverzichtbar ist, daß die Regierung von Zeit zu Zeit durch allgemeine Unterweisung den innersten Grund für die fundamentalen politischen Institutionen im Gedächtnis auffrischt oder lebendig hält.

Kapitel 12

Substanz und Akzidens im Leben der Gesellschaft. Die Auseinandersetzung zweier Hauptkräfte. Der einzige Zweck der Politik

Bis hierher haben wir allgemein die Regel vorgestellt, die lautete: Eine Gesellschaft, die ihren Bestand sichern und die blühen will, muß eine Bestrebung (tendenza) haben, die sie dazu bringt, ihre eigene Existenz stets nachhaltiger zu konsolidieren, ohne das äußerliche Beiwerk allzu sehr zu pflegen. Sofern es nicht behindert wird, folgt dieses Beiwerk als Wirkung des kraftvoll und sicheren Lebens der Gesellschaft von selbst. Aber wir haben noch nicht gesagt, worin dieses *Sein*, dieses *Leben* der Gesellschaft, diese *Substanz* besteht.

Hier beginnt nun eine neue und äußerst problematische Untersuchung. Und wer sich bewußt darauf einlassen wollte, würde durch den Haupteingang in das unendlich weite Feld der politischen Wissenschaft gelangen. Das wollen wir nicht. Wir wollen in dieser kleinen Schrift nur auf die Bedeutung der Regel hinweisen, die uns die erste von allen Regeln in der 'Wissenschaft von der Regierung der Gesellschaften' zu sein scheint.

Gleichwohl wollen wir wenigstens die Spur aufzeigen, die andere in die Geheimnisse dieser wichtigen Untersuchung führen könnte.

Zunächst muß man wissen, daß die menschlichen Gesellschaften nie still stehen [darin gleichen sie den Körpern, aus denen sich das Universum zusammensetzt], sondern in ständiger Bewegung sind und fortwährend ihren Zustand verändern.

Nun können wir zwei *Grenzen* bestimmen, was soviel heißt wie zwei Extremzustände, denen sich die Gesellschaften in ihren Bewegungen immerfort annähern. Diese Grenzen sind einmal der Zustand *größter Unvollkommenheit* (massima imperfezione), in dem die Gesellschaft vorstellbar ist, und zum anderen der Zustand *größter Vollkommenheit* (massima perfezione). Wir müssen uns ferner vorstellen, daß sich jede Gesellschaft zwischen diesen beiden Zuständen bewegt, und zwar so, daß sie mal auf die obere Grenze der Vollkommenheit zustrebt, mal dagegen auf die untere Grenze der Unvollkommenheit. Es sind Grenzen, die sie nie erreicht, gleichgültig, wie nahe sie ihnen kommt. Denn die höchste Vollkommenheit wird in den menschlichen Dingen nicht erreicht. Und wenn die Gesellschaft die maximale Unvollkommenheit berühren könnte, würde sie schon lange vorher aufhören zu existieren. Dieses Faktum der Bewegung hat aufgrund des Wandels der Generationen, der Talente, der Stimmungen, der Sitten und der Verhältnisse der Dinge zueinander kein Ende. Betrachtet man dieses Faktum, scheint es – allgemein gesehen – so, daß es zwei *umfassende Kräfte* gibt, die den beiden *umfassenden Tendenzen* oder Bewegungen der Gesellschaft entsprechen. Die eine dieser beiden Kräfte treibt die Ge-

Kapitel 12: Substanz und Akzidens im Leben der Gesellschaft 111

sellschaft zur Vollkommenheit, während die andere sie zur Unvollkommenheit hinunterzieht. Diese Kräfte ähneln in der Tat den „zentrifugal" und „zentripetal" genannten Kräften, die die Himmelskörper auf ihren Bahnen bewegen. Diese Kräfte sind Ursache aller Bewegungen des gesellschaftlichen Universums (universo sociale) und bilden zwei umfassende Mittel, mit deren Hilfe allein der Politiker[1] dieses gesellschaftliche Universum nach seiner Weisheit regieren kann, wenn es ihm gelingt, sich in ihren Besitz zu bringen.

Betrachten wir näher, was das für Kräfte sind, die wir *umfassende Kräfte* genannt haben.

In den menschlichen Gesellschaften gibt es eine Vielzahl einzelner Wirkkräfte. Und es gibt viele Ursachen, die Wirkungen erzielen. Ein Teil dieser Wirkungen vervollkommnet den Menschen und die Gesellschaft, ein Teil verschlechtert und korrumpiert sie beide. Es ist ausgeschlossen, daß der Kampf zwischen den miteinander vermischten guten und schlechten Faktoren in einer menschlichen Gesellschaft nicht stattfindet. Es ist ausgeschlossen, daß nur die eine Sorte dieser Wirkkräfte ohne die andere Sorte vorhanden ist. Jene beiden Hauptkräfte, von denen wir sprechen, sind zum einen die Summe aller Ursachen, die günstig für die Vervollkommnung des Menschen und der Gesellschaft zusammenwirken, und zum anderen die Summe aller Ursachen, die diese Vervollkommnung behindern und zerstören.

Dies vorausgesetzt ist klar, daß sich der Zustand der Gesellschaft um so mehr verbessert, je stärker die erste umfassende Kraft die zweite Kraft überwiegt. Alle Regierungskunst kann also letztlich keine andere Absicht haben als die, 'die erste Kraft zu vergrößern und die zweite zu verringern, so sehr sie nur kann'. Die Dominanz der ersten Hauptkraft stellt den *eigentlichen* Zweck des politischen Regelwerks dar (politici regolamenti), so kann man allgemein sagen, ohne Sorge, sich zu irren.

---

[1] [Im Ital. „il politico"; in der engl. Übersetzung: „the political theorist", op. cit., S. 66.]

Kapitel 13

Die Bestandteile der beiden Hauptkräfte, die die Gesellschaften bewegen. Hauptprobleme der politischen Wissenschaft

Wenn man weiter hinabsteigen will, um die verschiedenen Bündel der Einzelkräfte zu betrachten, die zusammengenommen die umfassende Kraft bilden, erkennt man, daß man bei dieser Hauptkraft, die die Gesellschaft bewegt, drei Teile unterscheiden muß: Es gibt

1. den *menschlichen Geist*, aus dem letztlich immer die Handlung hervorgeht, durch die jemand zum Nutzen oder zum Schaden der Gesellschaft handeln kann. Im menschlichen Geist allein besteht das, was ich die „kollektive Einheit" (unità collettiva) nenne, die der Gesellschaft überhaupt Leben gibt.
2. Gibt es die *Dinge*, die für die Menschen begehrenswert sind [Reichtum, Macht etc.], und ihr jeweiliges Gegenstück. Das ist Materie, die dadurch, daß sie von der Tatkraft des menschlichen Geistes gestaltet wird, zum wirkmächtigen Instrument wird.
3. Gibt es das *Objekt* der Kraft, also den sozialen Organismus und das soziale Gefüge. Auf sie wirkt letztlich jede Kraft handelnd ein.

Bei diesen drei Teilen müssen wir zwischen etwas Wesentlichem und etwas Akzidentellem unterscheiden, wenn wir unser Ziel erreichen wollen.

Beginnen wir beim menschlichen Geist, und betrachten wir ihn zunächst in einem einzelnen Menschen: „Ich hatte Erfolg, weil ich mit Nachdruck gewollt habe." Mit diesen Worten beschrieb Napoleon das Mittel, mit dem entschlossene Männer immer die großen Veränderungen in den menschlichen Dingen bewirkt haben: das Auge beharrlich auf das Ziel richten, es mit aller Kraft wollen. Das ist die Hauptkraft der Großen.[1] Schwache Männer sind solche, deren Handeln kein Ziel hat oder die

---

[1] Die folgenden Passagen beschreiben lebendig den Charakter jenes Mannes, der sich den Thron eroberte und der dann, wie wir selbst miterleben konnten, ein großes und gefürchtetes Reich gründete. S. 2: „Je réussissais dans ce que j'entreprenais, parce que je *le voulais*. ... Le monde a toujours été pour moi dans le *fait*, et non dans le droit." – S. 6: „J'étudiais la guerre, non sur le papier, mais sur le terrain. Je me trouvais pour le première fois au feu dans une petite affaire de tirailleurs, du côté du Mont-Genèvre. ... Il me parut évident qu'on n'avait de deux côtés aucune intention de donner un résultat à cette fusillade. On se tiraillait seulement pour l'acquit de sa conscience, et parce que c'est l'usage à la guerre. Cette *nullité d'objet me déplit* ...". – S. 7: „J'ai raconté mon premier fait d'armes ... parce qu'il m'initia au secret de la guerre. Je m'aperçus qu'il était plus facile qu'on ne croit de battre l'ennemi, et que ce grand art consiste à ne pas tâtonner dans l'action, et sur-tout à ne tenter que des mouvements décisifs, parce que c'est ainsi qu'on enlève le soldat." – S. 9: „J'étais peut-être le seul dans l'armée qui eût un but; mais mon goût était d'en mettre au bout de tout. Je ne m'occupais que d'examiner la position de l'ennemi et la nôtre. Je comparai ses moyens moraux et les nôtres. Je vis que nous les

Kapitel 13: Die Bestandteile der beiden Hauptkräfte

Ziel und Mittel verwechseln und dem Mittel dieselbe Bedeutung beimessen wie dem Ziel.

Nun, so wie die Gesellschaft ein kollektiver Körper (corpo collettivo) ist, so hat sie auch einen kollektiven Geist (spirito collettivo). Wir haben die Willenskraft der Menschen, die die Gesellschaft bilden: Auf der einen Seite gibt es die Kraft, die die Existenz und die Stärke dieser Gesellschaft will. Auf der anderen Seite gibt es alle Willenskraft, die sich gegen die Existenz und gegen die Stärke der Gesellschaft richtet. Faßt man nun diese Willenskräfte auf jeder Seite zusammen, so hat man zwei kollektive oder gesellschaftliche Willen (volontà collettive o sociali): Der eine Wille ist ein 'tatsächlich günstiger' Wille, und der andere ist ein 'tatsächlich ungünstiger' Wille für die Existenz der Gesellschaft.

Wenn die Dummheit oder die Trägheit der Mitglieder der Gesellschaft diesen alle Willenskraft für die Existenz der Gesellschaft nimmt, sagen wir, daß die Gesellschaft einen 'negativen Willen' hat. Das heißt: Sie hat keinen Willen, ihr fehlt diese erste und innerste vitale Kraft. [So war es in dem vorher genannten Fall: Die Gesellschaft ist in jenem Lebensabschnitt angelangt, in dem das unmittelbare Zielobjekt der Massen nicht mehr gesellschaftlicher Natur, sondern rein privat ist. Dies ist eine Epoche, in der der einzige Handlungsanreiz der Egoismus ist.]

Wenn nun in der Gesellschaft der *tatsächliche* und *günstige* Wille überwiegt, ist ihre Existenz gesichert. Überwiegt der *tatsächliche* und *ungünstige* Wille, will die Gesellschaft de facto nicht bestehen und muß untergehen. Wenn es aber keinen Gemeinwillen (volontà sociale) gibt, existiert die Gesellschaft lediglich per Zufall. Das bedeutet, sie existiert nicht dank einer Kraft, die vom Geist ihrer Mitglieder zu ihr kommt, sondern lediglich aufgrund der materiellen Robustheit ihrer Konstitution, aufgrund ihrer Trägheit. So steht sie aufrecht und steif da wie ein toter Körper, der beim ersten Stoß umfällt.

Grundlegend ist also, daß es in der Gesellschaft einen positiven kollektiven Willen (volontà collettiva favorevole) gibt. Das bedeutet. Der Wille, der aus allen Einzelwillen (volontà individuali) resultiert, will faktisch genau dasjenige, was die Existenz und die innere Kraft der Gesellschaft ausmacht, und nicht das Gegenteil. Das ist das erste politische Problem.

Die *Dinge* nun oder die Wesen, die die Materie oder das Mittel bilden, deren sich der menschliche Geist zum Schaden oder zum Nutzen der Gesellschaft bedient, sind zwar für sich genommen neutral. Sie besitzen aber in Relation zum Menschen

---

avions tous, et qu'il n'en avait point. Son expédition était un misérable coup de tête, dont il devait prévoir d'avance la catastrophe, et l'on est bien faible quand on prévoit d'avance sa déroute." – S. 40: „Il fallait avoir pour nous *la moitié plus un de l'Europe*, afin que la balance penchât de notre côté. Je ne pouvais disposer de ce poids qu'en vertu de la lois du plus fort, parce que c'est la seule qui ait cours entre les peuples. Il fallait donc que je fusse le plus fort de toute nécessité, ... Je n'ai jamais eu de choix dans les partis que j'ai pris: ils ont toujours été commandés par les événements: parce que le danger était toujours éminent." – S. 66: „Mon ambition n'a jamais consisté à posseder quelques lieues carrées de plus ou de moins, mais à faire triompher ma cause." (*Manuscrit de Sainte-Hélène*). [Manuscrit venu de Saint-Hélène d'une manière inconnue, cit., vgl. zuvor Anm. 1, Kap. 7.]

große Macht über ihn, trotz der freien Tätigkeit seines Geistes. Wenngleich sie nämlich den Menschen auch nicht immer bestimmen, so machen sie ihn doch nach der einen oder nach der anderen Seite geneigt.

Alles das, was dem Willen eine solche Neigung gibt, zerstört die Willensfreiheit zwar nicht. Aber man muß es genau mitberechnen, wenn es darum geht, die Wahrscheinlichkeit menschlichen Handelns zu beurteilen. Wir haben für diese Berechnungen keinen anderen Anhaltspunkt als den folgenden: Wir müssen annehmen, daß es wahrscheinlicher ist, daß der Mensch die Tätigkeit ausführt, zu der ihn ein größeres Motivbündel drängt, als daß er sie nicht ausführt oder daß er statt dessen etwas anderes tut. Was im Urteil über die Handlungen eines einzelnen lediglich Wahrscheinlichkeit ist, wird in der Beurteilung von Handlungen einer Menge von Menschen nahezu Sicherheit. Gesetzt nämlich, alle Menschen einer Nation haben starke Motive dafür, eine bestimmte Handlung eher auszuführen als zu unterlassen, dann muß man annehmen, daß es unter ethischem Aspekt fast sicher ist, daß die Mehrheit diese Handlung tun wird. Dies gilt, selbst wenn es in diesem Volk einzelne gibt, die allein aufgrund der Kraft des freien Willens, mit dem sie begabt sind, nicht in dieser Weise handeln werden. Folglich kann der kluge Politiker mit großer Sicherheit voraussehen, was in dieser Nation geschehen wird. Darin besteht die gesamte Grundlage und der Ablauf der *politischen Voraussicht* (politica previdenza).

Die Objekte sodann, deren sich die Tatkraft des menschlichen Geistes zum Wohle oder zum Schaden der Gesellschaft bedient, sind *Eigentum* und *Rechte* und allgemeiner alles das, was Menschen – tatsächlich oder vermeintlich – für Güter und für Übel, für wünschenswert oder fürchtenswert halten können.

Daher hat der menschliche Geist eine zweifache Relation zu diesen Objekten, die für sich genommen neutral sind und sowohl zum Wohl als auch zum Schaden der Gesellschaft dienen können.

Wir haben gesagt: Die erste Relation ist die Beherrschung (padronanza) der Objekte durch den Geist. Und die politische Theorie (politica) muß – auf jeden Fall von der Moral begleitet – die Art und Weise lehren, wie diese Objekte zum Nutzen und nicht zum Schaden der Gesellschaft gebraucht werden.

Die zweite Relation besteht in dem Einfluß, den diese Güter ihrerseits auf den menschlichen Geist ausüben. [Sie zwingen ihn zwar nicht, aber sie überreden ihn doch eher zur einen als zur anderen Seite. Dabei spielt es eine Rolle, in welchem Umfang der Mensch diese Güter besitzt oder auch an welcher Stelle sie angesiedelt sind.] Diese Relation muß die politische Wissenschaft daher an zweiter Stelle behandeln. Dabei muß sie folgendes Problem lösen: 'Wie findet man in der Gesellschaft die richtige Menge und den besten Ort für die Objekte, die der Mensch als Güter oder als Übel betrachten kann? Denn diese Objekte sollen den Willen aller so bewegen, daß diese Willen zugunsten der Existenz und des kraftvollen Lebens der Gesellschaft zusammenwirken'. Dieses Problem ist im engeren Sinne politisch als das andere. Beim ersten Problem geht es um die Frage nach der Art und Weise, wie man den Geist der Gesellschaftsmitglieder dazu erzieht, sich im Sinne der Gesellschaft zu verhalten. Das ist nicht von der Ethik zu trennen. Das zweite Problem spricht dagegen allein von den äußeren Gegebenheiten und von den Kräften, die auf den Geist einwirken,

Kapitel 13: Die Bestandteile der beiden Hauptkräfte

aber es geht dabei nicht um die freie Tatkraft des Geistes, sondern eher um seine passive Seite.

Das *Objekt* dieser zusammenwirkenden Willen, die entweder spontan oder angetrieben und bestärkt durch äußere Faktoren agieren, ist schließlich das soziale Gefüge beziehungsweise die soziale Ordnung.[2] Die Philosophie der Politik muß folglich hierbei eine dritte Frage lösen: 'Welche Gesellschaftsordnung kann – unter Berücksichtigung aller unveränderlichen Bedingungen, insbesondere der natürlichen Bedingungen – der Gesellschaft einen möglichst kraftvollen und dauerhaften Bestand geben?'

Fassen wir zusammen: Nach der Kollision und der gegenseitigen Aufhebung aller widerstreitenden *Willen* der Gesellschaftsmitglieder muß ein Wille zugunsten der Gesellschaft an sich übrigbleiben, der [eben weil er übrigbleibt] 'Wille des Gesellschaftskörpers' genannt werden kann.

Alle Dinge, die bei den Menschen als gut oder als schlecht gelten, haben Einfluß auf den Willen und auf die Handlungen des Gesellschaftskörpers. Nach der Aufhebung aller einzelnen miteinander kollidierenden Handlungen müssen diese Dinge eine letzte, überragende Wirkung auf diesen Gemeinwillen ausüben und ihn zum Wohl der Gesellschaft günstig geneigt machen und ihn zugleich in die Lage versetzen, wirkungsvoll nach außen hin zu agieren.

Durch die Tatkraft des Geistes wirken diese Dinge auf den Gesellschaftskörper als solchen ein. Sie sind das Mittel zwischen dem Geist des einzelnen und der Gesellschaft. Sie müssen also eine günstige und keine ungünstige Wirkung auf deren Existenz ausüben. Oder anders ausgedrückt: Sie müssen die *Verfassung* des Staates (stato) verbessern, statt sie zu verschlechtern.

---

[2] [Im Ital. „compaginamento od ordinamento sociale"; in der engl. Übersetzung „social cohesion or management", op. cit., S. 70.]

Kapitel 14

Drei einseitige und daher fehlerhafte politische Systeme. Wie die wahre Politik alle Elemente in ihre Kalkulation einbezieht

Diesen drei Elementen der *Hauptkräfte*, die wir im vorangehenden Kapitel unterschieden haben, entstammten drei politische Systeme oder besser: drei unterschiedliche Arten, politische Wissenschaft zu betreiben.

Viele Autoren haben sich ausschließlich darauf konzentriert, daß es wichtig ist, daß der Gesellschaftskörper das hat, was wir den *tatsächlichen günstigen Willen* nennen. Diese Autoren bemühten sich daher hauptsächlich darum, zu lehren, wie die öffentliche Meinung gelenkt wird. Zu dieser Klasse gehören die *politischen Moralisten* jeder Art.

Es gab andere Autoren, die dem Einfluß der Ansichten direkt nicht allzu viel Gewicht beigemessen haben und die ihre Aufmerksamkeit auf alles das konzentriert haben, was außerhalb vom Menschen ist. Sie waren hauptsächlich darum bemüht, das zu behandeln, was zum Wohlstand und zur mechanischen Industrie gehört. Zu dieser Klasse gehören die *politischen Ökonomen*.

Schließlich gab es Autoren, die die öffentliche *Meinung* und die *Sachgüter* lediglich für Nebenthemen der politischen Wissenschaft hielten. Sie untersuchten hauptsächlich den Aufbau der Gesellschaftsmaschine selbst (l'organismo della macchina sociale), das Gleichgewicht der verschiedenen Gewalten, aus denen sie besteht, und die Kraft nach innen und nach außen, die sich aus ihrem je unterschiedlichen System ergibt. Diese Personen heißen *politische Theoretiker im engeren Sinne* (politici in senso stretto).

Aber nach dem, was wir gesagt haben, ist es nicht schwer zu erkennen, daß die Gesellschaftswissenschaft nie vollständig sein wird, solange sich die Autoren mit ungerechtfertigter Voreingenommenheit auf einen dieser drei großen Teile beschränken und ihre Aufmerksamkeit nicht auch den beiden anderen Teilen widmen. Die Wissenschaft wird nur vollständig sein, wenn sie diese Teile nicht nur getrennt voneinander, sondern alle drei zusammen in ihrem Verhältnis zueinander, in ihrer faktischen Einheit untersucht.

Und tatsächlich: Angenommen, eine Regierung muß eine bestimmte Maßnahme treffen. Bevor sie dies tut, muß sie wissen, ob diese Maßnahme hinsichtlich der Veränderung, die sie im öffentlichen Bewußtsein erzielen wird, sinnvoll ist oder nicht. Welche Überlegungen muß die Regierung anstellen, um dies zu wissen? Um die Maßnahme zu beschließen, genügt es dieser Regierung nicht – wenn sie weise ist – zu wissen, daß mit dieser Maßnahme das Bewußtsein einer gewissen Anzahl oder einer Klasse von Personen verbessert wird. Allein daraus könnte sie noch nicht

Kapitel 14: Drei einseitige und daher fehlerhafte politische Systeme 117

schließen, daß diese Maßnahme wirklich nützlich ist. Umgekehrt kann es ihr bei der Ablehnung der Maßnahme nicht genügen zu wissen, daß damit das Bewußtsein einer gewissen Zahl oder einer Klasse von Personen verschlechtert wird. Damit sich die Regierung bezüglich dieser Maßnahme ein kluges Urteil bilden kann, muß die Frage anders gestellt werden. Sie muß lauten: 'Angesichts der Tatsache, daß die hier in Rede stehende Maßnahme unterschiedliche Gemüter in unterschiedlicher Weise beeinflussen wird – das heißt, bei manchen positiv, bei anderen negativ wirken wird –, ist zu fragen, ob man mit Wahrscheinlichkeit berechnen kann, daß die Summe aller Wirkungen gut oder schlecht ist. Es ist zu fragen, ob insgesamt das öffentliche Bewußtsein gebessert oder verschlechtert wird.' Und weiter: Wenn man von der vorgeschlagenen Maßnahme eher schlechte als gute Folgen für das Gesamtbewußtsein der Gesellschaft erwarten kann, bleibt noch zu fragen: 'Ist diese Maßnahme notwendig, um ein größeres Übel zu verhindern, so daß an Stelle des Übels, das sie bewirkt, ein noch größeres Übel vorauszusehen ist, wenn man diese Maßnahme nicht trifft?'

Jede Frage in der Politik (in politica) ist also kompliziert und geht über die Durchschnittskräfte hinaus. Denn es geht nicht einfach darum, ein einzelnes Gut oder Übel anzugeben, sondern es geht darum, ein allgemeines Gut oder Übel zu berechnen. Von daher versteht man, wie vermessen viele private Urteile sind. Und man erkennt ebenso, wie unrealistisch all jene Klagen sind, die aufgrund von Einzelinteressen vorgebracht werden.

Ebensowenig läßt sich als allgemeine Maxime – und wie man sagt *a priori* – politisch festlegen (stabilire politicamente), 'ob zum Beispiel die Regierung mit Strenge und Gewalt gegen gewisse Formen von Verbrechen vorgehen soll'. Diese Gewalt kann nämlich im Einzelfall nützlich sein, im Allgemeinen aber schädlich oder aber nützlich im Allgemeinen und schädlich im Einzelfall. Das hängt vom Ausmaß der Verderbtheit und von dem Grad der Unkultiviertheit und der Kultiviertheit der Nation ab sowie von vielen anderen Bedingungen, die in der konkreten Wirklichkeit gegeben sind, aber nicht in der abstrakten Fragestellung. Dasselbe gilt auch für andere Mittel, die Einfluß auf das Bewußtsein haben: Man kann von ihnen niemals sagen, ob sie opportun sind oder nicht, wenn man nicht den *tatsächlichen* Zustand der Nation kennt (stato reale della nazione). Dieser tatsächliche Zustand ist die solide Basis, auf man die allgemeine, wahrscheinlich gute oder wahrscheinlich schlechte Wirkung berechnen kann, die eintreten soll, beziehungsweise die Wirkung, die weniger schlecht ist als der Effekt, der bei Verzicht auf diese Maßnahme zu erwarten ist.

Dieselbe Überlegung muß man für den Besitz anstellen und für die Macht und für alle anderen äußeren Güter. Man wird sehen, daß in Hinblick darauf jede politische Fragestellung auf eine allgemeine Berechnung der guten oder schlechten Folgen zurückgeführt werden muß – auf eine allgemeine Berechnung der Folgen, die das haben kann, was man hinsichtlich dieser Güter beschließen will. Letztlich geht es darum, folgendes zu wissen: 'Ist die Veränderung, die man in der Verteilung des Besitzes oder der Macht oder anderer Güter mit der diskutierten Maßnahme herbeiführt, nach der Gesamtberechnung eher nützlich als schädlich?' Jedes System –

von dem System der gleichen Verteilung des Besitzes bis zu dem System, das allen Besitz der unmittelbaren Herrschaft des Sultans unterstellt – kann eine bequeme und eine unbequeme Seite haben. Der Fehler fast aller Autoren der politischen Wissenschaft besteht darin, daß sie entweder die Vorteile oder die Fehler der Systeme benennen, die sie sich ausdenken. Aber sie kümmern sich nicht darum, eine Bilanz zu ziehen, was an jedem einzelnen System bequem und was daran unbequem ist, um am Ende der Rechnung zu sehen, welches System von allen unter ganz bestimmten Bedingungen ein vorteilhafteres Ergebnis hat. Statt dessen sagen sie, wie das System beschaffen wäre, das keinen Fehler und nur alle Vorteile hat.

Der *Perfektismus* (perfettismo)[1] ist das Resultat von Ignoranz. Es handelt sich beim *Perfektismus* um das System, das die Vollkommenheit in den menschlichen Dingen für möglich hält und das die vorhandenen Güter für eine ausgedachte zukünftige Vollkommenheit opfert. Der *Perfektismus* besteht in einem kühnen Vorurteil, durch das man die menschliche Natur zu positiv beurteilt. Man urteilt über die menschliche Natur auf der Basis einer reinen Hypothese, auf der Basis eines Postulats, von dem man aber nicht ausgehen kann, und bei absolutem Fehlen von Reflexionen über die natürlichen Grenzen der Dinge. Ich habe in einem anderen Zusammenhang vom großen Prinzip der *Begrenzung der Dinge* (limitazione delle cose) gesprochen und dort gezeigt, DASS ES GÜTER GIBT, DEREN EXISTENZ OHNE DIE EXISTENZ VON EINIGEN ÜBELN VÖLLIG UNMÖGLICH WÄRE.[2] Ich habe dabei gezeigt, daß die göttliche Vorsehung selbst – obwohl sie allwissend und allmächtig ist – durch dieses ewige ontologische Prinzip bedingt ist; das heißt, sie muß zwangsläufig die Gesamtwirkung der miteinander verketteten Güter und Übel berechnen, und sie muß manche Übel zulassen, damit sie größere Güter mit sich bringen; und sie muß unter allen möglichen Gütern nur das Gut erzeugen, das kein größeres Übel verursacht oder ein größeres Gut verhindert. Vorausgesetzt wird dieses unerschütterliche Prinzip: 'Die Existenz eines Guts verhindert manchmal *notwendigerweise* die Existenz eines noch größeren Guts. Die Existenz eines Guts ist auch oft mit der Existenz einiger Übel verbunden, so wie die Existenz eines Übels mit der Existenz von Gütern verbunden ist.' Dadurch wird klar, daß alle Regierungsweisheit bei den Menschen nur die Weisheit dessen nachahmen kann, der vom Himmel her das gesamte Universum lenkt. Die Regierungsweisheit muß darauf abzielen, die größte gute *letzte* oder umfassende Wirkung zu erreichen, wenn insgesamt die Güter und die Übel berechnet sind, die unverzichtbare Mitursachen bei der Erzeugung des höchsten Guts sind. Wenn wir die Güter mittels des Zählers ausdrücken und die Übel mittels des Nenners, besteht die Regierungsweisheit nicht allein darin, nur den ersten zu vergrößern und nur den zweiten zu verringern. Sie besteht vielmehr darin, dafür zu sorgen, daß, wenn der erstgenannte wächst, der zweite nicht noch stärker wächst und umgekehrt; sonst geschieht es, daß, indem

---

1 [In der engl. Übersetzung „perfectionism", op. cit., S. 74.]
2 *Della divina Provvidenza*, Buch II. [A. ROSMINI: Teodicea. Della divina provvidenza (Theodizee. Von der göttlichen Vorsehung), Mailand 1845, S. 147–149 und 210–227.]

Kapitel 14: Drei einseitige und daher fehlerhafte politische Systeme

der zweite zu sehr verringert wird, auch der erste als natürliche Folge kleiner wird, so daß die Größe des gesamten Bruchs geringer wird, statt zu wachsen.³

Was wir über das öffentliche Bewußtsein und über Umfang und Verteilung der äußeren Mittel sagen, gilt ebenso für die verschiedenen Formen des sozialen Organismus und des sozialen Gefüges und seiner verschiedenen Teile. Sie sind ja das Objekt, auf das sich letztlich das Handeln der beiden vorher genannten Kräfte auswirkt.

Wenn man sich darum bemüht, einen Teil dieses Organismus oder Gefüges zu verbessern, muß alle Umsicht der Regierung darin bestehen, dafür zu sorgen, daß man das Gefüge nicht in einem noch wesentlicheren Teil beschädigt. Man muß mithin auf das allgemeine Wohl der ganzen Maschine (il ben generale di tutta la macchina) achten und sich nicht aus übermäßiger Parteilichkeit bei einem ihrer Teile aufhalten.

Aber das reicht noch nicht: Das, was wir über jedes dieser drei Kräftesysteme gesagt haben – also über das *öffentliche Bewußtsein*, über die *äußeren Güter* und über den *Aufbau der Gesellschaft* – muß man auch über alle drei zusammengenommen sagen. Denn sie sind gleichsam die drei Räder, auf denen die soziale *Fortuna* der Menschen rollt. Das eine beeinflußt das andere. Das eine wird langsamer oder beschleunigt, es kollidiert mit dem anderen oder unterstützt es. Keines ist so unabhängig, daß es nicht den beiden anderen zuliebe Nachteile in seinem Handlungsspielraum hinnehmen muß, wenn man die Harmonie und den geschmeidigen Gang des Ganzen will. Mit anderen Worten: Der Zustand und die Bewegung jedes der drei Räder müssen mit dem Zustand und mit der Bewegung der beiden anderen Räder abgestimmt sein – auch um den Preis, daß jedes etwas von seinem Handlungsspielraum verliert. Hat man nicht oftmals gesehen, daß der exzessive materielle Wohlstand einer Nation der Grund für ihre Zersetzung und Zerstörung war? Absolut falsch ist daher die Vorstellung, man könne sich auf irgendein spezielles Gut der Nation beschränken und brauche den ganzen Rest nicht mitzuberechnen.

Zum Schluß: Die Regel von Substanz und Akzidens verwandelt sich hier also in die Regel, die den klugen Regierungen vorschreibt, eine umfassende Betrachtungsweise zu haben, 'die das Wohl des Ganzen im Blick haben soll und nicht nur das Wohl eines Teils.'

---

3 Für die, die etwas von Mathematik verstehen, wird der Gedanke, den ich ausdrücken will, noch klarer, wenn man die Güter und die Übel mit zwei Unbekannten kennzeichnet, die sich zueinander nach einer beliebigen Funktion verhalten. Diese Formel $f[x, y] = 0$ [wobei x das Gute ausdrücken kann und y das Schlechte], enthält alle möglichen Gleichungen, in denen x und y auftreten, und stellt ferner jede mögliche Beziehung zwischen diesen beiden Mengen dar und folglich alle Gesetze ihres relativen Größer- oder Kleinerwerdens.

Kapitel 15

Die eine Formel, auf die sich jedes politische Problem zurückführen läßt. Die Notwendigkeit von Statistiken und das Leitprinzip, nach dem die Statistiken erstellt werden müssen

Aus unseren Beobachtungen schließen wir, daß die gesamte Regierungslehre nichts anderes als ein beständiges Problem der Balance ist: Man versucht stets zu entdecken, welches das größte Gut ist, das sich aus einer Mischung von Gütern und Übeln ergibt, die nach bestimmten Gesetzen zunehmen oder abnehmen.

Nun ist diese Berechnung nicht möglich, solange man nicht die Bedeutung aller Daten kennt, die dazu gehören. Es wäre wünschenswert, wenn sich die politischen Autoren – statt geistlose Reden zu führen oder ungenaue und voreingenommene Betrachtungen zu äußern – damit beschäftigten, den moralischen, geistigen und physischen Zustand der Völker exakt zu benennen. Besonders wichtig ist dabei, daß die folgenden Daten in exakten Übersichten erfaßt werden: Die *Proportionen* der materiellen Güter an sich sowie ihre Aufteilung, ihre wechselseitige Wirkung, ihre Wirkung auf das gesellschaftliche Ganze und ebenso die *materiellen Symptome* des geistigen Zustandes und der moralischen Verhältnisse der Völker. Dies muß das *Leitprinzip* von wirklich politischen und, wenn man sie wie Romagnosi benennen will, „bürgerlichen" Statistiken sein. Hier geht es um Statistiken, die auf eine Gesamtberechnung aller politischen Kräfte abzielen und die den Zweck haben, die Stufe des gesellschaftlichen Lebens beziehungsweise die wahre innere Kraft anzuzeigen, die den Bestand der Gesellschaft ausmacht. Solche Statistiken wären ganz offensichtlich alles andere als eine einfache „ökonomische Beschreibung der Nationen"[1], wie es die Statistiken sind, die bisher erstellt wurden.

---

[1] So definiert Gioja die Statistik (*Filosofia della statistica*, T. I, *Discorso elementare*). Romagnosi geht in seinem Verständnis von Statistik darüber hinaus. Jedenfalls was die *Methode* angeht. Denn was die *Bewertung* der Elemente angeht, die in eine Statistik gehören, so kann ein Autor nicht zu einem richtigen Kriterium gelangen, der von sensualistischen und utilitarischen Lehren ausgeht und der behauptet: „Der Gipfel der wahren Zivilisation der menschlichen Gemeinschaften besteht im freien und gesicherten *wirtschaftlichen* Wettbewerb." (*Sulla crescente popolazione*, Memoria di G. D. Romagnosi, Mailand 1830). Man kann die wirtschaftlichen Dinge für noch so wichtig halten – es wird niemals stimmen, daß in einem *ökonomischen* Aspekt der Gipfel der menschlichen Gemeinschaften besteht. Romagnosis Verdienst liegt also unzweifelhaft in der *Methode*, nicht in der *Sache*. Welchen Vorzug erkennen wir bezüglich der Methode in Romagnosis Ideen zur Statistik an? Romagnosi betrachtet die Sache umfassender als seine Vorgänger, er spürt die Notwendigkeit, alle Elemente zu erfassen und zu berechnen. Den Beweis dafür liefert seine Beschreibung der politischen Stärke eines Staates. Wir erkennen unschwer,

Kapitel 15: Die eine Formel

Es wäre gleichermaßen wünschenswert, daß man jedes Buch zur politischen Theorie, das die Frage, die es behandelt, nicht auf diese allgemeine Problemstellung zurückführt, als unnütz und sogar schädlich verwirft.

Gewiß ist es jedem freigestellt, bestimmte Einzellösungen des Problems vorzuschlagen. Aber jeder soll der Form verpflichtet sein. Wenn nämlich der Obersatz richtig formuliert ist, wird die Unfähigkeit der Autoren schnell offensichtlich, und die Fehlschlüsse werden sogleich deutlich. Die Völker werden nur durch Behauptungen und Streitschriften mit unklaren Ideen und über politische Teilfragen betrogen, ohne daß je die große Berechnung des Ganzen vorgestellt und ausgeführt würde.

Eine solche Berechnung geht davon aus, daß die Gesellschaft, um es mit einem Vergleich zu sagen, wie ein großer unregelmäßiger Körper beschaffen ist, dessen Gravitationszentrum es zu finden gilt. Man sucht also jenen Punkt, an welchem alle Kräfte zusammenwirken, nachdem sie sich teilweise gegenseitig aufgehoben haben. Dann muß dafür gesorgt werden, daß dieses Gravitationszentrum nicht aus dem Gleichgewicht gerät.

Aber die Suche nach diesem Gravitationszentrum – also die komplizierte Berechnung, die darauf gerichtet ist, die übrigbleibende dominierende Kraft zu ent-

---

daß er sich bemüht, alle Elemente dieser Stärke zusammenzufassen: „Die politische Stärke eines Staates", schreibt er, „besteht in dem Grad an *Kultur*, an *Patriotismus* und an *Bevölkerungszahl* in einem Land, das sich zum Zusammenleben eignet, sowie in dem Verbund von Mitteln, die sich aus diesen Ursachen ergeben, wodurch natürlicherweise gemeinsame Sicherheit und Zufriedenheit eines Volkes, das in politischer Gesellschaft lebt, erwachsen sollten." (*Questioni sull'ordinamento delle statistiche*, Questione VI). Man sieht hier einen Autor, der sich bemüht, vieles in seinen Aussagen zu erfassen. Dennoch ist offensichtlich, daß diese drei Begriffe „*Kultur*", „*Patriotismus*" und „*Bevölkerung*" zu unklar sind, um exakt die Elemente der inneren Kraft einer Nation aufzuzeigen. Denn nicht jede *Kultur* macht eine Nation stärker. Der *Patriotismus* muß aufgeklärt sein. Die *Bevölkerung* soll in der Größe nicht nur den Versorgungsmitteln entsprechen, sondern sie muß einheitlich und einträchtig sein [uniforme e concorde]. Um eine zufriedenstellende und sichere Gemeinschaft zu bilden, reicht also ein bestimmter *Grad* von den drei Dingen, die Romagnosi nennt, nicht aus. Neben dem *Grad* muß die *Qualität* dieser Dinge festgestellt werden. Gemeinsame Sicherheit und Zufriedenheit des Volkes vorausgesetzt, hängt die innere Stärke außerdem davon ab, wie stark der Organismus ist, wie groß der Besitz und inwieweit er durch die Regierung verfügbar ist, außerdem von der Tüchtigkeit großer Männer einer Nation und von vielen anderen Bedingungen. Und schließlich unterschlägt Romagnosi vollständig die sehr große Kraft moralischer Grundsätze, die nicht immer der Kultur, dem Patriotismus und der Bevölkerungsgröße entspricht. Manchmal sind diese Grundsätze frisch und aktiv im Bewußtsein, manchmal träge und unwirksam. Wahr bleibt, daß „man die Stärke stets als gemeinsames und einziges Produkt aller zusammenwirkenden und miteinander verbundenen Ursachen begreifen muß", wie Romagnosi selbst richtig sagt. (*Ibid.*) [Zu den zitierten Autoren: M. GIOIA: Filosofia della statistica, Torino, 1852, Bd. 2; G. D. ROMAGNOSI: Sulla crescente popolazione, in G. D. ROMAGNOSI: Collezione degli articoli di economia politica e statistica civile, cit., Bd. I, S. 146; DERS.: Questioni sull'ordinamento delle statistiche, Questione VI, in G. D. ROMAGNOSI: Collezione degli articoli di economia politica e statistica civile, cit., Bd. III, S. 22.]

decken – wird vernachlässigt oder oft vergeblich versucht oder mit falscher Berechnung versucht.

Das ist auch der Grund, weshalb sich die Theorie so oft im Widerspruch zur Erfahrung befindet. Die *Wirklichkeit* (fatto) der Erfahrung ist das Ergebnis aller tatsächlichen zusammenwirkenden Kräfte – die allerdings in unterschiedliche Richtungen streben. Die Wirklichkeit ist also das Ergebnis all dessen, was in der Natur ist und wirkt. Die *Theorie* dagegen ist nur das Produkt jener oft unvollständigen, fragmentarischen, akzidentellen Ideen, die im menschlichen Geist gleichsam zufällig herumschweifen. In der Wirklichkeit wirkt nichts separat, sondern jeder Teil wirkt im Zusammenhang mit dem Ganzen. Der Geist übersieht aber leicht die eine oder andere Kraft oder viele dieser Kräfte und kommt dann zu einem falschen Ergebnis.

Was man daraus zu folgern hat, ist klar: Um eine politische Lehre zu verwerfen, genügt es nicht, darin einen Fehler zu entdecken. Um eine Lehre zuzulassen, genügt es nicht, darin etwas Positives zu finden. Wenn man die Lehre mit allen anderen Lehren verglichen hat, muß man aufzeigen, ob dieses Defizit in der Praxis vielleicht das geringste Übel der möglichen Übel ist, beziehungsweise man muß zeigen, ob nicht das Positive mit weitaus größeren Übeln vermischt ist. Wenn bestimmte Institutionen eine schwache oder fehlerhafte Seite haben, muß man diese Institutionen nicht sogleich verdammen; man muß vielmehr untersuchen, ob es sich um notwendige Schwächen handelt.

So wird deutlich, daß die 'Regel von der Existenz und der Verschönerung' und die 'Regel von der Essenz und von den Akzidenzien' und schließlich die 'Regel vom Ganzen und vom Teil' nichts anderes sind als ein und dieselbe, auf unterschiedliche Arten dargestellte Maxime. Diese Maxime wird auch in vielen Sinnsprüchen oder Sprichwörtern ausgedrückt, wie *Divide et impera* oder *Concordia parvae res crescunt* oder ähnlichen.

Kapitel 16

Das, was das Wesentliche der Gesellschaft ausmacht, verschiebt sich. Welches Gesetz ist dabei wirksam?

Die Dinge, die wir bisher erörtert haben, scheinen verständlich und unzweifelhaft.

Denn es ist leicht nachzuvollziehen, daß die Stärke eines Staates von der Berechnung der Summe aller Kräfte abgeleitet werden muß. Diese Kräfte wirken in ihrem letzten gemeinsamen Effekt entweder dahin, den Staat stärker zu machen, oder dahin, ihn zerstören. Sie können sich auch – wenn es zur Kollision ungefähr gleich starker Kräfte kommt – gegenseitig aufheben und dadurch den Staat massiv schwächen.

Es ist auch nicht schwer, einzusehen, daß die höchste Regel des Regierens darin besteht, diese Gesamtwirkung, die sich aus allen einwirkenden Kräften zusammensetzt, zu vergrößern – sofern diese Gesamtwirkung für die gesellschaftliche Existenz günstig ist.

Die eigentliche Schwierigkeit liegt dagegen in der Umsetzung dieser höchst komplizierten Berechnung. Das heißt, die Schwierigkeit liegt in der richtigen Bewertung der einzelnen Kräfte, von denen viele im Verborgenen wirken und daher auch von den klügsten Menschen leicht übersehen werden können. Und schwierig ist es auch, diese Kräfte schließlich zu bündeln und die Wirkungen ihrer verschiedenen Verbindungen zu berechnen.

Hier sollte man eine neue Untersuchung anstellen, die eine solch wichtige Berechnung in hohem Maße erleichtern kann; dabei geht es um folgendes: 'Es muß untersucht werden, ob es in den verschiedenen Zuständen der Gesellschaft eine besondere Kraft gibt, die die anderen Kräfte überragt; dergestalt, daß es genügt, auf diese besondere Kraft zu achten, damit die Gesellschaft erhalten bleibt. Dabei könnte man die anderen Kräfte sogar außer Acht lassen, insofern sie unendlich klein im Verhältnis zu dieser einen Kraft sind. Wenn es diese eine Kraft gibt [in der folglich die Substanz der Gesellschaft liegt], muß untersucht werden, ob sie immer gleich bleibt oder ob sie sich sozusagen 'verschiebt', je nachdem, wie sich die Gesellschaft verändert.'

Jeder erkennt, daß diese Frage schwierig ist und umfangreiche Untersuchungen und Forschungen zur Geschichte der menschlichen Gesellschaften sowie große Genauigkeit erfordert.

Wenn man die historischen Fakten (fatti della storia) analysiert, müßte sich folgende Wahrheit beweisen lassen: 'In den verschiedenen Situationen der Gesellschaft gab es jeweils eine überragende Kraft, die unterschiedlich plaziert war, indem sie sich mal in dem einen gesellschaftlichen Element befand und mal in ein anderes überwechselte.' Außerdem müßte man mit Hilfe der Fakten aufzeigen, 'nach welcher Ordnung diese verschiedenen gesellschaftlichen Elemente aufeinander folgen, in denen die vorherrschende Kraft jeweils angesiedelt ist'. Und ausgehend von der Reihenfolge dieser Elemente, die nacheinander in der Gesellschaft dominieren, könnte man eines der großen Gesetze der gesellschaftlichen Entwicklung aufstellen. Diese Gesetze sind es, die die Abfolge der verschiedenen Fortschrittsstadien bestimmen, die eine Gesellschaft erreicht, wenn man ihre Bewegung in dieser speziellen Hinsicht betrachtet.

Das ist nun gewiß keine Untersuchung, die in einer kurzen Abhandlung, wie der vorliegenden, auch nur versucht werden könnte. Wir haben uns ja zum Ziel gesetzt, nur flüchtig die Themen anzusprechen, die mit der Hauptuntersuchung zusammenhängen, das heißt mit der Suche nach dem 'umfassenden Grund für den Untergang und den Bestand der Gesellschaften'. Dennoch geben wir einige Hinweise zu dieser neuen Frage.

Diese Hinweise betreffen die „Verschiebung" der jeweils vorherrschenden Kraft im Entwicklungsverlauf der christlichen bürgerlichen Gesellschaften (società civili cristiane). Was ich sagen werde, mag auch das illustrieren, was ich zuvor über die christlichen Gesellschaften gesagt habe. Ich habe ja gesagt, daß diese dazu vorherbestimmt sind, niemals vollständig unterzugehen. Sie erfahren nur Erschütterungen und leiden an mehr oder weniger schweren Krankheiten, von denen sie sich erholen, wenn sie sie besiegt haben, und dann sind sie gesünder als zuvor. Ich habe gesagt, daß sich dieses Schicksal gewöhnlich im Lauf von drei Generationen vollzieht. Was ich nun sage, beweist darüber hinaus den beständigen Fortschritt in den christlichen Gesellschaften.

In der gesamten alten Geschichte ist es wohl niemals vorgekommen, daß die bürgerliche Gesellschaft in Europa so heftig erschüttert wurde wie im vorigen Jahrhundert. Schon bei einem viel geringeren Ansturm wäre jede antike Gesellschaft untergegangen.

Angegriffen wurden die Grundfesten des gesellschaftlichen Lebens (viver sociale). Das 18. Jahrhundert war ein Jahrhundert der materialistischen Lehren. Während die Wissenschaften, die vom Geist handeln, verlassen, verächtlich gemacht und fast vernichtet wurden, widmete sich der Geist selbst ausschließlich jenen Wissenschaften, die von der Materie handeln. Alles, was mit Quantität zu tun hat, wurde mit unerhörtem Eifer studiert. Mathematik, Mechanik und alles, was mit Gewerbe, Handel und Manufakturen zusammenhängt, haben zweifellos einen schnellen und wunderbaren Fortschritt gemacht. Aber das alles ist doch nur die *akzidentelle Seite* des Glücks der Völker. Im Gegensatz zum Geist, der alle Dinge zur Einheit zusammenführt, bewirkt die Materie Teilung. Aber nur in der Einheit liegt die Kraft, liegt die wahre gesellschaftliche Stärke (il vero potere sociale). Die Materie ist äußeres, oberflächliches Objekt, während der Geist inneres, fundamentales Subjekt ist, und nur in ihm allein liegt die wahre Zufriedenheit, während die Unruhe und das Bedürfnis von außen kommen.

Aber das Jahrhundert, das von allen Jahrhunderten hinsichtlich des materiellen und akzidentellen Wissens das gebildetste war, verlor die Grundsätze und Elemente des bürgerlich-zivilen Lebens (viver civile) vollständig aus den Augen. Und diejenigen, die die so heftig angegriffene Gesellschaft verteidigen sollten, haben die

Kapitel 16: Das, was das Wesentliche der Gesellschaft ausmacht, verschiebt sich 125

gröbsten Fehler begangen. Sie dachten nicht an die Substanz, sondern waren unendlich um die Akzidenzien bemüht. Sie kümmerten sich nicht um das Ganze, sondern um den Teil. Allein Frankreich entfaltete für einen Moment wirkliche Tatkraft, denn es übernahm den Part des Angreifers. Tatsächlich griff Frankreich allein alle europäischen Staaten und alle ihre Institutionen an. Diese verteidigten sich nur schwach, weil sie die Gründe vergessen hatten, warum sie einst so errichtet worden waren. Sie spürten erst sehr spät, daß es bei diesem Kampf nicht darum ging, unnütze Gewohnheiten und überholte Sitten zu verlieren, sondern daß es darum ging, alles, sogar die Existenz zu verlieren. Daher gingen die Regierungshäupter nur langsam und schlecht koordiniert gegen diese Nation vor, die alles angriff, was alt war. Weil sie nicht erkannten, daß die Existenz in Gefahr war, zogen sie den kommerziellen Standpunkt vor.[1] Ein kluger Autor hat dazu geschrieben:

„Jiménez[2] und Richelieu hätten ihren Blick auf die Revolution gerichtet, die im Geist der Menschen stattfand. Aber Europas Verwalter, die wie ihr Jahrhundert nur mit Fabriken, Banken, Verschönerungen, Künsten, Straßen, kurzum: mit *Sachen* statt mit *Menschen* beschäftigt waren, sahen in der Französischen Revolution lediglich eine große Lotterie, in der die Nachbarstaaten gewinnen konnten: die Schwachen, ohne ein Risiko einzugehen; die Starken im Verhältnis zu ihrem Einsatz"[3].

Und doch, als die Sache brenzlig wurde und man die Folgen des Umsturzes der alten Fundamente spürte, erwachten viele wie aus tiefem Schlummer. Wir haben bereits gesagt: Wenn die Existenz auf dem Spiel steht, erwachen in den christlichen Nationen viele Einzelgestalten und entwickeln eine verborgene geistige und moralische Kraft, die den blinden Gang der Masse aufhält. Dann beginnt man nachzudenken und hört auf, sich leichtfertig an akzidentelle Dinge zu verausgaben. Schließlich sucht man eine substantielle Kraft, die die Gesellschaft stützen soll. Man sucht diese Kraft überall, in den Menschen, in den Dingen, in den Grundsätzen. Aber diese Kraft ist schwer zu finden.

---

[1] Als der Großherzog der Toskana 1795 Carletti nach Frankreich sandte, um Frieden zu schließen, und dabei die gemeinsame Sache der italienischen Fürsten und ganz Europas aus Angst vor einer zeitweiligen Unterbrechung des Handels im Stich ließ, „freuten sich die Völker sehr, am meisten die Leute aus Livorno wegen des dortigen starken Handelsverkehrs. Sie spendeten der Weisheit des Großherzogs Ferdinand höchstes Lob, der ihnen ein ruhiges Leben und sichere Zustände beschert hatte, da er sich nicht in die europäischen Empörungen hatte hineinziehen lassen, sondern nur das Glück seiner Untertanen anstrebte". Botta, *Ist. d'Italia*, Buch V. [C. BOTTA: Storia d'Italia dal 1789 al 1814, s. l. 1824, Bd. I, S. 285.]

[2] [Francisco Jiménez de Cisneros (1436–1517), Kardinal, Erzbischof von Toledo, nach dem Tod Ferdinands von Aragon Regent Kastiliens bzw. Spaniens.]

[3] Bonald, *Discours politiques sur l'état actuel de l'Europe*, § 1. [L.G. DE BONALD: Discours politiques sur l'état actuel de l'Europe, in L.G. DE BONALD: Législation primitive, considerée dans les derniers temps par les seules lumières de la raison, Paris 1802, Bd. III, S. 110.]

Was geschah dann? Schauen wir rund vierzig Jahre zurück: Hat man diese Kraft gefunden? Wo hat man sie gefunden? Der erste Gedanke, auf den man kam [und auf den man gewöhnlich immer dann kommt, wenn der Staat Stärkung braucht], war die brutale *Gewalt* – um so mehr, als auf die Gewalt allein ja die Angreifer vertrauen, die dies nur zu gut wissen: „Erneuerer müssen gut gewappnet sein; um ihr Werk ausführen zu können, dürfen sie sich nicht auf's Bitten verlegen, sondern müssen Zwang ausüben können".[4]

Nun wohl, die Gesellschaft besaß Männer, die sich ernsthafte Sorgen um sie machten. Sie hatte auch die brutale Gewalt, die diese Männer gebrauchten. Aber reichte das alles? Menschen und Dinge reichen in all jenen Kämpfen aus, in denen nur die *Menschen* und die *Dinge* kämpfen und nicht die *Prinzipien* auftreten. Das heißt, solange sich die Welt in einem gewissen Zustand der Einfachheit befindet, denkt sie eben nicht daran, ihre *Prinzipien* zu ändern. Alle, Freunde wie Feinde, erkennen die Prinzipien ohne Widerspruch an und achten sie. Wir haben gesagt: Das ist die Zeit, in der jede Schlacht zwischen den Menschen und zwischen den Dingen stattfindet. Aber nun verändern sich die Bedingungen. Die Grundsätze selbst geraten mit in die Bewegung hinein. Alles wird in Frage gestellt, alles in Zweifel gezogen. So wie es eben im vergangenen Jahrhundert der Fall war. Dann zählt man vergebens ausschließlich auf die Klugheit der Menschen oder allein auf die Größe der Streitmacht. Eine Regierung kann sich von diesen Mitteln allein keine echte Dominanz mehr erhoffen. Es sind nicht mehr diese Elemente, die tatsächlich gegeneinander kämpfen. Auf dem Kampfplatz ist nämlich eine ihnen *überlegene Kraft* erschienen, die nach Belieben über die *Menschen* und über die *Dinge* verfügt: Das sind die *Prinzipien*. Sie sind in den Geist eingepflanzt und beherrschen von dort aus den Menschen, und durch den Menschen beherrschen sie die Dinge des Menschen. In dieser Situation – wie in unserer Zeit – wird jene Kraft akzidentell, die ursprünglich die substantielle Kraft war.

Man muß also in den bisherigen Wechselfällen der Welt drei Epochen unterscheiden: Die Zeit, in der fast ausschließlich die physische *Stärke* dominierte. Damals bestand die Substanz der Gesellschaft in dieser Kraft. Wer durch Kraft oder Waffen überlegen war, hatte die Oberhand.

Insbesondere aufgrund des Wohlstandes[5] galten schon bald kluge *Umsicht* und Schlauheit weit mehr als die reine Stärke. Mit weniger, aber zielgerichteter Kraft er-

---

[4] Machiavelli, *Del Principe*, Kap. 6. [N. MACHIAVELLI: Il Principe, Kap. 6, in DERS.: Opere complete, cit., Bd. I, S. 19. Tatsächlich heißt es bei Machiavelli: „ [...] Man muß untersuchen, ob solche Neuerer auf eigenen Füßen stehen oder ob sie von anderen abhängig sind, das heißt, ob sie, um ihr Werk durchzuführen, Unterstützung erbitten müssen oder ob sie Zwang ausüben können"; vgl. dt. Übersetzung von Ph. Rippel, Stuttgart 1986, S. 45.]

[5] In seiner Schrift *Forces productives et commerciales de la France* bezeichnet Charles Dupin Zahl und Umfang der *Produktiv- und Handelskräfte* als eindeutigen Maßstab zur Beurteilung der Stärke der Nationen. Das ist teilweise richtig. Das heißt, es trifft für die zweite der drei von uns genannten Epochen zu. In dieser zweiten Epoche ist nämlich das *Vermögen* wichtiger als die *Stärke*, denn es ist die Epoche der geistigen Kraft und der Klugheit der Menschen und nicht mehr die Epoche der Dinge. Aber Dupins Maßstab hält nicht mehr stand, wenn man ihn z. B. auf die Hochzeit der römischen Republik an-

Kapitel 16: Das, was das Wesentliche der Gesellschaft ausmacht, verschiebt sich

zielte man eine größere Wirkung als mit größerer Kraft ohne Zielrichtung. In dieser Situation wurde die physische Stärke akzidentell und war nicht mehr die *größte* Macht. Größte und eigentliche Macht wurden Scharfsinn und Umsicht des Geistes. Die Dominanz ging von den *Dingen* auf die *Menschen* über.

Mit der Zeit erwies jedoch die Erfahrung, daß es nichts Ungewisseres und Schwächeres gab als menschliche Umsicht und individuelle Schlauheit. Denn es gibt keinen Menschen, der so gerissen wäre, daß er nicht trotz seiner Vorsicht scheitern könnte oder daß nicht ein anderer kommen könnte, der noch schlauer wäre. Außerdem werden diese Umsicht und Schlauheit, auf die die Beherrschung der Dinge übergegangen war, von der Natur zufällig verteilt, so daß sie ständiger Quell von Unruhen und Veränderungen waren. Dies mußte besonders deutlich werden, als sich das Wissen allgemein verbreitet hatte: Denn da hatte jedermann die Möglichkeit, seine Tüchtigkeit zu entfalten und beim Wettkampf mitzumachen. So geschah es, daß das Bedürfnis entstand, sich nicht mehr auf die unsicheren Entschlüsse des listigen Geistes zu verlassen, um den kleinen oder großen Besitz zu sichern. Listigen Geist gab es auf der ganzen Welt schon in einem Übermaß, das dafür sorgte, daß man damit nur ständiges Lügen und gegenseitiges Zerstören bewirkte. So ergab sich die schöne Notwendigkeit, sich auf *moralische Prinzipien* zu verständigen. Auf diese Weise lenkte Gott die Menschen sanft und durch die Kraft ihres eigenen Interesses dahin, die *Wahrheit* zu befolgen. Und tatsächlich, alle Parteien [selbst die, die mit der Qualität des Rechts, das sie erhalten haben, unzufrieden sind] müssen den feierlichen Umstand anerkennen, daß wir erst in unseren Tagen erlebt haben, daß mächtige Fürsten zu einem wunderbaren Einverständnis gelangt sind. Denn die Fürsten haben erklärt, daß sie ihr ganzes Vertrauen und ihren Ruhm in gemeinsame Grundsätze von Gerechtigkeit, Glauben und Religion setzen. Der einzige Schaden, den die Feinde der Religion ihr zugefügt haben, bestand also darin, daß das gemeinsame Urteil der höchsten Monarchen Europas die Religion zur einzigen Hüterin der

---

legt. Diese Epoche gehörte zur ersten der drei genannten Epochen, in der die *Stärke* wichtiger ist als das *Vermögen*. Der Maßstab gilt auch nicht, wenn man ihn an die dritte Epoche anlegt, wo moralische Grundsätze überlegen sind. Das ist die Epoche, in die wir hoffentlich endlich eingetreten sind. Nebenbei sei bemerkt, daß diese drei von mir unterschiedenen Epochen – die Epoche der *Dinge*, die Epoche der *Menschen* und die Epoche der *Prinzipien* – jeweils ihre eigenen *Statistiken* haben. Was die Statistiken für das erste Zeitalter angeht, so ist deren *Leitprinzip* die Berechnung der überlegenen Kraft, die in der physischen *Stärke* besteht (Bevölkerungszahl, Streitkräfte etc.). Die Statistiken der zweiten Epoche müssen ein höheres Leitprinzip haben, das über die physische Kraft hinaus auch die Verstandeskräfte und insbesondere die *Produktiv- und Handelskräfte* berechnet. Die Statistiken für das dritte und letzte Zeitalter erreichen schließlich die Dignität moralischer Statistiken. Ihr *Leitprinzip* ist weitaus erhabener und weiter als in den Statistiken für die beiden vorangehenden Epochen. Man errechnet dabei alle Kräfte in Relation zur Kraft der *Prinzipien*, die die Menschen und die Dinge bewegen. In diesen Statistiken ist alles zusammengefaßt und vereint. Solche Statistiken sind heutzutage erforderlich. [CH. DUPIN: Forces productives et commerciales de la France, Paris 1827, passim.]

Staaten und zur einzigen Quelle des öffentlichen Glücks (pubblica felicità) erklärt hat![6]

So ist es: Die Menschen werden vom besten und höchsten Verwalter (ottimo supremo Provvisore), der allen Wesen Gesetze gegeben hat, zur *Wahrheit* hingetrieben.

Wir haben dargelegt, daß man in diesem Fortschritt der Dinge drei verschiedene Zeitalter erkennt. Wenn man diese drei Zeitalter als drei Stufen betrachtet, auf denen das Menschengeschlecht vorangekommen ist, oder als drei Zielpunkte einer fortlaufenden Reihe, ist es nicht allzu schwer, sich auch die vierte Stufe oder das vierte Ziel vorzustellen, dem sich die Situation der Menschheit unaufhaltsam zu nähern scheint. Mir ist wohl klar, daß diese Auffassung nicht allgemein geteilt werden wird. Dennoch halte ich sie für sehr wahrscheinlich und offensichtlich.

Durch dieses Fortschreiten – indem also das Fundament und die Sicherung der menschlichen Gesellschaft erst in der *Stärke*, dann in der *Umsicht* und dann in den *Prinzipien* der Gerechtigkeit und der christlichen Religion verankert wurden – ist die Gesellschaft kontinuierlich von einer in sich weniger starken Kraft zu einer stärkeren gelangt, von einer weniger wahren Kraft zu einer wahreren, von einer äußerlicheren zu einer innerlicheren Kraft. Das ist es, woran ich fest glaube: Auch in der Lehre von der Gerechtigkeit werden wir von einem äußeren und einseitigen *Recht* zu einem vollkommenen Recht weitergehen müssen, das heißt, wir werden vom *Recht* zur *Moral* in ihrem umfassendsten Sinn gelangen müssen. Man muß dahin gelangen, auf die uneingeschränkt gelebte SITTLICHKEIT (virtù) die höchste Kraft der Gesellschaft (forza sociale) zu gründen. Und im Christentum muß schließlich das

---

[6] [Dies ist wohl als Ironie zu verstehen. Gemeint ist: Die religionsfeindlichen Bestrebungen kehrten sich in ihr Gegenteil um. In der Heiligen Allianz triumphierte die Religion.] Hierzu machte vor kurzem ein Autor dieselbe Feststellung: „Die letzten zehn Jahre haben nicht nur den Widerstand des Volkes vorgeführt, den die Herrscher im eigenen Land fürchten mußten, sondern auch die Schwächen, die den Koalitionen innewohnten, sowie deren Ungenügen unter so außergewöhnlichen Bedingungen. Die Kabinette, die das alte Völkerrecht in Europa unterstützten, hatten auch ihre alten Gewohnheiten beibehalten. Für sie bestand die vollkommene Diplomatie in der Klugheit, und sie hätten sich geschämt, nicht stets irgendwelche geheimen Auswege zu haben und nicht auf Ziele hinzuarbeiten, die weiter entfernt lagen als das Ziel, auf das sie offen hinarbeiteten. Das Gleichgewichtssystem forderte von den Staaten, sich gegenseitig mit Mißtrauen zu betrachten. Kleine Raffinessen, die man einsetzte, um die eigenen Wünsche nach Ausdehnung vor den anderen Mächten zu verhehlen, waren bis zu einem gewissen Grad harmlos in einer so friedlichen Epoche, wie sie der Revolution vorausging. So etwas konnte niemals große Bedeutung haben. Alles hatte sich bereits verändert, und dennoch konnte man noch nicht einsehen, daß es nicht mehr um ein Mehr oder ein Weniger ging, sondern um das Ganze und daß die gemeinsame Gefahr das einzige war, woran man denken sollte, und daß nur eine aufrichtige, uneigennützige und loyale Politik die Unabhängigkeit Europas retten konnte. Jeder Vorteil einer der verbündeten Mächte weckte den Neid der anderen. Auf die Umwälzungen, die eine von ihnen im besonderen betrafen, blickten ihre alten Rivalen gleichgültig und manchmal zufrieden. Die Annäherung wurde von Mißtrauen und die Trennung von Verbitterung begleitet." (*Del sistema continentale*.) [Zu diesem Werk liegen keine weiteren Angaben vor, vgl. D'ADDIO, op. cit., S. 114.]

Kapitel 16: Das, was das Wesentliche der Gesellschaft ausmacht, verschiebt sich 129

gesucht werden, was es an Sicherstem, Vollendetstem und Innigstem gibt, um darauf Ruhe und Wohlfahrt (buono stato) der Völker zu bauen. Was wird das sein? Das wird, daran sollte man nicht zweifeln, eine Rückkehr zum Katholizismus sein (un ridursi al cattolicismo). Ja, zum Katholizismus. Letztlich wird man erkennen, daß nur er Festigkeit besitzt. Man wird erkennen, daß nur der Katholizismus eine absolute Macht ist (potenza assoluta), weil nur er eine wirklich vollständige Religion ist und vollkommen erleuchtete und zugleich vollkommen aufrichtige Anhänger hat. Etwas, das mehr Festigkeit hat, braucht man danach nicht mehr zu suchen, es sei denn das Mittel, um den Katholizismus immer reiner im Geist, tiefer im Herzen und wirksamer in der Praxis zu machen. Darin wird letztlich die klügste Politik bestehen. Wer dies mit ausgewogenem Urteil bedenkt, erkennt, was die Klugheit heutzutage denen vorschreibt, die regieren. Die Regierungen können sich allerdings unbedachterweise dieser natürlichen Bewegung der menschlichen Dinge entgegenstellen. Sie können sich weigern, jene Zuflucht aufzusuchen, zu der eine unausweichliche und glückliche Notwendigkeit sie hintreibt (ineluttabile e felicissima necessità). Wenn das aber geschieht, bin ich sicher, daß sie unwiederbringlich untergehen. Die jetzigen Zeitläufte verlangen, daß es gleichgültig ist, ob einer irgendwelche besonderen Vorrechte oder äußeren Glanz einbüßt, wo es doch darum geht, die Existenz zu erhalten. Die momentane Situation verlangt auch, daß ein jeder klug solche „Ratschläge" als anmaßend oder sogar verbrecherisch zu beurteilen vermag, die von Leuten kommen, die den menschlichen Leidenschaften schmeicheln und die dazu anstiften wollen, sich wegen kleiner, nebensächlicher, ungewisser oder vermeintlicher Rechte zu streiten, statt die eigentlichen, die größeren und fundamentalen Rechte zu erhalten.[7]

---

[7] Es gibt Personen, die über den gegenwärtigen Stand der Dinge wohl unterrichtet sind und die in der gegenwärtigen Ruhe eine trügerische Windstille sehen, die einem schrecklichen Unwetter vorausgeht. Napoleon gehörte gewiß zu diesen unglückseligen Propheten. Wenn es auch nicht seine eigenen Worte sind, drücken doch die *Pensées philosophiques d'un ci devant philosophe souverain* eindeutig seine Gefühle aus. Weniger übertrieben, aber von größerer Autorität sind die folgenden Worte: „Si numquam alias, nunc certe pernecessarium est, filii dilectissimi, redire ad cor, facere fructus dignos poenitentiae, et FUGERE A VENTURA IRA. Hoc clamant, hoc suadent ipsa, quibus jamdudum premimur, mala, et quae graviora fortasse cervicibus nostris minitantur, nisi resipiscamus, et ad saniora vere redeamus: nam adhuc manus ejus extenta" (Leo XII.). Und man sollte zur Kenntnis nehmen, daß von allen Herrschern Europas nur Pius VI. rechtzeitig die drohenden Übel vorhergesehen und vorhergesagt hat. Aber man hat nicht auf ihn gehört und ihm nicht geglaubt. Und die Ungläubigen haben dafür ihren Lohn empfangen! [LEO XII, „Extensio universalis jubilaei celebrati in Urbe anno Domini millesimo octingentesimo vigesimo quinto ad universum catholicum orbem" 25. Dezember 1825, III. Jahr, in: Bullarii Romani Contimatis, Prato, MDCCCLIV, tom. VIII, S. 363.]

Kapitel 17
Schluß

Nachdem dies gesagt ist, wird es Zeit, unseren kurzen Traktat zu schließen. Und ich schließe, indem ich wiederhole: Auch die Lenkung (governo) der göttlichen Vorsehung folgt keiner anderen Norm als jener Norm, von der wir gesagt haben, sie sei das höchste Prinzip der menschlichen Regierungen. Damit meine ich: Sie folgt der Norm, die Substanz zu erhalten und die Akzidenzien beiseite zu lassen.

Um dies zu erkennen, muß man einen tiefen Blick in den göttlichen Heilsplan für das Menschengeschlecht[1] werfen. Man muß die Geschichte des Reiches Gottes auf Erden und seiner fortwährenden heftigen Kämpfe untersuchen.

Dann entdeckt man die Grundlage jener beiden großen Klassen, in die die Heilige Schrift die Menschheit unterteilt. Die eine Klasse wird in der Bibel die Klasse der „*Kinder des Lichts*" genannt, die andere die Klasse der „*Kinder der Finsternis*". Die eine ist die Klasse derjenigen, die sich an die *Wahrheit* halten, die *Licht* ist. Die andere ist die Klasse derjenigen, die sich an die Falschheit halten, die *Finsternis* ist. Gott führt die einen an. Sich und den Seinen behält er das Wissen von den *An-sich-Seienden* (enti per sé) und die Herrschaft über sie vor. Die Gegner wollen eine eigene Macht errichten, die von der göttlichen Macht geschieden ist. Ihnen überläßt Gott die Kenntnis der *Zufällig-Seienden* (enti per accidente) und bis zu einem gewissen Grad auch die Macht über sie. Er bewahrt die Substanz und überläßt die Akzidenzien den Feinden. Er hat das Wissen, die anderen haben die Sophistik. In seiner Hand liegt das umfassende Ergebnis, während sich seine Gegner immer mit irgendwelchen Teilerfolgen schmeicheln. In seiner Hand liegt die *Wirkung*, in den Händen seiner Gegner liegt lediglich die *Hoffnung* auf die Wirkung.

Das sind die beiden großen Lehren, das sind die beiden Formen der Liebe, der Stärke, des Ruhms: Die eine ist auf dem Notwendigen und Unzerstörbaren gegründet; die andere auf dem Akzidentellen, auf dem Veränderlichen, was Raum für permanente Täuschung, unablässige Lüge, ständige Ungewißheit und unaufhörliche Zerstörung gibt. Das sind die beiden Pfeiler des ganzen Systems Gottes. Auf ihnen kreist das reale, das intellektuelle und das moralische Universum. Im gesamten Universum gibt es nur zwei Wesenheiten (entità): Die eine ist Spenderin der höchsten Barmherzigkeit, die andere Spenderin der höchsten Gerechtigkeit. Diese göttliche Absicht leuchtet überall in der Erschaffung, in der Erhaltung und in der Lenkung der Dinge auf und veranschaulicht und lehrt, welches das oberste Prinzip jeder Regierung (governazione) ist.

---

1 [Rosmini spricht von der *divina economia circa il genere umano*. Der vor allem für seinen Theodizee-Gedanken wichtige Begriff der göttlichen „Ökonomie" impliziert die Vorstellung, daß Gott sich der Weltgeschichte als Mittel bedient, um die Menschen zu erziehen.]

Kapitel 17: Schluß

Und dies ist ein *kosmisches* Gesetz. Es ist ein Gesetz der moralischen Welt und der physikalischen Welt. Es ist das Gesetz, durch das das Element der Materie unzerstörbar ist, trotz aller Wandlungen in der Form, denen es durch die Instrumente der Mechanik und der Chemie unterworfen sein kann. Es ist das Gesetz, durch das aus der Zerstörung der einen Sache sogleich eine neue entsteht, ohne daß das Fundament je vergeht. Es ist das Gesetz, das die Kühnheit des Menschengeschlechts zügelt und das den schäumenden Wogen dieses aufgewühlten Ozeans ein festes Ziel setzt. Es ist das Gesetz, durch das alles erhalten bleibt, was einen Teil der universalen Ordnung bildet, während alles vergeht, was diese zu gefährden versucht. Es ist das Gesetz, durch das das Wort eines erhabenen Denkers bestätigt wird: „Die Prinzipien des Christentums sind nichts anderes als die vergöttlichten Gesetze der Welt."[2]

---

[2] De Maistre, *Soirées de Saint-Pétersbourg*, IX entretien. [J. DE MAISTRE: Les soirées de Saint-Pétersbourg ou entretiens sur le gouvernement temporel de la Providence, IV entretien, in DERS.: Oeuvres complètes, cit., Bd. IV, S. 200.]

Die Gesellschaft und ihr Ziel

Vier Bücher

Die auf die Politik angewandte Philosophie hat die hohe Aufgabe, die unveränderlichen, universalen Prinzipien zu untersuchen, mit deren Hilfe der Verstand des weisen Menschen alles das recht beurteilt, was die bürgerliche Gesellschaft zum Guten oder zum Schlechten hin beeinflussen kann.

Diese großen Prinzipien lenken also das Urteil der weisen Menschen bei der Bewertung von allem, was den Zustand des Gesellschaftskörpers zu verändern vermag. Wir haben diese großen Prinzipien deshalb *politische Kriterien* genannt.[1]

Man kann jede Sache, die eine gute oder eine schlechte Veränderung des sozialen Zustandes[2] bewirken kann, als eine Kraft betrachten, die der bürgerlichen Gesellschaft einen Stoß versetzt und sie entweder in Richtung auf ihr rechtmäßiges Ziel (legittimo fine) hin bewegt oder in die entgegengesetzte Richtung. Im ersten Falle ist sie wohltätig und tendiert zu einer Verbesserung der gesellschaftlichen Lage; im zweiten Falle ist sie schädlich und tendiert dazu, die Gesellschaft von ihrem Ziel zu entfernen und sie folglich der Zerstörung näherzubringen. Nach der Stärke einer solchen Kraft bemißt sich also ihr positiver oder negativer politischer Wert. Das heißt, nach der Stärke dieser Kraft bemißt sich die Rangstufe des Wertes, den die Kraft zum Nutzen des sozialen Fortschritts beziehungsweise des sozialen Abstiegs hat.

Dadurch wird deutlich: Die *politischen Kriterien*, von denen wir sprechen, sind also schlicht 'Regeln, nach denen man den positiven oder den negativen Wert aller Kräfte messen muß, die auf die bürgerliche Gesellschaft einwirken und sie bewegen.'

Weiß man die Kräfte richtig zu messen, die auf die bürgerliche Gesellschaft einwirken und die sie bewegen, kann man bis zu einem gewissen Grad die Zukunft der Gesellschaft voraussehen. Die politischen Kriterien enthalten also die wertvolle Kunst der politischen Vorhersage (politica previdanza).

Wenn sich diese Kräfte, die die Gesellschaft bewegen, in der Macht der Regierung befinden, werden sie außerdem entsprechend viele Regierungs*instrumente*. Mithin sind die politischen Kriterien auch Regeln zur Einschätzung des Wertes der Regierungs*instrumente*. Dies zeigt, daß diese Kriterien in sich die gesamte hohe Kunst der Führung der Nationen erfassen.

Wir haben gezeigt, woher die politischen Kriterien kommen; aber wir haben ihre Beziehung untereinander noch nicht dargestellt. Schauen wir also, welcher Art diese Beziehung ist. Wir sehen, daß alle politischen Kriterien aus den vier Quellen stammen, die wir unterschieden haben, und daß sie sich folglich in vier Klassen aufteilen lassen.[3]

---

[1] Vgl. mein Vorwort zu den *Politischen Schriften*.
[2] [In der Ausgabe von D'Addio heißt es „stato sociale" (op. cit., S. 121), in der Ausgabe von Cotta „stato civile" (op. cit., S. 155).]
[3] Vgl. *Übersicht über die Philosophie der Politik*, im Anschluß an das *Vorwort* zu den *Politischen Schriften*.

„Politik" wird folgendermaßen definiert: 'Sie ist die Kunst, die bürgerliche Gesellschaft auf ihr Ziel hinzulenken mit Hilfe der Mittel, die zur bürgerlichen Regierung gehören.'

Der Gesellschaft muß also eine Bewegung gegeben werden, um sie auf ihr natürliches Ziel hinzulenken. Man kann diese Bewegung passenderweise mit der Bewegung eines Körpers vergleichen, den man von dem Ort, an dem er sich befindet, wegbewegen und zu einem anderen Ort bringen will. Insofern kann man die Regierungskunst wahrhaftig eine *Sozialmechanik* (meccanica sociale) nennen.

Ein Ingenieur (meccanico), der einen schweren Gegenstand von einem Ort zu einem anderen transportieren will, muß vier Dinge beachten und jedes dieser Dinge genau berechnen, damit das Vorhaben gelingt. Zunächst muß er den Platz betrachten, an den er den Gegenstand schaffen soll. Sodann muß er Natur, Form und Gewicht des zu transportierenden Gegenstandes untersuchen. Drittens muß er die Kräfte der Hebel, der Winden und aller anderen Maschinen berechnen, die ihm zur Verfügung stehen und die er bei dem Gegenstand einsetzen kann. Und schließlich muß er alle Bewegungsgesetze genau kennen. Der Zielpunkt der Bewegung, die Natur der zu bewegenden Sache, die darauf anzuwendenden Kräfte und die Bewegungsgesetze – das ist es, was der Ingenieur beachten muß, um die Aufgabe auszuführen.

Derjenige, der mit der Leitung der bürgerlichen Gesellschaft beauftragt wird, muß entsprechende Überlegungen anstellen.

So muß er zunächst das rechtmäßige *Ziel* kennen, für das die bürgerliche Gesellschaft errichtet wurde und zu dem sie bewegt werden muß.

Zweitens muß er die *Natur* dieser Gesellschaft, also ihre natürliche Verfassung (naturale costituzione) kennen.

Drittens muß er die *Kräfte* berechnen, die imstande sind, die Gesellschaft zu bewegen. Er muß berechnen, welche Kräfte zur Natur der Dinge gehören und welche zur menschlichen Kunstfertigkeit. Er muß berechnen, über welche Kräfte die Regierung verfügen kann und muß und welche Kräfte von allein auftreten und die Tätigkeit der Regierung stören.

Schließlich muß er auch die *großen Gesetze der* sozialen *Bewegung* beziehungsweise des sozialen Fortschritts bedenken. Denn es ist vergeblich, die Gesellschaft nutzbringend bewegen zu wollen, wenn man sich dabei den natürlichen Gesetzen entgegenstellt, nach denen sich die Gesellschaft bewegt, oder wenn man diesen Gesetzen zuwiderhandelt.

Man erkennt deutlich: Letztlich läßt sich die gesamte politische Kunst auf diese vier Punkte zurückführen, die auch Gegenstand ebenso vieler hoher Theorien sind.

Und diese selben vier Punkte sind die vier Quellen der höchsten Regeln, die die *politische Logik* bilden. Nach diesen Regeln kann man den Wert der Regierungsinstrumente richtig einschätzen. Wir hatten diese Regeln *Kriterien* genannt.

Nun müssen die Regeln, von denen wir sprechen, universale und unveränderliche Prinzipien sein. Und Prinzipien, die universal und unveränderlich sind, können ihr Fundament nur in der Natur der Dinge haben, das heißt in dem, was daran

Die Gesellschaft und ihr Ziel 137

wesenhaft und folglich immer gleich ist. Nun entdeckt man auch in der menschlichen Gesellschaft – trotz allen ihren Wechselfällen und unablässigen Veränderungen – etwas Unwandelbares und Konstantes. Und tatsächlich sehen wir, daß das Ziel der Gesellschaft, ihre Natur, ihre Bewegung und die Gesetze ihrer Entwicklung unwandelbar und konstant sind. Wenn man beiseiteläßt, was sich verändert – beim Ziel, für das die bürgerliche Gesellschaft gegründet wurde, in ihrem Aufbau, in den Kräften, die sie bewegen, und in der Abfolge ihrer Entwicklungen – und wenn man in jedem dieser vier Elemente nur das zurückbehält, was daran unveränderlich und notwendig ist, haben wir das Fundament der universalen Prinzipien gefunden, die wir suchen. Mit Hilfe dieser Prinzipien können wir dann alle variablen Elemente erklären, die in den unendlichen Zufällen und Umbrüchen der politischen Gesellschaften auftreten.

Es war erforderlich, dies vorauszuschicken, um die Absicht der vorliegenden Abhandlung deutlich zu machen: Es handelt sich bei dieser Arbeit nur um ein Fragment der *Philosophie der Politik*, ebenso wie auch der Traktat *Vom umfassenden Grund für den Bestand oder den Untergang der menschlichen Gesellschaften*, den wir vorangestellt haben, nur ein Fragment der *Philosophie der Politik* ist.

Aber welches Glied vom großen Körper der politischen Philosophie stellt das Fragment dar, das wir hier vorlegen? Welche Beziehung besteht zwischen ihm und der vorangehenden Schrift?

Sowohl die vorliegende Schrift als auch die vorangehende *Abhandlung über den umfassenden Grund für den Bestand und den Untergang der menschlichen Gesellschaften* will die erste Klasse der vier von uns aufgezählten Klassen von *politischen Kriterien* behandeln. Beide Arbeiten handeln also von den *Kriterien*, die sich aus der Untersuchung des ZIELS der politischen Gesellschaft ableiten lassen.

Betrachtet man die politische Gesellschaft in ihrer Bewegung, bei der sie sich ständig fließend mal ihrem Ziel nähert, mal sich davon entfernt, erkennt man unschwer folgendes: Die letzte Vollendung, das Ideal der Gesellschaft, wird von der Gesellschaft niemals erreicht und verwirklicht, gleichgültig wie sehr sie sich ihm auch beständig nähert. In gleicher Weise gelangt die Gesellschaft niemals zum extremen Gegenpol, dem vollständigen Untergang, wenn sie sich vom Ideal ihrer Vollkommenheit entfernt und permanent verschlechtert, es sei denn, sie löst sich auf. Wir haben also auf der einen Seite die Vollendung der Gesellschaft, das vollständig erlangte Ziel. Auf der anderen Seite haben wir die Zerstörung der Gesellschaft. Das sind gleichsam die beiden *Grenzen*, zwischen denen jeder Gesellschaftskörper ständig unruhig und ohne Stillstand aufgewühlt oszilliert.

In dem *Buch über den umfassenden Grund für den Bestand oder den Untergang der Gesellschaften* haben wir die Bewegung der Gesellschaft von ihrem Ziel weg untersucht, also die Bewegung, die die Gesellschaft schließlich zum Untergang führt. Aus den Überlegungen zu dieser Art von Bewegung hatten wir folgendes Kriterium abgeleitet: 'Man muß dasjenige Element in einer Gesellschaft erkennen, auf das sich die Gesellschaft stützt, damit dieses Element gegen jede Gefahr geschützt wird, auch wenn dafür, sofern erforderlich, jeder akzidentelle Nutzen geopfert werden muß.' Wir haben auch darauf hingewiesen, daß dieses substantielle Element durch die ständige Weiterentwicklung der Gesellschaft, die nie stillsteht, seinen Ort wechselt. Und wir haben angedeutet, wo dieses Element in den verschiedenen Epochen des Lebens der Gesellschaft gesucht werden muß und wo man es finden kann.

Auf diese Weise haben wir das Ziel der Gesellschaft in Bezug auf ihre *untere Grenze* untersucht. Aber man kann und muß das Ziel auch hinsichtlich der *oberen Grenze* betrachten, also hinsichtlich der idealen Vollkommenheit der Gesellschaft. Das wollen wir in der vorliegenden Schrift tun.

Es sei kurz der Aufbau unserer Abhandlung skizziert.

Die Gesellschaft, die Gegenstand unserer Überlegungen ist, ist die bürgerliche Gesellschaft (società civile).

Sie ist nur eine besondere Form von Gesellschaft (società speciale). Dennoch wird die bürgerliche Gesellschaft allzu häufig mit der menschlichen Gesellschaft überhaupt (società umana) oder mit der allgemeinen Geselligkeit (universale socievolezza) oder mit der allgemein und abstrakt verstandenen Gesellschaft verwechselt. Aber von allen diesen Gesellschaften und von allen diesen Vorstellungen von Gesellschaft muß man die bürgerliche Gesellschaft und den Begriff von ihr sorgfältig unterscheiden. Dennoch ist es unmöglich, angemessen über die bürgerliche Vereinigung (associazione civile) nachzudenken, wenn man nicht zunächst die gemeinsamen Eigenschaften aller gesellschaftlicher Vereinigungen betrachtet und wenn man nicht feststellt, was das Wesen der menschlichen Gesellschaft im Allgemeinen ausmacht (società umana in generale).

Alles, was wir sagen werden, wird folgendes deutlich machen: Eine Vielzahl schwerster Fehler in der politischen Wissenschaft kommt daher, daß man es versäumt hat, sorgfältig die Elemente zu untersuchen, die allen menschlichen Vereinigungen gleichermaßen wesenhaft und gemeinsam sind. Und man hat von der „bürgerlichen Gesellschaft" gesprochen, ohne sich zunächst darum zu bemühen, die vorausgehenden und grundlegenden Begriffe zu sammeln und festzuschreiben, die allein eine solide und unveränderliche Grundlage für die Überlegungen liefern können, die man dann zu einzelnen Gesellschaften (società particolari) anstellen kann.

Der Gegenstand, mit dem wir es zu tun haben, teilt sich von selbst in zwei Teile: Zunächst müssen wir die allgemeinen Begriffe von Gesellschaft klarstellen. Wir müssen das eine Wesen aller menschlicher Gesellschaften herausarbeiten, das auch in allen besonderen Gesellschaften immer dasselbe ist. Wir müssen das Ziel untersuchen, das allen Vereinigungen gemeinsam ist, also das wesenhaft gesellschaftliche Ziel (il fine essenzialmente sociale). Schließlich müssen wir zeigen, wie die Gesellschaft – allgemein verstanden – von ihrem Ziel abkommen kann, und wir müssen ihren direkten Weg zu diesem Ziel beschreiben.

Danach müssen wir von dieser allgemeinen Ebene heruntergehen und die aufgestellten Prinzipien auf die bürgerliche Gesellschaft und ihr spezielles Ziel (fine speciale) übertragen.

Dies wird uns sichere Kriterien liefern, mit denen wir beurteilen können, welche Regierungsinstrumente gut und welche schlecht sind und welche Einsichten ein großer Politiker besitzen muß und welchen Illusionen, Fehlschlüssen, mit einem Wort: Irrtümern die Regierungen (pubblici reggitori) unterliegen können.

Die Gesellschaft und ihr Ziel 139

Das Schicksal der Völker ist eine allzu wichtige, eine heilige Sache. Bei einer solchen Materie, in der ein einziger Fehler über die Sittlichkeit, die Würde und das Glück vieler Generationen entscheidet, darf keine Mühe und keine profunde Betrachtung zu groß erscheinen. Es sei mir gestattet, zu bemerken, daß diese Wissenschaft bisher leider ohne absolute Prinzipien auskommen mußte. Bedauerlicherweise waren die Menschen gewohnt, ihre politischen Ansichten aus den niederen Neigungen ihrer eigenen Einzelinteressen abzuleiten, von denen sie in ihrem praktischen Verhalten blind gesteuert wurden. Eine weitere Quelle politischer Meinungen waren die bloßen, materialistisch genommenen Fakten, die heiliggesprochen und zu entsprechend vielen Rechten erhoben wurden. Schließlich ergaben sich die politischen Ansichten auch aus den unvollständigen, einseitigen Kenntnissen, die sich zu verschiedenen Zeiten einer volkstümlichen Aura erfreuen und die erst gepriesen und dann verbannt werden von den beschränkten Hitzköpfen, die den Kern der Parteiungen bilden, von denen die Schlauen profitieren. In der unendlichen Zahl derer, die seit der Renaissance über Politik geschrieben haben, gibt es nur wenige, die nicht im Sinne einer politischen Partei schreiben oder von eigennützigen Vorurteilen inspiriert sind. Und diese wenigen kann man größtenteils nicht lesen, weil sie einen kraftlosen Stil haben. Außerdem mangelt es ihnen an Weitblick; ihr Verstand ist weder durch Leidenschaften geschärft noch in den Geschäften erfahren. Bei den moderneren Autoren kommt die Schwäche gerade aus der Volksnähe, die sie gekünstelt demonstrieren und die durchaus ein edler Vorzug wäre, wenn sie nicht als Mittel betrachtet würde, um sich billigen Ruhm zu erwerben. Die Autoren berauschen sich an diesem Ruhm und neiden ihn sich gegenseitig. Volkstümlichkeit, die die Bildung des Volkes zum Ziel hat, ist wertvoll. Das ist eine Volksnähe, die darauf abzielt, dem Volk die richtigen und vor allem die genau bestimmten Vorstellungen von den Dingen zu vermitteln. Denn die Schwäche der Vorstellungen des Volkes liegt zumeist darin, daß sie ungenau, ohne Grenzen und ohne Kontur sind. Aber es gibt auch eine andere Volkstümlichkeit. Es gibt eine Volkstümlichkeit, die nicht darin besteht, dem Volk genaue und klar definierte Ideen zu vermitteln. Sie besteht vielmehr darin, vom Volk dessen Ideen zu übernehmen, so wie das Volk selbst sie versteht. Diese Volkstümlichkeit übernimmt die wenigen, schlichten, ungenauen, einseitigen, unvollständigen Ideen und verpackt sie in einen Wust von Worten und Phrasen, die scheinbar klar sind und viel sagen. Aber eigentlich sagen sie nichts und treffen nur die Phantasie. Das nennt sich dann Eloquenz. Diese beschränkten Ideen werden dann der Menge zurückgegeben, und die Menge liebt diese Ideen, weil es ihre eigenen sind. Solche Ideen werden über die Maßen aufgebauscht, und man ruft die Scheinlogik und den Eifer des Zorns herbei und was sonst das menschliche Herz an gewalttätigen Leidenschaften besitzt, um sie jenen „Profanen" entgegenzustellen, die eine Silbe der heiligen Formeln zu ändern oder zu verfälschen wagen. Diese falsche Volksnähe ist lediglich niedrigstes Umschmeicheln des gemeinen Volkes. Und wollte Gott, nur wenige ließen sich durch eine populäre Aura verführen, die sie wieder gemein macht, nachdem sie dank ihrer Bildung das Niveau des Volkes überwunden hatten, und die sie auf die Erforschung der Weisheit verzichten läßt zugunsten der Erforschung der Eloquenz, die eine Sklavin momentaner Meinungen und

Leidenschaften des Volkes ist! Wollte Gott, daß alle, die wir schreiben – wenn die Entwicklung so weitergeht – nicht bald sagen müssen, daß wir alle aus demselben Holz geschnitzt sind! Diesem falschen, diesem gefährlichen Populismus ist es zu verdanken, daß es zur politischen Materie kaum Bücher gibt, die mit strenger Form und wissenschaftlicher Systematik geschrieben sind. Statt dessen gibt es eine Flut von Büchern, in denen miteinander unverbundene Ideen herumschwimmen, die auf jede systematische Verbindung verzichten, die sie zwingen könnte, sich miteinander zu konfrontieren und sich gegeneinander abzugrenzen, damit keine aus ihrem Bereich heraustritt und in den Herrschaftsraum der anderen eindringt. Sie schwimmen auf mal üppigeren, mal seichteren, aber immer unsicheren Wogen wässriger Phrasen, manchmal gesalzen, öfter vergiftet von schlangenhafter Falschheit. Selbst in den Werken gebildeter Männer findet man kaum einen abgeschlossenen Gedanken oder eine Ansicht, die nicht isoliert ist, oder eine Theorie, die nicht einseitig ist, oder eine Meinung, eine Vorliebe, die nicht bis zum Exzeß getrieben ist. Nur der Exzeß weckt die Aufmerksamkeit, und nur er gefällt mit seiner Monstrosität der Masse der Leser, die lieber Neues und Merkwürdiges hören will, als Wahres und Nützliches zu lernen.

Wir dagegen wünschen, daß die Autoren eine Schule der Wahrheit und der Tugend bilden und „populär" im wahren und noblen Sinn des Wortes werden, so daß das ganze Volk in diese Schule geladen und gelockt wird. Die Autoren sollen sich durch Klarheit und Schlichtheit des Stils zum Volk hinabneigen, aber nicht durch Unvollkommenheit des Denkens. Die gesamte Volksmenge soll lesen und verstehen können, was sie liest. Aber sie soll zugleich durch ihre Lektüre Belehrung erfahren, damit sie besonnener wird und ihre Vorstellungen und Meinungen ändert, indem sie sie verifiziert, miteinander konfrontiert, genau bestimmt und erweitert. Sie mag durchaus auch Vergnügen und Leidenschaften dabei finden. Aber das Vergnügen, das sie findet, soll vom Licht der Wahrheit kommen, das den Geist durchdringt, und von der Süße der Bescheidenheit und des Wohlwollens, die die Herzen erfüllt. Die Leidenschaften sollen sie zu heroischer Tugendhaftigkeit führen und der blinden und verwirrten Knechtschaft des Lasters entreißen. Oh, diese Volksnähe ist jedes Lobes würdig! Oh, heilige Volksnähe, die die Schriftsteller zu Lehrern und Vätern des Menschengeschlechts erhebt! Diese edle Mission wird gewiß nicht von jenen erfüllt, die sich erniedrigen, indem sie zu unterwürfigen Gefolgsleuten eben jener Plebs werden, deren Anführer sie sein könnten und sein müßten.

Man muß allerdings zugeben, daß eine exakte Lehre nicht mit einem Schlag populär werden kann.

Man muß eine solche Lehre erst finden. Dann muß sie im kleinen Kreis diskutiert werden. Und erst wenn sie luzide, wohlbewiesen und entschieden aus der Gelehrtendiskussion hervorgeht, kann man sie gefahrlos dem Volk mitteilen. Diese Vermittlung von Wissen an das Volk ist das Werk einer besonderen Gruppe von Autoren, die sich um den öffentlichen Fortschritt in höchstem Maße verdient machen. Es ist ein freudiges, großartiges Werk, dessen Belohnung in Form von allgemeiner Dankbarkeit nicht ausbleibt. Aber die Autoren, die dem Volk eine gesicherte, genaue und nützliche Lehre vermitteln, können nicht dieselben Personen sein, die diese Lehre zuerst mit wissenschaftlicher Strenge entwickelt, diskutiert und aufgestellt

Die Gesellschaft und ihr Ziel

haben. Denn des Menschen Kräfte sind begrenzt. Eine Lehre zum Nutzen der Allgemeinheit wissenschaftlich zu entwickeln und zu definieren, ist eine noch schwierigere und verdienstvollere Arbeit als die erstgenannte. Aber sie ist bescheidener, und man könnte fast sagen, geheim. Nur eine kleine Schar von Menschen lebt für das Denken und für die Studien und behandelt miteinander die Fragen, wenn diese noch dunkel und von einer rauhen Schale und von Fachausdrücken umhüllt sind, mit denen sie bedeckt sind, solange sie sich in der Werkstatt der Wissenschaft befinden. Nur diese kleine Schar kennt das Ausmaß und die Beschwerlichkeit der Mühe, die man wegen dieser Fragen unternimmt. Das Volk sieht davon nichts. Und es verspottet das wenige, was es davon sieht, als merkwürdig und exzentrisch. Aber diese harte und langwierige Arbeit, die die Gelehrten im Verborgenen leisten, ist es doch, die das kostbare Material für die Autoren und für die Büchern liefert, die dann von allen gelesen werden und denen alle applaudieren. So wie der Mann, der sein Leben verkürzt, weil er die schlechte und schädliche Luft in den Tiefen einer Goldmine einatmet, derjenige ist, der das wertvolle Metall dem Goldschmied und dem Juwelier liefert, der daraus glitzernde Juwelen formt und funkelndes Geschmeide, das zwischen den blonden Flechten lieblicher Mädchen oder am schlanken Hals einer Braut von allen bewundert wird.

Wir haben uns bei unseren Dingen bisher fast immer an die bescheidenere und verborgenere der beiden Aufgaben des Schriftstellers gehalten. Und auch mit der vorliegenden Arbeit hoffen wir lediglich, einen Anlaß dafür zu geben, daß von den wenigen Denkern, die aufrichtige Freunde der Menschheit sind, einige große Fragen der Gesellschaftswissenschaft gewissenhaft diskutiert und exakter bestimmt werden und daß man daraus schließlich systematisch eine Wissenschaft erstellt. Diese Wissenschaft könnte, so glauben wir, eines Tages mit einer solchen Formelstrenge und mit einer solchen Beweisevidenz betrieben werden, daß sie selbst die mathematischen Disziplinen in den Schatten stellt. Ist es denn nicht wichtiger, daß man jene Wahrheiten sichert und evident macht, von denen das Schicksal, der Friede, das Leben, die Würde und die Heiligkeit der Familien und der Nationen abhängen, als daß man solche Wahrheiten vermittelt, die lehren, wie man große Felsmassen bewegt oder Wasser hochpumpt oder auch, meinetwegen, wie man die Umlaufbahnen der Sterne berechnet? Warum setzt man allen Eifer daran, daß ein mathematischer Beweis nicht einen Hauch von der logischen Exaktheit abweicht, und bemüht sich möglicherweise ebenso darum, daß das politische Denken streng und gesichert fortschreitet, wenn wir zugleich zulassen, daß sich der unstete Gedanke jederzeit im Gewirr ungenauer und widersprüchlicher Reden verlieren kann? Die Menschen fürchten nicht so sehr, die flüchtige Wahrheit mit den Nägeln der logischen Vernunft festzumachen, wenn man das Denken auf die strenge Form zurückführt. Eher fürchtet man das beklagenswerte Unglück, daß vielen Menschen der Mund verschlossen bleibt, die sich mehr vom freien Gebrauch der Sprache erhoffen als vom Besitz der Wahrheit. Es gibt nämlich weniger Feinde der Wahrheit als Freunde der Nützlichkeit. Wir sehen doch viele junge Menschen wie Odysseus vor uns: Ihnen gefällt die Maxime, die der schlaue König von Ithaka dem Neoptolemos[4] weitergab, besser als die unsterbliche Tugend:

"Oh Sohn
eines edlen Vaters. In der Jugend war auch ich
träge mit der Sprache und rasch mit dem Arm.
Aber die Jugend verging. Und wenn ich im Alter
die menschlichen Geschicke bedenke, sehe ich:
Nicht die Taten gelten, allein die Sprache zählt."[5]

---

[4] [Neoptolemos, Sohn des Achill, überredete gemeinsam mit Odysseus den Philoktet, den Griechen zu Hilfe zu kommen.]
[5] Sophokles, *Philoktet*. [Verse 107–110.]

Erstes Buch

Die Gesellschaft

Buch I, Kapitel 1

Über die Verbindungen des Menschen mit den Sachen und mit den Personen

Der Mensch hat Beziehungen zu den *Sachen* und zu den *Personen*. Die Beziehungen gehören zur idealen Seinsordnung (d. h. zur Ordnung des Seins in seiner Idealität).

Aber über diese *Beziehungen* hinaus knüpft der Mensch sowohl zu den Sachen, die ihn umgeben, als auch zu den Personen tatsächliche *Bindungen* (vincoli effettivi). Diese gehören zur Ordnung der Realitäten.

Die notwendigen, unveränderlichen *Beziehungen* konstituieren entsprechend viele *Gesetze*[1], die alle Menschen beachten müssen.

Die *Bindungen* sind nichts anderes als *Fakten*[2], die entweder den Gesetzen entsprechen oder nicht; oder aber sie sind freiwillig, also von den Gesetzen weder positiv gefordert noch positiv verboten.

Diese zuletzt genannten Fakten, die der Mensch setzt – man könnte fast sagen *praeter legem* – und die ihrerseits tatsächliche Bindungen konstituieren, lassen in der idealen Seinsordnung neue Beziehungen entstehen – zwischen dem Menschen und den Sachen sowie zwischen ihm und den Personen, mit denen er sich verbunden hat, – und diese Willensakte lassen mithin ihrerseits neue Gesetze entstehen.

Die einfachsten und allgemeinsten Beziehungen, die der Mensch zu den Sachen und zu den Personen hat, lassen sich auf die Beziehungen von Mittel und Zweck zurückführen.

Die Sachen haben zum Menschen eine *Mittel*-Relation, und die Personen haben zum Menschen eine *Zweck*-Relation.

Von diesen beiden Fundamentalrelationen leiten sich alle moralischen Gesetze ab, die das Verhalten des Menschen gegenüber den Sachen und gegenüber den Personen bestimmen. 'Der Mensch muß die Sachen als Mittel zu seinem eigenen Zweck gebrauchen', lautet das erste Gesetz, das seinen Umgang mit den Sachen bestimmt. 'Der Mensch muß die Personen als Zweck behandeln, also als solche, die einen eigenen Zweck haben', lautet das zweite Gesetz, das seinen Umgang mit den Personen bestimmt. Der Mensch ist selbst Person. Mithin umfaßt dieses zweite Gesetz auch die Pflichten, die der Mensch gegen sich selber hat.

Diesen beiden Beziehungen von Mittel und Zweck entsprechen faktische, effektive Bindungen. Tatsächlich besitzt der Mensch die Fähigkeit, eine unbegrenzte Zahl von Wesen an sich zu binden und mit sich zu vereinen – sei es, daß diese Wesen

---

[1] Wir haben in *Principi della scienza morale* gezeigt, daß das Gesetz eigentlich eine Idee oder ein handlungsleitendes Wissen ist; auf diese Schrift verweise ich den Leser. [A. ROSMINI: Principi della scienza morale (Prinzipien der Ethik), in A. ROSMINI: Filosofia della morale, Mailand 1838, Bd. I, S. 1–2.]

[2] [Höllhuber, op. cit., S. 56, übersetzt *fatti* mit *Taten*. Die *fatti* umfassen die gesamte vom Menschen geschaffene Wirklichkeit.]

zur Kategorie der Sachen gehören, sei es, daß sie zur Kategorie der Personen gehören.

Der Mensch bindet sich an und vereint mit sich alle Sachen, die außerhalb von ihm selbst sind und die ihm zu irgendeinem Gebrauch dienen können, er eignet sie sich an, er bezeichnet sie für sich: So schafft er eine *Eigentumsbindung* (vincolo di proprietà)[3]. Der Mensch verbindet und vereint mit sich auch Personen, und er bindet sich an sie. Aber diese den Personen eigene Verbindung ist völlig anders als die Verbindung zwischen dem Menschen und den Sachen. Der Mensch betrachtet die Person nicht als etwas, was ihm nützlich sein kann. Anderenfalls unterscheidet er die Personen nicht von den Sachen. Er betrachtet die Personen vielmehr als diejenigen, in deren Gesellschaft er den Nutzen genießen kann, den ihm die Sachen bieten. Personen, die auf diese Weise miteinander vereint sind, haben dann eine Gemeinschaft an Gütern.[4] Alle Personen zusammen bilden einen einzigen Zweck. Die Sachen sind lediglich Mittel zu diesem Zweck, den allen Personen gemeinsam haben. Dies ist eine *Gesellschaftsbindung* (vincolo di società)[5].

Die Eigentumsbindung beruht auf dem *Nutzen* für die Person, die sich mit den Sachen verbindet.

Die Gesellschaftsbindung beruht auf dem gegenseitigen *Wohlwollen* der Personen, die sich aneinander binden.

Diese beiden Bindungen sind offensichtlich wesenhaft voneinander verschieden.

Der Mensch verdankt sowohl die *Beziehungen* als auch die *Bindungen* der Intelligenz, mit der er begabt ist. Das heißt, er verdankt der Intelligenz die *Beziehungen*, die zur Ordnung der *Ideen* gehören. Und er verdankt ihr die *Bindungen*, die zur Ordnung der *Dinge* gehören – also Bindungen, die ihn an alle von ihm verschiedenen Wesen binden, seien es Sachen, seien es Personen.

Mit Hilfe der reinen Intelligenz (intelligenza pura) kann er die Beziehungen der Wesen erkennen. Mit Hilfe und unter Leitung dieser Intelligenz kann er sich als tätiges Wesen (come essere attivo) mit den verschiedenen Spezies von Wesen verbinden, je nach den verschiedenen Beziehungen, die zwischen ihm und ihnen und zwischen ihnen untereinander bestehen.

Mithin gäbe es weder *Eigentum und Besitz* (proprietà) noch *Gesellschaft* ohne Intelligenz. Denn ohne Intelligenz wüßte der Mensch zunächst einmal nicht, was er sich selbst schuldet und was er den anderen Personen schuldet. Außerdem könnte er ohne Intelligenz den unterschiedlichen Gebrauch (uso) der Dinge und auch die diversen Vorteile, die er aus dem Gebrauch der Dinge zieht, nicht voraussehen und nicht berechnen. Und er könnte auch die Vorteile nicht berechnen, den seine Mit-

---

[3] [Höllhuber, op. cit., S. 57, übersetzt *vincolo di proprietà* mit *Band des Eigentums*. In der engl. Übersetzung *bond of ownership*. Wichtig ist festzuhalten, daß es Rosmini nicht nur um das Eigentums*recht*, sondern auch um den De-Facto-*Besitz* geht beziehungsweise um die normative Kraft, die dem tatsächlichen Besitz innewohnt.]

[4] [Im Ital. *comunione di beni*; in der engl. Übersetzung *communion in good*.]

[5] [Rosmini benutzt an Stelle des Begriffs *vincolo di società* auch den Begriff *vincolo sociale*.]

Kapitel 1: Über die Verbindungen des Menschen

menschen mit ihm gemeinsam aus dem Gebrauch der Dinge ziehen können. Und ohne Intelligenz könnte er in Bezug auf diese Dinge auch keine sicheren Pläne für die Zukunft machen.

Die *Herrschaft* (dominio)[6] und die *Gesellschaft* gehören also nicht zu den vernunftlosen Wesen, sondern sie kommen dem vernunftbegabten Wesen zu. Herrschaft und Gesellschaft entwickeln sich in demselben Maß, wie sich im vernunftbegabten Wesen die Vernunft selbst entwickelt.

---

[6] [Höllhuber, op. cit., S. 59, übersetzt *dominio* mit *sachliches Herrschaftsrecht*. Tatsächlich bedeutet nach Rosmini *dominio* Herrschaft über etwas, das wie eine Sache behandelt wird. Das kann auch ein Mensch sein. Hier sagt Rosmini m. E. aber nur allgemein: Herrschaft und Gesellschaft gibt es – de facto und de jure – nur bei vernunftbegabten Wesen.]

Buch I, Kapitel 2
Von der sozialen Bindung

Nun müssen wir die Natur dieser beiden Bindungen näher untersuchen. Beginnen wir mit der *sozialen Bindung* (vincolo sociale).

Mehrere Personen schließen sich zu einer Gesellschaft in der Absicht zusammen, sich ein Gut (bene) zu verschaffen, das der Zweck (fine) der Gesellschaft ist.

Dieses *Gut* muß zum Nutzen aller Personen erlangt werden, die diese Gesellschaft bilden. Anderenfalls könnten diese Personen nicht „Gesellschaftsmitglieder" (sozie) genannt werden.

Die assoziierten Personen bilden also alle zusammen eine einzige moralische Person (persona morale). Das Gut, das man mit der Gesellschaft erlangt und das der Zweck der Gesellschaft ist, ist Gut dieser moralischen Person, von der die individuellen Personen nur Teile sind.

Aufgrund der Natur der Gesellschaft selbst wünscht folglich jede der assoziierten Personen das Wohl aller Gesellschaftsmitglieder. Denn jede will den sozialen Zweck, der allen gemeinsam ist.

Dieser Wunsch, den jedes Glied nach dem Wohl des ganzen Körpers hat, ist das, was wir *gesellschaftliches Wohlwollen* (benevolenza sociale) nennen.

Hieraus ergibt sich eine wichtige Konsequenz zum Lobe der menschlichen Gesellschaft: Im Wesen der Gesellschaft selbst gibt es ein sittliches Element. Denn dasselbe Prinzip, das die sittliche Tugend konstituiert, ist auch dasjenige, das allgemein die Gesellschaft konstituiert.

Was ist das Prinzip der sittlichen Tugend? Die sittliche Tugend läßt sich in diesem einfachen Prinzip zusammenfassen[1]: 'Respektiere den Zweck der Person. Behandle sie nicht als Mittel für Dich selbst.' Das Objekt der Tugend ist also immer die Würde der Person. Nun hatten wir in dieser Würde der Person auch den Ursprung der menschlichen Geselligkeit gefunden. Denn wir haben ja gesagt, jede menschliche Gesellschaft sei der Zusammenschluß (unione) mehrerer Personen in der Absicht, einen gemeinsamen Nutzen zu erlangen. Die Personen bilden also in dieser Vereinigung alle zusammen den Zweck, und auf alle gleichermaßen bezieht sich der Nutzen, den man sich von der Assoziierung erwartet.

---

1   Ich muß in diesem Buch beständig viele Dinge als bewiesen voraussetzen, um nicht endlos zu schreiben. Der Leser kann jedoch, wenn er will, die Beweise für das, was ich behaupte, in meinen früheren Werken finden, auf deren wichtigste Passagen ich dann bei Gelegenheit hinweisen werde. – Vgl. hier *Principi di scienza morale*, Kap. 3, Artikel 9; Kap. 4, Artikel 8; sowie *Storia comparativa dei sistemi morali*, Kap. 8, Artikel 3, § 6. [A. ROSMINI: Principi della scienza morale, in A. ROSMINI: Filosofia della morale, cit., Bd. I, S. 54–55 und S. 71–73; DERS.: Storia comparativa e critica de' sistemi intorno al principio della morale (Vergleichende Geschichte der moralischen Systeme), in A. ROSMINI: Filosofia della morale, cit., Bd. I, S. 432–434.]

Kapitel 2: Von der sozialen Bindung

Diese Überlegung erinnert an Platons erhabenes Wort: „Ohne Gerechtigkeit kann nicht einmal eine Gesellschaft von Räubern existieren, die sich zur Wegelagerei zusammentun."[2]

Tatsächlich sind die Räuber ungerecht zu den Reisenden, aber nicht untereinander. Ihre Ungerechtigkeit (ingiustizia) betrifft nur diejenigen, die sich außerhalb ihrer Gesellschaft befinden, nicht die eigenen „Gesellen" (sozi). Sofern sie assoziiert sind, sind sie nicht ungerecht. Und wenn sie die Mitglieder ihrer eigenen Gesellschaft ungerecht behandeln, behandeln sie sie nicht mehr als Mitglieder dieser Gesellschaft, sondern als Fremde. Und wenn sich ihr ungerechtes Handeln nur gegen einen bestimmten Gefährten richtet, bedeutet dies, ihn aus der Gesellschaft auszuschließen. Wenn das ungerechte Handeln alle Gefährten betrifft, bedeutet dies, die Gesellschaft de facto aufzulösen.

Deshalb pflegt man zu sagen, 'jemanden von der Wohltat des Gesetzes auszuschließen'. Damit wird ausgedrückt: 'Ihm die gesellschaftlichen Wohltaten (benefici sociali) wegnehmen'. Und das bedeutet, ihn von der Gesellschaft zu trennen und ihn nicht mehr als einen zugehörigen Teil von ihr zu betrachten.

Wer erkennt also nicht die hervorragende Bedeutung der *sozialen Bindung*? Wo es die soziale Bindung gibt, gibt es keine Ungerechtigkeit. Die Ungerechtigkeit beginnt dort, wo es die soziale Bindung nicht gibt.

Um uns dies noch besser klarzumachen, betrachten wir noch einmal aufmerksam die Gesellschaften von Bösewichtern, wie es jene Gesellschaften sind, die Räuber oder Piraten bilden. Nun wohl, wir behaupten: In einer Gesellschaft von Mördern oder von Piraten kann man nicht nur ein Element von Gerechtigkeit finden, wie Platon festgestellt hat, sondern noch mehr: einen Grundbestand an Menschlichkeit (principio di umanità). Ja, ein Funken menschlichen Wohlwollens brennt doch auch in den Herzen dieser traurigen Gestalten. Verteidigen sie einander etwa nicht im Kampf? Stehen sie nicht alle zusammen gemeinsame Gefahren durch? Sitzen sie nicht zusammen in brüderlicher Freude an der mit blutiger Beute gedeckten Tafel? Mit Zuneigung und Mitleid gedenken sie auch der in den Kämpfen zu Tode gekommenen Gefährten. So nämlich läßt ein Dichter sie sprechen:

> „Wenn das Festmahl im Gange ist
> und der dunkelrote Becher schäumend kreist,
> sind die Toten bei uns, und die Trauer.
> Und die Erinnerung an sie prägt,
> wenn üppig die Beute verteilt wird,
> die betrübten Gesichter, und ach, spricht er,
> wie wären jetzt jene froh, die umkamen!"[3]

---

2   [PLATON: Politeia, Buch I, 351 c, in PLATONIS Opera cit., Bd. II, S. 19.]
3   [Rosmini übersetzt hier frei ins Italienische Verse aus Byron's *The Corsar*, I/1, 37–42.].

Die Ungerechtigkeit einer Piratengesellschaft richtet sich also nur gegen die, die nicht dazugehören. Nun gut, nehmen wir an, daß diese Piraten viele weitere Personen in ihren Verband aufnähmen. Diese Personen wären ab da nicht mehr Objekt ihrer Ungerechtigkeit. Ihre Ungerechtigkeit würde durch die Vergrößerung ihrer Gesellschaft eingeschränkt. Gehen wir in der Annahme weiter und sagen, diese Bande würde noch erheblich an Menschen zunehmen. Wir werden dann sehen, daß sich eine Handvoll Räuber in ein kleines Volk verwandelt, zum Beispiel in die Republik von San Marino. Angenommen, es kommen immer mehr Menschen dazu. Die ursprünglich kleine Schar dehnt ihre Macht und ihr Territorium aus. Das machte sie nicht mehr durch kleine Überfälle auf Kutschen oder Schiffe, auf der Straße oder auf dem Meer, sondern durch regelrechte Kriege, mit einem Wort: durch Eroberungen. Je mehr sich der Gesellschaftsverband[4] ausdehnt, um so mehr begrenzt und beschränkt sich notwendigerweise die Ungerechtigkeit. Denn alle Menschen, die in die Gesellschaft eintreten, bringen sich auf diese Weise gegen die Ungerechtigkeit dieser Gesellschaft in Sicherheit. Zum Schluß haben wir dann eine römische Republik! Was war denn diese mächtige Herrin der Welt, was war diese Gesetzgeberin der Völker an ihrem Beginn? Ihre Geschichte ist doch genau die Geschichte unserer Gesellschaft von Straßenräubern oder von Piraten. Und der Hauptmann dieser Räuber und Piraten hieß Romulus. Die Gesellschaft ist also nur ungerecht, weil sie begrenzt ist. Nehmt ihr die Grenzen weg, dann verliert sie unaufhaltsam ihre Ungerechtigkeit. An ihrem Anfang war sie schrecklich – das stimmt. Aber sie war doch nur deswegen schrecklich, weil sie zu begrenzt war. Damals habt Ihr sie als Räuberbande bezeichnet und habt ihre Taten Mord und ihr Heldentum Grausamkeit genannt. Aber als sie langsam aber sicher größer wurde, wandelte sie sich vor Euren Augen. Sie erhielt unmerklich andere Namen: Sie wurde eine Stadt[5], eine Bürgerschaft, ein Königreich, eine Republik, ein Imperium. Ihre Unternehmungen hießen dann Kriege, und die, die darin kämpften, siegten und starben, waren Edle, Helden, deren Ruhm in den Augen der Menschen rein und hoch war und beneidet wurde.

Solche Betrachtungen sind nicht unnütz, wenn sie dazu dienen, den unbedachten Zorn jener Leute zu mäßigen, die den gegenwärtigen Gesellschaften ablehnend gegenüberstehen, weil sie glauben, bei deren Entstehung habe die Ungerechtigkeit Pate gestanden. Nein, man kann nicht unmittelbar schließen, daß eine ausgeweitete und fest errichtete Gesellschaft ungerecht ist, nur weil sie in ihren ersten Jahren ungerecht war. Die Gesellschaften haben mitunter diese Besonderheit, daß sie, indem sie größer werden, den gemeinen Dreck immer mehr abstreifen, mit dem sie bei ihrer Geburt bedeckt waren. Und dies geschieht aus dem Grund, den ich genannt habe:

---

[4] [Höllhuber, op. cit., S. 61, übersetzt *associazione* mit *Vergesellschaftung*. Rosmini spricht aber m. E. hier nicht vom Prozeß der Vergesellschaftung, sondern vom Gesellschafts*verband* als Institution.]

[5] Gewiß waren diese ersten Versammlungen, von denen Cicero spricht, nicht alle rechtmäßig und heilig: „… conventicula hominum quae postea civitates nominatae sunt" (*Pro Sext*. XLII). [M. TULLI CICERONIS Pro P. Sestio oratio, Kap. 42, § 91, in M. TULLI CICERONIS Scripta, cit., Teil II, Bd. III, S. 40.]

Kapitel 2: Von der sozialen Bindung 151

Jede Gesellschaft birgt wesenhaft ein sittliches Element in sich. Dieses sittliche Element ist anfangs noch klein, dann entwickelt es sich und dehnt sich zusammen mit der Gesellschaft aus, und durch die Ausweitung sondert es wunderbar das Unreine und Trübe aus dem Gesellschaftskörper ab und vertreibt es.

Wenn man herausfinden will, wie es geschah, daß aus der Bande des Romulus eine Republik wurde, deren Gesetze so viel Gerechtigkeit und Billigkeit enthielten, wie die heidnische Welt bis dahin noch nicht gesehen hatte, so wird man dafür zwei Gründe finden: Der erste Grund ist, daß diese Bande nach innen gerecht war. Das heißt: Nach innen bildete sie eine wahre Gesellschaft. Der zweite Grund ist, daß sie durch Klugheit und durch Stärke ihre Herrschaft unendlich ausdehnte. Und die Ausdehnung dieser Herrschaft bedeutete eine Ausdehnung ihrer Gerechtigkeit. Denn sie gab sich nicht damit zufrieden, ihre Macht zu Land und auf den Meeren auszudehnen, sondern sie trachtete danach, ihren eigenen Gesellschaftsverband auszuweiten und auszudehnen, indem sie die Verbündeten nicht nur wie Tributpflichtige, sondern größtenteils wie Gesellschaftsmitglieder behandelte und indem sie den Besiegten die Rechte und die Vorteile der römischen Bürgerschaft (cittadinanza) gab.[6]

Manchem wird es allerdings zu absolut erscheinen, wenn wir behaupten: Durch die Ausdehnung reinigt sich eine Gesellschaft Schritt für Schritt von den

---

[6] Es gibt Autoren, die übermäßig skeptisch und ungerecht gegenüber den Römern sind. Das scheint die Haltung der modernen Autoren zu sein. Andere Autoren dagegen halten die römische Republik für das Modell aller Tugenden. So geschah es meistens in der Vergangenheit. Beide Seiten übertreiben. Dennoch erkennen wir viel Wahres in Gravinas Worten, der vom römischen Reich sagt: „Propaganda humanitate in universum terrarum orbem utilissime dilatatum"; und er fährt fort: „Humanitatis enim hostes tantum Romani ducebant suos; ... nec *servitute* premebant, nisi qui rationis legibus repugnarent. ... Graecos vero cultosque alios populos propriis vivere sinebant legibus, nec *servitium*, sed armorum ab iis et consiliorum *societatem* sibi poscebant: ut imperio proferendo, viribus et opibus eorum ad *universalem* juris gentium *communionem*, extensionemque rationabilis vitae, atque ad humani generis emendationem uterentur" (*Orig. juris civil.*, Buch II, Kap. 16). Die Römer praktizierten diese menschliche und weise Politik nicht nur aus klugem Instinkt, sondern diese Politik wurde von den Autoren der Republik ausgearbeitet; diese Politik wurde von den Staatsmännern zum Prinzip erhoben. So heißt es klar und ausdrücklich bei Cicero: „Illud sine ulla dubitatione maxime nostrum fundavit imperium et populi romani nomen auxit, quod princeps ille creator huius orbis Romulus, foedere Sabino docuit, etiam hostibus recipiendis augeri hanc civitatem oportere. Cuius auctoritate et exemplo numquam est intermissa a maioribus nostris largitio et communicatio civitatis" (*Pro Corn. Balbo*, § 31). Der sehr weise Tacitus hat diese konstante Maxime der römischen Politik besonders geschätzt, und er schreibt dem Fehlen dieser Maxime den Untergang Spartas und Athens zu: „Quid aliud exitio Lacedaemoniis et Atheniensibus fuit, quamquam armis pollerent, nisi quod victos pro alienigenis arcebant? At conditor noster Romulus tantum sapientia valuit, ut plerosque populos eodem die hostes, dein cives haberet." (*Annal.*, Buch XI) [Vgl. J. V. GRAVINAE Originum juris civilis libri tres et de romano imperio liber singularis, Venedig 1752, Buch II, Kap. 16, S. 112; M. TULLI CICERONIS Pro L. Cornelio Balbo oratio, Kap. 13, § 31, in M. TULLI CICERONIS Scripta, cit., Teil II, Bd. III, S. 146; C. TACITI Annales, Buch XI, Kap. 24, in P. CORNELII TACITI Libri qui supersunt, cit., Bd. I, S. 213.]

Elementen der Ungerechtigkeit, die sie enthält. Das hat ja zur Folge, daß die Gesellschaft vollständig gerecht wird, wenn sie universal wird. Man wird dem entgegenhalten, daß eine Gesellschaft nicht schon allein dadurch gerecht ist, daß sie alle Menschen einschließt, sofern nicht das Gut, das sie sich zum Ziel setzt, redlich (onesto) ist.

Diese Entgegnung scheint berechtigt. Aber wenn man unsere Überlegung aufmerksam bedenkt, verliert der Einwand seine scheinbare Solidität.

Wir haben gesagt: Die Natur der Gesellschaft verlangt, daß die Personen, die die Gesellschaft bilden, darin die personale Dignität als Zweck haben. Und wir haben gesagt: Dieses sittliche Element wohnt jeder Gesellschaft inne. Man verweist aber darauf, daß eine Gesellschaft nach einem Gut trachten kann, das nicht redlich ist. Aber was ist ein Gut, das nicht redlich ist? Das, was eine Sache unredlich macht, ist doch immer die Verletzung der personalen Würde. Es bedeutet, die Person, die als Zweck geachtet werden muß, als Mittel zu gebrauchen. Darauf haben wir bereits an anderer Stelle jede Unredlichkeit und jede Ungerechtigkeit zurückgeführt.[7] Damit ist doch klar: Wenn eine Gesellschaft sich ein Ziel setzt, das mit der Redlichkeit unvereinbar ist, dann hat sie dadurch weniger oder garnicht an dem Wesen von Gesellschaft teil. Ebenso klar ist dies: Das eigentliche Merkmal der sozialen Bindung besteht darin, den assoziierten Personen die Qualität des Zwecks zu geben. Folglich kann es an dieser Bindung nichts Unredliches oder Ungerechtes geben. Alles, was an dieser Bindung unredlich oder ungerecht ist, bleibt außerhalb des Kreises der assoziierten Personen. Und wir sagen erneut: Wenn alle Menschen assoziiert wären und wenn die Gesellschaft auf diese Weise wahrhaftig universal würde, würden alle Personen geachtet, und es gäbe keine Person, deren Würde verletzt werden könnte. Und schließlich: Es ist absurd und widersprüchlich, zu behaupten, daß es eine universale Gesellschaft geben könnte, die einen unredlichen Zweck hätte. Einen unredlichen Zweck kann es doch nur unter der Bedingung geben, daß es zumindest eine Person gibt, deren Würde verletzt wird. Es kann aber keine Person geben, deren Würde verletzt wird – es sei denn, man geht davon aus, daß diese Person lediglich als Mittel gebraucht wird. Man kann die Person aber nicht als Mittel gebrauchen, ohne sie damit – entgegen der Hypothese – aus der Gesellschaft auszuschließen. Dadurch würde die Gesellschaft aber aufhören, universal zu sein und alle Personen in jeder Hinsicht zu umfassen.

Wahr ist, daß kein intelligentes und personales Wesen aus einer Gesellschaft ausgeschlossen werden kann, wenn man deren Universalität im strengen Sinne versteht. Diese Gesellschaft muß Gott selbst umfassen. Wenn nämlich die höchste und größte Intelligenz ausgeschlossen würde, könnte die Gesellschaft gewiß ein unredliches Ziel haben, weil eine Person, deren Würde verletzt werden könnte, außerhalb der gesellschaftlichen Sphäre bliebe.

---

[7] Vgl. *Prinipi della scienza morale*, Kap. 4, Art. 8. [A. ROSMINI: Principi della scienza morale, in A. ROSMINI: Filosofia della morale, cit., Bd. I, S. 71–73.]

Kapitel 2: Von der sozialen Bindung 153

Deshalb kann man den Geist eines Cicero nur bewundern, der bei seiner Betrachtung der gesellschaftlichen Vollkommenheit dahin gelangt, eine wahrhaft universale Gesellschaft zu denken und zu beschreiben, wenn er sagt: „Man muß die ganze Welt als eine gemeinsame Bürgerschaft von Göttern und Menschen betrachten."[8] Das ist eine erhabene Idee, die die Grundlage des Christentums bildet, das nichts anderes ist als eine göttliche Verwirklichung dieser Bürgerschaft des Cicero.

---

[8] „Universus hic mundus una civitas communis deorum atque hominum existimanda est." (*De leg.*, I, 23). [M. TULLI CICERONIS De legibus libri tres, Buch I, Kap. 7, § 23, in M. TULLI CICERONIS Scripta, cit., Teil IV, Bd. II, S. 389.]

Buch I, Kapitel 3

Von der Eigentumsbindung und Herrschaftsbindung

Wir kommen nun zur *Eigentumsbindung*.

Wir haben gesagt, daß die Eigentumsbindung die Bindung ist, durch die sich eine Person mit den Dingen verbindet, deren Gebrauch vorteilhaft für sie sein kann. Durch diesen Akt beansprucht die Person die Dinge für sich, betrachtet sie als ihre eigenen, beginnt auch, sie zu gebrauchen, ergreift Besitz von ihnen und ist davon überzeugt, daß ihr Gebrauch dieser Dinge ewig sein wird. Wenn sich die Person die Dinge in dieser Weise zu ihrem eigenen Gebrauch zuweist, denkt sie nicht im mindesten an das Wohl der Dinge, sondern immer und ausschließlich an das eigene Wohl. Dieses eigene Wohl will die Person den Dingen ohne weitere Rücksicht soweit wie möglich abgewinnen.

Hier sollte man allerdings eine wichtige Feststellung nicht zurückstellen. Alle Wesen sind *Dinge*. Einige dieser Dinge sind auch *Personen*. Alle Personen sind also Dinge. Aber nicht alle Dinge sind Personen.

Folglich kann jeder Mensch unter zwei Aspekten betrachtet werden: als *Ding* (*Sache*) und als *Person*.

– Ist es also vollständig abwegig, daß man mit ein und demselben Wesen zwei verschiedene Arten von Beziehungen und zwei Arten von Bindungen haben kann: Beziehungen, die zu den Sachen gehören, und Beziehungen, die zu den Personen gehören, sowie Bindungen durch *Eigentum* und Bindungen durch *Gesellschaft*?

Wenn es ein Wesen gäbe, in dem die Qualität als Sache und die Qualität als Person vollständig ununterschieden wären, so daß man dieses Wesen niemals als Sache betrachten könnte, ohne daß man es zugleich notwendigerweise als Person betrachtet, dann könnte es mit diesem Wesen nur eine Form von Beziehungen und folglich auch nur eine Sorte von Bindungen geben, nämlich die personalen Bindungen, zu denen auch die sozialen Bindungen gehören.

Aber dieses Wesen wäre Gott. Der Mensch ist kein solches Wesen. Das personale Prinzip des Menschen ist nicht der ganze Mensch. Dieses Prinzip ist nur das beste Element des Menschen, der höchste Gipfel der menschlichen Natur.

Was ist die menschliche Person wirklich?

Wir haben an anderer Stelle die menschliche Person wie folgt definiert: Die menschliche Person ist ein 'wesenhaftes Individuum, insofern es in sich ein aktives, intelligentes, höchstes, unvermitteltes Prinzip enthält'.[1]

Aus dieser Definition geht klar hervor, daß ein Unterschied besteht zwischen einem Individuum und dem Element, das seine Personalität konstituiert. Das Indi-

---

[1] Vgl. *Antropologia*, Buch IV. [A. ROSMINI: Antropologia in servigio della scienza morale (Anthropologie im Dienst der Ethik), in A. ROSMINI: Filosofia della morale, cit., Bd. II, S. 56.]

Kapitel 3: Von der Eigentumsbindung

viduum mit einer gegebenen Natur wird „Person"
Elements genannt, das in ihm ist. Es wird „Person'
ments, durch das es „bewußt handelt" (intendendo
schlossen, daß es in diesem Individuum andere Ele
aber nicht für seine Person konstitutiv sind. Das sind
sonal sind, sondern die wegen des personalen Eleme
dem sie beherrscht werden, „personal" genannt wer
ment, das im Menschen ist, ist der *erkennende Wille*
schen, durch den er Urheber seiner Handlungen wir

Das personale Element ist also immer etwas Her
geachtet werden. Sie darf nie nach Belieben geopfert w

Aber worin besteht eigentlich die Würde des per
mals beugt, ein Mittel zu sein, sondern die immer als
tet werden will?

Die Würde des personalen Elements besteht allei
ment jenes Element ist, durch das der einzelne mit se
heit – dem objektiv geschauten Sein in seiner ganze
(aderire).

Durch diese faktische „Zustimmung" (adesione
lichen Sein erlangt die Person eine neue Würde, wird

Ein intelligentes Prinzip, das dem Sein in unbegre
wird allein wegen dieses Vermögens, allein wegen dies
nung schon „personal" genannt. Wenn es aber von d
tatsächlichen Zustimmung zum ganzen Sein gelangt u
sagen, daß sich sein Person-Sein erweitert und vervo
vollständigung der Person liegt das sittlich Gute (bene
die vollendete personale Würde und letztlich die Selig

Die Person zu achten, bedeutet also, nichts geger
– sei es hinsichtlich jenes Teils des Person-Seins, der so
züglich jenes Teils, den die Person zu erlangen strebt.
daß dieses Erlangen nicht behindert werden darf, daß k
stört werden darf; es bedeutet, daß nichts getan werde
stande, sie zu zerstören oder zu behindern – von seinen
oder Zerstörung abzielt.

In dieser Weise wird definiert, worin die Pflicht b
zu achten. Auf dieser Basis ist es leicht zu verstehen, da
der durch die beiden von uns genannten Bindungen ve
daß die eine Bindung die andere Bindung notwendige
die menschliche Natur ist vielfältig. Sie hat ein nicht-pers
sonales Element. Sie erfaßt also beide Beziehungen: die
Beziehung als Person. Das heißt, der Mensch kann in
trachtet werden, und in anderer Hinsicht muß er als Pe
ist ein Wesen, das das Vermögen hat, für andere Mensc
wie die nicht vernunftbegabten Dinge dieses Vermöger

Buch I: Die Gesellschaft

...ch aber ein weit erhabeneres Vermögen: Es ist das Vermögen, diese Nutzen ...en und als Person frei darüber verfügen zu können.

...ber besteht hier nicht ein Widerspruch? Können die Menschen wirklich un...ler sowohl durch die Bindungen von Personen zu Personen verbunden sein ...durch die Bindungen von Sachen zu Personen? Kann der Mensch von sei...en Vorteile haben in der Weise, wie er von den nicht vernunftbegabten Din...eile hat? Bedeutet das nicht eine Erniedrigung des Menschen? –
... sagen, daß es in diesem Gedanken keinen Widerspruch gibt.

... Menschen können sich untereinander zweifelsohne sowohl durch Bin...verbinden, die typisch für Personen sind, als auch durch solche Bindungen, ...ch für Sachen sind. Wir haben ja gesagt: Die menschliche Natur ist nicht ...l gar und in jeder Hinsicht personal, sondern es gibt in ihr auch einen Teil, ... personal ist – zumindest nicht immer und notwendigerweise.

...er hier muß man aufpassen: Aus dem Gesagten darf nicht gefolgert werden, ... Mensch den Menschen in der Weise gebrauchen darf, wie er eine Sache ge-... Es besteht ein unendlicher Unterschied zwischen der Art und Weise, wie ...sch die Sachen gebrauchen kann, und der Art und Weise, wie er seinesglei-... Sache betrachtet, gebrauchen darf.

...r Mensch gebraucht die Sachen *in unbegrenzter Weise*, ohne jede Rücksicht ...ache selbst. Ob die Sache Schaden nimmt oder ganz und gar vergeht – wer ...aucht, achtet nur auf den eigenen Nutzen. Wenn der Mensch die Sache be-...o bewahrt er sie nur um seinetwillen.

...r Mensch kann seinen Mitmenschen durchaus zum eigenen Vorteil gebrau-...d bis hierher dient dieser ihm wie eine Sache. Der Mensch kann seinen Mit-...en aber nicht uneingeschränkt gebrauchen. Er muß sich bei diesem ...ch eine Grenze setzen, und dadurch, daß er sich diese Grenze setzt, betrach-...nen Mitmenschen als Person.

...r Mensch kann den Mitmenschen gebrauchen, insofern ihm dies das *reale* ...t gestattet, das sich in der Natur seines Mitmenschen befindet, aber nicht ei-...l darüber hinaus. Er kann seinesgleichen gebrauchen unter der Bedingung, ...las *personale Element* achtet, das sich ja auch in der Natur seines Mitmen-...efindet. Er kann ihn also unter der Bedingung gebrauchen, daß er die sittli-...vollkommnung (perfezionamento morale) dieses seines Mitmenschen, den ...ucht, nicht verhindert und stört. Denn in der sittlichen Vervollkommnung ...: sittliche Würde der Person, ihre Freiheit und jene Erhabenheit, die sich nicht ...nd die nicht dient, weil sie unendlich ist.

...r Mensch kann also Nutzen ziehen sowohl vom Gebrauch von Sachen als ...m Gebrauch von Personen [Knechte], die in diesem Fall unter die Beziehung ...:hen fallen. Aber sein Gebrauch von Sachen und sein Gebrauch von Perso-...terscheiden sich doch in essentieller, unendlicher Weise. Denn der erste Ge-...ist unbegrenzt und ins Belieben dessen gestellt, der gebraucht. Der zweite ist ...zt und untersteht immer dem Gesetz der Achtung der Person, das diesen Ge-...stets begleiten muß. Dennoch liegt in beiden Fällen ein echter Gebrauch vor.
...en Fällen wird die gebrauchte Sache als Mittel betrachtet. Und der, der sie be-

Kapitel 3: Von der Eigentumsbindung

nutzt, wird als Zweck betrachtet. Die Beziehung und die Bindung sind real und nicht personal, es sind also Mittel-Relationen und keine Zweck-Relationen.

Die menschlichen Personen leisten also manchmal Dienste wie die Sachen und werden mithin, abstrakt genommen, als Sachen betrachtet. Dennoch war es absolut erforderlich, mit unterschiedlichen Termini einerseits die Bindung des *unbegrenzten Eigentums* zu bezeichnen, die der Mensch mit den Sachen hat, und andererseits die Bindung des *begrenzten Eigentums*, die er mit den Personen hat. Dies war erforderlich, weil die wesenhafte Grenze dieser zweiten Bindung einen sehr wichtigen Unterschied zur ersten Bindung darstellt. So kam es, daß in der Regel das Wort *Eigentum* nur angewendet wurde, um die unbegrenzte und absolute Verfügungsgewalt[2] zu bezeichnen, die der Mensch über seine Sachen hat. Mit dem Wort *Herrschaft* (dominio o signoria) dagegen wurde die begrenzte und von moralischer Achtung begleitete Macht des Menschen bezeichnet, Personen zu gebrauchen, die zu ihm gehören. Und tatsächlich wäre es unerträglich, wenn man sagen würde, daß ein Mensch das Eigentum eines anderen Menschen ist. Dagegen beleidigt es unser Ohr nicht, wenn man sagt, daß ein Mensch Herrschaft über andere Menschen hat.

Mithin sind normalerweise die *Gesellschafts*bindungen und die *Herrschafts*bindungen in den verschiedenen konkreten menschlichen Gesellschaften miteinander vermischt, obgleich sie, wie wir gesehen haben, von ihrer inneren Natur her äußerst verschieden sind.

In der Wirklichkeit einer konkreten Gesellschaft ist es schwer, zu bestimmen, wie umfangreich darin die *Herrschaft* und wie umfangreich die *Gesellschaftlichkeit* (socialità) ist. Eine solche Klarstellung muß sich auf die faktischen Rechtstitel stützen, die diese beiden Rechte konstituieren – also das *Herrenrecht* (diritto signorile) und das *Gesellschaftsrecht* (diritto sociale). Das ist das, was die Rechtsgelehrten bisher meines Erachtens vernachlässigt haben. Und doch ist gewiß, daß man zu dieser Feststellung der gegebenen Rechtsansprüche gelangen muß, wenn man die noch ziemlich verwickelten Stränge der menschlichen Gesetze vollständig entwirren will.[3] Man muß diese beiden Beziehungen und diese beiden Bindungen unterschei-

---

[2] Die Rechtsgelehrten definieren daher allgemein „Eigentum" als „das Recht, die Dinge uneingeschränkt zu genießen und über sie zu verfügen, sofern man sie nicht in einer Weise gebraucht, die von Gesetzen oder Erlassen verboten ist". So im *Codice Civile per gli stati di S. M., il re di Sardegna*. [Codice civile per gli stati di S. M., il re di Sardegna, § 439, in: Collezione completa dei moderni codici civili degli stati d'Italia, Turin 1845, S. 619.]

[3] Ich will ein Beispiel geben, das die Notwendigkeit deutlich macht, das *Herrenrecht* vom *Gesellschaftsrecht* zu unterscheiden. Nehmen wir die in der Literatur erörterte Frage, „ob die Bürger eines Staates das Recht zur Emigration haben". Man sieht deutlich, daß diese Frage nicht vollständig gelöst werden kann, wenn sie nicht unter allen Aspekten behandelt wird. Das bedeutet: Man muß auf diese Frage erst die Prinzipien des Gesellschaftsrechts und dann die Prinzipien des Herrenrechts anwenden. Wenn man diese Frage so umfassend behandelt, vervielfältigt sie sich, und aus einer einzigen werden vier verschiedene Fragen: zwei, die zum *reinen Recht* [diritto puro], also zur Theorie des Rechts gehören; die beiden anderen gehören zum *angewandten Recht* [diritto applicato]. Dies sind die beiden ersten Fragen:
1. Hat die Regierung der Gesellschaft nach dem *Gesellschaftsrecht* stets die Befugnis, den

den, die wir angesprochen haben,[4] um Licht und Ordnung in das Chaos der verschiedenen menschlichen Gesetzgebungen zu bringen. Zu dieser Frage kehren wir vielleicht an anderer Stelle zurück.[5] Hier resümieren wir einstweilen das bisher Gesagte.

Wir haben gesagt: Der einzelne Mensch kann sich mit anderen Menschen ausschließlich zum eigenen Vorteil verbinden. Dann will er von ihnen denselben Nutzen haben, den er von den anderen Sachen haben will, die er besitzt oder gebraucht. In diesem Fall betrachtet er diese Menschen nicht als Personen.

Bis hierhin bleibt er noch isoliert: Isoliert und allein versucht er, aus allen ihn umgebenden Objekten Nutzen zu ziehen, und für ihn ist es faktisch gleichgültig und akzidentell, ob diese Objekte Sachen oder Personen sind. Das Wesentliche, das Ganze bei diesem Gebrauch und bei diesem Umgang ist das Gut, das der Mensch

---

Gesellschaftsmitgliedern die Emigration zu verbieten? Oder wann und in welchen Grenzen?
2. Gibt das *Herrenrecht* den Herren, die es besitzen, immer die Befugnis, ihren Untertanen die Emigration zu verbieten? Oder wann und in welchen Grenzen?
Die beiden anderen Fragen steigen hinab auf die Ebene der Anwendung. Dabei wird gefragt:
1. Gibt es in einer bestimmten *realen bürgerlichen Gesellschaft* die faktischen Rechtstitel, die der Regierung die Befugnis geben, den Mitgliedern die Auswanderung zu verbieten? Und in welchen Grenzen?
2. Gibt es in einer bestimmten *realen Herrschaft* die faktischen Rechtstitel, die der Regierung die Befugnis geben, den Untertanen die Emigration zu verbieten? Und in welchen Grenzen?
Es ist offensichtlich, daß man keine klare und evidente Gesetzgebung zum Auswanderungsrecht geben kann, solange alle diese Fragen für eine bestimmte Nation nicht vorher beantwortet worden sind.
Selbst wenn entschieden ist, daß das Recht auszuwandern nach dem *Gesellschaftsrecht* besteht, kann es sein, daß es Kraft des *Herrenrechts* nicht besteht oder eingeschränkt ist. Diese Rechte müssen also klar unterschieden werden, damit die Gesetzgebung den Gipfel der Vollkommenheit erreicht.

[4] Die *Bindungen* sind, gemäß unserer Definition, *verwirklichte Beziehungen*, also Beziehungen, die in den real existierenden Gesellschaften faktisch umgesetzt sind. Das Recht unterteilt sich, philosophisch verstanden, natürlicherweise in zwei Teile: Es gibt einerseits das *reine Recht*, das von den *Beziehungen* handelt – sowohl von den herrschaftlichen als auch von den sozialen Beziehungen. Es gibt andererseits das auf die realen Gesellschaften *angewandte Recht*, das von den *Bindungen* handelt – sowohl von den herrschaftlichen Bindungen als auch von den sozialen Bindungen.

[5] Romagnosi hat die folgende Frage untersucht: „Welche Regierungsform ist am geeignetsten, um die bürgerliche Gesetzgebung zu vervollkommnen?" Er hat folgendes festgestellt: Aristokratien wollen normalerweise keine sicheren Gesetze geben oder nach Erlaß der Gesetze deren Auslegung zulassen. Die Demokratie wird eher von philosophischen Lehren als von einem tiefen Sinn bürgerlicher Vernunft geleitet. Allein der Monarchie ist sehr daran gelegen, klare und sichere Gesetze zu geben. Der Autor behauptet: Der Grund für das Fehlen geschriebener Gesetze im zivilisiertesten Land Indiens – in der Monarchie der Pori zur Zeit Alexanders – war hauptsächlich „die inhärente und fortdauernde Weigerung der aristokratischen Priesterherrschaften, die oft vorkamen, wie im nördlichen Hindustan, allgemeine und geschriebene Gesetze zu erlassen, durch die die Herrscherwillkür verbindlichen, dem ganzen Volk bekannten und für das

Kapitel 3: Von der Eigentumsbindung

sich selbst verschaffen will. Wenn ihm dieses Gut verschafft wird, spielt es für ihn keine Rolle, ob er es durch die Sachen oder durch die Menschen erlangt. Wenn er die Menschen den Sachen vorzieht, so tut er dies in der gleichen Weise, wie er bessere Sachen schlechteren Sachen vorzieht. In all dem gibt es noch nicht einen Hauch von Gesellschaft. Das Gesetz, das die Gesellschaft konstituiert, besteht dagegen darin, daß 'mehrere Einzelpersonen so verbunden sind, daß sie eine einzige moralische Person bilden.'

Damit ein Verband von Menschen *Gesellschaft* genannt werden kann, muß er von mehreren Menschen als Personen gebildet werden. Von *Gesellschaft* kann nicht gesprochen werden, wenn nur eine Person Zweck ist und alle anderen Menschen nur in der Eigenschaft und Relation von Mitteln auftreten, von denen jene eine Person den Nutzen hätte, den sie nur für sich selbst will. Wenn dagegen alle Einzelpersonen, die vereint sind, ein einziges gemeinsames Ziel haben, worin sie übereinstimmen [ähnlich den Gliedern eines Körpers, die alle das Wohlergehen aller Glieder zum Ziel haben, so wie der Gesamtkörper das Wohlergehen der Glieder zum Ziel hat], dann gibt es *Gesellschaft*.

---

ganze Volk geltenden Regeln unterworfen wird." Zum Beweis für dieses Defizit, das er in den aristokratischen Regierungen beobachtet, führt er folgende Beispiele an, und man könnte noch allzu viele andere Beispiele hinzufügen: „Diesen Instinkt haben wir bei den römischen Patriziern gesehen, gegen die das Volk einen harten Kampf führen mußte, um die Niederschrift der Zwölftafelgesetze zu erreichen. Dasselbe gilt auch für die venetianische Republik. Abgesehen von den ersten Statuten aus der Zeit vor der Durchsetzung der engen Aristokratie, griff man dort in den Entscheidungen auf Beispiele zurück und auf den sogenannten *caso seguio* (das Fallbeispiel). Dasselbe gilt auch bei den Schweizern, wo nach den alten Statuten aus der Zeit vor ihrer Befreiung keine regelgerechte Gesetzessammlung mehr gemacht wurde. Es wurden im Gegenteil dem Volk auf dem Land viele Rechte genommen, die es von den ehemaligen Herren erhalten hatte, so daß es zu rund fünfzehn Aufständen gegen die herrschenden Städte kam, wie man der kürzlich erschienenen Geschichte der Schweiz von Zschokke entnehmen kann." (*Ricerche storiche su l'India antica*, Ergänzung zum 2. Teil, Art. IV, § 5). Die beständigen Fakten der Geschichte bestätigen das, was Romagnosi sagt. Die Tatsache, daß England noch immer keine geschriebene Verfassung hat, beweist, daß auch der Zivilisierungsprozeß selbst (incivilimento) das Defizit noch nicht überwinden konnte, das dem aristokratischen Element in den Regierungen innezuwohnen scheint. Dennoch wagen wir eine Voraussage über die Zukunft. Vielleicht macht diese sich nach Ansicht vieler des übertriebenen Vertrauens in die sozialen Fortschritte schuldig. Wir sind aber zutiefst davon überzeugt. Diese Voraussage lautet: 'Es wird eine Zeit kommen, in der sich das, was von den Aristokratien übrig ist, unter den Schutz sicherer und widerspruchsfreier Gesetze flüchten wird. Das Eigeninteresse der Aristokratien wird sie dann – anders als in der Vergangenheit – dazu bringen, die Vervollkommnung der Gesetzgebung zu unterstützen.' Aber auf folgendes muß man achten: Man kann die zivil-bürgerliche Gesetzgebung nicht vervollkommnen, wenn man nicht zugleich die anderen Teile der allgemeinen Gesetzgebung verbessert. Das heißt, man muß vor allem die beiden Elemente trennen, die in den bürgerlichen Gesetzbüchern bisher verflochten sind: das private Element und das politische Element. Und man muß im politischen Element das Herrenrecht vom Gesellschaftsrecht unterscheiden. [G. D. ROMAGNOSI: Quale sia il governo più adatto a perfezionare la legislazione civile, in DERS.: Opere. Scritti sul diritto filosofico-positivo, Mailand 1845, Teil I, S. 155–166; W. ROBERTSON: Ricerche storiche sull'India antica, con note, supplementi ed illustrazioni di G. D. Romagnosi, Mailand 1827, Bd. II, S. 652.]

Eine Gesellschaft, in der es Knechtschaft und Herrschaft gibt, ist also keine wahre Gesellschaft. Sie wird allerdings unangemessenerweise so genannt. Oder besser: Sie wird nicht „Gesellschaft" genannt, um mit diesem Wort die Herrschafts- und Knechtschaftsbindung zum Ausdruck zu bringen, sondern eher um die *Grenze* dieser Bindung zu bezeichnen. Es ist eine sittliche Grenze, aus der sich für die Herren und für die Knechte eine Verpflichtung ergibt, sich nicht damit zufrieden zu geben, daß zwischen ihnen eine Herrschaft-Knechtschaft-Beziehung besteht. Es ist die Verpflichtung, diese Beziehung stets mit einer Art von Gesellschaft und mit gegenseitigem Wohlwollen zu begleiten.

Wir sagen also, daß die Herrenrechte, die ein Mensch über andere Menschen hat, rechtmäßig und gerecht sein können. Zugleich sagen wir aber, daß sie nicht den Begriff von Gesellschaft liefern. Sie enthalten nur den Begriff von einem Menschen, der Dinge besitzt und unter diesen Dingen auch Rechte über Personen.

Wir haben außerdem hinzugefügt: Damit solche Rechte über Personen wirkliche Rechte sein können, müssen die Personen als Sachen betrachtet werden, ohne daß ihr Person-Sein verletzt wird. Das heißt, die Personen dürfen nicht daran gehindert werden, die Tugend zu erlangen und das höchste Gut, das aus der Tugend folgt. Daher muß bei den menschlichen Personen zwischen der *Arbeit*, die sie leisten, und ihrem *Person-Sein* als solchem unterschieden werden. Sofern sie Arbeiten und Dienste verrichten, werden sie wie Sachen betrachtet und können von anderen Menschen besessen werden. Aber die Arbeit, die sie verrichten, darf ihre personale Würde nicht verletzen, um es noch einmal zu sagen. Die personale Würde bleibt wesenhaft frei von jeder Knechtschaft. Das Recht über das Person-Sein existiert nicht. Das ist ein absurder, böser und vermessener Traum der Menschheit, die sich durch Hochmut selbst erniedrigt und quält.

Die Herrschaft über Menschen kann – in der Weise, wie wir sie erklärt haben – gerecht sein. Dennoch läßt sich nicht bestreiten, daß Herrschaft an sich eine gesellschaftsfremde Natur besitzt (natura insociale). Denn die Menschen, zwischen denen eine Herr-Knecht-Beziehung besteht, haben [wenn jede andere Beziehung aufgehoben wird, die mäßigend wirkt] eine Trennungsmauer zwischen sich: Der eine Mensch ist die Person, der andere Mensch ist die Sache. Person und Sache sind aber von so gegensätzlicher Natur, daß sie nicht zusammen einen einzigen moralischen Körper bilden können.

Das ist der Grund, weshalb der Gesetzgeber der Menschheit in der Absicht, alle Menschen zusammen in einer wahrhaft universalen Gesellschaft zu einen, die Idee von Herrschaft aus dieser Gesellschaft prinzipiell ausgeschlossen hat. Ich sage, er schloß die Herrschaft zwischen den Menschen aus und übertrug jede Herrschaft ausschließlich auf Gott allein. Jenen, denen er auftrug, auf Erden eine so reine und vollkommene Gesellschaft zu gründen, gab er als Grundgesetz dieser Gesellschaft das folgende: „Die Könige der Völker herrschen über die Menschen. Und die, die Macht über die Völker haben, werden Wohltäter genannt. Bei Euch aber soll es nicht so sein. Der Größte unter Euch werde wie der Geringste und der Führer wie der Diener."[6]

---

[6] Lukas, XXII, [25–26.]

Buch I, Kapitel 4

Vom Naturrecht, wie es von den Autoren des 18. Jahrhunderts verstanden wurde.

Die Eigentumsbindung beziehungsweise die Herrschaftsbindung assoziiert den Menschen nicht mit dem Menschen. Durch sie bleibt der Mensch vielmehr allein und isoliert.

Bevor der Mensch mit seinesgleichen durch die Gesellschaftsbindung assoziiert ist, denkt man ihn sich in jenem Zustand, den man *Naturzustand* genannt hat, um ihn dem *Gesellschaftszustand* entgegenzusetzen.

Wenn man sich den Naturzustand so vorstellt, daß man annimmt, es gäbe noch keine sozialen Bindungen, kann man darin zwei Stufen unterscheiden. Man kann sich den Menschen vorstellen mit den *einfachen Beziehungen*, die zur Ordnung reiner Vernunft gehören. Das bedeutet: Der Mensch hat noch keine tatsächlichen Bindungen mit den Dingen geschlossen, also Eigentums- und Herrschaftsbindungen. Oder man stellt sich vor, daß sich der Mensch schon durch diese tatsächlichen *Bindungen* verbunden hat, die ihn an die Sachen binden [und auch an die Personen, die für ihn Sachen bedeuten]. Aber er hat sich noch nicht mit seinesgleichen als Personen verbunden und assoziiert.

Diese beiden Stufen bedeuten keinen nennenswerten Unterschied hinsichtlich des *Rechts*, das zu diesem Zustand gehört. Denn das Recht, das vor dem gesellschaftlichen Recht liegt, betrifft immer die Beziehungen und Bindungen mit den Sachen. Man kann sagen: a) Der Mensch hat nur die Möglichkeit zu diesen Beziehungen und Bindungen, wie es in der ersten Stufe des Naturzustandes der Fall ist; dort gibt es nur *jura ad res*; b) der Mensch hat bereits tatsächlich und wirksam Besitz von diesen Sachen ergriffen, wie es der Fall ist, wenn er in die zweite Stufe des Naturzustandes übergegangen ist. Hier kann man sich in gewisser Weise *jura in rebus* vorstellen.

Außerdem muß man folgendes beachten: Jede beliebige Gesellschaft [die zu Recht, wie wir gesagt haben, eine „moralische Person" genannt wird] hat dieselben Beziehungen und dieselben Bindungen mit allem, was außerhalb von ihr ist, wie der einzelne Mensch im genannten *Naturzustand*. Die Gesellschaften befinden sich also untereinander im Naturzustand wie die Individuen, die nicht gesellschaftlich verbunden sind.

Man muß daher unterscheiden: Es gibt ein Recht, das früher ist als die Existenz der sozialen Bindungen. Und es gibt ein Recht, das aus diesen Bindungen erwächst. Das erstgenannte Recht ist jenes Recht, das *Naturrecht* genannt worden ist, eben weil man den Zustand, in dem man sich den Menschen vor dem Gesellschaftszustand vorstellte, *Naturzustand* zu nennen pflegte.

Bis hierher kann man die Philosophen nicht kritisieren. Man kann höchstens sagen – und dies ist auch gesagt worden – daß die Bezeichnungen *Naturzustand* und *Naturrecht* nicht ganz angemessen waren und Mißverständnisse hervorriefen.

Ich sage, daß die Bezeichnungen nicht ganz *angemessen* waren. Die *Natur* stellt den Menschen nämlich nicht außerhalb der Gesellschaft. Im Gegenteil: Sie läßt ihn im Schoß der häuslichen Gesellschaft (società domestica) geboren werden. Ich sage, daß die Bezeichnungen Mißverständnisse hervorriefen. Mit diesen Bezeichnungen wird nämlich nicht definiert, von welcher Natur die Rede ist: von der Natur im Allgemeinen oder nur von der menschlichen Natur? Versteht man das Wort *Natur* als das Gegenteil von *Kunst* oder als das Gegenteil von *Vernunft*? In diesen Mißverständnissen haben sich auch die römischen Rechtsgelehrten verfangen, die *jus naturale* definiert haben als „das Recht, das allen Lebewesen von der Natur beigebracht wird"[1] – als ob es Rechte, Vorschriften und Lehren geben könnte, wo es keine Vernunft gibt. Sie verstanden also unter *Natur* den *natürlichen Instinkt*. Dieser kann zwar der Vernunft eingeben, was man tun oder lassen muß, aber er kann ohne das Gebot der Vernunft kein Recht und keine Pflicht konstituieren.[2]

Diese weisen Männer hätten besser das Wort *Natur* definiert, statt es so unsicher und unbestimmt zu belassen, und sie hätten es auf die menschliche Natur beschränken sollen und das daraus folgende Recht *Recht der menschlichen Natur* nennen sollen. Dann hätten sie ein solches Recht fehlerfrei als einen Zweig vom gesamten Baum der moralischen Gesetzgebung (morale legislazione) behandeln können. Sie hätten auch keinen Tadel verdient, wenn sie dieses Recht der menschlichen Natur ohne Berücksichtigung der sozialen Bindungen auf die wesentlichen Beziehungen der menschlichen Individuen mit den Sachen und mit den Personen eingeschränkt hätten – wenn sie dann diesem ihrem Naturrecht den anderen Teil hinzugefügt hätten, den das *gesellschaftliche Recht* bildet und der der zweite und edlere Teil des Gesamtkorpus des *Rechts des Menschen* ist, welches in allen seinen verschiedenen Beziehungen und Bedingungen berücksichtigt wird. Wenn die Phi-

---

[1] „Quod natura omnia animalia docuit". Offensichtlich stammt diese Definition aus der stoischen Philosophie. Cujas behauptet, diese Definition des Naturrechts zu erklären als „quae bruta faciunt incitatione naturali, ea si homines [ratione] faciant, jure naturali faciunt" (*Not. prov. ad I Inst.*, tit. II). Aber man sollte rasch erkennen, daß diese Definition fehlerhaft ist, und sie beiseite lassen. [Zur klassischen Definition des Naturrechts vgl. Institutiones Iustiniani Augusti, I, 2, in: Corpus juris civilis, Berlin 1922, Bd. I, S. 1; zu dem französischen Juristen Jacques Cujas (1522–1590) vgl. J. CUJACII Notae et scholae in lib. I Institutionum D. Iustiniani, in J. CUJACII Opera, Prati 1836–43, Bd. II, S. 616.]

[2] Der *Instinkt* kann wohl teilweise die *Materie* des Rechts liefern, aber nicht die *Form*. – Noch vor Ulpian, vor Xenon und vor Thales heißt es bei Hesiod in klügeren Worten:

Τόνδε γὰρ ἀνθρώποισι νόμον διέταξε Κρονίων,
Ἰχθύσι μὲν καὶ θηρσὶ καὶ οἰωνοῖς πετεηνοῖς,
Ἔσθειν ἀλλήλους, ἐπεὶ οὐ δίκη ἐστὶ μετ' αὐτοῖς.
Ἀνθρώποισι δ' ἔδωκε δίκην, ἣ πολλὸν ἀρίστη
Γίγνεται

„Dem Menschengeschlecht gibt der höchste Jupiter das Gesetz:
Die Tiere und die Fische und die Vögel
fressen sich gegenseitig und sind ohne Gesetz.
Uns aber gab er Gerechtigkeit, das höchste Gut."

(*Op. et D.*, Buch II, Vers 276). [HESIOD: Erga kai hemerai, vv. 276–280, in HESIODI Carmina, Leipzig 1913, S. 69.]

Kapitel 4: Vom Naturrecht

losophen dies getan hätten, wäre das *natürliche Recht des Menschen* (diritto naturale umano) gleichsam das „Rudiment" des *gesellschaftlichen Rechts* (diritto sociale) gewesen, und dieses gesellschaftliche Recht wäre die Vollendung von jenem natürlichen Recht gewesen. Das natürliche Recht wäre der erste Teil des gesamten *Vernunftrechts* (diritto razionale) gewesen, und das gesellschaftliche Recht wäre dessen zweiter Teil gewesen.³

Um die früheren Fehler zu vermeiden, muß man sich immer daran erinnern, daß dieses natürliche Recht nicht das gesamte Recht darstellte, sondern daß es ein abstraktes Recht war, also nur ein Teil des Rechts. Aus diesem Recht allein konnte niemals abgeleitet werden, was der Mensch tatsächlich tun und was er lassen soll.

Das natürliche Recht ist demnach unvollkommen. Es reicht nicht aus, um die Schritte des Menschen auf den Weg einer umfassenden Gerechtigkeit zu lenken. Um sich dies klarzumachen, genügt es, daran zu denken, daß alles, was das natürliche Recht befiehlt, letztlich in der Formel zusammengefaßt wird: 'Schade Deinem Nächsten nicht.' Dieses Recht bleibt vollkommen *negativ*. Es betrachtet nur die Beziehungen und Bindungen, die die einzelnen, unverbundenen Personen mit den Dingen haben, und es betrachtet auch die Personen nur in ihrer Qualität und Relation als Sachen. Alle Pflichten gegenüber den Personen, die dieses *Recht* andeutet, beschränken sich daher einzig und allein darauf, eine *Grenze* beim Gebrauch von Personen festzusetzen. Dieses Recht beschränkt sich darauf, zu befehlen, daß der Gebrauch von Personen als Sachen in der Weise begrenzt ist, daß durch den Gebrauch die dem Person-Sein geschuldete Achtung nicht verletzt wird. Das ist eine bloß negative Pflicht, eine Pflicht, die sich auf ein Nicht-Tun, auf ein Nicht-Schaden beschränkt. Diese Pflicht enthält keine Verpflichtung, positiv zu helfen. Von daher verwundert es nicht, daß über ein so grobes, primitives, unvollkommenes Recht der gesunde Menschenverstand in der Antike jenen Spruch gefällt hat, mit dem dieses Recht praktisch verurteilt wird: *Summum jus, summa injuria*.

– Aber woher kommt für den Menschen die Verpflichtung, seinen Mitmenschen zu helfen? – Sie kommt vom *gesellschaftlichen Recht*. Dieses Recht ist die Quelle der positiven Pflichten. Das Fundamentalgesetz der Gesellschaft besteht nämlich darin, das Gut, um dessetwillen die Gesellschaft gebildet worden ist, für den ganzen Gesellschaftskörper zu erlangen und für jedes Mitglied, das dazugehört. Daher kommt das gesellschaftliche Wohlwollen, daher kommt die Verpflichtung, allen Mitgliedern zu helfen – eine Verpflichtung, die jeder hat, der sich assoziiert. Man erkennt hier erneut, daß die menschliche Assoziierung eine wesenhaft sittliche Sache ist.

---

³ Wenn man das Naturrecht in dieser Weise versteht, umfaßt es zwei Teile:
1. Die Beziehungen und Bindungen des Menschen mit allem, was für ihn als *Mittel* gelten kann, sei es eine Sache (Eigentumsbindung), sei es eine Person (Herrschaftsbindung).
2. Die Beziehungen und Bindungen, die sich aus beiderseitigen *Verträgen* ergeben. Mit diesen Verträgen assoziiert sich der Mensch nicht mit anderen Menschen, aber er verkehrt mit anderen Menschen von gleich zu gleich, das heißt in der Relation von *Zweck* zu *Zweck*.

Eine Reihe von Philosophen des vorigen Jahrhunderts hat das Gesellschaftsrecht zurückgewiesen und sich an das Naturrecht gehalten. Diese Philosophen verstanden das Naturrecht als das einzige Recht des Menschen und betrachteten es als ein vollständiges Recht. Daraus resultiert jener rohe, inhumane Wesenszug, der die zweite Hälfte des 18. Jahrhunderts in blutiger Weise kennzeichnet.

Man kann Rousseau als den Hauptvertreter dieses Naturrechts bezeichnen, von dem wir hier sprechen. Er begnügte sich nicht damit, das gesellschaftliche Recht zu verwerfen und nur das Naturrecht heranzuziehen. Er begnügte sich auch nicht damit, zu der Definition des Naturrechts zurückzukehren, die vom römischen Recht gegeben worden war: Naturrecht als „das Recht, das die Natur allen Lebewesen beibringt." Diese Definition bot seiner Ansicht nach noch zuviel. Nach dieser alten Definition schöpft der Mensch als vernunftbegabtes Lebewesen sein Recht aus der eigenen Vernunftnatur.[4] Rousseau dagegen wollte von der Intelligenz des Menschen völlig absehen. Er wollte nicht, daß der Mensch das Recht, das seiner Spezies zukommt, aus dem Element herleitet, das den spezifischen Unterschied zwischen dem Menschen und dem Tier konstituiert, also aus der Vernunft. Er behauptete dagegen, daß das natürliche Recht der Menschheit aus dem inferioren Element der menschlichen Natur herkommen müsse, also aus dem Element, das der Mensch mit dem Tier gemein hat! Dieser Gedanke ist wirklich einzigartig! Man kann den Mißbrauch der Abstraktion nicht weiter treiben. Aber hören wir uns seine Worte an und folgen wir den Abwegen seiner Gedanken. Wir erkennen dabei überall folgendes: Rousseau will dem Menschen ein natürliches Recht geben, das diesen auf dem Lebensweg führen soll. Sehr zu Unrecht behauptet er, dieses Recht für den Menschen zu konstruieren, ohne alle die realen Bedingungen mit einzukalkulieren, in denen der Mensch sich befindet. Die einzigen Bedingungen, die er mitbedenkt, sind gewisse ursprüngliche Lebensbedingungen, die der Autor willkürlich auswählt.

Zunächst streicht er aus seinen Betrachtungen alle gesellschaftlichen Tatsachen.

Er sagt:

„Beginnen wir mit der Zurückweisung aller Tatsachen. Sie berühren unsere Frage nicht. Man darf solche Untersuchungen nicht für historische Wahrheiten nehmen, sondern nur für hypothetische und bedingungsweise geltende Überlegungen, die mehr dazu geeignet sind, die Natur der Dinge zu erhellen, als deren wahrhaftigen Ursprung zu zeigen. Es sind Überlegungen, die denjenigen ähnlich sind, die unsere Physiker jeden Tag über die Entstehung unserer Erde anstellen. – Unser Gegenstand betrifft den Menschen im allgemeinen. Ich werde mich bemühen, mich eines Stils zu bedienen, der allen Nationen angemessen ist, oder vielmehr: wir vergessen die Zeiten und die Orte, und um nicht

---

[4] Die Rechtslehrer fügten der Definition „Jus naturale est quod natura omnia animalia docuit" die erklärenden Worte hinzu „ justa genus suum". [Institutiones Iustiniani Augusti, I, 2, in: Corpus juris civilis, cit., Bd. I, S. 1.]

Kapitel 4: Vom Naturrecht

an die Menschen zu denken, zu denen wir sprechen[5], stellen wir uns vor, im Lyceum von Athen zu sein, um die Lehren unserer Meister zu wiederholen, und einen Platon und einen Xenokrates zu Richtern zu haben und das Menschengeschlecht zum Zuhörer."[6]

Dies reichte ihm noch nicht. Rousseau hat aus seiner Kalkulation die tatsächlichen Bedingungen des Menschen ausgeschlossen, also alle gesellschaftlichen Tatsachen. Gleichwohl hätte er in der bloßen menschlichen Natur [also in jenem Zustand, in dem sich die menschliche Natur vor ihrer Entwicklung befindet] zumindest alle menschlichen Fähigkeiten finden können – wenngleich eben noch unentwickelt. Er hätte darin alle Prinzipien der späteren Entwicklungen finden können, an erster Stelle die Vernunft und den Instinkt zur Geselligkeit. Nun will aber Rousseau mit solchen Elementen nichts zu tun haben. Er zerstückelt also die menschliche Natur. Er stellt sich einen Zustand vor der Vernunft und der Soziabilität vor. Und in diesem Zustand will er das wahre natürliche Recht der menschlichen Gattung begründen.

Er schreibt:

„Wenn ich über die ersten und einfachsten Operationen der Seele nachdenke, glaube ich, zwei Prinzipien zu erkennen, DIE DER VERNUNFT VORAUSLIEGEN. Das eine Prinzip läßt uns brennend an unserem Wohlbefinden interessiert sein[7]. Das andere Prinzip erfüllt uns mit einem natürlichen Widerwillen, irgendein fühlendes Wesen und insbesondere unsere Mitmenschen sterben oder leiden zu sehen. Aus dem Zusammenwirken und der Verbindung, die unser Geist aus diesen beiden Prinzipien herzustellen vermag – ohne daß es notwendig wäre, auch das Prinzip der Soziabilität einzuführen – scheinen mir die Gesetze des Naturrechts herzukommen: Gesetze, die die Vernunft später auf anderen Grundlagen wiederzuerrichten gezwungen ist, wenn sie es durch ihre sukzessiven Entwicklungen fertig gebracht hat, die Natur zu ersticken."[8]

Für Rousseau ist die *Vernunft* also keineswegs Teil der menschlichen Natur. Für ihn ist sie vielmehr ein fremde und feindliche Macht, die später auftritt – man könnte fast sagen, wie eine parasitäre Pflanze – um die Natur des Menschen auszusaugen und zu ersticken! Was für ein Naturrecht ist dieses Recht? Das Recht der rohen Natur (natura brutale), wenn die rohe Natur ein Recht hätte.

---

[5] [Im Original „pour ne songer qu'aux Hommes à qui je parle"; vgl. J. J. ROUSSEAU: Discours sur l'origine et les fondements de l'inégalité parmi les hommes, in: Oeuvres complètes, Paris 1964, Bd. 3, S. 132–133. Deutsch-franz. Ausgabe ed., übersetzt und kommentiert von H. Meier, Paderborn ³1993, S. 71 ff.]

[6] *Discours sur l'origine et les fondements de l'inégalité parmi les hommes.* [Dt.-frz. Ausgabe, cit., S. 75.]

[7] [Bei Rousseau: „à nôtre bien-être et à la conservation de nous mêmes", ibid., S. 56.]

[8] *Ibid.* [Ibid., S. 57.]

Wo machen wir nun Halt auf diesem Weg? Genügt es uns, bei einem Zustand des Menschen vor dem Gebrauch der Vernunft, ja vor der Vernunft selbst, anzukommen? Warum suchen wir die Prinzipien des natürlichen Rechts nicht noch davor? Wir wollen ja die Idee der menschlichen Natur finden, indem wir prüfen, was sich im Menschen zuerst entwickelt. Ich wüßte also nicht, warum wir nicht zum Mutterleib zurückgehen: Wir sehen, daß das Herz sich vor allen anderen Teilen entwickelt. Dann könnten wir auch bestreiten, daß diese anderen Teile Teil der menschlichen Natur sind. Und wir könnten diese Natur insgesamt auf das Herz reduzieren. Oder vielmehr: Wir könnten, wenn wir wirklich kohärent sein wollen, endlos weitermachen, um die ersten Fäden des Zellgewebes zu suchen. Oder wir könnten letztlich zu jenen ersten entfernten Ursprüngen kommen, zu deren Entdeckung die menschliche Neugierde bisher nicht gelangt ist. Rousseau scheint es ernst zu meinen, wenn er sagt, daß er anderen diese Arbeit überlassen will:

„Andere werden auf demselben Weg leicht weitergelangen können, ohne daß es für irgend jemanden leicht sein wird, das Ziel zu erreichen. Denn es ist kein geringes Unterfangen, zu unterscheiden, was in der aktuellen Natur des Menschen urspünglich und was künstlich ist, und einen Zustand richtig zu erkennen, der nicht mehr existiert, der vielleicht nie existiert hat und der wahrscheinlich niemals existieren wird."⁹

Tatsächlich wären die natürlichen Rechte und Pflichten des Menschen nach dieser Lehre auf einen ziemlich engen Kreis begrenzt! Der Mensch müßte sich kaum um etwas anderes kümmern als um seinen Körper, wenn er überhaupt etwas müßte. Andererseits ist unser Philosoph gezwungen, die *Perfektibilität* als die spezifische Fähigkeit der menschlichen Gattung zuzugeben. Was wird er mit diesem neuen Element anfangen, das zu dem Naturrecht, wie er es sich vorstellt, so wenig paßt? Wie wird er es loswerden? [Tatsächlich fehlt ihm der Mut, es zu zerstören.] Also klagt er es als Gauner an. Er unterdrückt es gleichsam mit einem Richtspruch, weil er ihm die Schuld gibt, Urheber und Quelle jeder Entwürdigung eben dieser menschlichen Gattung zu sein, zu der dieses Element doch – durch einen eigentümlichen Widerspruch – unter dem Namen *Perfektibilität* gehört. Aber die absurden Folgen sind ihm nur allzu klar. Er gibt sie in einem ganz mitleidheischenden und eloquenten Stil zu und bedauert das Menschengeschlecht. So soll der Leser diese Folgen schlucken – wenn schon nicht vom Licht der Wahrheit überzeugt, so doch verführt vom Eindruck des Gefühls. So ruft er aus:

„Es wäre für uns zu traurig, zugeben zu müssen, daß diese spezifische und fast unbegrenzte Fähigkeit [der Perfektibilität des Menschen] die Quelle allen Unglücks des Menschen ist; es wäre traurig zugeben zu müssen, daß sie es ist, die ihn durch den Lauf der Zeit aus jenem ursprünglichen Zustand fortzieht, in dem er ruhige und unschuldige Tage verleben würde; daß sie es ist, die durch

---

⁹ *Ibid.* [Ibid. S. 47.]

Kapitel 4: Vom Naturrecht

den Fortgang der Jahrhunderte sein Wissen und seine Irrtümer, seine Laster und seine Tugenden zur Entfaltung bringt und die ihn auf die Dauer zum Tyrannen seiner selbst und der Natur macht. Es wäre auch schrecklich, sich gezwungen zu sehen, jenen als wohltätiges Wesen zu preisen, der als erster dem Bewohner der Ufer des Orinoco den Gebrauch der Brettchen empfahl, die dieser an den Schläfen seiner Kinder anbringt und die ihnen wenigstens einen Teil ihrer Geistesschwäche und ihres ursprünglichen Glücks sichern."[10]

Aber ist es letztlich denkbar, daß sich dieser Philosoph, dessen schmerzliche Bemerkungen wir hier zitieren, nicht klarmacht, daß es, wenn die Vernunft ausgeschlossen wird, keine einzige Pflicht, kein einziges Recht mehr geben kann, weil nichts Vernünftiges mehr bleibt?

Nein, er erkennt dies durchaus und greift es als Einwand auf. Er sagt:

„Es scheint zunächst so, daß die Menschen in diesem Zustand – da sie untereinander weder irgendeine Art moralischer Beziehung noch bekannte Pflichten hatten – weder gut noch böse sein konnten und weder Laster noch Tugenden hatten; es sei denn, man versteht diese Worte im *physischen* Sinn und nennt die Eigenschaften, die der Selbsterhaltung schaden können, „Laster" des einzelnen und nennt „Tugenden" solche Eigenschaften, die der Selbsterhaltung dienen. Dann müßte man denjenigen am tugendhaftesten nennen, der den einfachen Antrieben der Natur am wenigsten widersteht."[11]

Was antwortet er auf ein Problem, das mit einem Schlag das ganze Naturrecht zerstört und aufhebt, das er mit einem solchen Wortschwall zu begründen versucht hatte?

Lediglich dies:

„Wenn wir uns vom gewöhnlichen Sinn der Worte nicht entfernen, ist es angebracht, das Urteil, das wir über eine derartige Lage fällen könnten, aufzuschieben und unseren Vorurteilen zu mißtrauen, bis wir nicht, mit der Waage in der Hand, geprüft haben, ob es bei den zivilisierten Menschen mehr Tugenden als Laster gibt; oder ob ihre Tugenden vorteilhafter sind als ihre Laster unheilvoll."[12]

Mehr als das, was mit diesen Worten zugebilligt wird, verlangen wir ja gar nicht. Denn wir sind vollständig damit einverstanden, daß es im Naturzustand unseres Philosophen weder Laster noch moralische Tugenden gibt. Und wir sind mit folgendem einverstanden: Wenn ein solcher Zustand ohne Sittlichkeit dem Gesellschaftszustand vorzuziehen wäre, sofern im Gesellschaftszustand die Laster ge-

---

10 *Ibid.* [Ibid. S. 105.]
11 *Ibid.* [Ibid. S. 135.]
12 *Ibid.* [Ibid. S. 136 f.]

genüber den Tugenden überwiegen, so könnte uns der Naturzustand trotzdem niemals eine Idee von Gesetz oder von Recht liefern, eben weil er uns keine Idee von Tugend und von Laster und von Vernunft liefert. Schließlich sind wir mit dem einverstanden, was notwendigerweise aus all dem folgt: Es ist vergebens und verrückt, auf den Naturzustand zurückzugreifen, um daraus die Normen des Naturrechts zu gewinnen. Es ist der Rückgriff auf einen Zustand der Dinge, in dem selbst die schwächste Spur von natürlichem Recht fehlt. Man könnte darin höchstens einen kläglichen Vorwand dafür finden, die Existenz eines natürlichen Rechts zu bestreiten beziehungsweise die Sittengesetze in physikalische Gesetze umzuwandeln oder umgekehrt. Daher kann der seltsame Gedanke, das Naturrecht aus den bloßen physischen Elementen des Menschen zu gewinnen, nicht die geeignete Art und Weise sein, dieses Recht zu begründen. Er kann höchstens die Art und Weise sein, es zu vernichten.

Um abzuschließen: Was Rousseau über das natürliche Recht geschrieben hat, darf man nicht als eine ernste philosophische Arbeit betrachten. Es war nur eine Elegie auf die Verderbtheit der Gesellschaft, in der dieser unglückliche Mensch lebte. Dieser redegewandte Prediger wurde weder von seinen Anhängern noch von seinen Gegnern verstanden. Statt in ihm den wütenden Mann zu sehen, der sich aufregt, den Redner, der übertreibt, den geistvollen Sophisten, den trauernden Dichter, wollte man ihn als vernünftigen Philosophen betrachten. Und dies hat sowohl seinem Ruf als auch der Epoche geschadet, deren Korruption er beklagte.

Buch I, Kapitel 5

Vom gesellschaftlichen *Wohlwollen* und von der *Freundschaft*

Wir gehen nun weiter. Wir hatten vorher den Begriff von Gesellschaft dargelegt und in diesen Begriff auch das „gesellschaftliche Wohlwollen" eingeführt. – Handelt es sich bei diesem gesellschaftlichen Wohlwollen um Freundschaft? Wenn nicht, worin unterscheidet sich die Idee des gesellschaftlichen Wohlwollens von der Idee der Freundschaft?

Der Begriff des *gesellschaftlichen Wohlwollens* und der Begriff der *Freundschaft* dürfen nicht verwechselt werden. Freundschaft ist etwas reineres, heiligeres, höheres als das einfache gesellschaftliche Wohlwollen, jedenfalls soweit es sich um eine begrenzte Gesellschaft (società limitata) handelt.

Der Freund vergißt sich selbst für seinen Freund. Er will und fördert das Wohl der geliebten Person ohne Rücksicht auf das eigene Wohl, das manchmal sogar dem Wohl des anderen geopfert wird. Die Freundschaft ist wesenhaft geistig, objektiv; durch die Freundschaft lebt der Mensch im Objekt seiner Liebe, wie es sich sein Bewußtsein vorstellt; durch die Freundschaft lebt der Mensch außerhalb seiner selbst.

Das alles läßt sich vom gesellschaftlichen Wohlwollen nicht sagen. Ein Mitglied einer Gesellschaft will als Mitglied das Wohl der Gesellschaft, zu der es gehört. In diesem für die ganze Gesellschaft gewünschten Gut besteht das gesellschaftliche Wohlwollen. Es ist wahr, daß der Mensch, der das Wohl des Gesellschaftskörpers will, folglich das Wohl aller Personen wünscht, die diesen Körper bilden. Unter diesen Personen ist auch er selbst. Im *gesellschaftlichen Wohlwollen* vergißt der Mensch sich selbst also nicht wie in der *Freundschaft*, sondern er betrachtet sich und liebt sich als Mitglied der Gesellschaft. Mehr noch: Er assoziiert sich mit den anderen Personen allein um des Vorteils willen, den er für sich durch diese Assoziierung erwartet. Er bindet sich also an die Vereinigung und liebt die Gesellschaft und das Gemeinwohl der Gesellschaft letztlich wegen seines eigenen Wohls, wegen der Liebe zu sich selbst. Er liebt das Wohl des anderen nicht eigentlich und notwendigerweise, weil es das Wohl des anderen ist, sondern weil er sieht, daß das Wohl des anderen die notwendige Bedingung seines eigenen partikularen Wohls ist. Das gesellschaftliche Wohlwollen hat folglich einen subjektiven Ursprung: Es ist die subjektive Liebe, die eine objektive Liebe hervorbringt, die aber in diesem Fall im menschlichen Herzen nur einen untergeordneten Platz einnimmt.

Daraus kann man schließen, daß das *gesellschaftliche Wohlwollen* eine Art Mittelstellung zwischen der *Herrschaftsbindung* und der *Freundschaft* hat. Es ist edler als die Herrschaftsbindung und weniger edel als die Freundschaft. Es ist ein erster Schritt, mit dem die Menschen dann zu den ganz reinen Gefühlen der Freundschaft gelangen.

Allerdings soll man nicht glauben, daß in den realen menschlichen Gesellschaften die Freundschaft gewöhnlich fehlt. Die *Bindungen durch Herrschaft, durch*

Gesellschaft und durch Freundschaft sind faktisch miteinander vermischt und unterschiedlich einflußreich. Wir wollen lediglich die Begriffe differenzieren. Dies ist notwendig, um danach zu zeigen, was das menschliche Zusammenleben jeder der drei Bindungen verdankt.

Tatsächlich, nur mittels der Unterscheidung zwischen dem Begriff der Herrschaft, dem Begriff des gesellschaftlichen Wohlwollens und dem Begriff der Freundschaft läßt sich folgendes klar schließen: 'Man muß die menschlichen Vereinigungen für um so glücklicher und tugendhafter halten, je mehr darin die Freundschaft über die beiden anderen Bindungen dominiert; und weiter: je mehr die Bindung durch Geselligkeit über die Bindungen durch Besitz und Herrschaft dominiert.'

Wir müssen nun betrachten, wie sich Freundschaft und gesellschaftliches Wohlwollen mehr und mehr verfeinern können und wie sie sich treffen, umfassen und eins werden, wenn beide zur höchsten Stufe an Vornehmheit (nobiltà) gelangen, zu der sie fähig sind.

Wie erreicht Freundschaft ihre höchste Vornehmheit? – Freundschaft wird edler, je tugendhafter sie wird. Denn die Tugend und nichts als die Tugend ist das Wesen der Vornehmheit. Die Tugend ist daher auch die Kraft, die alle Dinge veredelt (nobilitatrice). Die Freundschaft hat folglich dann ihre höchste Stufe an Adel und Vornehmheit erreicht, wenn dasjenige, was der Freund im Freund liebt, die Tugend ist, also wenn sich die Zuneigung auf das Wahre, Gerechte, Wahrhaftige, Heilige als ihr letztes Ziel richtet. Dann empfängt kein begrenztes Objekt mehr unsere Zuneigung, es sei denn wie ein Kristall, durch den die Zuneigung, ohne anzuhalten, hindurchgeht, oder wie ein sehr klarer Spiegel, auf den die Sonnenstrahlen treffen und der sie, ohne sie zu verändern, zur Sonne zurücksendet.

Wie erreicht gesellschaftliches Wohlwollen seinen höchsten Adel? – Das gesellschaftliche Wohlwollen, so haben wir gesagt, weitet sich aus, indem sich die Gesellschaft ausweitet. Wir haben auch gesehen, daß die Gesellschaft besser wird, indem sie sich ausweitet, eben weil sich das Wohlwollen durch diese Ausweitung vervollkommnet. Die Gesellschaft weitet sich auf zweifache Weise aus: indem die Zahl der Personen, die sich zusammenscharen, wächst und indem die Güter wachsen, die den Zweck darstellen, um dessetwillen sich die Gesellschaft bildet. Solange eine Person außerhalb der Gesellschaft bleibt und solange ein wahres Gut aus dem Gesellschaftskörper[1] ausgeschlossen bleibt, ist die Gesellschaft noch eine begrenzte Gesellschaft und hat ihre letzte mögliche Vollendung noch nicht erreicht. Folglich hat auch das Wohlwollen, das die Assoziierung begleitet, noch nicht die höchste Vollendung erreicht, nach der es streben kann. Nehmen wir aber folgendes einmal an: Die Gesellschaft ist eine vollständig grenzenlose Gesellschaft geworden. Keine Person ist aus ihrer Mitte ausgeschlossen, und kein wahres Gut ist aus ihrer Zwecksetzung ausgeschlossen. Dann hat man notwendigerweise eine Gesellschaft, die nach der Tugend als ihrem letzten Ziel, als dem höchsten Gut überhaupt, strebt. Die Tugend ist nicht nur das beste der Güter, sondern sie ist auch die Bedingung und der

---

[1] [In der Ausgabe von Sergio Cotta *scopo*, also *(Gesellschafts-)Zweck*, op. cit., S. 196.]

Kapitel 5: Vom gesellschaftlichen Wohlwollen

rechtmäßige Ursprung jeden Guts. Diese Gesellschaft wird also hauptsächlich nach der Tugend als dem höchsten Gut und der Quelle jeden Guts streben. Wie wird nun das *Wohlwollen* dieser edlen Gesellschaft beschaffen sein? Es wird ein Wohlwollen sein, durch das jedes Mitglied der Gesellschaft für alle Mitglieder vor allem die sittliche Vollkommenheit wünscht. Damit sind wir bei einem Wohlwollen angelangt, das nichts anderes ist als die Liebe zur Sittlichkeit und daher auch eine wesenhaft objektive und uneigennützige Liebe.

Die Freundschaft verwandelt sich also, wenn sie ihre letzte ideale Vollkommenheit erreicht, in eine höchste Liebe zum ewigen Gut der Sittlichkeit. In ähnlicher Weise verwandelt sich das gesellschaftliche Wohlwollen, wenn man es sich in seiner letzten möglichen Vollkommenheit vorstellt, in dieselbe höchste Liebe zur sittlichen Tugend und strebt nach keinem Gut, das nicht auf jenes höchste Gut hingeordnet ist.

Das Ideal des *gesellschaftlichen Wohlwollens* und das Ideal der *Freundschaft* sind also ein und dieselbe reine Liebe zur Tugend.

Bevor wir dieses Kapitel schließen, sollten wir auch hier bedenken, daß es auf Erden eine universale Gesellschaft gibt, in der das *gesellschaftliche Wohlwollen* von der *Freundschaft* und beide von der *Tugend* überhaupt nicht trennbar sind. Der Gründer des Christentums setzte als Zweck der Gesellschaft, die er gründete, allein die *tugendhafte Liebe*. In die tugendhafte Liebe münden gleichermaßen das vollkommene gesellschaftliche Wohlwollen wie auch die vollkommene Freundschaft ein. „Ich gebe Euch ein neues Gebot", sagte er den Mitgliedern dieses weiten Verbandes, „daß Ihr Euch so liebt, wie ich Euch geliebt habe".[2] Das bedeutet: mit der vollkommensten Freundschaft und mit dem vollkommensten gesellschaftlichen Wohlwollen.

---

[2] Joh., XIII, [34].

Buch I, Kapitel 6

Von der gesellschaftlichen Freiheit

Die Gesellschaftsbindung ist der Herrschaftsbindung entgegengesetzt.
Die Gesellschaft schließt folglich von ihrer Natur her Knechtschaft aus. Alle assoziierten Personen sind Teile eines einzigen Körpers. Sie sind also Zweck, so wie auch der Körper selbst Zweck ist, dem das Gut gehört, das durch die Assoziierung erreicht werden soll.
Die Gesellschaft setzt also die *Freiheit* voraus. Die Personen sind als Gesellschaftsmitglieder frei.
Die Freiheit, die die assoziierten Personen genießen, ist um so größer und vollkommener, je umfassender und vollkommener die Gesellschaft ist. So wie sich durch die Ausweitung der Gesellschaft die Gerechtigkeit ausbreitet[1], die der Gesellschaft inhärent ist, so breitet sich auch das gesellschaftliche Wohlwollen aus.[2] Und auf dieselbe Weise breitet sich auch die gesellschaftliche Freiheit aus und vervollkommnet sich.
In höchstem Maße findet sich auch diese neue Besonderheit, wie alle vorangehenden Merkmale, in der christlichen Gesellschaft (società cristiana).
Ihr Gründer schrieb ihr das Freiheitszeichen auf die Stirn. Er erklärte die Freiheit seiner Gesellschaft zur Wirkung der Wahrheit, die diese Gesellschaft besitzt, und der Tugend, nach der sie strebt: „Wenn Ihr in meinen Worte bleibt [durch den Glauben], werdet Ihr wahrhaftig meine Jünger sein [durch das sittlich gute Leben], und Ihr werdet die Wahrheit erkennen, und die Wahrheit wird Euch frei machen", sprach Christus zu allen Menschen.[3] Nach Christi Worten sind es also vier aufeinander folgende Schritte, die zur Freiheit führen: GLAUBE, TUGENDPRAXIS, ERKENNTNIS DER WAHRHEIT, FREIHEIT.

---

[1] Vgl. zuvor Kapitel 2.
[2] Vgl. zuvor Kapitel 5.
[3] Joh., VIII, [31–32].

Buch I, Kapitel 7
Fortsetzung

Wir müssen aufpassen, daß wir uns nicht täuschen, indem wir die gesellschaftliche Freiheit für etwas halten, was sie nicht ist.
  Worin besteht die gesellschaftliche Freiheit?
  Aus dem, was wir gesagt haben, folgt: Die gesellschaftliche Freiheit besteht darin, daß ohne Unterschied alle assoziierten Personen als Zweck gelten und keine von ihnen als bloßes Mittel für das Wohl der anderen Personen betrachtet wird.
  Die Gesellschaft ist für alle Mitglieder gemacht, die die Gesellschaft bilden. Das Gut, das sich durch die Gesellschaft ergibt, muß gleichmäßig (egualmente) verteilt werden. Das heißt: Es muß nach einem für alle gleichen Gesetz zwischen allen verteilt werden. Keines der Mitglieder ist gezwungen, für die anderen zu arbeiten, ohne selbst an seiner Arbeit teilzuhaben.[1] Das ist die gesellschaftliche Freiheit. Wenn demgegenüber ein Mensch gezwungen ist, für einen anderen Menschen zu arbeiten und nicht für ein beiden gemeinsames Gut (un bene comune ad entrambi), dann besteht Knechtschaft.
  Man macht also einen gewaltigen Fehler, wenn man annimmt, daß die gesellschaftliche Freiheit darin besteht, daß das Gesellschaftsmitglied frei von Verpflichtungen und Mühen ist.
  Die Natur der Gesellschaft ist die einer Vereinigung (unione), die zwischen mehreren Individuen zu dem Zweck geschlossen wird, ein bestimmtes Gut zu erlangen. Und es ist auch klar, daß jeder von denen, die in diese Vereinigung eintreten, sich allen Gesetzen unterwirft und verpflichtet, die sich aus der Natur der Gesellschaft ergeben.
  Alle diese Gesetze lassen sich in zwei allgemeinen Gesetzen zusammenfassen:
  1. Mit dem Eintritt in die Gesellschaft (coll'associarsi)[2] verpflichtet sich jeder, das gemeinsame Gut der Gesellschaftsmitglieder zu wollen und bei dessen Herstellung oder Erwerb mitzuwirken, in der Weise, wie es festgelegt wird, das heißt entweder durch sein persönliches Handeln oder durch die äußeren Dinge, die er besitzt.
  2. Jedem muß ein quotenmäßiger Anteil des Gutes zukommen, das die Gesellschaft erwirbt, und zwar im Verhältnis zu seinem Beitrag an persönlicher Arbeit oder an äußeren Gütern.

---

1   [Im Original „senza che egli partecipi del suo lavoro". Rosmini spricht also m. E. nicht ausdrücklich vom Ertrag oder Profit der Arbeit, auf den ein Anrecht besteht, sondern von der Arbeit selbst, von der der einzelne unter den Bedingungen der gesellschaftlichen Freiheit nicht „entfremdet" ist. Höllhuber übersetzt mit „ohne selbst aus seiner Arbeit einen Anteil zu gewinnen", op. cit., S. 102; in der engl. Übersetzung „without receiving a share for his own work", op. cit., S. 35.]
2   [Höllhuber gebraucht hier den Terminus „Vergesellschaftung", op. cit., S. 103.]

Kein Mitglied der Gesellschaft kann sich diesen fundamentalen gesellschaftlichen Gesetzen entziehen, die die ersten Grundlinien der gesellschaftlichen Ordnung konstituieren.

Daraus folgt, daß ein Mitglied gegen die Gesellschaft, der es angehört, sündigt,

1. wenn das, was es will, nicht das Gemeinwohl (bene comune) ist, sondern das Eigenwohl (bene proprio); wenn das Mitglied nur dieses Eigenwohl als Ziel verfolgt und dabei das Gemeinwohl vernachlässigt oder schädigt;

2. wenn es sich nicht mit den vereinbarten und festgelegten Mitteln am Erwerb des gesellschaftlichen Guts beteiligt.

Im erstgenannten Fall verstößt das Mitglied gegen das *gesellschaftliche Wohlwollen*, im zweiten Fall verstößt es gegen die *gesellschaftliche Tätigkeit* (attività sociale). Diese beiden sind die obersten Pflichten jeder Gesellschaft.

Buch I, Kapitel 8
Von der gesellschaftlichen Gleichheit

Ähnliche Betrachtungen wie zuvor müssen wir hinsichtlich der gesellschaftlichen Gleichheit anstellen.

Gewiß ist, daß das Wesen der Gesellschaft selbst ein Element von *Gleichheit* zwischen den assoziierten Personen etabliert. Aber auch hier, bei der Bildung des richtigen Begriffs von der Gleichheit, von der wir sprechen, muß man gut achtgeben.

Man versteht die *gesellschaftliche Freiheit* richtig durch die Gegenüberstellung von Gesellschaftsbindung und Herrschaftsbindung. Durch eine ähnliche Gegenüberstellung wird auch deutlich, was *gesellschaftliche Gleichheit* ist.

Zwischen Knecht und Herr gibt es keine Gleichheit, da der Knecht als Knecht nur Mittel ist, dessen Zweck der Herr ist. Zwischen Mittel und Zweck besteht ein wesenhafter, unendlicher Unterschied. Die Personen, die eine Gesellschaft bilden, sind dagegen alle Zweck, keine von ihnen ist Mittel. Daher unterscheiden sie sich als Gesellschaftsmitglieder nicht essentiell. Alle sind essentiell gleich. Hierin allein besteht die gesellschaftliche Gleichheit.

Der göttliche Gesetzgeber wandte auch diese Lehre auf die umfassendste aller Gesellschaften an. Er begann das Werk ihrer Gründung mit der Befreiung der Menschen aus der Knechtschaft der Sünde, damit sie als frei gewordene Menschen folglich alle gleich sind und alle als Zweck gelten und keiner als Mittel. Der heilige Paulus schickte einen geflohenen Sklaven, nachdem er ihn getauft hatte, zu seinem Herrn zurück und trug dem Herrn auf, den Sklaven nicht mehr „als Sklaven, sondern als lieben Bruder zu empfangen". Er fügte hinzu: „Wenn Du mich als Deinen Genossen betrachtest, so nimm ihn auf wie mich selbst."[1] Das ist die gesellschaftliche Gleichheit, das ist die Herrschaftsbindung, die sich in die Gesellschaftsbindung verwandelt hat.

So wie die *gesellschaftliche Freiheit* die Verpflichtungen der Mitglieder nicht aufhebt, so schließt demnach die *gesellschaftliche Gleichheit* nicht aus, daß zwischen den Mitgliedern umständebedingte Unterschiede bestehen können. Diese Unterschiede müssen wir im folgenden Kapitel näher betrachten.

---

1 *Ad Philem.* [Sancti Pauli Epistola ad Philemonem, 16–17.]

Buch I, Kapitel 9

Von der gesellschaftlichen Ordnung

Die Unterschiede oder *Ungleichheiten* zwischen den Gesellschaftsmitgliedern (sozi) ergeben sich aus der inneren Natur der Gesellschaft.

Wir haben gesehen, welches die beiden Fundamentalgesetze jeder Gesellschaft sind. Sie enthalten den Grund und die verschiedenen Ausprägungen von gesellschaftlicher Ungleichheit. Betrachten wir zunächst das zweite Gesetz:

'Jedes Gesellschaftsmitglied muß einen quotenmäßigen Teil des Gutes erhalten, das durch die gesellschaftliche Vereinigung erworben wird – und zwar in Proportion zu seinem Beitrag.'

Dieses Gesetz geht von einer doppelten Ungleichheit unter den Mitgliedern aus:

1. Ungleichheit im Umfang dessen, was jeder zur Gemeinschaft (comunione) beigetragen hat;
2. Ungleichheit hinsichtlich des Rechts, an den gesellschaftlichen Vorteilen in größerem oder geringerem Umfang teilzuhaben. Diese zweite Ungleichheit ist Folge der ersten Ungleichheit.

In einer Gesellschaft, in der jeder dasselbe Maß an Gut wie die anderen zur Gemeinschaft beiträgt – also dieselbe Menge an Mitteln, die dem Erwerb des Zwecks der Gesellschaft dienen – gibt es die genannten Ungleichheiten nicht.

Diese Ungleichheiten verschwinden in der Theorie, wenn man nicht die assoziierten Personen in ihrer Wirklichkeit betrachtet, sondern wenn man sie als abstrakte Personen (persone astratte) betrachtet. Oder anders ausgedrückt: Die Ungleichheiten verschwinden, wenn man die Personen betrachtet, sofern sie Gesellschaftsmitglieder sind[1], und wenn man – es sei mir gestattet, es so auszudrücken – die *Aktien* (azioni) betrachtet, mit denen sie beitreten und Teil der Gesellschaft werden. Die Gesellschaftspersonen (persone sociali) werden dabei durch Abstrak-

---

[1] Im römischen Recht wurde zwischen *Mensch* und *Person* unterschieden. Alle waren Menschen, aber nicht alle waren *Personen*. Die Person wurde definiert als „homo cum statu quodam consideratus". Und unter „status" verstand man „qualitas, cujus ratione homines diverso IURE utuntur". Mit einem Wort: Als *Personen* galten die *Mitglieder* des großen römischen Verbandes und als *Nicht-Personen* alle anderen Menschen außerhalb dieses Verbandes. Nach den Gesetzen hatte der Sklave nicht den Status und Stand eines *sozius*; daher war er ein „ἄνθρωπος" (Theophil, I. *Inst.*, de stipul. ser.), „personam legibus non habens" (Cassiod., *Var.*, Buch VI, Kap. 8), und zählte „inter RES quae in fundo sunt" (L. 32, § 2, D. *de legat.* II), „pro nullo et mortuo" (L. 32 und 209, D. de reg. jur.), eben weil er nicht zur Gesellschaft gehörte. – In jeder begrenzten Gesellschaft gibt es immer notwendigerweise eine ähnliche Unterscheidung zwischen Sklaven und Freien. Daher mußte auf Erden eine universale Gesellschaft gegründet werden, aus der niemand ausgeschlossen wäre und in der alle Freie wären. Das war das Werk des Christus. [Zu den zitierten Autoren und Digesten vgl. THEOPHILI ANTECESSORIS Institutionum libri quatuor, Venedig 1738, lib. III, tit. XVII de stipulatione servorum, S. 208; M. AURELII CAS-

Kapitel 9: Von der gesellschaftlichen Ordnung

tion hinsichtlich ihres Beitrags und ihres Anspruchs alle gleichgestellt. Es wird unterstellt, daß alles, was auf diese Weise zur Gemeinschaft beigetragen wird, in gleiche Aktien aufgeteilt sei. Aber mehrere Gesellschaftspersonen und mehrere Aktien können sich in einer einzigen realen Person vereinen; daher kommt die genannte Ungleichheit.

Man macht also eine Denkfehler, wenn man annimmt, daß die *realen Personen*, die Mitglieder der Gesellschaft sind, alle notwendigerweise gleich sein müßten. Dieser Denkfehler kommt daher, daß man die Natur der gesellschaftlichen Bindung nicht richtig versteht.[2]

Die Natur der Gesellschaft bringt aber notwendigerweise noch weitere Ungleichheiten mit sich.

Zunächst braucht die Gesellschaft immer eine *Verwaltung*. Unter *gesellschaftlicher Verwaltung* (amministrazione sociale) verstehe ich ein *ordnendes* Prinzip, das alle sozialen Kräfte auf den Zweck der Gesellschaft hinlenken und miteinander koordinieren soll.

Wenn die assoziierten Personen ein bestimmtes Vermögen (corpo), also einen gesellschaftlichen Fonds, in die Gemeinschaft einbringen, erzeugt dieser Fonds nicht von allein Profit, sondern er muß verwaltet werden. Selbst wenn er von allein die Güter erzeugt, die mit der gesellschaftlichen Vereinigung erlangt werden sollen, ist trotzdem eine Hand erforderlich, die die Güter sammelt und auf die Mitglieder in Proportion zu ihrem jeweiligen Beitrag verteilt.

Wenn die assoziierten Personen auch mit ihrer Arbeitskraft (industria) beitragen, muß diese wiederum abgestimmt und auf jenen einzigen Zweck hin ausgerichtet werden, nach dem die Gesellschaft strebt.

Alle diese Funktionen zusammengenommen werden als „gesellschaftliche Verwaltung" bezeichnet.

Das Verwalten ist von seinen Natur her ein Recht, das den Mitgliedern innewohnt, die die Gesellschaft bilden.

Da aber die gesellschaftliche Verwaltung *Einheit* und *Tüchtigkeit* verlangt (unità e abilità), übertragen die Mitglieder das Amt, die Gesellschaft zu verwalten, meistens einer Person oder mehreren Personen.

Daher kommt die Vorstellung vom *Verwalter* (ministro), vom *Vorsitzenden* (presidente) oder vom *Ordner* (ordinatore)[3] der Gesellschaft, wobei wir mit diesen drei Bezeichnungen mehr oder weniger dieselbe Sache meinen.

SIODORI Variae, in: Monumenta Germaniae historica, Berlin 1894, Auctorum antiquissimorum, tom. XII, S. 181; Digesta JUSTINIANI AUGUSTI, „D. de legatis et fideicommissis lib. II", L. 32, § 2, in: Corpus juris civilis, cit., Bd. I, S. 472; Digesta JUSTINIANI AUGUSTI, „D. de diversis regulis juris antiqui", L. 17, § 32 und § 209, in: Corpus juris civilis, cit., Bd. I, S. 921 und S. 926.]

[2] Daran denken die Vertreter des allgemeinen Wahlrechts bei Repräsentativregierungen nicht. Der Beitrag jedes Bürgers muß vertreten werden, nicht die reale Person. Es ist ein Prinzip scheinbarer Gleichheit, aber tatsächlicher Ungleichheit und Ungerechtigkeit, wenn man die *realen Personen* vertritt und nicht die *Gesellschaftspersonen* beziehungsweise die *Aktien*, mit denen jeder Bürger zur Gesellschaft beitritt.

[3] [In der engl. Übersetzung für „ordinatore" „executive", op. cit., S. 39.]

Man beachte genau, daß die Idee vom Verwalter, Vorsitzenden oder Ordner der Gesellschaft wesenhaft verschieden von der Idee vom *Gesellschaftsmitglied* ist.

Um sich dies klar zu machen, braucht man nur daran zu denken, daß die Gesellschaft bei ihrem ersten Zusammenkommen auch eine Person, die nicht zur Gesellschaft gehört, zu ihrem *Verwalter, Vorsitzenden* oder *Ordner* wählen könnte.

Welche Beziehung besteht also zwischen dem *Verwalter* der Gesellschaft und der Gesellschaft selbst? Handelt es sich um eine *Dienst*beziehung (relazione *servile*) oder um eine *gesellschaftliche* Beziehung (relazione *sociale*)[4]?

Das ist eine wichtige Frage, und man kann sich leicht täuschen, wenn man einfach die eine oder die andere Antwort gibt. Die Beziehung zwischen dem Verwalter der Gesellschaft und der Gesellschaft selbst ist kompliziert und komplex und muß genauer analysiert werden.

Zunächst stelle ich fest, daß der *Verwalter* als *Mitglied* aufgenommen und betrachtet werden könnte, wenn man seinen Arbeitseinsatz, also seine administrativen Leistungen, als seinen Anteil am Gesellschaftsfonds betrachtet.

In diesem Fall müßte seine Arbeit, mit der er zur Erlangung des Zwecks der Gesellschaft beiträgt, gerecht im Vergleich zum Einsatz der anderen Mitglieder eingeschätzt werden. Und er besäße das Anrecht auf einen Teil des Profits, der dem Wert seiner Arbeit entspricht.

Es kann also *Verwalter* geben, *die zugleich Gesellschaftsmitglieder sind,* und es kann *besoldete Verwalter* geben.

Die erstgenannten Verwalter sind zweifellos mit der Gesellschaft durch die *gesellschaftliche Bindung* verbunden. Zwischen ihnen und der Gesellschaft besteht keine Beziehung, die man als Beziehung zwischen dem Knecht und dem Herrn bezeichnen könnte. Dieser Verwalter arbeitet wohl zum Nutzen der Gesellschaft; aber eine solche Verpflichtung gilt für jedes Mitglied, das zur Gesellschaft mit seinem Arbeitseinsatz beiträgt. Diese Beziehung hat nichts Dienendes. Sie ist ganz und gar gesellschaftlich, wenngleich mit strengen Verpflichtungen verbunden. Wir haben ja bereits gesehen: Die *Verpflichtung* konstituiert nicht den Stand der *Knechtschaft*. Die Verpflichtung ist vielmehr stets notwendigerweise mit der gesellschaftlichen Freiheit verbunden.

Desweiteren kann ein solcher *Verwalter als Gesellschaftsmitglied* nicht aus seinem Amt entlassen werden, sofern dies nicht in den Reglements der Gesellschaft vereinbart worden ist. Ohne einen solchen ausdrücklichen Vertrag (patto) ist der Verwalter gehalten, seine Pflicht zu tun wie jedes andere Mitglied. Aber er ist gehalten zu leisten, wozu er sich verpflichtet hat. Er hat das Recht, zu verwalten, solange es die Gesellschaft gibt, so wie jedes Mitglied der Gesellschaft das Recht hat, Mitglied zu sein zu den Bedingungen, zu denen es als Mitglied aufgenommen geworden ist. Es ist also ein Irrtum zu glauben, die Verwaltung sei immer und aus der Notwendigkeit ihres Amtes heraus eine *Dienerin* des Gesellschaftskörpers und der Gesellschaftskörper [das Volk] sei der *Herr* der Verwaltung.

---

[4] [Zusatz am Rande: „Der *Verwalter* wird als Mandatsträger betrachtet, Österr. Bürgerl. Gesetzb. § 837".]

Kapitel 9: Von der gesellschaftlichen Ordnung 179

Handelt es sich jedoch um einen Verwalter, der nicht *Mitglied*, sondern *Angestellter* ist, so ist dieser Verwalter durch einen Vertrag (contratto) an die Gesellschaft gebunden, der sich in der Formel ausdrückt *facio, ut des*. Ein solcher Vertrag bedeutet noch keine Bindung in Knechtschaft. Ein solcher Vertrag ist vielmehr ein Vertrag zwischen zwei freien Personen, zwischen denen eine Beziehung in der Art des *Naturzustandes* besteht, verstanden als der Zustand, der den gesellschaftlichen Bindungen vorausgeht. Tatsächlich ist der Verwalter verpflichtet, zu verwalten, wie es dem Zweck der Gesellschaft geziemt. Auf der anderen Seite ist die Gesellschaft gehalten, ihm die entsprechende Entlohnung für seine Arbeit zu geben. Auf beiden Seiten gibt es also Pflichten und Rechte. In der Bindung von Herrschaft und Knechtschaft dagegen bestehen auf der Seite des Herren nur Rechte und auf der Seite des Knechts nur Pflichten, denn der Knecht ist Mittel, und der Herr ist Zweck. Man beachte genau, daß der Verwalter einer Gesellschaft – auch der besoldete – nicht etwa verpflichtet ist, der *Willkür* (arbitrio) der Gesellschaftsmitglieder Folge zu leisten – sei es der Mitglieder je einzeln, sei es des Gesellschaftskörpers insgesamt. Dies muß ein *Knecht* tun. Der Verwalter dagegen ist nur verpflichtet, das zu tun, was Natur und Zweck der Gesellschaft erfordern. Er ist also keine vom Willen eines anderen abhängige Person, sondern eine Person, die ein bestimmtes, durch die Natur der Sache festgelegtes Amt ausübt. So entspricht es einem *Verwalter*.

Richtig ist folgendes: Wenn in dem Vertrag zwischen der Gesellschaft und dem besoldeten Verwalter die Zeitspanne, in der dieser die Verwaltung führt, nicht festgelegt wird, kann der Verwalter nach dem Belieben des Gesellschaftskörpers entlassen werden. Gleichermaßen behält seinerseits der Verwalter das Recht, auf die Besoldung zu verzichten und die Verwaltung zu verlassen, wann es ihm beliebt. Es handelt sich mithin um einen zweiseitigen Vertrag mit vollkommener Gleichheit auf beiden Seiten.

Diese Bemerkungen tragen dazu bei, die Natur der *Bindungen* zu erhellen, die einen Verwalter mit einer Gesellschaft verbinden können. Wir müssen aber die Natur des *Amtes* des Gesellschaftsverwalters noch näher betrachten.

Wir haben gesagt: Das administrative Amt besteht darin, alle sozialen Mittel [sowohl die in die Gemeinschaft eingebrachten Güter als auch die Arbeit der Personen] gut miteinander abgestimmt auf die Erlangung des Zwecks *hinzuordnen* und hinzulenken, für den die Gesellschaft errichtet wurde.

Wenn sich aus dem Verwalteramt die Pflicht ergibt, die sozialen Mittel zu *ordnen* und miteinander abzustimmen, folgt daraus, daß die Gesellschaft mit der Wahl des Verwalters in dieser Hinsicht ihre Macht (potere) abgetreten hat und sich den administrativen Anordnungen unterwerfen muß.

Mehr noch: Da zu den gesellschaftlichen Mitteln auch die Arbeit der Mitglieder gehört, müssen diese Mitglieder qua Natur der Sache der Führung des Verwalters *gehorchen*. Anderenfalls ist dieser in seinem Amt blockiert, und dann hebt man das auf, was man erreichen wollte, indem man ihn zum Verwalter wählte.

Den Mißbrauchsfall lasse ich hier beiseite, in dem der Verwalter seinem Amt nicht gerecht wird, weil ich nur einfach die *Natur* des Verwaltungsamtes betrachten will, ohne die Frage komplizierter zu machen.

Die Idee von Gesellschaft schließt also die Verpflichtung, dem Gesellschaftsverwalter zu *gehorchen*, nicht aus. Im Gegenteil: Sie schließt diese Verpflichtung ein. Wenn also der Verwalter selbst Gesellschaftsmitglied ist, impliziert diese Idee eine weitere Form von akzidenteller Ungleichheit zwischen den Mitgliedern.

Dieser Gehorsam ist gleichwohl keine *Knechtschaft*. Es handelt sich ja nicht darum, dem *Willen* eines Menschen zu gehorchen, sondern es handelt sich darum, sich der *gesellschaftlichen Ordnung* zu unterwerfen, die von der Verwaltung der Gesellschaft aufgestellt wird. Diese *Unterwerfung* (sottomissione) geschieht nicht zugunsten anderer, sondern zugunsten der Mitglieder selbst, welche Zweck, nicht Mittel sind. Mittel wären sie, wenn sie aufgrund von Knechtschaft gehorchen müßten. Dem Verwalter der Gesellschaft zu *gehorchen*, bedeutet also keineswegs, sich zum *Mittel* zu machen – aber zugleich kann kein Mitglied Zweck sein, wenn es nicht auch *gehorcht*.

Gehen wir von folgendem aus: Die Gesellschaft ist mit eindeutigen Verträgen errichtet und alle Mitglieder können und wollen ihre Pflicht tun. Dann ist nach der Idee von Gesellschaft außer den Gesellschaftsmitgliedern keine weitere Person als die des Verwalters erforderlich, von dem wir gesprochen haben und dessen Amt allein darin besteht, *alle sozialen Mittel zur Erlangung des Zwecks der Gesellschaft* in bestmöglicher Weise *zu koordinieren*.[5] Aber die Mängel, denen die Gesellschaft ausgesetzt sein kann – sei es hinsichtlich ihrer Verfassung, sei es hinsichtlich der Disponiertheit ihrer Mitglieder – machen weitere Maßnahmen und Ämter erforderlich.

Zunächst einmal können die gesellschaftlichen Verträge (patti sociali) mißverständlich sein.

In diesem Fall *müssen* die Mitglieder gemeinsam beraten und einvernehmlich jedes Mißverständnis ausräumen.

Aber wenn sie sich nicht darüber einigen können, haben sie eine *moralische Pflicht*, der Wahl eines klugen Mannes zuzustimmen, um mit seiner Hilfe zu einem freundschaftlichen Ausgleich zu kommen.

Dieser kluge Mann oder *Richter* bestimmt die Art und Weise, wie die gesellschaftlichen Verträge interpretiert werden müssen. Er tut dies gemeinsam mit den Mitgliedern oder allein. Auf diese Weise vervollkommnet er die Verfassung der Gesellschaft. Sein Amt kann zeitlich gebunden oder permanent sein.

Auch hierbei handelt es sich um ein Amt, das seiner Natur nach der Gesellschaft fremd ist und das den ganzen *Gehorsam* erzwingt, der notwendig ist, damit

---

[5] Es ist ungerecht, von den Menschen das Unmögliche zu verlangen. Ebenso ungerecht ist es auch, zu verlangen, daß der Verwalter *in der – absolut verstanden – besten Weise* handeln soll. In keines Menschen Macht steht es, das absolut Beste zu finden. Die Gesellschaft soll und kann von ihrem Verwalter also nur verlangen, daß er sein Amt aufmerksam und eifrig versieht und daß das, was er tut, auf beste Weise getan wird – nicht *absolut verstanden*, sondern *im Verhältnis zu seinen Fähigkeiten*. Die Gesellschaft kann verlangen, daß er die Maßnahmen ergreift, die er in gutem Glauben für die besten *hält*, um den Zweck der Gesellschaft zu erreichen. Mehr ist die Gesellschaft nicht zu fordern berechtigt.

Kapitel 9: Von der gesellschaftlichen Ordnung

die Mitglieder zu der freundschaftlichen Beilegung kommen, für die dieses Amt eingerichtet ist.

Wir kommen nun zu den Ämtern, die wegen der *Unwissenheit* oder der *Unredlichkeit* ihrer Mitglieder für die Gesellschaft notwendig sind.

Dabei sprechen wir nicht von der *Unwissenheit* in Bezug auf die Art und Weise, gemäß der Verabredung zum Zweck der Gesellschaft beizutragen. Es gehört zum Amt des *Verwalters*, diejenigen Mitglieder zu erziehen, die diesbezüglich ihre Pflicht nicht zu tun *wissen*. Der Verwalter hat hier implizit das Amt des *Erziehers* inne, und die Mitglieder sind verpflichtet, sich als seine *Schüler* zu betrachten. Das ist ein weiterer Grund für gesellschaftliche Unterwerfung und für Gehorsam, jedoch nie für Knechtschaft.

Die *Unwissenheit*, von der wir sprechen wollen, betrifft die Rechte und Aufgaben der Mitglieder.

Wegen dieser Unwissenheit kann es zwischen den Mitgliedern zu Unstimmigkeiten kommen. Sie haben dann die *moralische Pflicht*, zu einem Einsehen und zu einer freundschaftlichen Beilegung ihrer Differenzen zu gelangen. Können sie dieses Ziel nicht erreichen, sind sie *moralisch verpflichtet*, einen *Richter* zu wählen, um ihm ihre Anliegen anzuvertrauen.

Ich sage, daß sie *moralisch verpflichtet* sind, denn es ist eine bei allen Menschen bestehende moralische Pflicht, 'bei ihren Differenzen zu einer friedlichen Einigung zu kommen und niemals zur Gewalt zu greifen'. Dieses moralische Gebot gehört zur allgemeinen Ethik, die der Existenz der Gesellschaft vorausgeht. Aber dieselbe Pflicht entstammt außerdem dem inneren Wesen der Gesellschaft selbst. Denn die Gesellschaft erlegt ihren Mitgliedern die Pflicht auf, in bestmöglicher Weise zum gesellschaftlichen Zweck beizutragen. Dieser Pflicht läuft jeder Akt von Streit oder Gewalt direkt zuwider.

Man könnte fragen, ob auch die Differenzen, die zwischen dem Verwalter und der Gesellschaft auftreten können, an den zuvor genannten *Richter* verwiesen werden müssen.

Wenn es sich um einen Verwalter handelt, der selbst Mitglied der Gesellschaft ist, dann zweifellos ja, denn auch er hat sich an der Wahl des Richters beteiligt.

Wenn der Verwalter lediglich angestellt ist, dann nicht. Dann muß die Frage an einen Richter verwiesen werden, den beide Parteien wählen.

Ich komme auf den Richter zurück, dem die Mitglieder ihre Differenzen übertragen. Ich gebe zu bedenken, daß er von allen (a pieni voti) gewählt werden muß [es sei denn, man einigt sich bei der Verfassung der Gesellschaft auf das Gegenteil]. Denn wenn einer Recht hat, ist das mehr wert, als wenn alle anderen zusammen Unrecht haben.

Daraus ergibt sich auch folgende Konsequenz: Man darf niemals glauben, daß der einstimmig gewählte Richter (eletto all' unanimità) Repräsentant der Mehrheit der Gesellschaft ist, so als sei sein Urteil gleich dem Urteil der Mehrheit. Das wäre ein großer Irrtum. Die gesellschaftliche Mehrheit an sich ist nicht Richterin über die Rechte und die Pflichten der Mitglieder, außer in dem Fall, daß alle mit ausdrücklichem Vertrag der Mehrheit die eigenen Rechte übertragen haben und die Mehrheit auf diese Weise einstimmig zur Richterin gewählt worden ist. Anderenfalls ist die Mehrheit nicht Richterin. Man beachte, daß wir hier immer von Fragen des guten Glaubens sprechen, die aus Unwissenheit auftreten und nicht aus Böswilligkeit der Mitglieder. Diese Fragen, sagen wir, müssen von einem einstimmig gewählten Richter entschieden werden, und jedes Mitglied hat die *moralische Pflicht*, sich mit den anderen Mitgliedern auf eine bestimmte Person zu einigen, die das Amt des Richters wahrnimmt, wenn dieses Amt notwendig ist. Der genannte Richter repräsentiert also nicht die Mehrheit, sondern er repräsentiert alle Mitglieder ohne Ausnahme. Oder besser gesagt: Er repräsentiert die Vernunft und die unpersönliche Gerechtigkeit, der alle Mitglieder, alle Regierungen und alle Gesellschaften *gehorchen* müssen.

Auch gegenüber dieser Person, die beauftragt ist, die Unstimmigkeiten beizulegen, die bei gutem Glauben und aus Unwissenheit entstehen, befinden sich die gesamte Gesellschaft und alle Mitglieder in einem Stand der Unterwerfung und der einmütigen Zustimmung, was wiederum keinerlei Form von Knechtschaft konstituiert.

Bis hierher war für den guten Gang der gesellschaftlichen Angelegenheiten ein *Richter* notwendig, da es sich um Fragen und Meinungsverschiedenheiten unter redlichen und aufrichtigen Mitgliedern handelte. Die Notwendigkeit einer materialen *Gewalt* trat noch nicht auf. Denn wenn man davon ausgeht, daß die Dinge so liegen, können sich die Gesellschaft und die Mitglieder der Ausführung des Urteils nicht widersetzen, das der Richter zur Beilegung ihrer gesellschaftlichen Unstimmigkeiten fällt.

Das ändert sich allerdings in dem Fall, in dem die Mitglieder ihrer Pflicht aus bösem Willen nicht nachkommen oder dem sozialen Gehorsam nicht entsprechen.

Nimmt man bei ihnen *Bösartigkeit* und Ungehorsam an, ist klar, daß das, was der Verwalter oder der Richter vorschreibt, nicht mehr freiwillig getan wird. Also muß man notwendigerweise zu einer Sanktion greifen: Die *Gerechtigkeit* muß von der *Gewalt* gestützt werden.

Die gesellschaftliche Gewalt (forza sociale) wird angewendet, 1.) um die widerstrebenden Mitglieder zu zwingen, der gesellschaftlichen Verwaltung zu gehorchen, 2.) um sie, wenn nötig, zu zwingen, den Richter zu wählen und dann das Urteil zu akzeptieren, das er in Bezug auf ihre Streitigkeiten fällt, 3.) um sie zu zwingen, die Gesellschaft und ihre Mitglieder für den Schaden zu entschädigen, der der Gesellschaft oder ihren Mitgliedern durch die Nichterfüllung der sozialen Pflichten entstanden ist, 4.) um die Gesellschaft gegen die Schäden abzusichern, die ihr seitens der Mitglieder drohen.

Wem steht die Anwendung von Gewalt von ihrer Natur her zu?[6] Steht die Gewaltanwendung der Gesellschaft als Ganzer zu?[7] Steht sie der Mehrheit der Mit-

---

6 [Möglich ist auch die Übersetzung: „Wem (beziehungsweise welchem Amt) steht von seiner Natur her der Gebrauch der Gewalt zu?"]
7 Man beachte, daß hier von Gesellschaft im allgemeinen gesprochen wird. In keiner Weise wird in Zweifel gezogen, daß in unseren bürgerlichen Gesellschaften die Gewaltanwendung allein der Regierung zusteht, die Schützerin und Erhalterin der Gerechtigkeit ist.

Kapitel 9: Von der gesellschaftlichen Ordnung 183

glieder zu? Die Anwendung von Gewalt steht, allgemein gesprochen, weder der Gesellschaft insgesamt noch der Mehrheit der Mitglieder noch der Minderheit noch den einzelnen Mitgliedern zu. Die Anwendung der Gewalt steht ausschließlich dem Gesellschaftsteil zu, auf dessen Seite sich die Gerechtigkeit befindet.

Wenn die Mehrheit Unrecht hat und die Minderheit Recht hat, steht der rechtmäßige Gebrauch von Gewalt nach dem gesellschaftlichen Recht letzterer zu. Es könnte sein, daß ein einziges Mitglied gegen alle anderen steht. Wenn sich alle anderen zusammengetan haben, um diesem einen Mitglied Unrecht und Ungerechtigkeit widerfahren zu lassen, dann steht diesem einen gegen alle anderen die Anwendung von Gewalt zu.[8]

Man beachte aber, was wir gesagt haben: 'Im Fall eines Streites – zwischen einzelnen Mitgliedern oder Gruppen von Mitgliedern oder zwischen einem Mitglied und der Gesellschaft oder zwischen der Gesellschaft und der Regierung – besteht *die moralische Pflicht*, daß sich die streitenden Parteien untereinander friedlich einigen

---

[8] Tatsächlich tritt in Demokratien sehr häufig die unangenehmste und ungerechteste Tyrannei der Mehrheit auf. Ich verweise den Leser auf die sehr wahren und sehr klugen Überlegungen, die Alexis de Tocqueville über die Tyrannei anstellt, die die Mehrheit in den Vereinigten Staaten ausübt. (*De la démocratie en Amérique*, tom. II, Kap. 7 ff). Ich beschränke mich darauf, nur einige Passagen dieses Autors wiederzugeben.
Er schreibt: „Viele glaubten, als sie die demokratischen Staaten in Anarchie stürzen sahen, daß die Regierung dieser Staaten von Natur aus schwach und ohnmächtig sei. [...] Aber ich glaube, daß das Wesen einer demokratischen Macht nicht den Mangel an Stärke oder an Mitteln mit sich bringt. Im Gegenteil glaube ich, daß es fast immer der Mißbrauch ihrer Kräfte und die falsche Verwendung ihrer Mittel sind, die zu ihrem Untergang führen. Die Anarchie entspringt fast immer ihrer Tyrannei oder ihrer Unfähigkeit, aber nicht ihrer Ohnmacht. [...] Sollte es je geschehen, daß die Freiheit in Amerika untergeht, so wird man dafür die *Allmacht* der Mehrheit verantwortlich machen müssen, die die Minderheiten zur Verzweiflung trieb und zum Gebrauch der materialen Gewalt zwang. Dann wird man die Anarchie sehen, aber sie wird als eine Folge des Despotismus auftreten."
Höchst bemerkenswert erscheint mir, daß genauso auch die größten Staatsmänner Amerikas, gleich welcher Partei, denken. Tocqueville zitiert Madison und Jefferson, also einen Mann, der zu den Föderalisten gehörte und der klar die Notwendigkeit erkannte, die amerikanische Regierung enger zu fassen, und einen zweiten Mann, der 1801 die demokratische Partei, deren Herold er war, zum Triumpf führte und dem es gelang, sich zum Präsidenten wählen zu lassen. James Madison schrieb: „Gäbe es eine Gesellschaft, in der die stärkere Partei imstande wäre, leicht ihre Kräfte zusammenzufassen und die schwächere Partei zu unterjochen, könnte man sagen, daß in einer solchen Gesellschaft die Anarchie herrscht wie im Naturzustand, wo das schwächere Individuum keinerlei Schutz besitzt gegen die Gewalttätigkeit des stärkeren. Und wie es im Naturzustand geschieht, daß nämlich die Nachteile eines unsicheren und ungewissen Schicksals die Stärkeren veranlassen, sich einer Regierung zu unterwerfen, die sowohl die Schwachen als auch eben jene Starken beschützt, so würden dieselben Gründe unter einer anarchischen Regierung die stärkeren Parteien mit der Zeit dazu bringen, eine Regierung herbeizuwünschen, die alle Parteien, die starke und die schwache, gleichermaßen schützen kann. Und wenn der Staat von Rhode-Island von der Konföderation gelöst und einer Volksregierung ausgeliefert wäre, die innerhalb dieser engen Grenzen souverän wäre, dann würde die Tyrannei der Mehrheit die Ausübung der Rechte zweifellos so unsicher machen, daß man schließlich dahin käme, eine vom Volk völlig unabhängige Macht zu fordern.

und daß sie, wenn sie dies nicht können, ihre Angelegenheit vor einen einstimmig gewählten Richter[9] bringen, an dessen Urteilsspruch sie sich halten.' Nun kann sich eine Partei weigern, dieses Tribunal einzurichten, das *de bono et aequuo* das Urteil sprechen soll. Oder sie kann sich weigern, sich dem Urteil zu beugen, nachdem das Tribunal eingerichtet und das Urteil gesprochen wurde. Diese Partei ist erwiesenermaßen schuldig schon durch die Tatsache als solche, daß sie sich dieser sittlichen und gesellschaftlichen Pflicht entzogen hat, die wir angedeutet haben. Die Gegenseite kann folglich gegen sie unter Einsatz von Gewalt vorgehen. In der Verfassung der Gesellschaft könnten solche Fälle vorausgesehen worden sein, und man könnte einstimmig einen *Vorsteher der gesellschaftlichen Gewalt* (capo della forza sociale) bestimmt haben.

Das Amt dieses Vorstehers der gesellschaftlichen Gewalt, das auf diese Weise festgesetzt wird, besteht aber nicht darin, nach dem Willen der Mitglieder zu handeln; denn dann wäre der Vorsteher der Gewalt ein Knecht der Mitglieder – seien sie getrennt oder geeint. Aber *ein bestimmtes Amt ausüben* bedeutet nicht *dienen*; denn das *bestimmte Amt* ist durch die Natur der Sache konstituiert und nicht durch den Willen des Menschen.

Die Pflichten des Vorstehers der gesellschaftlichen Gewalt sind demnach: 1.) die zerstrittenen Mitglieder zu zwingen, sich auf die Wahl eines Richters zu einigen, sofern dieser nicht schon beim Aufbau der Gesellschaft gewählt worden ist und sofern sich jemand weigert, ihn zu wählen; 2.) die Widerspenstigen zu zwingen, das zu befolgen, was der *Richter* entschieden hat.

Wenn Streit zwischen der Gesellschaft und dem Verwalter oder dem Richter auftritt, muß dieser Streit durch die Wahl eines neuen Richters friedlich beigelegt werden, sofern dieser Richter nicht schon in der Verfassung der Gesellschaft festgesetzt ist. Auch hierbei muß der Vorsteher der gesellschaftlichen Gewalt gegebenen-

---

Dieselben Parteien, die sie erst notwendig gemacht hätten, würden sich dann eilig an sie wenden." (*Fédéralist*, Nr. 51)

Thomas Jefferson erkannte dieselbe Gefahr in der Allmacht der Volksmehrheit: „Die vollziehende Gewalt unserer Regierung ist nicht der einzige und vielleicht auch nicht der Hauptgegenstand meiner Sorge. Die Tyrannei der Gesetzgeber [das heißt des Volkes] ist zur Zeit und noch für viele weitere Jahre die bedrohlichste Gefahr. Die Gefahr seitens der vollziehenden Gewalt wird auch an die Reihe kommen; aber erst in fernerer Zeit." (*Lettre à Madison, 15 mars 1789*). So denken die größten Staatsmänner Amerikas über die Gefahr des Despotismus des souveränen Volkes und besonders ein Jefferson, der Führer der demokratischen Partei! Beurteilt man die Denkungsart dieser Männer richtig, kann sie schwere Irrtümer bei vielen unter uns Europäern ausräumen. [A. DE TOCQUEVILLE: De la démocratie en Amérique, tom. 1, Teil. 2, Kap. 7, in DERS.: Oeuvres, papiers et correspondences, Paris 1951, Bd. 1, S. 271–272; deutsche Ausgabe Zürich 1987, Bd. I, S. 389 ff.]

[9] Selbstverständlich wird unter diesem „Richter" keine einzelne Person, sondern ein *Amt* verstanden. Wenn sich die Parteien nicht auf eine Einzelperson einigen können, können sie auch mehrere Personen wählen, für jede Seite eine, und aus ihnen ein Tribunal bilden. Man könnte auch mehrere untergeordnete Gerichte bilden. Zum Beispiel: Die erste Instanz, die Appellationsinstanz, die letzte Instanz. Wie man auch immer das Richter*amt* einrichtet – wir fassen es der Kürze wegen unter der Bezeichnung *Richter* zusammen.

Kapitel 9: Von der gesellschaftlichen Ordnung 185

falls die widerstrebenden Seiten zur Wahl des Richters und zur Befolgung seines Urteils zwingen.

Wenn der Vorsteher der gesellschaftlichen Gewalt diese Gewalt mißbraucht, besteht ein *Kriegs*fall zwischen der Gesellschaft und ihm. Man muß versuchen, sich in der Verfassung der Gesellschaft gegen einen solchen Unglücksfall abzusichern. Das stellt den schwierigsten Punkt des großen Problems dar, eine Gesellschaft zu konstituieren.

Der Richter und der Vorsteher der gesellschaftlichen Gewalt müssen nicht zur Gesellschaft gehören, sie können aber auch Mitglieder sein. Für sie gilt alles das, was wir vorher über den Verwalter der Gesellschaft gesagt haben.

Die gesellschaftliche Ordnung setzt also drei Haupt*ämter* voraus: Das Amt des *Verwalters*, das Amt des *Richters* und das Amt des *Vorstehers der gesellschaftlichen Gewalt*.

Diese drei Ämter sind frei und keine Diener der Gesellschaft. Und auf der anderen Seite ist die Gesellschaft auch nicht *Dienerin* irgendeines dieser Amtsträger. Aber sie ist von ihrer inneren Natur her diesen drei Personen unterstellt und verpflichtet, ihnen zu gehorchen: Diese drei Personen sind wie die drei Antriebsräder der Bewegung der Gesellschaft.

Die Verbindung dieser drei Hauptämter wird gemeinhin die „Regierung der Gesellschaft" genannt.

Buch I, Kapitel 10

Vom gesellschaftlichen Recht

Der inneren Natur der Gesellschaft entstammt folglich die Ordnung beziehungsweise entstammen die Unterschiede unter den Mitgliedern, die die Gesellschaft bilden. Die *gesellschaftliche Ordnung* bringt ein *gesellschaftliches Recht* (diritto sociale) hervor.[1]

Wir haben bereits das *gesellschaftliche Recht* vom *Naturrecht* unterschieden. Das Naturrecht behandelt die Rechte, die zwischen Menschen bestehen können, wenn man von jeglicher Gesellschaftsbindung absieht.[2]

Was wir bisher gesagt haben, macht deutlich, daß das gesellschaftliche Recht aus zwei Teilen besteht.

Der eine Teil legt die Rechte und Pflichten der einzelnen Mitglieder fest, die die Gesellschaft bilden.

Der andere Teil bestimmt die Rechte und Pflichten der Regierung dieser Gesellschaft und entsprechend die Rechte und Pflichten der Mitglieder und der Gesellschaft gegenüber der Regierung. Der erste Teil kann *privates Gesellschaftsrecht* (diritto privato sociale) genannt werden und der zweite Teil *öffentliches Gesellschaftsrecht* (diritto pubblico sociale); man kann ihnen auch die Bezeichnungen *internes Gesellschaftsrecht* (diritto sociale interno) und *externes Gesellschaftsrecht* (diritto sociale esterno) geben. Ich sage „extern", weil sich die Regierungsämter von ihrer Natur her außerhalb der Gesellschaft befinden, wie wir bereits gesagt haben.[3]

In diesem zweiten Teil des Gesellschaftsrechts müssen auch die *Rechtstitel* behandelt werden, die eine Person oder eine Familie oder eine moralische Körperschaft hat oder haben kann – und zwar in Bezug auf die Regierung einer bestimmten Ge-

---

[1] Das, was die Römer *jus civile* nannten, war Teil des *gesellschaftlichen Rechts*, denn es war jenes Recht, das die Befugnisse und die Rechte der römischen Bürger regelte. – Das *jus gentium* wurde vom *jus naturale* unterschieden, weil man davon ausging, daß das *jus naturale* das Recht ist, das man jedem einzelnen Menschen zuerkennt, seine natürlichen Bedürfnisse und Instinkte zufriedenzustellen, wobei von der Beziehung mit den anderen Mitmenschen abstrahiert wurde. Das *jus gentium* dagegen schloß eine Beziehung zu den anderen Menschen ein. Man unterschied davon wiederum das *jus civile*, weil das *jus civile* die Beziehungen zwischen Menschen regelte, die zu derselben bürgerlichen Gesellschaft [*civitas*] gehörten, während das *jus gentium* die Beziehungen zwischen Menschen regelte, die nicht zu derselben bürgerlichen Gesellschaft gehörten. So liest man im Digestum: „Ex hoc jure gentium introducta bella, discretae gentes, regna condita, dominia distincta, agris termini positi, aedificia collocata, commercium, emptiones, venditiones, conductiones, obligationes, institutae, exceptis quibusdam, quae a jure civili introductae sunt" (L. V, t. I). [Digesta IUSTINIANI AUGUSTI, Buch I, tit. I, § 5, in: Corpus juris civilis, cit., Bd. I, S. 29.]

[2] Vgl. vorher Kapitel 4.

[3] Die Beziehung einer Gesellschaft zu einer anderen Gesellschaft gehört nicht zum gesellschaftlichen Recht, weil die beiden unabhängigen Gesellschaften sich zueinander im Naturzustand befinden. Im Naturrecht müßte man folglich unterscheiden a) den Teil, der die

Kapitel 10: Vom gesellschaftlichen Recht

sellschaft oder auf eines der drei Regierungsämter des Verwalters, des Richters und des Vorstehers der öffentlichen Gewalt, die wir vorher aufgezeigt haben.

Wir sahen schon, daß die Personen, die mit diesen Ämtern betraut sind, nicht notwendigerweise Mitglieder dieser Gesellschaft sein müssen, es aber sein können. Wir sahen auch, daß ihr gesellschaftlicher Einsatz die Arbeit sein kann, mit der sie diese für die Gesellschaft notwendigen Ämter ausüben. Wenn dies in der Verfassung der Gesellschaft vereinbart wurde, kann diesen Personen ihr Amt nicht weggenommen werden. Das ist evident. Sie können allerdings gezwungen werden, dieses Amt pflichtgemäß zu erfüllen. Für die gesamte Zeit, in der die Gesellschaft besteht, können diese Personen ihr Amt auch nicht ohne die Zustimmung der anderen Mitglieder abgeben. Diese Personen besitzen in diesem Fall also einen Titel, der ihnen das Recht gibt, diese Posten einzunehmen und diese Regierungsämter wahrzunehmen.

Wir haben gesagt: Es ist Aufgabe des externen Gesellschaftsrechts, zu bestimmen, welche und wieviele Titel es in einer Gesellschaft gibt.

Diese Titel unterteilen sich offensichtlich in *natürliche* und *erworbene* Rechtstitel.

Die *natürlichen Rechtstitel*, durch die eine Person mit der Regierung einer Gesellschaft betraut werden kann, bestehen in einer Handlung dieser Person, durch die die Mitglieder entstehen, die die Gesellschaft bilden. Es gibt davon zwei hauptsächliche Rechtstitel: die Schöpfung und die Zeugung. Auf den *Rechtstitel der Schöpfung* gründet sich die universale Gesellschaft, deren Herr der Schöpfer ist und deren Mitglieder die menschlichen Geschöpfe sind. Auf den *Rechtstitel der Zeugung* gründet sich die Familiengesellschaft (società famigliare).

Die *erworbenen* Rechtstitel lassen sich [sofern sie sich nicht aus Konventionen und Verträgen ableiten] auf das Wohlwollen einer Person zurückführen: Diese Person hat die Herrschaft über viele andere Personen und regiert diese, als bildeten sie mit ihr selbst eine Gesellschaft. Dadurch führt sie zwischen diesen Personen und zwischen sich und ihnen die gesellschaftliche Bindung ein, während zuvor nur Eigentumsbindung und Herrschaftsbindung bestanden.

Diesem (externen) Gesellschaftsrecht obliegt es ebenfalls, die Zweifel auszuräumen, die hinsichtlich der Eignung der mit solchen Rechten ausgestatteten Person aufkommen könnten, hinsichtlich der Bedingungen einer solchen Ausstattung, hinsichtlich der Übertragung dieser Rechte, der Vertretungen, der Nachfolge, der Möglichkeit einer Teilung und Änderung und so weiter.

Befugnisse und die Beziehungen zwischen den Individuen festlegt, die zusammen keine Gesellschaft bilden, b) den Teil, der die Beziehungen zwischen einem Individuum und einer Gesellschaft festlegt, der es nicht angehört, oder zwischen zwei verschiedenen Gesellschaften. Die Beziehungen zwischen einem Individuum und einer Gesellschaft oder die Beziehungen zwischen zwei Gesellschaften sind bisweilen identisch mit jenen zwischen zwei nicht gesellschaftlich verbundenen Individuen; bisweilen stellen sie neue Fälle dar, die sich nicht allein nach den Prinzipien lösen lassen, die die individuellen Beziehungen bestimmen. Folglich muß man in einer Abhandlung über das Naturrecht den Teil, der die Individuen betrifft, von dem Teil unterscheiden, der die Anwendung derselben Prinzipien auf die Beziehungen behandelt, bei denen moralische Körperschaften auftreten.

Buch I, Kapitel 11

Vom außergesellschaftlichen Recht

Jenseits des gesellschaftlichen Rechts gibt es jedoch ein außergesellschaftliches Recht (diritto extra-sociale), das man nicht vergessen darf.

Das *natürliche Recht* der Mitglieder einer Gesellschaft bringt angesichts des Faktums der Gesellschaft ein *außergesellschaftliches Recht* hervor.

Um zu verstehen, was damit gemeint ist, muß man überlegen, daß der Mensch nicht aufhört – nicht aufhören kann – Mensch zu sein, wenn er Mitglied einer Gesellschaft wird. Er besitzt wahrhaftig *unveräußerliche Rechte*, die der menschlichen Würde inhärent sind, wie das Recht, sittlich zu handeln, das Recht, nicht zu schändlichen Taten gezwungen zu werden, und so weiter. Dieser Teil des natürlichen Rechts wird von keiner Vereinigung absorbiert, und daher bringt sich der Mensch niemals ganz in eine Gesellschaft ein, die er mit seinesgleichen eingeht – auch nicht in die bürgerliche Gesellschaft. Vielmehr behält er sich stets einen Teil vor, mit dem er nicht Gesellschaftsmitglied ist, sondern mit dem er sich im Naturzustand befindet. Es gibt also sozusagen zwei Teile in dem Menschen, der sich mit seinesgleichen assoziiert hat: jenen Teil, der den Menschen zum gesellschaftlichen Menschen (uomo sociale) macht, und jenen Teil, der ihn zum außergesellschaftlichen Menschen (uomo extra-sociale) macht. Diese beiden Teile müssen bei jedem Menschen, auch bei dem, der in Gesellschaft geboren ist, exakt unterschieden werden. Diese beiden Teile bilden die Grundlage für die beiden Arten von Recht, die wir unterscheiden: das *gesellschaftliche Recht* und das *außergesellschaftliche Recht*.

Die Rechtsgelehrten haben nicht generell die Bezeichnung *außergesellschaftliches Recht* verwendet, die wir benutzen. Dennoch haben sie stets dieses Recht substantiell anerkannt, wann immer sie von den Grenzen gesprochen haben, in denen sich das bürgerliche Gesetz (legge civile) bewegen muß. Zum Beispiel stimmen die Klügeren von ihnen darin überein, daß die Religion außerhalb der Sphäre der bürgerlichen Regierung steht (governo civile). Es sei mir gestattet, zu diesem Punkt Romagnosi zu zitieren:

> „Man muß beachten, daß die Beziehungen zwischen dem Menschen und der Gottheit an und für sich *universal*, *unsichtbar*, für jeden *persönlich* und *unabhängig* von jeder menschlichen Autorität sind. Erstens sage ich, daß sie *universal* sind. In jeder Lage und an jedem Ort steht das Geschöpf unter der Herrschaft des Schöpfers. Die Beziehungen zwischen beiden sind universal. Zweitens sage ich, daß sie *unsichtbar* sind. Gott ist unsichtbar, der innere Mensch ist ebenfalls unsichtbar; aber die wesenhaften religiösen Beziehungen bestehen zwischen Gott und dem inneren Menschen, wie nach der Definition von Religion feststeht. Folglich sind die Beziehungen zwischen dem Menschen und der Gottheit unsichtbar. Drittens sage ich, daß diese Beziehungen für jeden *persönlich* sind. Unabhängig davon, ob der Mensch allein ist oder ob es vie-

Kapitel 11: Vom außergesellschaftlichen Recht

le Menschen sind, ob sie geeint oder isoliert sind – die religiösen Beziehungen betreffen stets den Menschen als Individuum. Sie sind folglich persönlich. Die Überschreitung von vielen Menschen kann nicht die Überschreitung des einzelnen Menschen rechtfertigen: Die Verantwortung vor Gott ist immer persönlich. Ich sage viertens, daß die religiösen Beziehungen *unabhängig* von jeglicher menschlichen Autorität sind. Tatsächlich, wenn sich das ganze Menschengeschlecht der Allmacht des Schöpfers nicht entziehen kann und nicht einmal dem eigenen Körper einen Fingerbreit hinzufügen kann, kann folglich die menschliche Autorität die wahrhaft religiösen Beziehungen nicht beherrschen. Diese sind also wesenhaft unabhängig von der menschlichen Autorität. Folglich kann sich die politische Jurisdiktion nur auf die *äußeren* Dinge richten, die einer Gemeinschaft oder einer Gesellschaft durch menschliche Einrichtung oder zur äußeren Ausübung der Religion dienen.[1]

Der zweite, oben angedeutete Grund, der die gesellschaftliche oder politische Autorität begrenzt, kommt, wie gesagt, von den *angeborenen* Rechten des Menschen und des Bürgers. Nun muß man sehen, welche Beschränkungen sich für die Autorität aus diesen ursprünglichen Rechten ergeben. Die Religion bildet einen Teil des *Eigentums* des sittlichen Menschen. Die Religion muß also jene ursprüngliche Unabhängigkeit und Freiheit genießen, die die Gerechtigkeit des Gesellschaftsvertrages ausmachen. Die Meinungsfreiheit und die Gewissensfreiheit sind also Rechte, die genauso heilig sind wie das Recht auf Besitz, auf Leben und auf Glück. Bedenkt man die *Bedeutung* und die Kraft des religiösen Gefühls, sieht man: Das religiöse Gefühl stellt für den Menschen ein höchstes *Gut* dar und weckt Gefühle, die die Politik niemals durch Gewalt überwältigen könnte; im Gegenteil, durch Ausübung tyrannischer Gewalt würde sie nur die Auflösung der gesellschaftlichen Ordnung bewirken. Jeder weiß, daß das sittliche Gefühl der Religion stärker, reizbarer und unabhängiger als jedes andere Gefühl ist. Die Dinge, die aus religiösen Motiven getan und ertragen worden sind – von denen alle alten und modernen Geschichten jedweder Glaubensgemeinschaft berichten – geben davon ein klares, konstantes, universales Zeugnis. Aus dieser Beobachtung folgt eindeutig, daß die Menschen ihre Religion als ihren kostbarsten Besitz betrachten."[2]

---

[1] Die Katholiken glauben, daß es auch *äußerliche* Dinge in der Religion gibt, die von Gott selbst aufgetragen wurden, wie zum Beispiel die Sakramente, die Jesus Christus eingerichtet hat. Außerdem glauben sie als Dogma, daß die Kirche von Jesus Christus die Macht erhalten hat, Gesetze zu geben und deren Befolgung durchzusetzen – eine Macht, die in den Worten enthalten ist. „Qui vos audit, me audit." Folglich können die Katholiken, die sich zur bürgerlichen Gesellschaft vereinen, der Regierung dieser ihrer Gesellschaft keine Macht zuerkennen, die die Gesetze der Kirche und deren Weisungen verletzt. Denn die Regierung der bürgerlichen Gesellschaft kann nicht mehr Macht haben als die Mitglieder, die durch ihren Zusammenschluß die Gesellschaft bilden. Die Mitglieder, die katholisch sind, bekennen, den Gesetzen der Kirche zu unterstehen, wie ich sagte, und nicht über ihnen zu stehen. [Anmerkung von Romagnosi.]

[2] *Assunto primo della scienza del diritto naturale*, § XXXVI. – Aus dieser Arbeit verdienen die §§ 30–36 gelesen zu werden. Darin werden die Grenzen des positiven menschli-

Von den Rechtsgelehrten wird also zugestanden, daß es Dinge gibt, die aus dem Recht der bürgerlichen Gesellschaft ausgeschlossen bleiben: Es gibt also ein anderes Recht, jenseits des gesellschaftlichen Rechts.

Die Existenz dieser beiden Rechte bedeutet, daß sich Fragen ergeben, die zwei verschiedene Seiten und zwei verschiedene Lösungen haben – je nachdem, ob man sie nach den Grundsätzen des gesellschaftlichen Rechts oder aber nach den Grundsätzen des außergesellschaftlichen Rechts löst.

Es gab eine Zeit, in der das *gesellschaftliche Recht* zusammen mit dem *Herrenrecht*, mit dem es verschmolzen war, den Vorrang hatte und gleichsam als einziges Recht galt. Mit diesem Recht wurden die wichtigsten Fragen gelöst, die das menschliche Zusammenleben betrafen.

Aber die Sache wurde von den Nutznießern zum Exzeß getrieben. Es ergaben sich Absurditäten, die allzusehr gegen den Gemeinsinn (senso comune) verstießen und ihn beleidigten. So kam es in der neueren Zeit zu einer Gegenbewegung in den politischen Doktrinen. Und die Leute, deren Interesse den früheren Doktrinen entgegengesetzt war, fielen in das andere Extrem, indem sie das *außergesellschaftliche Recht* maßlos und völlig verkehrt ausdehnten.

Wenn De Maistre behauptet, daß der Souverän von seiner Natur her unfehlbar ist[3], sagt er etwas, was nach dem gesellschaftlichen Recht richtig ist. Da dieses Prinzip in die französische Verfassung aufgenommen worden ist, muß man es in Frankreich auch als politische Bestimmung ansehen. Dadurch ist die Unfehlbarkeit des Königs der Franzosen ein gesellschaftlich-politisches Recht (diritto sociale-politico) geworden. Ich will damit sagen: Sie ist ein Recht geworden, das nicht nur von der Natur der Gesellschaft herkommt, sondern auch von einer positiven Konvention dieser Nation.

Die Frage nach der *Unfehlbarkeit* des Souveräns ist verwandt mit der folgenden Frage: „Kann die Gesellschaft oder können die Gesellschaftsmitglieder das Oberhaupt der Gesellschaft (capo della società) anklagen und absetzen?"[4] Nach dem gesellschaftlichen Recht ist klar, daß man diese Frage verneinen muß. Die Lehren der Universität Oxford aus dem Jahr 1630, die in ganz Europa Geltung erlangt haben, sind von den Grundsätzen des gesellschaftlichen Rechts abgeleitet.[5]

---

    chen Gesetzes behandelt. An anderer Stelle werden wir die Punkte angeben, wo wir bei der Festlegung dieser Grenzen nicht ganz mit Romagnosi übereinstimmen können. [G. D. ROMAGNOSI: Assunto primo della scienza del diritto naturale, Neapel 1849, S. 144–145.]

3   *Du Pape*, Buch I, Kap. 1. [J. DE MAISTRE: Du Pape, in J. DE MAISTRE: Oeuvres complètes, Lyon-Paris, 1924–1931, Bd. II, S. 2.]

4   Unter „Oberhaupt der Gesellschaft" versteht man denjenigen, dem in der Verfassung der Gesellschaft das Recht und die Pflicht übertragen wurden, die Gesellschaft zu regieren, wobei dieser Auftrag als sein sozialer Beitrag verstanden wird.

5   Vgl. Wood, *Storia dell'università d'Oxford*, Bd. II, S. 341. – Die Universität Oxford forderte von denen, die den Doktorgrad anstrebten, den Schwur, keine Gesellschaftslehre „in ihr Denken aufzunehmen", die derjenigen der Universität entgegengesetzt wäre. Schon lange vorher, im Jahrhundert zuvor, wurde dieselbe Lehre von verschiedenen

Kapitel 11: Vom außergesellschaftlichen Recht

Dadurch, daß man das gesellschaftliche Recht übertrieben und das außergesellschaftliche Recht vollkommen vergessen hat, entstanden zwei Irrtümer: 1.) der *gesellschaftliche Positivismus* und 2.) der *Legalismus*.

Unter *gesellschaftlichem Positivismus* verstehe ich die Lehre, die nur die *positiven* Gesetze anerkennt, die von der gesetzgebenden Gewalt der Gesellschaft erlassen werden. Unter *Legalismus* verstehe ich die Lehre, nach der der Wert aller Gesetze in den äußeren Formen besteht, durch die Legalität hergestellt wird.

Diese beiden Irrtümer sind miteinander verwandt. Beide finden sich gleichermaßen in den verschiedenen politischen Parteiungen, die die Monarchie und die Demokratie befürworten. Tatsächlich besteht kein Unterschied zwischen dem Irrtum derjenigen, die alle Gesetze vom Willen des Gesellschaftsoberhauptes ableiten wollen – *a rege lex* – und dem Irrtum derjenigen, die keine andere Gesetzesquelle anerkennen wollen als den Volkswillen.[6] Man muß den Ursprung der Gesetze, die den Menschen verpflichten, weit oberhalb des menschlichen Willens und auch jeder menschlichen Gesellschaft ansiedeln. Dieser Ursprung muß göttlich sein, er kann nichts anderes als die ewige Vernunft und Gott sein.

Der Fehler, das gesellschaftliche Recht bis zur Zerstörung des außergesellschaftlichen Rechts zu übertreiben, bringt den *Absolutismus* mit sich. Der Fehler, das außergesellschaftliche Recht zu übertreiben und damit das gesellschaftliche Recht zu zerstören, bringt dagegen den *Ultraliberalismus* und die Anarchie mit sich.

Autoren vertreten, unter anderen von N. Hemming, der 1562 in Leipzig sein Buch *Apodictica methodus de lege naturae* veröffentlicht hat. – Von den zahlreichen englischen Autoren des folgenden Jahrhunderts ist Barklay erwähnenswert. Seine *De regno et regia potestate libri VI* wurden in Paris in demselben Jahr gedruckt, in dem Karl I. geboren wurde. – 1605 veröffentlichte Alberico Gentili seinen Traktat *De potestate principis absoluta et de vi civium in principes semper injusta*. – Solche Fragen, die mit dem einfachen Vernunftrecht sehr schwer zu lösen sind, haben eine sehr einfache, vollständige und erhabene Antwort in den übernatürlichen Prinzipien des Evangeliums. [Zu den zitierten Werken: A. WOOD: Historia et antiquitates Universitatis oxoniensis, Oxford, 1674, tom. I, S. 332–333; N. HEMMINGSEN: De lege naturae apodictica methodus, Wittenberg, 1562; G. A. BARCLAJI De regno et regali potestate adversus Buchananum, Brutum, Baucherium et reliquos Monarchomacos libri sex, Paris, 1600; A. GENTILIS Regales disputationes tres: id est: De potestate regis absoluta. De unione regnorum Britanniae. De vi civium in regem semper injusta, London, 1605.]

[6] Man beachte, daß die Frage nach der Regierungsform auf jeden Fall von der Frage nach Absolutismus und Liberalismus unterschieden werden muß. Zu Unrecht werden so unterschiedliche Fragen vermengt. Um sich dies klar zu machen, genügt es, daran zu denken, daß man den extremen *Absolutismus* in jeder beliebigen *Demokratie* antreffen kann. Tatsächlich besteht das Prinzip des Absolutismus darin, als einzige und höchste Gesetzesquelle den *Willen des Souveräns* anzuerkennen. Es ist dann gleichgültig, ob der Souverän ein einzelner Mensch oder mehrere Menschen oder das ganze Volk ist. – Hierzu verdient der Artikel über *Absolutismus* und *Liberalismus* gelesen zu werden, den Friedrich Jarcke 1835 im *Berliner Politischen Wochenblatt* veröffentlicht hat. [F. JARCKE: Absolutismus und Revolution, in: Berliner Politisches Wochenblatt, 1833, Nr. 7.]

An anderer Stelle habe ich schon erwähnt, daß der *gesellschaftliche Positivismus* und der *Legalismus* durch den Protestantismus ins Extrem getrieben wurden.[7] Es verwundert also nicht, daß die protestantischen Richtungen den extremsten Absolutismus propagieren.

Vor kurzem schrieb ein Historiker der moralischen und politischen Lehren, der sich durch sein freies Denken auszeichnet und deswegen nicht der Parteilichkeit verdächtig ist[8]:

„Für die protestantischen Schulen ist die weltliche Macht absolut. Sie absorbiert alle Rechte, auch das Recht, Gesetze zu erlassen. Sie absorbiert auch alle Freiheiten, sogar die, alle Freiheiten zu verletzten.

Die Schulen in Deutschland sind im allgemeinen in ihren Lehren gemäßigter, und die Politik, die Johannes Althusius[9] anhand der Heiligen Schrift entwickelt, enthält nichts anderes als die Prinzipien in Bossuets Werk mit eben diesem Titel. Nur daß Althusius' Politik dem Fürsten in sakralen Belangen eine Autorität zuspricht, die der Natur der Dinge widerspricht. Aber das ist das besondere Merkmal der protestantischen Politik, und dieses Merkmal findet sich in den Lehren aller Schulen der Reformation. Davon kann man sich durch die

---

[7] Und zwar in *Storia comparativa e critica de' sistemi morali* (Bd. XII meiner Schriften). – Der große Hugo Grotius verdient es, daß man ihn von den anderen protestantischen Autoren unterscheidet. Er hat den typischen Fehler vermieden, den in seiner Zeit seine Glaubensbrüder gemacht haben – nämlich jedes Gesetz auf das positive Gesetz, jede Quelle von Pflicht auf die Autorität zurückzuführen (vgl. *De jure belli et pacis*, § 11, Proleg.). Johan Gottlieb Heinecke, weit weniger begabt als Grotius, wirft ihm genau dies als schweren Irrtum vor: „In eo", schreibt er, „ratio fugit virum magnum" (*Recitationes in elem. juris civ.*, Buch I, tit. II, § XL). – Ich habe schon gesagt, daß der Protestantismus zwei Phasen hatte, in denen er von einem Extrem in das andere fiel. In der ersten Phase war er ganz Autorität, in der zweiten Phase ganz individuelle Vernunft. Diesen Wechsel kann man leicht erklären. Der erste Schritt des Protestantismus bestand darin, die Autorität der Kirche durch vollständige Unterwerfung unter die Autorität der Heiligen Schrift abzuschütteln. Aber die Unterwerfung unter die Autorität der Schrift besaß keine feste Basis, da die Schrift allein, ohne die Auslegung durch eine Autorität, toter Buchstabe blieb. Alsbald wurde also auch die Autorität der Schrift verworfen. Ein Historiker der moralischen und politischen Lehren der letzten drei Jahrhunderte hat richtig geschrieben: „Man hat gesagt und man wiederholt täglich, daß der Rationalismus oder der Vernunftgebrauch in die Gesellschaft und in die moralischen und politischen Lehren mit den Prinzipien von 1517 hineingekommen sei. Aber das ist falsch. Man irrt sich um zwei Jahrhunderte. Der Rationalismus wurde weder von den Parteigängern noch von den Gegnern von 1517 gewollt. (Matter, *Troisième période*, cap. I). [Zu den zitierten Autoren: A. ROSMINI: Storia comparativa e critica de' sistemi morali intorno al principio della morale, in DERS.: Filosofia della morale, cit., Bd. I., S. 268–270; H. GROTII De jure belli et pacis libri tres, Lausanne 1758–1759, Buch I, § 12, S. 9; J. G. HEINECCI Recitationes in elementa juris civilis secundum ordinem Institutionum, Venedig 1824, Buch I, tit. II, § XL, S. 120; M. J. MATTER: Histoire des doctrines morales et politiques des trois derniers siècles, Paris 1836, Bd. I, S. 305.]

[8] [Jacques Matter (1791–1864), französischer Historiker und Philosoph.]

[9] Herborn 1603. [J. ALTHUSII Politica metodice digesta et exemplis sacris et profanis illustrata, Herborn 1603.]

Kapitel 11: Vom außergesellschaftlichen Recht 193

Lektüre sämtlicher Handbücher überzeugen, die sie uns hinterlassen hat.
In den englischen Schulen, unter den Augen Elisabeths und Jakobs I., wurde die kirchenpolitische Lehre des Protestantismus jedoch am stärksten übertrieben. Die Lehre aus dem Orient und der Ehrgeiz Kastiliens wußten uns von der Allmacht des Monarchen gewiß pompösere Anschauungen zu geben. Aber weder die eine noch der andere lehrte je etwas so Positives, Eindeutiges, Absolutes oder gab der königlichen Autorität je eine so heilige und unverletzbare Grundlage.

Raleigh widmet sein Buch dem König [Jakob I.], und hier ist die Lehre, die er in seiner Widmung verkündet: Die Bande, die die Untertanen an ihre Könige fesseln, müssen aus Eisen sein, während jene, die die Könige an die Untertanen binden, nur Spinnweben sein sollen. Jedes Gesetz, das einen König um seines eigenen Interesses willen bindet, macht den Bruch dieses Gesetzes durch den König rechtmäßig."[10]

Den Abschluß dieser Lehre stellt die Theorie von Hobbes dar. Darin wird das gesellschaftliche Recht dermaßen übertrieben, daß „die Humanität dem Staat untergeordnet wird", wie der erwähnte Historiker richtig sagt.[11]

Diese Lehren hatten Vorläufer und Nachfolger, die sich des entgegengesetzten Extrems schuldig machten, so haben wir gesagt. Jede politische Lehre behauptet, eine Grundlage in den Prinzipien der Gerechtigkeit zu haben, ohne die sie keine Verbreitung fände. Und so haben diese Lehren versucht, sich in einem außergesellschaftlichen Recht zu verankern, das sie so maßlos ausgeweitet haben, bis man statt des außergesellschaftlichen Rechts ein [vermeintlich] antigesellschaftliches Recht hatte (diritto anti-sociale).

Diejenigen, die sich zum Schaden des gesellschaftlichen Rechts an dieses außergesellschaftliche Recht geklammert haben, waren nicht so sehr Feinde des Absolutismus als vielmehr Feinde der monarchischen Regierungsform – aufgrund eines Durcheinanders der Ideen, dessen sie sich selbst nicht bewußt waren. Daher bekamen sie in England den Namen *Monarchomachen* oder „Monarchie-Hasser". In Frankreich, wo sie die stets erinnernswerte Revolution gemacht haben (la sempre

---

[10] [J. MATTER: Histoire, cit., Bd. II, S. 126–128.] Diese Lehre ist nicht neu, sondern sehr alt. Ist sie nicht in dem Vers bei Plautus enthalten „Pactum non pactum, non pactum, pactum"? [T. MACCIUS PLAUTUS: Aulularia, II, 2, 75, Vers 260.]

[11] J. Matter, *Histoire des doctrines morales et politiques des trois derniers siècles*, Cinquième période, Kap. I. Tocqueville hat davon gesprochen, daß die Katholiken in den Vereinigten Staaten den demokratischen Theorien zuneigen. Mit den folgenden Worten schließt er seine Überlegungen ab: „Si le catholicisme dispose les fidèles à l'obéissance, il ne les prépare donc pas à l'inégalité. Je dirai le contraire du protestantisme, qui en général, porte les hommes bien moins vers l'égalité que vers l'independance." (Tocqueville, *De la démocratie en Amérique*, tom. II, Kap. 9). Einer der verhängnisvollsten Irrtümer unserer Zeit besteht darin, den Gehorsam mit der Knechtschaft zu verwechseln. Wir haben diese beiden Ideen in Kapitel 9 differenziert. [Zu den zitierten Autoren: J. MATTER: Histoire, cit., Bd. III, S. 107; A. DE TOCQUEVILLE: De la démocratie, cit., Bd. I, Teil II, Kap. 9, in DERS.: Oeuvres, cit., Bd. I, S. 302.]

memorabile rivoluzione), wurden sie „Revolutionäre", „Anarchisten", „Ultraliberale" und ähnliches mehr genannt.

Das gesellschaftliche Recht muß also mit dem außergesellschaftlichen Recht versöhnt werden.

Beide Rechte stehen nicht im Widerspruch zueinander und sind sich nicht feindlich. Das eine Recht mäßigt das andere und setzt ihm gerechte Grenzen. Indem sie sich wechselseitig mäßigen und eingrenzen, schaden sie sich keineswegs, sondern vervollkommnen sich. Mit einem Wort: Eigentlich sind sie nichts anderes als zwei Teile eines einzigen und vollendeten Rechts. Dieses Recht kann man definieren als 'das Recht der Menschen in Gesellschaft, das teilweise von der menschlichen, wesenhaft individuellen Natur herkommt und teilweise aus der Faktizität der Gesellschaft (dal fatto della società).'

Buch I, Kapitel 12:
Die Moral mäßigt das gesellschaftliche Recht und das außergesellschaftliche Recht und versöhnt beide miteinander

Wenn man bei einer Maschine aus Eisen die Räder nicht ölt, quietschen sie und nutzen sich durch die gegenseitige Reibung ab. So machen es in der Gesellschaftsmaschine auch die beiden großen Räder des gesellschaftlichen Rechts und des außergesellschaftlichen Rechts, wenn sie nicht sozusagen kontinuierlich mit dem Öl der moralischen Pflicht und mit dem Schmierfett der Tugend geölt werden.

Es ist hauptsächlich die Tugend, die vom Christentum gelehrt wird, also die *vollkommene Tugend*, die die Bewegung der Gesellschaftsmaschine geschmeidig macht und die für die Erhaltung einer so wichtigen Maschine sorgt.

Wenn der Mensch nur das bloße Recht betrachtet und die Pflicht vergißt, verkehrt er das, was sein Recht ist, in sein Unrecht und verwirklicht das alte Wort *summum jus, summa injuria*.

Damit der Mensch gut zu handeln weiß, reicht es nicht aus, daß er dahin gelangt ist, irgendeines seiner Rechte zu kennen. Er muß zugleich die *Grenzen* dieses seines Rechts vollständig kennen, und durch diese Grenzen muß er sich auch der *Art und Weise* bewußt sein, wie er das Recht gebrauchen kann. Dies ist es, was nur von der Moral gelehrt wird.

Es kommt allzu häufig vor, daß jemand, der weiß, daß er ein Recht besitzt, glaubt, dieses Recht unbegrenzt und nach Lust und Laune gebrauchen zu können. Das ist ein verhängnisvoller Irrtum, der in der Gesellschaft auf der Seite der Mitglieder Unbotmäßigkeit und Rebellion gegen die Regierung und Zwangsmaßnahmen und Despotismus seitens der Regierung erzeugt.

Der Untertan sagt zu sich: 'Ich habe das *jus cavendi*, daß meine Rechte, die ich als Mensch und als Bürger habe, nicht verletzt werden. Also will ich selbst die öffentliche Verwaltung kontrollieren und mich daran beteiligen.' Die Regierung sagt zu sich: 'Ich habe das *jus cavendi*, daß keiner der Gesellschaft schade. Folglich kann ich alles, was mir nicht paßt, verbieten und untersagen. Ich kann mich in alle noch so privaten, geheimen Dinge einmischen, und ich muß dies sogar wollen – gleichgültig, ob es sich nun um sakrale oder profane Dinge handelt, und so weiter'. Man sieht: Wenn diesen weitgefaßten, unbestimmten Rechten nicht vom Vertrauen, von der Billigkeit (equità), von der Güte – mit einem Wort: von der Pflicht und von den sittlichen Tugenden – genaue und bestimmte Grenzen gesetzt werden, dann gibt es kein gegenseitiges Vertrauen, keine Harmonie, keinen Frieden und keine wechselseitige Sicherheit mehr zwischen den Individuen einer Gesellschaft und der gesellschaftlichen Verwaltung oder Regierung.

Daher muß die *Moral* oft dazwischentreten und als Autorität mit ihrem *Veto* den Parteien den Gebrauch oder besser: den Mißbrauch ihrer kalten und allzu grob-

schlächtigen Rechte verbieten. Die Moral ist es also, die vor allen anderen Dingen die folgende, über die Maßen heilbringende Maxime festlegt:
'Niemand hat das Recht, sein Recht zu mißbrauchen.'

Es reicht also nicht aus, daß die einzelnen oder auch die Regierung sich eines *jus cavendi* rühmen, um dann unter dem Mantel dieses Begriffs alles tun zu können, was sie wollen, ohne Grenzen und Aufsicht. Im Gegenteil: Sowohl die einzelnen als auch die Regierung müssen von ihrem *jus cavendi* 'stets einen guten und so begrenzten Gebrauch wie möglich' machen. Jede Verordnung oder Restriktion, die nicht notwendig ist, bedeutet ein Heraustreten aus den eigenen Grenzen und ist damit eine wirkliche Ungerechtigkeit, also jenes *summum jus*, das tatsächlich *summa injuria* ist. Wer, außer der Moral, könnte aber diese Anständigkeit und diese Mäßigung beim Gebrauch des eigenen Rechts lehren? Wie kann ohne Moral eine friedliche Gesellschaft existieren – oder überhaupt eine Gesellschaft?

Wir wollen noch ein Beispiel geben, an dem man erkennt, daß die Moral notwendig ist, damit die Entwicklung der Gesellschaft geschmeidig und harmonisch vorangeht und nicht von heterogenen Materialien blockiert und auch nicht von Stößen oder Erschütterungen gestört und bedroht wird.

In der Wirklichkeit ist die Regierung aus Personen zusammengesetzt, die fehlbar sind, da sie Menschen sind. Nun haben die einzelnen Personen als Mitglieder der Gesellschaft trotzdem das Recht darauf, daß die Regierung die öffentlichen Geschäfte mit Eifer und mit der ganzen Klugheit leitet, zu der die mit der Führung beauftragten Männer fähig sind. Aber es wäre doch eine Rücksichtslosigkeit, ja Ungerechtigkeit der Gesellschaft, zu verlangen, daß die Regierung wirklich unfehlbar wäre.

Und dennoch gibt es einzelne, die nur an das Recht denken, das sie darauf haben, gut regiert zu werden. Sie bedenken nicht die Begrenzung dieses Rechts. Daher übertreiben sie allzu leicht und fordern das Unmögliche. Sie verlangen, daß die Regierung nie Fehler macht, sie weigern sich, die Fehler zu ertragen, die die Regierung macht – nicht schuldhaft, sondern wegen der unvermeidlichen Begrenztheit ihrer Sichtweisen. Wer soll dieses *summum jus*, diesen ungerechten Anspruch der Regierten mäßigen, wer setzt ihm eine Grenze, wenn nicht die Tugend, also die Billigkeit und die Güte?

Das Christentum hat folglich eine der sozialsten Maximen aufgestellt, die möglich sind, als es die *Caritas* gegen Jedermann befahl – insbesondere gegenüber den Regierungen der Gesellschaften; und als es das voreilige Urteil verbot; und als es durch die Achtung und die Liebe zu den Regierungsgewalten in den Herzen der Menschen die Bereitschaft weckte, von dem, was die Regierenden tun, stets gut zu denken. Das Christentum gebot, im Zweifelsfall großzügig auf das zu verzichten, was vermeintlich das eigene Recht ist. Denn es trägt uns auf, eher darum bemüht zu sein, das Recht der anderen nicht zu verletzen, als unser eigenes Recht wahrzunehmen.

Stellen wir nun ähnliche Überlegungen für die Regierungen an.

Auch die Regierenden müssen wissen, daß sie fehlbare Menschen sind. Wenn sie sich – statt grenzenlos die Gerechtigkeit zu lieben – darauf beschränken, einzig

Kapitel 12: Die Moral mäßigt und versöhnt

auf die eigene Regierungs- und Verwaltungsautorität zu achten, halten sie sich an das *summum jus*. Dann argumentieren sie verkehrt, und zwar so: 'Wir haben das Recht, zu verwalten und zu regieren; also können wir verwalten und regieren, wie es uns gefällt, ohne daß sich jemand zum Zensor unserer Handlungen machen könnte.' Die christliche Moral legt ihnen eine ganz entgegengesetzte Haltung nahe. Ausgehend von dem bereits genannten Grundsatz, daß 'niemand das Recht hat, das eigene Recht zu mißbrauchen', zeigt die christliche Moral den Regierenden ihre Verpflichtung: Sie sollen, so gut sie nur können, regieren und verwalten und kein Mittel ablehnen, das sie zur Ausübung einer guten und gerechten Regierung führen könnte. Sie sollen immer an die eigene Fehlbarkeit denken und folglich mehr denn je bereit sein, Aufklärung anzunehmen, woher diese auch komme. Sie sollen eifrig und aufrichtig jene Punkte diskutieren, in denen die Regierten sich ernsthaft verletzt fühlen. Wo es an glaubwürdigen Gründen zugunsten der Regierten nicht zu fehlen scheint, ist die Gesellschaftsverwaltung von der sittlichen Pflicht gezwungen, jedes Problem friedlich und zügig beizulegen, und zwar mit Hilfe von Schiedsrichtern von erwiesener Integrität und Vertrauenswürdigkeit. Auf keiner der beiden Seiten darf ein Akt der Gewalttätigkeit stattfinden.

Aus diesen Überlegungen wird folgendes deutlich: Es ist ein großes Desiderat, daß in den Abhandlungen zur Ethik diesen moralischen Pflichten, auf denen die Gesellschaft ruht, ein besonderer Platz eingeräumt wird. Denn diese Pflichten verbreiten das Wohlwollen und das Vertrauen zwischen allen Gliedern des Gesellschaftskörpers und bilden daher die sicherste Garantie für dessen Stabilität und Prosperität.

Buch I, Kapitel 13

Von der unsichtbaren Gesellschaft und von der sichtbaren Gesellschaft

Wir wollen noch tiefer in die Natur der Gesellschaft im allgemeinen eindringen.

So wie der Mensch – Grundbestandteil der Gesellschaft – einen inneren, unsichtbaren Teil und einen äußeren, sichtbaren Teil hat, so gibt es auch in jeder menschlichen Gesellschaft zwei Teile: den unsichtbaren Teil und den sichtbaren Teil, den inneren Teil und den äußeren Teil.

Diesen beiden Teilen der menschlichen Gesellschaft entsprechen zwei Arten von Bindungen, die die beiden Teile verbinden: innere, unsichtbare Bindungen, die das verknüpfen, was Leibniz die „Republik der Seelen" genannt hat, und äußere, sichtbare Bindungen, die die äußere Gesellschaft zusammenbinden, die wir mit den Sinnen wahrnehmen.

Wir müssen die Beziehung und die Verbindung ausfindig machen, die zwischen der *unsichtbaren Gesellschaft* und der *sichtbaren Gesellschaft* verlaufen, die gleichsam die Seele und der Körper der menschlichen Gesellschaft sind.

Um diese Beziehung und diese Verbindung darzulegen, beschäftigen wir uns mit dem Grundprinzip der Gesellschaft, das heißt mit dem menschlichen Individuum und mit der Vereinigung und Entsprechung (unione e corrispondenza), die zwischen dem Geist und dem Körper besteht, die das menschliche Individuum bilden. Wie ist diese Entsprechung beschaffen?

Der ganze äußere Teil des Menschen, also der lebendige Körper, hat eine zweifache Beziehung mit dem inneren Teil des Menschen, also mit dem Geist: 1.) Er hat eine *aktive Beziehung*, die darin besteht, daß er Eindrücke und Veränderungen des inneren Teils, der Seele, mittels äußerer Zeichen ausdrücken kann. 2.) Er hat eine *passive Beziehung*, die darin besteht, daß er imstande ist, die Eindrücke der äußeren Dinge der Körper zu empfangen und sie an den inneren Teil weiterzugeben.

Nun ist diese doppelte Beziehung auch die Beziehung, die man zwischen der äußeren Gesellschaft und der inneren Gesellschaft erkennen kann.

Die äußere Gesellschaft muß Abbildung (rappresentazione) der inneren Gesellschaft sein. Und sie muß zugleich diejenige sein, die der inneren Gesellschaft vermittelt, was außen geschieht.

Verweilen wir noch einen Moment bei der Betrachtung jeder dieser beiden Beziehungen, die zwischen den beiden Gesellschaften – der sichtbaren Gesellschaft und der unsichtbaren Gesellschaft – verlaufen. Betrachten wir zunächst die aktive Beziehung und dann die passive Beziehung.

Durch die *aktive Beziehung* wird das Äußere der Gesellschaft zur zuverlässigen und getreulichen Abbildung der inneren Verfassung der Seelen. Diese Beziehung ist für die Vollkommenheit der menschlichen Gesellschaft notwendig.

Mehr noch: Man kann sagen, daß diese Beziehung das *konstituierende Gesetz* für die Vollkommenheit der Gesellschaft ist.

Kapitel 13: Von der unsichtbaren Gesellschaft

Und tatsächlich: Wenn die Gesellschaft nur eine äußere Gesellschaft wäre, unterschiede sie sich nicht von einer Verbindung von unbelebten Automaten. Wenn die äußere Gesellschaft die innere Gesellschaft falsch abbildet, gibt es nur eine Scheingesellschaft. Eine solche Gesellschaft wäre ein Faktum ohne Berechtigung, was stets an sich nichtig ist. Man muß sich klarmachen, daß die Menschen nur deswegen übereinkommen, in Gesellschaft zu leben, weil sie davon ausgehen, daß bei denen, mit denen sie zusammenleben und mit denen sie sich assoziiert haben, im allgemeinen das Äußere mit dem Inneren korrespondiert. Selbst Menschen, die sich einbilden, durch Lüge und Betrug ihr Glück machen zu können, bilden sich dies nur deswegen ein, weil sie genau wissen, daß sich die Gesellschaft auf dieses Wahrhaftigkeitsgesetz gründet. Wäre es anders, könnte man eben niemals jemanden mit einer äußeren Handlung betrügen, insofern diese Handlung nicht als Ausdruck der Wahrheit verstanden würde. Daher 'ist es unmöglich, sich eine äußere Gesellschaft vorzustellen, deren Mitglieder nicht annehmen, daß alles, was sich außen abspielt, von seiner Natur her tatsächlich dazu bestimmt ist, das Innere darzustellen'. So kann es zwar in der Gesellschaft ein stärkeres oder ein schwächeres gegenseitiges Mißtrauen geben, aber das wechselseitige Mißtrauen kann einen bestimmten Grad nicht überschreiten, ohne daß sich die Gesellschaft auflöst und unmöglich wird.

Wir erkennen also als konstituierendes Gesetz der Gesellschaft zwischen den Menschen das folgende Gesetz an: 'Die äußere Gesellschaft muß eine Abbildung der inneren Gesellschaft der Mitglieder sein.'

Daraus folgt: 'Die äußere Gesellschaft ist um so besser konstituiert, je aufrichtiger die äußeren Bindungen der Menschen sind und je getreulicher sie den Bindungen oder den Gefühlen ihrer Seelen entsprechen.' Und umgekehrt: 'Wenn dem Äußeren und Materialen der Gesellschaft nicht etwas Inneres und Geistiges entspricht, dann ist das, was von der Gesellschaft nach außen erscheint, nur eine Fiktion, die keine Dauerhaftigkeit haben kann. Denn es ist widernatürlich, daß das, was fiktiv ist, Dauer besitzt. Es ist ein bloßer Schatten ohne Körper, eine bloße bemalte Leinwand ohne Konsistenz und Solidität, weil sie keine Wahrheit besitzt.'[1]

---

[1]   Die *inneren Bindungen* der Gesellschaft sind 1.) die *Rechte*, 2.) die sozialen *Gefühle*. Die Erstgenannten sind ideal, die zweiten sind real.
Die *äußeren Bindungen* der Gesellschaft sind 1.) die äußeren *Gesetze* und alle äußeren Handlungen [atti] zwischen Regierung und Regierten, 2.) die *Lebensgewohnheiten*. Die Erstgenannten entsprechen den *Rechten* und beeinflussen hauptsächlich die Ordnung der intellektuellen Dinge. Die Zweiten entsprechen den *Gefühlen* und wirken hauptsächlich in der Ordnung der realen Dinge.
Bestimmte bürgerliche Gesellschaften sind deutlich weniger als andere mit *äußeren Bindungen* ausgestattet. Dazu gehören zum Beispiel Föderationen aus mehreren Staaten, die eine Nation bilden, die aus mehreren Nationen besteht, wo die Bundesregierung einen Handlungsspielraum hat, der auf bestimmte allgemeine Fragen beschränkt ist, und wo die Menschen, die verschiedenen Staaten angehören, keine gemeinsamen Lebensgewohnheiten haben. Daher sagt der Autor von *De la démocratie en Amérique* über die Regierung der Vereinigten Staaten richtig: „L'union est une nation idéale qui n'existe pour ansi dire que dans les esprits et dont l'intelligence seul découvre l'étendue et les bornes" (tom. I, Kap. 8, S. 281).

Wie wir im folgenden Kapitel zeigen werden, gestaltet oder erhält die *äußere Gesellschaft* manchmal die *innere* Gesellschaft. Umgekehrt stirbt die innere Gesellschaft ab, wo Lebensgewohnheiten und Regierungsgewalt fehlen. Ein Beispiel: Solange die römischen Bürger von den Mauern Roms umschlossen werden konnten, gaben ihnen das Zusammenleben und die Gewohnheiten, die sie gemeinsam hatten, eine Einheit als innere Gesellschaft. Als die römische Bürgerschaft auf alle unterworfenen Völker ausgedehnt wurde, wurde die Bürgerschaft [*civitas*] etwas Ideales – ich will damit sagen, die Bürgerschaft wurde eine vom Geist und vom Gesetz, aber nicht von den äußeren Mauern umfaßte Sache. Montesquieu sagt zu dieser Ausweitung der Bürgerschaft: „Dadurch, daß die Völker Italiens zu römischen Bürgern geworden waren, brachte jede Stadt ihren eigenen Schutzgeist, ihre eigenen spezifischen Interessen und ihre eigene Abhängigkeit von irgendeinem großen Beschützer mit. Die zerrissene Stadt bildete nicht mehr ein Ganzes. Und so wie es eine Art Fiktion geworden war, ihr Bürger zu sein – da es weder dieselben Magistraten, noch dieselbe Mauer, noch dieselben Götter, noch dieselben Tempel, noch dieselben Grabstätten gab – so betrachtete man Rom auch mit anderen Augen, so hatte man nicht mehr dieselbe Vaterlandsliebe, und so gab es auch keine römischen Gefühle mehr." (*Considérations sur les causes de la grandeur des Romains et de leur décadence*, Kap. 9). [Zu den zitierten Autoren: A. DE TOCQUEVILLE: De la démocratie en Amérique, cit., Bd. I, Teil I, Kap. 8, in DERS.: Oeuvres, cit., Bd. I, S. 168; MONTESQIEU: Considérations sur les causes de la grandeur des Romains et de leur décadence, Kap. 9, in: Oeuvres complètes de Montesqieu, Paris 1964, Bd. II, S. 118.]

Buch I, Kapitel 14

Fortsetzung

Durch die von uns *aktiv* genannte Beziehung zwischen äußerer Gesellschaft und innerer Gesellschaft entsteht das *Gesetz*, das die menschliche Gesellschaft *konstituiert*. Entsprechend entsteht durch die Beziehung, die wir *passiv* genannt haben, das *Gesetz*, das die Gesellschaft *perfektioniert*, mithin also das Prinzip, nach dem die Gesellschaft verwaltet werden muß.

Wir haben gesagt: Die passive Beziehung besteht in der Eignung der äußeren Gesellschaft, die Eindrücke von den Dingen außerhalb zu empfangen und sie an die innere Gesellschaft, an die Seelen, weiterzugeben.

Dies ist klar: Selbst wenn die äußere Verbindung der Menschen keine Einbildung ist, sondern wenn sie tatsächlich der inneren Verbindung der Menschen entspricht, kann man allein deswegen noch nicht sagen, daß es eine gute Gesellschaft gibt, sondern nur, daß es eine Gesellschaft gibt.

Damit eine Gesellschaft „gut" genannt werden kann, muß sie ein gutes Ziel haben. Die innere Gesellschaft, von der die äußere nur eine einfache Abbildung und eine Folge ist, muß gut sein: Die gesamte Substanz der menschlichen Gesellschaft ist innerlich, sie ist in den Seelen.

Das gilt nicht nur für die sittliche Gutheit der Gesellschaft. Es gilt für jede Vollkommenheit der Gesellschaft, auch für die bloß eudämonologische Vollkommenheit.

Es gibt für den Menschen – ob er nun gut oder schlecht ist – wahrlich niemals rein äußere Güter. Zu Unrecht nimmt man das Gegenteil an. Alles das, was „gut" für den Menschen genannt werden kann, muß vom Menschen selbst als gut *empfunden werden*. Es muß sein Gefühl betreffen. Nun ist aber das Gefühl eine vollkommen innerliche Sache und nichts äußeres. Täuschen wir uns nicht: Die äußeren Dinge können für uns Ursache angenehmer Empfindungen sein. Aber nur die angenehmen Empfindungen selbst [nimmt man das Wort in seinem ganzen Umfang] sind letztlich die Güter, die wir den äußeren Dingen abgewinnen. Alle tatsächlichen Güter des Menschen sind also eigentlich ohne Ausnahme innerlich. Außerhalb befinden sich lediglich die Ursachen für diese Güter, nicht die Güter selbst.

Diese wahren oder zufälligen Ursachen, die sich außerhalb des Menschen befinden, gehören zu jener Gesellschaft, die wir die „äußere Gesellschaft" nennen.

Man muß also sagen: Die äußere Gesellschaft muß in jedem Fall so eingerichtet sein, daß sie die innere Gesellschaft verbessert und vervollkommnet. Denn wir haben auch gesagt: In der inneren Gesellschaft liegen der eigentliche Zweck, das Leben, der Geist und die gestaltenden Kraft der Gesellschaften.

Diese Eignung der äußeren Gesellschaft, auf die Verbesserung und auf die Vervollkommnung der inneren Gesellschaft einzuwirken, ist eben das, was wir die *passive Beziehung* der beiden Gesellschaften genannt haben. Wir haben auch gesagt: Diese Eignung bildet das Gesetz, das die Gesellschaft perfektioniert, und das Prinzip, gemäß dem die Gesellschaft verwaltet werden muß. Diesen Zusammenhang kann man beim Menschen eher noch als bei der Gesellschaft beobachten. Die passive Beziehung, die der äußere Mensch mit dem inneren Menschen hat, konstituiert das Mittel zur Entwicklung und zur Vervollkommnung des Menschen. Denn die Fähigkeiten seines Geistes entwickeln sich mittels der Wahrnehmung der Gegenstände, die ihnen von den Sinnesorganen gleichsam als Materialien für die inneren, geistigen Handlungen geliefert werden.

Die Zeichen der äußeren Dinge, die an den Geist weitergegeben werden, werden der Anlaß für die Vervollkommnung des Geistes. Dieselben äußeren Dinge können aber auch Anlaß für dessen Verschlechterung werden.

Das geschieht sowohl beim Individuum als auch bei der Gesellschaft.

Folglich wird ein Führer notwendig, der die Vermittlung zwischen Außen und Innen zum guten Ziel lenkt. Dafür gibt es in der Gesellschaft das Amt des Verwalters.

Auf welche Weise vervollkommnet nun die äußere Gesellschaft, wenn sie weise verwaltet und geleitet wird, die innere Gesellschaft? – Sie tut dies, indem sie der inneren Gesellschaft drei Arten von Gütern vermittelt.

Die äußere Gesellschaft hilft der inneren Gesellschaft [der geistigen Gesellschaft], zu lernen, wie sie ihre Kräfte und Fähigkeiten gebraucht.

Die äußere Gesellschaft liefert der inneren Gesellschaft die Objekte, die der inneren Gesellschaft gleichsam als Leiter zur Vervollkommnung dienen.

Die äußere Gesellschaft liefert drittens der inneren Gesellschaft weitere Objekte [Personen], durch die jedes Mitglied der inneren Gesellschaft in gewisser Weise seine eigene Existenz erweitert.

Mittels dieser zuletzt genannten Objekte, die die *körperliche Gesellschaft* (società de' corpi) der *geistigen Gesellschaft* (società degli spiriti) liefert, erfolgt die spezifische Vereinigung und Vervollkommnung der inneren Gesellschaft. Die beiden zuerst genannten Dienste, die die äußere Gesellschaft der inneren Gesellschaft leistet, disponieren dagegen die einzelnen Mitglieder, die bereits die Gesellschaft bilden, zu ihrer Vervollkommnung oder unterstützen sie dabei.

Auf diese Weise liefert die äußere Gesellschaft das *Prinzip*, die *Mittel* und den *Zweck* der inneren Vollkommenheit. Das Prinzip ist der Geist der Menschen: Die äußere Gesellschaft sorgt für die Entwicklung seiner verschiedenen Fähigkeiten. Die Mittel sind die realen Objekte: Davon bietet die äußere Gesellschaft nicht wenige, die als Sprossen für den Aufstieg des Geistes dienen können. Der Zweck sind die Personen – es ist die Gesellschaft selbst, die durch die äußeren Beziehungen immer mehr ausgeweitet und zugleich immer enger geknüpft wird, weil für sie neue Bindungen entstehen, die die Geister und die Herzen verknüpfen können.

Werfen wir einen Blick auf die äußere Gesellschaft hinsichtlich dieser drei Beziehungen mit der inneren Gesellschaft und betrachten wir kurz 1.) die Beziehung, die die Fähigkeiten des Menschen entwickelt, 2.) die Beziehung, die den Menschen in seiner moralischen Schwäche aufrichtet, und 3.) die Beziehung, die die Natur des Menschen erweitert, indem sie ihn durch innere und enge Bindungen mit seinen Mitmenschen verbindet.

Kapitel 14: Fortsetzung

Die äußere Gesellschaft entfaltet den Menschen hinsichtlich seiner intellektuellen, seelischen und körperlichen Tätigkeit.

In allen drei Bereichen kann sich der Mensch, solange er lebt, unendlich vervollkommnen (l'uomo è perfettibile indefinitamente).

Da aber die körperlichen Tätigkeiten von den Neigungen (affetti) und die Neigungen von den Ansichten des Intellekts [von der praktischen Vernunft] abhängen, beschränken wir uns darauf, die Impulse zu betrachten, die der Intellekt von der äußeren Gesellschaft empfängt, denn die Bewegung des Intellekts ist das Prinzip aller anderen menschlichen Bewegungen.

Die Erfahrung zeigt, daß der Mensch von der Natur alle seine Fähigkeiten sozusagen im Keim verschlossen erhält, so daß die Fähigkeiten anfangs von allein nicht einmal die kleinste Tätigkeit ausführen können, wenn nicht Objekte, die vom Menschen unterschieden sind, diese Fähigkeiten wecken, indem sie die Organe der Empfindungen und der anderen vitalen Kräfte stimulieren. Es besteht also ein unendlicher Unterschied zwischen dem Zustand des schon entwickelten Menschen, der schon die Herrschaft über die eigenen Handlungen erlangt hat, und dem Zustand des Menschen in jenen ersten Momenten, in denen er die Kräfte als Vermögen besitzt, aber nicht die Herrschaft über sie, also nicht die Fertigkeit, sie zu gebrauchen. Diesen Unterschied zwischen den *Potenzen* und den *Fähigkeiten*, diese Potenzen nach Gutdünken zu gebrauchen, muß man genau beachten.

Die Potenzen – jedenfalls die hauptsächlichen Potenzen – sind angeboren. Aber die Fertigkeit, sie zu gebrauchen, wird durch den Gebrauch der Potenzen erworben, der von äußeren Reizen gefördert wird.

Die *Fähigkeit, die eigenen Potenzen zu gebrauchen*, wird also schrittweise mit ihrem *Gebrauch* erworben.

Gleichgültig welchen Gebrauch unseres Verstandes wir später machen wollen – am Anfang sind wir notwendigerweise passiv. Es muß sich uns von selbst eine erste Idee (idea prima) vorstellen, von der der Gedankengang angestoßen wird. Erst wenn diese Idee in uns aufgetreten ist, können wir entweder auf die Gedanken, die sich daran anschließen können, verzichten oder wir können sie frei ausführen.

Tatsächlich müssen wir, wenn wir denken wollen, erst den Gegenstand (argomento) der Gedanken kennen, die wir anstellen wollen. Dieser Gegenstand ist uns entweder gegeben, oder wir wählen ihn selbst. Wenn er uns gegeben ist, dann ist wahr, was wir sagten, daß uns nämlich die erste Idee ohne unsere freie Wahl vorgestellt wird. Wenn wir selbst den Gegenstand wählen – worauf kann unsere Wahl fallen wenn nicht auf jene Dinge, die wir schon kennen und die uns gegenwärtig sind? Eine Kenntnis, die im Verstand gegenwärtig ist, muß also jeder Wahl und Absicht unsererseits vorausgehen, unsere Verstandesfähigkeiten zu gebrauchen. Danach kann es wohl sein, daß ein Denkvorgang Grund für einen weiteren Denkvorgang ist. Wir können jedoch diese Abfolge von miteinander als Ursache und Wirkung verbundenen Denkvorgängen als einen einzigen Denkvorgang betrachten, an dessen Anfang eine erste Idee steht, die wir selbst nicht herbeigerufen oder gewählt haben, sondern die uns von selbst ganz spontan in den Sinn kommt, wobei ihr Ursprung mit Sicherheit von den Eindrücken von den äußeren Gegenständen abhängt.

Noch wichtiger als der Eindruck von allen anderen äußeren Dingen ist für uns der Umgang mit unseren Mitmenschen. Dadurch erhalten wir die Anlässe und die Prinzipien unserer ersten Gedanken und damit auch eine größere Fähigkeit, mit dem Gedanken rasch zu verschiedenen Gegenständen zu gelangen und überzugehen. Von der äußeren Gesellschaft erhält also die innere Gesellschaft das *Prinzip* ihrer Entwicklung.

Wenn nun also das *Prinzip* der Entfaltung der menschlichen Fähigkeiten gegeben ist, mit welchem *Mittel* gelingt es uns, unseren Verstandesakt frei von einem Gegenstand zum anderen zu bringen? Das Mittel ist die Sprache, die wir von der äußeren Gesellschaft erhalten.

So wie sich uns die realen und sinnlich wahrnehmbaren Gegenstände als erste darbieten, so gehören notwendigerweise unsere ersten Handlungen zur Fähigkeit der *Wahrnehmung* und zur Fähigkeit zu den *ganzen Ideen* (idee piene).[1] Nun ist das Objekt einer Handlung auch der Ruhepunkt der Handlung selbst, wenn das Objekt erreicht wurde. Wieviele reale Objekte sich auch immer uns darbieten – alles, was der Verstand tun kann, ist, sich daran anzuheften – an ein Objekt oder an viele Objekte gleichzeitig – mehr nicht. Wenn die Objekte den Sinnen nicht mehr gegenwärtig sind, bleiben uns im Besitz der Einbildungskraft und der Erinnerung von den Objekten nur die Bilder, die ganzen Ideen und die Gedanken an die Objekte. Aber da diese Abfolgen von Wahrnehmungen bald in einen Zustand der Unaufmerksamkeit fallen, können wir sie auch nicht mehr zurück ins Leben rufen, wenn sie nicht durch eine zufällige Verstandesbewegung oder durch einen neuen äußeren Eindruck wieder lebendig werden. Es gibt in diesem Zustand der Dinge keinen Grund, weshalb unser Geist sich nach Belieben von einem zum anderen Objekt bewegen könnte. Da jedes Objekt eine individuelle und von der Existenz jedes anderen Objekts getrennte Existenz hat, würde der Verstand bei jedem einzelnen von diesen Objekten zur Ruhe kommen – oder auch bei vielen Objekten, gleichsam als wären sie ein einziges Objekt. Aber von dem einen Objekt könnte er nicht frei zum nächsten Objekt oder von einer Gruppe von Objekten zur nächsten Gruppe gelangen. Es ist abwegig, dem entgegenzuhalten, daß dieser Übergang durch die Relationen stattfinden könnte, die diese Objekte miteinander verbinden. Denn die Relationen werden nur durch die Fähigkeit zur Abstraktion erkannt, welche aber in dem Zustand des Menschen, von dem wir hier sprechen, noch nicht entwickelt ist.

Diese Abstraktionsfähigkeit könnte sich außerdem ohne Sprache niemals entwickeln. Die Abstraktionsfähigkeit besteht darin, daß ein Objekt nicht als ein Ganzes, wie es ist, betrachtet wird. Das Objekt wird durch die Abstraktionsfähigkeit vielmehr in einer seiner einfachen Eigenschaften betrachtet – in einer Eigenschaft, von der erkannt wird, daß es möglich ist, daß man sie gleichermaßen in zahllosen anderen Objekten wiederfindet. Damit unser Verstand vom Ganzen des Objekts dazu übergeht, sich separat einer bestimmten Eigenschaft zuzuwenden, die

---

[1] Vgl. *Nuovo saggio sull'origine delle idee*, Sek. V, Teil V, Kap. 1, Art. 5, § 2. [A. ROSMINI: Nuovo saggio sull'origine delle idee (Neuer Entwurf über den Ursprung der Ideen), Rom 1934, Bd. II, S. 176.]

Kapitel 14: Fortsetzung

sich in dem Objekt befindet, das er betrachtet, ist eine Fähigkeit, sich frei zu bewegen, erforderlich. Denn die abstrakte Idee hat zur Voraussetzung, daß wir schon das Mittel besitzen, um den Verstand zu lenken und seine Aufmerksamkeit dahin zu bringen, wohin wir wollen. Die abstrakte Idee kann also selbst nicht ausreichen, diese Fähigkeit zu begründen, die sie voraussetzt.

Aber der Mensch empfängt von der Gesellschaft die Sprache. Das ist der Weg, auf dem er sogleich die Herrschaft über den eigenen Intellekt erwirbt. In der Sprache gibt es Wörter, die *abstrakte Ideen* bedeuten, und es gibt Wörter, die *ganze Ideen* bedeuten. Mittels dieser zuletzt genannten Wörter erwirbt der Mensch die Fähigkeit, sich nach Belieben die Objekte zurückzurufen, auch wenn sie den Sinnen oder dem Geist nicht mehr gegenwärtig sind. Mittels der zuerst genannten Wörter wird der Mensch angestoßen und angeregt, ausschließlich die bestimmten Eigenschaften der Dinge wahrzunehmen und sich so die Verallgemeinerungen zu bilden.

Hat man die *Abstraktionen* gebildet, erkennt man sofort die *logischen Relationen* der Dinge, die zu den Abstraktionen gehören. Die Relationen der Dinge sind sozusagen die Straßen, auf denen sich der Geist von den einen Dingen zu den anderen bewegt.

Der Geist wird also durch die Sprache Herr seiner Gedanken. Damit ist die menschliche Freiheit geboren. Es ist wahr, daß die Freiheit den Anfangsimpuls für die Bewegung stets von einer Idee erhalten muß, die in das Denken sozusagen zufällig kommt. Aber danach ist das Wort das Instrument, das uns die Straßen der Gedanken öffnet und uns in die Lage versetzt, uns darauf zu bewegen.

Man mag dem entgegenhalten, daß man nicht vom Zeichen zur bezeichneten Sache gelangen kann, solange sich noch keine Idee von der Relation gebildet hat, da *Zeichen* und *Bezeichnetes* zwei relationale Begriffe sind.

Aber dieser Einwand entfällt, wenn man folgendes bedenkt: Dieser Übergang der Aufmerksamkeit vom Wort auf die Sache findet nicht statt, weil die Relation zwischen Zeichen und Bezeichnetem bekannt ist. Dieser Übergang findet vielmehr statt, weil das Wort ein physischer Reiz ist, der das Hörorgan anregt. Der Klang, der darin geweckt wird, bringt gleichzeitig die Verstandesaufmerksamkeit des Menschen dazu, die Übereinstimmung dieses Klanges mit den Objekten aller anderen Sinne und mit den anderen Klängen wahrzunehmen und ihn aus dem Zusammenspiel mit diesen anderen Klängen zu deuten. Das, was eine Reihe von Klängen, die eine Rede bilden, unserem Ohr vorstellt, ist gleichsam eine vernünftige Empfindung (sensazione ragionevole). Das heißt, es ist eine Empfindung, die sich nach festgelegten Regeln verändert – im Einklang mit allen Gegenständen, die wir gleichzeitig und nacheinander wahrnehmen. Der Intellekt nimmt also diese Ordnung wahr, die zwischen den gleichzeitigen Empfindungen und dem Wort besteht, und diese Ordnung erklärt dem Intellekt das Wort selbst. Auf diese Weise ruft letztlich das Wort die Aufmerksamkeit unseres Verstandes auf das, was es bezeichnet, auch wenn es allein dem Verstand gegenwärtig ist. Um dies zu verdeutlichen, genügt es, folgende Feststellung hinzuzufügen: Sinne und Intellekt sind imstande, leicht die Handlungen zu wiederholen, die sie schon bei anderer Gelegenheit ausgeführt haben. Daher kommt es, daß schon ein Teil des Objekts, das einmal erblickt wurde, als Reiz ausreicht, um das Objekt insgesamt in Erinnerung zu rufen. Und so geschieht es ebenfalls, daß der Klang eines Wortes die Objekte in Erinnerung ruft, die bei einem anderen Mal zusammen mit dem Klang wahrgenommen wurden.[2]

Durch das Wort gelingt es uns also, unsere Aufmerksamkeit nach Belieben auf eine Vielzahl von Objekten zu lenken. Durch das Wort erwerben wir die Herrschaft über unsere Fähigkeiten. Durch das Wort werden wir auch Herr unserer Neigungen, die von den betrachteten Gegenständen abhängen, und wir werden frei und souverän in unseren äußeren Handlungen. Woher aber kommt das Wort zu uns?

Von der Gesellschaft, so haben wir gesagt. In der Gesellschaft wird dieser heilige Besitz bewahrt und durch Überlieferung von Generation zu Generation weitergegeben. Der Gesellschaft verdankt der Mensch also das *Mittel* zur Entfaltung seiner verschiedenen Fähigkeiten und seiner gesamten Vollendung.

Je reicher die Sprache an abstrakten, allgemeinen und hohen Ideen ist, desto mehr Material liefert sie für lange Gedankengänge. Der Beschaffenheit der jeweiligen Sprachen muß man zu einem Großteil die weitere oder geringere Entwicklung der verschiedenen Nationen zuschreiben. Meiner Meinung nach ist dieser Grund von den Historikern, die eine Geschichte der Menschheit und ihrer schrittweisen Zivilisierung (graduato incivilimento) geschrieben haben, nicht genügend beachtet worden.

Umgekehrt bildet die Sprache die Verhältnisse in der Gesellschaft ab, die die Sprache benutzt. Dies wird um so deutlicher, je näher an den ersten Anfängen eines Volkes man die Sprache betrachtet.

Kommen wir nun zu dem zweiten Nutzen der menschlichen Gesellschaft. Wir haben gesagt: Der zweite Nutzen liegt in der Stütze, die die menschliche Gesellschaft der moralischen Schwäche des Menschen bietet.

Diese Stütze besteht in der Bildung, im Vorbild und in vielen Anreizen, das gesellschaftliche Gute (bene sociale) zu tun. Wir sahen schon, daß das gesellschaftliche *Gute* zumindest ein Rudiment des *universalen Guten* ist.

Wenn wir jene gemeinsame Gesellschaft (società comune) betrachten, zu der die Natur selbst die Menschen zusammenbindet und die keinen partikularen Zweck hat, sondern allgemein das Wohl der Menschheit bezweckt, erkennen wir, daß der unsichere, schwankende Intellekt in dieser Gesellschaft wenigstens vorläufige Ruhe und zeitweilige Auflösung seiner Zweifel findet. Dies kann den Intellekt zufriedenstellen, bis er für substantiellere Gedanken stark genug geworden ist. Auch das Herz, das von der Anstrengung, die Tugend zu befolgen, müde und abgekämpft ist, findet Erleichterung von seinen mühseligen Anstrengungen in der Gesellschaft mit seinesgleichen. Es hofft auf eine redliche, unmittelbare Erholung und auf einen unmittelbaren Lohn für seine Verdienste und wird durch diese gestärkt.

---

[2] Vgl. *Nuovo Saggio*, Sek. V, Teil II, Kap. 4, Art. III; *Antropologia*, Buch II, Sek. II, Kap. 9, Art. IV, § 4, III [A. Rosmini: Nuovo saggio sull'origine delle idee, op. cit., Bd. II, S. 75 ff; ders.: Antropologia in servigio della scienza morale, in A. Rosmini: Filosofia della morale, cit., Bd. II, S. 293–308.]

Kapitel 14: Fortsetzung

Die Gesellschaft, die Lehrmeisterin der Menschen, gibt den Menschen also die Prinzipien für ihre Vollendung. Außerdem hilft sie ihnen und ermutigt sie, diese Prinzipien zu gebrauchen. Nur wenige Menschen sind imstande, sich selbständig auf dem Weg des Guten zu halten ohne diese kontinuierlichen moralischen Hilfen, die ihnen die Gesellschaft bietet. Die Gesellschaft ist folglich das Mittel, durch das der Großteil der Menschen die Vollendung erreicht, zu der diese Menschen fähig sind. Das wird noch deutlicher, wenn man die Mittel betrachtet, die jede Gesellschaft besitzt, um Menschen zu zügeln, die gesellschaftlich böse sind (socialmente cattivi), und um Menschen gegen Unrecht und Schaden zu verteidigen, die gesellschaftlich gut sind (socialmente buoni).

Schließlich erweitert die Gesellschaft unsere Existenz. Das ist der dritte Vorteil, den sie uns bietet.

Je stärker Menschen miteinander verbunden sind, um so mehr verstärkt sich in jedem einzelnen das Gefühl für die eigenen Kräfte. Es verstärkt sich in jedem einzelnen die habituelle Empfindung für eine Existenz, die durch die Existenz der anderen Menschen erweitert ist, denen sich der einzelne verbunden fühlt. Dieses Gefühl eines ausgeweiteten und nach außen weit verströmten Lebens wird für das menschliche Herz so süß und kostbar, daß die Freude am Leben in anderen Menschen das Gefühl für das eigene individuelle Leben und das Gefühl für die eigene innere Natur und für die unsichtbaren Dinge, die in uns sind, sogar bisweilen unterdrückt und nicht wahrnehmbar oder schwach werden läßt.

Dann wird aus dem Guten etwas Schlechtes. Denn häufig kommt es zu einer übertriebenen „Verausgabung" (transfusione) von uns selbst nach außen. Die inneren Freuden werden ganz schwach und die äußeren Freuden übermächtig. Dann neigen die Menschen dazu, die inneren Freuden für nichtig zu halten und nur die äußeren Freuden hochzuschätzen. Daher kommt der so verbreitete und so materialistische Irrtum, der besagt: Wenn es um das menschliche Glück geht, muß man ausschließlich auf die Intensität, auf die Vielfalt und auf die Süße der äußeren Bindungen schauen und vom inneren Zustand der Seele vollständig absehen. Aber es kommt auch das Gegenteil vor: Die wenigen Personen, die den vollkommenen und wahrhaft erhabenen Zustand lieben, betrachten die Überfülle der akzidentellen und äußeren Bindungen als etwas Überflüssiges, das sie an der hochherzigen Liebe zur reinsten und höchsten Tugend hindert und das sie davon ablenkt, sich mit den erhabensten und einsamsten Gedanken zu vervollkommnen.

Aber wir wollen hier nicht von den außergewöhnlichen und auserwählten Seelen sprechen. Wir wollen nur verdeutlichen, was wir gesagt haben: Der Mensch verbindet sich mit den *Personen* und mit den *Sachen*, die sich um ihn herum befinden. Durch diese natürlichen Beziehungen erweitert er gleichsam sich selbst. Er schafft sich einen Umkreis von Dingen, die ihm in einer Weise gehören, die der Weise nicht unähnlich ist, in der ihm sein eigener Körper gehört. Von diesen Dingen sind am wichtigsten die Personen, die mit ihm vereint die Gesellschaft bilden. So wird die Gesellschaft selbst für jeden einzelnen Mensch zum Zweck. Dies geschieht nicht, weil der Zweck des Menschen der Gesellschaft dienlich sein soll, sondern weil die Gesellschaft und der Mensch eine einzige Sache werden – so wie sich der Geist mit dem Körper, der ihn umgibt, zu einer Sache vereint. Das ist der Grund, weshalb ein Vater davon überzeugt ist, daß er sich selbst verteidigt, wenn er seine Familie verteidigt. In den Familienmitgliedern sieht er keine von sich selbst unterschiedenen Wesen, sondern er sieht sie als lebendige Teile von sich selbst. Denn seine Vernunft und sein Herz tragen ihn in alle diese Teile hinein und lassen ihn in ihnen leben. In gleicher Weise bildet jedes Mitglied einer größeren Gesellschaft – insofern es mit seinesgleichen verbunden ist [was sich der Intelligenz verdankt] – mit diesen seinen Mitmenschen eine einzige Existenz, eine einzige moralische Person, für die es alles das wünscht und tut, was es für sich selbst wünscht, und von der es alles das fernhält, was es auch von sich selbst fernhält.³

---

3   Grotius lobt Aristoteles dafür, daß er Politik und Recht trennt, und tadelt im Gegenzug Bodins Methode, der beide Wissenschaften vermischt hat (*De J.B. et P. proleg.* § 57).
Grotius' Feststellung ist richtig, muß aber erläutert werden.
Es ist sehr wahr, daß die Prinzipien des *Rechts* von ihrer Natur her früher als die Prinzipien der *Politik* und unabhängig von diesen Prinzipien sind. Daraus ergibt sich, daß nach der Ordnung der Ideen die Wissenschaft vom Recht – was ihre grundlegenden Prinzipien betrifft – vor der Wissenschaft von der Regierung der Gesellschaft oder Politik behandelt werden muß. Entsprechendes gilt für die Prinzipien der *Ethik*. Die politische Wissenschaft findet also die Prinzipien der Rechte und der Pflichten schon festgelegt vor. Sie kann und muß sich also der Wahrheiten bedienen, die zur Wissenschaft des philosophischen Rechts und zur Wissenschaft der Ethik gehören – nicht als Wahrheiten, die die Politik selbst lehrt und beweist, sondern als schon vor ihr gelehrte und bewiesene Wahrheiten. Es wäre völlig absurd und monströs, eine politische Wissenschaft zu entwerfen, die vollständig von den wechselseitigen Rechten und Pflichten absehen wollte, durch die die Menschen gesellschaftlich verbunden sind. Diese unheilvolle Absehung findet man bei Machiavelli, weshalb er zum befolgten Lehrmeister – nicht für Politik, wohl aber für jeden gemeinen Despotismus und jede unsägliche Räuberei wurde. Damit trug er maßgeblich zum Untergang Italiens bei. Eines der Hauptziele der Regierung besteht in der Verteidigung der Rechte der Einzelpersonen. Die Kunst des Regierens muß folglich die Wissenschaft des Rechts zu ihrer ersten Grundlage haben. Das zweite Ziel der Regierung besteht in der Aufhebung der Hindernisse, die sich der sittlichen Verbesserung der Menschen entgegenstellen, und in der Unterstützung dieser Verbesserung mit den Mitteln, die der Regierung zur Verfügung stehen. Das zweite Fundament der Politik muß folglich die Wissenschaft von den Pflichten sein – also die Ethik in ihrer ganzen Dimension.
Da die edlen Ziele der bürgerlichen Regierung deutlich machen, daß ihre Kunst – die Politik – sich auf Recht und Ethik gründen muß, ist gleichermaßen offensichtlich, daß die Regierung diese moralischen Ziele nur erreichen kann, wenn sie moralische Mittel, also in jedem Fall *gerechte* und *rechtschaffene* Mittel einsetzt. Deshalb muß sie zuerst den Teil des Rechts vollständig kennen, der sie selbst betrifft, damit sie nicht die Grenzen des Gerechten und Rechtschaffenen überschreitet.
Aristoteles, den Grotius lobt, hat die Ethik vor die Politik gestellt und beide miteinander verbunden, fast in der gleichen Weise, wie wir es tun. Nachdem er die Tugend als eine künstliche Gewohnheit beschrieben hat, zeigt er im letzten Buch der Ethik, daß der tugendhafte Mensch die gut verfaßte Bürgerschaft zur Voraussetzung hat, weil die gute bürgerschaftliche Ordnung in höchstem Maße dazu beiträgt, tugendhafte Gewohnheiten auszubilden. Dies bietet ihm den Übergang zur politischen Wissenschaft. Man sieht, daß bei Aristoteles die Kunst der Regierung der Bürgerschaft – die Politik – als *Mittel* betrachtet wird, um in den Menschen Tugend zu erzeugen. Eben diesen Gedanken mein-

ten wir, als wir gesagt haben: Die Politik und die Gesellschaft selbst sind nichts anderes als eine *Methode* zur Vervollkommnung des Einzelmenschen, und diese Methode muß als *Mittel* zur Vollendung des einzelnen dienen (Vgl. meine *Prefazione alle opere di filosofia morale*, S. IX ff).

Wie sehr ist man aber in der letzten Zeit von so einfachen und zugleich für den Frieden und das Wohlergehen der Welt heilsamen Prinzipien abgewichen! [Zu den zitierten Werken vgl. H. GROTIUS, op. cit., Bd. I, S. 29; A. ROSMINI: Prefazione alle opere di filosofia morale (Vorwort zu den Schriften zur Moralphilosophie), in DERS.: Filosofia della morale, cit., Bd. I, S. IX-XIII.]

Zweites Buch

Das Ziel der Gesellschaft[1]

---

[1] [Dieses II. Buch trägt den Titel „Fine della società"; in der zitierten engl. Fassung „The end of society".]

Alles, was wir im vorangehenden Buch dargelegt haben, zeigt den Unterschied zwischen einer Gesellschaft und einer Ansammlung von Materie.

Um eine Gesellschaft zu bilden, reicht eine Verbindung von mehreren nur aus Materie bestehenden Wesen an einem Ort nicht aus. Anderenfalls wäre auch ein Haufen Steine eine Gesellschaft.

Auch eine Verbindung von mehreren nur fühlenden Wesen reicht nicht aus. Es kann allerdings sein, daß diese Wesen miteinander nicht nur durch denselben Ort verbunden sind, sondern auch durch den Austausch von angenehmen und schmerzhaften Empfindungen und durch Instinkte, die sie veranlassen, sich die angenehmen Empfindungen zu verschaffen und sich den unangenehmen Empfindungen zu entziehen – Instinkte, die diese Wesen also zum einem *Zusammenleben* (coabitazione) veranlassen. Diese Instinkte sind wesenhaft individuell. In der Gemeinschaft der Tiere fehlt ein willentliches gemeinsames Ziel (fine comune volontario). Zwar folgt aus dem Zusammenleben der Tiere ein kollektives Gut (bene collettivo), das in der Summe der Güter jedes einzelnen Tieres besteht. Aber kein einzelnes plant und beabsichtigt dieses kollektive Gut. Es ist vielmehr die Weisheit der Natur, die die Neigungen jedes einzelnen so anlegt, daß sie zum Wohl aller gereichen.

Aber auch eine beliebige Menge von Menschen kann nicht „Gesellschaft" genannt werden. Für die Gesellschaft sind verstandesmäßige und moralische Bindungen notwendig. Die Mitglieder müssen sich eines gemeinsamen Ziels bewußt sein. Sie müssen daher dieses Ziel kennen und es wollen und die Mittel frei wählen, mit denen sie sich dieses Ziel verschaffen. Daher ist das Gut der Gesellschaft (bene sociale), auf das die Mitglieder abzielen, nicht eine bloße Sammlung der individuellen Güter (beni individuali), sondern es ist ein wirklich gemeinsames Gut (bene veramente comune) – ein einziges in seiner Idee, an der jeder einzelne teilhat. Damit es Gesellschaft geben kann, muß es Intelligenz geben. Wir haben auch gesehen: Gesellschaft setzt Recht, Gerechtigkeit und moralische Tugenden voraus. Die Gesellschaft ist also, wie Cicero gesagt hat *„coetus juris consensu et utilitatis communione societatus"*.[2]

Aus der Lehre von der Natur der Gesellschaft, wie sie im vorangehenden Buch dargelegt worden ist, leitet sich also spontan die Lehre von ihrem Ziel ab, die wir nun mit möglichst großer Klarheit entfalten wollen. Fangen wir also an!

---

[2] „Res publica est res populi; populus autem non omnis coetus multitudinis, sed coetus iuris consensu et utilitatis communione sociatus" (*De Rep.*, Buch I). [Die Stelle lautet exakt: „... res publica est res populi; populus autem non omnis hominum coetus quoquo modo congregatus, sed coetus multitudinis juris consensu et utilitatis communione sociatus"; vgl. M. TULLI CICERONIS De re publica libri sex, Buch I, Kap. 25 § 39, in M. TULLI CICERONIS Scripta, cit., Teil IV, Bd. II., S. 289.]

Buch II, Kapitel 1

Das Ziel jeder Gesellschaft muß ein wahres und menschliches Gut sein

Wäre die Gesellschaft nur eine Ansammlung von Körpern, müßte man den Zweck der Gesellschaft in einem Gut suchen, das zu den Körpern paßt.
    Aber eine Verbindung von Körpern schafft keine Gesellschaft. Um eine Gesellschaft zu bilden, braucht man einsichtsfähige Seelen (anime intelligenti). Daher ist klar, daß man bei den Seelen eher als bei den Körpern das Ziel und den Zweck der Gesellschaft suchen muß.
    Wir haben gesehen: Der körperliche, äußere Teil der Gesellschaft muß als Mittel zur Vervollkommnung des inneren, geistigen Teils betrachtet werden, in dem der Mensch eigentlich existiert. Dort haben die Freude und die Vollendung ihren Sitz, zu denen der Mensch fähig ist. Dort muß also auch das letzte Ziel (fine ultimo) jeder Gesellschaft angesiedelt sein.
    Wir gehen mit unseren Überlegungen von sicheren, allgemeinen Wahrheiten aus, damit die Folgerungen, die wir daraus ziehen, das Resultat evidenter Prinzipien sind, die mit dem Gemeinsinn der Menschen übereinstimmen.
    Niemand wird in Zweifel ziehen können, daß der Mensch ausschließlich um des Guten willen handelt. Wenn er sich zum Bösen verkehrt, besteht sein Irrtum darin, daß er sich auf der Suche nach dem Guten durch ein scheinbares Gut trügt. Daraus wird deutlich: Auch die Gesellschaft kann von den Menschen nur mit dem Zweck gebildet werden, mit vereinten Kräften ein Gut zu erlangen. Das Gegenteil wäre absurd. Es ergäbe keinen Sinn zu sagen, daß sich die Menschen assoziieren, um etwas zu erhalten, was sie als ein Übel und nicht als ein Gut betrachten.
    Folgendes ist gleichermaßen evident: Wenn sich der Mensch hinsichtlich des Gutes täuscht, nach dem er strebt, und wenn er statt eines realen Gutes ein echtes Übel findet, dann ist seine Handlung für ihn verloren, dann hat sie keinerlei Wert, beziehungsweise dann hat sie einen negativen Wert. Diese Einsicht möge man nun auf die Gesellschaft anwenden: Wenn die Gesellschaft die Menschen nicht zu einem Gut – zu einem wahren und realen Gut – führt und wenn sie sie statt dessen unter dem Anschein von etwas Gutem verwirrt und betrügt, indem sie dafür sorgt, daß sie ein wirkliches Übel erwerben, dann wird die Gesellschaft für die Menschen unnütz und schädlich. Sie verrät dann ihr natürliches und notwendiges Ziel. Die Gesellschaft hat dann keinerlei Wert mehr, beziehungsweise sie hat nur einen negativen Wert.
    Es gibt ein weiteres Prinzip, das keinen Nachweis nötig zu haben scheint und das für die Gesellschaftswissenschaft ebenso wichtig wie die vorangegangenen Prinzipien ist: Das wahre Gut, nach dem eine Gesellschaft von Menschen streben muß, muß das *Gut des Menschen* (bene umano) sein – also das Gut, das definitiv gut für die *menschliche Natur* ist. Es muß das Gut sein, das allen Ansprüchen dieser Natur angemessen ist, so daß diese Natur es vollständig gutheißt und danach verlangt.

Kapitel 1: Das Ziel jeder Gesellschaft… 215

Wenn etwas angenehm für die eine oder die andere mindere Fähigkeit des Menschen wäre, aber gleichzeitig von der menschlichen Natur insgesamt zurückgewiesen würde, könnte man dies nicht als menschliches Gut, als ein Gut der menschlichen Natur bezeichnen. Es müßte vielmehr nach dem Urteil dieser Natur, die diese Sache insgesamt verwirft, zu den Übeln gerechnet werden.

Damit man sich bei der Festlegung des wahren Gutes nicht täuscht, darf man nicht nur die Beziehung eines Gegenstandes zu der einen oder anderen menschlichen Fähigkeit betrachten. Man darf auch nicht den Meinungen folgen. Vielmehr muß man das sichere Urteil der menschlichen Natur ingesamt nehmen. Hierauf bezieht sich insbesondere Ciceros Wort: „Das Gerede der Meinung wird von der Zeit getilgt, das Urteil der Natur wird bestätigt".[1]

Daraus folgt ein einfacher Grundsatz, der doch am Anfang jeder guten Lehre stehen muß: 'Jede Gesellschaft – gleich welcher Form und Natur – muß letztlich auf das wahre menschliche Gut gerichtet sein.' So will es das *Wesen* der Gesellschaft. Ohne dieses Gut fehlt das *wesenhafte Ziel* einer gesellschaftlichen Vereinigung. Sie wäre de jure und de facto nichtig.

---

[1] „Opinioni commenta delet dies, naturae judicia confirmat" (*De N. D.*, II, II) [M. TULLI CICERONIS De natura deorum libri tres, Buch II, Kap. 2, § 5, in M. TULLI CICERONIS Scripta, cit., Teil IV, Bd. II, S. 48.]

Buch II, Kapitel 2

Vom menschlichen Gut

Zu Recht ist gesagt worden: „Die größte Weisheit besteht darin, Gutes und Schlechtes unterscheiden zu können".[1]

Die Prinzipien, die wir im vorigen Kapitel aufgestellt haben, erfordern diese ganze Weisheit, damit man sie recht anwenden kann.

Wahr ist, daß die Schwierigkeiten, die sich bei der Anwendung ergeben, von den Leidenschaften abhängen, die einen Großteil der Menschen daran hindern, einfach den unmittelbaren Erkenntnissen des Verstandes zu folgen. Wäre die Seele rein und nicht von falschen und blinden Begierden beeinflußt, fiele es dem Menschen nicht schwer, sein *wahres Gut* zu erkennen – jenes Gut, das die Natur des Menschen stets wünscht und dem der menschliche Wille oft ausweicht. Aber für die rechte Natur ist eine klare, eindeutige Lehre von den menschlichen Gütern und den Übeln notwendigerweise eine Stütze und eine Hilfe gegen die Verführung der Leidenschaften und gegen den von den Leidenschaften auf Abwege gebrachten Willen. Anderenfalls bestünde keine Hoffnung für das Heil des Menschengeschlechts.

Man muß also beachten, daß die erste Grundlinie der natürlichen Verfassung der Gesellschaft (natural costituzione della società) diese ist: 'Die Gesellschaft soll zum wahren Gut des Menschen hinstreben'.

Aber es bleibt zu fragen: Was ist dieses wahre menschliche Gut, das das wesenhafte Ziel (scopo essenziale) jeder Gesellschaft ist? Wir wollen das in diesem Kapitel klären.

Der Mensch ist ein Subjekt mit verschiedenen Vermögen (potenze), und jeder Art von Vermögen entspricht eine Art von Gut.

Die Anthropologie zeigt, daß zwischen diesen Vermögen eine Ordnung besteht. In ähnlicher Weise gibt es auch eine Ordnung zwischen den verschiedenen Gütern der verschiedenen Vermögen. Diese Ordnung ist in der Natur begründet. Folglich bleibt die Natur unbefriedigt, wenn diese Ordnung der Güter nicht eingehalten wird.[2]

Es besteht also ein Unterschied zwischen dem Gesamtverlangen der menschlichen Natur und dem Verlangen ihrer einzelnen Vermögen. Jedes dieser unterschiedlichen Vermögen strebt nach der Art von Gut, die zu ihm gehört. Aber die menschliche Natur insgesamt strebt nach der Gesamtordnung der Güter, und sie bleibt unbefriedigt, wenn diese Ordnung in irgendeiner Weise verletzt wird.

Wie ist nun diese Ordnung der Vermögen beschaffen? Und wie ist die Ordnung der Güter beschaffen, die den Vermögen entsprechen?

---

[1] „Hanc summam dixit (Socrates) esse sapientiam, bona malaque distinguere" (Sen., *Ep.*, LXXI). [L. A. SENECA, op. cit., Brief 71, Bd. II., S. 82.]

[2] Vgl. *Antropologia*, Buch II, Sek. II, Kap. 10; und Buch IV, Kap. 12. [A. ROSMINI: Antropologia in servigio della scienza morale, in DERS.: Filosofia della morale, cit., Bd. II, S. 398–401 und S. 544–549.]

Kapitel 2: Vom menschlichen Gut 217

Erneut ist es die Anthropologie, die uns folgendes beweist: Alle Vermögen des Menschen und die Strebekräfte, die sie begleiten, lassen sich letztlich in zwei Klassen unterteilen: Es gibt die subjektiven Vermögen und die objektiven Vermögen. Es gibt das Verlangen nach subjektiven Gütern, und es gibt das Verlangen nach objektiven Gütern.[3]

Unter „subjektivem Gut" versteht man alles das, was uns erfreut, wenn nur der Genuß betrachtet wird, den etwas uns bereitet, und wenn man dabei nicht die Natur des Objekts, also den inneren Wert des angenehmen Objekts, unabhängig von seinem Nutzen für uns, betrachtet. Es ist evident, daß das Vermögen des sinnlichen Wahrnehmens nur diese Art von Gut genießen kann.

Aber wir sind auch mit Einsicht (intendimento) begabt. Durch die Einsicht erkennen wir den Wert der Dinge, die nicht für uns selbst angenehm und nützlich sind. Wir können sehen, inwieweit sie für andere oder an sich selbst erfreulich und gut sind. Durch die Einsicht erkennen wir diesen Wert in den Dingen. Er wird nicht dadurch gemessen, daß wir die Dinge zu uns in Beziehung setzen, sondern dadurch, daß wir gar nicht an unser Eigeninteresse denken. Dieser Wert heißt „objektives Gut". Nach der Natur gehört es zur Erkenntnisfähigkeit, die Dinge in dieser Weise interesselos beurteilen zu können – das heißt, so wie sie sind, und nicht, wie sie uns nutzen. Es ist eine Bewertung der Dinge nach der Wahrheit und nicht nach den Leidenschaften der Eigenliebe.

Die wesenhaft interesselose Erkenntnis der Dinge wird zur Grundlage der Moralität, wenn man sie in ihrem Zusammenhang mit dem Willen betrachtet.[4]

Unser freier Wille kann von der Selbstliebe verführt sein. Er kann daher die Erkenntnis angreifen, um sie zu täuschen. Er kann sich anstrengen, um die natürlichen Urteile der Einsicht zu korrumpieren. Wenn dies geschieht, ist der Wille böse.

Der feste, gegen die Schmeichelei der Selbstliebe gefeite Wille kann aber auch mit seiner praktischen Kraft das Gesetz der Einsicht unterstützen. Er kann die Einsicht die Dinge nach der Wahrheit beurteilen lassen, die diese Einsicht „vernimmt" (percepisce). Er kann Freude an diesen Urteilen haben. Wenn das geschieht, dann ist der Wille gut.

Der Mensch verspürt eine unbezwingbare Notwendigkeit, daß sein Wille gut und nicht schlecht sein soll. Er spürt die Notwendigkeit, daß sein Wille den Urteilen der Einsicht, welche diese – sich selbst überlassen – über den objektiven Wert der Dinge fällt, entsprechen und sich ihnen nicht widersetzen soll – selbst wenn dadurch alle subjektiven Wünsche geopfert werden.

Der Verstand und der Wille sind also objektive Vermögen. Das objektive Gut, das zu diesen Vermögen gehört, sind alle Wesen nach dem Grad ihres objektiven Werts beziehungsweise nach dem Grad ihrer Wesenheit. Der Wille, der den Dingen zustimmt, die ihm der Verstand mit den verschiedenen Stufen an Gefallen in Entsprechung zu den Stufen der Wesenheiten der Dinge vorlegt, erfährt zwei Wirkun-

---

[3] *Ibid.*, Buch III, Sek. I, Kap. 4 [S. 330–348].
[4] Vgl. *Principi della scienza morale*, Kap. 4. [A. ROSMINI: Principi della scienza morale, in DERS.: Filosofia della morale, cit., Bd. I, S. 65–66.]

gen: 1.) Er erlebt eine natürliche, reine und edle Freude. Diese Freude ist um so größer, je intensiver die Zustimmung des Willens zu der erkannten Wesenheit ist und je größer diese erkannte Wesenheit selbst ist. 2.) Er erfährt die Billigung seitens des Verstandes, der urteilt, daß der Wille, der so handelt, gut und seiner Natur und der Wahrheit gemäß handelt.

Diese beiden Wirkungen können *moralische Freude* (diletto morale) und *moralische Billigung* (approvazione morale) genannt werden.

Die moralische Billigung ist anders als die Freude. Aber die Billigung löst eine weitere, neue Freude aus, die zur ersten Freude hinzutritt und sie gleichsam verdoppelt und vollendet.

Die menschliche Natur verlangt nach dieser Freude und nach dieser Billigung, und dieses Verlangen nennen wir *moralisches Verlangen* (desiderio morale).

Dieses Verlangen der menschlichen Natur ist absolut und allen anderen Wünschen und Strebekräften überlegen.

Daher ist die menschliche Natur nicht befriedigt, wenn dieses Verlangen nicht befriedigt wird – selbst wenn dafür, sofern es nicht anders möglich ist, alle übrigen Wünsche und Strebekräfte der anderen Vermögen geopfert werden.

Die Ordnung der Vermögen und die *Ordnung der Güter*, die mit den verschiedenen Vermögen korrespondieren – also die Ordnung, nach der die menschliche Natur von innen her strebt – bedeutet letztlich, daß die objektiven Vermögen Vorrang vor den subjektiven Vermögen haben sollen und daß das objektive Gut Vorrang vor dem subjektiven Gut haben soll. Es bedeutet, daß die Verstandesurteile „recht" sein sollen und daß der Wille die rechten Urteile lieben soll und bei seinen Handlungen nur der Regel dieser rechten Urteile folgen soll. Mit einem Wort: Die Ordnung der menschlichen Güter will, daß an erster Stelle die Wahrheit des Intellekts und die Tugend des Willens kommen. Sie will, daß jedes andere Gut dem Gut der Tugend weicht, wenn es nicht mit der Tugend zusammen bestehen kann. Nun können wir erkennen und definieren, was das *menschliche Gut* ist.

Aus dem Gesagten ergibt sich: 'Das wahre menschliche Gut ist nichts anderes als die moralische Tugend sowie alle diejenigen Güter, die sich mit der Tugend vertragen'. Außerdem muß man folgern: 'Wenn ein Gut – gleich welcher Art – sich nicht mit der Tugend verträgt, hört es auf, ein menschliches Gut zu sein, denn nichts, was die Tugend ausschließt, ist ein menschliches Gut'.

Wenn wir nun die *Tugend* gemäß der bisherigen Darstellung untersuchen, stellen wir fest, daß es bei ihrer Entstehung drei Elemente gibt, die mit der tugendhaften Handlung zusammen auftreten.

Der gute Wille spürt zuerst die Autorität der Wahrheit, die *Zustimmung* von ihm verlangt, und er gibt dem nach.

Dann empfängt er *Freude* durch diese Zustimmung.

Drittens spürt er, daß seine Zustimmung der *Billigung* würdig ist, und sie wird tatsächlich vom Verstand gebilligt.

Die Bestandteile, die sich in jedem sittlichen Akt des Willens finden, sind also 1.) die freiwillige Zustimmung zu den Wesen gemäß der Autorität der Wahrheit; 2.) die Freude an der Zustimmung; 3.) die Billigung.

Kapitel 2: Vom menschlichen Gut 219

Es ist der erste dieser drei Bestandteile, der eigentlich die *Tugend* in ihrem Wesen konstituiert.

Die beiden anderen Bestandteile sind *eudämonologische* Bestandteile, also zwei Glückselemente, die notwendigerweise zur Tugend hinzukommen.

Im Ursprung der Tugend selbst gibt es also einen inneren Zusammenhang zwischen Tugend und *Glück* (felicità).[5]

Überdies erkennt man gleichzeitig im tugendhaften Akt die Elemente, die das menschliche Glück konstituieren. Man sieht nämlich, daß sich das Glück aus zwei Elementen ergeben muß: aus der *Freude* und aus der *Billigung*.

Damit der Mensch glücklich ist, reicht es gewiß nicht aus, daß er die Freude genießt. Gleichgültig wie groß die Freude scheint – sie kann den Menschen doch nie vollständig glücklich machen, wenn sie vom Urteil seiner Vernunft mißbilligt oder für schlecht gehalten wird. Umgekehrt gilt: Wenn der Mensch sich freut und wenn seine Vernunft gleichzeitig diese Freude billigt, findet die menschliche Natur in dieser Freude wahre Ruhe und vollkommene Erfüllung und Zufriedenheit.

Diese Billigung bleibt nicht aus, wenn die Freude die Folge eines sittlichen Aktes ist.

Nun haben wir gesehen, worin das *menschliche Gut* – das wesenhafte Ziel jeder Gesellschaft – besteht. Wir haben erkannt: Das menschliche Gut besteht 'in der Tugend und in den mit der Tugend verbundenen Glücksgütern und generell in jedem Gut, das sich mit der Tugend verträgt'. Daraus können wir nun folgende Schlüsse ziehen:
1. Keine Gesellschaft ist rechtmäßig, wenn ihr Ziel der Tugend widerspricht, denn dieses Ziel verstößt gegen das Wesen der Gesellschaft.
2. Kein gesellschaftliches Gesetz hat Geltung (valore), sofern es die Mitglieder am Erwerb der Tugend hindert, denn ohne die Tugend gibt es kein menschliches Gut, zu dessen Erwerb die Gesellschaft ja errichtet ist.

---

[5] Von diesem Zusammenhang haben wir schon ausführlich gesprochen, vgl. *Storia comparativa e critica de' sistemi morali*, Kap. 8, Art. II, § 7; und in Antropologia, Buch IV, Kap. 12. [A. ROSMINI: Storia comparativa e critica de' sistemi intorno al principio della morale, in DERS.: Filosofia della morale, cit., Bd. I, S. 436–480; DERS.: Antropologia in servigio della scienza morale, in DERS.: Filosofia della morale, cit., Bd. II, S. 544–549.]

Buch II, Kapitel 3

Fortsetzung: Das menschliche Gut besteht nicht in isolierten Freuden, sondern in der Erfüllung und Zufriedenheit der Seele

Aus dem Gesagten ergibt sich außerdem, daß man zwischen den *Freuden*, die der Mensch genießen kann, und der *Erfüllung und Zufriedenheit* seiner Seele (appagamento del suo animo) unterscheiden muß. Diese Unterscheidung ist für die eudämonologische Wissenschaft sehr wichtig.

Tatsächlich haben alle Fähigkeiten des Menschen ihre *spezifischen Freuden*, so wie sie je eine Entwicklung und eine Vollendung haben. Aber die *Erfüllung und Zufriedenheit* gehört allein zur Natur des Menschen *als ganzer*. Es kann viele Freuden in einem Menschen geben, aber in diesem Menschen gibt es nur eine einzige Erfüllung und Zufriedenheit, so daß der Mensch von seiner Situation entweder wirklich erfüllt und zufriedengestellt ist oder nicht. Hier gibt es keinen Mittelweg.

Die Objekte, die direkt oder indirekt die Freuden bewirken, heißen *Güter*. Auch den Besitz nennt man Güter, weil es Dinge sind, die uns, wenn wir sie gebrauchen, Freuden bereiten oder uns dazu dienen, uns andere Dinge verschaffen, die uns Freuden bereiten können. Man möge hier beachten, daß wir mit den Wort „Freuden" auch die Befriedigung eines Bedürfnisses und das Aufhören von Schmerz bezeichnen wollen.

In Bezug auf das menschliche Glück (felicità), nach dem jede menschliche Vereinigung strebt und streben muß, muß man drei Dinge exakt unterscheiden: die *Güter* (beni), die *Freuden* (piaceri) und die *Erfüllung und Zufriedenheit* (appagamento). Es wäre ein großer Fehler, sie miteinander zu verwechseln. Das wahre *menschliche Gut* besteht nicht in den Gütern und auch nicht in isolierten Freuden, sondern in *Erfüllung und Zufriedenheit*.[1]

---

[1] Die Fehler der philosophischen Systeme hängen – wie ich mehrfach festgestellt habe – mit den einseitigen und voreingenommenen Sichtweisen der Autoren zusammen. Es trifft daher fast immer zu, daß der *positive Teil* bei einem Autor wahr ist und der *negative Teil* falsch ist – also jener Teil, den der Autor bestreitet oder in seiner Sichtweise vernachlässigt. Ich habe diesen Grundsatz auf die Autoren, die über Politik schreiben, angewandt und sie nach ihren einseitigen und unvollständigen Sichtweisen klassifiziert (vgl. *Vom umfassenden Grund für den Bestand und den Untergang der Gesellschaft*, Kapitel 14). Diese Klassifikation ist sehr nützlich, wenn sie exakt ist. Denn mit ihrer Hilfe erkennt man sofort, welcher Aspekt bei einem Autor fehlerhaft und unvollständig ist. Man muß trotzdem sehen, daß die Klassifikation anhand des genannten Prinzips vielschichtig ist, denn die Autoren haben möglicherweise nicht nur einen, sondern mehrere Aspekte vergessen. Dennoch kann man diese Auslassungen auf bestimmte allgemeinere Wahrheiten zurückführen. Auf diese Weise kann man die verschiedenen Arten, die Autoren zu klassifizieren, auf einige wenige Arten reduzieren, denn die allgemeineren Wahrheiten, die sich den Blicken dieser Autoren entziehen, beschränken sich immer auf einige wenige.

Kapitel 3: Fortsetzung

Es ist hilfreich, sich klarzumachen, daß der Fehler, den die Menschen bei der Suche nach Glück machen, nicht darin besteht, daß das Ziel ihrer Handlungen etwas anderes als eben *Erfüllung und Zufriedenheit* ist. Im Gegenteil: Alle suchen *Erfüllung und Zufriedenheit*, sie können gar nichts anderes suchen. Denn es ist ihre Natur selbst, die ihnen dies aufgibt.

Und wirklich, wie kommt es denn, daß die Menschen viele *Güter* besitzen wollen? Wie kommt es, daß sie auf der Suche nach immer neuen *Freuden* sind? Zweifellos deswegen, weil sie hoffen, in den Gütern, die sie anhäufen, und in den Freuden, die sie genießen, ihre *Erfüllung und Zufriedenheit* zu finden. Wenn sie sie nicht finden, besteht der Irrtum nicht darin, daß sie diese Erfüllung und Zufriedenheit nicht wollen oder nicht suchen. Vielmehr besteht der Irrtum allein darin, sie nicht da zu suchen, wo sie ist. Der Irrtum besteht darin, daß die Menschen die Mittel schlecht wählen, mit denen man Erfüllung und Zufriedenheit erlangt, und der Irrtum besteht schließlich darin, daß die Menschen die Natur und die wahren Bedingungen von Erfüllung und Zufriedenheit nicht kennen, die sie suchen.

Dies bestätigt das, was wir gesagt haben: Das wahre menschliche Gut, das in der Erfüllung und Zufriedenheit der menschlichen Natur liegt, ist das wesenhafte Ziel der Gesellschaft. Die Zufriedenstellung der menschlichen Natur ist das wesenhafte Ziel der Gesellschaft *de jure* und *de facto*. Denn die Gesellschaft ist stets das Werk der menschlichen Individuen, die sich assoziieren – und die menschlichen In-

---

Die Einteilung der politischen Autoren in dem Buch *Vom umfassenden Grund* (Kapitel 14) war aus deren einseitiger Betrachtung der *Kräfte* abgeleitet, die die bürgerliche Gesellschaft zu ihrem Ziel bewegen. Wir haben gezeigt, daß es eigentlich nur drei Hauptkräfte gibt: 1.) die Aktivität des menschlichen Geistes, 2.) die äußeren Güter, die die Ausrichtung des menschlichen Geistes verändern können, 3.) den gesellschaftlichen Organismus, der auf die Produktion, die Verteilung und den Konsum der äußeren Güter sowie unmittelbar auf den menschlichen Geist Einfluß hat. Je nachdem, ob die politischen Autoren die erste, die zweite oder die dritte dieser drei Kräfte zum ausschließlichen Gegenstand ihrer Betrachtungen gemacht haben, haben wir sie in die verschiedenen Kategorien eingeteilt.

Aber genauso wichtig wie die Untersuchung der *Kräfte*, die auf die Gesellschaft einwirken, ist die Untersuchung des *Ziels* der Gesellschaft. Wir sehen, daß auch hinsichtlich des *Ziels* der bürgerlichen Gesellschaft die Theorien und der Geist der politischen Autoren größtenteils einseitig und äußerst fehlerhaft sind. In dieser Hinsicht lassen sie sich ebenfalls in drei Kategorien unterteilen; und zwar gibt es

1. Autoren, die in der Fülle *äußerer Güter* Ziel und Zweck der Gesellschaft sehen, beziehungsweise den materiellen Wohlstand für den einzigen gesellschaftlichen Zweck halten;
2. Autoren, die meinen, die Gesellschaft und ihre Regierung sollten nur nach dem Wachstum der gemeinsamen *Annehmlichkeiten* trachten.
3. Es gibt natürlich auch Autoren, die zwar anerkennen, daß die *Erfüllung und Zufriedenheit der Seele* das gesellschaftliche Ziel ist. Diese Autoren schätzen aber die Mittel für diese Erfüllung und Zufriedenheit nicht richtig ein und ziehen als Modell für eine erfüllte und zufriedene Seele die Indolenz des Wilden heran.

Man kann diese Autoren mit ihren je einseitigen Sichtweisen mit drei Bezeichnungen charakterisieren, die einen Hinweis auf ihre jeweiligen Irrtümer geben. Man kann die erste Sorte als die *geizigen* Politiker bezeichnen, die zweiten als die *verweichlichten* Politiker und die dritten als die *wilden* Politiker. Es ist nicht schwer, die entsprechenden

dividuen suchen mit ihren Werken letztlich die Erfüllung und Zufriedenheit ihrer Natur und können auch gar nichts anderes suchen. Selbst wenn sie scheinbar etwas anderes suchen, suchen sie dies, weil sie glauben, es sei ein Mittel zur Zufriedenstellung. Die Absicht von allen Menschen, die sich assoziieren – wie sie von der Natur bestimmt ist – kann letztlich in nichts anderem bestehen als darin, mittels ihrer Assoziierung das zu erhalten, was sie erfüllt und zufriedenstellt oder was Einfluß darauf hat, sie erfüllt und zufrieden zu machen.

Nun müssen wir aus diesen einfachen, aber sicheren Wahrheiten folgendes schließen:

1. Alle Gesellschaften, die die Menschen der wahren Erfüllung und Zufriedenheit (vero appagamento) nicht näherbringen, sondern sie davon entfernen, stehen im Widerspruch zum Willen aller Mitglieder, die die Gesellschaft bilden. Dies gilt auch dann, wenn die Mitglieder solche Gesellschaften irrtümlich bilden und fördern.

2. Wenn sich der Wille der Mitglieder – und sei es auch scheinbar einstimmig – auf etwas richtet, was offensichtlich im Widerspruch zur menschlichen Erfüllung und Zufriedenheit steht – aus Irrtum oder in der Hitze der Leidenschaften – dann ist dieser Wille kein wirklich gesellschaftlicher Wille, und dann kann er auch kein Gesetz begründen.

Diese letzte Schlußfolgerung ist sehr wichtig. Denn aus ihr ergibt sich folgendes: Auch in den Staaten, die eine demokratische Form haben und in denen der Grundsatz herrscht, daß das Volk der Souverän ist und daß der Volkswille das Gesetz konstituiert, halten sich die klügeren Staatsmänner völlig zu Recht nicht für verpflichtet, den augenblicksgebundenen Launen der Menge zu gehorchen. Sie halten sich vielmehr für verpflichtet, den Launen der Menge zu widerstehen. Denn diese Staatmänner betrachten als das wahre Gesetz nur den beständigen und natürlichen Willen des gesetzgebenden Volkes, welcher gewöhnlich nach dem wahren gesellschaftlichen Gut strebt. Denn es ist unmöglich, daß das Volk wirklich permanent das eigene Übel will.[2]

Beispiele für jede dieser drei Klassen von politischen Autoren in den Ökonomen, in Helvetius und in Rousseau zu erkennen.

Aber man muß sehen, daß es kein Fehler der ökonomischen Wissenschaft ist, wenn fast alle Ökonomen zur ersten Kategorie gehören. Es ist sehr notwendig, daß eine Wissenschaft nur einen einzigen Gegenstand behandelt. Die wissenschaftliche Methode verlangt daher, daß sich die Ökonomie nur mit dem Wohlstand beschäftigt. Der Fehler liegt also nicht bei der Wissenschaft, sondern bei den Wissenschaftlern, weil sie – vollständig absorbiert von diesem einen Gegenstand: dem Wohlstand – das Ganze des Staates ausschließlich darauf beziehen und weil sie wollen, daß die ganze Gesellschaft ausschließlich danach strebt.

[2] Wenn man über dieses Verhalten der Männer genau nachdenkt, die in den demokratischen Staaten an Tugend und Weisheit besonders hervorragen, erkennt man deutlich, daß es vollständig gegen die Natur der Dinge ist, anzunehmen, die Menschen seien politisch gleich [politicamente uguali]. Es ist immer so und kann auch gar nicht anders sein, daß es – in jedweder Art von Regierung – einzelne gibt, die de jure und de facto den Willen der Volksmehrheiten ändern.

Kapitel 3: Fortsetzung

Das, was ich sage, läßt sich mit den Worten einer so unbestreitbaren Autorität veranschaulichen, wie es Alexander Hamilton ist, einer der einflußreichsten Autoren der Verfassung der Vereinigten Staaten von Amerika.

Die Ansichten dieses berühmten Mannes zu unserem Thema lassen sich im *Federalist* nachlesen. Der *Federalist* ist eine Zeitung, die in Amerika von drei großen Männern publiziert wurde[3], als das Projekt der Bundesverfassung der Vereinigten Staaten dem Volk noch bevorstand. Ich halte es für äußerst nützlich, einen, wenngleich recht langen Abschnitt aus seinem Werk wiederzugeben, um die Materie, mit der ich mich befasse, zu erklären.

Hamilton schreibt im *Federalist*:

„Ich weiß, daß es Leute gibt, denen sich die vollziehende Gewalt durch nichts angenehmer erweisen könnte als dadurch, daß sie sich sklavisch den Wünschen des Volkes oder der gesetzgebenden Versammlung beugt. Aber solche Leute scheinen nur recht grobe Vorstellungen von der Aufgabe jeglicher Regierung und auch von den wahren Mitteln zur Förderung des öffentlichen Wohls zu haben.

Die Errichtung einer republikanischen Verfassung bedeutet, daß die Volksmeinung, soweit sie vernünftig und gereift ist [man beachte diese Bedingung, die Hamilton der Autorität des Volkswillens setzt], diejenigen in ihrem Verhalten lenken soll, denen das Volk seine Geschäfte anvertraut. Aber die republikanischen Grundsätze verlangen nicht, daß man sich von dem leisesten Wehen der Leidenschaften des Volkes forttragen läßt oder daß man eiligst allen Augenblicksregungen gehorcht, die listenreiche Männer der Menge einflößen, um deren Vorurteilen zu schmeicheln und deren Interessen dabei zu verraten.

Das Volk will meistens das öffentliche Wohl, das stimmt. Aber auf der Suche danach irrt es häufig. Sagte man ihm, es mache von den Mitteln zur Förderung des öffentlichen Wohls immer einen vernünftigen Gebrauch, so würde sein gesunder Verstand solche Schmeicheleien zurückweisen. Denn es weiß aus Erfahrung, daß es sich manchmal geirrt hat. Und man muß eher staunen, daß es sich nicht öfter täuscht, wenn man bedenkt, wie sehr es durch schlaues Schmarotzer- und Angebertum verfolgt wird. Es ist von Fallen umstellt, die habgierige und mittellose Leute ihm legen, und es wird täglich enttäuscht durch die Winkelzüge derer, die unverdient sein Vertrauen genießen oder die mehr darauf ausgehen, dieses zu besitzen als seiner würdig zu werden.

Wenn die wahren Interessen des Volkes im Widerspruch zu seinen Wünschen stehen, dann sind alle, die es zum Schutz seiner Interessen bestellt hat, verpflichtet, den Irrtum zu bekämpfen, dem es verfallen ist. Sie müssen ihm Zeit lassen, sich zu besinnen und die Dinge kaltblütig zu überlegen. Mehr als einmal hat ein Volk, das dadurch von den verhängnisvollen Folgen seiner eige-

---

[3] John Jay, Hamilton und Madison.

nen Irrtümer bewahrt wurde, aus Dank den Männern Denkmäler errichtet, die den hochherzigen Mut hatten, sich seinem Mißfallen auszusetzen, um ihm zu dienen."[4]

Diese sehr richtigen Lehren folgen aus dem Grundsatz, den wir aufgestellt haben: Der Wille einer Gesellschaft oder der Mitglieder, die sie bilden, ist kein wahrer Wille, sondern nur ein Scheinwille, wenn er nicht nach dem gesellschaftlichen Gut und – um es allgemeiner zu sagen – nach dem wahren menschlichen Gut, nach der wahren menschlichen Erfüllung und Zufriedenheit strebt.

---

[4] [Der Abschnitt ist übernommen aus A. DE TOCQUEVILLE, op. cit., Buch I, Teil I, Kap. 8, in: Oeuvres, cit., Bd. I, S. 155–156, Anm. 35; dt. Ausgabe, cit., Bd. I, S. 662 f.]

Buch II, Kapitel 4

Fortsetzung: Zwei Elemente von Erfüllung und Zufriedenheit: Eines ist notwendig, das andere hängt vom Willen ab

Eine der tiefsten und bedeutendsten Fragen, die von den Philosophen der Antike gestellt worden sind, ist die Frage nach dem Einfluß des *Willens* auf das menschliche Glück.

Diese Frage wurde auf zwei extreme Weisen von den beiden entgegengesetzten Schulen der Epikureer und der Stoiker beantwortet.

Die Epikureer sprachen dem Willen jede Macht bei der Erzeugung von Glück ab. Oder besser gesagt: Sie interessierten sich nicht für den Einfluß, den der Wille auf das Glück des Menschen ausübt.

Im Gegensatz dazu gaben die Stoiker dem Willen alle Macht, das Glück für den Menschen zu erzeugen.

Der Unterschied zwischen den Lehren ist dieser: Für die Epikureer bestand in der *Lust* (piacere) jegliches Gut. Die Lust – zumindest die körperliche Lust, von der man den allgemeinen Begriff von Lust hernahm – wird im Menschen aus Notwendigkeit erzeugt, nach biologischen Gesetzen und nicht durch den Willensakt. Hingegen waren die Stoiker davon überzeugt, daß das Glück niemals in einzelnen Freuden – gleichgültig wie vielen – liegen kann, sondern in der allgemeinen Zufriedenheit, in *Erfüllung und Zufriedenheit*. Zu deren Erzeugung trägt offensichtlich die freie Entscheidung bei.

Man kann daher den Stoikern nicht das Verdienst absprechen, zwei große und wertvolle Wahrheiten erkannt und festgehalten zu haben: Die eine Wahrheit ist, daß das menschliche Glück in der Erfüllung und Zufriedenheit und nicht in den Genüssen besteht. [Denn dies ist evident: Wenn sich ein Mensch für unglücklich erklärt, obwohl er in Genüssen schwimmt, kann niemand von diesem Menschen sagen, er sei im Besitz des Glücks]. Die andere Wahrheit ist, daß die Erfüllung und Zufriedenheit stets als Bedingung einen Willensakt erfordert, durch den sich der Mensch selbst als zufrieden und glücklich bezeichnet und beurteilt.

Bis hierher kann man der stoischen Lehre nur zustimmen. Die Genußmenschen lachen gewöhnlich über diese Philosophie, denn sie können sich nicht vorstellen, was außer der Lust den Menschen glücklich macht. Aber wenn solche Menschen, die sich ausgiebig den Genüssen überlassen, einmal beobachten, was in ihnen selbst geschieht, können sie erkennen, daß die stoische Lehre die Lehre von der menschlichen Natur ist, der faktisch die Menschen aller Systeme und Sitten Tribut zollen. Und wirklich: Wenn die wollüstigen Menschen behaupten, das Glück bestehe in der Lust, dann tun sie doch genau dies: Sie sprechen ein Urteil. Sie erklären damit – gleichgültig, ob das nun wahr oder falsch ist – daß sie durch den Gebrauch der materiellen Annehmlichkeiten glückselig werden (beati). Wenn sie sich aufrichtig für glückselig halten und erklären, wird auch der Stoiker ihnen zugestehen, daß sie es wirklich sind. Aber wenn sie sich nicht für glückselig erklären, sondern genau das Gegenteil von sich behaupten – was nicht selten vorkommt – dann stimmen sie mit diesem Urteil erneut mit den Stoikern überein. Es ist also stets ein *Urteil* erforderlich, mit dem sich der Mensch für glücklich erklärt, damit er tatsächlich glücklich ist. Eben darin besteht die stoische Lehre von der Erfüllung und Zufriedenheit. Seltsam ist folgendes: Solange die wollüstigen Menschen sich auf der theoretischen Ebene bewegen, behaupten sie verbissen, das ganze Glück bestehe in der Lust. Wenn man sie aber dann in ihrem privaten Leben beobachtet, in jenem Leben, das eine fast ununterbrochene Kette von Genüssen ist, sieht man, daß sie in tiefe Traurigkeit versinken, jammern und klagen. Kein Sterblicher, so sagen sie, ist unglücklicher als sie. Die Erfahrung zeigt, daß solche Menschen einen unglückseligen Hang zum Lebenshaß und zum Selbstmord verspüren. Wenn es nötig wäre, könnte ich Beispiele für solche traurigen Opfer der sinnlichen Lust anführen, die mir bekannt sind. Aber ich bin davon überzeugt, daß jeder im Laufe seines Lebens schon solchen Fällen begegnet ist oder in der Zeitung und in den Statistiken davon gelesen hat.

Man erkennt also, wie die Intensität der Lust die Sinnenmenschen täuscht. Solange sie von der philosophischen Theorie reden, halten sie diese Lust für schlicht und rein und finden sie großartig. Wenn sie aber die theoretische Ebene verlassen müssen und zur Praxis kommen, beweist ihnen die Erfahrung, daß der materielle Genuß von den Bedingungen der körperlichen Verfassung abhängt. Dieser Genuß ist weder unbegrenzt noch dauerhaft noch ewig. Er nimmt außerdem von seiner Natur her nur eines der flüchtigsten und am wenigsten bemerkenswerten Vermögen des Menschen in Anspruch und entfaltet es. Alle anderen Anlagen dagegen läßt er hungrig und unbefriedigt. Daher ist der Mensch insgesamt gezwungen, sich für leer und elend zu erklären. Daher kommen die ständige Unzufriedenheit, die erdrückenden Ängste und die fortwährenden Klagen der Wollüstigen.

Das ist folglich der wahre Teil der stoischen Lehre, also der Teil, der getreulich der Beobachtung der Natur entlehnt ist.[1] Worin liegt aber nun die Übertreibung?

Die Übertreibung besteht in der Annahme, daß die Erfüllung und Zufriedenheit *ausschließlich* vom Willen abhängt und daß der Wille jederzeit das Urteil sprechen kann, durch das sich der Mensch für zufriedengestellt und glücklich *erklärt* und durch das er sich zufrieden und glücklich *macht*. Die Stoiker nehmen genau dies an: Sie gehen davon aus, daß sich der Mensch – gleichgültig, in welcher Situation er sich befindet – durch einen Willensakt zufrieden und glücklich nennen kann. Diese Kraft des freien Willens erhebt sich über alle Bedingtheiten, denen der Mensch und sein

---

[1] Die *Sprache* bestätigt ebenfalls das stoische System. Die Frage, 'ob das Glück im Genuß besteht', unterstellt, daß es zwischen *Glück* und *Genuß* einen gewissen Unterschied gibt. Man fragt dann weiter, 'ob der *Genuß* das *Glück* des Menschen erzeugt'. Man betrachtet also den *Genuß* als Ursache und das *Glück* als Wirkung. Wer sieht dagegen nicht, daß *Glück* (felicità) gleichsam ein Synonym für *Erfüllung und Zufriedenheit* (appagamento) oder vollständige Zufriedenheit (piena contentezza) wird, da anderenfalls diese Worte keinen Sinn ergäben?

Kapitel 4: Fortsetzung: Zwei Elemente von Erfüllung und Zufriedenheit

äußerer Besitz und sein Körper ausgesetzt sind, und hält unverändert an dem Urteil fest, mit dem sich der Mensch für glückselig hält. Den Stoikern zufolge liegt sowohl die menschliche Tugend als auch das menschliche Glück in diesem Willen.

Aber hier gibt es einen inneren Widerspruch. Wenn der Mensch urteilen soll, daß es ihm gut geht, muß er eine Grundlage haben, auf der er dieses Urteil abgeben kann. Diese Grundlage kann nur ein *realiter befriedigender Zustand* sein, der dem Urteil ein Fundament gibt – also jenem Urteil, das der Mensch über sich selber spricht, wenn er sagt, es gehe ihm gut. Anderenfalls schwebt das Urteil in der Luft und wäre eine falsche Behauptung.

Diese Kritik am stoischen Glücksbegriff führt zur Kritik am stoischen Tugendbegriff. Die stoische Lehre ist in sich widersprüchlich, weil ihr zufolge bisweilen das *Glück* des Menschen in einem vom freien Willen ausgesprochenen, falschen Urteil besteht. Diese Lehre widerspricht sich noch offensichtlicher, wenn ihr zufolge die *Tugend* in einem frei ausgesprochenen, falschen Urteil besteht.

Man muß sagen: Bei der stoischen Lehre handelt es sich um die äußerste Anstrengung der menschlichen Vernunft bei der Erforschung von Glück und Tugend, wie ich an anderer Stelle gezeigt habe.[2] Der Vernunft fehlte aber ein wesentlicher Bestandteil, und daher konnte am Ende ihrer Kalkulation nur ein falsches Ergebnis stehen.

Man muß also folgern: Die *Erfüllung und Zufriedenheit* der menschlichen Natur resultiert aus zwei Elementen: 1.) aus einem realen Gut, das vom freien Willen des Menschen unabhängig ist; 2.) aus einem Akt des freien Willens, mit dem der Mensch erklärt, durch das Gut, das er besitzt, erfüllt und zufriedengestellt zu sein.

---

[2] Vgl. *Storia comparativa e critica de' sistemi morali*, Kap. 8, Art. III, § 7. [A. ROSMINI: Storia comparativa e critica de' sistemi intorno al principio della morale, in DERS.: Filosofia della morale, cit., Bd. I, S. 436–480.]

Buch II, Kapitel 5

Unterscheidung zwischen dem letzten Ziel und dem Nahziel der Gesellschaften

Fassen wir das bisher Gesagte zusammen: Es ist evident, daß sich die Menschen zur Gesellschaft vereinen, um sich ein Gut zu verschaffen. Keine Gesellschaft kann etwas anderes als ein Gut zum Ziel haben. Wenn die Menschen sich täuschen und das, was schlecht ist, für gut halten, muß man sagen, daß ihr Wille kein gesellschaftlicher Wille ist und auch kein wahrer Wille der *menschlichen Natur*, sondern ein getäuschter Wille der *menschlichen Person*, der im Widerspruch zum Willen der menschlichen Natur steht.[1] Das Ziel jeder Gesellschaft muß folglich ein *wahres* Gut sein, keine Illusion von Gut, die kein Gut ist. Es muß außerdem ein wahres Gut für die Menschen sein, die sich assoziieren. Wir sagten also: Aufgrund der Natur der Gesellschaft als solcher ist das wahre, letzte Ziel (scopo vero ed ultimo) jeder Gesellschaft das *wahre menschliche Gut*, nach dem das Menschsein von sich aus strebt. Und danach strebt auch die menschliche Person, wenn sie nicht verblendet ist und wenn sie sich nicht willentlich unfähig gemacht hat, über das wirkliche und eigentliche Objekt ihres Verlangens urteilen zu können. Wir haben gefragt: Worin besteht allgemein dieses wahre menschliche Gut, das das stete Ziel jeder gesellschaftlichen Vereinigung darstellen muß? Wir haben gesehen: Das wahre menschliche Gut kann nicht im Augenblicksgenuß bestehen, sondern nur in einer dauerhaften *Erfüllung und Zufriedenheit* der Seele. Schließlich haben wir diese Erfüllung und Zufriedenheit untersucht. Wir haben gesehen, daß sie aus zwei Elementen besteht: aus einem *realen Gut*, das der Freiheit des Menschen entzogen ist, und aus einem *freien Urteil* des menschlichen Willens.

Das ist die Lehre vom *gemeinsamen Ziel* (fine comune) aller Gesellschaften.

Aber hernach ist auch folgendes evident: Wenn alle Gesellschaften ein gemeinsames und notwendiges Ziel haben, muß auch jede von ihnen ein je *eigenes Ziel* (fine proprio) haben, das sie von den anderen Gesellschaften unterscheidet. Und wahrhaftig: Wenngleich alle Individuen, die sich in irgendeiner Weise zur Gesellschaft vereinen, letztlich ihre eigene *Erfüllung und Zufriedenheit* suchen, setzen sie doch unterschiedliche Mittel ein, um diese Erfüllung und Zufriedenheit zu erlangen. Nun sind es eben diese Mittel, die die einzelnen Gesellschaften voneinander unterscheiden und die deren je eigenes Ziel konstituieren.

Nach der stoischen Lehre hängt die Erfüllung und Zufriedenheit allein vom freien Urteil des menschlichen Willens ab. Nach dieser Lehre haben die verschiedenen Gesellschaften, die die Menschen gemeinsam errichten, keinerlei Daseinsbe-

---

[1] Es ist sehr wichtig, zwischen *menschlicher Person* [umana persona] und *menschlicher Natur* [umana natura] zu unterscheiden. Das ist der Schlüssel, um viele Geheimnisse des Menschseins zu enträtseln. Der Leser sei dazu auf das 4. Buch meiner *Antropologia* verwiesen. [A. ROSMINI: Antropologia in servigio della scienza morale, in DERS.: Filosofia della morale, cit., Bd. II, S. 475–549.]

Kapitel 5: Unterscheidung zwischen dem letzten Ziel und dem Nahziel

rechtigung. Denn alle Erfüllung und Zufriedenheit hängt allein von der menschlichen Einzelperson ab – losgelöst von jeder Gesellschaft und von allen äußeren Umständen. In unserer Lehre dagegen hängt die menschliche Erfüllung und Zufriedenheit zum einen Teil von der Wirksamkeit des Willens und zum anderen Teil von etwas Realem und Notwendigem ab. Unsere Lehre begründet und rechtfertigt also die Existenz einer gesellschaftlichen Vereinigung, die darauf gerichtet ist, sich dieses reale Gut zu verschaffen, nach dem die Seele verlangt und das die Seele braucht, um sich in Wahrheit „erfüllt und zufriedengestellt" nennen zu können.

Folgendes ist richtig: Bei der Bestimmung dieses realen Gutes, das Einfluß darauf hat, den Menschen erfüllt und zufrieden zu machen, spielt die Meinung eine sehr wichtige Rolle. Die Rolle der Meinung in diesem Punkt war genau das Argument, dessen sich die Stoiker bedienten, um daran festzuhalten, daß alle äußeren Güter das Ergebnis von Meinungen sind. Alle äußeren Güter galten als reine Einbildungen, also als Güter, die zu Gütern nur durch das freie Urteil des Menschen über sie gemacht werden. Das heißt, sie werden zu Gütern durch das freie Urteil, mit dem der Mensch für sich die Meinung erzeugt, daß gewisse Dinge Güter sind und daß andere Dinge keine Güter oder Übel sind.

Wir sind erneut damit einverstanden, daß diese Lehre – wie übertrieben auch immer – eine tiefe Einsicht enthält. Wir gestehen zu, daß die Stoiker die Unterscheidung erkannt haben, die erst das Christentum in vollem Licht erscheinen ließ: die Unterscheidung zwischen dem *absoluten Gut* (bene assoluto) und den *relativen Gütern* (beni relativi). Diese Philosophen haben erkannt, daß in den äußeren, stofflichen Dingen nichts Absolutes ist, sondern daß alles relativ ist und daß daher jede Sache in der Hand der menschlichen Meinung liegt, die je nach Lust und Laune das, was sie will, mal Gut und mal Übel nennt.² Was die Stoiker aber nicht erkannt haben und was allein das Christentum die Menschen erkennen ließ, ist, daß es jenseits der mit den Sinnen wahrnehmbaren Güter ein reales und absolutes Gut gibt, über das die Meinung keine Macht hat, da es höchst real, frei von Bösem und unveränderlich ist.

Es scheint auf den ersten Blick, als ließe diese erhabene Wahrheit des Christentums folgenden Einwand zu: 'Die stoische Theorie ist ungesellschaftlich (insociale), weil sie überhaupt kein reales Gut anerkennt, außer dem Gut, das vom individuellen Urteil gebildet wird. Durch dieses freie Urteil erklärt sich der Mensch für glücklich. Gesellschaft ist daher ohne Sinn und ohne Zweck. Nach christlicher Lehre hat dagegen nur eine einzige Form von Gesellschaft Berechtigung, nämlich jene, die das absolute Gut zum Ziel hat, welches als einziges Ziel nicht vom freien Willensurteil und nicht von der Meinung gebildet wird.'

Diese Kritik scheint zunächst durchaus wahr, aber sie entfällt, sobald man die christliche Theorie vollständig versteht.

Das *absolute Gut*, das das Christentum den Menschen zeigt, erfüllt durch sich selbst in höchstem Maße alle Wünsche der *menschlichen Person* und der *menschli-*

---

2   Wir behandeln im nächsten Buch die Frage „auf welche Weise die Meinung diese einzigartige Macht auf die Dinge ausübt". Diese Frage ist für die Moral und für die Politik ebenso wichtig wie für die Psychologie.

chen Natur. Aber dieses höchste Gut schließt nicht aus, daß es mindere Güter gibt, die der menschlichen Natur wirklich angemessen sind (realmente confacevoli). Das Christentum schließt nicht aus, daß es *Güter* und *Annehmlichkeiten* sein können. Es bestreitet nur, daß in ihnen qua Notwendigkeit die *Erfüllung und Zufriedenheit* besteht. Diese Güter und diese Annehmlichkeiten dürfen sich nicht in Unordnung befinden, und sie müssen den natürlichen Bedürfnissen des Menschen zuträglich sein. Wenn zu ihnen das freie und spontane Urteil hinzutritt, mit dem der Mensch sich für erfüllt und zufriedengestellt erklärt, dann erwächst daraus mit Sicherheit ein Zustand der Zufriedenheit. Diese Zustände der Zufriedenheit können in der Art und im Wert variieren. Aber gewiß ist, daß jeder dieser Zufriedenheitszustände, die in der Menge an natürlichen, geordneten Gütern begründet sind, unendlich weit von der Erfüllung und Zufriedenheit entfernt ist, die das höchste Gut erzeugt, in dessen Besitz nach christlicher Lehre die volle Glückseligkeit (piena beatitudine) besteht. Es bleibt nur zu klären, 'wann und unter welchen Umständen das Urteil, mit dem sich der Mensch für zufrieden erklärt, wahr und spontan und nicht falsch und erzwungen ist'. Die Antwort lautet: Ein solches Urteil kann es nur geben, wenn sich der Mensch seiner Unschuld bewußt ist. Wenn der Mensch schuldbewußt ist, kann er zwar behaupten und sich einzureden versuchen, daß er glücklich ist. Aber dann lügt er. Er belügt die anderen mit der Sprache und sich selbst mit dem Herzen. Das ist die Bedingung, die das Christentum und ebenso die Philosophie dieser Erfüllung und Zufriedenheit setzen. Die Güter, die der menschlichen Natur zuträglich sind und die sich nicht in Unordnung befinden, können also das Material für *natürliche Erfüllung und Zufriedenheit* darstellen – unter der Voraussetzung, daß die Seele nicht schuldbewußt ist. Denn dies verhindert jede wahre Zufriedenheit. Daher wird in der christlichen Lehre allen rechtschaffenen Gesellschaften Raum gegeben. Einige begrenzte Güter, die vom absoluten Gut verschieden sind, werden dabei als reale Güter anerkannt. Allerdings wird bestritten, daß sie allein die Macht haben, die Erfüllung und Zufriedenheit des Menschen zu erzeugen.

Wir kommen zu dem zurück, was wir vorher gesagt haben: Die Erfüllung und Zufriedenheit ist also das Ziel, das alle Gesellschaften gemeinsam haben, weil es die allgemeine Natur der Vergesellschaftung (associamento) so fordert. Die konkreten Güter, die das Material für die Erfüllung und Zufriedenheit darstellen sollen, konstituieren das jeweilige Ziel oder den Zweck der einzelnen Gesellschaften.

Das allen Gesellschaften gemeinsame Ziel kann man auch *Fernziel* (fine remoto) nennen. Das je eigene Ziel einer Gesellschaft kann man dagegen das *Nahziel* (fine prossimo, den *Zweck*) der Gesellschaft nennen.

Kommen wir zum Schluß: Jede Gesellschaft hat notwendigerweise zwei Ziele. Das eine Ziel ist entfernt, es ist allen menschlichen Vereinigungen gemeinsam. Es ist das wahre menschliche Gut, die Erfüllung und Zufriedenheit der Seele. Das andere Ziel ist unmittelbar, es gehört zu einer konkreten Gesellschaft. Es wird von den Gütern und Annehmlichkeiten gebildet, die dem inneren, spontanen Urteil als Materialien dienen, das die menschliche Erfüllung und Zufriedenheit erzeugt und herstellt.

Buch II, Kapitel 6

Fortsetzung: Das Fernziel ist innerlich. Das Nahziel kann teilweise äußerlich sein

Wenn wir die psychologischen Eigenschaften des *Fernziels* und des *Nahziels* noch näher betrachten, können wir Folgendes feststellen:

Das *Fernziel* ist immer auf den einzelnen Menschen bezogen, weil es in der Erfüllung und Zufriedenheit der Seele besteht. Es ist klar, daß es seinen Sitz in jedem einzelnen hat, der die Gesellschaft mitbildet. Dies folgt aus dem, was wir schon gesagt haben, daß nämlich die Individuen notwendigerweise der Zweck der Gesellschaften sind, während die Gesellschaften nur Methoden oder Systeme oder Mittel sind und sein können, die darauf ausgerichtet sind, das Glück der Einzelperson zu mehren.

Man erkennt ebenfalls, daß das Fernziel *unsichtbar* ist. Es tritt aus der Seele dessen, der es genießt, nicht heraus. Es ist ganz und gar subjektiv.

Hinsichtlich des Nahziels haben wir gesagt: Das Nahziel setzt sich aus Genuß und Gütern zusammen.

Sofern das Nahziel aus *Genuß* besteht, gilt das Gleiche, was wir über das Fernziel gesagt haben: Es ist individuell und unsichtbar, also im Innern des Subjekts eingeschlossen, das die Freuden genießt.

Sofern es aus Gütern besteht, können es *äußere* Güter sein. Sofern das Nahziel äußere, materielle Güter als Material hat, ist es auch selbst äußerlich und gehört damit zu dem, was wir die *sichtbare und äußere* Gesellschaft genannt haben.

Buch II, Kapitel 7

Das politische Kriterium, das aus der Beziehung zwischen den beiden Zielen der Gesellschaft abgeleitet wird

Welches der beiden Ziele, die man in jeder Gesellschaft unterscheiden muß, ist das Hauptziel? Das Fernziel oder das Nahziel? Welches der beiden Ziele muß dem anderen dienen? Muß das Fernziel dem Nahziel dienen oder umgekehrt?

Das, was wir bisher gesagt haben, macht die Antwort auf diese Fragen leicht.

Das wahre menschliche Gut – das gemeinsame und wesenhafte Ziel jeder menschlichen Gesellschaft – ist immer die Erfüllung und Zufriedenheit der Seele. Das ist das wahre Ziel. Das Nahziel der Gesellschaft ist – ebenso wie die Gesellschaft selbst – nur ein *Mittel*, um das *Fernziel* zu erreichen. Man darf also das Fernziel der Gesellschaft niemals ihrem Nahziel opfern. Man muß vielmehr das Nahziel unterordnen. Es soll zum Nutzen des Fernziels dienen. Denn das Nahziel hat nur Wert, sofern es dem letzten und absoluten Fernziel der Gesellschaft dient und nützt.

Damit resultiert aus dem Ziel der Gesellschaft ein einfaches, aber sehr wichtiges politisches Kriterium.[1] Es lautet: 'Das *Nahziel* der Gesellschaft besteht im Erwerb von konkreten Gütern und Annehmlichkeiten. Dieses Nahziel muß auf das *Fernziel* hingeordnet werden, das in der Erfüllung und Zufriedenheit der Seelen der Gesellschaftsmitglieder besteht. Dem Nahziel darf niemals ein unbedingter Wert gegeben werden, sondern nur ein Wert in Relation zum Fernziel.'

---

[1] Das andere Kriterium ist das 'Kriterium von Substanz und Akzidens', das wir in dem Buch *Vom umfassenden Grund für den Bestand und den Untergang der menschlichen Gesellschaften* behandelt haben.

Buch II, Kapitel 8:

Der Irrtum derjenigen, die die Gesellschaft „materialisieren" wollen

Damit wird der Irrtum von Regierungen deutlich, die nur danach trachten, die Gesellschaft zu „materialisieren" – von Regierungen also, für die jeder gesellschaftliche Fortschritt nur im sukzessiven Wachstum der äußeren Güter besteht.

Diese Regierungen bleiben mit ihren Betrachtungen beim Nahziel der Gesellschaft stehen oder vielmehr bei einem Teil davon und schauen nicht auf das letzte Ziel, in dem allein jenes reale Gut besteht, auf dessen Beschaffung jede Gesellschaft von ihrem Wesen her ausgerichtet sein muß. Daher kommt es, daß sie zwar glauben, das Volk zufrieden zu machen, indem sie das Maß der materiellen Annehmlichkeiten vergrößern, daß sie aber tatsächlich das Volk unruhig und unzufrieden machen. Denn die Erfüllung und Zufriedenheit der Seele, worin der Mensch Ruhe findet, wächst eben nicht im Verhältnis zur Steigerung der materiellen Annehmlichkeiten. Oft ist sogar das Gegenteil der Fall.

Was diese Staatsmänner tun, lehrt ein Großteil der Autoren, die die Politik auf das beschränken, was das Äußere der Gesellschaft und die Produktion der materiellen Güter betrifft. Dieser Mangel an Philosophie – an einer Philosophie, die den *ganzen* Menschen und die Bedürfnisse seines Herzens und die Stimme seiner Natur betrachtet – ist einer der hauptsächlichen und tiefsten Gründe für die Übel, die die gegenwärtigen bürgerlichen Gesellschaften heimsuchen. Es ist so weit gekommen, daß es vielen Leuten altmodisch und trivial vorkommt, von den wirklichen Bedürfnissen, vom ganzen Menschen und von seiner vollständigen Zufriedenheit zu sprechen. Und um Aktualität bemühte Autoren schämen sich, davon zu schreiben, weil sie Angst haben, ihren Lesern nicht progressiv genug zu erscheinen. Schade, daß sie nicht merken, daß der erste wirklich progressive Schritt, den man nach ihnen machen wird, sie zu Ignoranten erklären wird!

Aus den Abhandlungen zur Politik werden also die moralphilosophischen und eudämonologischen Lehren – wie es die Lehren vom gemeinsamen Ziel der Gesellschaften sind – ausgeschlossen. Ein weiterer Grund für diesen Ausschluß ist die Pflicht, die sich viele Autoren auferlegen, abstrakten Methoden zu folgen. Dadurch wird das, was eng zusammen bleiben müßte, in verschiedene Abhandlungen aufgeteilt. Ich will das an einem Beispiel erklären: Man bildet eine Gesellschaft zu einem bestimmten Zweck – sagen wir zur Handelsspekulation. Es ist klar, daß der Gewinn, den die Gesellschafter mittels ihrer Gesellschaft zu erzielen beabsichtigen, das Objekt beziehungsweise das unmittelbare Ziel dieser Gesellschaft ist. Das Fernziel, also die Erfüllung und Zufriedenheit der Seele, bleibt bei dieser Gesellschaft vollkommen unberücksichtigt. Dieses Ziel bleibt der Klugheit und der Moralität der einzelnen Gesellschafter überlassen. Sie bemühen sich um Erfüllung und Zufriedenheit nicht als Gesellschafter, sondern als Menschen. Mit einem Wort: Man kann sagen, daß das Fernziel in diesem Fall vollkommen außergesellschaftlich (extra-sociale) ist.

Der Verwalter einer solchen Gesellschaft könnte sagen: 'Es ist mein Auftrag, dafür zu sorgen, daß die Handelsgesellschaft, die mir anvertraut wurde, den größtmöglichen Gewinn macht, was ja ihr Ziel und Zweck ist. Es ist nicht meine Aufgabe, dafür zu sorgen, daß dieser Gewinn zur Zufriedenheit und zum Glück der Gesellschafter führt.' Diese Worte wären recht, und man könnte sie nicht beanstanden. Aber bei der bürgerlichen Gesellschaft verhält es sich nicht so und auch nicht bei der häuslichen Gesellschaft (società domestica). Im Ziel dieser Gesellschaften liegt eine Art Universalität. Sie sind von ihrer Natur her nicht darauf beschränkt, ihren Mitgliedern gewisse konkret bestimmte Güter zu verschaffen. Sie sind vielmehr dazu eingerichtet, ihren Mitgliedern ununterschieden alle Güter zu verschaffen, die sie verschaffen können – jedoch allein unter Einsatz der Mittel, die zu ihnen und zu ihrer Jurisdiktion gehören. Diese Gesellschaften haben folglich eine *unbestimmte* Ausdehnung hinsichtlich ihres Ziels. Sie können mit den *Mitteln, die ihnen gehören*, großen Einfluß haben – sei es, indem sie den Menschen die Erfüllung und Zufriedenheit der Seele verschaffen, sei es, indem sie in den Menschen Unruhe und Unzufriedenheit erzeugen. Daher ist es offensichtlich, daß in diesen weitgefaßten Gesellschaften auch das Fernziel enthalten ist, also die menschliche Erfüllung und Zufriedenheit. Der Verwalter dieser Gesellschaften muß also seinen menschenfreundlichen Blick auch auf das Fernziel richten. Die Autoren, von denen wir sprachen, betrachten dagegen die bürgerliche Gesellschaft nicht in dieser weiten Dimension. Sie bleiben beim äußerlichen, materiellen Wohlstand stehen, den sie für das einzige Ziel dieser Gesellschaft halten – als wäre die bürgerliche Gesellschaft eine beschränkte Handelsgesellschaft oder eine ähnliche Gesellschaft mit einem ausschließlichen und *bestimmten* Ziel. Dementsprechend behaupten diese Autoren, daß alles, was zur Zufriedenheit der Seele führt, ausschließlich das Werk der Individuen sein soll – ein Werk, das der Gesellschaft fremd ist, also ein außergesellschaftliches Ziel.[1]

---

[1] Einige Autoren haben den Zweck der bürgerlichen Gesellschaften auf die *Sicherheit* der Rechte beschränkt. Andere Autoren haben den Zweck der Gesellschaften noch auf den Erwerb des *äußeren Besitzes* (proprietà esterna) ausgedehnt. Heeren hat geschrieben: „Die Sicherheit des Eigentums stellt den ersten und vielleicht einzigen Zweck der bürgerlichen Gesellschaft dar" (*Über die Entstehung, die Ausbildung und den praktischen Einfluß der politischen Theorien in dem neueren Europa*, von A. H. L. Heeren, Geschichtsprofessor in Göttingen). Diese Leute haben das Ziel der bürgerlichen Gesellschaft zu sehr eingeschränkt. Das Ziel der bürgerlichen Gesellschaft ist *unbestimmt*. Bisher wurde es nur in der Praxis – von den Gesetzen und von den Sitten – festgelegt. Es wurde auf verschiedene Art und Weise in den verschiedenen Nationen zu den verschiedenen Zeiten ihres Lebens festgelegt. Gewiß wird eine Zeit kommen, in der das, was bisher nur stillschweigend faktisch festgelegt wurde, ausdrücklich durch den Willen der Beteiligten festgelegt werden wird. Und nach deren Interessen und Bedürfnissen werden

das Ziel der bürgerlichen Gesellschaft und die Aufgaben, die ihren Regierungen übertragen werden, ausgeweitet oder eingeschränkt werden. Aber gleichgültig, wie sehr man diese Aufgaben reduziert, und gleichgültig, wie genau man schriftlich festlegt, was man mit der bürgerlichen Gesellschaft erreichen will – es wird immer so sein, daß die zusammenlebenden Individuen von dem Moment an, da sie sich bürgerlich assoziieren, in dieser ihrer Vereinigung ein unerschöpfliches Mittel an Gütern haben und daß die bürgerliche Vereinigung daher – zumindest potentiell – ein sehr weitgefaßtes und fast unbegrenztes Ziel hat. Der häufigste Fehler bei den modernen Autoren liegt darin, daß sie *das Ziel* der bürgerlichen Gesellschaft *zu stark einschränken* und die *Sphäre der Mittel*, die diese Gesellschaft gebrauchen kann, *zu stark ausweiten*. [Vgl.: A. H. L. HEEREN: Über die Entstehung, die Ausbildung und den praktischen Einfluß der politischen Theorien in dem neueren Europa, in DERS.: Kleine historische Schriften, Wien 1817, S. 348.]

Buch II, Kapitel 9

Vom bestimmten Nahziel und vom unbestimmten Nahziel der Gesellschaften

Aus dem bisher Gesagten wird deutlich, daß es Gesellschaften gibt, in denen das Nahziel vollkommen *bestimmt* ist. In diesem Fall ist es so, daß das Fernziel [Erfüllung und Zufriedenheit der Seele] außerhalb der Gesellschaft bleibt. Dann kann das Fernziel weder ganz noch teilweise Aufgabe der Gesellschaftsverwaltung sein. Es ist ausschließlich das private Werk der Individuen – nicht als Gesellschaftsmitglieder, sondern als Menschen.

Aber man sieht auch, daß es Gesellschaften gibt, in denen das Nahziel *unbestimmt* bleibt – gleichsam universal. Dieses Ziel umfaßt jedes menschliche Gut, sofern es mit den sozialen Mitteln erlangt werden kann. Solche Gesellschaften sind die *häusliche* Gesellschaft und die *bürgerliche* Gesellschaft. In diesen Gesellschaften ist das Fernziel nicht nur außerhalb, sondern auch sehr wohl in der Gesellschaft. Die Gesellschaftsverwaltung muß stets besonders auf dieses Ziel schauen, damit sie ihm nicht durch ihre Verordnungen schadet, sondern, so sehr sie kann, auf sein Erreichen hinwirkt.

Buch II, Kapitel 10
Von den Pflichten der Gesellschaftsregierung

Von hier aus lassen sich leicht die wichtigsten und höchsten Pflichten der bürgerlichen Regierung ableiten, wie sie aus der Natur der Gesellschaft selbst folgen, die die Regierung leitet. Man kann diese Pflichten zu den drei folgenden zusammenfassen:
1. Die Regierung darf den Individuen, die die Gesellschaft bilden, kein Hindernis in den Weg legen, das ihnen verbieten oder sie daran hindern könnte, das *wahre menschliche Gut* zu erlangen, das letzte und wesenhafte Ziel sowohl des einzelnen Menschen wie auch der Gesellschaft.
2. Die Regierung muß, soweit es in ihrer Macht steht, jedes Hindernis wegräumen, das die einzelnen an der Erlangung dieses Gutes hindern könnte. Sie muß insbesondere das Recht jedes einzelnen gegen die widerrechtliche Aneignung oder den Übergriff seitens der anderen verteidigen.
3. Die Regierung muß auch positiv mitwirken – allerdings nur mit den Mitteln, die einer Gesellschaftsregierung zustehen – damit die Individuen direkt auf den Erwerb dieses Gutes hingelenkt und hinbewegt werden.

Es gibt weder in der bürgerlichen Gesellschaft noch in ihrer Regierung irgendeine Machtbefugnis, gegen eine dieser drei moralischen Pflichten zu handeln, von denen sich alle anderen spezielleren Verpflichtungen der Gesellschaftsverwaltungen herleiten.

Buch II, Kapitel 11

Von den Rechten des Menschen

Es gibt in der gesellschaftlichen Regierung keinerlei legitime Gewalt, den Individuen, die die Gesellschaft bilden, die Erlangung des wahren menschlichen Guts zu verbieten, wie wir es beschrieben und analysiert haben. Daraus folgt, daß sich die Menschen durch die Assoziierung ihres Rechts, nach diesem Ziel zu streben, nicht entäußern, noch je entäußert haben, noch entäußern können. Und es wäre absurd zu denken, sie hätten ihre Vollendung und ihr Glück in die Macht irgendeiner Regierung gelegt. Denn der Mensch kann weder moralisch noch physisch auf seine letzte Erfüllung und Zufriedenheit verzichten. Es entfällt jeder Grund, sich einer Regierung zu unterstellen, wenn deren einzige Aufgaben nicht darin bestehen, 1.) das Recht zu verteidigen, das jeder von seiner Natur her auf das eigene Glück hat, und 2.) die Mittel dazu zu erleichtern.

Jeder Mensch besitzt dieses Recht auf die eigene sittliche Erfüllung und Zufriedenheit (morale appagamento) und auf das Glück. Dieses Recht ist qua natura unveräußerlich. Dies folgt aus unserer Untersuchung dieses Rechts.[1]

Diese Untersuchung hat uns folgendes gezeigt: Dieses Recht ist nicht nur das *erste von allen Rechten*, sondern auch die *allgemeinste von allen Pflichten*. Denn das Gut, das Gegenstand dieses Rechts ist, resultiert aus den beiden Elementen „Tugend" und „Glücksgüter als Folge der Tugend" (appendici eudemonologiche della virtù). Wer könnte aber auf seine Pflicht verzichten? Wer kann sich vom tugendhaften Handeln dispensieren? Daher ist das Recht, das der Mensch auf das wahre Gut hat, nichts anderes als 'das Recht, die eigenen moralischen Pflichten zu erfüllen', wobei dieser Pflichterfüllung die Glücksgüter folgen, die wir angesprochen haben. Ein solches Recht ist offensichtlich unveräußerlich.

Wir haben gesagt, daß dieses Recht auch das *höchste* und allgemeinste von allen Rechten ist. Das kann man wie folgt beweisen: Die Vorstellung von Recht an einer Sache oder auf eine Sache kann in uns nur unter der Bedingung entstehen, daß wir dieser Sache irgendeinen Wert beimessen. Denn es geschieht niemals, daß die Menschen Rechte hinsichtlich solcher Dinge formulieren, die zu nichts gut sind und die sich keiner Wertschätzung erfreuen – weder in der Meinung der Menschen, noch in der Wirklichkeit. Der Wert, den die Menschen den Dingen beimessen – gleichgültig, ob mit richtigem oder mit falschem Urteil – kann nur der Ansicht entstammen, daß diese Dinge dazu beitragen, die Menschen in größerem oder geringerem Maß erfüllt, zufrieden und glücklich zu machen. Von daher erkennt man, daß letztlich das *Formale* eines jeden speziellen Rechts auf das Recht auf die eigene Erfüllung und Zufriedenheit und auf das eigene Glück zurückgeht, von dem sich jeder Mensch bewußt ist, daß er es besitzt. Daher ist dieses Recht das allgemeinste von allen Rechten. Es ist das Recht, das virtuell alle anderen Rechte in sich enthält und aus sich hervorbringt.

---

[1] Vgl. vorher Kapitel 2.

Buch II, Kapitel 12

Von möglichen Zusammenstößen zwischen den Rechten des Menschen

Hier stellen sich nun folgende Fragen: 'Kann es zu einer Kollision zwischen dem gleichermaßen höchsten Recht auf die eigene letzte Erfüllung und Zufriedenheit von zwei Personen kommen? Welche von beiden Personen muß nachgeben, wenn das passiert?'

Wenn eine solch merkwürdige Kollision stattfände, dürfte und könnte sicher keine von beiden Personen nachgeben. Denn bei einem solchen Zusammenstoß würde es sich um ein widernatürliches und in sich böses Nachgeben handeln.

Aber ein solcher Fall, der zugleich der Weisheit und Heiligkeit des Schöpfers zuwiderliefe, ist aufgrund der Natur der Dinge unmöglich.

Man möge genau beachten: Hier ist nicht von einer Kollision der Rechte die Rede, die mehrere Menschen auf die *Mittel* zum Glück haben könnten. Hier ist die Rede von der Kollision der Rechte auf das Glück selbst. Aber das hier in Rede stehende Glück, das in einem Menschen angenommen wird, verhindert das Glück der anderen Menschen nicht – es kann dies niemals verhindern. Der Besitz des Glücks wird daher für den einzelnen nicht dadurch geringer, daß dieser Besitz allen gemeinsam ist.

Bezüglich der Mittel muß man unterscheiden zwischen den Mitteln, die für das menschliche Glück absolut notwendig sind, und den Mitteln, die dafür nur nützlich und hinführend sind.

Was die notwendigen Mittel betrifft, so gibt es davon keines, das nicht auch, wenn ein Mensch es besitzt, zugleich von allen anderen Menschen besessen werden kann. Das Werk der menschlichen Erfüllung und des Glücks vollendet sich im Verborgenen der Seele, wo der sittliche Wert des Menschen und die Süße der tugendhaften Erfüllung und Zufriedenheit liegen. Alle äußeren und begrenzten Dinge dagegen, bei denen ein exklusiver Besitz möglich ist, können zwar der Erzeugung der inneren Tugend und der inneren Befriedigung dienen, indem sie wegräumen, was diese behindert, aber sie sind für die innere Befriedigung niemals absolut notwendig. So wird – zumindest im Christentum – die Tugend gelebt und die Erfüllung genossen – im dunklen Abgrund eines verrotteten Kerkers ebenso wie auf der glänzenden Höhe eines königlichen Throns. Dies geschieht dank der wunderbaren Kraft der freien Tat, mit der sich der Christ, der keiner Sache Untertan ist, ganz auf die unwandelbaren Dinge richtet und sich an ihnen beseligt.

Aber wir haben auch gesagt: Es gibt Mittel, die zwar für die Vollkommenheit und für die sittliche Zufriedenheit der menschlichen Seele nicht *absolut notwendig* sind, die aber den Menschen zum Erwerb dieses seines Guts disponieren, indem sie zumindest jene Hindernisse entfernen, die sich ihm in den Weg stellen. Im philosophischen Recht muß also auch die folgende sehr wichtige Frage gestellt werden: 'Bis zum welchem Punkt besitzen die Einzelpersonen, die die bürgerliche Gesellschaft bilden, das Recht auf die Mittel, die zu ihrer sittlichen Vollendung und zu ihrem Glück beitragen, und bis zu welcher Grenze kann die Regierung über diese Mittel verfügen?'

Diese wichtige Frage besteht aus zwei Teilen. Der erste Teil untersucht: 'Wo liegt die Grenze für das Individuum in seinem Recht auf die Mittel, die Einfluß auf sein Glück haben können?' Der zweite Teil untersucht: 'Wo ist die Grenze für die Regierungsgewalt bei der Verfügung über die Mittel, die Einfluß auf das Glück der Gesellschaftsmitglieder haben?'

Die Antwort auf die erste Frage lautet: 'Die Grenze, die das Individuum beim Gebrauch der Mittel nicht überschreiten darf, die sein Glück beeinflussen oder von denen es dies annimmt, wird hauptsächlich vom Recht auf *Eigentum* gesetzt. Denn jeder muß sich darauf beschränken, nur seine eigenen Dinge und sein freies Handeln zu gebrauchen, um sein Glück zu erlangen.' Wenn man diese Grenze allgemeiner fassen will, kann man sagen: 'Die Grenze des Rechts, das der Mensch auf den Gebrauch der Mittel für sein Glück hat, wird von einem gleichen Recht festgelegt, das alle anderen haben.' Denn das Recht des einen darf das gleichzeitige Bestehen desselben Rechts bei allen anderen nicht behindern. Diese Grenze ist also in der Wechselseitigkeit begründet [wenn man es ganz allgemein betrachtet]. Alle müssen sich beschränken. Wenn aber diese Pflicht, die die genannte Begrenzung vorschreibt, von fast allen überschritten wird, hörte sie auf, eine Pflicht zu sein – für den einzelnen oder für die wenigen, die bereit sind, die Pflicht getreulich zu befolgen.

Zur zweiten Frage: Ihre Antwort muß von den drei höchsten sittlichen Pflichten abgeleitet werden, an die – wie wir gesagt haben – jede gesellschaftliche Regierung gebunden ist.[1]

Die erste dieser drei großen Pflichten der gesellschaftlichen Regierungen, die wir angedeutet haben, ist negativ. Sie besteht darin, 'den Mitgliedern der Gesellschaft bei der Erlangung ihrer Sittlichkeit und ihrer sittlichen Erfüllung und Zufriedenheit kein Hindernis in den Weg zu stellen'.

Aus dieser ersten Pflicht folgt: 'Alle Maßnahmen sind unzulässig und ungerecht, die die Ausübung des Rechts einschränken, das alle Menschen auf den Gebrauch der besten und vollkommensten Mittel zur Erlangung der eigenen Sittlichkeit und der sittlichen Erfüllung und Zufriedenheit haben.'

Jede Gesellschaftsverwaltung muß genau bedenken, daß das individuelle Glück nicht ihr Werk ist. Das individuelle Glück ist ausschließlich das Werk der Einzelpersonen, und es kann nur deren Werk sein.[2] Die Regierung kann dieses große Werk lediglich schützen. Sie kann und muß die freie Anstrengung verteidigen, die jedes Mitglied der Gesellschaft beständig unternimmt, um ein so großes Ziel zu erreichen. Sie kann und muß auch einige Hindernisse wegschaffen und den einzelnen Menschen einige wenige Hilfen geben. Aber mehr vermag die Regierung nicht. Ihr Handeln muß also hauptsächlich negativ sein. Ihr Verhalten gegenüber den Gesell-

---

[1] Vgl. vorher Kapitel 10.
[2] Dies folgt aus dem Prinzip, daß 'das Glück unter anderem von einem wesenhaften Element abhängt, nämlich vom freien Urteil, das jeder über seinen eigenen eudämonologischen Zustand fällt'.

schaftsmitgliedern muß äußerst vorsichtig und zurückhaltend sein – eher wachsam als direkt aktiv. Sie muß sich selbst gegenüber furchtsam und mißtrauisch sein können, damit ihre Anordnungen nicht womöglich dem Werk des Glücks, mit dem sich die Einzelpersonen in ihrem privaten oder auch verborgenen Leben abmühen, Hindernisse setzen und damit sie den Menschen nicht Arme und Füße fesseln, so daß sie bei dieser Anstrengung, zu der sie von der Natur, von der Vernunft und vom höchsten Sein berufen sind, langsam und kraftlos werden.

Hierbei muß man folgendes bedenken: Es gibt Mittel zur sittlichen Erfüllung und Zufriedenheit, die nicht absolut notwendig sind, wenn man sie theoretisch betrachtet. Aber diese Mittel können *relativ notwendig* sein.

Denn es scheint zwar, als sei die Kraft der menschlichen Freiheit – für sich und im allgemeinen betrachtet – von ihrer Natur her größer als jede Versuchung gegen die Tugend. Aber wenn man die Kraft der Freiheit in der Wirklichkeit der einzelnen Menschen betrachtet, ist es nicht so. Tatsächlich ist die Freiheit des einzelnen mehr oder weniger begrenzt, mehr oder weniger schwach.[3] Deshalb steht im Evangelium, dem großen, allen zivilisierten Nationen (incivilte nazioni) gemeinsamen Gesetzeswerk: „Der, dem sein Auge ein Ärgernis ist, soll es herausreißen und wegwerfen, und der, dem sein Fuß ein Ärgernis ist, soll ihn sich abschneiden."[4] Denn ein Mensch ohne Auge und ohne Fuß, der aber tugendhaft und glücklich ist, ist einem lasterhaften und unglücklichen Menschen vorzuziehen, der Augen und Füße hat. Im Evangelium wird das wahre Gut des Menschen vor jedes andere Gut gestellt. Die hochherzigen Worten seines Urhebers gehen von der Begrenztheit der menschlichen Freiheit aus. Sie gehen davon aus, daß es der Freiheit nicht immer gelingt, dafür zu sorgen, daß das Auge oder der Fuß oder ein anderes Gut – wie wertvoll auch immer – dem Menschen kein Ärgernis und keine Behinderung seines Ziels bereitet. Angesichts der Begrenztheit des freien Handelns braucht der Mensch dieses Mittel. [Das heißt, er braucht das Mittel, das darin besteht, sich die Objekte wegzunehmen, die in Beziehung zu ihm schädlich sind, auch wenn sie an sich gut sind.] Der Mensch braucht also dieses Mittel, das theoretisch und absolut betrachtet für das höchste Ziel des einzelnen Menschen eigentlich nicht notwendig ist.

Ein Jurist, der die gerechten Grenzen der Regierungsgewalt vorschreiben und die moralischen Pflichten festlegen will, an die diese gebunden ist, darf sich also nicht darauf beschränken, theoretisch die *absolute Notwendigkeit* der Mittel zu betrachten, die zur menschlichen Vollendung führen. Denn in der Theorie ist gewiß, daß es überhaupt kein äußeres Mittel gibt, das absolut notwendig ist. Daraus kann er leicht den falschen Schluß ziehen, daß diese Mittel nicht den materialen Gehalt der unveräußerlichen Rechte der Individuums darstellen und daß deshalb alle diese Mittel zur

---

[3] Über die verschiedenen Grenzen der menschlichen Freiheit bei den verschiedenen Individuen haben wir ausführlich in der Abhandlung *Antropologia*, Buch III, Sek. II, gesprochen. Jeder kann dem hier Gesagten entnehmen, wie notwendig eine solche Lehre von der menschlichen Freiheit ist, wenn man ein *öffentliches Recht* festsetzen will, das wirklich praktisch-wirksam und vollständig sein soll. [A. ROSMINI: Antropologia in servigio della scienza morale, in DERS.: Filosofia della morale, cit., Bd. II, S. 405–474.]

[4] Matth., XVIII, [8–9].

Sphäre der Regierungsgewalt gehören, so daß die Regierung darüber nach Gutdünken verfügen kann. In dieser theoretischen und abstrakten Weise haben die Juristen bisher die für die individuelle Tugend und Vollendung notwendigen Mittel betrachtet. Und aus solchen unvollständigen Betrachtungen wurden viele angebliche Befugnisse und Rechte der gesellschaftlichen Verwaltungen abgeleitet. Demgegenüber ist es aber äußerst wichtig, genauer die *relative Notwendigkeit* der genannten Mittel zu betrachten. Diese relative Notwendigkeit offenbart sich nicht durch die reinen Spekulationen auf der Ebene der Ideen, sondern durch das Studium der Fakten – durch die genaue Beobachtung der unterschiedlichen Situationen und Bedingungen der *individuellen Freiheit*, die in den verschiedenen Individuen mehr oder weniger begrenzt ist.

Zunächst ist offensichtlich, daß die Mittel, die für die sittliche Vollendung eines einzelnen *relativ notwendig* sind, für diesen einzelnen ein ebenso *unveräußerliches Recht* konstituieren, wie es sein Recht ist, tugendhaft und glücklich sein zu können.

Daraus resultiert eine Einschränkung der Macht der Gesellschaftsregierung, die teilweise die Einschränkung, die wir vorher nannten, erklärt und näher bestimmt. Es geht um folgende Einschränkung:

'Die Regierungsgewalt muß so agieren, daß ihre Anordnungen *keinen Menschen* daran hindern, diejenigen Mittel zu gebrauchen, die in Beziehung zu ihm für den Erwerb seiner sittlichen Erfüllung und Zufriedenheit notwendig sind.'

So wahr und evident diese Grenze ist, so heikel ist sie doch auch! Und wie leicht ist es, sie zu überschreiten!

Die Regierung einer Gesellschaft geht mit allgemeinen Verordnungen vor, und meistens kann sie auch gar nicht anders vorgehen. – Aber gerade deswegen geschehen leicht Fehler. Denn wenn man ein Gesetz oder eine allgemeine Verordnung erläßt, glaubt man gewöhnlich, es reiche aus, deren Wirkungen im allgemeinen zu bedenken, ohne gedanklich zu den Eigentümlichkeiten der konkreten Individuen hinabzusteigen. Man betrachtet dieses Gesetz, das man machen will, nur abstrakt, ebenso wie man die menschliche Natur, auf die sich das Gesetz bezieht, nur abstrakt betrachtet. Aber das reicht nicht. Die menschliche Natur, die abstrakt betrachtet eine einzige ist, diversifiziert sich in zahllose Einzelfälle, wenn man sie in den Individuen betrachtet. Diese konkreten Einzelfälle enthalten sehr häufig die Grundlage für entsprechend viele wirkliche natürliche Rechte, die die Individuen besitzen. Die Weisheit und die Gerechtigkeit der Regierung oder des Gesetzgebers müssen also den Angriffen vorbeugen, die ihr Gesetz oder ihre Verordnung gegen die hier behandelten Rechte der einzelnen führen kann. Wenn dies nicht geschieht, werden diese Rechte ungerechterweise durch die unausweichliche Allgemeinheit des Gesetzes geopfert.[5] Denn das Gesetz wird dann formuliert, ohne daß diese äußerst wichtigen

---

[5] Man muß die *Gleichheit* [uguaglianza] des Gesetzes von der *Allgemeinheit* [generalità], in der es entworfen wird, unterscheiden. Die Gleichheit ist eine Eigenschaft, mit der das Gesetz ausgestattet sein muß, um gerecht zu sein. Die Allgemeinheit ist ein Fehler, der das Gesetz oft ungerecht macht.

Kapitel 12: Von möglichen Zusammenstößen 243

konkreten Einzelfälle der menschlichen Natur und die unverletzlichen Rechte, die daraus resultieren, beachtet werden.

Wir haben bereits gesehen, daß die Erfüllung und Zufriedenheit im Menschen nicht – wie die Stoiker meinten – durch einen reinen Freiheitsakt geschaffen wird. Zur Zufriedenstellung bedarf es außerdem eines realen Guts, das dem Menschen vollkommen unabhängig von seiner freien Verfügung gegeben ist.[6] Die Lehren, die im öffentlichen Recht Geltung gefunden haben, gehen dagegen vom stoischen Prinzip aus. Die Übernahme dieses stoischen Prinzips bildet einen ganz merkwürdigen Widerspruch zu den anderen Lehren, die von diesen Vertretern des öffentlichen Rechts verkündet werden. Dennoch scheinen diese Leute, wie ich sagte, voll und ganz Anhänger der stoischen Glückslehre zu sein, wenn es darum geht, die Befugnisse der Regierungen festzulegen. Denn sie sehen völlig von der Überlegung ab, daß einige Mittel zur Erfüllung und Zufriedenheit eine relative Notwendigkeit für bestimmte Individuen haben können. Sie gehen statt dessen davon aus, daß die genannten Mittel alle die gleiche Gültigkeit haben und eben nicht notwendig sind. Nach dieser Auffassung können diese Mittel also niemals Titel von unveräußerlichen Rechten der einzelnen Personen konstituieren. Diese Auffassung wäre aber nur dann wahr, wenn die Erfüllung und Zufriedenheit des Menschen allein von seinem freien Handeln abhinge. Das ist der Grund dafür, daß alle diese Mittel in der Gewalt der Regierung bleiben. Wenn die Regierung über diese Mittel mit unvorsichtigen Vorschriften verfügt, verletzt sie oftmals das Recht, das jeder einzelne Mensch auf die eigene Erfüllung und Zufriedenheit und auf die absolut oder relativ notwendigen Mittel hat, um diese Erfüllung und Zufriedenheit zu erreichen.

Aber was läßt sich über jene Mittel für die Tugend und für die individuelle Erfüllung und Zufriedenheit sagen, die zwar weder absolut notwendig noch relativ notwendig sind, die aber dennoch absolut oder relativ *nützlich* für dieses Ziel sind? Stellen sie entsprechende natürliche Rechte der Mitglieder der Gesellschaft dar?

Wir haben auf diese Fragen schon eine Antwort gegeben. Denn wir haben gesagt: 'Verordnungen sind unzulässig und ungerecht, die die Ausübung des Rechts aller Menschen einschränken, die Mittel zu gebrauchen, die für die Erlangung der Tugend und der eigenen sittlichen Erfüllung und Zufriedenheit die besten und vollkommensten sind.'[7]

Aber diese vorläufige Antwort sollte näher erläutert werden.

Wir wollten nicht behaupten, daß dem einzelnen das Recht auf jedes Mittel zusteht, von dem er glaubt oder von dem er erklärt, es habe die genannte Eigenschaft. Das würde nämlich die gesellschaftliche Verwaltung aufheben oder unmöglich machen. Wir sprechen nur von den wirklich besten und vollkommenen Mitteln. Wenn die Mittel, um die es geht, nicht wahrhaftig die besten und vollkommenen Mittel sind, kann man unser Prinzip auf sie nicht anwenden.

Tatsächlich kann es hierbei leicht zu einer Kollision kommen, und zwar zwischen dem Urteil über die Geeignetheit der genannten Mittel, das das Individuum

---
[6] Vgl. vorher Kapitel 4.
[7] Vgl. vorher Kapitel 10 und Kapitel 11.

fällt oder zumindest zu fällen scheint, und dem Urteil, das die Regierung fällt oder zu fällen scheint. Solche Kollisionen der Urteile sind oftmals unausweichlich und bilden sozusagen einen Kriegsfall zwischen der Verwaltung und dem einzelnen Gesellschaftsmitglied. Aber von diesen Kollisionen werden wir später sprechen, wenn wir die Wege andeuten, die man einhalten muß, um die unheilvollen Folgen solcher schädlichen Unstimmigkeiten zwar nicht vollständig zu vermeiden, aber zumindest möglichst gering zu halten.

Wir haben auch festgestellt: 'Es ist nicht zulässig und rechtens, daß die Verwaltung die Wahrnehmung des Rechts der einzelnen auf den Gebrauch der besten Mittel zur Erlangung der Tugend und der eigenen sittlichen Erfüllung und Zufriedenheit beschränkt.' Damit wollen wir nur sagen, daß es für die Regierung nicht zulässig ist, dies ohne moralische Notwendigkeit zu tun. Eine solche Notwendigkeit ergibt sich für die Regierung aus ihrer Verpflichtung, das gleiche Recht für alle Individuen zu verteidigen, indem sie verbietet, daß eine bestimmte Einzelperson ihr Recht in einer Weise gebraucht, die die anderen daran hindert, ihr Recht gleichermaßen zu gebrauchen. Wir haben bereits gesagt, daß der einzelne im Gebrauch dieser Mittel eingeschränkt ist, und zwar durch die moralischen Pflichten der Achtung des Eigentums anderer und der Achtung der Wechselseitigkeit.[8] Die Regierung ist der natürliche Richter und Verteidiger (natural giudice e difensore) aller dieser Grenzen. Dies stellt die zweite ihrer moralischen Hauptpflichten gegenüber den Mitgliedern der Gesellschaft dar, die sie leitet.[9] Diese Pflichten konstituieren daher eine unbeschränkte Machtsphäre. Und die Verordnungen, die die Regierung innerhalb dieser Sphäre trifft, beschränken die Ausübung des individuellen Rechts nicht, von dem hier die Rede ist. Im Gegenteil: Tatsächlich weiten diese Verordnungen den Rechtsgebrauch aus, indem sie die Hindernisse aufheben, die sich die einzelnen gegenseitig durch den Mißbrauch ihrer Rechte errichten können. Außerdem schützen und verteidigen diese Verordnungen für jeden einzelnen den Teil, der ihm zukommt. Denn – um es noch einmal zu sagen – niemand hat das Recht, das eigene Recht zu mißbrauchen.

Festzuhalten bleibt: Die Ausübung des Rechts der Einzelpersonen auf den Gebrauch der besten Mittel zur Tugend und zur eigenen sittlichen Erfüllung und Zufriedenheit darf von der Regierung für niemanden eingeschränkt werden. Eine Ausnahme ist derjenige, der dieses Recht mißbraucht, indem er aus seinen Grenzen zum Nachteil des Rechts anderer heraustritt.

Das Recht, das jeder auf den Gebrauch der besten Mittel zur eigenen sittlichen Erfüllung und Zufriedenheit hat, ist ein sehr allgemeines Recht. Daraus läßt sich eine Reihe von besonderen Rechten ableiten, die jeder Mensch qua natura hat und die von jeder klugen und gerechten Regierung geachtet werden müssen. Ich weise nur auf eines dieser besonderen Rechte hin, weil es nicht die Absicht der vorliegenden Abhandlung ist, öffentliches Recht darzustellen. Hier sollen ja nur die Teile des öffentlichen Rechts angedeutet werden, die notwendig sind, damit man die Natur

---

[8] Vgl. den Anfang des vorliegenden Kapitels.
[9] Vgl. vorher Kapitel 10.

Kapitel 12: Von möglichen Zusammenstößen 245

der Gesellschaft und die wichtige Lehre vom Ziel der Gesellschaft richtig versteht.

Ein besonderes Recht, das für jedes Mitglied der Gesellschaft unversehrt bleiben muß, ist das Recht, 'die Lebensweise zu wählen, die nach eigenem Urteil dem Erwerb des sittlichen Guts am meisten zuträglich ist, das in der vollkommenen Tugend und in der sittlichen Erfüllung und Zufriedenheit der Seele besteht'.

Der Gebrauch eines so bedeutenden Rechts darf in keiner Weise nach dem Belieben der Regierung eingeschränkt werden. Er darf lediglich moralische Einschränkungen erfahren, wie sie sich aus konkreten Pflichten ergeben. Von daher muß die Lebensweise, die jeder zu wählen das Recht hat, erstens in jeder Hinsicht statthaft sein. Sie darf zweitens die positiven, bereits vereinbarten Verpflichtungen nicht verletzen. Von diesen Verpflichtungen darf sie drittens in keiner Weise die Verpflichtung zum Beitrag an die Gesellschaft verletzen – sei es, daß dieser Beitrag Teil der persönlichen Arbeit ist, sei es, daß der Beitrag Teil der äußeren Güter ist. Die Regierung kann und muß darüber wachen, daß alle diese Einschränkungen des genannten individuellen Rechts sorgfältig beachtet werden.

Buch II, Kapitel 13
Ein Beispiel für Menschenrechtsverletzung

Ein Beispiel für eine schwere Verletzung dieses zuletzt genannten individuellen und außergesellschaftlichen Rechts war in neuerer Zeit die gewaltsame Abschaffung der geistlichen Orden. Dadurch wurde de facto einzelnen die Ausübung des kostbarsten und heiligsten ihrer Rechte verboten – des Rechts, eine Lebensform zu wählen, die in sich harmlos und nach Ansicht dieser Personen am besten geeignet ist, Tugend und sittliche Erfüllung und Zufriedenheit zu erlangen.

Der Vorwand für eine solche Verordnung war, daß Menschen für die Gesellschaft nutzlos seien, die sich von der Menge zurückziehen, um Muße für die Kontemplation der himmlischen Dinge zu haben.

Ich bin keinesfalls bereit, zuzugeben, daß Menschen, die sich von der Gemeinschaft mit ihresgleichen [allerdings nie vollständig] trennen, für die menschliche Gesellschaft nutzlos sind. Ihre Wohltaten, um die sie nie großes Aufheben gemacht haben, sind heutzutage nur allzu bekannt und erstrahlen in einem Licht, das selbst die Augen derer durchdringt, die die Lider schließen, um von seinen Strahlen nicht getroffen zu werden. Aber damit will ich gar nicht argumentieren, sondern ich will annehmen, es sei erwiesen, daß die Ordensleute Menschen sind, die sich nie direkt und positiv um das Wohlergehen der Gesellschaft bemüht haben. Dies einmal unterstellt, will ich fragen, ob die Verwaltung der bürgerlichen Gesellschaft die legitime Macht hatte, diese Lebensform abzuschaffen und diese eher dem Jenseits zugewandten Menschen aus ihren friedlichen Heimen zu verjagen.

Zunächst einmal spreche ich der Regierung nicht die Befugnis ab, Verbrechen zu bestrafen. Angenommen, einige von denen, die sich zu einer der Religion geweihten Lebensform bekennen, hätten Verbrechen begangen und die Rechte anderer verletzt – so hätte es dem unveräußerlichen Recht nicht widersprochen, das sie als Menschen haben [das heißt, dem Recht, der Lebensform zu folgen, die ihnen als die beste erscheint und die als solche auch von der zuständigen Autorität der Kirche anerkannt ist], wenn die Verbrecher unter ihnen angeklagt und von den Gerichten verurteilt worden wären. Aber das trifft nicht auf den gesamten Stand der Ordensleute zu. Man hat nie behauptet und konnte auch nie behaupten, ihre Lebensform führe zur Gewalt, zum Raub oder zur Verletzung der Rechte anderer. Ihre Lebensform war also an sich unschuldig und ohne Harm gegenüber allen anderen Mitgliedern der Gesellschaft.

Zweitens ließ sich weder behaupten noch beweisen, daß sie ihren weltlichen Besitz unredlich erworben und besessen hätten. Auf denselben Rechtstiteln – Gewohnheitsrecht, Schenkung, Vererbung, Kauf und Verkauf und ähnlichen – wie bei den anderen Menschen basierte auch der Besitz der Ordensleute. Die Erwerbstitel waren genau die, die das natürliche und bürgerliche Recht auf Eigentum festlegt. Den Ordensleuten ihren Besitz wegzunehmen, konnte daher nur einen echten Bruch des Rechts auf Eigentum bedeuten, zu dessen Verteidigung und Bewahrung

Kapitel 13: Ein Beispiel für Menschenrechtsverletzung 247

die Regierung zuallererst eingerichtet ist – und zwar ohne Ausnahme, aufgrund der gesellschaftlichen Gleichheit aller Mitglieder vor dem Gesetz! Wir sahen ja, daß die Achtung des Eigentums nicht nur den Verordnungen der Regierung Grenzen setzt, sondern auch die einzelnen beim Gebrauch ihres außergesellschaftlichen Rechts einschränkt – also jenes Rechts, die besten Mittel zu gebrauchen, die zu ihrem Ziel führen.[1]

Es gab also keinen legalen Grund, der die weltliche Regierung autorisiert hätte, Menschen eine Lebensform zu zerstören und zu verbieten, die niemandem Unrecht tat und die nach sittlicher Vollendung strebte. Es gab auch keinen legalen Grund, diesen Menschen die Besitztümer wegzunehmen, die sie durch dieselben Rechtstitel erworben und besessen hatten, durch die alle anderen Mitglieder des Gesellschaftskörpers Besitz haben. Auf die Bürger, die sich dem religiösen Leben geweiht hatten, wurde also das Prinzip von der „politischen Gleichheit vor dem Gesetz" nicht angewendet. Sie waren vielmehr die einzigen, die man von der Wohltat der Gesetze ausschloß und die man als nicht zur Gesellschaft gehörende Fremde betrachtete. Besser gesagt: Man nahm ihnen nicht nur die Bürgerrechte, sondern sogar auch die Rechte, die sie als Menschen hatten. Denn jeder Mensch hat das Recht, in seiner Lebensform nicht vergewaltigt und nicht beraubt zu werden.

Aber erneut: Was war also der Vorwand, um mit dem Anschein von Gerechtigkeit eine solche Verletzung der Menschen- und Bürgerrechte zu verdecken?

Man sagte, um es noch einmal zu wiederholen, daß diese Menschen, die das geistliche Leben führten [was bedeutet, daß sie sich allein der Liebe zu Gott und zum Nächsten in Vollendung geweiht hatten und daß sie ausschließlich dafür lebten, den Mitmenschen Gutes zu tun, manchmal unter heroischen und der Natur widerstrebenden Opfern], *für die Gesellschaft nutzlos* waren.

Hier erkennt man das große Prinzip der Politik, die einer materialistischen und vollkommen amoralischen Philosophie entstammt. Diese Politik zerstört das alte Prinzip, das lautet: 'Die Regierung darf nichts tun, was gegen die Gerechtigkeit ist'. Dieses hohe und freiheitliche Prinzip, das von seiner Natur her jede Regierungswillkür verbietet, wurde durch ein neues Prinzip ersetzt, das Ausdruck eines extremen Despotismus ist, wie er bis in unsere Zeit auf Erden unbekannt war: 'Die Regierung kann alles tun, was sie für die Gesellschaft für nützlich hält. Alles, was sie zu diesem Zweck tut – gleichgültig was es ist – ist gerecht, weil es nützlich ist.'[2] Die

---

[1] Vgl. dazu Kapitel 12.
[2] Diese Regel ist der Ausdruck des kaiserlichen Despotismus, der nach der Französischen Revolution kam. Auch die Revolution wurde jedoch – entgegen ihrer Erklärung der Menschenrechte – in ihren Aktionen von diesem zutiefst schändlichen Prinzip geleitet. Und sie glaubte, ihre Fehler damit rechtfertigen zu können. Ich wage zu behaupten, daß die meisten Menschen, die sich der Revolution in die Arme warfen, davon überzeugt waren, daß 'die Freiheit des Menschen gerettet wird, wenn die Regierung in die Hände des Volkes gelegt wird'. Aber es gibt im Gegenteil keine so absolute und tyrannische Regierung wie die, die sich in den Händen des Volkes befindet – oder eigentlich: des gemeinen Volkes. Ob eine Regierung despotisch oder moderat ist, hängt nicht davon ab, ob sie sich in den Händen vieler oder eines einzigen befindet, sondern davon, ob sie auf den Prinzipien der Gerechtigkeit und der moralischen Tugend basiert. Napoleon fand eine bereits

alte Politik der *Gerechtigkeit* wurde mithin durch die neue Politik des *öffentlichen Nutzens* ersetzt.³

Dies ist nur allzu evident: Wenn wir die Quellen der Gerechtigkeit und der Rechte zerstören, die sich aus ihr ableiten, wie sie bis heute zu allen Zeiten und von allen Nationen anerkannt wurden, und als Quelle dessen, was gerecht und rechtens ist, nur noch den größten öffentlichen Nutzen anerkennen, übertragen wir der Regierung eine in keiner Weise eingeschränkte Autorität. Wir zerreißen dann die große Charta der Menschenrechte und erkennen im Menschen nichts mehr an, was von der öffentlichen Autorität frei und unangetastet bleibt. Der öffentliche Nutzen allein ist an sich eine ungenaue Idee. Er ist vollkommen unfähig, das Prinzip für die Regierungsautorität festzulegen oder für das, was gerecht ist. Wenn man unter öffentlichem Nutzen den Nutzen der Mehrheit versteht, dann werden die Minderheiten komplett geopfert, dann wird der Schwache dem Starken wie dem Gott Moloch im Holocaust geopfert, ohne Hoffnung auf Rettung. Die Konsequenz solcher Verhältnisse ist der Krieg aller gegen alle. Versteht man dagegen unter öffentlichem Nutzen den Nutzen jedes einzelnen, dann stellt man die Gleichheit aller vor dem Gesetz wieder her. Damit kehrt auch die Gerechtigkeit zurück, und es kehren die Rechte des einzelnen zurück (diritti individuali), die vor dem Nutzen der Mehrheit liegen und die von der Regierung respektiert werden müssen. Versteht man den öffentlichen Nutzen in dieser Weise, kann die Regierung die individuellen Rechte nicht mehr opfern, indem sie sich mit dem sinnlosen Wort vom „öffentlichen Nutzen" rechtfertigt. Denn die individuellen Rechte sind unantastbare, unverletzbare Bestandteile des öffentlichen Nutzens.⁴ Wir müssen also wieder gemäß den alten Gerechtig-

---

allmächtige Regierung in den Händen der Republik vor. Er behielt die Allmacht der Regierung bei, er schuf sie nicht. Es ist sogar unbestreitbar, daß er sie in vielfacher Hinsicht mäßigte. Allerdings sollte man das, was wir hier konstatieren, nicht dahingehend übertreiben, daß man glaubt, das Prinzip des Despotismus sei den demokratischen Verfassungen wesenhaft inhärent. Nein, die Demokratie der Französischen Revolution degenerierte durch die Leidenschaften und die Gottlosigkeit. So verwundert es nicht, daß der widernatürlichste Despotismus an der Seite der Menschenrechtserklärung auftrat. Im Gegensatz dazu steht, daß ein ernstzunehmender Autor der amerikanischen Demokratie Gerechtigkeit widerfahren läßt: „Bis heute", schreibt er, „gab es in den Vereinigten Staaten niemanden, der es gewagt hätte, den Grundsatz zu äußern, daß im Interesse der Gesellschaft alles erlaubt sei – ein schändlicher Grundsatz, der, so scheint es, in einem Jahrhundert der Freiheit erdacht worden ist, um alle Tyrannen der Zukunft zu rechtfertigen." So schreibt Alexis de Tocqueville in *De la démocratie en Amérique*, Buch II, Kapitel 9. [A. DE TOCQUEVILLE, op. cit., Buch I, Teil. II, Kapitel 9, in DERS.: Oeuvres, cit., Bd. I, S. 306.]

3   Wir haben die jeweiligen Merkmale dieser beiden Politikformen in einer kleinen Schrift über Pius VII. angedeutet. Darin stellen wir das Verhalten des Heiligen Stuhls dem Verhalten des napoleonischen Hofes gegenüber. Die kleine Abhandlung findet sich in einer 1834 in Lugano erschienenen Sammlung einiger unserer Schriften; in den *Opere* Bd. XXVII, *Prose ecclesiastiche*, Bd. I. [A. ROSMINI: Panegirico di Pio VII, in DERS.: Prose ecclesiastiche. Predicazione, Mailand 1843, S. 393–479.]

4   [Im Ital. „perocché i diritti individuali sono elementi intangibili ed inviolabili dell'utilità pubblica"; in der engl. Übersetzung „the rights of individuals are elements untouchable and inviolable by public utility", op. cit., S. 102.]

Kapitel 13: Ein Beispiel für Menschenrechtsverletzung 249

keitsnormen über die Gerechtigkeit oder die Ungerechtigkeit der Verordnungen urteilen, durch die die Orden abgeschafft wurden. Damit wird das Wort und Hirngespinst vom „öffentlichen Nutzen" nutzlos und sinnlos, das man zur Verwirrung der Ideen in Umlauf setzt. Eine Regierung, die der privaten Sphäre schadet, schadet auch wesentlich der öffentlichen Sphäre. Denn unter „Öffentlichkeit" (pubblico) sind wohlgemerkt alle Bürger zu verstehen, nicht nur die Mehrheit oder die mächtigsten und einflußreichsten Bürger. Anderenfalls ist die Öffentlichkeit eine Partei, aber nicht die Gesellschaft an sich.

Was konnte die bürgerliche Regierung nach den alten Gerechtigkeitsnormen – oder besser: den unveränderlichen Gerechtigkeitsnormen – von diesen friedlichen Menschen verlangen, die sich der Betrachtung der himmlischen Dinge, dem Eifer der Tugend und allen möglichen Arten der Wohltätigkeit geweiht hatten?

Nach den genannten Normen konnte die Regierung verlangen, daß diese Menschen niemandem Gewalt antun, nicht töten, nicht verletzen, nicht stehlen und nicht in die Rechtssphäre der anderen eindringen. Sehr gut. Alles das konnte sie von ihnen verlangen. Aber diese berechtigten Forderungen der bürgerlichen Regierung haben etwas Lächerliches an sich, wenn man sie auf Personen anwendet, die dem religiösen Leben geweiht sind. Denn niemand hat je unterstellt, daß sich diese Menschen solcher Verstöße gegen die natürlichen und bürgerlichen Gesetze schuldig gemacht haben – jedenfalls gewiß nicht mehr als alle übrigen Bürger. Konnte die bürgerliche Regierung womöglich darüber hinaus von ihnen verlangen, daß sich diese Menschen noch mehr bemühten, als sie es schon taten, ihren Nächsten zu helfen und ihnen gegenüber größere Mildtätigkeit auszuüben? Wer erkennt nicht die Absurdität einer solchen Frage? Vorausgesetzt wird das unbestrittene Prinzip: 'Alle Mitglieder der Gesellschaft müssen vor dem Gesetz gleich sein'. Angenommen also, man gibt der Regierung die Befugnis, bestimmten Menschen vorzuschreiben, daß sie ein bestimmtes, von der Regierung festgesetztes Maß an Wohltätigkeit praktizieren müssen – dann kann die Regierung diese Befugnis auch gegenüber jedem anderen Bürger ausüben. Dann ergibt sich die Absurdität, die wahrscheinlich bisher noch von niemandem erdacht worden ist, daß die Regierung das Recht hat, das Maß festzulegen, in dem jedes Mitglied der Gesellschaft großzügig und wohltätig gegenüber den anderen zu sein hat!

Wir wissen sehr gut, daß Nächstenliebe und Wohltätigkeit den Menschen von Gott befohlen werden können. Aber daß Menschen von anderen Menschen als ihr Recht einfordern können, was reine Wohltätigkeit ist, und daß sie nach Belieben die Wohltätigkeit der anderen gesetzlich vorschreiben können – das widerspricht dem Selbstverständnis der Pflichten zu Mitmenschlichkeit und Nächstenliebe. Es gäbe nicht nur reichen Anlaß zu Zank und Streit, sondern entzündete auch schreckliche Kriege, die nur durch die Zerstörung des Systems oder der Menschheit beendet würden. Die Menschen können nicht von ihren Mitmenschen in Form eines gerechten Rechts (diritto di giustizia) einfordern, was zur Wohltätigkeit gehört. Noch viel weniger kann dies die Regierung, die in erster Linie dazu eingerichtet ist, die Rechte aller Menschen zu verteidigen und zu bewahren, die eine Gesellschaft bilden. Wenn mir jemand mit Gewalt eine Wohltat entreißen will, dann geschieht mir Unrecht, dann wird mein Recht verletzt. Dann muß mir die Regierung gegen die Gewalttäter zu Hilfe kommen, die mich bedrängen. Jeder sieht, daß sich die Regierung an die Spitze der Gesetzesbrecher und Gewalttäter setzt, wenn sie selbst mich mit Gewalt zu etwas zwingt, was vollkommen von meinem Willen, von meiner größeren oder geringeren Neigung, wohltätig zu sein, abhängt. Nein, auch die bürgerliche Gesellschaft als Ganze kann die natürlichen Pflichten der Nächstenliebe nicht in Rechtspflichten (doveri di giustizia) verwandeln. Auch alle Menschen vereint können von einem einzelnen nicht durch einen Rechtstitel verlangen, was er ihnen aus herzlicher Zuneigung durchaus zu geben verpflichtet ist [denn daß er verpflichtet ist, gestehe ich zu]. Anderenfalls wäre die Liebe keine Liebe; die Wohltätigkeit wäre keine Wohltätigkeit.

Die Gesellschaft und diejenigen, die sie regieren, können also alle Menschen, die ihnen gleichermaßen untertan sind, zwingen, sich nicht gegenseitig zu schädigen und die Rechte der anderen nicht anzugreifen. Aber sie können sie nicht zwingen, sich gegenseitig ihre Rechte abzutreten, was soviel bedeutet wie: sich gegenseitig Gutes zu tun,[5] ohne die rechtmäßige Ordnung zu stören und den Zweck der Gesellschaft zu verletzen. Wäre dies denn überhaupt möglich? Könnte man dies tun und zugleich alle Fehlfolgen vermeiden? Man möge mir sagen: Wenn die Gesellschaft die vor dem Gesetz gleichen Bürger (cittadini uguali), die die Gesellschaft bilden, zwingen kann, sich gegenseitig Gutes zu tun, wie findet man dann die Grenzen dieser Wohltätigkeit? Wenn die Gesellschaft die Wohltat in eine Rechtspflicht umwandelt, warum sollte sie dann nicht alle denkbaren guten Taten in Rechtspflichten umwandeln? Und angenommen, sie könnte das Maß an Wohltätigkeit bestimmen, die jeder Bürger zu tun verpflichtet ist – wie kann sie dann ermitteln, ob diese Pflicht von jedem erfüllt wird? Welche Strafen werden solche neuerlassenen Gesetze verhängen? Und schließlich: Kann sie jemandem vorschreiben, eher gegenüber den anderen als gegen sich selbst wohltätig zu sein? Und wenn sie das nicht kann, wer legt dann die Zeit, den Eifer, die Aufmerksamkeit und den Besitzumfang fest, die jeder speziell zu seiner eigenen Vollendung braucht? Wer kann exakt wissen, welches von diesen Dingen bei dem einzelnen zum Wohl der anderen übrigbleibt? Kein Mensch und keine Gesellschaft kann den Menschen die unbestimmte Pflicht der Wohltätigkeit aufzwingen. Nur dem Herzen kann sie aufgegeben werden, nur von Gott kann sie kommen. Auch die Art und der Umfang, wie diese Pflicht ausgeübt wird, müssen im Grunde des Herzens bestimmt werden, wo diese Pflicht im Verborgenen erlassen wird und wo sich das zuständige Tribunal befindet, um darüber ein Urteil zu fällen.

Von welcher Seite auch immer man das von uns angeführte Beispiel von dem schweren beziehungsweise öffentlichen Bruch der Menschenrechte betrachtet – es erscheint äußerst monströs und abstoßend.

---

[5] [Im Ital. „... costringere tali individui a cedere scambievolmente dei loro diritti, che è quanto dire, a farsi scambievolmente del bene..."; in der engl. Übersetzung „... constrain individuals to surrender their mutual rights, that is, their right to do good to one another", op. cit., S. 103.]

Kapitel 13: Ein Beispiel für Menschenrechtsverletzung 251

Wir haben gesehen, daß das Ziel der bürgerlichen Gesellschaft letztlich allein die Erfüllung und Zufriedenheit der Seele der Menschen ist, die die Gesellschaft bilden. Von daher ergibt sich folgende Konsequenz: Wenn ein Politiker das öffentliche Glück (felicità pubblica) berechnen will, also alles Glück, das sich tatsächlich in den Regierten befindet, muß er auch die private, individuelle Erfüllung und Zufriedenheit einkalkulieren – gleichgültig, woher sie kommt. Es gibt auch Menschen, die für sich leben und mit dem zufrieden sind, was sie haben, und die ihren Eifer nicht den Geschäften und ähnlichen Aktivitäten widmen, die für das Wachstum an materiellem Besitz sorgen. Sie widmen ihren Eifer den Werken, mit denen sie täglich der sittlichen Gutheit ihres Herzens und ihrer Zufriedenheit und ihrem Glück etwas hinzufügen. Warum freut sich die Regierung nicht über solche Menschen? Warum veranschlagt sie nicht, daß mittels dieser bescheidenen Tugenden die Gesamtzahl der glücklichen Menschen wächst und das menschliche Wohl in der Gesellschaft zunimmt? Vielleicht glauben die politischen Mathematiker (politici calcolatori), diese Stufen an Glück nicht mitberechnen zu müssen, weil dieses Glück im Verborgenen wächst, weil die Öffentlichkeit es nicht sieht, weil es die anderen nicht betrifft. – Aber ist dieses Glück weniger wahr, nur weil es verborgen ist? Wann wird man aufhören, das Glück sozusagen mit der Laterne zu suchen, auf den öffentlichen Plätzen, in den Theatern, in den Handelsbanken, auf den blutigen Schlachtfeldern, statt auf dem Grund des menschlichen Herzens, wo es ausschließlich zu finden ist? Und was ist die Öffentlichkeit, frage ich erneut, außer einer Ansammlung von einzelnen? Wenn sich jeder einzelne Mensch im Grunde seines Herzens unendlich glücklich fühlt, ergeben dann nicht alle diese Personen zusammen eine Körperschaft von glücklichen Menschen, selbst wenn der eine nichts vom anderen weiß? Insofern das Glück des anderen Menschen unbekannt ist, spiegelt sich das Glück des einen Menschen nicht bei anderen Menschen wieder, das stimmt. Aber zählt dieses Glück deswegen nicht? Angenommen, das Glück von einigen Menschen spiegelt sich doch in den Seelen von anderen Menschen wieder. Zahlen diese Menschen, denen das Wissen um das Glück der anderen nutzt, etwa nicht im Maß des öffentlichen Glücks, selbst wenn die Steigerung an Glück, die sie erfahren, dann ihrerseits keinen Einfluß auf weitere und dann auf wieder andere Menschen hat? Oder sucht man etwa erst eine unendliche Kette von immer weiteren Spiegelungen, bevor man das Glück eines Bürgers zum öffentlichen Glück dazuzählt? Es ist daher offensichtlich dumm und sinnlos zu sagen, wie es manche Politiker tun, daß es eine schöne Sache ist, sich am Glück eines Menschen zu erfreuen, aber nur, wenn es von anderen Menschen gesehen werden kann, und daß man das Glück selbst nicht mitzurechnen braucht. Wenn der Staatsmann sozusagen ein Glück *in potentia* schätzt – also jene Mittel, die in jemand anderem Glück erzeugen können – muß er doch um vieles mehr das Glück *in actu* schätzen – also die Menschen, die schon glücklich sind.

Es widerspricht also direkt dem erhabenen Ziel der Politik, Menschen, die sich der Kontemplation der himmlischen Dinge widmen, unter dem Vorwand, sie hätten keinen Einfluß auf das öffentliche Glück, aus ihren Stätten zu verjagen. Auch wenn diese Menschen das öffentliche Glück nicht beeinflussen, so bilden sie es doch selbst. Das Glück selbst zu bilden, ist viel mehr, als es nur zu beeinflussen. – Stört es die Gesellschaft etwa, daß sie in diesen Menschen ihr Ziel schon vollständig erreicht hat und daß sie für diese Menschen nichts weiter tun kann? – Was für eine verkehrte Vorstellung, ein echtes Glück um eines relativen Glücks willen wegzuwerfen! Diese Überlegung ähnelt derjenigen eines Mathematikers, der alle Brüche exakt berechnet, aber gleichzeitig die ganzen Zahlen beiseiteläßt. – Die Zahl jener Menschen, die, obwohl unschuldig vor dem Gesetz, ohne Prozeß aus ihren Heimen verjagt wurden, wo sie durch die Tugendpraxis ein zufriedenes Leben erlangten, multipliziert mit dem Glück jedes einzelnen, ergibt die Summe des öffentlichen Wohls (pubblico ben essere), das durch eine falsche Politik der Menschheit entzogen wurde. Wenn jeder Mensch sich bemüht, sich selbst glücklich zu machen, wäre dann nicht jedes Leid aus der Welt verbannt? Wenn ein Bürger dies tut, kann man dann von ihm noch mehr verlangen?

Die Menschenrechtsverletzung durch die Abschaffung der Orden erscheint noch schwerwiegender, wenn man bedenkt, daß eine bürgerliche Regierung, die den Menschen die Wahl einer Lebensform verbietet, die Unbescholtenheit und tugendhafte Werke zum Ziel hat, ständig mit zweierlei Maß mißt: Das eine Maß wendet sie auf Menschen an, die sich um sittliche Vollendung und durch sie um die Erfüllung und Zufriedenheit der Seele bemühen – was Ziel der Gesellschaft ist. Das andere Maß wendet die Regierung auf Menschen an, die nichts sittlich Hervorragendes anstreben, sondern für die materiellen Dinge leben und oft von Lastern verdorben und von Leidenschaften zerrissen sind, die ihnen jede Erfüllung und Zufriedenheit nehmen. Die ersten werden mit bösem, haßerfülltem Blick verfolgt. Die zweiten werden gehätschelt, und man ist davon überzeugt, daß man ihnen schwerstes Unrecht zufügt, wenn man sie in ihrem sittenlosen und liederlichen Leben stört.

Es kommt diesen Regierungen nicht in den Sinn, von denen, die in Nichtstun und Haltlosigkeit zugrundegehen, zu verlangen, daß sie ihren Nächsten helfen und daß sie sich wirklich für die Gesellschaft nützlich machen. Und schon garnicht leitet man daraus den Vorwand ab, Hand an das Eigentum zu legen, das diese Leute besitzen und mißbrauchen. Solange sie keine Gesetze brechen, läßt man sie in Ruhe. Die Laster, mit denen sie die Erde infizieren, können von der gesellschaftlichen Verwaltung nicht verboten werden, ohne daß diese sich der Tyrannei schuldig macht. Schon den Blick über die Schwelle ihres Hauses zu werfen, gilt als eine Verletzung ihrer häuslichen Weihestätte. Und das mag durchaus so sein. Aber warum wendet man dann nicht dieselben Grundsätze auf jene tugendhaften, ernsten, anständigen Menschen an, die der Welt ein Beispiel für höchste Tugend geben? Warum hält sich die Regierungsgewalt nur diesen anständigen Menschen gegenüber für grenzenlos? Warum werden nur diese Bürger vom gemeinsamen Recht ausgeschlossen, das alle anderen genießen? Gibt es für sie allein keine Gesetze, sondern nur Willkür? Warum darf man nur ihnen ihren Besitz wegnehmen, sie aus ihren Zellen vertreiben, aus ihren Höhlen, aus den Gebäuden, die in aller Welt durch das Werk ihrer grenzenlosen Nächstenliebe zum Wohl der Menschen entstanden sind? Glaubt man am Ende, nur ihnen das natürliche, allen Menschen gemeinsame Ziel verbieten zu können – das Ziel, sich um des Guten willen zu assoziieren und glücklich zu werden? Und nicht genug damit: Zum Unrecht kommt die Beleidigung dazu. Denn als Vorwand

Kapitel 13: Ein Beispiel für Menschenrechtsverletzung

für alles, was ihnen unter Mißbrauch der Legalität angetan wird, führt man an, sie seien nutzlos für die Gesellschaft! Zunächst behaupten also die Leute, die sagen, daß die genannten Bürger für die Gesellschaft nutzlos sind, daß die Gesellschaft nur von ihnen selbst gebildet wird. Sie sondern diejenigen aus der Gesellschaft aus, die sie berauben wollen. Sie sondern sie aus der Menschheit aus, sie tilgen sie aus der Zahl der Lebenden.

Sodann kommen – was kaum zu glauben ist – Rechtskundige einer solchen Politik zu Hilfe – einer Politik, die sich auf so offensichtliche Weise im Widerspruch zu den elementarsten Rechten der Menschheit und zu den natürlichen Gesetzen befindet. Diese Rechtsgelehrten stellen in raffinierter Weise Formeln auf und kompilieren einfallsreich neue *Instituta* zum Nutzen der besagten Politik.

Zunächst sagen sie, daß die Ordensleute Beamte (funzionari pubblici) seien, die der Regierung unterstehen.

Das allerdings beweist nur die krasse Unkenntnis dieser Rechtskundigen hinsichtlich der Natur des geistlichen Standes. Dieser Stand ist gemäß den Prinzipien der Kirche wesenhaft individuell. Wer den geistlichen Stand ergreift, will nur die eigene sittliche Vollendung und denkt nicht daran und kann auch nicht daran denken, Beamter zu werden. Wenn der heimische Herd schon eine Privatsache ist, dann ist das einzelne Gewissen noch viel mehr eine Privatsache. Und der geistliche Stand ist eine Angelegenheit des Gewissens. Er ist also kein gesellschaftliches Amt.

Man beharrt darauf: Wenn der Weltklerus zur Beamtenschaft gehört, dann muß auch der Ordensklerus zur Beamtenschaft gehören.

Wieder falsch und wieder konfus. Zunächst einmal darf das Ordensleben nicht mit dem Leben des Klerus verwechselt werden, auch wenn manchmal beides zusammentrifft. Die Ordensleute wurden außerdem nicht als *Kleriker,* sondern als *Ordensleute* abgeschafft. Selbst wenn also die Priester Beamte wären, hätte die Regierung damit nicht das Recht, Ordensgemeinschaften zu verbieten oder gar zu zerstören. Denn Ordensgemeinschaften bilden einen Stand des privaten Lebens, wo die Menschen das suchen, worauf sie ein unveräußerliches Recht haben: die Tugend und die Erfüllung und Zufriedenheit der Seele.

Zweitens muß man unterscheiden zwischen Beamten und Regierungsbeamten. Gesteht man zu, daß die Priester Beamte sind, so sind sie ausschließlich Beamte der Kirche. Hier wird für gewöhnlich die bürgerliche Gesellschaft mit der Gesellschaft überhaupt (società in genere) verwechselt, also mit der abstrakt genommenen Gesellschaft. Nur diese letzte umfaßt, idealiter, jede besondere Gesellschaft (società speciale) und damit auch die Kirche. Demgegenüber ist die bürgerliche Gesellschaft, wie ich an anderer Stelle gesagt habe, selbst eine besondere Gesellschaft, zu der sich die Menschen um der gegenseitigen Rechtssicherheit und anderer Zwecke willen zusammentun. Die Kirche ist dagegen eine Gesellschaft, die nicht von den Menschen, sondern von Jesus Christus errichtet wurde. Beide Gesellschaften haben ihre Beamten. Aber die Beamten der Kirche sind nicht Beamte der bürgerlichen Gesellschaft, und die Beamten der bürgerlichen Gesellschaft sind nicht Beamte der Kirche. Und tatsächlich kann es Beamte der einen Gesellschaft geben, ohne daß es die Beamten der anderen Gesellschaft gibt. Die Beamten der Kirche gibt es auch in einem Volk, das noch nicht aus dem Zustand der häuslichen Gesellschaft (società domestica) herausgetreten ist. Und die Beamten der bürgerlichen Gesellschaft gibt es auch dort, wo das Evangelium noch nicht verkündet worden ist. Mehr noch: Die Regierung bildet die Priester nicht aus und setzt sie nicht in ihre Ämter ein, wie sie es täte, wenn es ihre Beamten wären. Will man das Gegenteil behaupten, muß man aus dem katholischen, aus dem christlichen System insgesamt, heraustreten.[6] Die bürgerliche Regierung kann folglich die Priester als solche nicht als ihre Beamten betrachten[7], sondern als Bürger und weiter nichts.

Aber man erwidert: Die bürgerliche Regierung muß Kenntnis von den geistlichen Vereinigungen haben, sie muß sie anerkennen. Also ist ein Erlaß der Regierung notwendig, damit solche Vereinigungen legal bestehen. Die Regierung ist also diejenige, die solchen Vereinigungen die legale Existenz gibt. Sie kann sie ihnen also auch wegnehmen.

Alberne Haarspalterei! Wir haben gezeigt, daß es in der Menschheit neben der bürgerlichen Gesellschaft stets ein außergesellschaftliches Element gibt, das von der bürgerlichen Gesellschaft nicht absorbiert wird. Dieses außergesellschaftliche Element braucht die sogenannte legale Anerkennung nicht, um realiter zu existieren. Es existiert von allein, und keiner kann es zerstören. Es ist eine Frage, ob ein Element *ohne Legalität* (senza legalità) existiert – es ist etwas anderes, ob ein Element *gegen die Legalität* (contro la legalità) existiert. Das Element, das ohne Legalität existiert, muß von der Legalität selbst stets anerkannt werden, wenn sie ihm begegnet. Demgegenüber kann die Legalität das gegen sie gerichtete Element zerstören, wenn sie darauf trifft. Die religiöse Vereinigung ist ein Element, das es in der Menschheit geben kann, ohne daß es legalisiert werden muß. Wenn der Regierung dieses Element bekannt wird, *muß* sie es anerkennen. Denn selbst wenn es ein Element ist, das nicht zur bürgerlichen Gesellschaft gehört, der die Regierung vorsteht, so ist es doch kein dieser Gesellschaft entgegengesetztes Element, sondern im Gegenteil ein für die Gesellschaft sehr nützliches Element. Die Behauptung, in der Menschheit existiere nur

---

[6] Die Personen des geistlichen Lebens stehen zum Staat und zur Kirche in unterschiedlichen Beziehungen. Der Staat muß sie als Menschen und Bürger betrachten. Was die Autorität der Kirche über die geistlichen Körperschaften betrifft, muß man unterscheiden: Das eine ist der *geistliche Stand* im allgemeinen, etwas anderes ist der geistliche Stand in *bestimmten Gemeinschaften* mit bestimmten eigenen Regeln. Der geistliche Stand im allgemeinen stammt nicht von der Kirche, sondern von Jesus Christus. Daher hat die Kirche keine Macht, ihn abzuschaffen. Der geistliche Stand in bestimmten Gemeinschaften mit bestimmten Regeln wird von der Kirche selbst festgelegt. Daher hat sie die Macht, die Orden abzuschaffen, zu ändern, neue einzurichten – entsprechend dem Ziel des übernatürlichen Guts der Gläubigen, auf das sie mit allen ihren Verordnungen abzielt.

[7] Dem Klerus wurden bisweilen rein bürgerliche Ämter übertragen, und der Klerus war einverstanden, solche Ämter von den Regierungen zu übernehmen. Das hat sehr dazu beigetragen, Verwirrung zu stiften. Man muß also gedanklich das eine vom anderen trennen. Die Ämter, die der Klerus von der Regierung erhält, sind nur akzidentell und ändern nichts an seinem ursprünglichen Stand. Die Regierung erwirbt zwar dadurch Rechte über den Klerus, aber nur hinsichtlich der bürgerlichen Ämter, in die der Klerus eingesetzt wurde.

Kapitel 13: Ein Beispiel für Menschenrechtsverletzung 255

das, was legalisiert ist, ist ein Prinzip, das den universalen, absolutistischen Despotismus errichtet (il dispotismo più universale ed il più assoluto).

Weil man also auf diesem Weg nicht weiterkommt, versucht man einen anderen Weg. Es wird gesagt: 'Die geistlichen Institute wurden zum öffentlichen Wohl eingerichtet. Diejenigen, die diesen Instituten durch Schenkung oder Vererbung Besitz gaben, wollten das öffentliche Wohl. Die bürgerliche Regierung muß mithin darüber wachen, daß den Absichten dieser großzügigen Menschen nicht zuwidergehandelt wird.'

Auch hier muß zunächst unterschieden werden, was verwechselt wird. Der geistliche Stand ist seinem Ursprung und seinem Wesen nach ein privater Stand, den der einzelne zur eigenen Vollendung und zur sittlichen Erfüllung und Zufriedenheit der eigenen Seele wählt. Das ist das wesenhafte Element aller geistlichen Orden und Kongregationen. Wenn man diese Gesellschaften zerstört, verletzt man also immer das unverjährbare Recht des einzelnen auf die besten Mittel zur Erlangung der eigenen Vollendung und des eigenen Glücks.

Einige dieser geistlichen Gemeinschaften übernahmen dann verschiedene Dienste der Caritas gegenüber dem Nächsten, wie Predigtwesen, Schulen, Hospitäler, Gefängnisse und so weiter. Sie übernahmen diese Werke nicht als besoldete Arbeit, sondern aus reiner und freier Nächstenliebe. Ihre Mitglieder sind also als wohltätig und barmherzig anzusehen, und ihr Bemühen darf nicht dazu führen, daß sie die merkwürdige Einstufung erhalten, mit der man behauptet, sie zu den Gehaltsempfängern zu zählen. Die Nächstenliebe läßt sich nicht gesetzlich vorschreiben und auch nicht in ihrem Umfang festlegen, wie wir bereits festgestellt haben. Nächstenliebe verdient Dankbarkeit. Das ist die Pflicht der Bürger gegenüber den geistlichen Körperschaften. Das ist die Pflicht der bürgerlichen Regierung.

Statt dieser Pflicht nachzukommen, hielt man es für besser, die geistlichen Gemeinschaften in zwei Klassen zu unterteilen: die kontemplativen und diejenigen, die nach außen aktiv Caritas praktizieren. Manche Leute hielten es für gut, die erstgenannten zu zerstören und die zweiten zu demütigen, indem man ihre Mitglieder als Diener im Sold der bürgerlichen Gesellschaft einstufte und auf sie die Gesetze für die Gehaltsempfänger anwendete. Man glaubte, daß die Regierungsgewalt sich sogar noch weiter erstreckt: Den Gehaltsempfängern nimmt man das Gehalt weg, wenn sie erwiesenermaßen ihre Pflicht nicht tun. Die Geistlichen verjagte man insgesamt, ohne Prozeß, der sowieso mangels Grundlage nicht hätte stattfinden können.

Was die Herkunft des Besitzes der Geistlichen betrifft, so stammte er nicht nur aus Vererbung oder Schenkung durch Laien. Die Benediktiner zum Beispiel wurden durch eigene Arbeit reich, indem sie Land bestellten. Aber man hielt es nicht für opportun, irgendeine Unterscheidung zwischen Gütern und Gütern zu treffen, und ließ für alle nur die Absichten der Stifter gelten.

Haben aber die Regierenden diese Absichten richtig interpretiert? – Es ist ja fraglich, ob eine Regierung in einem Jahrhundert religiöser Indifferenz der wahre Interpret der Absichten von Menschen sein kann, die in Jahrhunderten religiöser Frömmigkeit gelebt haben. Dennoch wollen wir sehen, was die Absichten der Stifter wohl gewesen sein mögen. Deren Absichten müssen hergeleitet werden aus dem Wesen der geistlichen Vereinigungen, für die sie ihre Güter hinterlassen haben. Wir haben gesagt: Von diesen geistlichen Vereinigungen hatten einige die Kontemplation zum Ziel, während bei anderen zur Kontemplation die Ausübung der Caritas hinzukam. Den Stiftern waren die Ziele dieser Vereinigungen sehr wohl bekannt. Wenn also die Stifter den kontemplativen Orden Güter überlassen haben, was war dann wohl ihre Absicht? Offenbar doch die, daß dieses Leben in Kontemplation erhalten bliebe. Und um dieser Absicht der Stifter zu entsprechen, haben die Regierungen das kontemplative Leben abgeschafft! Wenn die Stifter den tätigen Orden Güter überlassen haben, was war dann wohl ihre Absicht? Offenbar doch die, daß diese Orden frei die Caritas ausüben sollten – wie es das Wesen und die Natur der Caritas verlangen. Und um dieser Absicht zu entsprechen, haben die Regierungen diese Orden als Verband von Soldempfängern der bürgerlichen Gesellschaft behandelt! Im Namen der bürgerlichen Gesellschaft erklärten die Regierungen dann, daß sie den Werken der Orden den Erwerb von deren Besitz vorziehen. Diejenigen, die von der Gesellschaft den Auftrag erhalten hatten, diesen Besitz zu schützen, nahmen den Besitz weg – und zwar zu dem Zweck, den heiligen Absichten der ursprünglichen Stifter zu entsprechen!

Andere sprachen schließlich offener. Sie sagten: Die Geistlichen besitzen Güter, die ihre übrigen nicht-geistlichen Mitbürger[8] besitzen wollen, und zwar weil der Besitz der Geistlichen unveräußerlich, der Besitz der übrigen Mitbürger aber wirtschaftlich produktiv ist. Die nicht religiösen Bürger hatten nämlich das letzte Gebot vergessen, das verbietet, Hab und Gut des Nächsten zu begehren. Oder möglicherweise waren sie davon überzeugt, daß es keine große Sünde wäre, Tote zu berauben, und daher glaubten sie, ihr aktiver Besitz könnte sich den Besitz der Geistlichen aneignen, auf den sie legal das *De profundis* gesungen hatten. Wir sprechen der bürgerlichen Gesellschaft nicht das Recht ab, Anordnungen zu treffen, die den Nachlaß weltlicher Güter regeln. Wir sprechen ihr zum Beispiel nicht das Recht ab, den Fideikommiß abzuschaffen. Aber wenn es sich darum handelt, festgesetzte Eigentumsrechte zu verändern, muß unseres Erachtens die Stimme der Betroffenen gehört werden, und sie muß ins Gewicht fallen. Nochmals: Es ist eine Sache, Gesetze aufzustellen, die die Eigentumsübertragung regeln, aber es ist etwas anderes, das Eigentum selbst zu übertragen und willkürlich darüber zu verfügen. Und wiederum ist es eine Sache, die Güter der geistlichen Korporationen einzuziehen, aber es ist etwas anderes, diese Korporationen selbst zu zerstören. Daß der Räuber den Reisenden bestiehlt, nun gut! Aber warum muß er ihn noch töten, wo er ihn schon beraubt hat und wo dieser doch keinerlei Widerstand leistet? Den Personen, die im Namen der Gesellschaft solche Dinge tun, möchte ich folgendes sagen: „Ich kenne Euer Geheimnis. Das, was Euch reizt, sind die weltlichen Güter. Nun wohl, wenn Ihr der Versuchung nicht widerstehen könnt, nehmt sie Euch ruhig, aber hört dann mit Eurem Verbrechen auf und macht nicht weiter! Nehmt den Menschen nicht auch noch

---

[8] [Rosmini spricht von *concittadini non religiosi*. Das bedeutet beides: *nicht geistlich* und *nicht religiös*.]

Kapitel 13: Ein Beispiel für Menschenrechtsverletzung 257

ihre natürliche Freiheit, geistliche Vereinigungen um eines heiligen Zwecks willen zu bilden, um darin das letzte Ziel eben jener Gesellschaft zu erlangen, mit deren Verwaltung Ihr betraut seid."[9]

Es mag vielleicht scheinen, als hätte ich mich zu lange bei diesem Thema aufgehalten. Aber bei dem, was ich gesagt habe, geht es nicht nur um die Sache der geistlichen Vereinigungen. Das war nur das Beispiel, das mir zuerst einfiel. Die Gefahr ist allgemeiner. Unter allgemeineren Gesichtspunkten haben wir diese Apologie verfaßt. Indem wir die Rechte des Menschen verteidigt haben, haben wir den Frieden und das Glück aller anständigen Familien verteidigt, die keine ehrgeizigen Ziele haben, sondern nur friedfertige Tugenden und liebevolle häusliche Zuneigung anstreben. Auch wenn sie nicht die Meere durchqueren, um Schätze zu sammeln, auch wenn sie nicht die Gesellschaftspyramide hochklettern, um ganz oben anzukommen, auch wenn sie nicht ihr Glück im Kampf suchen, so verdienen es diese Familien doch nicht, in ihrem bescheidenen Dasein von den Regierungen aufgestört, aus dem Haus gejagt, ihres Besitzes beraubt und zu Gehaltsempfängern gemacht zu werden. Da sie zufrieden sind mit ihrem schlichten Stand und glücklich durch die Eintracht und das Wohlwollen, das ihre Herzen eint, verdienen sie etwas weitaus Besseres seitens der bürgerlichen Gesellschaft als die Leute, die um ihre Unternehmungen großes Getöse machen und schließlich andere Menschen übertrumpfen und beherrschen. Solche Menschen werden oftmals „Wohltäter"' genannt, auch wenn sie noch nicht einmal angefangen haben, der eigenen Seele Wohl, Frieden und Glück zu bescheren.

---

[9] Der Wahrheit zuliebe muß man sagen, daß die Irrlehren, die wir widerlegen, dem Geist der Gerechtigkeit und der Religion ganz fremd sind, der die österreichische Regierung beseelt und leitet. Unser ehrwürdigster Herrscher schützt den Besitz der Kirche und fördert auch die geistlichen Körperschaften, welche unter seinem väterlichen Szepter täglich wachsen.

Buch II, Kapitel 14

Von der Unabhängigkeit

Wir wollen die Ideen noch weiter klären.

Wir haben die Idee der gesellschaftlichen *Freiheit* (libertà sociale) darin angesiedelt, daß das *einzelne* Mitglied der Gesellschaft als Ziel und Zweck und nicht einfach als Mittel betrachtet werden muß. Das letzte Ziel von allem, was der einzelne tut, und von allem, was der Gesellschaftskörper tut, ist das Wohl des einzelnen. Der einzelne dient also keiner Sache. Alles dient vielmehr dem einzelnen, damit er sein Ziel erreicht. Von diesem Verständnis von der *gesellschaftlichen Freiheit* unterscheidet sich die Idee von der *Unabhängigkeit* (indipendenza). Die gesellschaftliche Freiheit gibt es im eigentlichen Sinn nur in der Gesellschaft. Die Unabhängigkeit ist außerhalb der Gesellschaft. Sie ist von ihrer Natur her außergesellschaftlich.

In der Gesellschaft ist der einzelne stets frei – auch in allem, worin er von der Regierung abhängt und zum Gehorsam gehalten ist. Denn wir haben gezeigt, daß das Gehorchen [und dasselbe gilt für das Abhängigsein] kein Dienen ist, wenn die Abhängigkeit und der Gehorsam nicht von der Willkür der Menschen, sondern von der Natur der Dinge geregelt werden und wenn der Zweck von Abhängigkeit und Gehorsam der Nutzen derselben Personen ist, die abhängig sind und gehorchen.

Aber der Mensch ist mit gewissen unveräußerlichen Rechten ausgestattet, von denen wir in den vorhergehenden Kapiteln gesprochen haben. Durch diese Rechte hat der Mensch um sich herum immer eine Sphäre, in der er nicht von seinen Mitmenschen abhängt. Diese Rechte markieren also die Sphäre seiner Unabhängigkeit.

Es gibt mithin eine *gesellschaftliche Freiheit*, und es gibt davon unterschieden eine bestimmte *außergesellschaftliche Unabhängigkeit* (una certa indipendenza extra-sociale).

Allerdings muß man hier genau sehen, daß das Wort „Unabhängigkeit" normalerweise in einem abscheulichen Sinn benutzt wird, und dann meint es eine beklagenswerte Insubordination gegenüber der rechtmäßigen Autorität.

Überdies müssen wir uns klarmachen, daß es ganz leicht passiert, daß die Eigenliebe beziehungsweise die verborgene Niedertracht des Herzens die Sphäre der eigenen ursprünglichen und unveräußerlichen Rechte (diritti primitivi ed inalienabili) übermäßig ausweitet, um zugleich die Sphäre der eigenen Unabhängigkeit auszuweiten. Dadurch werden die einzelnen ungerecht und böse gegen die Gesellschaft.

Schließlich gibt es eine sehr hohe moralische Pflicht, die es verbietet, sich zum absoluten Richter in eigener Sache zu machen, zumal es sich hierbei um eine heikle und gefährliche Materie handelt. Vielleicht gibt es sogar keine andere moralische Pflicht, die für die menschliche Gesellschaft heilsamer und notwendiger ist als diese Pflicht. Durch sie fühlt sich jeder nach den Prinzipien der christlichen Demut und Besonnenheit verpflichtet, das Urteil der rechtschaffensten und angesehensten Männer hinzuzuziehen, um genau zu erkennen, wo die Grenze der eigenen ursprünglichen Rechte verläuft.

Buch II, Kapitel 15

Die politischen Parteien

Aus allem, was wir gesagt haben, wird schließlich deutlich, daß folgende Bedingungen für die Existenz und für die geschmeidige Entwicklung der bürgerlichen Gesellschaft – aufgrund ihrer innersten Natur und ihres Ziels – erfüllt sein müssen: 1.) Die *Rechte* aller müssen geachtet und gewahrt werden. 2.) Der Gebrauch der Rechte muß von besonderen *moralischen Pflichten* temperiert und gelenkt werden.

Das, was diese gesellschaftliche *Gerechtigkeit* und *Moralität* verhindert, sind die *politischen Parteien*. Das ist der Wurm, der die Gesellschaft aushöhlt, das Böse, das die Vorhersagen der Philosophen durcheinanderbringt und die schönsten Theorien sinnlos macht. Die *Parteien* werden nämlich von solchen Menschen gebildet, die sich bei ihren Taten nicht das vornehmen, was *gerecht* und moralisch *anständig und tugendhaft* ist. Anderenfalls würden sie nicht sagen, daß sie einer Partei angehören, sondern daß sie zu den rechtschaffenen Bürgern gehören, deren „Partei", wenn man sie denn so nennen könnte, eigentlich die gesamte Gesellschaft selbst ausmacht.

Woher kommen nun die politischen Parteien?

Die politischen Parteien lassen sich auf drei Wurzeln zurückführen.

Einige entstammen *materiellen Interessen*. Andere entstammen *Meinungen*, denen eine gewisse Zahl von Mitgliedern der Gesellschaft in starkem Maße anhängt. Wieder andere sind das Ergebnis von *Leidenschaften des gemeinen Volkes*, die kurzzeitig von Demagogen geweckt werden, die ihrerseits von materiellem Interesse oder von Meinungen oder von ehrgeizigen Leidenschaften getrieben werden.

Die Parteien, die durch *Interessen* begründet werden, werden von Menschen aus den verschiedenen Klassen (classi) oder Schichten (condizioni) gebildet, aus denen sich die bürgerliche Gesellschaft zusammensetzt, wobei die sozialen Vorteile dieser verschiedenen Klassen oder Schichten miteinander kollidieren. Die Proletarier, die Reichen, die Adeligen, die Häupter der Gesellschaft haben natürlicherweise unterschiedliche Neigungen, eben weil sie teilweise unterschiedliche Interessen haben. Diese *Neigungen* erzeugen in ihnen entsprechende *Meinungen*. Die Neigungen werden durch die Meinungen ausgerüstet und gestützt. Sie werden dann erblich, dynastisch oder korporativ. Und diese Neigungen formieren sich leicht zu echten Parteien, sobald die Menschen der jeweiligen Klassen sich zusammentun und sich miteinander verständigen können. Dies geschieht zumeist mit Hilfe eines tatkräftigen Mannes, der sich an ihre Spitze stellt und ihr Handeln bündelt und leitet, oder aus Anlaß solcher Umstände, die unter den Angehörigen desselben sozialen Standes Einverständnis ermöglichen. Diese Parteien sind – je nach der Menge der Interessen – mehr oder weniger zahlreich. Denn jede Art von Interesse kann ihre Partei haben, die sie vertritt und verteidigt. So können die Landwirte eine politische Partei bilden, die mit der Klasse der Handwerker und derjenigen der Handeltreibenden kollidiert. Der Handel seinerseits kann sich in so viele Parteien unterteilen, wie es Sachen gibt, mit denen sich handeln läßt. So erleben wir gerade, wie verbissen in Frankreich die Hersteller von Zucker aus Zuckerrüben und diejenigen, die mit dem Zucker aus den Kolonien handeln, ihre gegensätzlichen Interessen verteidigen. Die Größe einer Partei darf nicht nur am Umfang ihrer Interessen abgelesen werden, sondern auch an der mehr oder weniger großen Zahl von Bürgern, die sich daran beteiligen. So hat man gesehen, wie in den Vereinigten Staaten der industrialisierte Norden die Handelsbeschränkungen verteidigte, während der landwirtschaftlich orientierte Süden an der Handelsfreiheit erbittert festbehielt.

Die Parteien, die aus den *Meinungen* gebildet werden, besitzen normalerweise keine große Kraft – es sei denn, die Meinungen haben ihrerseits ihren verborgenen Ursprung und ihr Fundament in Interessen, wobei solche Parteien dann zur ersten Kategorie gehören, von der wir sprachen; oder aber wenn diese Meinungen von althergebrachten Überzeugungen und alten Gewohnheiten gestützt werden. Von diesen Gewohnheiten sind diejenigen stärker und dauerhafter, die auf ältere Wurzeln zurückgehen und in den Familien religiös besonders verankert sind.

Die Parteien schließlich, die durch *Leidenschaften des gemeinen Volkes* entstehen, sind normalerweise gewalttätig und dazu angetan, mit ihrer Heftigkeit auch die bestgegründeten Institutionen umzustürzen, wenn kein Faktor von außen auftritt, um sie zu mäßigen. Ihnen fehlt jede Dauerhaftigkeit, sofern nicht auch ihnen Interessen oder althergebrachte Überzeugungen und familiäre und nationale Gewohnheiten Halt geben.

Gleichgültig, woher diese unterschiedlichen Typen von Parteien kommen – klar ist, daß ihre Quelle stets gleich unlauter und düster ist. Gerechtigkeit und Moralität erfüllen den Geist der parteilichen Menschen nicht. Ihre Erregung, die bis zur Schwärmerei, zum Delirium und zur Raserei reicht, resultiert aus viel niedrigeren Prinzipien. Es gibt daher für die Erhaltung und für die natürliche Entwicklung der bürgerlichen Gesellschaft nichts Verhängnisvolleres als die politischen Parteien, die in ihrer Mitte entstehen. Eine solche Überlegung ist um so betrüblicher, als jeder Bürger notwendigerweise zu einer sozialen Schicht gehört und folglich Neigungen, Meinungen, Gewohnheiten und Leidenschaften hat, die der Schicht entsprechen, der er angehört. Selbst die Menschen, die man nicht parteilich nennen kann und die im Gegenteil im allgemeinen das lieben, was gerecht und rechtschaffen ist, besitzen einen solchen verborgenen Instinkt, der sie eher zu der einen als zu der anderen Partei hinneigt. So kommt es, daß sie auf negative oder indirekte Weise eine Seite begünstigen. Wenn der Staat ruhig ist, ist diese Neigung kaum wahrnehmbar, aber in Krisenmomenten kippt sie die gesellschaftliche Waage.

Wie kann sich also die bürgerliche Gesellschaft gegen die Parteien-Gefahr wehren? Wie kann sie erreichen, daß statt der blinden Erhitzung, die die Köpfe der Parteienmenschen entflammt, stets die friedvollen Prinzipien von Gerechtigkeit und sittlicher Rechtschaffenheit dominieren? Denn nur diese Prinzipien können die Gesellschaft zu ihrem wahren Ziel führen.

Das ist eine der wichtigsten Fragen, die sich der Staatsmann stellen muß, und zugleich eines der schwierigsten Probleme, die die Philosophie der Politik zu lösen versuchen muß.

Kapitel 15: Die politischen Parteien

Die Parteien rauben den Regierenden und den Regierten die Ruhe, die notwendig ist, um Gerechtes und Rechtschaffenes zu erkennen und um ausschließlich davon die eigenen Handlungen leiten zu lassen. Gegen die Gefahr von Parteien hat man verschiedene Mittel vorgeschlagen, die sich – allgemein betrachtet – auf die beiden folgenden Mittel zurückführen lassen:

1. Das erste Mittel besteht darin, dafür zu sorgen, daß keine Partei stärker ist als die andere, indem man sie im Gleichgewicht hält, so daß sie sich gegenseitig blockieren, indem sie sich gegenseitig bekämpfen [Gleichgewichtssystem oder System des gesellschaftlichen Antagonismus].

2. Das zweite Mittel besteht darin, dafür zu sorgen, daß eine Partei regelrecht stärker ist als alle anderen, so daß sie keine andere Partei mehr zu fürchten braucht und daher den Wunsch nach neuen Unternehmungen verliert. Alle anderen Parteien werden von der Allmacht der dominierenden Partei beherrscht, gezügelt und geführt [absolutistisches System].

Diese beiden Mittel wurden erdacht, um die Gesellschaft vor der Parteien-Gefahr zu schützen. Wenn man diese Mittel untersucht, wird man, so glaube ich, lediglich zu der Überzeugung gelangen, daß Wissen und Können des Menschen bei der Leitung der menschlichen Gesellschaft begrenzt und ohnmächtig sind. Man wird erkennen, daß die Gesellschaft allzu schlecht geschützt bliebe, wenn man nicht – jenseits der menschlichen Maßnahmen – mit einer höheren Vorsehung rechnen könnte, die unablässig über die Erhaltung und die Regierung der Gesellschaft wacht. Wir stellen nur einige kurze und einfache Überlegungen zu diesen beiden genannten Auswegen oder Mitteln an.

Eine Gesellschaft, die dank eines unablässigen Antagonismus der Parteien fortbesteht, ist eine Gesellschaft, in deren Innern ein ständiger, unversöhnlicher Krieg stattfindet. In dieser Gesellschaft fehlt folglich vollkommen jene friedliche Erfüllung und Zufriedenheit der Seelen, die doch das Ziel der Gesellschaft sein soll. Die Tatsache, daß sich die Kräfte der kämpfenden Parteien fast im Gleichgewicht befinden, die Tatsache, daß es einen permanenten Kampf ohne Sieg gibt, reicht zwar aus, damit die Gesellschaft nicht der Gewalt einer einzigen Partei zum Opfer fällt, aber sie reicht nie und nimmer aus, um die Seelen der einzelnen Gesellschaftsmitglieder zufriedenzustellen. Im Gegenteil: Durch dieses ständige Kämpfen ohne Siegen werden die Seelen noch gereizter.[1]

---

[1] Diese zunehmende Gereiztheit der menschlichen Seele erreicht ihr äußerstes Maß, so haben wir an anderer Stelle gesagt, wenn das Ziel der politischen Partei seiner Natur nach unerreichbar ist und wenn demzufolge die Anstrengungen, es zu erreichen, ewig unbefriedigt bleiben. Die Wahrheit dieser Feststellung läßt sich erkennen, wenn man das Wesen jener Parteien betrachtet, die die vollkommene *materielle Gleichheit* der Menschen zum Ziel haben – also nicht die „Gleichheit vor dem Gesetz", sondern eine Gleichheit von der Art, wie sie das gemeine Volk versteht: eine Gleichheit an Reichtum und an allen anderen Gütern. Diese Absicht läßt sich niemals ganz verwirklichen, weil sie den Gesetzen der Natur widerspricht. Daraus resultieren die Erregbarkeit, die Unruhe und die Aktivität der Radikalen, der Gleichmacher, mit einem Wort: all derer, die den demokratischen Prinzipien in ihrer vulgär-populistischen Version anhängen.

Zweitens fällt es zwar nicht schwer, sich vorzustellen, daß für einen gewissen Zeitraum eine solche Kräftegleichheit zwischen den größten Parteien der Gesellschaft Bestand hat – also zwischen der demokratischen Partei, der aristokratischen Partei und der monarchischen Partei. Aber es ist ausgeschlossen, daß sich die kleineren Parteien in einem Zustand permanenten Gleichgewichts befinden. Es kann ja unendliche viele kleinere Parteien geben, ebenso wie es unzählige verschiedene Interessen, Meinungen und Gewohnheiten gibt. Und wenngleich also die gleichgewichtigen Parteien für eine gewisse Gerechtigkeit in den öffentlichen Dingen sorgen, so öffnet das Ungleichgewicht der kleineren Parteien der Ungerechtigkeit Tür und Tor – und zwar um so mehr, je größer ihr hitziger Eifer ist.

Und schließlich kann die Maxime, daß man zwischen den Parteien einen gleichgewichtigen Antagonismus herstellen und bewahren muß, niemals eine Maxime für den Staat (massima di stato) sein. Denn es gibt keinen Menschen beziehungsweise keine menschliche Gewalt, die diese Maxime in die Praxis umsetzen wollte oder könnte. Gäbe es diese Gewalt, müßte sie weitaus stärker sein als alle Parteien, die sie auf diese Weise ausbalanciert. Diese Gewalt, die stärker wäre als alle Parteien, ist nun entweder selbst eine Partei oder nicht. Wenn diese Gewalt selbst eine Partei ist, die die anderen Parteien in ein Gleichgewicht bringt und im Gleichgewicht hält, weil sie stärker ist als die anderen, dann handelt es sich nicht mehr um das erste Mittel, um die Gesellschaft vor der Parteien-Gefahr zu retten, sondern dann handelt es sich um das zweite Mittel. Dieses zweite Mittel besteht ja darin, so hatten wir gesagt, dafür zu sorgen, daß eine Partei regelrecht stärker als alle anderen Parteien ist. Wenn jedoch diese den Parteien überlegene Gewalt zu keiner Partei gehört, dann reicht allein der Antagonismus der gleichgewichtigen Parteien untereinander nicht mehr aus, um die Gesellschaft zu retten. Dann braucht man etwas außerhalb aller Parteien. Man sucht damit nach dem archimedischen Punkt. Das erstgenannte Mittel genügt also nicht, um die bürgerliche Gesellschaft vor dem Schaden zu schützen, den die politischen Parteien ihr anzutun drohen, die sich in ihrem Inneren regen.

Betrachten wir das zweite Mittel. Wir werden rasch feststellen, daß es ebenfalls in ähnlicher Weise ungeeignet ist, so daß die Gesellschaft sich keine großen Hoffnungen machen kann, dadurch besser geschützt und gesichert zu sein. Gewiß ist, daß dort, wo eine Partei unendlich viel stärker ist als alle anderen Parteien, diese anderen Parteien von der überlegenen Partei gleichgemacht und beherrscht werden können. In den Vereinigten Staaten zum Beispiel gab es nach 1801 – in dem Jahr, als die demokratische Partei die Regierung übernahm und eindeutig stärker war als die aristokratische Partei – keine großen politischen Parteien mehr, weil die Mehrheit des Volkes allmächtig wurde. Wenn man den venetianischen Adel als Partei betrachten will – obwohl es eigentlich angemessener ist, ihn als eine Regierung zu betrachten – erkennt man unschwer, daß es vielleicht nie einen Staat gegeben hat, in dem die politischen Parteien weniger Raum einnahmen. Gleiches läßt sich von den absoluten Monarchien sagen. Allerdings sollte man hier die Regierungsformen und die dominierenden Parteien auseinanderhalten. Welche Form die Regierung auch immer hat – ihr Zweck ist die allgemeine Gerechtigkeit, die Billigkeit und jede moralische Tugend. Im Gegensatz dazu ist der Zweck der dominierenden Partei die Partei selbst, ihr Zweck sind die Vorteile der Partei. Es ist also offensichtlich, daß dort, wo sich eine Partei an die Spitze der öffentlichen Dinge setzt, die Freiheit verloren ist, weil die Gerechtigkeit und die Tugend verloren sind. Wer kann einen solchen Zustand wünschen? Es ist wahr, daß eine Partei, die an die Regierung und an die Macht gekommen ist, durch diese Position Anschauungen von Gerechtigkeit und Billigkeit erwirbt, die sie vorher nicht hatte. Aber es vergeht stets einige Zeit, bevor eine Partei, die zur Regierung geworden ist, die Gerechtigkeits- und Sittlichkeitsgewohnheiten von Regierungen angenommen hat. Wenn man aber diese Überlegung einmal beiseite läßt, so wird man in einem solchen Fall eine gute gesellschaftliche Entwicklung haben – aber nicht weil eine Partei regiert, sondern weil eine Partei aufgehört hat, Partei zu sein, und Regierung geworden ist.

Zweitens: Es stimmt, daß dort, wo eine dominierende Kraft auf der Gesellschaft lastet, die kleinen Parteien zusammengedrückt werden. Aber mit den großen Parteien geschieht das nicht. Eine große Gewalt fängt an, allen Mitgliedern der Gesellschaft unbequem zu werden. Je mehr Intelligenz die Regierten entwickeln, desto mehr Willkür und Ungerechtigkeit entdecken sie in vielen Verordnungen. Dann kommen Zeiten großer gesellschaftlicher Krisen, in denen die Minderheiten ihre Kräfte durch Gefühle steigern, die in Schwärmerei übergehen. Diese Gefühle lassen bei den einen die Ideen gewalttätig, bei den anderen großmütig bis zum Heldentum werden. Viele der Schwachen opfern sich und stellen sich einer Gewalt, die unendlich viel größer ist als die eigene Kraft – ohne Vorsicht und ohne Furcht. Die ersten, die fallen, werden durch viele andere ersetzt. Der Geist der Freiheit und der Unabhängigkeit, der sich so gut mit der Eigenliebe verträgt, verbreitet sich überall. Und die Partei, die angreift – anfangs noch kleiner und schwächer – ist fast immer diejenige, die siegt. Die Anarchie der Ideen in den Köpfen entspricht gewöhnlich in solchen Momenten der Anarchie, die in der Gesellschaft herrscht. Niemand weiß, wie der Staat enden wird und in wessen Hände sein Schicksal fällt.[2] Das alles übersteigt menschliche Weisheit. Die Vorsehung allein bestimmt von oben her die neuen Geschicke der Nationen, die eine solche Aufruhr erleben, ohne zu wissen, warum. Worin besteht also – auf lange Sicht – die Sicherung (guarentigia) der Gesellschaft durch eine Partei, die stärker als alle anderen Parteien ist, oder durch eine Gewalt, die alle Parteien beherrscht?

Beide Mittel, die man vorgeschlagen hat, um die Gesellschaft gegen den Schaden durch die Parteien abzusichern, sind also offensichtlich ineffizient. Daher lautet unsere Schlußfolgerung:

Kein politisches System reicht aus, um die Gesellschaft gegen die schlechte Wirkung der politischen Parteien dauerhaft abzusichern.

Es gibt keinen anderen Ausweg als den, zu verhindern, daß die Parteien überhaupt entstehen, beziehungsweise dafür zu sorgen, daß sie, wenn sie entstanden sind, möglichst nicht stärker werden und hochflackern.

---

2 [Im Ital. „... niuno sa in quali termini verrà lo stato, in quali mani ne cadrà la sorte ..."; in der engl. Übersetzung „No one knows what kind of State will result or who will hold power", op. cit., S. 118.]

Aber wie läßt sich verhindern, daß sie entstehen oder daß sie stärker werden, wenn sie einmal entstanden sind?

Wir haben gesehen, daß wir mit dem Wort „politische Partei" eine bestimmte Zahl von Menschen bezeichnen, die sich ausdrücklich oder stillschweigend assoziieren, um mit vereinten Kräften Einfluß auf die bürgerliche Gesellschaft auszuüben und sich ihrer zum eigenen Vorteil zu bedienen. Zweck der Partei ist ihr eigener Vorteil – nicht Gerechtigkeit, Billigkeit und moralische Tugend. „Partei" und „Billigkeit, Gerechtigkeit und Tugend" sind mithin Gegensätze. Um zu verhindern, daß die politischen Parteien entstehen, und um sie so moderat wie möglich zu halten, gibt es keinen anderen Weg als diesen: 'Man muß rechtzeitig in den Herzen der einzelnen Gesellschaftsmitglieder den Samen der Gerechtigkeit und der moralischen und religiösen Tugend einpflanzen und dabei vor allem die Erziehung der nachfolgenden Generationen so ausrichten, daß die Jugend eine überragende Liebe zu allem entwickelt, was gerecht, anständig und tugendhaft ist.'

Das Heil der Gesellschaft liegt letztlich in der Rechtschaffenheit (probità) und in der moralischen Tugend der einzelnen Menschen, die die Gesellschaft bilden. Das ist die einzige wahre und sichere Garantie für die Nützlichkeit und für die Existenz der Gesellschaft. Wir sagen es noch einmal: Im privaten Wohl muß man das öffentliche Wohl suchen.[3] In der Gerechtigkeit des einzelnen Menschen muß man die Gerechtigkeit der Gesellschaft suchen. In der Tiefe des menschlichen Herzens muß der Grundstein des sozialen Baus gelegt werden. Und dieser Grundstein ist die Tugend.[4]

Aber wer unter den Sterblichen kann diesen Grundstein so legen, daß er wirklich fest liegt?

Niemand. Das ist das Werk der Vorsehung dessen, der das Menschengeschlecht geschaffen hat und der es niemals aus dem Blick verliert. Das wird womöglich klarer bis hin zur Evidenz durch die Überlegungen, die den Stoff des folgenden Buches ausmachen.

---

[3] [Im Ital. „Nel privato, si dee cercare il pubblico bene"; in der engl. Übersetzung „public good must be sought in the private citizen", op. cit., S. 119.]

[4] Ein höchst würdiger Satz lautet, „que la droiture du coeur et la pureté habituelle d'intention peuvent avoir des influences et des résultats qui s'étendent bien plus loin qu'on ne l'imagine communément" (J. De Maistre, *Les soirées de Saint-Pétersbourg*, Bd. I, S. 17).
Ein ebenso interessantes wie fruchtbares Thema für die Moralphilosophie wäre es, diese verborgenen und entlegenen Einflüsse und Folgen aufzuspüren und zu beschreiben, die die *habituelle Reinheit der Absicht* und die konstante Rechtschaffenheit des Herzens nach sich ziehen. [J. DE MAISTRE: Les soirées de Saint-Pétersbourg ou entretiens sur le gouvernement temporel de la Providence, in DERS.: Oeuvres complètes, cit., Bd. IV, S. 18.]

Drittes Buch

Wie das theoretisch unbestimmte Nahziel der bürgerlichen Gesellschaft faktisch festgelegt wird

> *„... a Platone didiceram naturales esse quasdam conversiones rerum publicarum".*
> Cicero *De Divin.*, II, 2¹

Wir haben im vorigen Buch ausführlich gezeigt: Das letzte, hauptsächliche Ziel der bürgerlichen Gesellschaft ist die sittliche Erfüllung und Zufriedenheit der menschlichen Seele. Dieses Ziel ist einfach, offensichtlich und in sich vollständig determiniert.

Aber die bürgerliche Gesellschaft hat neben diesem letzten Ziel, das man *gesellschaftliches Ziel* nennen kann, auch ein je eigenes Ziel, das man *bürgerliches Ziel* (fine civile) oder *Nahziel* nennen kann. [So haben wir es vorher genannt.] Bezogen auf das gesellschaftliche Ziel stellt das bürgerliche Ziel ein einfaches *Mittel* dar. Als ein solches Mittel und als nichts anderes muß man das bürgerliche Ziel bewerten.

Was ist nun dieses Nahziel der bürgerlichen Gesellschaft?

Es ist nicht leicht, diese Frage zu beantworten.

Zweifellos lassen sich einige Bestandteile dieses Nahziels der bürgerlichen Gesellschaft leicht aufzeigen, weil sie allen bürgerlichen Gesellschaften wesenhaft und gemeinsam sind. Aber *alle* Bestandteile aufzuzeigen, ist nicht so einfach. Zu den Elementen, die das *Nahziel* der bürgerlichen Gesellschaft bilden und die sich unschwer aufzeigen lassen, gehört 'die Sicherheit aller Rechte der assoziierten Individuen mittels eines Schutzes dieser Rechte, der so gewaltfrei und friedlich wie möglich ist'. Ich will diese Formel, die das erste Element des bürgerlichen Ziels zum Ausdruck bringt, nicht weiter kommentieren, denn ich schreibe hier keinen Rechtstraktat. Aber die Weisheit des Lesers wird ihre Bedeutung rasch erfassen und ihre innere Wahrheit erkennen.

Nun gut. Wenn die Rechte aller Individuen vollständig geschützt sind, dann ist klar, daß jeder seine Rechte innerhalb ihrer Grenzen und in der angemessenen Weise frei gebrauchen kann. Und in diesem *freien Gebrauch* aller eigenen Rechte besteht praktisch die *bürgerliche Freiheit* (libertà civile). Von hier aus wird ein weiteres Element des Nahziels der bürgerlichen Gesellschaft deutlich: Es ist 'die Bewahrung der größtmöglichen bürgerlichen Freiheit aller Individuen, die die Gesellschaft bilden.'

Diese beiden Elemente – erstens der friedliche, wirksame Schutz der Rechte und zweitens die größtmögliche Freiheit, die Rechte zu gebrauchen – müssen immer in dem Ziel enthalten sein, zu dem sich Menschen bürgerlich assoziieren. Diese bei-

---

1 [M. TULLI CICERONIS De divinatione libri duo, Buch II, Kap. 2, § 6, in M. TULLI CICERONIS Scripta, cit. Teil IV, Bd. II, S. 198.]

den Elemente sind also notwendigerweise im Ziel der bürgerlichen Gesellschaft enthalten.

Aber wer könnte dann verbieten, daß die Menschen, die sich assoziieren, durch ihre Vergesellschaftung noch weitere Güter gewinnen wollen? Gewiß kann die Vergesellschaftung – je nach dem Willen der Mitglieder – ein Mittel für viele verschiedene Güter sein.

Gleiches gilt für die gesellschaftliche Verwaltung: Sie wird durch den Willen der Gesellschaftsmitglieder zu einem bestimmten Zweck (scopo) beauftragt. Der Wille der Mitglieder kann die Verwaltung hinsichtlich der Mittel, die für die Erlangung dieses Zwecks eingesetzt werden können, in größerem oder geringerem Maß einschränken. Dies gilt auch bezüglich der Maßnahmen, die die Verwaltung zur Erlangung des Zwecks treffen kann. In bestimmten Staaten werden zum Beispiel viele nützliche Arbeiten, die anderswo die Regierung übernimmt, durch Privatgesellschaften erledigt. Die Aufgaben der Administrationen und der Regierungen sind also nicht überall gleich bestimmt und im vorhinein festgelegt. Deswegen haben wir gesagt, daß die bürgerliche Gesellschaft eine jener Gesellschaften ist, die – allgemein betrachtet – ein *unbestimmtes Nahziel* (fine prossimo indeterminato) haben.[2]

Aber dieses an sich unbestimmte Nahziel wird zwangsläufig in jeder konkreten bürgerlichen Gesellschaft bestimmt oder konkretisiert. Welches sind nun die Prinzipien, die das Nahziel der bürgerlichen Gesellschaft bestimmen?

Zwei Prinzipien sind es, die das Nahziel der bürgerlichen Gesellschaft festlegen: *Recht* (Diritto) und *Fakten* (Fatto).

Die Wissenschaft von jenem Recht, das das Nahziel der bürgerlichen Gesellschaft definieren kann, befindet sich noch am Anfang. An diesem Teil der Rechtswissenschaften ist kaum oder garnicht gearbeitet worden, auch nicht dort, wo die Zivilisierung (incivilimento) am weitesten vorangekommen zu sein scheint.

Wenn wir die Schweiz und die Gemeinde von San Marino einmal beiseite lassen, dann haben alle anderen Nationen Europas eine Mischverfassung (costituzione mista), bestehend aus dem *herrschaftlichen Element* (elemento signorile) und dem *gesellschaftlichen Element* (elemento sociale). In den einzelnen Staaten sind diese beiden Bestandteile unterschiedlich stark. Das Mischverhältnis kann sich durch politische Revolutionen auch ändern – durch gewaltsame oder friedliche Revolutionen, durch plötzliche oder schrittweise Revolutionen. Dies geschieht hauptsächlich,

---

[2] Die Gesellschaftsmitglieder streben mit ihrer bürgerlichen Vereinigung unmittelbar nach einem vielschichtigen, mehr oder weniger großen, unterschiedlich zusammengesetzten Gut. Um dieses Ziel zu erreichen, darf sich die Regierung ihrerseits nur der *Mittel* bedienen, die die Mitglieder so wenig wie möglich belasten. Die Regierung muß also das zu erlangende Gut mit dem geringstmöglichen Übel erreichen. Sie darf also nur über das verfügen, was unverzichtbar *notwendig* für ihren Zweck ist. Dabei muß dieser Satz immer bezogen auf ihre Fähigkeit verstanden werden, dieses Problem des minimalen Mittels annäherungsweise lösen zu können.

Buch III: Das Nahziel der bürgerlichen Gesellschaft

weil das herrschaftliche Element[3] und das gesellschaftliche Element nicht ausreichend von einem ausdrücklichen und klaren Recht definiert sind.[4]

Das Recht, das das *herrschaftliche Element* definieren muß, ist *allgemein* und *konkret*.

Das allgemeine Recht enthält die Prinzipien, nach denen die Definition ausgearbeitet werden muß, von der wir hier sprechen.

Das konkrete Recht wendet diese Prinzipien auf die faktischen Rechtstitel an, die in den verschiedenen Nationen vorliegen. Mittels dieser Anwendung stellt es für jede einzelne Nation fest, ob es dieses *herrschaftliche Element* gibt, und wenn ja, welches seine genaue Sphäre ist.

Aber die allgemeine Theorie von diesen Titeln und von den Prinzipien der Gerechtigkeit und der Billigkeit, die auf diese Rechtstitel anzuwenden sind, ist noch unvollständig. Und noch weniger Mühe hat man bisher darauf verwandt, die tatsächlichen Titel und Dokumente zu sammeln, die in den einzelnen Nationen die Grundlage des Herrenrechts liefern und seinen Umfang eingrenzen können. Diejenigen, die diese Arbeit voranbringen konnten, haben sie gefürchtet, und zwar aus demselben Grund, aus dem es, wie wir bereits sagten, den Aristokratien widerstrebt, klare Gesetze zu geben. Man sollte nicht glauben, daß dieser Grund einzig in dem Wunsch besteht, mittels der Ungenauigkeit und Unbestimmtheit der Gesetze die eigene Macht zu mißbrauchen. Man fürchtet vielmehr die Gefahren, von denen man annimmt, daß sie fast notwendigerweise bei den Diskussionen entstehen, die geführt werden müssen, wenn man eindeutige neue Gesetze erlassen will.[4]

---

3 [In der Ausgabe von D'Addio ist nur das „elemento sociale" genannt (op. cit., S. 234); in der Ausgabe von Cotta „elemento signorile e l'elemento sociale" (op. cit., S. 308).]

4 Eine Geschichte des inneren Kampfes zwischen dem *herrschaftlichen Element* und dem *gesellschaftlichen Element* und der ständigen Veränderungen, die diese beiden Elemente durch ihre Vermischung erfahren – wobei einmal das eine Element und einmal das andere Element stärker wird – sowie ihrer mehr oder weniger glücklichen Mischung wäre ein ebenso wichtiger wie neuer und eines großen Autors würdiger Stoff. – Beispielsweise war die Römische Republik eine *Gesellschaft*, keine *Herrschaft* [signoria]: An seinem Beginn war das Reich nichts anderes als die Republik mit einem permanenten Führer an der Spitze. Das heißt, der Staat der Römer, der zunächst reine *Gesellschaft* war, nahm in sich ein herrschaftliches Element auf und begann, sich in *Herrschaft* zu verwandeln. Allerdings zerstörte das *herrschaftliche Element*, das in die *römische Gesellschaft* hineinkam, das gesellschaftliche Element, also die *Gesellschaft*, nie vollständig. An die Stelle des von den Völkern des Nordens zerstörten Römischen Reiches traten die modernen Staaten. Mit ihnen traten neue *Herrschaften* auf. Nun können aber inmitten des Christentums, das eine außerordentlich gesellschaftliche Religion [religione sociale] ist, reine Herrschaften nicht lange andauern. Die Vertreter und Oberhäupter des christlichen Volkes, die Päpste, errichteten, sobald sie dazu imstande waren, ein neues römisches christliches Reich. Wenn man die Verfassung des Reiches Karls des Großen, die Goldene Bulle und die Einsetzung der sieben Kurstimmen aus der Zeit Ottos III. im Jahr 1001 untersucht, erkennt man unschwer, daß die Gestalt des neuen Reiches schlicht eine Imitation der Gestalt der Kirche war. Das heißt, es wurde eine *Gesellschaft* errichtet und keine *Herrschaft*. Es war eine *Gesellschaft*, die mit ihren humanen und wohlwollenden Prinzipien die übrigen bestehenden *Herrschaften* mäßigen und beherrschen sollte, die ohne diese Milderung für die christlichen Völker unerträglich waren. Zunächst hatte also das

Buch III: Das Nahziel der bürgerlichen Gesellschaft

Das *gesellschaftliche Element* muß man aus der Natur der Gesellschaft, aus dem Willen der Mitglieder und aus allen Dokumenten ableiten, die geeignet sind, diesen Willen exakt anzugeben.

Diese *rechtliche* Bestimmung des Nahziels der Gesellschaft ist ein Werk, das der Zukunft vorbehalten bleibt. Sie ist ein Werk, das kein menschlicher Wille mehr wird aufhalten können. Sie ist der größte Schritt, den sich der zivilisatorische Fortschritt (incivilimento) zu tun anschickt.

Aber jedes Recht gehört zur *idealen Ordnung*. Ob es nun in dieser Ordnung Fortschritte gibt oder nicht; ob das Nahziel der Gesellschaft nun durch das Denken der Menschen sowie durch positive Gesetze, die es abbilden, bestimmt wird oder nicht – in jedem Fall wird der Einfluß der *Wirkursachen*, die zur *realen Ordnung*

Reich, das auf die Römische Republik gefolgt war, in diese Gesellschaft einen unzerstörbaren und ständig wachsenden Keim von Herrschaft hineingebracht. Entsprechend brachte viele Jahrhunderte später das Reich Karls des Großen, das von den Päpsten wiederhergestellt worden war, in einer Zeit, als es nur Eroberungen und Eroberer gab, einen ebenfalls unzerstörbaren und ständig wachsenden Keim von Gesellschaft in die Herrschaften hinein. Wer die Geschichte dieses wichtigen Teils des öffentlichen Gesellschaftsrechts [diritto sociale pubblico] schreiben will, sollte dies beachten: 'Bei jeder Veränderung überleben für lange Zeit die früheren Gewohnheiten die Regierungsform, die untergeht.' Das erste, seinem Wesen nach *herrschaftliche* Römische Reich behielt als Nachfolger der Republik lange Zeit die republikanischen und *gesellschaftlichen* Gewohnheiten bei. Und umgekehrt: Das zweite, seinem Wesen nach *gesellschaftliche* Römische Reich behielt als Nachfolger der *Herrschaften* deren Gewohnheiten zum großen Teil bei. Es wurde inmitten der christlichen Königreiche neuerrichtet, um aus den vielen Herrschaften eine einzige Gesellschaft zu formen. Daher war es von seinem Wesen her zwangsläufig außerordentlich gesellschaftlich. Aber es übernahm und bewahrte das Verhalten einer Herrschaft statt einer Gesellschaft. Das erklärt, warum sich die Päpste gezwungen sahen, nachdem sie das Reich im Westen errichtet hatten, der übermäßigen Macht dieses Reiches Grenzen zu setzen. Das ist eben der Grund dafür, daß sie die Freiheit des französischen Königtums gegen die von den Kaisern beanspruchte Oberherrschaft unterstützt haben und ebenso die Freiheit Polens und anderer Staaten.
Einige Kaiser handelten keineswegs als Häupter der christlichen Gesellschaft, was sie de jure waren, sondern als absolute Herrscher, was sie de facto sein wollten. Sie widersetzten sich den Gesetzen der Kirche, die ihren Thron errichtet und geweiht hatte. So wurden sie schließlich gestürzt. Denn man muß die Tatsache, daß der Glanz der Majestät des Reiches erlosch, auf die Erschütterungen zurückführen, die das Reich in den großen Kämpfen mit der Kirche erlebte. So wurde es immer schwächer und starb schließlich. Aber deswegen ging doch nicht der Zweck zugrunde, weswegen das Reich im Westen wiederhergestellt und neu errichtet worden war: Das *gesellschaftliche Element*, das die Päpste ausgesät hatten, blieb in der Welt. Dieses Element wurde wie ein Gast von allen Königreichen und allen christlichen Herrschaften aufgenommen. Es verband sich und verschmolz schließlich auch mit dem herrschaftlichen Element. Es kämpfte dagegen, es war mal stärker, mal schwächer als das herrschaftliche Element. Das ist *in nuce* die Geschichte des öffentlichen Rechts der modernen Staaten. Von diesem unzerstörbaren christlichen Element her muß man den gesamten Fortschritt der modernen Zivilisation [civiltà] betrachten.

5   Wenn wir uns mit unseren Überlegungen zur höchsten Aristokratie Europas vor der Französischen Revolution erheben, so finden wir dort nicht einen souveränen Staat, dem nicht gewisse Rechtsansprüche gegenüber anderen Staaten lieb und teuer waren. Derar-

Buch III: Das Nahziel der bürgerlichen Gesellschaft

gehören, auf die Gesellschaft kontinuierlich weiterbestehen – im Guten oder im Bösen, in gerechter oder ungerechter Weise.
Faktisch (nel fatto) wird folglich das Nahziel der Gesellschaft stets konkret festgelegt, gleichgültig was *im Recht* (nel diritto) unbestimmt bleibt. Wir wollen in diesem Buch nur von dieser tatsächlichen Festlegung des bürgerlichen Ziels sprechen, die immer stattfindet.

---

tige Quasirechte [mezzi-diritti] wollte man lieber nicht festlegen und abschließen, weil jeder Staat einen Vorwand behalten wollte, um ihn bei geeigneter Gelegenheit geltend zu machen. Keine Politik ist falscher als diese. Die Unsicherheit der Rechte und der geheime Kampf der nicht enden wollenden Ansprüche haben zwangsläufig für ständiges Mißtrauen zwischen den Staaten gesorgt und ganz leicht Kriege erzeugt. Wer sich ein Bild von den wechselseitigen Ansprüchen der europäischen Höfe machen will, sollte das Büchlein lesen *Intérêts et maximes des princes et des états souverains*, Köln 1666. – Das *öffentliche Herrenrecht* [diritto pubblico-signorile] hat unter diesem Aspekt nach der Französischen Revolution schöne Fortschritte gemacht. Wechselseitig hat man auf viele alte Ansprüche verzichtet, und die Vereinbarungen zwischen den Herrscherhäusern wurden klarer, ausdrücklicher und eindeutiger. Zweifellos muß man einen ähnlichen Fortschritt heutzutage unausweichlich auch im *öffentlichen Gesellschaftsrecht* [diritto pubblico-sociale] machen. [*Intérêts et maximes des princes et des états souverains*, Köln 1666.]

Buch III, Kapitel 1

Das an sich unbestimmte Nahziel der bürgerlichen Gesellschaft wird faktisch von der *praktischen Vernunft der Massen* und von der *spekulativen Vernunft der Einzelpersonen* festgelegt

Es ist nicht schwer zu verstehen, warum das an sich unbestimmte Nahziel der bürgerlichen Gesellschaft faktisch zwangsläufig vom Verhalten der Mitglieder und der Verwalter der Gesellschaft definiert wird.

Ein unbestimmtes Gut kann in der Praxis niemals Zweck menschlicher Handlungen sein, solange es unbestimmt bleibt. Denn die Handlungen sind immer darauf gerichtet, bestimmte Güter zu erlangen, da nur bestimmte Güter reale Güter sind. Wenn man ein Gut „unbestimmt" nennt, benennt man damit nichts, was realiter in der Natur gegeben ist, sondern nur eine Abstraktion, eine geistige Existenz.

Wendet man diese Feststellung auf die bürgerliche Gesellschaft an, kann man darin die *Regierung* von den *Regierten* und ihre je unterschiedlichen Handlungsweisen unterscheiden, beziehungsweise man kann, wenn man stärker verallgemeinern will, die *praktische Vernunft der Massen* von der *spekulativen Vernunft der Einzelpersonen* unterscheiden. Dies haben wir bereits an anderer Stelle getan.[1]

Diese beiden „Agenten" – *die praktische Vernunft der Massen* und *die spekulative Vernunft der Einzelpersonen* – tragen gleichzeitig dazu bei, in der Praxis jenes Gut oder jenes Bündel an Gütern festzulegen, das die Gesellschaft faktisch zu erhalten anstrebt und das daher ihr reales Nahziel wird.

Die *praktische Vernunft der Massen* und die *spekulative Vernunft der Einzelpersonen* stimmen manchmal bei der Festlegung dieses Gutes oder dieses Bündels von Gütern überein. Manchmal stimmen sie nicht überein. In dem zweiten Fall ist das Gut oder das Bündel von Gütern, nach dem die bürgerliche Gesellschaft de facto strebt, der zusammengesetzte Effekt, der aus der gleichzeitigen Aktion der beiden Vernunftformen resultiert, die zusammen den Gesellschaftskörper in unterschiedliche oder sogar entgegengesetzte Richtungen lenken und bewegen.

Dies ist also evident: Das wahre Gut der Gesellschaft – das menschliche Gut, die Erfüllung und Zufriedenheit der Mitglieder – hängt von der Rechtschaffenheit

---

[1] Vgl. dazu das Buch *Vom umfassenden Grund für den Bestand oder den Untergang der menschlichen Gesellschaften*, Kapitel 8 und folgende. – Die *spekulative Vernunft* ist eigentlich niemals diejenige, die handelt. Wenn wir also von der *spekulativen Vernunft der Einzelpersonen* sprechen, benutzen wir lediglich einen Ausdruck, der den folgenden, allzu langen Ausdruck abkürzen soll, nämlich *die praktische Vernunft der Individuen, die von einer spekulativen Lehre geleitet wird*.

Kapitel 1: Das an sich unbestimmte Nahziel der bürgerlichen Gesellschaft

und Gesundheit der praktischen Vernunft der Massen und der spekulativen Vernunft der Einzelpersonen ab, die – gleichgültig, ob übereinstimmend oder nicht – die Gesellschaft jedenfalls gleichzeitig zu ihrem Ziel hintreiben.

Wenn die Massen und die Einzelpersonen verdorben sind und schwere Fehler bei der Einschätzung der Güter begehen, dann kann die Gesellschaft nicht an das Ziel gelangen, für das sie eingerichtet wurde.

Daraus folgt: Das Heil der bürgerlichen Gesellschaft hängt ab 'von den rechtschaffenen Meinungen und Gefühlen, die die Mitglieder dieser Gesellschaft und insbesondere ihre einflußreichsten Individuen hinsichtlich der Güter und der Übel besitzen'. Daraus folgt auch, daß die Laster der Bürger dem öffentlichen Glück zum Schaden gereichen.

Buch III, Kapitel 2

Von der Anständigkeit und von der Verdorbenheit der praktischen Vernunft der Massen in einer Zeit vor der Errichtung der bürgerlichen Gesellschaft

Ich glaube, daß unser Gegenstand erhellt wird, wenn man verschiedene Fälle von Anständigkeit und Korruption der praktischen Vernunft der Massen und der spekulativen Vernunft der Einzelpersonen untersucht. Dabei wird in jedem einzelnen Fall zu zeigen sein, wie diese anständige oder korrupte Vernunft die Festlegung des Nahziels der Gesellschaft beeinflußt. Beginnen wir mit der praktischen Vernunft der Massen.

Um keinen Fall auszulassen, müssen wir mit der Untersuchung des Zustandes von Gesundheit und Verdorbenheit der Massen in einer Zeit vor der Errichtung der bürgerlichen Gesellschaft beginnen. Gedanklich muß man sich an die Wiege der Menschheit zurückbegeben: zu jener Situation, in der, nach dem Tod des Stammvaters oder dessen, der seine Stelle innehatte, die gleichgestellten Brüder die natürliche Bindung nicht mehr haben, durch die sie in der häuslichen Gesellschaft (società domestica) verbunden waren.

Das Zusammenleben mehrerer Brüder oder Familienangehöriger, die eine Sippe, also eine beginnende bürgerliche Gesellschaft bilden, bewahrt die Gepflogenheiten der Familie. Man kann sich allerdings nur schwer vorstellen, daß ein solches Zusammenleben stattfindet, es sei denn, es wird Ackerbau betrieben, der die Bevölkerung an einen bestimmten Boden bindet und sie zwingt, sich in einer *Bürgerschaft* (civitas) zusammenzuschließen. Ohne diese Bedingungen der Landwirtschaft waren es vielleicht nur die Juden, die in enger Gemeinschaftlichkeit zusammenzuleben wußten, noch bevor sie Bauern wurden. Sie wurden von der Kraft der wahren Religion geeint, die ihnen einen außergewöhnlichen Mann zum Vater gab, einen Propheten Gottes. Die Kraft der Religion ließ die Juden dessen testamentarischen Willen auf ewig achten, und sie heiligte ihn und band diesen väterlichen Willen unveränderlich an die Offenbarung des Allmächtigen und an feierliche Versprechungen zukünftiger Größe. Sie ließ mithin Wunder geschehen, um eine große Schar von Nachkommen so fest geeint zu halten, die ihren Unterhalt noch nicht aus der Bearbeitung des Bodens bezog. Nur schwerlich liefert die Geschichte einen anderen Fall, der dem Beispiel der Söhne Jakobs gleichkommt, die in zwölf Stämmen aufwachsen und, obwohl sie Hirten sind, wie ein einziges Volk leben[1] und einen einzigen Willen

---

[1] Manche Stämme leben wohl als Nomaden-Hirten fort. Aber ein Hirtenvolk, das sich nach vierhundert Jahren in eine bäuerliche, reiche Nation verwandelt, ist, glaube ich, ein einzigartiges Faktum in den Annalen des Menschengeschlechts. Es steht außer Zweifel,

Kapitel 2: Anständigkeit und Verdorbenheit der praktischen Vernunft

haben – in der ägyptischen Gefangenschaft ebenso wie in der Freiheit der Wüste, wohin sie vierzig Jahre lang von einem Anführer geschleppt werden, der nur die Autorität Gottes einsetzt, der ihn geschickt hat, um ein ganzes Volk[2] durch eine so karge und ungeheure Einsamkeit zu leiten.

Wenn also diese beiden Gründe – Ackerbau und Religion – fehlen, durch die sich eine große Schar von Nachkommen eines einzigen Stammvaters schrittweise zusammenschließt, um ein einziges Volk zu bilden, dann teilen sich die Brüder nach dem Tod des Vaters für einige Zeit in mehrere Familien auf. Dies ist eben jener Zustand, von dem wir sagen, daß er der Gründung der bürgerlichen Gesellschaften voraufgeht. In dieser Zeit, in der Jagd, Fischfang oder Viehzucht die Quellen der Subsistenzmittel sind, gibt es keine echten, sondern nur vorübergehende oder höchstens unvollkommene bürgerschaftliche Verbände (civili unioni). Es sind Stämme, die von dem Bedürfnis nach gemeinsamer Verteidigung zusammengehalten werden. Der tapferste Mann ist ihr Anführer. Er führt diese Menschenschar in den Krieg, wenn die Notwendigkeit es erfordert, und mit dem Krieg endet auch seine Macht.

Wir wollen nun die Merkmale für Gesundheit und Verdorbenheit der praktischen Vernunft der Massen in dieser mehr oder weniger langen Periode aufzeigen, die vor der Zeit der echten bürgerlichen Gesellschaften liegt.

Die Bevölkerung erfährt in diesem ersten Zustand keine verstandesmäßige Entwicklung (sviluppo intellettivo). Dennoch bringt die Notwendigkeit zu handeln einen gewissen Gebrauch der Einsichtsfähigkeit mit sich, und so beginnt die Entwicklung dieser Fähigkeit. Bei den ersten Schritten dieser Entwicklung, die durch die Wahrnehmung der äußeren Gegenstände geschieht, gibt die Natur dem Menschen eine Regel, mit deren Hilfe er das, was ihm nützt, von dem unterscheiden kann, was ihm schadet. Diese Regel ist die körperliche Lust und der körperliche Schmerz. Allerdings muß man beachten, daß körperliche Lust und körperlicher Schmerz für den ursprünglichen Menschen, von dem wir hier sprechen, nichts anderes sind als zwei Indikatoren für das, was seiner Natur nützen und was ihr schaden kann. Solange der Mensch unverdorben ist, strebt er [obgleich er unentwickelt ist] nach der körperlichen Lust nie als Zweck. Und er vermeidet den Schmerz nicht, als wäre dieser das schlimmste aller Übel. Er strebt nach einem guten Habitus, nach einer guten Verfassung seiner gesamten Natur. Lust und Schmerz dienen ihm nur als Hinweise, wobei er glaubt, das zu erreichen, was er sucht, wenn er ihnen folgt.

Eben diese geringe Bedeutung, die die Menschen der momentanen körperlichen Lust und dem Schmerz beimessen, ist daher das Zeichen dafür, daß der Instinkt und die praktische Vernunft, die die Menschen leiten, noch unverdorben sind.

---

daß sich die Vorsehung auch der beiden Mittel der Gefangenschaft und der Einsamkeit in der Wüste bedient hat, um die Juden als Volk geeint zu halten, wobei sie sie von allen anderen Völkern getrennt hat, um ihnen jene einzigartige, unzerstörbare Konstitution zu geben, mit der schon Bileam die Juden gekennzeichnet hat: „… populus solus habitabit, et inter gentes non reputabitur". (*Num.*, XXIII, [9]).

[2] [Die wörtliche Übersetzung muß lauten: „ … um sechs Millionen Menschen … zu leiten".]

Nichtsdestoweniger gibt es Völker, bei denen die Sinne eine solche Dominanz über den Willen erworben zu haben scheinen, daß sie diese Menschen vollständig beherrschen. Diese Tyrannei der Sinne mag von der ursprünglichen Veranlagung der physischen Konstitution dieser Völker hergekommen sein, die zugleich stets von beschränktem und passivem Geist sind. Die Herrschaft ihres natürlichen Instinkts kann auch vom exzessiven Mißbrauch der körperlichen Lust verdorben werden. Sicher ist: Wenn die Korruption, von der hier die Rede ist, diese Völker erfaßt, bevor sie sich in bürgerlichen Gemeinschaften assoziieren, ist durch eine solche Beschädigung ihr Fortschritt für immer abgeschnitten. Sie können sich nicht mehr in bürgerlichen Gemeinschaften verbinden – wieviele Jahrhunderte auch immer vergehen mögen. Diese ursprüngliche Verderbtheit (corruzione primitiva) erklärt wohl die Existenz der Wilden: Die Stämme der Wilden scheinen von der Korruption erfaßt worden zu sein, noch bevor die politische Vergesellschaftung (politico associamento) ihre intellektuellen und sittlichen Fähigkeiten aktiviert hätte. Denn es ist schwer zu glauben, daß Völker, die in bürgerlichen Gesellschaften geeint sind, bis zur Verwilderung degenerieren. Dieser Zustand setzt nämlich keinerlei verstandesmäßige Entwicklung voraus, während der gesellschaftliche Zustand das schon in Gang gesetzte Verstandesvermögen voraussetzt. Diese Völker und Stämme wurden also beim ersten Schritt gestoppt. Ihr schon von Natur aus schwacher und passiver Intellekt wurde von der Stärke der dinglichen Empfindungen übermannt und gefesselt. So übernahmen in ihnen allein die Sinne die Herrschaft. Aber die Sinne sind unfähig, die Menschen in bürgerlichen Lebensgemeinschaften zu einen, denn sie besitzen keine Vorausschau und werden nur durch das jeweils gegenwärtige, sinnlich wahrnehmbare Wohl aktiviert.

Mir scheint, daß diese Begründung für die Existenz der Wilden deren Sitten und die bekannten Merkmale, die sie von den zivilisierten Völkern (popoli civili) unterscheiden, besser erklärt als alle bisherigen Hypothesen.

Ihre Neigung zum Alkohol, die sie dazu bringt, sich zu Tode zu trinken, zeigt, wie der momentane Genuß in diesen Stämmen gegenüber dem Instinkt für den guten Habitus und für den guten körperlichen Zustand dominiert. Das ist ein offensichtliches Symptom für die innere Korruption des vitalen Instinkts. Solange dieser nicht verdorben ist, folgt er dem beständigen Gesetz, den gegenwärtigen Genuß nicht um seiner selbst willen zu suchen, sondern als Indiz zu nehmen für das, was heilsam ist. Daher bringt der unverdorbene Instinkt ein Lebewesen oftmals dazu, bestimmten Genüssen zu entsagen und sich spontan bestimmten Schmerzen auszusetzen.[3]

Eine Pflanze zu zerstören, nachdem man deren Früchte geerntet hat, zeugt von keiner Vorausschau, von fast keinem Gebrauch der intellektuellen Fähigkeiten, die von der momentanen Empfindung gestoppt und gleichsam festgenagelt werden, so daß sie keinen Schritt mehr nach vorn tun können.

---

[3] Dieses Gesetz der vitalen Natur habe ich ausführlich dargelegt in *Antropologia*, Buch II, Sek. II, Kap. 10. [A. ROSMINI: Antropologia in servigio della scienza morale, in DERS.: Filosofia della morale, cit., Bd. II, S. 255–267.]

Kapitel 2: Anständigkeit und Verdorbenheit der praktischen Vernunft 277

Was die religiösen Vorstellungen der Wilden angeht, so scheinen sie bisweilen schlicht und rein, wie diejenigen der Indianer in Amerika, die Gott hauptsächlich unter dem Namen „Großer Geist" verehren. Manchmal trifft man bei ihnen auch auf *Fetischismus*.

Letzterer ist ein Aberglaube, der im Schoß der Familie entsteht und der bei dem, der ihn erfindet, nicht nur die Beherrschung der Sinne voraussetzt, sondern damit verbunden auch eine Kontrolle über die sinnliche Vorstellungskraft sowie einen gewissen Verstandesgebrauch, der jedoch der Vorstellungskraft dient.

Demgegenüber zeugt die reinere Vorstellung von der Gottheit als einer und geistiger davon, daß die ursprüngliche Tradition bewahrt wurde, ohne daß der menschliche Geist daran viel getan und verändert hätte. Sie weist also auf einen geringeren Grad an verstandesmäßiger Aktivität hin als der Fetischismus.[4]

---

4   G. D. Romagnosi hat den Versuch unternommen, die Etappen des zivilisatorischen Fortschritts der Nationen exakt festzulegen. Dieser Versuch ist lobenswert. Aber unglücklicherweise ist der italienische Philosoph fremden Autoren gefolgt und ist bei seinen Theorien eher von unbegründeten Hypothesen als von Tatsachen ausgegangen. Eine dieser gänzlich unbegründeten, den authentischen Tatsachen widersprechenden Hypothesen ist diejenige, die unterstellt, daß der *Fetischismus* die erste, in der Kindheit der Nationen aufgetretene Religionsform sei und daß die Menschen nicht hätten zum *Monotheismus* gelangen können, ohne zuvor den Aberglauben des *Sabäismus* zu durchlaufen. Eine weitere Hypothese, die allen historischen Tatsachen widerspricht und die einen noch größeren Irrtum als die vorherige enthält, ist Romagnosis Annahme, daß die Lehre von der Einheit Gottes nicht aus einer ursprünglichen Tradition herkommt, sondern von den Philosophen mittels Abstraktion erfunden worden sei. Daraus schließt er, daß der eine von der Welt angebetete Gott nichts anderes ist als der entgrenzte Mensch selbst. „Das zweite Datum [ich gebe Romagnosis Worte wieder] kam viel später, als nämlich die Weisesten sich eine Vorstellung vom inneren Menschen – also von seinen verstandesmäßigen Fähigkeiten und seinen moralischen Tugenden – gemacht hatten und dann jegliche Begrenzung und jegliche Fehlerhaftigkeit bei ihm aufhoben und ihn zum einzigen Schöpfer und Bewahrer der Natur erklärten und die Menge an ihn glauben hießen." (*Supplementi ed illustrazioni alla seconda parte delle Ricerche storiche sull'India antica di Robertson*; Anm. 1.) Ich habe über Romagnosis Ansicht zur Religion in einem Artikel in den *Annali di scienze religiose* gesprochen, die in Rom veröffentlicht werden. Um ihre Nichtigkeit aufzuzeigen, reicht es, zu sagen, daß sie eine reine Hypothese ist. Zusätzlich könnte man sie durch die ältesten Quellen widerlegen. Und zuletzt bleibt hinzuzufügen, daß unser Autor bei seiner Annahme die christliche Theologie offenbar überhaupt nicht kennt. Danach ist Gott nämlich nicht der entgrenzte Mensch, sondern das *wesenhafte Sein* [essere per essenza], mit dem weder der Mensch noch ein anderes Geschöpf irgend etwas gemein hat, auch nicht irgendeine echte Ähnlichkeit, sondern nur das, was die Theologen *analogia* nennen. Daher ist es unmöglich, zu dem einen Gott der Christen durch Abstraktion aufzusteigen, indem man vom Begriff des Menschen ausgeht. Hinzukommt, daß diese Lehre, nach welcher Gott ein Wesen ist, das nichts mit all dem gemein hat, was wir kennen, schon den Heiden bekannt war. Platon lehrt es ausdrücklich so. Die späteren Platoniker handeln davon *ex professo*, wie man bei Plotin sehen kann (1. IV, *Ennead.* Kap. 2). Dort erklärt der Philosoph, daß man bei Gott nichts von dem sagen kann, was wir kennen, auch nicht das Wort *Wesen* (essenza) und nicht einmal *Seiendes* (ente). Diese vollständig negative und allen begreifbaren Dingen ferne Vorstellung von Gott, die man in Griechenland schon vor Christus wohl kannte, war auch in Indien noch früher als in Griechenland bekannt. Sie erklärt die einzigartige Definition von Gott, die man im *Upanishad* findet und die lautet: „Er ist groß und nicht groß; er ist um alle

278 Buch III: Das Nahziel der bürgerlichen Gesellschaft

Ein Zeichen für die verstandesmäßige Untätigkeit und Unbeweglichkeit der Wilden kann man ebenfalls in der Beschaffenheit ihrer Sprachen erkennen. Die Sprachen der Indianer in Amerika von der nördlichen Polargegend bis zum Kap Hoorn sind von größter Regelmäßigkeit und folgen alle denselben grammatikalischen Gesetzen. Die modernen Sprachforscher entdecken darin eine sehr exakte und weise Ideenordnung.[5] Auch hier erkennt man deutlich, daß diese Völker traditionell die Sprache bewahrt haben, die sie ursprünglich erhalten hatten. Aufgrund der Unbeweglichkeit ihrer intellektuellen Fähigkeiten haben sie die Sprache aber nicht weiter bearbeitet. Daher scheint es: Eher als in den Sprachen der weiterentwickelten Völker, die größeren Wechselfällen ausgesetzt waren, müßte man in diesen Sprachen, die getreulicher seit der ältesten Zeit beibehalten worden sind, die Fragmente jener Ursprache suchen, der sich die linguistischen Studien, die von den Gelehrten mit soviel Eifer betrieben werden, immer mehr zu nähern scheinen.

Man hat die Wilden für ihre Liebe zur Freiheit und zur Unabhängigkeit gerühmt. Aber wer genau hinschaut, erkennt, daß die Wilden weniger die Liebe zur

---

Dinge und ist es nicht; ist Licht und ist es nicht; sein Gesicht ist allen Seiten zugewandt und ist es nicht; ist der alles verschlingende Löwe und ist es nicht; ist schrecklich und ist es nicht; ist das Glück und ist es nicht; macht hinfällig den Tod und stirbt; ist verehrungswürdig und ist es nicht; spricht und spricht nicht: Ich bin in Allem" (*Oupn.* 50, N. 178). Und an anderer Stelle: „Der, der sagt, ich habe ihn begriffen, hat ihn nicht begriffen; der ihn nicht begreift, begreift ihn; und wer ihn begreift, begreift ihn nicht" (*Oupn.* 37, N. 147). Romagnosi weiß also nicht, was die wahre Lehre der Monotheisten ist und derer, die den einen Gott anbeten. Er raisonniert auf der Basis seines eigenen, unvollkommenen und falschen Begriffs von dem einen Gott. – Ich will zum Abschluß hinzufügen, daß Romagnosi durch seine eigene systematische Denkweise zu den merkwürdigsten Absurditäten gebracht wird, aber davor nicht zurückschreckt. Tatsächlich ist es eine Absurdität, die das Lächerliche streift, wie Romagnosi zu behaupten, in gewisser Weise sei der zivilisatorische Fortschritt der Ureinwohner Amerikas weiter als die indische Kultur, weil die Ureinwohner Amerikas einen einzigen Gott anbeten, die Inder aber in der Mehrzahl Götzenanbeter sind. „Man müßte", so sagt er, „in gewisser Weise die Ureinwohner von Peru und der Gesellschaftsinseln vorziehen, weil wir von den Peruanern wissen, daß sie an den Großen Geist glaubten, und weil die Bewohner Tahitis und der Gesellschaftsinseln einen höchsten Herrn der sichtbaren und der unsichtbaren Dinge kannten." (*Supplementi ed illustrazioni alla seconda parte delle Ricerche storiche sull'India antica di Robertson*, Art. III, § 1.) [Zu den zitierten Autoren vgl.: G. D. ROMAGNOSI: Dell'indole e dei fattori dell'incivilimento, in DERS.: Opere, Mailand 1841–1848, Bd. II, Teil I, S. 47–50; W. ROBERTSON: Ricerche storiche sull'India antica con note, supplementi ed illustrazioni di G. D. Romagnosi, Mailand 1827, Bd. II, S. 423 und S. 523; PLOTIN: Enneades, Buch IV, Kap. 2, Mailand 1947, S. 85–87; Rosminis Artikel, der in den *Annali di scienze religiose* veröffentlich wurde, trägt den Titel „Saggio sulla dottrina religiosa di G. D. Romagnosi" („Essay über die Religionslehre von Gian Domenico Romagnosi"), abgedruckt in: A. ROSMINI: Prose ecclesiastiche. Apologetica, cit., S. 175–188; den Titel *Oupnek'hat id est Secretum tegendum* gab ANQUETIL DUPERRON seiner lateinischen Übersetzung der persischen *Upanishad*, Straßburg 1801–1802.]

5   Zu den Sprachen der Indianer Amerikas vgl. *Memorie della società filosofica d'America*, Philadelphia 1819, Bd. I, S. 356–464; ibid. Bd. III; dort findet man die Grammatik der Delaware oder Lenape, von Geiberger; vgl. auch *Enciclopedia americana*, Bd. VI, am Schluß. [Die Angaben stammen aus: A. DE TOCQUEVILLE, op. cit., Bd. I, Teil I, Kap.1, Anm. c, in: DERS.: Oeuvres cit., Bd. I, S. 436–437, dt. Ausgabe cit., Bd. I, S. 617.]

Kapitel 2: Anständigkeit und Verdorbenheit der praktischen Vernunft

Freiheit als vielmehr eine sehr große Sprödigkeit gegenüber jedem Gebrauch des Einsichtsvermögens besitzen. Jede gesellschaftliche Bindung erfordert den Gebrauch der Einsicht, weil sie die ständige Aufmerksamkeit erfordert, die eigenen Handlungen in Abstimmung mit dieser Bindung zu lenken. Diese ständige Aufmerksamkeit und Wachsamkeit des Intellekts ist die unerträgliche Mühe, die der Wilde scheut, der sich der Führung durch momentane Sinneswahrnehmungen überläßt. Die bürgerliche Gesellschaft ist folglich für den Wilden ausgeschlossen, weil er nicht jenen Gebrauch der Einsicht hat, den eine solche Institution erfordert. Sein Intellekt, um es noch einmal zu sagen, ist blockiert durch seine unüberwindliche Abneigung, diesen Intellekt zu gebrauchen. Dieser degenerierte Mensch (uomo degradato) hat vielmehr eine maßlose Neigung, sich von den lebhaften, zufälligen Sinneseindrücken bestimmen zu lassen.

Ich stelle zum Abschluß fest, daß der geringe Gebrauch des Einsichtsvermögens nicht ausschließt, daß dieser Mensch sehr starke Gefühle hat – im Gegenteil, das Gefühl scheint dort um so stärker, wo keine *Reflexion* vorliegt. Man erkennt neben dem *vitalen Instinkt* im Wilden Handlungsweisen, die von dem herkommen, was wir den *menschlichen Instinkt* nennen.[6] Dieser sorgt dafür, daß man bei den Wilden auch heroische Taten natürlicher Tugenden (virtù naturali) antrifft – verbunden mit monströsen Lastern.

Charlevoix berichtet in seiner Schilderung des ersten Kriegs, den die Franzosen 1610 in Kanada gegen die Irokesen geführt haben, daß sich die Huronen, die mit den Franzosen verbündet waren, furchtbar darüber entsetzt haben, daß die Franzosen einigen Irokesen, die tot am Boden lagen, deren Biberpelze wegnahmen. Aber die Huronen selbst begingen dann unerhörte Grausamkeiten an den Gefangenen. Da waren die Franzosen entsetzt, als sie sahen, wie die Huronen einen der Getöteten verzehrten. Der französische Historiker schreibt weiter:

„Diese Barbaren rühmten sich also einer Uneigennützigkeit und wunderten sich darüber, diese nicht in unserer Nation vorzufinden, verstanden aber nicht, daß es weniger schlimm war, Tote zu berauben, als sich wie wilde Tiere von ihrem Fleisch zu ernähren."[7]

„Sanft und gastfreundlich im Frieden, erbarmungslos im Krieg, über alle bekannten Grenzen menschlicher Grausamkeiten hinaus, setzt sich der Indianer dem Hungertod aus, um dem Fremden, der abends an die Tür seiner Hütte klopft, zu helfen, und zerreißt mit eigenen Händen die zuckenden Glieder seines Gefangenen. Auch die berühmtesten Republiken des Altertums haben kei-

---

[6] Vgl. zum *menschlichen Instinkt* die Ausführungen in der *Antropologia*, Buch III, Sek. II, Kap. 9, Art. 2, § 2. [A. ROSMINI: Antropologia in servigio della scienza morale, in DERS.: Filosofia della morale, cit., Bd. II, S. 422–424.]

[7] Bd. I, S. 235. [P. F. X. CHARLEVOIX: Histoire et description générale de la Nouvelle France, avec le journal historique d'un voyage fait par ordre du roi dans l'Amérique septentrionale, Paris 1744, Bd. I, S. 235; vgl. A. DE TOCQUEVILLE, op. cit., dt. Ausgabe, Bd. I, S. 618.]

nen unerschütterlicheren Mut, keine stolzeren Herzen, keine unbeugsamere Unabhängigkeitsliebe gesehen, als damals in den Urwäldern der Neuen Welt verborgen waren."[8]

Gastfreundschaft und Rache gehören zum *menschlichen Grunderleben* (sentimento umano) und bedürfen keines besonderen Einsatzes von Reflexion. Daher sind sie sogar in sehr hohem Maß bei den Wilden vorhanden.

Aus alldem erkennt man deutlich, daß der Zustand von Völkern, die vor der Errichtung der bürgerlichen Gesellschaft derartig degeneriert sind, diese Institution unmöglich macht, weil eine Stufe an intellektueller Aktivität fehlt, um das Nahziel der Gesellschaft bestimmen zu können, sowie die Mittel, um dieses Ziel zu erreichen. Daher ist der Kollektivwillen dieser Menschen nicht nur nicht-gesellschaftlich, sondern sogar der Gesellschaft entgegengesetzt. Denn er hält die Gesellschaft für ein Übel, weil der Verstandesgebrauch, den die Gesellschaft erfordert, für ihn ein Übel ist.

Wenn die Menschen auf diesen Zustand zurückgeworfen sind, sind sie außerstande, das Nahziel der bürgerlichen Gesellschaft zu bestimmen. Gleichwohl verzichten sie in diesem Zustand nicht auf die *Erfüllung und Zufriedenheit*, die das Gut ist, nach dem der Mensch notwendigerweise als Mensch strebt, sei es mit Hilfe der Gesellschaft, sei es ohne sie. In der Kargheit seiner Bedürfnisse und seiner Wünsche, in der Untätigkeit seiner verstandesmäßigen Fähigkeiten und in der höchsten Betätigung seiner physischen Kräfte, hineingeworfen in diesen Zustand der Beschränktheit – sei es durch die Schuld seiner Vorfahren, sei es durch eigene Schuld, sei es durch das Unglück, ohne Schuld von seinem Stamm lasterhafte körperliche Gewohnheiten erhalten zu haben – sucht und findet auch der Wilde eine gewisse, ihm gemäße Erfüllung und Zufriedenheit.

---

[8] Präsident Jefferson berichtet: „Bei den Irokesen sah man Greise, die es verachteten, bei der Ankunft der Feinde zu fliehen oder die Zerstörung ihres Dorfes zu überleben, und die dem Tod gefaßt entgegensahen, wie die alten Römer bei der Plünderung Roms durch die Gallier" (*Note sulla Virginia*, F. 148).
„Es gibt kein Beispiel", schreibt er weiter, „daß ein Indianer, der in die Hände seiner Feinde gefallen ist, um sein Leben gefleht hätte. Man sieht im Gegenteil, daß der Gefangene sozusagen selbst den Tod von der Hand des Siegers sucht, indem er ihn beleidigt und auf alle mögliche Weise provoziert" (*ibid*. F. 150). [Diese Anmerkung stammt vollständig aus A. DE TOCQUEVILLE, op. cit., Bd. I, Teil I, Kap. I, in DERS.: Oeuvres, cit., Bd. I, S. 23, Anm. 15; der Absatz im Text findet sich dort S. 23–24; dt. Ausgabe, cit., Bd. I, S. 644.]

Buch III, Kapitel 3

Von der Anständigkeit und von der Verdorbenheit der praktischen Vernunft der Massen in den vier Zeitaltern der bürgerlichen Gesellschaften

Nehmen wir nun den Fall der Völker, die vor der Gründung der bürgerlichen Gesellschaft nicht verdorben waren.

Diese Völker bewahren ein gewisses Maß an freier intellektueller Tätigkeit und sind daher in der Lage, sich zu bürgerlichen Gesellschaften zusammenzuschließen. Denn die Kraft ihrer Einsicht befähigt sie, den Vorteil von bürgerlichen Gesellschaften zu begreifen und daher auch ein Gut zu bestimmen, das als Nahziel der Gesellschaft dienen soll, die sie miteinander knüpfen wollen.

Man muß weiterhin feststellen: Die Vergesellschaftung setzt einen gewissen Grad an ursprünglicher Unverdorbenheit voraus, die den freien Gebrauch der intellektuellen Fähigkeiten zuläßt. Und die Vergesellschaftung ist überdies selbst höchst nützlich – sowohl für die geistige Entwicklung als auch für die sittliche Verbesserung der Sippen, die sich zusammentun.

Ich sage: Sie ist auch für die sittliche Verbesserung nützlich. Denn dadurch, daß zwischen den Sippen oder zwischen einzelnen Personen aus den Sippen eine politische Gesellschaft (politica societá) errichtet wird, erhalten alle Leidenschaften eine neue, nützliche Ausrichtung, insofern die neue Gesellschaft der klare Zweck all ihrer Aufmerksamkeit und all ihrer Gedanken wird. Von dem Moment an, da die Bürgerschaft (città) errichtet ist, hat der Intellekt ein neues, großes Objekt vor sich, für das er sich einsetzen muß. Die zuvor ungeordneten Tätigkeiten und Sitten der Mitglieder erhalten notwendigerweise eine Regel und eine Ordnung. Die Affekte erhalten eine edle Nahrung: Sie widmen sich der Erlangung der gemeinsamen Wohlfahrt, also des durch die Vergesellschaftung erstrebten gemeinsamen Guts (comun bene). Dies erklärt, wie aus dem Abschaum der Gefährten des Romulus fast wie durch ein Wunder binnen kürzester Zeit ein würdiges und in seinen Sitten vorbildliches Volk hervorgehen konnte. Und aus dem Abschaum Europas erwuchsen in der Neuen Welt blühende Kolonien und wohlgeordnete Staaten, in denen die Achtung der Gesetze, die Liebe zur Ordnung und zur Arbeit und alle bürgerlichen und häuslichen Tugenden zu Hause sind.

Daher verwundert es nicht, daß alle Traditionen und Quellen der ältesten Zeiten übereinstimmend für das erste Zeitalter der in bürgerlichen Gemeinschaften assoziierten Völker auf eine natürliche Gutheit hinweisen.

Je weiter wir in die alte Zeit zurückgehen, desto häufiger finden wir einfache Sitten, Genügsamkeit und Mäßigung des Lebens, Anständigkeit des Geistes, Integrität des Herzens – mithin eine große Gutheit von ursprünglicher Natur. Daher könnte man denken, der Mensch sei von seinem Ursprung her gut, fände man nicht, wenn man genauer hinschaut, auch in diesen ersten Zeitaltern deutliche, wenngleich seltenere Spuren von menschlicher Verdorbenheit und träfe man nicht auch auf Beispiele von Völkern, die – fast vom Beginn ihres Daseins auf Erden an – in die traurigste Verderbtheit gestürzt sind, wie wir im vorigen Kapitel ausgeführt haben. Überdies erklärt sich das Phänomen der Gutheit der Sitten im Kindesalter der Nationen leicht, wenn man bedenkt, daß auch die Keime der Korruption Zeit und Gelegenheit brauchen, um sich zu entfalten und nach außen sichtbar zu werden – so wie die Keime der Tugend und des Wissens. Man muß also bedenken, daß die zunächst kaum spürbaren Verirrungen der Instinkte mit zunehmendem Alter der Menschheit immer größer werden, weil alle Keime in der Menschheit reifen und sich im Fortgang der Zeitalter entfalten.

Man betrachte zum Beispiel die Aufgabe, die die Natur dem Lust- und Schmerzinstinkt übertragen hat. Sie besteht darin, so haben wir gesagt, dem Lebewesen anzuzeigen, was ihm für seine habituelle Konstitution nützt oder was ihm schadet. Von Anfang an muß dieser Instinkt einen gewissen Grad an Unzuverlässigkeit in sich gehabt haben, das heißt, er muß dem Menschen das, was gut und schlecht für seine Verfassung war, mit einer gewissen Verfälschung angezeigt haben. Indem dieser Instinkt einige Dinge für den Menschen zu angenehm oder zu wenig angenehm sein ließ, stellte er diese Dinge dem Menschen als nützlicher oder weniger nützlich dar, als sie tatsächlich waren. Indem er andere Dinge zu schmerzhaft oder zu wenig schmerzhaft für den Menschen sein ließ, zeigte er sie ihm als schädlicher oder weniger schädlich, als sie in Wirklichkeit waren. Aber indem der Mensch die Lust mißbraucht, die in gewissem Maß vom nicht ganz gesunden Instinkt verfälscht wird, reizt die Lust selbst den Lustinstinkt. Und dieser gestörte Instinkt gewinnt schließlich die Oberhand über den Willen und den Verstand. Daraus resultiert die fortgeschrittene Verderbtheit, die dann den gesamten Menschen erfaßt.[1]

Kraft dieses natürlichen Gesetzes (natural legge) wächst der anfangs kaum wahrnehmbare Keim der angeborenen Verderbtheit (innata corruzione) mit dem Fortgang der Menschheit. Aufgrund dieses natürlichen Gesetzes sorgt die Zeit selbst mit ihrem Lauf dafür, daß in den bürgerlichen Gesellschaften die praktische Vernunft der Massen degeneriert.

Nun kann man vier Zeitalter erkennen, in denen diese praktische Vernunft der Massen, die stets das unmittelbare und gegenwärtige Gut will, je unterschiedlich das Nahziel der Gesellschaft bestimmt – beziehungsweise den Zweck, auf den der Gesamtwille der Gesellschaftsmitglieder gerichtet ist.[2] In jedem Zeitalter erkennt man

---

[1] In der *Antropologia* (Buch III, Sek. II, Kap. 9, § 3) habe ich die natürliche Erkrankung des *Instinkts* und die Entwicklung der Dominanz, die er im Menschen gewinnt, erklärt. [A. ROSMINI: Antropologia in servigio della scienza morale, in DERS.: Filosofia della morale, cit., Bd. I, S. 424–425.]

[2] Es ist nötig, daß sich der Leser hierzu an die Theorie erinnert, die ich in Kapitel 7 und Kapitel 8 des Buchs *Vom umfassenden Grund für den Bestand und den Untergang der Gesellschaften* dargelegt habe.

Kapitel 3: Von der praktischen Vernunft ... 283

einen Zustand der Integrität und einen nachfolgenden Zustand der Korruption. Beginnen wir mit dem Hinweis auf die Merkmale dieser Zeitalter.

Solange es darum geht, die Gesellschaft zu gründen, sie gegen äußere Feinde zu sichern und nach innen durch Gesetze zu ordnen, sind Geist und Willen aller Mitglieder auf diese drei hohen und für die sittliche Verfassung der Seele höchst heilsamen Objekte gerichtet. In diesem ersten Zeitalter bestimmt also die praktische Vernunft der Massen das *Nahziel* der Gesellschaft und der gesellschaftlichen Aktivität. Diese Vernunft sorgt dafür, daß das Nahziel in der *Existenz der Gesellschaft selbst* besteht. Die entstehende Gesellschaft ist das Objekt der Liebe, des Eifers und der Sorge von allen. Wir haben an anderer Stelle gesagt, daß dies ein sittliches und besonders patriotisches Zeitalter ist. Mit diesem unmittelbaren Gut oder Nahziel korrespondiert bei den Mitgliedern eine spezifische Form von gemeinsamer Zufriedenheit und von gemeinsamer *Erfüllung*, je mehr dieses Gut erreicht wird.

Aber wenn dieses Ziel erreicht ist, wenn die Gesellschaft gegründet, mit Waffen gesichert und mit Gesetzen ausgestattet ist, dann muß sich der gesellschaftliche Wille beziehungsweise die praktische Vernunft der Massen natürlicherweise einem anderen Objekt zuwenden, das heißt, sie muß auf andere Art und Weise das *Nahziel* des gesellschaftlichen Handelns festlegen.

Dieses Ziel wird gewöhnlich bestimmt, indem man sagt, daß es im Zuwachs an *Macht* und Ruhm des Vaterlandes besteht. Schon in diesem zweiten Zeitalter ist das Nahziel beziehungsweise das unmittelbare Gut, nach dem man strebt, nicht mehr so rein und so sittlich wie im ersten Zeitalter. Es geht nicht mehr darum, sich zu verteidigen, sondern darum, anzugreifen; nicht mehr darum, nicht erobert zu werden, sondern zu erobern; nicht mehr darum, sich selbst – der Gemeinschaft der Bürger – nützliche Gesetze zu geben, sondern es geht darum, anderen zum eigenen Vorteil Befehle zu geben. Die Gesetze, mit denen sich die Bürger anfangs eine Ordnung gaben, waren erfüllt von gesellschaftlichem Wohlwollen, weil sie notwendigerweise auf das Gemeinwohl der Bürger abzielten. Nun, da man die Fremden beherrschen will, ist es nicht mehr das gesellschaftliche Wohlwollen, das die Vorschriften und Gesetze diktiert, sondern es ist der Nutzen. In die Gesellschaft wird die Beziehung der Herrschaft und Knechtschaft hineingetragen. Es herrscht nicht mehr wie zuvor allein die Beziehung der Brüderlichkeit. Die gesellschaftliche Bindung wird durch die Bindung des kalten, harten Eigentums behindert, die sich wie Efeu an sie klammert. In dieser Epoche werden zwar Helden durch militärische Unternehmungen berühmt und weise Männer durch tiefsinnige Ratschläge. Aber es verwundert doch nicht, daß die wahren Tugenden schwächer werden und daß an ihre Stelle andere, falsche, laute und populistische Scheintugenden treten. Inmitten von Ehrgeiz und Ruhm verschlechtern sich die Sitten rapide. Der Patriotismus scheint zwar nun feuriger als in dem Zeitalter zuvor, aber tatsächlich hört auch er auf, rein und vollkommen legitim zu sein. In diesem Zustand sind Zufriedenheit und *Erfüllung* schwer zu erlangen, weil Machtgier und Ruhmsucht unersättlich werden, und die praktische Vernunft der Massen kommt getäuscht und verderbt vom rechten Weg ab.

Man hat den Staat also mächtig und ruhmreich gemacht. Nun ändert die praktische Vernunft der Massen wiederum ihre Richtung und verlegt sich gierig auf die

Liebe zum Reichtum, der zusammen mit der Macht in die Gesellschaft gekommen ist.

Diese Liebe zum Reichtum kann verbunden sein mit Gewerbe, Handel und anderen ehrlichen Formen, sich Reichtum zu beschaffen. Es kann sich aber auch um eine arbeitsscheue Liebe zum Reichtum handeln, die ihre Gier mit Diebstahl und Raub befriedigen will.

Im ersten Fall ist der Wunsch nach Reichtum weniger schädlich. Denn produktive Arbeit erfordert Verstandesgebrauch und hält daher die Fähigkeiten des Verstandes wach. Dennoch ist es unwahrscheinlich, daß der Wunsch, sich zu bereichern, nicht – zumindest im Lauf der Zeit – maßlos und unersättlich wird. In diesem Fall wird die Erfüllung und Zufriedenheit der Seele – das höchste Ziel der Gesellschaft – unerreichbar.

Wenn dann ein mächtiges und müßiges Volk den Reichtum ausschließlich als Mittel für Luxus und Lustbarkeiten begehrt, folgen als letzter Zustand sittliche Verderbtheit und Korruption. Eine Zeitlang begehrt man diese Freuden noch als Gemeinschaft, wie ich schon gesagt habe.[3] Aber alsbald will sie jeder nur noch für sich, und der Egoismus verschlingt jegliches Wohlwollen. Die äußere Gesellschaft besteht noch, bis irgendein leichter Stoß sie zusammenbrechen läßt. Die innere, wahre Gesellschaft ist untergegangen. In diesem letzten Stadium ist das *Nahziel* der Gesellschaft de facto nicht vorhanden. Der Unterschied zwischen dem Zustand der Wilden und dem Zustand der Bürger, die diese letzte Verderbtheit erreicht haben, besteht fast ausschließlich darin, daß die Verderbtheit der Wilden vor der Existenz der Gesellschaft liegt, während die Verderbtheit der Bürger auf die Existenz der Gesellschaft folgt. Daher besteht die Gesellschaft in ihrer äußeren Form eine Zeitlang bei gleichzeitiger Verderbtheit ihrer Mitglieder weiter.[4]

Die praktische Vernunft der Massen bestimmt also faktisch in den vier Zeitaltern auf je verschiedene Weise das Nahziel der Gesellschaft.

Im *ersten Zeitalter* besteht für die praktische Vernunft der Massen das Nahziel der Gesellschaft *in der Gesellschaft selbst*, deren Existenz sie als unmittelbares Gut anstrebt. Im *zweiten Zeitalter* besteht das Nahziel für sie in der *Macht*. Im

---

[3] Vgl. *Vom umfassenden Grund für den Bestand und den Untergang der Gesellschaften*, Kapitel 7 und Kapitel 8.

[4] Die Massen, die die Sinnenlust für ihr ganzes Gut halten, verschwenden und verbrauchen die Habe der Vorfahren wie wahrhaft verlorene Söhne. Vormals reiche Nationen, die wollüstig geworden sind, verarmen daher rasch, weil das Volk nicht mehr den Reichtum hochschätzt, sondern den Genuß. Diese Tatsache ist nirgendwo so offensichtlich geworden wie in Rom, als die einzigen Beschäftigungen dieses Herrschervolkes Essen und Belustigungen geworden waren. Damals verkaufte man alle öffentlichen Ämter und schließlich auch das Kaisertum an den Großzügigsten unter den Kandidaten. Sallust war über einen bestimmten Menschentyp seiner Zeit befremdet: Dieser war unfähig, selbst Besitz zu haben, konnte es aber auch nicht ertragen, daß andere Besitz hätten: „ut merito dicatur genitos esse qui nec ipsi habere possent res familiares, nec alios pati." (*Fragm. ex Civ. Dei*, II, 28). [S. A. AUGUSTINI De Civitate Dei, Buch II, Kap. 18, in S. A. AUGUSTINI Opera Omnia, Paris 1845, tom. VII, c. 63; dt. Ausgabe hg. von C. Andresen, München 1991, Bd. I, S.86.]

Kapitel 3: Von der praktischen Vernunft ... 285

dritten Zeitalter besteht für sie das Nahziel im *Reichtum* der Gesellschaft. Im *vierten Zeitalter* besteht für sie das Nahziel in der *Lust*.

Nur das erste Zeitalter kann man das Zeitalter der gesellschaftlichen Unverdorbenheit nennen,[5] weil nur dort die Vernunft und die Gutheit der Massen nach der Substanz der Gesellschaft streben, also nach einem absolut rechtschaffenen Gut. In diesem ersten Zeitalter gibt es noch keine *Macht*, und daher fehlt der Wunsch, stärker zu sein als die anderen und sie zu beherrschen. Es herrscht Gerechtigkeit. Es gibt keinen *Reichtum*, daher fehlt Habgier. Es herrscht das frugale, einfache Leben. Es gibt keinen Luxus und keine raffinierten *Genüsse*. Es herrscht die Sittenstrenge, die Reinheit der Sitten.

Das Zeitalter der Macht, das Zeitalter des Reichtums und das Zeitalter der Lust haben je ihre spezifischen Gefahren und sind in je spezifischer Weise der gesellschaftlichen Korruption ausgesetzt.

Die gesellschaftliche Korruption, die von unmäßigem *Macht*wunsch erzeugt wird, besteht in einem Zustand von Gewalt und *Krieg* und in der Rohheit der Sitten, wie sie der Krieg mit sich bringt. Die Korruption besteht außerdem in jenen ständigen Übergriffen, mit denen man ohne gerechten Anspruch danach trachtet, freie Völker zu unterwerfen. Der heilige Augustinus nennt sie *magna latrocinia*.

Die gesellschaftliche Korruption, die von der hemmungslosen Liebe zum Reichtum erzeugt wird, bringt die *Knechtschaft*, denn die Liebe zum Reichtum unterdrückt die noblen Geister, und es gibt keine Gemeinheit, die ein Mensch nicht begeht, der unbedingt Gewinn will. Jedes Joch wird ertragen, das die Bereicherung zu erleichtern verspricht. Außerdem reizt der große Reichtum der Völker die Begehrlichkeit der Herrscher, die darin einen Anlaß sehen, um ihnen größere Abgaben und Belastungen aufzuerlegen. Rousseau schreibt, daß Alexander die Ichthyophagen[6] zwang, auf den Fischfang zu verzichten und sich von Produkten des Bodens zu ernähren, um sie in Abhängigkeit zu halten. Er fügt hinzu: „Und die Wilden in Amerika, die nackt herumlaufen und sich nur von der Jagdbeute ernähren, konnten niemals gezähmt werden. Wahrhaftig, welches Joch soll man Menschen auferlegen, die nichts brauchen?"[7] Diese Feststellung ist richtig, geht aber über das hinaus, was wir wollen. Daß der landwirtschaftliche Reichtum die Errichtung einer Gesellschaft und einer Regierung fördert, gereicht diesem Reichtum zum Lob, nicht zum Tadel. Die Gesellschaft, die die natürliche Freiheit regelt, ist keine Knechtschaft, sondern eine Vervollkommnung des Menschseins. Gleichwohl kann man nicht bestreiten, daß dabei eine Verringerung der Freiheit stattfindet. Wenn die Liebe zum Reichtum unmäßig wird, verwandelt sich diese Freiheitsminderung, die beim ersten Schritt etwas Gutes ist, in das Übel der Knechtschaft.

---

[5] Wir haben dieses Zeitalter in zwei Phasen unterteilt: die Phase der *Gründer* und die Phase der *Gesetzgeber* (vgl. das Buch *Vom umfassenden Grund* etc., Kap. 8).
[6] [Dt. *Fischesser*; das ist die Bezeichnung der Griechen für einige Völker Westasiens, in der Überzeugung, diese ernährten sich ausschließlich von Fisch.]
[7] *Discours à l'académie de Dijon*, S. 1. [J J. ROUSSEAU: Discours sur les Sciences et les Arts, in DERS.: Oeuvres complètes, cit., Bd. III, S. 7.]

Die gesellschaftliche Korruption, die vom Mißbrauch der Sinnenlust erzeugt wird, bringt notwendigerweise die *Barbarei*, weil das Licht der Intelligenz erlischt, wenn diese Verderbtheit in den Völkern die Oberhand gewinnt.

Krieg, Knechtschaft und *Barbarei* sind folglich die Merkmale und die Auswirkungen, die der gesellschaftlichen Korruption folgen und die der exzessiven Gier nach *Macht*, nach *Reichtum* und nach *Sinnenlust* entstammen.

Mit diesen drei Entartungsformen korrespondieren bei den Völkern drei Formen von Anständigkeit.

Das Kennzeichen der Anständigkeit hinsichtlich der Sinnenlust besteht darin, daß die gesunde, kräftige Konstitution der Person und die beständige Vervollkommnung der Natur dem momentanen Genuß vorgezogen wird.

Das Kennzeichen der Anständigkeit hinsichtlich des Reichtums besteht darin, daß der Reichtum weniger geschätzt wird als die eigene Freiheit und Unabhängigkeit.

Das Kennzeichen der gesellschaftlichen Anständigkeit hinsichtlich der Macht besteht darin, daß die Macht und der Ruhm weniger geliebt werden als die Gerechtigkeit, die Billigkeit und die Großzügigkeit allen Menschen gegenüber. Diese Kennzeichen von Anständigkeit findet man in allen Gesellschaften, wenn man zu ihrer ältesten Ursprungszeit zurückgeht, in der sie errichtet werden. Griechenland und Rom beweisen uns dies:

Es gibt einen Ort bei Herakleion, der nach einer Königin, die aus Liebe zur Jagd Jungfrau geblieben war, *Agamos* genannt wurde. Das erinnert daran, daß die Freuden der Jagd, bei denen man alle Vorzüge eines gesunden, geschmeidigen, kräftigen, wachen Körpers genießt, jeglicher Weichheit vorgezogen wurden. „Damals", schreibt Sallust, „lernte die römische Jugend, sobald sie kriegstauglich war, die Kriegskunst auf dem Feld durch Übung, durch Anstrengung. Und sie erfreute sich an schönen Waffen und an Kriegspferden mehr als an Dirnen und Banketten."[8] Auch die Freude, von der Appius spricht, zeigt diese Art von unverdorbener Natur. Er will die Römer ermutigen, den Winter über bei der Belagerung der Stadt Veji durchzuhalten, und sagt: „Die Mühe und die Freude sind zwei ihrer Natur nach ganz verschiedene Dinge, aber sie sind in einer Art von natürlicher Gemeinschaft miteinander vereint."[9] Und weil das Landleben die Gelegenheiten für eine solche Verderbtheit fernhält, sagte man: „Der Ackerbau ist der Weisheit benachbart und fast blutsverwandt."[10] Das ist das Kennzeichen für die Unverdorbenheit hinsichtlich des Genusses.

---

[8] *De bell. Catil.* „Igitur", fährt er fort, „talibus viris non labor insolitus, non locus ullus asper, aut arduus erat, non armatus hostis formidolosus; virtus omnia domuerat." [C. SALLUSTI CRISPI Catalinae coniuratio, Kap. 7, in: *Sallustius*, Leipzig 1932, S. 4–5.]

[9] T. Liv., *Dec.* I, Buch V. Kap. 4. [T. LIVIUS cit., Buch V, Kap. 4, Bd. I, S. 287.]

[10] „Res rustica sine dubitatione proxima et quasi consanguinea sapientiae est" (Colum., *De re rustica*, Buch I). – „Vita rustica persimoniae, diligentiae, justitiae magistra est" (Cic., *Pro Roscio Amerino*, § 75). [Vgl. L. J. M. COLUMELLA: De re rustica, Rom 1947, S. 4; M. TULLI CICERONIS Pro Sex. Roscio Amerino oratio, Kap. 27, § 75, in M. TULLI CICERONIS Scripta, cit., Teil II, Bd. I, S. 55.]

Die Armut wurde bei den Römern lange in Ehren gehalten. Man sagte stolz, daß der private Besitz gering, der gemeinsame Besitz aber groß sei. Wir haben die Beispiele von Valerius Publicola und Menenius Agrippa: Sie haben mit ihrer Tugend und Tapferkeit (virtù) den Staat gerettet, aber sie müssen auf Staatskosten bestattet werden, weil sie bei ihrem Tod nicht genug hinterlassen haben, um ihnen damit ein Begräbnis ausrichten zu können. Wir sehen das Beispiel des Cincinnatus, der zum Pflug zurückkehrt, nachdem er die diktatorische Vollmacht und den Oberbefehl über das Heer gehabt und die Republik aus äußerster Gefahr gerettet hatte. Ein weiteres Beispiel sind die Ansichten, die Fabrizius dem Pyrrhus über die Geringschätzung des Goldes und die ehrenvolle Armut mitteilt, die in Rom mit den höchsten Ämtern einhergeht. Diese und noch viele andere erinnernswerte Taten und Worte zeigen, wie sehr die Römer in jener Zeit zuerst die eigene Freiheit und Verteidigung und dann auch die eigene Macht dem leeren Glanz der Schätze vorzogen.[11] Selbst die Frauen, die doch so leicht von Habgier und Eitelkeit erfaßt werden, geben aus Liebe zur *Patria* ihren Goldschmuck her, und das Volk, das noch integer und von hochherziger Freiheitsliebe erfüllt ist, läßt sich nicht von Tribunen verführen, die ihm Landzuteilung anbieten.[12] Die Liebe zum Reichtum hat also in diesem Zeitalter die praktische Vernunft der Volksmassen noch nicht geblendet und korrumpiert.

Sowohl in Griechenland als auch in Rom finden wir Tatsachen, die beweisen, daß in dieser Zeit die Billigkeit, die Gerechtigkeit und die Großherzigkeit stärker sind als die Liebe zur *Macht*. Wenn Herakles und Theseus im Kampf mit den Räubern keine anderen Waffen einsetzen wollen als solche, mit denen die Räuber selbst ausgestattet sind, geben sie damit Zeugnis für eine bestimmte edle Haltung, die etwas Nobleres als die schlichte Herrschaft will. Wenn Alexander darauf verzichtet,

---

[11] Als Fabrizius zu Pyrrhus sagte, daß die Römer nicht die Herrschaft über den Reichtum wollten, sondern Herrschaft über die, die Reichtum besitzen, gab er einem Gefühl Ausdruck, in dem nicht so sehr die Liebe zur Freiheit als vielmehr die Liebe zur Macht stärker war als die Liebe zum Reichtum.

[12] „Id vero", sagt Livius darüber, daß die Plebejer im Jahr 266 seit Gründung Roms den Vorschlag des Tribuns Rabulejus zurückwiesen, aus dem öffentlichen Schatz die Armen für das zu entschädigen, was sie in der zurückliegenden Hungersnot für den Kauf von Getreide ausgegeben hatten, das Gelon, der König von Syrakus, der Republik gegeben hatte, „id vero haud secus quam praesentem mercedem regni aspernata plebs; adeo *propter suspicionem insitam regni*, velut abundarent omnia, munera eius in animis hominum respuebantur." Die philosophische Formulierung „in animis hominum respuebantur" ist bemerkenswert. Sie zeigt, daß in der Disposition der Herzen der Völker die Grundlagen für ihre politische Haltung liegen. – Noch im Jahr 690 seit Gründung Roms konnte Cicero das römische Volk davon abbringen, die Landzuteilung anzunehmen, die der Tribun Servilius Rullus mit dem Agrargesetz anbot. Cicero gelang dies, weil er dem Volk die Bedrohung vor Augen führte, die von diesem Gesetz für die Freiheit ausging. [Die Passage bei Livius lautet exakt: „Id vero haud secus quam praesentem mercedem regni aspernata plebs; adeo propter suspicionem insitam animis hominum regni, velut abundarent omnia, munera ejus respuebantur"; vgl. T. LIVIUS, op. cit., Buch II, Kap. 42, Bd. I, S. 113. Danach ist es nicht Rabulejus, der die Vergütung anbietet, sondern der Konsul Spurius Cassius. Zu Cicero vgl. M. TULLI CICERONIS De lege agraria orationes contra P. Servilius Rullus tribunum plebis, in M. TULLI CICERONIS Scripta, cit., Teil II, Bd. II, S. 178–232.]

die Feinde des Nachts anzugreifen, um nicht den Straßenräubern zu gleichen, zeigt er damit, daß der Wunsch zu herrschen noch von einem gewissen Sinn für Billigkeit und Großherzigkeit im Zaum gehalten wird. Als die Athener nach dem Sieg über die Perser die Seeherrschaft innehatten, bestimmten sie den Tribut, den Griechenland und Asien für den Unterhalt der Kriegsflotte zahlen sollten, die Griechenland beherrschte.[13] Die Bewohner Herakleions weigern sich zu zahlen. Die Athener schicken Lamakos mit zehn Schiffen los, um das Geld einzutreiben. Dieser fährt im Sommer zum Hellespont und läßt die Dreiruderer auf dem Fluß Chaleka vordringen und die Felder der Bewohner Herakleions verwüsten. Als aber die Schneeschmelze kommt und das Wasser von den Bergen stürzt, werden seine Schiffe gegen Felsen geschleudert und zerschellen. So kann er nicht mehr auf dem Seeweg zurückkehren. Zu Land wagt er die Rückkehr nicht, weil er durch ein Gebiet wilder Völker ziehen müßte. Was machen die Bewohner von Herakleion? Anstatt sein Mißgeschick auszunutzen, liefern sie Lamakos Proviant und bewaffnete Männer, so daß er mit der Truppe durch das Gebiet der bithynischen Thraker ziehen und nach Chalkedon gelangen kann. Man findet viele Beispiele dieser Art in Griechenlands großer Zeit. Ein Gleiches läßt sich von Rom sagen: In den großen Zeiten debattierte der Senat, bevor ein Krieg geführt werden sollte, weitaus mehr über die Gerechtigkeit der Sache als über ihre Nützlichkeit. Das beweist, daß die Liebe zur Macht noch vom Gefühl für das, was gerecht ist, gemäßigt war.[14] Wenn die Römer nach ihrem Sieg den besiegten Etruskern höchst menschliche Aufnahme bieten, ihre Wunden verarzten und ihnen in Rom selbst ein Quartier zwischen Palatin und Kapitol überlassen, geben sie damit ein schönes Beispiel für Menschlichkeit und Wohltätigkeit im Sieg. Porsenna, der davon heftig gerührt ist, gibt den Römern das Land jenseits des Tiber kostenlos zurück, das ihm in einem Friedensvertrag überlassen worden war. Damit liefert er ein weiteres Beispiel für eine Liebe zur Macht, die von der Liebe zur Tugend überwunden und besiegt worden ist.

In den Geschichten der hervorragendsten bürgerlichen Gesellschaften sieht man also die Kennzeichen der drei Formen von Integrität, von denen wir hier sprechen. Ebenso kann man darin die drei Korruptionsformen finden, die mit den drei Integritätsformen korrespondieren.

Wie aus dem vorher Gesagten deutlich wird, ist die schlimmste Form der Korruption diejenige, die die gesellschaftliche Existenz auslöscht und das gesellschaftliche Bewußtsein (sociale intendimento) ganz und gar in die Sinnenlust verkehrt, so

---

13   Olymp. LXXXVII, a. II.
14   "Bella", schreibt Varro, „et tarde nec [et] magna licentia [diligentia] suscipiebant, quod nullum bellum nisi justum [pium] putabant geri oportere" (*De vita pop. rom.*, Buch II). Die Fetialen – Kriegsherolde, die ausgesandt wurden, um den Krieg zu erklären – riefen mit vielen Schwüren und Feierlichkeiten Jupiter als Zeugen für die dem römischen Volk geschuldete Gerechtigkeit an. Dies ist ein weiterer Beweis für unsere Feststellungen. – Heutzutage ist es Mode geworden, schlecht über alle Taten des römischen Volkes zu sprechen. Aber wir glauben nicht, daß es richtig ist, sich denen anzuschließen, die boshafte Bemerkungen machen, auch wenn es modisch ist. [M. TERENTI VARRONIS De vita populi romani, krit. Ausg. der Fragmente, Mailand 1939, S. 301, Fragm. 75.]

Kapitel 3: Von der praktischen Vernunft ...   289

daß die Sinnlichkeit schließlich die einzige Führerin der Menschen ist. Diese Verderbtheit ist die erste oder die letzte Form von Korruption: Entweder liegt sie vor der Existenz der Gesellschaft und verhindert in diesem Fall deren Entstehung. Oder sie kennzeichnet die gesellschaftliche Zerrüttung, und in diesem Fall vernichtet sie die Gesellschaft. Im einen wie im anderen Fall ist sie unvereinbar mit der Existenz der bürgerlichen Gesellschaft.[15]

Die Verderbtheit, die der Gier nach Macht und Ruhm entstammt, kann schon in eine Nation eingedrungen sein, und dennoch kann es in dieser Nation Integrität hinsichtlich des Reichtums und der Sitten geben. Es kann dort Freiheit und Schlicht-

---

15   In dem Buch *Vom umfassenden Grund* etc., Kapitel 9, wurden die Eroberungen der Antike erklärt und auf die verschiedenen Zeitalter zurückgeführt, bei denen die zeitgenössischen Nationen jeweils angelangt waren: Die Völker, die das letzte Zeitalter erreicht hatten und zutiefst korrupt waren, konnten nicht gegen die Völker bestehen, die sich erst im zweiten Zeitalter befanden. Daher bildeten sie eine leichte Beute für die Eroberungen, nach denen die Völker trachteten, die sich im zweiten Zeitalter befanden. Man könnte diese Feststellung mit einigen Beispielen veranschaulichen, die aus den wenigen Quellen stammen, die von den ältesten orientalischen Monarchien auf uns gekommen sind, speziell mit dem Beispiel von Cyros' Eroberungen der Meder und der Assyrer. Alles deutet darauf hin, daß in jener Zeit die Nation der Meder und Assyrer durch maßlosen Luxus und ungezügelte Wollust verdorben war, während die Perser sich noch in einer Phase der Einfachheit und Tugendhaftigkeit befanden, wie Xenophon sie uns beschreibt. In diesem Zusammenhang verdient das Ereignis Beachtung, das im II. Buch der *Cyropaideia* erzählt wird. Als einige indische Botschafter an den Hof des Mederkönigs Kyaxares kamen, wollte dieser sie so empfangen, daß sie von dem Prunk und dem Luxus seines Hofes beeindruckt wären. Damit der Empfang möglichst feierlich ist, schickt er also den Befehl zum jungen Cyros, seinem Neffen, der als Satrap die den Medern unterworfenen Perser regiert, er solle an den Hof kommen. Kyaxares schickt Cyros auch edelste Gewänder, auf daß er damit bekleidet mit größtem Prunk am Hof erscheine. Aber was tut Cyros, als er diesen Befehl erhält? Er sammelt alle Kohorten seines Heeres in schönster Formation und erscheint, nach persischem Brauch schlicht gekleidet, eilends am Hof mit der gesamten Armee. Kyaxares fragt ihn, warum er in so einem Gewand ohne Prunk erscheint. Und Cyros antwortet: „Auf welche der beiden Arten, mein Kyaxares, hätte ich Dir mehr Ehre erweisen können? Indem ich Dir langsam gehorcht hätte und zu Dir, der Du mich riefst, in Purpur gekleidet und mit Armreifen und Halsketten gekommen wäre? Oder eher auf diese Art, indem ich Dir gehorche und schnell und mit dieser großen Truppe komme, um Dir Ehre zu erweisen. Ich ehre Dich, indem ich selbst hier erscheine, mit Schweiß und Schnelligkeit angetan, und indem ich die anderen hier gehorsam präsentiere." Gewiß verbirgt sich in Cyros' Art zu handeln ein Zug kluger Politik. Aber man erkennt ebenfalls, wie unterschiedlich der Mederkönig und der zukünftige Perserkönig die Dinge einschätzen. Der erste denkt lediglich daran, seine Größe mit Luxus zu beweisen; der zweite verachtet den äußerlichen Schein des Luxus, schätzt die Kraft des Heeres und macht sich geradezu über die Langsamkeit der Meder und der Assyrer lustig, indem er ihr die militärische Schnelligkeit eines nicht verweichlichten Volkes gegenüberstellt. Hier erkennt man doch deutlich, daß sich die Perser noch im ersten oder im zweiten Zeitalter der Macht befanden, während die Meder und die Assyrer schon im letzten Zeitalter der Wollust angelangt waren. Von daher verwundert es nicht, daß deren Reich schon reif war, um zur Beute für die Perser zu werden. – Nun möge man die Perser in der späteren Zeit, als Xerxes Griechenland einnehmen will, mit den Griechen vergleichen, von denen sie besiegt werden. Man wird dann leicht Betrachtungen anstellen können, die den vorigen entsprechen.
[XENOPHONTIS, op. cit., Buch II, Kap.4, §§ 1–6, in: XENOPHONTIS Scripta minora, cit., S. 72–72.]

heit des Lebens geben. In dieser Phase ist die Nation verwundet, aber das zeigt sie nicht nach außen. Sie steht vielmehr aufrecht und ist groß und liefert Vorbilder an Tugend. In dieser Situation befand sich Rom noch einige Zeit nach der Zerstörung Karthagos [im Jahr 608 seit der Gründung der Stadt], also nach der Zeit, ab der man die Zerrüttung der römischen Republik veranschlagt, die von der schon maßlos und zügellos gewordenen Gier nach Herrschaft herrührte.

Die Zerrüttung, die von der Gier nach Besitz kommt, liegt ebenfalls vor jener Zerrüttung, die in der Pervertierung der Sinne besteht. Daher gibt sich eine Nation nicht unmittelbar der Wollust hin, nachdem sie vor Liebe zum Reichtum verrückt geworden ist, sondern besteht noch eine Zeitlang reich, maßvoll und sparsam fort. Diese Zeitspanne ist normalerweise beachtlich, wenn der Reichtum durch Fleiß und Arbeit entsteht. Aber sie ist sehr kurz, wenn der Reichtum als eine Folge von Vorherrschaft den Staat überschwemmt. Daher stürzten der Reichtum Roms, das heißt die Beute aus den Eroberungen, und das Gold, das sich Spanien aus der Neuen Welt verschaffte, diese Völker schnell in Luxus und Sittenlosigkeit, eben weil Krieg und Eroberung ihnen Gold und Reichtum einbrachten und nicht die ehrliche Arbeit und der Fleiß des Gewerbes.

Man darf auch nicht davon ausgehen, daß eine Nation notwendigerweise von der eigenen Macht geblendet und verführt wird, sobald sie mächtig geworden ist. Zwar ist der Besitz maßloser Macht oder enormen Reichtums gefährlich, aber Macht und Gold an sich beeinflussen die Zerrüttung der Massen nicht so sehr wie die anständige oder die unredliche Herkunft dieser Güter. Wenn die Macht das natürliche Ergebnis der Gerechtigkeit und der Tugendhaftigkeit ist, wenn der Reichtum der Preis von Fleiß und klugem Haushalten ist, korrumpieren weder die Macht noch der Reichtum sofort die Völker. Die usurpierte Macht und der geraubte Reichtum sind außerordentlich verderbliche Kräfte, weil sie selbst der Verderbtheit entstammen.

Von daher läßt sich die Dauer der vier von den Nationen durchschrittenen Zeitalter ebensowenig mit Genauigkeit festlegen wie die Zeitspanne, die die Nationen für die jeweiligen Korruptionsformen der drei letzten Zeitalter brauchen. Die eine Nation geht länger auf diesem Weg, eine andere weniger lang. Und während die eine Nation sehr lange braucht, um von einem zum nächsten Zeitalter, von einer Korruptionsform zur nächsten weiterzugehen, bringt eine andere Nation sie alle mit schnellem Lauf hinter sich.

Man kann nur sagen, daß es in der Menschheit immer einen konstanten Grund gibt, der sie dazu bringt, Macht, Größe und materielle Freuden zu mißbrauchen. Dieser Grund besteht darin, daß der Menschheit ein absolutes Gut fehlt, das die menschliche Seele vollständig erfüllt und zufriedenstellt. Daher wenden sich die Menschen auf der Suche nach dieser für sie notwendigen vollendeten Erfüllung und Zufriedenheit zur Größe und zur Macht oder zum Besitzüberfluß oder zu den Sinnenfreuden, wenn diese Dinge ihnen als gut erscheinen. Die Tatsache, daß die Menschheit in solchen Dingen suchen will, was diese ihr nicht geben können, ist der tiefste Grund für den Zerrüttungsprozeß, den die Menschheit durch den Mißbrauch dieser Dinge vollzieht.

Neben diesem universalen und konstanten Grund für den Untergang gibt es variable Gründe.

Die Fehlerhaftigkeit des angeborenen Instinkts ist in den verschiedenen Völkern unterschiedlich groß. Das ist der unbemerkte Hauptgrund der unterschiedlichen Geschicke der Völker. Von ihrem Ursprung an ist den Völkern ein je eigener Stempel aufgedrückt. Das ist das geheime und machtvolle Mittel, mit dem die Vorsehung den Völkern ihre Schicksale zugewiesen hat.

Die klimatischen Bedingungen tragen dazu bei, Temperament und angeborenen Charakter der Völker zu ändern. Aber sie ändern diese nicht vollständig. Solche Veränderungen sind nur unwesentlich.

Zwei äußere Gründe, die den Gang der Gesellschaften durch ihre vorbestimmten Zeitalter beschleunigen helfen, lassen sich außerdem noch nennen: 1.) äußere Anlässe, die durch das Bündel jener Umstände geliefert werden, durch die manche Gesellschaften sich rascher organisieren und fest konstituieren, herrschen und sich bereichern; 2.) ein manchen Völkern ebenfalls inhärenter größerer Grad an Aktivität, durch den sie generell schneller handeln und folglich die Zeit schneller durchschreiten und verschlingen als gemächlichere, langsamere Völker. Dabei erkennt man das folgende Gesetz: 'Je mehr sich der Mensch darum bemüht, die äußeren Güter zu erlangen, und je mehr Versuche und Anstrengungen er ihretwegen unternimmt, desto mehr Zuneigung entwickelt er zu diesen Gütern und desto stärker treibt er folglich seine Bewegungen voran, die sich kontinuierlich beschleunigen.'

Wie haben gesehen: Es gibt eine *Erfüllung und Zufriedenheit*, die zum ersten Zeitalter gehört, in dem das von der praktischen Vernunft der Massen bestimmte Nahziel der Gesellschaft die Existenz der Gesellschaft selbst ist. Man kann daher fragen: Gibt es entsprechend auch *Formen von Erfüllung und Zufriedenheit*, die zu den drei folgenden Zeitaltern gehören, in denen das Nahziel der Gesellschaft de facto in der Macht, im Reichtum oder in den Sinnenfreuden angesiedelt wird?

Ich antworte: Im zweiten Zeitalter, in dem die praktische Vernunft der Massen Macht und Ruhm für ihr Land will, muß man unterscheiden zwischen einer ersten Phase, in der die Gier nach Herrschaft und Ruhm noch nicht maßlos, grenzenlos und ungerecht ist, und einer zweiten Phase, in der die Macht und der Ruhm ohne Maß und ohne Achtung der Gerechtigkeit erstrebt werden. In dieser zweiten Phase kann es keine Erfüllung und Zufriedenheit der Seele geben, sondern nur unruhige, unersättliche und seelenzerrüttende Begierden. Diese Begierden hören nur auf, wenn sie von der Erschöpfung der Kräfte der Nation oder vom Eintritt der verderblichen Liebe zum Reichtum verbraucht sind. In der ersten Phase, in der der Wunsch nach Macht und Ruhm begrenzt und der Gerechtigkeit untergeordnet ist, ist es dagegen nicht ausgeschlossen, daß es eine gewisse Erfüllung und Zufriedenheit der Seele gibt, sofern die ersehnte Macht und der ersehnte Ruhm auf gerechten und anständigen Wegen erworben werden – als natürliche Frucht der Großzügigkeit, der Klugheit und einer Tüchtigkeit, die sich lediglich als Bestätigung dessen erweist, was gerecht und anständig ist.

Im dritten Zeitalter, dem Zeitalter des Reichtums, muß man die Herkunft des

Reichtums untersuchen, so hatten wir angedeutet. Wenn der Reichtum das Ergebnis von ungerechten Eroberungen ist und wenn sein Zeitalter auf das bereits bei der Korruption angelangte Zeitalter der Macht folgt, dann ist der Reichtum fatal. Es gibt dann keine Zwischenzeit, in der die Seelen zur Ruhe kommen; vielmehr gehen sie gierig von einem exzessiven und quälerischen Verlangen zum nächsten weiter. Demgegenüber unterteilt sich das Zeitalter eines Reichtums, den die Nation als Folge von legitimer Macht oder durch geschäftliche Tüchtigkeit erworben hat, seinerseits in zwei Phasen. In der ersten Phase will die praktische Vernunft der Massen zwar dafür sorgen, daß die Nation reicher wird, aber diese Tendenz ist moderat, und ihr werden von der Ehrlichkeit und von der Gerechtigkeit Regeln gesetzt. Ein solcher Wunsch kann erfüllt und zufriedengestellt werden und kann dann auch einen Zustand der Zufriedenheit der Seele erzeugen. Aber von dort gleitet die Nation leicht in die zweite Phase, besonders wenn sie zuviel Reichtum erworben hat und wenn sie den Reichtum zu leicht erworben hat. Dann reißt die Begehrlichkeit die Dämme ein, kennt kein Maß mehr und sagt nicht mehr: Jetzt ist genug. In dieser letzten Phase sind die Massen zwar sehr reich, aber überaus unglücklich und ohne jeden inneren Frieden.

Zum Zeitalter des Luxus und der Sinnenfreuden können wir schließlich ähnliches sagen wie das, was wir über das Zeitalter des Reichtums gesagt haben. Wenn die Sinnenfreuden als Folge der usurpierten Macht und des unrechtmäßig erworbenen Reichtums eintreten, wenn sie also nach den korrupten Phasen der Macht und des Reichtums kommen, dann verstärken sie lediglich die qualvolle Unruhe in der Nation. Wenn jedoch der Wunsch nach Annehmlichkeiten nach der anständigen Phase der Macht und nach der anständigen Phase des Reichtums kommt, hat auch das Zeitalter der Sinnenfreuden zwei Phasen oder Abschnitte. In der einen Phase sind die angestrebten Freuden maßvoll und anständig. In der anderen Phase, die allzubald auf die erste folgt, herrscht zügellos und ohne Scham die nackte Wollust. Dann greift sie die Wurzeln der bürgerlichen Gesellschaft an.

Diese unterschiedlichen Wechselfälle, denen die Massen ausgesetzt sind, haben ihre verborgenen Gründe in der Verfassung des menschlichen Herzens.

Wenn wir betrachten, was im verborgenen Inneren des einzelnen vor sich geht, stoßen wir rasch auf die Erklärung für die historischen Ereignisse. Es sei mir gestattet, einige wenige Beobachtungen über die Abfolge der Zustände hinzuzufügen, in denen sich Geist und Seele des Menschen befinden können. Dadurch soll das, was wir bisher von den Nationen gesagt haben, besser erklärt werden.

Bei der Entwicklung und beim Gang des Geistes und der Seele kann man beobachten, daß der einzelne Mensch von Zeit zu Zeit gleichsam Ruhesitze (sedie di riposo) findet. Es ist allerdings eine provisorische und temporäre Ruhe.

Wenn der Mensch sich dann durch irgendeinen Hinweis über seinen Irrtum klar wird – das heißt, wenn er merkt, daß das, was er hat, ihn nicht vollständig erfüllen und zufrieden machen kann, wie er geglaubt hatte – steht er wieder auf und geht weiter auf dem Weg seiner Gedanken und seiner Neigungen, bis ihm erneut scheint, er habe einen Ruheplatz gefunden. Ent-täuscht (sgannato) erhebt er sich alsbald auch von diesem Ruheplatz und geht weiter. Einerseits verlangsamt dieses Innehal-

Kapitel 3: Von der praktischen Vernunft ... 293

ten den Menschen auf dem Weg seiner Reflexionen und seiner Neigungen und hält ihn davon ab, sofort zur vollkommenen Erkenntnis und zur vollkommenen Tugend zu gehen; andererseits verhindert es, daß er kopfüber in den Abgrund des Lasters stürzt. Wenn wir dieses einzigartige Verhalten des menschlichen Geistes analysieren, erkennen wir, daß es auf folgende Weise zustandekommt:

Wenn der Geist den Grund für ein Faktum sucht, gibt er sich rasch mit dem ersten Grund zufrieden, den er findet und der ihm wahr scheint, und bei diesem Grund hält er inne. Nun kann es aber geschehen, daß der Geist durch neue Reflexionen diesen Grund als falsch oder unzureichend erkennt oder daß er sieht, daß dieser Grund nicht der letzte Grund ist, sondern ein Grund, der vorher einen anderen Grund voraussetzt. Wenn das geschieht, dann verliert der Geist seine erste Ruhe, steht sofort auf und begibt sich auf die Suche nach einem besseren, wahreren und tieferen Grund. Dieses Spiel wiederholt sich mit dem zweiten Grund, der sich finden läßt, und mit dem dritten und so weiter bis zum letzten Grund. Es scheint, daß alle Verzögerungen des menschlichen Geistes bei den falschen oder unvollständigen oder nicht-letzten Gründen unterschiedlich lang sein können und daß sie auch das ganze Leben dauern können, wenn der Mensch nicht durch eine akzidentelle Gelegenheit aufgestört wird, die ihn über das Ungenügen der gefundenen Gründe nachdenken läßt. Von ihrer Natur her sind also das Innehalten und die Erfüllung und Zufriedenheit der Intelligenz nicht dauerhaft und gewiß, solange sie nicht zum wahren und letzten Grund für das Faktum gelangt ist, für das sie eine Erklärung sucht.

Man kann den Geist gleichsam als Landkarte für die Reisen der Seele betrachten, die das Prinzip des menschlichen Handelns ist. Das, was sich nach unserer Darstellung im Geist ereignet, ereignet sich auch in der glücksuchenden Seele. Bei jedem Gut, auf das sie trifft, entwickelt sie eine frohe Hoffnung auf große Dinge. „Siehst Du", sagt sie zu sich, „was das für ein schöner Zufall ist: Ist das, was ich erreicht habe, nicht das, was mich glücklich machen wird?" Durch diese Verlockung gibt sich die Seele dem Erwerb und dem Genuß jenes Gutes hin, auf das sie eine so große Hoffnung setzt. Hier ruht sie aus, hier ist sie erfüllt und zufrieden. Aber wie lange dauert diese Ruhe? Sie dauert nur solange, bis sich die Seele schließlich klarmacht – wenn sich die Erfahrungen wiederholt haben und wenn sie von diesem Gut genug hat und Überdruß und Verachtung empfindet – daß sie sich getäuscht hat. Dann folgert sie: „In dem, was ich für ein Gut hielt, liegt nicht das, was ich zu erlangen glaubte und hoffte." Dann macht sich die Seele auf zu neuen Wünschen und zur neuen Suche. Sie geht auf dem Weg weiter, bis sie ein anderes Gut trifft, bei dem sie gleichfalls verweilt, bis sie davon im Überfluß besitzt und seiner überdrüssig wird oder bis sie sich auf irgendeine andere Weise klarmacht, daß es auch in diesem Gut über den Anschein hinaus kein Glück gibt. So geht der Mensch von einem Gut zum nächsten weiter und hält inne wie ein Stein, der den Abhang hinunterrollt und der nur in der Ebene anhält, wenn er nicht unterwegs auf ein zufälliges Hindernis stößt. Wenn dieses Hindernis weggenommen wird, rollt der Stein weiter den Abhang hinunter. Diese unvollendeten Ruhepausen und Zufriedenstellungen der Seele können, obwohl sie von den Umständen bedingt sind, doch unterschiedlich lang dauern, je nachdem, wie sich die Anlässe bieten, nachzudenken und weiterzugehen. Diese Anlässe haben wir schon allgemein aufgezeigt.

Buch III, Kapitel 4

Der Sonderfall, in dem die bürgerliche Gesellschaft unmittelbar vom Zeitalter der Existenz zum Zeitalter des Reichtums übergeht, ohne das Zeitalter der Macht zu erleben

Die *Idealgeschichte* (storia ideale) der vier Zeitalter wird von der *Realgeschichte* (storia reale) der bekanntesten antiken Nationen Europas bestätigt.

Wenn man sie dagegen auf die Nationen des östlichen Kontinents überträgt, gibt es eine Ausnahme.

Es ist nur natürlich, daß ein Volk, das eine Gegend bewohnt, die außergewöhnlich fruchtbar ist und reich an allen Arten von Produkten, die den Bedürfnissen und den Annehmlichkeiten des Lebens dienen, rascher verweichlicht und Freude am Reichtum, am Luxus und an jeder Form von Genuß entwickelt. Wenn dieses vom Klima begünstigte Volk an sich fein und zart und zudem von beweglichem und raschem Geist ist, wird es eher den Künsten des Friedens als den harten Mühen des Krieges zuneigen. Die Bedürfnisse treiben es auch nicht dazu, andere Regionen aufzusuchen als die, in denen es lebt und in denen es ihm an nichts fehlt. So kommt es, daß die Volksmassen, die solche reichen Gegenden bewohnen, ein friedliches Wesen entwickeln. Ihre praktische Vernunft wird fast unmittelbar nach der Gründung der bürgerlichen Gesellschaft dazu gebracht, das Nahziel der Gesellschaft dadurch zu bestimmen, daß sie es im *Reichtum* und in den *Annehmlichkeiten* ansiedelt statt in der *Macht*. Nationen solcher Art gehen also gewöhnlich unmittelbar vom ersten Zeitalter zum dritten Zeitalter, zur Epoche des Reichwerdens über, und von diesem Zeitalter gehen sie rasch zum Zeitalter des Luxus und der Genüsse über.

In ihrer Geschichte läßt sich also kein eigenes Zeitalter mit dem Hang zum Erwerb nationaler Macht erkennen oder jedenfalls kein Zeitalter der Macht von bemerkenswerter Dauer.

Die großen Monarchien des Ostens, jenseits von Persien, zeigen bei ihren Völkern überhaupt keinen kriegerischen Geist, sondern eindeutig das friedliche Wesen, von dem wir sprechen. Daher wurden sie ganz leicht von irgendeinem kühnen Mann unterworfen, den der Ehrgeiz zu herrschen packte. Eine einzige Schlacht, in der manchmal die schrecklichste Waffe nicht das Schwert, sondern die Angst war, entschied das Schicksal von Hunderten von Provinzen. Der Krieg wurde nicht von den Massen geführt, welche fügsam den glücklichen Sieger als Herrscher akzeptierten, sondern er wurde stets vom maßlosen Stolz anfangs zweier Rivalen und dann zweier Familien geführt.

Das, was wir hier feststellen, läßt sich hauptsächlich auf Indien übertragen.

Kapitel 4: Der Sonderfall ... 295

Nach den Aussagen von Diodor[1] und Strabo[2] unternahm Indien nie militärische Expeditionen nach außen und gründete auch keine Kolonien und wurde auch nicht von anderen Nationen erobert. Dies gilt jedenfalls für den innersten Teil dieses weiten Landes.

Nachdem die bürgerliche Gesellschaft errichtet war, statteten diese reichen und begabten Völker die Gesellschaft natürlicherweise weniger mit militärischen Einrichtungen aus als mit Zünften (ordini), die sich der Landwirtschaft, dem Handwerk, dem Handel widmen, also den friedlichen Fertigkeiten in jeder Art von Gewerbe. Eben darauf trifft man in Indien.

Die Einteilung der Einwohner in Kasten beim Zusammenschluß der ersten Familien zur bürgerlichen Gesellschaft bot zwangsläufig viele große Vorteile. Sie bot vor allem den Vorteil, die Familien im gemeinsamen Verband zusammenzuhalten. Denn durch die Kasten bestanden zwischen den Familien eine wechselseitige Abhängigkeit und die Notwendigkeit einer kontinuierlichen Weitergabe von Aufgaben und Vorteilen. Es handelt sich um Gesellschaften, die nicht von einem nationalen, nach Ruhm und Herrschaft strebenden Bewußtsein zusammengehalten werden und die großenteils frei sind von jenen Gefahren, die die Völker zur gemeinsamen Verteidigung zusammenbinden. Es handelt sich um Gesellschaften, die keine Gesetze brauchen, insofern es Gesellschaften sind, denen die bereits gut gesicherten häusli-

---

[1] "Indien, ein sehr großes Land, wird von vielen, unterschiedlichen Nationen bewohnt, von denen keine fremder Herkunft ist; alle halten sich vielmehr für Ureinwohner. Man wüßte auch nicht, daß sie von anderen kolonisiert worden wären noch daß sie Kolonien ausgesandt hätten." Diodor gibt das wieder, was er von den gelehrtesten Indern vernommen hat, und sagt erneut: „Auch die, die nach ihm [dem indischen Herkules] kamen, hatten für lange Zeit das Land inne und unternahmen großartige Taten, aber nie eine Expedition außerhalb der Grenzen des Königreiches, und sie schickten auch keine Kolonien in andere Gegenden" (Buch II, Kapitel 11). [DIODORI Bibliotheca historica, Buch II, § 38, 151, Leipzig 1888–1893, Bd. I, S. 232 und S. 235.]

[2] Buch XV. [STRABONIS Geographia, Buch XV, § 6, c. 686, Leipzig 1866, Bd. III, S. 957.]

[3] Aus dem Bericht des Megasthenes, der sich zu Beginn des dritten Jahrhunderts vor Christus viele Jahre lang am Hof des Königs der Abrasier aufhielt, wissen wir, daß man in dieser Zeit im Königreich der Abrasier, dem vielleicht zivilisiertesten Land Indiens, keine *geschriebenen Gesetze* benutzte und daß keine Diebstähle, außer von kleinen Beträgen, begangen wurden. Strabo schreibt (Buch XV): „Megasthenes berichtet, daß er im Lager von Tschandragupta, wo eine Menge von vierhunderttausend Personen war, keinen Tag erlebt hat, an dem ein Diebstahl von mehr als zweihundert Drachmen begangen wurde; sie benutzten aber keine geschriebenen Gesetze, weil sie keine Schriftkultur haben, sondern lenkten alle Dinge mit dem Gedächtnis." Auch heute noch ist es in Indien so, daß man keine geschriebenen Gesetze benutzt. Es gibt wohl alte Rechtsabhandlungen, die allerdings keine Rechtskraft haben. Dazu die Aussage von Papi, der lange in Indien war: „Die Inder besitzen zahlreiche Gesetzestraktate. Ein gewisser Raghunandaa, den die Engländer in Calcutta den „Trebonianus von Indien" nennen, machte daraus vor einigen Jahrhunderten eine Art Gesetzessammlung in siebenundzwanzig Bänden. Seine Quelle waren die Bücher der verschiedenen Muni oder heiliger Personen. Aber es scheint, daß diese Abhandlungen nur dazu gemacht sind, in den Händen einiger Brahmanen zu bleiben: Sie werden nicht etwa verkündet, und das Volk weiß nicht einmal, daß es sie gibt. Die Hauptregel beziehungsweise fast die einzige Regel für die Urteile sind die alten Gebräuche und die früheren Entscheidungen, und bei den Fällen, auf die man diese nicht

chen Sitten genügen.³ Aus diesen Gründen wäre es schwierig, eine geeignetere Institution als das Kastenwesen zu finden, das als fester Zement zwischen den von Natur aus auseinanderfallenden und natürlicherweise egoistischen Familien dient. Außerdem stellt Robertson völlig zu Recht fest [was immer andere dazu gesagt haben], daß die Einteilung der Bevölkerung in Kasten, die zu unterschiedlichen Aufgaben und Diensten bestimmt sind, erhebliche ökonomische Vorteile hatte:

> „Wenngleich die Achtung für die Arbeitsweise der Vorfahren den Erfindergeist behindert, folgt aus dieser Achtung doch eine solche Tüchtigkeit und Feinheit im Handwerk, daß die Europäer mit allen Vorteilen der überlegenen Kenntnisse und mit der Hilfe der perfektesten Instrumente es nicht geschafft haben, der Genauigkeit dieser Arbeit gleichzukommen."

Und weiter:

„Die Aufteilung der Berufe in Indien und die alte Aufteilung des Volkes in Klassen, von denen jede zu einer bestimmten Art der Arbeit bestimmt war, sicherten einen solchen Überfluß an gebräuchlicheren, gewöhnlicheren Waren, daß sie nicht nur für den eigenen Verbrauch ausreichten, sondern daß damit auch alle Gegenden der Umgebung versorgt werden konnten."⁴

---

anwenden kann, und zumal bei jenen, die von Habgier oder Raublust und anderen Leidenschaften verursacht werden, liegt das Gesetz allein im Munde des Brahmanen, des Alleinherrschers, des Richters" (*Lettere sulle Indie Orientali*, Tom. II, Fasz. 136 und 137, Philadelphia 1802). – Erst um die Mitte des 16. Jahrhunderts erstellte Akbar, ein Nachfahre des Timur, ein Kompendium der indischen Rechtskunde, und zwei Jahrhunderte später besorgte der englische Gouverneur Hastinghs eine weitere Kompilation der indischen Gesetze, die 1781 in London erschien. 1796 veröffentlichte Colebrooke in drei Bänden in 4° die Übersetzung des Manu-Kodex. Romagnosi vermutet, daß dieser Kodex 540 Jahre vor Christus vom Iran aus nach Indien gelangt sei. Allerdings scheinen die Argumente, mit denen Romagnosi seine Annahme beweisen will, recht schwach, weil sie allein der Tatsache entnommen sind, daß sich in dem besagten Kodex einige Gesetze befinden, die, wie es scheint, in Indien nicht angewendet wurden. Das ist schwer zu beweisen für alle Epochen und für alle Orte dieses weiten Landes. Ich will lieber an das erinnern, was die indische Mythologie erzählt. Sie berichtet, daß Manu und zehn weitere Gesetzgeber Söhne von Brahman und seiner Frau Seraswati sind. Manu bevölkerte die Erde und gab seinen Söhnen hervorragende Gesetze [das ist die bürgerliche Herrschaft (dominio civile), wie sie in Indien unmittelbar aus der väterlichen Herrschaft (dominio paterno) entsteht: die aus der Familie hervorgehende politische Gesellschaft]. Aber seine Söhne und Nachkommen beachteten die Gesetze nicht. – Daher war es nötig, daß weitere Manus geboren wurden, um die Menschen weise zu führen und zu regieren. [Zu den zitierten Autoren: STRABO, op. cit., Buch XV, § 53, c. 709, Bd. III, S. 987–988; L. PAPI: Lettere sulle Indie orientali, Lucca 1829, tom. II, S. 66. Zur ersten englischen Übersetzung des Manava-dharmasastra (Kodex des Manu), hg. von G. COLEBROOKE, mit einem Vorwort von W. Jones, vgl.: Institutes of Hindu Law or ordinances of Menu, according to the gloss of Culluca, London-Calcutta 1796; zu Romagnosis Überlegungen zur Herkunft des Manu-Kodex vgl. W. ROBERTSON, op. cit., tom. II, S. 658–666.]

⁴ *Ricerche storiche sull'India antica*, Anhang II. [W. ROBERTSON, op. cit., Tom. I, S. 227–229.]

Kapitel 4: Der Sonderfall ...

Neben den ökonomischen Vorteilen gab es zweifellos auch politische Vorteile. Die Kasten gewöhnten das Volk an die Arbeit mit dem Anreiz des Wettstreits zwischen den einzelnen Klassen (classi). Sie gaben dem Volk eine Form von Ordnung und Regelmäßigkeit, von der die Intelligenz stark beeinflußt wird, weil sie daraus die Grundlagen einer Art praktischer Logik empfängt. Die Kasten erleichterten das Regieren mit der Unterteilung und Klasseneinteilung der Volkskraft sowie dadurch, daß sie alle Familien an festgelegte Gewohnheiten[5] und Fertigkeiten des Friedens banden. Außerdem beseitigte das Kastenwesen die Gründe für innere Kriege. Denn es sorgte dafür, daß der Nutzen und der Willen des Volkes, das mit der Wahrung und Mehrung des Reichtums beschäftigt war, den Kriegen entgegengesetzt waren.

Diese in der Praxis erlebten Vorteile haben gewiß enorm dazu beigetragen, die Einteilung der Kasten stabil und immer enger zu machen – bis dahin, daß sie durch ein religiöses Verbot bekräftigt wurde.[6] Doch es ist wohl nicht so, daß es diese Vorteile waren, die die Kasteneinteilung ursprünglich hervorgebracht haben. Den Ursprung des Kastenwesens muß man aus einem Zustand vor dem der bürgerlichen Gesellschaft herleiten: Es ist die bereits konstituierte und entwickelte Sippe, die bei ihrem Eintritt in die Gesellschaft zusammen mit den anderen Sippen ihre Gewohnheiten, ihre Fähigkeiten und ihre Traditionen einbringt und eifersüchtig beibehält. Im ältesten der Bücher, in der *Genesis*, fehlt es nicht an Spuren von Berufen, die auf natürliche Weise in der Familie erblich wurden. Im Buch *Genesis* lesen wir, daß schon vor der Sintflut Jabel „der Stammvater derjenigen war, die in Zelten lebten und Hirten waren".[7] Dies ist also eine ganze Sippe, die mit den Gewohnheiten des Stammvaters auch dessen Beruf beibehält. Im Buch *Genesis* steht auch, daß Jabels Bruder Jubal „der Stammvater derer war, die Zither und Flöte spielten".[8] Dies ist also ein Stamm, der fleißig die Fähigkeit und den Beruf des Vaters beibehält, ein Instrument zu spielen. Schließlich wird von Tubal-Kain, dem Bruder der Vorhergenannten, aber von einer anderen Mutter abstammend, berichtet, daß er „Metall bearbeitete und von Beruf Schmied für jede Arbeit aus Erz und Eisen war", oder wie es im Urtext heißt, „daß er jeden Erz- und Eisenschmied unterwies".[9]

Der Geist der Nachahmung ist der hautpsächliche, wenn nicht sogar der einzige Führer der Menschen, bevor sie sich im Geist Leitprinzipien gebildet haben, die ihnen die freie Entscheidung über sich selbst geben. Neben der Nachahmung und neben vielen anderen Gründen für die Fortführung der Fertigkeiten und des Berufs des Vaters durch die Söhne sorgte dafür in den ältesten Zeiten auch der sehr hohe

---

[5] Der Krieg bringt die häuslichen Sitten durcheinander und zerstört sie. Die Familien, die sehr an ihren Gebräuchen hängen, sind folglich natürlicherweise Gegner des Krieges.

[6] Es ist wahrscheinlich, daß das von der Religion verhängte Verbot, von einer Kaste in eine andere zu wechseln, von den Brahmanen in einer moderneren Zeit aufgestellt worden ist. Gleichwohl hatte auch seine Wurzeln in der religiösen Verehrung für die alten Stammväter, denen man göttliche Ehren zusprach. Und tatsächlich beharren alle indischen Kasten auf ihrem Ursprung von den Göttern.

[7] "Genuitque Ada Jabel, qui fuit pater habitantium in tentoriis atque pastorum" (*Gen.*, IV, [20]).

[8] "Et nomen fratris ejus Jubal: ipse fuit pater canentium cithara et organo" (*Gen.*, IV, [21]).

[9] *Gen.*, IV, [22])

Preis, den ein neues Handwerk zwangläufig hatte. Daher betrachtete man das Handwerk als den Schatz des Hauses und behielt es eifersüchtig bei, insofern es der Familie, die darüber verfügte, eine Vorrangstellung gegenüber den anderen Familien verschaffte. Hinzukommt, daß dieser Beruf oder diese Kunstfertigkeit in jener Zeit leicht innerhalb der häuslichen Mauern bewahrt werden konnte, weil es außerhalb niemanden gab, der darin Meister war. Folglich umschloß das Haus diese Tätigkeit und ihre einzige Lehrstätte.

So erklärt sich offensichtlich die Unterteilung in Kasten beziehungsweise in Familien, die das väterliche Handwerk ausüben. Man findet diese Unterteilung konstant in allen ursprünglichen bürgerlichen Gesellschaften (primitive società civili) im Osten, in der Arabia Felix[10], in Ägypten, in Persien und so weiter. Dieselbe Einrichtung findet man in Peru unter der Herrschaft der Inkas.[11] Bei den alten Griechen sind

---

[10] „Nach einer anderen Aufteilung war ganz Arabia Felix in fünf Stände aufgeteilt. In dem einen Stand sind die Krieger und die, die alle anderen verteidigen; in dem zweiten sind die Bauern, die den anderen Getreide liefern; im dritten sind die, die mit Gerätschaften umgehen, und die Handwerker; im vierten sind die, die für Myrrhe sorgen; und im fünften sind die, die den Weihrauch besorgen, und das sind zugleich diejenigen, die auch die Kassie, den Zimt und den Lavendel liefern. Diese Berufe werden nicht untereinander ausgetauscht, sondern ein jeder bleibt in dem Beruf, den er von seinen Vorfahren übernommen hat" (Strabo, Buch XV). [STRABONIS, op. cit., Buch XVI (!), § 24, c. 782, Bd. III, S. 192.]

[11] Es fehlt nicht an Hinweisen dafür, daß es wahrscheinlich ist, daß Amerika von Asien aus bevölkert worden ist, wie man bei Malte-Brun sehen kann. Man hat Spuren von Ähnlichkeit in der Körperbeschaffenheit, in der Sprache und in den Sitten der Ureinwohner Nordamerikas mit den Tungusen, den Manchu, den Mongolen, den Tartaren und anderen Nomadenstämmen Asiens, die nahe der Behringstraße wohnen, entdeckt (vgl. Fischer, *Conjecture sur l'origine des Américains*; Adair, *History of the American Indians*; und die Werke A. Humboldts). Humboldt stellt fest (*Essai politique sur la Nouvelle Espagne*, Bd. II, S. 502), daß die Tschuktschen auch heute noch jedes Jahr Kriege gegen die Amerikaner führen, indem sie die Behringstraße überqueren.
Rask, Professor für Literaturgeschichte an der Universität Kopenhagen, nimmt in seinem 1826 erschienenen Werk *Dell'antichità della lingua Zend e dell'autenticità del Zendavesta* an, daß die Sprache der Telegus und der Bewohner der Kanaren und die Sprache der Malabaren und anderer Völker, die heute die Ostküste Indiens und die Länder südlich vom nördlichen Wendekreis bewohnen, große Verwandtschaft mit den tatarischen und finno-ugrischen Sprachen haben, die in Nord- und Mittelasien gesprochen werden.
In Amerika hat man Spuren des asiatischen Sabäismus gefunden. Den ägyptischen Pharaonen gab man, wie Champollion jr. herausgefunden hat, den Namen „Sonnensöhne". Die alten Herrscher in Indien hielten sich ebenfalls für Söhne der Sonne (Diod. Sic., Buch II, Kap. 9). Auch heute noch teilt sich die zweite Hinduklasse, also die Kshatria, die Kriegerklasse, in zwei Stände auf, von denen einer von der Sonne und einer vom Mond abstammt. Und in den Denkschriften des Garcislaso de la Vega wird auf dieselbe doppelte Abstammung der Adelsgeschlechter Perus verwiesen. [Der erste Abschnitt dieser Anmerkung stammt aus: A. DE TOCQUEVILLE, op. cit., tom I, Teil I, Kap. 1, in DERS.: Oeuvres, cit., Bd. I, S. 22, Anm 14; die Bemerkung zum Werk von Rask gibt einen Abschnitt einer Anmerkung Romagnosis zu den *Ricerche storiche sull'India antica* wieder, vgl. W. ROBERTSON, op. cit., tom. II, S. 695–696; der dritte Abschnitt ist die fast wörtliche Wiedergabe einiger Feststellungen Romagnosis, vgl. W. ROBERTSON, op. cit., Tom. II. S. 439–440; irrtümlich wird die Beobachtung, die indischen Könige trügen ebenfalls den Titel „Söhne der Sonne", Diodorus Siculus zugeschrieben.]

Kapitel 4: Der Sonderfall ...

die Spuren der traditionellen Fertigkeiten und Berufe ganz deutlich. So kamen beispielsweise aus dem Stamm des Äskulap diejenigen, die Medizin praktizierten. Aus den Fertigkeiten und Berufen, die von Generation zu Generation weitergegeben wurden, leitete sich stets die Auffassung von der größeren oder geringeren Nobilität der Stämme ab. Denn eine jede herausragende Tat der einzelnen Familienmitglieder wurde eher der Familie als den Individuen zugerechnet.

Alle diese Feststellungen gelten in besonderer Weise für Indien. Dort gibt es noch heute deutliche Spuren der verschiedenen Ursprungsfamilien, die sich einst zur bürgerlichen Gesellschaft zusammengeschlossen haben, denn diese Familien haben wegen der Schwäche der gesellschaftlichen Bindungen niemals ganz und gar miteinander verschmelzen können.[12] Denn wenn eine Nation das Zeitalter der Herrschaft und des Ruhms nicht erlebt, bleiben die Bindungen, die die Massen zusammenhalten, schwächer. Denn dann fehlt ein alleiniger großer Zweck, der allgemeine, öffentliche Begeisterung weckt und in dem sich die Gedanken, die Interessen und der Wille von allen konzentrieren. Daraus wird gleichsam der Wille eines einzigen, in dem die Bürger sozusagen absorbiert werden, so daß sie sich selbst vergessen und für das Vaterland die Zuneigungen und Gewohnheiten der Familie opfern.

In Indien sind folglich die Familien noch nach patriarchalischem Brauch groß.[13] Dort ist die Regierung der Nation nicht so wichtig wie die Verwaltung der Stadt (municipio), die ähnlich wie die Familien regiert wird.[14] Die indischen Spra-

---

12   Überall unterscheiden sich die drei obersten Kasten, die sich untereinander an Würde unterscheiden, insgesamt von den unteren Kasten nicht nur durch ihre religiösen und politischen Privilegien, sondern auch durch die Hautfarbe [weiß] und durch die Gesichtszüge.

13   „Die Häuser der Hindu", schreibt Graham im Tagebuch über ihren Aufenthalt in Ostindien in den Jahren 1809–1811, „sind notwendigerweise groß; denn wenn ein Mann auch zwanzig Söhne hat, so bleiben sie auch nach ihrer Heirat bei ihm. Onkel, Brüder, Söhne, Enkel leben zusammen, bis ihre Zahl sie zwingt, sich zu trennen." Im altindischen Manu-Kodex steht das Gebot, daß, wenn eine Familie geeint leben will, der älteste männliche Nachkomme den Platz des verstorbenen Vaters einnehmen, den gemeinsamen Besitz verwalten und für die Bedürfnisse der Familie sorgen soll, wie es sein Vater getan hat. [Zum Manu-Kodex vgl. *Manava-dharmasastra*, frz. Übers. von A. LOISELEUR DESLONGCHAMPS, Paris 1833, Buch IX, §§ 104–110, S. 332–333.]

14   So funktioniert die unmittelbare Familienregierung [governo famigliare], die für die Inder das einzig Wichtige ist: „Der *Patel* [das ist die Bezeichnung für das Haupt dieser Art städtischer Regierung] regiert mit seinen zwölf *Ayangandi* sein Dorf, das eine kleine Republik darstellt. Auf diese Weise ist Indien eine Ansammlung dieser kleinen Republiken, deren Einwohner nur mit ihrem *Patel* zu tun haben, ohne Rücksicht auf die Zerstörung oder Zergliederung des Staates. Solange nur die Unversehrtheit ihrer kleinen städtischen Gemeinschaft gewahrt bleibt, interessiert es sie wenig, in wessen Hände die Fürstenherrschaft fällt, wenn ihre innere Verwaltung nicht geändert wird. Der *Patel* oder lokale Machthaber, wie man ihn auch nennen kann, ist zugleich Steuereinnehmer, Richter und Arzt des Dorfes und überwacht die Geschäfte der von ihm verwalteten Personen" (Langlés, *Monumenti dell'Indostan*, tom. I, Fasc. 213). Das Geheimnis der Reiche des Ostens, die unzählige Provinzen in sich versammelten, war eben dies: sich nicht in die einzelnen Interessen der Familien, der Stämme und der Gemeinden einzumischen, sondern zuzulassen, daß alle Völker nach ihren eigenen Gebräuchen beziehungsweise nach

chen sind nie zu einer einzigen, nationalen Sprache verschmolzen, sondern immer zahlreich und voneinander verschieden geblieben.[15]

Die häuslichen Sitten wurden als ehrenvoll für das Haus angesehen und in der Praxis für nützlich befunden. Meines Erachtens sind es die häuslichen Sitten, von denen die politische und religiöse Einrichtung des Kastenwesens herkommt. Der überragenden Macht dieser häuslichen Sitten wurde auch – nicht ohne Grund – die Stabilität des privaten Lebens des indischen Volkes zugeschrieben[16] – eine Stabilität, die die absolute Macht der Herrscher mäßigt und weniger schädlich macht. Die Rechte und die Privilegien, die die Gewohnheit den Kasten zuspricht, sind unberührbar – keine Macht und kein herrscherlicher Wille könnte sie abschaffen.

Daraus ergibt sich eine sehr wichtige Konsequenz: Die dritte der vier indischen Kasten ist die Kaste der Vaisya, also die Kaste der Bauern und Händler. Die Landwirtschaft und der Handel werden also notwendigerweise von der Verfassung des Staates geschützt – von einer Verfassung, die nicht auf einem dünnen Blatt Papier geschrieben steht, sondern die in die fest verwurzelten Sitten, in die Überzeugungen und in die Seelen aller eingeschrieben ist. Robertson schreibt[17]:

> „Die Vorteile der Grenzen, die der Autorität des Herrschers auferlegt waren, waren nicht auf die beiden oberen Stände des Staates beschränkt, sondern erstreckten sich bis zu einem gewissen Punkt auf die dritte Klasse, die die Landwirtschaft pflegt.
>
> In den Teilen Indiens, in denen sich die Herrschaft der indischen Fürsten erhalten hat, haben die *ryot*, was die moderne Bezeichnung für Pächter ist, ihren Besitz in Pacht, welche als ewig angesehen werden kann, und der Pachtzins ist nach der ersten Bemessung und der ersten Schätzung des Bodens geregelt. Dieses Verfahren ist so alt und entspricht so sehr den Vorstellungen der Inder über die Einteilung der Kasten und über die entsprechenden Aufgaben, daß es sich in den Gegenden, die von den Muslimen und von den Europäern erobert wurden, unverändert erhalten hat, und es gilt als die Grundlage des gesamten

---

den Gesetzen ihrer Häuser oder Stämme lebten, und sich mit bestimmten Abgaben und Gehorsamsbezeugungen zufriedenzugeben sowie mit dem allgemeinen militärischen Oberkommando, das nach innen eher dem Prunk diente und daher die Völker nicht ständig belastete, sondern diesen ein willkommenes Schauspiel bot und zugleich Bewunderung und untertänige Furcht einflößte. [L. M. LANGLÈS: Monuments anciens et modernes de l'Indoustan, Paris 1821, S. 213. – Das Zitat stammt aus W. ROBERTSON, op. cit., tom. II, S. 647–648.]

[15] Aus der Tatsache, daß diese *Sprachen* so verschieden geblieben sind, läßt sich nicht folgern, daß es in Indien keine großen Königreiche gegeben habe, von denen ja die antiken Historiker sprechen (vgl. Diodor Siculus, Buch II, Kap. 9), sondern daß der Einfluß dieser Königreiche nicht genügte, um die Stämme hinreichend miteinander zu verschmelzen, so daß sich die Sprachen einander angenähert und vereinheitlicht hätten. [DIODORI, op. cit., Buch II, §§ 38–39, Bd. I, S. 232–235.]

[16] Vgl. Robertson, *Ricerche storiche sull'India antica*, Anhang II und III. [W. ROBERTSON, op. cit., tom. I, S. 228.]

[17] *Ibid.* [tom. I, S. 230–233.]

Kapitel 4: Der Sonderfall...

Finanzsystems dieser beiden Mächte. In den älteren Zeiten, bevor die ursprünglichen Institutionen Indiens durch die Gewaltsamkeit der fremden Eroberer umgewälzt wurden, war die Arbeit des Pächters, von der der Unterhalt aller Mitglieder der Gemeinde abhing, ebenso sicher, wie sein Rechtsanspruch gerecht war, kraft dessen er das Land besaß. Auch der Krieg unterbrach seine Arbeit nicht und bedrohte sein Eigentum nicht. Nach den Erkenntnissen, die wir haben, kam es nicht selten vor, daß zwei feindliche Armeen sich bekämpften, während gleichzeitig die Bauern friedlich das nahegelegene Feld bearbeiteten."[18]

In derselben Weise wurden die Händler geachtet, die auch der Bauernkaste angehörten. Daher wurde der Handel von Seiten der Regierung in keiner Weise behindert. Robertson fährt fort:

„Daher kommt es, daß der Handel mit Indien zu allen Zeiten derselbe war: Gold und Silber sind immer dorthin gebracht worden, um dieselben Waren zu kaufen, die Indien auch heute noch allen Nationen liefert. Seit den Zeiten des Plinius bis heute betrachtete und verachtete man Indien stets als einen Schlund, der den Reichtum aller anderen Gegenden verschlingt. Reichtum fließt unablässig nach Indien, ohne je wieder herauszukommen."[19]

---

[18] Strab. Buch XV. [STRABO, op. cit., Buch XV, § 42, c. 704, Bd. III, S. 981. Von Strabo stammt nur der letzte Absatz des Abschnitts, der im Text zitiert wird; der vorangehende Abschnitt stammt aus W. ROBERTSON, op. cit., tom. I, S. 233.]

[19] *Ricerche storiche sull'India antica*, Anhang III. [W. ROBERTSON, op. cit., Tom. I, S. 228.]

Buch III, Kapitel 5

Über das Maß an Intelligenz, das von der praktischen Vernunft der Massen in den vier Zeitaltern der Gesellschaft aktiviert wird

Betrachten wir noch einmal das vorher Gesagte: Wir haben zu Beginn festgestellt, daß die bürgerliche Gesellschaft nicht errichtet werden kann, wenn es in den Familien oder in den Individuen, aus denen sich die Gesellschaft zusammensetzt, nicht ein bestimmtes Maß an Intelligenzgebrauch gibt.

Und weiter: Die Gesellschaft ist möglich, wenn die Intelligenz in den Massen aktiv bleibt. Ist die Intelligenz träge und fast ohne Tätigkeit, ist die Gesellschaft unmöglich. Wenn die Intelligenz in ihrer Bewegung anhält oder gänzlich in Unordnung gerät, nachdem sie sich in Bewegung gesetzt hatte, erlischt die entstandene Gesellschaft oder zerfleischt sich durch inneren Aufruhr selbst. Und schließlich: Das Leben der bürgerlichen Gesellschaft ist um so länger, beständiger und beseelter, je größer der Anteil an Intelligenz ist, den die Vernunft der Massen tatsächlich gebraucht.

Auf der Grundlage dieser Prinzipien sieht man: Für die Formulierung einer philosophischen Theorie der Politik ist es erhellend, zu untersuchen, 'welches Maß an Intelligenz durch die Vernunft der Massen in jedem der vier Zeitalter der Gesellschaft aktiviert wird'.

Diese Untersuchung geht von einer psychologischen Lehre aus, die uns von folgender empirischer Erkenntnis geliefert wird: Wenngleich die Menschen von Natur aus alle mit Intelligenz begabt sind, so ist doch das *unmittelbare Vermögen*, die Intelligenz zu gebrauchen, nicht von der Natur gegeben. Es wird vielmehr erworben und ist von all jenen besonderen Umständen abhängig, die die intellektuelle Entwicklung des Menschen (umano intellettivo sviluppamento) fördern und bedingen. Bei gleicher intellektueller Potenz in verschiedenen Menschen kann in ihnen das *unmittelbare Vermögen*, diese zu gebrauchen – wovon allein ihre gesellschaftliche Kompetenz (attitudine sociale) abhängt – höchst unterschiedlich sein. Der tatsächliche, größere oder weniger große Gebrauch, den die Menschen von ihrer Einsichtsfähigkeit machen, entspricht nicht dem Umfang und der Stärke dieser ihnen von der Natur gegebenen Potenz. Der tatsächliche Gebrauch entspricht vielmehr dem *unmittelbaren Vermögen*, diese Fähigkeit zu gebrauchen. Dieses unmittelbare Vermögen wird erworben. Ich frage also zunächst: 'Welches Maß an Intelligenz wird von der praktischen Vernunft der Massen tatsächlich in jedem der vier unterschiedlichen Zeitalter der Gesellschaft aktiviert?' Daran muß ich die Frage anschließen: 'Welches Maß an *unmittelbarem Vermögen*, die eigene Intelligenz zu gebrauchen, erwerben die Massen in jedem der vier Gesellschaftszeitalter, die sie gewöhnlich durchschreiten?' Oder auch: 'Wie beeinflußt jede dieser Phasen notwendigerweise die intellektuelle Entwicklung der Vernunft der Massen?'

Kapitel 5: Das Maß an Intelligenz in den vier Zeitaltern

Wollte ich hier exakt das absolute *Vermögen* der Massen angeben, sich der eigenen Intelligenz zu bedienen, müßte ich auch die religiösen und moralischen Lehren in Betracht ziehen, die durch Tradition in den Familien erhalten sind oder von einem besonderen Lehrer gelehrt werden. Aber das ist nicht meine Aufgabe. Unsere Fragestellung betrifft ausschließlich den Grad an *Vermögen*, den die Massen notwendigerweise durch das *Nahziel* der bürgerlichen Gesellschaft erlangen, wobei sie dieses Nahziel ja in den verschiedenen Zeitaltern unterschiedlich definieren. Mit einem Wort: Es handelt sich darum, zu wissen: 'Wann ist der Gebrauch der eigenen Intelligenz am größten, zu dem die Massen veranlaßt werden? Bei der Gründung der Gesellschaft oder dann, wenn die Massen danach trachten, die schon gegründete Gesellschaft mächtig und ruhmvoll zu machen, oder dann, wenn sich die Massen um nichts anderes kümmern als darum, den erworbenen Reichtum zu genießen?'[1]

Wir suchen also eine Antwort auf die Frage: Was ist eher geeignet, die Intelligenz zu befruchten: die *Vorstellung von der Gesellschaft*, die Objekt des Verstandes im ersten Zeitalter ist? Oder die *Vorstellung von der Macht*, die im zweiten Zeitalter Objekt des Verstandes ist? Oder die *Vorstellung vom Reichtum*, die im dritten Zeitalter das Objekt darstellt, auf das sich der Verstand der Massen konzentriert? Oder die Vorstellung – oder besser: der *Gebrauch der Annehmlichkeiten und Sinnenfreuden*, den die Massen im vierten und letzten Zeitalter erstreben? Denn man muß festhalten, daß es von allen Vorstellungen des Geistes stets eine Idee oder einen Gedanken gibt, die beziehungsweise der komplexer und fruchtbarer ist als die anderen. Und die Entwicklung des Geistes insgesamt ist stets die Entfaltung dieses alle anderen überragenden Gedankens. Anhand der Höhe und der sich daraus ableitenden Fruchtbarkeit des Gedankens – beziehungsweise der Idee, die bei jedem Menschen den Gipfel der Intelligenz bildet – kann und muß man die mögliche Entwicklung der Intelligenz selbst messen. Das heißt, man kann und muß anhand der Höhe und der Fruchtbarkeit des dominierenden Gedankens das Ausmaß an erworbenem *unmittelbaren Vermögen* messen, die intellektuelle Potenz zu gebrauchen. Mit anderen Worten: Der Mensch hat ein um so größeres unmittelbares Vermögen, sich seiner Intelligenz zu bedienen, je größer das virtuelle Ausmaß der Idee ist, die in ihm vor-

---

[1] Auf welche Weise erwirbt der Mensch ein gewisses Maß an *unmittelbarem Vermögen*, seine Intelligenz zu gebrauchen? – Zu den intellektuellen Akten wird der Mensch nach bestimmten Gesetzen veranlaßt, die ich im *Nuovo Saggio* etc. (Sek. V, Teil. II, Kap. 5, Art. 3) beschrieben habe. Der Mensch wird durch bestimmte äußere Anlässe veranlaßt, intellektuelle Akte zu tun. Die Sprache, die er von der Gesellschaft erhält, in der er geboren wird, und die Kenntnisse, die ihm mit der Sprache mitgeteilt werden, sind die wichtigsten dieser Anlässe. Mit dieser ersten Entwicklung gelangt er dahin, *Zwecke* seines Handelns festzulegen. Diese *Zwecke*, die er sich vornimmt, geben ihm das *unmittelbare Vermögen* über die eigene Intelligenz. Je höher diese Zwecke sind, desto größer ist das *unmittelbare Vermögen*, die eigene Intelligenz zu gebrauchen. Wenn sich der Mensch überhaupt keinen Zweck setzt, hat er auch kein Vermögen, die eigene Vernunft zu bewegen. Sich *einen Zweck und ein Ziel* zu setzen, schließt einen Willensakt ein. Die Herrschaft, die der Mensch über seinen Geist erwirbt, hängt also zum großen Teil von dem mehr oder weniger aktiven, mehr oder weniger ‚rechten' Zustand dieses Willens ab. [A. Rosmini: Nuovo saggio sull'origine delle idee, cit., Bd. II, S. 91 ff.]

herrscht und die das Ziel seines Handelns konstituiert. Dieser im Geist der Massen dominierende Gedanke ist – wie wir gesehen haben – je ein anderer in den vier Zeitaltern der Gesellschaft. Einmal ist es der Gedanke an die Existenz der Gesellschaft, dann der Gedanke an die Macht, dann der Gedanke an den Reichtum, schließlich der Gedanke an die Lust. Welcher dieser Gedanken ermöglicht eine größere Entwicklung des menschlichen Bewußtseins? – Das ist die Frage. Um sie so exakt wie möglich zu beantworten, müssen wir einige Kennzeichen der Intelligenz finden, anhand derer man – wie mit Hilfe klarer Maßeinheiten – aufzeigen kann, in welchem Umfang jeder Mensch sich seiner Intelligenz bedient.

Wenn man allgemein fragt, welche Objekte am besten geeignet sind, um die Intelligenz daran zu praktizieren, muß ich antworten: zweifellos die *geistigen* Objekte. Aber unsere Fragestellung beschränkt sich ja darauf, zu ergründen, welches Objekt am besten geeignet ist, den Verstand zu trainieren, wenn man nur die vier Nahziele untersucht, die sich die Massen in den vier Zeitaltern der Gesellschaft vornehmen. Alle diese Objekte sind äußerlich. Ich muß mich also darauf beschränken, die Kennzeichen für einen größeren oder einen geringeren Gebrauch der Intelligenz zu suchen, wenn ihre Gegenstände fast ausschließlich materiell sind.

Man kann nun diese Kennzeichen auf vier reduzieren, die sich durch *Zahl*, *Raum*, *Zeit* und *Abstraktion* ergeben. Aus jedem dieser Kennzeichen läßt sich eine Regel ableiten, um das Ausmaß an intellektueller Bewegung zu messen.

Demnach unterscheidet sich der intellektuelle Akt hinsichtlich der äußeren Objekte vom sinnlichen Akt wie folgt: 1.) Die Intelligenz erfaßt mehrere Objekte [Zahl]; 2.) die Intelligenz begreift auch die nicht gegenwärtigen, sogar die beliebig weit entfernten Objekte [Raum]; 3.) die Intelligenz begreift nicht nur die Objekte, die zu einem bestimmten Zeitpunkt gegenwärtig sind, sondern auch vergangene und zukünftige Objekte [Zeit]; 4.) die Intelligenz begreift nicht nur die ganzen und vollkommenen Objekte, wie sie in der Realität sind, sondern auch die allgemeinen, abstrakten Objekte. Zu allgemeinen und abstrakten Objekten werden die Objekte durch einen Akt der Intelligenz selbst [Abstraktion].

Diese vier Kennzeichen gehören zum intellektuellen Vollzug. Aus ihnen lassen sich die folgenden Regeln ableiten:

Bezüglich der *Zahl* lautet die Regel: 'Der Gebrauch der Intelligenz ist um so größer, je größer die Zahl der Objekte ist, auf die sich die Intelligenz erstreckt, oder je komplexer und vielfältiger das Objekt ist.'

Bezüglich des *Raumes*: 'Der Gebrauch der Intelligenz ist um so größer, je weiter das Objekt vom intelligenten Subjekt und von den anderen Objekten, mit denen sich der Verstand beschäftigt, getrennt und entfernt ist.'

Bezüglich der *Zeit*: 'Der Gebrauch der Intelligenz ist um so größer, je weiter das Objekt, das der Zweck des Verstandes und des Willens ist, zeitlich entfernt ist.'

Und schließlich bezüglich der *Abstraktion*: 'Der Gebrauch der Intelligenz ist um so größer, je allgemeiner und abstrakter ihr Objekt ist.'

Übertragen wir nun diese Regeln auf die vier *Nahziele*, die sich die Vernunft der Massen in den vier Gesellschaftszeitaltern setzt, um herauszufinden, welches Nahziel dem Verstand die größte Bewegung verleiht.

Kapitel 5: Das Maß an Intelligenz in den vier Zeitaltern

I. Beginnen wir mit dem letzten Zeitalter: Hier besteht das Nahziel der Massen darin, die größtmögliche Fülle an Sinnenfreuden zu genießen. Wenden wir die Regeln an, wird deutlich, daß im Vollzug des sinnlichen Instinkts die vier Kennzeichen des Verstandes vollständig fehlen. Er ist im Gegenteil mit Kennzeichen ausgestattet, die denen der Intelligenz direkt entgegengesetzt sind.

Es stimmt, daß es in der Sinneswahrnehmung, die den Instinkt erzeugt, eine Dualität von Prinzipien gibt, die zusammenwirken, um die Wahrnehmung hervorzubringen: ein subjektives Prinzip und ein außersubjektives Prinzip.[2] Aber trotzdem ist die Sinneswahrnehmung, die daraus entsteht, stets partikular, eine, einfach und also vollständig ohne *Zahl*. Man wird sagen, daß es möglich ist, gleichzeitig mehrere Sinneswahrnehmungen zu haben, oder daß eine einzige Sinneswahrnehmung unterschiedliche Teile in sich haben kann. Das vervielfältigt aber noch nicht die Sinneswahrnehmung. Denn es gibt in einer Sinneswahrnehmung keinen Teil, der einen anderen Teil begreift und einschließt. Das Gegenteil gilt für den Verstand: Ein einziger Gedanke kann viele Gedanken erfassen, kann komplex und vielfältig sein. Den Sinnen fehlt also das erste Kennzeichen, das wir der Intelligenz zusprachen, nämlich die *Vielfalt*. Dagegen sind die Sinne durch die *Einfachheit* gekennzeichnet.

Zweitens kann kein nichtgegenwärtiger Reiz die Sinne bewegen. Bei jedem Vorgang sinnlicher Wahrnehmung sieht man, daß der Zwischenraum zwischen dem fühlenden Prinzip und dem Gefühlten verschwindet, da das Fühlende und das Gefühlte eine einzige Sinneswahrnehmung darstellen. Es sind schlicht reale Beziehungen, die von der Intelligenz, die die Sinneswahrnehmung analysiert, darin gefunden werden, und mehr nicht. So wie also zur Intelligenz bezüglich des Objekts das Kennzeichen der *Distanz* gehört, so gehört zu den Sinnen das Kennzeichen der *Nähe* oder eher: das Kennzeichen der Ineinssetzung.

Drittens nehmen die Sinne – im Gegensatz zur Intelligenz – kein außersubjektives, vergangenes oder zukünftiges Element wahr. Kennzeichen der Intelligenz ist, daß sie sich auf die drei Zeiten erstreckt. Kennzeichen des Vorgangs sinnlicher Wahrnehmung ist, daß er sich ausschließlich in der *Gegenwart* vollzieht. Folglich agieren die *Sinne* stets *rasch* und neigen dazu, die Zeit aufzuheben, so wie sie dazu tendieren, den Raum aufzuheben. Dagegen erreicht die Intelligenz ihr in der Zeit noch weit entferntes Objekt mit Erwartungshaltung und mit einer Abfolge von Vollzügen.

Und schließlich geschieht in den Sinnen keine Abstraktion. In den Sinnen gibt es nichts *Ideales*. Alles, was in der Ordnung der Sinneswahrnehmungen geschieht, gehört zur Realität. Das ist ein weiterer Gegensatz, durch den sich die Aktivität des sensitiven Instinkts von der Aktivität der Intelligenz unterscheidet.

Hierdurch wird ersichtlich, daß die Aktivität anhand des sinnlichen Instinkts

---

[2] Erinnert sei an meine Analyse der Sinneswahrnehmung (sensazioni) im *Nuovo Saggio*, Sek. V, Teil V, Kap. 11 ff, und noch ausführlicher in der *Antropologia* Buch II. [A. ROSMINI: Nuovo saggio sull'origine delle idee, cit., Bd. II, S. 303 ff; DERS.: Antropologia in servigio della scienza morale, in DERS.: Filosofia della morale, cit., Bd. II, S. 29 ff.]

keinerlei Vernunftgebrauch voraussetzt und daß in der letzten Phase der zerrütteten Gesellschaft die Vernunft eliminiert und überflüssig geworden ist.

Aber regen die Sinneswahrnehmungen nicht vielleicht die Intelligenz an, aus ihrer Regungslosigkeit herauszukommen? – Ja. Aber nicht weiter als bis zum Akt der intellektuellen *Vernehmung* (percezione intellettiva), wie ich anderenorts dargelegt habe.³ Die Sinneswahrnehmung enthält keinen hinreichenden Grund, die Intelligenz zu bewegen – beziehungsweise nur soweit, wie es ausreicht, damit sie die äußeren Objekte wahrnimmt, aber nicht darüber hinaus. Die *Vorstellungskraft* (immaginazione) vereint sich zwar mit den *Sinneswahrnehmungen* und bringt die Intelligenz einen Schritt weiter, also bis zu den *ersten reinen Ideen*.⁴ Wenn sich die Gesellschaft auf die physischen Bedürfnisse beschränkt, bringt auch die *Sprache*, die der Mensch von ihr erhält, das menschliche Bewußtsein nur zu den ersten, notwendigsten *Abstraktionen*. Aber damit hört jede Bewegung auf. Diese ganze Entwicklung geht nicht über die Entwicklung der Wilden hinaus. Sie ist sogar noch geringer als die, die man in manchen wilden, umherziehenden Stämmen feststellt. In einem solchen Zustand macht die Intelligenz nichts von allein. Sie folgt den Gefühlen und ist ihnen verhaftet wie ein Leibeigener. Aber für die Existenz der bürgerlichen Gesellschaft reicht ein solch dürftiger Intelligenzgebrauch nicht aus, denn die Gesellschaft erfordert eine beachtliche *Voraussicht*. Der Mensch in der Gesellschaft muß den eigenen Verstand mit einer gewissen Freiheit bewegen können, er muß die entfernten Dinge vermuten, die vergangenen mit den zukünftigen verbinden, die Zukunft auf der Basis der Gegenwart und die Gegenwart auf der Basis der Zukunft kalkulieren können. Das ist unmöglich mit einem auf die Bewegungen der Sinne beschränkten Verstand, der einem Vogel ähnelt, der zwar Flügel hat, der sich aber doch noch nie vom Boden erhoben hat, weil er auf dem Rücken einer Schildkröte festgebunden ist. Wie soll man sich eine bürgerliche Gesellschaft in der Karibik vorstellen? Folgendes schreibt Rousseau vom „Naturmenschen", der in der Satire, die dieser Sophist auf die Gesellschaft seiner Zeit verfaßt hat, den Ausbund an Vollkommenheit darstellt:

> „Seine Seele wird durch nichts in Unruhe versetzt und überläßt sich dem bloßen Gefühl, ohne irgendeinen Gedanken an die Zukunft, wie nahe sie auch sein mag, und seine Pläne, die so beschränkt sind wie seine Ansichten, erstrecken sich kaum bis ans Ende des Tages. Das ist noch heute der Grad an Voraussicht des Kariben: Morgens verkauft er sein Baumwollbett und kommt

---

³ *Nuovo Saggio* etc., Sek. V, Teil II, Kap. 4, Art. III, §§ 1–2. [A. ROSMINI: Nuovo saggio sull'origine delle idee, cit., Bd. II, S. 77–80.]
⁴ Die *Vorstellungskraft* der Lebewesen – und weniger die aktuelle *Sinneswahrnehmung* – bringt den vitalen Instinkt dazu, zu handeln. Ich habe auch gezeigt, daß es auch im Tier weite und dauerhafte *Gefühle* gibt, die den Anschein von Gesellschaft erklären, das heißt den Anschein von einer Lebensgemeinschaft der Tiere miteinander (vgl. *Antropologia*, Buch II). Alles das läßt aber die Sinne nicht aus der Realität heraustreten. [A. ROSMINI: Antropologia in servigio della scienza morale, in DERS.: Filosofia della morale, cit., Bd. II, S. 279 ff.]

Kapitel 5: Das Maß an Intelligenz in den vier Zeitaltern

abends weinend daher, um es zurückzuhaben, weil er vergessen hat, vorauszusehen, daß es ihm in der nächsten Nacht fehlen würde."[5]

Diesem Zustand nähert sich die Intelligenz der durch materielle und sinnliche Gelüste versklavten Massen. Bei diesem Zustand war Schritt für Schritt das römische Volk angelangt – vom Verfall der Republik bis hin zur Auslöschung des Reiches.

Der Hauptunterschied zwischen den Wilden vor der Gesellschaft und den Wilden [es sei mir gestattet, sie so zu nennen], mit denen die Gesellschaften enden, liegt darin, daß bei den Massen der erstgenannten Wilden die Intelligenz niemals in große Bewegung gesetzt worden ist, während bei den Massen der gesellschaftlichen Dekadenzphase die Intelligenz einen großen Anstoß erhalten hat. Nun stoppt die Bewegung der Intelligenz nicht so rasch. Sie wird vom Vater an den Sohn weitergegeben mittels der Sprache und der überkommenen Prinzipien, unabhängig von den übrigen Umständen. In den verdorbenen Bürgern, die von der Gesellschaft nichts anderes verlangen als niedere Sinnenfreuden, gibt es keine eigenständige Bewegung der Intelligenz mehr, die vom Nahziel der Gesellschaft herkommt. Dennoch bleibt in ihnen eine ererbte Bewegung zurück – eine Art Schwingung, die sich von selbst im Verstande fortpflanzt. In diesem Zeitalter sind die alten Regierungsformen noch erhalten, aber sie sind nur noch Schein und Formalien, ohne Sinn und ohne Leben. Dieselbe Sprache besteht noch lange weiter, aber keiner versteht mehr, was sie eigentlich sagt, sie drückt nur noch Lügen aus. Es gilt die Autorität der Vorfahren, man wiederholt ihre Lehren und Grundsätze, wobei man sie mit haarspalterischen, gelehrten Deutungen sinnlos macht, oft auch um sich darüber zu amüsieren, und man bedient sich ihrer nur dann ernsthaft, wenn es nützlich ist, und im entgegengesetzten Fall hält man sie für bescheidenes, veraltetes Zeug. Außerdem bleibt auch eine gewisse Literatur erhalten. Sie wiederholt auf ermüdende Weise die alten Dinge, aber genießt daran nicht wirklich das Schöne. Keinerlei Originalität und Leben. Den geschwächten und gelangweilten Geistern widerstrebt es, irgendetwas selbst zu tun.

Und wozu nutzen dann alle diese Überreste von intellektueller Bewegung?

Um die Mittel zu finden, die gemeinschaftliche Sinnlichkeit zu befriedigen, die das Ziel einer verwahrlosten Gesellschaft ist. Tatsächlich scheinen in dieser Situation die Sinnenfreuden selbst die Intelligenz zu nähren, denn sie regen sie dazu an, die Mittel zu finden, um eben die Sinnenfreuden zu steigern.[6] Das ist allerdings eine Täu-

---

[5] *Discours sur l'origine*, S. 1. [J. J. ROUSSEAU: Discours sur l'origine et les fondaments de l'inégalité parmi les hommes, cit., in DERS.: Oeuvres complètes, cit., Bd. III, S. 144; frz.-dt. Ausgabe cit., S. 111. Rousseau spricht vom *seul sentiment de son existence actuelle*.]

[6] Wer möchte glauben, daß der sophistische Geist im vorigen Jahrhundert soweit gegangen ist, eine ernsthafte Apologie des Luxus und der Sinnenlust zu entwerfen mit der Begründung, daß der Wunsch nach beiden bei den Menschen den Arbeitseifer anregt? Selbst in unserem Italien fand sich ein Gioia, der eine solche Unmoral vertrat, und es fehlte ihm nicht die Schar von Bewunderern, die mit der üblichen Begeisterung dem „großen" Mann applaudierten. [Vgl. M. GIOIA: Nuovo Galateo, Lugano 1837, 2 Bde. passim; DERS.: Nuovo prospetto delle scienze economiche, cit., Bd. 6 passim.]

schung. Wenn es die Bewegung der Intelligenz nicht schon vorher gäbe, könnte die Sinnenlust sie niemals entstehen lassen. Aber da es diese Bewegung gibt – das heißt, da sie durch frühere Gründe einmal angestoßen worden ist – setzt der Wunsch nach Genuß sie ein und bedient sich ihrer zu seinem eigenen Zweck. Wo jedoch kein weiterer Grund hinzukommt, um den Verstand aktiv zu halten, nimmt diese Aktivität unmerklich ab, bis die Intelligenz der Massen jegliche Betätigung im Sinne der Gesellschaft verliert. Auf natürliche Weise endet so die Gesellschaft von selbst.

Dieser Überlegung muß man eine weitere hinzufügen: Diese Bürger sehen also kein anderes Ziel der Gesellschaft als den größtmöglichen Genuß materieller Freuden. Wenn sie aber von ihren Vorfahren eine große Gabe an Intelligenz geerbt haben – also ein großes *unmittelbares Vermögen*, die Intelligenz zu gebrauchen – findet normalerweise in den Seelen ein erbitterter innerer Kampf zwischen den ererbten Moralprinzipien und der Intensität der Sinnenfreuden statt. Die sehr aktive Intelligenz dient dann lediglich dazu, die Korruption bis zum Äußersten zu steigern. Denn sie verwendet alle Kraft nur noch darauf, die Mittel zur Verfeinerung der Genüsse zu finden. Zudem vertieft sie die Korruption und Schlechtigkeit des Willens mit immer höherer Geschwindigkeit. Die verstörten Sinne trachten danach, die Intelligenz einzuschläfern und ihre unerträglichen Anstrengungen zu verhindern. Zugleich pflanzen sie in den Menschen zusammen mit der Unruhe auch den Haß auf die Vernunftprinzipien ein – ein grausames Gefühl, das die Vernunftprinzipien vernichten will. Aus dem Zusammenspiel aller dieser Gründe entsteht eine Art Wahn (delirio). Der Mensch denkt nicht mehr vernünftig, sondern über die Maßen unvernünftig über alles, was Objekt seiner Aufmerksamkeit ist. Dennoch hält er sich für weiser als alle seine Vorfahren, die er mittlerweile verachtet und verhöhnt. Wenn die Massen korrumpiert sind, wird dieser Wahn nur von wenigen Einzelpersonen erkannt. Aber er hinterläßt deutliche Spuren in der Geschichte, so daß die Menschen der zukünftigen Zeiten, die frei von dieser Korruption sind, sie erkennen und benennen können.[7]

Darin also unterscheidet sich hauptsächlich der Zustand der Wilden vom gesellschaftlichen Zustand des letzten korrupten Zeitalters: Im einen wie im anderen Zustand gibt es einen Grund, der imstande ist, die Intelligenz einzuschläfern. Bei den Wilden erzielt dieser Grund seine Wirkung. Bei den Mitgliedern der verdorbenen Gesellschaft wirkt er zwar auch, aber er erzielt die Wirkung nicht vollständig und nicht so unmittelbar, weil es besondere Umstände gibt, die dies verhin-

---

[7] Eines der klarsten Zeichen für diesen Wahn ist normalerweise die Spaltung der Massen in zwei Teile: Es gibt einen Teil, der sich dem *Unglauben* hingibt, und einen anderen Teil, der sich dem *Aberglauben* überläßt. In meinem Buch *Elementi di una storia dell'empietà* habe ich auf diese Zeichen hingewiesen, wie sie in der letzten Phase des Römischen Reiches aufgetreten sind. Man kann diesbezüglich auch Betrachtungen über unsere Zeit anstellen und zwar ganz besonders mit Blick auf die Nationen, in denen Reichtum und Sittenlosigkeit am größten sind. Dort sieht man, wie täglich unzählige seltsame *religiöse*, will heißen: *abergläubische Sekten* inmitten einer Masse von Ungläubigen entstehen. [A. ROSMINI: Frammenti di una storia della empietà (Fragmente einer Geschichte der Gottlosigkeit), in DERS.: Prose ecclesiastiche, Apologetica, cit., S. 191–254.]

Kapitel 5: Das Maß an Intelligenz in den vier Zeitaltern 309

dern. Während es also bei den Wilden intellektuelle *Lethargie* gibt, gibt es bei den Mitgliedern der materialistisch gewordenen Gesellschaft *Wahn*. Während es bei den Wilden *Apathie* gibt, gibt es bei den Mitgliedern der materialistisch gewordenen Gesellschaft *Raserei*. Wenn die Gesellschaft sich selbst überlassen bliebe, würden sich *Wahn* und *Raserei* von selbst verbrauchen.[8] Nach ihnen kämen der Tod der Intelligenz, eine Bewegungslosigkeit und eine Apathie, die derjenigen des Wilden durchaus nicht unähnlich ist.

II. Das *Nahziel* der Gesellschaft, das von den Massen bestimmt wird, die bei der letzten Verderbtheit angelangt sind, ist also von selbst nicht in der Lage, irgendeinen Intelligenzgebrauch anzuregen. Daher ist dieses Ziel nicht in der Lage, den Menschen ein *unmittelbares Vermögen* über die Intelligenz zu geben. Inwieweit ist nun der Reichtum – als das Nahziel der bürgerlichen Gesellschaft im dritten Zeitalter – in der Lage, die Intelligenz zu stimulieren?

Auch hier muß zunächst unterschieden werden: Es gibt den Anteil an Intelligenz, den eine Nation erbt, und den Anteil an Intelligenz, den die Gesellschaft dem Ziel der Gesellschaft abgewinnt, das sie sich vornimmt. Eine Nation, die vom ersten zum zweiten Zeitalter übergegangen ist, hat schon eine Entwicklung erhalten. Die Massen haben schon ein gewisses Maß an *unmittelbarem Vermögen* erworben, die eigene Einsicht zu gebrauchen. Erreicht die Nation dann das dritte Zeitalter, bleibt das Ausmaß dieses *Vermögens* zum Gebrauch der Einsicht erhalten, wie es in den vorhergehenden Zeitaltern erworben wurde. Es wird durch Sprache und Erziehung vom Vater an die Söhne weitergegeben. Aber die von den Vätern überkommene Intelligenz ist nicht die eigentliche Intelligenz des Zeitalters, in dem sich die Söhne befinden. Diese Intelligenz ist weniger lebhaft, fast stagnierend. Gleichwohl wird dieses Maß an intellektuellem Vermögen von den im dritten Zeitalter angelangten Massen benutzt. Aber wozu wird es benutzt? Nicht zu dem, wozu es die Väter gebraucht hatten, sondern für das neue *Nahziel*, das der Gesellschaft gegeben wird. Das heißt: Es wird benutzt, um die Mittel zu finden, die die Gesellschaft *reich* machen.

Der Erwerb von Reichtum ist ein Objekt, für das sich die Vernunft einsetzen läßt, ohne daß man notwendigerweise eine Grenze für ihre Aktivität festsetzen könnte. Das gilt zumindest für den Teil der Vernunft, dessen Materie die sinnlich wahrnehmbaren Dinge sind. Denn Landwirtschaft, Handwerk und Handel erschöpfen und überwältigen die menschliche Intelligenz. Diese Dinge sind also dazu angetan, die Vernunft ganz für sich einzunehmen, gleichgültig wie weit sie entwickelt ist. Aber wir fragen, inwieweit diese Objekte an für sich dazu angetan sind, die Vernunft zu entwickeln. Welchen Intelligenzgebrauch weckt der Wunsch nach Reichtum in einem Volk, das vorher keine bemerkenswerte intellektuelle Entwicklung gehabt hat? Welches *unmittelbare Vermögen*, sich der eigenen Einsicht zu be-

---

8   Die Vorsehung, die über die Nationen wacht, scheint nicht zuzulassen, daß sich dieses letzte Geschick erfüllt. Den Grund dafür versuchen wir im Fortgang der vorliegenden Arbeit zu erklären.

dienen, verschaffen dem Volk der Gedanke an und der Wunsch nach Reichtum? Genau das gilt es herauszufinden.

Nun ist es leicht zu erkennen, daß die Landwirtschaft einen begrenzteren Gebrauch der Intelligenz voraussetzt als das Handwerk und daß das Handwerk einen geringeren Gebrauch der Intelligenz erfordert als der Handel.[9]

Nehmen wir unsere Regeln, die wir aus der *Zahl*, dem *Raum*, der *Zeit* und der *Abstraktion* gewonnen haben. Dann wird sogleich deutlich, daß diese Aussage wahr ist.

Die unmittelbaren Objekte der *Landwirtschaft* beschränken sich auf einige wenige. Der Ort, wo der Bauer arbeitet, ist begrenzt und stets derselbe, weil die Landwirtschaft die Familien an die Scholle bindet. Die Intelligenz des Bauern erstreckt sich in ihrer Voraussicht kaum weiter als über den Zeitraum von wenigen Monaten, das heißt vom Zeitpunkt der Saat bis zum Zeitpunkt der Ernte. Und schließlich braucht der Ackerbauer recht wenige abstrakte Ideen.

Was das *Handwerk* betrifft, so setzt es – allgemein gesprochen – die Landwirtschaft voraus, insofern die Landwirtschaft dem Handwerk den Rohstoff liefert, den es benutzt. Die Anzahl der Objekte, mit denen sich die Intelligenz zur Erfindung und Bewahrung des Handwerks in der Gesellschaft (arti sociali) beschäftigen muß, ist also weitaus höher als die Anzahl der Objekte, deren die Landwirtschaft bedarf. Überdies muß sich die Einsicht anstrengen, um das Handwerk dem agrarischen Leben hinzuzufügen, denn die Landwirtschaft geht dem Handwerk ja voraus. Die Einsicht muß die Geräte finden, die zu jeder einzelnen Zunft gehören, sie muß deren Beziehungen und Wirkungen erkennen und dann auch die beste Art und Weise finden, sie zu benutzen. Außerdem gibt es unzählige Zünfte. Ihre Erfindung enthält einen unbegrenzten Fortschritt. Sie binden den Menschen nicht an einen bestimmten Boden. Und da die Produktion des Handwerks kontinuierlich und nicht periodisch ist wie bei der Landwirtschaft, engt das Handwerk die Intelligenz nicht auf vorgegebene Zeiten ein. Schließlich erfordert das Handwerk, zumindest bei den Erfindern, nicht wenige abstrakte Ideen. Denn letztlich geht es darum, Mittel auf einen Zweck hin zu ordnen. Einen Gegenstand als Mittel oder als Instrument zu begreifen, um damit einen bestimmten Zweck zu erreichen, bedeutet bereits, ihn auf abstrakte Weise zu begreifen.

Die Entwicklung der Intelligenz wird durch den *Handel* gleichwohl noch mehr gefördert als durch das Handwerk. Dabei verstehe ich unter „Handel" nicht denjenigen, der dem bescheidenen internen Verbrauch dient. Ich verstehe darunter auch nicht nur den Verkauf der Produkte und der handwerklichen Erzeugnisse eines Landes an Fremde, die kommen, um sie sich zu holen und sie woanders hin zu bringen, wie es gewöhnlich in Ägypten[10] und in Indien geschah. Ich meine den Han-

---

9   Ich meine nicht das Jagdwerk, den Fischfang und die Viehzucht, die nicht typisch für die bürgerliche Gesellschaft sind, sondern ihr vorausgehen.
10 „Die Fruchtbarkeit ihrer Böden und das milde Klima", schreibt Robertson in seinen *Ricerche sull'India* (III), wo er von den Ägyptern spricht, „machten sie so unabhängig von den anderen Nationen – dadurch daß sie ihnen reichlich alle notwendigen, aber auch die

Kapitel 5: Das Maß an Intelligenz in den vier Zeitaltern

del bei denen, die selbst die Waren an weitentfernte Orte transportieren: den Handel im Großen, wie er im Altertum von den Phöniziern und von den Leuten aus Karthago betrieben wurde und in der neueren Zeit von den italienischen Republiken, von den Holländern und von den Engländern. Diese Form des Handels schließt nun zweifellos einen größeren Gebrauch von Intelligenz ein als Handwerk und Ackerbau.

Dabei erstreckt sich die Intelligenz auf eine ungeheure *Zahl* von Objekten. Außer der Anzahl der Waren jeder Art gibt es eine Menge Völker mit unterschiedlichen Gebräuchen, mit denen sich Handel treiben läßt. Die Tüchtigkeit dieser Handelsnationen besteht darin, ständig über all das nachzudenken, was dem Zweck nützt, ihren Handel erfolgreicher und gewinnbringender zu machen: Mittel für den Transport zu Wasser und zu Lande, Schiffahrt, Straßenbau, Tierhaltung für den Transport der Waren, Techniken zum Bau von Wagen und Schiffen, Münzdruck und

---

dem Genuß dienenden Dingen verschafften – daß zu den Grundsätzen ihrer Politik der Verzicht auf jeglichen Außenhandel gehörte. Daher galten ihnen alle diejenigen, die Seefahrt betrieben, als abscheulich, als seien es niedere und schlechte Menschen, und sie sicherten ihre Häfen, damit sie für Fremde unzugänglich wären" (vgl. Diod. Sicu., Buch I, und Strab., Buch XVII). Diese Feststellung des englischen Historikers ist nicht ganz richtig. Die Tatsache, daß Ägypten ein sehr üppiges Land ist, erklärt, warum die Ägypter mit fremden Nationen keinen Handel trieben. Aber diese Tatsache reicht nicht, um die Abscheu der Ägypter vor der Seefahrt und ihre den Handelsbetrieb ausschließende politische Maxime zu erklären. Um all dies sinnvoll zu erklären, muß man auf eine andere Begründung zurückgreifen. Man muß bedenken, daß die bürgerliche Gesellschaft in Ägypten auf die häuslichen Lebensgewohnheiten gegründet war, wie wir es auch im Fall Indiens beobachtet haben. Dort beweist dies das Kastenwesen. Ägypten war also ebenfalls eine friedliche Gesellschaft, ohne die Neigung zur Herrschaft und zum Reichtum: eine Gesellschaft, die in der Zeit des Sesostris das zweite Zeitalter nur streifte und alsbald zum dritten überging. Diese orientalischen Gesellschaften beziehen ihren Bestand, ihre Ordnung, ihre Stabilität und ihre Dauerhaftigkeit von den häuslichen Lebensgewohnheiten und hauptsächlich von der Aufteilung des Volkes in Kasten. Daher betrachten sie die Kasten als die ehernen Schlüssel, die das Gebäude ihrer Gesellschaft zusammenhalten. Die hohe Nützlichkeit des Kastenwesens und die Achtung für die alten Stammväter, aus denen Gottheiten wurden, sorgten dafür, daß diese Gebräuche durch die Religion geheiligt und in den heiligen Büchern festgeschrieben wurden. Nach Cicero verehrten die Ägypter selbst die Tiere, die ihnen sehr nützlich waren, als Götter. Der Erhaltung solcher, von der häuslichen Gesellschaft in die bürgerliche Gesellschaft übertragener Lebensgewohnheiten steht nichts so sehr entgegen wie Reisen und Umgang mit fremden Völkern, bei denen man fremde Grundsätze und Sitten lernt. Daher stammt die Abscheu vor Seefahrt und Handel. Daher waren auch Sesostris' Versuche vergeblich, aus den Ägyptern ein Händler- und Kriegervolk zu machen. Wenn wir dagegen der allerdings umstrittenen Aussage des Nymphodoros Glauben schenken (*Delle cose barbariche*, Buch XIII), dann scheint es, als habe Sesostris mehr Erfolg gehabt, als seine Politik anfing, Ägypten zu zermürben und zu schwächen. [Zu den zitierten Autoren vgl. W. ROBERTSON, op. cit., tom. I, S. 6; STRABO, op. cit., Buch XVII, § 6, c. 792, Bd. III, S. 1105; M. TULLI CICERONIS De natura deorum libri tres, Buch I, Kap. 29, § 82, in DERS.: Scripta, cit., Teil IV, Bd. II, S. 30–31; der Hinweis auf Nymphodoros stammt höchstwahrscheinlich aus W. ROBERTSON, op. cit., tom. II, S. 320, Anm. 2, und betrifft ein Fragment aus dem XIII. Buch der *Nómima Barbaricá*, vgl. NYMPHODORI SYRACUSANI Fragmenta, in K. MÜLLER (Hg.): Fragmenta historicorum Graecorum, Paris 1853, Bd. II, S. 380.]

so weiter. Mithin gibt es eine Unzahl von Dingen, auf die sich natürlicherweise die Intelligenz der Handelsnationen erstrecken muß. Was den *Raum* angeht, so gibt es keinen Beruf, der davon soviel umfaßt wie der Handel, weil er weit voneinander entfernte Völker der Erde miteinander in Kontakt bringt. Was die *Zeit* angeht, so trachtet auch die *Voraussicht* der Händler danach, sich unendlich weit zu erstrecken, so daß heutzutage die Händler die besten Indikatoren der bevorstehenden politischen Ereignisse sind. Und schließlich tritt notwendigerweise ein höchst bemerkenswertes Abstraktionsvermögen in dieser Form von Gewerbe auf: Es gilt so viele Mittel einzusetzen, die nicht nur miteinander abgestimmt, sondern auch in eine Reihenfolge gebracht beziehungsweise nacheinander verteilt werden müssen, so daß das eine Mittel mit dem anderen verbunden ist und so eingerichtet ist, daß es das nächste in Bewegung setzt. Denn, um es noch einmal zu sagen, für den Geist ist jedes Mittel ein Abstraktum, und eine lange Reihe von Mitteln, die miteinander verkettet sind, ist eine Reihe von hohen und komplizierten Abstraktionen.

Es steht also außer Zweifel, daß der im Großen betriebene Handel in den Nationen, die ihn ausüben, ein größeres Maß an Intelligenz in Bewegung setzt als Handwerk und Landwirtschaft. Der Handel liefert den Massen also eine solche intellektuelle Anregung, daß sie ein großes *unmittelbares Vermögen* zum Gebrauch der eigenen Intelligenz erhalten.

III. Dennoch ist es das zweite Gesellschaftszeitalter, das in den Nationen das höchste Maß an Intelligenz aktiviert und das den Massen das größte *unmittelbare Vermögen* gibt, das eigene Bewußtsein selbständig zu aktivieren.

Denn in diesem Zeitalter will die bürgerliche Gesellschaft mächtig sein und über die anderen herrschen. Dieses *Nahziel* hat praktisch keine Grenzen, weder hinsichtlich der Zahl noch hinsichtlich des Raumes, noch hinsichtlich der Zeit, noch zuletzt hinsichtlich der Abstraktion. Der Wille zur Macht und zum Ruhm, der durch gesellschaftliche Prosperität genährt wird, schärft wunderbar die Begabungen, so wie es in Rom geschah. Er steigert die Kraft und den Mut der Massen und entfaltet alle ihre natürlichen Anlagen. Daher ist ein Herrschervolk für gewöhnlich stets allen anderen Völkern an politischer Weitsicht und an tugendhafter Tüchtigkeit überlegen, bis die Verderbtheit, die zu diesem Zeitalter und zu den darauffolgenden Zeitaltern gehört, eintritt und die Verstandestätigkeit einschränkt und bestimmt. Am größten ist die Verstandestätigkeit, wenn ein Volk die Grenzen des Staates ausweitet und über die anderen herrscht und wenn es danach mit einem einzigen Willen trachtet. So war es zu der Zeit, als Fabrizius sagen konnte, daß die Römer nicht das Gold besitzen wollten, sondern die Herren über das Gold. Dann hat sich dieses Volk über alle Gewohnheiten der Familien erhoben und die häusliche Gesellschaft vollständig verlassen: Die Grenzen des väterlichen Hauses sind aufgehoben, die Familien haben sich einander angenähert, sind vollständig verschmolzen und ein einziger Körper geworden. Dann ist es die *bürgerliche Gesellschaft*, die über die *Familiengesellschaft* (società famigliare) dominiert. Dann ist die Regierung vollkommen konstituiert, und dann können die Regierenden *Gesetze* erlassen, mit denen sich die Nation regeln soll (regolarsi) – an Stelle der *Gewohnheiten*, die zu den Völkern gehören, die nicht vollständig aus den Bindungen der häuslichen Sitten her-

Kapitel 5: Das Maß an Intelligenz in den vier Zeitaltern 313

austreten[11] und die nicht so rasch fortschreiten können wie die vollständig geeinten, bürgerlichen Völker (popoli civili). Hier muß man nun folgendes bedenken: In einer Nation, in der die bürgerliche Regierung stark werden und mit allumfassendem Blick (viste universali) die Dinge einrichten kann, ohne auf unüberwindliche Schwierigkeiten seitens der Familien-Sippen zu stoßen – inmitten eines solchen Volkes also wird eine immerwährende „Intelligenz-Quelle" errichtet. Diese Quelle ist die bürgerliche Regierung selbst, besonders wenn das Volk sich selbst regiert. Eine Regierung muß immer zwangsläufig in sehr großem Maße den Verstand gebrauchen. Denn Regieren bedeutet Nachdenken und Kalkulieren. Und daher schöpfen die Massen normalerweise konstant große Macht über die eigene Intelligenz aus der Regierung, die sie selbst auf irgendeine Weise ausüben oder die in ihrer Mitte und mit ihrer Zustimmung ausgeübt wird. Solche allgemeinen Regierungen (governi universali), die frei und ungehindert nach dem gemeinsamen Wohl streben, treten in solchen Nationen nicht auf, die auf den Erwerb von Reichtum mittels der Manufakturindustrie beschränkt sind. Denn diese produzieren nicht genügend Intelligenzgebrauch, um die Ketten der Familiensippe zerreißen und aus der Bürgerschaft einen kompakten Körper machen zu können, der stärker als alle Privatinteressen ist. Nur der im Großen betriebene Handel erzeugt ein Maß an Intelligenz, das dazu ausreichen kann. Daher hat man große und mächtige Nationen

---

11 Man spricht unrichtigerweise von den „Gesetzen" in Ägypten, wo es eigentlich keine bürgerlichen Gesetze, sondern Sippengewohnheiten gab, die von der Religion geheiligt waren, so wie wir es von Indien gesagt haben. Solche Gewohnheiten schränkten die Macht des Königs ein und behinderten die Regierung, ja, sie verhinderten, daß sich eine vollkommene bürgerliche Regierung bildete. „Das Königtum dort war erblich", schreibt ein Historiker, den man heute zu gering schätzt, „aber nach Diodor [Buch I] benahmen sich die Könige in Ägypten nicht so, wie sie es gewöhnlich in anderen Monarchien tun, wo der Fürst keine anderen Regeln für sein Handeln anerkennt als den eigenen Willen und das eigene Wohlgefallen. Ägyptens Könige waren strenger als die anderen verpflichtet, nach *Gesetzen* zu leben. Es gab besondere Gesetze, die von einem König zusammengestellt worden waren und die einen Teil von dem darstellten, was die Ägypter die *Heiligen Bücher* nannten. Weil jede Sache von einer *alten Gewohnheit* geregelt war, kam es ihnen nicht in den Sinn, anders zu leben als ihre Vorfahren. [...] Ich sagte schon, daß Speisen und Getränke der Könige durch Gesetze geregelt waren und zwar sowohl hinsichtlich der Menge als auch hinsichtlich der Qualität. Bei Tisch wurde ihnen nur gewöhnliche Speise gereicht, weil der Zweck ihrer Mahlzeiten nicht die Gaumenfreude, sondern die Befriedigung von Naturbedürfnissen war. Man könnte gemeint haben, diese Regeln seien nicht von einem Gesetzgeber diktiert worden, sondern von einem tüchtigen Arzt, dem es einzig um die Gesundheit des Fürsten ging. [...] Das Beste an den ägyptischen Gesetzen war, daß alle Menschen in dem Geist, sie zu befolgen, erzogen wurden. Eine neue Sitte war in Ägypten ein Wunder (Plat., *In Tim.*). Man tat stets das Gleiche, und die Genauigkeit, die man in den kleinen Dingen bewies, bewahrte die großen. Daher gibt es kein Volk, das seine Gebräuche und seine Gesetze länger bewahrte." (Rollin, *Histoire ancienne*, tom. I). Man erkennt hier, daß die Ägypter nicht eigentlich bürgerliche Gesetze hatten, sondern Gewohnheiten, die dann aufgeschrieben wurden, und daß der Gesetzgeber nicht neufinden, sondern kompilieren und höchstens auswählen mußte! [Zu den Autoren vgl. DIODOR, op. cit., Buch I, §§ 71–72, Bd. I, S. 119–122; PLATONIS Timaios, 24 a, b, in DERS.: Opera, cit., Bd. II, S. 201; CH. ROLLIN: Histoire ancienne, ital. Üb., Neapel 1760, tom. I, S. 95–96, 97–98, 99–100.]

gesehen, die sozusagen vom Handel geschaffen und vom Handel kriegerisch gemacht geworden sind, wie Thyrus und Karthago. In diesen Nationen hat der Handel die *Macht* und eine *bürgerliche Regierung* erzeugt, *die stärker war* als die Institutionen der familiären Gemeinschaften. Aber auch diese Nationen mußten letztlich jenen anderen Nationen weichen, in denen das *Zeitalter der Macht* auf natürliche Weise und ohne vom *Reichtum* herzukommen, auf das *Zeitalter der gesellschaftlichen Existenz* gefolgt war.[12]

IV. Das erste Zeitalter entwickelt in den Massen nicht soviel Intelligenz wie das zweite Zeitalter. Aber der Intelligenzgebrauch ist in diesem ersten Zeitalter gesünder, unverdorben. Weil das *Nahziel* der Gesellschaft auf die Existenz, die Gründung und die Verteidigung der Gesellschaft begrenzt ist, hat noch niemand den Ehrgeiz, die Grenzen des Vaterlandes auszudehnen.[13] Dieses Nahziel, so haben wir gesagt, ist ein reines, nicht durch Ungerechtigkeit versehrtes Ziel. Dieses Nahziel ist auf jeden Fall nützlich für das Vaterland. Und die Liebe zum Vaterland ist nicht so aufgebläht und übertrieben wie im zweiten Zeitalter, sondern ehrlich und stark wie die Natur.

Zu Schluß: Das größte Maß an Intelligenz der Massen wird im zweiten Zeitalter aktiviert, in dem der Kollektivwillen das Vaterland ruhmreich und dominant machen will. Im Gegensatz dazu ist das erste Zeitalter gekennzeichnet durch einen weniger weiten, aber logischeren und moralischeren Gebrauch der Intelligenz.

Im dritten Zeitalter ist das Maß an Intelligenz, die sich in den Massen entfaltet, zwar stets geringer als das Maß im zweiten Zeitalter, aber es variiert, je nachdem ob die Massen nach der Fülle an Reichtum mit Hilfe des Handels oder des Handwerks oder der Landwirtschaft streben.

Die Massen, die danach streben, durch den Handel reich zu werden, erwerben den größten Intelligenzgebrauch, der sich dem Gebrauch der Intelligenz jener Nationen nähert, die nach Vorherrschaft streben.

---

[12] In jenen Handelsnationen, die zur Macht weitergeschritten sind, weil die Macht ihnen als Mittel zur Bereicherung dient, folgt das Zeitalter der Macht dem Zeitalter des Reichtums, oder es hängt, besser gesagt, vom Zeitalter des Reichtums ab und vermischt sich damit. Man weiß, daß die Phönizier sich einiger Häfen am arabischen Golf, die den Idumäern gehörten, bemächtigten. Sie eroberten auch Rhinoculur an der Mittelmeerküste – und zwar, um den Handelsweg nach Indien zu erleichtern (Diod. Sic. Buch I; Strab. Buch XVI). So führte also der Handel dieses Volk zur Eroberung. [STRABO, op. cit., Buch XVI, § 34, c. 760, Bd. III, S. 1060.]

[13] Der Historiker Justinus diagnostizierte die beiden ersten Zeitalter der Gesellschaft. Auf folgende Weise beschreibt er das Zeitalter der beginnenden Nationen: „Fines imperii tueri magis quam proferre mos erat. Intra suam cuique patriam regna finiebantur." Dann folgt das zweite Zeitalter, von dem er richtig sagt: „Domitis proximis, cum accessione virium fortior ad alios transiret, et proxima quaeque victoria instrumentum sequentis esset, totius orientis populos subegit" (Buch I, Kap. 1). Man hätte nichts Präziseres sagen können. – Appian bemerkt außerdem, daß alle Kriege der Römer vor dem dritten Punischen Krieg Verteidigungskriege waren (*De bello punico*). Von daher kann man die Dauer der guten Zeit Roms präzisieren und sagen, daß diese bis zur Zerstörung Karthagos oder bis zum Krieg gegen Antiochus reichte, durch den die Römer reich geworden sind und die Freuden Asiens genossen haben (im Jahr 607 seit Gründung der Stadt). [M. JUNIANI JUSTINI Epitoma historiarum philippicarum Pompei Trogi, Buch I, Kap. 1, Leipzig 1935, S. 3.]

Kapitel 5: Das Maß an Intelligenz in den vier Zeitaltern

Die Massen, die danach streben, durch das Handwerk reich zu werden, entfalten weniger Einsicht als die handeltreibenden Nationen, aber mehr als die ackerbautreibenden Nationen.

Die Massen schließlich, die ihren Reichtum aus der Landwirtschaft erhalten, gewinnen dadurch zwar ein geringeres Vermögen, sich der eigenen Einsicht zu bedienen als die handwerklichen Nationen, aber sie benutzen ihre Einsicht innerhalb ihrer begrenzten Sphäre für gewöhnlich in rechtschaffenerer Weise. Es ist festzuhalten, daß die Landwirtschaft eine enge Beziehung zum Werk der Gründung der bürgerlichen Gesellschaft hat. Beide bewahren in den Völkern den guten Gemeinsinn (buon senso).

Das letzte Zeitalter sodann, das Zeitalter der Sinnenfreuden, hat für sich genommen überhaupt keine Kraft, das Bewußtsein zu entfalten. Die Massen zerrütten in diesem letzten Stadium unmerklich und brauchen die erworbene Macht über die eigene Intelligenz auf, wie ein verlorener Sohn die Schätze aufbraucht und verschleudert, die ihm von seinen Vorfahren hinterlassen worden waren.[14]

---

14   Es dürfte sinnvoll sein, hier auf einen Irrtum hinzuweisen, den ich schon mehrfach aufzudecken versucht habe. Man glaubt gemeinhin, daß das Leiden die Kraft habe, ein verderbtes Volk dazu zu bewegen, sich wieder auf den Pfad der Prosperität zu begeben. Aber das bedeutet, weder die menschliche Natur noch die Geschichte zu kennen. Ich habe bereits gesagt, daß das Elend weder für das Individuum noch für die Nationen ein ausreichender Anreiz ist, den geschwächten Verstand zu aktivieren, um die Mittel zu finden, um aus dem betrüblichen Zustand herauszukommen. Hier einige Feststellungen von Tocquevilles über die Indianer. Seine Worte bestätigen, was ich gesagt habe: „Man sieht Völker, deren erste Erziehung so mangelhaft war und deren gegenwärtige Wesensart in so merkwürdiges Gemisch aus Leidenschaften, Unwissenheit und falschen Begriffen über alles darstellt, daß sie von sich aus die Ursache ihrer Not nicht zu erfassen vermögen. Sie erliegen Übeln, die sie nicht kennen. Ich bin durch weite Gegenden gekommen, die einst von heute nicht mehr lebenden Indianervölkern bewohnt waren. Ich habe unter bereits verkümmerten Stämmen gelebt, die ihre Zahl täglich zusammenschrumpfen und den Glanz ihres wilden Ruhms verblassen sahen. Ich habe gehört, wie Indianer selbst das Endschicksal ihrer Rasse voraussagten. Es gibt aber keinen Europäer, der nicht sähe, was man tun müßte, um diese unglücklichen Völker vor einer unvermeidlichen Vernichtung zu bewahren. Sie selbst aber sehen es nicht. Sie spüren das Unheil, das sich mit jedem Jahr über ihnen zusammenballt, und werden, die Abhilfe verwerfend, bis zum letzten Mann untergehen. Man müßte Gewalt anwenden, um sie zum Leben zu zwingen." Der Autor fügt folgende Betrachtungen über die Nationen Südamerikas hinzu: „Man ist erstaunt, wenn man die neuen Nationen Südamerikas seit einem Vierteljahrhundert durch immer neue Umwälzungen erschüttert sieht, und erwartet täglich, daß sie zu dem zurückkehren, was man ihren *natürlichen Zustand* nennt. Wer aber will behaupten, daß diese Revolutionen in unserer Zeit nicht der natürlichste Zustand der Spanier in Amerika seien? In diesem Land ringt die Gesellschaft in der Tiefe eines Abgrunds, aus dem sie sich mit eigener Kraft nicht heraushelfen kann. Das Volk, das diese schöne Hälfte eines Erdteils bewohnt, scheint hartnäckig darauf versessen, sich selbst zu zerfleischen; nichts vermöchte es davon abzuhalten. Es versinkt in einer Erschöpfung wie in Augenblick in Ruhe, und die Ruhe weckt es bald zu neuer Raserei. Wenn ich es in diesem Zustand zwischen Not und Verbrechen hin und her getrieben sehe, bin ich versucht zu glauben, daß der Despotismus ihm eine Wohltat wäre" (*De la démocratie en Amérique*, tom. II, Kap. 5.) [A. DE TOCQUEVILLE, op. cit., tom. I, Teil II, Kap. 5, in DERS.: Oeuvres, cit., Bd. I, S. 235; dt. Ausgabe cit., Bd. I, S. 336 f.]

Buch III, Kapitel 6

Von einem weisen Gesetz, das die Ausbreitung und die Geschicke der Völker lenkt

Wenden wir nun den Blick von der Höhe dieser Betrachtungen auf die historischen Zeugnisse, die wir über die Zerstreuung der Urvölker, über ihr Wachstum, ihren Untergang und über den beständigen Zivilisierungsprozeß der Menschen haben (umano incivilimento). Es wird uns dann nicht schwerfallen, ein Gesetz der Vorsehung zu erkennen, das die Nationen, ohne daß diese es wüßten, zum universalen Wohl des Menschengeschlechts hinlenkt (bene universale dell'uman genere).

Alle historischen Kenntnisse, die wir besitzen – insbesondere seit den kürzlichen Entdeckungen – beweisen eindeutig, daß alle Völker, die das Antlitz der Erde bedecken, von Asien ausgegangen sind. Das älteste und ehrwürdigste aller Bücher berichtet, daß die Familie, mit der die Bevölkerung der Erde erneut begonnen hat, auf den Bergen Armeniens wohnte. Es ist wahrscheinlich, daß die Nachkommen des Noah vom Ararat hinabgestiegen sind, nachdem sie dort eine Zeitlang gelebt und sich vermehrt hatten,[1] und daß sie, ihre Herden an den Ufern von Tigris und Euphrat weidend, nach Sennaar gekommen sind, nachdem ungefähr ein Jahrhundert seit der Sintflut vergangen war. Ihre erste Wanderung wäre also in südwestlicher Richtung verlaufen. Von Sennaar aus begann die regelmäßigere Ausbreitung der Stämme.[2] Sie läßt sich in zwei Richtungen unterteilen: die südliche und die nördliche. Es ist evident, daß die südlichen Gegenden die Bevölkerung wegen des Klimas und wegen der besseren Böden, die es dort gab, mehr angezogen haben, während die Sippen und Stämme im Norden auf die große Bergkette von Tauros, Tibet und Himalaja stießen, die Südasien umschließt und vom Norden trennt. Das macht es wahrscheinlich, daß die ersten zu bürgerlichen Gesellschaften geformten Völker – außer dem babylonischen Volk, dem chaldäischen Volk und anderen kleineren Völkern – die Völker in Ägypten und in Indien waren. Wenig später scheint China besiedelt worden zu sein.

Die Sippen, die nach Norden gedrängt wurden – sei es als Folge friedlicher, vielleicht durch Los entschiedener Landaufteilung, sei es, weil die Schwachen von den Starken gewaltsam verdrängt wurden – müssen, nachdem sie sich nach einer gewissen Zeit vermehrt hatten, nicht nur die mühseligen Täler entlang der Flüsse durchquert, sondern auch direkt die Gipfel dieser hohen Berge erklommen haben. Von dort gelangten sie auf die andere Seite und bevölkerten die Ebenen jenseits der Berge, weshalb diese neuen Völker die Berge und die Flüsse, von denen ihre Vorfahren

---

[1] Dies berichtet Josephus, *Delle antichità* etc., Buch I, Kap. 5. [FLAVIUS JOSEPHUS: Antiquitatis Iudaicae libri, Mailand 1821–1822, Bd. I, S. 23–26.]

[2] Moses bezeichnet die Epoche der Einrichtung *des Eigentums*, wenn er sagt, daß [zur Zeit des Peleg] „das Land aufgeteilt wurde" (*Gen.*, XI, 25); das heißt, den verschiedenen Familienoberhäuptern wurden die Landanteile zugewiesen, während zuvor, angesichts der Überfülle an Boden im Verhältnis zur geringen Bevölkerung, der Boden von jedem genutzt werden konnte.

Kapitel 6: Von einem weisen Gesetz

hergekommen waren, als ihre „Väter" bezeichneten und auf den Bergen die Wohnung der Götter, der Helden- und Menschenerzeuger, ansiedelten. Nachdem Kleinasien in mehreren Schüben besiedelt worden war, gelangten diejenigen, die in den Norden Asiens gewandert waren, über das Meer nach Europa. Sie bevölkerten die Gegenden am Schwarzen Meer und am Kaspischen Meer. Von dort gelangten sie möglicherweise später über den Landweg erneut nach Europa und kamen bis nach Germanien. Schließlich besiedelten sie den weiten Raum, der im Altertum Skytien hieß. Es ist nicht ausgeschlossen, daß Amerika wiederum erheblich später von dort aus besiedelt wurde.

Einen sehr wichtigen Hinweis auf diese Verteilung der Stämme liefert, wie ich sagte, der Verlauf der großen Bergketten und der Flüsse, die von dort kommen.

Aber um zu unserem Anliegen zu kommen: Worin besteht das weise Gesetz, von dem die Rede war, das mit einzigartiger Gerechtigkeit und Weisheit für die verschiedenen Völker deren natürliches Geschick festlegt?

Man nehme zum Beispiel die Sippen, die die besten Länder Asiens bewohnen sollten. Sie gingen rasch von ihrem ersten Zeitalter, dem Zeitalter der *Gründung* der bürgerlichen Gesellschaft, zum dritten Zeitalter über, dem Zeitalter des *Reichtums*, so hatten wir gesehen.[3] Dies verhinderte ihre Entfaltung zu einem Volk (sviluppo nazionale). Die Sippen dagegen, die nach Norden wanderten, das heißt zu den weniger reichen Gegenden, konstituierten eine bürgerliche Gesellschaft, die sich langsamer entwickelte und der Regel entsprechend vom ersten Zeitalter, dem Gründungszeitalter, zum zweiten, dem Zeitalter der Macht, gelangte.[4]

Dies erklärt, warum die Nationen des Nordens sich auf dem Gipfel ihrer nationalen Entwicklung und Stärke befanden, als die südlichen Nationen bei der letzten Verderbtheit des Luxus und der Sinnenfreuden angelangt waren.

Wenn Lage und Zustand der Nationen zueinander in dieser Weise beschaffen sind, dann sind die korrumpierten Nationen in steter Gefahr, von den starken und

---

[3] Vgl. Kapitel 4.
[4] Viele weitere Umstände können dazu beigetragen haben, diese unterschiedlichen Situationen der damaligen Völker zu schaffen: 1.) Die Bewohner Südasiens hatten keine Bedürfnisse, die normalerweise die Völker zu Kriegen veranlassen, und sie verspürten überdies nicht die Notwendigkeit, eine sehr aktive und wachsame Regierung zu haben, weil die Stammesherrschaft ausreichte, um sie mit allen wünschenswerten Dingen zu versorgen. Die Regierungen konnten bei diesen Nationen also nie Geschlossenheit und Stärke entwickeln, weil sie dort nicht so notwendig waren. Ich habe schon gesagt, daß die absoluten Regierungsformen des Orients weder für die Geschlossenheit noch für die Stärke der Regierung sprechen, sondern nur für den maßlosen Ehrgeiz beim Herrscher und für eine sehr träge Gleichgültigkeit gegenüber den öffentlichen Dingen bei den Untertanen. 2.) Das Klima mußte die Völker Südasiens kraftloser und weniger aktiv werden lassen. Dazu kam der Überfluß an lebensnotwendigen und köstlichen Dingen. Eben diese Untätigkeit mußte sie stärker zu den häuslichen Gewohnheiten hinneigen. Die häuslichen Sitten wurden dadurch unabänderlich. 3.) Wenn die Landverteilung durch freie Wahl und nicht durch Los geschah, ist es wahrscheinlich, daß sich die mutigeren, kühneren, möglicherweise auch die einfacheren und unwissenderen Familien bereitfanden, sich in Richtung auf die Berge hin aufzumachen, während die handwerklich begabten und weiterentwickelten Familien Herren des Ortes blieben, an dem sie sich befanden, und sich dann zu jenen Gegenden aufmachten, die für den Anbau besser geeignet waren.

vor gesellschaftlichem Leben strotzenden Nachbarnationen erobert zu werden.[5] Die geringste Gelegenheit reicht aus, damit es zur Eroberung kommt, und eine solche Gelegenheit gibt es immer.

So wird das verdorbene Volk, in dem moralische Tugend und Verstand erloschen sind, jeden Tag inaktiver und bewegungsloser, bis die Vorsehung es bestraft und mittels des noch unverdorbenen Volkes aufrüttelt und zugleich erneuert. Das unverdorbene Volk wird belohnt und entschädigt für seine strengen Sitten, seine wache Intelligenz und für die geringere Qualität seines Bodens. Es wird entschädigt durch die Eroberung besserer Länder und der Völker, die ihm in die Hand gegeben werden – nicht so sehr damit diese ihm dienen, sondern damit sie unter seiner Führung wieder lernen sollen, was sie verlernt haben, und noch mehr.

Alle Eroberungen des Altertums lassen sich möglicherweise mit Hilfe dieses einen Gesetzes erklären.

Die Assyrer, die Chaldäer, die Meder und die Perser sind erst untergegangen, als sie schrittweise die letzte Verderbtheit erreicht hatten – gegenüber einem Eroberer, der sich im Vergleich zum Besiegten als stark und kräftig erwies. Die Griechen, weiter nördlich als diese ersten Monarchien, erreichten das Zeitalter der Macht später als diese und wurden daher deren Herren.

Zu den Griechen trat eine noch nördlichere Nation, die Römer, und diese unterjochten die Griechen. Die bürgerliche Gesellschaft der Römer befand sich im zweiten Zeitalter, welches jenes Zeitalter ist, in dem die Nation ganz auf den Erwerb von Macht aus ist. Dieses Zeitalter dauerte bei der bürgerlichen Gesellschaft der Römer länger als bei allen anderen Gesellschaften. Daher konnte die Nation in Ruhe die bürgerliche Regierung (governo civile) auf vollkommenere Weise errichten.

Die Völker, die sich von der Linie, die Asien in der Mitte teilt, in Richtung der nördlichen Gegenden ausbreiten, unterteilen sich in zwei große Klassen: die westlichen und die östlichen Völker. Die genannten Fakten zeigen, daß die Weltherrschaft (dominio del mondo) – bei den westlichen Völkern – von Volk zu Volk überging, wobei sie sich immer mehr nach Norden verlagerte. Was die Völker Nordasiens angeht, so erkennt man, daß sie ständig auf den Völkern des Südens lasten – mit einer Macht, die nicht geringer ist als die der Orientalen. Man sieht, daß aus den Skyten oder aus den Tataren die Hunnen, eher Zerstörer als Eroberer, hervorgehen und die Türken, die Gründer des Osmanischen Reiches in den Ländern, die sie erobert haben, und die Mongolen, die Persien an sich reißen, und die Manchu, die China erobern und dort regieren.

Nun ist es zwar im allgemeinen den Völkern des Nordens von der Vorsehung vorbehalten, die südlichen Völker zu beherrschen. Dies geschieht aufgrund dieses einzigartigen Gesetzes, durch das sich die Völker des Südens schneller entwickeln als die Völker des Nordens und sich deshalb stets in einem Gesellschaftszeitalter der Schwäche und des Alters befinden, wenn sich die Völker des Nordens im Zeitalter der Jugend und Manneskraft befinden. Gleichwohl muß man den großen Unter-

---

[5] Vgl. dazu das Buch *Vom umfassenden Grund*, Kap. 9

Kapitel 6: Von einem weisen Gesetz

schied beachten, der zwischen den nördlichen Völkern des Ostens und denen des Westens besteht. Die Linie, der der Zivilisationsprozeß kontinuierlich folgt, verläuft nord-westlich.[6] Die Völker des Nordostens haben stets Zeichen von Stärke gezeigt, ohne jedoch ihr ursprüngliches Barbarentum abzulegen.

Möglicherweise muß man dies der Tatsache zuschreiben, daß sich die nordwestlichen Völker mit bürgerlichen Regierungen konstituiert haben, während die nordöstlichen Völker die Sitten der häuslichen Gesellschaft bewahrt haben und weiterhin in Stämme oder große Sippen unterteilt lebten. Nun ist es so: Wenn Völker beim Eintritt in die bürgerliche Gesellschaft die häusliche Gesellschaft nicht vollständig verlassen, können sie durchaus Eroberer werden, sofern sie körperliche und seelische Robustheit besitzen. Aber sie können keine vollständig zivilisiert-bürgerlichen Reiche gründen (imperi del tutto civili).[7] Ein einzelner kann Ehrgeiz besitzen, und der Ehrgeiz kann unterstützt und gefördert werden durch den Wunsch nach einer gewissen Tüchtigkeit und Tapferkeit, der die Massen erfaßt. Dadurch kommt es zu großen Eroberungen. Diese Völker sind zwar in Kriegszeiten recht gut unter einem Führer geeint, aber im Frieden sind sie ihm nicht in gleicher Weise unterstellt. Während der Führer alle Macht über sie hat, wenn er sie zum Sieg führt, führt er sie in den Reglements des friedlichen, gemeinsamen Lebens eher nur dem Titel nach. Die dauerhaften Reiche der Tataren zum Beispiel hatten ihren Sitz nicht im Herkunftsland, sondern in den eroberten Gebieten. Persien, Türkei und China beweisen dies. Die Eroberer wurden von der Kultur der Völker besiegt, die sie mit Gewalt unterjocht hatten. Auf diese Weise wurde China, nachdem Dschingis-Khans Nachkomme es unterworfen hatte, Herrin über einen Großteil des Tatarenlandes, weil die Sieger den Sitz ihrer Regierung nach China verlegt hatten.

Wir müssen noch erklären, warum die nordöstlichen Völker zwar ein Zeitalter der Macht gehabt haben, warum sie sich aber trotzdem nicht als vollständig bürgerliche Regierungen konstituiert haben, wie es die nordwestlichen Völker getan haben. Denn wir hatten ja vorher gesagt, typisch für das Zeitalter der Macht seien der Bruch mit den häuslichen Grenzen und die Schaffung vollständig bürgerlicher Gesellschaften.

Aber es ist nicht schwer zu erkennen, daß das Zeitalter der Macht die vollendete Regierung nur unter der Bedingung hervorbringen kann, daß die angestrebte Macht zum Wohl der Gesellschaft selbst und nicht einer einzelnen Person oder einiger Anführer da ist. Im Westen manifestierte sich die Gesellschaft als Zusammenschluß von einzelnen (associazione d'individui): Die Republik selbst sollte Herrscherin werden. Von dieser Herrschaft profitierte daher das Volk, von ihr profitierten alle.[8] Im Osten dagegen manifestierte sich die Gesellschaft nicht als Zu-

---

[6] Man kann beobachten, daß sich die Nordwest-Ausrichtung des Zivilisationsprozesses in der anderen Hemisphäre fortsetzt.
[7] [In der engl. Übersetzung „totally civilised empires", op. cit., S. 171.]
[8] Das republikanische Prinzip war bei den Kolonien, die sich nordwestwärts bewegten, an deren Beginn am stärksten verbreitet. Ich erinnere an eine Sache, die vielen englischen und französischen Damen unserer Zeit gefallen wird: In Athen nahmen die Frauen in der

sammenschluß von einzelnen, sondern als Zusammenschluß von Stämmen. Diese gehorchten einem absoluten Führer im Fall eines Krieges – gleichgültig ob zur Verteidigung oder zur Eroberung. Aber der Eroberer führte den Krieg für sich. Die Stämme hatten eher Anteil am Ruhm als an der Herrschaft. Die einzelnen waren fast ausgeschlossen von der Verteilung der Beute, und noch viel mehr waren sie von der Erweiterung der Regierung (governo accresciuto) ausgeschlossen. Sie unterstanden den Anführern der einzelnen Stämme und gehorchten diesen aus Gewohnheit, aus Prinzip und aus religiösen Motiven, ohne sich um Befehlsgewalt oder um die Bedingungen des gesellschaftlichen Zustandes zu kümmern. Das Zeitalter der Macht bei den Völkern des Ostens ist also kein wirklich gesellschaftliches Zeitalter: Die Massen wollen dort keine Macht für sich, sondern sie wollen sie für ihre Stammesführer. Diese Disposition der Massen kann keine kompakt und stark konstituierte bürgerliche Regierung hervorbringen. Denn die Regierung konstituiert sich nur dann in solch vollkommener Weise, wenn man sie als notwendiges Instrument für die nationale Macht betrachtet, das heißt für eine Macht, an der – wie es in Griechenland und in Rom der Fall war – alle Mitglieder des Gesellschaftsverbandes Anteil haben.

Aber hier stellen sich weitere Fragen. Wir wollen wissen, warum sich die nordwestlichen Völker als Republiken und als wohlgeeinte, bürgerliche Regierungen konstituiert haben, während sich die nordöstlichen Völker niemals in echten bürgerlichen Gemeinschaften haben zusammenschließen können. Beschäftigen wir uns also auch mit dieser Frage.

Wir können von einem sicheren Anhaltspunkt ausgehen, der uns von der Natur des Faktums selbst geliefert wird, für das wir eine Erklärung finden wollen. Dieser Anhaltspunkt ist, daß die Völker des Nordostens die häuslichen Beziehungen und Lebensgewohnheiten stärker beibehielten als die Völker des Nordwestens. Betrachtet man diesen ersten Anhaltspunkt genau, führt er uns alsbald zu einer Hypothese, die vollkommen geeignet ist, der Fragestellung Genüge zu tun. Es ist eine Hypothese, aus der Wahrheit wird, wenn sie von den historischen Kenntnissen, die uns von den alten Völkern geblieben sind, verbessert und abgewandelt wird.

Die Hypothese, die den vorliegenden Tatbestand erklärt, lautet, daß die nach Nordosten ziehenden Völker aus mehreren Sippen bestanden, die friedlich dorthin zogen – entweder weil ihnen diese Gegenden in der ersten Landverteilung oder in den folgenden Verteilungen zufielen oder weil sie aus Lebensnotwendigkeit oder

---

ältesten Zeit, also zur Zeit des Kekrops, an den öffentlichen Versammlungen teil und stimmten gemeinsam mit den Männern über die Angelegenheiten der Republik ab. So bezeugt es Varro, den Augustinus zitiert (*De civitate Dei*, XVII, Kap. 9). Es stimmt aber auch, daß Kekrops, der erste Athenerkönig, auf den auch die gesetzliche Verankerung der Ehe zurückgeht, die Frauen von den Staatsgeschäften ausschloß, wobei er einen geringfügigen Vorfall aus seiner Zeit dazu zum Anlaß nahm, den man an der zitierten Stelle nachlesen kann. Ich erlaube mir diesbezüglich nur eine Frage: Wäre es angemessen, bei einer möglichen Rückkehr zu den Sitten aus der Zeit vor Kekrops von *gesellschaftlichem Fortschritt* zu sprechen? Wäre das nicht ein Rückschritt? [S. AURELII AUGUSTINI De civitate Dei, Buch XVIII, Kap. 9 und 10, in DERS.: Opera omnia, cit., tom VII, c. 566.]

Kapitel 6: Von einem weisen Gesetz

wegen der Jagdlust gezwungen waren, sich dorthin auszubreiten. Nach Nordwesten zogen dagegen nicht ganze, wohlgefügte Stämme, sondern Einzelpersonen, die sich zusammengeschlossen hatten, um eine Unternehmung zu wagen. In diesem Fall wäre der Grund klar, weshalb die Völker des Nordostens die Lebensgewohnheiten der häuslichen Gesellschaft beibehielten, während die Bevölkerung des Nordwestens diese Fesseln nicht hatte und sich daher in vollständig bürgerlichen Gemeinschaften assoziieren konnte.

Nun sagten wir, daß sich eine solche, als Hypothese angesehene Erklärung in historische Wahrheit (verità storica) verwandelt, wenn man sie mittels vernünftiger Überlegung und mittels der Quellen modifiziert, die von den alten Völkern auf uns gekommen sind.

Unsere Überlegung lautet, daß es gewiß unwahrscheinlich ist, daß die allerersten Menschen, die sich nach Nordwesten ausbreiteten, nur Einzelgestalten waren, die sich zu irgendwelchen Heldentaten zusammenschlossen. Denn in jener Zeit war die Erde noch wenig bevölkert und leer, so daß es keinen Grund gab, zu einer militärischen Eroberung aufzubrechen. Wenn man nur die erste Ausbreitung der Völker behandelt, muß man also annehmen, daß sie durch Sippen und nicht durch einzelne geschah. Aber wir wissen aus der Geschichte, daß lange Zeit nach der ersten Zerstreuung der Völker über die Erde neue Kolonien von Süden her nach Norden ausgesandt wurden. Diese späteren Kolonien nun bestanden aus Einzelpersonen, das heißt aus Abenteurern, die die sich wegen der Beengtheit des Herkunftslandes und aus dem Wunsch nach Ruhm eine neue Heimat verschaffen wollten. Die Geschichte lehrt uns ebenfalls, daß die besagten Kolonien den Nordwest-Weg eingeschlagen haben, und man weiß, daß sie niemals nach Nordosten aufgebrochen sind.

Der Grund, weshalb die Abenteurer-Kolonien nicht den Weg nach Nordosten einschlugen, wird durch die geographische Lage Ägyptens und Phöniziens deutlich, von denen die Kolonien anfangs ausgingen. Ägypten liegt sehr weit westlich, und vor beiden Ländern öffnet sich das Mittelmeer, das sie auf natürliche Weise nach Griechland und nach Italien einlädt. Man muß hinzufügen, daß Asien nach Nordosten hin von der großen Wüste Gobi abgeschottet wird, die eine Ausdehnung in diese Richtung hart und beschwerlich macht. Zudem zwingt sie die Völker, die in den nordöstlichen Gegenden wohnen wollen, sehr weit nach Norden zu gehen, um Weideplätze oder fruchtbare Böden zu finden, wo sie sich niederlassen könnten. Man gelangt also in kalte und unwirtliche Regionen – vor allem im Vergleich zu den nordwestlichen Regionen. Die großen Behinderungen durch die Wüste, durch Böden, die für den Anbau ungeeignet sind, und durch das strenge Klima, das Asien in diesen Regionen aufweist, lassen mich vielmehr annehmen, daß die Menschen zunächst nach Kleinasien und Griechenland und dann erst nach Skytien vorgedrungen sind. Nach Skytien sind sie also erst gewandert, als sich die häusliche Gesellschaft schon stammesweise ausgebildet hatte und als die häuslichen Sitten schon von der Zeit konsolidiert worden waren. Möglicherweise waren die häuslichen Sitten auch mit Hilfe der Religion gegenüber den Vorfahren bekräftigt und mit stammesstaatlichen Gesetzen (leggi famigliari-civili) sanktioniert worden. Das würde auch erklären, warum Germanien – obwohl nordwestlich gelegen – nie zu echten bürgerschaftlichen Verbänden und geschlossenen Regierungen geeint worden ist. Es scheint nämlich, daß sich von Asien aus jene Völker in die germanischen Regionen ausgebreitet haben, die an den Küsten des Kaspischen und des Schwarzen Meeres wohnten. Daher kamen sie erst später in Europa an, nach langem Weg über die Berge des Ural oder des Kaukasus oder des Taurus und über den Balkan. Folglich kamen sie dort an, als sie schon in Stämmen geordnet und festgefügt waren. Jeder dieser Stämme besaß starre Sitten, die ihren Fortschritt blockierten und die verhinderten, daß diese Stämme zu einem einzigen Volk neuverschmelzen (rifondere) konnten.[9]

Aber um auf die Wanderungen nach Westen zurückzukommen: Die Völker, die zuerst nach Nordwesten gewandert waren, erlangten keineswegs einen höheren zivilisatorischen Standard als die, die nach Nordosten gewandert waren. Die Kenntnisse, die wir über die Pelasger in Griechenland haben, lassen uns vielmehr vermuten, daß sie genauso verwildert oder nicht viel weniger verwildert waren. Sismondi hat geschrieben:

„Der gesellschaftliche Zustand der Pelasger ist niedriger als der Zustand aller Bewohner Asiens und aller Schwarzer in Afrika, die Handwerk und Landwirtschaft praktizieren, und aller Hirtenvölker in diesen beiden Teilen der Erde, denen die Landwirtschaft wegen der Bedingungen ihrer Länder versagt ist und die dennoch in der bürgerlichen Gesellschaft ziemlich weit gediehen sind. Er ist auch geringer als der Zustand der Jägervölker Amerikas, die zumindest Mais und Kartoffeln kennen und einige Stoffe herstellen. Einzig mit dem Zustand der Eingeborenen Australiens kann man sie vergleichen."[10]

Das ist also der erbärmliche Zustand, zu dem die ersten *Sippen* hinabgesunken waren, die Griechenland besiedelt hatten. Durch wessen Werk wurden sie aus dieser Barbarei herausgeholt?

Durch das Werk von einzelnen Abenteurergestalten, die die Beengtheit der Sippe verlassen haben – mit anderen Worten: durch das Werk der Kolonisten.

Sismondi fährt fort:

---

[9] Zur Zeit des Augustus gründete (der Markomannenfürst) Maroboduus ein mächtiges Reich in Germanien, und unter Domitian und Trajan wurde Decebal, der König der Daker berühmt. Aber diese Reiche waren lediglich Vereinigungen von Völkern als Folge der Vormacht, die ein kriegerischer, von einem berühmten Führer angeführter Stamm übernahm. Die schwachen Stämme waren gezwungen, ihn als Souverän anzuerkennen. Das brachte ihnen Land ein beziehungsweise sicherte ihnen das Land, das sie besaßen, unter der Bedingung, daß sie Kriegsdienst leisteten. – Abgesehen davon gab es in Germanien ungefähr vierzig verschiedene, mehr oder weniger große Völker.

[10] J. C. L. De Sismondi, *Les colonies des anciens comparées à celles des modernes sous le rapport de leur influence sur le bonheur du genre humain.* [Hierbei handelt es sich um einen Artikel, der in der *Bibliothèque universelle de Genève*, Januar 1837, publiziert wurde. Darauf beziehen sich im Folgenden die Seitenangaben; hier S. 3–4]

Kapitel 6: Von einem weisen Gesetz

„Aber die ägyptischen Kolonien[11] führten die Bewohner des Landes zur allerhöchsten Zivilisation. Sie brachten ihnen alle Fertigkeiten des Lebens bei und alle Mittel, um die Natur zu beherrschen. Sie verjagten sie nicht, und sie rotteten sie nicht aus. Sie nahmen sie vielmehr in ihre neue Gesellschaft auf und vereinten sich mit ihnen in ihren Bürgerschaften. Und sie machten aus ihnen auch keine Ägypter, sondern Griechen. Religion, Sprache, Sitten, Kleidung – alles war griechisch. Alles gehört zur neuen *Patria*, nicht zur alten. Vor allem die politische Ordnung war griechisch. Hier allein sah man Freiheit und Liebe zur *Patria* entstehen; hier wurde die Fackel entzündet, die die ganze Welt erleuchten sollte."[12]

Gleichwohl stelle ich fest, daß diese Formulierung nicht ganz korrekt ist. Man sollte nicht sagen: „Alles und insbesondere die politische Ordnung war griechisch".

---

[11] Man sollte den ägyptischen Kolonien die phönizischen hinzufügen, besonders diejenige von Kadmos, der das Schrifttum nach Griechenland brachte (im 16. Jahrhundert vor Christus). – Die Zeit der besten Kolonisierung Griechenlands fällt in die Zeit, als Josua die Kanaanäer aus Palästina und aus Phönizien vertrieb. Die Niederlagen, die dieser Heeresführer den verweichlichten und korrupten Völkern beibrachte, erschütterte sie zutiefst. Sie wurden über die ganze Erde verstreut. Ihre Kolonien gingen nach Asien, nach Afrika, nach Europa, und es scheint wahrscheinlich, daß ihre Schiffe sogar Amerika erreichten. Die beiden Säulen von Tanger sind ja bekannt, die es noch fünfhundert Jahre nach Christus in Afrika gab und auf denen in phönizischer Schrift die Ankunft der Kolonisten erwähnt wird, die „vor dem Angesicht des Josua, dem Sohn des Nun, dem Räuber" flüchteten. So wird es von Prokop berichtet in *De regno vandalico*, Buch II, Kap. 10. Bochart beschreibt in seinem berühmten Buch *De coloniis Phoenicum* vortrefflich dieses Ereignis, dessetwegen die Phönizier ihren angestammten Sitz verlassen und in fremde Gegenden auswandern mußten. – Indem die Vorsehung also das jüdische Volk gegen die Kanaanäer richtete, wollte sie nicht nur das jüdische Volk das gelobte Land erreichen lassen; sondern sie war auch auf das Wohl der Kanaanäer selbst und des ganzen Menschengeschlechts bedacht, als sie diese bestrafte. Die Korruption der Kanaanäer war immer schlimmer geworden. Die Vorsehung rüttelte sie auf und zwang sie, ihre von Lastern befallenen Häuser zu verlassen; sie zerriß die Sippen, in denen sie lebten – durch unlösbare Bande an heimischen Aberglauben und beschränkte, blinde Gewohnheiten gefesselt. Daran gingen einige zugrunde; die übrigen flüchteten dorthin, wo sie Rettung und Zuflucht finden konnten. In solch einer Bedrängnis sind es die Einzelpersonen, die handeln, nicht mehr die Sippen. Die einzelnen müssen sich zusammenschließen. Sie sind gezwungen, an neue Dinge, an neue Unternehmungen zu denken. Und es zählt der Mann am meisten, der am meisten weiß und der am meisten Mut hat. Nach ihrer Ankunft in noch unzivilisierten Gegenden entsteht dort eine glückliche Mischung aus den Völkern, die zivilisatorisch überaltet waren, und den ganz neuen und gar primitiven Völkern. Diese lernen von jenen die Grundsätze menschlichen Zusammenlebens [vivere umano], und jene übernehmen durch das Zusammenleben mit diesen schlichtere Sitten sowie das Vorbild und die Notwendigkeit von Anstrengung und Tätigkeit. Und so beginnt im Altertum der gesamte Zivilisationsprozeß [incivilimento] des Menschengeschlechts. Denn Gott hat niemals ein Volk auf Erden vergessen. [Zu den zitierten Autoren vgl. PROCOPIUS CÆSARIENSIS De bello vandalico, Buch IV, Kap. 10, § 22, 258, in DERS.: Opera omnia, Leipzig 1903, Bd. I, S. 462; S. BOCHART: De geographia sacra, pars posterior: Chanaan seu De coloniis et sermone Phoenicum, in DERS.: Opera omnia, London 1712, tom. I, S. 351 ff.]

[12] [J. C. L. DE SISMONDI: Les Colonies, cit., S. 4.]

Wie konnte sie griechisch sein, wo doch die Bevölkerung Griechenlands nicht zivilisierter war als die Ureinwohner Australiens? Angemessener wäre es zu sagen, daß nichts griechisch war und daß insbesondere die politische Ordnung nicht griechisch war. Denn in Griechenland gab es bis dahin ja nur das Sippenelement, aber nicht das politische Element (elemento politico). Erneut: Alles war in Griechenland fremd oder mit Sicherheit neu. Speziell die politische Ordnung wurde komplett durch die Kolonien importiert. Griechenlands einziger Beitrag war nur ein Keim an häuslichen Gesellschaft. Dieser Keim der häuslichen Gesellschaft war heilbringend für das neue Volk, das dort entstehen sollte, damit es nicht in zu harte und militärische Regierungsformen ausartete.[13] Dieser Keim wurde von der Macht der Kolonisten beherrscht, die die Stärke und das Wissen besaßen und die für die Unterweisung sorgten und Gesetze gaben und diese Gesetze sanktionierten.

Man muß die Herausbildung kompakter und starker bürgerlicher Regierungen, die bei den nordwestlichen Völker aufgetreten sind und die dann die universale Zivilisierung (incivilimento universale) entzündet haben, nicht auf die erste *Assoziierung von Sippen*, sondern auf die *Assoziierung von Individuen* zurückführen. Diese Individuen entsagten den eigenen Sippen und traten aus ihnen heraus und bildeten miteinander eine künstliche Sippe (famiglia artificiale) – das wahre Prinzip der bürgerlichen Regierungen. Dieser Vorgang, der sich ganz besonders in Griechenland gezeigt hat, hat sich dann in weitem Umfang auch außerhalb wiederholt und hat die Bildung politischer Gesellschaften (politico associamento) zusammen mit den Wohltaten der Zivilisation ausgebreitet.

Bei Sismondi heißt es weiter:

„Sobald Griechenland die Ureinwohner [αὐτόχθονες] mit den aus Ägypten hinzugekommenen Kolonisten zu einem einzigen Volk verschmolzen hatte, begann es seinerseits, die empfangene Zivilisation an allen Mittelmeerküsten auszubreiten: Die Kolonien der Jonier, der Äoler und der Dorer wandten sich nach Kleinasien. Andere gründeten neue Städte in Italien, in Sizilien, an den Gestaden des Schwarzen Meeres, an der Küste Afrikas und der Provence. Überall übten diese Kolonien auf die Ureinwohner jenen glücklichen Einfluß aus, den die Ägypter auf die Griechen ausgeübt hatten. Überall brachten sie die Zivilisation, lehrten die Fertigkeiten des Lebens und ließen zu, daß sich die ersten Bewohner mit ihnen vermischten. Dank dieser Vereinigung überholten sie

---

[13] Es ist absolut notwendig, daß in der *bürgerlichen Gesellschaft* ein Element von *häuslicher Gesellschaft* unversehrt erhalten bleibt. Aber festzulegen, welchen Umfang dieses Element haben soll und welches Gewicht in der Machtbalance – das ist eines der großen Probleme, die je nach dem Zeitalter und den spezifischen Bedingungen der Nationen unterschiedlich gelöst werden müssen. In der Lösung manifestiert sich die kluge Weisheit des Gesetzgebers. Es scheint, daß bis zum heutigen Tag die bürgerlichen Gesetze die väterliche Autorität immer weiter zurückgedrängt haben. Die Familie wurde dadurch schrittweise immer stärker in die Regierung „absorbiert". Dieser Problematik sollten sich diejenigen wohl bewußt sein, denen die Vorsehung das Amt gegeben hat, die Gesetze zu machen.

Kapitel 6: Von einem weisen Gesetz 325

binnen kurzer Zeit ihre Mutterstädte an Bevölkerung, an Macht, an Reichtum, in allen Kunstfertigkeiten und sogar in Bezug auf die Entfaltung der Intelligenz."[14]

Nun muß man hier erneut festhalten, daß die ägyptischen und phönizischen Abenteurer-Kolonien das kraftvollste Zeitalter der Länder markieren, von denen sie ausgingen.

Wie ich gesagt habe, hatten diese Länder das Machtzeitalter der Gesellschaft entweder nicht vollständig oder schnell durchschritten. Es liegt in der Natur der bürgerlichen Gesellschaften, daß sie das Machtzeitalter erleben – nur bleibt dieses Zeitalter bei manchen von ihnen verstümmelt und gelangt nicht zur vollen Reife, wobei aber die natürliche Anstrengung der Völker sichtbar bleibt, dieses Zeitalter zu erreichen, auch wenn es ihnen nicht gelingt. Nun behaupte ich, daß dem Zeitalter, in dem diese Anstrengung auftrat, genau die Zeit der Kolonien entsprach, die aus jungen Leuten bestanden, die bereits das Bedürfnis verspürten, zu erobern, zu herrschen und groß und stark zu werden. Weil sie aber durch die unzerstörbaren Fesseln der Sippe daran gehindert wurden, dies im eigenen Land zu tun, gingen sie fort, um diesen Wunsch fernab zu erfüllen. Die Kolonisten waren also die lebendigsten und wachesten Vertreter des Landes, aus dem sie kamen. Sie waren der intelligenteste Teil, sie waren diejenigen, die am stärksten die Stimme der Natur vernahmen und das Bedürfnis nach einer zu Ende geführten Entwicklung verspürten. Es ist durchaus sinnvoll, daß ich auch hierzu Sismondis Feststellungen wiedergebe. Diese Feststellungen sind um so glaubwürdiger, als er damit etwas ganz anderes beweisen will, als ich herausstellen möchte. Diese Feststellungen oder besser: diese historischen Angaben beweisen, daß das, was den Kolonisten in der Antike am Herzen lag, nicht der Erwerb von Reichtum war, den sie damals noch geringschätzten, sondern der Erwerb von Macht und Ruhm. Diese Feststellungen beweisen folglich, daß die Kolonisten von dem Geist erfüllt waren, der typisch für das zweite Gesellschaftszeitalter ist, also für das Zeitalter, das begierig nach Herrschaft und großen Taten ist und das den größten Verstandesgebrauch voraussetzt, wie wir gesagt haben.

„Die griechischen Kolonien bestanden aus freien Männern, die aus allen gesellschaftlichen Schichten kamen. In den heroischen Zeiten wurden sie von den Königssöhnen und später von *Eupatriden*, also Bürgern der vornehmsten Abstammung, angeführt. Gleichwohl war die notwendige Folge ihrer Unternehmung, daß sich innerhalb der Kolonien größte Gleichheit establieren mußte. Diejenigen, die sich an diesen Abenteuerexpeditionen beteiligten, nahmen keinen Reichtum mit und waren auch nicht darauf bedacht, welchen zu erwerben."

[Das ist die Geringschätzung des Reichtums, die für die Einstellung der Massen im zweiten Gesellschaftszeitalter charakteristisch ist.]

---
14 [J. C. L. DE SISMONDI: Les Colonies, cit., S. 5.]

„Deswegen waren sie jedoch nicht weniger ehrgeizig; aber es reizte sie, sich vor ihren übrigen Mitbürgern in den Beratungen und im Krieg auszuzeichnen. Sie waren erfüllt von dem Gedanken, durch ihre Eloquenz, durch ihre Klugheit oder durch ihre Tüchtigkeit groß zu werden, aber sie waren niemals von dem Gedanken erfüllt, reich zu werden. Auf dem Boden ihrer neuen Heimat konnten sie nicht hoffen, Nahrung anders als durch ihrer eigenen Hände Arbeit zu erhalten. Sie bekamen wie alle anderen ihren Anteil an dem kolonisierten Land und mußten es ohne Diener, ohne Tagelöhner und ohne Sklaven bestellen. Denn diese neue, von Feinden oder Neidern umgebene Gesellschaft wollte in ihrer Mitte keine inneren Feinde haben. Bei den kleinen Völkern des Altertums war in der Zeit ihrer Unabhängigkeit voneinander die Sklaverei nur ein akzidenteller Aspekt des Kriegsrechts und keine gewerbliche Organisationsform. Denn die Arbeit galt noch nicht als unehrenhaft. Die vornehmsten Bürger der Kolonie verweigerten die Arbeit mit den Händen nicht. Man kam überein, daß diese Arbeit nicht ihre gesamte Zeit in Anspruch nehmen sollte, weil sie einen großen Teil davon der Verwaltung, der Unterweisung und der Verteidigung ihrer neuen *patria* schuldeten. Wo der Bauer keine Pacht bezahlen muß, der Staat keine Schulden hat und kein Teil des Arbeitsertrages der nachfolgenden Generationen bereits von den Vätern mit einer Hypothek belastet worden ist, in einem Land, wo die Sitten einfach und der Luxus unbekannt ist – in einem solchen Land produziert der Boden weit mehr, als zum Unterhalt derer nötig ist, die die Landwirtschaft betreiben.[15] Während heute der Bauer von der Hälfte der Ernte lebt und dem Herrn die andere Hälfte abgibt, lebte der Bauer als Eigentümer zu anderen Zeiten von der Arbeit einer halben Woche und konnte die andere Hälfte dem Dienst für die Allgemeinheit widmen."[16]

Das alles beweist, daß die Kolonie einfach ein Zusammenschluß von untereinander fast gleichen Individuen war, deren gemeinsamer Wille sich notwendigerweise um die Regierung kümmerte, die einziger Zweck ihres Denkens wurde. Die Kolonie stellt daher notwendigerweise kein Zusammenleben von Herren und Sklaven dar, sondern eine wirkliche politische Gesellschaft.

„Alle gesellschaftlichen Belange wurden auf der *Agorà* besprochen, alle Fälle wurden allen vorgelegt, alle Eigenschaften entfalteten sich gleichsam in der Öffentlichkeit, und dem Ärmsten wie dem Reichsten waren die Menschenkunde und die philosophische Betrachtung der menschlichen Leidenschaften und Belange zugänglich. Feinheiten und Raffinessen der Sprache waren kein Indiz für die Zugehörigkeit zu einer bestimmten Schicht, weil sich alle darum bemühten, die Sprache mit derselben Reinheit zu sprechen. Wenn von Zeit zu Zeit ein Buch den Bestand der gemeinsamen Bildung ergänzte, war seine Wirkung volkstümlich. So las Herodot seine Geschichte den versammelten Griechen

---

[15] Ganz besonders dort, wo die Böden üppig sind und das Klima sehr gut ist.
[16] [J. C. L. DE SISMONDI: Les Colonies, cit., S. 15–17.]

Kapitel 6: Von einem weisen Gesetz

vor. Die Gemeinschaftlichkeit der Interessen, das enge Miteinander aller Bürger und ihre ständige gegenseitige Beeinflussung ließen die Kolonien des Altertums gleichsam zu einer Schule gegenseitiger Belehrung werden."[17]

Hier erkennt man deutlich, daß die Völker unter solchen Bedingungen nicht mehr sozusagen durch die häusliche Mauer getrennt waren, sondern daß sie in einer einzigen öffentlichen, bürgerlichen Regierung geeint waren. Aber auch noch andere Bedingungen förderten die Verschmelzung der Bürger: vor allem die Gründung der *Städte* in einer Weise, daß jede Stadt wie ein großes, allen gemeinsames Haus fungierte.

„Die Kolonisten waren schwach, gering an Zahl und vollständig sich selbst überlassen [die ursprüngliche Mutterstadt kümmerte sich nicht um deren Verteidigung]. Sie waren darum bemüht, alle Häuser innerhalb des engen Geheges der Stadt zu bauen. Nachts schliefen sie bei gemeinsamer Bewachung. Nur tagsüber gingen sie hinaus zur Feldarbeit. Dieser Umstand macht ihre Landwirtschaft der Landwirtschaft in der Provence oder in Spanien vergleichbar, wo man keine über die Felder verstreuten Behausungen findet und wo die Bauern mit ihrem Vieh in ihre Orte zurückkehren. Dieses landwirtschaftliche System hat gewiß große Nachteile. Es erhöht die Beschwernis für den Bauern und sein Vieh, und es gestattet ihm nicht, seinen Boden intensiv zu bearbeiten und reichliche Ernte zu erwarten. Es animiert ihn auch nicht dazu, Pflanzungen anzulegen, die Felder elegant zu bestellen und sich intensiv darum zu kümmern. Aber die Wirkung dieses Systems auf den Menschen ist wichtiger als die Produktion von Wohlstand. Das Gefühl für das Leben in Gesellschaft, für das bürgerliche Leben ist das Gefühl, das sich unter den Kolonisten offenbar am stärksten erhält. Und die Bauern führen ein zivileres Leben, wenn sie Bewohner von städtischen Gemeinden sind als wenn sie über die Felder verstreut sind."[18]

Nicht genug damit. Die Notwendigkeit der Verteidigung förderte ihrerseits die Gleichheit der Lebensverhältnisse und verhinderte die Gefahr von Besitzanhäufung bei einigen wenigen Sippen.

„Da der Kolonist nur auf sich selbst und seine Unternehmungsgefährten zählte, wollte er keine Felder, auf denen er den Klang des Kriegshorns nicht hören konnte, das ihn zur Verteidigung seiner Stadt rief. Die Leitung der Kolonie verteilte den erworbenen Boden nach diesem Prinzip. Alle mußten also einen un-

---

17 J. C. L. De Sismondi, *Les Colonies*, cit. [S. 18–19]. Unter diesem Aspekt lohnt es sich, im Buch *Numeri* Kapitel 35 [1–7] zu lesen, worin die Form der Städte beschrieben wird, die die Hebräer nach der Eroberung von Kanaan dort errichtet haben. Es ist das älteste Zeugnis, das uns über die Anlage der Städte unterrichtet, die die Kolonisten des Altertums in den eroberten Gebieten gebaut haben.
18 [J. C. L. DE SISMONDI: Les Colonies, cit., S. 11.]

gefähr gleichen Anteil haben, damit keiner weit weg von den Mauern wäre. Die Bodenaufteilungen erstreckten sich wie die Abschnitte eines Kreises, wobei die bebauten Böden dem befestigten Bezirk am nächsten lagen. Jenseits davon besaß die Kolonie Weiden, von denen aus man schon von weitem das Herannahen des Feindes ausmachen konnte. Wie auch immer die Besitz-Ungleichheit der Mitglieder beschaffen war – ein höheres Interesse, nämlich die gemeinsame Sicherheit, brachte sie zur Gleichheit an Landbesitz zurück."[19]

Wenn wir uns die Bande des Romulus anschauen, erkennen wir ebenfalls einen Zusammenschluß von Individuen, die ungeordnet und ohne Familien waren. Der Raub der Sabinerinnen bestätigt das.[20]

Man erkennt also deutlich, daß die robusten bürgerlichen Regierungen aus den Trümmern der Sippengemeinschaften hervorgingen. Man erkennt das *Ausgleichsgesetz* (legge di compenso), das von der Vorsehung für die Geschicke der Menschen aufstellt wird: Es ist das Gesetz, durch das sich die Nationen erneuern, während ihnen zugleich Strafe und Lohn gerecht zugeteilt werden. Man erkennt schließlich, warum die Linie, auf der der Zivilisationsprozeß kontinuierlich verläuft, identisch ist mit der Linie, der die Macht gefolgt ist, die als vollkommene bürgerliche Regierung errichtet war: Es ist eine Linie, die vom Zentrum in Asien ausgeht, sich dann in nordwestliche Richtung bewegt und nach der Durchquerung dieser Hemisphäre in Amerika fortsetzt.

Ich will mich hier nicht weiter mit dem derzeitigen Zustand der bürgerlichen Gesellschaften in Europa beschäftigen. Ich will nicht von England und von Rußland sprechen, welche die beiden nördlichsten Nationen sind, bei denen die gesellschaftliche Macht angelangt ist. Es reicht aus, anzumerken, daß der Kampf, der bevorsteht, ein völlig neuer Fall in der Geschichte ist und teilweise vielleicht dem von uns genannten Gesetz widersprechen wird.[21] Denn wer sähe nicht, daß der Norden sich aufspaltet und daß der Westen sich mit dem Süden und der Osten sich mit dem Norden verbindet? In dem erstgenannten Bündnis überwiegt der geistig-moralische Fortschritt (incivilimento), im zweiten die Macht. Gleichgültig, wie dieser große, unausweichliche Kampf ausgeht, dieser Fortschritt wird immer die Oberhand behalten – bei den Siegern wie bei den Besiegten.

---

[19] [J. C. L. DE SISMONDI: Les Colonies, cit., S. 13–14.]

[20] Daß in Rom die Liebe zur *Patria* und zu ihren Gesetzen stärker war als alle anderen Neigungen, wird aus der Tatsache ganz deutlich, daß Brutus seine eigenen Söhne zum Tode verurteilte, und aus weiteren ähnlichen Begebenheiten. Dieser bürgerschaftliche Geist wurde gleichsam das Grundprinzip der Moral der Römer. Daher bezeichnete Cicero das Prinzip der Soziabilität als die Quelle der Moral und des natürlichen Rechts, auch wenn er sich als vernünftiger Mensch hier und dort bewußt wurde, daß das nicht ausreicht (*De off.*, Buch I). [M. TULLI CICERONIS De officiis ad Marcum filium libri tres, Buch I, in DERS.: Scripta, cit., Teil IV, Bd. III, S. 1–116.]

[21] Die modernen Gesellschaften folgen nicht den providentiellen Gesetzen, unter denen die antiken Gesellschaften standen, weil es in unseren Gesellschaften ein neues Element gibt, nämlich das Christentum. Dieses Element schafft neue und erhabenere Gesetze für den Gang der christlichen Nationen.

Buch III, Kapitel 7

Zusammenfassung

Aus diesen Überlegungen können wir ersehen, wie die praktische Vernunft der Massen das von uns aufgezeigte politische Kriterium einsetzt.

Diese praktische Vernunft plaziert sukzessiv in vier verschiedenen Objekten das Nahziel der bürgerlichen Gesellschaft.

Jedem dieser Objekte, nach denen sukzessiv der kollektive oder auch gesellschaftliche Wille der Massen strebt, entspricht eine je spezifische unvollkommene Erfüllung und Zufriedenheit.

Aber diese Erfüllung und Zufriedenheit ist nicht von Dauer. Was zunächst den Willen zufriedengestellt hat, befriedigt ihn nach einer Weile nicht mehr. Dann macht die Gesellschaft einen Schritt nach vorn auf dem Weg, den sie gehen muß. Der Kollektivwille geht weiter und sucht seine Erfüllung und Zufriedenheit in einem anderen Gut, weil das erste Gut nach seiner Ansicht jenen Wert verloren hat, den die Vorstellungskraft und die Hoffnung ihm zugesprochen hatten, bevor sie von ihm enttäuscht wurden.

Diese Instabilität von Erfüllung und Zufriedenheit beim Volk beweist, daß keines dieser vier Güter, durch die man in den vier verschiedenen Zeitaltern volle Zufriedenheit zu erlangen hofft, imstande ist, dem Menschen diese Zufriedenheit zu bringen.

Das Schlimmste ist, daß die Liebe, die die Massen zu jedem dieser Gütern entwickeln, zunächst maßvoll und gerecht ist, dann aber schrittweise maßlos und ungerecht wird. Dann ist jedes dieser Güter nicht nur außerstande, eine wenigstens unvollkommene Erfüllung und Zufriedenheit zu erzeugen – dann verschafft es den Menschen statt dessen – entgegen aller Hoffnung und Vorstellung – einen verkrampften und sehr unglücklichen Zustand der Unruhe, dessen Grund die Menschen nicht begreifen können und dem sie nicht abzuhelfen wissen, weil sie schon wie ein Betrunkener geworden sind, der glaubt, seine Trunkenheit mit Alkohol heilen zu können. Die Analyse eines so elenden Zustands der Gesellschaft verdient es, separat behandelt zu werden. Sie wird daher Gegenstand des folgenden Buches sein.

Buch III, Kapitel 8

Wie sich der Fehler, den die Massen bei der Festlegung des Nahziels der bürgerlichen Gesellschaft begehen, je nach Regierungsform mehr oder weniger verhängnisvoll auswirkt

Wenn die Massen das an sich unbestimmte Nahziel der bürgerlichen Gesellschaft mit den Instinkten ihres verdorbenen Willens jeweils konkret festlegen, begehen sie Fehler. Das, was wir darüber gesagt haben, trifft gleichermaßen in allen Regierungsformen zu.

Gleichwohl ist die Beobachtung nicht unwichtig, daß die Verderbtheit der Massen je nach Regierungsform unterschiedlich schnell zum Verhängnis für die Nation wird.

Wahr ist folgendes: Man könnte den Zerfall des Staates nicht verhindern, auch wenn sich die Regierung nicht in den Händen der Massen, sondern in den Händen von Einzelpersonen befände und wenn diese Einzelpersonen von der allgemeinen Korruption ausgenommen wären. Es sei denn, die regierenden Einzelgestalten hätten eine ganz außergewöhnliche sittliche Macht und könnten die Massen aus ihrer Verderbnis befreien. In korrupten Verhältnissen weichen die verdorbenen Massen nämlich ständig den Gesetzen aus und zwingen die Regierung zu bestimmten regelwidrigen, übertriebenen Maßnahmen, die einen schmerzlichen, willkürlichen und in keiner Weise dauerhaften Zustand herbeiführen. Wenn die Massen von der Regierung ausgeschlossen sind, haben sie durch ihre Passivität und ihren unbezwingbaren Widerstand beim irreparablen Untergang des Staates wenigstens keinen direkten Einfluß, sondern nur einen indirekten Einfluß auf die Planung der weisen Regierung und auf die Mitgestaltung des öffentlichen Wohls.

Wenn aber die korrupten Massen die Macht in Händen haben – wie es bei der demokratischen Regierung der Fall ist – dann ist klar, daß sie zwangsläufig den Staat direkt auf seinen definitiven Untergang hinsteuern, weil sie ihre Laster, ihre Unwissenheit und ihre brutalen Instinkte auf die Gesetze und die öffentlichen Maßnahmen übertragen. Deswegen schränken demokratische Staaten, die die äußerste Verderbtheit erreicht haben, aus Selbstbewahrungsinstinkt den Zugang zur Macht sofort ein und verwandeln sich in Aristokratien oder Monarchien. Dies verlängert ihre Existenz für einen mal mehr, mal weniger langen Zeitraum, aber es rettet sie nicht.

Durch diese verhängnisvolle Wirkung der Massen, die zum Schaden der gesellschaftlichen Existenz regiert haben, sind die Sitten in Rom – mit den Worten Sallusts – wie ein Wasserfall in den Abgrund gestürzt. Roms Macht wäre sogar noch rascher und in noch schmachvollerem Verfall untergegangen, wenn die Staatsgewalt nicht sogleich in den Händen der Cäsaren konzentriert worden wäre. Das bestialische Verbrechertum einiger dieser Herrschergestalten hat in die staatlichen Gesetze

Kapitel 8: Die Auswirkung der Regierungsform

und Verordnungen nicht soviel Unwissenheit, Durcheinander und Irrsinn hineingebracht, wie es der römische Pöbel getan hätte, wenn er weiterhin die Macht über die Gesetze und die öffentlichen Angelegenheiten gehabt hätte. Denn die Korruption des ganzen Volkes ist eine unendlich viel größere Last als die Verderbtheit eines einzigen oder einiger weniger, gleichgültig wie verkommen diese sind.

Um besser zu erkennen, wie das Volk als Richter der öffentlichen Dinge (arbitro delle cose pubbliche) auf diese öffentlichen Dinge je nach seiner geistigen und sittlichen Verfassung einwirkt, ist es nützlich, zu untersuchen, was heutzutage bei solchen Völkern geschieht, die man wahrhaftig nicht verderbt nennen kann, die aber auch nicht immun gegen Vorurteile und Leidenschaften und gegen jenes Maß an Unwissenheit sind, wie es normalerweise in den Massen vorhanden ist. Ich spreche von Amerika. Hier nun die Betrachtungen eines Autors, der lange in den Vereinigten Staaten gewesen ist und der mit ungewöhnlicher Unvoreingenommenheit die Vor- und Nachteile der dortigen Regierung beobachtet hat.

„In Europa glauben viele Leute, ohne es zu sagen, oder sie sagen es, ohne es zu glauben, daß einer der großen Vorzüge des allgemeinen Wahlrechts darin besteht, zur Führung der Geschäfte Männer zu berufen, die des öffentlichen Vertrauens würdig sind.
Was mich angeht, muß ich sagen, daß nichts von dem in Amerika Gesehenen, mich berechtigt, dies für wahr zu halten. Bei meiner Ankunft in den Vereinigten Staaten entdeckte ich zu meiner Überraschung, wie sehr bei den Regierten das Verdienst verbreitet war und wie wenig es bei den Regierenden vorhanden war. Es ist in den Vereinigten Staaten eine feststehende Tatsache, daß die bedeutendsten Männer selten zu öffentlichen Ämtern berufen werden, und dies trifft, wie man zugeben muß, in dem Maße zu, wie die Demokratie alle ihre früheren Grenzen überschritt. Ganz offenkundig hat sich der Bestand der amerikanischen Staatsmänner seit einem halben Jahrhundert außerordentlich verschlechtert.
Was man auch immer tut, es ist unmöglich, die Bildung des Volkes über eine gewisse Stufe emporzuheben. (...) Eine Gesellschaft, in der alle Menschen hochgebildet wären, läßt sich daher ebenso wenig ausdenken, wie ein Staat von lauter reichen Bürgern. Diese beiden Schwierigkeiten bedingen sich wechselseitig. (...) Welch langes Studium, welch verschiedenartige Kenntnisse sind notwendig, um das Wesen eines einzigen Menschen genau zu erfassen! (...) Das Volk hat nie die Zeit und die Mittel, sich dieser Aufgabe zu widmen. Es muß immer in Hast urteilen und sich an das Hervorstechendste halten. Daher kommt es, daß die Schwindler aller Art sich so trefflich darauf verstehen, ihm zu gefallen, während seine wahren Freunde darin häufig scheitern."[1]

---

[1] [A. DE TOCQUEVILLE, op. cit., tom. I, Teil II, Kap. 5, in DERS.: Oeuvres, cit., Bd. I, S. 203–204; dt. Ausgabe, cit. Bd. I, S. 293 ff.]

Hier sieht man, wie das Maß an Unwissenheit, die typisch für das Volk ist, dessen Entscheidungen beeinflußt, wenn die öffentliche Macht (pubblico potere) vom Volk abhängt. Gleiches gilt für die einzelnen Laster, die in den Entscheidungen stark spürbar werden, die das Volk in Demokratien trifft.

„Es ist nicht so, daß der Demokratie immer die Gabe fehlt, verdienstvolle Männer auszuwählen. Ihr fehlen der Wunsch und die Neigung, eine solche Wahl zu treffen.
Man darf sich nicht verhehlen, daß die demokratischen Einrichtungen das Gefühl des Neides im menschlichen Herzen in hohem Maße fördern. Das geschieht nicht so sehr, weil sie jedem die Mittel geben, den anderen gleich zu sein, als vielmehr, weil diese Mittel bei denen, die sie gebrauchen, versagen. Die demokratischen Einrichtungen wecken und schüren das leidenschaftliche Verlangen nach Gleichheit, ohne es je völlig stillen zu können. Diese vollständige Gleichheit entgleitet den Händen des Volkes täglich in dem Augenblick, da es sie zu fassen glaubt, und befindet sich, wie Pascal sagt, ewig auf der Flucht. Das Volk erhitzt sich auf der Suche nach diesem Gut, das um so kostbarer ist, als es nah genug ist, um vertraut zu sein, und fern genug, um ungenossen zu bleiben. Die Aussicht auf Erfolg erregt es, die Ungewißheit des Gelingens erzürnt es. Es wird unruhig, es ermüdet, es verbittert. Alles, was es irgendwie überragt, erscheint ihm dann als Hindernis seiner Wünsche, und es gibt keine noch so gerechtfertigte Überlegenheit, deren Anblick sein Auge nicht ermüdete. (...)
In den Vereinigten Staaten haßt das Volk die oberen Gesellschaftsklassen nicht. Aber es empfindet für sie nur geringes Wohlwollen und hält sie sorgfältig von der Macht fern. Es fürchtet die großen Begabungen nicht, aber es schätzt sie wenig. Man bemerkt, daß im allgemeinen alles, was ohne sein Zutun aufsteigt, nur schwer seine Gunst erlangt."²

Wenn sich also diese Leidenschaften selbst in einer unverdorbenen Volksmasse wie der in Amerika entfalten und wenn die Leidenschaften auf die wichtigsten Dinge – zu denen sicherlich die Wahl der hohen Magistraten gehört – einen so großen Einfluß haben, was für ein Konzentrat an Unwissenheit und Schlechtigkeit wird dann erst ein gänzlich verdorbenes Volk bei einer demokratischen Regierung in den öffentlichen Angelegenheiten zusammentragen?! In den einzelnen Staaten der amerikanischen Föderation läßt sich eine Abstufung des Mißlingens bei der Wahl der Staatsbeamten erkennen, je nachdem, wie verdorben oder unwissend das Volk in diesen Staaten ist.

„Je weiter man nach Süden kommt, in die Staaten, wo die soziale Bindung weniger alt und weniger stark ist, wo die Bildung weniger verbreitet und wo die Grundsätze der Sittlichkeit, der Glaubens und der Freiheit weniger glücklich

---

² *De la démocratie en Amérique*, tom. II, Kap. 5. [A. DE TOCQUEVILLE, op. cit., tom. I, Teil II, Kap. 5, in DERS.: Oeuvres, cit., Bd. I, S. 204–205; dt. Ausgabe, cit., S. 295.]

Kapitel 8: Die Auswirkung der Regierungsform

zusammenwirken, da bemerkt man, daß Begabungen und Tugenden unter den Regierenden immer seltener werden. Wenn man schließlich in die neuen Staaten im Südwesten gelangt, wo die noch ganz junge Gesellschaft lediglich aus Abenteurern oder Glücksrittern besteht, ist man bestürzt, wenn man sieht, welchen Händen die öffentliche Macht anvertraut ist, und man fragt sich, dank welcher von Gesetzgebung und Menschen unabhängigen Kraft der Staat dort wachsen und die Gesellschaft gedeihen können."³

Diese Beispiele reichen aus, um erkennen zu lassen, wie rasch in den demokratischen Regierungen – wenn sie über ein bestimmtes Maß hinaus für jedermann zugänglich werden – die Laster und die Unwissenheit des gemeinen Volkes zum Zusammenbruch der Gesellschaft führen.

Wenn nicht das gemeine Volk als Masse regiert, sondern wenn einige wenige regieren, ruinieren diese wenigen den Staat mit Sicherheit nicht so schnell – gleichgültig wie schlecht sie ausgewählt sind. Denn es ist ausgeschlossen, daß sie zum Schaden des Staates soviel Unwissenheit und soviel Brutalität aufbringen, wie es für gewöhnlich eine verdorbene Masse tut, die alles tun kann, was sie will.

Bleiben wir noch bei dem Beispiel Amerika. Dabei beschränken wir uns auf die Wahl zur Legislative. Es ist festgestellt worden, daß man auf einen ganz merkwürdigen Kontrast trifft zwischen den Qualitäten der Personen, die im Repräsentantenhaus sitzen, und jenen, die den Senat bilden. Die Versammlung der Abgeordneten in Washington macht einen ganz gewöhnlichen Eindruck. Es ist kaum eine berühmte Persönlichkeit dabei: Provinzadvokaten, Kaufleute, gar Leute aus der untersten Klasse, die nicht richtig schreiben können. Das ist die Direktwahl durch das Volk.

Im Senat dagegen findet man die Berühmtheiten Amerikas: sprachgewandte Advokaten, ausgezeichnete Generäle, tüchtige Beamte, bekannte Staatsmänner. Das ist die Wahl durch das Parlament jedes einzelnen Staates. Wenngleich die Abgeordneten der einzelnen Staaten, die direkt vom Volk gewählt werden, nicht gerade die Blüte der Bürgerschaft darstellen, so übertreffen doch die ihnen obliegenden Wahlen der Senatoren bei weitem die Wahlen, mit denen die gesamte Volksmasse seine Vetreter wählt. Der Autor, dem wir uns anschließen, folgert:

„Leicht läßt sich ein Zeitpunkt in der Zukunft erkennen, in dem die amerikanischen Republiken gezwungen sein werden, ihr zweistufiges Wahlverfahren zu vermehren, wenn sie nicht elend an den Klippen der Demokratie scheitern wollen."⁴

In manchen Nationen, zum Beispiel bei den Chinesen, ist die Volksmasse verdorben, und dennoch bestehen sie weiter wegen der Verstandesaristokratie, die ihre Regierung führt. Wenngleich China keine starke Regierung hat und auch keine Re-

---

3   *Ibid.* [S. 206–207; dt. Ausgabe, cit., S. 299.]
4   *Ibid.* [S. 208; dt. Ausgabe, cit., S. 301.]

gierung, die sich auf dem Weg des zivilisatorischen Fortschritts befindet [den es nur für die christlichen Nationen gibt], so löst sich die Regierung dennoch nicht auf, und zwar dank der eifrigen Studien, die in der Mandarinklasse ein gewisses Maß an Verstandesvermögen aufrechterhalten, das ausreicht, um die statische Existenzform dieser Gesellschaft zu sichern. Wobei es sich dabei um eine Existenzform handelt, die zwangläufig von selbst erlöschen wird, sobald China in Berührung mit den bürgerlich weiterentwickelten christlichen Nationen kommt (nazioni cristiane più incivilite).[5]

Indem schließlich das Christentum an die Spitze der großen religiösen Gesellschaft (società religiosa) Einzelgestalten als Lehrmeister und Hirten der Menge stellte, zeigte es die Form einer natürlichen Regierung auf (naturale governo). Das Christentum befahl aber auch, daß diese Personen Leuchten an Heiligkeit und Weisheit sein sollten, und weihte sie ausschließlich dem Wohl der Menschheit. Es band göttliche Wirkung und Macht an den Ritus ihrer Weihe und forderte von ihrem Gewissen die strengste Überprüfung der Art und Weise, wie sie ihr Amt ausüben. Das Christentum gab ausschließlich diesen Personen das Recht, ihre Nachfolger zu wählen und auf ewig im Namen Gottes mit einem Mandat auszustatten, damit die beste Wahl stattfände. Außerdem gab es ihren Jüngern und ihren Herden Wissen, Lehren und Kriterien, mit deren Hilfe sie die guten Lehren von den schlechten Lehren und das gute Verhalten vom nicht guten Verhalten der Personen, die sie regieren, unterscheiden könnten und damit sie gleichfalls die wahren Lehrer von den falschen Lehrern und die Stimme der Hirten von derjenigen der käuflichen Gestalten und der Wölfe unterscheiden könnten. Indem es das alles tat, löste das Christentum diese große Frage: 'Worin besteht der beste Schutz gegen die Mißbräuche seitens der Personen, die regieren?' Das Christentum zeigte, daß der beste Schutz 'im guten Ge-

---

[5] Gleiches gilt für die indische Kultur. In einem Teil des Volkes ist ein beachtlicher Intelligenzgebrauch erhalten geblieben, während gleichzeitig der andere Teil immer weiter in einen Zustand intellektueller Trägheit geraten ist. Dieser erstgenannte Teil wurde immer schmaler und beschränkte sich schließlich auf die Kaste der Brahmanen. Das war der Teil, der dem schwachen bürgerlichen Leben Nahrung gab, das diese Völker hatten. Allerdings kann man diese Feststellung noch allgemeiner halten: In gewisser Hinsicht kann man sie auf alle Völker des Altertums übertragen. Am Beginn der Staaten [stati] bestand kein großer Unterschied zwischen der Bildung der Anführer der Nationen und der Bildung des gemeinen Volkes. Alle waren Volk, und in einer solchen Situation konnte sich das einfache Volk sehr wohl an der Debatte um die Angelegenheiten der Regierung beteiligen. Denn die Nation wurde mittels ganz gewöhnlicher Vorstellungen verwaltet und nicht mittels eines Kalküls auf hohem Reflexionsniveau. Aber im Fortgang der Dinge bekam ein Teil der Nation mehr Möglichkeiten, die eigene Intelligenz zu entfalten und sich weit über die Vernunft der Volksmasse zu erheben. Dabei handelte es sich um die Personen, die die religiösen Dinge und die Verwaltung besorgten. Sie sahen, daß sie durch das erworbene Wissen schon weit über dem Volk standen und nutzten dieses Wissen, um die Regierung, die Wissenschaft, die Religion und selbst das Eigentum auf sich allein zu beschränken. Das Volk war sich seiner eigenen Unwissenheit bewußt und hielt jene Weisen in allerhöchsten Ehren [wobei diese ihrerseits durchaus wußten, wie sich diese Ehren durch jede erdenkliche Form von Ritual sichern und mehren ließen]. So war das Volk leicht damit einverstanden, daß jene Männer, als die Weisesten, die öffentlichen Dinge regelten. Dazu wurde das Volk um so stärker durch seine natürlichen Neigungen angehal-

Kapitel 8: Die Auswirkung der Regierungsform

wissen der Regierenden und in der sittlichen Erleuchtung und im Gewissen der Regierten liegt'. Jenseits dieses christlichen Schutzes denkt man sich vergebens politische Theorien aus. Alle Verfassungen und Regierungsformen, mit welcher Kunstfertigkeit sie auch immer erdacht sein mögen, haben eine Schwachstelle, durch die wie durch eine breite Bresche Gewalt, Despotismus und mörderische Willkür der besonders verschlagenen und der besonders lasterhaften Personen einfallen.

Abschließend nun ist deutlich: Die menschlichen Gesellschaften, die sich selbst überlassen sind und keinen außergewöhnlichen und mächtigen Führer haben, der sie bremst und umlenkt, gehen einen gleichsam schicksalhaft vorherbestimmten Weg (corso fatale prestabilito), auf dem sie Schritt für Schritt zum irreparablen Untergang hinabsteigen. Aber gibt es diesen mächtigen Lenker und Retter der menschlichen Gesellschaften? Ist es ein außergewöhnlicher Mensch oder die Vernunft eines einzelnen, der sich durch seine Klugheit über seine Mitbürger und über die ganze Gesellschaft erhebt, der er entstammt? Dies wollen wir untersuchen, indem wir prüfen, was die *spekulative Vernunft* der Individuen in Bezug auf die *Massen* leisten kann. Wir wollen prüfen, ob diese Vernunft soviel Kraft hat, daß sie die Massen von ihrem Gang abhält und dahin zurückführt, daß sie ihren gesellschaftlichen Willen und ihr Handeln mit Hilfe des genannten politischen Kriteriums lenken, welches verlangt, daß die Gesellschaft stets nach der sittlichen Erfüllung und Zufriedenheit ihrer Mitglieder trachten soll und daß sie danach streben soll, von den speziellen Gütern nur soviele zu erwerben, wie sinnvoll sind, um diese sittliche Erfüllung und Zufriedenheit zu erzeugen, und nach nichts anderem.

---

ten, je mehr es sich der Verderbtheit des letzten Gesellschaftszeitalters näherte. Auf diese Weise wurde es von der Regierung der Gesellschaft ausgeschlossen, teils durch den Ehrgeiz und die Begehrlichkeit der herrschenden *Individuen*, teils weil die Regierung tatsächlich komplizierter wurde und die Fähigkeiten des Volkes überstieg, teils schließlich weil sich das Volk selbst aus den öffentlichen Dingen aufgrund der Neigung zur Trägheit zurückzog, von der es zusammen mit der Korruption erfaßt wurde. Das bedeutete, daß der Volksmenge die einzige Schule entzogen wurde, die für die Aktivität ihrer Intelligenz sorgte; ich meine damit die Praxis der öffentlichen Beratungen über die Angelegenheiten des Staates. Möglichkeiten, die Intelligenz der Massen auch auf andere Weise zu erziehen, sind in den christlichen Gesellschaften reichlich vorhanden. In den heidnischen Gesellschaften fehlten sie aber völlig. Daher war die Verderbnis der Massen dort in jeder Hinsicht irreparabel.
Man hat daher zu Recht geschrieben: „Wenn ich die griechischen und die römischen Republiken mit den Republiken Amerikas vergleiche, die Handschriftenbibliotheken und den rohen Pöbel der ersteren und die unzähligen Zeitungen, die Amerika durchpflügen, und mit dem gebildeten Volk, das dort wohnt; wenn ich dann an die Anstrengungen denke, mit denen man die einen mit Hilfe der anderen zu beurteilen sucht, und wie man aus dem, was vor zweitausend Jahren geschehen ist, das Kommende unserer Zeit voraussehen will, so möchte ich am liebsten meine Bücher verbrennen, um auf einen so neuartigen Zustand nur neue Gedanken anzuwenden." (Tocqueville, *De la démocratie en Amérique*, tom. II, Kap. 9). [A. DE TOCQUEVILLE, op. cit., tom. I, Teil II, Kap. 9, in DERS.: Oeuvres, cit., Bd. I, S. 316; dt. Ausgabe, cit., S. 456 f.]

Buch III, Kapitel 9

Was die spekulative Vernunft der Einzelpersonen bei der Führung der bürgerlichen Gesellschaften zu ihrem rechtmäßigen Ziel leisten kann. Einzelpersonen, die den Weg für die Gründung bürgerlicher Regierungen bereiten

Vor der bürgerlichen Gesellschaft gibt es die häusliche Gesellschaft. Vor der häuslichen Gesellschaft gibt es die einzelnen Personen.

Das *Individuum* und die *häusliche Gesellschaft* bringen jeweils ein Element von sich in die bürgerliche Gesellschaft hinein.

Um also die gesamte Natur einer bestimmten bürgerlichen Gesellschaft zu verstehen, ist es ungemein hilfreich, die Situation der Sippen und die der Individuen zu kennen, die vor ihr da waren.

Das, was wir in den vorangehenden Kapiteln gesagt haben, zeigt deutlich, inwieweit die Situation der Sippengemeinschaft und die Situation der Individuen, die am Anfang die bürgerliche Gesellschaft bilden, dazu beitragen, dieser Gesellschaft ein spezifisches Wesen und einen spezifischen Charakter zu geben.

Die Familie besteht aus Eltern und Kindern. Es ist unstreitig, daß die Kinder von der Natur einen Anteil an physisch-geistig-moralischer Konstitution erhalten, die von der Vorsehung festgesetzt ist, auf die der Mensch keinen Einfluß hat und über die er nichts voraussagen kann. Dieser Bestandteil an angeborener Anlage bleibt bei der Fortpflanzung wiederum teilweise in den Nachkommen erhalten, teilweise ändert er sich. Der unwandelbare Anteil an ursprünglicher Veranlagung macht den jeweiligen spezifischen Charakter einer Sippe aus. Der wandelbare Anteil bildet den Charakter des Individuums. Die menschliche Vorausschau erfaßt weder den einen noch den anderen Teil und kann sie auch nicht berechnen. Denn die Vorsehung hat sie sich vorbehalten, um durch sie die Geschicke der Menschheit zu lenken. Dies alles geschieht nach Arkangesetzen, von denen zu sprechen hier nicht der Ort ist.

Diese beiden Elemente – also das erbliche, das den Charakter der Familien ausmacht, und jenes neue, das den spezifischen Charakter der verschiedenen Individuen einer Familie ausmacht – diese beiden Anteile der angeborenen Konstitution einer jeden Person, sind nicht bei allen gleich stark. Mal überwiegt das eine, mal das andere Element.

Dies ist nur allzu offensichtlich: Wenn der herkunftsbedingte oder determinierte, sippeneigene Anteil stärker ist, wird das Individuum nicht aus der Familie heraustreten. Die Familie erhält dadurch folglich Einheit und Stärke. Ebenso offensichtlich ist: Wenn der neue, individuelle Anteil stärker ist als der herkunfts- oder

Kapitel 9: Die Einzelpersonen bei der Führung der bürgerlichen Gesellschaften 337

stammesbedingte Anteil, wird sich das Individuum kaum als Angehörigen der Familie betrachten. Die Familie ihrerseits zählt es nicht mit gleich enger Bindung zu den Ihren. Es scheint folglich dazu bestimmt, isoliert zu bleiben[1] oder eine neue Sippe zu gründen oder sich einer universaleren Aufgabe zuzuwenden und zum Beispiel die Rolle und die Aufgabe eines Weisen oder eines Abenteurers zu übernehmen. Die Gründer bürgerlicher Gesellschaften, so muß man annehmen, gehörten – allgemein gesprochen – zu dieser Art von Menschen.[2] Es ist offensichtlich, daß allein die Vorsehung solche Personen entstehen läßt und in ihnen die beiden Elemente so abstimmt, daß diese Wirkung eintritt. Wer vernimmt nicht die notwendige Wahrheit des Ausspruchs, daß „es Gott war, der die Völker über die Erde zerstreute"?[3] Wer erkennt nicht, daß es allein dem Schöpfer zukommt, das Wesen der verschiedenen Nationen vorherzubestimmen? Denn er ist derjenige, der allein in stets unterschiedlichem, aber stets weisem Maß die beiden genannten Elemente in der angeborenen Konstitution der Individuen vorherbestimmt und mischt.

Zu diesen beiden Elementen der angeborenen Veranlagung, an die alle, Väter wie Söhne, gebunden sind, tritt die Erziehung hinzu, die die Veranlagung der Söhne durch den Einfluß verändert, den die Väter auf sie ausüben.

Ich verwende das Wort „Erziehung" hier im weitesten Sinne. Nun müssen auch bei der Erziehung – also bei dieser neuen Ursache, die erheblich zur Gestaltung der menschlichen Individuen beiträgt – zwei Bestandteile unterschieden werden, nämlich ein traditionaler, in den Familien verankerter Teil und ein neuer Teil, den der Lehrer, das heißt der Stammvater, an Eigenem dazugibt und den er aus den eigenen, individuellen Überlegungen gewinnt.

Jeder dieser beiden Bestandteile der menschlichen *Erziehung* legt jeweils sein Element in die Individuen hinein, die erzogen werden. Man erkennt nun unschwer, daß diese beiden Bestandteile in gewisser Weise den beiden Bestandteilen entspre-

---

[1] So erklärt sich der natürliche Ursprung der *Armen* und der *Proletarier*. Isoliert ist das Individuum schwach und verlassen. So erklärt sich aber auch die natürliche Herkunft der maßlos Reichen und Mächtigen. Die Individuen, die nicht treu ergeben der Sippe verhaftet sind, tendieren bisweilen zu größeren Verbänden, die sie mächtiger werden lassen als die Personen, die an die Sippe gebunden sind.

[2] *Genesis*, 10. Kapitel, enthält die einzigen klaren und sicheren auf uns gekommenen Zeugnisse über den ersten Ursprung der Dinge. Darin werden die ersten Sippen beschrieben, die von den drei Söhnen Noahs abstammten. Nimrod nun, dieser starke Mann, Sohn des Kusch, Enkel des Cham, ist demnach der Gründer, wenn nicht der ersten bürgerlichen Gesellschaft, so doch der ersten Herrschaft. Er erscheint in der Erzählung der *Genesis* ohne Familie, als isoliertes Individuum. Der heilige Geschichtsschreiber unterbricht seinetwegen die Reihe der Väter und Söhne: Er sagt nicht, daß Nimrod Nachkommen hatte, sondern er sagt nur, daß „ipse coepit esse potens in terra etc.". Einige wichtige Autoren fügen hinzu, daß sich Nimrod gegen die Unterwerfung unter seinen Urgroßvater Noah auflehnte, weshalb er den Namen Nimrod bekam, was eben „Rebell" bedeutet. – Das beweist, daß dieser gewalttätige Mann ein Wesen gehabt haben muß, in dem das herkunftsbedingte Element des Stammes dem individuellen Element deutlich unterlegen war, was ihm gleichwohl nicht die Freiheit nahm, Schlechtes und Gutes nach eigener Wahl zu tun. [Gen., X, 8–9.]

[3] Gen., XI, 8.

chen, die wir hinsichtlich der *Abstammung* unterschieden haben. Denn auch dort liefert jeder der beiden Teile ein eigenes Element zur angeborenen Veranlagung des Menschen. Und man erkennt ebenfalls: In fast demselben Verhältnis, in dem die beiden angeborenen Elemente beim Lehrer, also beim Vater der Familie, gemischt sind, sind sie auch in der Unterweisung und Erziehung gemischt, die er seinen Nachkommen gibt. Wenn in der angeborenen Veranlagung des Vaters das Stammeselement stärker ist, wird in der Unterweisung und Erziehung, die er seinen Nachkommen geben wird, das traditionale und stammeseigene Element überwiegen. Wenn das neue, individuelle Elemente überwiegt, wird er seinen Söhnen weniger den Schatz an Lehren und Glaubensüberzeugungen weitergeben, wie sie durch Tradition von den Vorfahren übernommen wurden, sondern seine eigenen Entdeckungen und seine individuellen Gedanken.

Was sich über den Vater und seine Söhne sagen läßt, gilt auch für die Söhne und deren Nachkommen. Bei jeder neuen *Generation* kommen zusammen 1.) ein *Stammeselement*, das von der Natur gegeben ist, und ein damit korrespondierendes *traditionales Element*, das von der Erziehung geliefert wird, 2.) ein *individuelles Element*, das ebenfalls von der Natur gegeben ist, und ein damit korrespondierendes *individuelles Element*, das durch die Erziehung seitens des Vaters weitergegeben wird. Diese Elemente vervielfältigen sich dann von Generation zu Generation, vermischen sich auf unterschiedliche Weise und verändern sich gemäß der geheimen Verteilung durch die Vorsehung, die verborgen, aber unfehlbar die Menschheit an ihr Ziel lenkt.[4]

Es ist evident, daß das *Stammeselement* zur Bewahrung tendiert, während das *individuelle* Element zur Erneuerung tendiert.

Diese Elemente sind folglich beide wertvoll, denn sie sind für zwei notwendige Aufgaben vorgesehen: Das erste soll den materiellen, geistigen und moralischen Besitz des Menschengeschlechts bewahren, damit er nicht verlorengeht. Das zweite soll die menschlichen Fähigkeiten entfalten und die Menschen auf dem dreifachen Weg der materiellen, der geistigen und der moralischen Güter voranbringen. Man könnte sagen, daß das erste dieser beiden Elemente das Prinzip des Systems des *Widerstandes* (resistenza) ist, während das zweite das Prinzip des Systems der *Bewegung* (movimento) ist. Die Menschen sollten sich vom Parteienantagonismus der Gegenwart lösen, die Augen öffnen und erkennen: Wenn alles *Bewegung* ist, vergeht auch alles; wenn alles *Widerstand* ist, verdirbt alles im Menschengeschlecht. Wenn man dies erkennt, werden die, die den Widerstand vorziehen, die Anhänger der Bewegung respektieren, und keine der beiden Klassen wird die andere von der Erde

---

[4] Eine häufig wiederkehrende Spruchweisheit der Bibel lautet, daß die menschlichen Stämme von Gott verteilt und geführt werden. Dieses Thema wird insbesondere in Psalm XXXII entfaltet, wo es heißt, „Gottes Denken währt von Geschlecht zu Geschlecht", „er sieht vom Himmel hernieder auf alle Söhne der Menschen", „jedem einzelnen bildet er selbst das Herz" etc. „Cogitationes cordis ejus in generationem et generationem", „... de coelo respexit Dominus: vidit OMNES filios hominum. De praeparato habitaculo suo respexit super omnes qui habitant terram. Qui finxit SINGILLATIM corda eorum; qui intelligit omnia opera eorum". [Psalm XXXII, 11 und 13–15.]

Kapitel 9: Die Einzelpersonen bei der Führung der bürgerlichen Gesellschaften 339

verbannen wollen. Jede wird verstehen, daß es für sie selbst notwendig ist, daß es die andere gibt. Sie werden, nach den Gesetzen und Antriebskräften ihrer jeweiligen Natur, zwar entgegengesetzt, aber ohne Krieg und Haß zusammenarbeiten am gemeinsamen Glück, das letztlich das Ziel von beiden ist. Diese beiden Parteiungen findet man bei den ältesten Oberhäuptern des Menschengeschlechts. Man erkennt unschwer, daß bei Sem das *Stammeselement* stärker ist, während in Japhet das *individuelle Element* überwiegt. Daher wurde Sem Stammvater der ansässig-statischen Völker, während Japhet Stammvater der sich weiterentwickelnden Völker wurde.

Aber wir wollen die Dinge nicht bis zum Äußersten treiben. Alles, was in den menschlichen Dingen an sich gut ist, ist dem Verderben ausgesetzt. Auch die beiden genannten Elemente unterliegen der Pervertierung, und dann werden sie zur Quelle von Übeln. Das herkunfts- und stammesgebundene Element ist wertvoll, solange es die guten Traditionen und die nützlichen Sitten bewahrt. Es wird aber sehr verhängnisvoll, wenn in die Sippe Irrtümer und schädliche Sitten eingedrungen sind. Denn dieses Element bewahrt blind und mit derselben Hartnäckigkeit Gutes wie Schlechtes, wenn nicht womöglich dieses noch ausdauernder als jenes. Dann läßt die göttliche Vorsehung Kriege und Revolutionen entstehen. Sie bedient sich dabei des individuellen Elements, das sie dem Stammeselement entgegenstellt, um dieses zu korrigieren, damit sich die verdorbenen Sippen durch Auflösung und Zerstreuung erneuern und reinigen.

Man darf allerdings nicht glauben, daß Verirrung, Irrglaube und Laster am Anfang des Menschengeschlechts inhärent gegeben waren. Nicht nur das Christentum lehrt das Gegenteil. Vielmehr glaubt jeder, der Gott als den Schöpfer der ersten menschlichen Familie anerkennt, daß diese erste Familie vollkommen und mit den nötigen Kenntnissen und Kräften begabt geschaffen wurde, um vollkommen tugendhaft zu leben. Wäre dieses Wissen getreulich den Nachfahren weitergegeben worden, hätte es die wahre und sichere Weisheit des Menschengeschlechts gebildet. Daß es sich veränderte oder verlorenging, ist dem *individuellen Prinzip* zuzuschreiben, das zur Innovation tendiert und vom freien Willen der einzelnen zum Guten wie zum Bösen gewendet werden kann.[5] Das *individuelle Prinzip* brachte also in die

---

[5] Romagnosi übertreibt also, wenn er sagt: „Das Wachstum, die Entfaltung und die Aufspaltung in Berufe bei einem bestimmten Volk sind vollständig ein Werk der Natur – so wie das Wachstum, die Verzweigung und die Fruchtbildung bei den Pflanzen" (*Questioni sull'ordinamento delle statistiche*, quest. VI). Einst wollte man alle Ereignisse bei den Völkern durch den freien Willen einiger weniger Individuen erklären. Nun, da man erkannt hat, daß es in der Geschichte der Nationen etwas gibt, was unabhängig vom Menschen ist – eine unsichtbare Hand, die ihn führt – will man vom freien Willen nichts mehr wissen: Alles geschieht von selbst durch die Natur der Dinge. Das ist die Übertreibung, der die moderne historisch-fatalistische Schule anheimfällt! – Vico hatte eine wichtige Wahrheit entdeckt, als er feststellte, daß die Nationen in ihrem Lauf bestimmten festgesetzten Gesetzen folgen. Der Mißbrauch dieser Wahrheit hat diesen verhängnisvollen Irrtum hervorgebracht, von dem wir sprachen. [Zu den zitierten Autoren vgl. G. D. ROMAGNOSI: Questioni sull'ordinamento delle statistiche, quest. VI, in DERS.: Collezione degli articoli di economia politica e statistica civile, cit., Bd. III, S. 19; G. B. VICO: La scienza nuova seconda, Buch IV, Bari 1942, Teil II, S. 49 ff.]

Sippen die Irrtümer und den Irrglauben, die es am Anfang nicht gab. Es ist einleuchtend, warum das *Stammesprinzip*, also das konservative Prinzip, infolge dieser Schandtat des *individuellen Prinzips* nicht mehr gut, sondern schädlich ist: Seine Wirkung verfestigt lediglich das Böse, das in die Sippen hineingekommen ist, und macht es irreparabel. Und wenn die Sippen dorthin gelangt sind, dann kann dieser betrübliche Keim, der durch das *individuelle Prinzip* in sie eingepflanzt wurde, nur noch durch die Zerstörung und Zerstreuung der Sippen ausgerottet werden, so hatten wir gesagt. Dies ist wiederum das Werk des individuellen Prinzips, welches das Prinzip kriegerischer Unternehmungen jedweder Art ist.

Nun hat uns diese Darlegung bis zu Gott zurückgehen lassen und bis zu den Lehren und Gnadenerweisen, die er der ersten Familie erteilt hat. Wir sind also an etwas Übermenschliches gelangt. Auch dies muß man mitbedenken bei der Aufzählung aller Elemente, die die Menschen bei der Gründung der bürgerlichen Gesellschaften eingebracht haben. So haben wir drei Prinzipien, die die Gründung der bürgerlichen Gesellschaften angebahnt haben und die die umfassenden Gründe für die unterschiedlichen Charakteristika dieser Gesellschaften enthalten: 1.) Ein *göttliches* Prinzip, das durch Tradition bewahrt wird, 2.) ein *Stammes*prinzip, das sich aufteilt in a) den *angeborenen*, naturgegebenen Teil und b) den *erworbenen*, erziehungsbedingten Teil, 3.) ein *individuelles* Prinzip, das sich seinerseits unterteilt in a) den *angeborenen* Teil und b) den durch den Gebrauch des eigenen angeborenen individuellen Prinzips *erworbenen* Teil. Sowohl das *Stammes*prinzip als auch das *individuelle* Prinzip verändern sich mit jeder neuen Generation.[6]

Diese drei Prinzipien sind es, die die bürgerliche Gesellschaft ermöglichen, indem sie den Individuen, aus denen sie sich zusammensetzt, jenes bestimmte Maß an Intelligenz geben, das für die Bildung der bürgerlichen Gesellschaft notwendig ist. Um der bürgerlichen Gesellschaft den Weg zu bereiten, ist die Vernunft der Individuen sehr wichtig. Das wird aus dem deutlich, was wir gesagt haben.

Aber die bürgerliche Gesellschaft bedarf noch weiterer Vorbereitungen, wenn die Menschen bis zum verwilderten Leben degeneriert sind.

Zuerst muß das göttliche Element wiederhergestellt und den Menschen ein einheitlicher Kultus gegeben werden. Darauf sind die Gründer der ersten bürgerlichen Gemeinschaften (civili comunanze) stets sehr bedacht gewesen.[7] Zweitens ist es er-

---

[6] Diesen Hinweisen kann der Leser entnehmen, welchen Prinzipien eine umfassende „Geschichte der Menschheit" folgen müßte.

[7] Hyginus schreibt, daß Phoroneos, der Sohn des Inakos, das Reich von Argolis erhielt, weil er Juno einen Altar errichtete. Das war um das Jahr 1800 a. C., zur Zeit Abrahams. Tatianus sagt: „Post Inachum autem, sub Phoroneo, ferina et pastoralis hominum vita mitior et elegantior facta est". Daher zitiert Clemens von Alexandrien (*Strom.*, Buch I) einen Passus des Argivers Akusilaos, der behauptet, Phoroneos sei der *erste Mensch* gewesen. Trotzdem wird behauptet, daß Pelasger, der einige Jahrhunderte später auf Phoroneos folgte, den Pelasgern ihren Namen gab, die, wie wir gesagt haben, keineswegs Fortschritte im gesitteten Leben gemacht hatten, sondern ganz unzivilisiert waren. Daher läßt sich sagen, daß diese Völker nach Phoroneos erneut verwildert waren.
Von Kekrops wird gesagt, er habe als erster in Griechenland Gott den Namen „Jupiter" gegeben. Was er sonst noch getan hat, um die Menschen durch die Einrichtung eines ein-

Kapitel 9: Die Einzelpersonen bei der Führung der bürgerlichen Gesellschaften 341

forderlich, daß jemand den Menschen die Einteilung der Jahre und Monate beibringt, wie es nach den Erzählungen Phegoos, der Sohn des Inakos, auf der Peloponnes gemacht hat.[8] Es ist erforderlich, daß Ehebündnisse eingerichtet werden, was man für Attika dem Kekrops zuschreibt.[9] Es ist erforderlich, daß der Gebrauch der Buchstaben des Alphabets eingeführt wird, was in Böothien Kadmos getan haben soll.[10] Es ist erforderlich, dem Volk den Ackerbau beizubringen, wie es in Eleusien und anderswo Triptolemos getan hat.[11] Und schließlich ist erforderlich, die wilden Tiere und Räuber zu vertreiben, die die Orte heimsuchen, was die Tat eines Herakles und eines Theseus gewesen ist,[12] damit die Menschen in Sicherheit das Land bearbeiten, urbarmachen und abholzen können.

Alle diese und ähnliche Werke sind Vorarbeiten für die Errichtung der bürgerlichen Gesellschaften.[13] Sie entfernen die Hindernisse für das gesittete Zusammenleben (convivenza civile) der Menschen und geben deren Einsichtsvermögen die notwendige Entwicklung. Und dies alles oder mit Sicherheit fast alles ist das Werk der spekulativen Vernunft einiger hervorragender Einzelpersonen. Es ist das individuelle Element, das zum allgemeinen Wohl der Massen handelt.

---

heitlichen Kultes zu Ehren der Gottheit zu einen, läßt sich bei Eusebius nachlesen (*Præpar. evang.*, lib X, cap. II) sowie bei St. Epiphanius (lib. I, § I) und bei Augustinus (*De civ. Dei*, XVIII, 9). [Zu den zitierten Autoren vgl. HYGINI Fabulae, London, s.d., 24, S. 104; TATIANI ASSYRII Oratio ad Graecos, Jena 1851, Kap. 39, 172 b, S. 149; CLEMENTIS ALEXANDRINI Stromata, Buch I, X, in DERS.: Opera omnia ante annos quadraginta, Paris 1590, S. 351; EUSEBII PAMPHILI Praeparationis evangelicae libri XV, Köln 1688, Buch. X, Kap. 11, S. 486; S. EPIPHANII Adversus octoginta haereses, Buch I, Tit. I, § 6, in DERS.: Opera, Köln 1682, tom. II, S. 8; S. AURELII AUGUSTINI De civitate Dei, Buch XVIII, Kap. 9, in: S. A. AUGUSTINI Opera omnia, cit., tom VII, c. 566.]

[8] "Honore tanto ideo dignum putarunt (Phegous fratrem Phoronei) quia in regni sui parte iste sacella constituerat ad colendos Deos et docuerat observari tempora per menses atque annos" (Aug., *De civ. Dei*, XVIII, 3). [S. AURELII AUGUSTINI De civitate Dei, lib. XVIII, Kap. 3, in: S. A. AUGUSTINI Opera omnia, cit., tom. VII, c. 562.]

[9] "Cecrops primus Athenis unam foeminam uni viro conjunxit; cum antea promiscue congrederentur, nuptiaeque essent communes" (Atheneus, Buch XIII). – Kekrops regierte um das Jahr 1500 a.C., zu Lebzeiten des Moses. [ATHENAEI Deipnosophistae, Buch XIII, Kap. 2, 555 b, Leipzig 1857–1859, Bd. III, S. 2.]

[10] "Phoenices qui cum Cadmo advenerunt, cum alias multas doctrinas in Graeciam induxere, tum vero literas, quae apud Graecos antea non fuerant" (Herodotus, V, 58). Eine bürgerliche Gesellschaft ohne Alphabet kann man sich kaum vorstellen. Es ist daher angemessen zu sagen: So wie die gesprochene Sprache [loquela] das Kommunikationsmittel in der Sippengemeinschaft ist, so ist die Schriftsprache das eigentliche Kommunikationsmittel der bürgerlichen Gesellschaft. – Kadmos war König von Theben um das Jahr 1519 a.C. [HERODOTI Historiarum libri IX, Buch V, Kap. 58, Leipzig 1887, Bd. II, S. 29.]

[11] Das war um das Jahr 1409 a. C.

[12] Herakles von Theben lebte um das Jahr 1280 a. C. – Theseus regierte in Athen um das Jahr 1236 a. C.

[13] Nach der Errichtung der Gesellschaft werden diese Werke fortgesetzt. Aber es ist klar, daß das gesittete Zusammenleben nicht einsetzen kann, wenn von diesen genannten Werken nicht wenigstens einige zuvor ausgeführt worden sind.

Buch III, Kapitel 10

Fortsetzung: Gründer und erste Gesetzgeber

Das, was wir im vorigen Kapitel gesagt haben, gereicht dem Prinzip der individuellen Tat zur hohen Ehre. Aber man darf nicht davon ausgehen, daß dieses Prinzip allein schon alles vermag. Viele hervorragende Männer haben zum öffentlichen Nutzen vergebens Dinge unternommen oder gewünscht, die mittelmäßige Männer dann erreicht haben!

Damit die Tat der Einzelpersönlichkeiten bei den Massen eine große Wirkung erzielt, ist stets eine bestimmte passende Disposition der Massen erforderlich. Diese Disposition ist schwer zu beobachten, aber sie ist gleichwohl real, und sie ist der entscheidende Faktor. Ohne diese Disposition verstehen die Massen die Worte der einzelnen klugen Männer nicht, bleiben unbeweglich gegenüber deren Anregungen und verhärten sich gegen deren vergebliche Anstrengungen. Diese passende Disposition tritt in den Massen nur in der Zeit auf, die die göttliche Vorsehung dafür festgelegt hat, nicht vorher und nicht nachher. Sie entsteht und agiert verborgen im Schoß der Familien durch die drei genannten Prinzipien, also das göttliche, das stammesbedingte und das individuelle Prinzip, die in der Abfolge der Generationen unterschiedlich austariert sind.

Gleiches gilt für die *Gründer* und die *Gesetzgeber* der bürgerlichen Gesellschaften.

Die Gründer hätten die Bürgerschaften nicht gründen können, wenn sie nicht Volksmassen vorgefunden hätten, die mit einem gewissen Maß an unmittelbarem Vermögen zum Intelligenzgebrauch begabt waren und die schon bereit waren und das Bedürfnis hatten, sich zu assoziieren. Den Volksmassen, die in dieser Weise bereit und reif sind, fehlt dann lediglich der Anlaß, um sich zusammenzuschließen. Diesen Anlaß gibt ihnen eine besondere Einzelpersönlichkeit, die mehr noch als die anderen dieses Bedürfnis verspürt, das zwar alle verspüren, aber eben weniger stark. Dieser einzelne ist wegen seiner größeren Intelligenz stärker als die anderen bereit und in der Lage, sich zu vergesellschaften (annodarsi in società) – wobei alle anderen es durchaus auch schon sind. Indem sich dieser Mann an die Spitze der Massen stellt und indem er sich dieses Postens durch seinen Mut und seine Klugheit würdig erweist, deutet und vollzieht er den allgemeinen Willen. Die Massen scharen sich dann um ihn wie die Bienen um die Bienenkönigin. Die bürgerlichen Gesellschaften entstehen also durch das Zusammentreffen zweier Wirkkräfte: die Disposition der Massen in Übereinstimmung mit der Tatkraft eines einzelnen, der aus den Massen heraustritt und sich über sie erhebt. Die Übereinstimmung und Entsprechung dieser beiden Wirkkräfte ist von Gott, nicht von den Menschen, festgelegt und abgestimmt.

Gleiches gilt für die ersten Gesetzgeber.

Gesetze gelten nichts und vermögen nichts, wenn sie nicht in den Sitten oder den sittlichen und geistigen Anlagen des Volkes Wurzeln schlagen. Die Qualität der

Kapitel 10: Gründer und erste Gesetzgeber 343

konkreten Einzelgesetze ist stets relativ. Der Scharfsinn des Gesetzgebers besteht nur darin, in das allgemeine Denken und Wollen einzudringen. Ich meine dabei jenen Teil des Denkens, der rechtschaffen und gerecht ist, denn es gibt einen Teil des Denkens, der im Grunde des Herzens normalerweise rechtschaffen bleibt. Der Scharfsinn des Gesetzgebers besteht darin, mit einem Blick die Quantität und die Qualität der Intelligenz in den Massen einschätzen zu können, auf die er sich berufen kann, sowie das Ausmaß an Beweglichkeit oder Unbeweglichkeit in den Sitten der Massen. Denn nur mittels solcher Beobachtungen, die sein scharfsinniger Geist mit einem einzigen Gedanken erfaßt, findet der Gesetzgeber jene Gesetze, in die all das einfließt, was an Gutem in den allgemeinen Ansichten und Absichten ist. Solche Gesetze sorgen außerdem für eine Erziehung, die dem allgemeinen geistigen Zustand entspricht, sie sorgen also für ein neues Gut, das von allen gesehen, verstanden und gespürt werden kann.

Buch III, Kapitel 11

Was die Vernunft der Einzelpersonen für die Umkehr der zur letzten Verderbtheit gelangten Völker zu leisten vermag

Die bürgerlichen Gesellschaften werden gegründet und mit Gesetzen ausgestattet. Dies geschieht durch das harmonische Zusammenwirken der Massen mit den Einzelpersonen, die sich mit Zustimmung der Massen zu deren Führern machen. Beide verfolgen dasselbe Ziel: die Massen durch bestimmte verborgene Dispositionen und Eignungen, die Einzelpersonen mit der sichtbaren und kühnen Tat.

Anders ist es, wenn die Massen an die letzte gesellschaftliche Verderbtheit gelangt sind, nachdem sie alle Zeitalter ihres natürlichen Lebens durchlaufen haben. In dieser sittlichen Erschlaffung sind sie taub für jedes großmütige Wort und quittieren es nur mit Gelächter. Kann der einzelne sie da noch aus der Erniedrigung befreien, in die sie hinabgesunken sind? In dieser Situation ist der einzelne allein, die Massen unterstützen ihn nicht.

Wenn eine solche Tat möglich wäre, könnte sie nur von einer der drei folgenden Personengruppen ausgeführt werden: 1.) von *Eroberern* oder 2.) von neuen *Gesetzgebern* oder schließlich 3.) von *Philosophen*.

Untersuchen wir die Macht, die jede dieser Personengruppen für die Umkehr (riforma) einer bürgerlichen Gesellschaft besitzt, die an ihre letzte Verderbtheit gelangt ist. Beginnen wir mit den Eroberern!

Buch III, Kapitel 12
Fortsetzung: Eroberer

Zunächst gilt: Die Eroberung an sich liegt nicht in der Entscheidung eines einzelnen. Auch dazu muß eine bestimmte Disposition der Masse vorhanden sein, die erobert wird. Eine in ihrer Blüte stehende Nation ist noch nie erobert worden. Jede Eroberung setzt eine gewisse Dekadenz des Volkes voraus, das die Eroberung erleidet. Dabei bewahrheitet sich stets: *Regnum a gente in gentem transfertur, propter injustitias et injurias et contumelias et diversos dolos.*[1]

Aber wenn die Eroberung stattgefunden hat, kann dann der Eroberer die korrupte Nation erneuern, die er erobert hat? Ist einem Sterblichen solche Macht gegeben? – Gewiß betrifft diese Frage nicht solche Eroberer, die über die Nationen hinwegziehen wie Sturzbäche, die verwüsten und Ruinen und Blutbäder hinterlassen, ohne bei den eroberten Nationen eine stabile Herrschaft zu gründen. Sie ähneln höchstens heftigen Windstößen, die die verseuchte Luft reinigen, ohne die Pest wirklich zu vertreiben.

Eroberer dagegen, die die Herrschaft über das eroberte Gebiet behalten, unterteilen sich in zwei Typen. Die einen streben danach, die eroberten Länder zu verbessern, indem sie das Eroberervolk mit dem eroberten Volk mischen und verschmelzen, um daraus ein einziges Volk zu machen. Die anderen trachten danach, über die Eroberten mit dem ganzen Gewicht und der Raison der Gewalt zu herrschen. Im erstgenannten Fall gehen die Eroberer mit den Eroberten *Gesellschaftsbindungen* ein, im zweiten Fall binden sich die Eroberer an die Eroberten nur durch die *Herrschaftsbindung*.

Auch hierbei wäre es ein großer Fehler zu glauben, das eine wie das andere hinge einzig und allein von der Entscheidung des einzelnen Eroberers ab. Gewiß nicht. Es hängt hauptsächlich, um nicht zu sagen vollständig, vom Grad und von der Art der Korruption der eroberten Nationen ab.

Wenn Grad und Art der Korruption heilbar sind, verbrüdert sich das Erobererervolk leicht mit dem eroberten Volk und wird bei ihm nur eine Überlegenheit nach Art der Autoritäten im eigenen Volk innehaben.

Wenn man es nämlich genau bedenkt, sind es doch die exzessiven Laster bei den Eroberten, die den Zorn, die Verachtung und das Mißtrauen der Eroberer gegenüber dem eroberten Volk hervorrufen. Dann können die Eroberer nicht damit rechnen, daß die Eroberten für sie zu irgendetwas gut sind. Sieht man von diesem Fall ab, liegt es nie im Interesse des Eroberers, den Besiegten zu vernichten, sondern es liegt in seinem Interesse, diesen mit sich zu vereinen, ihn einzugliedern und sich seiner zur eigenen Stärkung zu bedienen. Die Korruption ist fast immer heilbar, wenn das Volk nicht alle Gesellschaftszeitalter durchlaufen hat, sondern wenn es sich um eine ursprüngliche Verderbtheit handelt. Daher konnten die ägyptischen, phönizischen,

---
[1] *Eccle.*, X. 8.

griechischen und römischen Kolonisten die Völker, bei denen sie sich niederließen, zivilisieren und mußten sie nicht vernichten.[2]

Aber wenn das eroberte Volk degeneriert ist, dann ist die natürliche Folge der Eroberung die *Knechtschaft* – eine Knechtschaft, die je nach dem Grad der Korruption der Besiegten eher mild oder eher hart ist.

Wenn die Knechtschaft mild ist, lebt das eroberte Volk geeint inmitten des Eroberervolks mit dem Vorrecht, nach der eigenen Gesetzgebung von Richtern aus dem eigenen Volk gerichtet zu werden und Religion und Riten behalten zu können. In Knechtschaft lebt dann eigentlich eher die besiegte Nation als die Individuen. Diese besitzen allerdings nicht das Land. So war es in der Knechtschaft der Juden bei den Babyloniern. Aber wenn die Korruption schon extrem ist, dann ist auch die Knechtschaft notwendigerweise extrem. Bei dem Zorn, der das Siegervolk erfaßt, ist sogar schon jede Knechtschaft eine Gnade, die den Eroberten gewährt wird, die dem Blutbad entkommen sind. Dieser Zorn, der ein tiefer, moralischer Zorn ist, leuchtete in den nördlichen Völkern auf, als sie das Römische Reich angriffen. Woher kam denn der anmaßende Hochmut eines Attila und anderer Barbaren, wenn nicht von der Verachtung, mit der sie die korrupten Römer betrachteten?[3] Entsprechend

---

[2] Die römischen Kolonisten brachten nicht nur Wissenschaften und Künste zu den Völkern, bei denen sie sich niederließen, sondern sie brachten auch eine Vorstellung von Regierung, was, wie wir gesagt haben, eine wichtige Quelle für Gesittung (civiltà) ist. Dies ergab sich aus der Herrschernatur und aus der Regierungstüchtigkeit der Römer. Bei den Römern war das Gesellschaftszeitalter der Macht stärker und dauerte länger als bei jedem anderen Volk. „Rom war keine griechische Kolonie, sondern verdankte Gesittung, Gesetze, Sprache und Religion den italienischen Völkern, die von den Griechen erzogen worden waren. Die Römer gaben sich nicht damit zufrieden, wie es die Griechen getan hatten, nur ihre Künste, ihre Religion und ihre Philosophie von Land zu Land weiterzutragen. Die Römer wollten überall dort herrschen, wohin ihre Waffen vordrangen. Die Griechen pflanzten neue, unabhängige Völker an den Meeresküsten. Die Römer strebten nach Einheit; auch sie streuten ihre Kolonien weit, wo immer ihre Waffen sie hinbrachten. Aber diese Kolonien waren, obwohl Abbild der Hauptstadt, doch nur Garnisonen des Hauptvolkes, nicht Keimzellen neuer Völker. Auch die Römer waren gleichwohl dazu bestimmt, sich mit den Einwohnern zu vermischen, ihnen alle Fortschritte in den Künsten und Wissenschaften von der Gesellschaft weiterzugeben, die Rom selbst gemacht hatte, und sie schließlich in die Zivilisation einzuführen. Die römischen Kolonien haben in der gesamten antiken Welt die erste Erziehung des Menschengeschlechts vollzogen" (Sismondi, *Les colonies des anciens comparées à celles des modernes*, etc.). Tatsächlich sagt Cicero, daß die Römer „colonias sic idoneis in locis contra suspicionem periculi collocarunt ut esse non oppida Italiae, sed propugnacula imperii viderentur" (*De L. Agr.*, II, XXVII). Dieses „contra suspicionem periculi" zeigt, daß die übergroße Macht der militärischen Kolonien gefürchtet war. Cicero gewann die Auseinandersetzung um das Agrargesetz des P. Servilius Rullus, indem er dem römischen Volk die Angst einflößte, die Niederlassung von Kolonien an schlechtgewählten Orten könne gleichsam eine Gefährdung der Freiheit der Römer darstellen. Man lese in der Rede, die er darüber gehalten hat, Kapitel 27 und folgende. [Zu den zitierten Autoren vgl. J. C. L. DE SISMONDI: Les Colonies, cit., S. 6; M. TULLI CICERONIS De lege agraria oratio secunda contra P. Servilium Rullum tribunum plebis, cap. 27, § 73 ss., in: M. TULLI CICERONIS Scripta, cit., Teil II, Bd. II, S. 214 ff.]

[3] Die Schmähungen, die Attila den römischen Imperatoren seiner Zeit oft übermitteln ließ, sind nur allzu bekannt. Attila verspürte ein Bedürfnis, sich auf die Römer zu stürzen, und

Kapitel 12: Eroberer 347

schreibt ein heutiger Autor über die Zerstörung Roms durch die Barbaren:

> „Der kritische Moment für das Reich war der, als sich die Barbaren mit den Römern verglichen.[4] Nach ihrem Urteil waren sie selbst in den Tugenden überlegen, welche allein in ihren Augen den Anspruch rechtfertigten, Besitz und Befehlsgewalt zu haben. Dieses Urteil kam zuerst von den Galliern. Sie erlebten aus nächster Nähe das Schauspiel der Zunahme der Laster jener römischen Größe, deren ganzes Gewicht sie spürten und die sie doch mit ihrem Reichtum und mit ihrem Mut stützten. Als Florus und Sacrovir unter Tiberius versuchten, die Gallier aufzustacheln, unterließen sie es nicht, ihren Landsleuten zu bedenken zu geben, daß Italien ungeschützt und die Bevölkerung Roms schwächlich war und daß es in der Armee keine Stärke gab, außer der, die die Fremden stellten."[5]

Die Abscheu vor den römischen Lastern entfremdete die Barbaren ihrerseits der Zivilisation (civiltà), denn sie konnten die Zivilisation der Römer, die sie vor Augen hatten, nicht von deren Lastern trennen. Und da sie sich zugleich bewußt waren, daß sie Zivilisation nicht mit Zivilisation, Regierung nicht mit Regierung bekämpfen konnten, spürten sie, daß ihnen nichts anderes übrig blieb, als der Zivilisation Wildheit und der festgefügten Regierung Militärbündnisse entgegenzuset-

---

zwar nicht er allein, sondern sein ganzes Volk. Denn ein Anführer vermag nichts von allein, wenn er nicht sieht, daß die von ihm zur Eroberung geführte Nation seinen Gedanken entspricht und ihn mit dem gleichen Eifer unterstützt, der ihn selbst beseelt. Priscus, ein Zeitgenosse Attilas, der als Gesandter bei ihm war, berichtet, daß dieser wilde Krieger zu Theodosius geschickt habe, um ihn zur Verständigung zu drängen, denn, so habe er gesagt, „wenn Theodosius warte, könne er [Attila] die wilde Gier seiner Völker, zu den Waffen zu greifen, nicht mehr zurückhalten" (*Excerpta ex Historia gothica Prisci Rhetoris de legationibus in corp. historiae Byzant.*, Paris 1648). [PRISCI RHETORIS Excerpta de legationibus, Paris 1610, S. 50; der Passus, auf den Rosmini sich bezieht, lautet: „ [...] ne, si cunctarentur, Scythae in bellum prorumperent. Nec enim iam, etiamsi velit, in sua potestate esse Scytam multitudinem diutius continere."]

4   Wann kommt eine Nation dazu, sich mit anderen zu vergleichen? – Das ist ein Gebrauch der Intelligenz, der nur in einer bestimmten Epoche stattfindet, wenn die intellektuelle Entwicklung der Nation eine bestimmte Stufe erreicht. Vor dieser Zeit ist die Nation in sich eingeschlossen und handelt nach den natürlichen Instinkten, ohne sich mit anderen zu vergleichen. Sie will höchstens Beute machen, wenn es notwendig ist. Der Ruhm und der moralische Wetteifer sind noch nicht Objekt ihres Strebens. Aber Ruhm und moralischer Wetteifer führen dazu, daß sich die Nation für tüchtiger und mutiger als andere Nationen hält. Man muß die geistigen und sittlichen Entwicklungen der Nationen aufmerksam zur Kenntnis nehmen. Sie sind die Ursachen für alle äußeren Ereignisse. Diese Ereignisse lassen sich nur durch sie erklären.

5   Tac., *Ann.*, III, 4; vgl.: *Rome et les barbares* in der *Bibliothèque universelle de Genève*, August 1837. – Mit denselben Reden wollte später Civilis die Germanen zur Revolte gegen die Römer veranlassen (Tac., *Hist.*, IV, 12; *Germ.*, 29). [C. TACITI Annales, Buch III, Kap. 11, in: P. CORNELII TACITI Libri qui supersunt, cit., Bd. I, S. 105–106; EIUSDEM Historiae, Buch IV, Kap. 14, in: P. CORNELII TACITI Libri qui supersunt, cit., Bd. II, S. 158. Die Bezugnahme auf die *Germania* ist nicht korrekt, da Tacitus darin Civilis nicht erwähnt.]

zen. Als daher die Germanen unter Civilis Köln einnahmen, machten sie zur Bedingung des Bündnisses mit den Bewohnern der Stadt, daß die Mauern geschleift werden sollten, die sie als Bollwerke der Knechtschaft bezeichneten. Sie sagten:

„Selbst das wildeste Tier verliert seine natürliche Tapferkeit, wenn es zu lange gefangen gehalten wird. – Uns und Euch soll es also freistehen, auf dem einen wie auf dem anderen Ufer zu wohnen, wie es unsere Vorfahren taten. So wie die Natur allen Menschen Licht und Tag gegeben hat, so bot sie den Tapferen alles Land dar. Nehmt die Sitten und Gebräuche Eurer Vorväter wieder auf. Macht Schluß mit diesen Sinnenfreuden, die mehr noch als die Waffen der Herrschaft der Römer nutzen. Dann werdet Ihr Euch als gereinigtes und erneuertes Volk nach dem Ende der Versklavung nur von Gleichen umgeben finden und vielleicht auch von Unterworfenen."[6]

Die Völker, die sich im Zeitalter der Macht befinden, werden also zu den Eroberungen durch ein verborgenes sittliches Empfinden gereizt, das sie ständig veranlaßt, sich auf die wegen ihrer Laster schwächlichen und verachtenswerten Völker zu stürzen und gar gegen sie zu wüten.

„Siehe, ich hole alle Völker des Nordens, spricht der Herr, und führe sie gegen dieses Land und seine Bewohner und gegen alle diese Völker ringsum; und ich werde sie zerstören und in Verwüstung und Bann und in Verlassenheit für alle Zeit geben."[7]

Die letzte Verderbtheit der Gesellschaft ist die Verderbtheit durch Wollust. Ein Eroberer von Nationen, die dieses Stadium erreicht haben,[8] hat keine Macht, die Besiegten zu erneuern. Er kann sie lediglich dezimieren oder zu Sklaven machen. So ist das Übel der Sklaverei in das Menschengeschlecht hineingekommen.[9] Sie ist nicht so

---

[6] [C. TACITI Historiae, Buch IV, Kap. 64, in: P. CORNELII TACITI Libri qui supersunt, cit., Bd. II, S. 188.]

[7] Jer., XXV, [9].

[8] Man darf die Dekadenz einzelner Individuen nicht mit der Dekadenz einer Volksmasse (massa nazionale) verwechseln. Meine Anmerkungen zur Korruption der Nationen können diese wichtige Unterscheidung erhellen, vgl. mein kleines Werk mit dem Titel *Esame delle opinioni di M. Gioja in favore della moda*, eingefügt in die *Opuscoli filosofici*, Bd. II, Fasz. 107 ff., Mailand 1828. [A. ROSMINI: Esame delle opinioni di M. Gioja in favor della moda, in A. ROSMINI: Prose ecclesiastiche. Apologetica, cit., S. 155 ff.]

[9] Die friedlicheren Völker Südasiens hatten entweder keine Sklaven im Sinne der Griechen und der Römer, oder sie hatten sie erst sehr spät, eben weil es keine Kriege gab. Bei Arrianus heißt es über Indien, nach dem Zeugnis des Megasthenes: „Bemerkenswert ist, daß in Indien alle Inder frei sind und daß es keinen Inder gibt, der Knecht wäre. Darin ähneln sie den Spartanern. Allerdings haben die Spartaner die Heloten für die Knechtsdienste, und daher benutzen sie keine anderen Sklaven. Aber die Inder haben nichts dergleichen" (Arriano, *Storia indica*, Kap. 10). Romagnosi will aus diesem Passus bei Arrianus schließen, daß der Manu-Kodex, der von Sklaven spricht, „nicht zu Indien gehört, sondern zu einem anderen Land, wo es Sklaven gab" (*Supplementi ed illustrazioni alla se-*

Kapitel 12: Eroberer 349

sehr, wie man gemeinhin glaubt, Folge der Gewalttat von einzelnen Männern, sondern Folge der Verderbtheit der Massen der Gesellschaft. Hier geht es nicht um die Unterdrückung bestimmter einzelner Personen, sondern um die Errichtung des Sklaventums, wo Sklaven eine gesetzlich festgelegte und anerkannte Klasse von Personen sind.

Hier muß man nun folgendes bedenken: Wenn die Sklaverei in der Welt der Antike eine vorübergehende Situation gewesen wäre – ein Moment der Sühne und Reinigung, durch den die korrupten Massen hindurchgehen müssen – könnte man den herrschenden Individuen eine gewisse Macht zusprechen, die für die Besserung der unterworfenen Völker verantwortlich wäre. Aber so ist es nicht. Für die Sklaverei gab es in der antiken Welt keinerlei Ausweg. Sie war eine unheilbare Wunde. Es gibt keinen Fall, in dem sich die Massen, die an diesem Tiefpunkt angelangt waren, je wieder erhoben hätten. Ein klarer Beweis dafür ist die Tatsache, daß die Zahl der Sklaven im Altertum immer weiter anwuchs, aber nie zurückging, trotz des Fortschritts der menschlichen Dinge. Die Epochen höchster Kultur (civiltà) waren zugleich gerade die Epochen, in denen die Zahl der Sklaven wuchs. Die Kultur der Antike konnte nichts für sie tun.[10] Das Recht des Herren, seine Knechte freizulassen, ist kein Gegenbeweis. Gerade dies war eben eine Folge seiner Herrschaft; außerdem hing die Freilassung davon ab, ob die Seele des Besitzers ihm auftrug, seine Sklaven frei ziehen zu lassen. Öffentliche Freilassungen und Freilassungen *en masse* oder durch Gesetzesanordnung hat es nie gegeben. Und es ist auch nicht vorgekommen, daß sich die Sklaven der antiken Welt – als gesellschaftlicher Stand betrachtet – geistig und sittlich aufgerichtet hätten, um die Fähigkeit zum Freiheitsgebrauch wiederzuerlangen und somit würdig zu sein, diese Freiheit zurückzuerhalten. Und in der Tat: Da weder die Herren, noch die Gesetze die einmal versklavten Massen freigelassen haben, konnten diese auch nie genügend Kraft, Stärke, Verstand und Tugend zurückerlangen, um aus dieser ihrer Strafsituation herauszukommen. In den tausend Jahren der Geschichte des Altertums gibt es einige wenige Befreiungsversuche,

---

conda parte delle Ricerche sull'India von Robertson, § V). Allerdings beachtet er dabei nicht, daß Arrianus möglicherweise das Wort *Sklave* [schiavo] benutzt, wie es die Griechen verstanden haben, im Sinne von Menschen, die man wie Dinge einschätzt und nicht wie Personen. In Indien gab es die Kaste der Sudra, deren Angehörige in der Gesellschaft nicht weiter aufsteigen konnten als bis zu Dienern für andere Kasten. Diese könnten daher die *Knechte* [servi] sein, von denen der Manu-Kodex spricht. Außerdem kann man Indien nicht als eine einzige Nation betrachten, sondern als Bündel von Nationen. Das, was Arrianus sagt, kann daher für eine Nation richtig gewesen sein, und das, was der Manu-Kodex beschreibt, für eine andere. [Zu den zitierten Autoren vgl.: FLAVII ARRIANI Historia indica, Kap. 10, § 8, in: Geographi graeci minores, Paris 1855, Bd. I, S. 322; W. ROBERTSON, op. cit., tom. II, S. 658 ff; zum Manu-Kodex vgl. *Manava-dharma-sastra*, cit., Buch VIII, §§ 415–417, S. 314.]

10 In den Zeiten von Athens frenetischster Aktivität gab es in Attika zwanzigtausend Bürger und dreihundertfünfzigtausend Sklaven oder vierhunderttausend nach Manu (Buch VI). Man schätzt, daß es in ganz Griechenland sechs Mal mehr Sklaven als Bürger gab. [Im Manu-Kodex gibt es keinen Hinweis auf die Zahl der Sklaven in Athen, vgl. *Manava-dharma-sastra*, cit., S. 194–210.]

die von Sklaven unternommen worden sind, wie jenen des Sertorius, aber eine geglückte Befreiung hat es niemals gegeben.[11]

Die weltlich-bürgerliche Erlösung der Völker (redenzione civile de' popoli) lag also nicht in der Macht des Menschen, ebensowenig wie in der Hand des Menschen die Erlösung des einzelnen lag. Nur das übernatürliche Prinzip, das neue, vom Christentum in die Menschheit gebrachte Element konnte die verkommenen und als Sklaven verstreuten Völker befreien und wieder zusammenführen.[12]

---

[11] Die mosaischen Gesetze waren gegenüber den Sklaven humaner als die Gesetze aller anderen Völker. Bei den Juden bedeutete das Wort *Sklave* nicht das gleiche wie bei den Griechen und Römern. Die hebräische Gesetzgebung respektierte stets den *Person-Status* des Sklaven. Außerdem mußten die Sklaven bei den Juden im Sabbatjahr freigelassen werden. Wenn diese dann selbst, wie es bisweilen geschah, die Freilassung zurückwiesen und lieber weiter ihrem Herrn dienten, konnten sie die Freiheit nicht mehr erwerben. Diese Gesetze stellen also eine Ausnahme in der gesamten antiken Welt dar, die sich nur erklären läßt durch den Verweis auf Gott, der diese Gesetze seinem Volk gegeben hatte.

[12] Die von Sklaven ausgehenden Tumulte und Kriege des Altertums werden behandelt in dem Artikel über „Römische Sklaven", den C. Cantù in der *Rivista europea*, 15. November 1838, veröffentlicht hat. [C. CANTÙ: Gli schiavi romani, in: Rivista europea, 1838, S. 218–228.]

Buch III, Kapitel 13

Fortsetzung: Die späteren Gesetzgeber, die Philosophen

Die Eroberer können also die an die letzte soziale Korruption gelangten Massen nicht heilen (risanare), sie können die verdorbenen Gesellschaften lediglich auflösen und daraus Sklaven machen. Kann das Werk der Heilung vielleicht eher der Vernunft von Einzelpersonen gelingen, die den sozialen Übeln mit Zwangsgesetzen oder mit philosophischen Lehren beikommen wollen?

Die Ohnmacht der Gesetzgeber und der Philosophen in der antiken Welt wird von den Fakten vollständig bewiesen. Betrachten wir auch diese letzten Anstrengungen der dem Untergang geweihten Nationen – diese hochherzigen, aber vergeblichen Versuche einiger irregeleiteter Personen, die sowohl die unendliche Schwierigkeit des Werks, das sie unternehmen wollten, als auch die Begrenztheit ihrer Macht über die Massen verkannt haben.

Zunächst stelle ich fest: Man muß genau unterscheiden zwischen den Gesetzen, um die es hier geht, und den Gesetzen der ersten Gesetzgeber, die der entstehenden Gesellschaft eine Ordnung geben.

Die *zweiten Gesetzgeber*, um die es hier geht, gehören zum letzten Gesellschaftszeitalter der Korruption. Sie erlassen Gesetze, deren Ziel es nicht ist, die Gesellschaft zu ordnen. Das Ziel dieser Gesetze besteht vielmehr darin, einen Damm gegen die allgemeine Korruption zu errichten, die die Fundamente dieser Gesellschaft umzustürzen droht.

Diese späten Gesetze sind folglich notwendigerweise Zwangsgesetze. Sie sind restriktiv gegenüber der allgemeinen Freiheit, die mißbraucht wird, und sie haben etwas Hartes und Unschönes an sich. Sie sind kleinlich, manchmal geradezu merkwürdig, oft tatsächlich ungerecht und exzessiv, wenngleich sie den Gesetzgebern in diesen Epochen weder merkwürdig noch ungerecht vorkommen.[1]

---

[1] Ich spreche im folgenden von den zensorischen oder auch sumptuarischen Gesetzen, die zu dieser Gruppe von Gesetzen gehören. – Der Erlaß von freiheitsbeschränkenden Gesetzen wird von politischen Parteien, von Kriegen und von Eroberungen beschleunigt, denn die Eroberer müssen sich gegen die Eroberten schützen. – In Indien, so heißt es im Manu-Kodex (Kapitel 9, V. 44), „gehört das Land demjenigen, der es bebaut hat". Das ist das ursprüngliche Gesetz. Strabo dagegen berichtet (Buch XV), daß alles Land in Indien dem Herrscher gehört. Das ist das spätere, restriktive Gesetz, wahrscheinlich Ergebnis der Eroberung. – Arrianus berichtet (*Historia indica*, Kap. 13, §§ 8 und 9), daß die Gelehrten in Indien aus jeder beliebigen Kaste kommen konnten. Das ist das ursprüngliche Gesetz. Aber spätere Quellen berichten, daß ausschließlich die Brahmanen in Indien die Kaste der Gelehrten bilden, eine erbliche Kaste wie alle anderen. Das ist ein weiteres späteres, restriktives Gesetz. – Das Verbot, die Vedas, also die Weisheitsbücher zu lesen, die den Brahmanen vorbehalten waren, kann kein ursprüngliches Gesetz sein. Es muß zu solchen Gesetzen gehören, wie sie in bereits altgewordenen Gesellschaften erlassen werden. Das Gleiche gilt von der verabscheuten Kaste der *Pariahs* oder auch *Chandalas*, die weder von Arrianus noch von Strabo ausdrücklich erwähnt werden. – Bei jedem Volk,

In gleicher Weise muß man unterscheiden zwischen den Sittenlehren, die die Weisen sich ausdenken, wenn die Gesellschaft alt geworden ist, und den Anschauungen über Tugend und Laster, von denen die Massen im Kindheitsalter der Gesellschaft geleitet werden.

In der frühen Zeit können die Menschen ihre Anschauungen vielleicht nicht so gut auszudrücken. Aber diese Anschauungen enthalten weniger Irrtümer und sind wirksam. Das zählt am meisten.

Sowohl die *späteren Gesetze* als auch die *philosophischen Lehren* setzen einen Fortschritt an Intelligenz voraus, das heißt eine höhere Reflexionsstufe. Allgemein gilt: Jede Verordnung, die getroffen wird, um eine Unordnung zu beheben, setzt voraus, daß der Verstand über die Unordnung nachgedacht hat sowie über die Mittel, um diese Unordnung zu beheben. Die ersten Verfassungen der Gesellschaft gehören also – ebenso wie die moralischen Anschauungen der Massen in den ersten Epochen – zu einem gedanklichen Niveau, das geringer ist als das Niveau der Zwangsgesetze und der Philosophie. Es bleibt nun zu prüfen, wie sich bestimmte Einzelpersonen auf ein höheres gedankliches Niveau erheben, während gleichzeitig die Massen ihre Intelligenz im Nichtstun verkommen lassen.

Auch der Übergang zur Erfindung von Zwangs- oder Präventivgesetzen und von philosophischen Lehren muß weniger der individuellen Entscheidung als vielmehr der Notwendigkeit der Dinge zugeschrieben werden. Man muß dabei stets die Beschaffenheit der antiken Welt im Auge behalten, die ja der Gegenstand unserer Betrachtungen ist.

In der Geschichte der bürgerlichen Gesellschaften der Antike ist diese Notsituation stets wie folgt eingetreten:

Handel oder Krieg hat die Nation in großem Umfang entfaltet und ein hohes Maß an Intelligenz in Gang gebracht.

Aber es kam die Zeit, da der übergroße Reichtum, der Luxus und die Sinnenfreuden die Nation in die äußerste Korruption stießen.

Da merkte die Intelligenz, die vorher schon tätiger und mächtiger als je zuvor geworden war, daß die Liebe zu den Sinnenfreuden sie auszulöschen drohte.

---

das lange Zeit auf Erden gelebt hat, erkennt man ohne Mühe eine Menge solcher Gesetze. Manchmal sind sie vielleicht notwendig wegen der unseligen Zeiten, aber sie sind stets engherzig und dazu angetan, die Regierung für die Regierten stärker zur Last werden zu lassen. Um ein Beispiel für solche Gesetze bei den Römern zu nennen, verweise ich aus der Vielzahl, die man anführen könnte, auf das Verbot für die Bewohner des besiegten Karthago, die griechische Sprache und Literatur zu erlernen. „Factum Senatus consultum", schreibt Justinus, „ne quis postea Carthaginiensis aut litteris graecis aut sermoni studeret, ne aut loqui cum hoste, aut scribere sine interprete posset" (Buch II, Kap. 5). Spürt man hier nicht die Gesetzgebung einer absterbenden Gesellschaft? [Zum Manu-Kodex vgl. *Manava-dharma-sastra*, cit., Buch IX, § 44, S. 322; zu den zitierten Autoren vgl.: STRABO, op. cit., Buch XV, § 40, c. 704, Bd. III, S. 981; F. ARRIANUS, op. cit., Kap. 12, §§ 8–9, Bd. I, S. 323–324; M. J. JUSTINUS, op. cit., Buch XX, Kap. 5, § 13, S. 173. Rosmini schreibt irrtümlich dem römischen Senat eine Verordnung zu, die aber tatsächlich vom Senat von Karthago erlassen wurde.]

Kapitel 13: Die späteren Gesetzgeber, die Philosophen   353

Man muß bedenken, daß es kein stärkeres und stolzeres Empfinden im Menschen gibt als das Gefühl, das ihm das Bewußtsein von einer großen Macht über die eigene Intelligenz und der habituelle intensive Gebrauch der Intelligenz bescheren.

Dieses *Vermögen* über die Intelligenz war in den Zeiten, da das Volk nach Größe und Ruhm trachtete, mehr als je zuvor gewachsen. Dieses Vermögen hatte aber kein Material mehr, an dem es sich ertüchtigen konnte, als Wollust und Müßiggang in üppigen Sinnenfreuden das Nahziel geworden waren, auf das die Massen ihren gesellschaftlichen Willen hinlenkten.

Der Vernunftnatur des Menschen mußte dies mißfallen, und sie mußte Verachtung dafür empfinden. Dies wurde deutlich und wirkmächtig in den besonderen Einzelpersönlichkeiten, die aus den Massen herausragen wie Spitzen oder Felsen aus der glatten Wasseroberfläche. Die schon zuvor aktiv gewordene Intelligenz hat also im Zeitalter der letzten Korruption einer Nation einen besonderen Antrieb oder Instinkt in sich, sich in Bewegung zu setzen und ein Mittel zur eigenen Verteidigung zu finden.[2]

Die weniger verdorbenen und mit aktiver Intelligenz begabten Individuen werden sich der Dekadenz der öffentlichen Sitten bewußt und bemühen sich, Abhilfe zu schaffen, indem sie die Gesellschaft mit neuen Gesetzen ausstatten oder Bücher schreiben, die von hoher Sittlichkeit zeugen.

Ihre Entscheidung für den einen oder den anderen Weg hängt zu einem Großteil von den äußeren Umständen ab, in denen sich die besagten Einzelgestalten befinden.

Die in den öffentlichen Dingen einflußreichen Männer setzen sich dafür ein, daß die Bürgerschaft mit geeigneten Gesetzen ausgerüstet und verteidigt wird. Diejenigen, die dazu nicht imstande sind, widmen sich natürlicherweise dem privaten Studium der Philosophie.[3]

Es ist unglaublich, wieviel Vertrauen die *Politiker* anfangs in ihre Gesetze und die *Philosophen* in ihre Schulen haben! Aber wie unwirksam sind diese Mittel doch de facto in den korrupten Gesellschaften! Was zählen die geschriebenen und gesagten Dinge, wenn die Seelen sie nicht annehmen?

---

[2] Man muß wiederum klar sehen, daß es niemals die physischen Leiden sind, welche die Intelligenz aktivieren. Diese Leiden allein vermögen garnichts für die Verstandesentwicklung zu leisten. Die Erfahrung beweist, daß die Menschen, die auf der Suche nach Mitteln zur Erneuerung am vorsorglichsten und einfallsreichsten sind, nicht die Menschen sind, die am meisten physischem Leid ausgesetzt sind – im Gegenteil (vgl. *Esame delle opinioni di M. Gioja in favore della moda*, Betrachtung IV und V). Die Intelligenz wird nur durch einen intelligenten Instinkt [istinto intelligente] aktiviert, den ein intellektuelles Erleben [sentimento intellettivo] erzeugt. Das ist es, was hier geschieht: In diesem Fall befindet sich die Intelligenz der Nation in großer Bewegung. Sie will nicht stehenbleiben, weil Stehenbleiben ein unangenehmes Gefühl ist. Also sucht die natürliche Neigung der Intelligenz einen neuen Stoff, um in Bewegung zu bleiben, da ihr der frühere Stoff weggenommen wurde. [A. ROSMINI: Esame delle opinioni di M. Gioja in favor della moda, in A. ROSMINI: Prose ecclesiatiche. Apologetica, cit., S. 140–143.]

[3] Über die Aufgabe des Politikers und des Privatmannes hinsichtlich der Hilfe, die sie der öffentlichen Sache leisten können, haben wir in der *Einleitung zu den politischen Werken* gesprochen.

Die zensorischen Gesetze und insbesondere die sumptuarischen Gesetze,[4] die ihrem Charakter nach den Polizeigesetzen der neueren Zeit entsprechen, beweisen höchstens, daß beim Menschen das Herz vor dem Verstand korrupt wird.

Wann hat je ein vernünftiger Befehl – in öffentliche Gesetze verwandelt – ein verdorbenes Herz geheilt? – Wenn eine Nation den Zustand erreicht hat, in dem man solche Gesetze macht, passiert mit den Objekten der allgemeinen Begierde das, was Aristophanes über die Liebe der Athener zu Alkibiades gesagt hat: „Sie hassen ihn, aber sie können nicht ohne ihn leben". Die Übel werden erkannt und auch beklagt, aber man läßt nicht davon ab, man kann nicht davon ablassen. Und diejenigen, die die Gesetze in der Bürgerschaft machen, haben doch selbst einen mehr oder weniger großen Anteil an diesem Ferment, das die gesamte Volksmasse hat versauern lassen. Und selbst wenn die Gesetzgeber völlig unverdorben wären, welche Macht hat das Gesetz von wenigen gegen den Willen aller? Daher werden die Reformgesetze einer Bürgerschaft gegen die allgemeine Korruption alsbald nicht mehr beachtet und geraten rasch in Vergessenheit oder werden abgeschafft und schließlich für dumm und schädlich gehalten.[5] Dann rufen die Klügeren: „Wenn das, was Laster war, nun

---

[4] Die Regierung greift immer zu Gesetzen, wenn sich die Korruption in der Gesellschaft bemerkbar macht. Die Gesetze wachsen also zahlenmäßig an in Zeiten, in denen 1.) die Korruption auftritt, die von der *exzessiven Machtliebe* verursacht wird. In dieser Phase steigt die Zahl der Gesetze, die das interne und externe politische *öffentliche Recht* [jus pubblico politico] bilden. Die Zahl der Gesetze steigt, wenn 2.) die Korruption auftritt, die durch *exzessive Besitzgier* verursacht wird. Dann steigt die Zahl der *bürgerlichen Gesetze* [leggi civili]. Die Zahl der Gesetze steigt, wenn 3.) die Korruption auftritt, die vom Luxus und von den Sinnenfreuden verursacht wird. Dann kommen die *sumptuarischen Gesetze*. – Man stellt jedoch fest, daß die gesamte Antike einstimmig die finale Korruption, die von der exzessiven Verweichlichung verursacht wird, für tödlich für eine Nation hielt. Angefangen von den Ägyptern: Wie Plutarch berichtet (*De Isid. e Osir.*), hatten sie in einem Tempel in Theben eine Säule errichtet, auf der Verwünschungen gegen den König standen, der als erster Ausgaben für Prunk und Luxus in Ägypten eingeführt hatte. Wir finden diese Haltung auch bei den Staatsmännern, die in der Dekadenzzeit Roms lebten und die übereinstimmend wegen dieses Exzesses an Luxus und Sinnenfreuden, bei dem die Römer angelangt waren, den Untergang prophezeiten. Alle sind sich darin einig, daß das, was die antiken Gesellschaften unwiederbringlich hat untergehen lassen, dieser Exzeß an wollüstigem Müßiggang war, in den früher oder später alle Gesellschaften gestürzt und an dem sie zugrundegegangen sind. – An anderer Stelle werde ich von den christlichen Nationen sprechen. [PLUTARCH: De Iside et Osiride, Kap. 8, 354 a, in: PLUTARCHI CHAERONENSIS Scripta moralia, Paris 1839, Bd. I, S. 433.]

[5] Macrobius berichtet von der Lex Anzia, die Anzius Restio eingebracht hatte, um die Verschwendung der Magistrate bei den Gastmahlen zu beschränken. Er schreibt, daß Restio nach diesem Gesetz bis zum Ende seines Lebens immer zu Hause speiste, um nicht Zeuge der Übertretung seines Gesetzes zu werden: „Illud tamen [memorabile] de Restione latore ipsius legis fertur, eum quoad vixit, foris postea non cenasse, ne testis fieret contemptae legis quam ipse bono publico pertulisset" (*Satur.*, Buch II, Kap. 13). Und im Zusammenhang mit dem sumptuarischen Gesetz des Cajus Publicius Bibulus schreibt Tacitus: „Incipiente Cajo Bibulo, caeteri quoque aediles disseruerant, sperni sumptuariam legem, vetitaque utensilium pretia augeri in dies; nec mediocribus remediis sisti posse." Montesquieu sagt bezüglich der Korruption Roms richtig: „Die Verderbtheit der Sitten zerstörte die Gesetze, die eigentlich erlassen waren, um die Verderbtheit der Sitten zu zerstören; aber wenn diese Verderbtheit allgemein wird, hat das Gesetz keine Ge-

Kapitel 13: Die späteren Gesetzgeber, die Philosophen

Norm geworden ist, ist alle vernünftige Hoffnung auf Heil verloren."⁶ Dann wird klar, daß die Sittlichkeit in den bloß äußerlichen Maßnahmen der Politik weder sicheren Schutz noch Zuflucht finden kann, wenn sie aus den Herzen verbannt ist.

Kommen wir zu den Philosophen. Das Vertrauen, das sie in ihre Theorien setzen, ist noch größer als das Vertrauen der Staatsmänner in ihre Gesetze.

In den Epochen der Philosophen verspricht man sich alles und erhofft man sich alles von der Philosophie. Man glaubt, in ihr allein könne der Schutz der menschlichen Tugend liegen, ja, man erklärt sie zur Tugend selbst.

Die Ansichten der Menschen hinsichtlich des *Schutzes der menschlichen Tugend* ändern sich im Lauf der Zeit.

Solange in den Sitten eine gewisse natürliche Gutheit vorhanden ist und solange die Leidenschaften den menschlichen Instinkt noch nicht pervertiert und verfälscht haben, der über Nützlichkeit und Schädlichkeit der Objekte urteilt, die sich dem Menschen als angenehm oder als unangenehm darbieten – solange ist es nur natürlich, daß man die Rechtschaffenheit dieses Instinkts für den Schutz und für das Heil der Tugend hält.

Aber eine solche Ansicht mußte temporär sein, so wie auch die Unverdorbenheit dieses Instinkts temporär war. Diese Ansicht war eher einer jener zeitweiligen Ruhepunkte des Verstandes, von denen wir gesprochen haben, nicht aber stabile Heimstatt. Als daher der Keim der menschlichen Korruption üppige Früchte trug, so daß er den natürlichen Instinkt erstickte, wurde deutlich, daß es in dieser scheinbar natürlichen Integrität keine konstante Sicherheit für die Tugend gab. Also folgerte man, daß dieser Instinkt – dieses direkte, einfache Urteil über Gut und Böse, das der Mensch in den ersten Zeiten gefällt hatte – keine sichere Basis für die Tugend sei, sondern daß diese Basis in einer höheren Reflexion des von der Instinkthandlung befreiten Verstandes gesucht werden müsse – mit einem Wort: in der philosophischen Spekulation. Also rühmte man die Entdeckung einer großen Wahrheit und sagte: 'Der Mensch kann nicht konstant tugendhaft bleiben, wenn sein erkennender Geist sich nicht von seinem sensitiven Körper trennt und sich zu dessen Gesetzgeber und Richter macht.' So wurde aus den Lastern die Philosophie geboren, so wie aus den schlechten Sitten die guten Gesetze hervorgingen.

In jenen Zeiten trat eine noch größere Wandlung in der Auffassung vom Wesen der Tugend ein. Denn erfüllt von ihren moralischen Spekulationen betrachteten die Philosophen die Philosophie schließlich nicht mehr als Weg, als Hilfe, als Garantie für die menschliche Tugend, sondern als die Tugend selbst. Sie beschränkten die Tugend, die in tätigem Handeln besteht, auf theoretische Anschauung. Dies reicht schon für sich genommen aus, um ihre Philosophie für die Besserung der

---

walt mehr" (*Spir. delle leggi*, Buch XXIII, Kap. 25). [Zu den zitierten Autoren vgl.: A. THEODISII MACROBII Saturnalia, Buch III, Kap. 17, § 13, Leipzig 1963, S. 208; P. CORNELII TACITI Annales, Buch III, § 52, in: P. CORNELII TACITI Libri qui supersunt, cit., Bd. I, S. 110–111; MONTESQUIEU: De l'esprit des lois, Buch XXIII, Kap. 21, in DERS.: Oeuvres, cit., tom. II, S. 697.]

6 „Desinit esse remedio locus ubi quae fuerant vitia, mores sunt" (Seneca, *Ep.*, XXXIX). [L. A. SENECA, op. cit., Brief XXXIX, Bd. I, S. 218.]

Menschheit nutzlos zu machen. Sie entstellten die Tugend, indem sie sie angesiedelten, wo sie nicht war, und von der Welt ausschlossen mit eben jenem Akt, mit dem sie behaupteten, sie in die Welt einzuführen und dort zu bewahren.

Hieraus ergibt sich ein weiterer Grund, weshalb die Philosophie unfähig war, die Übel der antiken Welt zu beheben: Weil die Tugend mit der theoretischen Anschauung verwechselt wurde, konnte diese Theorie-Tugend nur noch wenigen einzelnen gehören. Denn die Massen können die Wissenschaft nicht pflegen. So wurde es ein Habitus der Philosophen, das Volk zu verachten und danach zu trachten, vom Volk getrennt zu sein. Sie sagten: „Jene Dinge, an denen sich das gemeine Volk erfreut, geben nur einen unbedeutenden und oberflächlichen Genuß. – Aber von der Tugend kommt ein unschätzbares Gut, eine Ruhe des Geistes, in sicherer Region gelegen, und eine Erhabenheit, und wenn die Angst verbannt ist, erwachsen aus der Erkenntnis der Wahrheit eine große, unerschütterliche Freude und eine Leutseligkeit und ein Verströmen des Geistes. – Daher ist der Geist des Weisen so wie die Welt auf dem Mond,

> stets heiter, von keiner Wolke getrübt".[7]

Nichts ist wahrer und edler als diese Beschreibung des Weisen. Aber warum kann das Volk, warum kann das ganze Menschengeschlecht nicht an der Tugend des Weisen teilhaben?

Nach Ansicht der antiken Philosophie ist diese Frage absurd. Das einfache Volk, das heißt die Menschheit insgesamt [denn einige wenige Philosophen bilden lediglich eine Ausnahme] war notwendigerweiser ausgeschlossen vom Sanktuarium der Tugend, so wie die Philosophen sie erdacht hatten. Wie sollte also die Philosophie die in Korruption gefallenen Massen wieder aufrichten, wenn sie das selbst für unmöglich hielt und auch garnicht daran dachte, sondern vielmehr den süßen Ruhm genoß, von der Menge weit entfernt und getrennt zu sein?

In den Seelen und in den Vorstellungen der Philosophen bestand also keinerlei Hoffnung darauf, die große Mehrheit je dazu zu bringen, die Tugend zu praktizieren.[8] Diese Hoffnungslosigkeit, dieses Bewußtsein der eigenen Ohnmacht hielt sie

---

[7] „Haec, quibus delectatur vulgus, tenuem habent ac perfusoriam voluptatem" (Sen., *Epist.*, XXIII). – „Tum illud orietur (ex virtute) inaestimabile bonum, quies mentis in tuto collocatae et sublimitas expulsisque terroribus [erroribus] ex cognitione veri gaudium grande et immotum, comitasque, et diffusio animi" (Sen., *De vita beata*, Kap. 5). – „Talis est sapientis animus, qualis mundi status super lunam: Perpetuum nulla temeratum nube serenum" (Sen., *Epist.*, LIX). [L. A. SENECA, op. cit., Brief. XXIII, Bd. I, S. 138, und Brief. LIX, Bd. I, S. 344. Die zitierte Zeile aus dem LIX. Brief lautet: „Talis est sapientis animus, qualis mundi super lunam: semper illic serenum est". DERS.: De vita beata, Kap. 4, in: L. A. SENECAE Opera quae supersunt, Leipzig 1862, Bd. I, S. 143.]

[8] Diese Hoffnungslosigkeit hinsichtlich der menschlichen Güte und Tugend stellt man hauptsächlich bei den Geschichtsschreibern jener Epochen fest, in denen Korruption und Laster am größten waren. Wer bemerkt nicht die Traurigkeit dieser unheilbaren Verzweiflung in allen Worten des Tacitus? Und wenn wir noch weiter zurückgehen, finden wir sie auch deutlich bei Thukydides (Buch III, §§ 82–83). – Was nun Machiavelli und Guicciardini angeht, so stellen sie das Skandalon in der christlichen Literatur dar. Sie gehören zur heidnischen Welt, in der sie geistig lebten und deren Empfindungen und

Kapitel 13: Die späteren Gesetzgeber, die Philosophen

sogar davon ab, die Wahrheit mitzuteilen. Sie machten daraus ein Geheimnis, sie verschleierten sie mit Symbolen und hüllten sie in Mysterien ein.[9] Welcher Philosoph hat je daran gedacht, das Volk vom Götzendienst abzubringen? Wer hat nicht im Gegenteil gesagt, daß der Götzendienst zwar falsch, aber die für das Volk geeignete Religion sei? Wie hätte das Volk wiederhergestellt werden können von Leuten, die überhaupt nicht daran dachten, es von einem Aberglauben abzubringen, der das Wesen aller Laster einschloß, alle Laster stärkte und von allen Lastern selbst das größte war? Es hat doch einen Philosophen inmitten des Polytheismus gegeben, der über den engen Schulbezirk hinaus die große Wahrheit von der Einheit Gottes verkündet hat, nämlich Sokrates. Nun wohl, was hat er tun können? – Den Schierling trinken, nutzlos.[10]

Nicht minder war doch die Tugend selbst, die die Philosophen lehrten, verstümmelt, unvollkommen und mit schändlichen Irrtümern durchsetzt!

Die Philosophen waren unfähig, zu Lehrern wahrer Religion für das Volk zu werden – aber ausschließlich damit mußte die Heilung des Volkes beginnen! Außerdem fehlte auch in allen anderen Teilen der Philosophie ein Großteil der Wahrheit. Die Philosophen tasteten, dem Zufall folgend, umher. Sie hatten weder Autorität, noch Sicherheit. Sie boten dem einfachen Volk das lächerliche Schauspiel von Blinden, die wütend aufeinander einschlagen. Konnte das einfache Volk wirksam von ihren Worten, von ihrem Geschrei in Bewegung gesetzt werden? Wem von ihnen hätte es mehr glauben sollen, wenn sich nicht einmal zwei von ihnen verstanden?

Für die Reform der Menschheit war zuallererst eine ganze, vollständige Wahrheit erforderlich. Die Philosophie bot lediglich kleine Wahrheitsstückchen, nie aber die Wahrheit in ihrer ganzen Fülle. Das kann man sehen, wenn man den Teil der

---

trostlose Neigungen sie sich zueigen machten. [THUCYDIDIS Historiae, Buch III, §§ 82–83, 216–218, Leipzig 1913, Bd. I, S. 288–291.]

[9] Es ist ja bekannt, mit welchem Geheimnis die Priester in Ägypten die Wissenschaften umgaben. In den ägyptischen Tempeln gab es die Statue des Harpochrat mit dem Finger am Mund, um Schweigen zu befehlen. Ein Emblem dieses Geheimnisses, das bewacht werden mußte, war auch die Sphinx, die sich am Eingang aller Tempel in Ägypten befand.
Die eleusischen Mysterien bei den Griechen waren ebenfalls Lehren, die von den Eingeweihten geheimgehalten werden mußten.
Alle Philosophen haben eine zweifache Wissenschaft besessen: Die eine war ihren Schülern vorbehalten, die andere für alle zugänglich. Diese zweite hofierte gewöhnlichen Irrtümern. Sie war eine der Öffentlichkeit zugängliche Schule, aber sie lehrte Lügen.
Nun vergleiche man die Schule der Philosophen mit der Schule dessen, der sagt: „Euntes docete omnes gentes, baptizantes eos in nomine Patris, et Filii, et Spiritus Sancti"! (*Matth.*, XXVIII, [19]).

[10] Wir wissen von Xenophon (*Hell.*, VII), daß diejenigen, die Euphron, den Tyrannen von Sicyon, töteten, ihm als Verbrechen anlasteten, Sklaven freizulassen und sie sogar in den Status von Bürgern zu erheben, wie er es tat. – Sklaven freizulassen war Tyrannei, so wie die Verkündigung des einen Gottes Gottlosigkeit war. Beides verdiente den Tod. Nun möge man überlegen, ob je menschliche Macht oder menschliches Wissen ausreichen könnte, damit die Menschheit die beiden Vorschriften der Gottesliebe und der Nächstenliebe befolgt. Und gleichwohl wurden sie befolgt! [XENOPHON: Hellenika, Buch VII, Kap. 3, § 8, Leipzig 1889, S. 260–261.]

Wahrheit betrachtet, der die politische Wissenschaft betrifft. Hier stelle ich fest, daß die Philosophen von den drei Korruptionsformen, denen die antiken Nationen ausgesetzt waren, nur die letzte kannten. Daher findet man, um die Wahrheit zu sagen, in ihren Lehren viele schöne Überlegungen gegen den Schaden, den Reichtum und Sinnenfreuden in den öffentlichen Dingen verursachen. Die antiken Philosophen protestieren entrüstet gegen den Handel als den Sittenverderber. Folglich ist er ein Gegner der Tugend, der guten Verfassung der Bürgerschaft und der *Erfüllung und Zufriedenheit* der Bürger, welche das Ziel der Gesellschaft ist.[11] Hervorragende Dinge. Aber wann hat die antike Philosophie je daran gedacht, den leidenschaftlichen Wunsch der Bürger nach Ruhm zu bremsen? Wonach trachteten denn die Philosophen selbst? Es war also ausgeschlossen, daß die Philosophen die öffentlichen Übel eindämmen konnten, weil sie deren erste Quellen nicht kannten. Es war notwendig, den Menschen ein höheres Ziel als den menschlichen Ruhm zu zeigen. Die Philosophen hatten dieses Ziel nicht – weder für die Menschen noch für sich selbst.

Die Philosophie konnte also den herabstürzenden, über die Ufer tretenden Strom der öffentlichen Laster nicht aufhalten. Als das Herz verdorben war, mußten die Laster auch den Geist mitreißen.

Damals geschah es, daß die Philosophie, ohne die Hoffnung, etwas Gutes tun zu können, ihre Schritte rückwärts lenkte. Während sie es zunächst unternommen hatte, die Tugend wenigstens in den Wänden der Schulen zu verkünden und sich den schlimmsten materiellen Lastern entgegenzustellen, war sie es nun leid, ihre Stimme

---

[11] Platon fordert, daß die Hauptstadt seiner Republik mindestens zehn Meilen vom Meer entfernt sei (*De legibus*, Buch IV). Er behauptet, daß sich die Bürger in einer wohlregierten Republik vom Handel fernhalten sollen und daß der Staat keine Seemacht sein soll. Denn der Handel verdirbt die Sitten, und die Seefahrt macht die Menschen betrügerisch und nimmt ihnen jeden Funken Großmut. Die soldatische Disziplin wird ebenfalls geschwächt. Es ist bemerkenswert, daß der große Philosoph diese Warnung in Athen im Jahrhundert nach Themistokles ausgesprochen hat. Denn Themistokles hatte ja das Orakel gedeutet, das den von Xerxes bedrohten Athenern befahl, in hölzernen Häusern Schutz zu suchen, womit gemeint war, sich und die eigenen Sachen einer Flotte anzuvertrauen. Darauf hatte er seiner Bürgerschaft geraten, eine Seestreitkraft zu werden. Und mit der Vormacht zur See, die Athen durch den Rat des Themistokles erlangt hatte, war die Stadt tatsächlich zur Vormacht in ganz Griechenland geworden. Trotz dieser Tatsache, die Platon vor Augen stand, hielt er es für den Staat für schädlich, Seefahrt zu betreiben und die Seemacht auszuweiten. Der Rat des Themistokles hatte eine unmittelbare, großartige Wirkung gehabt, nämlich die Macht Athens. Aber Platon blickt ein Jahrhundert später weiter: Inmitten der Größe erblickt er die sicheren Anzeichen und Ursachen für Athens Veralterung und Dekadenz. Er sieht den Luxus und die an die letzte Korruption gelangten Sitten. – Aristoteles scheint in der Frage zu zögern, „ob es für eine Nation nützlich ist, Handel zu treiben" (*De Rep.*, Buch VII, Kap. 6). Aber er tadelt jedoch die Regierung von Karthago, weil dort niemand ohne Reichtum die obersten Posten erreichen konnte, und sagt, daß unter solchen Umständen die Tugend nichts und das Geld alles zählt. Cicero vertritt dieselbe Meinung wie Platon und nennt das Beispiel der vom Handel korrumpierten Bevölkerung von Karthago: „Carthaginienses fraudolenti et mendaces ... multis et variis mercatorum advenarumque sermonibus ad studium fallendi, quaestus cupiditate, vocabantur" (*Oratio II in Rull.*, N. 94).
Die Römer untersagten mit der Lex Flaminia oder Claudia den Patriziern den Handel.

Kapitel 13: Die späteren Gesetzgeber, die Philosophen

zu erheben, und ging zum Schaden der Menschheit ein Bündnis mit den Lastern ein. Statt einer würdevollen, strengen Lehre sah man eine ungehörige und verweichlichte Lehre, die öffentlich die eigene Schmach zeigte. Die alten Regeln galten als primitiv, hart, unbeweglich, falsch. Die um Bewahrung bemühten Wahrheiten galten als Frucht der Unwissenheit und des Vorurteils unkultivierter Epochen. Jede erhabene Maxime galt als altmodisch, als aufdringlich. Als lächerlich galt, wer sie äußerte. Jeder weiß, welch schrecklichen Schaden Epikurs Philosophie in den schon zerstörten Sitten in den letzten Phasen Roms angerichtet hat. Epikurs Philosophie war überall verbreitet, sie war nicht nur auf die Schulen beschränkt. Seine Bücher waren die ersten, die bei den Ausgrabungen im Vulkangestein, unter dem Pompeji ruht, ans Licht kamen.

Die Philosophie konnte also nichts für das Heil der Völker tun. Sie konnte die allgemeine Korruption nicht besiegen, sie wurde davon besiegt. Was blieb also, um die antike Welt aufrecht zu erhalten, damit sie nach Rausch und Schrecken nicht der Verwilderung anheimfiel? Wie sollten die bürgerlichen Gesellschaften weiterleben?

Cicero gab dafür als Begründung an: „Nolo eundem populum imperatorem esse et portitorem terrarum". Augustus verurteilte den Senator Ovinius, weil der aus kommerziellen Gründen bestimmte Erzeugnisse nach Ägypten exportierte (P. Orosius). Das alles beweist, daß die Antike übereinstimmend den Schaden durch Luxus und Sinnenfreuden als den schrecklichsten Feind der Nation fürchtete. Nirgendwo aber sieht man, daß Ruhm oder Vorherrschaft gefürchtet oder verdächtigt worden wären. [Zu den zitierten Autoren vgl. PLATON: Nomoi, Buch IV, 704d, in: PLATONIS Opera, cit., Bd. II, S. 318; ARISTOTELES: Politika, Buch VII, Kap. 6, § 3, 1327, in: ARISTOTELIS Opera Omnia, Paris 1862, Bd. I, S. 607; M. TULLI CICERONIS De lege agraria oratio secunda contra P. Servilium Rullum tribunum plebis, Kap. 35, § 95, in: M. TULLI CICERONIS Scripta, cit., Teil II, Bd. II, S. 222; EIUSDEM De re publica libri sex, Buch IV, Kap. 7, § 7, in: M. TULLI CICERONIS Scripta, cit., Teil IV, Bd. II, S. 356.]

Buch III, Kapitel 14

Von den verschiedenen Arten des Untergangs der Gesellschaften

Jede menschliche Gesellschaft, so haben wir gesagt, ist unsichtbar und sichtbar, weil der Mensch – der Grundbestandteil der Gesellschaft – aus einem unsichtbaren Geist und aus einem sichtbaren Körper besteht.[1]

Das, was die Gesellschaft verbindet, sind die unsichtbaren Bindungen. Denn die menschlichen Gesellschaften sind Bündnisse im Geiste (unione di spiriti), nicht Ansammlungen von Körpern. Die äußere Gesellschaft ist also nur der materielle Teil der Gesellschaft. Gestaltende Kraft, Seele und Essenz der Gesellschaft ist der Bund im Geiste. Die äußere Gesellschaft ist die Vollendung und gleichsam das Gewand oder der Ausdruck der geistigen Gesellschaft.

Die *äußere Gesellschaft* geht durch Gewalt unter, wie es bei Eroberungen geschieht. Aber die unsichtbare *innere Gesellschaft* geht immer schon viel früher unter, denn die Gewalt kann gegen die äußere Gesellschaft nichts ausrichten, wenn die innere Gesellschaft nicht schon lange vorher vernichtet ist. Daher hat Cicero über seine Epoche weise gesagt: „Rempublicam specie quidem retinemus, re autem ipsa jam pridem amisimus".[2]

Die unsichtbare Gesellschaft ist untergegangen, wenn sie nicht mehr nach dem letzten, für sie essentiellen Ziel trachtet.

Dieser Untergang kann verursacht werden 1.) durch Fehlerhaftigkeit der gesellschaftlichen Verfassung, wenn nämlich die Regierung selbst den Regierten lasterhafte Mittel vorschlägt, die die Regierten von der Erfüllung und Zufriedenheit wegführen, statt sie hinzuführen, oder 2.) durch den Willen der Gesellschaftsmitglieder, wenn diese so pervertiert sind, daß sie bei ihren Wünschen das menschliche Gut, die Erfüllung und Zufriedenheit [das *Letztziel*], vollständig aus den Augen verloren haben oder die Mittel dafür nicht mehr kennen und sich blind an die Dinge klammern, die sie vom Zustand der Erfüllung und Zufriedenheit wegführen. Die Gesellschaft besteht in diesen Fällen de jure nicht mehr, wenngleich äußerlich die Dinge weiterzugehen scheinen wie zuvor.

Gleichfalls ist 3.) die unsichtbare Gesellschaft zerstört, wenn der Wille der Gesellschaftsmitglieder realiter nicht mehr dem *Nahziel*, also dem unmittelbaren Objekt, zugewandt ist, für das die Gesellschaft errichtet worden ist, und wenn der gesellschaftliche Wille sich nicht bemüht, dieses Nahziel zu erreichen – selbst wenn der Wille nicht ausdrücklich erklärt, das Nahziel nicht zu wollen. Denn wenn man das gesellschaftliche Nahziel durch Egoismus ersetzt hat, will jedes Mitglied die Ge-

---

[1] Vgl. vorher in Buch I Kapitel 13
[2] [M. TULLI CICERONIS De re publica libri sex, Buch V, Kap. 1, § 2, in: M. TULLI CICERONIS Scripta, cit., Teil IV, Bd. II, S. 361. Der korrekte Wortlaut ist „[...] rem publicam verbo retinemus, re ipsa vero jam pridem amisimus".]

Kapitel 14: Vom Untergang der Gesellschaften

sellschaft zu seinem Einzelnutzen manipulieren – um die Gesellschaft gleichsam im Wettstreit mit den anderen zu plündern. Niemand kümmert sich mehr um das Gemeinwohl und um die Existenz der Gesellschaft selbst. Alle verweigern die Lasten der Gesellschaft, alle wollen den Profit, der nicht geteilt, sondern geraubt wird.

Die antike Welt endete mit der römischen Macht. Ihre Gesellschaften sind auf diese drei Arten erloschen, noch bevor die Barbaren den toten Koloß des Reiches umgestürzt haben.

Nachdem nun die Gesellschaft innerlich zusammengebrochen war, konnte die Menschheit da überhaupt hoffen, sich neu zu organisieren und sich in wirklich gesellschaftlichen Verbänden (corpi veramente sociali) neu einzurichten?[3] Nein.

---

[3] Die Nationen außerhalb des Römischen Reiches boten keine Hoffnung für die Menschheit. Die Nationen, die den Süden Asiens bewohnten, waren selbst unbeweglich und korrupt. Die Skyten hatten niemals den Weg zur Vergesellschaftung in echten Republiken oder Staaten gefunden und zeigten keinerlei Fortschritt – eher einen kontinuierlichen Abstieg zur Verwilderung, die nur durch den guten Einfluß verhindert wurde, den indirekt die römische Gesittung auf dieses Volk hatte. Als auch die Römer durch die eigenen Laster verwildert waren, gab es für den geistig-moralischen Fortschritt der Welt keine Hoffnung mehr.

Buch III, Kapitel 15

Wie das Christentum die unwiederbringlich untergegangenen bürgerlichen Gesellschaften zu neuem Leben erweckte

In dieser Situation, als die bürgerlichen Institutionen (civili istituzioni) der antiken Welt im Todeskampf lagen, erschien auf Erden das Christentum.

Mit dem Auftritt dieser neuen Wirkmacht (causa) auf Erden änderten sich alle menschlichen Dinge. Die Menschheit wand sich zunächst wegen der Stärke des Heilmittels gleichsam in Krämpfen. Dann aber schlug sie sogleich einen neuen Weg ein.[1]

Die christliche Institution (cristiana istituzione) trat im vollen Bewußtsein ihrer Wirkung bei den trostlosen Menschen mit dem Anspruch auf, *Evangelium* [εὐαγγέλιον] zu sein, was *gute Nachricht* bedeutet. Sie versprach nichts Geringeres, als alle Dinge zu erneuern: „Siehe, ich mache alle Dinge neu".[2]

Sie wurde dem großen Namen, den sie sich gegeben hatte, vollständig gerecht, sie hielt die großen Versprechen. Nach zweitausend Jahren sind wir darüber die Richter. Wir sehen ihr Werk vor uns: die erneuerte Welt. Wir sehen die christlichen Gesellschaften nicht nur wiedergeboren, sondern ausgestattet mit einer Art Unsterblichkeit, gefestigt gegen alle Erschütterungen, auf dem Weg eines unendlichen sittlich-zivilen Fortschritts (incivilimento indefinito). Das Christentum ist riesig geworden und zieht weiterhin alles an sich, und noch die letzten, versprengten Teile des Menschengeschlechts nimmt es mit auf seinem Triumphmarsch und schart sie um sich.

Soweit das Faktum. Wir müssen dieses Faktum analysieren und, soweit es uns möglich ist, zu erklären versuchen, wie das Christentum der hinfälligen Menschheit beigestanden und ihre bürgerlichen Verbände vom Tode auferweckt hat.

Wir suchen diese Erklärung, indem wir an den allgemeinen Prinzipien festhalten, die wir bisher aufgestellt haben.

Die bürgerlichen Gesellschaften der antiken Welt sind untergegangen, weil der Kollektivwille der Massen das Nahziel der Gesellschaft bestimmte, indem er dieses Nahziel sukzessiv in unterschiedlichen Gütern ansiedelte – zuletzt in der körperlichen Lust, die von ihrer Natur her keinerlei geistiges Element besitzt und etwas wesenhaft Individuelles und nichts Soziales ist.

---

[1] [Im Ital. „L'umanità, prima entrata in convulsioni quasi direi per la potenza del rimedio, poi prese subitamente un nuovo corso"; in der engl. Übersetzung „Humanity, which had previously begun to experience convulsions almost as a result of the powerful remedies to which it had subjected itself, immediately set out on a new couse", op. cit., S. 215.]

[2] Diesen Passus bezieht der heilige Paulus auf die Wirkung der Verkündigung des Evangeliums (II *Cor.*, V, 17).

Kapitel 15: Das Christentum erweckt die bürgerlichen Gesellschaften zum Leben

Als der Wille dahin gelangt war, daß er außer der Wollust kein anderes Objekt seiner Wünsche mehr hatte, mußte sich von da ab die Bewegung des menschlichen Geistes verlangsamen bis zum völligen Stillstand.[3] Auf diese Weise ging die Intelligenz zugrunde, weil der Wille ihr kein Objekt mehr bot, das ihre Aktivität erfordert hätte. Gleichzeitig ging der Wille zugrunde, weil er sich auf das am meisten beschränkte Objekt konzentrierte, das eigentlich nicht den Gebrauch des Willens erfordert, der intellektuelles Vermögen ist. Denn für die physische Wollust reicht der Instinkt aus, der zur animalischen Natur gehört. Da aber die bürgerlichen Gemeinschaften (civili comunanze) ohne einen gewissen Gebrauch des Verstandes bei ihren Mitgliedern nicht existieren können, mußten sie notwendigerweise absterben.

Die Abhilfe gegen einen solchen Verfall konnte nur in der Erfindung eines Mittels liegen, das die Bewegung im Willen und im Verstand aufrechtält, indem es diese beiden Kräfte treibt und reizt durch ein ganz neues Gut, das die Tätigkeit in ihnen wiederbeleben kann.

Aber dieses neue Gut gab es weder in der Natur noch in der Gesellschaft. Der Mensch hatte schon alle möglichen Arten von natürlichen und gesellschaftlichen Gütern ausprobiert. Er hatte schon geprüft, ob er in einem von ihnen seine dauerhafte Erfüllung und Zufriedenheit finden könne. Und die langen Erfahrungen hatten ihn nur davon überzeugt, daß nichts diese Kraft besaß, die er suchte. Zuerst hatte er sich mit seinesgleichen vergesellschaftet und sich mit der gesellschaftlichen Erhaltung zufriedengegeben. Nachdem die gesellschaftliche Existenz gesichert war, hatte sein Herz etwas anderes von ihm verlangt. Leuchtend erschien vor seinem Auge ein riesiges Trugbild von Macht und Ruhm. Sein Herz jubelte und war sich sicher, daß es glücklich wäre, wenn es ihm gelänge, sich diesen Ruhm und diese Macht zu verschaffen. Die Gesellschaft, der er angehörte, wurde mächtig, sie wurde eine Herrscherin. Aber der Bürger dieser so illustren Bürgerschaft vernahm daraufhin eine andere, ganz vernünftige Stimme, die ihm innerlich sagte, daß auch die ruhmvollste Macht ohne Reichtum nutzlos sei. Also versuchte er, im Reichtum seine Zufriedenheit zu erfüllen. Als der Staat und die einzelnen über die Maßen reich geworden waren, war es da nicht noch leichter zu sehen, daß aller Reichtum ein imaginäres Gut ist, wenn er den Menschen, die ihn besitzen, keine realen Freuden bringt? Gibt es etwas Vernünftigeres und Evidenteres als diese Überlegung? Die Menschheit gelangte also zu der Überzeugung, daß das einzige reale Gut letztlich nur der *Genuß* ist. Macht, Ruhm und Reichtum erschienen ihnen wie kindische Illusionen. Und nachdem diese Illusionen einmal als schrecklich entlarvt waren, konnten sie da noch den zugleich schon wollüstig gewordenen Menschen täuschen? Geht und sprecht zu einem Volk, das an diesem Punkt angelangt ist, an dem seiner Ansicht nach Ruhm, Macht und Reichtum nichts Reales mehr haben, während ihm der materielle Genuß als einziges reales Gut erscheint! Versucht, bei ihm hochherzige Empfindungen zu wecken, spornt es zu hochherzigen Unternehmungen an

---

[3] Die geringe Verstandesschwingung, die in dieser Zeit übrigbleibt, reicht für die Existenz der Gesellschaft nicht aus.

oder zu Unternehmungen zum öffentlichen Nutzen! Es lächelt über Eure Einfalt. Es hält sich selbst für viel fortschrittlicher auf dem Weg der Gedanken als Euch. Alles recht schöne Dinge, antwortet es Euch als erfahrener Philosoph, alles recht schöne Dinge, tatsächlich, mein Lieber, aber doch arg abgenutzt. Die übertriebene Strenge der Tugend, die Ihr vorschlagt, ist doch nur ein schöner Traum. Aber die Zeit der Einbildungen ist vorbei. Heutzutage sucht man Dinge, die man anfassen und sehen kann.

Die Menschheit ist beschädigt, eben weil sie „ent-täuscht" ist von den Illusionen der Phantasie und von den eitlen Hoffnungen. Sie ist davon überzeugt, daß es kein anderes *reales* Gut gibt als das, was die Fasern der Sinne anrührt. Daher ist es ausgeschlossen, daß sie von dem, was *real* ist, ablassen will, um zu dem zurückzukehren, was sie schon als *illusorisch* entlarvt hat. Auch der Genuß bringt ihr kein Glück, das ist wahr. Er quält sie vielmehr schrecklich, aber letztlich ist der Genuß etwas Reales im Unterschied zu allen anderen zuvor ausprobierten Gütern, das kann man nicht bestreiten. Zudem macht der Genuß trunken und dumm, und durch Instinkte und Gewohnheiten, die sich in unüberwindliche Notwendigkeiten verwandeln, bindet er die Menschen fest an sich. Selbst wenn ein verdorbenes Volk aus seiner Versklavung fliehen wollte, so könnte es dies nicht mehr. Es ist dort gefesselt mit Fesseln, die stärker sind als alle seine Kräfte. Weil zudem die Kräfte der Intelligenz nachlassen, verliert es immer weiter eben jene Kraft, die es doch einsetzen müßte, um die Fesseln zu zerbrechen. So ist dieses Volk einem notwendigen Gesetz des erbärmlichen Fortschritts im Bösen unterworfen, das es immer stärker in seinem überaus unglücklichen Zustand festhält und bestärkt.

Um zum Thema zurückzukommen: Um die bürgerliche Gesellschaft zu retten, mußte das Christentum nichts Geringeres tun, als die *Intelligenz zu bewahren* (conservare l'intelligenza), die im Menschengeschlecht zusammen mit dem *unmittelbaren Vermögen*, sich der Intelligenz zu bedienen, zugrundeging.

Wie läßt sich eine solche Tat bewältigen? Wie konnte das Evangelium den Gebrauch des Verstandes erhalten, der bei den Völkern rapide schwächer wurde? Konnte es dem menschlichen Willen dieses neue Gut bieten, von dem wir gesprochen haben – das Gut, das keine Einbildung ist, sondern ebenso real wie die physische Lust? Denn dieses Gut mußte real sein, weil nur die *Realität* den von den Illusionen bereits abgewandten Menschen für sich einzunehmen imstande ist. Es mußte außerdem die Fähigkeit haben, den Geist des Menschen in große und immerwährende Tätigkeit zu versetzen. – Schauen wir uns das Gut des Christentums an, und untersuchen wir, was tatsächlich geschehen ist.

Das Christentum hat tatsächlich ein neues Gut angekündigt, wie es das Wort *Evangelium* sagt – ein Gut, nach welchem die Menschheit als einzigem Zweck all ihres Handelns trachten sollte.

Dieses Gut, das den Menschen vom Christentum verkündet wurde, war nichts, was aus der Welt kam. Das Christentum zeigte den Menschen dieses Gut als etwas jenseits dieses Lebens, etwas Vollkommenes und Belohnung vollkommener Tugend. Es bezeichnete dieses Gut als vollkommen real, vollständig, unendlich, immerwährend, und es bezeichnete das irdische Leben und seine Güter als eitel, als Illu-

Kapitel 15: Das Christentum erweckt die bürgerlichen Gesellschaften zum Leben

sionen der Einbildungskraft, so wie es die Welt bereits glaubte – oder wenn real, wie die körperliche Lust, dennoch als eitel, weil an den Augenblick gebunden, ungewiß, mit Schmerzen vermengt, unfähig, ein vernunftbegabtes Wesen zufriedenzustellen, dessen Herz sich nach etwas Absolutem und Unendlichem sehnt.

Allein die Verkündigung solch hoher Lehren, die teilweise den allgemeinen Empfindungen und gewiß den allgemeinen Neigungen so sehr entgegengesetzt waren, war schon viel. Die Welt hatte noch nie ein Wort gehört, das diesem gleichkam. Gleichwohl reichte das noch nicht, um die Geister und die Herzen zu wandeln. Um wirkliche Folgen in den Gesellschaften und in der Menschheit zu erzielen, mußte die neue Schule die Menschen außerdem dazu bringen, solch erhabenen und außergewöhnlichen Aussagen zu *glauben*, und zwar mit einer Überzeugung zu glauben, die stärker als alle ihre früheren Überzeugungen und Ansichten wäre, stärker als alle entfalteten Leidenschaften und als alle veralteten Gewohnheiten. Die Aussagen des Christentums zerschnitten alles, was die Menschen in Bezug auf Gut und Böse zu denken und zu praktizieren gewohnt waren. Sie verurteilten alle ihre hartnäckigsten Vorlieben und ihre liebgewonnenen Gewohnheiten, die für die Menschen schon zur zweiten Natur geworden waren. Es war schon ein enormes und dem Anschein nach hoffnungsloses Unterfangen, die Welt nur dazu zu bringen, theoretisch solch strenge, absolute und entschiedene Lehren zu glauben. Aber diese Lehrsätze nur theoretisch zu glauben, war noch nichts im Vergleich zur Lebensführung, denn da ist die übliche Handlungsweise der Menschen immer das „video meliora proboque, deteriora sequor". Es stimmt, daß niemand – gleichgültig wie schlecht er ist – vollständig das Wissen verliert. Aber die Prinzipien, die in diesem unserem inneren Herzenskodex aufgezeichnet sind, bleiben unwirksam und erweisen sich als unerfüllbar für unsere Schwäche und als lästig und verdrießlich für unsere Schlechtigkeit. Selbst wenn die neue Schule ihre unerbittlichen Aussagen durch ein Wunder in den Verstand und in den Glauben der Menschen hineingejagt hätte, so wären die Menschen deswegen gleichwohl frei gewesen, diese Aussagen zu beherzigen oder sie zu verspotten. Daher bestand die größte Schwierigkeit darin, diesen Wahrheiten, die einen Zustand der Dinge jenseits der sichtbaren Natur betreffen, eine so lebenswirksame Kraft zu geben, daß die Menschen diesen Wahrheiten wirklich folgen würden. Dies konnten die Menschen nur unter der Bedingung, daß sie sich von Grund auf erneuerten, sozusagen ihr früheres Leben vernichteten, sich selbst vernichteten und ein neues Leben, ein neues Sein annahmen. Was noch mehr verwundert, ist, daß die neue Schule keine dieser Schwierigkeiten ignorierte und dennoch nicht erschrak und sich nicht zurückzog. Sie verlangte sogar und sagte es deutlich, daß die Menschen neugeboren werden müßten,[4] daß sie nicht nur im Geiste und im Herzen, sondern bis in den innersten Kern erneuert, ja neugeschaffen werden müßten.[5]

---

[4] „Amen, amen dico tibi, nisi quis renatus fuerit denuo, non potest videre regnum Dei" (*Jo.*, III, [3])

[5] „Voluntarie enim genuit nos verbo veritatis, et simus INITIUM aliquod CREATURAE ejus" (*Jak.*, I, [18])

Diese hohe Selbstsicherheit, diese machtvolle Sprache[6] unterschied das Christentum von allen Schulen der Philosophen, die ohne Hoffnung waren, bei den Massen etwas zu erreichen: Das Christentum unterschied sich von den philosophischen Schulen in dem Maß wie sich das, was göttlich ist, von dem unterscheidet, was menschlich ist.

Ein weiteres Merkmal, das das Evangelium von den Philosophien unterscheidet, ist, daß nur das Evangelium von den Menschen nicht diese oder jene Tugend forderte und die Augen vor dem Fehlen anderer Tugenden verschloß. Es forderte vielmehr die Tugend als Ganze, frei von jeglichem Laster, ohne irgendeine Ausnahme und ohne einen Dispens. So übertrug das Christentum das große Prinzip auf die Praxis, daß „das Gute in sich keinen Fehler duldet, so daß mit nur einem einzigen Mangel das Gute nicht mehr gut ist, sondern das Böse im Menschen ist"[7]. Dieses Bedingung wurde für die verheißene, unvergängliche Seligkeit gestellt.

Das dritte Unterscheidungsmerkmal der Schule des Evangeliums ist, daß sie sich nicht nur an den Verstand wendet. Sie *befiehlt* den Menschen die Zustimmung zu dem, was sie an Geheimnisvollem im Namen Gottes lehrt.[8] Sie fordert die Menschen auf, das gesamte Handeln ihres Lebens den christlichen Lehren anzupassen. So scheint der Verstand in dieser neuen Schule erst an zweiter Stelle zu kommen statt an erster Stelle. Nicht mehr der Verstand wird gefordert, sondern der Glaube, die Liebe und das Werk werden von den Menschen gefordert.

Das vierte Merkmal der christlichen Institution ist schließlich, daß sie nicht nur die wenigen zu sich ruft, die sich den wissenschaftlichen Betrachtungen widmen können. Sie ruft alle, sie will alle retten, ohne Unterschied, was Beruf, Begabung, Alter, Geschlecht, Erziehung, Herkunft, Sprache oder Bildungsgrad angeht.

Nun beweisen uns die Geschichte und die tägliche Erfahrung, daß so unterschiedliche Personen die Worte der neuen Lehrer gehört haben, dem Ruf gefolgt sind und die erhabenen Gedanken geglaubt haben. Die Menschen glaubten mit einer solchen Kraft, daß sie diesen Lehren gefolgt sind und tatsächlich die eigenen Anschauungen, die eigenen Sitten und die eigenen Handlungen erneuert haben und daß sie für dieses Ideal mutig mit einem größeren Heldentum gestorben sind, als es die Römer je zu ihren besten Zeiten in ihren berühmten Schlachten getan haben. Mit einem Wort, dies ist das unbestreitbare, ganz offensichtliche Faktum, wie auch immer man es erklärt: Die Kirche JESU Christi ist weit und breit als Lehrmeisterin der Völker begrüßt worden, und die daniederliegenden Völker haben nach ihr die Arme ausgestreckt wie das Kind nach der Brust der Mutter. So hatte acht Jahrhunderte zuvor Jesaia diese Kirche gesehen und die Worte an sie gerichtet:

„Freue Dich, Du Unfruchtbare, die nicht gebiert, juble und jauchze, Du, die Du nicht in Wehen lagst. Denn zahlreicher werden die Söhne der Vereinsam-

---

[6] „Erat enim docens eos sicut POTESTATEM HABENS, et non sicut Scribae eorum et Pharisaei" (*Matth.*, VII, [29])

[7] Quicumque autem totam legem servaverit, offendat autem in uno, factus est omnium reus" (*Jak.*, II, [10]).

[8] „Qui vero non crediderit, condemnabitur" (*Mar.*, XVI, [16]).

Kapitel 15: Das Christentum erweckt die bürgerlichen Gesellschaften zum Leben

ten sein als die der Vermählten, spricht der Herr. Erweitere den Raum Deines Zeltes und spanne die Decken Deiner Lager aus und spare nicht damit. Mache länger Deine Seile und schlage Deine Pflöcke fest ein. Denn nach rechts und links wirst Du Dich ausbreiten, und Deine Nachkommenschaft wird die Völker besitzen und die verlassenen Städte wieder besiedeln".[9]

Mit diesen letzten Worten ist die Rettung der zerstörten Gesellschaften lebendig beschrieben. Gleichwohl steckt in dem, was wir gesagt haben, noch keine Erklärung für dieses Wunder. Wir haben zwar gesagt: Um den sterbenden Gesellschaften zu helfen, mußte das Christentum „in den Völkern den Gebrauch der Intelligenz erhalten, die im Sterben lag". Wie ist es dem Christentum aber gelungen, diese Wirkung zu erzielen?

Ich gebe zu – und mit mir wird es jeder vernünftige Mensch zugeben müssen – daß hier etwas Unerklärliches und Übernatürliches vorliegt. Absolut jenseits der menschlichen Kräfte und Spekulationen liegt die Antwort auf die Frage: 'Wie war es möglich, daß die Menschen plötzlich glaubten, daß sie mit unüberbietbarem, höchst wirksamem Glauben die geheimnisvollsten Dogmen und die strengsten Normen glaubten, die das Evangelium enthielt?' Dies kann und will ich nicht erklären, und ich glaube auch nicht, daß jemand anders es erklären kann – außer durch den Rekurs auf die verborgene Macht, die der Urheber des Evangeliums über die Seelen der Menschen hat. Aber lassen wir dies einmal beiseite. Betrachten wir nur den lebendigen Glauben an die öffentlich gemachten Lehren, der tatsächlich gegeben ist, wie wir an den Fakten sehen. Dann ist es nicht mehr schwer, alle Folgen zu erklären, die vom Evangelium zum Wohl der Menschheit und der Gesellschaft ausgegangen sind. Wir finden insbesondere eine Erklärung für die wunderbare Erhaltung und Erneuerung des Gebrauchs der Intelligenz bei den Völkern, die flackerte und verlosch, ja, für die Errichtung einer Feuerstätte, sozusagen, aus heiligem, ewigem Feuer inmitten der Völker, an dem sich der Verstand der Menschen und der Völker jederzeit neu beleben und wiederentzünden kann.

Damit das geistige Vermögen in Bewegung bleibt, reicht es nicht, daß es eine Materie hat, an der es sich ertüchtigen kann, wenn es will.

Materie fehlt der menschlichen Intelligenz nie, denn es gibt kein natürliches Objekt, an dem sich der Gedanken nicht ohne Ende üben könnte. Jede Idee des Geistes, auch die am wenigsten fruchtbare Idee, kann als Grundlage für unbegrenzte Gedankengänge dienen, sofern die geistige Tätigkeit dazu ausreicht, diese Gedankengänge abzuleiten, und sofern der Mensch sich damit beschäftigen will.

Damit die Intelligenz in Bewegung bleibt, muß sie von einem Reiz aktiviert werden. Mit einem Wort: Es ist notwendig, daß der *Wille* wirklich die Einsicht bewegt. Der Wille will die Einsicht nur bewegen, wenn er die Bewegung des Intellekts für notwendig hält, um das Gut zu erlangen, an das er glaubt und nach dem er strebt. Nun hätte das Menschengeschlecht – statt fest an die Seligkeit zu *glauben*, die ihm das Christentum versprochen hatte, wenn die Menschen die vollkommene Tugend

---

[9] *Is.*, LIV, [1–3].

übten – antworten können: 'Ich sehe diese Seligkeit noch nicht. Wer garantiert mir, das sie nicht auch eine Illusion ist?' Das Menschengeschlecht hätte sich auf diese Weise im Zweifel verirrt. Dann wäre es ausgeschlossen gewesen, daß das Evangelium den Geist in der erforderlichen unaufhörlichen Betätigung bewahrt hätte. Dann wäre der Wille unbeteiligt und untätig geblieben und hätte der Einsicht der Menschen nicht die notwendige Bewegung gegeben.

Da aber der Wille von dem ihm gepredigten Wort fest überzeugt war, wurde die ihm vorgestellte Seligkeit notwendigerweise das Objekt, das ihm von allen Objekten am wichtigsten war und auf das er die schauenden Augen des Verstandes fest richten mußte. Ich sage „die schauenden Augen des Verstandes" (gli occhi contemplanti dell'intelletto), weil das Christentum nicht damit begann – um es erneut zu sagen – den *Vernunftgebrauch* vorzuschreiben, der eine mühsame und unruhige Tätigkeit ist. Das Christentum lud vielmehr alle Menschen zur *Betrachtung* ein, die eine natürliche Folge des Glaubens und eine von Milde, Licht und Frieden erfüllte Tätigkeit ist. So wurde das neue Gut – das neue Objekt für den Verstand – für immer in die Welt des Geistes geworfen. Und es war es ein Gut, das die fruchtbarste und unaufhörlichste Tätigkeit des Geistes in sich enthielt und erforderte. Wenn wir uns von dieser Tatsache überzeugen wollen, übertragen wir auf dieses Gut die Regeln, von denen wir gesagt haben, daß sich mit ihrer Hilfe die Fruchtbarkeit für den Geist erkennen läßt, die ein Objekt haben kann, das dem Willen vorgesetzt wird.[10] Wir stellen fest: Keines der natürlichen Güter, nach denen die Massen in den verschiedenen Zeitaltern der Gesellschaft trachten, besitzt soviel Fruchtbarkeit für den Geist wie das neue, vom Christentum vorgestellte Gut. Kein natürliches Gut ist ein so mächtiger Grund für die intellektuelle Entwicklung.

Wir haben als erstes gesagt: Das Objekt des Willens erfordert einen Gebrauch der Intelligenz, der um so größer ist, je *geistiger* das Objekt ist. Der Grund dafür ist klar: Nur mit der Intelligenz lassen sich die geistigen Objekte begreifen, die die Sinne nicht betreffen. Nun ist die Seligkeit, die das Christentum vorstellt, vor allem geistig. Sein Objekt ist körperlich unsichtbar. Um sich dieser Seligkeit mit Hingabe zuzuwenden, mußten die Menschen notwendigerweise in hohem Maße die reine Intelligenz gebrauchen.

Zudem ist das Objekt dieser Seligkeit die Vereinigung des Menschen mit Gott. Diese vollzieht sich wesenhaft durch den Intellekt, der von dem unendlichen Sein ganz erfüllt wird, das das Licht und die gestaltende Kraft des Intellekts wird. Der Modus dieser Seligkeit, wie sie das Christentum lehrt, ist also ein auf erhabene Weise intellektueller Modus.

Man bedenke auch: Das Objekt der christlichen Seligkeit ist Licht und vitale Gestalt des Intellekts [denn so beschreibt die christliche Lehre Gott]. Da dieses Objekt unendlich ist, kann der Intellekt davon immer mehr absorbieren, ohne es je ganz in sich zu fassen. Die Einsicht findet also in diesem Objekt ihre unerschöpfliche Nahrung. Der Geist wird vom stets lebendigen und neuentstehenden Wunsch, dieses Objekt mehr und besser zu besitzen [denn auch in diesem Leben kann man es be-

---

[10] Vgl. vorher Buch I, Kap. 14.

Kapitel 15: Das Christentum erweckt die bürgerlichen Gesellschaften zum Leben

sitzen], beständig angespornt, sich immer mehr zu erweitern und auszubreiten, um besser imstande zu sein, an Gott teilzuhaben. Daher wird das höchste Gut der Menschheit von der Frohen Botschaft dieses Guts als eine immerwährende Quelle intellektuellen Lebens vorgestellt. Hier haben die Gläubigen eine unendliche Anregung, ihre geistigen Vermögen in immer größerem Maße zu gebrauchen, indem sie durch die Kontemplation des unendlichen Wesens neue Wahrheiten erkennen und neue Lichtfelder entdecken. Diese Wahrheiten stillen ihren Hunger keineswegs, sondern regen den hohen und reinen Wunsch nach Wissen stets weiter an.

Nach diesem Objekt strebt also der Wille der christlichen Massen. Wir wollen auch auf dieses Objekt die vier Merkmale anwenden, die die Güter kennzeichnen, deren Erwerb und Nutzung einen größeren Verstandesgebrauch erfordert. Wir hatten gesehen, daß es die Merkmale *Zahl*, *Raum*, *Zeit* und *Abstraktion* sind. Das heißt, ein größerer Intelligenzgebrauch ist dort notwendig, wo man mit dem Geist eine größere Zahl von Dingen, einen größeren Raum und einen längeren Zeitraum durchqueren und wo man zu höheren Abstraktionen aufsteigen muß, um das ersehnte Gut zu genießen. Das Gut nun, das vom Christentum den Menschen als Ziel vorgestellt wird, schließt notwendig die größte Zahl, den größten Raum, die längste Zeit und die höchste Abstraktion ein. Wir wollen sehen, wieso!

Zuerst: Das genannte Gut ist jenes Sein, das Schöpfer der Welt, Anfang jeder Zahl, jeder Zeit, jedes Raumes und jeder Abstraktion ist. Und es ist größer als alle diese Dinge und enthält sie in sich in überragender Weise.

Zweitens: Was die *Zahl* betrifft, so kann der auf Erden lebende Mensch Gott nur erkennen, indem er dessen Vollkommenheiten und Eigenschaften differenziert. Diese vervielfältigen sich dann im menschlichen Geist ins Unendliche. Gleichfalls ohne irgendeine Grenze und vielfältig erscheinen die Werke, mit denen Gott das Universum lenkt, und die teils offenbaren, teils geheimen tiefen Gründe seiner Vorsehung. Die Geschichte der Gesamtheit der Dinge wird unter diesem Aspekt zur Geschichte des göttlichen Heilsplans (dispensazioni).[11] Die Tatsachen der Natur – was ist, was geboren wird, wirkt und vergeht – gehören zur Kontemplation des höchsten Schöpfers. Auch die Mittel, mit denen man nach christlicher Lehre an ein solches Ziel gelangt, sind unendlich an Zahl. Denn erstens ist dieses Objekt der Seligkeit heilig. Es liebt also alles Gute und haßt alles Böse. Die Menschheit, die über diese Mittel nachzudenken beginnt, beschäftigt sich spontan mit der Vervollkommnung der Moral. Alle Tugenden, alle Laster, alle Sünden, auch noch die kleinsten, alle Mittel, sich Belohnung zu verdienen, werden umfangreicher Stoff der beharrlichen Forschung der menschlichen Einsicht. Außerdem erforschen die Christen nicht nur, was gestattet ist, sondern auch, was ratsam ist, was vollkommen ist: Man strebt nach erhabenerem Heldentum. Und man erforscht nicht nur alles, was dem Heiligsten der

---

[11] In welchem Buch findet sich die größte Zahl, die in der gesamten Antike genannt wird? In der Bibel, wo Gott umgeben von tausend Millionen jubelnder Seelen beschrieben wird: „decies millies centena millia". Soweit ich weiß, wurde vor Christus niemals eine größere Zahl genannt. Es ist also die Idee von Gott, die die Intelligenz der antiken Welt weiter ausbreitet, als es der Gebrauch aller natürlichen Dinge tun konnte. [*Dan.*, VII, 10.]

Heiligen von allen gerechten und vollkommenen Dingen am meisten gefallen kann, sondern man bemüht sich auch eifrig, seinen angebeteten Willen in seinen Weissagungen und in den heiligen Büchern zu erkennen. Dies ist eine weitere immerwährende Quelle an Intelligenz für die Menschen. Wer vermag zu sagen, welch großes geistig erhellendes Licht (luce intellettiva) die Menschheit von den göttlichen Büchern erhalten hat und weiter erhält? Die heiligen Schriften haben einen immensen Einfluß auf die Sitten, auf die Gesetze und selbst auf die Herausbildung der Sprachen der modernen Gesellschaften gehabt. Kurz: Gott als höchstes Gut und die Mittel, um in den Besitz dieses Gutes zu gelangen, waren und sind mithin der Ausgangspunkt für unendlich vielfältige Studien und Stoff für zahlreiche Wissenschaften, die die Welt vorher nicht hatte. Sie sind ebenso erhaben wegen der Höhe ihres Gegenstandes, wie grenzenlos in ihrer Vielfalt.

Kommen wir zum *Raum*: Das Christentum umfaßt mit seinem Grundgedanken alles. Es besiegt die Unermeßlichkeit der Ausdehnung. Ein Gott, der an jedem Ort gegenwärtig ist, sorgt dafür, daß jeder Ort die Heimat (patria) des Gläubigen ist, weil er überall das Gut findet, nach dem er trachtet. Das Christentum erfüllt mit seiner neuen Liebe das Universum. Es bezeugt nicht nur, daß alle Menschen, ob sie nun am Nordpol wohnen oder am Äquator, *eine* Herkunft haben, sondern es ruft auch alle zu dem *einen* Erbe, zum Besitz des *einen* Gutes, es lädt sie zu dem *einen* Festmahl mit den himmlischen Intelligenzen – zu dem Festmahl, das Er seinen Geschöpfen festlich bereitet, der sie aus dem Nichts holte. Alle materiellen Entfernungen und Trennungen verschwinden vollkommen vor der christlichen Nächstenliebe und Weisheit. Sie ist in jeder noch so unwirtlichen Gegend und in jedem noch so finsteren Wald dem Wilden auf der Spur, um ihn zu retten und ihn von dem wahren Gut trunken zu machen, das für den einzelnen nicht geringer wird, wenn es von vielen genossen wird. Nur dieses Gut ist imstande, jeden anderen Wunsch zu übertreffen.

Was die *Zeit* betrifft, genügt es zu sagen, daß man das Gut des Christentum erst in Fülle besitzt, wenn die Zeit endet und die Ewigkeit beginnt. So lange, wie das Leben dauert, so lang ist auch die Reihe der Mittel, mit denen der Mensch sein Ziel erwerben soll. Kein Ring in dieser Kette der guten Taten darf fehlen. Und so wie der einzelne sein Ziel nur mit einer langen Reihe vortrefflicher Taten und mit langmütiger Erwartung erreicht, hat das Christentum als Gesellschaft (il Cristianesimo qual società) ein längeres Leben als alle Reiche, die, wie die Geschichte gezeigt hat, vor ihm dahingehen, wie die menschlichen Völker vor der Erde, der Sonne und den Sternen dahingehen, die ihren unveränderlichen Gang fortsetzen.

Schließlich kann es kein anderes Gut geben, das eine solche *Abstraktion* des Geistes erfordert wie das Gut, das das Evangelium der Menschheit vorgestellt hat. Ausschließlich durch die Mühe und Anstrengung der Abstraktion übersteigt der Christ die Natur und macht die Vorstellung reiner, die er von Gott hat. Allein kraft Abstraktion differenziert er im Geiste das göttliche Sein, so daß er es nicht mehr mit einem sinnlich wahrnehmbaren Ding verwechseln kann. Kraft Abstraktion bleibt sein Kult von jeglichem götzenhaften und anthropomorphen Element rein: Er betet in Geist und Wahrheit an. Auf dem Weg der Abstraktion unterscheidet er die Belohnung, die ihn erwartet, von jedem anderen Gut. Es ist eine Belohnung, die „kein

Kapitel 15: Das Christentum erweckt die bürgerlichen Gesellschaften zum Leben

Auge geschaut und kein Ohr gehört hat und die in keines sterblichen Menschen Herz auftrat". Es ist eine geheimnisvolle Belohnung, und doch ist sie ganz gewiß und ganz klar für die gläubige Seele, die deren Süße im Voraus genießt und die über die Maßen durch die Erkenntnis beglückt wird, daß die Belohnung kein endliches Ding ist, sondern daß sie von allen endlichen Dingen unterschieden und getrennt ist. Die Abstraktion wird außerdem von den christlichen Völkern beständig für das innerliche und vollkommen geistige Leben gebraucht, das sie auf Erden zu führen berufen sind: hienieden zu leben, als ob sie nicht hienieden wären. So fliegt der Gläubige wiedergeboren auf den Flügeln des reinsten Gedankens und ruht wie in seinem Nest in der ewigen Stadt, wo Wahrheit und Gerechtigkeit leuchten.

Nun vergleiche man die Natur dieses einzigartigen Guts, das der Menschheit vom Evangelium vorgestellt wird, mit den Gütern, nach denen die Menschheit zuvor verlangt hatte: Macht, Reichtum und Sinnenfreuden. Dann möge man nach dem, was wir gesagt haben, entscheiden, welches Gut einen größeren Gebrauch der Einsicht erfordert – das Gut der Christen oder das Gut, nach dem die nichtchristlichen Völker streben? Die Güter, denen sich die nichtchristlichen Völker zuwenden, erfordern nur einen eingeschränkten Gebrauch der Intelligenz. Dadurch, daß diese Güter eines nach dem anderen aus dem enttäuschten menschlichen Verlangen verschwinden, schränken sie die intellektuelle und affektive Tätigkeit in diesen Völkern immer mehr ein, bis diese sich schließlich bei der körperlichen Lust ausruhen und den Gebrauch der Intelligenz vollständig aufgeben. Das neue Gut dagegen, das vom neuen Lehrer vorgestellt wird, muß man sich mit Verdiensten erwerben. Anders als die alten Güter ruft das neue Gut einen unbegrenzten Gebrauch der Intelligenz hervor, weil es unerschöpflich ist und nicht altert und weil es den, der es erlangt, nicht satt macht.

Das Christentum bewahrte also den Intelligenzgebrauch in den Nationen, indem es ihnen den *Glauben* an sein Gut eingab. Danach läßt es sich leicht erklären, wie sich die Menschen – nachdem der Gebrauch der Intelligenz einmal gerettet war – von allein dabei geholfen haben, die bürgerlichen Gesellschaften zu heilen und sogar besser als zuvor neuzuschaffen.

Die bürgerlichen Gesellschaften lagen danieder und starben aus demselben Grund, aus dem die Indianer in Amerika täglich mitansehen, wie ihre Zahl geringer wird, ohne die Mittel zu erkennen, mit denen sie ihre fortschreitende, bevorstehende Zerstörung verhindern könnten. Es fehlt jene Stufe an tätiger Intelligenz, die notwendig ist, um die Mittel zu finden [die jeder Europäer ziemlich leicht findet], um an diese Mittel zu glauben, sich davon zu überzeugen und sich dazu zu entschließen, sie in die Hand zu nehmen. Denn auch die starke Überzeugung, die den Menschen zur Handlung antreibt, hängt zum großen Teil von der Intensität und der Lebhaftigkeit seiner Einsicht ab. Dadurch lassen sich auch die Armut und die Knechtschaft erklären, die in bestimmten Sippen erhalten bleiben. Es ist nicht so, daß die Menschen, bei denen Armut erblich ist, das Elend nicht empfinden, das auf ihnen lastet. Aber die unbewegliche und schwächliche Intelligenz reicht nicht aus, um die Mittel zu finden und anwenden zu wollen, die aus diesen untersten Lebensbedingungen herausführen könnten. Das ist die größte Schwierigkeit bei der Heilung der Gesellschaften von der Plage der arbeitsscheuen Bettelei. Genauso sind die verkommenen Römer behaglich in arbeitsscheuem Nichtstun zugrundegegangen, unbeeindruckt von den Übeln der äußersten Armut und der Laster.[12] Kein Mensch hätte diesen halberloschenen Geistern die Mittel zum Wiederaufstieg beibringen können. Erziehung dieser Art traf auf eine Verweichlichung der Intelligenz, so daß sie darin keine tiefe, anspornende Wirkung hätte hinterlassen können.

Durch den neuen Strahl göttlichen Lichts wurde dagegen die größte Menge an Geisteskräften in Bewegung versetzt, die sich je in Bewegung gesetzt hatte. So war es nur natürlich, daß der auf diese Weise gestärkte und tätig gewordene Geist alsbald in der Lage war, nicht nur über die Übel nachzudenken, sondern auch nach Heilmitteln zu forschen und sie gegen die eigenen Plagen einzusetzen. Die Barbarenhorden sind also viele Jahrhunderte lang umsonst gekommen, um die römische Gesellschaft bis auf die Grundmauern hinwegzufegen. Die neue, mächtige, übernatürliche Geisteskraft der Besiegten triumphierte über die Sieger. Die Kirche hielt die wütenden Völker mitten in ihrem Lauf an, zähmte sie auf dem Gipfel ihrer zerstörerischen Siege und lud sie wie Söhne in eine friedliche, humane, heilige und grenzenlose Gesellschaft ein. Es gab mit einem Mal Eintracht zwischen Siegern und Besiegten, und der Haß, die Vorurteile und die einseitigen Neigungen wurden beendet. Sie versuchten nicht mehr, sich gegenseitig zu zerstören, sondern die Welt neu aufzubauen. Sie gründeten die modernen Nationen, die sozusagen voll Schwung und Leben aus den Wassern der Taufe hervorgegangen sind.

Und dieser Impuls, diese Bewegung, die der Intelligenz der Völker vom Christentum gegeben worden ist, läßt sich nicht mehr aufhalten. Daher kann die Gesellschaft nicht mehr untergehen. Der Fortschritt der Gesellschaft ist gesichert.

Warum läßt sich diese Bewegung nicht mehr aufhalten, die der Intelligenz der Völker vom Christentum gegeben worden ist? – Er, der zuerst das verderbte Menschengeschlecht vom Wort des Evangeliums überzeugt hat, hat zu den Erlösten gesagt: „Siehe, ich bin bei Euch bis zum Ende der Zeit".[13]

---

[12] Montesquieu sagt richtig von den Römern in der letzten Phase: „Die, die anfangs durch den Reichtum korrumpiert wurden, wurden dann durch die Armut korrumpiert" (*Considérations sur les causes de la grandeur des Romains*, etc., Kap. 10). [MONTESQUIEU: Considérations sur les causes de la grandeur des Romains et de leur décadence, Kap. 10, in DERS.: Oeuvres, cit., Tom. II, S. 122.]

[13] [*Matth.*, XXVIII, 20.]

Buch III, Kapitel 16

Über die Sittlichkeit, die zusammen mit der Intelligenz in der Welt wiederhergestellt wurde

Die nichtchristliche Menschheit trachtete nach dem Erwerb irdischer Güter. Daher konnte sie die Wissenschaft als solche nicht zu einem gesellschaftlichen Zweck machen. Denn sie schätzte die Kenntnisse zwangläufig nur, sofern diese dienlich sein konnten, um das jeweilige Nahziel ihrer Gesellschaften zu erreichen.

Das Christentum aber hat die Wissenschaft höher gestellt und sie zu einem an und für sich von den Menschen gesuchten und gewollten Objekt gemacht.[1] Denn das Christentum hat der Menschheit ein Objekt zum Ziel gegeben, das wesenhaftes Licht für den Geist ist und das „in diese Welt kam und jeden Menschen erleuchtet".[2] Es verwundert also nicht, daß das Christentum von dem Moment an, als es die Menschen davon überzeugt hat, daß das Wissen an sich etwas Absolutes und Göttliches enthält, aus seinem fruchtbaren Schoß alle Wissenschaften erneuert hervorgebracht hat.

Aber das Christentum hat nicht nur die Wissenschaft über alle irdischen Güter gestellt. Es hat auch die Tugend (virtù) in die Welt hineingebracht, die in den Gesellschaften der Antike nur in begrenzter und unvollkommener Weise gegeben war.

Die Tugend setzt die Kenntnis des wahren Guts voraus.[3] Denn sie besteht hauptsächlich darin, daß wir das Gut für unseren Nächsten wünschen und beschaffen, so sehr wir nur können. Die Ethik der Antike ist nur dahin gelangt, das Prinzip der Tugend in der Gesellschaftlichkeit (socialità) anzusiedeln, wie es Cicero getan hat.[4] Aber dieses Prinzip hatte in den verschiedenen Gesellschaftszeitaltern eine je

---

[1] Selbst heute noch wird behauptet, das Wissen habe keinen Wert an sich, sondern nur in Beziehung zu dem irdischen Nutzen, den es erzeugt. Wer so etwas vertritt, teilt willkürlich das Wissen in zwei Teile: Von dem ersten Teil wird behauptet, er enthalte das nützliche Wissen, vom zweiten Teil, er enthalte das unnütze Wissen. Dieses niedrige Vorurteil war auch Romagnosi nicht fremd. Autoren, die so etwas vertreten, sind wirklich antichristlich und – ohne es zu merken – Todfeinde der modernen Zivilisation (civiltà).

[2] *Joh.*, I [9].

[3] Vgl. meine *Storia comparativa e critica de' Sistemi morali*, Kap. 8, § VII. In der Darstellung der Auseinandersetzungen zwischen den Philosophen des Altertums und den übrigen Philosophen wird dort gezeigt, daß es keine absolute Tugend geben kann ohne ein absolutes Gut, nach dem die Tugend trachtet. [A. ROSMINI: Storia comparativa e critica de' sistemi intorno al principio della morale, in DERS.: Filosofia della morale, cit., Bd. I., S. 436 ff.]

[4] Seit Grotius schreibt man für gewöhnlich Cicero jene Lehre zu, die das höchste Prinzip der Moral in der Sozialität ansiedelt. Dennoch muß man bedenken, daß der große Redner Cicero genaugenommen spekulativ nicht so hoch aufgestiegen ist, daß er die Frage nach dem *höchsten Prinzip* der Moral gestellt hätte. Es stimmt, daß es Stellen gibt, wo er jede menschliche Tugend auf die Liebe zur *Patria* und zur menschlichen Gesellligkeit [sociovolezza] zurückzuführen scheint. Aber dieser Mann war mit viel zu klarem Verstand begabt, um sich die Folgen eines so unvollkommenen Prinzips systematisch zueigen zu

andere Bedeutung. Denn wir haben ja gesehen: In den verschiedenen Zeitaltern der Gesellschaft wandelt sich die Liebe zur eigenen Bürgerschaft (l'amor della patria) hinsichtlich ihres Objekts, weil sich im Geist die Vorstellung von dem Gut gewandelt hat, das man für die *Patria* erstreben wollte. Solange man nun für die Gesellschaft – also für die *Patria* – die Macht, den Ruhm und den Reichtum wünschte, wollte man durchaus eine Art gesellschaftliches Gut, wie ungenügend es auch immer war. Aber als die Menschen kein Gut mehr sahen außer der Wollust, hatten sie nichts mehr, was sie für die *Patria* wünschen konnten. Weil die *Patria* ein moralischer Körper ist, verschwand sie aus ihrem Blick, der wollüstig einen physischen Körper suchte und keinen aus Abstraktionen gebildeten Körper. Die Tugend verlosch also mit der Gesellschaft – jene Tugend, sage ich, die ebenso begrenzt und unvollkommen gewesen war wie die Güter, die sie zum Objekt hatte, und die kaum den heiligen Namen „Tugend" verdient.[5] Die stoische Lehre hat die Eitelkeit aller äußeren Güter gezeigt und die Tugend auf eine sterile Anstrengung eingeschränkt, weil sie kein Objekt hatte. Dadurch hat diese Lehre zu der Zerstörung der Sittlichkeit in den Völkern beigetragen – zu einer Zerstörung, die bereits vorangeschritten war, weil die Menschen jeden Glauben an die Güter verloren hatten, die sie für andere wünschen konnten. Daher blieben die Epikureer mit ihrem Egoismus die alleinigen Herren des Feldes.

Da erschien das Evangelium, das den Menschen ein Gut – zudem ein absolutes Gut – aufzeigen konnte, dem sie Glauben schenken konnten. Von diesem Moment an wurde in allen Herzen die *Menschenliebe* (affezione umana) wiedergeboren, die aus Mangel an Antrieb erloschen war.[6] Nun wußten die Menschen, was sie für sich und was sie für die anderen wünschen sollten. Sie wußten, daß eine Wohltat realiter möglich war. Von jener Stunde an konnte es Tugend geben. Denn die Tugend besteht im Grunde darin, so habe ich gesagt, das Wohl für den anderen zu wollen. Daher bekam die neue, vom Christentum in die Welt gebrachte Tugend den vollkommen passenden Namen *Nächstenliebe* (carità). Von da ab schlug die Moral Wurzeln und war vollständig: Es gab nun in der Welt eine absolute Tugend, eine absolute Güte, weil sie ein absolutes Gut zum Ziel hatte, während sie vorher nur eine Art Schatten von

---

machen. Daher trennt er sich an verschiedenen Stellen von diesem Prinzip, und zwar hauptsächlich da, wo er erkennt, daß es in sich böse Dinge gibt, die man nicht tun darf – auch nicht, um das Vaterland zu retten: „Sunt enim quaedam", so sagt er ausdrücklich, „[partim] ita foeda, partim ita flagitiosa, ut ea ne conservandae patriae causa sapiens facturus sit"; vgl. die ganze Stelle in *De off.*, I, LV. [M. TULLI CICERONIS De officiis ad Marcum filium, Buch I, Kap. 45, § 159, in: M. TULLI CICERONIS Scripta, cit., Teil IV, Bd. III, S. 54.]

[5] Daher bestreitet der heilige Augustinus die Existenz einer wahren Tugend dort, wo die Kenntnis vom wahren Gott fehlt, in dem die wahre Tugend ihr Ziel haben muß. „Illud constat inter omnes veraciter pios, neminem sine vera pietate, id est veri Dei vero culto, veram posse habere virtutem; nec eam veram esse, quando gloriae servit humanae" (de civ., V, XIX). [S. AURELII AUGUSTINI De civitate Dei, Buch V, Kap. XIX, in: S. A. AUGUSTINI Opera omnia, cit., Bd. VII, c. 166.]

[6] Der heilige Paulus charakterisiert die Heiden, indem er sie „sine affectione" nennt. [*Ad Romanos*, I, 31.]

Kapitel 16: Über die Sittlichkeit

Tugend sein konnte, weil sie nur eine Art Schatten von Gut hatte. Dieser Schatten der Tugend kam und verschwand, so wie die Auffassungen von dem leeren und illusorischen Gut kamen und verschwanden, das Objekt dieser Tugend war.

Dies erklärt, warum die Tugend in den Gesellschaften der heidnischen Welt kein Bestandteil des Ziels dieser Gesellschaften sein konnte, sondern nur Mittel für diese Gesellschaften (mezzo sociale). In der von Christus erlösten Menschheit nimmt die wahre, vollständige Tugend den ihr gebührenden Platz ein. Denn für die Christen ist die Tugend ein an sich selbst erstrebenswerter Zweck. Alles andere wäre eine gotteslästerliche Entweihung. Als höchste und vornehmste verschmäht die christliche Tugend jeden geringeren Platz. Die gesamte Gesellschaft muß sich vor ihr verbeugen, ihr gehorchen und aus dem Gehorsam ihr gegenüber die eigene Würde und die eigene Stabilität schöpfen.

Buch III, Kapitel 17

Wie das Christentum die menschlichen Gesellschaften rettete, indem es sich an die Einzelpersonen und nicht an die Massen wandte

Eine Überlegung sollte noch zu dem großen Werk angestellt werden, das das Christentum vollbracht hat, indem es die bürgerlichen Gesellschaften aus ihrem irreparablen Verlorensein rettete.

Die Überlegung ist diese: Der Urheber der Frohen Botschaft und seine Apostel wandten sich nicht unmittelbar den Gesellschaften zu, sondern richteten ihre Stimme an die Einzelpersonen des Menschengeschlechts. Daher kann man zu Recht sagen, daß das Christentum die Gesellschaften durch die Vernunft der einzelnen Menschen rettete und nicht durch die Vernunft der Massen.

Der Grund läßt sich leicht in der wesenhaft sittlichen und religiösen Natur des Christentums finden.

Indem das Christentum allen Menschen die Tugend und die innere Vereinigung mit dem Göttlichen zum Ziel setzte, gab es dem Menschengeschlecht ein wesenhaft individuelles und personales Ziel. Denn die Güte, das Verdienst und der Genuß der göttlichen Wesenheit sind vollkommen personale Dinge.

Aus diesem Prinzip ergaben sich dann äußerst wichtige Konsequenzen.

Die erste war, daß dadurch die menschliche Würde gewann und daß jedem Menschen das Bewußtsein dieser Würde gegeben wurde.

Und wahrhaftig, wenn es nur ein einziges wahres und absolutes Gut gibt, wie der Urheber der Frohen Botschaft gelehrt hat,[1] und wenn dieses Gut von jedem Menschen gleichermaßen erlangt werden kann, dann ist klar, daß jeder Mensch den gleichen Wert wie die anderen hat, da er in gleicher Weise wie sie auf dieses allerhöchste Ziel hingeordnet ist. Daher kann sich keiner mehr als ein einfaches Mittel für den Willen und für das Glück anderer Menschen betrachten[2] – gleichgültig, ob man diese anderen je einzeln nimmt oder vereint zu einer wie auch immer gearteten Mehrheit. Die *Gleichheit der Bestimmung* wurde für alle Menschen festgesetzt. Dadurch wurde jedem ein gewisses Maß an *Freiheit* garantiert, die von den anderen weder angetastet noch verletzt werden kann – auch nicht von einer Gesellschaft, welcher Art sie auch immer sei. Wer genau hinschaut, wird leicht erkennen, daß die-

---

[1] „Was nützt es dem Menschen, wenn er die ganze Welt gewinnt, aber dann den Verlust seiner Seele erleidet? Und was wird er als Preis für seine Seele geben?" Die berühmten Worte Christi bedeuten, daß das schlimmste Übel für jeden Menschen sein ganz persönliches ist und daß er es nicht mit irgendeinem anderen gemein hat. [Mar., VIII, 36–37]

[2] [Auch die passivische Übersetzung ist möglich: „Daher kann niemand mehr als einfaches Mittel ... betrachtet werden ...".]

Kapitel 17: Das Christentum wendet sich an die Einzelpersonen

se christliche *Gleichheit* und diese christliche *Freiheit* das solideste Fundament sind, auf dem die modernen Gesellschaften stehen. Sie sind zugleich das Fundament, das diese Gesellschaften rechtmäßig (legittime) und heilig macht.

Zweitens sollte man folgendes erwägen: Jene Weisheit re-formierte die bürgerlichen Gesellschaften oder besser: sie schuf sie neu. Aber sie hätte dieses Werk nicht vollbringen können, wenn sie sich direkt an die Gesellschaften gewandt hätte. Es war vielmehr unbedingt notwendig, daß sie die Einzelpersonen gewann, indem sie ihnen Einsicht und Tugend verlieh.

Weil die antiken Gesellschaften auf vollkommen irrigen und unsittlichen Grundlagen ruhten, ließen sie sich nicht korrigieren, sondern nur zerstören, indem man neue Gesellschaften auf den Trümmern der alten Gesellschaften errichtete.

Somit irren die Leute schwer, die wollen, daß die modernen Gesellschaften nach dem Vorbild der griechischen und der römischen Gesellschaften gestaltet werden, weil sie kein anderes Modell von bürgerlicher Gesellschaft erkennen können als die antiken Gesellschaften, die für immer untergegangen sind. Solche Leute sind meilenweit davon entfernt, die innerste Natur der antiken und der modernen Gesellschaften zu begreifen. Sie tun den modernen Gesellschaften Unrecht und himmeln den trügerischen Ruhm der antiken Gesellschaften an, den sie durch das ungeheure Vergrößerungsglas des Zeitraums betrachten, der uns von diesen Gesellschaften trennt.

Das Christentum konnte die bürgerlichen Gesellschaften nur dadurch neubilden (riformare), daß es sich an die Einzelpersonen wandte. Dies wird auch durch folgendes deutlich: Die radikale Beschädigung dieser Gesellschaften bestand darin, daß ihnen ihr letztes Hauptziel fehlte, und dieses Ziel ist etwas wesenhaft Personales. Also mußte dieses Ziel der Einzelperson unverrückbar festgelegt werden, oder besser: dieses Ziel mußte den Menschen, die es nicht besaßen, gegeben werden, und dann erst konnten die wieder geheilten Individuen auch die Gesellschaften heilen.

Das Werk der Wiederherstellung der bürgerlichen Gesellschaften wäre auch nicht besser gelungen, wenn sich das Christentum direkt an die Familien- und Sippengesellschaft (società famigliare) gewandt hätte, wie es das mosaische Gesetz zum großen Teil getan hatte. Erstens aus dem schon genannten Grund, daß die Wurzel des Übels in den Individuen lag, also im Fehlen des Ziels der einzelnen Person (fine individuale). Zweitens, weil sich die bürgerliche Gesellschaft nur unter der Bedingung kraftvoll zusammenschließt, daß die häusliche Gesellschaft der Familien (società domestica) in vielerlei Hinsicht begrenzt und eingeschränkt wird. Daher wurden – so haben wir gesagt – die kraftvollsten und glänzendsten bürgerlichen Gesellschaften nicht von Familien gebildet, die sich zusammengeschlossen hatten, sondern von Einzelpersonen, die ledig waren. Diesen lagen die neuen Bürgerschaften, die sie gründeten, mehr am Herzen als die eigenen Familien, die sie noch nicht hatten. Ihre eigenen Familien entstanden nämlich nach der Gründung der Bürgerschaften und wurden daher nach deren Vorbild geformt und auch von diesen regiert.[3]

---

[3] Titus Livius bezeugt, daß die römische Familie nach dem Modell der römischen Republik geformt war.

Das Christentum begann die Reform von den Einzelpersonen her, das heißt von den eigentlichen Elementen der politischen Gemeinschaften her. Ihnen gab es die Reformgewalt (potenza riformatrice). Dabei wurden zunächst nur zwölf Männer dazu bestimmt, die ganze Welt mit sich mitzureißen. Und nach ihnen blieb auf Erden ein Amt (magistero), das von wenigen mit solcher Wirksamkeit ausgeübt wird, daß sich immer neue Nationen dazugesellen, um als Jünger diesen wenigen zu folgen. Dieses Werk des Christentums bedeutete die Grundsteinlegung für eine universale Führung der Menschheit (governo universale dell'umanità) – eine Führung, die weder hinsichtlich ihrer Dauer noch hinsichtlich ihrer Normen von den Launen und dem Wankelmut der Menschen abhängen sollte. In den Gesellschaften der Antike trat unvermeidlich die Tyrannei der Massen oder der Mehrheiten ein. Dadurch, daß das Christentum das kirchliche Leitungsamt in die Welt einführte, kritisierte und verurteilte es jede Form von Tyrannei und Despotismus.[4] Und wahrhaftig, die Personen, die das Christentum zu Lehrern des Menschengeschlechts bestimmt, können nicht lehren, was ihnen gefällt. Sie haben eine feststehende Lehre, die niemals in Widerspruch zur Wahrheit und zur natürlichen Gerechtigkeit geraten kann. Denn die christliche Lehre schließt notwendigerweise die Verpflichtung ein, jede Wahrheit und jede Gerechtigkeit zu befolgen. Alles, von dem klar erwiesen wäre, daß es dem Wahren und dem Gerechten widerspricht, wäre schon dadurch antichristlich. Die Massen brauchten also einen Führer, und das Christentum stellte ein-

---

[4] Es ist eigentümlich zu sehen, wie sich selbst Tocqueville, der doch so wahr von der *Tyrannei der Mehrheit* gesprochen hat, manchmal von verbreiteten Irrtümern irritieren läßt, während er andere Irrtümer mit dem ganzen Scharfsinn des Geistes bekämpft, den er besitzt. Einer dieser Irrtümer, vor denen sich der verehrte Autor, wie es scheint, nicht ganz schützen konnte, ist der Irrtum, der die wahre Grundlage der menschlichen Freiheit betrifft. Deren Grundlage ist nichts anderes als die *Gerechtigkeit*, die ebenso wie die *Wahrheit* von ihrer Natur her unabhängig vom gesamten Menschengeschlecht ist. Sie ist ewig, und Gott selbst bildet sie nicht, sondern offenbart sie aus sich heraus. Wer würde nun glauben, daß der genannte Autor die Gerechtigkeit als etwas beschreibt, das von der Mehrheit der Menschen abhängt, und daß er sie dadurch auf etwas Menschliches reduziert? Er schreibt zunächst den vorzüglichen Satz: „Ich halte den Grundsatz, daß die Mehrheit des Volkes in Bezug auf die Regierung das Recht hat, alles zu tun, für ruchlos und verabscheuungswürdig." Dann aber fügt er noch diese fast unbegreiflichen Worte hinzu: „Dennoch ist für mich der Wille der Mehrheit der Ursprung aller Gewalten." Wie versucht er nun, seine beiden offensichtlich widersprüchlichen Behauptungen zu versöhnen? Wie folgt: „Es gibt", schreibt er, „ein allgemeines Gesetz, das nicht durch die Mehrheit dieses oder jenes Volkes, sondern von der Mehrheit aller Menschen aufgestellt oder zumindest angenommen wurde. Dieses Gesetz heißt Gerechtigkeit. Die Gerechtigkeit bildet also die Schranke des Rechts eines jeden Volkes" (tom. II, Kap. 7). Aber die Gerechtigkeit ist nicht, mit Verlaub, von der Mehrheit der Menschen gemacht worden. Selbst wenn sie von deren Mehrheit zurückgewiesen worden wäre, wäre sie dennoch die einzige Quelle der rechtmäßigen Gewalten [poteri legittimi]. Die Mehrheit ist also nicht die Quelle der gerechten Gewalten [poteri giusti]. Nein, die Mehrheit kann – ebenso wie die Minderheit – der Gerechtigkeit nur gehorchen und sich ihr unterwerfen. Anderenfalls usurpiert sie Gewalten, die ihr nicht gehören, und verdient vollständige Verdammung. Wird es anders behauptet, ist Willkür oder auch Tyrannei unausweichlich. [A. DE TOCQUEVILLE op. cit., tom. I, Teil II, Kap. 7, in DERS.: Oeuvres, cit., Bd. I, S. 261; dt. Ausgabe, cit., Bd. I, S. 375 f.]

Kapitel 17: Das Christentum wendet sich an die Einzelpersonen

zelne Personen über die Massen. Aber um zu verhindern, daß diese Personen zu Lehrern von Lügen oder zu Dienern der Gewalt werden, werden sie selbst von der Doktrin, die sie lehren, verurteilt, wenn sie zu etwas raten, was nicht wahr oder nicht gerecht ist, oder wenn sie etwas anderes als die schlichte Besserung der Seelen, das wahre Gut der Menschen, suchen. Dieses große Kriterium wurde den Massen vom Christentum gegeben. Es ist auf jeden einzelnen anwendbar, der mit der Belehrung der Völker beauftragt ist. Allerdings wurden den Gläubigen noch positivere Garantien gegeben, damit die Personen, die die Gläubigen im Namen Christi führen sollen, niemals ihre Macht mißbrauchen. Denn Er, der eine Kirche gründen konnte, die alle Länder und alle Meere allein durch den Glauben an sein Wort umfaßt, konnte gleichfalls in Wahrheit versprechen, daß seine Kirche fehlerlos und unfehlbar in ihrer Lehre sein werde. So kommt es, daß jeder Mensch einen „Wahrheitsausweis" (tessera di verità) besitzt, mit dem er die Lehren der verschiedenen Lehrer vergleichen kann. Denn jeder von diesen Lehrern lehrt die wahre Lehre nur dann, wenn das, was er im einzelnen lehrt, mit dem übereinstimmt, was alle lehren, nämlich mit dem, was die ganze Kirche lehrt und bewahrt.

Diese Weitergabe der Lehre vom einen Meister auf einige wenige Jünger und dann in derselben Weise immer weiter von den wenigen auf die vielen stimmt mit der Natur der Menschheit überein. Sie umreißt eine wohlgeordnete Regierung, die von Gott als dem einfachsten Ursprung herkommt und sich ausweitet, bis sie die ganze Menschheit umfaßt.[5]

Wenn wir außerdem untersuchen wollen, was die Bibel in dieser Hinsicht über den Heilsplan der göttlichen Vorsehung bei der Lenkung der Menschheit lehrt, erkennen wir unschwer, daß sie uns zeigt, daß der Weg des Evangeliums zur Rettung der Völker durch die Rettung der einzelnen der vollkommenste und gütigste Weg war.

In diesem Buch lesen wir, daß das Menschengeschlecht am Anfang in die Verderbtheit der dinglichen Wollust gestürzt ist, aus der sich die Völker nicht mehr erheben können, wenn sie dort angelangt sind. Da sprach Gott: „Mein Geist wird nicht mehr im Menschen wohnen, denn dieser ist Fleisch geworden".[6] Nachdem die er-

---

[5] Die reine Demokratie, die jeden aufruft, mit seiner Stimme gleichberechtigt auf die öffentlichen Beschlußfassungen Einfluß zu nehmen, ist teilweise auf das angenommene Prinzip gegründet, daß „alle Vernunftwesen gleich sind". Nun ist dies eine offensichtlich falsche Annahme, die von der universalen Natur der Dinge widerlegt wird. Und eine Regierung, die auf einen faktischen Irrtum gegründet wird, enthält ebenfalls einen radikalen Fehler. Denn der Mensch kann sich nicht künstlich der Natur widersetzen oder so tun, als sei die Natur anders, als sie ist. Daher ist die reine demokratische Regierung, die dem Anschein nach die Regierung von allen ist, faktisch nie etwas anderes als die Regierung durch eine Partei, nämlich durch die Partei der weniger Intelligenten, weil es gewiß ist, daß die weniger Intelligenten in jedem Volk die Mehrheit bilden. – Und dies alles ist vollständig wahr, auch wenn man nicht noch die Schwäche der Demokratie hinzuzählt, daß nämlich die Mehrheit der weniger Intelligenten, die regiert, leicht von einigen Dämagogen, die intelligenter und schlauer sind als die Mehrheit, zum privaten Nutzen dieser wenigen gelenkt wird.

[6] *Gen.*, VI, [3]. Kürzer und kraftvoller kann man die Korruption der Welt, wie sie von der Hingabe an die Sinnenlust erzeugt wird, nicht ausdrücken, als es die Schrift tut, wenn sie

sten Völker, die sich unwiederbringlich in der Verwilderung verirrt hätten, ertrunken waren, blieb eine einzige Familie erhalten, aus deren Wurzel andere, bessere Nationen als die ersten hervorgehen sollten.

Die neuen Nationen gingen wahrhaftig aus dem Stamm Noahs hervor. Aber der Lauf der sich selbst überlassenen Nationen war schicksalhaft und unabänderlich. Alle durchquerten folglich – diese schnell, jene weniger schnell – die vier Gesellschaftszeitalter und verirrten sich schließlich im Abgrund der letzten Verderbtheit. In der Bibel erkennen wir: Gott ließ die Nationen den Lauf nehmen, den ihnen die menschliche Natur vorschreibt, die von den Umständen unterschiedlich abgewandelt wird. Er behielt sich vor, nur eine Familie und das Volk, das aus dieser Familie hervorging, mit übernatürlichen Mitteln zu leiten. Diese Erfahrung sollte zeigen: Während alle anderen Völker zugrundegingen und kein neuer Trieb, kein einziger Keim zurückblieb, aus dem sie hätten neu erblühen können, ging nur die von Gott gestützte Nation niemals ganz unter. Aus ihr ging sogar die unerwartete Rettung für alle anderen Völker hervor. Dieser Ratschluß wurde viele Jahrhunderte, bevor dies geschah, niedergeschrieben. Die Heilige Schrift zeigt, wie sich alle Völker in ihrer Korruption verzehrten. Sie sind unnütz, ohne Wert in den Augen des Allmächtigen.

„Seht, die Völker sind wie ein Tropfen des Eimers und gelten weniger als ein Körnchen an der Waage; seht, die Inseln sind Sandkörner im Wind. – Alle Völker sind vor ihm, als wenn sie nicht wären, und gelten ein Nichts, eine Nichtigkeit. – Seht, sie alle sind ungerecht, und leer sind ihre Werke und Luft und Leere ihre Bilder."[7]

Daher wird die ganze Menschheit erniedrigt und nur der Herr erhöht.[8] In ihrer Mitte aber ist das auserwählte Volk, dem diese großartigen Verheißungen gelten:

„Aber Du, Israel, mein Knecht, Jakob, den ich erwählt habe; Du Samen des Abraham, meines Freundes. – Fürchte Dich nicht, denn ich bin bei Dir. Verirr' Dich nicht, denn ich bin Dein Gott. Ich habe Dich gestärkt und Dir geholfen. Und Dich hat die Rechte meiner Gerechtigkeit gestützt. Siehe, alle, die gegen Dich kämpfen, werden beschämt und zuschanden; sie werden sein, als wären sie nicht, und Deine Widersacher werden untergehen. – Denn ich habe Dir geholfen, spricht der Herr, Dein Retter, der Heilige Israels."[9]

Auf diesen Retter, der der „Heilige Israels" genannt wird, beziehen sich die alten Verheißungen. In ihm ist aller Ruhm, in ihm die Ewigkeit des wunderbaren Volkes.

---

sagt: „Der Mensch ist Fleisch geworden". In diesem Satz ist eindrucksvoll die Auslöschung der menschlichen Intelligenz ausgedrückt. Dadurch ist das Übel irreparabel.

[7] Is., XL, [15, 17] und XLI, [29].
[8] „Oculi sublimes hominis humiliati sunt et incurvabitur altitudo virorum; exaltabitur autem Dominus solus in die illa" (Is., II, 11).
[9] Is., XLI, [8, 10, 11, 14].

Kapitel 17: Das Christentum wendet sich an die Einzelpersonen

Er wird „Hoffnung der Völker" genannt[10], das heißt, er ist das Ziel, das die Völker suchten, um glücklich zu werden, und das sie nicht fanden. Er wird auch „Haupt der Nationen" genannt.[11] Er wird die Nationen erben wie etwas, das durch Tod den Herrn verloren hat und daher keinen hat, der es lenkt.[12] Er wird über sie herrschen, denn sein ist das Reich, und alle Enden der Erde werden dessen gedenken und zu ihm zurückkehren, und alle Stämme der Völker werden ihn anbeten.[13] Er wird die Intelligenz in der Welt erhalten, er wird sie wiederherstellen, weil den Völkern ein Licht gegeben wird, auf daß er den Blinden die Augen öffnet,[14] und die Völker „werden in seinem Licht wandeln, und die Könige im Glanze seines Aufgangs".[15] Und „er wird vor den blinden Völkern neue, auf Erden noch nie gekannte Wege öffnen".[16] Mit einem Blick löst er die alten Nationen auf;[17] alle werden untergehen, die ihm nicht dienen;[18] und die aufgelösten und untergegangen Nationen wird er wieder zusammenführen und von neuem aufrichten.[19] Mit einem Wort: Die Unvergänglichkeit der bürgerlichen Gemeinschaften wird auf die Unvergänglichkeit der Kirche Christi gegründet sein, der sich die Gesellschaften unterwerfen werden.

Das ist die biblische Lehre von der Menschheit. Diejenigen, die nicht an die Bibel glauben, sollten deren Lehre mit der Geschichte vergleichen. Und sie sollten uns erklären, wie diese erhabensten Ereignisse so viele Jahrhunderte, bevor sie eintraten, aufgeschrieben werden konnten. Wer unvoreingenommen den Auflösungszustand betrachtet, in dem sich die Völker bei Christi Ankunft befanden, und die kontinuierliche Erneuerung der Völker durch das Christentum, wird nicht umhin können, zuzugeben, daß es Gott ist, „der die Völker ausbreitet und sie vernichtet und sie nach ihrer Vernichtung in ihrer ursprünglichen Ganzheit neu errichtet".[20]

---

[10] Gen., XLIX, [10].
[11] „Constitues me in caput gentium" (Ps., XVII, 44).
[12] „Postula a me, et dabo Tibi gentes haereditatem tuam, et possessionem tuam terminos terrae" (Ps., II [8]).
[13] „Reminiscentur et convertentur ad Dominum universi fines terrae; et adorabunt in conspectu ejus universae familiae gentium. Quoniam Domini est regnum; et ipse dominabitur gentium" (Ps., XXI, [28–29]).
[14] „Et dedi te ... in lucem gentium, ut aperires oculos caecorum" (Is., XLII, 6, und XLIX, 6).
[15] „Ambulabunt gentes in lumine tuo, et reges in splendore ortus tui" (Is., XL, [3]).
[16] „Et ducam caecos in viam quam nesciunt, et in semitis quas ignoraverunt ambulare eos faciam; ponam tenebras coram eis in lucem, et prava in recta ..." (Is., XLII, [16]).
[17] „Aspexit, et dissolvit gentes „ (Habakuk, III, 6). – „Quoniam juxta est dies Domini super omnes gentes" etc. (Obadja, 15). – „Et tu noli timere, serve meus Jacob, ait Dominus; quia tecum ego sum, quia ego consumam cunctas gentes ad quas ejeci te; te vero non consumam" etc. (Jer., XLVI, 28).
[18] „Gens enim et regnum quod non servierit tibi, peribit; et gentes solitudine vastabuntur" (Is., LX, 12).
[19] Ijob, XII [23].
[20] „Qui multipilcat gentes et perdit eas, et subversas in integrum restituit." [Ijob, XII, 23.]

Buch III, Kapitel 18

Wie das Christentum den weltlichen Interessen der Menschen nutzte, indem es die Menschen von den weltlichen Interessen löste

Der Einfluß des Christentums auf die menschlichen Gesellschaften ist ein Thema, das die tiefsten Betrachtungen des Philosophen erfordert. Es sei uns also gestattet, einige weitere Überlegungen zu einem historischen Ereignis von solch verborgener und geheimnisvoller Natur den bisherigen Betrachtungen hinzuzufügen.

Montesquieu ruft aus, es sei eine ganz staunenswerte Sache, daß das Christentum, das nur danach zu trachten scheint, den Menschen das Glück des jenseitigen Lebens zu bringen, die Menschen tatsächlich auch in diesem Leben glücklich macht.

Dieses Faktum haben wir erklärt. Aber noch verblüffender als die Erklärung selbst ist folgendes: Das Christentum trachtet ausschließlich danach, das zukünftige Glück der Menschen zu bilden, und es bildet das Glück der Menschen auch im irdischen Leben. Ja, es schafft das gegenwärtige Glück der Menschen, eben weil es ihnen ausschließlich das ewige Glück verschaffen will!

Wahr ist, daß das Christentum sein Ziel in keiner Weise hätte erreichen können, wenn es danach getrachtet hätte, den Menschen direkt die weltlichen Güter zu verschaffen. Die Menschen hatten sich schon von allein dem Erwerb der irdischen Güter zugewandt. Und wir haben gesehen, welches Ergebnis ihre Hinwendung zu diesen Gütern hatte. Das Ergebnis war, daß sie von allen diesen Gütern enttäuscht wurden und ausschließlich bei dem Gut stehenblieben, das das einzig reale Gut zu sein schien, das heißt beim Genuß der sinnlichen Lust, bei dem die Menschen zugleich den Gebrauch der Intelligenz verloren haben. Die menschlichen Güter waren also keine Antriebsfeder mehr, die die Bewegung des Verstandes hätte aufrecht erhalten können. Im Gegenteil: Ihre letzte Wirkung bestand darin, diese Bewegung auszulöschen. Wenn also das Christentum dem Menschen direkt die irdischen Güter verschafft hätte, hätte es ihn nicht aus dem Zustand des irdischen Elends emporheben können, in dem er lag. Dadurch aber, daß es den Menschen zum Erwerb eines geistigen, absoluten Guts aufrief und ermunterte, das unendliche Nahrung für die Intelligenz in sich hat, stellte es den Willen und die Vernunft der Menschen wieder her, ermöglichte die sittliche Tugend und gab dem Menschengeschlecht eine Würde, die etwas Göttliches an sich hat. Es ist wahr, daß sich der Mensch damit von den irdischen Gütern löste. Aber eben diese Loslösung war notwendig, damit der Mensch imstande ist, mit den irdischen Gütern so umzugehen, wie es seine Pflicht ist. Denn die weltlichen Güter dienen lediglich der Vertierung und sozusagen der Vernichtung der menschlichen Gattung, wenn sie für den Menschen das Ziel darstellen. Der Mensch, der die irdischen Güter zu seinem Ziel macht, genießt sie nicht wirklich, sondern er gebraucht sie eher zur eigenen Qual und Zerstörung. Das Christentum dagegen befahl den Menschen, sich von den Dingen zu lösen. Diese Loslösung be-

Kapitel 18: Wie das Christentum den weltlichen Interessen der Menschen nutzte

steht darin, daß die weltlichen Güter nicht mehr als *Ziel* betrachtet werden dürfen, sondern als schlichte *Mittel* betrachtet werden müssen. Diese Loslösung schafft Ordnung in den Neigungen und Handlungen. Solange die Menschen meinen, ihr Ziel in den irdischen Gütern zu finden, suchen sie darin etwas, was sie dort nicht finden können, weil es nicht darin ist. Ihre verzweifelten, vergeblichen Anstrengungen führen lediglich zur Erschöpfung und zum Untergang. Wenn der Mensch aber in den irdischen Gütern lediglich *Mittel* sieht, die ihm von einer höheren Vorsehung für ein absolutes und ewiges Ziel gegeben sind, so ist er sofort imstande, die weltlichen Güter genießen zu können, ohne in ihnen ein bitteres Gift zu finden, das ihn quält und zerstört. Beim Gebrauch und beim Genuß der weltlichen Güter geschieht also das, was auch beim Akt des Sehens passiert: Wenn der Gegenstand zu nah am Auge ist, kann das Auge ihn nicht wahrnehmen. Indem das Christentum die Welt lehrte, daß die Güter des jetzigen Lebens nicht Ziel, sondern Mittel zum Ziel sind, plazierte es den Menschen in die geziemende Entfernung von diesen Gütern. Dadurch war der Mensch in der Lage, die Güter in der vernünftigen und maßvollen Weise zu gebrauchen, die ihm nicht schadet, sondern ausschließlich nutzt.

Ist es ein Wunder, daß die irdischen Dinge bei den christlichen Nationen aufgehört haben, gefährlich und verhängnisvoll zu sein? In den christlichen Völkern sind die Menschen ja in der Tugend gestärkt und zugleich mit den richtigen Vorstellungen vom Wert der irdischen Dinge ausgestattet. Hier liegt der wahre Grund dafür, weshalb bei den Christen weniger Vorsichtsmaßnahmen bei der Obhut der Frauen getroffen werden als in den nichtchristlichen Nationen. Das Christentum hat die Frau aus der Gefangenschaft und Sklaverei befreit und sie zu einem Wesen voller Würde gemacht, das um nichts geringer als das stärkere Geschlecht ist. Es holte die Frau aus den Serails und den Harems des Orients heraus, um sie zum liebevollen Mittelpunkt der christlichen Familie zu machen, zum feinen und frommen Schmuck der anständigen Unterhaltungen, zur Lehrmeisterin, zum Vorbild und zur Anregung für alle Tugenden.

Aus diesen Betrachtungen wird deutlich, wie maßlos dumm die Lehre des Unglaubens ist, die von den Saint-Simonisten vor kurzem aus den Tiefen vieler Herzen ans Licht geholt und formuliert wurde. Sie warfen dem Christentum vor, höchstens indirekt für den weltlichen Nutzen zu sorgen, und verkündeten ihre eigene neue Schule und Religion, die viel besser sein soll als die christliche, weil sie unmittelbar auf den weltlichen Nutzen der Menschen abzielt! Die unverschämte Verlogenheit dieser Vorstellung erfordert nicht allzu viele Worte.

Zunächst behauptet sie, das Christentum sei nicht göttlich. Nun haben das Christentum und seine Wirkungen keine andere Grundlage und Ursache als den Glauben, den die Menschen der Göttlichkeit des Christentums schenken. Wenn der Saint-Simonismus also nicht vom Glauben, sondern vom Unglauben ausgeht, hebt er alle Güter des Christentums bis zu seiner tiefsten Wurzel auf. Es ist nicht anzunehmen, daß der Saint-Simonismus so verrückt wäre, sich wirklich als etwas Göttliches auszugeben oder zu hoffen, daß die Menschen an die Göttlichkeit oder an die Eingebung von Menschen glauben, die in allen ihren Worten höhnisch ungläubig sind und die erklären, ihre Absicht sei es, den Menschen direkt den weltlichen Gewinn zu verschaffen! Propheten, die aus dem Kreis der irdischen Dinge, den sie selbst um sich herum anlegen, nicht herauskönnen, können nicht zu Gott gehen und noch viel weniger von Gott kommen.

Zweitens tun sie nichts Neues, sondern sie tun das, was die Menschen immer dort taten und tun, wo das Christentum nicht ist: Sie nehmen die weltlichen Güter als *Ziel* statt als Mittel. Diese Erfahrung hat sich zu oft wiederholt! Die zum Ziel erklärten weltlichen Güter bringen die Nationen dazu, sich selbst zu zerstören, und sie bringen den Menschen dazu, zu vertieren. Da sieht man das sichere Ende der Zivilisation à la Saint-Simon!

Aber der Saint-Simonismus hat die Menschen noch nicht an den Punkt gebracht, der dem Punkt entgegengesetzt ist, zu dem er sie zu führen verspricht und beabsichtigt: Er hat sie noch nicht zur letzten Verwilderung geführt. Seine Lehren dringen nämlich nicht in die Massen ein und besitzen nicht genügend Kraft, um vom Menschengeschlecht übernommen zu werden. Aber andererseits ist auch dies gewiß: Aufgrund eines eigentümlichen, aber sehr wahren Widerspruchs zwischen Schein und Wirklichkeit ist diese Schule – die vorgibt, kein anderes Glück zu kennen als das irdische Glück – am meisten von allen Schulen imstande, die Menschen ins letzte irdische Unglück zu stürzen.

Leider nimmt dieser Irrtum einen großen Platz in den Köpfen ein und übt eine große Wirkung in den Gesellschaften aus! Leider dringen viele Leute – selbst von denen, die in der Politik aktiv sind oder politische Theorien schreiben – nicht in die tiefe Natur des Christentums ein und in seine verborgene Art, den diesseitigen Nutzen der Menschen zu bewirken! Es ist ein ebenso verbreiteter wie tödlicher Irrtum, die Religion ausschließlich oder hauptsächlich als politisches Instrument zur Förderung des materiellen Nutzens der menschlichen Gesellschaft zu betrachten. Betrachtet man den christlichen Glauben von diesem Standpunkt aus, hört er auf, göttlich zu sein, und wird menschlich. Von da ab ist seine wohltätige Wirkung den Händen des Gesetzgebers und der Regierung bereits entglitten, auch wenn sie behaupten, diese Wirkung zum Wohl der Regierten einzusetzen. Die christliche Religion kann die irdische Situation der Menschen nur unter einer Bedingung verbessern: Diese Bedingung ist der aufrichtige Glaube an die christliche Religion als vollkommen übernatürliche Institution, die sich nicht um die momentanen und begrenzten Dinge dieser Welt sorgt, sondern nach den ewigen und unendlichen Dingen trachtet. Dies hat schon ihr göttlicher Gründer eindeutig gepredigt und gelehrt, indem er so zu seinen Jüngern sprach: „Sucht zuerst das Reich Gottes und seine Gerechtigkeit, und alle diese Dinge werden Euch dazugegeben werden".[1] Die irdischen Dinge sind also die versprochene Zugabe. Aber sie sind nur unter der Bedingung versprochen, daß zuerst das Reich Gottes und seine Gerechtigkeit gesucht werden.

---

[1] Matth., VI [33].

Buch III, Kapitel 19

Mit der Lehre des Christentums stimmt das politische Kriterium überein, das sich aus dem letzten Ziel der bürgerlichen Gesellschaften ableiten läßt

Hier lohnt es sich, festzustellen, daß diese hohe Lehre des Christentums wunderbar mit dem politischen Kriterium übereinstimmt, das sich aus dem letzten Ziel der Gesellschaften ableiten läßt. Wir hatten zuvor auf dieses Kriterium hingewiesen.[1]

Alles, was das Christentum getan hat, war darauf gerichtet, den Menschen jenes wahrhaftig letzte Ziel zu geben, das der notwendige Kompaß ist, der sie auf ihrer schwierigen Fahrt leiten muß. Die Gesellschaften der Antike erlitten Schiffbruch, weil sie dieses letzte Ziel nicht hatten. Sie irrten auf einem riesigen Ozean voller Gefahren umher, ohne die Richtung und die Anlegestelle zu kennen, weil ihnen ein sicherer Hafen fehlte.

Dieser Hafen, den die christliche Religion für die Menschen entdeckt und den sie ihnen gezeigt hat, ist das vollkommen wirkliche, absolute, heilige, unendliche Gut (bene realissimo, assoluto, santo, infinito). Hier ist die vollständige Erfüllung und Zufriedenheit, nach der jeder von Natur aus strebt. Die übrigen Dinge sind nach der christlichen Wahrheit nur Mittel zu diesem großen Ziel. Wenn wir diese Lehre auf die bürgerliche Gesellschaft übertragen, dann sehen wir, daß diese Lehre nichts anderes als das politische Kriterium ist, mit dem wir festgestellt haben, daß 'das Nahziel der Gesellschaft auf das ferne, letzte Ziel hingeordnet sein muß, das die wahre menschliche Erfüllung und Zufriedenheit ist, und daß man das Nahziel der Gesellschaft daher schätzen und fördern soll, insofern er dem letzten Ziel dient, welches allein ein an und für sich für den Menschen begehrenswertes Gut ist'.

---

[1] Kapitel 7.

Buch III, Kapitel 20

Die Beziehung zwischen den beiden politischen Kriterien, die sich aus dem Ziel der Gesellschaft ableiten lassen

Wir können nun zurückschauen und die Beziehung erkennen, die zwischen den beiden politischen Kriterien besteht, die sich aus dem Ziel der Gesellschaft ableiten lassen. Von dem ersten Kriterium haben wir in dem Buch *Vom umfassenden Grund* gesprochen[1], von dem zweiten Kriterium sprechen wir in dem vorliegenden Buch.

In dem Buch *Vom umfassenden Grund für den Bestand und für den Untergang der Gesellschaften* haben wir die Gesellschaft untersucht, wenn sie sich auf ihre *untere Grenze* zubewegt – auf ihre Auflösung. Im vorliegenden Buch haben wir die Gesellschaft untersucht, wenn sie sich auf ihre *obere Grenze* zubewegt, also auf das höchste Ziel, auf das sie ausgerichtet ist.[2]

Bei der Untersuchung der Gesellschaft in der Bewegung, die sie von ihrem Ziel weg- und der Auflösung entgegenbringt, haben wir das folgende Kriterium festgesetzt: 'Die Regierenden müssen immer darauf achten, daß jene Dinge bewahrt werden, auf denen die Existenz der Gesellschaft ruht, auch wenn dafür die anderen Dinge geopfert werden müssen.'

Bei der Untersuchung der Gesellschaft in der Bewegung, mit der sie sich unablässig ihrem Ziel annähert und vervollkommnet, haben wir zwei notwendige Ziele entdeckt: das Nahziel und das entfernte, aber hauptsächliche Ziel. Und wir haben das Kriterium aufgestellt, das lautet: 'Alle, die Einfluß auf die Gesellschaft haben, müssen versuchen, das Nahziel der Gesellschaft so zu erreichen, daß es als ein Mittel dem entfernten Hauptziel untergeordnet wird.'

Bei der Darlegung des ersten Kriteriums haben wir festgestellt: 'Die Dinge, auf denen die Existenz der Gesellschaft ruht, wandeln sich in den verschiedenen Zeitaltern der Gesellschaft.' Wir haben desweiteren festgestellt: Diese Verschiebung der Kraft, auf die sich die Gesellschaft stützt, würde die Gesellschaft letztlich zur Vernichtung führen, wenn der Wandel endlos wäre. Denn wenn das, was zuerst ausreicht, um die Gesellschaft zu stützen, später nicht mehr ausreicht, bedeutet das, daß die Hinlänglichkeit dieser Stütze von den Umständen abhängig und folglich nur unter bestimmten günstigen Bedingungen gegeben ist. Weil also die Gesellschaft ihren stets zerbrechlichen und vorübergehenden Halt einen nach dem anderen auswechseln muß, müßte eine Zeit kommen, in der die Reihe dieser untauglichen Versuche schließlich endet und die Gesellschaft mangels Fundament unwiederbringlich untergeht. Wir haben also gefragt, ob die bürgerlichen Gesellschaften wieder aufleben könnten, wenn es etwas gäbe, worauf sie sich stützen könnten – und zwar etwas, das

---

[1] *Vom umfassenden Grund* etc.
[2] Vgl. das *Vorwort* zu dem vorliegenden Werk.

an sich und nicht dank der Umstände kraftvoll wäre. Gibt es etwas, das der Gesellschaft eine beständige Existenz verbürgen kann? Wir haben gesehen, daß es diese unverrückbare Grundlage der Gesellschaft gibt, daß es aber nicht die physische Stärke ist und auch keine anderen materiellen Güter oder Mittel, sondern etwas ganz und gar Geistiges und Unsterbliches wie die Seele des Menschen. Mit einem Wort, wir haben gesehen: Die wahre Grundlage ist die Gerechtigkeit – jene Gerechtigkeit, deren in der Welt aufgegangene Sonne Christus ist[3] und die in der Bibel das „Fundament der Reiche"[4] genannt wird.

Das zweite Kriterium hieß: 'Die Gesellschaften müssen nach dem letzten Ziel streben'. Wir haben gefragt, was dieses letzte Ziel ist. Und wir haben erkannt, daß es nur ein Gut für den Menschen sein kann, nämlich die sittliche Erfüllung und Zufriedenheit der Seele. Außerdem haben wir die geeigneten Mittel untersucht, die der Seele die wahre Erfüllung und Zufriedenheit bringen können, und wir haben gesehen, daß diese Mittel in den verschiedenen Gesellschaftsepochen je verschieden sind: Die Mittel, die in dem einen Zeitalter die Erfüllung und Zufriedenheit verursachen, haben diese Wirkung in anderen Zeiten nicht. Daraus haben wir gefolgert, daß die genannten Mittel nicht die Kraft haben, den Menschen vollständig zufriedenzustellen, sondern daß sie diese Wirkung nur akzidentell, unter bestimmten äußeren Umständen erzielen, deren wichtigster bestimmte vorübergehende Dispositionen der menschlichen Seele sind. Die wichtige Folge, die sich daraus ergab, war leicht abzuleiten: Wenn man nur solche ganz vorläufigen und zeitgebundenen Mittel gefunden hätte, hätten die Menschen schließlich in die letzte Unruhe und Verzweiflung stürzen müssen. Denn die Reihe dieser vergänglichen Güter hörte irgendwann auf, und die menschliche Seele suchte vergeblich immer weiter nach anderen, besseren Mitteln, die ihre Wünsche befriedigen sollten, die zugleich ständig größer und gieriger wurden. Wir haben dann gefragt, ob es denn überhaupt ein solches Gut gibt, das durch seine ihm innewohnende unfehlbare Kraft das menschliche Herz zufriedenstellen kann. Und wir haben gesehen, daß ein so wertvolles Gut tatsächlich existiert, daß es jedoch nicht irgendeines der Dinge ist, die zur sinnlich wahrnehmbaren Welt gehören, sondern daß es geistig, ewig ist. Mit einem Wort: Es ist dieselbe christliche vollkommene Gerechtigkeit, die die finstere und erkaltete Welt erleuchtet und erwärmt hat und mit der der Besitz des wirklichen, unendlichen Guts verbunden ist. Von dieser Gerechtigkeit sagt die Bibel, daß „sie in einem ehrenwerten Volk wurzelt".[5]

Fazit: Wir haben die beiden politischen Kriterien aus dem *Ziel* der bürgerlichen Gesellschaften abgeleitet. Dabei haben wir das Ziel in Beziehung zu den beiden entgegengesetzten Grenzen betrachtet, zwischen denen die Gesellschaften permanent schwanken. Die Analyse dieser beiden politischen Kriterien zeigt, daß sie sich letztlich treffen und zum gleichen Ergebnis kommen.

---

[3] *Vom umfassenden Grund* etc., Kap. 16.
[4] [Hebräerbrief, XI, 33.]
[5] „Et radicavi in popolo honorificato" (Jesus Sirach, XXIV, [12]).

Viertes Buch

Psychologische Gesetze, nach denen die bürgerlichen Gesellschaften sich ihrem Ziel nähern oder sich davon entfernen

„Glaubst Du, daß es sinnvoll ist, alle möglichen Dinge zu besitzen, aber nicht die guten Dinge? Und alle übrigen Dinge zu kennen, aber nicht das, was schön und gut ist? – Nein, wahrlich, das glaube ich nicht. – Also? Ist es nicht so, daß, wenn es sich um gerechte und schöne Dinge handelt, viele sie gern täten und besäßen, auch wenn sie nicht wirklich so wären, sondern nur dem Schein nach? Da es sich andererseits um Güter handelt, ist niemand zufrieden, wenn sie es nur dem Anschein nach sind, sondern alle wollen, daß es wirklich Güter seien. Und verspottet man den reinen Anschein in ihnen? – Ganz gewiß. – Das, was jeder Mensch mit der Seele sucht, und der Grund für alles, was er tut, und das, worüber er nachdenkt, ohne es zu finden und folglich ohne von den anderen Dingen zu wissen, ob sie nützlich sind oder nicht – sollen etwa, sage ich, hinsichtlich so wichtiger Angelegenheiten die Ersten der Polis, denen wir alle Geschäfte anvertrauen sollen, blind sein? – Niemals, keinesfalls!

Plat., *De Rep.*, VI.[1]

Die Ursache für alle sozialen Ereignisse liegt im Menschen, dem Bestandteil der Gesellschaft. Alles, was in den Nationen auf einer größeren Skala und mit anderen Proportionen entsteht, besteht vorher keimhaft im Bewußtsein der Einzelpersonen, die die Gesellschaften bilden.

Wir hatten nun gesagt: Die politische Wissenschaft unterweist die Regierungen in der Art und Weise, wie sie auf die Gesellschaften Einfluß nehmen müssen, damit diese ihr Ziel leichter erreichen. Auch die politische Wissenschaft kann also ohne vorherigen Rekurs auf die Psychologie nicht zur Vollendung, das heißt zu ihren letzten Prinzipien, geführt werden.[2]

Diese Wahrheit ist schon von anderen verkündet worden.[3] Aber die Psychologie – oder allgemeiner: die philosophische Lehre vom Menschen – ist bisher zu unvollendet geblieben, als daß sie für die *systematische Praxis der Gesellschaftsführung* (arte sociale)[4] eine hinreichend solide und breite Basis hätte darstellen können.

---

[1] [PLATON: Politeia, Buch VI, 505 b, d, e, in: PLATONIS Opera, cit., Bd. II, S. 119.]
[2] Vgl. *Vorwort zu den politischen Schriften*.
[3] „Hobbes wurde von Destutt de Tracy als der Begründer der bürgerlichen Philosophie bezeichnet, weil Hobbes vorgeschlagen hatte, die Kunst der Gesellschaftsführung auf die Wissenschaft vom Menschen aufzubauen. – Vico beabsichtigte, der Geschichte Gesetze zu geben und die ersten Phasen des Zivilisationsprozesses durch spekulative Analyse zu rekonstruieren. – Romagnosi unterstrich die Notwendigkeit, die Psychologie mit der Geschichte und folglich mit der Gesellschaftswissenschaft zu verbinden" (G. Ferrari, La mente di G. D. Romagnosi). [G. FERRARI: La mente di G. D. Romagnosi, Florenz 1924, S. 25, 81, 50.]
[4] [In der engl. Übersetzung für *arte sociale* „scientific knowledge of society". In dieser Formulierung geht allerdings m. E. der *technisch-praktische* Aspekt der *arte sociale* (techné) verloren.]

Unsere Absicht geht dahin, eine solche Arbeit zu erleichtern. Unsere Absicht ist es, die Grundlagen der Philosophie der bürgerlichen Gesellschaft (civile filosofia) auf den festen Boden der Wissenschaft vom Menschen zu stellen. Und wenn wir uns nicht sehr täuschen, helfen dabei die psychologischen und anthropologischen Lehren, die wir bereits veröffentlicht haben.

In den vorangehenden Büchern haben wir festgestellt, daß das Hauptziel oder besser: das einzige Ziel jeder Gesellschaft – und im besonderen der bürgerlichen Gesellschaft – die Erfüllung und Zufriedenheit der Seelen der Mitglieder ist, die die Gesellschaft bilden.[5] Dieses große Prinzip ist eben eine unerschütterliche Aussage der Wissenschaft vom Menschen.

Wir haben desweiteren gezeigt: Wenn die Regierung ihre Maßnahmen nicht auf dieses hohe Ziel richtet, verrät sie ihre Aufgabe und macht die Existenz der Gesellschaft nutzlos. Wenn auch der Kollektivwille der Mitglieder nicht nach dem genannten Ziel strebt, besteht nicht mehr die Gesellschaft, sondern nur noch ihr erkalteter Leichnam. Die Seele – die innere, formgebende Gesellschaft – ist verschwunden, und es besteht nur noch die äußere, materielle Gesellschaft.[6] Wir haben auch gesehen, daß dieses große Ziel das einzige unveräußerliche und unverletzliche Recht der Personen konstituiert, die die Gesellschaft bilden, und daß nichts rechtmäßig ist, was gegen dieses Recht ist, und daß in diesem höchsten *Recht des Menschen* das Prinzip seiner natürlichen *Freiheit* liegt.[7]

Wir haben außerdem die *Erfüllung und Zufriedenheit* der Seelen analysiert und die Mittel dafür untersucht. Geleitet von den Erkenntnissen aus der Geschichte (lumi della storia) haben wir gefolgert, daß nur das Christentum sichere, stabile und ausreichende Mittel für die Erfüllung und Zufriedenheit der Seelen bietet. Nur im Christentum liegen also die echten Garantien für die menschlichen Gesellschaften und ihre Mitglieder. Denn nur das Christentum bietet und gibt den Menschen das vollständige *wahre menschliche Gut*, das heißt das einzige, unverrückbare Objekt der menschlichen Erfüllung und Zufriedenheit.[8]

Daraus hatten wir das folgende politische Kriterium abgeleitet: 'Gut sind solche Regierungsinstrumente, die die Gesellschaft nicht von ihrem letzten Ziel ablenken, sondern sie zu diesem Ziel zu leiten trachten, indem sie das Nahziel der Gesellschaft deren letztem Ziel unterordnen.'[9] Dieses Kriterium haben wir schließlich mit dem anderen, vorher gewonnenen Kriterium verglichen, das lautete: 'Gut sind solche Regierungsinstrumente, die die Existenz der Gesellschaft zu erhalten trachten, indem sie die Pflege des äußeren Schmucks der Gesellschaft der Erhaltung der gesellschaftlichen Existenz unterordnen.'[10] Und wir haben gesehen, daß diese beiden Kriterien in ihrer Entfaltung und praktischen Anwendung zu denselben letzten Ergebnissen gelangen. Denn tatsächlich: Wenn eine Gesellschaft von ihrem letz-

---

[5] Vgl. vorher Buch II und Buch III.
[6] Vgl. vorher Buch II, Kap. 11.
[7] Vgl. vorher Buch II, Kap. 7.
[8] Vgl. vorher Buch I, Kap. 13.
[9] Vgl. vorher Buch III.
[10] Ibid.

Buch IV: Psychologische Gesetze

ten Ziel abweicht, hört sie von ihrer inneren Gestalt her auf zu existieren, und es erlischt sogar ihr Recht zu existieren. Selbst die äußere, materielle Existenz der Gesellschaft hat ihre einzige feste Konsistenz in der *Erfüllung und Zufriedenheit* der Mitglieder: Die Kraft, die die Gesellschaft aufrechthält, ändert den Ort ja nur, weil sich das Objekt der Erfüllung und Zufriedenheit der Mitglieder ändert.

Es ist auch klar, daß die Gesellschaft zwangsläufig ruhig ist, solange die Seelen der Bürger befriedigt und zufrieden sind. Wenn es nämlich den Mitgliedern gut geht, können ihnen dann Veränderungen in den Sinn kommen? Die Illusion von einem besseren Gut kann sie möglicherweise kurzzeitig erregen. Aber nur ein allgemein und permanent bedrückender Zustand wühlt die Massen von Grund her auf und gibt ihnen die Kraft und die Wildheit, bürgerliche Revolutionen (civili revoluzioni) zu vollbringen.[11]

Trotzdem entwickeln fast alle modernen Autoren einen abstrakten Politikbegriff. Sie betrachten die Politik nicht als eine Disziplin mit den Ziel, den *Menschen* zu bessern, sondern sie schränken die Politik auf das Wohlergehen des *Bürgers* ein. Der Bürger nun, wie sie ihn verstehen, ist nicht der Mensch, sondern eine Abstraktion vom Menschen: Der Mensch wird dabei nur hinsichtlich seiner äußeren, materiellen Seite betrachtet. Nach Ansicht dieser Autoren würde die Politik ihre Grenzen überschreiten, wenn man sie dazu brächte, ihren Blick über die materiellen Güter hinaus zu richten. Aber sieht man denn nicht, daß das bedeutet, die Mittel der politischen Kunst (arte politica) mit ihrem Ziel zu verwechseln? Man versteht, daß die Mittel der Regierung begrenzt und äußerlich sein sollen. Aber daß auch das Ziel der Regierung der Gesellschaft begrenzt und äußerlich sein soll – darin liegt der Fehler, da liegt der sehr schwere und verhängnisvolle Irrtum.

Die Politik darf also nicht nur die äußeren Gütern behandeln. Sie muß alles in Betracht ziehen, was irgendeinen Einfluß darauf hat, die Seelen der Menschen ruhig oder unruhig zu machen.

Uns wird gesagt, daß ein „öffentliches Glück" der Zweck der politischen Wissenschaft sei und daß dieses Glück in der Fülle der äußeren Güter bestehe. Aber gibt es etwa zwei „Glücke", das eine im Menschen, das andere außerhalb von ihm? Ich sehe nur ein einziges, und das hat seinen Sitz im Menschen. Ich ziehe die Ansicht des gesunden Menschenverstandes solch feinsinnigen Unterscheidungen bei weitem vor. Jeder, der den gesunden Menschenverstand nicht verloren hat, gibt dem Ausdruck „Glück" eine einzige, einfache Bedeutung – eine Bedeutung, die jeder klar versteht, auch wenn nicht jeder sie definieren kann. Ich behaupte sogar, daß das Wort „Glück" nicht definierbar ist. Denn das, was man fühlt, läßt sich nicht definieren.

---

11 Friedrich II. von Preußen hat gezeigt, daß er das wußte, als er auf diese Ursache den Aufstand der Holländer gegen die Spanier zurückführte und auch die Herrschaftswechsel im Königreich von Neapel und Sizilien, die mehrfach unter den Spaniern und unter dem Kaiser vorgekommen waren. „Un peuple content ne songera pas", schreibt er, „à se révolter; un peuple heureux craint plus de perdre son Prince, qui est en même temps son bienfaiteur, que ce souvrain même ne peut appréhender puor la diminution de sa puissance" (*Antimach.*, Kap. 2). [FRÉDÉRIC II, ROI DE PRUSSE: L'Antimachiavel, ou Essai de critique sur „Le Prince" de Machiavel, Den Haag 1740, S. 7.]

Wahrhaftig, wer nicht wüßte, was Wohlergehen bedeutet, dem könnte man es auch nicht beibringen. Das Wohlergehen, das Glücklichsein ist so einfach, daß man auf die Fragen „Geht es Dir gut?", „Bist Du glücklich?" nur mit „ja" oder mit „nein" antworten kann. Und es wäre sehr komisch bei der Antwort zu unterscheiden: „Ich bin politisch glücklich, aber persönlich unglücklich." Für den Politiker ist also die Erforschung des wirklichen Glücks des Menschen notwendig – in welchen inneren oder äußeren Dingen es auch immer bestehen mag. Ein Staatsmann könnte sagen: „Ich muß mich darauf beschränken, mich um das politische Glück der Völker zu bemühen, nicht um das private oder persönliche." Aber das wäre Unsinn. Er könnte mit seinem Bemühen niemals für das Glück der Völker sorgen. Seine Fürsorge ginge im Klang eines Wortes, in der Leere einer Abstraktion verloren. Und wenn es ihm gelingt, dafür zu sorgen, daß es im Staat viel von dem gibt, was er „öffentliches Glück" nennt, und gleichzeitig unzufriedene und von Leidenschaften zerrissene Seelen, was hat er dann erreicht, außer die Bürger für Zorn, Aufruhr und Gier nach Rache für seinen Wahnsinn empfänglich zu machen? Welches Gefühl hat die bürgerliche Gesellschaft außer den Gefühlen der menschlichen Natur? Was bleibt von der Gesellschaft übrig ohne die Gefühle des Menschen? Ist die bürgerliche Gemeinschaft denn etwas anderes als eine Anerkennung und ein Schutz der natürlichen Bindungen, etwas anderes als eine Vollendung der natürlichen Ordnung (perfezionamento dell'ordine della natura)? Was es an „Bürgerlichem" in der Gesellschaft gibt, ist nur eine akzidentelle Beigabe zu dem, was es an „Natürlichem" im Menschen gibt. Nehmen wir einen Bauern vom Land: Wir waschen und kämmen ihn, nehmen seine groben Kleider und ziehen ihn wie einen Gentleman an. Wir bringen ihm auch noch städtische Manieren bei. Dann haben wir das Bild der natürlichen Gesellschaft, die bürgerlich geworden ist (società naturale divenuta civile). Indem wir den ungeschliffenen Mann zurechtgemacht und herausgeputzt haben, haben wir da etwa den Menschen aufgehoben? Es ist derselbe wie vorher, mit der akzidentellen Zugabe der guten Sitten. Ebenso hat die bürgerliche Gesellschaft nie aufgehört, natürlich zu sein. Der Bürger hat nicht aufgehört, Mensch zu sein. Die Regierenden lenken also reale Menschen, nicht abstrakte Wesen. Sie müssen sich folglich darum kümmern, den Regierten die dem Menschen eigene Erfüllung und Zufriedenheit zu verschaffen, für die allein die bürgerliche Vereinigung etwas zählt. Und diese Erfüllung und Zufriedenheit ist eine einzige, auch wenn sie sich in Abstraktionen und Worten beliebig zu vervielfachen scheint.[12]

---

[12] Man möge sich klarmachen, daß wir mit unseren Überlegungen die Grenzen der Wissenschaften nicht aufheben oder durcheinanderbringen wollen. Wir wollen die Wissenschaften nur versöhnen, damit sie einander nützen, statt sich zu schaden, und damit alle in Übereinstimmung eine EINZIGE TREUE FÜHRERIN der Menschheit werden. Die methodische Aufteilung der Wissenschaften ist der Aufteilung der verschiedenen gesellschaftlichen Ämter vergleichbar. Die Arbeitsteilung ist in jeder Hinsicht sehr nützlich. Aber wenn die verschiedenen Arbeiten, mit denen verschiedene Menschen betraut sind, so eingerichtet sind, daß sie ein einziges Ganzes bilden, müssen jede Arbeit und jeder Arbeiter vom Gedanken an das Ganze geleitet werden. Denn der eine Teil muß in Abstimmung mit den anderen Teilen ausgeführt werden, damit alle zusammen vollzogen werden und harmonisch das Ganze bilden. Wir verwechseln das Amt des Staatsmannes also nicht

Buch IV: Psychologische Gesetze 395

Daraus wollen wir nicht folgern, daß der bedrückende Zustand, der das Volk zu Unruhen bereit macht und den Worten der Aufwiegler zusätzlich große Kraft verleiht, stets unmittelbar von Unterdrückungsmaßnahmen der Regierung verursacht ist. Nein, manchmal ist dieser Zustand die schicksalhafte Folge der Veränderung im Denken und im Wollen der Massen, die wir im vorangehenden Buch beschrieben haben. Der Regierung geschieht schweres Unrecht, wenn man ihr alle Übel der Gesellschaft anlastet. So wie die Regierung nicht Urheberin allen gesellschaftlichen Wohls ist, so ist sie auch nicht Urheberin aller Übel. Gleichwohl muß die Regierung diese Übel untersuchen, vorhersehen und ihnen weise jenen Schutz entgegensetzen, den entgegenzusetzen in ihrer Macht liegt. Ich bin davon überzeugt, daß die Zahl der Regierungen, die gestürzt worden sind, weil sie die weise Vorsorge gegen die öffentlichen Übel vernachläßigt hatten, größer ist als die Zahl der Regierungen, die gestürzt worden sind, weil sie die öffentlichen Übel selbst produziert hatten.

Aber um zum Thema zurückzukommen: Das, was wir gesagt haben, müßte Absicht und Zweck dieses Buchs hinreichend klargemacht haben. Wir wollen im Bewußtsein des einzelnen Menschen die Gesetze finden, nach denen die bürgerlichen Gesellschaften sich ihrem Ziel nähern oder sich davon entfernen. Wir wollen auf diesen psychologischen Gesetzen die Theorie von der Vervollkommnung und der Verschlechterung der Gesellschaft aufbauen und als Anhang zu dieser Theorie praktische Regeln geben, mit deren Hilfe die Regierungen bewerten können, ob die Maßnahmen, die zu treffen in ihrer Macht steht, klug oder ungeeignet sind. Darauf waren auch die vorher dargelegten Dinge gerichtet. Vertiefen wir also diese Untersuchung, deren ebenso schwierige wie wichtige Natur erneut Nachsicht und kluge Mitarbeit der geneigten Leser erfordert.

---

mit dem Amt des Gelehrten, des Philosophen [moralista], des Priesters und so weiter. Aber wir sagen, daß der Staatsmann mit allen anderen gesellschaftlichen Ämtern gut harmonieren muß und sich nie als einzigen Urheber des öffentlichen Wohls betrachten darf. Während er an einem Teil des menschlichen Glücks arbeitet, darf er diejenigen nicht stören, die andere Teile dieses Glücks herstellen. Er muß vielmehr seinen Teil so betrachten, daß er dem Anteil an Arbeit hilft und nützt, den mit ihm zusammen alle privaten Bürger verrichten mit demselben Ziel des einen und einfachen menschlichen Glücks.

Buch IV, Kapitel 1

Die drei Stufen der Seele: angenehm, erfüllt und zufriedengestellt, glücklich

Der angenehme Zustand (stato piacevole), die Erfüllung und Zufriedenheit (appagamento) und das Glück (felicità) sind drei verschiedene Dinge.

Den *angenehme Zustand* gibt es auch bei einem nur mit sinnlicher Wahrnehmung begabten Wesen.

Erfüllung und Zufriedenheit sowie *Glück* erfordern Intelligenz.

Ein sensitives Wesen, das keinen Schmerz empfindet und dessen natürliche Bedürfnisse befriedigt sind, befindet sich in einem natürlicherweise angenehmen Zustand. Aber da es ohne Intelligenz ist, weiß es nicht um seinen Zustand, der in der engen Sphäre der Empfindung von unüberwindlichen Grenzen eingeschlossen bleibt, und denkt auch nicht über diesen Zustand nach.

Wenn wir bei diesem Wesen Intelligenz hinzufügen, wenn wir annehmen, daß es über sich selbst nachdenken, sich wahrnehmen, Selbstbewußtsein bilden kann, haben wir sogleich ein Wesen, das nicht nur Freude und Schmerz empfindet, sondern auch über seine Freude und seine Leiden urteilt und das daher auch so zu sich sprechen kann: 'Es geht mir gut, ich bin zufrieden, meine Wünsche sind erfüllt.'

Das ist die Art und Weise, wie in uns der Zustand der Erfüllung und Zufriedenheit entsteht. Er entsteht nicht durch eine einfache sinnliche Empfindung, sondern kraft unseres Urteils über das, was wir in angenehmer Weise empfinden und besitzen.

Aber damit haben wir noch keinen Zustand des Glücks.

Glück ist mehr als die einfache Erfüllung und Zufriedenheit. Glück bedeutet die vollkommenste Erfüllung und Zufriedenheit, in der die Zufriedenheit, die der Mensch verspürt und deren er sich bewußt ist, vom Besitz eines höchsten und vollendeten Guts herkommt. Demnach besteht die Erfüllung und Zufriedenheit im Bewußtsein eines befriedigenden Zustandes, das Glück aber im Bewußtsein einer vollkommenen Befriedigung und unüberbietbaren Ruhe aller Wünsche.

Um den Unterschied zwischen dem Zustand des Glücks und und dem Zustand der Erfüllung und Zufriedenheit besser zu verstehen, muß man sich klarmachen, daß sich die menschlichen Wünsche nicht alle gleichzeitig, sondern sukzessiv entwickeln, wobei sie bestimmten Gesetzen folgen, die großteils mit den Gesetzen korrespondieren, nach denen sich die geistigen Fähigkeiten entwickeln. Wenn nun die Wünsche, so wie sie nacheinander im Herzen auftreten, in angemessener Weise befriedigt werden, dann gelangen wir offensichtlich nacheinander in entsprechende Zustände, zuerst des Wunsches, dann der Zufriedenstellung. Wir sind also sukzessiv in unterschiedlicher Art und Weise zufriedengestellt. Die Zufriedenheitszustände im Menschen unterscheiden sich also nach Art und Grad. Dies läßt sich vom Zustand des Glücks nicht sagen. Einfach und einzig, wie es ist, kann es in Weite und Grad variieren, aber nicht hinsichtlich seiner Natur und hinsichtlich des Objekts,

Kapitel 1: Die drei Stufen der Seele

das stets das absolute Gut ist. Die relativen Güter sind unzählig und verursachen daher unzählige Wünsche. Aber das absolute Gut ist ein einziges und vollständiges und verursacht daher nur einen einzigen Wunsch. Außerdem absorbiert der Wunsch nach dem absoluten Gut alle anderen Wünsche. Denn sein Objekt umfaßt das, was alle relativen Güter an Gutem haben. Diese relativen Güter hören auf, für den Menschen Güter zu sein, der zur Kenntnis des absoluten Gutes gelangt ist und dessen Besitz erstrebt. Solange also nur Wünsche nach relativen Gütern im Herzen der Menschen auftreten, entsteht Erfüllung und Zufriedenheit, wenn diese Wünsche erfüllt sind, und für diesen Moment beruhigt sich das Verlangen des Herzens. Aber Glück ist das dennoch nicht.

Nur wenn auch der aktuelle Wunsch nach dem absoluten Gut auftritt und befriedigt wird, tritt der Mensch in einen Zustand des Glücks, in dem nicht nur der aktuelle Wunsch vollständig befriedigt ist – das Vermögen zu wünschen selbst kann nicht darüber hinausgehen und sich einem größeren Gut zuwenden, denn es gibt kein größeres als das absolute Gut.

Daraus können wir schließen:
1. Den *angenehmen Zustand* kann es beim Menschen auch vor der Entwicklung der intellektuellen Fähigkeiten geben.
2. Den *Zustand der Erfüllung und Zufriedenheit* kann es im Menschen nur unter der Bedingung geben, daß im Menschen eine gewisse intellektuelle Entwicklung stattgefunden hat. Die verschiedenen Modi und Stufen der Erfüllung und Zufriedenheit nehmen in dem Maße zu, wie sich die geistigen Fähigkeiten entfalten.
3. Der *Zustand des Glücks* schließlich setzt die letzte Stufe der intellektuellen Entwicklung voraus, durch die sich der Mensch zur Erkenntnis des absoluten Guts erhebt und zum Wunsch danach – das heißt zum höchsten Objekt aller möglichen Wünsche des einsichtfähigen Wesens.[1]

Nun müssen wir dieses Gesetz der Entsprechung zwischen der geistigen Entwicklung, den entstehenden Wünschen und den Zufriedenheitszuständen behandeln. Aber bevor wir von diesem dreifachen parallelen Fortschritt und der Entwicklung der *Einsicht*, des *Verlangens* und der *Zufriedenheit* der Seele sprechen, ist es hilfreich, daß wir uns noch näher mit der Natur des *Urteils* beschäftigen, durch das wir uns für erfüllt und zufrieden erklären und uns, indem wir uns dazu erklären, auch tatsächlich erfüllt und zufrieden machen.

---

[1] Die Bezeichnung *Seligkeit* [beatitudo] sollte man dem *Glück* vorbehalten, das es im jenseitigen Leben geben kann. In diesem Sinn ist das Wort seit alters her gebraucht worden. Auf diese Weise lassen sich die befriedigenden Zustände der menschlichen Seele mit vier Begriffen bezeichnen, die mir geeignet scheinen, die vier möglichen Arten der Befriedigung zu unterscheiden: 1.) *angenehmer Zustand*, 2.) *Erfüllung und Zufriedenheit*, 3.) *Glück*, 4.) *Seligkeit*.

Buch IV, Kapitel 2

Die Persongebundenheit von Erfüllung und Zufriedenheit

Die angenehme Befindlichkeit gehört zur *Natur*; die Erfüllung und Zufriedenheit gehört zur *Person*. Die Person, die zum Bewußtsein ihrer selbst gelangt ist, kann durch eine angenehme Empfindung gleich welcher Art, die sie genießt, nicht befriedigt sein, wenn sie nicht darüberhinaus ein inneres Urteil über ihr eigenes Wohlbefinden abgeben kann und sich selbst für erfüllt und zufrieden erklärt.

Dieses Faktum ist nicht so leicht zu erkennen und hat eine tiefe Ursache.

Die menschliche Person, die sich mittels eines inneren Urteils 'zufrieden' nennt, ist etwas anderes als das unmittelbare Prinzip der einfachen Empfindung.

Wenn sich nun das unmittelbare Prinzip der Empfindung in einem angenehmen Zustand befindet, kann man nicht sagen, daß allein schon dadurch das andere, höhere Prinzip, das begreift und urteilt, zufrieden und glücklich ist. Dieses höhere Prinzip konstituiert aber eigentlich die Personalität des Menschen und das *Ich*, wobei dieser Einsilber normalerweise die sich ihrer selbst bewußte Person zum Ausdruck bringt.

Das empfindende Prinzip befindet sich dank der erfreulichen Empfindung in einem angenehmen Zustand. Aber das begreifende Prinzip kann sich nur durch die Kenntnis eines Gutes in einem angenehmen Zustand befinden, das heißt durch das Urteil, mit dem sich dieses Prinzip für erfüllt und zufrieden erklärt. Ich kann also als einsichtsfähiges Wesen nur unter der Bedingung zufrieden sein, daß ich *mich* als zufrieden *beurteile*. Es ist also mein personaler Akt, der Erfüllung und Zufriedenheit schafft oder der ihr zumindest Form gibt.

Wenn diese personale Tätigkeit noch nicht aktiv ist, sondern vollständig ruht, so wie sie es in den ersten Momenten der Existenz des Menschen tut, kann die Sinnenempfindung (sensitività) genießen, ohne daß der Mensch das Bedürfnis hätte, den eigenen Genuß zu beurteilen. In diesen ersten Momenten, in denen allein die Sinnenempfindung aktiv ist, gibt es folglich keine Erfüllung und Zufriedenheit, und es gibt auch nichts, was sie erforderlich macht. Der angenehme Zustand der empfindenden Natur wird von dem Bedürfnis der geistigen Natur nach Befriedigung nicht gestört. Dieses Bedürfnis ist im Menschen noch nicht aufgetreten, weil seine Intelligenz noch nicht zu einem Aktivitätsgrad gelangt ist, der ausreicht, um dieses Bedürfnis zu wecken. Wenn die Intelligenz tätig geworden ist und im Menschen schon Bewußtsein erzeugt hat und wenn der Mensch auf sich selbst reflektiert, dann ist in ihm das Bedürfnis entstanden, den eigenen Zustand zu beurteilen. Er urteilt über sich, und mit diesem Urteil macht er sich entweder unglücklicher, wenn er sich für unglücklich hält, oder er stellt sich zufrieden (s'appaga), wenn er sich für zufrieden erklärt.

Im Verlauf der Entwicklung der Einsicht kommt also der Moment, da die angenehme Empfindung dem Menschen nicht mehr ausreicht. Er muß sie beurteilen.

Kapitel 2: Die Personengebundenheit von Erfüllung und Zufriedenheit

Die Notwendigkeit dieses Urteils ist ein pychologisches Faktum, dessen Ursache, wie ich sagte, geheimnisvoll und tief ist.

Diese Ursache liegt letztlich in dem Gesetz der Handlung der Person, das ich auf folgende Formel gebracht habe: 'Die Person handelt bei jedem einzelnen Akt mit der jeweils höchsten Tätigkeitsform (attività) von denen, über die sie im Moment der Handlung verfügen kann.'[1] Geht man von diesem Gesetz aus und geht man davon aus, daß der Mensch das erwähnte Stadium seiner geistigen Entwicklung erreicht hat, folgt daraus, daß er sich als Person nach dem genannten Gesetz nicht damit zufrieden geben kann, zu *empfinden*, sondern gezwungen ist, über sich und sein Wohlbefinden zu *urteilen*. Denn die Urteilsfähigkeit ist höher als die Empfindungsfähigkeit. Läßt er die höhere, edlere Fähigkeit inaktiv, die ihm in dem Moment zur Verfügung steht, bleibt seine Person selbst inaktiv. Daraus folgt, daß die Person nichts genießen würde. Die Lust würde aus der Sphäre der Sinne nicht heraustreten. Und für den Menschen gäbe es keine Erfüllung und Zufriedenheit, weil die Sinne in diesem Fall nicht der Mensch sind. Dies muß man nämlich genau beachten: Wenn der entwickelte Mensch nach einem Gut trachtet – und sei es auch nur die sinnliche Lust – tut er dies stets mit Hilfe eines Urteils.

Selbst die Hingabe an die Wollust entspricht einem Urteil – nämlich dem Urteil, daß die physischen Freuden ein Gut darstellen. Der Mensch kann als Vernunftwesen auf ein solches Urteil nicht verzichten, wenn er jene Entwicklungsstufe erreicht hat, in der sein Handeln bereits eine Wahl impliziert. Wenn man darüber nachdenkt, erkennt man, daß der Mensch kraft der Intelligenz und der Fähigkeit zur Auswahl, mit denen er ausgestattet ist, die sinnliche Lust nie als Gut an sich will, sondern als *Mittel*, durch das er sich befriedigt und zufrieden zu machen glaubt. In jedem Fall muß sich der Mensch selbst als zufrieden beurteilen, damit er die Erfüllung und Zufriedenheit besitzt. Gleichgültig welches Mittel er einsetzt, um sich zufriedenzustellen – ob materiell oder geistig – es hängt gleichermaßen von seinem inneren Urteil ab, ob er dadurch vollständig befriedigt wird. Daraus läßt sich als sichere pychologische Wahrheit folgern: 'Die Erfüllung und Zufriedenheit ist stets *geistig*, gleichgültig was der Mensch einsetzt, um sie zu erlangen – und sei es auch noch so grob und materiell.' Dies ist ein außerordentlicher, auf den ersten Blick paradoxer Satz, der aber trotzdem sehr wahr ist.

Allerdings verschwindet das scheinbare Paradoxon, sobald man die natürliche Unterordnung des vitalen und *sensitiven* Teils unter den geistigen und *intellektuellen* Teil beim Menschen bedenkt.

Der Ursprung dieser Abhängigkeit liegt in der Eigentümlichkeit des *verstandesmäßigen* Teils: Dieser erkennt die Natur und alle Neigungen des *sensitiven* Teils als seine eigenen Objekte, während es dem *sensitiven* Teil nicht möglich ist, eines der Objekte des Verstandes wahrzunehmen oder zu erkennen, da der sensitive Teil keine Erkenntnis (cognizione) besitzt. Die Sinne im Menschen können also nichts tun oder erleben, ohne daß der verstandesmäßige Teil des Menschen Zeuge und Zu-

---

[1] Vgl. *Antropologia*, Buch IV, Kap. 9, Art. II, § 3. [A. Rosmini: Antropologia in servigio della scienza morale, in A. Rosmini: Filosofia della morale, cit., Bd. II, S. 526–528.]

schauer dessen ist, was die Sinne tun oder erleben. Auf der anderen Seite besitzt das Bewußtsein (intendimento) eine Reihe von eigenen Objekten [die Ideen], welche von den körperlichen Sinnen nicht wahrgenommen werden können, weil diese notwendigerweise in ihre eigenen einzelnen und materiellen Neigungen eingeschlossen sind.

Daher können die Sinne die Vernunfthandlungen nicht beurteilen, die sie weder wahrnehmen noch erkennen. Das Bewußtsein kann aber die Sinneshandlungen, die es wahrnimmt und erkennt, beurteilen und beurteilt sie auch von Natur aus.

Denselben Unterschied, den man zwischen der Fähigkeit der Sinne und der Fähigkeit des Bewußtseins feststellt, stellt man auch fest zwischen der Fähigkeit des sinnlichen Begehrungsvermögen (appetito sensitivo), das vom Empfinden kommt, und der Fähigkeit des verstandesmäßigen Begehrungsvermögen (appetito intelletivo), das vom Bewußtsein ausgeht.

Zu den Objekten des verstandesmäßigen Teils gehört alles, was die Sinne durchquert, sowie viele andere, höhere Wesenheiten, die nur dem Erkenntnisvermögen gehören, während die Sinne sich die Objekte des Erkenntnisvermögens niemals aneignen können. Gleiches gilt für das Begehrungsvermögen: Mit dem verstandesmäßigen Begehren kann der Mensch zu allen Dingen hinstreben, die zu ihm eine Beziehung von gut oder schlecht haben können – gleichgültig ob sie sinnlich wahrnehmbar sind oder nicht. Mit dem sinnlichen Begehren kann sich der Mensch dagegen ausschließlich zu den sinnlichen, konkreten, körperlichen Dingen hinneigen.

Im verstandesmäßigen Teil des Menschen besteht also ein höheres Prinzip, das sowohl in Bezug auf das *Erkennen* als auch in Bezug auf das *Begehren* und *Wollen* dominiert. In Bezug auf das Erkennen gibt es ein Prinzip, das über alles urteilt, was im Menschen geschieht, und es als gut oder schlecht beurteilt. In Bezug auf das Streben und Wollen gibt es ein Prinzip, das alles begehrt, was als gut beurteilt wurde, und das alles fürchtet, was als schlecht beurteilt wurde.

Der fühlende, animalische Teil des Menschen wird also natürlicherweise vom verstandesmäßigen Teil beurteilt. Dadurch wird manchmal das, was für die Sinne gut ist, für schlecht erklärt, wenn es diesem Urteil unterworfen worden ist, und umgekehrt kann das, was für die Sinne schlecht ist, für gut erklärt werden. Und in gleicher Weise widerspricht das höhere Begehren, das diesem Urteil folgt, oftmals dem niedrigeren Begehren, das von den Sinnen ausgeht. Je nach dem kann das verstandesmäßige Begehren dann zu Dingen hindrängen, die den Sinnen unangenehm sind, oder es kann sich von Dingen zurückziehen, die den Sinnen angenehm sind.

Aufgrund dieser natürlichen Abhängigkeit des animalisch-sinnlichen Teils vom verstandesmäßigen Teil liegt die Befriedigung des Menschen offensichtlich nicht in dem, was der sinnliche Teil begehrt, sondern allein in dem, was vom verstandesmäßigen Teil für gut erklärt wird. Die Sinne sind nur eine erste Instanz, deren Richtspruch stets vom Menschen eingeholt wird. Dieser erste Richtspruch ist für das menschliche Glück oder die menschliche Erfüllung und Zufriedenheit nicht abschließend. Das höchste, personale Prinzip, das wir selbst sind, muß das Gerichtsverfahren abschließen und das Gute und das Schlechte auf sich beziehen, damit wir selbst sagen können [und damit nicht nur ein geringer Teil von uns sagen kann], daß wir zufrieden oder glücklich sind.

Buch IV, Kapitel 3

Das Urteil, das Erfüllung und Zufriedenheit erzeugt, konstituiert das *eudämonologische Bewußtsein* im Menschen

Nicht jedes unserer Urteile über unseren Zustand erzeugt in uns Erfüllung und Zufriedenheit.

Wir können uns beim Urteil über unser Wohlbefinden wie beim Urteil über jede andere Sache täuschen. Noch viel trügerischer können die äußeren Zeichen sein, die die Menschen von ihrer Zufriedenheit geben. Der Mensch unternimmt in dieser Hinsicht manchmal große Anstrengungen, um sich und die anderen zu täuschen, und dies gelingt ihm auch, ohne daß er dadurch glücklicher würde. In Zuständen, wo der Mensch der Verzweiflung nahe ist, erlebt man manchmal, daß seine Versuche zunehmen, sich selbst glauben zu machen, daß er glücklich sei – wie ein auf den Tod Kranker sich täuscht und getäuscht werden will über das große Ereignis, das doch so bald eintreten muß. Manchmal ist es der Stolz des Menschen, der nicht glauben will, daß ihm die Kraft fehlt, sich auch inmitten allen Mißgeschicks, in dem er sich tatsächlich befindet, Glück zu schenken. Und so unternimmt er unglaubliche Versuche, um diese eitle Illusion zu verstärken. Die Übertreibungen an extremem Glück finden sich manchmal bei Geisteskranken und werden unweigerlich von der schlimmsten Traurigkeit abgelöst. Und die wiederholten, betonten Behauptungen, mit denen ein trauriger Mensch versichert, er befände sich in einem Zustand vollkommener Ruhe und Zufriedenheit, sind nicht selten Symptome großer Verzweiflung.[1] Unser Urteil über uns selbst reicht allein gewiß nicht aus, um uns glücklich zu machen. Diesem Urteil muß ein reales Objekt zugrundeliegen. Mit einem Wort: Dieses Urteil muß *wahr* sein, damit es unsere Erfüllung und Zufriedenheit wirklich vollständig macht.

Ich sage noch etwas, was auf den ersten Blick merkwürdig erscheinen mag. Dieses Urteil muß von seiner Natur her unfehlbar sein, damit es unsere spürbare Zufriedenheit besiegelt und uns zufriedenstellt. Ich will das erklären.

In der Schrift *Ideologia* habe ich gezeigt, daß die *unmittelbare Kenntnis* (cognizione diretta) gegen Irrtum gefeit ist.[2] Das Urteil nun, durch das die Erfüllung und Zufriedenheit erzeugt wird, ist ein solches direktes und unmittelbares Urteil über unseren eigenen Zustand der Zufriedenheit. Jedes weitere Reflexionsurteil (giudizio di riflessione) kann uns täuschen. Aber das erste Urteil, das wir über die

---

[1] In seinen letzten Selbstzeugnissen übertreibt Rousseau bekanntlich das große Glück, das er in seiner Einsamkeit genießt. Wenig später unternahm der unglückliche Mann aber möglicherweise einen Selbstmordversuch! [Vgl. J. J. ROUSSEAU: Les rêveries du promeneur solitaire, in: Oeuvres complètes, cit., Bd. I, S. 993 ff.]

[2] *Nuovo saggio sull'origine delle idee*, Sek. VI, Teil IV, Kap. 2, Art. VI. [A. ROSMINI: Nuovo saggio sull'origine delle idee, cit., Bd. III, S. 144–148.]

Befriedigung aller unserer Wünsche abgeben und das unser *eudämonologisches Bewußtsein* (coscienza eudemonologica)[3] konstituiert, kann uns nicht täuschen. Denn es entstammt nicht unserer Freiheit, sondern der Natur.

Zugleich ist uns unser Zustand, über den das Bewußtsein urteilt, zu nahe, als daß er uns täuschen könnte, wenn wir ihn wahrnehmen.[4]

Wenn das Objekt entfernt oder vielfältig ist und wenn wir unser Urteil darüber nach Belieben wiederholen können, läßt sich recht gut verstehen, daß wir uns irren und den Irrtum auch nicht sogleich ablegen können. Aber da das Objekt gegenwärtig, von größerer Evidenz, höchst wichtig und mit uns vereint ist, weil wir es selbst sind, wie könnte sich unser Urteil da irren, das sich sozusagen so oft wiederholt, wie es Augenblicke unseres Daseins gibt? Selbst wenn es sich um ein Reflexionsurteil handelt, kann der Mensch gar nicht so viele Selbsttäuschungsversuche unternehmen, daß er nicht doch in einem Moment die Wahrheit erkennt, deren Licht in ihm aufscheint und die er in sich trägt und die mit ihren hellen Strahlen unablässig seine Augen durchdringt.

Aber ich habe gesagt: Das genannte Urteil ist kein Urteil durch Reflexion. Es handelt sich nicht um einen zweiten Akt der Einsicht, sondern um einen ursrpünglichen Akt. Mit den zweiten, reflexiven Akten können wir uns unseren Zustand ganz oder teilweise vergegenwärtigen, als wäre er etwas von uns Verschiedenes, und daher können wir uns täuschen. Aber mit dem ersten, unmittelbaren Akt urteilt die Einsicht über unseren Zustand nicht wie über etwas von uns Verschiedenes, sondern über *unsere Empfindung*. Dieses ist der Akt, mit dem wir uns bewußt machen, ob unsere Wünsche befriedigt sind oder nicht. In der Antike wurde dieser Akt „das Urteil der menschlichen Seele" genannt.[5] Hier ist es offenbar unmöglich, sich zu täuschen, weil wir uns nicht *bewußt* sein können, zufrieden zu sein, wenn wir es nicht sind, und uns nicht des Gegenteils bewußt sein können, wenn das Herz zu uns nur von Zufriedenheit spricht. Dieser Urteilsakt, mit dem wir unsere Erfüllung und Zufriedenheit schaffen, ist also eng mit unserer Empfindung verbunden. Er umfaßt alles, was wir in uns fühlen, er umfaßt uns selbst. Wenn dieses Urteil gesprochen wird, befindet sich die Person, die urteilt, in vollkommener innerer Verbundenheit mit dem, was beurteilt wird. Man muß also auf dieses *eudämonologische Bewußtsein* zurückgreifen, um den Zustand der Seele exakt zu kennen, weil es der unfehlbare Richter über die Erfüllung ist, die das menschliche Herz erhalten oder nicht erhalten hat.

---

[3]   Das *eudämonologische Bewußtsein* ist mithin ein unmittelbares, natürliches Urteil, das wir über die Befriedigung unserer Wünsche abgeben. Es ist *unmittelbar*, weil die Befriedigung der Wünsche, die sein Objekt darstellt, unmittelbar beurteilt wird. Es ist *natürlich*, eben weil es unmittelbar ist. Seine Unmittelbarkeit macht eine Differenz zwischen beurteilter Sache und Urteil darüber unmöglich, weil jede Differenz eine dritte Sache dazwischen voraussetzt, die die Annahme, das Urteil sei unmittelbar, aufheben würde.

[4]   Vgl. zur unmittelbaren Selbstwahrnehmung *Nuovo saggio* etc., Sek. VI, Teil III, Kap. 3. [A. ROSMINI: Nuovo saggio sull'origine delle idee, cit., Bd. III, S. 103 ff.]

[5]   „Animus oportet tuus te [se] judicet divitem, non hominum sermo" (Cic., *Parad.*, VI). [M. TULLI CICERONIS Paradoxa, VI, in: M. TULLI CICERONIS Scripta, cit., Teil IV, Bd. III, S. 210–211.]

Buch IV, Kapitel 4
Das Urteil, das den Menschen erfüllt und zufrieden macht, ist kein bloßes Urteil *in actu*, sondern ein habituelles Urteil, das einen *Zustand* der Seele erzeugt

Es ist auch sinnvoll, sich dies klarzumachen: Wenn man *Gewissen* oder Bewußtsein (coscienza o consapevolezza) sagt, meint man etwas Dauerhaftes im Menschen und nicht einen vorübergehenden Akt.

Es stimmt, daß ein Urteil ein Akt ist. Zunächst gibt es Akte, die sich beliebig oft wiederholen lassen und die wirklich wiederholt und häufig reproduziert werden. Dann nimmt der *Urteilsspruch*, der mit solchen aktuellen Urteilen *verkündet* wird, im Gedächtnis Platz und richtet sich dort wie alle übrigen Kenntnisse, Meinungen und Überzeugungen ein, welche, um sich dem bewußten Gedanken wieder zu vergegenwärtigen, nicht neu gemacht, sondern nur erinnert werden müssen. Wenn diese im Habitus des Gedächtnisses aufbewahrten Meinungen und Überzeugungen uns unseres Wohlbefindens versichern, verursachen sie in uns nicht nur häufiges innerliches Wohlgefallen, sondern verschaffen uns auch die Wirkung einer kontinuierlichen Empfindung von Freude und guter Stimmung, die uns überallhin begleitet und die in uns ist, ohne daß wir über ihren Grund nachdenken. Dies ist nun die Natur und die Wirksamkeit des *eudämonologischen Bewußtseins*, wenn es uns innerlich bescheinigt, daß unser Verlangen ganz und gar erfüllt ist.

Daher gibt es drei Merkmale des *eudämonologischen Bewußtseins*:
1. Es ist ein *Urteil*, das wir, so oft wir wollen, wieder erzeugen können und das wir wirklich mit spontaner und häufiger Bewegung wieder erzeugen.
2. Es nimmt die Gestalt eines *Urteilsspruchs* über die Befriedigung unserer Wünsche an, der als Meinung und Überzeugung von unserem Wohlbefinden permanent im Habitus des Gedächtnisses bleibt.
3. Als Wirkung dieses *Urteilsspruchs*, der uns unser Wohlbefinden bestätigt [das für sich genommen in uns abstrakt bleibt], breitet sich in der Tiefe der Seele eine gewisse angenehme Empfindung aus, die uns dauerhaft froh und vollständig zufrieden macht.

Wenn wir noch einmal das erste Merkmal betrachten, entdecken wir weitere wichtige Aspekte.

Das erste Merkmal ist dieses: 'Wir können das Urteil, durch das wir uns innerlich für zufrieden erklären, wiederholen, wann immer wir wollen.' Das setzt voraus, daß dem Akt dieses Urteils nie der Gegenstand fehlt. Also muß der Gegenstand des besagten Urteils in uns dauerhaft und nicht vorübergehend gegeben sein. Anderenfalls ließe sich dieser Urteilsspruch nicht beliebig wiederholen.

Was ist der Gegenstand des Urteils, mit dem wir uns innerlich für zufrieden erklären? Es ist die Summe unserer erfüllten Wünsche. Untersuchen wir erst, was der Wunsch ist, und dann, was der erfüllte Wunsch ist.

Auch der *Wunsch* ist etwas geistiges (intellettivo).

Vom Tier wird man sagen, daß es vom *Begehren* (appetito) angeregt wird, aber man wird nicht eigentlich sagen können, daß das Tier einen Wunsch oder ein *Verlangen* (desiderio) hat. Die Bedeutung von *Verlangen* ist also enger als die Bedeutung von *Begehren*. Das „Begehren" meint jede beliebige Neigung, sei sie vital-animalisch oder geistig. Der Wunsch oder das Verlangen ist dagegen ein *rationales Begehren* (appetito razionale). Man kann das Verlangen also wie folgt definieren: Es ist 'jenes rationale Begehren, das im intelligenten Wesen entsteht, wenn dieses zu dem Urteil gelangt, daß der Besitz oder Genuß einer Sache, die es nicht hat oder nicht genießt, gut für es selbst ist, und wenn es erkennt, daß Besitz oder Genuß der Sache möglich ist'.

Denn durch dieses Urteil entsteht im Vernunftwesen, das das Urteil gefällt hat, alsbald das Verlangen, diese gute Sache zu haben, die es nicht hat und von der ihm scheint, daß es sie haben könnte.

Diese Sache, die Ziel des Verlangens wird, kann eine angenehme Empfindung sein oder ein materielles Objekt [Ursache für angenehme Empfindungen] oder ein geistiges oder sittliches Gut, kurzum: jede vorübergehende oder dauerhafte Sache, die der Mensch als Gut begreifen kann.

Wenn das begehrte Objekt transitorisch ist, ist zwangsläufig auch die Erfüllung des Wunsches transitorisch. Diese Art der Erfüllung kann folglich keinen die menschliche Natur befriedigenden *Zustand* bilden. Wenn demgegenüber das gewünschte Objekt fest und dauerhaft ist, sind auch die Erfüllung des Wunsches, der Genuß und der Besitz der gewünschten Sache dauerhaft. In diesem zweiten Fall kann sich der Mensch seines Wohlbefindens bewußt werden und das Urteil beliebig oft erneuern, das sein eudämonologisches Bewußtsein bildet.

Daraus folgt, daß die Materie von *Erfüllung und Zufriedenheit* kein erfreulicher *Akt*, sondern ein erfreulicher *Zustand* ist.

Anderseits ist es leicht zu erkennen, daß der Mensch in diesem Leben keines seiner Vermögen permanent aktualisieren kann.

Ich spreche nicht von den ersten Akten, sondern von den sogenannten *zweiten Akten*. Gewiß, das bloße Dasein, das bloße Leben, das ursprüngliche, fundamentale Empfinden ist ein kontinuierlicher Akt (atto continuo). Aber wir sprechen hier von akzidentellen einzelnen Akten, von Akten im gewöhnlichen Wortsinn, die für den Menschen Ursachen der intensiveren Freude und des intensiveren Schmerzes sind, wie es der geistige Akt in einem Gedanken oder die Erregung der Sinnenfasern ist. Diese Akte können auf Erden nicht ewig sein. Wenn die körperlichen Kräfte zu lange gereizt werden, lassen sie nach und werden müde. Die Natur der vitalen Lust vergeht, die aus einer derartigen Bewegung von Teilen entsteht. Die Konzentration des Verstandes hört ebenfalls auf wegen der Last, die sie dem Körper bereitet, dem

Kapitel 4: Das Urteil, das den Menschen erfüllt und zufrieden macht 405

sich dann die zur Lebenserhaltung notwendigen Geisteskräfte entziehen. Kurzum: Alles beweist, daß, wie Rousseau sagt, „das Glück, das unser Herz ersehnt, nicht aus flüchtigen Augenblicken besteht, sondern ein einfacher, dauerhafter Zustand ist, ohne Lebhaftigkeit an sich, dessen Dauer jedoch die Verzauberung so sehr verstärkt, daß man zuletzt das höchste Glück findet".[1]

Die momentane Freude ist zwar im Vergleich zur Freude von ununterbrochener Dauer intensiver, aber sie ist wie ein unendlich kleiner Teil im Vergleich mit einer endlichen Qualität: Zwischen beiden gibt es eine unendliche Entfernung.

Wir können also sagen: 'Das hauptsächliche Gut in diesem Leben besteht nicht in einzelnen und momentanen Akten, sondern in jenem dauerhaften Gefühl, das die Vollendung der Fähigkeiten (potenze) und der Gewohnheiten (abiti) des Menschen begleitet.'

Wer also zwischen einem lustvollen Akt und einer höheren Vollendungsstufe seiner Fähigkeiten und Habitus wählen muß, handelt sehr gut, wenn er dem lustvollen Akt die höhere Vollendungsstufe vorzieht. Denn diese gesteigerte Vollendungsstufe läßt ihn ein größeres Gefühl seiner eigenen Existenz genießen und fügt allen zukünftigen Akten Vollendung hinzu. So entspricht sie im Wert der Summe vieler zukünftiger Akte. Wir müssen folglich genau auf die Beziehung zwischen unseren Handlungen und der Verbesserung unserer Gewohnheiten und Fähigkeiten

---

[1] *Les rêveries du promeneur solitaire*, Promen. V. – Das *höchste Glück* kann in Wirklichkeit nur in einer sehr intensiven, von einem kontinuierlichen Akt erzeugten Freude bestehen. Auf Erden gibt es dies nicht. Rousseau schreibt: „In der intensivsten Freude gibt es kaum einen Moment, wo uns das Herz wirklich sagen könnte: Ich wollte, dieser Augenblick dauerte für immer! Wie kann man einen flüchtigen Zustand ‚Glück' nennen, der unser Herz unruhig und leer läßt, unzufrieden mit der Vergangenheit und voll Sehnsucht für die Zukunft?" Der Mensch will einen ZUSTAND. Er strebt nach Stabilität, er strebt danach, alle Dinge um sich her am FESTZUHALTEN. Er kann in diesem Leben keinen Zustand erreichen, der in einem intensiven, kontinuierlichen Akt besteht, weil es seine Bestimmung hier auf Erden ist, ein *Vermögen* zu sein, das sich mittels einer Abfolge von Akten entfaltet. Das menschliche Glück auf Erden ist folglich HABITUELL, nicht AKTUELL. „Aber wenn es einen Zustand gibt", fährt Rousseau fort, „in dem die Seele eine hinreichend feste Grundlage findet, um sich darauf vollständig auszuruhen und darauf ihr ganzes Dasein zu konzentrieren, ohne die Vergangenheit erinnern, noch in die Zukunft weitergehen zu müssen; wo Zeit für die Seele nicht existiert; wo die Gegenwart immerfort dauert, ohne daß die Seele deren Dauer wahrnehmen kann; ohne Hauch von Abfolge und ohne ein Gefühl der Entbehrung oder der Freude, der Lust oder des Schmerzes, des Wunsches oder der Furcht, außer jenem einen Gefühl unseres Daseins und dieses Gefühl allein sie ganz und gar erfüllt – solange dieser Zustand anhält, kann sich der, der sich darin befindet, glücklich nennen. Sein Glück ist kein unvollkommenes, armseliges, relatives Glück wie bei einem, der inmitten der Freuden des Lebens lebt, sondern vollständig, vollkommen, erfüllt. Es läßt in der Seele keine Leere zurück, die sie zu füllen das Bedürfnis verspürt." – Niemand gewinnt eine größere Freude durch die eigene Existenz als der, der eine größere Existenz besitzt. Dies bewahrheitet sich auch in dieser Welt bei denjenigen, deren Natur durch die innere und geheimnisvolle Vereinigung mit Gott größer geworden ist. Gott allein vereint sich in vollendeter Einheit mit dem Menschen. [J. J. ROUSSEAU: Les rêveries du promeneur solitaire, cit., in: Oeuvres complètes, cit., Bd. I, S. 1046.]

achten. Die Philosophen aber haben diese Regel nicht beachtet. Sie haben sich darauf beschränkt, flüchtige lustvolle Akte zu untersuchen, ohne sie mit der Wirkung in Verbindung zu bringen, die diese Akte auf die *Gewohnheiten* und auf die *Fähigkeiten* ausüben, und vor allem haben sie das menschliche Glück nur in den Akten angesiedelt. Dies hat dazu geführt, daß sie bezüglich der Tugend und des eudämonologischen Guts des Menschengeschlechts verhängnisvolle Fehler gemacht haben.

Buch IV, Kapitel 5
Hier werden die Tätigkeiten genannt, die der menschliche Geist vollzieht, wenn er Erfüllung und Zufriedenheit für sich schafft

Hier resümieren wir die staunenswerte Tätigkeit, mit der der menschliche Geist für sich selbst die *Erfüllung und Zufriedenheit* der Seele erarbeitet und schafft (travaglia e compone).

1. Die Erfüllung und Zufriedenheit wird im letzten durch ein *freies Willensurteil* (giudizio volontario) aktualisiert, durch das sich der Mensch innerlich für befriedigt und zufrieden erklärt.

Dies ist der oberste Akt – er urteilt über alle anderen Akte, er spricht ein abschließendes Urteil über alles Gute und Böse, das in uns vorgeht.

2. Unmittelbar unter diesem verstandesmäßigen Akt liegt die *Erfüllung* unserer Wünsche, welche das Objekt oder auch die unmittelbare Materie dieses höchsten Urteils ist.

Hier muß man genau beachten, daß die *Erfüllung und Zufriedenheit* niemals vollendet wäre, wenn es diesen höheren Akt nicht gäbe, mit dem wir unsere Wünsche für erfüllt erklären. Ja, man würde, um es genauer zu sagen, ohne diesen Akt gar nicht wissen, was die Befriedigung der Wünsche eigentlich ist. Sie wäre eine in sich widersprüchliche Idee, wenn sie sich selbst überlassen bliebe, ohne daß sie bewußt würde.

Auch das *Verlangen* – so hatten wir gesagt – ist ein Akt, der zur geistigen Ordnung (ordine intellectuale) gehört, da auch das Verlangen durch ein Urteil gebildet wird, das bestätigt, daß der Besitz einer bestimmten Sache für uns gut wäre. Wenn also das Bewußtsein geurteilt hat, daß es für uns gut ist, eine bestimmte Sache zu haben, und wenn wir sie daraufhin wollen und wünschen, dann ist klar, daß es auch das Bewußtsein sein muß, das uns sagt, ob wir die Sache erhalten haben oder nicht. Kämen wir ohne Wissen des Bewußtseins in den Besitz dieser Sache, würde das Bewußtsein uns weiter ermuntern und in uns den Wunsch nach dieser Sache wachhalten. Das aus einem Urteil hervorgegangene Verlangen kann also nur unter der Bedingung befriedigt werden, daß ein weiteres Urteil hinzutritt, das das Verlangen für befriedigt erklärt. Es ist das Bewußtsein, das uns das Verlangen auflädt, also muß das Bewußtsein uns auch davon entlasten und entpflichten. Eine vollständige Befriedigung des Verlangens der Seele kann also nur unter der Bedingung entstehen, daß sich im Menschen ein eudämonologisches Bewußtsein bildet, das ihm erklärt, daß er die Dinge erhalten hat, nach denen er verlangte.

Dies beweist, daß das eudämonologische Bewußtsein ein höheres Urteil als alle Urteile ist, durch die unsere Wünsche erzeugt werden.

3. Aber auch die Urteile, die in der Seele des Menschen das Verlangen erzeugen, haben ihre Objekte. Sie haben Materialien, die ihnen zugeordnet sind. Diese Ob-

jekte oder auch Materialien stellen ein drittes, untergeordnetes Element der menschlichen Erfüllung und Zufriedenheit dar.

Wie sind nun die Objekte unserer Wünsche beschaffen? Sind sie möglicherweise auch unser Werk? Werden auch sie von uns mit weiteren Tätigkeiten unseres Geistes gestaltet und bearbeitet? Gehören sie zur Ordnung der mit den Sinnen wahrnehmbaren Dinge oder zur Ordnung des Bewußtseins?

Auf die Frage, ob die Objekte der Wünsche ebenfalls unser Werk sind, antworte ich, daß man nicht bestreiten kann, daß die Tätigkeit des menschlichen Geistes einen großen Einfluß auf die Objekte seiner Wünsche hat, indem er sie vergrößert und verkleinert, manche zerstört und andere neu schafft.

Tatsächlich schafft sich der menschliche Geist täglich, besonders mit Hilfe der Vorstellungskraft, unzählige Wesen, die nicht in der Natur vorhanden sind, und verfälscht jene, die vorhanden sind. Er verschönert und vergrößert seine eigenen Schöpfungen, wie es ihm gefällt, ohne daß sich ihm Grenzen setzen ließen. Wir können nicht bestreiten, daß diese chimärenhaften und trügerischen Produkte für den menschlichen Geist zu Objekten von Neigungen und Begehrlichkeiten werden, als wären sie real und wahr – oft sogar stärker, als wenn sie real und wahr wären. Der menschliche Geist kann sich also durch den Gebrauch der Einsicht und der Vorstellungskraft Objekte seiner Wünsche herstellen und schaffen und dann Wünsche in sich erzeugen, die regelrecht ins Leere zielen, ins Nichts. In diesem Fall erkennt man drei sukzessive Formen von intellektueller Tätigkeit: Mit der ersten schafft der Mensch die Objekte; mit der zweiten beurteilt er sie als gut und erreichbar und wünscht sie; mit der dritten bildet er sein *eudämonologisches Bewußtsein*, das heißt, er beurteilt seinen eigenen Zustand und erklärt sich für befriedigt oder nicht durch das, wonach sein Verlangen strebt und was es erreicht hat oder noch nicht erreicht hat.

Man muß nun genau bedenken: Es besteht ein unendlicher Unterschied zwischen dem Vermögen, gewisse sinnlose Wunschobjekte und folglich gewisse Wünsche zu erzeugen, und dem Vermögen, diese Wünsche zu befriedigen, die wir in uns geweckt haben.

Wenn sich der Mensch durch die Vorstellungskraft ein Gut und zugleich damit den Wunsch danach schafft, ist er mit Sicherheit vollkommen davon überzeugt, auch die Macht zu besitzen, seinen Wunsch erfüllen zu können.

Aber er täuscht sich hinsichtlich der Macht, die er zu haben glaubt, um sich diesen eingebildeten Wunsch erfüllen zu können, ebenso wie er sich täuscht, wenn er sich dieses Phantasieobjekt als real und wahr vorstellt. Tatsache ist, daß ein Verlangen, das der Mensch mittels einer falschen Auffassung von Gut in sich weckt, niemals eine wahre Befriedigung zur Folge haben kann – sei es, weil sein Objekt unerreichbar ist, sei es, weil sich das Objekt als trügerisch erweist. Wenn der Mensch es erreicht hat, stellt er fest, daß es nicht mehr das ist, wofür er es gehalten hat. Wenn die Illusion entlarvt ist, wird die Seele prompt von trauriger Enttäuschung erfüllt, die je nach den Umständen von unterschiedlichen Gefühlen begleitet wird.

Es würde genügen, genau über solche illusorischen Objekte – die Erzeugnisse unserer praktischen Vernunft – nachzudenken, um die verschiedenen Irrtümer

Kapitel 5: Zur Entstehung von Erfüllung und Zufriedenheit

erkennen und klassifizieren zu können, in die der Mensch als sittliches und gesellschaftliches Wesen fällt. Wir beabsichtigen, diesen Faden alsbald wieder aufzunehmen, müssen aber jetzt noch weiter die Materialien der menschlichen Zufriedenstellung aufzählen.

Wenn der Mensch keine anderen Objekte seiner Wünsche hätte, als die, die er selbst herstellt, wäre er notwendigerweise unglücklich. Denn Illusion und Täuschung werden niemals sein Glück bilden.

Glücklicherweise gibt es außer den Objekten, die unsere willentliche Aktivität schafft, reale und der menschlichen Natur vollkommen angemessene Güter. Die Wirklichkeit (realita) dieser Güter ist unabhängig von der Tat des menschlichen Willens. Die Natur gibt sie, und so wie der Mensch nicht die Macht hat, sie zu bilden, so hat er auch nicht die Macht, sie zu zerstören. Auch ihre Beziehung zur menschlichen Natur, also ihre Eignung, die menschliche Natur zu befriedigen, ist unabänderlich und vom Menschen unabhängig. Der Wille kann sie nur zurückweisen oder umfangen. Aber gleichgültig, ob er sie zurückweist oder ob er sie annimmt – die Eignung dieser Objekte, die menschliche Natur zufrieden zu machen, ist dieselbe. Wenn der Wille diese Objekte annimmt, erzeugen sie ihre Wirkung zum Wohl des Menschen. Wenn er sie nicht annimmt, bleiben sie ungenutzt und gehen für den Menschen verloren.

Aus diesen Überlegungen ergibt sich eine Konsequenz, die ausreicht, um unseren Stolz zu demütigen: 'Der Mensch hat die Macht, sich unglücklich zu machen, und er hat nicht die Macht, sich von allein glücklich zu machen.'

Die Zufriedenstellung der Seele ist also nicht das Werk des Menschen allein. Er trägt dazu mit den Akten seines Bewußtseins und seines Willens bei, die ihm das eigene Wohlbefinden bewußt machen. Vorher trägt er dazu noch mit der Ausrichtung seiner praktischen Vernunft bei, die sein Verlangen zu den wirklichen Gütern hinlenkt, statt zu den chimärenhaften Gütern. Schließlich trägt der Mensch zu seiner Zufriedenstellung mit den Anstrengungen bei, die er unternimmt, um in den Besitz dieser Güter zu gelangen. Aber gleichwohl ist es die Natur der Dinge, seine großzügige Wohltäterin, von der der Mensch diese realen Güter erbitten muß. Er ist verpflichtet, die Güter, wie sie sind, aus den Händen dieser seiner Mutter anzunehmen, er muß sich den ontologischen Gesetzen unterwerfen, die diese Güter mit der menschlichen Veranlagung verbinden. Diesen Gesetzen muß der Mensch getreulich gehorchen, wenn er sich nicht selbst zerfleischen und hoffnungslos unglücklich machen will.

Nachdem wir in diesem Kapitel die Tätigkeiten zusammengefaßt haben, mit denen der menschliche Geist zur eigenen Erfüllung und Zufriedenheit beiträgt, wollen wir im nächsten Kapitel über den Anteil der Natur bei diesem Werk nachdenken und die realen Güter aufzählen, die dem Menschen von der Natur der Dinge als Objekte seiner legitimen Wünschen gegeben werden.

Buch IV, Kapitel 6

Es werden die Objekte aufgezählt, die reale Güter sind und die daher dazu beitragen können, die menschliche Erfüllung und Zufriedenheit zu erzeugen

Das erste reale Gut ist die *Existenz*. Wer sie nicht besitzt, kann sie nicht wünschen. Aber wer sie besitzt, kann ihre Erhaltung wünschen.

Es scheint, daß der Wunsch nach Existenz der größte aller Wünsche ist, denn kein Seiendes fürchtet irgendetwas so sehr wie die eigene Vernichtung.

Gleichwohl wäre es ein Irrtum, daraus abzuleiten, daß die einfache, reine Existenz das höchste Gut des Menschen ist.

Ein Mensch, der sich dem Zustand nähert, der der Nicht-Existenz am nächsten kommt, nähert sich dem höchsten der subjektiven Übel. Aber das beweist keineswegs, daß die reine Existenz das höchste Gut ist. Es beweist vielmehr das Gegenteil, nämlich daß die bloße Existenz das geringste Gut ist, das elementarste, das letzte, das von den Gütern übrig bleibt. Um einen Vergleich zu gebrauchen: Der höchste Grad an Armut ist der eines Bettlers, dem man auch noch den letzten Obulus wegnimmt, den er erbettelt hat. Trotzdem ist das Almosen keineswegs ein maximaler Reichtum, sondern nur der geringste Betrag, der den Bettler lediglich minimal von der äußersten Armut entfernt.

Was ist also der Wert der bloßen Existenz?

Gemeinhin sagt man, daß zwischen Sein und Nichtsein eine unendliche Entfernung liegt. Aber das ist erneut ein Irrtum, der wie folgt entsteht: Da sich der Mensch das Nichts nicht vorstellen kann, weil es nichts ist, hält er das Nichts für etwas unendlich Kleines und die Existenz für eine endliche Quantität. Nun nehmen die Mathematiker gewöhnlich zwischen einer endlichen Quantität und einem unendlich Kleinen eine unendliche Entfernung an. Aber wer diese Aussage der Mathematiker aufmerksam reflektiert, erkennt, daß sie nichts anderes besagen will, als dies: Man kann sich in der endlichen Quantität eine unbestimmte Zahl kleinerer Quantitäten vorstellen, ohne daß die Summe aller diese Quantitäten, wenn man sie unendlich multipliziert, je der endlichen Quantität entspräche, in der man sich die Existenz der kleineren Quantitäten vorstellt. Nun ist es eine Sache zu sagen, daß man von einer unbestimmt großen Zahl kleiner Quantitäten zwischen dem Infinitesimalen und der endlichen Quantität ausgehen kann. Etwas anderes aber ist es zu sagen, daß zwischen diesen beiden Quantitäten ein unendliche Differenz liegt. Selbst unterstellt, daß die Differenz eine unendliche Zahl an Teilen enthält, so folgt daraus nicht, daß alle diese unendlichen Teile zusammengenommen je eine unendliche Quantität bilden, eben weil sie als infinitesimal gedacht werden. Wenn man also die Differenz zwischen zwei beliebigen endlichen Quantitäten messen will, hängt es

Kapitel 6: Objekte, die reale Güter sind 411

folglich von der Maßeinheit ab, die man verwendet, ob man diese Differenz in einer größeren oder kleineren Zahl ausgedrückt findet. Wenn das Maß sehr klein ist, wird die Differenz eine sehr große Zahl betragen, je nach Maß. Es ist also eine Sache, eine Differenz bei bestimmter Quantität haben zu wollen, aber eine andere, sie bei kontinuierlicher Quantität haben zu wollen. Im ersten Fall kann man eine beliebig kleine endliche Differenz in beliebig viele Teile teilen. Allerdings wird die unbestimmt große Zahl der Teile niemals anzeigen, daß die Differenz unendlich ist. Im zweiten Fall hat man die Differenz selbst nicht aufgeteilt – wenn sie endlich ist, ist sie endlich, wenn sie unendlich ist, ist sie unendlich. Daher darf man nicht sagen, die Differenz zwischen dem Etwas und dem Nichts sei unendlich. Sondern man muß sagen: Die Differenz zwischen dem Etwas und dem Nichts ist das Etwas. Das Gut der Existenz ist also nicht unendlich, sondern es ist so begrenzt, wie die Existenz selbst begrenzt ist.

Daraus folgt: Will man korrekt aufzeigen, welches Gut die *Existenz* für das Seiende ist, das sie besitzt [denn für das Seiende, das sie nicht besitzt, ist sie weder gut noch schlecht], dann muß man nicht die reine, einfache Existenz betrachten, sondern die Existenz mit allen ihren Akten zusammen.

Der Begriff *Existenz* drückt eigentlich ein Abstraktum aus und besagt daher nichts Reales. Die Existenz ist allen Seienden gemeinsam, ohne irgendeines von ihnen zu sein. Was allen gemeinsam ist, kann kein eigenes, einzelnes Seiendes konstituieren. Wenn wir also den Wert von realen Wesenheiten finden wollen, dürfen wir nicht die abstrakte, allen gemeinsame Existenz betrachten, sondern dann müssen wir die Seienden selbst gemäß ihrer unterschiedlichen Grade an Wesenheit sozusagen wiegen. Wie wir anderenorts gezeigt haben, ist das Gut nichts anderes als das Sein.[1] Wer wissen will, wieviel Gut in einem Wesen ist, muß aufzeigen, wieviel Sein in ihm ist. Die *Existenz* besitzen alle, aber das Wieviel an *Sein* ist bei jedem anders. Und je höher die Seinsstufe ist, desto höher ist der Wert des Seienden.

So verwundert es nicht, daß es bestimmte Arten von Seienden gibt, die im Vergleich zu anderen Arten einen relativ unendlichen Wert aufweisen, weil sie eine unendlich höhere und edlere Seinsstufe genießen. Und wäre es nicht eine Beleidigung der menschlichen Natur, zu behaupten, daß der Mensch nur in endlicher Quantität wertvoller ist als das Tier, egal wie groß man diese Quantität auch immer angibt? Denn das würde ja bedeuten, daß eine große Zahl an Pferden oder Eseln dem Wert eines Menschen entspräche. Der Adel und die Vortrefflichkeit des menschlichen Seins weisen verachtungsvoll jeden Vergleich mit den vernunflosen Naturen zurück. Von diesen trennt es eine Differenz der Spezies, die eine tatsächlich unendliche Distanz des einen Seienden vom anderen konstituiert.

Wir wollen hier aber nicht die Stufe an Gut aufzeigen, die die verschiedenen Seienden an sich betrachtet haben, sondern das Gut, das sie hinsichtlich ihrer *Erfüllung und Zufriedenheit* haben. Diese betrifft nur die Vernunftwesen. Wir müssen also die Güter durchgehen, die der Mensch besitzen kann, und sehen, inwieweit die-

---

[1] Vgl. Principi della scienza morale, Kap. 2, Art. I. [A. ROSMINI: Principi della scienza morale, in A. ROSMINI: Filosofia della morale, cit., Bd. I, S. 36.]

se Güter von ihrer Natur her zur Erfüllung und Zufriedenheit des Menschen beitragen können.

Der Mensch ist durch ein substantielles, natürlich-angenehmes Gefühl (sentimento sostanziale naturalmente gradevole) konstituiert – auch in einem Zustand ohne Entwicklung, wie es der Zustand der ersten Momente seiner Existenz ist. Das Gefühl der Existenz ist zwar auf natürliche Weise angenehm, aber es ist noch kein Material für die Zufriedenstellung, die erst nach der Entwicklung der intellektuellen Fähigkeiten des Willens und der Wünsche stattfindet.

Wir müssen also die Hauptstufen dieser Entwicklung andeuten und zeigen, daß im Menschen im Verlauf der Entfaltung dieser Fähigkeiten verschiedene *begehrenswerte Objekte* auftreten und in die Sphäre des *Verlangens* hineingenommen werden, die sich ausweitet und immer mehr um sich herum erobert, und daß diese Objekte schließlich als Ingredientien in der menschlichen *Erfüllung und Zufriedenheit* vermischt und verschmolzen werden.

Wir müssen die Schritte in der Entwicklung der menschlichen Fähigkeiten aufzeigen, indem wir die Akte untersuchen, die den Fähigkeiten folgen.

Die grundsätzliche Verschiedenheit, die diese Akte aufweisen, erlaubt es uns, sie zunächst in zwei große Kategorien einzuteilen: in die Akte, die zu einer subjektiven Art zu handeln gehören, und in die Akte, die zu einer objektiven Art zu handeln gehören.

Dieselbe grundsätzliche Verschiedenheit hatte uns auch dazu geführt, die Klassifikation der menschlichen Aktivitäten zu vereinfachen und alle Aktivitäten auf zwei ganz allgemeine *aktive Prinzipien* zurückzuführen, nämlich auf das *subjektive Handlungsprinzip* und auf das *objektive Handlungsprinzip*.[2]

Nun muß man annehmen, daß in dem ursprünglichen Gefühl (sentimento primitivo) das Gefühl dieser beiden Aktivitäten eingeschlossen ist. Da das ursprüngliche Gefühl mit Sicherheit den Modus unserer Existenz zum Ziel hat, ist es das Gefühl für das, was wir können. Es ist das erste Prinzip unseres Handelns – wenngleich es in diesem Gefühl von all dem noch kein Bewußtsein gibt.

Weil der Mensch ganz Gefühlserleben (sentimento) ist, ist seine Entwicklung eigentlich die Entwicklung eines Gefühlserlebens, oder zumindest ist es eine beständig von einem Gefühlerleben begleitete Entwicklung.

Die *Bewegung dieses Grunderlebens* ist das *Streben* und der *Instinkt*, so daß jede menschliche Entwicklung durch Streben und Instinkte geschieht.

Das *Streben* und der *Instinkt* haben die *Güter* zum Ziel.

So wie es zwei aktive Prinzipien der menschlichen Natur gibt, so muß es folglich auch zwei Klassen von Gütern geben, nach denen diese Prinzipien streben. Diese Güter kann man *subjektive Güter* und *objektive Güter* nennen.

Die *subjektiven* Güter sind die Güter, die im Subjekt Mensch als seine Dinge, als Bestandteile oder Zugehörigkeiten seiner Natur auftreten. Solche sind die angenehmen Empfindungen, die man die „Modifikationen" des

---

2   Vgl. Antropologia, Buch IV, Kap. 9, Art. I. [A. ROSMINI: Antropologia in servigio della scienza morale, in A. ROSMINI: Filosofia della morale, cit., Bd. II, S. 524 f.]

Kapitel 6: Objekte, die reale Güter sind

Menschen nennen kann, weil es Modifikationen des wesenhaften Erlebens sind. Solche subjektiven Güter sind auch die Verbesserungen jedweder Art, die die menschliche Natur in einem ihrer Individuen erfährt.

Die *objektiven* Güter sind demgegenüber jene Güter, die nicht Teil des Subjekts werden, sondern sich seinem Bewußtsein (intendimento) darbieten und von diesem beurteilt werden als das, was sie an sich sind – inwieweit sie mehr beziehungsweise weniger Seinsstufen haben.

Die ersten, subjektiven Güter bilden die Ordnung der *eudämonologischen Güter (Glücksgüter)*.

Die zweiten, also die *objektiven* Güter, bilden die beiden Ordnungen der *geistigen Güter* und der *sittlichen Güter*.[3]

Die *sittlichen Güter* haben eine innige Beziehung zu den *Glücksgütern*. Sie hinterlassen nämlich eudämonologische Folgen (d.h. ihre Folge sind Glücksgüter). Das heißt: Sie erzeugen für den Menschen subjektive Güter; und die subjektiven Güter sind ohne die sittlichen Güter niemals vollständig.[4]

Wenn wir also die subjektiven Güter aufzählen und klassifizieren wollen, können wir sie leicht in die beiden folgenden Klassen zusammenfassen:

1. Die *beiden* angeborenen *aktiven Prinzipien* sind die ursprünglichen subjektiven Güter.

Solange diese Prinzipien im ersten Grunderleben eingehüllt sind – noch ohne sich bewegt zu haben – konstituieren sie das kleinste und elementarste Gut des Menschen, nämlich das Gut der bloßen menschlichen Existenz.

Dann nehmen die subjektiven Güter im Subjekt durch dessen natürliche und angemessene Aktivität zu (attività naturale e conveniente). Daher kann man feststellen: 'Das Maß des subjektiven Guts ist dasselbe wie das Maß der natürlichen, angemessene Aktivität des Subjekts.' Daher gibt es im Menschen die größte Menge dieser subjektiven Güter, wenn – alles zusammengenommen und zusammengerechnet – seine natürliche, angemessene Aktivität am größten ist.

Um also die verschiedenen subjektiven Güter, die im Menschen auftreten, und deren Stufen zu erkennen, genügt es, der Entwicklung der beiden genannten aktiven Prinzipien zu folgen, in denen alles Gut des menschlichen Subjekts wie in einem ersten Keim enthalten ist.

2. Sobald diese beiden Prinzipien anfangen, wirksam zu werden, hat der Mensch ein angenehmes Erlebnis seiner eigenen Tätigkeit, wenn sie auf die naturgemäße Art angemessen ist.

Dieses intensive Wohlgefallen ist besonders geeignet, die Aufmerksamkeit des Subjekts auf sich zu ziehen. Aber es vergeht nach kurzer Zeit mit Ablauf der Tätigkeit selbst. Das läßt sich durch die schon erwähnte Begrenztheit des Menschen erklären: Kein zweiter Akt des Menschen kann in diesem Leben dauerhaft sein, so haben wir gesagt. Daher wird deutlich, daß der Mensch in diesem Leben eine Potenz

---

[3] Vgl. Principi della scienza morale, Kap. 4. [A. ROSMINI: Principi della scienza morale, in A. ROSMINI: Filosofia della morale, cit., Bd. I, S. 56 ff.]

[4] Vgl. dazu das vorher Gesagte in Buch II, Kap. 2–4.

ist und nicht vollständig zu seiner Wirklichkeit gelangt, es sei denn durch Anstrengung und gleichsam gegen die Natur, um alsbald wieder in seinen ursprünglichen Zustand als Potenz zurückzufallen.

Wir müssen die zeitlich gebundenen Freuden, die der Mensch durch die vorübergehenden Akte empfindet, als eine zweite Gattung von subjektiven Gütern betrachten, und zwar als eine Gattung, die sich in drei Sorten unterteilen läßt:

Erste Sorte: Angenehme *animalisch-vitale Empfindungen.*

Zweite Sorte: Erfreuliche *geistige Gefühle* (sentimenti intellettuali), also Lust, die der Mensch im Vollzug der gedanklichen Erfassung und Betrachtung der Dinge empfindet und in den Gefühlen, die für ihn daraus folgen.

Dritte Sorte: *Sittliche Gefühle* (sentimenti morali), die durch die Ausübung der Tugend süß im Menschen aufsteigen.

Die erste dieser drei Sorten umfaßt *subjektive Güter*, die noch einen *subjektiven Ursprung* haben. Die zweite und die dritte Sorte umfassen demgegenüber *subjektive Güter*, die jedoch einen *objektiven Ursprung* haben. Das heißt, diese Güter sind Wirkungen, die im Subjekt dadurch erzeugt werden, daß es die *objektiven Güter* besessen hat.

3. Wenngleich der *Akt* vorübergehend ist, in dem sich die Aktivität der Potenz des Menschen entfaltet, so hinterläßt er doch Spuren und *dauerhafte Wirkungen*. Und diese Wirkungen sind gut oder schlecht, so daß der Mensch nach jedem Akt anders ist als zuvor. Das heißt, er befindet sich entweder in einem besseren oder in einem schlechteren Zustand als vorher.

Die exakte Untersuchung aller *Wirkungen*, die die verschiedenen Akte in dem Menschen hinterlassen, der sie vollzogen hat, wäre eine profunde Arbeit subtilster Philosophie, die anspruchsvolle Themen in Fülle böte.

Diese Wirkungen und Veränderungen, die im Menschen von seinen Akten zurückbleiben, betreffen ganz besonders die eudämonologischen und die ethischen Lehren, und speziell alles, was sich auf die letzten Bestimmungen des Menschen bezieht, auf die großen Pläne des Schöpfers mit ihm und auf das weite Feld der Ontologie. Aber das unmittelbare Thema dieses Buchs hält uns von solch ausführlichen Untersuchungen ab, die zu einer für die Welt noch geheimnisvollen Wissenschaft gehören. Wir beschränken uns auf die Klassifikation dieser dauerhaften Wirkungen, die die Akte des Menschen bei ihm hinterlassen, und zwar allein in der Art und Weise, wie es dem Zweck des Buches angemessen ist. Das heißt, wir betrachten die dauerhaften Wirkungen als Klassen von *subjektiven* Gütern. Die Klassifikation ist die folgende:

a) Die ersten *Wirkungen*, die die Akte des Subjekts bei ihrem ersten Tätigwerden im Zustand des Subjekts erzeugen, sind die *Potenzen*, die auftreten. Während diese zuvor ununterschieden und in Ruhe im Schoß der beiden ursprünglichen *Handlungsprinzipien* ruhten, die niemals vermischt oder vereinigt werden können, treten sie dann getrennt auf.[5]

---

[5] Wir halten nur die beiden genannten Handlungsprinzipien für angeboren. In der *Antropologia* (Buch IV, Kap. 7, Art. I [op. cit., S. 520 ff].) habe ich dargelegt, worin sich die

Kapitel 6: Objekte, die reale Güter sind

b) Diese Potenzen werden nach einer bestimmten festgelegten Ordnung ausgeübt, deren Ursache in ihrer eigenen Natur liegt und in der Natur der Seienden, die außerhalb von ihnen sind und mit denen sie in Beziehung stehen, sowie in den akzidentellen Umständen.

Das Ergebnis dieser Ausübung der Potenzen des Menschen ist, außer den momentanen Gefühlen, von den wir gesprochen haben, ein dreifaches:
Sie hinterlassen im Menschen als ihr Werk und ihre Wirkung
1) *habituelle Gefühle*,
2) *Kenntnisse*, die im Schatz des Gedächtnisses verwahrt werden,
3) *Überzeugungen* und *Meinungen*[6].

Diese habituellen Gefühle, diese fortdauernden Kenntnisse und diese Meinungen und Überzeugungen im Menschen wandeln den Seelenzustand des Menschen erheblich zum Guten oder zum Schlechten, je nachdem, ob die Gefühle angenehm oder unangenehm, ob die Kenntnisse wahr oder falsch und ob die Überzeugungen tugendhaft oder lasterhaft sind.

c) Aber die Kette der Wirkungen endet hier noch nicht. Im Menschen steht nichts still. Alles entwickelt sich. Alle Wirkungen erzielen weitere Wirkungen.

Jedes Gefühl erzeugt im Menschen einen entsprechenden *Antrieb* (istinto). Damit ist gemeint: Es gibt nicht eine einzige *Passivität* im Menschen, die in ihm nicht eine *Aktivität* weckt.

Der Zahl der *neuen Gefühle*, die der Mensch erwirbt, entspricht die Zahl der *neuen Antriebskräfte*, die im Menschen auftreten.

In gleicher Weise kann jede *Kenntnis* eine *Zuneigung* erzeugen. Und die verschiedenen Kenntnisgruppen, die sich im Menschen bilden, erzeugen, zumal wenn sie mit Gefühlen verbunden sind, eine enorme Vielfalt von Zuneigungen.

Das Gleiche gilt für die Meinungen und für die Überzeugungen, welche eine noch stärkere Wirkung auf die Erzeugung der menschlichen Affekte haben als die reinen und einfachen Kenntnisse.[7]

Die *Affekte* nun, die man als Gefühle betrachten kann, produzieren ihrerseits die ihnen entsprechenden *Antriebskräfte*. Mit anderen Worten: Sie setzen die Spontaneität des Willens in Bewegung, so daß dieses Vermögen des Willens, das *Spontaneität* heißt, an Kraft zunimmt und sozusagen neue Verzweigungen bekommt – entsprechend der Vielfalt der Affekte, die im Menschen entstehen.[8]

Handlungsprinzipien von den Potenzen unterscheiden. Letztere sind nicht angeboren, sondern steigen aus der Tiefe des Menschen im Verlauf seiner Entwicklung empor.

[6] Es ist sehr wichtig, die bloße *Kenntnis* von der *Überzeugung* zu unterscheiden und ebenso die *Erkenntnisfähigkeit* von der *Überzeugungs- und Meinungsfähigkeit*. Wir verweisen den Leser hinsichtlich dieser notwendigen Unterscheidung auf das, was wir dazu im *Nuovo Saggio* geschrieben haben (Sek. V, Teil I, Kap. 1, Art. II; und Sek. VI, Teil I, Kap. 1; und Teil IV, Kap. 4). [A. ROSMINI: *Nuovo saggio sull'origine delle idee*, cit., Bd. II, S 13–15; Bd. III, S. 6–7 und S. 191 ff.]

[7] Vgl. *Antropologia*, Buch III, Sek. III, Kap. 8, Art. IV und VII. [Op. cit., S. 383 ff.]

[8] Die Lehre von der Spontaneität des Willens haben wir dargestellt in der *Antropologia*, Buch II, Sek. II, Kap. 11, Art. II; und Buch III, Sek. II, Kap. 8. [Op. cit., S. 269 ff und 378 ff.]

Die *Kenntnisse* sind sodann nicht nur Ursache neuer *Affekte*, indem sie sich mit den Ansichten und Gefühlen verbinden, sondern sie erzeugen in der menschlichen Seele auch einen weiteren höchst vornehmen Effekt: Sie verschaffen dem Willen eine Handlungsfreiheit, die um so größer wird, je größer die Sphäre der Kenntnisse selbst wird.⁹

Und wiederum: Keinem dieser Effekte – ob unmittelbar oder mittelbar – fehlt sein Gefühl, das den Zustand der menschlichen Seele stark erweitert oder einschränkt, mit einem Wort: auf verschiedene Weise verändert.

d) Durch diese Entwicklungen wächst das Ausmaß der menschlichen Aktivität.

Erinnern wir uns an das, was wir zu Anfang gesagt haben: Alles ist im Menschen in den ersten Momenten Potenz, seine Aktivität ruht. Der Mensch bliebe auf ewig untätig und friedlich im Schoß der Existenz wie ein Kind im Leib der Mutter, wenn äußere Ursachen diese seine allgemeine Potentialität nicht zu besonderen Akten provozieren würden. Diese Potentialität steigt dann auf wie aus einem tiefen Abgrund. Sie steigt durch besondere Akte auf, und sie fällt nach deren Ende wieder zurück. Aber sie fällt nicht mehr in die Tiefe zurück, wo sie vorher war. Wenn sie ein zweites Mal zu dem Akt veranlaßt wird, muß sie nicht mehr von einem so weit entfernten Ort herkommen, um ihn auszuführen. Sie ist der Tat schon näher, sie ist schon bereiter dazu. Schließlich steigt sie nach oben und ist ganz nah, so daß sie ohne Zögern, ohne Anstrengung und ohne zeitlichen Verzug auf die geringste Aufforderung antwortet und ihr sogar zuvorzukommen scheint. Wenn das menschliche Tätigsein hinsichtlich einer sehr großen Zahl wichtiger Akte schon so bereit und wendig geworden ist, dann sind die Kräfte des Menschen unendlich ausgeweitet. Der Mensch ist derselbe, seine Potenzen sind dieselben. Aber es besteht ein nicht errechenbarer Unterschied zwischen den unbewegten Potenzen und den Potenzen, die bereits in Bewegung gesetzt, in Schwingungen versetzt und zu großer Arbeitsamkeit angeregt sind. Die Kräfte des Menschen darf man also nicht nach seinen *Potenzen* bemessen, sondern nach dem *Maß an Aktivität*, das diese erworben haben und über das der Mensch verfügen kann, so wie der Wohlstand eines Staates nicht nach den unterirdisch verborgenen Schätzen bemessen werden darf, sondern nach dem in Umlauf befindlichen Kapital. Man muß also unterscheiden zwischen der Verwirklichung der Potenz und der reinen Potenz. Die Gesamtaktivität eines Individuums wie die einer Gesellschaft entspricht dieser Verwirklichung, nicht der reinen Potenz.

e) Dieses Tätigsein [das der Mensch erlebt und sehr genießt] muß man wiederum unterscheiden von den *Handlungsgewohnheiten*, einem weiteren Effekt, der im Menschen nach seinen transitorischen Handlungen zurückbleibt.

Es stimmt, daß der Begriff „Habitus" oder „Gewohnheit" verschiedene Bedeutungen hat und unter anderem im Sinne von „Handlungsneigung" gebraucht wird. Daher sagt man, daß, wer „gewohnt ist", eine Sache zu tun, dies nur schwerlich unterlassen kann. In dieser Bedeutung meint „Habitus" lediglich eine Form der schon erwähnten Aktivität, die sich durch eine gewisse Unruhe und Ungeduld zu handeln auszeichnet, so daß sie schließlich in die Tat umgesetzt werden muß. Aber

---

⁹ Vgl. *Antropologia*, Buch III, Sek. I, Kap. 4, Art. III, § 7. [Op. cit., S. 340.]

Kapitel 6: Objekte, die reale Güter sind 417

diese Handlungsbereitschaft ist ein Effekt, der häufig dem Habitus folgt, sie ist nicht der Habitus selbst. Unter „Habitus" verstehen wir „ein unmittelbares Vermögen zu handeln", weshalb die beiden Merkmale des Habitus die Kenntnis oder auch *Fertigkeit* und die *Leichtigkeit* zu handeln sind. Es könnte nun sein, daß jemand zu handeln weiß, auch mit Leichtigkeit zu handeln weiß, aber keine Lust verspürt, zu Werke zu gehen. Wer zum Beispiel malen kann, fühlt sich nicht immer bereit, es zu tun. Er hat den Habitus zu malen, aber er ist frei von dieser Aktivität. Der Habitus, so wie wir ihn definieren, ist also etwas anderes als die Aktivität, die stets handlungsbereit und -geneigt ist.

Es stimmt, daß diese Aktivität und der Habitus zusammen als Folge und Effekt von wiederholten Akten entstehen. Deshalb verwechselt man sie miteinander. Die wiederholten Akte bringen im Menschen den Handlungs*habitus* hervor – das heißt die Kenntnis und die Leichtigkeit zu handeln – und hinterlassen zugleich die Handlungsneigung. Diese beiden Aspekte vermischt man miteinander und nennt das Ganze „Habitus".

Aber die Eindeutigkeit der Ideen macht es erforderlich, daß man die beiden Dinge unterscheidet.

Die Aktivität betrifft nicht ausschließlich eine besondere Gattung von Akten. Nach der Aktivität bemißt sich die *Handlungsquantität*, die in einem Individuum oder in einer Gesellschaft ist. Demgegenüber betrifft der Habitus immer eine Gattung oder Gruppe besonderer Handlungen unter Ausschluß anderer Handlungen. Der Habitus gibt nicht die *Quantität*, sondern die *Qualität* der Handlung bei einem Individuum oder bei einer Gesellschaft an – das heißt die *Art und Weise* zu handeln, nicht das *Wieviel*.

Man kann jeden Habitus eigentlich eine *Fertigkeit* (arte) nennen, bestimmte Handlungen zu vollbringen, und richtigerweise definierten die Alten die *artes* als entsprechend viele, aus Erfahrung gewonnene Handlungsgewohnheiten.[10]

Alle menschlichen Potenzen legen sich bei geordneter, regelmäßiger Ausübung einen eigenen Habitus zu, der als entsprechende Fertigkeit den Seelenzustand des Menschen ändert, sofern er beibehalten wird.

Wenn man die menschlichen Potenzen zu drei Klassen zusammenfassen mag, also zu den animalisch-vitalen, den intellektuellen und den moralischen Potenzen, hat man rasch eine einfache Klassifikation aller Fertigkeiten in den folgenden drei Kategorien: 1.) die *mechanischen* Fertigkeiten, 2.) die *intellektuellen* Fertigkeiten [wie die Logik und so weiter] und 3.) die *moralischen* Fertigkeiten.

Die *Schönen Künste* sind gemischt, das heißt, sie sind mechanisch-verstandesmäßig. Die *moralischen Fertigkeiten* sind die guten und die schlechten Gewohnheiten, welche *Tugenden* und *Laster* heißen.

---

10 Zwischen *Habitus* (abito) und *Fertigkeit* (arte) sehe ich eigentlich nur folgenden Unterschied: Die Fertigkeit setzt Vernunft voraus. Der Habitus kann auch dem Tier zueigen sein. Ein Kanarienvogel, dem man Melodien beigebracht hat, singt aus instinktiver Gewohnheit das, was der Mensch aus instinktiver und zugleich vernünftiger Gewohnheit singt. Auch die Tat des Kanarienvogels geschieht durch Vernunft, aber diese Vernunft liegt nicht bei ihm, sondern beim Schöpfer der Natur.

Man möge sich nicht darüber wundern, daß wir sagen, daß auch die Laster Fertigkeiten sind. Aber es steht außer Zweifel, daß es auch die Fertigkeiten, das Böse zu tun, geben kann und leider tatsächlich gibt. Die menschliche Bosheit tritt nicht nur in einzelnen Akten auf. Durch Mißbrauch der Intelligenz wird sie mit Kunstfertigkeit ausgeübt und zu Wissenschaft und Kunst gemacht, was des Teufels würdig ist.

Die *sittlichen Gewohnheiten der Tugenden* unterscheiden sich von den mechanischen und den intellektuellen Gewohnheiten unter anderem in folgendem: Sie schließen notwendigerweise ein bestimmtes Maß jener *Aktivität* ein, die wir zuvor von den Gewohnheiten unterschieden haben und die tatsächlich in den anderen Arten von Gewohnheiten, also in den mechanischen, den *intellektuellen* und den *gemischten* Gewohnheiten, vollständig getrennt bleibt.

Der Grund dafür ist, daß die Tugend keine Tugend wäre, wenn sie nicht aktiv wäre. Und der Mensch wäre nicht tugendhaft, wenn er nicht täte, was er tun soll.

Ein weiterer sehr wichtiger Unterschied besteht zwischen den *sittlichen Gewohnheiten* und allen anderen Gewohnheiten, insofern sich die sittlichen Gewohnheiten auf das Verdienst beziehen.[11]

Die sittlichen Gewohnheiten werden durch eine freie Entscheidung des Menschen in die verdienstvolle Tat übertragen. Alle anderen Gewohnheiten können allein durch die Spontaneität des Willens in die Tat umgesetzt werden.[12] Die wahre und absolute Freiheit tritt aber im Menschen nur gleichzeitig mit dem moralischen Verdienst auf. Man kann also nur dann davon sprechen, daß der Mensch aus der Sphäre der spontanen Handlung heraustritt und zur freien Handlung übergeht, wenn er aus der Beengtheit des Subjektiven herausgetreten und an dem Punkt angekommen ist, wo er zwischen dem subjektiven Gut und dem objektiven Gut wählen muß.

4. Man kann davon ausgehen, daß die gesamte Entwicklung, die wir unter den Punkten 1, 2 und 3 beschrieben haben, von den Instinkten und von der Spontaneität des Willens ausgeführt wird, bis zu jenem letzten Schritt, wo der Mensch in die Sphäre der sittlichen Dinge eintritt und sein Handeln vollständig frei wird.

Man erkennt daran, daß die Entfaltungen der menschlichen Potentialität ungeheuer groß sind, allein schon in der Sphäre der Spontaneität. Alle diese Entfaltungen hinterlassen im Menschen ihren dauerhaften und fast unzerstörbaren Eindruck, alle legen in ihn einen Samen, der das menschliche Vermögen und die menschliche Natur steigert, alle hinterlassen ihr eigenes Gefühl, das die Seele des Menschen in unterschiedlicher Weise verwandelt und disponiert. Und alle Effekte sind ihrerseits Ursache weiterer Effekte, die sich vereinen und aufeinander einwirken und sich unendlich fortentwickeln.

Aber trotz alledem ist die höchste und weiteste Tat – die Tat, die erst eigentlich zur *Person* des Menschen gehört – die Tat, die aus der menschlichen Freiheit hervorgeht, also die Tat, die wesenhaft sittlich ist.

---

[11] Ich habe bereits gezeigt, daß es ein *moralisches Gut* ohne aktuelles *Verdienst* geben kann. Im Himmel ist das moralische Gut vollständig, und dennoch erwerben sich die Himmlischen kein Verdienst, weil sie die Freiheit zur Gleichgültigkeit nicht besitzen (vgl. *Antropologia*, Buch IV, Kap. 10 und 11). [Op. cit., S. 529 ff.]

[12] Vgl. *Antropologia*, Buch III, Sek. I, Kap. 4, Art. III, §§ 10 und 11. [Op. cit., S. 345–348.]

Kapitel 6: Objekte, die reale Güter sind

Ich habe bereits gezeigt, daß es in jeder freien Handlung des Menschen eine größere *Handlungsquantität* gibt als in allen möglichen spontanen Handlungen.[13] Denn mit der freien Handlung tritt der Mensch aus dem Zirkel seines Selbstsubjektseins heraus und wird Schiedsrichter zwischen allem, was subjektiv ist, und dem gesamten Rest des Seins in seinem ganzen Ausmaß. Das bedeutet, er wird Richter zwischen dem Endlichen und dem Unendlichen, zwischen sich und Gott. Es verwundert daher nicht, daß dieses höchste und mächtigste Handlungsprinzip, das Freiheit heißt, auch physisch Herr und Beherrscher aller anderen, spontanen Handlungsprinzipien ist, die im Menschen sind.[14] Man kann sogar sagen, daß allein dieses Handlungsprinzip, die Freiheit, die gesamte Potenz und Aktivität des Menschen ausmacht. Denn in ihm allein liegt, um es erneut zu sagen, das wahre Handeln der Person.[15]

Aus dieser wahren Aussage ergibt sich die höchst bedeutsame Konsequenz, daß das höchste subjektive Gut – oder besser: das einzige subjektive Gut der menschlichen Person – im Gebrauch der menschlichen Freiheit, also auf dem Gebiet der Sittlichkeit liegt.

Tatsächlich haben wir gesagt: 'Das Maß des subjektiven Guts ist stets das Maß des natürlichen und angemessenen Tätigseins des Subjekts, so daß das höchste natürliche und angemessene Tätigsein des Subjekts dessen höchstes Gut ist.'[16] Nun besteht das höchste Tätigsein der Natur und das einzige Tätigsein der Person im Gebrauch der Freiheit. Der angemessene und natürliche Gebrauch der Freiheit ist folglich das höchste subjektive Gut des Menschen und das einzige Gut der menschlichen Person. Im angemessenen und natürlichen Gebrauch der Freiheit besteht die sittliche Tugend. In der sittlichen Tugend liegt folglich das höchste Gut der menschlichen Natur und das einzige Gut der menschlichen Person.

Wenn wir das alles verstehen, sind wir nicht darüber verwundert, daß die Tugend die Seele des Menschen mit den süßesten habituellen Gefühlen, mit himmlischen Freuden, mit neuem, innerem, geheimnisvollem Gefallen erfüllt. Die Effekte und Veränderungen, die die Seele durch eine beständige Tugend erfährt, sind zwar verborgen und tief, aber dennoch hinreichend offenkundig, so daß uns das Bewußtsein versichern kann, daß es in uns etwas Vornehmeres und Herausragenderes als das materielle Universum gibt und etwas Wertvolleres als das, was begrenzt ist, und etwas Dauerhafteres als das, was vergänglich ist, und etwas Mächtigeres als das, was nicht Gott selbst ist. Daher hat ein hoher Geist vorzüglich geschrieben, daß „die Rechtschaffenheit des Herzens und die habituelle Reinheit der Absicht einen Einfluß und ein Ergebnis erzielen, die viel weiter gehen, als man gemeinhin annimmt".[17]

---

13 *Ibid.*
14 Vgl. *Antropologia*, Buch III, Sek. II, Kap. 10. [Op. cit., S. 398 ff.]
15 Vgl. *Antropologia*, Buch IV, Kap. 9. [Op. cit., S. 524 ff.]
16 Vgl. vorher Kapitel 4.
17 [J. DE MAISTRE: Les soirées de Saint-Pétersbourg ou entretiens sur le gouvernement temporel de la Providence, in: Oeuvres complètes cit., Bd. IV, S. 18.]

An diesem höchsten Gut des Subjekts angekommen, haben wir den Punkt erreicht, wo das *subjektive Gut* und das *objektive Gut* sich berühren und sich vereinen, ohne sich jedoch je zu vermengen.

Was ist also das objektive Gut?

Das *objektive Gut* ist allgemein jedes Seiende, das von dem Bewußtsein als Seiendes begriffen wird. Aber jenes höchste Gut, von dem hier die Rede ist, das sich mit dem höchsten subjektiven Gut vereint, ist das *Sein* in dem ganzen weiten und eigentlichen Sinn des Wortes.

Das Sein ist *Wahrheit*, sofern es den Geist erhellt. Sofern es ohne Grenze und willkürliche Einschränkung gewollt wird, ist es Gegenstand der *Tugend*. Sofern es sich in Fülle dem Menschen mitteilt, wird es Gestalt (forma) von dessen *Seligkeit*.

Das Bewußtsein erreicht unterschiedliche Stufen an Wahrheit und hat daher größeren oder geringeren Anteil am Licht. Der Wille pflichtet dem grenzenlosen Sein in unterschiedlichem Maß bei und erwirbt also ein Mehr oder ein Weniger an Verdienst und Tugend. Wenn der Intellekt in keiner Weise dem Wahren und keinem Wahrem feindlich gesonnen ist und wenn der Wille in nichts der Wesenheit und keiner Wesenheit feindlich gesonnen ist, ist der Mensch trotz dieser Beschränkungen in Geist und Herz aufrecht (diritto) und besitzt das Wahre und das Gute und genießt jenes seiner Natur nach ewige und unveränderliche Glück, das vom *Wahren* und vom *Guten* auf unfaßbare Weise in die Seele des Menschen ausgegossen wird. Dieses Glück hat keinen Preis, der ihm gleichkäme.

Es ist also gewiß, daß es in der Natur des Menschen einen natürlichen und inneren Willen geben muß, der dieses absolute Gut zum Objekt oder zumindest zum Zweck hat.

Der *freie Wille* mag diesen *Willen der menschlichen Natur* bekämpfen, aber er kann ihn nicht zerstören, denn der Wille ist eine Potenz, die zum Guten strebt, und jedes objektive und subjektive Gut des Menschen wird letztlich vom absoluten Gut absorbiert.

Auf diesen natürlichen Willen zum absoluten Gut hat Kant die Moralität gegründet. Aber er hat einen schweren Fehler gemacht, indem er diesem menschlichen Willen die Gesetzgebungsautorität gab, wo der menschliche Wille doch das Gesetz erhält und nicht selbst macht.[18] Kant hat also eine große Wahrheit mißbraucht. Platon hatte sie gesehen und verkündet, aber er lief ebenfalls Gefahr, in einen großen Irrtum zu stürzen, und zwar aufgrund der Schwierigkeit, zu erklären, wie der Mensch, dessen Natur doch das sittliche Gut *will*, dann durch Entscheidung das Böse wollen kann.[19] Aber keine philosophische Schule hat diesen *natürlichen Wil-*

---

[18] Zur kritischen Untersuchung des kantischen Systems vgl. *Storia comparativa de' sistemi morali*, Kap. 5, Art. XI und XII. [A. ROSMINI: Storia comparativa e critica de' sistemi intorno al principio della morale, in A. ROSMINI: Filosofia della morale, cit., Bd. I, S. 222 ff.]

[19] Tatsächlich schreibt Aristoteles Platon den Irrtum zu, zu bestreiten, daß der Mensch freiwillig böse sein könnte. Aber es scheint, als sei Aristoteles in diesem Punkt, wie in vielen anderen, ein ungerechter Kritiker seines Lehrers. Wenn Platon sagt, daß der Mensch nicht freiwillig schlecht sein kann, dann sagt er doch dasselbe, was die Stoiker sagen, nämlich daß der Mensch gegen den eigenen natürlichen Willen handelt, wenn er das Böse tut,

Kapitel 6: Objekte, die reale Güter sind

len des Menschen zur Tugend besser erkannt als die Stoiker. Niemand hat davon so würdig gesprochen. Man kann sagen, daß allein die Stoiker in der Antike erkannt haben, daß die Tugend darin besteht, 'den *Willen der menschlichen Person* zum vollen Einklang mit dem *Willen der menschlichen Natur* zu bringen', wenngleich sie ihre Morallehre nicht auf diese philosophische Formel gebracht haben. Als Beweis dient mir der Hinweis darauf, wie Arrianus die Lehre des Epiktet darlegt, indem er zeigt, daß nur der tugendhafte Mensch frei genannt werden kann, weil nur er macht, was er will, wie es die Freien machen, insofern der natürliche Wille des Menschen nicht das Laster, sondern die Tugend will.

„Frei ist nur der, der lebt, wie er will; derjenige, der nicht gezwungen und nicht gehindert werden kann und dem nicht Gewalt angetan werden kann; derjenige, dessen Neigungen nicht behindert und dessen Wünsche nicht vereitelt werden und dessen Abneigungen nicht vergebens sind. Wer möchte nun im Zustand des Verbrechers leben? Niemand. Wer möchte betrogen werden oder unbesonnen oder ungerecht oder unverschämt oder heulend oder gemein oder niederträchtig sein? Niemand. Daher lebt kein unredlicher Mensch, wie er will. Daraus folgt, daß er nicht frei ist. Erneut: Wer will betrübt, furchtsam, neidisch sein? – Wer möchte Verlangen verspüren und es dann nicht erfüllt bekommen? Wer möchte fliehen und dann in den Dinge gefangen sein, vor denen er flieht? Niemand? Gibt es nun einen unredlichen Menschen, der von Elend und Furcht frei wäre? Und der nicht oftmals in die Dinge gerät, vor denen er flieht? Und dessen Streben in Erfüllung geht? So einen gibt es nicht. Mit Sicherheit ist also kein Bösewicht frei."[20]

Diese wunderschöne Argumentation ist vollständig auf das Prinzip aufgebaut, daß der Mensch einen natürlichen Willen hat, der ihm sagt, daß er tugendhaft sein soll, auch wenn ihn die Leidenschaften dann umkehren und ihn davon abhalten, diesen seinen eigenen, eindeutigen Willen zu erfüllen, und ihn sozusagen zwingen, das zu tun, was er nicht will.

---

und daß er mithin als Sklave handelt. Das schließt nicht aus, daß es in der Macht des Menschen liegt, sich zum Sklaven oder zum Freien zu machen, also dem eigenen natürlichen Willen zu gehorchen oder ihm nicht zu gehorchen. Eine solche Lehre hebt den *freien Willen* keineswegs auf, im Gegenteil, bei den Stoikern trug sie sogar dazu bei, seine Macht zu übertreiben. Schließlich merke ich an, daß der *natürliche Wille*, von dem Platon und die Stoiker sprechen, ein *virtueller Wille* [volontà virtuale] ist und weniger ein *habitueller* oder *aktueller* Wille. So wie die Idee der Tugend virtuell in der Idee des Guten enthalten ist. [ARISTOTELES: Metaphisica, Buch IV, Kap. 29, 10024, in: ARISTOTELIS Opera Omnia, cit., Bd. II, S. 533; PLATON· Hippias, 365–375, in PLATONIS Opera, cit., Bd. I, S. 273 ff.]

[20] *Epicteti dissertationum ab Arrianno digestarum*, Buch IV. – Vgl. auch S. Augustinus, *Confess.*, Buch X, XXIII. [EPICTETI Dissertationes ab Arriano digestae, Buch IV, Kap. 1, Leipzig 1894, S. 315; S. AURELII AUGUSTINI Confessionum libri XIII, Buch X, Kap. 23, in: S. A. AUGUSTINI Opera omnia, cit., Bd. I, c. 784.]

Buch IV, Kapitel 7

Die entsprechenden Übel

Nachdem wir die subjektiven und objektiven realen Güter aufgezählt haben, welche zu Materialien der Erfüllung und Zufriedenheit der Seele werden, sprechen wir noch kurz über die mit ihnen korrespondierenden Übel.

Unsere Natur, ihre aktiven Prinzipien und Potenzen entwickeln sich nicht zu allen Zeiten unserer Existenz in gleicher Weise. Dies folgt aus dem, was wir gesagt haben.

Hat der Mensch gerade erst seine Existenz erhalten, macht er nur wenige, unsichere Schritte. Erst wenn er viele Erfahrungen gemacht hat, erwirbt er eine gewisse Fertigkeit, sich zu bewegen. Diese *Fertigkeiten* wachsen mit und mit, bis der Mensch dann dahingelangt, daß er sich auch den höchsten Objekten zuwenden kann. Das sind die Fertigkeiten, die wir *Gewohnheiten der Potenzen* (abiti delle potenze) genannt haben.

Es ist evident, daß bestimmte Gewohnheiten für unsere Erfüllung und Zufriedenheit einen unendlich viel höheren Wert haben als unsere reine Existenz oder als die reinen aktiven Prinzipien, die darin enthalten sind, oder als die Potenzen in ihrer ursprünglichen Potentialität.

Aber die Natur, die Prinzipien, die Potenzen, auch die Gewohnheiten und sogar die Akte, als Bestandteile der Natur betrachtet, geben uns nur ein begrenztes angenehmes Gefühl, denn sie lassen uns letztlich nur ein begrenztes Seiendes, wie wir es sind – kurz: ein Subjekt – genießen.

Wenn wir uns dagegen ausstrecken, um von uns verschiedene *Objekte* zu erreichen, können diese sowohl verschiedenartig und vielfältig sein als auch maßlos groß.

Das Bewußtsein kann sich bis zum unendlichen Sein ausstrecken und dort, eben weil dieses unendlich ist, stehenbleiben. Es kann aber auch eitlen, selbstgemachten Objekten folgen und dabei immer weiter gehen, ohne je Ruhe zu finden, weil die Zahl der möglichen chimärenhaften, phantastischen Objekte unbestimmt ist. Entsprechend liebt der Wille alles, was das Bewußtsein kennt, sei es real oder eingebildet, sei es vielfach oder einfach, sei es endlich oder unendlich. Die Kraft des Willens kann überdies die Liebe oder den Haß zu diesen Objekten grenzenlos wachsen lassen, je nachdem, wie sie unseren Blick darauf richtet und uns sie als gut oder schlecht betrachten läßt. Mit der Liebe ist dann die Freude verbunden, mit dem Haß der Schmerz, und die geistige Freude und der geistige Schmerz sind um so größer, je vornehmer und größer das Objekt ist, auf das sie sich richten. Daher können wir dank der erhabenen Kräfte des Bewußtseins und des Willens unsere Freuden unendlich steigern und uns auch selbst quälen, wenn wir die Schmerzen vermehren.

Wir hatten Ursprung und Maß der subjektiven Güter in der Stufe unserer natürlichen, angemessenen Aktivität angesiedelt. Auf dieselbe Quelle muß man auch den Ursprung unserer Übel zurückführen.

Kapitel 7: Die entsprechenden Übel

Wenn unsere natürliche, angemessene Tätigkeit gering ist, sind auch unsere Freuden gering. Wenn sie groß ist, sind auch unsere Freuden, also die subjektiven Güter zahlreich.[1]

Bis hierher gibt es noch nicht das Böse, sondern nur die Begrenzung des Guten. Das Böse besteht in einer Aktivität, aber in einer Aktivität, die derjenigen, in der das Gute besteht, entgegengesetzt ist. Die Aktivität, die mit einem angenehmen Gefühl einhergeht, ist die Aktivität, die für uns natürlich und angemessen ist. Entsprechend ist die Aktivität, in der das subjektive Übel besteht und die mit einem unangenehmen Gefühl einhergeht, die Aktivität, die unserer Natur und ihren Gesetzen entgegengesetzt ist.[2]

Das höchste subjektive Gut besteht in der größten und höchsten menschlichen Handlung [das ist die freie Handlung], wenn sie in angemessener Weise ausgeführt wird.

Entsprechend besteht das höchste subjektive Übel in unserer größten und höchsten Handlung, die jedoch von uns in unangemessener Weise eingesetzt wird.

Das höchste subjektive Gut bindet sich notwendigerweise an das höchste objektive Gut, dessen Wirkung es ist. In gleicher Weise bindet sich das höchste subjektive Übel an das höchste objektive Übel (male).

Wenn sich die Freiheit mit dem Sein vollständig verbindet, hat man zugleich das höchste subjektive Gut und das höchste objektive Gut. Wenn demgegenüber die Freiheit einen Teil des Seins von ihren Neigungen ausschließt und mithin dem unendlichen Sein feindlich gesonnen ist, liegt im Menschen das größte subjektive Übel vor, weil Feindschaft und Krieg zwischen dem Menschen und dem unendlichen Sein herrschen.

Es ist nur allzu offensichtlich, daß dieses Übel etwas Unendliches an sich hat, wenn man bedenkt, wie benachteiligt der Mensch in diesem Krieg ist, weil er begrenzt und nichts im Vergleich zu seinem Gegner ist, den er herausfordert und bekriegt, der unendlich und das Ganze ist.

Wir können gemäß diesen Prinzipien über das maximale Übel, dessen der Mensch fähig ist, in derselben Weise weiterdenken, wie wir über das Gute nachgedacht haben. Wir können auch die Antwort auf die Frage finden, 'ob die Vernichtung für den Menschen das größte Übel ist'. Die Antwort muß wie folgt lauten:

---

1   Ob die Aktivitätsstufe höher oder niedriger ist, läßt sich ablesen an 1.) der *Ausdehnung* einer Wesenheit, die unsere verstandesmäßige Aktivität erfaßt, 2.) an der *Absicht* des Willens, mit dem wir dieser Wesenheit zustimmen. Der erste Punkt ist der Hauptindikator.

2   Man soll nicht glauben, daß diese Theorie dem widerspricht, was wir an anderer Stelle über die Natur des Bösen geschrieben haben, wo wir sagten, die Natur des Bösen sei der Mangel an Gutem (vgl. *Saggio sulle leggi secondo le quali sono distribuiti i beni e i mali temporali*). [*Versuch über die Gesetze, nach denen irdische Güter und Übel verteilt sind*, in A. ROSMINI: *Teodicea* (*Theodizee*), Mailand 1845, S. 135–229.] Die *privatio*, in der das Böse besteht, ist jeder der Natur entgegengesetzten Handlung inhärent, insofern sie eben in dem *Mangel an Übereinstimmung* zwischen der Handlung und den Gesetzen der wirkenden Natur besteht.

Ein Wesen ohne Verstand und Willen, das folglich zum höchsten objektiven Guten wie zum höchsten objektiven Bösen unfähig ist, kann niemals nach der eigenen Vernichtung trachten. Diese kann nicht eintreten, ohne daß dieses Wesen alle Übel durchschreitet bis hin zum letzten Stadium, wo jede Aktivität erlischt bis auf jene ursprüngliche, elementare Aktivität, durch die es existiert. Daher gibt es bei den Tieren keinen Selbstmord. Auch bei den Wilden gibt es keinen Selbstmord, weil sie sich kein größeres Übel als den Tod vorstellen können und es sich auch nicht einreden können. Demgegenüber können sich entwickelte, zivilisierte, pervertierte, schwärmerische Menschen ein Übel vorstellen, das größer als der Tod ist. So kommt es, daß wir, wie Rousseau sagt,

„um uns herum Menschen erleben, die an ihrem Dasein leiden, und viele, die vernichten, was davon in ihnen ist. Und die Verbindung von göttlichen und menschlichen Gesetzen reicht kaum aus, um diese Verkehrung zu verhindern. Ich frage [so sagt Rousseau voll Verachtung für die trügerische Zivilisation, in der er lebt], ob man je gehört hat, daß ein Wilder im Zustand der Freiheit auch nur davon geträumt hätte, über sein Leben zu klagen und sich den Tod zu geben?"[3]

---

[3] *Discours sur l'origine* etc., S. I. – Allerdings gibt Rousseau auch zu, daß die Selbstmordfälle selten sind und daß die Summe der Güter die Summe der Übel überwiegt. Er schrieb an Voltaire am 18. August 1756: „So einfallsreich wir mit Hilfe schöner Einrichtungen auch darin sein können, unser Elend zu schüren – wir haben uns bisher noch nicht soweit vervollkommnen können, uns generell das Leben schwer zu machen und das Nichts dem Dasein vorzuziehen, wodurch sich Niedergeschlagenheit und Verzweiflung der Mehrheit bemächtigt hätten und das Menschengeschlecht nicht lange überlebt hätte. Wenn es für uns besser ist, zu sein, als nicht zu sein, würde das allein dazu ausreichen, die Vorsehung zu rechtfertigen, auch wenn wir für die Übel, die wir erdulden müssen, keinerlei Belohnung erhielten, selbst wenn diese Übel so groß wären, wie Ihr sie schildert. Aber in dieser Hinsicht ist es schwer, bei den Menschen Anerkennung und bei den Philosophen richtige Überlegungen anzutreffen. Denn beim Vergleich der Güter mit den Übeln vergessen sie stets das süße, von keiner anderen Empfindung begleitete Daseinsgefühl. Und der Wahn, den Tod verachten zu können, bringt jene dazu, das Leben zu lästern, fast wie Frauen, die ein Kleid mit Flecken und eine Schere haben und dann Löcher den Flecken vorziehen". Das von keiner anderen Empfindung begleitete Gefühl der Existenz ist gewiß ein großes Geschenk der Natur, aber Rousseau war weit davon entfernt, sich von diesem bloßen, von keiner anderen Empfindung begleiteten Gefühl die richtige Vorstellung zu machen. Das Gefühl der Existenz, von dem Rousseau sprach, war eigentlich nur das *Bewußtsein* dieses Erlebens – ein Bewußtsein, wie man es bei einem Menschen antreffen kann, der so weit entwickelt ist wie der Autor aus Genf. Zur Rechtfertigung der Vorsehung muß man zudem hinzufügen, daß die menschliche Verderbtheit und die durch die Verderbtheit verursachten Übel unser eigenes Werk sind und nicht das der Vorsehung. Es sind zudem nicht die körperlichen Übel, die uns das Dasein schwer machen, wie ich gesagt habe, sondern die moralischen Übel, die von uns abhängig sind. Zugleich wird ein Mensch, der sich das Leben nehmen will, meistens von der Einbildungskraft getrogen, die ihm den Tod oder die Nicht-Existenz als einen Zustand der Ruhe erscheinen läßt und nicht als einen Nicht-Zustand. Aber mit seiner Einsicht kann der Mensch unschwer erkennen, daß eine vollständige moralische Bosheit ein weit größeres Übel einschließt als die eigene Zerstörung. [J. J. ROUSSEAU: Discours sur l'origine et les fondaments de l'inégalité parmi les hommes, cit., in DERS.: Oeuvres complètes, cit., Bd. III, S. 152; IDEM: Correspondence génerale, Paris 1924–34, Bd. II, S. 307–308.]

Kapitel 7: Die entsprechenden Übel

In der Ordnung der rein subjektiven Güter ist folglich die Aufhebung der Existenz das größte Übel. Wenn man aber die objektiven Übel mitbedenkt, ist es nicht so.

Das Unendliche ist mehr wert als das Endliche. Daher muß die Empfindung von uns selbst, von unserer eigenen Existenz weniger wert sein als die Empfindung des unendlichen Seins, zu dessen Teilhaber wir uns machen können. Es besteht sogar zwangsläufig eine unendliche Entfernung zwischen dem Besitz an uns selbst und dem Besitz an einer unendlichen Wesenheit. In gleicher Weise müssen wir anerkennen, daß es im Widerspruch gegen, im Kampf gegen und im Haß auf ein unendliches Wesen zwangsläufig ein intrinsisch absolutes Böses gibt, das etwas Unendliches hat. Solche Überlegungen erinnern an die ganze Kraft der Worte Christi, der von Judas sagte, „für diesen Menschen sei es besser gewesen, wenn er niemals geboren wäre".[4]

---

[4] [Mark., XIV, 21.] Es ist die Auffassung vertreten worden, Christus habe nicht gesagt, für Judas sei es besser gewesen, nicht zu existieren, sondern nur, nicht geboren worden zu sein, wobei er mit dieser Formulierung dasselbe wie Hiob ausgedrückt hätte: „Utinam consumptus essem, ne oculus me videret. Fuissem quasi non essem, de utero translatus ad tumulum" (Hiob, X, [18–19].) Mir scheint, daß die Worte des Erlösers wahrhaftig in beiden genannten Deutungen verstanden werden können.

Buch IV, Kapitel 8

Ob sich Güter und Übel gegeneinander aufrechnen und ausgleichen lassen

Wenn sich Güter und Übel nicht gegeneinander aufrechnen und ausgleichen ließen, wäre die Zufriedenstellung der Seele unmöglich.

Denn irgendein Übel gibt es im hiesigen Leben immer, und schon das geringste Übel ohne Ausgleich würde genügen, um uns elend zu machen.

Wer genauer hinschaut, stellt andererseits fest, daß es nicht leicht ist, zu verstehen, wie es eine Bilanz und ein Ausgleich zwischen Gütern und Übeln geben kann.

Heben die Güter möglicherweise die auch bestehenden Übel auf? Nein. Und heben die Übel möglicherweise die zugleich bestehenden Güter auf? Auch nicht. Die Übel bleiben also im Menschen zugleich mit den Gütern, die in ihm sind. Sie gleichen sich also nicht aus.

Wenn wir aber die Erfahrung zu Rate ziehen, so bestätigt sie uns, daß es doch Ausgleich und Belohnung gibt.

Die tägliche Erfahrung lehrt uns zum Beispiel folgendes:

1. Menschen unterziehen sich manchmal freiwillig Schmerzen und Übeln in Erwartung von Annehmlichkeiten und Gütern, die den Schmerzen folgen sollen.[1]

2. Auf der anderen Seite entsagen sie Annehmlichkeiten und Gütern, die sie haben oder haben könnten, um Schmerzen und Übel zu vermeiden.[2]

Das erste Faktum ereignet sich, wenn der Wunsch, sich Annehmlichkeiten und Güter zu verschaffen, stärker als die Furcht vor Übeln und Schmerzen ist.

Das zweite Faktum ereignet sich, wenn die Furcht vor Übeln und Schmerzen stärker als der Wunsch nach Gütern und Annehmlichkeiten ist, die mit den Schmerzen einhergehen.

Im einen wie im anderen Fall vergleicht der Mensch in seiner Seele die Güter und die Übel, die Annehmlichkeiten und die Schmerzen. Er rechnet sie gegeneinander auf und mißt ihren Umfang. Sofern er sie als gleichgewichtig und gleichwertig einschätzt, hält er das vom Gut ausgeglichene Übel für ein Nichts und umgekehrt. Das ist ein regelrechter Ausgleich, der zunächst im Urteil und dann im Gefühl des Menschen stattfindet. So stellt sich unzweifelhaft das Faktum dar. Aber erneut: Wie

---

[1] Der an Medizin interessierte Mithridates fand Personen, die bereit waren, sich den Leib aufschneiden und verätzen zu lassen. Nach dem Urteil dieser Personen galten also die Nachteile und Schmerzen, die sie erlitten, weniger als die Belohnungen, die sie dafür erwarteten. Das sind Tatsachen des Alltags. Es gibt immer Menschen, die sich freiwillig lebendig in den Bergwerken begraben oder auf den Reisfeldern zugrundegehen um des Geldes willen, das sie sich dafür erhoffen.

[2] Wer sich weitere Tatsachen vor Augen führen will, die das Gesagte bestätigen, das nur allzu bekannt ist, vgl. *Dell'ingiuria, dei danni, del soddisfacimento etc*, von M. Gioja, Teil II, Buch I. [M. Gioia: Dell'ingiuria, dei danni, del soddisfacimento e relative basi di stima avanti i tribunali civili, Mailand 1829, S. 203–258.]

Kapitel 8: Ob sich Güter und Übel aufrechnen lassen 427

ist ein solches Faktum möglich? Wenn das Übel dem Gut entgegengesetzt ist, wie können die Übel und die Güter dann ein gemeinsames Maß haben? Und wie können sie ohne gemeinsames Maß verglichen und aufgerechnet werden und sich gegenseitig aufheben? Das ist hier die Schwierigkeit.

Diese Schwierigkeit läßt sich jedoch überwinden mit Hilfe der von uns eingeführten Unterscheidung zwischen der *Erfüllung und Zufriedenheit* der Seele einerseits und den *Übeln* und den *Gütern* andererseits.

Die *Erfüllung und Zufriedenheit* der Seele ist das dritte Element, das gemeinsame Maß, das die Bilanz und den Ausgleich von Schlechtem oder Gutem im Menschen möglich macht.

So wie das Thermometer die Wärmegrade ebenso wie die Kältegrade anzeigt, so zeigt die Erfüllung und Zufriedenheit der Seele das Ausmaß der Übel ebenso an wie das Ausmaß an Gütern, die sich gleichzeitig im Menschen befinden. Güter und Übel sind nicht die Erfüllung und Zufriedenheit, sondern die Ursachen von Erfüllung und Zufriedenheit. Erfüllung und Zufriedenheit ist ein einfacher Zustand der Seele, von dem die Seele durch Übel entfernt wird und dem sie durch Güter angenähert wird. Die gleichzeitige Wirkung von Übeln und Gütern erzeugt also im Menschen einen Zustand, der der Erfüllung und Zufriedenheit und dem Glück mal mehr, mal weniger nahe ist.

Zu Recht also gestattet der Gemeinsinn, anzunehmen, daß es zwischen Übeln und Gütern einen Ausgleich geben kann. Auch die Gesetzgeber aller Nationen halten dies mit gutem Grund für eine unbestrittene Wahrheit, wenn sie einen Ausgleich und eine Entschädigung für diejenigen festsetzen, die durch die Bösartigkeit anderer Verletzungen, Gewalt oder sonstige Übel erleiden. Und zu Recht untersuchen schließlich die Philosophen genau, welches die Grundlagen der natürlichen Billigkeit sind, auf denen die positiven Gesetze Ausgleich und Entschädigung festsetzen müssen.

Es ist richtig: Wenn wir die Fragestellung vertiefen wollten, müßten wir darlegen, daß die Einfachheit der Zufriedenstellung von der Einheit und Einfachheit des Subjekts und seines Bewußtseins herkommt. Wir müßten dann versuchen, die Natur dieser subjektiven Einheit und Einfachheit selbst zu erkennen. Sie würde uns wiederum zu der *Identität* führen, die das Subjekt inmitten der vielen verschiedenen Gefühle und im Wechsel von Raum und Zeit bewahrt. Dies könnten wir nicht, ohne in die Geheimnisse der Ontologie einzudringen. Dessen bedarf es hier nicht. Aber der Weg dieser philosophischen Untersuchung sollte wenigstens aufgezeigt werden.

Buch IV, Kapitel 9

Häufige Irrtümer über die Gesamtsumme der in einer bestimmten Gesellschaft vorhandenen Güter

Es wird behauptet, daß die schlichte, bloße Existenz des Menschen einen unendlichen Wert hat. Wenn das stimmte, würde es genügen, einfach die Menschen zählen, die eine bestimmte Gesellschaft bilden, um die Summe der in dieser Gesellschaft vorhandenen Güter anzugeben. Die *Bevölkerungszahl* wäre dann das sichere Maß für den öffentlichen Wohlstand.

Aus der Volkszählung ergäbe sich ebenfalls exakt die Summe der menschlichen Güter, die in einem sozialen Körper enthalten sind, a) wenn sich das Gut nicht in einem Individuum stärker konzentrieren könnte als in anderen Individuen und b) wenn die *reale Existenz* aller Menschen den gleichen Preis hätte.

Aber beide Berechnungsgrundlagen sind falsch: Bei der Berechnung der menschlichen Güter kann a) die bloße Existenz nur als minimaler Wert auftauchen und b) der Preis (prezzo) der realen Existenz von Individuum zu Individuum unendlich unterschiedlich sein.

Aus dieser letzten Feststellung folgt die einzigartige Konsequenz, daß 'ein einziges Individuum ein Gut besitzen kann, das – sowohl als sittliches Gut, als auch als eudämonologisches Gut – größer als das Gut ist, das in vielen Individuen vorhanden ist und sogar größer als das Gut, das im gesamten Menschengeschlecht vorhanden ist'.

Wenn man sich bei der Berechnung der Summe der in einer Gesellschaft vorhandenen Güter auf die Bevölkerungszahl beschränkt, begeht man einen großen Fehler. Ebenso falsch ist es, sich bei der Berechnung der Quantität der in einer Gesellschaft vorhandenen Güter auf die Zahl der wohlhabenden Personen zu beschränken oder der Personen, die einen gewissen Grad an Wohlstand haben. Es ist sinnvoll, einige Betrachtungen zu diesen beiden falschen Kalkulationen anzustellen.

Es ist heute leicht zu erkennen, daß die erstgenannte Berechnungsweise offensichtlich falsch ist und daß sie mittlerweile sogar den Anschein von Richtigkeit verloren hat. Die zweite aber nicht. Sie ist verführerisch, zumal in den heutigen Zeiten, wo Benthams vulgäre Theorien fast Allgemeingut geworden sind, ebenso wie andere radikale Lehren, wenn man sie so versteht, wie das gemeine Volk sie versteht.

Um aber auch die erstgenannte Methode kurz anzusprechen, sage ich, daß man jeden Menschen von zwei verschiedenen Standpunkten aus betrachten kann: an sich oder bezogen auf die Gesellschaft.

Betrachtet man ihn an sich, gehören zu der Berechnung die realen Güter, die er als einzelne Person besitzt und genießt. Betrachtet man ihn in Bezug auf die Gesellschaft, geht es darum, den Wert anzugeben, den er als nützliches Mittel und Instrument für die Erhaltung und Steigerung der Gütermenge aller Bürger hat.

Kapitel 9: Häufige Irrtümer ...

Jene Politiker (politici), die in der Bevölkerungszahl das Maß des öffentlichen Wohlstandes sehen, gehen normalerweise von zwei falschen Prinzipien aus, deren Konsequenzen ebenfalls falsch sein müssen. Diese Prinzipien lauten: 1.) Die Einschätzung des Menschen an sich muß vernachläßigt werden. Nur sein Wert in Bezug auf die Gesellschaft zählt, das heißt, er zählt als bloßes Instrument zur Erhaltung und Steigerung der Gütermenge aller Bürger. 2.) Der Erhaltung und der Steigerung der Menge der gesellschaftlichen Güter nützt die unbegrenzt größtmögliche Bevölkerungszahl am meisten.

Das erste dieser falschen Prinzipien enthält einen Trugschluß (sofisma), der darin besteht, daß dem *Mittel* ein Wert zugestanden und dem *Zweck* jeder Wert verweigert wird. Das ist ein Trugschluß, der die menschliche Würde aufs höchste verletzt.

Wenn Menschen nur nach dem bemessen werden, was sie dem Staat nützen, und nicht an sich selbst, werden sie auf das Niveau von *Sachen* reduziert und der Eigenschaft als *Person* beraubt. Von diesem Standpunkt aus kann eine Schafherde mehr wert sein als eine Herde von Menschen. Diese Art der Schätzung kann es folglich nur dort geben, wo es Sklaverei gibt. Es ist daher eigenartig zu sehen, daß zu den Vertretern des besagten Trugschlusses bisweilen die Leute gehören, die sich besonders entschieden für die liberalen Institutionen aussprechen. Wir dagegen weisen eine solche unwürdige und gefährliche Lehre zurück! Für uns ist der Mensch nicht nur Bürger (cittadino). Bevor er Bürger ist, ist er Mensch. Das ist sein unverjährbarer Titel. Das ist der Ursprung seiner Freiheit. Das macht ihn größer als alle materiellen Dinge des Universums zusammen.

Wenn es aber darum geht, die Menschen untereinander zu vergleichen, sagen wir erneut, daß ein einziger Mensch einen inneren moralischen und eudämonologischen Wert haben kann, der den Wert sehr vieler Menschen zusammengenommen übersteigt. Man muß folglich die Menschen nicht der Zahl nach, sondern der Wertigkeit (peso) nach berechnen, indem man ihre sittliche Vortrefflichkeit, den Grad ihrer Tugend und folglich das Maß ihres Glücks in Betracht zieht.

Wir haben zudem gesehen, daß die Immoralität und als deren Folge das Unglück im Menschen ein so großes Übel verursachen, daß kein anderes Übel ein geeignetes Maß darstellt, mit dem es sich messen ließe. Was nützt es also, vielen Menschen Existenz zu geben, wenn sie dann so verdorben bleiben müssen, daß auch alle zusammen nicht soviel wert sind wie ein einziger Mensch, der an ihrer Stelle hätte existieren können? Wozu nützt es, einer unendlichen Zahl lasterhafter und unglücklicher Menschen Leben zu geben? Oder viele Menschen ins Leben zu rufen, die es angesichts ihres beschämenden und unglücklichen Zustandes vorziehen würden, nicht zu existieren? Uns allen ist bekannt, daß der Masse der Armen oftmals die lebensnotwendigsten Dinge fehlen, weshalb ihre körperliche und sittliche Entwicklung unvollkommen und behindert bleibt. Dieser Teil der Menschheit stirbt entweder früh oder wächst inmitten dumpfer Hoffnungslosigkeit, Krankheit, Schmutz, Elend auf und – was am schlimmsten ist – inmitten schändlicher Laster, die ihn erniedrigen und vertieren lassen. Man darf also nicht alle Bevölkerungsgrößen gleich bewerten. Dieselbe Anzahl von Personen kann je nachdem eine höchst unterschiedliche Gesamtmenge an Gütern und Übeln darstellen. Wir gelangen zu derselben Schlußfolgerung, wenn wir die Bevölkerungszahl in Bezug auf ihre Nützlichkeit für den Staat betrachten.

Zum Beispiel: Je höher die Sterblichkeit bei den Kindern ist, desto geringer ist die Zahl der ausgebildeten Erwachsenen, die dem Staat zur Verfügung stehen. Die Armut erhöht nun aber die Sterbeziffer der unter Zwanzigjährigen erheblich.[1] Von den Geburten der armen Schicht kann der Staat nicht die Unterstützung erwarten, die er von derselben Geburtenziffer in der wohlhabenden Schicht erwarten kann. Den Staat interessiert also die Bevölkerungsqualität, nicht die Bevölkerungszahl. Diese Beobachtung hat auch Jacques Necker gemacht:

„Wenn man sieht, daß die Zahl der Geburten die Zahl der Sterbefälle übersteigt, braucht man sich keine Sorgen über den Bevölkerungszustand im Königreich zu machen. Man darf aber nicht vergessen, daß diese Bevölkerung, je nach Zusammensetzung, einen unterschiedlichen Einfluß auf den Wohlstand und die Kraft des Staates hat. In einem Land, wo die Mehrheit der Bevölkerung gerade nur das Notwendigste besitzt, zeugen sie, womöglich von der sinnlichen Lust geleitet, genauso viele Kinder, als wenn sie im Wohlstand lebten. Sie unternehmen einige Anstrengungen, um sie aufzuziehen, aber weil sie zu arm sind, um ihnen ausreichende Nahrung und Medizin im Krankheitsfall zu geben, lebt der Großteil dieser Nachkommenschaft nicht länger als drei oder vier Jahre. In einem solchen Land befindet sich also die Zahl der Kinder konstant in einem großen Mißverhältnis zur Zahl der Erwachsenen oder reifen Menschen. Eine Million Menschen hätte also nicht dieselbe Arbeitskraft und Arbeitsfähigkeit wie eine vergleichbare Zahl in einem Reich, in dem das Volk weniger arm ist."[2]

Man hat errechnet, daß in Frankreich die Personen über zwanzig Jahre neun Zwanzigsteln der Geburten entsprechen. Ein englischer Autor stellt fest, daß in

---

[1] Aus der Übersicht über die Volksunruhen von Paris der Jahre 1817 bis 1821, die Villot, der Chef des Amtes für Statistik des Département de la Seine, der Akademie der Wissenschaften vorgelegt hat, geht hervor, daß die Armut die wichtigste Ursache der Sterblichkeit ist. In den armen Bezirken ist sie konstant höher als in den reichen, obwohl die Zahl der Eheschließungen und der Geburten in den Vierteln der Armen niedriger ist. Man erkennt daran, daß die Schwierigkeit, für den Unterhalt der Kinder zu sorgen, zwar für die Eheschließung ein gewisses Hindernis darstellt, daß aber dieses Hindernis nicht ausreicht, um die Zahl der Ehen derart zu senken, daß dadurch die Lebensdauer der Kinder verlängert wird. Und dieses Hindernis reicht um so weniger aus, ein so großes Übel abzustellen, als die Menschen sich immer mehr an das Leiden gewöhnen und alle Willenskraft verlieren, es zu vermeiden. [F. VILLOT (Hg.): Recherches statistiques sur la ville de Paris et le département de la Seine, recueil de tableaux dressés et réunis (par F. Villot) d'après les ordres de Monsieur le comte de Chabrol, préfet du département, Paris 1821–1829, IV Bde., Bd. I.]

[2] [J. NECKER: De l'administration des finances de la France, ital. Üb. in: Sistema di economia politica compendiosamente estratto dalle opere del celebre sig. Necker, Venedig 1786–1787, tom. I, S. 1995–1996.]

Kapitel 9: Häufige Irrtümer...

England nur sieben Zwanzigstel über zwanzig Jahre alt werden. Frankreich könnte also bei zehn Millionen Geburten eine Million Personen über zwanzig Jahre mehr zählen als England. Gewiß kann sich an Kindern, die sterben und die keine Möglichkeit haben, ihre Natur zu vervollkommnen, weder die Menschheit, noch die Gesellschaft [für die sie nur eine Belastung darstellen] so sehr erfreuen wie an Menschen, die Tugenden erwerben und deren Belohnungen genießen können [ich sage absichtlich nicht bloß „wie an Menschen, die das Mannesalter erreicht haben"!].

Es steht also fest, daß der Wohlstand des Staates nicht ohne weiteres im Verhältnis zur Bevölkerungszahl wächst. Er hängt vielmehr von der Quantität und der Qualität einer Bevölkerung ab, die mit den Unterhaltsmitteln und mit den Mitteln der Erziehung ausgewogen und mit den sittlichen und eudämonologischen Gütern ausgestattet sein muß.

Buch IV, Kapitel 10

Fortsetzung

Aber kommen wir zur Untersuchung der zweiten kurz angesprochenen Methode, die Gesamtsumme der in einer Gesellschaft existierenden Güter zu berechnen.

Man erkannte, daß sich die Politiker des 18. Jahrhunderts geirrt hatten, als sie den Wohlstand oder das Wohlergehen eines Landes einzig und undifferenziert nach seiner Bevölkerungszahl berechnet hatten. Also glaubte man, diesen Irrtum beheben zu können, indem man sagte, daß man nicht generell anhand der Bevölkerungszahl, sondern 'anhand der Zahl der wohlhabenden Personen die in einer bürgerlichen Gesellschaft befindliche Gütermenge angeben müsse'.

Wir behaupten aber, daß auch diese Angabe ungenügend ist. Die Zahl der wohlhabenden Gesellschaftsmitglieder ist gewiß ein Element, das bei der Gesamtgütermenge veranschlagt werden muß, die sich im Besitz der Mitglieder einer Gesellschaft befindet. Aber diese Zahl kann nicht das einzige und nicht das hauptsächliche Element sein. Es reicht nicht aus, zu wissen, daß es eine bestimmte Zahl von wohlhabenden Bewohnern in einem bestimmten Land gibt, um die Menge an Besitz angeben zu können, den alle Bürger zusammen haben. Man muß auch wissen, wie groß der Besitz ist, den jeder einzelne genießt, um diese Einzelgrößen zusammenzuführen und auf diese Weise die Gesamtgröße angeben zu können.

Desweiteren darf man bei der Kalkulation keine der Sorten der realen Güter auslassen, die die *Erfüllung und Zufriedenheit des Menschen* beeinflussen können. Wir hatten diese Sorten ja zuvor differenziert. Noch viel weniger darf man sich darauf beschränken, allein die materiellen Güter zu veranschlagen. Man darf diesen auch keinen höheren Wert beimessen, als sie unter den verschiedenen Umständen in Bezug auf die *Erfüllung und Zufriedenheit* haben. Denn diese Erfüllung und Zufriedenheit ist ja die Wirkung, die die materiellen Güter im Menschen erzielen sollen, damit sie wirklich „Güter" genannt werden können.

Nun ist folgendes doch klar: Wenn sich in einer Einzelperson verschiedene Arten von realen Gütern in unbestimmter Weise immer weiter anhäufen können, bedeutet das, daß jede Berechnung einen immensen Fehler enthalten kann, in der die Menge an Gütern im Besitz des einzelnen nicht veranschlagt wird.

Was von den Gütern gesagt wird, muß auch von den Übeln gesagt werden.

Es ist offensichtlich: Um den Umfang an Gütern anzugeben, der in den Einzelpersonen existiert, die eine bestimmte Gesellschaft bilden, muß man alle Güter zusammenrechnen und alle Übel zusammenrechnen. Dann muß man die Summe der Übel von der Summe der Güter abziehen, damit der Umfang des Nettogutes übrigbleibt, das sich in der besagten Gesellschaft befindet. Wir haben ja gesehen, daß sich angesichts der Einheit der Seele und ihrer Erfüllung und Zufriedenheit die Übel und die Güter tatsächlich bilanzieren und ausgleichen lassen.[1]

---

[1] Vgl. zuvor Kapitel 9.

Kapitel 10: Fortsetzung

Um also die Summe der in den Mitgliedern einer bestimmten Gesellschaft vorhandenen Übel richtig angeben zu können, reicht es nicht aus, nur die Zahl der Individuen zu kennen, die leiden. Wir müssen außerdem den Umfang des Übels kennen, das sich in jedem einzelnen befindet. Denn auch die Übel akkumulieren sich in unbestimmter Weise, und es kann einen einzelnen geben, der mehr leidet als alle anderen zusammen, oder einen, der an einem Übel leidet, das auch nicht von den Gütern ausgeglichen wird, die alle anderen zusammen genießen.

Diese Überlegungen zeigen, wie falsch die Annahme ist, zur Beurteilung des Glücks im Vergleich der verschiedenen Völker reiche es aus, den Proporz der Individuen, die angenehm leben, miteinander zu vergleichen und davon den Proporz der Individuen abzuziehen, die leiden.

Diese Methode, das öffentliche Glück zu berechnen, die besonders von Bentham vorgestellt wurde und gegenwärtig Gemeingut der Radikalen aller Nationen ist, wirkt zunächst sehr wohlwollend und menschlich, insofern sie um das Wohlergehen der größten Zahl bemüht zu sein scheint.

Aber wer die Konsequenzen, die sich aus diesen Prinzipien ergeben, exakt und kohärent untersucht, erkennt [was niemanden verwundern mag], daß diese Art, den öffentlichen Wohlstand zu errechnen, zur Unmenschlichkeit und zur Tyrannei führt, weil es die Individuen und die Minderheiten dem Wohlergehen der Mehrheiten opfert.

Ich beweise dies: Wenn die von uns dargestellten Prinzipien über die Anhäufung der Güter und der Übel in den verschiedenen Individuen unbestreitbar sind und wenn es gewiß und evident ist, daß sich ein Individuum der menschlichen Gattung hinsichtlich des Umfangs an Gütern und an Übeln, die es besitzt, von einem anderen Individuum derselben Gattung unendlich unterscheiden kann, dann ist es ebenso gewiß, daß die von uns bekämpfte Theorie oftmals zu Barbarei und Tyrannei führen muß.

Gesetzt den Fall, mit bestimmten Regierungsformen und Regierungsweisen ließe sich in einem Land eine größere Zahl an wohlhabenden und zufriedenen Bürgern erzielen, als man mit bestimmten anderen Regierungsformen und Regierungsweisen erzielen könnte – gleichzeitig aber würden die anderen, übriggebliebenen Bürger in den dunkelsten Abgrund des Elends und des Unglücks gestürzt; umgekehrt angenommen: mit anderen Formen und Methoden, dieses Land zu verwalten, bliebe die Zahl der wohlhabenden und zufriedenen Bürger etwas geringer, aber keiner der übrigen Bürger müßte in jenem schrecklichen Elend leiden, in das er durch die erstgenannte Regierungsweise geworfen und worin er gehalten würde. Die von uns bekämpfte Lehre zielt auf die *größte Zahl an zufriedenen Bürgern* und die kleinste Zahl an unglücklichen Bürgern. Wenn diese Lehre in sich kohärent sein will, muß sie die erstgenannte Verwaltung vorziehen und bei allem unaussprechlichen Unglück rechtfertigen, dem durch sie eine gewisse Anzahl von Individuen ausgesetzt ist – wobei sie allerdings mit diesem Unglück das größtmögliche Wohlergehen einer bestimmten Zahl von Individuen erzielt. So werden die wenigen den vielen geopfert. Der Wohlstand der einen kostet der anderen Tränen und Blut. In einem Teil der Gesellschaft herrscht Freiheit, im anderen herrschen erbarmungslose Unterdrückung und Knechtschaft. Wir dagegen meinen, daß jedes Mitglied der Gesellschaft mit Respekt behandelt werden muß. Auch nicht ein einziges Mitglied darf dem Wohl aller anderen geopfert werden, wenn aus den Leiden dieses einen, abgewogen gegen die Freuden von allen, entweder eine größere Quantität an Übel oder eine geringere Quantität an Gut resultiert als die Quantität, die man mit anderen Regierungsinstrumenten erzielen könnte.[2]

Kurz: Es ist das *Menschenwohl* als solches (umanità stessa), das der Gegenstand der Bemühungen einer klugen und wohltätigen Regierung sein muß – gleichgültig, ob dieses Menschenwohl in vielen oder in wenigen Individuen ist. Wenn das Menschenwohl in einem einzigen Menschen mehr leidet, als es in vielen Menschen litte, ist es viel besser, daß die Leiden zwischen vielen Menschen geteilt sind, sofern sich dieses geteilte Leid summiert nicht auf die Leiden dieses einen Menschen beläuft, so habe ich gesagt. Dies ist evident wahr. Aus dem gleichen Grund muß folglich eine entsprechende Überlegung bezüglich der Güter wahr sein. Objekt unseres Wohlwollens soll das *Menschenwohl* sein [darin besteht eigentlich die *Menschenfreundlichkeit*], gleichgültig, ob es in vielen oder in wenigen Individuen besteht. Wenn wir dem Menschenwohl etwas Gutes tun wollen, so sehr wir nur können, so müssen wir im Entscheidungsfall das Wohl von wenigen Menschen, selbst eines einzigen Menschen, voranstellen, sofern bei einer solchen Konzentration der Güter die *menschliche Natur* tatsächlich mehr Freude genösse und Anteil an einer größeren Quantität an Gütern hätte, als wenn diese Freuden und diese Güter zwischen vielen Menschen geteilt und zerkleinert würden, statt angehäuft zu werden.

Das ist das große Prinzip, das die Vorsehung in der Lenkung der Welt rechtfertigt. Die Vorsehung läßt in bestimmten Individuen gewisse Übel zu und akkumuliert gewisse Güter. Dabei folgt sie diesem Prinzip: 'Steter Zweck des Schöpfers bei der Lenkung der Menschheit ist das *Maximum* an Gut abzüglich der Übel.' Das ist die höchste Idee und das wahre Urmodell jeder Regierung.

So leicht man diese Lehre versteht, wenn man sie auf die Übel anwendet, so schwer fällt es, sich von dieser Lehre zu überzeugen, wenn man sie auf die Güter anwendet.

Es scheint, daß es sowohl der Billigkeit als auch der Menschlichkeit widerspricht, wenn sich in wenigen Personen Güter anhäufen und viele andere Personen davon nichts haben. Aber diese Betrachtungsweise betrifft nur einen Teil der Theorie und ist daher unvollständig und falsch. Wir müssen zwischen dem unterscheiden, was zur Tugend der *Menschlichkeit* gehört, und dem, was zur *Gerechtigkeit* gehört. Sprechen wir also zunächst davon, was die Tugend der Menschlichkeit von uns verlangt, und besprechen wir dann dasselbe im Hinblick auf die Gerechtigkeit und die Billigkeit.

---

[2] Ich setze dabei stets voraus, daß die Regierung Mittel einsetzt, die *an sich zulässig* sind, aus denen sich aber indirekt die Folgen ergeben, von denen wir sprechen. Es ist von selbst evident, daß – sofern man nicht das natürliche Recht aufheben will – weder einzelne Personen noch Regierungen *direkt* einem unschuldigen Menschen auch nur den geringsten Schaden antun dürfen.

Kapitel 10: Fortsetzung

Um zu erkennen, was der Tugend der *Menschlichkeit* am meisten entspricht, muß man genau bedenken, daß dieselben Argumente, die dazu dienen, das Maß der Übel festzusetzen, auch für das Maß der Güter gelten.

Hier muß man nun genau hinschauen: Wir schließen nicht von vornherein die *Zahl* der Personen aus, für die die Übel reduziert oder die Güter vermehrt werden. Sicher ist, daß die Gesamtmenge an Gut um so größer ist, je größer die Zahl der glücklichen Menschen ist, die wir schaffen können – vorausgesetzt, der Grad an Glück ist bei jedem gleich, und ebenfalls vorausgesetzt, die Mittel zur Erzeugung dieser Güter steigern nicht die Übel anderer Personen. Wir sagen lediglich, daß man alle Anstrengung darauf verwenden muß, das größte Netto-Gut zu erreichen. Wenn es nun möglich ist, dieses Maximum zu erreichen und gleichzeitig dafür zu sorgen, daß es auf viele Personen anstatt auf wenige verteilt wird, widerspricht dies nicht der *Menschlichkeit*, die auf diese Weise geübt wird, und ist mit der *Billigkeit* konform. Es wäre sogar mit Sicherheit wünschenswert, wenn man dieses Maximum an Netto-Gut zu gleichen Teilen auf alle Menschen verteilen könnte. Die Menschlichkeit – das stimmt wohl – gewänne dadurch nichts, aber die Verteilung wäre gerechter (equa). Wenn aber das Höchstmaß an Netto-Gut, das die Menschheit genießt, durch die Verteilung geringer wird, dann käme der Anspruch auf eine solche Verteilung der Forderung gleich, die menschliche Natur solle einen Teil ihrer Güter verlieren. Dies ist offensichtlich eine Verletzung der Tugend der Menschlichkeit. Hieraus wird deutlich, daß das, was auf die Übel angewendet wird, ebenfalls auf die Güter angewendet werden muß.

Die beiden bei oberflächlicher Betrachtung scheinbar widersprüchlichen Extremfälle dieser Theorie sind die folgenden: 1.) Angenommen, das maximale Netto-Gut in einem Gesellschaftskörper läßt sich nur unter der Bedingung erreichen, daß dieses gesamte Gut nur in einem einzigen Individuum angehäuft wird und für alle anderen nur Übel übrigbleiben, so muß nach den Prinzipien der Tugend der Menschlichkeit dieser Zustand als zufriedenstellend gelten. 2.) Wenn sich das größte Netto-Gut nur unter der Bedingung erreichen läßt, daß in einem einzigen Individuum alle Übel angehäuft werden und alle anderen Individuen die Güter in größerem oder geringerem Maß genießen, so muß auch dieser Zustand nach diesen selbigen Prinzipien der Menschlichkeit als zufriedenstellend gelten.

In dem einen extremen Fall genießt ein einziges Individuum, in dem anderen extremen Fall leidet ein einziges Individuum. Zwischen diesen beiden Extremen gibt es eine Unzahl von zwischengelagerten Fällen, die zwei Reihen bilden. Zur ersten Reihe gehören die Fälle, in denen alle denkbaren Minderheiten glücklich und zufrieden sind. Zur zweiten Reihe gehören die Fälle, in denen alle denkbaren Minderheiten unglücklich und unzufrieden sind. Nun stellen alle diese Fälle entsprechende soziale Zustände dar. Nach den Prinzipien der Menschlichkeit sind es vollständig zufriedenstellende soziale Zustände, sofern in ihnen der Satz zutrifft, daß 'das Höchstmaß an Netto-Gut erreicht wurde'. Und wenn ich „an Netto-Gut" sage, meine ich das Maß an Gut, von dem die Gesamtsumme der Übel abgezogen wurde, die in den Einzelpersonen vorhanden sind, die diese Gesellschaft bilden. Der Vernunft des einfachen Volkes leuchten gesicherte Prinzipien wie diese nicht ein. Das liegt an seiner Unfähigkeit, zu begreifen, daß die zur Schaffung des öffentlichen Wohls geeigneten Instrumente, über die die Regierung verfügt, in ihrer Wirksamkeit so sehr eingeschränkt sind, daß sie für das Maximum an Wohl nur mit den genannten harten Einschränkungen sorgen können. Das Volk und die Vertreter der populären Theorien glauben, mit den Mitteln der Regierung ließe sich jede beliebige Menge an Gut herstellen, so daß alle Menschen ohne Ausnahme davon reichlich hätten. Ein Mensch mit Erfahrung und ein Mensch, der über die Grenzen tief nachgedacht hat, die allen menschlichen Gütern inhärent sind und allen Mitteln, diese Güter zu erzeugen, ist dagegen vollständig davon überzeugt, daß es keine Regierung und keine Verfassung gibt und geben kann, die imstande wäre, Güter ohne Grenzen herzustellen und alle Übel aufzuheben. Daraus schließt ein solcher Mensch ebenfalls: Die Weisheit jeder Regierung muß, bevor sie handelt, das Problem lösen, das wir hinsichtlich des Umfangs des öffentlichen Guts abzüglich des Übels vorgestellt haben. Sie kann das Problem nach den Prinzipien der Menschlichkeit, von denen sie sich leiten lassen muß, nur in der von uns dargestellten Weise vernünftig lösen. Daher muß die weise Regierung 'mit ihren Maßnahmen notwendigerweise zuerst auf die Schaffung des höchsten Netto-Guts abzielen und dann an zweiter Stelle auf dessen Verteilung auf die größtmögliche Zahl von Einzelpersonen'.

Betrachten wir diese Theorie nun auch hinsichtlich der *Billigkeit*.

Es hat den Anschein, als wiese die Billigkeit diese Theorie zurück. Es scheint, als verlange die Billigkeit, daß alle Menschen ihren Anteil an Gut haben, so wie auch alle Anteil am unausweichlichen Übel haben.

Das ist die Überlegung, die manche Menschen davon abhalten kann, sich der genannten Lehre anzuschließen. Aber man sollte sich vom Anschein einer Schwierigkeit nicht vorschnell unterkriegen lassen. Man sollte prüfen, ob sie Bestand hat. Und wenn wir das mit dieser Schwierigkeit hier tun, verschwindet sie, sobald wir die Ideen etwas geklärt haben.

Zunächst muß man das, was wir gesagt haben, richtig begreifen: Angenommen wir hätten eine konstante Menge an Gut und an Übel oder – um das Gut und das Übel zusammenzuzählen – eine konstante Menge an Netto-Gut, das wir nach Belieben auf viele Mitglieder einer Gesellschaft verteilen oder bei wenigen anhäufen könnten, dann würden wir es ohne Zweifel zu gleichen Teilen an jedes Mitglied dieser Gesellschaft verteilen wollen.

Die Sache sieht anders aus, wenn die Menge des Netto-Gutes nicht *konstant* ist; das heißt, wenn sie uns ganz oder teilweise aus den Händen gleitet, wenn wir diese Menge an Gut gleich verteilen wollen. Nur in diesem einen Fall, so sagen wir, ist es besser, die größtmögliche Menge an Gut zu bewahren, indem man sie konzentriert, als durch ihre Aufteilung einen Teil des Guts zu verlieren, das die menschliche Natur genießen könnte. Die *Billigkeit* muß der *Menschlichkeit* nur in diesem einen Fall das Feld räumen.

Zweitens ist das angebliche Prinzip der Billigkeit durchaus diskutabel, mit dem man festlegen will, daß 'jeder Mensch den gleichen Anteil an Netto-Gut haben soll'. Dieses Prinzip ist schön, solange man es allgemein und abstrakt betrachtet. Es resultiert eben aus der lediglich abstrakten Betrachtung der *menschlichen Natur* in den

Kapitel 10: Fortsetzung

menschlichen Individuen. Abstrakt betrachtet ist diese Natur in allen Menschen gleich. Sie ist das, was wir zuvor die bloße, schlichte menschliche Existenz genannt haben. Sicher ist nun: Solange man bei den Menschen nichts anderes als die bloße, schlichte Existenz betrachtet, erkennt man keinen Grund auf der Welt, warum der eine Menschen dem anderen vorgezogen werden sollte. Und es scheint willkürlich, parteilich und unvernünftig, dem einen Menschen Vorteile gegenüber den anderen Menschen einzuräumen. Aber diese ständigen Abstraktionen sind es auch, die die Philosophen und die Politiker stets in schädliche Irrtümer stürzen lassen. Etwas Abstraktes ist nicht die reale Sache (cosa reale), sondern ein Teil davon. Über das Abstraktum einer Sache nachzudenken, ist daher nicht identisch mit dem Nachdenken über die Sache selbst. Das rechte Nachdenken über das Abstraktum ist völlig falsch, wenn man es auf die reale Sache überträgt. Im vorliegenden Fall geht es darum, zu wissen, was jedem menschlichen Individuum zukommt. Man geht dabei von der Betrachtung der bloßen, schlichten, allen Individuen gemeinsamen Existenz aus. Dadurch verzichtet man aber auf die Berechnung nicht irgendeines Teils des menschlichen Individuums, sondern des bedeutendsten Teils. Dies ist ganz offensichtlich, nachdem wir gezeigt haben, daß die Güter, die der einzelne mit seinen guten Gewohnheiten erwirbt, einen unendlich viel höheren Wert haben können als die Güter, die er von der Natur in dem Augenblick erhält, da sie ihm die Existenz gibt.

Wenn man also die Menschen nicht abstrakt betrachtet, sondern so, wie sie in der Realität sind, sieht man, daß das vorher genannte Prinzip ganz willkürlich und falsch ist, das besagte: 'Die Billigkeit verlangt eine Güterverteilung zu gleichen Teilen an alle Personen, die eine bestimmte Gesellschaft bilden.' Das entgegengesetzte Prinzip ist richtig: 'Die Billigkeit und Verteilungsgerechtigkeit (equità e giustizia distributiva) verbietet, daß das Netto-Gut zu gleichen Teilen an alle vergesellschafteten Personen verteilt wird. Sie befiehlt uns statt dessen, daß das Netto-Gut in bestimmten Individuen in größerem oder geringerem Umfang angehäuft wird.'

Wenn die Gerechtigkeit verlangt, daß lasterhafte Personen bestraft und tugendhafte Personen belohnt werden sollen, dann schreibt sie damit doch nichts anderes vor, als daß in jenen Individuen, in denen sittliche Übel vorhanden sind, weitere Übel angehäuft werden sollen – die eudämonologischen – und daß in den Individuen, in denen sittliche Güter sind, weitere Güter akkumuliert werden sollen, nämlich wiederum die eudämonologischen Güter. Dem Übel folgt also manchmal gerechtigkeitshalber ein weiteres Übel. Und dem Gut folgt gerechtigkeitshalber ein weiteres Gut. Dies ist auch der große Urteilsspruch im Evangelium, wo es heißt: „Denen, die haben, wird gegeben werden, und denen, die nicht haben, wird auch das genommen werden, was sie zu haben scheinen."[3]

Nicht genug damit: Die eudämonologischen Güter, die bisweilen nur eine Folge der Tugend oder eine Belohnung des Verdienstes sind, bringen ihrer Natur nach weitere Güter hervor, so daß sie sich in den Händen der einzelnen Menschen gleichsam vervielfältigen – wenn die Regierung sie nicht behindert.

---

[3] Luk., VIII, [18].

Eine radikale oder gleichmacherische Regierung, die beim Anblick der in den Händen einiger Personen angehäuften Güter glaubt, das Recht oder auch die Pflicht zu haben, diesen Menschen ihre Güter zu rauben, um sie zu gleichen Teilen an alle Bürger zu verteilen, ist einem verrückten Tyrannen sehr ähnlich, der verlangt, alle Menschen müßten gleich groß sein. Wegen seines angemaßten Gerechtigkeitsgesetzes läßt er diejenigen kürzerschneiden, die an Länge sein festgelegtes Maß überschreiten, und läßt die Gliedmaßen derjenigen in die geforderte Länge ziehen, die das besagte Maß nicht erreichen.

Und hier muß auch festgehalten werden, daß die Vorstellungen über Billigkeit, Gerechtigkeit und Recht vollständig verkehrt sind, wie sie von politischen Autoren eingeführt worden sind, die in der neueren Zeit im Sinne der sensualistischen Philosophie erzogen worden sind.

Sie behaupten, die Rechte des Menschen ergäben sich aus dem einfachen Streben des Menschen nach Lust (tendenza al piacere). Von diesem Grundsatz ausgehend argumentieren sie ungefähr so: 'Alle Menschen haben das gleiche Streben nach Lust. Folglich haben alle das gleiche Recht auf Hab und Gut (ugual diritto al bene). Immer wenn ein Mensch eine größere Menge an Gütern als ein anderer hat, hat er das usurpiert, was den anderen Menschen zusteht, die ihm gleich sind. Die Regierung darf also nicht zulassen, daß sich Güter bei einem einzelnen anhäufen, sondern sie muß dafür sorgen, daß die Güter gleichgemacht werden, damit keiner je mehr als ein anderer hat.'

Man erkennt hier das Grundanliegen der erwähnten radikalen und egalitären Doktrinen. Jeder vernünftige Mensch muß anerkennen, daß sie ein Bündel von Absurditäten sind.

Aber wenn die Hypothese richtig wäre, daß die einzige Quelle der Menschenrechte das Streben nach Lust ist, so könnte man diesen Doktrinen nicht absprechen, konsequent vorzugehen und einfach zu sein. Aber das Streben nach Lust stellt keine Grundlage für irgendein Recht dar, sonst hätten auch die vernunftlosen Wesen Rechte. Und der Löwe, der sehr nach dem süßen Geschmack des Menschenblutes verlangt, würde sein wahres Recht wahrnehmen, wenn er Menschen zerfleischt. Recht besteht nur unter der Bedingung, daß die Pflicht besteht, das Streben des anderen nach Hab und Gut zu achten (tendenza al bene). Die moralische Pflicht nun, die vorschreibt, das Streben des anderen nach Hab und Gut zu achten, und die dieses Streben damit in Recht verwandelt, kann nicht aus diesem Streben selbst herkommen – sie setzt vielmehr unserem Streben eine Grenze, indem sie uns verpflichtet, das Streben des anderen zu achten.[4]

Die Idee des Rechts muß also in der *Pflicht* begründet sein, *das Streben des anderen nach dem eudämonologischen Gut zu achten*. Dadurch wird das eigene Streben eingeschränkt. Damit ist klar: Bevor man das eigene Streben nach diesem Gut

---

[4] Wer ausführlicher dargelegt haben möchte, daß es unmöglich ist, die Pflicht und das daraus folgende Recht aus dem Streben nach Lust zu deduzieren, möge meine *Storia comparativa de' sistemi morali* (Kap. 4 und 5) hinzuziehen. [A. ROSMINI: Storia comparativa e critica de' sistemi intorno al principio della morale, in A. ROSMINI: Filosofia della morale, cit., Bd., I, S. 160 ff.]

befriedigt, muß man die Pflicht selbst zu Rate ziehen, die das Streben nach dem Gut kontrolliert, das alle haben. Wenn man uns dies zugesteht [und man wird es uns nicht verweigern können], ist damit bereits eine Regel eingeführt, die höher als das angenommene Recht auf materielle Gleichheit ist. Denn damit ist die Moralität eingeführt, und wenn dieses höchste Regel eingeführt ist, bricht das System der Gleichmacher vollständig zusammen. Denn wenn die Existenz einer beliebigen sittlichen Verpflichtung zugelassen wird, wird notwendigerweise auch die moralische Ungleichheit in der Gesellschaft zugelassen. Damit ändert sich zwangsläufig das ganze luftige System der Angleichung (adeguazione). Es ist unmöglich, jemanden, der getreulich seine Verpflichtungen einhält, auf eine Ebene mit jemandem zu stellen, der sie nicht einhält. Es ist unmöglich, denjenigen, der das Streben der anderen nach Hab und Gut achtet, demjenigen gleichzustellen, der es nicht achtet. Es ist unmöglich, nicht anzuerkennen, daß sich der Letztgenannte – als Urheber seines eigenen sittlichen Übels – von selbst der Gewalt aussetzt, mit der die anderen ihn aufhalten, seine verkehrten Absichten eingrenzen und ihm daher auch, wenn nötig, seine Freiheit nehmen, um sich selbst zu schützen. Sie können ihn auch mit der Angst vor Strafe einschüchtern. Mit einem Wort, sie können ihn auf eine Stufe stellen, die niedriger als die aller anderen Menschen ist, indem sie ihm zahlreiche eudämonologische Güter wegnehmen und eudämonologische Übel antun. Das Recht, am eudämonologischen Gut den gleichen Anteil wie alle anderen zu haben, gibt es entweder gar nicht, oder es darf nicht so materiell verstanden werden, wie es die Leute verstehen, die allein darauf jedes menschliche Recht reduzieren. Sie erklären es für unveräußerlich, unverjährbar und unwandelbar, eben weil es ihrer Meinung nach kein anderes Recht gibt, dem es unterliegt oder durch das es begrenzt und geregelt wird.

Eine weitere absurde Folge dieser Theorie wäre, daß kein Mensch mehr auf seinen Anteil an Hab und Gut (proporzione di bene) verzichten kann, wenn das Streben nach Lust den einzigen Rechtsanspruch konstituiert.

Wenn es kein anderes Recht gibt als das Recht, das eigene Streben nach Lust zu befriedigen, ist offensichtlich, daß derjenige zumindest verrückt wäre, der auf dieses einzige existierende Recht verzichtete.

Wenn man will, daß aus derselben Quelle, aus der das Streben nach Lust stammt, zusammen mit dem Recht auch die Pflicht herkommt – und das ist ja das, was man will – dann macht sich derjenige, der auf dieses Streben ganz oder teilweise verzichtet, gegen die erste, allgemeine Pflicht schuldig. Dieses leichtfertige System zerstört also jede großherzige Wohltätigkeit, durch die der Mensch sich selbst hinter den anderen zurückstellt. Es zerstört auch jedes uneigennützige Wohlwollen, durch das der Mensch unter Hingabe seines eigenen Gutes nur das Gut der anderen sucht. Es ist nicht nur absurd, sondern auch offensichtlich widernatürlich, im menschlichen Herzen hochherzige Gefühle auszulöschen und großherzige Werke aus der Welt zu schaffen. Man möge also endlich vom System der Sensualisten und der Hedonisten Abstand nehmen und weiterhin den tugendhaften Seelen gestatten, anderen Gutes zu tun, auch unter Verzicht auf das eigene Gut. Man möge der Tugend und der Liebe gestatten, gesellschaftliche Ungleichheiten an Gütern und an Übeln unter den Menschen zu verursachen. Und man soll wissen, daß nicht jede Ungleichheit hassenswert und ungerecht ist, wie man uns glauben machen will, außer vielleicht in den Augen der ungerechten Menschen und der Menschen, die keine Liebe besitzen.

Daraus sollte man schließen, daß die materiell verstandene Lehre von der Angleichung der Güter falsch und böse ist und daß es ebenso falsch ist, daß die Regierungsweisheit die Angleichung zu ihrem Ziel machen soll.

Und schließlich: Wenn die Regierung ihre Bemühungen auf diese Ziel richten soll, wie manche verlangen, würde man sie mit nichts Geringerem beauftragen als damit, alle natürlichen Keime des Guten (naturali germi del bene) zu unterdrücken und zu ersticken, damit der eine Keim in seiner Entfaltung den anderen nicht überholt und damit die, die sich schneller entfalten, auf die Langsameren warten müssen. Wir müssen einsehen, daß Güter nur durch die Entfaltung bestimmter Keime hervorgebracht werden, die der Schöpfer aller Dinge in die Menschen und in die Welt eingepflanzt hat. Im Pflanzenreich gibt es verschiedene und verschieden fruchtbare und reifende Samen, die mit unterschiedlicher Schnelligkeit und Kraft reifen. Ein Sproß erblüht beim ersten Sonnenstrahl im Frühling, während ein anderer sich auch unter der Hitze der Maisonne kaum bewegt. Dieser verspricht üppige Blüte, während jener mit weniger Üppigkeit und Leben erblüht. So geschieht es auch mit den Samen des Guten (semi del bene), die mit unterschiedlicher Kraft und Wirksamkeit in den Vermögen und in der angeborenen Konstitution jedes Menschen verborgen und von den Umständen in unterschiedlicher Weise begünstigt sind.

Einen Bauer würde man verrückt nennen, wenn er den schöneren Pflanzen verbieten wollte, mehr Früchte als die schlechten Pflanzen zu geben. Genauso müßte man auch einen Regierenden rasend, verrückt, um nicht zu sagen verbrecherisch nennen, der sich vornähme, die fruchtbarsten Keime an Gut zurückzuhalten, zu bestrafen und zu unterdrücken, die sich im Geist, in den Neigungen und im Leben einiger Menschen besser entfalten als bei anderen Menschen, damit sich bei niemandem das Gut anhäufen solle, das diese Keime in größerem Umfang bei manchen Menschen hervorbringen. Dieser wahnsinnige Feind jeden Fortschritts hätte zwar die Macht in der Hand, die besten Früchte verderben zu lassen und den kraftvollsten Keimen zu schaden, aber er hätte nicht die Macht, den schwächeren Keimen Stärke und Kraft zu geben. Er könnte auch nicht vorhersehen, welcher Keim das Verbrechen begehen würde, sich besser als die anderen zu entfalten. Daher müßte er über alle Keime eine höchst wachsame Polizei einsetzen, die ständig mit der Schere in der Hand bereitstünde, um die Blätter bei den Pflanzen abzuschneiden, die es wagten, größere und üppigere Blätter und schönere Blüten hervorzubringen. Zu solchen Exzessen, die gegen die Natur sind und der Vernunft ebenso wie dem gesunden Menschenverstand widersprechen – Exzesse, die ebenso verbrecherisch wie grausam sind – gelangt auf direktem Wege die liberale, radikale Lehre (teoria liberale e radicale), die wir bekämpfen.

Ihre Vertreter geben sich damit zufrieden, alles abstrakt zu betrachten, so haben wir gesagt. Das enthebt sie des Anblicks der monströsen, absurden Konsequenzen, die in der Praxis ihre Lehre eher lächerlich als einer ernsthaften Widerlegung würdig machen.

Kapitel 10: Fortsetzung

Tatsächlich löst sich ihre Lehre erneut in nichts auf, wenn man die Natur der Mittel betrachtet, die eine Regierung, die diese Lehre befolgt, einsetzen müßte, um für das öffentliche Wohlergehen zu sorgen. Wenn es stimmte, daß jeder Mensch das *Recht* auf den gleichen Anteil an Gut hätte – so daß derjenige, der einen größeren Anteil hätte, diesen größeren Anteil stets zu Unrecht besäße – dann bestünde die höchste, die einzige Pflicht der Regierung darin, ständig dort etwas wegzunehmen, wo es davon zuviel gibt, und dort etwas hinzutun, wo es davon weniger gibt. Die Regierung würde damit lediglich die Gerechtigkeit praktizieren, und alle Regierungshandlungen und -instrumente wären im enggefaßten Sinn gerecht (stretta giustizia).

Nicht genug damit: Alle Mittel gleich welcher Art in den Händen der Regierung wären gleichermaßen anständig und gerecht, sofern sie dem Werk dieser permanenten Angleichung (adeguamento) dienten, vorausgesetzt, diese Angleichung wäre das einzige gesellschaftliche Recht und die einzige gesellschaftliche Pflicht geworden. In diesem System würde also die Güte des Zwecks die Bosheit der Mittel heiligen. Es ist leicht zu erkennen, daß eine nach diesen Prinzipien handelnde Regierung sich nicht nur im Widerspruch zu allen Vorstellungen verhielte, die die Welt sich bis dahin über das gebildet hat, was gerecht und anständig ist, sondern daß sie auch so unerträglich würde, wie es niemals eine Regierung war, noch sein kann.

Das Böseste, was es in der sittlichen Ordnung gibt, und das Unmenschlichste, was es in der eudämonologischen Ordnung gibt, ist in der Maxime enthalten, deren man sich in der Moderne so oft bedient hat: 'Der Zweck heiligt die Mittel.'

Aber auch wenn man von dieser so unglückseligen und schändlichen Folge für das Menschengeschlecht absieht, die sich doch zwangsläufig aus der politischen Lehre von der gleichen Güterverteilung ergibt, so bleibt noch die andere Konsequenz, auf die wir zuletzt hingewiesen haben, daß nämlich 'alle Handlungen und alle Mittel der Regierung Handlungen und Mittel enggefaßter Gerechtigkeit wären und daß die Regierung kein Mittel der einfachen Wohltätigkeit und Klugheit mehr in Händen hätte'. Es mag sein, daß einige Handlungen übrigblieben, die gegenwärtig „wohltätig" genannt werden. Aber sie nähmen stets den Charakter von Handlungen strenger Gerechtigkeit an.[5] Wenn man aber das, was zur Wohltätigkeit gehört,

---

[5] Der Geist, aber wohl nicht das klare Verständnis dieser Lehren hat die Völker in der modernen Zeit ergriffen. Daher pflegen sie oft von den Regierungen das Unmögliche zu verlangen. Und da sie es nicht erhalten können, glauben sie, das Recht zu haben, zur Gewalt zu greifen. Das erklärt die Bewegungen, die die Völker in die Anarchie führen, ohne daß die, die diese Bewegungen vorantreiben, dies wollten. – Man könnte fragen, ob zu den unvollkommenen Rechten [diritti imperfetti], die in der modernen Zeit in vollkommene Rechte [diritti perfetti] verwandelt wurden, auch der Grundsatz zu zählen ist, den die Gesetzgebung in England enthält: 'Jeder Engländer hat ein vollkommenes Recht auf das, was zu seinem Auskommen notwendig ist.' Dieser Grundsatz hat zur Steuerabgabe für die Armen geführt. – Wenn dieses Prinzip nicht auf die Engländer beschränkt wäre, sondern sich auf alle Menschen erstreckte, wäre er in sich gewiß kohärenter. Denn es scheint ziemlich schwierig, einen guten Grund für das Recht auf Auskommen eines Engländers zu finden, wenn sich dieser gute Grund nicht im Recht auf Auskommen des Menschen an sich findet. Wenn man diese Frage naturrechtlich behandelt, müßte man sie vielleicht

mit dem verwechselt, was der Gerechtigkeit geziemt – wenn man der Verpflichtung zu Wohltaten die Strenge und Härte dessen aufzwingt, was geschuldet ist – wenn man die Vorschrift, das Gute zu tun, der Vorschrift, nicht zu stehlen, anpaßt, dann führt diese Aufhebung der Grenzen zwischen zwei Tugenden, die zu allen Zeiten streng getrennt waren, die Gesellschaft zwangsläufig in die Zerstörung, wenn man angesichts der schrecklichen Konsequenzen nicht umkehrt.

Um zu verstehen, welches diese Konsequenzen sind, genügt es, zu bedenken, daß das vollkommene *Recht* (diritto perfetto) zwangsläufig den Einsatz von Gewalt mit sich bringt: Jeder, der dieses Recht besitzt, darf gewaltsam denjenigen abwehren, der dieses Recht zu verletzen sucht, sofern dies zur Verteidigung des Rechts notwendig ist. Wenn also das Recht eines jeden Menschen auf den gleichen Anteil an Gütern vollendet und absolut ist, ist die Folge offensichtlich: Wenn die Regierung die Güter nicht angleicht, können alle Personen, die sich mit geringeren Gütern ausgestattet sehen, die Regierung gewaltsam zwingen, die besagte Angleichung vorzunehmen. Dies bedeutet nichts anderes, als die Mehrheit der Mitglieder der Gesellschaft in einen offenen und permanenten Krieg mit der Regierung zu versetzen. Denn diejenigen, die weniger Güter besitzen, bilden immer die Mehrheit.

Eine weitere Folge: Jeder, der weniger Güter hat und dem die Regierung nicht die geforderte Gerechtigkeit widerfahren läßt, kann die anderen Mitglieder der Gesellschaft mit Gewalt berauben und sich soviele Güter nehmen, wie genügen, um die Anteile gerecht zu machen. So kommt es zum offenen und permanenten Krieg jedes gegen jeden.

Dritte Folge: Wer feststellt, daß er einen geringeren Anteil an Gütern hat, hat den besagten Grund, sich seinen Anteil mit Gewalt von der Regierung oder von den einzelnen Mitgliedern der Gesellschaft zu holen – aber nicht nur er, sondern selbst derjenige, der in gutem Glauben *glaubt*, daß der Anteil seiner Güter geringer ist als der Anteil, den andere besitzen. Denn wenn die Gleichheit der Güter das einzige Recht und die einzige Pflicht geblieben ist, dann ist jeder zwangsläufig Richter in eigener Sache. Denn niemand kann einen anderen als Richter anerkennen, weil er kein anderes natürliches Recht im anderen anerkennt und mithin auch nicht das Recht, zu richten. Dies ist noch mehr Nahrung für den endlosen, universalen Krieg.

Vierte Folge: Wenn sich diese Urteile als ungerecht erweisen, kann man erneut nur auf Gewalt rekurrieren. Und solche Urteile, in eigener Sache von Bösewichtern gefällt, sind ungerecht. Die dreistesten Bösewichter reißen also die Güter an sich und machen das Gesetz. Auf Erden besteht dann nur noch das Reich der brutalen Gewalt – einer Gewalt, die fast zwangsläufig in die Hände der dreistesten und frechsten Bösewichter gefallen ist, die in der Mehrzahl sind. Es kann dann wohl jemanden ge-

---

auf die Ursachen der Armut zurückbeziehen. Denn wenn diese Ursachen lasterhaft sind, scheint es wahrscheinlich, daß man an dem Grundsatz festhalten müßte, daß 'das Laster allein nicht der Grund eines Rechts sein kann'. Daher scheint es nach dem Naturrecht, daß derjenige, der für seine Armut selbst verantwortlich ist, Objekt von Nächstenliebe sein kann, die grenzenlos ist, aber nicht von strenger Gerechtigkeit, jedenfalls nicht, solange er böse ist.

Kapitel 10: Fortsetzung

ben, der mit diesem Recht nicht böswillig umgeht oder der gutwillig von seiner Pflicht überzeugt ist, das Recht der anderen zu achten. Selbst wenn er es achten will, sieht er doch, daß sein eigenes Recht von allen Seiten bedrängt und die angebliche Grundlage der Gleichheit von den Gewalttätigen pervertiert wird. Wegen der Aufhebung jeglicher Reziprozität scheint diesem Menschen das falsche Recht und jedes andere, wahre Recht annulliert und jeder von seiner Verpflichtung befreit zu sein, das Eigentum des anderen nicht zu verletzen.

Diese Lehren sind also offensichtlich anarchisch.

Man muß also zurückgehen. Man muß die Prinzipien reformieren, die zu solch verheerenden Konsequenzen führen. Man muß die Unterscheidung zwischen vollkommenen Rechten und unvollkommenen Rechten wiederherstellen, zwischen den Pflichten, die den geschuldeten Respekt gegenüber Mein und Dein betreffen, und der Pflicht, den Menschen zu helfen. Man muß überdies anerkennen, daß das Streben nach Lust und Gut nicht ausreicht, um dafür zu sorgen, daß der Mensch ein Recht auf Lust und Gut hat, nach denen er strebt. Folglich gehört eine in dieser materiellen Weise verstandene Gleichheit nicht zu den Menschenrechten. In der Wirklichkeit würde sich eine solche Gleichheit auf eine endlose Kette von Ungerechtigkeit, Gewalt und außerordentlichen Ungleichheiten reduzieren.

Damit ist die Illusion dieser chimärenhaften Theorien zerstört. Wir müssen nun überlegen, wie sich die Handlungen und Instrumente klassifizieren lassen, die eine Regierung einsetzen kann, um die Summe der Güter in der bürgerlichen Gesellschaft, die sie verwaltet, auf ein Höchstmaß zu steigern.

Es steht außer Zweifel, daß die Regierung mit ihren Maßnahmen die Rechte der Gesellschaftsmitglieder genauso verletzen kann, wie es irgendein einzelner Mensch kann. Daher ist die elementarste Pflicht der Regierung die Achtung gegenüber dem Eigentum und den vollkommenen Rechten, die die Regierten besitzen, aber nicht nur die Achtung, sondern auch die Verteidigung dieser Rechte, denn mit deren Verteidigung ist die Regierung beauftragt. Wenn die Regierung nicht dementsprechend handelt, steigert sie nicht nur nicht die Gütermenge – sie wird sogar zum Urheber des sittlichen Bösen, das sie begehen würde, und des eudämonologischen Übels der Menschen, deren Rechte sie verletzen würde.

Die Regierung erfüllt diese ihre erste Pflicht mit einer in allen Teilen klugen positiven Gesetzgebung, die mit genauer Gerechtigkeit und Klarheit (con esatta giustizia e chiarezza) die Rechte jedes Bürgers festlegt und den Schutz dieser Rechte umfaßt. Die Regierung erfüllt diese Pflicht außerdem mit Hilfe von Gerichten, die die Gesetze ohne einen Hauch von Willkür auf die Einzelfälle anwenden. Die erste Klasse der Handlungen und Instrumente der Regierung ist also die Klasse, die die Gerechtigkeit betrifft. Mit diesen Mitteln sichert die Regierung jedem Bürger das Seine.

Aber mit dieser Klasse von Handlungen und Mitteln erfüllt die Regierung eher die Pflicht, nicht das Böse zu tun, oder die Pflicht, das Übel zu verhindern, als die Pflicht, das Gute zu tun. Unsere Frage, 'wie die Regierung auf die Schaffung und Steigerung der Gütermenge Einfluß nehmen soll', setzt bereits voraus, daß die Regierung getreulich diese ihre Pflicht tut, die den zweiten Schritt gleichsam vorbereitet. Unsere Frage betrifft also die Maßnahmen und Mittel der Regierung, die nach denen der ersten Klasse kommen.

Vorausgesetzt, die Rechte aller Gesellschafter werden geachtet und sind geschützt, fragen wir erneut, was die Regierung noch tun muß, um das Wohl der Regierten zu fördern.

Die Maßnahmen und Instrumente der Regierung, die sich auf diesen Zweck beziehen, gehören zur *Klugheit* und zur *Pflicht zur Menschlichkeit* (prudenza e ufficio di umanità), die die Regierung qua Amt gegenüber den Gesellschaftsmitgliedern ausüben muß. Bezogen auf diese zweite Klasse von klugen Maßnahmen und Instrumenten müssen wir fragen: 'Wenn die Regierung *wirklich human* (umanissimo) genannt werden soll, besteht ihre Pflicht dann darin, ihre Maßnahmen dahin auszurichten, die größtmögliche Netto-Gut-Summe in der Gesellschaft zu erreichen, oder besteht ihre Pflicht darin, einen Teil dieses Guts, das die Menschheit (umanità) genießen könnte, zu opfern, damit das übriggebliebene Gut unter den Mitgliedern mit größerer Gleichheit verteilt wird?' Unser Urteil lautet, daß jede Regierung, die ihrer Amtspflicht zur Menschlichkeit in höchstem Maß nachkommen will, zuerst dafür sorgen muß, daß kein einziger Teil der erreichbaren Güter verlorengeht, auch wenn sich zu diesem Zweck das Gut bei bestimmten Individuen anhäufen muß. Und zwar deswegen, weil das Gut, das noch nicht existiert, niemandem gehört. Die Regierung verletzt also niemandes Recht, wenn sie mit klugen Mitteln dafür sorgt, daß die Güter so stark wie möglich wachsen.

Eine in dieser Weise handelnde Regierung ist keineswegs zugunsten bestimmter Personen zum Schaden anderer Personen voreingenommen. Im Gegenteil: Nur bei solch einer Vorgehensweise werden alle Personen mit vollständiger Gleichheit behandelt, ohne größeres Wohlwollen für den einen oder für den anderen.

Wenn die Regierung einige Individuen willkürlich vorzieht, kann man sie deswegen des Vergehens gegen die Verteilungsgerechtigkeit beschuldigen. Aber wenn es ausschließlich von den äußeren Umständen, von der Natur der Dinge und oftmals auch vom unterschiedlichen Verdienst der Einzelpersonen selbst abhängt, daß diese in der Gesellschaft so plaziert sind, daß sie zwangsläufig in größerem Umfang als andere an den Gütern Anteil haben, die die Regierung mit aller Kraft fördert – ohne Ansehen oder Bevorzugung einzelner Personen – dann kann man wirklich niemals sagen, daß die Regierung ungerecht ist und Ausnahmen zuläßt. Indem die Regierung die von uns aufgezeigte Regel vom größten Gut (regola del maggior bene) befolgt, verwirft sie den absurden Grundsatz, daß jeder Mensch ein vollkommenes Recht auf einen gleichen Anteil am Gut hat, das noch nicht existiert [denn es geht ja um die Mittel, die am besten dazu geeignet sind, dieses Gut zu erzeugen]. Sie erkennt dann wirklich in allen Menschen ein *gleiches Recht zum Wettbewerb* (diritto eguale di concorrenza) um den Erwerb der Güter an. Es ist wahr, daß die Regierung kein Recht der Gesellschaftsmitglieder sozusagen *in rem* zuläßt, aber sie gesteht sehr wohl ein gleiches Recht *ad rem* zu – immer vorausgesetzt, die Bedingungen sind dieselben.

Wenn die Regierung so handelt, erstrahlen Billigkeit und Weisheit in jeder ihrer Vorgehensweisen.

Kapitel 10: Fortsetzung 445

Wenn sich die Regierung vornimmt, mit ihren Verordnungen die höchste Produktion des Netto-Guts zu fördern, wird sie die Regierung des wahren *Fortschritts*. Sie steht als Schülerin der Natur, als Dienerin der Vorsehung da. Sie bemüht sich darum, alle Keime des Guten zu fördern, wo auch immer sie sich bemerkbar machen und auftreten. Keinem dieser Keime ist sie feindlich gesonnen und hält sie nicht mit eiserner Faust nieder, wie sie es im Angleichungssystem (sistema di perequazione) tun müßte.

Diese erleuchtete Regierung (governo illuminato) bewertet in der geschuldeten Weise das sittliche Gut als das höchste der Güter. Sie wird daher alles tun, damit dieses sittliche Gut das eudämonologische Gut *beherrscht* und *lenkt*, wie es die höchsten Gerechtigkeitsprinzipien verlangen.

Unbeschadet der höchsten Quantität an Netto-Gut, die in der Gesellschaft entstehen soll, wird die Regierung schließlich alles tun, um auch zu erreichen, daß die größtmögliche Zahl von Personen Anteil an diesem Gut hat. Die Maßnahmen, die zu diesem Ziel führen sollen, bilden die dritte Klasse der Handlungen und Mittel der Regierung.

Wenn wir also die Handlungen und Instrumente der Regierung zusammenfassen, sehen wir, daß es davon drei Sorten gibt, ebenso wie es drei Zwecke der Regierung gibt, die jeweils nacheinander angeordnet sind und sukzessiv erreicht werden müssen.

Der erste Zweck ist der Schutz der vollkommenen Rechte jedes einzelnen Mitglieds der Gesellschaft. Die Handlungen und Mittel der ersten Sorte, die die weise Regierung einsetzt, richten sich auf diesen Zweck.

Der zweite Zweck besteht darin, dafür zu sorgen, daß in der Gesellschaft die größtmögliche Quantität an Netto-Gut existiert, wobei dessen Wert klug eingeschätzt werden muß. Die Handlungen und Mittel der zweiten Sorte sind darauf gerichtet, diesen Zweck zu erreichen.

Der dritte Zweck besteht darin, dafür zu sorgen, daß die größtmögliche Zahl von Individuen an dieser Höchstmenge an Gut teilhat. Die Handlungen und Mittel der dritten Sorte werden von der Regierung auf diese Wirkung hin ausgerichtet.

Die Regierung darf die Erzeugung der Güter nur unter der Bedingung unterstützen, daß die Rechte aller Individuen unverletzt bleiben. Und nur unter der Bedingung, daß die Quantität dieser Güter keine Einbuße erleidet, darf die Regierung dafür sorgen, daß die Güter auf viele Menschen verteilt werden.

1. Eine Regierung, die diese Grundsätze befolgt, fördert die wahre *Gleichheit* der Menschen am stärksten.

Denn bei dieser Regierung sind alle Personen vor dem Gesetz gleich – sei es, daß das Gesetz darauf abzielt, die Rechte und die Güter zu schützen, die die Personen bereits haben, sei es, daß das Gesetz den Erwerb der Höchstmenge der gesellschaftlichen Güter fördert. Das Gesetz geht in diesem Fall mit der Unparteilichkeit eines Gerichts vor, das die Namen der Parteien nicht kennt. Das Gesetz ruft alle in gleicher Weise zum *Wettbewerb* um die gesellschaftlichen Güter auf.[6] Dann liegt es

---

6 Auch dieses schöne Wort *Wettbewerb* ist erheblich mißbraucht worden. Der *freie* Wett-

an den einzelnen, sich so zu plazieren, daß sie an den Gütern teilhaben. Die günstige *Position* der einzelnen ist teils das Werk des Zufalls (fortuna) – das heißt jenes Bündels von Umständen, die nicht vom Menschen abhängen – teils das Werk der Tüchtigkeit (virtù) und des Einsatzes der einzelnen selbst. Diese Position kann niemals das Werk der Regierung sein, die eben wegen ihrer Unparteilichkeit nicht zu den einzelnen Individuen hinabsteigt. Die Regierung betrachtet sie vielmehr alle zusammen und ruft sie alle *in toto*. In allen sieht sie nur eine Sache: das Menschsein (l'umanità).

2. Eine solche Regierung begünstigt mehr als alle anderen Regierungen die *wahre Freiheit*.

Denn sie will keinesfalls der Natur die Zügel aus der Hand nehmen und die Natur anmaßend auf die eigenen Ziele hinlenken [wie es die Ultra-Radikalen tun wollen, von denen wir gesprochen haben] – was ja außerdem unmöglich ist. Eine solche Regierung erfüllt vielmehr alles das, was die Natur selbst anbahnt, und ist damit zufrieden, die Hindernisse für die Entfaltung der natürlichen Keime aufzuheben – mit einer eher negativen als positiven Aktivität. Sie stellt keiner guten Unternehmung Hindernisse in den Weg, sondern ermutigt sie, so sehr sie nur kann.

3. Aus demselben Grund begünstigt eine solche Regierung den *wahren Fortschritt* am meisten.

4. Sie ist auch die *menschlichste* Regierung, weil sie nicht das Individuum, sondern die menschliche Spezies im Blick hat.

5. Sie ist die *gerechteste* Regierung (giusto ed equo), weil sie die Verteidigung des Eigentums jedes einzelnen vor jede Wohltätigkeit stellt.

6. Sie ist schließlich die zutiefst *sittliche* Regierung; denn wenn bei ihr auch der Wettbewerb um die Güter allen Menschen ohne Unterschied offensteht, so haben doch die tugendhaften Menschen natürlicherweise die größere Hoffnung und Aussicht auf den Erwerb der eudämonologischen Güter.

---

bewerb [libera concorrenza] um die Güter ist ein Menschenrecht. Aber der *gleiche Wettbewerb* [uguale concorrenza] findet nur unter der Bedingung statt, daß die Personen in *dieselben Verhältnisse* gestellt sind.

Buch IV, Kapitel 11

Bewirken die realen Güter notwendigerweise die Erfüllung und Zufriedenheit der Seele? Die Unterscheidung zwischen absoluten Gütern und relativen Gütern

Wir haben die Reihe der realen Güter und der realen Übel vor den Augen des Lesers dargelegt und die Art und Weise angedeutet, wie diese Güter zu bewerten sind. Wir haben auch die neuesten, in der Moderne verbreiteten Irrtümer bezüglich der Bewertung der Güter zurückgewiesen. Desweiteren haben wir die absurden, unheilvollen Folgen dieser Irrtümer dargestellt und die Prinzipien aufgestellt, mit deren Hilfe eine weise Regierung auf die Erzeugung der Güter Einfluß nehmen muß. Wir müssen nun die Wirksamkeit der aufgezählten Güter für die Herstellung der *Erfüllung und Zufriedenheit* der Seele untersuchen, die das notwendige Ziel der Gesellschaft ist.

Wir haben gesagt: Die realen Güter sind geeignet, die menschliche Erfüllung und Zufriedenheit zu erzeugen. [Daher ist es die Pflicht der Regierung, diese Güter zu beschaffen.] Aber erreichen die realen Güter immer und unfehlbar diese ihre Wirkung? Und wenn sie es nicht immer tun, aus welchen Gründen erreichen sie die Wirkung manchmal nicht?

Um diese Fragen beantworten zu können, muß man zuerst auf die Unterscheidung zwischen *absoluten Gütern* und *relativen Gütern* zurückgreifen.

Wir haben gesagt: Absolute Güter sind die sittlichen Güter, die Tugend und das Verdienst und die Glücksgüter, die ihnen folgen.

Alle anderen Güter – die materiellen Güter oder die intellektuellen Güter oder solche, die für Güter gehalten werden – sind relative Güter.

Die absoluten Güter erzeugen ihren günstigen Effekt auf den Zustand der Seele immer. Die wahre und vollständige Tugend gibt dem Menschen stets nicht nur verborgene Freuden, sondern auch eine wahrhaftige und dauerhafte Zufriedenheit (contentamento). Die tugendhafte Seele genießt außerdem die Güter, die ihre schönen und hervorragenden Taten, ihre edlen Gedanken und ihre reinen Intentionen als Gefolgschaft und Begleitung mit sich führen. Diese Wirkung kann nicht ausbleiben – nicht nur aufgrund der vollständigen, sicheren Wirksamkeit, die das absolute Gut an sich hat, sondern auch weil in den rechtschaffenen Menschen die notwendige Disposition der Seele immer gegeben ist, um in sich die Wirkung der Erfüllung und Zufriedenheit zuzulassen. Es ist also letztlich die Tugend selbst, die die Seele dazu disponiert, zufrieden und glücklich zu sein, sobald diese von der Tugend erfüllt und beglückt ist.

Dies geschieht bei den relativen Gütern nicht. Diese können zur Erfüllung und Zufriedenheit der menschlichen Seele nur beitragen, wenn sie die Seele wohldisponiert und konditioniert zum Empfang ihrer guten Wirkung der Erfüllung und Zufriedenheit antreffen. Aber sie können nichts für diese Erfüllung und Zufriedenheit tun, wenn die Seele dessen, der die relativen Güter besitzt, dazu nicht die notwendigen Dispositionen in sich hat.

Die *Philosophie der Politik* muß also den Regierungen beibringen, über diese vorausliegenden Dispositionen nachzudenken, die die menschliche Seele haben muß, damit die relativen Güter zur Zufriedenstellung der Seele beitragen können. Denn von diesen Dispositionen hängt der politische Wert dieser Güter ab. Die Verpflichtung der Regierungen, die relativen Güter in den Gesellschaften zu mehren, ist vollständig auf die Annahme gegründet, daß diese Güter wirklich dazu beitragen, die Menschen erfüllt und zufrieden zu machen. Die Weisheit der Regierung ist also dafür verantwortlich, die regierten Gesellschaften mit diesen Gütern zu versorgen, aber sie ist noch viel stärker dafür verantwortlich, dafür zu sorgen, daß die Seelen dazu disponiert sind, die wohltätige Wirkung dieser Güter zu empfangen. Daher müssen wir zu diesen Dispositionen jetzt noch einige Überlegungen anstellen.[1]

---

[1] Zum Wert der äußeren Güter und Annehmlichkeiten finden wir in der antiken Philosophie drei Systeme. Sie sind das Ergebnis der jeweiligen einseitigen Sichtweisen, mit denen man die genannten Güter betrachtete.
Das erste System, das gemeinhin nach Epikur benannt wird, unterscheidet nicht richtig zwischen der *Zufriedenstellung*, die, wenn überhaupt, ein Effekt der äußeren Güter ist, und den *Gütern* selbst. In einer solchen Lehre sind die Güter und die Freuden, die man aus deren Gebrauch gewinnt, alles. Diese Güter haben also dieser Philosophie zufolge einen hohen Wert. Wenn man ein solches System so positiv wie möglich deuten will, muß man sagen, daß die Philosophen, die es formuliert haben, ihre Aufmerksamkeit ausschließlich auf jene Fälle gerichtet haben, in denen der Gebrauch dieser Güter die menschliche Seele zufriedenstellt.
Das zweite System ist dem ersten direkt entgegengesetzt. Es ist das System des Krates oder auch jenes anderen Philosophen, der den Besitz mit den Worten ins Meer wirft: „Mergo vos, ne mergar a vobis". In ihren Augen sind die äußeren Güter keine Güter, wie das gemeine Volk glaubt, sondern Übel. Auch dieses System basiert auf einer einseitigen Anschauung, die aber tiefer geht als die, auf der das erste System beruht. Die Philosophen dieser Schule untersuchten nur die – allerdings häufigen – Fälle, in denen die äußeren Güter die Seele nicht zufriedenstellen. Sie beschäftigten sich mit dem Mißbrauch der äußeren Güter, die in der Seele ungeordnete, unruhige, quälende Leidenschaften freisetzen. Besonders aber beschäftigten sie sich mit der Unvereinbarkeit, die zwischen den vielen sinnlichen Genüssen und den edleren Tätigkeiten des Bewußtseins besteht. Sie sahen, daß die Entfaltung oder der übermäßige Gebrauch oder auch nur der einfach große Gebrauch der unteren Fähigkeiten des Menschen einen gleich großen Gebrauch und eine gleich große Entfaltung der höheren Fähigkeiten verhindert. Sie sahen, daß der Mensch durch Hingabe an die äußeren Güter leicht primitiv, träge und lasterhaft wird. Sein Intellekt und sein Herz laufen Gefahr, ihre Freiheit zu verlieren. Und die Seele ist niemals so rein, so großmütig und so erhaben wie dann, wenn sie kein anderes Gut und keine anderen Hoffnungen als die hat, die in der Ausübung der Tugend, in der Kontemplation der Wahrheit und in der Zustimmung zur Wahrheit liegen. Dieses zweite System war mithin vornehmer und philosophischer als das erste. Dennoch war es einseitig. Die Beobachtung, die es hervorgebracht hatte, blieb unvollständig.
Zwischen diesen beiden extremen Systemen steht ein drittes System, das die beiden von den anderen Systemen beobachteten Phänomene vereint hat. Es hat gefolgert, daß 'die äußeren Güter und Freuden manchmal die Erfüllung mit sich bringen, wenn sie richtig

Kapitel 11: Absolute Güter und relative Güter 449

gebraucht werden, und daß sie bei Mißbrauch den gegenteiligen Effekt erzielen'. Daraus resultierte eine Philosophie, die sich ausschließlich damit beschäftigt hat, den *Gebrauch* der äußeren Güter zu lehren, damit diese in der menschlichen Seele den ersten Effekt und nicht den zweiten erzeugen.

Bei der Unterweisung in diesen *Gebrauch* der äußeren Güter ging die antike Philosophie verschiedene Wege. Daraus muß man eine weitere Unterteilung der philosophischen Systeme über Gut und Übel ableiten. Alle Systeme in dieser Untergruppierung sind sich einig in dem Urteil, daß 'der Wert der äußeren Güter nicht in diesen Gütern selbst liegt, sondern in ihrem Gebrauch'. Wir fügen hinzu: Dieser Gebrauch hängt von den unterschiedlichen Dispositionen der Seele ab. Das allgemeine Prinzip dieser dritten Gruppe von Systemen läßt sich nicht besser ausdrücken, als es Horaz in diesem wunderschönen Satz getan hat:

„Non possidentem multa vocaveris
Recte beatum; rectius occupat
Nomen beati qui deorum
Muneribus SAPIENTER uti
Duramque callet pauperiem pati,
PEJUSQUE LETHO FLAGITIUM TIMET."

(Buch IV, Ode IX).
[Q. HORATII FLACCI Carmina, Buch IV, Ode IX, Vers 45–59, in: Q. HORATII FLACCI Opera omnia, Leipzig 1867, S. 105.]

Buch IV, Kapitel 12

Von der *Kapazität* des menschlichen Verlangens

Die Dispositionen der Seele, Erfüllung und Zufriedenheit zuzulassen oder zu verweigern, hängen von der größeren oder geringeren Kapazität des menschlichen Verlangens ab (capacità dell'umano desiderio). Wir müssen erklären, was wir mit dem Wort *Kapazität* meinen.

Die menschlichen Potenzen – anfangs ununterschieden in der Seele und in einem Zustand der Ruhe – werden später „aktuiert" [durch die Akte, in die sie „heraustreten"]. Diese Aktuierung ist größer oder weniger groß, je nachdem wie weit die Potenzen entwickelt sind. Die Aktuierung konstituiert den Umfang der effektiven *menschlichen Aktivität*.

Diese Prinzipien lassen sich entsprechend auch auf das Vermögen des Verlangens übertragen (facoltà del desiderio).

Das Verlangen im Menschen ist unendlich. Aber anfangs befindet es sich in einem Zustand reiner Potenz. Daher liefert es dem Menschen auch keinen störenden Reiz. Wir nehmen zwar an, daß sich die Seele von den ersten Augenblicken an in einer Art Spannung (tensione) befindet, aber daß diese sozusagen von allen Seiten zur Unbeweglichkeit zusammengepreßt ist. Ihr steht kein Ausweg offen, weil ihr die Kenntnis der Objekte fehlt. Das gespannt-gerichtete, aber zusammengepreßte Verlangen konstituiert die Ruhe der ersten Lebensmomente. Diese Spannung ist ein natürlicher Zustand der menschlichen Aktivität, und keiner der natürlichen Zustände ist lästig. Aber durch die äußeren Reize und durch die Wahrnehmungen der Intelligenz entdeckt das Verlangen bestimmte Objekte, die seine Sphäre konstituieren, das heißt den Umfang seiner effektiven Aktivität bestimmen, die ich die *Kapazität* der menschlichen Seele nenne.

Die *Kapazität* der menschlichen Seele ist mithin die Fähigkeit des Verlangens, sofern diese vom Zustand der reinen Potentialität zum Zustand der effektiven Aktivität übergegangen ist. In diesem Zustand schweigt das Verlangen nicht, sondern treibt den Menschen ständig an, um befriedigt zu werden. Und wenn es nicht befriedigt wird, schmerzt und belastet es ihn. In der Umgangssprache wird es nur dann „Verlangen" (desiderio) genannt, wenn es diese zuletztgenannten Effekte in der Seele erzeugt.

Man muß die *Kapazität der Seele* auch vom *reinen sinnlichen Instinkt* unterscheiden.

Die erste Stufe der menschlichen Entwicklung bleibt bei den animalisch-vitalen Tätigkeiten stehen. Hier ist der sinnliche Instinkt tätig, aber noch nicht das Verlangen. Es gibt Freude und Schmerz des Körpers, aber nicht der Seele. Es gibt auch Neigung, Erregung und Bedürfnisse, aber ohne die Sphäre des Animalisch-Vitalen zu verlassen. Diese Neigungen und Wandlungen des Sinnes werden später Objekte und Materialien des menschlichen Verlangens, aber sie konstituieren nie selbst das

Kapitel 12: Von der Kapazität des menschlichen Verlangens

Verlangen. Das Verlangen ist eine an den Willen gebundene Tätigkeit (attività volontaria), und der Willen setzt eine gewisse Entwicklung der Intelligenz voraus. Mit einem Wort: Der Mensch muß wissen, um verlangen und wollen zu können.[1]

Nicht alle Akte des Willens haben mit der Bildung der *Kapazität* zu tun, von der wir sprechen. Manche Willensakte sind bedingt, manche sind absolut. Wenn für die erstgenannten Willensakte die Bedingung unmöglich wird oder als unmöglich erkannt wird, so werden sie in passender Weise *tatenloses Wollen* (velleità) genannt. *Willenhandlung* (volizioni) werden dagegen jene Akte des Willens genannt, mit denen sich dieser einem realen und erreichbaren Gut zuwendet. Also werden nicht alle Objekte, die der Intellekt als Güter begreift, vom Willen in der Weise gewollt, daß daraus für den Menschen eines jener habituellen Verlangen entstünde, welche dann die menschliche Kapazität konstituieren. Wenn zwei Objekte, die der Intellekt beide als gut beurteilt, inkompatibel sind – so daß der Erwerb des einen Guts den Erwerb des anderen ausschließt – dann zieht der Willen natürlicherweise das Gut vor, das er mehr liebt, und läßt das andere fallen. Gegenüber dem ersten Gut vollzieht er einen absoluten Akt, eine vollständige Willenshandlung. Gegenüber dem zweiten besteht nur ein tatenloses Wollen. Im zweiten Fall hängt der Akt von einer unmöglichen Bedingung ab, nämlich von der Bedingung, das nicht zu wollen, was der Willen effektiv als das Bessere beurteilt.

Die *Kapazität* wird also von absoluten Willenshandlungen gebildet, die nach den Objekten streben, die im praktischen Urteil bei Inkompatibilität zweier Objekte überwiegen.

Wenn im Menschen die körperliche Sinnlichkeit überwiegt, dann werden deren Objekte vom Menschen verlangt und werden Teil seiner *Kapazität*. Nun kann in ihm aber auch das Prinzip der Intelligenz vorherrschen: Dann wird zwar die Sinnenlust ebenso wie vorher vom körperlichen Instinkt begehrt, aber sie bildet keinen Teil der menschlichen *Kapazität* mehr, wenn sie sich mit einem geistigen Gut in Widerspruch befindet. Dann wird diese Lust zwar von der Intelligenz noch als ein Gut eingeschätzt, aber sie wird nicht mehr verlangt, weil sie aufgehört hat, Zweck des stärkeren Willensaktes, des personalen Aktes, zu sein. Die Person des Menschen will sie nicht mehr.[2] Von daher verwundert es nicht, daß dasselbe Objekt für die Menschen hassenswert und liebenswert, ihrer Furcht wie ihrer Hoffnung würdig sein kann. Der Sybarite fürchtet den Tod so sehr, daß er stirbt, wenn er nur das Wort hört. Dieser Tod wird ein Objekt des ersehnten Triumphes für den Römer, der sich für die *Patria* opfert. Und der Prunk des Lucull wäre in den Augen eines Curius oder eines Cato unerträglich gewesen.

---

[1] Vgl. zuvor Kapitel 2.
[2] Vgl. zuvor Kapitel 3.

Buch IV, Kapitel 13

Von der befriedigten und der unbefriedigten Kapazität

Wenn durch die Entfaltung der Potenzen die *Kapazität* stärker oder auch weniger stark freigesetzt wird, dann wird die menschliche Seele für neue angenehme oder auch schmerzhafte Zustände empfänglich.

Wenn die *Kapazität* von den Objekten, auf die sie sich bezieht, nicht befriedigt wird, wird der Seelenzustand unruhig, quälend, bedürftig.

Wenn die *Kapazität* durch den Erwerb und den Genuß der ersehnten Objekte befriedigt wird, dann beruhigt sich das menschliche Verlangen. Dann gibt es den Seelenzustand, den wir „Erfüllung und Zufriedenheit" nennen.

Buch IV, Kapitel 14

Die Irrtümer der Sensualisten: Sie erkennen die unterschiedlichen Ausmaße der Kapazität sowie der Erfüllung und Zufriedenheit nicht an

Melchiorre Gioia verteidigt in seiner Schrift *Prospetto delle scienze economiche*[1] den Nutzen des Luxuskonsums für das Glück des Menschen. Dabei stellt er folgenden Grundsatz auf: „Man kann das Empfindungsbedürfnis als konstante Größe betrachten". Daraus folgert er, daß dieses Empfindungsbedürfnis durch das Lusterlebnis (uso dei piaceri) mehr oder weniger erfüllt und befriedigt wird.

Man merkt sofort, daß diese Behauptung aller Alltagserfahrung widerspricht, die ständig Beispiele von Menschen bietet, bei denen die Gier nach Lusterlebnissen durch diese selbst erregt wird. Je mehr sie sich ihnen hingeben, desto größer wird die Gier.

Sogar wenn man nur von der körperlichen Sinnlichkeit spricht, ist es leicht zu beweisen, daß sie typischen Störungen ausgesetzt ist, die vom Mißbrauch der Lust erzeugt werden: Die Lust macht die Sinnlichkeit oftmals süchtig, gierig und unersättlich. Es gibt nicht einen der Sinne im Tier, angefangen beim Nahrungssinn, der nicht soweit pervertieren könnte, daß er den Tod des Tieres verursacht, wenn es von der Intensität und Hast getäuscht wird, mit der der Instinkt aktiv ist, den dieser Sinn erzeugt. Die Wilden in Amerika, die nicht aufhören, Alkohol zu trinken, bis die Unmäßigkeit sie umbringt, sind nur einer von unzähligen alltäglichen Fällen, die die Unersättlichkeit jedes Zweiges einer unkontrollierten körperlichen Sinnlichkeit unter Beweis stellen.[2]

Die Sensualisten können den Unterschied zwischen der *körperlichen Sinnlichkeit* und der *menschlichen Kapazität* nicht begreifen und akzeptieren.

Sie führen alle menschlichen Potenzen systematisch ausschließlich auf die körperliche Empfindung zurück, und daher können sie sich keine richtige Vorstellung vom menschlichen Verlangen machen, das nicht von den Sinnen herstammt, sondern vom Bewußtsein. Die Sensualisten betrachten das menschliche Verlangen dagegen lediglich als Zweig des sinnlichen Instinkts.

---

[1] Vgl. Buch II *Sui consumi*, Kap. 1. [M. GIOIA: Nuovo prospetto delle scienze economiche ossia somma totale delle idee teoriche e pratiche in ogni ramo di amministrazione privata e pubblica, cit., Bd. IV, S. 43–58.]

[2] Von der Entartung des physischen Instinkts haben wir ausführlich gesprochen in der *Antropologia*, Buch II, Sek. II., Kap. 10, und Buch III, Sek. II, Kap. 9, Art. II, §§ 1 und 3. – Das Gesetz beim Tier im unverdorbenen Zustand lautet, daß das Tier von seinem Instinkt niemals dazu gebracht wird, sich eine aktuelle Lust zu verschaffen, die seiner Natur schadet. Das gesunde Tier spürt diesen Schaden vorher und vermeidet ihn durch Enthaltung von Handlungen oder Objekten, die ansonsten angenehm sind. [A. ROSMINI: Antropologia in servigio della scienza morale, in A. ROSMINI: Filosofia della morale, cit., Bd. II, S. 255–267, 415–422, 424–453.]

Daher können sie auch das unendlich weite Ausmaß nicht erfassen, das die menschliche Kapazität erreichen kann.

Der sinnliche Instinkt kann noch so erregt und gierig bis zur Wildheit werden, und doch umfaßt er nicht einmal einen Bruchteil der Weite der menschlichen Kapazität.

Die menschliche Kapazität, so haben wir gesagt, erstreckt sich auf alle wahren oder eingebildeten Objekte, die sich das Bewußtsein als Güter vorstellen kann. Nun sind diese Güter unendlich. Die menschliche Kapazität kann sich also *ad infinitum* steigern, und die verschiedenen Ausdehnungen dieser Kapazität können unendlich an Zahl sein. Die Sensualisten vergessen vollständig, diese wunderbaren Phänomene der menschlichen Seele zu betrachten und einzukalkulieren. Mit großer Gedankenarmut beschränken sie sich einfach auf die Annahme, daß „das Empfindungsbedürfnis eine konstante Größe ist".

Philosophen, die eine so eingeschränkte Perspektive haben und so ungenau beobachten, können sich keinen richtigen Begriff von der *Zufriedenstellung der Seele* machen.

So wie für sie die *Kapazität des menschlichen Verlangens* nicht existiert, sondern nur das *Bedürfnis der körperlich-sinnlichen Empfindungen*, so sind sie auch nicht imstande, sich jenen Zustand der Zufriedenheit vorzustellen, der mit der befriedigten Kapazität entsteht. In ihren Augen gibt es nur den je aktuellen physischen Genuß, der zwangsläufig dem Empfindungsbedürfnis Befriedigung verschafft. Aber auch wenn das Bedürfnis der körperlich-sinnlichen Empfindung vollkommen befriedigt wäre, könnte der Mensch doch sehr unglücklich sein. Viele Menschen, die überreichlich mit allen Mitteln ausgestattet waren, die notwendig sind, um jeden körperlichen Wunsch zu befriedigen, haben dennoch erklärt, daß sie unglücklich waren, und haben sich umgebracht!

Die Schlußfolgerungen müssen daher lauten:

1. Die *Ausmaße der menschlichen Kapazität sind unendlich*. Denn die Kapazität kann sich in der Seele sowohl hinsichtlich der Zahl der begehrten und gewollten Objekte ausdehnen, die unendlich anwachsen kann, als auch hinsichtlich der Qualität und Natur dieser Objekte, die einen mal endlichen und mal unendlichen Wert haben können.

2. *Mit jedem Ausmaß an Kapazität korrespondiert eine je andere Erfüllung und Zufriedenheit.* Wenn die ganze Kapazität – gleichgültig, ob sie groß oder klein ist – befriedigt ist, ist der Mensch vollständig erfüllt und zufrieden. Aber je ausgedehnter die Kapazität ist, desto reicher an innerer Freude ist auch die Erfüllung und Zufriedenheit. Die Zahl der möglichen „Erfüllungen" der menschlichen Seele ist folglich unendlich. Für sie alle gilt, daß sie entsprechend viele Zustände sind, in denen das menschliche Verlangen Ruhe gefunden hat, auch wenn sie in der Fülle der Güter voneinander abweichen, die diese Ruhe im Menschen erzeugen.

3. Hat die Kapazität überhaupt keine Befriedigung, konstituiert sie im Menschen einen Zustand des Unglücks. *Es gibt ebensoviele Zustände des Unglücks wie es Kapazitäten gibt*, also unendlich viele.

4. Schließlich *gibt es Zwischenzustände zwischen dem Zustand des Unglücks*

und dem Zustand der Erfüllung und Zufriedenheit. Das sind jene Zustände, in denen die Seele eine weder ganz befriedigte noch ganz unbefriedigte Kapazität hat. Dieser Zustand ist veränderlich, je nach dem Verhältnis zwischen dem befriedigten Teil der Kapazität und dem noch unbefriedigten Teil. Er ist eine Mischung aus Lust und Leid, denn in jenem Teil, wo die menschliche Kapazität erfüllt ist, genießt der Mensch, und in dem Teil, wo die Kapazität unerfüllt bleibt, leidet der Mensch.

Buch IV, Kapitel 15

Von den beiden politischen Systemen *Widerstand* und *Bewegung*

Eine Seele, die die Erfüllung und Zufriedenheit ihrer Kapazität erreicht hat, ist beruhigt. Wir hatten als Prinzip festgelegt: 'Die Weisheit der Regierung muß darauf abzielen, dafür zu sorgen, daß die Seelen der Regierten zufriedengestellt sind.' Die natürliche Folge dieses Prinzips ist ein friedlicher und ruhiger Zustand der bürgerlichen Gesellschaft.

Allerdings tritt hier rasch ein sehr gewichtiger Einwand auf, der zwar nicht standhält, wie wir alsbald sehen werden, der aber gleichwohl wert ist, vom politischen Philosophen gründlich und in jeder Hinsicht untersucht zu werden. Nur eine solche Untersuchung kann die Lehre von der Zufriedenstellung der Seele – als dem Zweck der Regierungsweisheit – rechtfertigen und vervollständigen.

Der besagte Einwand kommt von ehrenwerten Personen, die den *Fortschritt* der Menschheit nachdrücklich befürworten. Wir halten die Absichten dieser Personen für wirklich human und wohltätig.

Normalerweise denken die Anhänger des Fortschritts so: 'Fortschritt erhält man nur durch Bewegung. Aber bei einer politischen Verwaltung, bei der alle Seelen vollständig zufriedengestellt wären, könnte es keine Bewegung mehr geben und mithin auch keinerlei Fortschritt.' Daraus schließen sie, daß der Zweck der Verordnungen einer klugen Regierung keinesfalls sein darf, die Seelen der Bürger zufriedenzustellen, sondern daß sie das Gegenteil tun muß, das heißt, daß sie in die Seelen aller Bürger Unruhe einpflanzen muß, weil Unruhe die Mutter der Aktivität und mithin des Fortschritts (avanzamento) ist.

Diese Überlegung scheint vielen anderen Leuten, die aufgrund ihrer wohlwollenden Haltung gegenüber der Menschheit nicht minder ehrenwert sind, völlig absurd.

Sie fragen: 'Ist ein Fortschritt gut, der die Seelen permanent in Unzufriedenheit und Unruhe hält? Wenn der Mensch niemals die Erfüllung seiner Wünsche erreicht, ist er dann nicht konstant unglücklich? Liegt hier nicht ein offensichtlicher Mißbrauch des Wortes *Fortschritt* vor? Das Wort schmeichelt dem Ohr, wenn man es nur unter dem Aspekt des Guten betrachtet. Aber gibt es in der Wirklichkeit der Menschheit nicht einen Fortschritt des Guten und einen Fortschritt des Bösen? Gibt es nicht – ähnlich wie in der Natur – ein unablässiges Vergehen neben einem unablässigen Entstehen? Erlebt man denn nicht, wie manche Nationen schnell auf ihr Verderben und ihre Auflösung zuschreiten und wie andere Nationen, die neben diesen entstehen, Kraft und Schönheit aus deren Überresten schöpfen, wie eine Pflanze, die aus verfaultem Unrat grünend hervortritt? Beide haben sicherlich eine Bewegung. Denn auf dieser Welt steht nichts still. Und ist nicht die Bewegung der erstgenannten Nationen auf ihren Untergang zu genauso schnell wie die Bewegung

Kapitel 15: Widerstand *und* Bewegung   457

der zweiten zu ihrer Herrlichkeit? Ja, die Geschichte lehrt doch, daß sich die Nationen in ihren letzten Phasen nicht einfach bewegen, sondern rasen und sich in den Abgrund stürzen, der sie verschlingt – während die entstehenden Nationen möglicherweise schneckenartig die Pyramide ihres langanhaltenden Ruhms hinaufsteigen. *Bewegung* ist also das eine, *Fortschritt*, im guten Wortsinn verstanden, das andere.' Und sie schließen: 'Wir sind Feinde der ungeordneten Bewegung. Aber wir wollen den Fortschritt im Guten, und dieser Fortschritt kann nichts anderes sein, wenn wir uns nicht täuschen, als ein Fortschritt an Zufriedenheit und Ruhe der Seele. Darin allein liegt das Gute. Allerdings wird dieser Zustand der zufriedenen Seele in der Gesellschaft niemals vollständig erreicht, so daß es immer Raum für einen Fortschritt dorthin gibt.'

Wir sehen also, daß Menschen, die gleichermaßen das Wohl der Menschheit wollen, dennoch gegensätzliche Wege beschreiten und unversöhnlich für zwei direkt entgegengesetzte politische Systeme kämpfen.

Das System der ersten Gruppe wird das System der *Bewegung* genannt, das System der zweiten das System des *Widerstandes*.

Der Leser erkennt, daß wir die unwesentlichen Unterschiede weglassen, uns auf den Grundgedanken dieser beiden Gruppen konzentrieren und beide Systeme von ihrer günstigsten Seite her darstellen.

Untersuchen wir sie also und prüfen wir, welche Beziehung zwischen diesen beiden Theorien und unserer Theorie besteht!

Buch IV, Kapitel 16

Die häuftigsten Fehler der Anhänger der beiden Theorien

Wenn man einen unparteilichen Blick auf die Gruppe derjenigen wirft, die auf der Seite des Systems des Widerstandes stehen, so kann man allgemein sagen, daß sie dem Fortschritt zum Guten (progresso nel bene) nicht die volle Bedeutung geben, die er verdient.

Diese Gruppe wird noch größer, wenn man alle die friedliebenden Menschen dazuzählt, die den politischen Theorien fernstehen und die nichts anderes wünschen, als in ihrer Lebensweise und in ihren häuslichen Gewohnheiten nicht gestört zu werden. Die Furcht vor den Übeln ist bei ihnen – aufgrund unglückseliger Erfahrungen – oft mächtiger als die Hoffnung auf etwas Gutes.

Die Gruppe der politischen Vertreter der Bewegung besteht aus Theoretikern und Schriftstellern. Die Irrtümer dieser Gruppe sind stärker ausformuliert, und es sind, wenn man so will, wissenschaftliche Irrtümer.

Der unmittelbare Grund für die Irrtümer dieser zweiten Gruppe ist der permanente Mißbrauch der Abstraktion. Sie lassen in ihren Kalkulationen viele empirische Daten beiseite und geben sich damit zufrieden, eine Lehre aus reinen Verallgemeinerungen aufzustellen.

Daher kommt es, daß sie an die Stelle des *Fortschritts zum Guten*, der etwas Reales ist, *Fortschritt überhaupt* (progresso in genere) setzen, der etwas bloß Abstraktes ist. Indem sie Abstraktion an Abstraktion reihen, verwechseln sie überdies die Idee von *Fortschritt* mit der Idee von *Bewegung*. Und weil sie sehen, daß es in jedem Fortschritt Bewegung gibt, schließen sie, daß folglich jede Bewegung Fortschritt ist. Mit diesem Trugschluß basteln sie ihre Theorie der gesellschaftlichen Bewegung.

Diese Theorie hat nun den Punkt erreicht, wo das höchst allgemeine Wort *Bewegung* den Platz des Wortes *Fortschritt* eingenommen hat. Man hat den Unterschied zwischen Vorwärtsgehen und Nicht-rückwärts-Gehen aus den Augen verloren, der den *Fortschritt* von der *Bewegung* unterscheidet. Jedermann hätte erkannt, daß diese Theorie offensichtlich absurd ist, wenn man sie nicht mit einer weiteren genialen Erfindung gestützt hätte.

Die Erfindung, mit der man das Prinzip der Gesellschaftsbewegung zu stützen behauptete, war eine weitere, höhere, zur Geschichte der Menschheit gehörende Theorie. Mit Hilfe dieser Theorie glaubte man, festsetzen zu können, daß 'die Menschheit von Natur aus stets vorwärts schreitet, aber niemals rückwärts und daß daher jede Bewegung, die dem Gesellschaftskörper aufgedrückt wird, nützlich sein muß, da sie nur dazu dienen kann, ihn vorwärts zu scheuchen, aber nie dazu, ihn rückwärts gehen zu lassen'.

Ein solches Urteil schmeichelt der menschlichen Eitelkeit, aber ist es wahr? Das wollen wir prüfen.

Buch IV, Kapitel 17

Fortsetzung: Das Gesetz, nach dem das Menschengeschlecht fortschreitet

Wenn man mit der Aussage, daß das Menschengeschlecht immer weiterschreitet, schlicht feststellen will, daß die Kette der Ursachen und Wirkungen nie unterbrochen wird, haben wir dem nichts hinzuzufügen außer der Bemerkung, daß zwar die Kette der Ursachen und Wirkungen ununterbrochen weitergeht, daß aber in den Dingen der Menschheit neben dieser Kette eine stets neue Ursache auftritt, nämlich die menschliche Freiheit.

Wie begrenzt die Wirkung dieser Ursache in den menschlichen Dingen auch sein mag,[1] so bildet sie doch unzweifelhaft, immer wenn sie aktiv wird, den Anfang einer neuen Kette von Ursachen und Wirkungen, welche sich ebenfalls wie alle anderen Ketten ununterbrochen fortsetzt.

Aber auch wenn man das alles zugesteht, beweist die Kette von Ursachen und Wirkungen doch noch nicht, daß es notwendigerweise einen Fortschritt der Menschheit gibt. Denn um dies zu beweisen, müßte man außerdem beweisen, daß die Wirkungen der nachfolgenden Ursachen stets besser sind als die vorangegangenen Wirkungen.

Man sagt zwar, daß die kontinuierliche Bewegung von Aktionen und Wirkungen eine unablässige *Entwicklung* in den Dingen der Natur ebenso wie in den Dingen der Menschheit bedeutet. Aber erneut: Auch die Idee von Entwicklung impliziert an sich keinen kontinuierlichen Fortgang von einem weniger guten Zustand zu einem besseren Zustand. Will man an der Analogie mit dem, was in der Natur geschieht, festhalten, hätte man eher das Gegenteil, nämlich das Gesetz vom unaufhörlichen Wechsel von guten Zuständen und schlechten Zuständen. Denn jede Sache, die an ihre Reife gelangt ist, neigt der Zersetzung zu, stirbt, nachdem sie deren Stadien durchlaufen hat, und wird aus dem Keim wiedergeboren, der nicht abgestorben ist, sondern inmitten der Verwesung bewahrt und fruchtbar gemacht wurde. Daher kann man mit einer gewissen Berechtigung sagen, daß sich die Natur bei ihren immerwährenden Veränderungen im Kreis dreht. Unsere Philosophen dagegen behaupten, die Menschheit würde auf gerader Linie immer weiterschreiten.

Man kann den notwendigen Fortschritt zum Guten auch nicht unter Rekurs auf die höhere Lenkung einer göttlichen Vorsehung *a priori* beweisen.

Denn vorher müßte man bewiesen haben, daß der besagte Fortschritt das ist, was der höchsten Weisheit und der höchsten Güte, mit der die Vorsehung alle Geschehnisse lenkt, am meisten entspricht. Nun stimmen wir zwar vollkommen damit überein, daß die Gesamtheit der Ereignisse die Verwirklichung eines höchst weisen

---

[1] Zur Begrenzung der menschlichen Freiheit vgl. *Antropologia*, Buch III, Sek. II, Kap. 11. [Op. cit., S. 403 ff.]

und höchst guten Plans sein muß.² Aber es gibt nichts so Haltloses wie die Behauptung, daß der angenommene, kontinuierliche Fortschritt zum Guten tatsächlich die beste Art und Weise ist, diesen erhabenen Plan zu verwirklichen. Man erkennt in einer solchen Behauptung eher die Kurzsichtigkeit des Menschen, der das, was sich ereignet, nur in aufeinander folgenden Teilen erfaßt und nicht in der abgeschlossenen und vollendeten Gesamtheit. Daher kann sich der Mensch nichts Besseres vorstellen, als daß die Glieder der Kette der Dinge, die vor seinen Augen vorbeiziehen, für den kurzen Moment, in dem er sie sieht, zwangsläufig schöner und vollendeter geworden sind. Ganz anders das höchste Sein. Weil sein Ziel nicht die vergänglichen Zustände der Dinge, sondern ein vollendeter Endzustand ist, wirkt und lenkt es die Dinge so, daß diese vorübergehenden Zustände als Ergebnis schließlich einen letzten, nicht mehr vergänglichen Zustand der Dinge von vollendeter Schönheit und Vollkommenheit herbeiführen müssen. Daher ist seine Weisheit nicht an die kindliche Vorstellung vom Fortschritt gebunden, die jedes Gut darauf beschränkt, an Vollendung jener transitorischen Zustände der Dinge zu gewinnen, die doch keinen wahren Wert an sich haben, sondern die nur bezogen auf den letzten Zustand Wert haben, dem sie als Mittel dienen.

Man kann also den angeblichen notwendigen Fortschritt nicht *a priori* beweisen. Und selbst wenn man ihn beweisen könnte, gäbe er uns gleichwohl keine Regel für eine anständige Politik. Denn wenn man davon ausgeht, daß es einen schicksalhaften und unvermeidlichen Fortschritt gibt, ist das Werk des Menschen und der Regierung nutzlos.

Diese Feststellungen zielen aber keineswegs darauf ab, die *Perfektibilität* des Menschen und der Gesellschaft zu leugnen.

Daß der Mensch, solange er in diesem Leben weilt, kontinuierlich perfektibel ist, stellt eine kostbare Wahrheit, ein Dogma des Christentums dar.³ Das, was wir

---

2   Der Plan der Vorsehung steht zwar *ab aeterno* fest, aber er tut der Wahrheit von der menschlichen Freiheit keinen Abbruch. Gewiß ist es nicht leicht, zu begreifen, wie sich die Prädestination der Ereignisse und die Freiheit miteinander versöhnen lassen. Andererseits gibt es für den, der erkannt hat, worin die Freiheit und worin der ewige Plan Gottes besteht, nichts, was so offensichtlich ist wie dies. Gott sieht und will diesen Plan in seiner letzten Verwirklichung, denn alle zukünftigen Dinge sind bei ihm gegenwärtig. In seiner letzten Verwirklichung befindet sich Gottes Plan bereits in einem Zustand, in dem das Handeln der menschlichen Freiheit an ein Ende gekommen ist. Denn wenn die Ereignisse bereits eingetreten sind, dann hat die Freiheit nichts mehr damit zu tun, dann sind sie notwendig. Die Freiheit dagegen handelt vor dem Ereignis, insofern sie in der Wahl der Willensakte besteht (vgl. *Antropologia*, Buch III, sek. II, Kap. 9). *Freiheit* und *Gottes Plan* stehen also einander nie gegenüber und können nie miteinander kollidieren. Der *Plan Gottes* ist das Ziel, die *Freiheit* des Menschen ist das Mittel, mit dem dieser Plan ausgeführt wird. Man wird mir sagen: 'Wie weiß Gott denn, daß dieses Mittel dieses Ziel bewirken wird, wenn das Mittel frei ist?' Die ganze scheinbare Unlösbarkeit dieser Frage besteht darin, daß dieses zukünftige „*bewirken wird*" nicht paßt. Gott kennt nicht nur den Willen, der *handeln wird*, sondern den Willen, der *handelt*. Denn er ist in seinem Wissen nicht wie wir von der Zeit bedingt, sondern „omnia nuda et aperta sunt oculis ejus". [A. ROSMINI: Antropologia in servigio della scienza morale, in A. ROSMINI: Filosofia della morale, cit., Bd. II, S. 391–398; S. PAULI Ep. ad Hebraeos, IV, 13.]

3   *Perfektibilität* meint die Fähigkeit, sich zu vervollkommnen; *Vervollkommnung* [per-

Kapitel 17: Das Gesetz des Fortschritts

aber ganz und gar bestreiten, ist, daß seine *Vervollkommnung* zwangsläufig und schicksalhaft ist, wie es der Traum der Vertreter der Bewegung ist.

Diejenigen, die die Linearität dieses Fortschritts behaupten wollten, waren gezwungen – um die Autorität der Geschichte abzuwehren, die offensichtlich gegen sie steht – den Ereignissen die merkwürdigsten Deutungen zu geben. Und – was am schlimmsten von allem ist – sie waren gezwungen, von den sichersten Normen der Moralität abzusehen und oftmals die ruchlosesten Grausamkeiten gut zu nennen, wie es Condorcet getan hat.[4]

– Aber wenn sich die Menschheit ständig bewegt und entwickelt, welcher Linie folgt dann ihr Gang, Eurer Meinung nach?

Zunächst sollte man die Bewegung der Menschheit von der Bewegung der einzelnen Gesellschaften unterscheiden.

Was die Bewegung der Menschheit insgesamt angeht, so ließe sich daraus keine Regel für die gute Regierung der einzelnen Gesellschaften ableiten, selbst wenn sicher bewiesen wäre, daß diese Bewegung immer gradlinig fortschreitet. Die Regierung eines Staates muß ihre Sorge darauf richten, den regierten Staat im Guten weiterzubringen. Und wenn sie ihn untergehen oder rückwärts gehen läßt, so kann der Nachweis, daß daraus dem Menschengeschlecht ein Nutzen entstanden ist, für diese Regierung nicht als Entschuldigung gelten. Ihre Verwaltung bleibt in jedem Fall ganz schlecht.

Wie schreiten also die einzelnen Gesellschaften fort, und wie schreitet der Körper der Menschheit *in toto* fort?

Was die einzelnen Gesellschaften angeht, so bewegen sie sich stets, wie ich am Anfang bereits gesagt habe, zwischen den beiden Grenzen der Zerstörung und der Vollendung hin und her.[5] Die Kunst der guten Regierung zielt ganz und gar darauf ab, sie von der ersten Grenze weg- und zur zweiten Grenze hinzuführen.

Was die Menschheit insgesamt betrifft, so ist ihre Bewegungslinie auf drei verschiedene Arten beschrieben worden:
1. Nach Condorcet geht sie auf einer gerade Linie voran. Das haben wir widerlegt.
2. Vico behauptet, sie bewege sich im Kreis, so daß es einen periodischen Regreß gibt oder eine Wiederaufnahme des Weges.[6]
3. Fichte kam nach diesen beiden Philosophen. Er ist genauer als sie. Er verkündet, daß sich die Menschheit spiralförmig bewegt, wobei sie nicht ganz den früheren Weg nimmt, sondern mit ihren Windungen in die zuvor durchlaufenen Räume

---

fezionamento] ist die tatsächliche Erlangung stets neuer Stufen an Vollendung [perfezione].

[4] Es ist nur zu bekannt, daß Condorcet behauptet hat, er könne für die Zukunft voraussagen (aufgrund des von ihm angenommenen Fortschritts in den moralischen Ideen), daß die Menschen es für sehr löblich halten würden, wenn sie nicht auf die Sinnenlust verzichten müßten und gleichzeitig doch die beschwerliche Last einer zu großen Nachkommenschaft vermeiden könnten!

[5] Vgl. die Einleitung des vorliegenden Werks.

[6] Vico spricht von den Nationen, aber er betrachtet sie in ihrer Allgemeinheit.

zurückkehrt, die nicht mehr dieselben sind, sondern sich von den ersten Räumen durch gewisse Unterschiede abheben.

Läßt man die erste, vollkommen haltlose Theorie beiseite und spricht von den beiden anderen, muß man zuerst fragen, ob es sich um eine Bewegung der Menschheit in der Sphäre des sittlichen und eudämonologischen Guts oder um eine rein verstandesmäßige Bewegung handelt.

Wenn es sich um das sittliche und eudämonologische Gut handelt, ist die Sache derart geheimnisvoll und vielfältig, daß der Mensch nie sicher sein könnte, ob seine Vermutungen auch nur der Wahrscheinlichkeit nahekämen.

Beschränkt man sich also auf die Bewegung der Menschheit in der Sphäre der Verstandesentwicklung und auf die damit korrespondierenden äußeren Formen der Gesellschaft, basiert Vicos Theorie auf einer allzu begrenzten Beobachtung, weil sie nur den Gang der antiken Nationen untersucht. Aufgrund seiner einseitigen Beschäftigung mit den lateinischen Klassikern erkannte Vico die soziale Allmacht des Christentums nicht (onnipotenza sociale del Cristianesimo).

Fichtes Ansicht ist gewiß einfallsreich. Denn sie läßt Raum für den berühmten Spruch *nihil sub sole novum* und erkennt doch zugleich das andere, nicht weniger großartige Prinzip an, 'daß die Dinge niemals vollständig als dieselben wiederkehren'. Gleichwohl bleibt das Prinzip des deutschen Philosophen noch zu unbestimmt. Es muß definiert werden, von welcher Spirale die Rede ist und in welche Richtung sich die menschliche Gesellschaft darin bewegt.

Meine Auffassung ist, daß sich die vom Christentum gestützte menschliche Gesellschaft (l'umana società sostenuta dal Cristianesimo) hinsichtlich ihrer Verstandesentwicklung und hinsichtlich der Gesellschaftsordnung 'in einer Spirale bewegt, deren Umdrehungen (rivoluzioni) sich immer stärker ausweiten, so daß ihre Bewegung beim Zentrum beginnt und sich in immer größeren Kreisen fortsetzt, ohne daß sich für ihre Erweiterung irgendeine notwendige Grenze festsetzen ließe.' Nach welchem Gesetz sich die Umdrehungen immer weiter ausweiten – das ist eine große Frage für die *Geschichte der Menschheit*. Sie ist aber für unseren momentanen Zweck nicht notwendig.

Buch IV, Kapitel 18

Fortsetzung: Ein weiterer Irrtum der Politiker der Bewegung

Die Politiker der Bewegung (i politici del movimento) können aus absurden Theorien nur praktische Konsequenzen ziehen, die noch absurder sind und zugleich äußerst fatal für die Gesellschaft.

Denn da sie den guten und geordneten Fortschritt mit einer beliebigen *Bewegung* verwechseln, müssen sie zwangsläufig schließen, daß alle Mittel gut sind, die dazu dienen, die Gesellschaft in Bewegung und Aufregung zu halten.

Nun steht es außer Zweifel, daß Übel und unbefriedigte Bedürfnisse zuweilen Bewegung und Aufregung in der Seele und in den Werken der Menschen erzeugen. Aber nichts könnte merkwürdiger und widersprüchlicher sein als die Annahme, es sei eine optimale Regel für die Regierung, bei den Bürgern beständig unbefriedigte Bedürfnisse wachzuhalten, damit die Gesellschaft in beständiger Bewegung bleibt! Diese Lehre ist in der Politik doch ebenso abwegig, wie es eine Lehre in der Medizin wäre, die aus der Beobachtung, daß das Leben in einer unaufhörlichen Bewegung besteht beziehungsweise daß eine beständige Bewegung das Leben begleitet, als letzte Regel der ärztlichen Kunst ableiten wollte, man müsse in den menschlichen Körpern für ständige Bewegungen ohne Ordnung und Maß sorgen. Aber unsere politischen Denker, wen wundert's, schrecken vor solchen Konsequenzen nicht zurück. Sie lehren offen alles das, was ich gesagt habe. Einer unserer Autoren bringt den Regierungen in der folgenden Weise bei, wie sie den zivilisatorischen Fortschrittsprozeß der Gesellschaft (sociale incivilimento) voranbringen sollen:

„Die wichtigsten Mittel, um die Zivilisation in einem Land zu mehren, bestehen darin, die Intensität und die Anzahl der Bedürfnisse und die Kenntnis der Objekte zu erhöhen, die sie befriedigen. Da die Summe der Wünsche stets höher ist als die Summe der erworbenen Objekte, hält man den Menschen, indem man die Wünsche steigert, in einem konstanten Mangelzustand, in einem Zustand, der Ursache unaufhörlicher Bewegung wird."[1]

---

1   M. GIOIA: Prospetto delle scienze economiche. – Das Prinzip, das Gioia hier vorstellt, bildet einen Widerspruch zu dem anderen Prinzip, das er gleichermaßen aufstellt – nämlich daß die körperliche Empfindung als konstante Größe betrachtet werden könne – wenn man bedenkt, daß in Gioias sensualistischem System alle Bedürfnisse zur körperlichen Empfindung gehören. [Zu Gioias Lehre über die Maßnahmen der Regierung bezüglich der Produktion, der Verteilung und des Konsums des Besitzes vgl. M. GIOIA: Nuovo prospetto delle scienze economiche ossia somma totale delle idee teoriche e pratiche in ogni ramo di amministrazione privata e pubblica, cit., Bd. IV, S. 148–308 und Bd. VI, S. 1–138.]

Hier erkennt man, daß *unaufhörliche Bewegung* fast als Synonym für *zivilisatorischen Fortschritt* betrachtet wird. Man will also die unaufhörliche Bewegung antreiben, weil man glaubt, damit alles erreicht zu haben, ohne sich im geringsten darum zu bemühen, Qualität und Quantität der Bewegung zu definieren, die man vorantreiben will.

Man erkennt auch, daß in einer solchen Lehre die Zufriedenstellung der Seele nichts zählt und daß darin nur die flüchtigen Empfindungen etwas zählen. So folgt es aus den sensualistischen Systemen. Denn in den körperlichen Sinnen, auf die der ganze Mensch reduziert wird, gibt es keine Seele, und mithin gibt es auch nicht jenen erstrebenswerten Seelenzustand, den wir als *Erfüllung und Zufriedenheit* bezeichnet haben.

Eine solche Lehre widerspricht direkt dem gesunden Menschenverstand und dem Gemeinsinn, denn der gesunde Menschenverstand und der Gemeinsinn haben immer geurteilt, daß der Mensch um so unglücklicher ist, je mehr unbefriedigte Wünsche er hat.

Eine solche Lehre enthält auch alles, was gemein und unmoralisch ist. Denn so wie es die Tugend ist, die die Ruhe der Seele und die Mäßigung des Verlangens mit sich bringt, so verursacht umgekehrt das Laster Unruhe und maßlose Wünsche in der Seele. Die Tugend schätzt die habituelle Zufriedenheit mit dem eigenen Zustand als ein stabiles Gut. Das Laster sucht nur momentane, intensive und oftmals tumultuarische Empfindungen, die die Seele voll Bitterkeit und blinden Wünschen zurücklassen, die beständig neu wachsen – auch gegen den Willen des Menschen.

Die Politik der Bewegung ist also in dem bereits angedeuteten Prinzip formuliert: 'Die Regierung soll danach trachten, die unbefriedigten Bedürfnisse zu vermehren, damit stets der Stachel eines schmerzlichen Zustandes da ist, der die Menschen zur permanenten Bewegung reizt.' Diese Politik geht in schöner Eintracht mit dem Laster voran und schließt die Tugend als unnütz aus, ja sogar als schädlich für den Staat, weil sie die Mutter der ausgeglichenen Ruhe ist.

Schließlich ist diese Lehre über alle Maßen unmenschlich und grausam: Sie quält die Menschen um des erbärmlichen Vergnügens willen, zu sehen, wie sie sich bewegen. So kann man die Politker, die sich zu ihr bekennen, eigentlich mit grausamen Kindern vergleichen, die großen Spaß daran haben, ein Tiere zu schlagen und zu verletzen, weil sie begierig sind, alle krampfartigen Bewegungen zu sehen, die das Tier unter ihren Schlägen und Quälereien macht, und weil sie sehen wollen, wie es nach einer Reihe von möglichst lang hingezogenen Qualen stirbt.

Buch IV, Kapitel 19

Fortsetzung: Das dritte System, das es neben dem System des Widerstandes und dem Systems der Bewegung gibt

Das System des *Widerstandes* und das System der *Bewegung* wurden in die Praxis umgesetzt, und die Erfahrung hat über sie ein Urteil gefällt.
Was war die Wirkung des Systems des *Widerstandes*?
Es hat dem System der *Bewegung* den Weg bereitet.
Das scheint ein Widerspruch zu sein, und doch ist es die historisch erwiesene Wahrheit (verità di fatto).
Wollt Ihr, daß die Menschen sich zu einer maßlosen Freiheit entfesseln? Dann bindet sie zu fest. Wollt Ihr, daß sie sich mit den verrücktesten und krampfhaftesten Bewegungen bewegen? Dann zwingt sie zur vollkommenen Ruhe. Wenn Ihr sie mit Gewalt fesselt und ruhig haltet, dann werden die Wirkung der Befreiung von Euren widernatürlichen Fesseln und die Wirkung der Bewegung gewaltsamer, ungeordneter und blinder sein. Sie werden sich erst zähmen lassen, wenn sich der ungeheure Wunsch nach Unruhe, den alle verspüren, lange Zeit ausgetobt hat. Währenddessen erscheint diese Unruhe als die schönste und beste Sache, die es auf Erden je gegeben hat. Man wird sie mit dem System der Bewegung zu einem politischen System erheben.
Dieses System gehört zum letzten Jahrhundert. Zu den vorangegangenen Jahrhunderten gehörte das System des Widerstandes.
Aber wenn das System des Widerstandes auf natürliche Weise das System der Bewegung produziert, was ist dann die Auswirkung der Bewegung?
Wenn das System der Bewegung in die Praxis übertragen wird, ist sein Resultat ein drittes politisches System, das der erklärte Feind von zivilisatorischem Fortschritt überhaupt und von Gesellschaft ist: Ich meine Rousseaus System.
Zuerst ist der Grundsatz in die Köpfe eingedrungen, daß der *zivilisatorische Fortschritt* in der *unaufhörlichen Bewegung* besteht. Man glaubte, es genüge, daß alle in Bewegung seien, damit sich die Gesellschaft vervollkomme – ohne darauf zu achten, ob sich die Menschen vorwärts oder rückwärts, geradeaus oder schräg bewegen, in geordneten Schritten oder indem sie mit den Köpfen aneinanderstoßen, bis sie sich die Schädel spalten. Dann ist dies alles vom Verstand in die Wirklichkeit übergegangen: Keiner kann sich mehr still auf seinem Platz halten, jeder schiebt eilends seinen Nächsten beiseite, um sich selbst an dessen Stelle zu setzen. Die ganze Gesellschaft hat sich erhoben und befindet sich wegen der heftigen Reize der glühenden, unstillbaren Leidenschaften in Unruhe, Durcheinander und Verwirrtheit. Was soll jemand denken, der das alles als erschöpfter Akteur und Zuschauer erlebt hat? Ist es nicht natürlich, daß er zum Feind der menschlichen Perfektibilität, des Zivilisationsprozesses und des gesellschaftlichen Fortschritts wird? Denn man hat ihm oft gesagt,

was alle schon dachten, daß nämlich Perfektion, Zivilisation und Fortschritt in den Konflikten dieser ewigen Bewegung bestehen, die er mitangesehen hat und von der auch er gemeine Schläge und Stöße abbekommen hat, die ihm nicht allzu sehr gefallen haben und die er zurückgegeben hat, so sehr er nur konnte. Rousseau war ein Mann des 18. Jahrhunderts, in dem das System der Bewegung seine Wirkung in den Gemütern entfaltet hat. Was Wunder, daß er – inmitten einer liederlichen Gesellschaft, die ihre tiefe sittliche Korruption eitel „Verfeinerung der Zivilisiertheit" nannte – zugeben mußte, daß „diese besondere, beinahe unbegrenzte Fähigkeit der Perfektibilität die Quelle allen Elends des Menschen" ist! Er hatte von der *Perfektibilität* des Menschen nur die wirre Vorstellung seines Jahrhunderts – er konnte garkeine andere Vorstellung davon haben. Daher konnte er sie nur definieren als „die Fähigkeit, die im Fortgang der Jahrhunderte die Einsichten des Menschen und seine Irrtümer, seine Laster und seine Tugenden entfaltet und die ihn auf Dauer zum Tyrannen über sich selbst und über die Natur macht".[1] Wer erkennt hier nicht, daß die *Perfektibilität* mit der *Deteriorabilität* durcheinander geraten ist? Rousseau definiert eher die allgemeine Bewegung und Entwicklung des Menschen und der Gesellschaft als die Bewegung und die Entwicklung, die den Menschen vervollkommnen. Erneut also, was Wunder, daß dieser Mann – betrübt und desillusioniert von allem, was sich „zivilisatorischer Fortschritt" nannte und doch Korruption war – die dem Menschen gewährte Fähigkeit, sich zu vervollkommnen, beklagte, die sein Jahrhundert so falsch verstand! Was Wunder, daß er diese Fähigkeit beklagte als die Fähigkeit, die „den Menschen aus der angeborenen Beschränktheit und Unwis-

---

[1] *Discours sur l'inégalité*, etc. – Man hat Rousseau schwer angelastet, daß er gesagt hat: „Der Mensch wird gut geboren, die Gesellschaft verdirbt ihn." Wenn man dieses Urteil wörtlich versteht, enthält es auf jeden Fall zwei Übertreibungen. Zum einen preist es den ursprünglichen Menschen zu sehr. Zum anderen setzt es die Gesellschaft zu sehr herab, weil es ihr Vermögen nicht anerkennt, den Menschen besser zu machen, sondern nur das Vermögen, den Menschen zu erniedrigen. Dennoch muß man daran erinnern, daß Jean Jacques Worte die Worte eines leidenschaftlichen Redners sind, in denen man weder philosophische Exaktheit noch die Strenge der Wahrheit erwarten darf. Da er die Gesellschaft herabsetzen will, preist er darin den Naturmenschen. Aber wenig später, wo vergessen hat, was er gesagt hat, oder sich nicht mehr darum kümmert, erkennt er die ursprüngliche Verderbtheit des Menschen an. Und wenn er meint, eine Gelegenheit zu haben, seine Eloquenz brillieren lassen, unterläßt er es nicht, auch die angeborene Verderbtheit unserer Gattung zu übertreiben. „Die Menschen sind verkehrt", schreibt er in derselben Rede, aus der wir zitiert haben (*Discours à l'Académie de Dijon*), „sie wären schlechter, wenn sie das Unglück gehabt hätten, gelehrt geboren zu werden". Und an anderer Stelle: „Bevor die Kunst unser Benehmen gereinigt hat und unseren Leidenschaften beigebracht hat, eine angemessene Sprache zu sprechen, waren unsere Sitten primitiv, aber natürlich, und der Unterschied im Verhalten zeigte auf den ersten Blick den Unterschied der Charaktere an. *Die menschliche Natur war im Grunde nicht besser*, aber die Menschen fanden ihre Sicherheit in der Leichtigkeit, sich gegenseitig zu kennen. Und dieser Vorteil, dessen Wert wir nicht mehr empfinden, ersparte ihnen viele Laster." [Zu den zitierten Werken vgl. J. J. ROUSSEAU: Discours sur l'origine et les fondements de l'inégalité parmi les hommes, cit., in: DERS.: Oeuvres complètes, cit., Bd. III, S. 202; dt. Ausgabe, cit., S. 105; DERS.: Discours sur les Sciences et les Arts, cit., in DERS.: Oeuvres complètes, cit., Bd. III, S. 15 und S. 8.]

Kapitel 19: Das dritte System

senheit fortgezogen hat, aus jenem ursprünglichen Zustand, in dem er sich nicht von den Tieren unterschieden und ihnen ähnlich zumindest ruhige und unschuldige Tage in den Wäldern zugebracht hätte".[2]

Nun wird die Verkettung der drei besagten einseitigen Systeme deutlich, die jeweils zu bestimmten Zeiten dominant waren.

Anfangs sind die Menschen darum bemüht, das zu bewahren, was sie haben. Diejenigen, die Güter und Macht besitzen, möchten die Zeit anhalten und kämpfen mit Händen und Füßen gegen sie an, um ihr nicht das zu überlassen, was sie doch mit sich nimmt. Das erzeugt das System des Widerstandes, das alles *bewahren* (conservare) will. Aber dieses System versündigt sich durch den exzessiven Wunsch, alles Alte zu bewahren, sowie durch die Mittel, die es einsetzt, um dieses Ziel zu erreichen: Diese Mittel werden beständig restriktiver, willkürlicher und folglich immer gewalttätiger und feindseliger gegen den natürlichen, legitimen Fortschritt der menschlichen Dinge, bis die in quälender Weise gefesselte Menschheit schließlich die Fesseln wie ein wütendes Tier sprengt und sich in Bewegung setzt.

Dann tritt sogleich das System der *Bewegung* auf, das sich ebenfalls des Exzesses schuldig macht, weil es eher der Wut als der Vernunft entspringt. Es sorgt dafür, daß die Gesellschaft läuft, jedoch ohne irgendeinen sittlichen Zweck. Und doch sind die Menschen dann leicht davon überzeugt, sie hätten alles erreicht, weil die Fesseln gesprengt sind, mit denen sie gebunden waren. Zufrieden mit dem Mittel, nämlich der Bewegung, kümmern sie sich nicht um das Ziel – um das Gut. Sie meinen, durch die Bewegung allein hätten sie die Reise schon vollendet. Aber wohin führen die Hoffnungen? Diese richtungslose Bewegung bringt ihnen höchstens eine oberflächliche, scheinbare Eleganz (politezza). Der innere Mensch ist zutiefst verdorben, und die gesamte Gesellschaft verbirgt blutige, brandige Wunden unter feinen, weichen Stoffen, in die sie sich wie eine eitle Frau hüllt.

Diese Wunden sind Leichtfertigkeit, Stolz, Falschheit und berechnende, unverfrorene Ausschweifung. Und dennoch findet die Gesellschaft dann tausend Verehrer, die ihr Getue preisen und sich an ihren unanständigen Sitten erfreuen. Doch dann verliert schließlich einer die Geduld und wird ihres selbstgefälligen Scheins überdrüssig – womöglich einer von denen, die mit ihr den vertrautesten Umgang gepflegt haben. Lauthals entlarvt er die verborgenen Fehler seiner einstigen Geliebten. Er zeigt die Flecken des verfaulten, übelriechenden Bluts ihres Wundbrandes unter den feinen Schleiern, die ihren Körper einhüllen und bedecken. Er ruft die Welt herbei, damit sie die Fäulnis sieht. Dieser Mann, möge er nun Jean Jacques heißen oder einen anderen Namen haben, flieht die Städte wie übelriechende Gräber und geht aus Verachtung für sie in die alten Wälder zurück. Und aus seinem Abscheu entwickelt er ein politisches System, das zwar merkwürdiger, aber nicht verbrecherischer als die beiden anderen Systeme ist: Er verlangt, daß diese korrupte Zivilisation, die das System der Bewegung produziert hat, komplett zerstört werden müsse.

---

[2] *Discours sur l'inégalité* etc. [J. J. ROUSSEAU: Discours sur l'origine et les fondements de l'inégalité parmi les hommes, cit., DERS.: Oeuvres complètes, cit., Bd. III, S. 142; dt. Ausgabe, cit., S. 105.]

Man kann also das erste System das System der *exzessiven Bewahrung* (conservazione eccessiva) nennen, das zweite das System der *exzessiven Produktion* (eccessiva produzione), das dritte das System der *Zerstörung* (distruzione). Wir brauchen uns bei dem letzten System nicht aufzuhalten: Es ist eher ein Klagelied als ein System. Wir nehmen die beiden ersten Systeme und untersuchen sie weiter in Relation zur Erfüllung und Zufriedenheit der Seele.

Buch IV, Kapitel 20

Fortsetzung: Erzielt die Steigerung der Bedürfnisse über die Mittel zu ihrer Befriedigung hinaus stets und notwendigerweise den Effekt, von dem die Politiker der Bewegung behaupten, daß er eintritt?

Unsere Beobachtungen zeigen die Unvollkommenheit der Politik der Bewegung in ihrer ganzen Evidenz. Dennoch halten wir es für erforderlich, die Analyse dieser Politik fortzusetzen, die trotz ihrer Unvollkommenheit heutzutage viele Anhänger hat.

Das Urübel des Systems der Bewegung besteht darin, so haben wir gezeigt, daß es nur den äußeren Gütern und der flüchtigen Lust Wert beimißt, nicht aber der Erfüllung und Zufriedenheit der Seele, obwohl es evident ist, daß die äußeren Güter dann nicht gut sind, wenn sie den Menschen nicht erfüllt und zufrieden machen. Dies wurde auch vom heidnischen Altertum erkannt.[1]

Aber lassen wir das einmal beiseite. Nehmen wir an, daß das, was man suchen muß, ausschließlich die materiellen Güter sind. Nehmen wir an, daß von diesen und nur von diesen Gütern der zivilisatorische Fortschritt (incivilimento) der Völker abhängt. Die Regel der Politik der Bewegung besagt, daß man dafür sorgen soll, daß die Bedürfnisse in den Völkern wachsen, während die Mittel zu ihrer Befriedigung nicht in gleichem Maß wachsen sollen, damit die Völker, gereizt durch den Stachel dieser unbefriedigten Bedürfnisse, ihre Aktivität besser entfalten und ihren Arbeitseifer verstärken. Damit stellt sich die Frage: Ist diese Regel, die uns empfohlen wird, eine gute Regel? Wird dieses Mittel stets und notwendigerweise den gewünschten

---

[1] Cicero erkennt an, daß die materiellen Güter keine Güter sind, wenn sie die Seele des Menschen nicht befriedigen. „Wen verstehen wir als reich? Oder bei welchem Menschen sprechen wir von dieser Eigenschaft, reich zu sein? Bei dem, meine ich, dessen Besitz so beschaffen ist, daß er ihn leicht durch ein freies Leben ZUFRIEDEN macht; bei dem, der darüber hinaus nichts sucht, nichts verlangt, nichts wünscht. DEIN HERZ SELBST muß Dich für reich halten, nicht das Gerede der Menschen. Das Herz muß sagen, daß ihm nichts mehr fehlt und daß es nichts mehr sucht. Bist Du satt und zufrieden mit dem Geld, das Du hast? Nun wohl, ich gebe zu, dann Du bist reich. Aber wenn Du doch aus Geldgier keinen Gewinn für schändlich hältst, ... wenn Du täglich lügst, betrügst, forderst, feilschst, nimmst, raubst, ... sind das Zeichen für einen Menschen im Überfluß oder für einen Bedürftigen? Das Herz des Menschen muß sich reich nennen, nicht der Geldschrank. Mag der auch überquellen – solange ich Dich leer sehe, werde ich Dich nie für reich halten" (*Parad.*, VI). Ähnliche schöne Stellen sind bei den besten Autoren des Altertums häufig zu finden. Der Stoa gebührt das Verdienst, die Wahrheit einer solch vornehmen Lehre am besten ausgesprochen und zur Evidenz geführt zu haben. [M. TULLI CICERONIS Paradoxa, VI, in: M. TULLI CICERONIS Scripta, cit., Teil IV, Bd. III, S. 210–211.]

Effekt erzielen? Wird die Zivilisiertheit (civiltà) der Völker im Verhältnis zur Summe der unbefriedigten Wünsche zunehmen? Die Regel wird uns in ihrer ganzen Einfachheit und Allgemeinheit präsentiert. Ließe sie Ausnahmen zu, hätte man auf diese Ausnahmen hinweisen müssen, damit man nicht, wenn man die Regel unvorsichtig anwendet, in einigen Fällen als Ergebnis das Gegenteil von dem erhält, was man erwartet. Schauen wir also, ob sich eine solche Regel in der Wirklichkeit konstant verifiziert, wie die Vertreter der Bewegung in der Theorie unterstellen.

Da der Effekt, der uns bei Anwendung dieser Regel versprochen wird, der zivilisatorische Fortschritt ist, schauen wir zunächst, wie die Regel reagiert, wenn sie auf solche Völker angewendet wird, die sich zivilisatorisch noch im untersten Stadium befinden.

Die besagte Regel wurde von den englischen Siedlern in Nordamerika auf die Wilden Westindiens angewendet. Die Bedürfnisse dieser Jäger-Völker waren gering und leicht zufriedenzustellen. Man weckte in ihnen also viele, intensive Wünsche, ohne im gleichen Verhältnis die geeigneten Mittel zu steigern, um sie zu befriedigen. Was war die Wirkung einer solchen Bedürfnissteigerung bei diesen Stämmen? Die Zivilisierung womöglich? Nein, wie alle wissen. – Was also? Ihre irreparable Ausrottung.

Ein Autor, der diese Völker gesehen und aufmerksam untersucht hat, beschreibt dieses Ereignis folgendermaßen[2]:

„Sämtliche Indianerstämme, die ehemals das Gebiet von Neuengland bewohnten, die Narragansett, die Mohikaner, die Pecot, leben nur mehr in der Erinnerung der Menschen. Die Lenap, die vor hundertfünfzig Jahren Penn am Ufer des Delaware empfingen, sind heute verschwunden. Ich traf die letzten Irokesen. Sie bettelten. Alle genannten Stämme breiteten sich einst bis an die Meeresküste aus. Jetzt muß man mehr als hundert Meilen ins Innere des Erdteils reisen, um einem Indianer zu begegnen. Diese Wilden haben sich nicht nur zurückgezogen, sie sind ausgerottet."[3]

Das ist der Tatbestand. Schauen wir uns nun die Gründe an:

„Als die Indianer die Wildnis, aus der man sie heute vertreibt, allein bewohnten, hatten sie nur wenige Bedürfnisse. Sie stellten ihre Waffen selbst her, ihr einziges Getränk war das Wasser der Flüsse, und bekleidet waren sie mit den Fellen der Tiere, von deren Fleisch sie sich ernährten.
Die Europäer machten bei den Eingeborenen Nordamerikas die Feuerwaffen, das Eisen und den Branntwein bekannt. Sie haben sie gelehrt, die rohen Ge-

---

[2] A. de Tocqueville
[3] [A. DE TOCQUEVILLE, op. cit., tom I, Teil II, Kap. 10., in DERS.: Oeuvres, cit., Bd. I, S. 336; dt. Ausgabe, cit., Bd. I, S. 486 f.] „In den dreizehn ursprünglichen Staaten der Union gibt es heute nur noch 6373 Indianer." [Ibid. Anm. 2.]

Kapitel 20: Fortsetzung: Die Steigerung der Bedürfnisse 471

wänder, mit denen sich die indianische Einfachheit bisher begnügte, durch unsere Stoffe zu ersetzen."[4]

Die Europäer erzeugten in ihnen also neue Bedürfnisse, wie es die Politik der Bewegung vorschreibt. Die Objekte, die diese neuen Bedürfnisse hätten befriedigen können, wurden nicht entsprechend vermehrt, wie es die besagte Poltik ebenfalls vorschreibt. Wurden die Indianer also zivilisierter (più civili)? Folgendes geschah:

„Mit den neuen Begehren, die die Indianer übernahmen, erlernten sie nicht die Kunst, diese Bedürfnisse zu befriedigen, und so waren sie auf das Gewerbe der Weißen angewiesen. Der Wilde konnte als Tausch für diese Güter, die er nicht selber zu herzustellen verstand, nichts anbieten, es sei denn die reichen Felle, die seine Wälder ihm noch lieferten. Von diesem Augenblick an mußte die Jagd nicht nur seinem Lebensunterhalt genügen, sondern noch dazu den leichtfertigen Leidenschaften Europas. Sie jagten die Tiere der Wälder nicht mehr nur, um sich davon zu ernähren, sondern auch, um sich die einzigen Tauschgegenstände zu verschaffen, die sie uns geben konnten.

Während so die Bedürfnisse der Wilden zunahmen, verringerten sich unaufhörlich ihre Mittel zum Leben."[5]

Die Zunahme an Bedürfnissen ist also nicht immer gleichbedeutend mit der Zunahme von Gewerbefleiß (industria), um sie zu befriedigen, wie das politische System behauptet, das wir hier untersuchen. Die Annahme, der Mensch werde durch den Stachel der gesteigerten Bedürfnisse stets zum Gewerbefleiß stimuliert, ist falsch. In bestimmten Situationen produziert dieser Stimulus lediglich die Verarmung und sogar das äußerste Elend der Völker, die dem Drängen der Bedürfnisse nicht mehr widerstehen können und sogar die lebensnotwendigsten Dinge veräußern, um die Bedürfnisse zu befriedigen. Nun ist die Verringerung der lebensnotwendigen Dinge gleichbedeutend mit der Verringerung der Bevölkerung. Daher sind die vermehrten Bedürfnisse unter diesen Bedingungen eher dazu angetan, die ohnehin schon armen, primitiven Völker zu vernichten, als dazu, sie zivilisiert und reich zu machen. Die Indianer sind gezwungen, den Europäern Felle zu geben, um die neuen, durch die Nähe zu den Europäern geweckten Bedürfnisse zu befriedigen. Um ihnen Felle zu geben, müssen sie Tiere vernichten. Und die Tiere werden zum Teil vernichtet, zum Teil fliehen sie vor diesem verstärkten Krieg, der gegen sie geführt wird. Die Gebiete werden dadurch nutzlos für die Indianer, die von der Jagd leben. Da die Felle nicht ausreichen, um die neuen Bedürfnisse zu befriedigen, verkaufen die Indianer schließlich ihr Land zu einem niedrigen Preis und verlieren sogar den Grund und Boden, auf dem sie bis dahin umhergezogen sind. Hören wir

---

[4] [A. DE TOCQUEVILLE, op. cit., tom. I, Teil II, Kap. 10, in DERS.: Oeuvres, cit., Bd. I, S. 337; dt. Ausgabe, cit., Bd. I, S. 487.]
[5] [A. DE TOCQUEVILLE, op. cit., tom. I, Teil II, Kap. 10, in DERS.: Oeuvres, cit., Bd. I, S. 337; dt. Ausgabe, cit., Bd. I, S. 487 f.]

weiter die Beschreibung der Auswirkungen der politischen Lehre, mit der wir uns beschäftigen! Betrachten wir die Auswirkungen der Lehre, wie sie auf die Indianer angewendet wurde – um die Wahrheit zu sagen – nicht um sie zu zivilisieren, sondern um ihnen das einzige zu rauben, was sie auf der Welt besaßen: ihre Wälder und ihre fruchtbaren Einöden:

> „Die Enteignung der Indianer erfolgt heutzutage oft in geordneter und sozusagen legaler Weise. Sobald die europäische Bevölkerung sich der von einem Eingeborenenstamm bewohnten Wildnis zu nähern beginnt, entsendet die Regierung der Vereinigten Staaten gewöhnlich eine feierliche Abordnung zu diesem. Die Weißen versammeln die Indianer auf einer großen Ebene, und nachdem sie mit ihnen gegessen und getrunken haben, erklären sie ihnen: Was macht Ihr im Land Eurer Väter? Bald müßt Ihr deren Gebeine ausgraben, um da zu leben. Inwiefern ist die Gegend, die Ihr bewohnt, wertvoller als eine andere? Gibt es etwa nur da, wo Ihr seid, Wälder, Sümpfe und Grassteppen? Könntet Ihr nicht woanders leben als unter Eurer Sonne? Jenseits der Berge, die Ihr am Horizont seht, jenseits des Ortes, der im Westen an Euer Land grenzt, stößt man auf weite Gegenden, wo es wilde Tiere noch im Überfluß gibt. Verkauft uns Euren Boden und geht in jene Gegenden dort, um ein glückliches Leben zu leben. – Nachdem sie diese Rede gehalten haben, breiten sie vor den Augen der Indianer Feuerwaffen aus, Wollkleider, Branntweinfässer und Glasperlenketten, Armreifen, Ohrringe und Spiegel. Falls sie beim Anblick all dieser Schätze noch zögern, gibt man ihnen zu verstehen, daß sie die verlangte Zustimmung nicht mehr verweigern können und daß die Regierung selbst bald außerstande sein werde, ihnen den Genuß ihrer Rechte zu gewährleisten. Was tun? Halb überzeugt, halb gezwungen gehen die Indianer fort. Sie ziehen in neue unbewohnte Gebiete, wo die Weißen sie keine zehn Jahre in Frieden lassen werden. So erwerben die Amerikaner zu einem Spottpreis ganze Provinzen, welche die reichsten Herrscher Europas nicht bezahlen könnten."[6]

---

6   [A. DE TOCQUEVILLE, op. cit., tom. I, Teil II, Kap. 10, in DERS.: Oeuvres, cit., Bd. I, S. 340–341; dt. Ausgabe, cit., Bd. I, S. 491 f.] „Am 19. Mai 1830 bestätigte Ed. Everett im Repräsentantenhaus, daß die Amerikaner durch Vertrag östlich und westlich des Mississippi bereits 230 Millionen Morgen Land erworben haben.
1808 traten die Osagen 48 Millionen Morgen für eine Rente von tausend Dollar ab.
1808 traten die Quapws 26 Millionen Morgen für eine Rente von 4000 Dollar ab. [...]
Bell, der Berichterstatter des Komitees für die indianischen Angelegenheiten, erklärte im Kongreß am 24. Februar 1803, daß man zur Aneignung des unbewohnten Gebiets den Brauch eingeführt habe, den Indianerstämmen den Betrag zu zahlen, den ihre Jagdgründe wert sind, nachdem das Wild geflohen oder aufgerieben ist." Die Amerikaner beabsichtigen nicht, den Wilden den Preis des Landes zu zahlen, sondern das *Besitzrecht* zu erwerben, das sich in der Hand von Menschen befindet, die aus dem Land keinen anderen Profit zu ziehen wissen, als den, sich darauf zu bewegen und darauf zu schlafen. [A. DE TOCQUEVILLE, op. cit., tom. I, Teil II, Kap. 10, in DERS.: Oeuvres, cit., Bd. I, S. 341, Anm. 8; dt. Ausgabe, cit., Bd. I, S. 679.]

Kapitel 20: Fortsetzung: Die Steigerung der Bedürfnisse 473

An dieser Stelle möge mir der Leser gestatten, daß ich noch einen Abschnitt aus dem Bericht zitiere, den die Herren Clark und Cass dem Kongreß am 4. Februar 1829 vorgelegt haben. Dieses Dokument finde ich bei dem Autor, den ich bis hierher zitiert habe. In der Beschreibung der Art und Weise, wie die Amerikaner die Indianer dazu bringen, ihnen ihr Land zu verkaufen, wird nur allzu deutlich, wie die gesteigerten Bedürfnisse zumal die einfachen Völker blind machen und durch die in ihnen erzeugten Leidenschaften ruinieren, anstatt in ihnen den tätigen Geist zu wecken und sie auf den Weg eines löblichen Gewerbefleißes zu bringen, wie behauptet wird. In dem offiziellen Bericht heißt es:

„Wenn die Indianer an dem Ort eintreffen, wo der Vertrag geschlossen werden soll, sind sie arm und fast nackt. Hier sehen und prüfen sie eine sehr große Zahl für sie wertvoller Dinge, die die amerikanischen Händler ihnen vorsorglich gebracht haben. Die Frauen und die Kinder, die ihre Wünsche befriedigt haben möchten, fangen nun an, die Männer mit unzähligen lästigen Bitten zu bestürmen und lassen ihren ganzen Einfluß spielen, damit der Verkauf des Bodens erfolge. Der Mangel an Voraussicht ist bei den Indianern gewohnheitsmäßig und unüberwindlich. Der Wilde hat eine unwiderstehliche Leidenschaft, die unmittelbaren Bedürfnisse zu stillen und seine momentanen Wünsche zu befriedigen. Die Erwartung zukünftiger Vorteile berührt ihn nur schwach. Er vergißt leicht das Vergangene und kümmert sich nicht um die Zukunft. Man würde von den Indianern vergeblich die Abtretung eines Teils ihres Landes fordern, wenn man nicht in der Lage wäre, sofort ihre Bedürfnisse zu befriedigen."[7]

Das sind Fakten, durch die man die menschliche Natur kennenlernt. Sie beweisen, daß die abstrakte Theorie, die Bedürfnisse bei den Völkern müßten erhöht werden, um dort auch Gewerbe und Zivilisation zu erhöhen, zu unbestimmt und allgemein und folglich in der Praxis oftmals äußerst fatal ist.

Die Fakten, die die menschliche Natur zeigen, so wie sie in Wirklichkeit ist, die aber von der besagten Theorie vernachlässigt und nicht einkalkuliert werden, sind die folgenden:

1. Man kalkuliert nicht ein, daß die nicht befriedigten *Bedürfnisse* in den Menschen, in denen die Bedürfnisse geweckt werden, *Leidenschaften* erzeugen. Diese Leidenschaften erleuchten den Verstand keineswegs, sondern verdunkeln und verwirren ihn. Für Handel und Gewerbe ist es aber erforderlich, daß die Intelligenz größer wird – nicht geringer oder verfälscht. Immer wenn also die neuen Bedürfnisse Ursachen für starke, heftige Leidenschaften in den Menschen werden, drängen sie sie zu falschen und verhängnisvollen Schritten, anstatt sie zur Arbeit anzuregen.

2. Man kalkuliert nicht ein, daß die geweckten Bedürfnisse gleichermaßen auf verschiedene Art und Weise befriedigt werden können, das heißt, entweder auf eine

---

[7] *Documents législatifs du Congrès*, doc. 117. [A. DE TOCQUEVILLE, op. cit., tom. I, Teil II, Kap. 10, in DERS.: Oeuvres, cit., Bd. I, S. 340, Anm. 7; dt. Ausgabe, cit., Bd. I, S. 678.]

Art, die keine weiteren Folgen hat, oder auf eine Art, die gute Folgen nach sich zieht, oder schließlich auf eine Art, die schädliche Folgen nach sich zieht. Ich kann zum Beispiel meine Bedürfnisse durch ehrliche Arbeit zufriedenstellen oder mit Diebstahl. Im ersten Fall sorge ich für mein Bedürfnis und habe zugleich damit auch den Vorteil, daß ich meinen Fleiß steigere und alle Güter eines arbeitsamen Lebens erhalte. Im zweiten Fall sorge ich zwar auch für mein Bedürfnis, aber ich verschlechtere meine moralische Situation und verschaffe mir alle Übel, die der Immoralität entstammen. Da es also mehrere Arten und Weisen gibt, meine Bedürfnisse zu befriedigen – manche gut in ihren Folgen, manche schlecht – können die Bedürfnisse, die ich empfinde, nicht Ursache von etwas Gutem für mich sein, sofern ich mich nicht in einer Lage befinde, in der ich meine Bedürfnisse auf redliche und nützliche Weise zu befriedigen *weiß* und befriedigen *kann* und befriedigen *will*. Der Indianer zum Beispiel *weiß* „Handel und Gewerbe" (industria) nicht als Mittel zu wählen, um seine Bedürfnisse zu befriedigen, weil ihm die *Voraussicht* fehlt, und er klammert sich an das verhängnisvolle Mittel des Landverkaufs. Dieser Indianer *kann* das beste Mittel nicht wählen, weil ihm die *Selbstbeherrschung* fehlt, um die Befriedigung seiner Wünsche aufzuschieben, wie es das Mittel „Handel und Gewerbe" erfordert. Ihm ist jede Verzögerung unerträglich, und so wählt er das schlechteste Mittel: Er verkauft den einzigen Besitz, den er hat, den Boden, der ihn auf Erden erhält. Lasterhafte Menschen schließlich wählen unmoralische Mittel, um ihre gewachsenen Bedürfnisse zu befriedigen, weil sie finden, daß diese Mittel rascher und bequemer sind und vor allem mit ihrem bösen Naturell besser übereinstimmen. Diese Menschen wählen die guten Mittel nicht, weil sie nicht *wollen*. Diese Fakten sind unbestreitbar. Nun vermehren wir die künstlichen Bedürfnisse bei Völkern ohne Vorausschau und Vorsorge. – Die Wirkung ist ihr Ruin. – Wir vermehren die künstlichen Bedürfnisse bei Völkern, die augenblicksgebundene, kindliche Instinkte haben, wie es notwendigerweise bei den Völkern der Fall ist, die noch unzivilisiert sind. – Dieselbe Wirkung. – Wir vermehren die Bedürfnisse bei korrupten Völkern. – Der Effekt wird sein, daß ihr materieller Ruin mit der gleichen Geschwindigkeit beschleunigt wird, mit der ihre Immoralität wächst und ausufert.

Nun muß man sehen, daß es in jeder Nation – auch wenn sie bürgerlich und kultiviert ist – folgende Personengruppen gibt: 1.) Personen, denen Voraussicht völlig oder teilweise abgeht, 2.) Personen, die aus Gründen ihres Alters oder ihrer Veranlagung heftige und vollkommen kindliche Wünsche haben, 3.) unmoralische Personen.

Da dies so ist, ist es offensichtlich, daß die Steigerung der Bedürfnisse, für die die Regierung in einer Nation sorgt, einen äußerst verhängnisvollen Effekt auf diese drei genannten Personengruppen haben wird, also eine Steigerung von Elend und Unmoral bedeutet.

Weise Politik muß diesen unvermeidlichen Effekt bedenken, den die Steigerung der Wünsche und Bedürfnisse hervorbringt, die im Volk künstlich geweckt werden. Dieser Effekt tritt in jeder Nation ein. Es ist auch offensichtlich, daß der Schaden, der für den Staat durch die Steigerung der Bedürfnisse und Wünsche beim Volk entsteht, um so größer ist, je größer die drei genannten Personengruppen sind.

Kapitel 20: Fortsetzung: Die Steigerung der Bedürfnisse

Dieser verhängnisvolle Effekt, den jede künstliche Bedürfnissteigerung im Volk erzeugt, erklärt eine bekannte Tatsache, die man permanent in den kultivierteren Nationen, insbesondere in Europas Hauptstädten beobachten kann. In unseren glanzvollen Großstädten, auf die wir so stolz sind, sieht man nebeneinander äußerstes Elend und übermäßigsten Reichtum, monströseste Unmoral und soziale Tugenden (virtù sociali). Diese Tatsache ist dann nicht mehr mysteriös, wenn man bedenkt, daß in den großen Städten und Nationen die künstlichen Bedürfnisse und mit ihnen die heftigen Begierden stärker gewachsen sind als an jedem anderen Ort. Die excessive Steigerung solcher Bedürfnisse und solcher Begierden erzeugt notwendigerweise höchstes Elend und höchste Unmoral in dem Teil der Bevölkerung, der zu einer der drei genannten Personengruppen gehört. Dieser Bevölkerungsteil ist in den Großstädten besonders stark.

Wenn man dafür sorgt, daß Kinder keine künstlichen Bedürfnisse kennenlernen und von den heftigen Wünschen frei bleiben, die daraus erwachsen, haben sie keinen Grund, ihren Eltern nicht fügsam und liebevoll zugetan zu sein, wie es ihnen die Natur aufgibt, und nicht friedlich in ihren Familien zu leben. – Erzeugt man dagegen bei den Jugendlichen solche Bedürfnisse und zusammen damit den Wunsch, sie zu befriedigen, stehlen sie in der Familie oder nehmen das Glücksspiel und andere widerrechtliche Mittel zu Hilfe, um ihr Ziel zu erreichen, weil sie in der Zeit des Heranwachsens nicht die rechtmäßigen Mittel haben, um ihre Wünsche zu erfüllen. – Die Zahl der künstlichen Bedürfnisse bei den Jugendlichen zu steigern, bedeutet, sie mit Unruhe und Mißmut zu erfüllen und sie von der redlichen und nützlichen Erziehung abzubringen, die die Eltern für sie wollen; es bedeutet, sie auf den Pfad der Unmoral und der Korruption zu bringen.

Wenn ein armer Mann, der nicht arbeiten kann, keine künstlichen Bedürfnisse kennt, lebt er friedlich und unschuldig von dem bescheidenen Almosen, das er durch die Nächstenliebe seiner Mitmenschen erhält. Wenn man in ihm aber den Wunsch weckt, weniger schlecht zu leben, wird ihm das redlich erhaltene Almosen nicht mehr genügen. Dann nimmt er den Diebstahl zu Hilfe, die Prostitution, die Kuppelei und andere schändliche Mittel des Gewinns und dient auf diese Weise auch den Lastern der anderen Menschen. – Die Zahl der künstlichen Bedürfnisse bei den Armen zu steigern, bedeutet, 1.) die Zahl der Diebe zu erhöhen und folglich die Sicherheit des Besitzes redlicher Bürger zu reduzieren, 2.) die Zahl der Opfer von Ausschweifung zu erhöhen, 3.) die Zahl der Menschen zu erhöhen, die sich zu Sklaven der Laster anderer Menschen machen; es bedeutet, das Laster für alle bequemer zu machen; 4.) eine Spaltung und einen inneren Krieg zwischen den verschiedenen Klassen der Bürger zu verursachen. Denn die arme, in Unmoral und Niedertracht abgesunkene Klasse ist nicht nur unfähig geworden, sich aus ihrem elenden Stand wieder zu erheben, sondern sie ist auch in den Augen der übrigen Klassen gemein, schädlich und feindlich für die Gesellschaft geworden und wert, daß man sie vernichtet, statt ihr zu helfen. Sie haßt und wird gehaßt. Es ist ein unendlicher Schaden für den sittlichen und friedlichen Zustand der Gesellschaft, wenn das Mitleid mit den Armen erlischt und auf beiden Seiten die Hartherzigkeit zunimmt.

Kommen wir zu den übrigen Klassen. Solange der Bauer und der Handwerker nur die Bedürfnisse kennen, die sie mit dem Ackerbau und mit den täglichen Einkünften leicht befriedigen können, lebt der eine wie der andere zufrieden im Schoß seiner Familie und genießt das häusliche Glück. Nehmen wir den Fall an, daß die Bedürfnisse nur um einen Grad wachsen, so daß sie noch zu befriedigen sind, indem Mühe und Anstrengung bei der Arbeit etwas gesteigert werden. Wenn wir von der bestmöglichen Annahme ausgehen, verursacht diese Steigerung keine Unordnung, denn mit mehr Arbeit kann es gelingen, die Bedürfnisse zu befriedigen. Diese Annahme bewahrheitet sich allerdings nur bei den Personen, bei denen die Gewohnheit zur Arbeit fest verwurzelt ist. Nachlässige Personen empfinden den besagten Anreiz nämlich nicht, oder besser gesagt: er nutzt ihnen lediglich zur Steigerung ihrer Arglist und ihrer Bosheit. Bauern, Handwerker und Manufakturarbeiter, die bereits ans Arbeiten gewöhnt waren, arbeiten mehr, wenn neue Bedürfnisse dazukommen. Nun gut! Ist diese Arbeitssteigerung gut oder schlecht? – Folgendes ist klar: Wenn die Familien der Bauern und Tagelöhner zu extremen Anstrengungen gezwungen werden, um ihre Bedürfnisse zu befriedigen, unterliegen sie einer größeren Last und einer größeren Armut. Exzessive Arbeit, die notwendig ist, um für die Bedürfnisse zu sorgen, wird zuletzt für die menschliche Natur bedrückend und belastend. Daraus folgt eine Abneigung gegen diese Arbeit. Die körperlichen Kräfte brechen zusammen. In jedem Fall von Krankheit bei einem Mitglied der Familie oder im Fall von Arbeitslosigkeit ist die Reduzierung des Einkommens belastender oder möglicherweise sogar verhängnisvoll. Kurzum: Je stärker die besagte Klasse abgeplagt ist, desto stärker ist sie der Versuchung ausgesetzt, die Arbeit aufzugeben und einen Weg zu suchen, der rascher die Mittel liefert, mit denen sie sich ihre Wünsche ohne so große Unterdrückung erfüllen kann.

Aber bis hierher sind die künstlichen Bedürfnisse lediglich um einen Grad gewachsen. Lassen wir sie um einen weiteren Grad anwachsen. Welchen Effekt werden wir haben? – Zunächst Entzweiung und Unfrieden in den Familien.

Wer die Dinge beobachtet, die sich jeden Tag wieder ereignen, wird dies sogleich einsehen. Die Familie besteht aus einem schwachen Teil [Frauen und Kinder] und einem starken Teil [Väter und erwachsene Söhne]. Wenn es viele Bedürfnisse zu befriedigen gibt, erzeugen diese Bedürfnisse notwendigerweise die häusliche Tyrannei beziehungsweise die Unterdrückung des schwachen Teils durch den starken Teil. Familienväter, die viele, dringende künstliche Bedürfnisse haben, lassen Frauen und Kinder im Elend schmachten und bringen das Einkommen im Wirtshaus und an all den Orten des Lasters und der Ausschweifung durch, wo sie Möglichkeiten finden, ihre heftigen Begierden zu befriedigen. Die erwachsenen Söhne streiten mit ihren Vätern. Zwischen den beiden starken Teilen entsteht Krieg. Normalerweise gewinnen die Söhne – sei es, weil die väterliche Liebe die Grausamkeit der Väter mäßigt, sei es, weil die wegen ihrer Jugend stärkeren Söhne dem fortgeschrittenen Alter des Vaters trotzen, der weniger als sie arbeitet und verdient und den sie angesichts seiner ungeordneten Lebensführung nie respektiert haben. Wir sehen Laster und Unfrieden bei den erwachsenen Männern, Hunger, Entbehrung und Kummer bei den Frauen. Die Erziehung wird im Stich gelassen, freudlose Familie haben keine Lenkung mehr: Das ist der sichere Effekt der künstlichen Bedürfnisse, die über

Kapitel 20: Fortsetzung: Die Steigerung der Bedürfnisse

einen bestimmten Grad hinaus in der Bauern- und Handwerkerklasse erzeugt werden.

Nun kann es sein, daß eine solche Politik weiterwirkt. Die künstlichen Bedürfnisse werden dann trotz des beschriebenen Effekts größer und dringlicher. Dann werden die Einkünfte aus dem Beruf keinesfalls mehr ausreichen, um die Bedürfnisse zufriedenzustellen. Die Menschen, die von Wünschen und Leidenschaften angestachelt sind, die ihrem Stand unangemessen sind, sind zudem trotz der Misere nicht bereit, auf die Erfüllung ihrer Wünsche zu verzichten. So bleiben ihnen nur diese beiden Möglichkeiten: Entweder wenden sie widerrechtliche Mittel an, um die Gelegenheit zu bekommen, sich zufriedenzustellen, oder sie geben den Beruf auf, der ihnen nicht genug einbringt, und suchen einen gewinnbringenderen Beruf. So geschieht es permanent in den modernen Gesellschaften. Ich berufe mich auf diejenigen, die diese Gesellschaften untersucht haben: Menschen, die von Bedürfnissen getrieben werden, die größer als die Mittel sind, die ihnen der Beruf verschafft, unterteilen sich in die beiden zuvor genannten Gruppen. Einige widmen sich den üblen Geschäften, andere versuchen, ihren sozialen Status zu verbessern. Wir wollen prüfen, ob es für die Gesellschaft nützlich ist, die Menschen zur einen oder zur anderen Seite hin zu drängen.

Was die erste Seite betrifft: Diebe, Mörder, Täuscher, Glücksspieler, Winkeladvokaten und schließlich Betrüger jedweder Art sind Menschen, die in starkem Maß von künstlichen Bedürfnissen getrieben werden. Sie rauben anderen Menschen mit Gewalt oder mit List deren Besitz, weil sie keinen anderen Weg sehen, diese Bedürfnisse zu stillen. In der excessiven Zahl der künstlichen Bedürfnisse und in der Dringlichkeit der Wünsche und Begierden, die diese produzieren oder von denen sie ihrerseits produziert werden, muß man die eindeutige Ursache aller Hauptübel der Gesellschaft sehen – die Ursache, die die Menschen dazu bringt, die anständigen Klassen zu verlassen, in denen sie sich befinden, um sich in die Klasse der Verbrecher zu stürzen und dort verloren zu gehen. Ist eine solche Politik nützlich und weise?

Man kann aber auch nicht mit guten Gründen behaupten, daß der Gesellschaft jene Personen nutzen, die den anderen Weg einschlagen. Es sind die Personen, die den Stand verlassen, in dem sie sich befinden, weil sie einen anderen Stand finden wollen, der ihnen mehr Gewinn bringt und der in den Augen der Menschen mehr Ansehen genießt. Sie hoffen, in diesem neuen Stand die Bedürfnisse besser befriedigen zu können, die in ihren Herzen entstanden sind.

Diese Menschen ähneln der ersten Gruppe darin, daß auch sie ihren Beruf aufgeben, wenngleich sie nicht wie die ersten einen bösen Weg einschlagen. Wenn ein Bauer oder ein Handwerker seinen Beruf aufgibt, weil die Zahl der Bauern oder Handwerker die Bedürfnisse der Gesellschaft überschreitet, ist das nichts Schlechtes. Aber das ist nicht der Grund, weshalb sich die genannten Personen von ihren Berufen trennen. Ihr Grund ist kein Grund im Sinne der Gesellschaft, sondern ein ganz egoistischer Grund. Sie verspüren Bedürfnisse, die ihnen zuvor unbekannt waren, weil die Regierung dafür gesorgt hat, daß diese neuen Bedürfnisse in ihnen geweckt werden. Das Handwerk, in dem sie nicht genug verdienen, um die neuen Begierden befriedigen zu können, gefällt ihnen folglich nicht mehr. Man muß bedenken, daß eine Regierung, die in den Mitgliedern der Gesellschaft künstliche Bedürfnisse erzeugt, dann nicht die Macht besitzt, die Zahl der Personen zu begrenzen, auf die sich diese Begierden erstrecken. Zudem würde dies über ihre Theorie hinausgehen, die allgemein die größere Steigerung der Bedürfnisse als der Mittel zu ihrer Befriedigung vorschreibt.

Wenn man also in den Bauern und in den Handwerkern Bedürfnisse weckt, die sich nicht mit den Einkünften aus dem jeweiligen Stand befriedigen lassen, geben diese Menschen ihren Beruf auf, zu dem sie die Zuneigung verloren haben. Der Entzug von Arbeitskraft in Landwirtschaft und Handwerk ist sehr schädlich. Durch Verringerung der Zahl der Arbeiter wird die Arbeitskraft teurer. Dadurch entsteht der Industrie und der Nation überhaupt ein wirtschaftlicher Schaden. Eine Nation, in der der Wille zur Arbeit als Tagelöhner nachläßt und der Preis der Arbeit steigt, besitzt ein sehr großes Handicap, das es ihr schwer oder gar unmöglich macht, auf dem Weg der Industrie und des Handels, mit einem Wort: in der Vermögenssteigerung (arricchimento) voranzukommen, so daß sie im Wettbewerb, den sie mit den anderen Nationen führen muß, zurückbleibt.

Außerdem muß man bedenken, daß Menschen, die ihren Beruf verlassen, um einen einträglicheren Beruf zu erlernen, mit sicheren Verlusten beginnen, die entsprechend hohe Verluste an nationalem Vermögen bedeuten. Diese Leute müssen zudem Schwierigkeiten bewältigen, die oftmals verhindern, daß sie das Ziel erreichen, auf das sie ihre Hoffnung setzen.

Was die Verluste betrifft:

1. Es vergeht eine gewisse Zeit zwischen dem Moment, wo man von außerordentlichen Wünschen dazu angetrieben wird, den Beruf zu wechseln, und dem tatsächlichen Entschluß, dies zu tun.

In dieser Phase ist der Mensch unsicher und zunehmend unzufrieden. Jeden Tag läßt seine Liebe zur Arbeit nach. Er widmet sich ihr immer weniger, weil er weiß, daß er sie verlassen muß. Dieser ungewisse, unruhige Zustand ist nicht nur für die wirtschaftliche Lage der Familie schädlich, sondern auch für die Moralität. Der Mensch gibt sich leicht den Vergnügungen hin oder verbringt seine Zeit bei jeder kleinsten Gelegenheit mit Nichtstun. Denn die übliche Anstrengung ist ihm bereits ungeheuer lästig geworden. Jugendliche, die einen Beruf ergriffen haben und ihn dann wieder aufgeben, enden fast immer unglücklich.

2. Der Mensch, der seine Zunft verläßt, in die er sozusagen hineingeboren wurde, um sich einer anderen anzuschließen, verläßt das Handwerk, das er kennt, um ein Handwerk zu erlernen, das er nicht kennt.

Es liegt also ein Zeitverlust und ein Verlust an handwerklicher Tüchtigkeit vor. Denn es ist, schlicht gesprochen, nur schwer möglich, daß jemand in einem neuen Handwerk tüchtiger wird, als er es in dem Handwerk ist, das er von seinen Eltern gelernt und gleichsam mit der Muttermilch aufgesogen hat.

Dieser Mensch muß außerdem noch viele andere Schwierigkeiten bewältigen. Er muß die Kosten für die Lehre bezahlen, er muß sich gegen Konkurrenten behaupten, die Umstände sind ungünstig, er ist mit dem neuen Stand nicht vertraut, in dem er sich noch nicht klug zu benehmen weiß. Er hat keine Erfahrung im Umgang

Kapitel 20: Fortsetzung: Die Steigerung der Bedürfnisse

mit den möglichen Gefahren, während alle seine Kollegen Experten sind. Aber er soll ruhig alle Schwierigkeiten bewältigen. Eine große Frage muß man unseren Politikern aber dann noch stellen: Sie drängen die Bauern- und Arbeiter-Klassen (classi agricole e industriali) nach oben, indem sie in diesen Klassen große Wünsche und maßlose Bedürfnisse wecken. Das heißt, sie nötigen diese Klassen, den Platz der höheren Klassen zu erobern. In gleicher Weise drängt und „verrückt" diese Politik der Bewegung auch die drei oberen Klassen der Gesellschaft von ihrem Platz – mit dem üblichen Mittel, in alle Bürger neue Bedürfnisse einzupflanzen. Hier ist nun die große Frage: 'Nutzt es der menschlichen Gesellschaft, daß keine Person mehr ihren Platz behalten will, weil alle aufsteigen und zu den höheren Rängen drängen wollen?' Man möge mir sagen: Wohin werden alle diese in Bewegung gesetzten Menschen gehen? Soweit ich sehe, ist die Gesellschaftspyramide an der Basis breit, aber an der Spitze eng – gleichgültig, wie abgeflacht man sie sich oben vorstellt. Ich will sagen, ich sehe, daß eine beachtliche Zahl von Personen die unteren Ämter besetzen kann. Aber es gibt notwendigerweise nur wenige höhere Posten. Eine ziemlich begrenzte Anzahl von Personen reicht aus, damit sie besetzt sind. Was geschieht also, wenn sich eine ungeheure Menge – wie zur Eroberung einer Beute – auf diese kleine Zahl von höheren Posten und Ämtern stürzt? Es ist offensichtlich, daß diese Bewegung alle Leute in einen so engen Raum hineinjagt, daß sie sich darin gegenseitig zerquetschen müssen. Haben wir also nicht als letzten Effekt den verbissensten Krieg aller mit allen? Darin ist allerdings die Mehrheit der Verlierer, eben weil die Plätze, die alle besetzen wollen, von ihrer Natur her nur wenige Personen zulassen können! Dieser unerfüllbare Ehrgeiz, dieser krankhafte Durst nach Ehre, Macht und Geld wird dank der besagten Politik zu einem allgemeinen Bedürfnis. Allerdings kann diese Politik nicht nach Belieben die Zahl der Personen steigern, die die höheren Klassen bilden. Die Folge dieser Politik besteht daher lediglich darin, daß niemals jemand die höheren Posten der Gesellschaft friedlich innehat, sondern daß diese Posten immer von den Gewalttätigsten oder von den Listigsten erobert werden – mit einem Wort: von Leuten, die am stärksten von dem Bedürfnis getrieben werden, in solcher Höhe zu sitzen – aber nicht von den Besten. Und selbst jene Personen kommen müde und vom Kampf verletzt dort an, nachdem sie eine große Zahl von Rivalen gestürzt und geschlagen haben, unsicher, ob sie sich auf diesem beneideten Posten auch nur wenige Augenblicke halten werden. Obwohl die modernen Regierungen die Zahl der Beamten immens vergrößert haben, sind sie sich gleichwohl im Klaren darüber, daß sie nicht genügend Posten haben, um die ausufernde Menge von Bewerbern zufriedenzustellen. Die Universitäten spucken sogar weiterhin Hunderte von jungen Leuten in die Gesellschaft aus, die ein ungeheures Bedürfnis verspüren, Einfluß in den öffentlichen Dingen zu nehmen, und die doch lange Jahre ohne Amt und ohne Brot im Schoß der Familien bleiben, die durch die Kosten für ihren Unterhalt während der Studienzeit ausgezehrt werden.

Wenn die Leute konsequent wären, die die politische Theorie von der Steigerung der künstlichen Bedürfnisse der Völker verteidigen, müßten sie eine ganz weite soziale Hierarchie mit vielen Stufen, aber niemals Regierungen von niedrigem Rang (governi a buon mercato) herbeiwünschen. Denn dann wäre von der Basis bis zur Spitze eine große Strecke zu durchlaufen, und die verschiedenen Klassen könnten sich aufwärts bewegen, ohne allzu rasch am Ziel ihrer Bewegung anzugelangen oder sich binnen kurzer Zeit in die Haare zu geraten. Bei jeder Stufe der Pyramide bekämen sie einen Brocken, damit sie etwas zum Knabbern hätten. Hier liegt eine offensichtliche Inkonsequenz unserer politischen Denker vor: Mit einer Theorie, die allein bei monarchischen Regierungen weniger gefährlich wäre und eine Zeitlang gutgehen könnte, ohne die Gesellschaft ganz und gar ins Verderben zu stürzen, behaupten sie, volksnah und Vertreter der materiellen Gleichheit der Bürger zu sein. Aber wenn diese materielle Gleichheit eintreten könnte, wäre jede gesellschaftliche Bewegung beendet. Folgendes ist doch evident: Gesetzt den Fall, in einem Staat wären alle Güter und alle Personen egalisiert und bildeten mithin nur eine einzige Klasse. Jede Bewegung, die dann die von den Bedürfnissen angetriebenen Personen machen, hätte nur den einen Effekt, die Personen, die sich bewegen, aus der gemeinsamen Linie heraustreten zu lassen und die festgesetzte und gepredigte Gleichheit zu zerstören. Eine Lehre, die vorschreibt, die künstlichen Bedürfnisse im Volk zu reizen, ist also der Todfeind der Gleichheit. Sie läßt sich mit der Gleichheit der Bürger niemals versöhnen – um so weniger, als es ausgeschlossen ist, daß die Bedürfnisse, die die Regierung der Bewegung aussät, in allen Personen in demselben Grad und in derselben Weise wachsen. Also bleiben zwangsläufig auch die Anstrengungen ungleich, die die Bürger unternehmen, um die Bedürfnisse zu befriedigen, ebenso wie der Erwerb der Güter, nach denen die Bürger mit unterschiedlicher Energie streben.

Wo dagegen zwischen der untersten Klasse und der höchsten Klasse eine große Entfernung liegt – wie es in der Monarchie der Fall ist – besteht die Möglichkeit zu einer größeren Bewegung. Diese Bewegung kann die Bürger (lo stato de' cittadini) der Gleichstellung an Vermögen und Macht näherbringen, sofern man allerdings davon ausgeht, daß die Bedürfnisse in den niedrigen Klassen und nicht in den höheren Klassen zunehmen. Wer genau hinschaut, erkennt, daß in dieser Beobachtung der Schlüssel liegt, der den wahren Ursprung des politischen Systems der Bewegung erklärt, das im Geist und in den Gefühlen der Völker seit drei Jahrhunderten vorherrscht. Unsere Beobachtung erklärt die eigentliche Idee des politischen Systems der Bewegung und rechtfertigt es teilweise in seinen instinktiven Neigungen, aber sie verurteilt dieses System in seinen abstrakten Formeln. Wir bekämpfen die Formeln dieses Systems, insofern sie seiner Idee nicht adäquat sind. Wir zeigen, daß diese Formeln ungenau, unbestimmt und daher für die menschliche Gesellschaft verhängnisvoll sind. Und wahrhaftig gibt es nichts Verhängnisvolleres, ja Verbrecherischeres als diese Politik, die vorschreibt, man müsse die künstlichen Bedürfnisse der Gesellschaftsmitglieder steigern, die aber weder die Qualität dieser Bedürfnisse angibt, noch deren Grenze, noch die Klassen, in denen die künstlichen Bedürfnisse sinnvollerweise gesteigert werden können, noch die gesellschaftlichen Bedingungen, die eine solche Steigerung wünschenswert machen. Wenn die künstlichen Bedürfnisse in allen Klassen gesteigert werden müssen, dann auch in den höheren Klassen, sogar in der höchsten Klasse. Aber das ist der sichere Weg, um bei den Mächtigeren und den Fürsten ungeheure Ambitionen zu wecken und unersätt-

Kapitel 20: Fortsetzung: Die Steigerung der Bedürfnisse

liche Gier, Grausamkeit, Schwäche und alle bis zur Raserei getriebenen Leidenschaften. Das ist der sichere Weg, um eine überaus starke Versuchung zum Mißbrauch der Macht in all jenen Menschen zu wecken, die die Macht in Händen haben, was auch immer für eine Regierungsform vorliegen mag.

Wörtlich genommen schreiben es diese Formeln aber so vor, sage ich noch einmal. Und viele Menschen handeln entsprechend. Das heißt, so handeln all jene, die nur den Formeln folgen, ohne daß ihr Verhalten vom inneren Geist der Zeitläufte gelenkt würde (senso intimo de' tempi). Es wäre nicht schwer, die blutigen Spuren aufzuzeigen, die das Handeln dieser rigorosen Sensualisten in den modernen Gesellschaften hinterlassen hat und noch weiter hinterläßt.

Aber wenn wir untersuchen, wie die politischen Instinkte (istinti politici) der modernen Nationen in Europa seit dreihundert Jahren agieren, ist es nicht schwer, zu erkennen, daß diese Instinkte nicht etwa in den abstrakten Formeln richtig zum Ausdruck kommen, sondern daß sie sich im Widerspruch zu diesen Formeln befinden. Und wir weisen diese Formeln zurück, weil wir sie nicht als getreulichen Ausdruck der politischen Instinkte anerkennen, als die sie aber von ihren Erfindern verbreitet werden. Tatsächlich zielt die gesamte Entwicklung der öffentlichen Dinge seit dreihundert Jahren darauf ab, die unteren Klassen wieder anzuheben (rialzar) und bei ihnen allein Wünsche und Hoffnungen zu wecken, damit sie aktiviert werden. Das Prinzip dieser Entwicklung ist also nicht allgemein die Steigerung der Bedürfnisse. Es ist auch nicht richtig zu sagen, daß diese Entwicklung danach trachtet, die *Bedürfnisse* des Volkes zu steigern. Diese Bedürfnisse sind leider eine keineswegs nützliche Folge, aber niemals das Ziel der praktischen Politik der modernen Jahrhunderte – wenn man sie richtig versteht, das heißt in ihrer wahren Idee, im besseren Teil ihrer Idee. Das, was diese Politik wirklich in den unteren Klassen (basso popolo) mehren will, sind *die Kenntnis der eigenen Interessen und der Entschluß, sich diesen Interessen mit Voraussicht und Tatkraft zu widmen.* Das ist lobenswert. Was darüber hinaus die *Bedürfnisse* angeht, so bilden sie nur, wie man so sagt, die schlechte Beigabe zur guten Ware. Denn es gibt in den menschlichen Dingen keine Verbesserung irgendeiner Art, die nicht ein neues Übel einschließt, aufgrund eines tiefen, ontologischen, unabwendbaren Gesetzes, das dem Blick der oberflächlichen *Perfektisten* (perfettisti) entschwindet. Aber unsere Philosophen halten sich unvorsichtigerweise an die Bedürfnisse, als seien diese die Hauptsache, und formulieren dazu ihre absurde Theorie. Mehr noch: Der schöne Wunsch der kultivierten Nationen, die Menge weniger unwissend und untätig zu sehen, entstand hauptsächlich in den monarchischen Staaten, in denen das Volk begann, aus seinem Schoß reiche, gebildete Personen hervorzubringen, die sich entfaltet hatten – daß heißt, Personen, die durch Arbeitseifer, Wissen und Verdienst im Gesellschaftskörper Einfluß hatten. Diese Personen erwarben eine Mittelstellung zwischen dem niederen Volk, aus dem sie kamen, und dem Adel, dem sie sich näherten. Sie waren in der Lage, über das schwere Joch an Unwissen und Unfähigkeit nachzudenken, das auf der großen Mehrheit der Nationen lastete. Und sie erkannten, daß aufgrund dieses Unwissens und gleichsam dieser Dummheit die Rechte der Mehrheit ungeschützt waren und daß der Weg offen stand für die Unterdrückung durch die Personen, die aufgrund der erhaltenen Erziehung mächtiger, schlauer und untereinander stärker geeint waren. In jenen zuerst genannten Personen entstand der große Wunsch, das einfache Volk den Spitzen der Gesellschaft anzunähern. Sie hofften, dies erreichen zu können, indem sie es selbst unternahmen, das Volk zu führen, zu erziehen und zu ermutigen.[8] Ursprünglich wurden sie von einem Gefühl der Humanität, der Billigkeit und der Gerechtigkeit angetrieben. Aber einige von ihnen waren ungeduldig, gewalttätig und böse. Manche wollten – der Macht der Dinge zum Trotz – den Erfolg ihres Plans sofort sehen. Sie wählten die Mittel, die sie für die raschesten hielten, um ans Ziel zu kommen, und achteten nicht darauf, ob die Mittel klug, gerecht, billig und redlich wären. Manche gerieten in Wut wegen der Widerstände, und der Zorn gab ihnen die Waffen in die Hand, so daß dieses Werk, das vom Wesen her friedlich war, blutig und mörderisch wurde. Wieder andere schließlich, die weder Moral noch Glauben hatten, verbanden sich mit den ersteren um verdeckter Ziele willen, also aus Eigeninteresse. Sie brachten alle die Ideen durcheinander, die das Wesen des Unternehmens bestimmten. Und um das Werk schnell voranzutreiben, das in ihrem verdorbenen Geist gemein geworden und pervertiert war, schonten sie nichts von dem, was es an Geweihtestem und Heiligstem auf Erden gibt. Dadurch wurde diese menschenfreundliche Bewegung abscheulich, die doch von einem Prinzip der Gerechtigkeit und von einem Gefühl universaler Brüderlichkeit ihren Ausgang genommen hatte. Dieses Gefühl war vom Christentum ins Herz der Menschen eingegeben und darin tief vergraben worden, damit es gleichsam zur günstigen Zeit in der Gesellschaft sprießen sollte.

Diese ungeduldigen, gewalttätigen und bösen Menschen haben ihre Leidenschaften in die merkwürdigsten politischen Theorien gegossen. Eine dieser Theorien scheint uns jene Theorie zu sein, die den Regierungen allgemein vorschreibt, 'in der Gesellschaft die Bedürfnisse stets mehr zu steigern als die Mittel, mit denen sich die Bedürfnisse befriedigen lassen'.

Es ist wahr, daß nicht alle Vertreter der Bewegung bis zu diesem Punkt verantwortungslos sind. Einige entfalten ihren Gedanken gemäßigter. Sie sagen, daß sie nicht wollen, daß alle Bürger tatsächlich von ihrer Klasse zu einer höheren Klasse aufsteigen sollen, sondern nur, daß der Wettbewerb um die besseren Stände und Posten für alle frei sein soll.

Gewiß ist keiner mehr als ich ein Freund des freien Wettbewerbs um alle Güter, sofern man dieses – ehrlich gesagt, unbestimmte und mehrdeutige – Wort *Wettbewerb* nicht mißversteht. Ich befürworte keinesfalls jenen Wettbewerb, der zur einzigen Quelle und zum einzigen Prinzip von Gerechtigkeit erhoben wird. Ich befürworte nur den Wettbewerb, der nicht etwa Ursache der Gerechtigkeit, sondern nur ein Effekt von ihr ist – ein Effekt der Gerechtigkeit, die dem Recht auf Wettbewerb vorausgeht und dieses Recht festlegt, weil sie ihm vorausgeht. Wenn man die-

---

[8] Die Tatsache, daß die Politik, von der wir sprechen, dieses Ziel hat, wird durch die Beobachtung bestätigt, daß die aufrichtigen politischen Vertreter des Systems des Widerstandes fast ohne Ausnahme den höheren Klassen der Gesellschaft angehören oder deren Gefolgsleute sind.

se wichtige Unterscheidung wegläßt, bleibt das Wort „Wettbewerb" letztlich mißverständlich und öffnet das Feld für viele unselige Trugschlüsse.

Zweitens: Öffnet man den freien Wettbewerb für alle durch die Steigerung der Bedürfnisse bei allen? Wenn viele Menschen sich zusammendrängen, um in einen engen Raum zu gelangen, behindern sie sich gegenseitig. Für die wenigen Menschen, die der Raum faßt, wird der Eintritt langsamer und schwieriger. Außerdem ist es eine Sache, zu behaupten, daß allen Menschen die Wege in gleicher Weise zugänglich sein sollen, aber etwas anderes ist es, zu behaupten, daß alle das *Bedürfnis* haben sollen, diese Wege zu gehen, selbst wenn ihnen die Kräfte fehlen. Daß mir der Zugang zur herrlichen Spitze eines Berges nicht verschlossen ist, ist für mich stets ein Vorteil, solange es mir freisteht, den Berg zu besteigen oder ihn nicht zu besteigen. Aber daß ich gezwungen sein soll, diese steilen und gefährlichen Wege hinaufzusteigen, auch wenn ich kranke Knie oder gebrochene Beine habe – daß ich danach ein *Bedürfnis* haben soll, auch wenn ich nicht die Kräfte dafür habe – das ist für mich kein Vorteil, sondern eine unerträgliche Last, ein Zwang, der mein Leben aufs Spiel setzt, ohne daß ich die angestrebte Höhe erreichen kann, weil mir unterwegs die Kräfte schwinden.

Und wer verliert im tatsächlichen Wettbewerb, wenn viele Menschen in der genannten Weise um den Erwerb des Reichtums konkurrieren? Doch wohl der Bedürftigste!

Wir haben die Indianer in Amerika untergehen sehen, weil diese armen Völker, die durch die gewachsenen Wünsche bedürftig geworden sind, im Wettbewerb mit den reichen Völkern nicht bestehen können. Die Reichen können die künstlichen Bedürfnisse mit dem befriedigen, was sie im Überfluß haben, die Armen können die Bedürfnisse nur mit dem befriedigen, was für sie lebensnotwendig ist. Die Europäer tauschen also das, was sie im Überfluß haben, gegen das, was für das Leben der Indianer unverzichtbar ist. Diesen bleibt also nichts mehr und kaum noch etwas zum leben, wenn sie ihre künstlichen Bedürfnisse befriedigt haben.

Man soll nicht glauben, daß dies nur dann geschieht, wenn Völker, die noch auf der untersten Stufe der Zivilisation stehen, auf zivilisierte Völker treffen. Es ist vielmehr eine universale Tatsache, die sich mit wenigen Worten zusammenfassen läßt: 'Wer längere Beine hat, läuft schneller, kommt als Erster an und bekommt den Preis des Wettbewerbs.'

Einige Indianervölker im Süden der Vereinigten Staaten, wie die Cherokesen und die Creeks,[9] haben den Weg der Zivilisation begonnen und haben darauf schon einige Schritte getan.

Aber „während diese Wilden arbeiteten, um sich zu zivilisieren, fuhren die Europäer fort, sie von allen Seiten zu umzingeln und sie immer enger zusammenzudrängen. Heute stoßen die beiden Rassen endlich zusammen; sie berühren sich. Der Indianer hat sich schon über seinen Vater, den Wilden, erhoben, aber

---

[9] Diese Völker leben in den Staaten Georgia, Tennessee, Alabama und Mississippi.

er steht noch tief unter dem Weißen, seinem Nachbarn. Dank ihrer Mittel und ihrer Bildung eigneten sich die Europäer rasch die meisten Vorteile an, die der Landbesitz den Eingeborenen bieten konnte. Sie ließen sich mitten unter ihnen nieder, bemächtigten sich des Bodens oder kauften ihn spottbillig und richteten sie durch einen Wettkampf zugrunde, gegen den diese in keiner Weise aufkommen konnten. In ihrem eigenen Land abgesondert, bilden die Indianer nurmehr eine kleine Kolonie von unbequemen Fremden inmitten eines großen und herrschsüchtigen Volkes".[10]

Das ist der Effekt des Wettbewerbs, der für den Ärmeren stets verhängnisvoll ist, selbst wenn es sich um Menschen handelt, die bereits einen dritten Schritt zur Zivilisation gemacht haben, einen Schritt weiter als die Cherokesen und die Creeks. In Amerika finden wir dafür erneut das Beispiel. Der Stadt Vincennes am Wabash, die von Franzosen Mitte des vorigen Jahrhunderts in der Wildnis gegründet worden war, fehlte es an nichts, bevor amerikanische Siedler dorthin kamen. Diese waren reicher als die Franzosen, die sich in gewisser Hinsicht den Wilden angepaßt hatten, und ruinierten sie durch Wettbewerb. Sie bekamen deren Land spottbillig, und die bereits stark zusammengeschmolzene französische Bevölkerung mußte sich woandershin verstreuen, um Unterhalt zu finden.

Das sind einander ähnelnde Effekte, die vom Wettbewerb bei Völkern auf drei verschiedenen Stufen des zivilisatorischen Fortschritts erzeugt werden: auf der ersten Stufe, auf der die Völker noch Wilde sind, auf der zweiten Stufe, auf der sie sich gerade auf den Weg in die Zivilisiertheit (civiltà) gemacht haben, und auf der dritten Stufe, auf der sie zwar zivilisierte Menschen sind, aber doch um einiges herabgesunken. Im Wettbewerb mit vollständig zivilisierten Nationen (nazioni pienamente civili) werden die zuerst genannten Völker vernichtet, die zweiten verlieren die Mittel und den Willen, auf dem Weg des zivilisatorischen Fortschritts weiterzugehen, die letzten verarmen, und ihre Gesellschaft löst sich auf.

Bei allen diesen Tatsachen muß man stets bedenken, daß der Wettbewerb von weniger kultivierten Völkern mit kultivierteren Völkern (popolazioni colte) keine so verhängnisvollen Folgen nach sich zöge, wenn in jenen nicht *künstliche Bedürfnisse* entstanden wären.

Warum verkaufen die Jägerstämme ihre Einöden? Warum verkaufen die Stämme, die schon ein bäuerliches Leben begonnen haben, die Werkzeuge, mit denen sie die Felder bestellen? Und warum schließlich verkaufen diejenigen, die dem zivilisiert-gesitteten Leben (vita civile) nahe sind, ihr schon wohlbestelltes Land? Die Gründe sind stets dieselben: das Bedürfnis nach Alkohol, feiner Kleidung, unnützem Schmuck und ähnliche andere Bedürfnisse und Begierden, die in diesen Menschen geweckt werden, obwohl sie nicht imstande sind, diese Wünsche zu befriedigen, ohne die für sie notwendigsten Dinge zu opfern. Es steht außer Zweifel, daß diese Völker niemals das verbraucht hätten, was die einzige Grundlage ihres

---

[10] [A. DE TOCQUEVILLE op. cit., tom. I, Teil II, Kap. 10, in DERS.: Oeuvres, cit., Bd. I, S. 349; dt. Ausgabe, cit., Bd. I, S. 499 f.]

Kapitel 20: Fortsetzung: Die Steigerung der Bedürfnisse

Unterhalts bildete, wenn sich solche vollkommen künstlichen Bedürfnisse und der Wunsch nach ihrer sofortigen Befriedigung nicht bemerkbar gemacht hätten. Wer mehr Bedürfnisse hat, verbraucht mehr. Wer mehr verbraucht, wird ärmer. Der Gewinn liegt bei dem, der produziert und die produzierte Ware an den verkauft, der danach ein Bedürfnis hat. Die Bedürfnisse dienen also nie dazu, die Menschen reich zu machen, die die Bedürfnisse haben, sondern die Menschen, die die Bedürfnisse nicht haben – auf Kosten derer, die die Bedürfnisse haben und sie befriedigen wollen.[11] Hebt man die überflüssigen Bedürfnisse auf, dann ist der ruinöse Wettbewerb unter ungleichen Völkern, von dem wir sprechen, nicht mehr möglich.

Das, was wir über den Wettbewerb zwischen Nationen gesagt haben, die sich in verschiedenen Stadien des zivilisatorischen Fortschritts befinden, muß man in gleicher Weise über die verschiedenen Klassen sagen, die eine Nation bilden.

Angenommen, man weckt in unterschiedlichen Klassen dieselben Bedürfnisse. Dann erfordern sie denselben finanziellen Aufwand, um befriedigt zu werden. Nun bedeutet dieselbe Notwendigkeit, Geld auszugeben, bei verschiedenen Personen, die nicht dieselben Mittel haben, nicht etwa dieselbe Belastung. Die Notwendigkeit, Geld auszugeben, ist eine größere Last und ein größerer Schaden für die Personen, die weniger Mittel haben, als für die, die mehr Mittel haben. Für die beengte Familie eines Handwerkers oder eines Bauern kann die Ausgabe von zehn Lire, die für ein Fest in der Schänke verschwendet werden, erheblich schädlicher sein als für eine reiche Familie die Ausgabe von tausend Lire, die für ein Mittagessen verschwendet werden. Der Wettbewerb ist also nicht immer die beste gute Sache für das Volk, wie behauptet wird. Öfter zieht aus dem Wettbewerb nur der Adel jeden Typs Profit – besonders der Adel des Industriereichtums.

Aus diesen Überlegungen kann man schließlich ein sehr wichtiges Prinzip ableiten, um festzusetzen, welches das Maß an Bedürfnissen ist, das das Wohlergehen der Familien und des Staates nicht beeinträchtigt, und um festzulegen, wo die schädlichen Auswüchse dieser Bedürfnisse beginnen. Dieses Prinzip lautet:

'Die künstlichen Bedürfnisse[12] dürfen nie den Umfang der Geldmittel übersteigen, den der Netto-Ertrag des jeweiligen Vermögens oder des Arbeitseifers liefert. Wenn die künstlichen Bedürfnisse diesen Umfang überschreiten, verursachen sie einen Konsum, der höher liegt als die Kräfte der Familie, und dann ruinieren sie die Familie.'[13]

Daher ist das Maß der unschädlichen Bedürfnisse nicht für alle Klassen und Familien der Bürger gleich, sondern variiert je nach Netto-Einkommen, das die Geld-

---

[11] Weitere Überlegungen, die dies beweisen, habe ich im *Saggio sulla definizione della ricchezza* dargelegt. [*Versuch über die Festlegung von Reichtum*; dieser *Versuch* wurde im Anhang zur zweiten Ausgabe der *Philosophie der Politik*, Mailand 1858, veröffentlicht.]

[12] Gemeint ist stets, daß von künstlichen Bedürfnissen die Rede ist, die an sich anständig sind.

[13] Es ist daher offensichtlich, daß das Vermögen einer Familie statisch ist, wenn alles verfügbare Einkommen verbraucht wird. Das Vermögen wächst dagegen entsprechend dem Einkommensumfang und im umgekehrten Verhältnis zu den Bedürfnissen.

mittel bietet, mit denen sich die Bedürfnisse befriedigen lassen. Jenseits dieses Maßes sind die Bedürfnisse Leidenschaften, die Menschen dazu antreiben, das, was notwendig ist, für etwas Überflüssiges zu verbrauchen. Ein Mensch, dessen Geist gesund und dessen Herz nicht korrumpiert ist, glaubt niemals, das zu brauchen, was er nicht haben kann, ohne seine Lebensumstände zu verschlechtern. Die Entstehung von exzessiven Bedürfnissen ist also stets mit der sittlichen Korruption und mit der Verdunkelung der Einsicht verbunden.

Wir haben damit das Maß bestimmt, in dem die Bedürfnisse in den verschiedenen Klassen und Ständen für das materielle Wohlergehen der Familien unschädlich bleiben. So können wir nun auch eine Antwort auf folgende Frage geben: 'Mit welcher Progression können diese Bedürfnisse wachsen, ohne schädlich zu werden?'

Diese Antwort folgt aus der Antwort, die wir auf die vorherige Frage gegeben haben:

Wenn die Bedürfnisse das Einkommen nicht übersteigen dürfen, ist klar, daß diese Bedürfnisse solange nicht effektiv schädlich sind, solange 'sie mit derselben Progression wachsen, mit der das Einkommen wächst, das dazu bestimmt ist, die Bedürfnisse zu befriedigen, oder aber solange die Bedürfnisse in geringerem Maß als das Einkommen wachsen. Sie dürfen aber nie stärker wachsen.'

Das Einkommen steigt oder verringert sich in den verschiedenen Nationen nach Gesetzen, die die Ökonomen mit Hilfe der in exakten Statistiken gesammelten Daten festsetzen müssen.

Gesetzt den Fall, in einer Nation sinkt aufgrund bestimmter Umstände allgemein das Einkommen der Bürger. Es ist evident, daß sich die Weisheit der Regierung dort ernsthaft darum bemühen muß, die künstlichen Konsumbedürfnisse zu senken. Die Mittel, die zu einem solchen Zweck eingesetzt würden, wären unbestreitbar löblicher als die Verbote der Einfuhr auswärtiger Waren zu dem Zweck, dem Fortschritt der Binnenindustrie Zeit zu geben.

Das für die künstlichen Bedürfnisse zur Verfügung stehende Einkommen stammt zum Teil aus dem Gewinn des Vermögens, das jemand besitzt, und zum Teil aus der gewerblichen Produktion.

Zu dieser zweite Quelle: Die einfachen Völker erlernen Industrie- und Handelstätigkeit, Handwerk und allgemein die Arten, den Reichtum zu vergrößern, nicht auf der Stelle. Man muß ihrer Ausbildung die nötige Zeit geben. In diesem Zeitraum, den sie notwendigerweise mit Lernen verbringen, ist ihr Kontakt mit den zivilisierten Völkern gemeinhin verhängnisvoll. Deren Industrieerzeugnisse sind zwangsläufig besser und billiger als die Produkte, die die einfachen Völker mit ihrer beginnenden Industrie und mit den einfachen Instrumenten produzieren, derer sie sich bedienen müssen. Ein solch ungleicher Wettbewerb setzt folglich diese Industrie in den Kinderschuhen einer gewissen Gefahr aus, weil sich niemand gern anstrengt, wenn er nichts erntet. Was bleibt unter solch harten Bedingungen den Völkern übrig, die die Waren ihrer besser ausgebildeten, reicheren und mächtigeren Nachbarn nicht von sich fern halten können? Das Hilfsmittel wäre vorhanden, aber wer bringt es ihnen bei? Wer überzeugt sie davon, ihre Bedürfnisse auf das zu beschränken, was ihr eigenes Land erzeugt? Wieviel Intelligenz, wieviel Selbstbeherr-

Kapitel 20: Fortsetzung: Die Steigerung der Bedürfnisse

schung würde ein solches Opfer voraussetzen! Allein der von der Religion gestützten Moral könnte dies bis zu einem gewissen Grad gelingen.

Der Weg, der die Völker zur Gesittung (civiltà) führt, besteht also nicht in der Steigerung der Bedürfnisse über die Mittel hinaus, diese Bedürfnisse zu befriedigen, sondern in der Steigerung der Kenntnis und der sittlichen und religiösen Tugendpraxis.

Man möge unsere Überlegung dann auf die Bürger unterschiedlicher Klassen in einer Nation übertragen.

Die konstantesten Fakten beweisen die Wahrheit dieser Lehren, die sich wie folgt zusammenfassen lassen:

1. In den Klassen und noch genauer: in den Familien, in denen Arbeit und Aktivität sich in steigender Bewegung befinden, können auch die künstlichen Bedürfnisse wachsen, ohne für diese Menschen einen merklichen und offensichtlichen wirtschaftlichen Schaden zu erzeugen.

2. In den Klassen und Familien, in denen Arbeit und Aktivität stagnieren, müssen die genannten Bedürfnisse gleich bleiben. Denn wenn sie zunähmen, würden sie zum wirtschaftlichen Ruin führen.

3. In den Klassen und Familien, in denen Arbeit und Aktivität abnehmen, tritt zwangsläufig ein wirtschaftlicher Niedergang ein, wenn nicht gleichzeitig die Bedürfnisse abnehmen.

4. Und schließlich: Wenn die Arbeit und die Produkte in unterschiedlichen Klassen und Familien mit unterschiedlicher Progression zunehmen – das heißt in einigen schneller, in anderen weniger schnell – und wenn die Bedürfnisse in allen in derselben Weise mit der höchsten Progression zunehmen, dann wird die Klasse, in der die Arbeitsamkeit die größte Aufwärtsbewegung hat, Überlegenheit über alle anderen Klassen gewinnen, die ihrerseits schnell absinken.

Das sind die Einsichten einer weisen Regierung. Nach diesen Einsichten muß sie die entlegensten Auswirkungen ihrer Maßnahmen miteinkalkulieren.

Man wird gleichwohl einwenden, daß wir den Stimulus für die menschliche Aktivität aufheben, wenn wir auf diese Weise viele künstliche Bedürfnisse aufheben. Aber wer so spricht, versteht nicht oder will nicht verstehen, was wir sagen. Die künstlichen Bedürfnisse, so haben wir gesagt, sind schädlich, wenn sie ein gewisses Maß überschreiten. Wir haben festgesetzt, welches Maß nicht überschritten werden darf. Das bedeutet nicht, den Stimulus für die menschliche Aktivität aufzuheben. Es heißt lediglich, zu verhindern, daß dieser Stachel ins Herz dringt und uns tötet, wenn er zusticht und zu tief eindringt.

Wir haben hinzugefügt: Die künstlichen Bedürfnisse öffnen sehr wohl weiten Raum für Industrie und Handel – allerdings zum Nutzen derer, die diese Bedürfnisse nicht haben, und zum Schaden derer, die sie haben.

Wenn man das Wort *Bedürfnis* in einem sehr allgemeinen Sinn verstehen will, kann man alle künstlichen Bedürfnisse in zwei Gruppen aufteilen. Zur ersten Gruppe gehören die *Bedürfnisse nach Genuß*, zur zweiten Gruppe gehören die *Bedürfnisse nach Bereicherung*. Auf der Grundlage dieser Unterscheidung müßte man meine Beweisführung allein auf die erste Gruppe anwenden, die diejenigen Bedürfnisse erfaßt, die Konsum erzeugen. Die Bedürfnisse nach Bereicherung bewegen die Menschen dagegen zum Sparen und zur Produktion. Diese zuletzt genannten Bedürfnisse sind die eigentlichen Anreize der Produktivität, nicht die zuerst genannten. Aber eine solche Unterscheidung wird weder von den Politikern der Bewegung aufgegriffen, noch von der Alltagssprache, die als „künstliche Bedürfnisse" nur die Bedürfnisse zu bezeichnen pflegt, die sich auf den Luxuskonsum beschränken. Man bezeichnet als „künstliche Bedürfnisse" aber niemals die Bedürfnisse eines Familienvaters, der sich sehnlichst wünscht und sich abmüht, das Nötigste zu haben, um Frau und Kinder zu ernähren oder um ihnen ein leidliches Erbe zu hinterlassen, oder das Bedürfnis eines habgierigen Menschen, der für alle Bedürfnisse unempfindlich ist, außer für das eine Bedürfnis, Besitz anzuhäufen. Melchiorre Gioia zum Beispiel rechtfertigt die Maxime, die wir bisher bekämpft haben:

„Die Hoffnung, eines Tages in die Lage zu kommen, sich die *Freuden des Luxus* verschaffen zu können, ist für die unteren Klassen ein sehr mächtiger Anreiz. In dem Maß, wie man diesen Anreiz beschneidet, nähert sich die Masse des Volkes einem Zustand der Untätigkeit, des Müßiggangs und der Trägheit. Das Ergebnis sind die bekannten Laster, die diesen Zustand begleiten."[14]

In diesen Worten wird zu Unrecht der Anreiz verkannt, den die Liebe zum Vermögen und zum gesellschaftlichen Einfluß und die Liebe zur eigenen Familie der Trägheit des Menschen entgegenstellen. Und vor allem wird der sittliche, heiligste Anreiz der eigenen Pflicht verkannt, die in nützlicherer Weise als jeder andere Anreiz für die zukünftigen Bedürfnisse der häuslichen und der bürgerlichen Gesellschaft (società domestica e civile) vorausschaut und vorsorgt.

---

[14] [Über Gioias Auffassung von der Beziehung zwischen Verbrauch und Produktion, vgl. M. GIOIA: Nuovo prospetto delle scienze economiche etc., cit, Bd. IV, S. 1–46.]

Buch IV, Kapitel 21

Die Auswirkungen des Systems der Bewegung, wenn man es auf die christlichen Gesellschaften überträgt

Wir haben vor, später über den sozialen Fortschritt zu sprechen und die legitimen und sicheren Wege aufzuzeigen, die er beschreiten soll, damit er sich nicht verirrt, vom Weg abkommt und sein Ziel nicht erreicht. Dann wird das System des Widerstandes angesichts unserer Feststellungen von selbst zusammenbrechen. Aber wir können den Fortschritt noch nicht verteidigen und seinen guten Ausgang garantieren: Zuvor müssen alle schändlichen Folgen offengelegt werden, die das System der Bewegung mit sich bringt, von dem für den Fortschritt die größte Gefahr ausgeht.

Betrachten wir also noch näher den Schaden, der für die Völker durch die aufgeregte, ungeregelte Bewegung entsteht, zu der sie von törichten Menschen angestachelt werden, so daß sie auf gewundenen Wegen gehen,
„und sich durch zu große Eile die Flucht verzögert".[1]
Im vorigen Kapitel haben wir den materiellen und ökonomischen Schaden aufgezeigt. Nun wollen wir den Schaden für die Sittlichkeit untersuchen.

Allein die Bezeichnung *künstliche Bedürfnisse* verweist auf etwas Unmoralisches. Das Wort *Bedürfnis* impliziert eine Notwendigkeit. Daher unterliegt ein Mensch, der ein nicht-natürliches, sondern künstliches Bedürfnis hat, einer Art Sklaverei, und ihm bleibt nicht die notwendige Zeit und Ruhe, um die Folgen seiner Handlungen zu kalkulieren. Was Wunder, daß in demselben Maß, in dem die eingebildeten *Bedürfnisse* (bisogni immaginari) wachsen, die Tugend der Klugheit im Menschen abnimmt! Aber sie ist unbedingt notwendig, um für einen Zustand befriedigender Existenz für sich selbst und für die Seinen sorgen zu können.

Aber betrachten wir die moralischen Folgen in weiterem Umfang. Wir haben gesehen, wie die Nationen vor Christus zugrundegegangen sind. Der Geist der Sinne (spirito di senso) war stärker als der Geist der Intelligenz (spirito d'intelligenza) und hat diesen ausgelöscht.[2] Mit dem Licht der Einsicht verloschen auch zugleich

---

[1] Petrarca, F.: Rime XLVIII, v. 14.
[2] In der Bedeutung, in der wir es hier und an anderer Stelle benutzen, gehört das Wort *spirito* [Geist, Sinn] zu den orientalischen Sprachen. Es ist ein wertvoller Begriff in der Philosophie, den ich durch keinen anderen Begriff zu ersetzen wüßte. Die Bedeutung des Wortes *Habitus* oder *Gewohnheit* ist sehr verschieden von der des Wortes *Geist*. Der Habitus ist nur eine Potenz, die durch den Gebrauch Leichtigkeit und Neigung erworben hat, sich zu bewegen. Aber mit dem Wort *Geist* bezeichnet man die Bewegung selbst. Man bezeichnet aber nicht den einzelnen Akt, sondern die Häufigkeit von Akten. Man bezeichnet die allen Akten gemeinsame Eigenschaft, wobei diese Eigenschaft mit dem Wort bestimmt wird, das man dem Wort *Geist* hinzufügt, indem man zum Beispiel sagt: *Geist der Intelligenz, Geist der Sinne*, wie auch *Geist des Lebens, Geist der Stärke* und so weiter. Mit diesen Ausdrucksweisen werden also 1.) das Wesen und die Natur eines Bün-

Gesittung und Kultivierung (civiltà). Isaiah hatte gesagt, daß die Nationen in Finsternis zugrundegehen würden. Aber er hatte auch die Sonne vorhergesagt, die inmitten der universalen Finsternis aufgeht. „Zum Licht dieser Sonne", hat er hinzugefügt, „werden die Völker und ihre Führer ihren Weg wiederaufnehmen und fortschreiten."[3] Die Situation der christlichen Nationen ist tatsächlich etwas ganz besonderes. Ein Strom von Licht gießt sich beständig vom Christentum in die Gesellschaften aus, und den Widerschein der Strahlen dieses Lichts empfangen selbst die entferntesten Nationen, die noch außerhalb des Christentum stehen. Daher kann die sinnliche Verderbtheit das Licht des Geistes (luce intellettiva) nicht auslöschen, so sehr sie auch heutzutage wachsen mag. Denn dieses Licht erneuert sich beständig, weil es von einer unendlichen Quelle auf die Erde ausgegossen ist, die auch nicht durch die gewagtesten Anstrengungen des Menschen verlöschen kann – noch viel weniger, als Sonne und Sterne durch eine Handvoll Staub verlöschen können, die ein Kind gegen sie in die Luft wirft.

Gleichwohl ruht auch die menschliche Bosheit nicht (umana malizia). Sie erwirbt sogar ein größeres Feld, wo sie riesenhaft werden kann und zugleich alle ihre Kräfte verbraucht – jene Kräfte, die sich unaufhörlich erneuern, wenn sie erschöpft sind, und die ohne Rast erneut verbraucht werden. In den antiken Nationen war der Bosheit des Menschen von der menschlichen Natur selbst eine Grenze gesetzt: Die letzte Wirkung der menschlichen Bosheit bestand darin, daß das Licht des Geistes für die Menschen nutzlos wurde, so als wäre es nicht mehr da. Mehr vermochte die Bosheit nicht. Aber damit hatte sie zusammen mit dem Menschen zugleich sich selbst Schritt für Schritt zerstört, denn der Mensch ist nicht mehr für eine große Sittenlosigkeit empfänglich, wenn er fast keinen Gebrauch der Intelligenz mehr hat.

Anders in der christlich gewordenen Welt: Die Menge des tätigen Lichts (luce attiva) wird von der menschlichen Bosheit fortwährend verbraucht, aber sie wird ebenso fortwährend von neuem Licht wieder ersetzt – von einem höchst tätigen Licht. Die Bösartigkeit des menschlichen Herzens überschreitet ihre alten Grenzen: Ihr ist ein grenzloser Raum zugestanden. Aber ebenso ist der Tugend und dem Verdienst ein grenzloser Raum zugestanden.

Nur diese Überlegungen können den schrecklichen, unaufhörlichen, wahrhaft riesenhaften Kampf erklären, der in der christlichen Welt zwischen dem Prinzip der Finsternis und dem Prinzip des Lichts tobt. So seltsam es scheinen mag – das Prinzip der Finsternis bezieht die Nahrung, die es am Leben hält, vom Prinzip des Lichts,

---

dels von Akten charakterisiert, die eine Person zu tun gewohnt ist, 2.) das Prinzip, aus dem diese Akte hervorgehen, und 3.) ihre Neigung. Die Bündel von Akten, die mit den genannten Ausdrücken gesammelt und charakterisiert werden, gehen bisweilen nicht über die vitale Sinnlichkeit hinaus, wenn man zum Beispiel sagt: *Geist des Lebens, Geist der Sinne* und so weiter. Bisweilen gehören sie zur Ordnung der intellektuellen Dinge, wenn man sagt *Geist der Intelligenz, Geist der Weisheit* und so weiter. Bisweilen wird das moralische Handlungsprinzip bezeichnet, wenn man zum Beispiel sagt: *Geist der Stärke, Geist des Mitleids* und so weiter.

[3] „Quia ecce tenebrae operient terram, et caligo populos; super te autem orietur Dominus, et gloria ejus in te videbitur. Et ambulabunt gentes in lumine tuo, et reges in splendore ortus tui." LX. [Is., LX, 2–3.]

Kapitel 21: Die Bewegung der christlichen Gesellschaften

so daß es neugeboren zu werden scheint, auch wenn es in der Anstrengung des Kampfes erloschen war.

Diese Überlegungen erklären auch alle Fortschritte der modernen Zeiten in Industrie und Handel. Heute sind die Völker ohne Furcht stolz auf ihre Fortschritte. Die Nationen der Antike haben dagegen einem solchen Wachstum stets mißtraut, und ihre klügsten Staatsmänner haben es beklagt. Das Gefühl des Mutes der modernen Nationen [schließt man den Übermut aus] ist ebenso vernünftig wie das den antiken Nationen eigene Gefühl der Furcht. Jene fühlen sich stark und imstande, gegen die materielle Korruption zu kämpfen, ohne zugrundezugehen. Die heidnischen Nationen dagegen war sich sehr wohl bewußt, daß ihre Existenz keinen Bestand haben konnte, wenn sie von der Trägheit angegriffen wurde, die der Luxus mit sich bringt. Aber man darf deshalb nicht glauben, daß der Luxus in den modernen Nationen nicht für dieselben Schäden sorgt und dieselbe Korruption herbeiführt, die er in den antiken Nationen herbeigeführt hat. Der Unterschied besteht darin, daß die Schäden des Luxus in den modernen Nationen dann von der unendlich heilbringenden Wirkung des Christentums wiedergutgemacht werden. Daher findet die bereits unheilbare Krankheit im christlichen Glauben ein wunderbares Heimittel: Es verhindert, daß diese Krankheit den christlichen Nationen den Tod bringt, indem es ohne Wissen der Nationen selbst wirkt. Die Industrie, der Handel und die Freuden des Luxus fügen also heutzutage den Nationen teilweise Verletzungen zu und können Unruhe und Aufregung verursachen, aber sie haben nicht mehr die Kraft, die Nationen zu zerstören. Von daher ist ein kontinuierlicher Fortschritt in solchen Dingen möglich geworden, ebenso wie alle materiellen Vorteile möglich geworden sind, die die menschliche Gesellschaft aus solchen Fortschritten gewinnt. Es ist wohl wahr: Die Nationen werden dadurch übermütig. Sie erheben sich über die antiken Nationen, die als primitiv, arm und verächtlich angesehen werden. Im Ablauf der Jahrhunderte wächst der Stolz – der Stolz unseres Jahrhundert gewiß, das vor Freude ganz außer sich zu geraten scheint, wenn seine Nachkommen es „Jahrhundert des Dampfes und der Eisenbahnen" nennen. Aber letztlich werden die Eitlen vereitelt, und die Guten sollen das ganze Gut genießen, woher sie es auch erhalten mögen.

Für uns mag es dieweil nützlich sein, die Natur der Korruption und des Unglücks der christlichen Gesellschaften zu untersuchen. Dabei wollen wir den bisher angedeuteten Vergleich mit der Korruption und dem Unglück der Nationen vor der Zeit des Christentums exakter ziehen.

Buch IV, Kapitel 22

Fortsetzung: Die *Kapazität* der christlichen Nationen ist unendlich

Der Rückschritt (deterioramento) des Menschen in puncto „Glück" besteht in der kontinuierlichen Ausweitung seiner *Kapazität*, ohne daß die damit korrespondierenden Objekte in gleichem Maß zunehmen, mit denen der Mensch die Kapazität befriedigen könnte.

Die Analyse der Art und Weise, wie sich die Kapazität der Seele kontinuierlich ausweitet, ohne einen Weg zu finden, erfüllt zu werden, zeigt, wie sich der Zustand des Menschen verschlechtert und wie der Mensch unerfüllter und unglücklicher wird.

Wahr ist, daß in unsere Seele von der Natur ein instinktives Streben nach allem eingepflanzt ist, was wir als Gut begreifen. Aber da die Tätigkeiten dieses Instinkts von unserer Vorstellung des Guts abhängig sind, können sich die Fähigkeiten des Streben und des Verlangens nicht entfalten, solange sich in uns nicht die Fähigkeiten des Erkennens entfalten. Nur wenn der Mensch die konkreten Güter kennt, kann er sie wollen. Und wenn er diese Güter nicht hat, aber *absolut* will, ist in ihm das *Verlangen* entstanden. Die *Kapazität* dieses Verlangens entwickelt sich also Schritt für Schritt in dem Maß, wie der Mensch die Güter erkennt und erlebt.[1]

Durch die Kenntnis und die Erfahrung der göttlichen Dinge weitet sich die Kapazität des menschlichen Verlangens ins Unendliche.

Und in der Tat entspricht die Wirkung des Christentums auf die menschliche Seele faktisch der Wirkung des Christentums auf die Intelligenz der Menschen.

Wir haben gesehen, daß das Christentum in den menschlichen Geist eine unerschöpfliche und wahrhaft unendliche Quelle geistigen Lichts hineingelegt hat und daß es sozusagen inmitten der Menschheit ein unauslöschliches Feuer errichtet hat. Wir haben überdies gesehen, daß das lichtvolle Objekt des Christentums nicht irgendeine abstrakte, kalte Idee ist, unfähig, den Menschen in seinem Handeln zu leiten, sondern ein reales und absolutes Gut, das imstande ist, das höchste und wirksamste Prinzip der menschlichen Aktivität zu werden.[2] Der Mensch lernt also ein unendliches Gut kennen, und sein Geist ist damit gleichsam sogar gegen seinen Willen beschäftigt – sowohl wegen der Bedeutung dieser ganz außer-ordentlich großen Sache, als auch wegen ihrer inneren, verborgenen Übereinstimmung mit der menschlichen Natur. Es ist daher kein Wunder, daß sich auch die Kapazität des menschlichen Verlangens unendlich ausweitet und ausstreckt.

Diese Maß-Losigkeit des Verlangens ist das sichtbarste Merkmal der christlichen Nationen.

---

[1] Der Leser möge sich an das erinnern, was wir in den Kapiteln 12 und 13 hinsichtlich der Kapazität der Seele gesagt haben.
[2] Vgl. vorher Buch III, Kapitel 15.

Kapitel 22: Die Kapazität der christlichen Nationen ist unendlich

Die Mitglieder der Gesellschaften vor Christus hatten niemals eine so vollständige und absolute Vorstellung vom Glück wie die, die das Evangelium der Welt gegeben hat. Ihr Glück war etwas Zusammengesetztes (composto), eine Ansammlung von irdischen Gütern. Nur einige Philosophen haben erkannt, daß zum wahren Glück auch die Kontemplation der Wahrheit und die Tugendpraxis erforderlich sind. Aber alles das gab den Menschen noch nicht die positive Kenntnis vom höchsten Gut. Dies wird man anhand der folgenden Überlegungen leicht verstehen.

Das höchste Gut, das der Welt vom Christentum vorgestellt und verheißen wurde, ist ein dreifaches: Das heißt, es enthält das *reale* Gut (bene reale), das *verstandesmäßige* Gut (bene intellettuale) und das *moralische* Gut (bene morale) – drei gleichermaßen unendliche Güter, aber alle drei in einem einzigen, einfachsten Objekt erfaßt, das Gott ist. Das Christentum lehrt überdies, daß der Mensch dazu bestimmt ist, dieses höchste Gut in ganz unfaßbarer Weise zu genießen, und daß sich ihm im Moment der Vollendung dieses Genusses ein Reichtum und eine Fülle solcher Güter und solch großer Freuden enthüllen sollen, wie sie „von keinem sterblichen Auge je gesehen und von keinem Ohr gehört und von keinem menschlichen Herzen je gedacht worden sind", gleichgültig, wie weit und voller Verlangen das Herz sein mochte.[3]

Die gesamte menschliche Weisheit war diesen höchsten Ideen unendlich unterlegen.

Erstens: Es hat keinen Philosophen gegeben, der die innere Einheit der drei Elemente der wahren Seligkeit erkannt hätte: das absolute reale Gut, das absolute ideale Gut und das abolute moralische Gut in einer einzigen *natura optima* erfaßt. Dieses Geheimnis hat nur Christus der Welt geoffenbart.

Zweitens: Es mag durchaus Philosophen gegeben haben, die erkannt haben, daß das menschliche Glück eine notwendige Folge dieser drei Kategorien von Gut ist. [Deren Verbindung ist jedoch nie erkannt worden, auch nicht durch kühne Vermutungen, so hatte ich gesagt.] Selbst wenn also ein Philosoph erkannt haben mag, daß für das Glück die drei höchsten Kategorien von Gut notwendig sind, ist es der menschlichen Philosophie doch niemals gelungen, diese drei Elemente in zufriedenstellender Weise zu beschreiben. Konnte es ihr überhaupt gelingen? – Gewiß nicht.

Was das *reale* Element betrifft: Wie hätte der menschliche Geist es sich denn zusammensetzen können (comporre)? Er hatte ja keine anderen Materialien als die Güter des irdischen Lebens, um sich das reale Element herzustellen. Ohne geeignete Materialien blieb die Philosophie bei der Errichtung des großen Baus verunsichert und blockiert. Und als unter den Bauleuten Streit ausbrach, teilten sie sich alsbald in zwei Sekten. Die erste erkannte klar, daß die Güter der Sinne keine geeigneten Materialien sein konnten, aus denen sich das wahre Glück für den Menschen hätte konstruieren lassen. Diese Sekte verwarf die Sinnengüter ganz und gar, und die Vorstellung vom Glück dieser Sekte blieb *ideal* und *sittlich*, aber ihr fehlte das *reale* Element. Daher war diese Vorstellung für die menschliche Natur, die vor allem die

---

[3] I. Kor., II, 9.

Realität des Gutes sucht, unzureichend. Die zweite Sekte merkte, daß ein Glück ohne Realität dem Menschen wie Gas aus den Händen gleitet. Daher hielt sie die irdischen Güter fest. Aber auf diese Weise führte sie begrenzte, relative Güter in die Vorstellung vom Glück ein, die nicht imstande waren, das Glück zu erzeugen. Und was noch schlimmer ist, sie führte solche Güter ein, die mit den beiden anderen Elementen des Glücks, dem *idealen* Element und dem *moralischen* Element, sehr häufig in Konflikt geraten und sich meistens nicht mit ihnen versöhnen lassen. Das Ergebnis war ein trügerisches, in seiner Idee widersprüchliches, unharmonisches Glück. Der Irrtum dieser Sekte war erheblich schwerer und vulgärer als der Irrtum, dem die erste Sekte anheimfiel.

Es gelang der Philosophie auch nicht besser, sich die Vorstellung vom idealen und intellektuellen Element des menschlichen Glücks zu schaffen. Da dieses Element in der Kontemplation der Wahrheit besteht, konnten nur diejenigen Menschen davon eine angemessene Vorstellung haben, die die Wahrheit vollständig besaßen. Die Erkenntnis der Philosophen war aber nur ein Bruchstück der Wahrheit – nicht die Wahrheit als solche. Die Philosophen konnten sich folglich auch nur die Kontemplation dieses winzigen Teils der Wahrheit vorstellen, den sie kannten, und sie konnten nur über diesen Teil sprechen. Den anderen Teil der Wahrheit, der ihren Augen verborgen war, konnten sie mit ihrer Vorstellungskraft nicht ersetzen, die nur chimärenhafte Machwerke hervorbrachte. Die aber führen nicht etwa zur Wahrheit, sondern bilden eine Trennungsmauer zwischen dem Menschen und der Wahrheit. Überdies ist die Wahrheit der Philosophen nur eine Abstraktion, eine schwache, körperlose Idee, während die Wahrheit der Christen, als Gottes Geschöpf, zugleich Idee und solide Existenz ist.

Dasselbe gilt für das moralische Element. – Anderenorts habe ich die intrinsische, notwendige Unvollkommenheit aller Morallehren des Altertums dargelegt. Es kann keine vollkommene Tugendlehre ohne eine vollkommene Vorstellung vom höchsten realen Gut geben. Da die antike Philosophie diese Idee nicht hatte, war sie nicht imstande zu sagen, was die Tugend ist.[4] Weil die nichtchristliche Weisheit die wahre, eigentliche Vorstellung vom Wesen der Moral nicht hatte, konnte sie das moralische Gut, das sie nicht kannte, nicht in die Vorstellung vom höchsten Gut integrieren. Diese Vorstellung blieb daher in allen drei Teilen unvollkommen.

Da es also vor Christus keine positive Idee vom absoluten Gut gab,[5] konnte sich in den Herzen der Menschen auch nicht die damit korrespondierende Kapazität entfalten. Denn die Kapazität wird immer von der Unvollkommenheit der Kenntnis begrenzt. Als aber der Menschheit diese positive Vorstellung vom höchsten Gut ge-

---

[4] Vgl. *Storia comparativa e critica de'sistemi morali*, Kap. 8, Art. III, § 7. [A. ROSMINI: Storia comparativa e critica de'sistemi intorno al principio della morale, in A. ROSMINI: Filosofia della morale, cit., Bd. I. S. 436 ff.]

[5] Die zweihundertachtzig von Varro genannten Sentenzen über das höchste Gut beweisen, daß die antike Philosophie bei einem so wichtigen Thema im Dunkeln, dem Zufall folgend, umherirrte und nach etwas suchte und tastete, was sie nicht sah. [Der Verweis auf Varro ist Augustinus entnommen; vgl. S. AURELII AUGUSTINI De civitate Dei, Buch XIX, Kap. 1, in: S. A. AUGUSTINI Opera omnia, cit., Bd. VII, S. 624.]

Kapitel 22: Die Kapazität *der christlichen Nationen ist unendlich*

geben worden war, entfaltete sich eine unendliche Kapazität im menschlichen Herzen. Deswegen betrachten die christlichen Völker das von den Dichtern des Heidentums beschriebene Goldene Zeitalter und das Glück, wie es uns Vergil, die schönste Seele der heidnischen Welt, darzustellen vermochte, nur noch als oberflächlichen, kindischen Gesang.[6]

Ich sollte hinzufügen, daß es in der Wirkung des Christentums auf die Herzen der Menschen sogar etwas noch Menschlicheres gibt: Es handelt sich nicht nur um eine Vorstellung vom höchsten Gut, die der Menschheit gegeben wurde, sondern außerdem um eine geheimnisvolle *Erfahrung* von Gott selbst.

Es ist diese geheimnisvolle, aber reale Mitteilung Gottes an den Menschen, die das wichtigste, fundamentale Dogma des Christentums – seine Essenz – darstellt. Ja! Das Christentum verspricht dem Menschen, daß er in seiner Seele Gott erfahren kann. Und es hält dieses Versprechen. Tatsächlich: Wenn es keinerlei Erfahrung des höchsten Guts gäbe, wäre die Menschheit nicht vom Christentum erobert worden. Dann hätte der göttliche Autor des Evangeliums nicht alle Nationen an seinen Triumphwagen gebunden. Und dann wäre die Vorstellung von Gott und von dem höchsten Gut, das er ist, auch nicht positiv gewesen und hätte nicht die Wirkmacht gehabt, das Herz der Sterblichen aus der geschaffenen Welt zu reißen, in die Höhe zu heben und zu Gott selbst zu führen. – *Omnia traham ad meipsum.*[7] In der Unbefriedigtheit der christlichen Nationen, in der Unersättlichkeit ihres Verlangens, in dieser ihrer außerordentlichen, unermüdlichen Aktivität, die sie aufrüttelt und manchmal zutiefst aufwühlt, gibt es also etwas Tiefes und Geheimnisvolles, und zwar stärker, als man glauben mag.

Zu anderen Zeiten konnte der Mensch eine gewisse Erfüllung in der Natur finden, insofern diese allein sein Verlangen geweckt und seine vage Vorstellung von einem Glück bestimmt hatte. Nach Christus ist das Glück durch die Natur für das geweitete Herz der Menschen nichtig: Es findet seine Ruhe nur im Über-Natürlichen. In dieser Welt eingeschlossen zu sein, ist für das Herz wie das Gefühl, in der Enge eines Gefängnisses eingeschlossen zu werden. Was hilft es, wenn die Mauern seines Kerkers etwas näher oder etwas weiter weg sind? Nun findet das Herz alle Mauern und alle Grenzen schrecklich.

---

[6] *Georg.*, II, 467–474. – Bei Hesiod sind das Glück und der Lohn, den der Dichter für die Tugend verspricht, ebenfalls auf das beschränkt, was die Sinnennatur an Genuß gibt; *Teogon.*, Verse 223–345. [P. Vergili Maronis Georgicon libri IV, Buch II, Verse. 467–474, in: P. Vergili Maronis Opera, Leipzig 1870. In der Theogonie spricht Hesiod nicht vom verheißenen Lohn für die Tugend, vgl. Hesiodi Theogonia, in: Hesiodi Carmina, Leipzig 1913, S. 14–20.]

[7] [Jo., XII, 32.]

Buch IV, Kapitel 23

Fortsetzung

Ich bin mir darüber im klaren, daß sich hier zahlreiche Einwände ergeben.

Ich halte es der Mühe wert, einen Moment anzuhalten, um zwei Einwände zu prüfen, die besonders solide erscheinen und deshalb diejenigen verunsichern können, die bei diesen Überlegungen meine Gefährten sind.

Der erste Einwand ist dieser: 'Folgt man der ältesten Geschichte über das Menschengeschlecht und den beständigeren und universaleren Traditionen, dann waren die ersten Menschen, die unseren Planeten bewohnten, nicht allein den Eindrücken überlassen, die die Natur zwangsläufig bei ihnen hinterließ. Ihnen wurde auch eine Mitteilung vom und eine Verständigung mit dem ersten Sein (primo essere) gegeben, von dem das Universum seinen Ursprung gehabt hatte. Wenn also die Kenntnis der göttlichen Dinge die Kraft hat, im menschlichen Herzen eine unendlichen Kapazität zu entfalten, dann muß diese Kapazität schon vor dem Christentum entfaltet gewesen sein.'

Der zweite Einwand lautet: 'Wenn sich die unendliche Kapazität des Herzens durch die Kenntnis und die Erfahrung der göttlichen Dinge entfaltet, schränken Menschen, die dem religiösen Glauben entsagen, dadurch die Kapazität ihres Verlangens ein, da sie nichts Unendliches mehr anerkennen, man sich Verlangen ohne Objekt aber nicht vorstellen kann.'

Auf den ersten Einwand werde ich in diesem Kapitel antworten, und im folgenden Kapitel werde ich auf den zweiten Einwand eingehen.

Was nun den ersten Einwand angeht: Er verlangt, daß ich untersuche, welche Entwicklungsstufe die Kapazität der Seele bei den Völkern gehabt haben kann, die dem Christentum vorausgegangen sind. Die Dinge, die ich zu diesem Thema sagen werde, werden auf den genannten Einwand antworten und werden zugleich, so hoffe ich, zusätzlich Licht auf die Art und Weise werfen, wie sich die Kapazität des menschlichen Verlangens erweitert, sowie auf die verschiedenen Phasen, die diese menschliche Kapazität in den verschiedenen Perioden des Lebens des Menschengeschlechts durchläuft.

Wir teilen die Auffassung, daß die Menschen bereits von Anfang an Kenntnis und Erfahrung von zwei Arten von höchst unterschiedlichen Wesen gehabt haben: von den Wesen der Natur und vom Autonom-Seienden (ente sovrano), der Quelle aller natürlichen Wesen.

Tatsächlich war das menschliche Verlangen mit Sicherheit von dieser ersten Zeit an von einem doppelten Reiz stimuliert, und es hat angefangen, seine Kapazität zu entfalten: in einer endlichen Weise bezüglich der endlichen, natürlichen Güter und in einer unendlichen Weise in Bezug auf Gott, dessen Schutz sich zwangsläufig als etwas Gutes darstellte.

Aber deswegen darf man nicht glauben, daß diese Kapazität damals schon den äußersten Punkt ihrer Entfaltung erreicht hätte.

Kapitel 23: Fortsetzung

Zunächst: Dasselbe Objekt wird einmal mit größerer, einmal mit geringerer Intensität begehrt. Das Bedürfnis der Kapazität konnte also immer noch intensiver werden.

Sodann: Die ersten Menschen hatten in dem Zustand, in dem sie sich befanden, als sie anfingen, Stammväter der Menschheit zu werden, die nach ihnen die Erde bevölkerte, nicht mit einem Mal Kenntnis und Erfahrung aller natürlichen Güter. Dementsprechend muß man auch annehmen, daß ihre Kenntnis und Wahrnehmung des Gutes, welches der Schöpfer für sie darstellte, noch gesteigert werden konnte. Man muß also davon ausgehen, daß eine sukzessive Entwicklung der Kapazität des menschlichen Verlangens stattgefunden hat – sowohl hinsichtlich der natürlichen Güter, als auch hinsichtlich des unendlichen Guts. Beginnen wir mit den natürlichen Gütern.[1]

Zunächst nimmt der Mensch die realen Güter wahr. Dann bildet er sich abstrakte Ideen von den Gütern.

Um der Kürze willen nennen wir hier *Denkfähigkeit* (facoltà di pensare) die Gruppe von Vermögen des menschlichen Geistes, die sich auf die Real-Seienden und auf die realen Güter beziehen.[2] Und wir nennen *Abstraktionsfähigkeit* (facoltà di astrarre) die andere Gruppe von Vermögen, die sich auf die abstrakten Ideen beziehen, also auf die idealen, allgemeinen und unvollständigen Wesen. Solange der Mensch noch nicht auf der Entwicklungsstufe angelangt ist, auf der er sich abstrakte und allgemeine Ideen von den Gütern gebildet hat, können seine Wünsche keine andere Führerin als die *Denkfähigkeit* haben, die die erste ist, die tätig wird. Wir hatten gesagt, daß diese Fähigkeit dem menschlichen Verlangen nur reale Objekte vorstellt und es zu deren Auffindung mit Hilfe der *vollständigen Ideen* (idee piene) von diesen Objekten führt. Das ist das erste Stadium der menschlichen Kapazität.

Solange die Entwicklung nicht voranschreitet, ist der Mensch leicht zufriedenzustellen, weil er lediglich die realen, erreichbaren Dinge begehren kann und weil er

---

[1] Ich habe die sukzessive Ausweitung der menschlichen Kapazität hinsichtlich der Güter der Natur in der *Antropologia* dargelegt (Buch III, Sek. II, Kap. 8 ff.). [Op. cit., S. 378 ff.]

[2] Zur *Fähigkeit des Denkens* gehören 1.) das *intellektive „Vernehmen"* [percezione intellettiva], mit dem sich der Mensch mit den realen Wesen verständigt, 2.) die *spezifische Idee der Dinge* [idea specifica] und insbesondere jene Idee, die wir die *vollständige Idee* [idea piena] genannt haben, also die Idee, die uns eine Sache mit allen ihren erkennbaren Eigenschaften ausgestattet zeigt, allerdings innerhalb der Seinsordnung der Möglich-Seienden. (Hierzu empfiehlt es sich, nachzulesen, was wir zur Natur dieser *vollständigen Ideen* im *Nuovo saggio* geschrieben haben (Sek. V, Teil II, Kap. 4, Art. III, § 2; und Teil V, Kap. 1, Art. V). – Zu den Vermögen, die die Denkfähigkeit bilden, gehört die *Überzeugung* [persuasione] nicht. Sie ist jene Tätigkeit, mit der der Geist *behauptet* [afferma], daß etwas existiert. Die Überzeugung kann wahr oder falsch sein. Wenn wir unberechtigterweise behaupten, daß etwas existiert, bringen wir die *intellektive Schöpfung* ins Spiel, die eine Funktion der *Überzeugung* ist (vgl. die „synoptische Tafel der Vermögen des menschlichen Geistes" am Ende von Buch III der *Antropologia*). Demgegenüber irrt die Denkfähigkeit niemals, denn weder beim *intellektiven Vernehmen* der Real-Seienden, noch in der unmittelbaren Bildung der *spezifischen Ideen* von diesen kann es je einen Fehler geben (Nuovo saggio, Sek. V). [Zu den zitierten Werken: A. ROSMINI: Antropologia in servigio della scienza morale, in DERS.: Filosofia della morale, cit., Bd. II, S. 474; DERS.: Nuovo saggio sull'origine delle idee, cit., Bd. II, S. 80 und S. 16–18.]

sich noch keine chimärenhaften Objekte angefertigt hat, die ihm erst später vom Gebrauch der Abstraktionsfähigkeit geliefert werden.

Je weiter man mit Hilfe der Quellen der Menschheitsgeschichte zurückgeht, desto deutlicher erkennt man, daß die eudämonologische Befindlichkeit des Menschen (stato eudemonologico) dieser ersten Phase nahekommt, in der nur die *Denkfähigkeit* bewegt wird und in welcher das Herz überwiegend ruhig und erfüllt und zufriedengestellt ist.

Man muß besonders beachten, daß die Menschen in dieser Zeit den materiellen Objekten niemals einen idealen Wert beimessen. Denn um den Wert der materiellen Objekte zu steigern, indem man ihnen einen idealen Wert beifügt, muß man sich schon viele Abstraktionen gebildet haben.[3] Die materiellen Objekte werden also als das betrachtet, was sie sind, und mehr nicht. In den Gütern des Körpers wird nicht wie verrückt eine Befriedigung der geistigen Bedürfnisse der Seele gesucht, wie es später geschieht. Weil die körperlichen Güter tatsächlich imstande sind, die körperlichen Bedürfnisse zu befriedigen, leisten sie in dieser Zeit das, was man von ihnen verlangt. Der Mensch wird dadurch zufriedengestellt. So erklärt sich die Schlichtheit des Goldenen Zeitalters. Kein künstlicher Besitz – alles ist natürlich. Denn, um es noch einmal zu sagen, die Menschen wollten damals die Gier eines nach Dingen jenseits der Grenzen der Wirklichkeit strebenden Herzens nicht mit materiellen Gütern stillen.

Die Erinnerung an diese erste, von wenigen, einfachen Objekten gebildete Erfüllung und Zufriedenheit und ähnliche Erfahrungen, wie sie später von maßvollen Menschen gemacht worden sind, haben zu folgender philosophischer Lehre geführt: „Die Natur braucht nur wenig, um zufrieden zu sein; der wahre Reichtum ist die den natürlichen Gesetzen angepaßte Armut."[4]

---

[3] Das erklärt, warum der heidnischen Literatur jene geistige Liebe [amore spirituale] unbekannt zu sein scheint, die die christliche Literatur so human macht.

[4] Vgl. Sen., ep. XXVII. – In dieser ersten Phase hat der Wille keine anderen Objekte als die *realen* oder zumindest die *bestimmten* Objekte, die ihm die Denkfähigkeit vorstellt. Man muß diese erste Phase in zwei weitere, untere Zeiträume aufteilen: Es gibt jenen Zeitraum, in dem der Sinn und das Bewußtsein in vollkommener Übereinstimmung tätig sind und ein einziges Vermögen zu sein scheinen. Und es gibt den Zeitraum, in dem dieses Bewußtsein sich trennt und im Widerspruch zum sinnlichen Empfinden handelt (vgl. *Antropologia*, Buch III, Sek. II, Kap. 8).
Damit dieses Bewußtsein anfängt, sich vom sinnlichen Empfinden zu trennen, ist es nicht erforderlich, daß der Mensch wirklich nach den Geboten dieses Bewußtseins *tätig wird* und sich der Aufforderung des sinnlichen Empfindens entzieht, das möchte, daß der Mensch gegen das Bewußtsein rebelliert. Es reicht vielmehr aus, daß der Mensch ein Urteil fällt, das dem sinnlichen Instinkt widerspricht, indem er innerlich feststellt, daß man diesen Genuß vermeiden und jenen Schmerz ertragen muß, selbst wenn der Wille in der Tat diesem intellektuellen Gebot nicht anpaßt. Diese Trennung geschieht, sobald die Sinne den Menschen zu etwas „einladen", das einer Regel der Nützlichkeit, der Redlichkeit oder der Angemessenheit widerspricht, die das Bewußtsein kennt. Bewußtsein und Sinne haben sich damit bereits getrennt und auf entgegengesetzte Wege begeben. Das wird uns vom schlechten Gewissen bestätigt. [Zu den zitierten Autoren vgl. L. A. Seneca: Epistulae ad Lucilium cit., ep. XXVII, Bd. I, S. 165; A. Rosmini: Antropologia in servigio della scienza morale, in: ders.: Filosofia della morale cit., Bd. II, S. 378 ff.]

Kapitel 23: Fortsetzung

Aber alsbald wird die Abstraktionsfähigkeit tätig. Und der menschliche Wille sieht nicht nur die realen Güter vor sich, die ihm von der Natur vorgestellt werden, sondern auch die bloß abstrakten Güter.

Damit beginnt die zweite Phase der menschlichen Kapazität.

Durch die Bildung von idealen, abstrakten Objekten weitet sich die Kapazität der Seele maßlos aus.

Hier beginnen auch die verhängnisvollsten Irrtümer der Seele und die tödlichen Ängste, die sie sich selbst bereitet, weil sie das Unmögliche sucht. Der Mensch fängt zu diesem Zeitpunkt an, seine eingebildeten Ideen für Realia zu halten. Er gibt abstrakten Ideen körperlichen Gehalt. Der Mensch will nicht mehr das erreichen, was ihm die körperlichen Dinge wirklich geben können, sondern das gesamte Gut, das er sich als etwas Ideales denken kann, das er sich mit jener Fähigkeit seines Geistes gebildet hat, die darin besteht, vom Unvollständigen zum Vollständigen überzugehen – nicht nur in der Ordnung des Real-Seienden, sondern auch in der Ordnung des Ideal-Seienden.[5] Wenn den Menschen das Verlangen nach einem Gut erfüllt, zu dessen Vorstellung er mittels der *intellektuellen Einbildung* (finzione intellettuale) aufgestiegen ist,[6] will er dieses Gut realisieren, das heißt, er will es realiter erleben. Deshalb wird er gegenüber den Dingen, die ihn umgeben, ungerecht, weil er von ihnen die Befriedigung dieses Wunsches fordert. Von ihnen verlangt er die Erfüllung dieser seiner maßlosen Kapazität. Aber die natürlichen Dinge, die um ihn herum sind, können ihn nicht zufriedenstellen. Denn sie haben nicht jenes ideale Gut in sich, das er von ihnen verlangt. Daher kommen seine Unruhe, seine Verstörtheit, die Erregung seiner Leidenschaften, daher kommen seine wiederholten Versuche, in den materiellen Gütern jenes Glück zu finden, das er in ihnen absolut nicht finden kann. Es sind Versuche, bei denen seine heftigen Täuschungen angesichts der kalten Realität einen Augenblick lang zusammenbrechen. Sie können aber nicht verhindern, daß sich diese Täuschungen alsbald schrecklicher und heftiger wiederholen.

Das ist es, was mit Sicherheit auch in den Menschen der Zeit vor dem Christentum geschehen ist. Aber folgt daraus, daß die Kapazität dieser Menschen sich wirklich ins Unendliche ausgeweitet hat?

Wir sagen erneut, daß die Weite dieser Kapazität lediglich so groß sein konnte wie die Vorstellung von dem Gut, auf das sich diese Kapazität bezog. Nun ist es unbezweifelbar, daß das *Ideal von dem Gut*, das sich die Menschen schaffen, nicht immer im gleichen Maß, sondern in größerem oder geringerem Maß vollkommen ist. Dies hängt davon ab, ob sich die Verstandesfähigkeiten in größerem oder geringerem Maß entfaltet haben. Und es hängt von der Geeignetheit der Materialien ab, die die Menschen haben, um sich dieses Ideal zu schaffen. Es ist offensichtlich, daß das größte Gut, das sich der an die Materie gebundene Mensch mit dem Verstand aus-

---

[5] Vgl. Nuovo saggio etc., Sek. V., Teil V, Kap. 1, Art. IV. [A. ROSMINI: Nuovo saggio sull'origine delle idee, cit., Bd. II, S. 172 ff.]

[6] Ich nenne „intellektuelle Einbildung" [*fictio intellectualis*] jene Verstandesfunktion, mit der die Vernunft die *Typen* und *Archetypen* der Dinge auffindet.

denken und einbilden kann, bei weitem kleiner ist als das größte Gut, das sich ein gebildeter, geistig orientierter Mensch ausdenken und schaffen kann. Darüberhinaus erwerben die Menschen Vorurteile über das Gut und geben willkürlichen Meinungen Raum, die die Vorstellung vom Glück zum großen Teil verändern. Solche Meinungen bringen auch heterogene Elemente in die Vorstellung vom Glück hinein, die dieser Vorstellung widersprechen. Dadurch verhindern sie, daß sich diese vervollkommnet. Es stimmt, daß jede abstrakte Idee etwas Unbegrenztes in sich hat. Und es stimmt, daß der Mensch, der beim Abstraktum angelangt ist, beim Unbegrenzten angelangt ist. Aber das beweist nicht, daß die abstrakte Vorstellung vom Glück, zu der die Menschen des Altertums gelangt waren, vollständig wahr und vollkommen war und alle Elemente eines absoluten Guts einschloß. Das, was wir im vorigen Kapitel gesagt haben, beweist sogar das Gegenteil, da auch alle Anstrengungen der Philosophie nicht ausgereicht haben, um einen wirklich exakten und hinreichend abgeschlossenen Begriff vom menschlichen Glück zu schaffen. Eine solche Vorstellung verdankt sich ausschließlich dem Christentum. Folglich war die Entwicklung der intellektuellen Vermögen und der Kapazität der menschlichen Seele, die diesen Vermögen entspricht, vor Christus zwangsläufig unendlich viel geringer als die Entwicklung, die durch das Erscheinen des Christentums in der Welt ausgelöst worden ist.

Man kann ja außerdem beobachten, wie in den antiken Nationen die Einsicht vom rechten Wege abkam, sich verdunkelte, geringer wurde und angesichts der Übermacht der sinnlichen Verderbtheit zu verlöschen drohte! Damals überwog auf fatale Weise die Sinnlichkeit. Folglich waren die Objekte, die von den Menschen für die besten Güter gehalten wurden, letztlich Objekte, die zur körperlichen Lust gehörten. Was für eine Vorstellung vom Gut konnte sich also eine Menschheit konstruieren, die nur solche Materialien hatte oder solche Materialien zumindest für die wertvollsten hielt? Die Bildung eines Ideals vom Gut ist ein sehr anspruchsvolles Werk des Bewußtseins (intendimento). Wie konnte dieses Werk in den Händen von Menschen gelingen, die die geistigen Dinge vernachlässigten oder sich über sie lustig machten und die folglich eher ein tierhaftes als ein menschliches Leben führten? Der *Geist des Sinnlichkeit* erlangte zum Nachteil des *Geistes der Intelligenz* immer stärker die Vorherrschaft. Die Vorherrschaft der Sinne erregte mit der Schärfe der Leidenschaften die Kapazität der Seele, so daß diese *intensiver* und reizbarer wurde. Zugleich *schränkte* die Vorherrschaft der Sinne aber die Kapazität der Seele zwangsläufig *ein*, statt sie zu erweitern, denn sie reduzierte kontinuierlich deren Objekt.

Man mag dagegenhalten, daß eine Religion in der Welt bestehen blieb und daß es deshalb immer Ideen gab, die die Göttlichkeit betrafen. Folglich ging das unendliche Objekt, nach dem das menschliche Verlangen trachtet, im menschlichen Verstand nicht zugrunde.

Bis zu einem gewissen Punkt teilen wir diese Auffassung. Wir haben an anderer Stelle überdies ein großartiges, bedeutsames Faktum festgehalten, das in der gesamten Geschichte der Menschheit konstant gegeben zu sein scheint: Der Mensch hatte immer und an allen Orten ein Bedürfnis nach Gott – ein Bedürfnis, das der menschlichen Natur inhärent und vom menschlichen Willen unabhängig ist. Das be-

Kapitel 23: Fortsetzung

deutet, daß sich der Mensch niemals – gleichgültig, welche Anstrengungen er unternommen hat – von diesem geheimnisvollen Bedürfnis nach religiösem Glauben befreien konnte und daß er gar nicht anders konnte – und sei es auch unfreiwillig – als zu jenen göttlichen Dingen zurückzukommen, die er willentlich verlassen und verleugnet hatte. Als die ersten Menschen durch die Verirrung ihres Herzens und durch den Mißbrauch ihrer Sinne die Kenntnis von dem wahren Gott verloren hatten, schufen sie sofort den Götzendienst [eine auf den ersten Blick unerklärliche Tatsache], mit dem sie vorgaben, sich jene Gottheit selbst zu schaffen, die ihnen fehlte und ohne die sie nicht auskamen. Von einem Ungestüm gehetzt, das dem des Wahnsinns ähnelt, vergöttlichten sie alles: alle Wesen, die sie in der Natur fanden, ob gut oder böse, klein oder groß, lächerlich oder eindrucksvoll; welche Götzen ihre irre, verdorbene Einbildungskraft auch immer schaffen konnte: die Fähigkeiten, die Leidenschaften, die Tugenden, die Laster, sich selbst, das Universum – alles wurde vergöttlicht. Die Gottlosen nahmen Gott seine göttliche Natur und leugneten ihn, zugleich aber gaben sie in einem schändlichen Widerspruch sich selbst die göttliche Natur und bewiesen damit, daß es unmöglich ist, ohne Gottheit auszukommen.[7] Dieses Ehrfurcht gebietende Faktum beweist bis zur Evidenz, daß im menschlichen Herzen die Kapazität des Verlangens, das nach den göttlichen Dingen trachtet, vom ersten Anfang an offenstand. Es beweist zugleich, daß diese Kapazität ohne ihr Objekt den Menschen unruhig und unglücklich macht und in permanenter Bewegung auf der Suche nach etwas hält, was er niemals findet. Diese Bewegung, die den Menschen dazu brachte, sich imaginäre Gottheiten zu schaffen, verband schließlich den Götterkult mit dem Exzeß der sittlichen Depravation. Als die bürgerliche Gesellschaft in der Sinnenverderbtheit zugrundeging, ging also auch die Religion zugrunde. Die Folge war eine verzweifelte, ungeheuerliche Frevelhaftigkeit wie die, die die letzte Epoche des Römischen Reiches schmachvoll kennzeichnet.

Aber selbst wenn man mit dieser Diagnose weitgehend einverstanden ist, kann man daraus keineswegs schließen, daß die Kapazität des menschlichen Herzens schon vor dem Christentum in jenem unendlichen Ausmaß ausgeweitet war, in dem sie sich danach ausgeweitet hat.

Wer ein solches Paradoxon behaupten will, muß zwei Dinge beweisen, die er nicht beweisen kann, weil sie evident falsch sind. Er muß beweisen, 1.) daß die Idee von der göttlichen Natur, die die Menschen vor der Ankunft Christi hatten, so vollkommen war wie die, die sie nach der Verkündigung des Evangeliums hatten, 2.) daß die Idee der Menschen von der göttlichen Natur die Vorstellung von Gott als dem unendlichen und absoluten Gut einschloß.

Ganz offensichtlich beweist doch das bedeutsame Faktum des Götzendienstes, dem sich alle Völker der Welt hingegeben hatten, daß die Kenntnis von der göttlichen Natur im menschlichen Verstand nur höchst unvollkommen war. Der Po-

---

[7] Ich verweise den Leser auf die *Frammenti di una storia dell'empietà*, die sich in Band XXX der Sammlung *Apologetica* befinden, wo ich dieses einzigartige Faktum und seine Gründe ausführlich analysiert habe. [A. ROSMINI: Frammenti di una storia dell'empietà, in: Apologetica, cit., S. 325–431.]

lytheismus schließt einen wirklich *unendlichen* Gott aus, eben weil ein wahres Unendliches jede Vielheit ausschließt und von seiner Natur her vollkommene Einheit verlangt. Auch wenn man davon ausgeht, daß über allen Göttern ein *Deus Optimus Maximus* gedacht wird, so folgt daraus dennoch nicht, daß die Vorstellung von diesem Gott dem menschlichen Geist eine unendliche Wesenheit liefert, die in jedem Fall eine einzige sein muß. Es gab lediglich die Vorstellung von einer Wesenheit von unbestimmter Größe, das heißt von einer Größe, die die Grenze der bekannten Dinge überschreitet, mehr aber nicht. Auch den Philosophen gelang es niemals, die wahre Vorstellung vom Göttlichen zusammenzusetzen (raccozzare). Sie setzten diese Vorstellung vielmehr häufig zusammen, indem sie die Vollkommenheiten der natürlichen Dinge zusammenfügten und vergrößerten, ohne zu begreifen, daß die göttliche Natur nichts hat, was der kontingenten Natur ähnelt. Die größte Anstrengung, die sie gemacht haben, um die Vorstellung von Gott zu bilden, scheint die Bemühung von Sokrates und von Platon gewesen zu sein. Aber was war letztlich der Gott, für den Sokrates starb, den das Orakel den „Weisesten" und den Platon den „Gerechtesten" unter den Lebenden nannte? Es war ein Gott als Idee (dio-idea) und mehr nicht. Gewiß war es ein Fortschritt der menschlichen Erkenntnisse, daß man von der Vorstellung eines Gottes als Notwendigkeit (dio-necessità) zu einem Gott als Idee gelangt ist. Aber man möge mir sagen, wann denn im Heidentum der dritte Schritt von Gott als Idee zu Gott als Heiligkeit (dio-santità) vollzogen worden ist?

Im Heidentum ist ebenfalls nicht erkannt worden, daß die göttliche Natur ein unendliches Gut darstellt, das allein imstande ist, den Menschen selig zu machen. Daher erwartete man von den Göttern zwar Geschenke und Gnaden, aber niemandem kam es in den Sinn, daß die Gottheit sich selbst wahrhaftig dem Menschen schenken könne oder daß der Mensch die göttliche Natur besitzen und genießen könne, die sich ihm auf unsagbare und die Vorstellungskraft vollkommen transzendierende Weise schenkt. Es ist daher ausgeschlossen, daß die Vorstellung von Gott in den heidnischen Nationen in jenem Ausmaß für die Entfaltung der Kapazität des menschlichen Herzens gesorgt haben könnte, wie es das Evangelium tat, indem es den Menschen die Vorstellung und – was noch mehr zählt – die verborgene Erfahrung eines wahrhaft unendlichen, heiligen und seligmachenden Gottes mitteilte.

Man wird einwenden, daß zumindest die Juden die wahre Vorstellung und eine Art Erfahrung der göttlichen Natur hatten.

Wir bestreiten nicht, daß es in der jüdische Kirche eine wahre Vorstellung von Gott gab sowie eine Erfahrung von ihm, die dieser Vorstellung entsprach. Aber wir sagen, daß die jüdische Vorstellung von Gott zwar wahr war, aber doch höchst unvollkommen im Vergleich zu jener Vorstellung, die dann die Christen von der Lehre des Evangeliums erhielten.

Ich lasse die Feststellung beiseite, daß bei den Juden die Volksmenge keine genaue, ausdrückliche Vorstellung von Gott hatte, außer durch Rückbezug auf die Vorstellung, die einige wenige große Männer dieses Volkes von Gott hatten. Daher nannte man ihn gewöhnlich den Gott Abrahams, Isaaks und Jakobs, wobei man sich gleichsam auf die wahre Vorstellung von der göttlichen Natur zurückbezog, die diese großen Patriarchen hatten – eine Vorstellung, die im Verständnis des einfachen

Kapitel 23: Fortsetzung

Volkes fehlte. Daraus resultierte einerseits dessen fast unglaubliche Neigung zur Idolatrie und andererseits die Notwendigkeit, das Volk vor solch einem groben Irrtum durch Wunder und Heimsuchungen zu bewahren. Aber selbst die reine und wahre Vorstellung, die die alte Kirche stets von Gott hatte, ist dann letztlich nur der kleine Keim der großen Vorstellung, die die neue Kirche von ihm hat. In der alten Schrift erscheint Gott als ein sehr mächtiger und gerechter Herrscher der Welt, die er geschaffen hat. Er bestraft das Böse und belohnt das Gute. Aber welche Güter sind den Menschen verheißen, die sein Gesetz befolgen? Fast immer sind es weltliche Belohnungen. Die geistigen Güter fehlen zwar nicht, sind aber doch gleichsam vom Schatten der weltlichen Güter verdeckt. „Ich werde Euch Regen geben zur rechten Zeit", spricht Gott im alten Gesetz, „und die Erde wird Keime hervorbringen, und die Bäume werden voll von Früchten sein".[8] So lauten die Verheißungen der alten Zeit. Aber verspricht Gott nicht, den Juden auch sich selbst zu geben? Doch, aber man möge hören, auf welch dunkle Weise: „Ich werde meine Wohnung bei Euch aufschlagen, und meine Seele wird Euch nicht zurückweisen. Ich werde bei Euch wandeln und Euer Gott sein, und Ihr werdet mein Volk sein. Ich, der Herr Euer Gott, der Euch aus dem Land der Ägypter herausgeführt hat, damit Ihr ihnen nicht dient, und der die Ketten an Eurem Nacken zerbrochen hat, damit Ihr aufrecht gehen könnt."[9] Für uns Christen haben alle diese Worte einen geistigen Sinn; wir sehen darin eine Allegorie der Gnadengaben für die Seele. Aber der wörtliche, materielle Sinn, in dem die Juden diese Worte verstanden, erinnert lediglich an irdische Wohltaten, die Gott ihnen erwiesen hat, indem er sie aus der Knechtschaft befreite. Der wörtliche Sinn stellt Gott als einen König dar, der an der Spitze seines Volkes schreitet und es vor seinen Feinden schützt.[10] Was darüber hinausgeht, ist in der alten Schrift verborgen, es ist der Zeit des Messias vorbehalten. Wir behaupten nicht [wie Warburton[11] und andere], daß Moses in seinen Büchern niemals von der Unsterblichkeit der Seele und vom zukünftigen Leben spricht. Diese Behauptung halten wir für falsch. Wir können aber mit Sicherheit feststellen, daß in der alten Schrift nicht klar und eindeutig von der Gottesschau gesprochen wird, die die Seligkeit bildet, die den Menschen im anderen Leben vorbehalten ist.[12] Wir stellen auch fest, daß es in der alten Schrift stets dem großen Propheten, dem neuen Gesetzgeber, dem Messias vorbehalten war, uns Gott als den Seligmachenden erkennen zu lassen. Aus demselben Grund kam es dem Messias zu, wahre Gläubige zu bilden, die den Vater in Geist und

---

8 *Levit.*, XXVI, [3–4].
9 *Levit.*, XXVI, [11–13].
10 Gott wird in der Schrift von einem Engel dargestellt, der vor dem jüdischen Volk hergeht und es führt. Damit wird der Gedanke von einem Gott der Gnade noch weiter entfernt.
11 [William Warburton (1698–1779), englischer Theologe.]
12 Man findet bei den Juden eine tief verwurzelte Vorstellung, daß, wer Gott sähe, sterben müsse: „Nemo videt Deum, et vivet." Es war also *der schreckliche Gott*, der sich offenbarte. Die Liebenswürdigkeit dieses schrecklichen Gottes sollte sich in ihrer Fülle in der Zeit des Messias offenbaren. [*Exod.*, XXXIII, 20. Der Passus lautet exakt: „… non videbit me homo et vivet."]

Wahrheit anbeten sollten.[13] Menschen können keine wahren Gläubigen sein, wenn sie nicht in Gott das Objekt ihrer Seligkeit erkennen. Aus demselben Grund wird in der alten Schrift auf sehr dunkle Weise der Zustand der von ihren Körpern getrennten Seelen beschrieben. An den Stellen, wo von der Belohnung gesprochen wird, die für sie bestimmt ist, wird nicht die Schau Gottes avisiert, sondern die *Auferstehung*, auf die sich die Hoffnungen der Alten stets beziehen.[14] Tatsächlich hatten die Alten die Hoffnung auf eine Auferstehung, das heißt auf eine Wiedervereinigung der Seele mit ihrem Körper und folglich auf ein glückliches Leben, das die Gerechten nach ihrer Auferstehung genießen. Aber es gab keine Vorstellung davon, wie die vollständig vom Körper getrennte Seele selig leben könne. Denn tatsächlich ist die Seligkeit der gelösten Seelen (vor der Auferstehung des Leibes) ganz und gar das besondere Werk des Messias. Dieser mußte eine Art von Auferstehung für die Seelen der Alten bewirken, die sich schlafend im Limbus befanden, so wie er die Auferstehung auch für die Seelen der Gerechten bewirkt, die weiterhin sterben.[15]

Die Unvollkommenheit, mit der die Juden Gott als Objekt von Seligkeit kannten, erklärt, warum sich die Kapazität ihres Verlangens unendlich viel weniger ausweitete als die Kapazität der Christen. Den Christen, denen der Heilige Geist gewährt wurde, ist es gegeben, klar zu erkennen und zu erfahren, wie die Seele, auch gelöst vom Körper, ihre einzige Seligkeit findet, indem sie durch die unfaßbare Verständigung, die man *Schau* nennt, dem wesenhaften Sein anhaftet, der Quelle aller anderen Seienden, dem Urgrund aller Realität, aller Idealität und aller Heiligkeit. Diese höchste Lehre, von deren Höhe aus der Mensch das Universum als winziges Staubkorn sieht, dieser übernatürliche Glaube ist also der Grund für die unendliche Kapazität und Aktivität der christlichen Völker.

---

[13] „Scio quia Messia venit (qui dicitur Christus). Cum ergo venerit ille, nobis annuntiabit omnia" (Joh., IV, [25]).

[14] Zum Beispiel läßt Judas Opfer für die Verstorbenen darbringen (*Makkabäer*, Buch II, Kap. 12, [44]), und die Begründung, die dafür gegeben wird, ist die Hoffnung auf die Auferstehung. So heißt es, daß „nisi ... eos qui ceciderant resurrecturos speraret superfluum videretur et vanum orare pro mortuis". Die gesamte Hoffnung der Juden betraf also das Gut, das die Gerechten nach der Auferstehung des Leibes genießen sollten.

[15] Daher sagte der Messias selbst, „ich bin die Auferstehung und das Leben" und „wer in mir lebt, wird leben, auch wenn er gestorben ist" (Joh., XI, [25]). Diese Formulierung zeigt, daß die vom Körper getrennte Seele in einen todesähnlichen Zustand fiele, das heißt in einen Zustand vollkommener Untätigkeit, wenn Christus sie nicht auf unsagbare Weise in Bewegung versetzten würde.

Buch IV, Kapitel 24

Fortsetzung: Wie die unendliche Kapazität des Verlangens ohne bestimmtes Objekt auskommen kann

Wir müssen noch etwas zum zweiten Einwand sagen. Er lautete: 'Wenn sich die unendliche Kapazität der Seele durch die Erkenntnis und die Erfahrung eines unendlichen Seins entfaltet, müßte sich umgekehrt diese Kapazität bei solchen Menschen verengen, die nicht nach dem Objekt der Seele verlangen, zum Beispiel bei Menschen, die auf den christlichen Glauben verzichten oder die Neigungen ihres Herzens mit diesem Glauben nicht in Einklang bringen.'

Nun muß man unterscheiden zwischen dem Glück, also der Größe und Bedeutung des Guts, das ein Mensch ersehnt, und dem Objekt, das dieses Glück beziehungsweise dieses große Gut verwirklichen kann.

Man kann sich leicht vorstellen, daß der Mensch ein bestimmtes Glück, ein bestimmtes großes Gut zwar will und sich vornimmt, es zu erlangen, daß er aber das Objekt, das ihm das Glück verschaffen könnte, nicht kennt und daß er das Glück irrtümlich in Dingen sucht, die völlig ungeeignet sind, ihm dieses große ersehnte Gut zu verschaffen.

Schlicht gesprochen ist es zwar richtig, daß es kein Verlangen ohne ein Objekt geben kann, aber man muß bedenken, daß das Objekt des Verlangens unserer Erkenntnis auf verschiedene Arten vorgestellt wird: Unsere Kenntnis ist entweder dem Objekt adäquat (propria) und positiv, oder sie ist allgemein und abstrakt; sie kann manchmal auch abstrakter oder weniger abstrakt sein. Wenn man dies bedenkt, erkennt man, daß diese unterschiedlichen Arten, das Objekt zu kennen, mit entsprechenden Arten korrespondieren, das Objekt zu wünschen.

Wenn nun die Kenntnis bestimmt, objektadäquat und positiv ist, ist auch das Verlangen auf sein zugehöriges Objekt hin bestimmt. Aber wenn die Kenntnis das ersehnte Objekt nicht vollständig definiert, sondern nur allgemeine Eigenschaften angibt, bleibt auch das Verlangen ungenau und unbestimmt.

Die unbestimmteste Kenntnis von allen [die gleichwohl als Stütze für die Neigung des Verlangens dienen kann] ist die vom Gut überhaupt. Eine weitere Kenntnis, die das Objekt eine Stufe weniger unbestimmt vorstellt, ist die Kenntnis vom *Glück* überhaupt. Das Glück ist eine abstrakte Vorstellung. Denn in der Idee vom Glück wird nicht das zugehörige Objekt angegeben, das das Glück bildet und verwirklicht. Es bleibt der Freiheit des Menschen überlassen, dieses Objekt zu suchen. Dieses abstrakt gedachte Glück nun dient eben als Objekt für die unendliche und unbestimmte Kapazität, von der wir sprechen. Durch sie spürt der Mensch, daß er ein grenzenloses Gut will. Aber er weiß dann nicht, was dieses Gut ist; er „vernimmt" es nicht, er hat davon keine positive Vorstellung.

Man möge sich folgendes klarmachen: Wenn der Mensch ein Objekt wahrgenommen hat, bleibt die positive Kenntnis von diesem Objekt in ihm, auch wenn das Objekt sich dann seinem Erleben (sentimento) entzieht.

Gleiches gilt für die Objekte des Verlangens. Damit dieses Verlangen im menschlichen Herzen wirksam werden kann, muß zuvor eine positive Kenntnis des Objekts aufgetreten sein. Allerdings „überlebt" das Verlangen dann die positive Kenntnis des Objekts. Es geschieht lediglich dies: Die positive Kenntnis des Objekts wird schwächer oder verliert sich ganz in der allgemeinen Vorstellung von einem großen Gut. Dadurch verliert auch das Verlangen in gewisser Weise seine Grenzen, ohne jedoch seine Intensität zu verlieren: Der Mensch verlangt, er verlangt maß-los, und dennoch könnte er nicht mit Bestimmtheit das Objekt benennen, nach dem er verlangt. Das Verlangen oder eher noch: die ‚Zu-Neigung' (affettuosità) der Seele bleibt tätig. Die Kapazität des Herzens ist offen – wie ein großer Abgrund, den man vergeblich zu schließen versucht, indem man verschiedene Materialien hineinwirft. Um ein Bild zu gebrauchen: Man weiß nicht, wer der Held sein soll, der den Abgrund schließt, indem er sich hineinstürzt.

Wenn diese Kapazität ohne bestimmtes Objekt bei vielen Mitgliedern des Gesellschaftskörpers „offensteht", breitet sich die Kapazität auf den ganzen Körper aus und bleibt von Generation zu Generation erhalten. Das Beispiel der maßlosen Wünsche und die Sprache genügen, um diese Kapazität weiterzugeben.

Einige Autoren haben unterschieden zwischen dem *religiösen Gefühl* (sentimento religioso), das man gleichermaßen bei allen Völkern und zu allen Zeiten beobachtet, und den verschiedenen Formen, derer sich dieses Gefühl bedient, um Religionen und kultische Akte für die Gottheit zu erzeugen.[1]

In dieser Lehre lassen sich zwei fundamentale Fehler erkennen: Der erste Fehler besteht in der falschen Annahme, daß es das religiöse Empfinden (sentimento religioso) vor den Religionen gegeben hätte und daß dieses Empfinden selbst – aus dem Bedürfnis heraus, sich mit bestimmten Formen auszudrücken – die Religionen hervorgebracht hätte. Die Psychologie erweist dagegen, daß in der menschlichen Natur selbst zwar der Keim der religiösen „Gestimmtheit" liegt, daß sich dieser Keim aber niemals entfaltet und in ein wirkliches religiöses Erleben und in ein tatsächliches Bedürfnis nach Religion verwandelt hätte, wenn die äußere, durch das Wort getätigte Mitteilung dem Menschen nicht Kenntnis vom göttlichen Sein gegeben hätte. In Übereinstimmung mit der Psychologie erweist auch die Geschichte, daß die Religion vor dem religiösen Erleben der Menschheit bestanden hat und nicht umgekehrt: Die Urreligion (prima religione) fand den menschlichen Geist von der Natur zur Religion disponiert vor. Sie entzündete also in ihm ein religiöses Gefühl, und dieses Gefühl überlebte den Untergang dieser ersten Religion, durch die in den Herzen das religiöse Gefühl erzeugt worden war.

Der zweite Fehler der besagten Lehre besteht darin, daß sie alle sogenannten Religionen von demselben Standpunkt aus betrachtet. Es wird nicht zwischen der einen, einzigen Religion und den unzähligen Formen des Aberglaubens unterschie-

---

[1] So Benjamin Costant.

Kapitel 24: Fortsetzung: Die unendliche Kapazität des Verlangens

den. Letztere sind verderbte Formen der einen Religion. Man pflegt diese verderbten Formen unpassenderweise „Religionen" zu nennen, wodurch eine lange Reihe von Trugschlüssen ausgelöst wird. Man muß statt dessen sagen: Nachdem die den Menschen mitgeteilte Religion in diesen das religiöse Gefühl erzeugt hatte, öffnete sich im menschlichen Herzen das Bedürfnis nach religiösen Formen. Angesichts der Verderbtheit der Sinne, die durch das Unwissen und die Verdunkelung des Bewußtseins in die Menschheit gekommen war, ging die Urreligion unter. Übrig blieben das religiöse Gefühl und sein Bedürfnis, andere Formen an die Stelle der Formen der Urreligion zu setzen, die untergegangen war, weil sie zu erhaben und zu rein für den materialistisch gewordenen Menschen war. An diesem Punkt begann die Tätigkeit des religiösen Gefühls: Es bediente sich der Überreste der alten Religion, vermischte sie mit weiteren Zutaten und stellte religiöse Formen her, die vollständig im Einklang mit der Entwicklungsstufe des Bewußtseins und des Herzens der Menschen waren. In diesem Punkt ist die Unterscheidung zwischen dem religiösen Gefühl und den religiösen Formen richtig, wie sie der genannte Autor trifft.[2]

Es ist also wahr, daß es immer ein religiöses Gefühl in der Menschheit gegeben hat, sofern man allerdings zugibt, daß es von der Kenntnis und der Erfahrung von Gott geweckt wurde, die den ersten Menschen mitgeteilt wurden. Wahr ist ebenfalls dies: Als die Religion unterging und das religiöse Gefühl kein Objekt mehr hatte, war es eines jener unspezifischen Bedürfnisse, einer jener unbestimmten Wünsche, deren Existenz wir in diesem Kapitel ermitteln wollen. Es ist drittens wahr, daß nicht nur das religiöse Gefühl, sondern alle diese unspezifischen, unbestimmten Wünsche eine Neigung in sich haben, sich zu vergewissern, sich festzulegen und explizite Formen anzunehmen. Und wahr ist schließlich folgendes: Wenn der Mensch tätig geworden ist, um bestimmte, festgelegte Formen und Objekte für sein vages Verlangen und sein unbestimmtes Empfinden zu finden, findet er nicht immer Formen und Objekte, die diesem Empfinden adäquat sind. Bei diesem Werk tut er lediglich das, was er zu tun weiß, was er tun kann und was er tun will. Das Ergebnis seiner Anstrengung trägt zwangsläufig den Stempel seines Unwissens und seiner Bosheit. Willentlich betrügt sich der Mensch und redet sich ein, daß ihm Formen und Objekte genügen werden, die ihm in keiner Weise genügen können. Es kommt folglich die Zeit, wo er der gefundenen Formen und Objekte müde wird, denen er seine Aufmerksamkeit zugewandt hatte. Dann öffnet er die Augen, erkennt seine Illusion und macht einen Schritt nach vorn auf der Suche nach besseren Objekten und passenderen Formen. Zehnmal, hundertmal ist der Mensch dann gezwungen, diese mit einer Art Fortschritt sukzessiv wieder zu ändern – mit einem Fortschritt, der ihn am Ende aber nicht zur Wahrheit führt. Durch diesen „Fortschritt" gelangt der Mensch vielmehr schließlich in eine Situation, in der er alle religiösen Formen und Objekte zurückstößt, weil er ihrer überdrüssig geworden ist, und sich dem Untergang in Schändlichkeit und in Gottlosigkeit überläßt. Hier ist er der wahren Religion nahe.

---

[2] [Vgl. B. CONSTANT: De la religion considerée dans sa source, ses formes et ses développement, Paris 1824–1831.]

Denn in dieser Extremsituation hört er mehr denn je den Schrei seines Herzens, das wieder einen Gott, einen wahren Gott, einen unendlichen Gott von ihm verlangt.

Und an dieser Todessschwelle hat Gott die Menschheit erwartet, die ihn verlassen hatte. Er ließ sie alle Versuche ausschöpfen, sich selbst einen Ersatz für die göttliche Natur zu geben. Und als er sah, daß sie ohne Hoffnung auf Erfolg war, daß sie in den Abgrund des Bösen gestürzt war, kam der Augenblick der Gnade: Christus kam und sprach: „Seht, das Land ist schon weiß für die Ernte."[3]

Das ist der Leitfaden für jemanden, der die Geschichte des Aberglaubens im Altertum schreiben will – die Geschichte dieses merkwürdigen Labyrinths, in dem sich die Menschheit verirrt hat – ohne Hoffnung auf Ausweg, wenn in der Stunde der Verzweiflung ER nicht gekommen wäre, der sie daraus fortreißen sollte.

---

[3] [Joh., IV, 35.]

Buch IV, Kapitel 25

Fortsetzung: Die verschiedenen Zustände des Unglücks des menschlichen Herzens lassen sich auf eine einzige Formel zurückführen

Es gibt Akte der Intelligenz, die vom freien Willen des Menschen abhängig sind. Dieser Sorte von Verstandesakten entstammen alle Handlungen des Menschen. Das Vermögen, das diesen Akten vorsteht, haben wir *praktische Vernunft* genannt.[1]

Die Beschreibung und Klassifizierung der Fehler der praktischen Vernunft bezüglich der Güter und der Übel ist also dasselbe wie die Beschreibung und Klassifizierung der Verirrungen des menschlichen Willens: Man betrachtet diese Verirrungen an ihrem Ursprung und überrascht sie sozusagen in dem Augenblick, wo sie entstehen.

Die *praktische Vernunft* beherrscht die Denkfähigkeit und die Abstraktionsfähigkeit: Beide müssen den Zwecken dieser Vernunft dienen.

Wenn die praktische Vernunft die *Denkfähigkeit* und die *Abstraktionsfähigkeit* gemäß deren natürlicher Aufgaben gebraucht, dann agieren diese beiden Fähigkeiten in Übereinstimmung und erleuchten den Menschen auf seinem Weg. Der Mensch gelangt dann zu einem Zustand der Erfüllung und Zufriedenheit und des Glücks, indem er gut handelt.

Wenn die praktische Vernunft dagegen von der *Abstraktionsfähigkeit* das verlangt, was diese ihr nicht geben kann – nämlich das, was ihr nur die *Denkfähigkeit* geben kann – dann verwechselt sie die natürlichen Objekte dieser beiden Vermögen und erzeugt dadurch Irrtum im Bewußtsein, Unordnung in den Affekten und Unglück im Leben.

Alles dies muß näher erklärt werden. Denn ausschließlich aus dem Mißbrauch der beiden genannten Fähigkeiten durch die praktische Vernunft, die deren Aufgaben vertauscht, läßt sich eine allgemeine Formel ableiten, die alle verschiedenen Unglückszustände erfaßt, denen die menschliche Seele ausgesetzt ist. Diese Un-

---

[1] Vgl. *Principii di scienza morale*, Kap. 5. Es ist unangemessen und verursacht schwere Fehler in den Moralphilosophien, wenn man die *moralische Vernunft* als *praktische Vernunft* bezeichnet. In den *Principii di scienza morale* (Kapitel 6) haben wir den unendlichen Unterschied zwischen *praktischer Vernunft* und *moralischer Vernunft* aufgezeigt. Baroli sagt in seinem umfangreichen Werk *Diritto naturale e pubblico*, „daß die praktische Vernunft die Quelle der Gesetze ist", wobei er auch darin den deutschen Autoren folgt. Wir glauben dagegen, daß man sagen muß. Die Quelle der Gesetze ist die *moralische Vernunft*. Die *praktische Vernunft* ist demnach die Quelle der *Handlungen*, mit denen der Mensch ausführt oder nicht ausführt, was ihm die Gesetze vorschreiben. Denn die intrinsische Bedeutung des Ausdrucks *praktische Vernunft* ist keine andere als die von *operative Vernunft* [ragione operativa]. [A. ROSMINI: Principii della scienza morale, in A. ROSMINI: Filosofia della morale, cit., Bd. I, S. 77 ff.]

glückszustände, die sich der Mensch selbst bereitet, beginnen allesamt, so haben wir gesagt, mit einem willentlichen Irrtum im Verstand (errore volontario nell'intelletto) – mit einem Irrtum, der die Wirkursache für Neigungen und äußere Handlungen ist.

Der Irrtum im Menschen ist nur erklärbar, wenn man eine eigene Irrtumsfähigkeit (facoltà propria dell'errore) annimmt. Diese ist ihrerseits eine Funktion der praktischen Vernunft, also des allgemeineren Vermögens.

Viele Leute, die nur an der Oberfläche bleiben, meinen, es sei leicht zu erklären, wie es dazu kommt, daß der Mensch in seinen Urteilen Fehler macht. Und doch ist dies ein ziemlich schwer zu erklärendes Faktum. Man glaubt auch, daß die Fähigkeit, die uns erkennen läßt, was wahr ist, mit der Fähigkeit identisch sei, die uns das Falsche für wahr halten läßt. Aber wer zum Kern vordringt, erkennt, daß das nicht stimmt. Die Wahrheit ist etwas von uns Unabhängiges, und daher ist es leicht, sich eine Fähigkeit vorzustellen, die sie in sich „empfängt". Aber das Falsche an sich ist nichts – es existiert nicht unabhängig von unseren Urteilen. Um also den Irrtum zu erklären, reicht die Existenz einer Fähigkeit, die ihn in sich empfängt, nicht aus. Es muß außerdem eine Fähigkeit geben, die den Irrtum erzeugt, eine Fähigkeit, die ihn schafft.[2]

Warum stört diese Irrtumsfähigkeit die Aufgaben der beiden Fähigkeiten, die wir *Denkfähigkeit* und *Abstraktionsfähigkeit* genannt haben?

Die natürliche Aufgabe der Denkfähigkeit besteht darin, für uns die *Ziele* unserer Handlungen zu „konstruieren". Diese Ziele können nichts anderes sein als der Erwerb von realen Gütern.

Die natürliche Aufgabe der Abstraktionsfähigkeit dagegen besteht darin, dem Menschen *Regeln* zu geben, die ihm als geeignete *Mittel* zum Erreichen dieser Ziele dienen sollen, wobei jede Regel eine Abstraktion ist.[3]

Im Zustand der christlichen Menschheit, in dem die Kapazität der Seele den letzten Punkt ihrer Entwicklung erreicht hat, wollen die Menschen ein höchstes Gut finden. Sie geben sich nicht mit weniger zufrieden.

Die abstrakte Idee, die mit einem solchen Gut korrespondiert, ist die Idee vom Glück. Die Eigenschaften des höchsten Guts sind Absolutheit (assolutità) und Unendlichkeit.

---

[2] Vgl. *Nuovo saggio* etc., Sek. VI, Teil IV. [A. ROSMINI: Nuovo saggio sull'origine delle idee, cit., Bd. III, S. 136 ff.]

[3] Es mag nützlich sein, wenn wir mit einigen Beispielen diese verschiedenen Aufgaben näher erklären, die wir der *Denkfähigkeit* und der *Abstraktionsfähigkeit* zuschreiben. Wenn ich ein Mittel suche, um das Wechselfieber loszuwerden, und der Arzt mir Chininsulfat verschreibt, dann kann ich diese Substanz finden, auch wenn ich sie noch nie gesehen habe, indem ich einige abstrakte Ideen anwende. Diese abstrakten Ideen sind die physikalischen Eigenschaften dieser Substanz. Wenn der Arzt mir aber nicht diese Eigenschaften des Chininsulfats beschreibt, sondern mir einfach sagt: „Fragen Sie beim Apotheker danach, der wird es Ihnen dann geben", habe ich wiederum durch diese Worte des Arztes eine abstrakte Kenntnis, die sich auf diesen Satz zurückführen läßt: „Es ist jene Substanz, die Chininsulfat heißt und die die Apotheker unter dieser Bezeichnung zu verkaufen pflegen". Die in diesem Satz enthaltenen Ideen sind lediglich Relationen von

Kapitel 25: Fortsetzung: Das Unglück des menschlichen Herzens

Wenn nun der Mensch auf der Suche nach diesem Gut irrtümlich bei einem Objekt stehenbleibt, das die beiden genannten Eigenschaften nicht besitzt, kann er sich gleichwohl das Gegenteil einreden – das heißt, er kann sich einreden, daß dieses Objekt die beiden genannten Eigenschaften hat, obwohl es sie nicht hat. Und das Vermögen, das dies tut, ist die *praktische Vernunft*, die Funktion des Irrtums, die Verstandesschöpfung (la creazione intellettiva). Indem sich der Mensch nämlich davon überzeugt, daß er in diesem bestimmten Gut das Glück finden muß, das er sucht, legt er mit dem inneren Akt der Überzeugung, den er ausführt, in dieses reale Objekt das hinein, was in Wirklichkeit nicht darin ist. Willkürlich (arbitrariamente) gibt er dem Objekt die Eigenschaften des Gutes, die er abstrakt kennt, und schafft sich auf diese Weise eine Chimäre, ein hohles Götzenbild. Er mißbraucht also die Abstraktionsfähigkeit. Denn er versucht, selbst die Eigenschaften des absoluten Gutes für sich in die Wirklichkeit zu übertragen – Eigenschaften, die die Abstraktionsfähigkeit seinem Verstand als ideelle Regeln und als nichts anderes liefert. Wenn er durch diese Form von intellektueller Einbildung die Eigenschaften in die Wirklichkeit übertragen hat, sieht er sie, wo er sie sehen will, auch wenn sie nicht da sind. Er siedelt diese Eigenschaften in den Objekten seiner Leidenschaften an, die in seinem Geist vollkommen anders werden, als sie in der Wirklichkeit sind.

Durch diese seine innere Tätigkeit hat der Mensch das *Abstrakte* auf das *Reale* übertragen. Er hat die Aufgaben der beiden Fähigkeiten vertauscht. Das ist die einfachste und allgemeinste Formel für alle Irrtümer der praktischen Vernunft bezüglich des Gutes. Diese Irrtümer bilden die Grundlage für entsprechend zahlreiche Zustände des Unglücks des Menschen. Denn, um es erneut zu sagen, die Kapazität, die nach einem realen Objekt verlangt, kann niemals von einer Chimäre zufriedengestellt werden, die der Mensch sich ausdenkt, ohne ihr eine echte und reale Existenz geben zu können. Und bei unbefriedigter Kapazität bleibt der Mensch unglücklich.

---

oder auch negative Angaben zu dem Sulfat, die mir helfen, es zu finden.
Man erkennt leicht, daß in ähnlicher Weise alle Abstrakta unserem Geist ebensoviele Regeln vorstellen, mit denen wir die Objekte der Denkfähigkeit entdecken können, die mit den Abstrakta korrespondieren. Die abstrakte Idee vom Angenehmen zum Beispiel bringt uns tatsächlich dazu, zu erkennen, welches die angenehmen Objekte sind; die Idee von der Rechtschaffenheit läßt uns die rechtschaffenen Handlungen erkennen, die Idee von der Schönheit, welches die schönen Dinge sind. Entsprechendes kann man von jeder weiteren Abstraktion sagen.

Buch IV, Kapitel 26

Beschreibung der verschiedenen Unglückszustände, in denen sich das menschliche Herz gewöhnlich befindet

Der Mensch versetzt sich durch den Mißbrauch seiner praktischen Vernunft von selbst in einen Zustand des Unglücks. Aber was verursacht einen solchen Exzeß? Wie kommt es, daß die praktische Vernunft dazu angeleitet wird, die Aufgaben der Denkfähigkeit und der Abstraktionsfähigkeit zu stören und von der Abstraktionsfähigkeit das reale Gut zu verlangen, das nur die Denkfähigkeit geben kann?

Es gibt zwei Ursachen für diese verhängnisvolle Wirkung. Eine ist sicherlich die menschliche Freiheit, die andere sind die Leidenschaften. Wenn der Mensch ihnen nachgibt, unterwerfen sie ihn der Sklaverei.

Diese Leidenschaften werden von der allgemeinen Kapazität des menschlichen Verlangens gereizt (generale capacità dell'umano desiderio).

Durch die allgemeine Kapazität begehrt der Mensch maßlos. Sein Verlangen hat kein Objekt, aber es fordert eines, denn es will um jeden Preis befriedigt werden. Auf diese gebieterische Stimme hin, auf diese Schreie des menschlichen Verlangens hin treten aus dem Herzen des Menschen alle Leidenschaften hervor und präsentieren sich eine nach der anderen, und jede antwortet: „Hier bin ich, um Dich zufrieden zu machen. Ich habe Objekte, die Deine Wünsche beruhigen können." Der Mensch erhofft, was er begehrt, und glaubt, was er erhofft. Die Dringlichkeit und die Intensität des allgemeinen Verlangens nach Glück lassen ihn auf die Versprechungen der Leidenschaft schwören, die sich ihm zuerst präsentiert, und er beginnt sofort, sie auszuprobieren. Auf der Suche nach dem Gut, das er braucht, gibt sich der Mensch dieser Tyrannis in die Hände, die ihn dann betrügt.

Wir sehen, daß die Unglückszustände – was soviel bedeutet wie: die Zustände einer *unendlichen, nicht befriedigten Kapazität* – so zahlreich wie die Leidenschaften sind, die die praktische Vernunft dazu bringen, den Fehler zu begehen, zu verlangen, daß eine unendliche Kapazität mit endlichen Objekten zufriedengestellt werde. Wir wollen diese verhängnisvollen Fehler kurz aufzählen.

Der erste Versuch, Glück zu erwerben, besteht darin, auszuprobieren, ob das Glück in der körperlichen Lust liegt.

Wenn der Mensch sich anschickt, diese Erfahrung zu machen, richtet er das sinnliche Vergnügen nicht mehr darauf, seinen Körper zu befriedigen, sondern darauf, seinen Geist zufrieden zu stellen.

Diesen Punkt muß man genau beachten: Wir sagen, daß die sinnliche Lust für den Menschen, der darin das Glück sucht, nicht nur körperlich ist, sondern daß sie aus körperlicher und geistiger Lust gemischt ist. Der Mensch sucht nicht den Nutzen des Vergnügens, sondern er hat das Vergnügen selbst zum Ziel. Er sucht darin nicht etwas Reales, sondern etwas Abstraktes, von dem er sich einbildet, daß er es

Kapitel 26: Die Unglückszustände des Herzens

dort finden kann. Es ist der rationale und personale Wille, der befriedigt zu werden verlangt. [Er kann aber nicht durch etwas Begrenztes zufriedengestellt werden, sondern nur durch jenes grenzenlose Gut, das der allgemeinen Idee vom Glück entspricht, die dem Willen als Regel dient]. Der Mensch sucht also in der körperlichen Lust etwas Unendliches, das es dort nicht geben kann und das er daher dort niemals findet. Daraus resultiert die hemmungslose Wollust, die nur dem Menschen eigen ist und die bei keinem Tier auftritt. Es ist ein Verlangen nach Wollust, das niemals befriedigt ist und das immer weiter wächst. Manch einer opfert eher sein Leben als diesem Verlangen zu widerstehen. Daraus resultieren auch die endlosen Schmeicheleien, die ewigen Betrügereien und alle Verführungskünste der körperlichen Liebe. Mit diesen permanenten Versuchen, die der Mensch unternimmt, um seine Kapazität mit Hilfe eines unangemessenen Objekts zufrieden zu stellen, reizt er diese Kapazität immer maßloser bezüglich des einzelnen, konkreten Vergnügens, das er sich vornimmt. Je mehr er daher den Genuß einer solchen Lust verspürt, um so stärker wird seine eitle Hoffnung, befriedigt zu werden, wenn es ihm gelänge, diese Lust zu steigern. Aber da diese Lust nicht soweit wachsen kann, daß sie den Menschen befriedigt – da es ausgeschlossen ist, daß eine allgemeine Begierde, wie es die geistige Begierde ist, durch partikulare Genüsse gesättigt wird – verlangt er, nachdem er die Lust ausprobiert hat, von neuem nach immer größerer Lust. Die Kapazität wird durch diese Lust niemals befriedigt, und während die Kapazität maßlos wächst, wachsen maßlos auch die Qual und das Unglück des Menschen, der sieht, daß er zum Sklaven geworden ist und daß er in seiner erwarteten Befriedigung fortwährend frustriert wird. Daher bemitleidet er sich und beklagt die ungeheure Leere seines Herzens. Schließlich erreicht er einen Zustand permanenter Wut und unerklärlicher Heftigkeit, der erschütternder als jede schwere Verrücktheit ist. Daher kommt es auch, daß die Verweichlichung sich mit der Grausamkeit paart: Liederliche Väter, Gatten, Söhne sind von dumpfer Wut und Gleichgültigkeit erfüllt. In vergoldeten, sinnenbetörenden Zimmern und unter weichen Decken werden Tyrannen in Purpur zum unstillbaren Durst nach Blut herangezogen. Ein Mensch, der eine große Leere im Herzen hat, wird unruhig, irrsinnig, furchtbar. Und wenn er mehr Macht als seine Mitmenschen hat, scheint für die finstere Gier einer solchen Bestie das Blutbad der Welt ein geringes Mahl.

Mit Hilfe der von ihm entworfenen Idee vom Reichtum unternimmt der Mensch ein weiteres Experiment, um sein Glück in den äußeren Gütern zu finden.

Die Lust kann dem Menschen nicht die Überzeugung verschaffen, seine Natur habe sich ausgeweitet. Sie kann ihm nur schmeichelnd versprechen, ihn durch körperliche Freuden zufrieden zu machen. Das Gegenteil ist bei den materiellen Gütern des Reichtums der Fall. Da sie eine dauerhafte Existenz haben, können sie im Menschen leicht die Vorstellung von Größe erzeugen. Der Mensch kann zu der Überzeugung gelangen, größer geworden zu sein, wenn er viel Besitz mit sich vereint sieht. Die praktische Vernunft kann sich also bezüglich des Besitzes der äußeren Dinge doppelt täuschen. Sie beginnt zu hoffen, *Größe*[1] im Besitz von Reichtum fin-

---

[1] [Ital. „grandezza", in der engl. Übersetzung „status", op. cit., S. 369.]

den zu können, wenn dieser als eine Art Erweiterung der eigenen Existenz betrachtet wird. Hier haben wir eine abstrakte Idee, die in ein materielles, endliches Objekt hineingelegt wird.

Zweitens hofft die Vernunft, durch den Reichtum die freie Verfügung über die Annehmlichkeiten zu erhalten, denn es scheint, als garantiere der Reichtum dem Menschen die Erfüllung jeden Wunsches und als ließe er den Menschen – in der Hoffnung auf die Annehmlichkeiten und in deren Gesichertheit – alle diese Annehmlichkeiten auf einmal genießen.

Dadurch entsteht eine doppelte, abstoßende Habgier: jene Habgier, deren Ziel Geld ist, als sei Geld das, was den Menschen groß macht; und jene Habgier, die im Geld das Mittel sieht, um Annehmlichkeiten und Vergnügungen zu erhalten, auch wenn sich ein solcher Mensch niemals dazu entschließt, das Geld für diese Dinge auszugeben, aus ständiger Angst, keines mehr zu haben. Mehr noch als der tatsächliche Genuß der Freuden gefällt ihm ein Zustand, in dem er *sicher* ist [wie er meint], die Freuden genießen zu können, wenn er wollte. In keinem der beiden Fälle gibt der Mensch das Geld aus: im ersten Fall aus Prinzip nicht, im zweiten Fall nicht, weil er sich permanent täuscht, denn er schiebt den durchaus geschätzten Genuß auf, um stets darüber verfügen zu können.

Aber tatsächlich ist es unmöglich, daß der Mensch seine *Größe* oder die vollkommene *Beherrschung* der Freuden im Reichtum findet. Er kann also auch in der Anhäufung der Schätze nicht die Erfüllung und Zufriedenheit und das Glück finden, die er sucht. Die durch die Bereicherung gereizte Kapazität seines Herzens wächst: Es schreibt die Tatsache, daß es sich dadurch nicht zufrieden fühlt, ausschließlich der noch geringen Menge des besessenen und erworbenen Reichtums zu. Es jagt also dem Reichtum mit größerer Gier nach, und je größer die Gier wird, desto mehr wird sie „eine Wölfin, die in ihrer Magerkeit mit jeder Gier trächtig ist".[2] Was Wunder also, daß mit dem Wachstum des Reichtums in den Geizigen auch der Wunsch und die Bedürftigkeit danach wachsen: Sie sehen, daß sie viel haben, und deshalb wächst in ihnen die Zuversicht, daß sie jener idealen Größe und Sicherheit näherkommen müßten, nach der sie trachten, wenn sie noch mehr Reichtum hätten. Diese Kapazität wächst in ihrer Intensität auch nicht arithmetisch, sondern geometrisch wie alle anderen Kapazitäten. Denn das, was der Mensch hinzubekommt, reizt die frühere Kapazität stets noch mehr. Dies bedeutet, daß sich die Kapazität im Menschen sehr schnell ausweitet und verschärft, so daß sie zuletzt die Menschen blind macht. Sie verkaufen für Geld alles: die Ruhe, die Gesundheit, die Scham, das Blut, die eigene Seele. Dieses Faktum des menschlichen Herzens verwundert nicht. Verwundern muß vielmehr die Tatsache, daß der Geist einiger Ökonomen derart irre ist, daß sie uns lehren, auch die Tugend zu verkaufen, damit die Nationen reicher werden, und daß sie das Laster ermutigen, wenn anderenfalls für den Staat eine Vermögensminderung entstünde!

Auf diese Weise nimmt die unendliche, unbestimmte Kapazität die äußere Form einer bodenlosen Habgier an, die ebenso drängend und weitgespannt ist wie

---

[2] [DANTE ALIGHIERI: La divina comedia, Inferno, I, 49–50.]

Kapitel 26: Die Unglückszustände des Herzens

die Kapazität, die durch sie dargestellt und ausgedrückt wird. Ausgehend von dieser Illusion sucht der Mensch in einer Anhäufung materiellen Reichtums die abstrakte Idee von Größe, die seinen rationalen Willen befriedigen soll. Diese Illusion ist Allgemeingut und sogar Staatsmaxime geworden. Sie hat den Nationen jenen unruhigen Wunsch nach Gewinn und Zins beschert, der ein klares Symptom ihres Unglücks ist.

Ich habe bereits gesagt, daß sich in der Gier nach künstlichem Reichtum mehr Intelligenz erkennen läßt als in der sinnlichen Lust.[3]

In der sinnlichen Lust herrscht der *Geist der Sinne* unmittelbarer, aber er herrscht doch auch in der Habgier. Wenn man sagt, daß in einer bestimmten Handlung Intelligenz auftritt, so ist damit nicht gesagt, daß dort der *Geist der Intelligenz* vorherrscht. Der Geist der Intelligenz herrscht in unseren Handlungen nur dann vor, wenn wir zu unseren Handlungen von einem Objekt der *Denkfähigkeit* angeregt werden, das heißt von einem realen Objekt und nicht von einem eingebildeten Objekt. Solange wir die Lust oder das Gold nicht als die Objekte wollen, die sie sind, sondern als die Objekte, die sie in unserer Einbildung sind, werden wir immer vom Geist der Sinne getrogen, der uns dazu überredet, einem materiellen Objekt soviel Liebe zu schenken, daß wir es durch eine Einbildung in den Rang eines geistigen Objekts erheben.

Das dritte Objekt, mit dem sich die *unendliche Kapazität* des menschlichen Herzens konkret festzulegen versucht, ist die Macht. Die unbestimmte Kapazität tritt dann als *Machtgier* auf.

In der Wirklichkeit ist Herrschaft immer ein konkretes, begrenztes Objekt. Aber die praktische Vernunft, die sich auch hier auf beklagenswerte Weise Illusionen macht, sucht darin zwei Dinge, die sich beide nicht finden lassen, nämlich grenzenlose *Macht*, zu der die abstrakte Idee von Macht sie führt, oder ebenfalls grenzenlose *Sicherheit* der Güter, also eine *allgemeine Sicherheit*, nicht die reale Sicherheit, die trügerisch ist und die sich auf dieses oder jenes Gut beschränkt.

Im ersten Fall ist *Macht* das *Ziel*; im zweiten Fall ist sie das *Mittel*, aber ein Mittel, das wie das Ziel geschätzt und geliebt wird.

Man muß nun sehen, daß das chimärenhafte Gebäude, das sich der Mensch mit seiner intellektuellen Einbildungskraft schafft, immer komplexer wird und sich immer mehr erweitert.

Die um ihrer selbst willen begehrte Macht (potenza) ist lediglich ein Betrug, durch den sich der Mensch einredet, daß seine reale Größe in der Macht besteht, mit

---

[3] Aristoteles' Feststellung, daß die *Habgier* im eigentlichen Wortsinn mit der Erfindung des Geldes in die Welt gekommen sei, scheint mir wahr und philosophisch. „Der Reichtum, der von dieser Art des Gewinns abhängt", fügt er hinzu, „ist *unendlich*. Denn [...] jede Kunst sucht ihr Ziel ohne irgendeine Grenze, [...] und nur die Mittel erfahren vom Ziel her eine Begrenzung. [...] Diese Kunst, Geld zu machen, hat kein Ziel. Der Reichtum und diese Art, Geld zu machen, sind vielmehr selbst das Ziel". (*De' governi*, Buch I, Kap. 6). Die moralische Wirkung der Erfindung und des Gebrauchs des Geldes hatte vor Aristoteles schon Lykurg erkannt, der den Gebrauch des Gold- und Silbergeldes verbot. [ARISTOTELIS Politika, Buch I, Kap. 3, § 17, 1257 b, in: ARISTOTELIS Opera omnia, cit., Bd. I, S. 491.]

der er sich viele Mitmenschen unterwirft. Daraus resultiert der Ehrgeiz, soviel Macht wie möglich zu bekommen und sich so viele Menschen wie möglich zu unterwerfen. Wenn diese besondere Kapazität freigesetzt ist, wird sie durch sich selbst immer weiter gereizt wie die beiden anderen Kapazitäten zur Lust und zum Reichtum. Der gute Instinkt der noch unverdorbenen Natur lehrt die einfachen Völker das, was die Skyten zu Alexander sagten: „Du sollst wissen, daß wir niemandem dienen können und niemanden beherrschen wollen."[4] Aber wenn die Gier nach Herrschaft zugleich mit Hoffnungen und Erfolgen das Herz eines Volkes erfaßt hat, dann macht sie es schneller hungrig als die beiden von uns zuvor beschriebenen Kapazitäten. Die Geschichte der Eroberer zeigt, wie schnell eine solche Kapazität den Menschen hemmungslos macht. Der Mensch verleugnet sogar das Menschsein, um sich selbst göttliche Ehren zu übertragen. Aber derselbe Mensch läuft täglich Gefahr, in der Wollust oder im Wein zu ertrinken oder zum allgemeinen Spott durch den Stahl oder das Gift schändlich umzukommen.

Wenn die hemmungslose Macht nicht an sich, sondern als Mittel zum Reichtum und zur Lust begehrt wird, dann wird das chimärenhafte Gebäude noch größer.

Die Menschen wollen die Macht nicht in einem bestimmten Umfang, sondern Macht überhaupt, was soviel bedeutet wie: grenzenlose Macht, zu der die abstrakte Idee von Macht hinführt. Aber warum will man dieses abstrake Idee von Macht verwirklichen? Um etwas anderes, ebenfalls Abstraktes zu erhalten und zu verwirklichen: den Reichtum. Erneut: Wozu dieser grenzenlose Wunsch nach [abstrakt verstandenem] Reichtum? Damit er seinerseits Mittel für etwas ebenfalls Chimärenhaftes wird: für die Lust; nicht für eine bestimmte, festgelegte Lust, wie die beiden ersten, sondern für die vom Verstand ausgedachte Lust, die niemals vollständig real sein kann.

Das ist das schönes Gebäude auf drei Pfeilern! Das ist die Kette der Irrtümer, die der Mensch dreifach um sich wickelt. Er hält seine abstrakten Ideen für reale Wesen und ordnet sie hintereinander, was bedeutet, daß er sich permanent abmüht, eine unmögliche Chimäre mit Hilfe einer anderen, gleichfalls unmöglichen Chimäre zu erlangen, die er durch eine dritte, ebenfalls unmögliche Chimäre erlangen will.

Wenn sich allerdings die unbestimmte Kapazität auf das Objekt „Macht", als reine Macht verstanden, festgelegt hat, wird diesem Ziel alles geopfert.

Wenn die Macht als Mittel zum Erhalt und zur Sicherung des Reichtums verstanden wird, dann wird der Macht alles außer dem Reichtum geopfert. Selbst der Reichtum könnte – aufgrund eines eigenartigen, aber nicht seltenen Widerspruchs – geopfert werden, wenn man eher die *Macht* begehrt, *Reichtum zu erlangen*, als den effektiven Reichtum. So wie mancher Mensch die Lust dem Gold opfert, weil er es vorzieht, stets über die Macht zu verfügen, die Lust genießen zu können, statt sie tatsächlich zu genießen. Ist die Gier nach Reichtum allein vorhanden, opfert sie sich alles übrige. Wenn sie aber die Lust zu ihrem Ziel macht, opfert sie alles außer eben der Lust. Da nun auch die Lust, sofern sie von einer allgemeinen Idee vorgegeben

---

[4] Quint. Curt., Buch VII. [Q. CURTI RUFI Historiae Alexandri Magni Macedonis, Buch VII, Kap. 8, 34, Leipzig 1908, S. 238.]

Kapitel 26: Die Unglückszustände des Herzens

wird, unbestimmt ist, ist es stets so, daß das Ziel des menschlichen Herzens, das sich durch die Macht zufrieden zu stellen versucht, unerreichbar bleibt. Die *Kapazität* das Herzens erweitert sich lediglich immer schneller – gerade durch die Steigerung der Güter und durch die Anstrengungen, mit denen sie befriedigt werden soll. Die Geschichte der besonders ruhmreichen Völker beweist, wie sehr die Kapazität zur Macht dank der unnützen Anstrengungen, sie zu befriedigen, gereizt werden kann. Als die Römer nicht mehr imstande waren, ihre Eroberungen in dem Maß zu vergrößern, in dem ihre Kapazität zur Herrschaft wuchs und gereizt wurde, wurden sie gieriger als je zuvor nach dem Anblick von Arenen, die mit Menschenblut getränkt waren. Ein Nero und ein Caligula sind Phänomene, die sich sehr leicht erklären lassen, wenn man bedenkt, daß die Kapazität, die durch die unermeßliche *Quantität* an Untertanen gierig, blind und grenzenlos geworden war, nunmehr in der *Qualität* der Unterwerfung – im Gefühl, Herrin über das menschliche Blut zu sein – ihre Befriedigung suchen mußte. Dies stellte sie wiederum nicht etwa zufrieden, sondern machte sie nur noch wilder und gieriger nach Macht.

Das vierte Gut, in dem das unbestimmte Verlangen nach Glück seine konkrete Bestimmung sucht, ist der *Ruhm*.

Damit drückt sich die menschliche Kapazität in einer neuen Form aus: in dem Wunsch, den eigenen Namen hochberühmt werden zu lassen.

Auch der Ruhm kann als ein Ziel betrachtet werden, in dem der Mensch sein Glück ansiedelt, oder als ein Mittel zur Erlangung der Macht, des Reichtums oder der Lust.

Außerdem ist die Liebe zum Ruhm entweder gänzlich unbestimmt, oder sie hat ein Objekt, auf das sie sich bezieht.

Wenn der Mensch im Ruhm das Glück sucht, ohne daß dieser Ruhm auf ein weiteres Objekt bezogen wird und einem anderen Ziel dient, ist das Ziel illusorisch und gemein.

Und dennoch hat man Tugend als die „Liebe zum Ruhm" definiert.[5] Schwärmerische junge Leute neigen zu dieser Illusion. Sie entflammen bei diesem Ruf. Wenn man das Ansehen als solches zum Ziel macht, ohne Anbindung an ein Objekt, werden ihm alle Dinge geopfert. Der Mensch, der an den Dianatempel von Ephesus Feuer gelegt hat, ist diesem Prinzip gefolgt. Jeder berühmte Räuber rechtfertigt sich damit, und jeder Erzgauner prahlt zu Recht damit.

Wenn der Wunsch, bekannt zu sein, allein auf den *Ruf* abzielt, handelt es sich noch nicht um *Ruhm*. Wenn der Wunsch auf einen mit dem Lob verbundenen Ruf abzielt, spricht man von Ruhm.

Das Verlangen, bekannt zu sein, ist abstrakter und unbestimmter als der Wunsch, dadurch berühmt zu sein, daß andere einen loben. Daher ist dieses erste Verlangen auch verhängnisvoller. Es stellt die großen Verbrechen den großen Tugenden gleich und sucht stets das, was Aufsehen erregt, und nicht das, was gerecht und wohltätig ist.

---

[5] Alfieri *Del principe e delle lettere*. [V. ALFIERI: Del principe e delle lettere, in V. ALFIERI: Opere, Asti 1951, Bd. III, S. 146–147 und S. 189.]

Die zweite Begehrlichkeit zielt auf das Lob ab und hat damit ein Objekt, das aber nicht fest und real ist, sondern veränderlich wie die Launen der Menschen. Je nach Verderbtheit der Menschen wird etwas erst gepriesen und dann wieder herabgesetzt. Wo man zunächst darum gestritten hat, wer für militärische Unternehmungen am meisten gelobt werden sollte, streitet man sich später darum, wem die Ehre gebührt, der Erfinder der *paté de fois gras* zu sein.

Menschen, die lediglich gelobt werden wollen, sind gegenüber Lastern und Tugenden gleichgültig. Für sie ist es dasselbe, ob ihr Magen gepriesen wird, weil er viele Maß Wein verträgt, oder ihre Mäßigung;[6] ob die Größe ihrer Ländereien oder ihre Armut über die Maßen gepriesen wird; ob man ihre rachsüchtige Macht oder ihre Milde rühmt. Wenn das, was sie anfangs suchten, bei den Menschen keine Anerkennung mehr findet, geben sie es großmütig auf – sozusagen als Nachfahren des Sesostris: Wenn es stimmt, was berichtet wird, kehrte dieser ja nach Ägypten zurück, nachdem er die Völker bis jenseits des Ganges und bis zur Donau erobert hatte, und gab sie alle auf, weil er schon durch den reinen Ruhm der Eroberung befriedigt war.[7]

Wenn der Mensch nicht jedes beliebige Lob ersehnt, sondern das Lob, das aus einer bestimmten Quelle stammt, bleibt gleichwohl zu prüfen, ob sein Objekt genau bestimmt und real ist oder ob es noch abstrakt und chimärenhaft ist.

Der Mensch kann den Ruhm, den er sucht, auf die vier chimärenhaften Objekte beziehen: auf die Lust, auf den Reichtum, auf die Macht und auf die Wissenschaft.

Wenn der Mensch den Ruhm auf die Lust bezieht, entsteht *Eitelkeit*. Wenn er ihn auf den Reichtum bezieht, entstehen *Luxus* und *Prunk*. Wenn er ihn auf die Macht bezieht, entsteht *Ehrgeiz*. Wenn er ihn auf die Wissenschaft bezieht, entsteht *Überheblichkeit*.

So wie allein der Mensch, im Unterschied zum Tier, die körperliche Lust in ein geistiges Objekt verwandelt – das heißt in ein Mittel, um die allgemeine Kapazität seines Geistes zu befriedigen – so ist auch die *Eitelkeit* ausschließlich dem Menschen eigen. Es wäre nicht möglich, stolz auf die körperlichen Freuden zu sein, wenn man davon nicht die abstrakte Idee ableiten und ihr einen realen Gehalt geben würde. Daher empfinden es Frauen und Schönlinge als reizvoll für ihre Selbstliebe, wenn sie bei anderen Lust, Liebe, Begehren und Hoffnung oder zumindest die Überzeugung wecken können, daß sie willens sind, Liebenswürdigkeiten und Seelenschmerz auszuteilen. Das wäre unmöglich, wenn sie die Sinne der anderen nicht ständig entzückten, indem sie ihnen eine Art Kostprobe leichtfertiger Wonnen geben, damit die anderen nach den intimeren Wonnen gierig forschen und darüber nachdenken. Nun sind die Sinne so beschaffen, daß sie – aufgrund eines Gesetzes der körperlichen Konstitution – ihres Objekts müde werden. Der Körper wird schlaff, er kann dieselbe Spannung nicht lange aushalten. Daher kommen das Bedürfnis, ständig Erfin-

---

[6] In dem Brief, mit dem der junge Cyrus die Spartaner auffordern wollte, ihm zu helfen, seinem Bruder Artaxerxes das Reich wegzunehmen, nannte er unter anderen Gründen diesen: Er selbst könne mehr Wein trinken und ihn besser vertragen als sein Bruder.

[7] Herodot, Buch I und Diodor Sic., Buch I. [HERODOT, op. cit., Buch II, Kapitel 105–106, Bd. I, S. 179–180; DIODOR, op. cit., Buch I, Kap. 55, 65, Bd. I, S. 96.]

Kapitel 26: Die Unglückszustände des Herzens

dungsgeist und Betriebsamkeit zu ändern, und der unaufhörliche Wandel der Moden und all dieser winzigen Elemente, die den guten Ton des Augenblicks ausmachen – wobei die Geschwindigkeit dieses Wandels ein unfehlbares Maß für die *Eitelkeit* liefert, die es in den Nationen gibt. Diese Begierde ist zwar leichtfertig und sozusagen oberflächlich, aber sie ist deswegen nicht weniger unendlich. Sie steht also niemals still, weil die Eitelkeit der Person diese abstrakte Idee von Lust, die sie sich vorstellt, niemals „absorbieren" kann. Und je mehr sich diese Kapazität wie alle anderen Kapazitäten ausweitet, desto unruhiger und hektischer macht sie den Menschen, das zu erlangen, was er nicht erlangen kann: die volle Befriedigung. Die leichtfertige Gesellschaft gerät schließlich in eine solch aufreizende Unruhe, daß sie Sinn und Verstand verliert und daß sich ihre Vorstellungen verfälschen und sie von hohlen und lächerlichen Fehlurteilen erfüllt wird, die die geistige Phantasmagorie dieser „eleganten Welt" bilden und antreiben.

Mit der Mode verbrüdern sich Luxus und Prunk, die der Mensch weniger aus Lust zu lieben scheint als wegen der Zurschaustellung von Reichtum oder von Macht, die vom Reichtum dargestellt wird. Ebensowenig wie die anderen Leidenschaften hat die Leidenschaft für den Prunk festgelegte Grenzen, und sie macht den Menschen ebensowenig zufrieden, selbst wenn er ein Gelage zum Preis eines Königreiches verspeisen könnte. Der Grund ist stets derselbe: Der Mensch sucht im *Prunk* etwas anderes als den Prunk.

So verhält es sich ebenfalls mit dem *Ehrgeiz*, durch den man den Ruhm der Macht begehrt. Im Geiste des Menschen, der diesen Ruhm ersehnt, hat der Ruhm keine Grenzen – er kann keine Grenzen haben und kann daher nie abschließend erworben werden.

Auch die Berühmtheit durch literarisches Schaffen hat kein festumrissenes Objekt, wenn sie sich darauf beschränkt, allgemein einen Namen als „Literat" oder „Gelehrter" haben zu wollen. Autoren, die diesem Ruhm nachjagen, schmeicheln den Lastern dieser Welt, und ihre Schriften sind von der ganzen Verderbtheit geprägt, von der diese befleckt ist. Denn ihrer Eitelkeit opfern sie Tugend und Religion und was es an Rechtschaffenem und Nützlichem in der Welt gibt. Sie korrumpieren den guten Geschmack in der Literatur und in der Kunst und sind für deren Dekadenz verantwortlich. Aber deswegen sind diese gemeinen Menschen nicht zufriedener. Sie werden vielmehr unruhiger, neidischer, streitsüchtiger und begieriger nach diesem Ruf, dessen sie um so mehr bedürfen, je mehr sie glauben, ihn erreicht zu haben.[8]

---

[8] „Jeder Künstler", schreibt Rousseau im Zusammenhang mit der Eitelkeit der Literaten, „will Beifall bekommen. Das Lob seiner Zeitgenossen ist der wertvollste Teil seines Lohns. Was tut er also, um das Lob zu bekommen, wenn er das Mißgeschick hat, in einem Volk und in Zeiten geboren zu sein, in der die à la mode-Gelehrten eine leichtfertige Jugend zu denjenigen gemacht haben, die den Ton in der Gesellschaft angeben? Wenn die Menschen ihren guten Geschmack den Tyrannen ihrer Freiheit geopfert haben? Wenn eines der beiden Geschlechter ausgezeichnete Stücke dramatischer Poesie fallen läßt und Wunderwerke an Harmonie zurückweist, weil es lediglich das gutzuheißen wagt, was der Kleinmütigkeit des anderen Geschlechts entspricht? Was wird er tun, meine Herren? Er wird sein Genie auf das Niveau seiner Zeit senken, er wird es vorziehen,

Es gibt also sechs Formen von Ruhm, die Ziel unseres Verlangens sein können: die am weitesten gefaßte Form [das bloße Erwähntwerden durch die Menschen], die am engsten gefaßte Form [das bloße Lob] und die vier genannten Formen, deren Objekte die Lust, der Reichtum, die Macht und die Wissenschaft sind. Die Suche nach all diesen Formen von Ruhm ist illusorisch und erfolglos, weil sie kein konkret bestimmtes Objekt hat und weil der Ruhm nicht in einem festumrissenen Umfang, sondern grenzenlos angestrebt wird.

Schließlich kann man den Ruhm der Tugend ersehnen, ohne die Tugend zu lieben. Das ist *Heuchelei*, die man als siebte Form den genannten sechs Formen hinzufügen muß.[9]

Jede dieser sieben Formen des Ruhms wird entweder je für sich oder als Mittel zur Lust, zum Reichtum oder zur Macht angestrebt.

Es ist bekannt, daß Helvetius den literarischen Ruhm in dem Wunsch ersehnte, dem schönen Geschlecht zu gefallen. Käufliche Menschen ersehnen gewöhnlich die Berühmtheit in ihrem Fach aus Liebe zum materiellen Gewinn. Andere begehren den Ruf, „tüchtig" oder „tapfer" zu sein, in dem Wunsch, in der Gesellschaft Autorität und Macht zu erlangen.[10]

Der fünfte, vergebliche Versuch des Menschen auf der Suche nach seinem ausgedachten Glück (ideata felicità) besteht darin, es in der *Wissenschaft* zu suchen.

Wenn sich die unbestimmte Kapazität des menschlichen Herzens auf diese Weise festzulegen versucht, nimmt sie die Form eines Verlangens nach Wissen an – ohne irgendeine Auswahl bei den Dingen, die man wissen will. Dieses Verlangen kann man *Neugierde* nennen.

Auch das Wissen kann man um seiner selbst willen ersehnen oder als Instrument, um ein anderes Gut zu erlangen.

Betrachtet man das Wissen an sich, kann der Mensch darin zwei Güter finden: eine *Lust* im Vollzug der Betrachtung der Wahrheiten, die er kennt; und einen *Reichtum* des Geistes, wenn der Mensch darüber nachdenkt, daß er die Wahrheiten be-

---

durchschnittliche Werke zu schaffen, die zu seinen Lebzeiten bewundert werden, statt wunderbare Werke, die erst lange nach seinem Tod bewundert würden. Erzähl uns, berühmter Arouet (Voltaire), wie Ihr männliche und starke Schönheit unserer trügerischen Zartheit geopfert habt und wie der in kleinen Dingen so fruchtbare Geist der Galanterie Euch die großen Dinge gekostet hat." (*Discours à l'Académie de Dijon*). – Je stärker der Geist der Sinne dominiert, desto mehr wünscht der Ruhmsuchende den sofortigen, unmittelbaren Ruhm und desto weniger Seelenstärke besitzt er, um einen weiter entfernten, aber dauerhaften Ruhm zu schätzen. Der Geist der Sinne, so hatten wir ja gesagt, läßt Raum und Zeit verschwinden. [J. J. ROUSSEAU: Discours sur les Sciences et les Arts, cit., in DERS.: Oeuvres complètes, cit., Bd. III, S. 21.]

[9] Der Ruhm einer unechten Tugend läßt sich auf eine dieser sechs Formen zurückführen, denn die Tugend ist unecht, wenn sie in der Kunst besteht, eines der vier genannten Güter zu erwerben.

[10] Einen Ruhm zu ersehnen, der das eigene Verdienst übersteigt, ist eine Ungerechtigkeit, die zu jener Gier gehört, die den Ruhm um seiner selbst willen, ohne ein weiteres Ziel, begehrt.

Kapitel 26: Die Unglückszustände des Herzens

sitzt wie einen an einem versteckten Ort aufbewahrten Schatz, den er nach Belieben hervorholen kann, um ihn mit Wohlgefallen zu betrachten und zu genießen.

Im einen wie im anderen Fall kann sich die Liebe zum Wissen auf Kenntnisse richten, die nicht real und bestimmt sind, sondern unbestimmt und unerschöpflich. Wenn ich nicht jenes Wohlgefallen gewinnen will, das ich aus der Betrachtung der gesammelten Kenntnisse oder aus dem Bewußtsein, sie zu besitzen, wirklich gewinnen kann, sondern wenn ich jenes grenzenlose Wohlgefallen will, das das Glück vollständig erfüllen soll, das ich mir darin zu finden vornehme, dann setze ich in mir eine neue Kapazität frei, die niemals erfüllt ist. Dann haben die Betrachtung der gesammelten Kenntnisse und das Bemühen, neue Kenntnisse zu sammeln, weder Ziel noch Ordnung. Dadurch wird der Gelehrte über die Maßen gereizt und reizbar, verachtet von seiner Studierstube aus, in deren ungesunder Luft er runzelig und alt geworden ist, hochmütig seine Mitmenschen und verleugnet sie und zugleich auch den gesunden Menschenverstand.

Die Wissensgier (cupidità di scienza) wird unersättlich, und sie wird zur Quelle zunehmenden Unglücks – sei es, weil wir durch sie das Wohlgefallen allgemein suchen, sei es, weil wir die Anhäufung eines geistigen Reichtums wollen. Die Gier nach Wissen wird ebenfalls unersättlich, wenn wir durch sie die körperliche Lust oder den Reichtum oder die Macht oder den Ruhm suchen, sofern wir diese Dinge auf ideelle Weise begreifen, das heißt grenzenlos. Wenn das Ziel keinen konkret bestimmten Umfang hat, kann auch das Mittel – gleichgültig, wie sehr es wächst – niemals ein angemessenes und befriedigendes Maß erreichen.

Buch IV, Kapitel 27

Fortsetzung: Grundlinien einer topographischen Karte des menschlichen Herzens

Wir haben die wichtigsten Zustände des Unglücks genannt, in denen sich die menschliche Seele befinden kann.

Wir haben erkannt: Das *Glück* des Herzens besteht in der befriedigten Kapazität zu einem absoluten Gut, das *Unglück* besteht in den unerfüllten und unerfüllbaren Kapazitäten (capacità inesplebili). Daher war die Aufzählung der Zustände, in denen der Mensch unglücklich ist, nichts anderes – und sie konnte nichts anderes sein – als die Aufzählung jener Begehrlichkeiten, durch die der Mensch hofft, das Unendliche im Endlichen zu finden – das heißt, dasjenige möglich zu machen, was auf intrinsische Weise unmöglich ist.

Die Weite des menschlichen Herzens offenbart sich am besten, wenn man sich die unzähligen verschiedenen Zustände klarmacht, in denen es sich befinden kann.

Diese Zustände sind unermeßlich vielfältig, insbesondere wenn es sich um Zustände des Unglücks handelt.

Der Zustand des Glücks hat etwas einzigartiges und absolutes, wenngleich auch er unendlich variabel ist hinsichtlich des Ausmaßes des Entzückens, das mit ihm verbunden ist, und hinsichtlich der verschiedenen Wandlungen, die sich im Ausmaß dieses Entzückens finden lassen. Es sei mir gestattet, diese Feststellung hier ohne Beweis zu treffen und sie der Betrachtung der Leser zu überlassen,[1] um statt dessen zu einigen weiteren Überlegungen über das, was ich gesagt habe, zu kommen. Es sind Überlegungen, die von unmittelbarerem Interesse für die Frage nach dem Ziel der Gesellschaft und nach den philosophischen Einsichten sind, die sich eine weise Regierung vornehmen muß, um die Gesellschaft zu diesem Ziel hinzuführen.

Jede Regierung muß die Topographie des regierten Landes vor Augen haben. Genauso notwendig und wichtig ist es, daß sie – man möge mir diesen Ausdruck gestatten – eine topographische Karte des menschlichen Herzens besitzt.

Das menschliche Herz ist ein genauso ausgedehntes Gebiet wie ein Reich; aber es ist schwieriger, es zu bereisen, und es ist noch schwieriger, es zu vermessen.

Hier handelt es sich aber nicht um eine Spezialkarte, sondern um eine Generalkarte. Also könnte man die ersten Linien ziehen, um darauf bestimmte Gebiete zu beschreiben und bestimmte Grenzen einzuzeichnen, indem man eben die verschiedenen erfüllten und unerfüllten Kapazitäten aufzeigt, die sich im Innern des Herzens befinden können. Es sei uns gestattet, in einer Zusammenfassung dessen, was wir im vorigen Kapitel gesagt haben, nur die illusorischen Kapazitäten (capacità illusorie) aufzuzählen, denen das menschliche Herz unterliegt, sowie die unglaub-

---

[1] Allerdings haben wir zuvor den ersten Teil unserer Aussage erklärt, das heißt, wir haben erklärt, warum im Glück des Herzens das *Ausmaß* des Entzückens variieren kann.

Kapitel 27: Eine topographische Karte des menschlichen Herzens 523

liche Vielfalt der unterschiedlichen Zustände des Unglücks, die von diesen Kapazitäten gebildet werden, die unterschiedlich zusammentreffen.

Das Ergebnis ist das folgende: Es gibt einhundertachtundzwanzig Irrtümer der *praktischen Vernunft* in Bezug auf das Glück und ebenso viele Formen von *illusorischen Kapazitäten*, die im menschlichen Herzen immer größer und gereizter werden, bis sie es zu dem Zustand führen, denn man als den Zustand des *moralischen Irrsinns* bezeichnen kann.

In der *körperlichen Lust* liegt eine unerfüllbare Kapazität, wenn man die Lust überhaupt und nicht eine bestimmte, reale Lust sucht.

Reichtum hat zwei unerfüllbare Kapazitäten, da man entweder allgemein den Reichtum oder den Reichtum um der Lust im allgemeinen willen sucht.

In der *Macht* gibt es vier unerfüllbare Kapazitäten, da man entweder allgemein Macht an sich sucht oder aber um der Lust willen oder für den Reichtum, der seinerseits, wie gesagt, ein unbestimmtes Objekt darstellt, sowohl, wenn man ihn an sich sucht, als auch, wenn man ihn als Mittel haben will, um die Lust überhaupt zu erlangen.

Im *Ruhm* lassen sich sechsundfünfzig von ihrer Natur her unerfüllbare Kapazitäten differenzieren. Denn wir haben sieben Formen von Ruhm unterschieden, von denen jede je für sich erstrebt werden kann oder als Mittel zur Erlangung der physischen Lust, von der es nur eine abstrakte Vorstellung gibt, oder zur Erlangung von Reichtum, der zwei abstrakte Vorstellungen ermöglicht, oder zur Erlangung von Macht, welche vier abstrakte Vorstellungen zuläßt, also vier Formen, sich unserem Verlangen als abstrakte und chimärenhafte Objekte zu präsentieren.

In der *Wissenschaft* schließlich lassen sich fünfundsechzig Kapazitäten aufzählen, allesamt unerfüllbar, die sich im Menschen maßlos ausweiten und niemals erfüllt werden können. Es sind: eine Kapazität, wenn man in der Wissenschaft die Lust überhaupt sucht; eine weitere, wenn man darin einen unbestimmten Reichtum des Geistes sucht. Man kann die Wissenschaft, verstanden als Reichtum des Geistes, als solche anstreben oder als Mittel zur Lust oder zur Macht oder zum Reichtum oder zum Ruhm. Wir haben gesehen, daß die Lust auf eine Art den Zugang zum Irrtum des Verstandes und zur Verirrung des Herzens öffnet, der Reichtum auf zwei Arten, die Macht auf vier, der Ruhm auf sechsundfünfzig Arten, welche alle entsprechend viele illusorische, unbestimmte Ziele konstituieren, denen die Wissenschaft als Mittel dienen kann.

Zählt man alle diese unerfüllbaren, auf je spezifische Weise verschiedenen Kapazitäten zusammen, beläuft sich ihre Zahl auf einhundertachtundzwanzig.

Damit ist nun das weitläufige Labyrinth umrissen, in dem das Herz der Menschen beständig umherläuft und sich verirrt.

Aber um all die verwickelten Windungen dieses immensen Labyrinths zu kennen, ist das, was wir bisher gesagt haben, noch gar nichts. Es sei uns gestattet, weitere Überlegungen hinzuzufügen, damit man die unendliche Komplexität der gewundenen Verzweigungen dieses Labyrinths besser versteht.

Zunächst muß man diesen einhundertachtundzwanzig unerfüllbaren Kapazitäten, die entsprechend viele Unglückszustände bilden, jene Kapazität hinzufügen, die sie alle in sich zusammenfaßt. Diese Kapazität erwächst aus Enttäuschung und Müdigkeit. Enttäuschung und Müdigkeit werden durch all die anderen Kapazitäten in solchen Nationen erzeugt, die schon entwickelt und entkräftet oder, wie man zu sagen pflegt, im Zivilisationsprozeß überaltert sind (decrepite nell'incivilimento).

Bei allen Irrtümern bezüglich des Glücks fällt der Mensch stets ein anmaßendes Urteil, mit dem er überstürzt behauptet – ohne Erfahrung, ohne Vernunft, allein, weil er es so will – daß jenes Gut, das sich ihm zeigt und das ihn reizt, eben das Objekt des gesuchten Glücks sein muß. Die tiefe Wurzel für dieses anmaßende Urteil ist nicht nur das Bedürfnis, nicht unglücklich zu sein, sondern mehr noch die hochmütige Hoffnung, selbst das Objekt auswählen zu können, das glücklich machen soll. Der Mensch will nicht nur das Glück, er will das Glück gerade in dem Objekt, das er willkürlich auswählt, als ob er der Schöpfer dessen wäre, was ihn glücklich machen muß. Diese hochmütige Anmaßung des menschlichen Herzens ist der verborgene Keim seiner Übel – der Keim, der am schwersten zu entdecken und ans Licht zu bringen ist. Erschöpft und gelangweilt vom Mißbrauch der äußeren Dinge, gelangt der Mensch bisweilen dahin, seine Täuschung zu erkennen. Und gleichwohl geschieht es, daß er sich, anstatt zur Wahrheit zurückzukehren, einer neuen Täuschung hingibt, indem er sich zuletzt einredet, daß das Glück nicht in dieser oder jener Sache liegt, sondern in einer permanenten Unruhe, in einer ständigen Veränderung. Dann sagt er sich in einem todtraurigen Trugschluß (sofisma), daß in der Bewegung das Leben und in der Ruhe der Tod liegt. Er sagt sich, daß es kein wahres, reales Glück gibt, sondern daß es vom Glück nur eine kurze Illusion gibt, der man ohne Unterlaß nachjagen muß, und daß man, wenn eine Illusion verschwindet, einer neuen nachjagen muß, um auf diese Weise eine permanente Täuschung und Unruhe beizubehalten. Wenn der Mensch an diesem Punkt angekommen ist, ist er vom Irrtum zu einer echten moralischen Demenz gelangt. Er hat allen Dingen entsagt, aber er hat nicht auf sich selbst verzichtet. Er glaubt, daß nichts ihn glücklich machen kann, er glaubt, sich durch den bloßen Akt seines Willens glücklich machen zu können, und er glaubt, an das eigene Glück glauben zu können, von dem er weiß, daß es nichts ist. Unglücklicher Verrückter! Er kann sich weder selbst vollständig täuschen, noch kann er sich ständig täuschen, noch kann er sich derart täuschen, daß er im Irrtum Ruhe fände, noch will er die Wahrheit erkennen. Man hielte diesen letzten Zustand des menschlichen Herzens für unmöglich, wenn die Erfahrung nicht bewiese, daß es ihn in vielen Menschen gibt, und wenn man nicht sähe, daß diese Prinzipien, die von manchen als die Quintessenz der Ethik verkündet werden,[2] sogar in der Politik befolgt werden.

---

[2] Vgl. *Saggio sulla speranza*, eingefügt in Band XXX der Sammlung *Apologetica*; und *Storia comparativa de' sistemi morali*, Kap. 4, Art. IV. [A. ROSMINI: Della speranza. Saggio sopra alcuni errori di Ugo Foscolo (Von der Hoffnung. Essay über einige Irrtümer Ugo Foscolos), in DERS.: Apologetica, cit., S. 19–114; DERS.: Storia comparativa e critica de' sistemi intorno al principio della morale, in DERS.: Filosofia della morale, cit., Bd. I, S. 170 ff.]

Kapitel 27: Eine topographische Karte des menschlichen Herzens

In all diesen einhundertneunundzwanzig Illusionen vom Glück ist die innere Überzeugung des Menschen enthalten, sich selbst glücklich machen zu können. In allen Illusionen bis auf die letzte Illusion sucht der Mensch Hilfsmittel, die ihm bei dem Werk helfen sollen, sich glücklich zu machen. Nur in dieser letzten Illusion will er alles selbst machen, weil er von der Ohmacht der anderen Dinge, nicht aber von seiner eigenen Ohmacht überzeugt ist. In diesem Empfinden steckt Lüge, steckt diabolische Größe.

Es gibt also einhundertneunundzwanzig Illusionen der praktischen Vernunft; jede von ihnen stellt einen Weg zum Unglück des Menschen dar.

Man muß hierbei bedenken, daß der eine Weg einen anderen Weg nicht ausschließt und daß auch – angesichts der Widersprüche, denen der Mensch als Sklave des Irrtums unterliegt – der letzte Weg die vorangehenden Wege nicht ausschließt.

Daher können in einem einzigen Herzen zwei dieser Begehrlichkeiten und drei und vier und mehr gleichzeitig auftreten, bis zu der genannten Zahl. Die Zahl der Unglückszustände, in denen sich die menschliche Seele befinden kann, entspricht also der Zahl der Kombinationen dieser einhundertneunundzwanzig Illusionen. Diese Kombinationen und die verschiedenen Zustände belaufen sich auf eine so große Zahl, daß sie jede Vorstellungskraft übersteigt. Diese ganze Buchseite würde kaum ausreichen, um diese eine Zahl anzugeben, selbst wenn sie vollständig mit arabischen Zahlen beschrieben wäre.

Die Verschiedenartigkeit der menschlichen Seelen ist also unglaublich viel größer als die Verschiedenartigkeit der Gesichter.

Und dennoch reicht dies nicht aus, um die ungeheure Vielfalt der Unglückszustände der Herzen aufzuzeigen. Diese maßlose Zahl von Unglückszuständen enthält nur die auf je spezifische Weise unterschiedlichen Zustände, in denen sich das Herz des Menschen befinden kann, denn auf je spezifische Weise unterscheiden sich die unerfüllbaren Kapazitäten, die ihnen zugrundeliegen. Aber jede dieser unerfüllbaren Kapazitäten, die im menschlichen Herzen freigesetzt werden, variiert auch je nach Intensitätsgrad, den sie erreichen kann. Jede von ihnen kann sich stärker oder weniger stark entfalten, stärker oder weniger stark gereizt werden. Diese Grade an Irritation und Entfaltung bilden eine Abfolge, die keine Grenze kennt – es sei denn vielleicht in der begrenzten Leidensfähigkeit (intolleranza) des Menschen, der seinen Schmerz nicht mehr ertragen kann und verzweifelt.

So zahlreich sind die Unglückszustände, in denen sich der Mensch im hiesigen Leben befinden kann – und von den glücklichen Zuständen haben wir noch gar nicht gesprochen!

Wer erkennt nun nicht, wie weit und vielfältig sich die Gebiete des Herzens ausdehnen? Und was für eine schwierige, was für eine unendliche Arbeit es ist, seine topographische Karte, wie wir es genannt haben, zu zeichnen!

Buch IV, Kapitel 28

Die Rangfolge der unerfüllbaren Kapazitäten des Herzens

Die unendliche Anzahl an Ausprägungen, die das Unglück des Menschen annimmt, läßt sich in einer Art Rangfolge klassifizieren, und zwar in derselben Weise, wie die Abstraktionen im menschlichen Geist klassifiziert werden, die die Grundlage dieser verschiedenen Formen des Unglücks sind, von dem wir hier sprechen.

Die Abstraktionen sind mehr oder weniger allgemein. Die Illusionen über das Glück stützen sich folglich einmal auf eine allgemeinere Abstraktion, einmal auf eine weniger allgemeine Abstraktion.

Die allgemeinste abstrakte Idee ist in unserem Fall die Idee vom *Glück*. Aber diese Idee hat eine unendliche Anzahl weiterer abstrakter Ideen unter sich, die immer konkreter bestimmt werden, bis sie mit der bestimmten Idee (idea determinata) enden, mit der die realen Objekte korrespondieren. Daher könnten die einzelnen, realen Objekte vom Menschen nicht als Objekte verstanden werden, die mit seiner allgemeinen Idee vom Glück korrespondieren, wenn der Mensch nicht als Vermittler die engergefaßten, speziellen Ideen von etwas Gutem einsetzen würde, denen diese Objekte unmittelbarer entsprechen. Ich will dies erklären. Immer wenn wir fälschlich ein reales Objekt für das Objekt halten, das unserem Glück entspricht, begehen wir einen Irrtum. Analysiert man diesen Irrtum, erkennt man, daß darin verschiedene weitere Irrtümer enthalten sind. Der Irrtum besteht darin, daß wir ein Objekt für das Objekt unseres Glücks halten, das kein solches Objekt ist. Zu diesem Irrtum gelangen wir nur unter der Bedingung, daß wir die verschiedenen abstrakten, speziellen Ideen von den Gütern miteinander vertauscht und die engergefaßten Ideen an die Stelle der weiteren Ideen gesetzt haben, bis hin zu ihrer Vertauschung mit der allgemeinen Idee vom Glück (idea di felicità generica). Um meinen Gedanken noch klarer zu machen, will ich mich so ausdrücken:

Jede abstrakte Idee ist eine Regel, die uns leitet, das reale Objekt zu erkennen, das ihr entspricht.

Dies ereignet sich unfehlbar immer dann, wenn die abstrakte Idee und die positive Vorstellung von dem realen Objekt uns beide gegenwärtig sind und wir sie miteinander vergleichen. Aber wenn die positive Vorstellung von dem realen Objekt unserem Verstand entzogen wird, können wir nicht mehr mit Bestimmtheit sagen, welches eigentlich das von der abstrakten Idee bezeichnete Objekt ist, denn diese abstrakte Idee entspricht keiner unserer positiven Vorstellungen mehr vollkommen und bleibt in unserem Verstand als ein leeres Schema zurück, als unbestimmtes Wissen. Was geschieht aber zwangsläufig, wenn das reale Objekt, das der abstrakten Idee entspricht, trotzdem für uns höchst interessant oder notwendig ist – wie in dem Fall, wo es sich um unser Glück handelt? [Den Fall der Auffindung des realen Objekts lassen wir einmal beiseite.] Wir verwechseln dann die abstrakte allgemeine Idee – zum Beispiel das Abstraktum „Glück" – mit all den speziellen abstrakten Vorstel-

Kapitel 28: Die Rangfolge der Kapazitäten des Herzens

lungen, die diesem Abstraktum untergeordnet sind oder die einen Teil von ihm bilden, zum Beispiel mit der abstrakten Idee von Lust [erste Kategorie von Irrtümern]. Und wir halten alle realen Objekte, von denen wir wissen, daß sie in irgendeiner Weise diesen speziellen Abstrakta entsprechen, auch für Objekte der abstrakten allgemeinen Vorstellung [zweite Kategorie von Irrtümern].

So geschieht es tatsächlich bei den Illusionen von den falschen Glücksformen, die wir beschrieben haben.

Wenn wir unser Verlangen nach Glück mit dem angemessenen und wahren Objekt in Beziehung setzen, das dieses Verlangen erfüllt und zufriedenstellt, wird das Verlangen von der Einheit (unità) dieses Objekts bestimmt. Aber wenn sich dieses Verlangen nach Glück und diese Idee vom Glück von ihrem eigentlichen Objekt trennen, bleiben sie für uns unbestimmt und leer. So kommt es dann, daß unser Herz etwas will, aber nicht recht weiß, was es will. Es stellt sich also das Glück, das es will, auf allgemeine und unbestimmte Weise vor. In dem Wunsch, ihm wenigstens irgendeine Bestimmtheit zu geben, verwechselt das Herz das Glück mit anderen, ebenfalls abstrakten, aber weniger unbestimmten Ideen.

Dabei handelt es sich um spezielle Ideen, die mit der allgemeineren Idee vom Glück eine Art Ähnlichkeit aufweisen und ihre Elemente sein können. Kommen wir unmittelbar zur Anwendung.

Das absolute Gut, das der abstrakten und vollkommen unbestimmten Idee vom Glück entspricht, hat fünf Merkmale und Bestandteile. Diese fünf Bestandteile lassen sich durch die abstrakten Ideen oder Vorstellungen erkennen, die diesen Merkmalen entsprechen. Und diese abstrakten Ideen oder Vorstellungen sind eben diejenigen, die der Mensch mit dem *allgemeinen Abstraktum von Glück* vertauscht und verwechselt.

Das erste Merkmal und Element des Glücks ist, daß Glück ein sich *tatsächlich vollziehender Genuß* (attuale godimento) sein muß.

Der Mensch erkennt folglich eine Ähnlichkeit mit dem Glück in der sinnlichen Lust. Er bildet sich sogleich die abstrakte Idee von der Lust und vertauscht diese spezielle abstrakte Idee mit der allgemeinen abstrakten Idee vom Glück. Dann glaubt er, daß das Objekt der speziellen abstrakten Idee von Lust das Objekt der abstrakten Idee vom Glück sei, und so entsteht die erste Kategorie von Illusionen.

Das zweite Merkmal und Element des Glücks ist, daß der Genuß für den Menschen vom *Besitz eines Objekts* herkommt, das von ihm selbst verschieden sein soll. Denn der Mensch ist von Natur aus imstande und begierig danach, weitere Dinge zu besitzen, um die eigene Begrenztheit zu kompensieren.

Im materiellen Reichtum und in jeder Art von Eigentum erkennt der Mensch ein Besitzobjekt und mithin eine Ähnlichkeit zwischen Reichtum und Glück. Er bildet sich die spezielle abstrakte Idee von Reichtum und verwechselt sie wiederum mit der allgemeinen abstrakten Idee vom Glück. Er hofft, daß das, was der Idee vom *Reichtum* entspricht, also der reale Reichtum, auch der Idee vom Glück entspricht. Auf diese Weise entsteht die zweite Kategorie von Illusionen.

Das dritte Merkmal und Element des Glücks ist, daß das Objekt des Glücks *unsere Natur vergrößern soll*, wenn wir es besitzen.

Der Mensch glaubt nun, diese Wirkung in der *Macht* zu finden. Ihretwegen redet sich der einzelne ein, größer als die anderen Menschen zu sein. Aufgrund dieser Ähnlichkeit der Idee von Macht mit der Idee von Glück wird das spezielle Abstraktum der *Macht* für das allgemeine Abstraktum des Glücks gehalten und das Objekt der Macht für das Objekt des Glücks an sich. Daraus entsteht die dritte Kategorie von Illusionen.

Das vierte Merkmal und Element des Glücks ist, daß sich die Lust, das besessene Objekt und die eigene Größe *in der geistigen Sphäre des Menschen verwirklichen*.[1]

Für diese geistige Sphäre hat der Besitz der Wissenschaft eine große Ähnlichkeit mit dem Glück. So kommt es, daß der Mensch sich einbildet, daß sein Glück in der Wissenschaft überhaupt besteht, weil er das Abstraktum der *Wissenschaft* für das Abstraktum des Glücks hält und die Objekte des Glücks mit den Objekten verwechselt, die mit der Idee vom Wissen korrespondieren. So entsteht die vierte Kategorie von Illusionen.

Das fünfte Merkmal und Element des Glücks ist schließlich, daß der Mensch *sich selbst als glücklich betrachtet* oder betrachten und bezeichnen kann, wenn er über sich selbst nachdenkt. Dieses Merkmal besteht also darin, daß er sich dieses seines Zustandes bewußt ist, und zwar gewiß und intensiv bewußt ist. Dieses Bewußtsein soll ihm entweder von einem unfehlbaren Zeugen oder zumindest von der größtmöglichen Zahl von Zeugen bestätigt werden. Der Mensch sehnt sich außerdem danach, daß diese Bestätigungen seines großartigen, glücklichen Zustands, wenn schon nicht ewig anhalten, so doch möglichst oft und mit der größten Wirksamkeit und mit Nachdruck wiederholt werden sollen, damit er sich von seiner eigenen Größe nachhaltig überzeugen und sie intensiv wahrnehmen kann.

Und dafür sorgt der *Ruhm*. Der Ruhm führt dem Menschen seine eigene Größe intensiv vor Augen, und er verschafft ihm außerdem ein geheimes Wohlgefallen, so daß er den Eindruck hat, durch seinen Ruhm über die Menschen zu triumphieren, die ihn für groß halten und rühmen. Der Mensch sieht also eine Ähnlichkeit zwischen dem Ruhm und dem Glück. Zuerst verwechselt er das Abstraktum „Ruhm" mit der abstrakten Idee vom Glück, dann glaubt er, die Verwirklichung des Ruhmes bei den Menschen sei mit der Verwirklichung seines Glückes identisch. Daraus ergibt sich die fünfte Kategorie von Illusionen.

Dies sind also die fünf speziellen abstrakten Vorstellungen, die über allen anderen stehen und die mit der allgemeinsten abstrakten Idee vom Glück verwechselt werden.

Nun habe ich gesagt, daß diese fünf speziellen Abstrakta in der Rangfolge unter dem allgemeinen Abstraktum „Glück" stehen. Unter diesen fünf speziellen abstrakten Ideen gruppieren sich weitere, geringere Abstrakta, die aufzuzählen ein

---

[1] Wir haben ja bereits gezeigt, daß der Mensch nur mittels eines Verstandesaktes erfüllt und zufriedengestellt wird; vgl. vorher Kap. 3.

Kapitel 28: Die Rangfolge der Kapazitäten des Herzens

endloses Unterfangen wäre. Sie bilden eine Rangfolge von Ideen, deren unterste Stufe die Gattung der Ideen von den realen Objekten ist.[2] Dieser gesamten Rangfolge von Ideen entspricht eine Rangfolge von möglichen Irrtümern und Illusionen bezüglich des Glücks, wenn die praktische Vernunft des Menschen die einzelnen Stufen dieser Rangfolge miteinander vertauscht und das reale Objekt nimmt, das sich ganz unten befindet, und es sozusagen Stufe für Stufe hochträgt bis zur Spitze, die von der ganz und gar abstrakten Idee vom Glück besetzt ist.

---

[2] Beispielsweise sind die Eßlust und die Lust der körperlichen Liebe geringere Abstrakta unterhalb des Abstraktums der sinnlichen Lust. Nehmen wir an, für einen Menschen beschränkt sich alle Lust aufs Essen. Dann verwechselt er diese speziellere Lust mit der Idee von sinnlicher Lust im allgemeinen und hält die Objekte der einen für die Objekte der anderen.

Buch IV, Kapitel 29

Die politischen Schäden, die durch die unerfüllten Seelenkapazitäten entstehen

Wir haben die unerfüllbaren Kapazitäten aufgezählt und die Raserei gesehen, zu der sie gereizt werden können. Nun müssen wir noch näher betrachten, welch schwere, irreparable Schäden die unerfüllbaren Kapazitäten der Seele in der menschlichen Gesellschaft anrichten.

Erstens heben sie regelrecht das Ziel der Gesellschaft auf, das nichts anderes als die Zufriedenstellung des Herzens ist.[1]

Es gibt also nichts, was der Weisheit der bürgerlichen Regierung so sehr entgegengesetzt ist wie dies: jene von uns aufgezählten Zustände von Unruhe und Unglück in den Regierten zu provozieren und zu vertiefen. Und es gibt nichts, was der Weisheit der bürgerlichen Regierung so sehr entspricht wie dies: Gelegenheiten von der Gesellschaft fernzuhalten, durch die die Kapazitäten der Gesellschaftsmitglieder unnütz freigesetzt und nicht erfüllt werden. Die Weisheit der Regierung muß vielmehr mit aller Macht für die Bedingungen von Erfüllung und Zufriedenheit sorgen. Das Urübel der unbefriedigten Kapazitäten verletzt das Leben der Gesellschaft als solches, weil es das Ziel unmöglich macht, für das die Gesellschaft geschaffen wurde. Darüber hinaus entstehen durch die unbefriedigten Kapazitäten der Mitglieder auf indirekte Weise weitere öffentliche Übel (pubblici mali). Es sind in der Hauptsache folgende:

1. Menschen, die von unerfüllbaren Kapazitäten zerrissen sind, urteilen zwangsläufig falsch über Glück und Unglück anderer.

Solche falschen Urteile sind um so schädlicher für die Gesellschaft, je mehr Einfluß die Menschen in ihr haben, die solche Urteile fällen.

Es gibt zwei führende falsche Urteile über das Glück oder das Unglück der anderen:

Das erste besteht in dem Urteil, das manche Leute fällen, daß alles Gut – alles, was die Menschen dem Zustand des Glücks näherbringen kann – in den *Objekten* ihrer eigenen Kapazitäten bestehen soll. Diese Leute messen also das öffentliche Glück anhand der Zahl der Objekte, die ihrer eigenen Kapazität entsprechen, zum Beispiel anhand des Umfangs an Annehmlichkeiten, an Reichtum und so weiter.

Das zweite falsche Urteil besteht darin, zu erklären, daß alles Übel in dem Fehlen eben dieser Objekte ihrer eigenen Kapazität besteht, weshalb in den Augen solcher Leute die Nation um so glücklicher ist, je weniger die Sinne beeinträchtigt sind, je weniger sie leiden, je weniger Armut es gibt und so weiter.

Wenn daher beispielsweise das Verlangen nach Lust oder auch das Verlangen nach Geltung vorherrscht, besonders aber, wenn die letzte Gier vorherrscht – die Gier nach der Bewegung an sich – entsteht alsbald ein merkwürdiges Fehlurteil (pre-

---

[1] Vgl. vorher Kapitel 1.

Kapitel 29: Politische Schäden 531

giudizio). Fast alle Menschen sind dann der Auffassung, daß das öffentliche Glück durch Instabilität der Formen und durch die Beschleunigung entsteht und wächst, die auf alle gesellschaftlichen Bewegungen ausgeübt wird. Denn scheinbar verleihen sie dem Geist zusätzlich Kraft und Leben. Unter solchen Bedingungen können noch so viele ernste, tugendhafte Menschen versichern, daß sie mit ihrem bescheidenen und, wie man dann sagt, „strengen" Lebensstil zufrieden sind – man wird ihnen nicht mehr glauben. Man bezeichnet sie vielmehr entweder als Heuchler, oder man beklagt zumindest, daß sie unvernünftig sind, und man findet ihre Nichtsnutzigkeit und Hartnäckigkeit abstoßend. Gleichzeitig kann es geschehen, daß ein Staatsmann sich dann für besonders wohltätig hält, wenn er verbietet, daß Menschen mit einem einfachen, rechtschaffenen Leben zufrieden sind.

Und dennoch wird sich dieser große Staatsmann – dessen hochfeine Sensibilität die heitere, maßvolle Seele der Bürger, die er regiert, als Zumutung empfindet – bisweilen als unglücklich bezeichnen, und er wird selbst oftmals die Leere des Herzens spüren, die zu füllen er sich vergeblich vorgaukelt, indem er die Nahrung für jene Begierden immer stärker vermehrt, die diese Leere in ihm verursachen.

2. Wenn es viele Menschen gibt, die aufgrund der in ihnen freigesetzten unerfüllbaren Kapazitäten keinen Frieden haben, wird dadurch die natürliche Bewegung der Gesellschaft gestört (moto naturale della società).

Hierbei lassen sich die Geschwindigkeit der gesellschaftlichen Bewegung und die Hindernisse beobachten, auf die die Gesellschaft in ihrer Bewegung trifft.

Die *Geschwindigkeit* resultiert aus dem ersehnten Objekt, von dem die Gesellschaft angezogen ist, oder aus dem verhaßten Objekt, von dem sie abgestoßen ist.

Die einhundertachtundzwanzig Begehrlichkeiten erzeugen die Bewegung des erstgenannten Typs [Bewegung auf ein Ziel hin], weil sie ein imaginäres Objekt haben, durch das sie angezogen werden.

Die letzte Begehrlichkeit verursacht die Bewegung des zweiten Typs [Bewegung von einem Ziel weg]: Durch sie versucht der Mensch zu flüchten, hat aber kein Objekt, dem er sich annähern kann.

Nun muß das rechte Maß der Geschwindigkeit der gesellschaftlichen Bewegung einzig und allein von der Vernunft bestimmt werden. Sie muß vorschreiben, daß die Bewegung mal schneller, mal weniger schnell sein soll – je nach den Umständen und der Einschätzung der Wirkungen in Beziehung zum Gesamtnutzen. Demgegenüber stürmen die unvernünftigen Leidenschaften auf ihr Ziel los und beschleunigen unbedacht das Maß an Bewegung, das die ruhige Vernunft für passend hält. Man kann daher mit Gewißheit konstatieren: 'Der Grad an Gesamtunglück (infelicità totale) ist die Ursache für die Beschleunigung aller Bewegungen der Gesellschaft.'

Eine Maschine gerät durcheinander und fällt auseinander, wenn man ihre verschiedenen Bewegungen stärker beschleunigt, als ihre Beschaffenheit und ihre Konstruktion erfordern. Genauso verhält es sich mit der sozialen Ordnung: Sie gerät in Gefahr, wenn die unglücksvolle Unruhe der Seelen alles in große Aufregung versetzt.

Während die anderen Begehrlichkeiten die verschiedenen Teile der Gesellschaftsmaschine (macchina sociale) in zu schnelle und mithin fatale Bewegung versetzen, bewirkt die letzte Begehrlichkeit unmittelbar die radikale Störung dieser Bewegung.

Hindernisse sind bei schneller Bewegung die wirksamste und unmittelbarste Ursache dafür, daß die Gesellschaft in Unordnung gerät.

Es gibt zwei Sorten von Hindernissen, die sich den aufgewühlten Seelen entgegenstellen.

Zu der einen Sorte gehören Hindernisse, die sich aus der wesenhaften Unmöglichkeit der Zufriedenstellung ergeben: Sie macht den Menschen habituell unglücklich und versetzt ihn *in einen permanenten Zustand der Wut*, die um so heftiger ist, je stärker die leere Kapazität, die den Menschen elend sein läßt, erweitert und gereizt worden ist.

Zur anderen Sorte gehören Hindernisse, die sich aus der Unmöglichkeit ergeben, die Objekte der Kapazitäten in dem Maß zu vermehren, in dem sich die Kapazitäten selbst ausweiten. Daraus resultiert ein ständig wachsendes Bedürfnis nach diesen Objekten, was zwangsläufig dazu führt, daß die Menschen schließlich auf Neuheiten, Merkwürdigkeiten, Barbarei, Extravaganz und frenetische Unternehmungen verfallen. Unter diesem Aspekt sind die Worte des Sophisten Rousseau nicht ganz unwahr, der kurz vor der Französischen Revolution schrieb:

> „Lassen wir ruhig zu, daß die Wissenschaften und die Künste die Wildheit der Menschen, die durch sie korrumpiert worden sind, besänftigen; versuchen wir, eine weise Ablenkung für ihre Leidenschaften zu schaffen und sie zu ändern. Geben wir diesen Tigern Nahrung, damit sie nicht unsere Kinder verschlingen."[2]

Wie es dann ja geschah ....

Auch die Wissenschaften und Künste wurden in der zweiten Hälfte des vorigen Jahrhunderts von frenetischen und krampfhaften Bewegungen geschüttelt, und es gab keine andere Zeit, die derjenigen der griechischen Sophisten so sehr ähnelte. Die Literatur nahm diese Färbung an, und sie war schwarz und blutig: Sie sprach von nichts anderem als von Unglück und Verbrechen.[3]

---

[2] Rousseau, *Réponse au roi de Pologne*, etc. am Schluß. [J. J. ROUSSEAU: Sur la Réponse qui a été faite à son Discours, in: Oeuvres complètes, cit., Bd. III, S. 56.]

[3] Man könnte Foscolo und Alfieri in Italien, Byron in England und Goethe in Deutschland als Vertreter dieser Literatur bezeichnen. Letzterer sagt über sich: „Auch in dem glücklichsten Zustand geschieht es, daß der Mangel an Taten, verbunden mit dem lebhaften Wunsch, zu handeln, uns in das erschütternde Bedürfnis stürzt, zu sterben, uns zu vernichten. Wir verlangen vom Leben viel mehr, als es uns geben kann, und da unsere Tat nicht von Dauer sein und die unendliche Gier unseres Gefühls nicht befriedigen kann, wollen wir ein Leben von uns abwerfen, das dem launenhaften Hochmut unserer Vorstellungen nicht entspricht. Ich weiß wohl, welche Pein mich solche Gedanken gekostet haben. Ich weiß wohl, welche Anstrengung es mich gekostet hat, mich ihrer Herrschaft zu entziehen. Die Wirkung meines *Werther* hat mir gezeigt, daß diese Ideen, obwohl wirr, nicht nur meine eigenen waren.

Alles in meinem Leben schien mir monoton. Ein Opfer des Überdrusses, unempfänglich für die Liebe, vernahm ich die sanfte Stimme der Natur nicht mehr, die uns ruft, damit

Kapitel 29: Politische Schäden

Wie kann eine Gesellschaft Ruhe und Frieden haben, für die die Bewegung, die reine Bewegung, zum höchsten Bedürfnis geworden ist? Dieses Bedürfnis ist eine jener verborgenen Ursachen, die bestimmte soziale Revolutionen (revoluzioni sociali) erklären, die ansonsten ein Geheimnis blieben.[4]

3. Der wesenhaft unglückliche Zustand von Menschen, in denen die unerfüllbaren Kapazitäten herrschen, produziert die verhängnisvollsten Theorien über Recht und Politik.

Ein von Leidenschaften erfüllter Mensch besitzt zwei besondere Merkmale: eine *unbestimmte Hoffnung*, die darin besteht, daß er sich einbildet, die eigene Erfüllung und Zufriedenheit mit abwegigen Mitteln schaffen zu können, und eine *permanente Wut*, weil er sich in seinen Anstrengungen getrogen sieht. Trotzdem wird er nicht müde, diese Anstrengung ständig mit noch größerer Vehemenz zu wiederholen.

---

wir uns an ihrem wunderbaren Wechsel erfreuen. Im Bann düsterer Phantasien dachte ich lange über die Mittel nach, mit denen der Mensch sein Leben beenden kann. Ich besaß eine reiche Sammlung alter Waffen, darunter einen wohlgeschliffenen Dolch. Mehr als einmal richtete ich ihn auf meine Brust. Es fehlte mir die Kraft, ihn hineinzusenken, und ich erkannte, daß die Todessehnsucht in mir nur der Wahn einer dumpfen Lustlosigkeit war. Ich lachte darüber und war von da an geheilt. Aber deswegen verließ mich dieses Gefühl von unheilbarem Überdruß doch nicht. Ich empfand das Bedürfnis nach einem dichterischen Werk, um darin meine betrübten Gedanken zum Ausdruck zu bringen. In jener Zeit verbreitete sich die Nachricht vom Selbstmord des jungen Jerusalem. Mit einem Schlag hatte ich den *Werther* entworfen, in einem Augenblick hatte ich ihn niedergeschrieben, und die Fratzen, die meine Jugend beunruhigt hatten, nahmen in diesem Buch lebendige Wirklichkeit an, wodurch sich meine Heilung vollendete."
Zu dieser Passage des deutschen Dichters schreibt der Autor des *Saggio di letteratura tedesca*, veröffentlicht im *Raccoglitore* (1837), folgende kluge Bemerkung: „Wenn der Autor uns hier, und noch stärker im *Werther*, authentisch den schrecklichen Überdruß an der modernen Gesellschaft darstellt, den Kontrast zwischen maßlosen inneren Taten und gefesselter Monotonie der äußeren Welt, die eingebildeten Leiden, die Freude am Schmerz, die schon Rousseau dargestellt hatte und nach ihm Byron und eine weinerliche und – wenn mir dieser neumodische Ausdruck gestattet ist – *spleenige* Schule, so scheint mir, daß man in einem Dichter, der nur für die eigene Befreiung schreibt, ohne an die Wirkung zu denken, die er erzielt, ein weiteres Merkmal unserer Epoche erkennt, nämlich den Egoismus – ein Merkmal, das auch Goethe besaß." [J. W. VON GOETHE: Dichtung und Wahrheit, Teil III, Buch XIII.]

[4] Man hat den Sturz des erstgeborenen Zweigs der Bourbonen damit begründet, daß er es nicht verstanden hätte, dem Handlungsdrang der Franzosen geeignete Nahrung zu geben, so daß dieser gegenstandslose Handlungsdrang sich schließlich gegen das Staatsoberhaupt kehrte (vgl. die kleine Schrift von M. Conny, *De l'avenir de la France*). Geht man etwas weiter zurück, müßte man sagen, daß die Bourbonen es nicht verstanden haben, der ungeordneten Entfaltung dieses sogenannten „Handlungsdrangs der Franzosen" vorzubeugen und die öffentlichen Angelegenheiten auf die Erfüllung und Zufriedenheit der Seelen hinzulenken. Sie haben statt dessen an der Ausweitung der Herzenskapazitäten mitgewirkt, die wir „unendlich", „unerfüllbar" genannt haben und die dafür sorgen, daß die Gesellschaft und die Menschheit überhaupt in Krämpfen stirbt. [F. DE CONNY: De l'avenir de la France, Paris 1832, S. 105 ff.)

Das erste Merkmal erzeugt eine grenzenlose Anmaßung, die zu der Überzeugung führt, dem Menschen – und besonders der Regierung – sei alles möglich. Daher schreibt man der Regierung alle Übel zu, die der Gesellschaft zustoßen.

Das zweite Merkmal erzeugt eine hohe Ungeduld, Härte und Feindseligkeit gegenüber allen anderen Menschen.

Daraus ergeben sich

1. die Neigung, jedes Prinzip der Billigkeit mit der Behauptung zu zerstören, alles sei auf das absolute Recht (sommo diritto) gegründet;

2. die Neigung, sich ein vorgebliches Recht zu konstruieren – ausschließlich zum Nutzen der eigenen Interessen und Leidenschaften. Man ist nicht bereit, von diesem Recht einen Hauch abzutreten, sondern heftet es an die Säbelspitze und schreibt es auf die Kanonen.

Daraus folgt

3. die Neigung, zu glauben, daß die Regierung mit diesem Gesetzbuch in der Hand zum Nutzen der Mehrheit oder zum Gemeinnutzen (utilità comune) alles tun könne, was sie wolle.

Das sind die Quellen eines öffentlichen Rechts, wie es sich in Zeiten ausbreitet, in denen die unerfüllbaren Begierden in den Herzen freigesetzt und gereizt sind.

Vergebens redet sich manch einer ein, daß die monarchische Staatsform durch solche Laster nicht gefährdet sei, weil ihre Grundlage die Ehre ist, wie rühmend hervorgehoben wird. Was nützt aber die Monarchie, wenn die Gesellschaft ihr Ziel nicht erreicht? Was ist die Monarchie ohne Glück wert? Und selbst wenn es stimmt, daß die monarchische Verfassung nicht direkt durch das Übermaß an Ehrgeizlingen, Geizhälsen, Lüstlingen und so weiter gefährdet wäre, wie wollte sie den drei genannten Übeln entkommen, die unausweichlich aus den Veranlagungen des Geistes erwachsen? Und ist nicht die Ehre selbst, diese angebliche Grundlage der absoluten Regierungen, ein Proteus, der Form und Objekt je nach Art der Sitten ändert? Was gilt die Ehre, wenn sie sich in der Verderbtheit statt in der Anständigkeit ansiedelt und im Laster statt in der Tugend?

Schließen wir also mit dieser außerordentlich wichtigen Regel: 'Sehr gut sind politische Mittel, die dafür sorgen, daß die Denkfähigkeit und die Abstraktionsfähigkeit des Menschen in ihrem natürlichen Gleichgewicht gehalten werden. Solche Mittel verhindern nämlich, daß die Menschen irrtümlich meinen, mit konkreten Objekten die allgemeinen Kapazitäten ihres Herzens befriedigen zu können.'

Buch IV, Kapitel 30
Die Verbindung von Tugend und Glück

Die bisherigen Überlegungen ermöglichen es uns, das politische System der Bewegung angemessen zu beurteilen. Sie enthalten den evidenten Nachweis, daß dieses System falsch ist.

Zugleich führen uns unsere Überlegungen zu einer Schlußfolgerung, die die Anhänger der Tugend stärkt, weil sie uns zusichert, daß Tugend und Glück auch in dieser Welt enger miteinander verbunden sind, als man gemeinhin glaubt.

Tatsächlich haben wir gesehen, daß das Unglücklichsein des Menschen nichts anderes ist und nichts anderes sein kann als eine unendliche Kapazität, sofern sie unerfüllbar und abwegig. Dies ist sie dann, wenn sie mit einem endlichen Objekt befriedigt werden soll. Sie bleibt dann ein maßloses Verlangen, das immer intensiver wird und das sich von der Möglichkeit, befriedigt zu werden, immer weiter entfernt. Eine solch traurige Unordnung ist das Werk des *Willens*, der die *praktische Vernunft* zu *falschen Urteilen* veranlaßt, welche dann Grundlage für die diversen, von uns aufgezählten *Leidenschaften* werden, die das Herz des Menschen quälen.

Ist es von daher nicht evident, daß der Mensch, wenn er unglücklich ist, unglücklich ist, weil er es sein will? Und ist es nicht evident, daß diese Überlegung auch ausreicht, um die Vorsehung vollkommen zu rechtfertigen?

Mehr noch: Wenn es der Wille des Menschen ist, der sich täuscht, indem er verlangt, in einem endlichen Gut müsse sich eine unendliche, der Herzenskapazität gleichkommende Befriedigung finden lassen, ist es dann nicht gerecht, daß ein solcher Wille für seine Verkehrtheit bestraft wird? Verdient er es dann nicht, das Leid zu erdulden, das er sucht und das er sich mit all seiner Arbeit und mit all seinen Anstrengungen selbst konstruiert und das ihm sozusagen in dem Objekt lieb und teuer ist, das er unbedingt haben will?

Dieser Wille ist moralisch böse, ja, auf dieses böse Handeln des Willens geht jedes moralische Übel zurück. Der Wille, der moralisch sündigt, ist derselbe Wille, der mit seiner Sünde den Zustand des Unglücklichseins erzeugt, so wie die Bibel sagt, „wer das Unrecht liebt, haßt seine Seele".[1]

Demgegenüber führt der rechte Wille die praktische Vernunft zu rechten Urteilen über den Wert der Dinge. Und die rechten Urteile ermöglichen vernünftige Wünsche und Kapazitäten, die sich befriedigen lassen, weil sie ihrem Objekt stets angemessen sind. In den tugendhaften Menschen bleibt folglich die Erfüllung und Zufriedenheit der Seele niemals aus.

Welche innigere Verbindung als diese läßt sich zwischen Tugend und Glück einerseits und zwischen Laster und Unglück andererseits denken?

---

[1] Psalm X, 5. [Nach der Vulgata müßte es heißen: „Wer das Unrecht liebt, den haßt seine Seele."]

Damit wird nicht bestritten, daß der lasterhafte Mensch Lust empfinden und daß der tugendhafte Mensch Schmerzen erleben kann. Man möge sich an das erinnern, was wir festgelegt haben: Es besteht ein Unterschied zwischen den *Annehmlichkeiten* und der *Erfüllung und Zufriedenheit* und ebenso zwischen Schmerzen und Unglücklichsein. Der Mensch kann genießen und doch nicht zufrieden sein; der Mensch kann Schmerzen erleiden und doch glücklich sein. Es handelt sich hier lediglich um einen Scheinwiderspruch. Die Wahrheit dessen, was wir sagen, läßt sich täglich beobachten. Mag auch das Laster mit Rosen und die Tugend mit Dornen gekrönt werden – wir behaupten dennoch, daß die Rosen, mit denen das Laster seine faltige Stirn bekränzt, kein Glück erzeugen und daß die Dornen, die das schöne Antlitz der Tugend mit Blut bedecken, ihr keinen Hauch jenes substantiellen Glücks rauben, das sie eifersüchtig besitzt und als Schatz in der Tiefe des Herzens verbirgt.

Erfüllung und Zufriedenheit für die Tugend bleiben nie aus, weil es in ihrem Wesen liegt, jeden unerfüllbaren Wunsch auszuschließen und weil es ebenfalls in ihrem Wesen liegt, die an sich erfüllbaren Wünsche in angemessener Weise auf die Objekte zu beschränken, die sie erreichen kann. Der Verzicht (rassegnazione) ist ein unentbehrlicher Bestandteil der Tugend, so daß letztlich der Mensch um so erfüllter von Ruhe und Glück ist, je mehr Tugend er besitzt – wie umgekehrt der Mensch um so unruhiger ist, je mehr er sich von der Tugend entfernt.

Buch IV, Kapitel 31

Die Abwegigkeit des politischen Systems des Widerstandes

Nachdem wir nun die verhängnisvollen Fehler dargestellt haben, die das System der *Bewegung* in sich birgt, müssen wir noch die Fehler aufzeigen, die in seinem Gegenpart, dem System des *Widerstandes*, stecken.

Allein das Wort *Widerstand* hat für das Menschengeschlecht einen harten, feindlichen Klang und sorgt dafür, daß das so bezeichnete System weniger befolgt wird und weniger schädlich ist als das System der Bewegung.

Zweifellos besitzt das Menschengeschlecht eine natürliche und legitime Bewegung. Sich dieser Bewegung zu widersetzen, heißt, sich der Natur und Gott als deren Urheber zu widersetzen. Aber es gibt durchaus auch eine illegitime, leidenschaftliche, gestörte Bewegung, die nicht von der Natur ausgeht, sondern von der mißbrauchten Freiheit des Menschen. Sich dieser Bewegung zu widersetzen, heißt, sich dem Bösen (male) zu widersetzen und die Natur und ihren Urheber zu verteidigen.

Es ist also nicht schwer zu verstehen, daß das System einer weisen Regierung weder ausschließlich das System der Bewegung noch ausschließlich das System des Widerstandes sein kann. Es muß vielmehr gemischt sein (misto), das heißt, es muß darin bestehen, 'die natürliche, legitime Bewegung der Menschheit voranzubringen und – soweit es in der Macht der Regierung steht – die unnatürliche, illegitime Bewegung zu verhindern'.

Bis hierher ist die Sache einfach. Jeder Mensch mit gesundem Verstand wird für ein so ausgewogenes und umfassendes System stimmen. Aber Meinungsverschiedenheiten können auftreten, wenn man fragt, welche die zu fördernde natürliche, legitime Bewegung und welche die zu verhindernde unnatürliche, illegitime Bewegung ist.

Um auf diese Frage eine Antwort zu finden, sind die bisher gesagten Dinge durchaus hilfreich.

Die Erfüllung und Zufriedenheit der Seelen ist das große Ziel jeder Gesellschaft. Sie muß auch die Regel sein, mit der man unterscheidet, welche die natürliche Bewegung und welche die unnatürliche Bewegung ist. Die Gesamtnatur des Menschen, als Person betrachtet, sucht nichts anderes als den Zustand der Erfüllung und Zufriedenheit. Die natürliche Bewegung ist folglich die Bewegung, die zu diesem Zustand führt. Sie gilt es zu unterstützen. Das Gegenteil davon ist ein Übel, das man verhindern muß, soweit man nur kann.

Die unerfüllbaren Kapazitäten der Seele sind die absoluten Hindernisse für die Erfüllung und Zufriedenheit.

Wir haben gesehen, daß der Ursprung der unerfüllbaren Kapazitäten in dem Willen liegt, der die Abstraktionsfähigkeit mißbraucht. Im Unterschied zur Denkfähigkeit, die die Dinge in ihrem ganzen Sein erfaßt, bietet die Abstraktionsfähigkeit dem Geist die Eigenschaften der Dinge je getrennt dar. Die Seele bleibt bei diesen separaten Eigenschaften stehen und sucht in jeder von ihnen das, was sich nur in ihrer Gesamtheit finden läßt – und bisweilen nicht einmal in ihrer Gesamtheit. Sie bleibt also mit ihren Wünschen unerfüllt. Das Prinzip, das die Menschen zur Erfüllung und Zufriedenheit führt, besteht dagegen in den 'richtigen Urteilen, mit denen man die Dinge als die schätzt, die sie wirklich sind, wenn man den Teil nicht für das Ganze und das Abstrakte nicht für das Konkrete hält'.

Die Integrität des Urteils sollte das Hauptziel der Erziehung darstellen. Eine solche umfassende Anschauungsweise, die das Ganze erfaßt, verdanken wir dem Christentum, wie ich an anderer Stelle gezeigt habe.[1]

---

[1] Vgl. *Saggio sull'unità dell'educazione* (Abhandlung über die Einheit der Erziehung, 1826), in Band I der *Opuscoli filosofici*, Mailand 1827, S. 213 ff.

Buch IV, Kapitel 32

Fortsetzung: Die natürliche Bewegung der Gesellschaft

Die erfüllte und zufriedengestellte Seele hat alles, was sie wünscht.

Dennoch gibt es verschiedene „Erfülltheiten", weil die Wünsche unterschiedlich sein können. Wer zwanzig will und zwanzig hat, ist zufrieden, und wer hundert will und hundert hat, ist ebenfalls zufrieden. Zwar sind beide gleich hinsichtlich der Erfüllung und Zufriedenheit, aber die Erfüllung und Zufriedenheit des ersten besteht aus zwanzig Stufen an Gut oder an Freude und die Erfüllung und Zufriedenheit des zweiten aus hundert Stufen an Gut oder an Freude. Sie sind zwar beide gleichermaßen zufriedengestellt, aber genießen nicht in derselben Weise, insofern der zweite um ein Vielfaches mehr genießt als der erste.

Nun läßt sich folgendes nicht bestreiten: Wenn es mir gelingt, einen Menschen von dem einen Zustand der Erfüllung und Zufriedenheit zum anderen zu bringen, erweise ich ihm eine Wohltat. Denn ich habe die volle Erfüllung und Zufriedenheit seiner Seele erhalten und ihm zugleich achtzig Stufen an größerem Genuß dazugegeben, die er vorher nicht hatte.

Der Übergang von einer Erfüllung und Zufriedenheit, die weniger Stufen an Gut enthält, zu einer Erfüllung und Zufriedenheit, die mehr Stufen an Gut enthält, ist eine vollkommen natürliche und legitime Form von Bewegung des Menschen und der Gesellschaft.

Aber nehmen wir bei einem Menschen die Zahl *zwanzig* als die Größenordnung der Kapazität an und *zwanzig* als die Zahl der Objekte, die er hat. Wenn ich seine Kapazität reize, gelingt es mir, sie auszuweiten und auf eine Größenordnung von hundert zu bringen. Der Mensch wird von diesem neuen Verlangen in Unruhe versetzt und aktiviert. Es gelingt ihm, sich von allein nicht wenige der ersehnten Objekte zu verschaffen, und er erreicht davon insgesamt sechzig. Ihm bleiben vierzig Stufen unerfüllter Kapazität und mithin vierzig Stufen an Leid. Dieser Mensch genießt nun in einer Größenordnung von sechzig, sein Genuß hat sich verdreifacht. Aber was nützt das? Er hat die Erfüllung und Zufriedenheit der Seele verloren und ist unglücklich geworden. Die zwei Drittel an Genuß, die er hinzugewonnen hat, haben seinen Zustand nicht etwa verbessert, sondern verschlechtert. Und ich habe ihm mit meiner unbedachten Wohltat einen sehr schlechten Dienst erwiesen.

Der Dienst, den ich ihm erwiesen habe, war schlecht, wenn es sich um konkret bestimmte Kapazitäten und nicht um unerfüllbare und unendliche Kapazitäten handelt. Zwischen beiden besteht ein unendlicher Unterschied.

Die unerfüllbaren Kapazitäten sind jene Kapazitäten, wie ich schon mehrfach gesagt habe, deretwegen der Mensch ein Objekt sucht, das die Weite eines abstrakt betrachteten Guts entsprechen soll, dem die adäquaten Objekte fehlen.[1] Diese Ka-

---

[1] Jedes Abstraktum schließt Grenzen aus. Wenn seine Objekte also Grenzen haben, kön-

pazitäten konstituieren Zustände von absolutem Unglück. Wenn die Kapazitäten dagegen bestimmt sind, können sie befriedigt werden oder auch nicht. Wenn sie unbefriedigt bleiben, fehlt dem Menschen die Erfüllung und Zufriedenheit, aber er ist deswegen nicht unglücklich. Denn die Unruhe und die Qual, die er leidet, sind begrenzt, ebenso wie auch die Kapazität begrenzt ist, auf die sie sich beziehen.

Es gibt also Zustände der *Unzufriedenheit* (non appagamento), die noch keine Zustände des echten *Unglücks* sind. Gleichwohl sind auch sie ein Übel, und auch sie dürfen nicht unter dem Vorwand gefördert werden, Annehmlichkeiten für die Menschen zu steigern. Denn die Erfüllung und Zufriedenheit, die der Mensch verliert, zählt unendlich viel mehr als der Genuß, den er gewinnt.

Daraus folgt, daß die konkret bestimmten Wünsche, von denen wir sprechen, bei gewissen Völkern nicht schädlich sind, weil diese Völker die Mittel zur Hand haben, diese Wünsche zu befriedigen. Bei manchen anderen Völkern jedoch wäre es ein schwerer Fehler der Regierung, diese Wünsche zu fördern, weil die Mittel fehlen, um die Wünsche zu befriedigen.

Wenn man beispielsweise die Situation der neuen Nationen in Amerika mit der Situation der alten Nationen in Europa vergleicht, erkennt man, daß der Wunsch nach materiellem Reichtum, der die europäischen Nationen tätig werden läßt, für die jungen Nationen höchst nachteilig wäre, wenn er bei ihnen mit der gleichen Intensität freigesetzt würde.

Ein Autor, der des Lobes würdig ist, schreibt:

„In Europa sind wir gewohnt, die Unruhe des Herzens, das maßlose Verlangen nach Reichtum und die übersteigerte Unabhängigkeitsliebe als einen großen sozialen Schaden anzusehen. Gerade diese Dinge verbürgen den amerikanischen Republiken eine lange und friedliche Zukunft. Ohne diese unruhigen Leidenschaften würde sich das Volk an bestimmten Orten zusammendrängen und empfände bald wie bei uns schwer zu befriedigende Bedürfnisse.
In Frankreich betrachtet man die Anspruchslosigkeit, die Ausgeglichenheit der Sitten, den Familiensinn und die Liebe zum Geburtsort als bedeutende Bürgschaften für die Ruhe und Wohlfahrt des Staates. In Amerika aber erscheint nichts so gesellschaftsschädlich wie derartige Tugenden. Die Franzosen von Kanada, die treu an ihren alten Sitten hängen, haben es schon schwer, in ihrem Gebiet zu leben, und dieses eben entstandene kleine Volk wird bald den Nöten der alten Völker ausgeliefert sein. Die Menschen in Kanada, die am meisten Bildung, Vaterlandsliebe und Menschlichkeit haben, bemühen sich

---

nen sie niemals adäquat für das Abstraktum selbst sein. Zum Beispiel: Das Abstraktum der körperlichen Lust bezeichnet die Lust, ohne sie in irgendeiner Weise einzugrenzen. Dagegen ist jede reale körperliche Lust in einem bestimmten Grad und Maß gegeben. Gleichgültig, wie oft man die körperlichen Freuden vervielfältigt, erfüllen sie niemals die mittels Abstraktion gedachte Lust. Sie bleiben von dieser vielmehr *unendlich* weit entfernt.

Kapitel 32: Die natürliche Bewegung der Gesellschaft 541

außerordentlich, dem Volk das schlichte Glück zu verleiden, das ihm jetzt noch genügt. Sie rühmen die Vorzüge des Reichtums, so wie sie bei uns vielleicht die Reize einer anständigen Mittelmäßigkeit preisen würden, und sie suchen die Leidenschaften der Menschen eifriger zu reizen, als man sie anderswo zu beruhigen trachtet."[2]

Worauf ist dieses einzigartige Phänomen in den Vereinigten Staaten zurückzuführen? Wie kommt es, daß die von großer Begierde nach Reichtum verursachte Betriebsamkeit der dortigen Gesellschaft in der gegenwärtigen Situation nicht schadet? Man muß dies auf die beiden angedeuteten Ursachen zurückführen:
1. Die Wünsche der Amerikaner sind konkret bestimmt. Ihr Objekt ist keine abstrakte Idee, ihre Objekte sind reale Dinge.

„Sie lieben die Ordnung, ohne die die Geschäfte nicht gedeihen können, und sie schätzen besonders die Zuverlässigkeit, Grundlage der guten Handelshäuser. Sie ziehen den gesunden Menschenverstand, der die großen Vermögen schafft, dem Genie vor, das sie oft vergeudet. Die *allgemeinen Ideen* erschrecken ihren Geist, der an konkrete Rechnungen gewöhnt ist, und die Praxis wird bei ihnen mehr geehrt als die Theorie."[3]

2. Die Amerikaner haben reichlich Mittel, um solche *bestimmten* Wünsche rasch zu befriedigen.

„Die neuen Bedürfnisse braucht man dort nicht zu scheuen, da alle mühelos zu befriedigen sind. Man braucht nicht zu befürchten, zu viele Leidenschaften zu wecken, da alle Leidenschaften leichte und gesunde Nahrung finden. Den Menschen kann man gar nicht zu viel Freiheit geben, weil sie fast nie versucht sind, sie zu mißbrauchen."[4]

---

[2] *De la démocratie en Amérique*, Bd. II, Kap. 9. – In diesem Kapitel beschreibt der Autor die maßlose Gier, mit der die Amerikaner neue, weite, unerschöpfliche Landstriche in Besitz nehmen. Er stellt fest, daß in Connecticut, wo es nur neunundfünfzig Bewohner pro Quadratmeile gibt, die Bevölkerung – aufgrund der anhaltenden Migration von Menschen, die ihr Glück in den unbesiedelten Gebieten suchen – in vierzig Jahren erst um ein Viertel gewachsen ist. Im Jahr 1830 gab es im Kongreß sechsunddreißig Abgeordnete, die im kleinen Staat Connecticut geboren waren, aber davon waren nur fünf Abgeordnete dieses Staates. Die übrigen gehörten zu Familien, die sich anderswo niedergelassen hatten und reich geworden waren. Ohio besteht erst seit fünfzig Jahren, und dennoch hat seine Bevölkerung bereits die Wanderung nach Westen wieder aufgenommen, obwohl im Staat Ohio selbst noch viel Land nicht bebaut ist. [A. DE TOCQUEVILLE, op. cit., tom. I, Teil II, Kap. 9, in DERS.: Oeuvres, cit., Bd. I, S. 297 und S. 295–296; dt. Ausgabe, cit., Bd. I, S. 427 f.]

[3] *De la démocratie en Amérique*, Bd. II, Kap. 9. [A. DE TOCQUEVILLE, op. cit., tom. I, Teil II, Kap. 9, in DERS.: Oeuvres, cit., Bd. I, S. 208; dt. Ausgabe, cit., Bd. I, S. 429.]

[4] *Ibid.*

Buch IV, Kapitel 33

Fortsetzung

Wenn es also notwendig wäre, in den Menschen Kapazitäten freizusetzen, um Mensch und Gesellschaft auf dem Weg des Wohlergehens (cammino del ben essere) weiterzubringen, sollten diese Kapazitäten ausschließlich *auf reale Objekte bezogene Kapazitäten* sein, die sich befriedigen lassen.

Außerdem müssen die Menschen, in denen diese Kapazitäten freigesetzt werden, tatsächlich die Mittel besitzen,[1] um das diesen Kapazitäten zugewiesene reale Objekt erlangen zu können. Denn im umgekehrten Fall kann jener Teil der Kapazitäten ihre Herzen quälen, der unbefriedigt bleibt. Und wenn er sie auch nicht unglücklich macht, so macht er sie zumindest nicht befriedigt, nicht zufrieden.

Diese Bedingungen müssen gegeben sein. Ist es dann trotzdem immer sinnvoll, in den Menschen neue Wünsche zu wecken? Ist es nützlich, die schon vorhandenen Kapazitäten stets auszuweiten? Wenn ja, welche Vorsichtsmaßnahmen sollte man treffen?

Wenn wir die verschiedenen Formen von Wünschen unterscheiden, beantworten sich diese Fragen von selbst.

Ausgeschlossen werden zunächst alle unerfüllbaren Wünsche, die sowohl zur Immoralität, als auch zum Unglück des Menschen beitragen.

Ausgeschlossen bleiben auch die Wünsche, die zwar ein reales Objekt haben, deren Objekt aber jenseits der Mittel liegt, die man hat, um es zu erlangen.

Es geht also ausschließlich um die Wünsche, deren Objekt real ist und mit den Mitteln erlangt werden kann, über die die Person verfügt, die den Wunsch hat. Diese Wünsche lassen sich in zwei Gruppen unterteilen:

Einige dieser Wünsche werden von einer Hoffnung begleitet. Die Hoffnung verstärkt die Käfte und die Tätigkeit des Menschen und gibt ihm damit zugleich einen Vorgeschmack auf das ersehnte Gut, ohne in der Seele Bitterkeit oder Mißvergnügen auszubreiten. Der Zustand einer Seele, die das Objekt ersehnt, es aber noch nicht hat, ist frei von Bitterkeit, wenn die Hoffnung, das Objekt zu erhalten, gewiß ist und wenn die Seele zugleich vollkommen tugendhaft ist und ihren Wunsch mäßigt, so daß er der Wirklichkeit der Dinge vollständig entspricht. Der Mensch hat also ein bedingtes Verlangen: Er ersehnt das Gut unter der Bedingung, daß er es erhalten wird – nicht sofort, sondern in dem Moment, für den es ihm bestimmt ist. Das

---

[1] Das wichtigste dieser Mittel ist Handels- und Industrietätigkeit [„industria"; in der engl. Übersetzung „technology", op. cit., S. 398]. Die Kolonisten, die in die Vereinigten Staaten gingen, brachten bei ihrer Ankunft in Amerika die gesamte Handwerkskunst und das weitentwickelte Unternehmertum der alten Welt dorthin. Wenn es sich dagegen um Völker handelt, die schrittweise zum Erwerb der Zivilisation aufsteigen, darf man in ihnen keine Wünsche wecken – gleichgültig wie konkret diese Wünsche sind – die über die Wachstumsgrenze ihres Handels und Gewerbes hinausgehen, selbst wenn die Mittel, die ihnen die Natur bietet, unermeßlich sind.

Kapitel 33: Fortsetzung

durch diese Hoffnung heiter gestimmte und von einem solchen Licht der Vernunft und Tugend gemilderte Verlangen verhindert den Zustand der Erfüllung und Zufriedenheit der Seele nicht. Einer in dieser Weise verlangenden Seele fehlt nichts, denn sie verlangt nur, das Gut zu den Bedingungen und zu dem Zeitpunkt zu haben, zu denen beziehungsweise zu dem sie es tatsächlich haben wird. Sie ist zum gegenwärtigen Zeitpunkt zufrieden damit, es nicht zu haben, sondern nur die Hoffnung darauf zu genießen.

Solche Wünsche sind moralisch und glücklich. Sie treiben den Menschen zu besseren Dingen an und verschaffen ihm eine höchst wirksame und zugleich in sich ruhende Tätigkeit. Durch solche Wünsche läßt das Christentum Tugend entstehen. Die Bezeichnung „Mensch voll Verlangen" wird von der Bibel bestätigt, um eine besondere Heiligkeit anzuzeigen, und die Kirche weist es nicht zurück, auf Erden „Hort der Hoffenden" genannt zu werden.

Es ist daher auf jeden Fall lobenswert, in den menschlichen Seelen Wünsche dieser Art zu wecken, deren segensreicher Impuls sie aktiver werden läßt. Denn die Bewegung, die daraus hervorgeht, entspricht mehr als jede andere der vernünftigen und sittlichen Natur. Durch diese Bewegung gelangt der Mensch von einem engeren Zustand der Erfüllung und Zufriedenheit in einen ausgeweiteten Zufriedenheitszustand, ohne auch nur für einen Moment aufgehört zu haben, erfüllt und zufrieden zu sein. Dieses Verlangen vereint in sich Ruhe und Bewegung, Zufriedenheit und Tätigkeit. Wenn die Menschen in ihrem Herzen keine anderen Wünsche als diese zuließen, würden sie, tugendhaft und glücklich, nicht aufhören, das Ausmaß der Tugend und des Glücks in sich zu mehren.

Andere Wünsche [die die zweite der beiden genannten Gruppen bilden] wollen zwar ein reales und mit den Mitteln des wünschenden Menschen übereinstimmendes Objekt erlangen, aber sie werden von einer bloß wahrscheinlichen Hoffnung begleitet. In diesem Fall hat die Seele die dargestellte sittliche Mäßigung nicht. Sie wirft sich un-bedingt auf das Objekt und will es auch so bald wie möglich in Händen haben.

Solche Wünsche sind bei unverdorbenen Menschen am meisten verbreitet, aber sie sind gleichwohl schädlich und quälend. Daher wird die volle Erfüllung und Zufriedenheit der Seele von ihnen erheblich behindert.

Dennoch unterscheiden sich solche Wünsche unendlich von den unerfüllbaren Kapazitäten, die das Unglück konstituieren.

Erstens sind diese Wünsche endlich, und daher verursachen sie nur eine endliche Unruhe und einen endlichen Schmerz, wenn sie im Menschen nicht befriedigt sind.

Zweitens: Wenn solch ein Wunsch bei dem Versuch, das Objekt zu erreichen, auf unvorhergesehene Schwierigkeiten stößt, wird er ebenso wie die Hoffnung schwächer und hört auf, die Seele zu quälen im Unterschied zu den unerfüllbaren Kapazitäten, die um so erregter und wilder werden, je schwieriger es für sie ist, befriedigt zu werden, und je mehr sie sich vom Zustand der Erfüllung und Zufriedenheit entfernen. Dies geschieht, weil die unerfüllbaren Kapazitäten das Glück zum Ziel haben, auf das der Mensch nicht verzichten kann, während die Wünsche nach den begrenzten und festumrissenen Objekten für den Menschen nicht notwendig sind und er sich ihrer leicht entledigen kann.

Drittens: Wenn das Objekt durch die vom Wunsch angeregte Aktivität erreicht wird, kann die Güte des erlangten Objekts für das Leid Ausgleich schaffen, das in der Zeit seiner Entbehrung ertragen wurde, ebenso wie für die Anstrengungen, die unternommen wurden, um in seinen Besitz zu gelangen.

Wenn wir irgendwie festlegen wollen, wann die Belohnung durch das erhaltene Gut das Leid ausgleicht oder übersteigt, das es in der Zeit seiner Entbehrung verursacht, unterstellen wir zunächst, daß der Wünschende recht beurteilt, inwieweit es wahrscheinlich oder unwahrscheinlich ist, daß er das Gut erlangt. Dies vorausgesetzt, entspricht der Schmerz, den das Verlangen in jedem Augenblick im Herzen verursacht, der *Intensität des Verlangens*,[2] multipliziert mit der erkannten Unwahrscheinlichkeit, das begehrte Gut zu erlangen. Auf der anderen Seite entspricht die Freude der Erwartung der Wahrscheinlichkeit, das Gut zu erhalten, multipliziert mit dem Wert des Gutes, das man erlangen will. Wenn der Schmerz genauso groß ist wie die Vorfreude, wird er von dieser ausgeglichen. Im anderen Fall kann die Vorfreude größer oder kleiner sein als die Intensität des Schmerzes. Ist sie größer, hat man einen Gewinn, was die Berechnung der Freude angeht, ist sie kleiner, einen Verlust. Aber die Erfüllung und Zufriedenheit, die mehr zählt als jedes erfreuliche Gefühl, fehlt der Seele, bis sie in den Besitz des Guts gelangt oder bis sie ein solch quälendes Verlangen ablegt.

Man kann also vernünftigerweise nicht sagen, daß es sich bei der Tätigkeit, die durch solche Wünsche verursacht wird, um etwas Gutes für die Menschen handelt, die diese Wünsche haben. Gleichwohl können diese Wünsche den Menschen in der Zukunft nützen, oder sie können ihren Nachkommen nützen, indem sie Objekte bereitstellen, die geeignet sind, die Kapazitäten zu befriedigen, die in diesen Personen oder in deren Nachkommen später vorhanden sind. Unter diesem Aspekt kann die Regierung Gelegenheiten bieten, bei denen sich solche Wünsche entfalten, wenn sie bedenkt, daß die Gesellschaft nicht mit den Einzelpersonen stirbt, sondern daß sie die Individuen überlebt und das ernten kann, was diese gesät haben. Dies wird eine sittliche Regierung (governo morale) eher zulassen, als es aktiv zu tun, indem sie dazu keine positiven, sondern negative Mittel einsetzt.

---

[2] Das Verlangen ist intensiver oder weniger intensiv, und zwar a) hinsichtlich des Guts, b) hinsichtlich der Geschwindigkeit, mit der man es erlangt. Bisweilen verlangt man stark nach einem Gut, und dennoch ist die Ungeduld, es zu haben, nicht sehr groß; bisweilen leidet man sehr, wenn man das ersehnte Gut auch nur für eine kurze Zeit entbehrt, und dennoch ist das Verlangen nach diesem Gut nicht so groß wie im ersten Fall. Die Intensität des Verlangens setzt sich aus diesen beiden Bestandteilen zusammen.

Buch IV, Kapitel 34

Von den Objekten der Wünsche

Es gibt also eine Aktivität und eine Bewegung des Individuums und der Gesellschaft, die wunderbar mit der Erfüllung und Zufriedenheit der Seele harmonieren. Sie sind das legitime Mittel für den sozialen Fortschritt.

Der Fehler des Systems des Widerstandes liegt in der Nichtanerkennung dieses Mittels, also in dem Glauben, es sei unmöglich, daß Bewegung und Aktivität mit dem Zustand der erfüllten und zufriedengestellten Seele versöhnbar seien. Das heißt, der Fehler dieses Systems liegt darin, nur eine einzige Bewegungsart erkennen zu können und diese als leidvoll und böse zu betrachten. Der wahre soziale Fortschritt ist der Fortschritt der sittlichen Wünsche, die durch die harmonische Entfaltung der intellektuellen und moralischen Fähigkeiten entstehen.

Und da diese Wünsche *reale Objekte* zum Ziel haben, die zur *Denkfähigkeit* gehören – die wir auch als „zielgerichtete Fähigkeit" (facoltà dei fini) bezeichnet haben – wird diese Fähigkeit durch ihre Entfaltung zur Mutter des wahren Fortschritts.

Ein Thema, das es wert ist, analysiert zu werden, ist die Frage, nach welchen Gesetzen sich die Denkfähigkeit entwickelt und wie sich durch sie im Menschen die legitimen Wünsche, die damit korrespondierende Tätigkeit und der daraus folgende Fortschritt entfalten. Uns soll es genügen, einige Hinweise darauf zu geben.

Die Denkfähigkeit entwickelt sich in Relation zur Zahl und zur Bedeutung der realen Objekte, die sie kennenlernt. Entsprechend entwickelt sich zwangsläufig auch die Weite oder Vortrefflichkeit der legitimen Wünsche.

Aber hat die Abstraktionsfähigkeit an dieser Entwicklung keinen Anteil?

Doch, gewiß. So, wie die fortschreitende Entwicklung der Denkfähigkeit den Fortschritt der *substantiellen Vollkommenheit* (perfezione sostanziale) der Gesellschaft erzeugt, so erzeugt die fortschreitende Entwicklung der Abstraktionsfähigkeit den Fortschritt der *akzidentellen Vollkommenheit*.

Darauf ist jedoch zu achten: Die akzidentelle Vollkommenheit der Gesellschaft hat nur unter der Bedingung einen Wert, daß sie mit der substantiellen Vollkommenheit harmoniert.

Wer eine akzidentelle Vollkommenheit der Gesellschaft erreichen will, ohne zuvor die substantielle Vollkommenheit erreicht zu haben, gewinnt damit lediglich eine *oberflächliche und künstliche Finesse* (politezza).

Wer außerdem, unter Ausschluß der substantiellen Vollkommenheit, die akzidentelle Vollkommenheit zum Ziel erklärt, gewinnt dadurch eine *Finesse, die zur Korruption führt* (politezza corrompitrice).

Ich will dies kurz erklären. Man muß sich daran erinnern, daß der Mißbrauch der Abstraktionsfähigkeit darin besteht, um es nochmals zu sagen, daß im Geist des Menschen die realen Objekte der Denkfähigkeit durch leere Abstraktionen ersetzt werden. Daraus resultieren die Fehlschlüsse des Geistes und die Verirrungen des Herzens.

Die legitimen Leistungen und Dienste der Abstraktionsfähigkeit für den sozialen Fortschritt sind dagegen:
1. 'Die Beseitigung der akzidentellen Fehler bei der substantiellen Vervollkommnung der menschlichen Gesellschaft.'
Die Abstraktionsfähigkeit erkennt die je für sich genommenen *Beziehungen* und Eigenschaften der Dinge. Sie hat daher die Aufgabe, die *Differenzierungen* zu finden, die für die rechte Beurteilung und den rechten Gebrauch der Dinge so wichtig sind. Mit jedem neuen guten Objekt der Denkfähigkeit wird der Seele ein neuer möglicher Zweck gegeben, dem Verlangen eine neue Materie, dem Denken ein neues Prinzip, der Tätigkeit ein neuer Anreiz. Aber dieses gute Objekt kann in gewisser Hinsicht nicht gut sein. Diese nicht-gute Seite wird nur von der Abstraktionsfähigkeit erkannt. Sie klärt mich auf, so daß ich das Objekt in seiner reinen Gutheit begreife und, wenn möglich, das Schlechte beiseite lasse, das es an sich hat oder mit sich bringt. Wenn also meine Denkfähigkeit, die mir die Wesen in ihrer Ganzheit vorstellt, nicht von den entsprechenden Fortschritten meiner Abstraktionsfähigkeit unterstützt wird, dann geschieht es unweigerlich, daß ich zusammen mit dem Gut auch das akzidentelle Übel erhalte, das das Gut begleitet, wenn ich mir dieses Objekt verschaffe, ohne vorher nachzudenken. Wenn sich aber meine Abstraktionsfähigkeit in einer Weise entwickelt hat, die mit meiner Denkfähigkeit korrespondiert, unterscheide ich in diesem Objekt exakt das Gute von dem Schlechten, das ihm akzidentell anhaftet. Und ich sorge dann dafür, daß ich mir das ganze Gut verschaffe und zugleich das Übel von mir fernhalte, das mir das Gut in einer akzidentellen Beziehung einbringen könnte.

Daher ist es angemessen, zu sagen, daß die akzidentelle Vollkommenheit, die der Fortschritt der *Abstraktionsfähigkeit* in Harmonie mit dem Fortschritt der *Denkfähigkeit* der Gesellschaft verschafft, darin besteht, 'die akzidentellen Übel bei der substantiellen Vervollkommnung der Gesellschaft zu beseitigen'.

Dennoch wäre es ein sehr gefährlicher Fehler, anzunehmen, daß sich die Übel, die die Güter begleiten, immer vermeiden ließen. Diese eitle, anmaßende Hoffnung gehört zum verhängnisvollen System des *Perfektismus* (perfettismo), und sie entsteht, wie wir mehrfach angedeutet haben, wenn man das große ontologische Gesetz von der Begrenztheit der Dinge (limitazione delle cose) ignoriert.

Wenn jedoch die Abstraktionsfähigkeit in ihrer Entwicklung weiter fortgeschritten ist als die Denkfähigkeit, verursacht dieses Ungleichgewicht einen Irrtum, der darin besteht, daß das Akzidentelle vor das Substantielle gesetzt wird.

Mißbrauch der *Abstraktionsfähigkeit* bezüglich des ersten Dienstes, den sie uns leisten soll, liegt also vor, 1.) wenn man hofft, die Güter von den Übeln trennen zu können, die aber aufgrund der Natur der Dinge untrennbar sind; 2.) wenn man aus zu großer Angst vor einem akzidentellen Übel das substantielle Gut in Gefahr bringt; 3.) wenn man aus zu großer Liebe zum akzidentellen Gut einen Kompromiß mit dem substantiellen Übel eingeht, das dieses Gut begleitet.

Ein weiterer Dienst der Abstraktionsfähigkeit besteht darin,
2.) 'uns die *Mittel* zu liefern, um die Güter beziehungsweise die *Ziele* zu erreichen, die die Denkfähigkeit unserer Seele vorstellt'.

Kapitel 34: Von den Objekten der Wünsche 547

Wenn die Tätigkeit, mit der man ein Ziel erreichen will, unmittelbar ist, so daß kein Mittel dazwischen erforderlich ist, brauchen wir keine Abstraktionen, um die Tätigkeit auszuführen. Aber wenn das Ziel von uns durch eine Reihe von Mitteln entfernt ist, die wir einsetzen müssen, um das Ziel zu erreichen, brauchen wir die Abstraktionen.

Jede künstliche Gesellschaft, auch die bürgerliche Gesellschaft, ist ein Bündel von Mitteln, das von den Menschen erfunden worden ist, um ein bestimmtes Ziel zu erreichen. Die Gesellschaften können also als Produkte der Abstraktionsfähigkeit bezeichnet werden. Daher braucht man sich nicht zu wundern, wenn man sieht, daß der Geist der Gesellschaftlichkeit (spirito di associazione) in der Menschheit immer weiter wächst. Dies ist eine notwendige Folge des permanenten Fortschritts der Entwicklung der Abstraktionsfähigkeit.

Die bürgerliche Gesellschaft, eine der grundlegendsten Gesellschaften (una delle società più principali), wählt sich ihr Ziel nicht von allein, sondern findet es von der Natur der Dinge ausgewählt und festgelegt vor. Und sie begreift ihr Ziel mit Hilfe der Denkfähigkeit.

Die bürgerliche Gesellschaft ist folglich eine rechtmäßige Tochter der Abstraktionsfähigkeit, sie ist ein bloßes Mittel, ein Bündel von Mitteln, aber kein Ziel. Die Abstraktionsfähigkeit hat folglich die Aufgabe, die bürgerliche Gesellschaft zu ordnen und zu regeln, und zwar so, 1.) daß sie das Ziel erreicht, das ihr von der Denkfähigkeit vorgestellt wird, 2.) daß die Familien, die die Gesellschaft bilden, soweit wie nur möglich unterstützt und so wenig wie möglich geschädigt oder belastet werden und schließlich 3.) daß die Individuen, die die Familien bilden, niemals die Erfüllung und Zufriedenheit ihrer Seelen verlieren und daß dennoch ihre realen und wahren Güter, die sie genießen können, in größtmöglichem Umfang zunehmen.

Auch alle *Fertigkeiten* (arti), die den Gebrauch der äußeren Dinge bequemer, billiger, angenehmer und eleganter machen, und alle Fertigkeiten, die lehren, wie man aus einem einzigen Objekte verschiedene Vorteile gewinnt, sind nichts anderes als Folgen der ständig wachsenden Entfaltung der Abstraktionsfähigkeit.

Alle diese Dinge sind nützlich, wenn sie ein festes Ziel haben, das zuvor für den Menschen von der Denkfähigkeit festgesetzt worden ist. Denn stets gilt, daß 'die Anwendungen der Abstraktionsfähigkeit dann und nur dann wahren Nutzen bringen, wenn sie den von der Denkfähigkeit aufgestellten Zielen untergeordnet sind'. Die Abstraktionsfähigkeit ist von Natur aus die Dienerin der Denkfähigkeit, und wehe, sie entzieht sich dieser dienenden Funktion! Dann wird sie verrückt, wird ohne Zusammenhang und Ziel tätig. Wenn die Abstraktionsfähigkeit für die Erlangung unseres Glücks eingesetzt wird, besteht der *Mißbrauch* in einem Irrtum der praktischen Vernunft: Wir wollen dann ein abstrakt gedachtes Ziel mit Hilfe eines konkret-partikularen Objekts erlangen, das der Abstraktion niemals adäquat ist. Wenn die Abstraktionsfähigkeit angewendet wird, weil wir uns ein partikulares Gut verschaffen wollen, besteht der *unvollkommene Gebrauch* dieser Fähigkeit darin, daß das Mittel nicht ausreichend bestimmt wird, das dieses Ziel – und nur dieses Ziel allein – erreichen soll. Ein schlechtbestimmtes Mittel kann uns dann mit dem gewünschten Ziel auch eine andere, schädliche, unvorhergesehene Folge bescheren.

Ein dritter Dienst der Abstraktionsfähigkeit ist dieser:

3. 'Sie soll uns die Zeichen liefern, die für die Mitteilung unserer Ideen geeignet sind'. Sie ist daher die Fähigkeit, die die Lehren einer gebildeten Minderheit und die Zivilisierung (incivilimento) im Volk verbreitet.

Sie ist die Fähigkeit zu Methoden, Sprachen, Schrifttum; Presse, Druck und so weiter sind ihre Werke.

Die modernen Erfindungen sind fast ausschließlich Fortschritte der Abstraktionsfähigkeit. Wunderbare Fortschritte! Aber die Zeit verheißt noch mehr.

Die Abstraktionsfähigkeit schreitet bisweilen auf gerader Linie fort, bisweilen dehnt sie sich aber auch aus.

Wenn ich ein entferntes Ziel habe, muß ich eine Reihe von Mitteln gleichsam auf einer geraden Linie bereitstellen, die mich zu diesem Ziel führen sollen. Aber wenn ich nicht nur einen Punkt angehen, sondern gleichzeitig beispielsweise auf viele Menschen Einfluß nehmen will – wie es bei den Erfindungen zur Ausbreitung der Bildung (cultura) der Fall ist – dann wird die Kalkulation komplizierter, die ich anstellen muß, um meine Mittel einzuschätzen. Da die Wirkung der Mittel einen weiten Raum umfaßt, muß ich alle Elemente berechnen, aus denen meine Mittel bestehen. Ich muß nicht nur sehen, ob diese Mittel das Ziel erreichen, das ich mir vornehme, sondern ich muß auch sehen, ob sie möglicherweise mit dem beabsichtigten Ziel zusammen weitere Wirkungen erzeugen. Ich muß nicht nur die direkte, sondern auch die indirekte Wirkung der Mittel mitbedenken. Es darf mir nicht genügen, geradewegs mein Ziel zu erreichen; ich muß das Ziel frei von jeglichem Schaden erreichen wollen. Oft fehlt dem Wunsch nach rascher Verbreitung der Bildung diese Einsicht. Was nützt es, wenn Ihr mir eine Methode vorschlagt, die imstande ist, mit einem Schlag aller Welt Lesen und Schreiben beizubringen, wenn es aber zugleich eine Methode ist, die in den Schülern Anmaßung und Hochmut verursacht oder die jugendlichen Geister mechanisch und materialistisch werden läßt? Stattet also die Methode, die Ihr für Euer hervorragendes Ziel benutzen wollt, mit Vorsichtsmaßnahmen aus, damit der Jugend mit dem Guten nicht auch das Schlechte widerfährt, wie es geschehen wird, wenn die Methode nicht hinreichend abgegrenzt und vorbereitet ist. Dann mögt Ihr von der Menschheit den gerechten Dank für die Erfindung erhalten.

Der Fortschritt der Abstraktionsfähigkeit wäre in dieser Hinsicht weiter gediehen, wenn sich diese Fähigkeit nicht ungeordnet und zum Schaden der Denkfähigkeit entfaltet hätte. Wenn es sich um ein äußerliches Ziel handelt, erweisen sich die Menschen der heutigen Zeit als sehr geschickt darin, geeignete Mittel festzulegen; wenn es sich aber um ein sittliches Ziel handelt, dann nicht. Die Ursache dafür ist die Schwäche der Denkfähigkeit, die dieses Ziel nicht in fester und abgeschlossener Weise vorstellt. Nur ein in vollkommener und abgeschlossener Weise gedachtes Ziel erlaubt uns das Urteil darüber, ob die Methoden adäquat oder ob sie eher schädlich als nützlich sind.

Wenn die Methoden, von denen wir sprechen, auf diese Weise klar definiert sind und wenn sie gegen alles abgestützt und geschützt werden, was sie verderben oder indirekt schädlich werden lassen kann, und wenn sie gleichsam mit Gegengewichten austariert werden, so daß sie weder nach rechts noch nach links kippen, dann werden alle rechtschaffenen Menschen sie mit offenen Armen empfangen, und dann werden die klugen Menschen ihnen Lob spenden.

Buch IV, Kapitel 35

Das Gesetz, nach dem sich in den Gesellschaften normalerweise das *Denkvermögen* und das *Abstraktionsvermögen* entfalten

Es gibt zwei entgegengesetzte Ansichten über das Mittelalter. Manche sehen darin den Gipfel der Weisheit, andere den Gipfel der Barbarei.

Diese beiden Standpunkte lassen sich durch den Unterschied zwischen *Denkvermögen* und *Abstraktionsvermögen* erklären.

Die Gruppe, die den ersten Standpunkt vertritt, betrachtet diese Jahrhunderte unter dem Aspekt der Fortschritte des Denkvermögens; die zweite Gruppe betrachtet das Mittelalter hinsichtlich der Fortschritte des Abstraktionsvermögens.

Ohne Zweifel unternahm die Denkfähigkeit im Mittelalter ungeheure Anstrengungen. Das führte zur Erhabenheit und Weite der Ideen und zur Hochherzigkeit der katholischen Leistungen, von denen diese Zeit erfüllt ist.

Aber die beiden Fähigkeiten können nur schwerlich gleichzeitig voranschreiten. Die Entfaltung des Denkvermögens muß vorgehen, und die Entfaltung des Abstraktionsvermögens muß nach ihr kommen.

Nun war das Mittelalter ungehobelt (impolito) und primitiv, weil die Fortschritte der Abstraktionsfähigkeit noch nicht die Geschliffenheit und die Verbreitung der Künste und Fertigkeiten hatten einführen können. Aber man kann nicht bestreiten, daß in diesen kriegerischen und christlichen Jahrhunderten, in denen alle Keime der modernen Zivilisierung gelegt wurden, die Christenheit und mit ihr das Menschengeschlecht durch die Entfaltung des Denkvermögens substantielle Fortschritte gemacht haben. Die drei unmittelbar zurückliegenden Jahrhunderte dagegen bilden den Zeitraum, der von der Natur für die Entfaltung des Abstraktionsvermögens bestimmt war – eine glänzende und schöne Entfaltung, die aber nur aufgrund der Fortschritte möglich war, die das Denkvermögen in der Zeit davor gemacht hatte. Wenn sich unsere Zeit also kindisch ihrer verfeinerten Eleganz rühmen würde und wenn sie die Einfachheit und Grobheit der früheren Zeit schmähen würde, wäre sie ungezogen, dumm und einem Menschen ähnlich, der eine Glasur auf ein Bild von Raffael aufträgt, den alten Maler dann beleidigt und sich rühmt, besser als er zu sein.

Alle Mängel der hervorragenden, christlichen Unternehmungen des Mittelalters bestehen in der Unvollkommenheit der Mittel, in der Vernachlässigung des äußeren Schmucks, im Fehlen von Schutz- und Sicherungsmaßnahmen gegen die Übel, die akzidentell zu dem Werk hinzugetreten sind – mit einem Wort: in der geringen Entfaltung des Abstraktionsvermögens. Denn dieses Vermögen hatte noch keine Zeit gehabt, um sich mit der Unterscheidung und Trennung der Übel zu beschäftigen, die mit den Gütern vermischt waren, und um die Art und Weise zu finden, wie man die Güter von den Übeln befreien kann.

Kapitel 35: Die Entfaltung *des* Denkvermögens *und des* Abstraktionsvermögens 551

Angesichts der Tatsache, daß das Denkvermögen die gewünschten Objekte oftmals vergeblich zu erhalten versuchte, war es nur natürlich, daß der Mensch von diesen unseligen Erfahrungen aufgerüttelt wurde und die Ursache für den Mißerfolg seiner Anstrengungen suchte. Man fand die Ursache schließlich in der Unvollkommenheit der Mittel, die für die Ziele eingesetzt wurden.

Die Untersuchung dieser Mittel war das Werk der Moderne. Sie war vollständig die Aufgabe der Abstraktion.

Die Welt war überrascht von ihren eigenen glanzvollen und schnellen Ergebnissen. Ist es da ein Wunder, daß sie das Abstraktionsvermögen, dem sie diese Ergebnisse verdankte, zu sehr und ausschließlich liebgewann? Damit übertreibt sie und blickt zu Unrecht auf die solide Arbeit des Denkvermögens herab. Das erklärt, weshalb in den modernen Zeiten die Wissenschaften von den Zielen verachtet wurden und weshalb das Ungleichgewicht zwischen den beiden Fähigkeiten durch die Dominanz der Abstraktion erneuert wurde. Es ist ein Ungleichgewicht, das schädlicher als das frühere Ungleichgewicht ist, bei dem das Denkvermögen den Vorrang vor dem Abstraktionsvermögen hatte.

Man kann den natürlichen Fortschritt der menschlichen Gesellschaft in folgende Phasen einteilen:

Erste Phase: In der Gesellschaft ist das Denkvermögen und das Abstraktionsvermögen wenig entwickelt [Zustand totaler Unvollkommenheit].

Zweite Phase: In der Gesellschaft entfaltet sich das Denkvermögen, aber noch nicht entsprechend das Abstraktionsvermögen [Zustand akzidenteller Unvollkommenheit].

Dritte Phase: In der Gesellschaft ist das Denkvermögen bereits entfaltet, und es entwickelt sich entsprechend auch das Abstraktionsvermögen [Zustand der Vollkommenheit der Gesellschaft].

Vierte Phase: In der Gesellschaft beginnt man, die Objekte des Abstraktionsvermögens als solche zu lieben. Man strebt daher ausschließlich nach der Entfaltung dieses Vermögens und vernachlässigt das Denkvermögen. Das Abstraktionsvermögen entwickelt sich folglich gut, während das Denkvermögen keine entsprechende Entwicklung macht [Zustand der Korruption der Gesellschaft].

Diese Phasen stimmen mit den vier Gesellschaftszeitaltern überein, die wir bereits an anderer Stelle unterschieden haben.[1]

---

[1] Vgl. *Vom umfassenden Grund* etc., Kapitel 7.

Buch IV, Kapitel 36

Der Einfluß der Regierungen auf die legitimen und illegitimen Wünsche der Regierten

Fassen wir zusammen. Wir haben von der schnelleren oder weniger schnellen Entwicklung der Wünsche und der Tätigkeiten der Menschen gesprochen. Dabei haben wir gesehen:

1. Die Unvollkommenheit der Gesellschaft hängt von der geringen Entfaltung der Wünsche und der Tätigkeiten ab.

2. Die Entfaltung der Wünsche kann legitim und natürlich sein. Ist dies der Fall, wird die Gesellschaft durch diese Entfaltung stufenweise zu immer größerer Vollkommenheit geführt.

3. Die Entfaltung der Wünsche kann illegitim sein. Ist dies der Fall, degeneriert die Gesellschaft und stürzt in einen Zustand, der bei weitem schlimmer als ihre ursprüngliche Unvollkommenheit ist.

Wir haben vier Klassen von Wünschen differenziert.

Die erste Klasse umfaßt die Wünsche, die wir „unerfüllbar" genannt haben. Es sind wesenhaft abwegige und unmoralische Wünsche, die den Menschen vom Ziel der Gesellschaft, der Erfüllung und Zufriedenheit der Seele, wegführen und einen Zustand des *Unglücks* konstituieren.

Die zweite Klasse umfaßt jene Wünsche, mit denen der Mensch nicht mit endlichen Mitteln ein unendliches Gut begehrt [was absolut unmöglich zu erlangen ist], wie es bei den Wünschen der ersten Klasse der Fall ist. Der Mensch wünscht vielmehr endliche Güter, die gleichwohl seine Mittel und seine Betriebsamkeit übersteigen. Daher kann er diese Güter nicht bekommen. Solche unbefriedigten Wünsche bilden nicht eigentlich den Zustand des *Unglücks*, sondern den Zustand der *Unbefriedigtheit*. Sie berauben die Gesellschaft ihres Ziels und überziehen sie mit unkalkulierbaren Übeln, wie wir im Fall der Indianer in Nordamerika gesehen haben.

Die dritte Klasse umfaßt die Wünsche, mit denen die Menschen solche Güter begehren, zu deren Erwerb sie sowohl die Mittel als auch den Fleiß (industria) haben. Diese Wünsche werden daher normalerweise befriedigt. Gleichwohl sorgen sie jedes Mal für Leid und Unruhe im Herzen des Menschen, wenn ihre Befriedigung scheitert. Denn diese Wünsche haben den moralischen Mangel, zu absolut und weder gemäßigt noch bedingt [also der Wahrheit und der Wirklichkeit der Dinge konform] zu sein. Der Schaden durch diese Wünsche betrifft mehr die Einzelperson als die Gesellschaft. Die Tätigkeit, zu der diese Wünsche die Menschen anregen, ist bisweilen für die Allgemeinheit und für die Zukunft nützlich, auch wenn sie für den einzelnen und für die Gegenwart nicht nützlich ist. Dennoch sind auch diese Wünsche schadhaft und teilweise dem Ziel der Gesellschaft entgegengesetzt.

Die vierte Klasse umfaßt die Wünsche, die im Menschen wunderbar zur Zufriedenstellung seiner Seele passen: Es sind moralische Wünsche – sowohl wegen des

Kapitel 36: Der Einfluß der Regierungen

Objekts, das sie sich vornehmen, als auch wegen ihres rechten Maßes. Es sind Wünsche, die eine ganz und gar nützliche Tätigkeit erzeugen, welche die Einzelpersonen und auch die Gesellschaft dahinführt, ihr hohes Ziel, das Gut, die Zufriedenheit, das Glück in immer vollendeterer Weise zu erreichen.

Die Weisheit der Regierung muß danach trachten, diese letzte Sorte von Wünschen positiv zu fördern.

Jede bürgerliche Regierung kann alles beeinflussen, was die Wünsche der Gesellschaftsmitglieder betrifft, und beeinflußt es tatsächlich mehr, als man annimmt. Es gibt möglicherweise nicht eine einzige Maßnahme der Regierung, welche es auch sein mag, die keine [gute oder schlechte] Wirkung auf die Seelen der Mitglieder hat – und zwar hinsichtlich der Wünsche, die die Philosophie von der Regierung (filosofia del governo) voraussehen und einkalkulieren muß.

Normalerweise haben Schädlichkeit und Immoralität der verschiedenen Wünsche eine Abfolge wie die Ringe einer Kette.

Die Wünsche der dritten Klasse, die weniger schädlich und weniger unmoralisch sind als die Wünsche der beiden ersten Klassen, degenerieren und verwandeln sich in Wünsche der zweiten Klasse.

Die Wünsche der zweiten Klasse, die weniger schädlich und weniger unmoralisch sind als die Wünsche der ersten Klasse, degenerieren und werden ihrerseits Wünsche der ersten Klasse.

Es geschieht nicht selten, daß Menschen, die begierig sind, ihr Glück zu machen, und die aktiv sind, aber bei allen ihren Anstrengungen von den Umständen gehindert werden, in die tiefste Verkommenheit geraten. Ihre Wünsche gehörten zunächst zur zweiten oder dritten Klasse, haben aber alsbald die verhängnisvollen Charakteristika der ersten Klasse angenommen und sind unerfüllbare Kapazitäten geworden.

Auch das Gegenteil kommt vor. Dieselben Menschen kehren zu gesunden Prinzipien zurück, beruhigen die traurige Wut des Herzens und nehmen den Pfad der Anständigkeit und Sittlichkeit wieder auf, den sie verlassen hatten. Dies kann geschehen, wenn sich ihre Verhältnisse geändert haben und es ihnen gelungen ist, soviel Vermögen und Ansehen zu bekommen, wie sie sich sehnlichst gewünscht hatten.

So ist es in Amerika fast üblich, wo aus Europas Abschaum blühende Völker hervorgegangen sind. Ihre Wünsche ließen sich zum großen Teil befriedigen, und die Leidenschaften stiegen nicht bis zu dem Zustand der blinden Wut der unerfüllbaren Kapazitäten.[1]

---

[1] A. Tocqueville berichtet von einem bekannten Radikalen, dem er in Amerika begegnete. Dieser hatte dort sein Glück gemacht und war ein völlig anderer Mensch geworden, als er vierzig Jahre zuvor gewesen war. Und er selbst schrieb seinen einzigartigen positiven Wandel der Tatsache zu, daß er reich geworden war: „J'étais pauvre, me voici riche; du moins, si le bien-être, en agissant sur ma conduite, laissait mon jugement en liberté! Mais non, mes opinions sont en effet changées avec ma fortune, et dans l'événement heureux dont je profite, j'ai réellement découvert la raison déterminante qui jusque-là m'avait manqué" (*De la démocratie en Amérique*, Bd. II, Kap. 9). [A. DE TOCQUEVILLE, op. cit., tom. I, Teil II, Kap. 9, in DERS.: Oeuvres, cit., Bd. I, S. 229; dt. Ausgabe, cit., Bd. I, S. 430.]

Ungleichheit pflegt eine reiche Quelle für Wünsche zu sein – nicht so sehr die absolute Ungleichheit, als vielmehr die relative Ungleichheit. Menschen haben mehr Wünsche und auch mehr Gründe, sich mit anderen zu vergleichen, die mehr besitzen oder genießen als sie selbst, wenn die Gesetze und die Lebensgewohnheiten eine größere Ungleichheit de jure und de facto zwischen den Bürgern oder allgemeiner zwischen den Bewohnern eines Gebiets festschreiben.

Die Bewohner eines Gebiets, die derselben Regierung unterstehen, können in separate Klassen geteilt sein. Diese Klassen können dauerhaft voneinander getrennt, von den Gesetzen genau festgelegt und in die Lebensgewohnheiten eingegangen sein. In diesem Fall pflegen sich die Menschen mit den Gefährten aus ihrer eigenen Klasse zu vergleichen. Weit weniger häufig vergleichen sie sich mit den Angehörigen einer höheren Klasse. Ihre Wünsche richten sich auf die *relative Ungleichheit* unter ihresgleichen, nicht auf die absolute Ungleichheit, also auf die Ungleichheit unter allen Menschen, gleich welcher Klassen sie angehören. Durch eine dauerhafte Klassentrennung werden die Wünsche begrenzt. Es stimmt zwar, daß eine zu absolute Trennung die Gesellschaft lange Zeit im Zustand der *Unvollkommenheit* festhält. Aber es stimmt auch, daß sie sie zugleich von der Gefahr fernhält, in die *Korruption* zu stürzen. Eine Regierung, die über die Gleichheit der Mitglieder ein und derselben Klasse wacht, hat alles für die Sicherheit der Gesellschaft und viel für die Befriedigung der Wünsche getan.

Diese Feststellung enthält den politischen Grund (ragione politica) für die Existenz der Kasten und für deren langen Bestand bei den Völkern des Orients.

Diese Feststellung erklärt auch den Ursprung des größten Problems, dem sich die Regierungen – selbst wenn sie vom Geist der Menschlichkeit beseelt sind – bei der Befreiung der Sklaven gegenübersehen, wenn deren Zahl sehr groß geworden ist. Sehr wahr ist die folgende Überlegung über die Schwierigkeiten, auf die man träfe, wenn man den Sklaven, die es in so großer Zahl im Süden der Vereinigten Staaten gibt, die Freiheit gäbe[2]:

„Es gibt ein eigentümliches Prinzip bedingter Gerechtigkeit, das man tief im menschlichen Herzen verwurzelt findet. Den Menschen fällt die Ungleichheit

---

[2] Im Jahr 1830 kam im Staat Maine ein Schwarzer auf dreihundert Einwohner; in Massachussetts einer pro hundert; im Staat New York zwei pro hundert; in Pennsylvania drei; in Maryland vierunddreißig; in Virginia zweiundvierzig; in South Carolina fünfundfünfzig. – In den Nordstaaten, wo die Sklaverei abgeschafft worden ist, wurden 6.565.434 Weiße und 120.520 Schwarze gezählt. In den Staaten, wo die Sklaverei existierte, 3.960.814 Weiße und 2.208.102 Schwarze. – Die schwarze Bevölkerung in den fünf Vereinigten Staaten des Südens wächst schneller als die weiße Bevölkerung. Zwischen 1790 und 1830 ist die Zahl der Weißen um achtzig Prozent gestiegen, die Zahl der Schwarzen um einhundertzwölf Prozent. – In bestimmten Teilen Südamerikas gibt es mehr Sklaven als Freie. Zum Beispiel gab es auf der Insel Martinique 1835 78.076 Sklaven und nur 37.955 Freie. Vor den Revolutionskriegen war das Ungleichgewicht zwischen Sklaven und Freien noch größer, denn 1790 gab es 16.000 Freie und 83.000 Sklaven. [Alle Angaben aus: A. DE TOCQUEVILLE op. cit., tom. I, Teil II, Kap. 10, in DERS.: Oeuvres, cit., Bd. I, S. 369–370; dt. Ausgabe, cit., Bd. I, S. 506 ff.]

Kapitel 36: Der Einfluß der Regierungen

innerhalb der gleichen Klasse weit stärker auf als die zwischen verschiedenen Klassen. Man begreift die Sklaverei; wie aber soll man sich das Vorhandensein mehrerer Millionen Bürger vorstellen, die für alle Zeit der Schmach unterworfen und erblichem Elend ausgeliefert bleiben?"[3]

In der Sklaverei finden sich die Menschen also damit ab, nicht die Güter der Freien zu begehren. Haben sie aber durch Gesetzesverfügung diese Klasse verlassen, sprießen in ihnen zahllose Wünsche und Ansprüche. Sie wollen nicht mehr ihrem Gefährten in der Sklaverei gleich sein, sondern den Freien. Daher weckt die Regierung mit einem einzigen Gesetz schlagartig eine maßlose Zahl an Wünschen in ihnen. Das ist der Einfluß, den die Regierung mit ihren Maßnahmen auf die menschliche Seele ausüben kann![4]

Je allgemeiner der Wettbewerb um alle gesellschaftlichen Klassen und Ämter wird, desto stärker wachsen die Wünsche.

---

[3] [A. DE TOCQUEVILLE, op. cit., tom. I, Teil II, Kap. 10, in DERS.: Oeuvres, cit., Bd. I, S. 371; dt. Ausgabe, cit., Bd. I, S. 528.]

[4] Die Gefahren, die manche Regierungen für den Fall der Sklavenbefreiung voraussehen, rechtfertigen ihre Immoralität nicht, wenn sie die Elemente zulassen und legalisieren, die die moderne Sklaverei enthält und die den Rechten des Menschen und denen des Christen widersprechen. Alle Regierungen haben den Sklaven gegenüber zumindest folgende Pflichten, denen sie ohne irgendeine Ausrede und *ohne jeglichen Verzug* nachkommen müssen, auch wenn es nicht möglich ist, den hassenswerten Begriff „Sklaverei" sofort aus den Gesetzen zu tilgen. Die Regierungen haben also die heilige Pflicht, 1.) das *Personsein* [personalità] der Sklaven und jene unveräußerlichen, unverjährbaren Rechte anzuerkennen, die sich aus ihrem Personsein ergeben; 2.) diese Rechte durch Gesetze auf eindeutigste und feierlichste Weise festzuschreiben; 3.) die Sklaven unter ihren Schutz zu nehmen, sie als Schutzbefohlene zu betrachten und sie gegen den Mißbrauch zu schützen, den ihre Herren mit der Herrschaft treiben können, die sie über die *Arbeit* der Sklaven haben; 4.) ihnen das Recht zu gewähren, sich im Fall der Verletzung ihrer Rechte an die zuständigen Gerichte zu wenden, welche die Aufgabe haben, ihnen faire und redliche Gerechtigkeit widerfahren zu lassen [buona e leale giustizia]; 5.) dafür zu sorgen, daß ihr Recht *wirksam* ist, indem man ihnen die notwendigen Mittel gibt, um ihr Recht wahrnehmen zu können, und indem man jemanden beauftragt, der es in ihrem Namen geltend machen kann; 6.) alles das zu beseitigen, was ihren geistig-moralischen Fortschritt behindern könnte, und diesen im Gegenteil auf jede Art zu fördern, die sich in angemessener Weise mit der *Arbeit* verträgt, die sie für ihren Herrn leisten müssen, und so ihren Übergang zur vollen Freiheit vorzubereiten. – Das Christentum zerstörte die Sklaverei der Antike, indem es begann, alles das zu verdammen, was an der Sklaverei unmoralisch und der menschlichen Würde entgegengesetzt ist. Als er Christ geworden war, verbot Konstantin, die Sklaven zu erhängen, sie einen Abgrund hinabzustürzen, sie zu töten, indem man ihnen Gift in die Adern spritzt, sie langsam zu verbrennen, sie verhungern zu lassen und andere solche Schändlichkeiten (*Cod. Theod.*, IX, 12). Die Kaiser nach ihm fügten weitere Verbote hinzu. Die Kirche verurteilte alles das, was den Sklaven nicht als den Bruder des Freien ansieht. Die Bezeichnung „Sklave" und die gesetzlichen Grundlagen entfielen mit der Zeit von selbst. Das ist der Weg, um die Sklaven in den Stand freier Menschen zu führen: Erst gilt es, die Sache aufzuheben und dann die Bezeichnung. [Codex Theodosianus, Buch IX, Tit. XII „De emendatione servorum", Bonn 1837, S. 859.]

Bisweilen wird dieser Wettbewerb durch die Gesetze und die Lebensgewohnheiten für alle gleich zugänglich gemacht. Aber de facto wird er dann verhindert, eben durch die übergroße Zahl von Konkurrenten, die sich auf dem Weg der Ämter und des Reichtums drängeln und gegenseitig behindern. So geschieht es, daß es von den vielen Menschen, die dieselben Wünsche und denselben Tatendrang haben, nur wenigen gelingt, ihre Wünsche zu befriedigen. Die meisten blicken auf erfolgreiche Rivalen, mit denen sie sich so oft verglichen hat, und sehen, daß diese sich auf der Höhe des Rades der Fortuna befinden, während sie selbst ganz unten sind. So viele unbefriedigte Wünsche und schmerzhafte Gegensätze pflegen außerordentlich schädlich für die öffentliche Moral zu sein und verursachen zahlreiche Übel für die Gesellschaft.

„Bei gebildeten Völkern rührt die Grobheit des gemeinen Volkes nicht nur davon her, daß es unwissend und arm ist, sondern daß es als solches täglich mit gebildeten und reichen Menschen in Berührung steht.
Der Anblick ihres Unglücks und ihrer Schwäche, der jeden Tag den Gegensatz zum Glück und zur Macht einiger ihrer Nächsten deutlich werden läßt, erregt in ihren Herzen Zorn und Furcht zugleich. Das Gefühl ihrer Unterlegenheit und ihrer Abhängigkeit reizt und demütigt sie. Dieser innere Seelenzustand spiegelt sich in ihren Sitten wie auch in ihrer Sprache. Sie sind unverschämt und gemein zugleich.
Diese unerfreuliche Wirkung des Gegensatzes der Lebensverhältnisse gibt es im Leben des Wilden nicht. Die Indianer in Amerika sind alle unwissend und arm, gleichgestellt und frei in einem."[5]

Daraus resultieren ihre Tugend und die einfache Erfüllung und Zufriedenheit ihrer Seelen.
Es gibt also eine Vielzahl von Umständen, die die Wünsche beeinflussen und die folglich die Macht haben, den Zustand der Gesellschaft zu verändern, weil sie den Zustand der Seelen verändern. Aber die Untersuchung aller dieser Umstände stellt ein noch nicht erschöpfend behandeltes Thema dar. Und doch ist dies das Thema der Meditationen, denen sich die Gesetzgeber und die politischen Führer (pubblici reggitori) widmen müssen, bevor sie ein Gesetz erlassen und eine Maßnahme treffen. Sie müssen sich fragen: 'Welche Wirkung wird dieses Gesetz oder diese Maßnahme auf die SEELEN haben?' Diese Frage entspricht der folgenden Frage: 'Inwieweit bewirkt das Gesetz oder die Maßnahme die Annäherung der Gesellschaft an ihren Ziel oder ihre Entfernung davon?'

---

[5] [A. DE TOCQUEVILLE, op. cit., tom. I, Teil I, Kap. 1, in DERS.: Oeuvres, cit., Bd. I, S. 23; dt. Ausgabe, cit., Bd. I, S. 40 f.]

Buch IV, Kapitel 37

Die Notwendigkeit von politisch-moralischen Statistiken

Zum Abschluß will ich folgendes feststellen: Um ein Volk weise regieren zu können, muß man den Seelenzustand der Personen exakt kennen, die dieses Volk bilden.

Dies zeigt das Ungenügen der reinen Wirtschaftsstatistiken und die Notwendigkeit der umfassenden philosophischen Statistiken, von denen ich an anderer Stelle gesprochen habe.[1]

Die politisch-moralischen Statistiken (statistiche politico-morali) sind ein Teil dieser umfassenden philosophischen Statistiken und stellen ein weites, fast völlig unberührtes Feld für die Forschungen und Interessen der Gelehrten dar.

In diesen Statistiken müßten die *äußerlich-materiellen Symptome* (sintomi fisici) des *sittlichen Zustands* der Völker zusammengestellt werden. Als ihre Grundlage muß eine Klassifikation der menschlichen Leidenschaften und Begierden dienen. Die einhundertneunundzwanzig Kapazitäten der Seele, die wir aufgeführt haben, bieten davon eine, wenngleich unvollkommene Übersicht.

Zu den genannten äußerlich-materiellen Symptomen der seelischen Leidenschaften gehören die unterschiedlichen affektiven Werte, die zu verschiedenen Zeiten und an verschiedenen Orten den Dingen beigemessen werden, die Objekte der Leidenschaften sind.

Mittels der moralisch-politischen Statistik, von der wir sprechen, würde die Regierung zwei Dinge aufzeigen: 1.) Wie nah die Seelen der Zufriedenheit sind – dem Ziel der Gesellschaft – oder wie weit sie davon entfernt sind, und 2.) welchen Einfluß die Dinge auf die Seelen ausüben. Als Sitz der Erfüllung und Zufriedenheit ist die Seele *Ziel* der Politik. Als Wirkkraft (forza agente) ist sie *Mittel* der Politik, insofern sie als Wirkkraft ihre Handlung auf sich selbst reflektiert, sich verändert oder agierend auf die sie umgebenden äußeren Dinge einwirkt, welche ihrerseits auf sie reagieren.

Der *Geist* und die Dinge modifizieren sich wechselseitig. [Wenn man den Geist unter diesem zweiten Aspekt betrachtet.]

Die Fülle der gegebenen Dinge hat eine Überzeugungskraft, die den Geist verändert und seine Begeisterung für sie weckt.

Ihrerseits ist die Liebe oder die Leidenschaft des Geistes für die Dinge das, was in jedem Augenblick den Wert der Dinge bestimmt und festlegt. Und der Wert der Dinge wiederum [vorausgesetzt, die übrigen Umstände bleiben gleich] entspricht dem Grad der Kraft der Dinge, auf den Geist einwirken zu können.

---

[1] Im Buch *Vom umfassenden Grund* etc., Kap. 15; vgl. auch *Saggio sulla statistica*. [Der zitierte *Saggio* (*Versuch über die Statistik*) wurde als Anhang zur zweiten Edition der *Filosofia della politica* (Mailand 1858) veröffentlicht.]

Das Menschengeschlecht wird sich nicht zu jener herzlichen Gesellschaft von Brüdern (dolce società di fratelli) vereinen können, zu deren Bildung es vom Christentum aufgerufen ist, wenn man alle diese Dinge nicht bedenkt. Solche Lehren müssen Allgemeingut werden und sie müssen vervollkommnet werden. Aus ihnen müssen die heilsamen Regeln abgeleitet werden, von denen sich die Regierungen leiten lassen sollen. Solche Regeln müssen in ein so helles Licht gestellt werden, daß alle sie sehen und daß alle verlangen, daß sie von den Regierenden befolgt werden sollen. Und die Regierungen schließlich müssen wissen, daß sie die allgemeine Verurteilung auf sich ziehen, wenn sie diese Regeln nicht befolgen.

Namensverzeichnis

Die Ziffern in Klammer ( ) verweisen auf Namen/Autoren, die in den einführenden Beiträgen und in den erläuternden Fußnoten genannt werden.

Abraham 340, 502
Achill 141
Ada 296
Adair, J. 298
Äskulap 299
Akbar 296
Akusilaos 340
Alexander d. Gr. 158, 285, 288, 516
Alfieri, V. 517, 532
Alkibiades 354
Althusius, J. 192
Anchises 75
Antonelli, G. (17)
Anzius Restio 354
Appian 314
Appius 286
Aristophanes 354
Aristoteles (37), 208, 358, 359, 420, 421, 515
Arrianus 348, 349, 351, 352, 421
Artaxerxes 518
Athenaios 341
Attila 101, 346, 347
Augustinus (36), 284, 285, 320, 341, 374, 421, 494
Augustus 322, 359

Balbo, C. (30), 99, 100, 101
Barclay, W. 191
Baroli, P. 509
Bartoli, D. 70
Bentham, J. 428
Bileam 275
Bodin, J. 208
Bonald, L. G. A. De (36), (39), 125
Bongiovanni, B. (44)
Bonghi, R. (17)
Borchart, S. 323
Bossuet, J.-B. 192

Botta, C. 125
Botto, E. (21), (26), (30)
Brahman 296
Brutus 328
Byron, G. G. 149, 532, 533

Cajus P. Bibulus 354
Caligula 517
Campanella, T. 77
Campanini, G. (44)
Cantù, C. 350
Carletti, F. S. 125
Cassiodor 176
Castlereagh, R. S. 104
Cato 451
Cham 337
Champollion, J.-F. 298
Charlevoix, P. F. X. 279
Charondas 57
Cicero 60, 75, 150, 151, 153, 213, 215, 267, 286, 287, 311, 328, 346, 358, 359, 360, 373, 374, 402, 469
Cincinnatus 287
Civilis 347, 348
Cleary, D. (41)
Clemens v. Alexandrien 340, 341
Colebrooke, G. 296
Columella 286
Condorcet, J.-A. C. de 461
Conny, F. de 533
Constant, B. (21), (33), 506, 507
Conzemius, V. (15)
Cotta, S. (45), (135), (269)
Cousin, V. (16)
Cujas, J. 162
Curius 75, 451
Curtius Rufus 516
Cyros d. Gr. 71
Cyros d. J. 289, 518

D'Addio, M. (43), (45), (47), (76), (135), (269)
Daniel 369
Dante Alighieri 65, 514
Decebal 322
De Giorgi, F. (21)
Demosthenes 71
De Rosa, G. (30)
Destutt de Tracy, A.-L. C. 391
Diodor 295, 298, 300, 311, 313, 314, 518
Dominikus 90
Domitian 322
Duperron, A. 278
Dupin, Ch. 126, 127

Elisabeth I. 193
Epiktet 421
Epikur 359, 448
Epiphanius 341
Erbes, P. (35)
Euphron 357
Eusebius 341

Fabrizius 287, 312
Fenu, C. M. (36)
Ferrari, G. 391
Fichte, J. G. 108, 461, 462
Florus 347
Foscolo, U. 524, 532
Franziskus 90
Friedrich d. Gr. 393

Galantino, N. (17)
Geiberger 278
Gelon 287
Gentili, A. 191
Gioia, M. 60, 68, 120, 121, 307, 348, 353, 426, 453, 463, 488
Glockner, H. (42)
Godwin, W. (21), 77, 78, 80, 81
Goethe, J. W. von 532, 533
Graham, M. 299
Gravina, G. V. 151

Gregor XVI. (16)
Grotius, H. 192, 208, 209, 373
Guerci, L. (44)
Guicciardini, F. 356

Habakuk 381
Haller, C. L. von (21), (22)
Hamilton, A. 223
Hastinghs, F. R. 296
Heeren, A. H. L. 234, 235
Hegel, G. F. W. (42), (43)
Heinecke, J. G. 192
Heinrich VII. 82
Helvetius, C.-A. 222, 520
Hemmingsen, N. 191
Herakles 287, 341
Herodot 326, 341, 518
Hesiod 162, 494
Hobbes, Th. (21), (25), (40), 193, 391
Höffe, Ö. (39)
Höllhuber, I. (16), (17), (36), (54), (145), (146), (147), (150), (173)
Horaz 449
Humboldt, A. von 298
Hyde, Th. 58
Hyginus 340, 341

Ijob (Hiob) 381, 425
Inakos 340, 341
Isaak 502
Isaiah 366, 367, 380, 381, 490

Jabel 297
Jakob 274, 380, 502
Jakob I. 193
Jakobus 365, 366
Japhet 339
Jarcke, F. 191
Jay, J. 223
Jefferson, Th. 183, 184, 280
Jeremia 348, 381
Jesus Sirach 387
Jiménez, F. 125

Namensverzeichnis

Johannes 171, 172, 365, 373, 495, 504, 508
Josephus (Flavius Josephus) 316
Josua 323
Jubal 297
Judas 425
Justinian 162, 163, 177, 186
Justinus 314, 352

Kadmos 323, 341
Kant, I. (15), (26), 420
Karl d. Gr. 71, 269, 270
Kekrops 320, 340, 341
Konstantin d. Gr. 555
Krates 448
Kusch 337
Kyaxares 289

Lainez, J. 70
Laktanz 85
Lamakos 288
Langlès, L. M. 299, 300
Leetham, C. (15)
Leibniz, G. W. 198
Leo XII. 129
Lill, R. (15)
Livius 59, 286, 287, 377
Locke, J. (36)
Loiseleur Deslongchamps, A. 299
Lorizio, G. (15), (17), (26)
Lucull 451
Lukas 160, 437
Lykurg 74, 100, 515

Machiavelli, N. (40), 89, 90, 107, 126, 208, 356
Macrobius 57, 58, 354, 355
Madison, J. 183, 223
Maistre, J. De (21), (22), 56, 131, 190, 264, 420
Malte-Brun, K. 298
Malthus, Th. R. 77, 78, 79, 81, 82, 85, 86, 87
Malusa, L. (17)

Mamiani della Rovere, C. T. (16)
Manu 296, 349
Manzoni, A. (17), (35)
Maraboduus 322
Markus 366, 376, 425
Matter, J. 192, 193
Matthäus 84, 357, 366, 384
Megasthenes 295, 348, 372
Meier, H. (36)
Menenius Agrippa 287
Mengotti, F. 58
Menke, K.-H. (36)
Mithridates 426
Montaigne, M. de 70, 71
Montesquieu, Ch. (26), (31), 200, 354, 355, 372, 382
Morelly 77
Moses 316, 503
Müller, K. 311

Napoleon Bonaparte 91, 92, 112, 113, 129, 247
Necker, J. 430
Neoptolemos 141
Nero 517
Nicolin, F. (42)
Nimrod 337
Noah 337, 380
Numa Pompilius 59, 60
Nun 323
Nymphodoros 311

Obadja 381
Odysseus 141
Orestano, F. (17)
Orosius 359
Ottmann, H. (39)
Otto III. 269
Ovid 97
Ovinius 359

Papi, L. 295, 296
Pareto, A. 104
Pascal, B. 332

Paulus 175, 362, 374, 460
Pelasger 340
Peleg 316
Petrarca, F. 489
Pfurtscheller, F. (15)
Phegoos 341
Philipp 71
Philoktet 141
Phoroneos 340
Piovani, P. (26)
Pius VII. 248
Pius IX. (17)
Platon 49, 57, 58, 60, 149, 165, 267, 277, 313, 358, 359, 391, 420, 421, 502
Plautus 193
Plotin 277
Plutarch 60, 74, 354
Pöggeler, O. (42)
Porsenna 288
Priscus 347
Prokop 323
Pyrrhus 287
Pythagoras 57

Rabulejus 287
Raghunandaa 295
Raleigh, W. 193
Rask, R. Ch. 298
Richelieu, A. J. 125
Riedel, M. (36), (37)
Ritter, J. (36)
Riva, C. (17), (35)
Robertson, W. 159, 278, 296, 298, 300, 301, 310, 311, 349
Rollin, Ch. 313
Romagnosi, G. D. 79, 81, 82, 83, 84, 85, 86, 120, 121, 158, 159, 188, 189, 190, 277, 278, 296, 298, 339, 348, 373, 391
Romulus 59, 100, 150, 281, 328
Rousseau, J. J. (21), (25), (28), (36), (39), 164, 165, 166, 167, 168, 222, 285, 306, 307, 401, 405, 424, 465, 466, 467, 519, 520, 532, 533

Sacrovir 347
Saint-Simon, C. H. De (21), 384
Sallust 284, 286
Schütz, L. (43)
Sciacca, M. F. (36), (45)
Seleukos 57
Sem 339
Seneca 57, 216, 355, 356, 498
Seraswati 296
Serra, G. 104
Sertorius 350
Servilius Rullus 287, 346
Sesostris 311, 518
Sieyès. E. (32)
Sismondi, J. C. L. 322, 323, 324, 325, 326, 327, 328, 346
Sokrates 216, 357, 502
Sophokles 141
Spaemann, R. (39)
Spedalieri, N. (32)
Spurius Cassius 287
Strabo 295, 296, 298, 301, 311, 314, 351, 352

Tacitus 75, 151, 347, 348, 354, 355, 356
Tatianus 340, 341
Tertullian 90
Thales 162
Themistokles 358
Theodosius 347
Theophilos 176
Theseus 287, 341
Thimme, W. (36)
Thomas von Aquin (15), (30), 69
Thukydides 356, 357
Tiberius 347
Timur 296
Tocqueville, A. De (21), (33), (36), 183, 184, 193, 199, 200, 224, 248, 278, 279, 280, 298, 315, 331, 332, 333, 335, 378, 470, 471, 472, 473, 484, 540, 541, 553, 554, 555, 556
Tönnies, F. (36)
Tommaseo, N. (17), (35)

Namensverzeichnis

Trajan 322
Traniello, F. (16), (17), (18), (30), (44)
Triptolemos 341
Tubal-Kain 297

Ulpian 162

Valerius Publicola 287
Varro 288, 320, 494
Vega G., de la 298
Vergil 74, 75, 495
Vico, G. B. (30), 59, 339, 391, 461, 462
Villot, F. 430
Voltaire, F. M. Arouet 424, 520

Warburton, W. 503
Watson, T. (41)
Weinhold, K. A. 85
Wood, A. 190, 191

Xenokrates 165
Xenon 162
Xenophon 58, 289, 357
Xerxes 289, 358

Zarathustra 58
Zbinden, H. (36)
Zolo, D. (25)

Sachverzeichnis

Hier werden, bis auf wenige Ausnahmen, solche Begriffe *nicht* angeführt, die in einem eigenständigen Kapitel mit entsprechender Überschrift behandelt werden, wie es z. B. bei „politisches Kriterium", „Gesellschaftsgründer", „praktische Vernunft der Massen", „gesellschaftliches Wohlwollen" etc. der Fall ist. Von häufig wiederkehrenden Begriffen werden die wichtigsten Belegstellen angegeben.

Absolutismus (*assolutismo*) 190–194, 261
Arkanwissenschaft/Geheimwissenschaft (*scienza arcana*) 144
Altertum, Antike (*antichità*) 57, 73, 100, 124, 225, 318, 325, 334, 349, 351–352, 354–359, 361, 373, 385, 494, 500, 555
Anthropologie (*antropologia*) 216, 217, 392
Arkangesetze (*leggi arcane*) 336

Christentum (*cristianesimo*) 102, 104, 108, 128, 130, 153, 171, 195–197, 229, 230, 239, 269, 334–335, 339, 350, 362–385, 392, 460, 462, 489–504, 538, 543
– christliche Nationen (*nazioni cristiane*) 107, 125, 334

Demokratie (*democrazia*) 158, 183, 191, 222, 223, 248, 261–262, 330–332
Despotismus (*despotismo*) 183, 195, 247, 248, 255, 335, 378

Egoismus (*egoismo*) 284, 360–361
Einsicht, Bewußtsein (*intendimento*) 68, 106, 217, 218, 279, 281, 288, 453

Fortschritt (*avanzamento, progresso, progressione*) 103, 106, 124, 128, 135, 136, 140, 361, 362, 456–468, 551
Fortuna, Schicksal, Wechselfälle (*fortuna, sorte, vicissitudine*) 74, 94, 106, 119, 136, 138, 141, 278, 292, 556

Gerechtigkeit (*giustizia*) 386–387, 438–446
Gesellschaft (*società*)
– Aufbau der Gesellschaft, sozialer Organismus (*organismo sociale, costruzione della società*) 52, 61, 112, 119, 121
– gesellschaftliche/soziale Ordnung (*ordine, compaginamento, ordinamento sociale*) 115, 174, 176–185, 186, 462, 531
– Familiengesellschaft, Stammesgesellschaft (*società famigliare*) 76, 187, 316–328, 336–340, 377
– christliche Gesellschaft, nicht-christliche Gesellschaft (*società cristiana, società non-cristiana*) 102, 106, 124, 172, 489–495
– häusliche Gesellschaft (*società domestica*) 66, 87, 233, 274, 312, 319–324, 336–340
– künstliche Gesellschaft (*società fattizia*) 66, 547
– politische Gesellschaft (*società politica*) 73, 76, 121, 137, 281, 326
– gesellschaftlicher Instinkt (*istinto sociale*) 95
– gesellschaftliches Wohlwollen (*benevolenza sociale*) 148, 163

Sachverzeichnis 565

– Gesellschaftskörper (*corpo sociale*) 94, 115, 116, 135, 137, 163, 169, 178, 197, 258, 272, 481
– Gesellschaftsmaschine (*macchina sociale*) 116, 531
– Gesellschaftspyramide (*piramide sociale*) 257, 479
– Gesellschaftswissenschaft (*scienza sociale*) 116, 141
Gleichheit (*uguaglianza*) 77, 80, 242, 261, 332, 376–377, 438–446, 480, 554
Gründe (*ragioni*)
– letzte Gründe der Politik (*ragioni ultime della politica*) 49–61
Gut des Menschen (*bene umano*) 52
– das wahre Gut des Menschen (*il vero bene umano*) 54, 55, 392

Herrschaft (*dominio, signoria*) 147, 151, 157, 160, 169, 170, 175, 179, 269, 270, 283

Indien (*India*) 295–301, 311, 348, 351

Juden (*ebrei*) 274, 275, 350, 380, 502–504

Kastenwesen (*caste*) 295–301
Katholisch, Katholizismus (*cattolico, cattolicesimo*) 85, 129, 193, 550
Kolonien (*colonie*) 281, 295, 319–328, 346

Leidenschaften (*passioni*) 51, 87, 92, 108, 139, 140, 216, 222, 259, 260

Mittel (Instrumente), politische (*mezzi politici, politici spedienti*) 49–61
– göttliches Mittel (*divino mezzo*) 90
Mittelalter (*medio evo*) 550
Mehrheit (*maggioranza*) 181–184, 378
Monotheismus (*monoteismo*) 277
Moral (*morale*) 114, 128, 195–197
– Moralität, Sittlichkeit (*moralità*) 138, 233, 259
– Moralphilosophie (*filosofia della morale*) 52, 264

Nächstenliebe (*carità*) 86, 196, 249, 250, 255, 374
Naturzustand (*stato di natura*) 161–168, 179

Öffentlich (*pubblico*)
– Öffentliche Angelegenheiten (*faccende pubbliche*) 68
– öffentliche Bildung (*istruzione pubblica*) 50, 51, 52
– öffentliches Glück (*pubblica felicità*) 128, 251–252, 393–394, 433
 öffentliches Leben (*vita pubblica*) 55, 60
– öffentliche Sache (*cosa pubblica, res publica*) 50, 53, 73, 104, 106, 262
Ökonomie (*economia*) 52, 120, 221, 222
– göttliche Ökonomie (*divina economia*) 130
– politische Ökonomie (*economia politica*) 50, 52, 116
Ontologie, ontologisches Prinzip (*ontologia, principio ontologico*) 118, 414, 427

Person, menschliche Person (*persona, persona umana*) 154–160, 176, 177, 228, 419
Perfektibilität, Vervollkommnung (*perfettibilità, perfezionamento*) 166, 201–203, 207, 214, 241–242, 395, 460–461, 466
Perfektismus (*perfettismo*) 118, 481
Philosophie der Politik (*filosofia della politica*) 49, 50, 52, 53, 54, 55, 56, 60, 61, 137, 260, 448
– philosophischer Teil der Politik (*parte filosofica della politica*) 55, 57
Politik (*politica*) 54, 55, 56, 60, 68, 114, 116, 117, 135, 151, 208–209, 233, 247, 93, 557
Politiker (*uomo politico, uomo pubblico, il politico*) 56, 57, 111, 221, 222, 353
– politische Klugheit (*politica sagacità*) 108, 114, 129, 196
– politische Kunst, Kunst der Politik (*arte politica, arte della politica*) 49, 57, 393
– politischer Philosoph (*filosofo politico*) 56
– politische Philosophie (*politica filosofia*) 52, 60, 137
– politische Ordnung (*ordini politici, organizzazione politica*) 99, 324
– politische Wissenschaft (*scienza politica*) 110, 112, 114, 116, 118, 138, 391
Privateigentum (*proprietà privata*) 78, 79, 81, 82
Privatleben (*vita privata*) 55, 59, 60
Privatmann (*il privato*) 56, 57, 353
Protestantismus (*protestantismo*) 192–193
Psychologie (*psicologia*) 391–392

Rechte (*diritti*)
– Menschenrechte (*diritti dell'uomo*) 77, 238–245, 246–257, 258, 392
Regierung, Leitung (*governo, governazione*) 49, 50, 52, 54, 55, 57, 60, 67, 68, 71, 72, 75, 82, 93, 103, 109, 116, 117, 119, 121, 123, 126, 129, 130, 135, 136, 138, 158, 185, 195–197, 199, 221, 233, 238, 240–245, 246-257, 258, 261, 268, 272, 320, 324–326, 347, 354, 386, 392–395, 443–446, 448, 558
– bürgerliche Regierung (*governo civile*) 49, 52, 53, 59, 61, 135, 188, 237, 313–314, 318, 324–328, 530
– gute Regierung (*buon governo*) 66, 461
– Regierungsgewalt (*potestà governativa*) 49, 241
– Regierungskunst (*arte del governare, arte governativa*) 53, 56, 58, 60, 111, 135
– Regierungsweisheit (*sapienza del governare*) 118, 440, 530, 537, 553
– Wissenschaft von der Regierung, Regierungslehre (*scienza del governare*) 110, 120
Religion (*religione*) 57, 58, 83, 88, 89, 127, 128, 188, 257, 275, 506–509
Republik (*repubblica*) 74, 89, 96, 150, 151, 198, 247
Revolution (*rivoluzione*) 108, 125, 128, 193, 247–248, 263, 270, 271, 393, 532
Richter (*giudice*) 180–185, 244

Saint-Simonismus (*saint-simonismo*) 77, 383
Seele (*animo*) 54, 55, 58, 201, 214, 220–222, 230–233, 290
Selbstmord (*suicidio*) 226, 401, 424, 532
Sklave, Sklaverei (*schiavo, schiavitù*) 59, 91, 139, 140, 348–350, 555

Sachverzeichnis

Sprache (*lingua, loquela*) 204–206, 278, 303
Staat (*stato*) 54, 73, 74, 75, 89, 91, 94, 103, 104, 115, 120, 121, 123, 125, 126, 128, 157, 222, 254, 260, 262, 263, 269–271, 283, 287, 330, 431, 461, 474, 480
– Staatsmann (*uom di stato*) 55, 56, 59, 96, 151, 222, 233, 260, 354, 394–395, 531
Stoa, Stoiker (*Stoici*) 225–227, 228, 229, 243, 374, 421, 469

Tugend, sittliche Kraft, Tüchtigkeit (*virtù*) 56, 59, 85, 89, 100, 107, 128, 140, 148, 167, 170, 171, 195–197, 213, 218, 219, 239, 241, 247, 262, 263, 264, 283, 287, 355–359, 373–375, 535–536

Verfassung (*costituzione*) 74, 76, 115, 136, 216, 352
Verwaltung (*amministrazione*) 177–185, 236, 237, 268
Vorausschau, Vorhersage (*previdenza*) 96, 114, 135, 312, 336
Vorsehung (*provvidenza*) 59, 94, 107, 118, 130, 261, 264, 275, 309, 316, 318, 323, 336–338, 342, 379, 434, 460

Wahrheit (*verità*) 53, 58, 127, 128, 141, 172, 199, 378
Wahrheitsausweis (*tessera di verità*) 379
Weisheit (*sapienza*) 52, 55, 59, 83, 92, 93, 96, 111, 118, 139, 140, 213, 216, 239, 242, 377
– politische Weisheit (*sapienza politica*) 53
Wettbewerb (*concorrenza*) 444–446, 482-486, 555–556
Wilde (*selvaggi*) 276–280, 285, 306–309, 453, 470
Würde (*dignità*) 148, 152, 155, 156, 160, 376, 382